北京农村年鉴

2001

中国农业出版社

北京农村年鉴

2001

江泽民总书记视察北京锦绣大地农业观光园区

市委书记贾庆林在京郊视察工作

市长刘淇在京郊视察工作

市委副书记张福森、副市长岳福洪检查指导郊区小城镇建设和环境整治工作

副市长岳福洪检查指导郊区农业结构调整工作
市委农工委书记、市农委主任赵凤山陪同

顺义区大孙各庄镇前陆马村蔬菜大棚

顺义区高丽营镇紫花苜蓿生产基地

通州区徐辛庄镇沟渠庄药材基地

丰台区花乡火鹤生产基地

平谷桃花节

顺义区北郎中村育肥猪舍

通州区张家湾镇里二泗奶牛基地

顺义三高农业示范区转基因羊

昌平区年贮存罗非鱼 50 万千克的活鱼库

中垦农牧有限责任公司鸵鸟园

北京莱太花卉交易中心

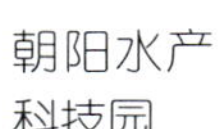

朝阳水产科技园

昌平区小汤山现代农业科技园区新建成的国家级北方林木种苗示范区育苗温室

大兴县黄村镇黄村民营工业区

通州区小稿村工业大院

通州区马驹桥镇工业星火密集区

北京燕京啤酒集团公司科技大楼

天竺空港工业区

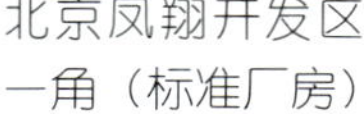

北京凤翔开发区一角（标准厂房）

山区小水窖

房山区蒲洼乡小流域综合治理

微　喷

密云县高岭镇山区水利富民工程

大兴区西红门镇九龙家园

昌平区葫芦河村村貌

怀柔县杨宋镇府前街

顺义区光明街文化广场

怀柔县城夜景

房山区韩村河村新居

农民艺术节

第四届全国农民运动会
北京运动员风彩

科技下乡

实用技术课堂

农民秧歌队

小康农家

顺义区居民小区一景——老来乐

游览慕田峪长城

北京朝来农艺园是集高科技生产、净菜加工、休闲娱乐、科普德育为一体的农业公园

北京美好希望有限责任公司

北京玉雪阿魏菇技术开发有限公司生产的白灵菇系列产品

布尔山羊

绿化隔离带

锦绣大地公司

莱斯达特种水产养殖有限公司甲鱼养殖场

北京世界公园位于丰台区花乡大葆台

丰台区花乡草桥村玉花园花卉中心

丰台区王佐乡南宫花卉生产基地

丰台区华名园鲜花基地

北方之星艺术幼儿园

北京光明健康乳业有限公司生产车间

区委书记李建华在龙泉镇西辛房村物园小区调研

治理后的门头沟区清水镇塔河塘坝

门头沟区良种核桃

雁翅镇太子墓村红富士苹果

雁翅小尾寒羊

区委书记王凤江、区长杨德宏陪同市委书记贾庆林视察十渡鲟鱼养殖小区

全国第二大食用菌加工企业

张坊仙栖洞——流金瀑

全国乡村发展世纪论坛在韩村河村举行

房山区饲养的意大利皮埃蒙特肉牛

区委书记白宗全、区长赵凤桐陪同市委书记贾庆林在小汤山现代农业科技示范园调研

中关村科技园区昌平园

全面修复后的居庸关古长城

小汤山现代农业科技示范园

顺义区委书记赵义、区长孙政才
视察城建工作

北京长青蔬菜有限公司无土栽培
波士顿生菜生产车间

天竺出口加工区海关大楼

华欧航空培训/支援中心

宏利钢管总公司生产车间

燕京啤酒集团公司
20万吨精品车间

区委书记崔君乐、区长焦志忠为运河文化广场落成剪彩

张家湾镇里二泗奶牛基地

徐辛庄京东苗木基地

古城新貌——通州新华大街

区委书记牛有成与北京绿邦农业高效园区技术人员交谈

精品西瓜展示会吸引了大批中外游客

黄村卫星城街心公园

大兴工业开发区三元基因科研生产综合楼

日处理污水8万吨的污水处理厂

县委书记刘宝善、县长赵克忠陪同刘淇市长在平谷县夏各庄镇太务村晚桃基地进行调研

平谷县温室桃冬季盛开。目前全县温室桃面积已发展到300多公顷。

“绿都平谷精品大桃展示会”在北京王府井成功举办

大华山镇水峪村水利富民工程

占地20万平方米的平谷世纪广场

县委书记雷德才、县长戴景珠陪同贾庆林、刘淇等市领导在怀柔调研

怀柔建成全国最大的西洋参基地

北京鹿业种源基地

全市最大的虹鳟鱼生产基地

雁栖工业开发区

县委书记吉林、县长王洪钟陪同市委书记贾庆林参观河南寨镇千亩设施农业园

古北口镇獭兔规模化养殖场

密云水库现代化水产品养殖场

全国小城镇试点之一——太师屯镇

北庄奶牛合作社养殖的日产鲜奶60公斤的"奶牛状元"

县委书记张志宽、县长田小平检查绿化工程

大丰营村豇豆生产基地

延庆县张山营镇葡萄生产基地

大丰营村甜豆生产出口基地

气势恢宏的妫川广场

素有“小三峡”“小漓江”之称的龙庆峡

市农业局小汤山特菜基地

北京市农作物引种育种中心

种植业蓬勃发展

畜牧业蓬勃发展

水产业蓬勃发展

朝阳区来广营乡隔离片林

京津塘高速公路大兴县采育镇绿化示范段

延庆县八达岭后山
爆破造林现场

春修水利工程

水土保持坡面小区

V 型槽节水渠道

小水窖工程

北京观象台观测场

飞机人工增雨作业

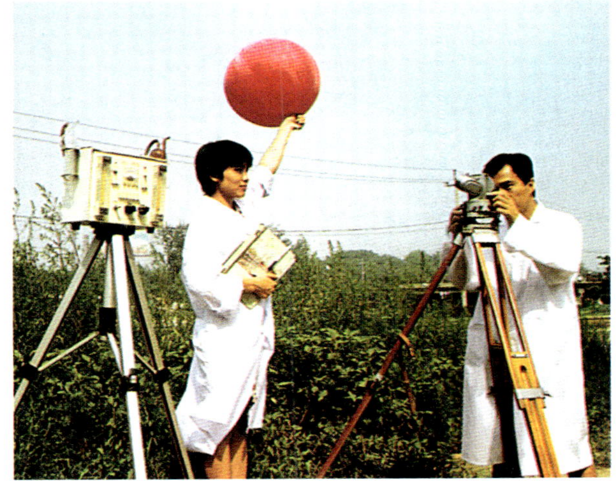

大气环境质量评价

佛爷顶气象站

正在播出气象预报节目

蔬菜研究中心蔬菜工厂化种苗生产车间

畜禽生物制品中试基地疫苗生产车间

玉米中心对全国种子检验人员进行"DNA"指纹图谱技术培训

城乡经济信息中心的计算机房

丰硕的科研成果

信息中心开展信息咨询活动

计算机网络教学

农口领导干部在职研究生课程班学员上课

设施齐全的教学楼

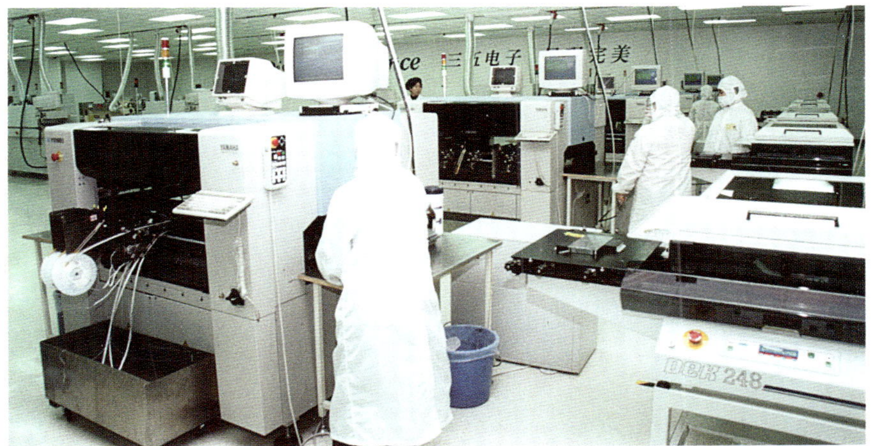

昌平区东小口镇“三五电子系统北京有限公司”生产车间

入住通州区潞县工业小区的鄂尔多斯羊绒有限公司

用北京星光影视设备集团公司生产的产品装备的电视台演播室

京郊乡镇企业二次创业经验交流会

实习基地种鸡场车间

实习基地花木中心

实习基地组织培养中心

培训大楼

良种基地种鸡舍

高瘦肉率优质种猪

肉鸡公司肉鸡屠宰分割车间

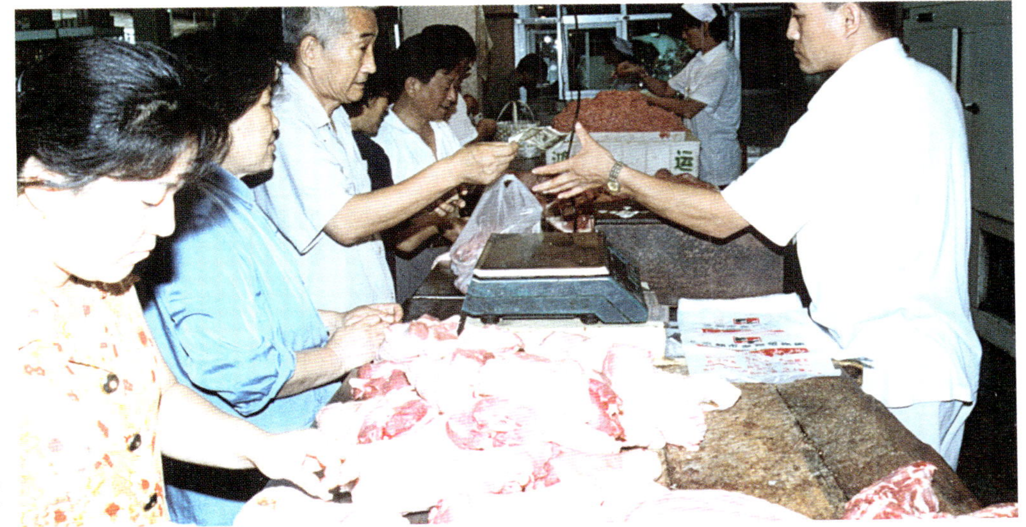

华都安全肉食

三元食品有限公司超高温灭菌奶生产线

北郊奶牛良种场挤奶台

合资企业麦当劳快餐店

巨山农场微电脑自动控制的蔬菜大棚

现代化迪卡种猪饲养场

板桥水产养殖场

北京市小汤山渔业高科技园区捕鱼作业

国家淡水渔业工程技术研究中心试验室

远洋捕捞京冷 1 号船

丁甲庄种鸡场

艾维茵鸡全封闭种鸡舍

产蛋阶段种鸡舍

育成阶段种鸡舍

北京牌4YZ−4型自走式玉米收获机

北京牌 4LZ−3A 型稻麦两用联合收割机

北京农机研究所生产的连栋日光温室

北京嘉源易润工程技术有限公司生产的易润滴灌带

望京新城K4区（国家优质工程金奖）

太平桥地铁宿舍楼

方庄21号楼

育新花园小区

（以上建筑系城乡建设集团工程获奖项目）

正在发展中的商业企业——海文大厦

北京金穗食品有限公司净菜生产车间

新落成的北京野生动物园

进口化肥运抵港口

北京城乡贸易中心股份有限公司

北京城乡旅游汽车公司

北航城乡科技有限责任公司和大用软件有限责任公司共同进行与国家基础设施信息网络建设有关的研究与开发

国际精品茶业
交易中心

商住区银地花园

产品综合贸易厅

畜牧业

种植业

《北京农村年鉴》编辑委员会

《北京农村年鉴》编辑部

凡　　例

一、《北京农村年鉴》系由中共北京市委农村工作委员会和北京市农村工作委员会编纂，各郊区县和农口局、总公司及有关单位供稿。自2001年起，每年出版。

二、《北京农村年鉴》以马列主义、毛泽东思想、邓小平理论为指导，遵循党的基本路线和方针政策，实事求是、全面系统地反映郊区社会和经济发展情况，为社会各界了解郊区提供重要资料。

三、《北京农村年鉴》，以条目体为主，并选载适量文章，辅以必要的图片、图表。

四、《北京农村年鉴》栏目设计相对固定，并依据形势和情况变化做适当调整。

五、《北京农村年鉴》所载内容均经过权威部门的核实，有关数据以国家和北京市统计局正式公布的数字为准，未列入国家和市统计范围的，采用部门（系统、地区）经过核实并可公布的数字。

六、本年鉴反映2000年1月1日至12月31日期间的情况，其中部分内容依据实际，时间略有延伸。凡2000年情况，直书月、日，多不标年份。

序　　言

按照中共北京市委、北京市政府的要求，市委农工委、市农委从2001年开始，编纂《北京农村年鉴》(以下简称《年鉴》)。经过郊区区县和农口局、总公司的积极努力，有关部门的大力协助和编辑部同志的辛勤工作，《年鉴》开局之卷奉献到大家面前。

《年鉴》全面反映了郊区2000年经济、社会发展的整体情况。一年来郊区的改革开放、经济结构战略性调整、乡镇企业二次创业、小城镇建设、山区开发、科技兴农、环境整治、精神文明建设、民主法制建设、社会治安综合治理，以及政策法规、资源状况等尽集卷中。一卷《年鉴》在手，可以总揽年度农村工作全貌。

《年鉴》坚持了实事求是、客观公正的原则。反映农村情况，不扩大，不遗漏，不评价，不褒贬，内容经过权威部门的核实，数字以统计部门公布的结果为准。《年鉴》全面、系统、客观、真实地将具有权威性的第一手材料提供给读者，是读者了解郊区、研究郊区、走进郊区、投资郊区的可靠依据。

《年鉴》结构合理。全卷内容以条目为主，每个条目先作综述，再细阐述，使读者既可对郊区每项工作做整体了解，又能深入掌握具体情况。《年鉴》并邀请农口领导撰写专文，就总体或某一方面的工作进行回顾总结和研究探讨。这些文章大都内容丰富，分析深刻，从不同角度反映了某项决策的形成过程和某项工作的推进轨迹。《年鉴》还刊登了很多反映各地区、各方面情况的图片和图表。这些都为读者全方位了解郊区，提供了便利。

《年鉴》文风朴实。《年鉴》的文风严肃而不呆板，活泼而不轻浮，既承袭了公认的年鉴表述方式，又进行了大胆的创新，给人以尊重传统又独具特色的感觉。《年鉴》文字通畅。通览全卷，没有牵强附会的痕迹，更多的是总结归纳、浓缩精练，高度负责地把源于实际又精于实际的记述献给读者。

我把《年鉴》推荐给各界。诚请广大读者浏览《年鉴》、评价《年鉴》、利用《年鉴》、收藏《年鉴》。这不仅是对《年鉴》本身的关心和爱护，更是对郊区工作的支持和帮助。

今后五至十年，是北京农村经济和社会发展的重要时期，将按照江泽民总书记的要求，率先基本实现农业和农村现代化。《年鉴》作为见证人，将把郊区的成就载入史册。为了承担起这一重任，我相信《年鉴》一定会在年复一年的耕耘中茁壮成长，不辜负广大读者的殷切希望。

北京市副市长 [signature]

2001年6月12日

目　录

领导视察

专　文

调查报告

大　事　记

综　述

农业发展

京郊二、三产业发展

郊区城镇建设

农村环境与基础设施建设

山区建设

农业投入

科技进步与人才培养

农民生活与农村社会保障

农村经济改革

精神文明建设

民主与法制建设

维护社会稳定工作

领导班子建设与基层组织建设

区县经济社会发展

市农口国有企业

市农口行政、事业机构

北京市郊区经济工作先进集体、先进个人

统计资料

领导重要讲话

贾庆林同志在绿化隔离地区建设总结表彰会上的讲话

（2000年5月25日）

今天上午，我们检查了朝阳绿化隔离地区的绿化建设情况，感到很高兴、很振奋。朝阳、丰台两个区和来广营乡的发言都讲得很好。受到表彰的单位和个人，值得大家学习。刚才，刘淇同志作了总结和部署，对下一段工作提出了新的要求，各单位要认真抓好落实。这里，我再强调三点意见：

一、要充分肯定绿化隔离带建设的成绩

今春以来，全市绿化隔离地区建设，开局很好，首战告捷。在不到两个月的时间内，超额完成了2 333.3公顷的绿化任务，相当于过去6年的工作量，规模大，标准高，质量也不错。同时，初步完成了绿化隔离地区建设的总体规划方案和大部分乡的控制性详细规划，为下一步工作打下了良好的基础。这些成绩的取得，是党中央、国务院关怀重视的结果，是中央各部门和驻京解放军、武警部队大力支持的结果，是各部门、各单位、各区县、乡镇、村加强领导、通力协作、真抓实干的结果，也是广大干部群众解放思想、同心同德、艰苦创业的结果。我代表市委、市政府向大家表示衷心的感谢。

应当说，今年的绿化隔离带建设取得了突破性的进展。一是观念上有突破。关键是跳出了旧框框，树立了新观念，不单就绿化抓绿化、不仅靠国家投资搞绿化，形成了按照市场经济的规律抓绿化建设的新路子，把绿化建设，改善生态环境与发展当地经济有机结合起来了。通过发展绿色产业，建森林公园、建体育公园、发展速生丰产林、各种经济林、花卉、苗圃、草皮，把农民的长远利益和眼前利益结合起来了。二是机制上有突破。关键是调动农民的积极性，让农民成为隔离带地区的建设主体。广大农民通过参与绿化隔离地区的建设，进一步提高环境意识，在加强生态环境建设的过程中取得经济效益，感觉到种树、种草、建公园不比出租房子收益差，从而由“要我种树”变成了“我要种树”。三是政策上有突破。关键是鼓励建立多元化投入格局。为加快绿化隔离地区的建设，鼓励和支持集体经济组织、当地农民以及中央、市属企业和外商、私营企业投资绿化建设，鼓励和支持他们采取承包、租赁、股份合作等多种形式兴办绿色企业，形成了农民投资为主，政府大力支持，内外资相结合的多元化投入机制和产业化、规模化、企业化的绿色产业发展格局。在工作中，维护农民的根本利益，把绿化建设与增加农民收入、解决农民就业结合起来，让农民感受到绿化、拆迁和旧村改造等各项政策的实惠，用政策去调动广大农民投身绿化建设的积极性和创造性。这三个突破，使多年来我们一直想办，而办不好、办不成的事，变成了现实。

二、要乘胜推进绿化隔离地区的建设

今春绿化隔离地区建设的成绩，为下一步工作开了个好头，奠定了基础。但要清醒地看到，下一阶段，拆迁建绿、新村建设，涉及方方面面的利益，工作难度更大、任务更艰巨，也还有巩固成果的问题。实现“绿化达标、环境优美、秩序良好、经济繁荣、农民富裕”这一预期目标，还需要做大量艰苦、细致的工作。各区县、各有关部门和单位一定要有充分的思想准备，以更振奋的精神状态，更周密的组织，更细致的思想工作，更扎实的工作安排，高标准、高质量地完成今年乃至整个绿化隔离地区建设任务。

一要有组织保证。实行书记挂帅，区县长主抓，组织和健全强有力的领导班子和工作班子。重大问题和政策性问题，要及时进行研究解决。围绕着三年目标，市和区县、区县和乡镇、乡镇与村之间，要层层签订责任书，明确任务、责任和奖惩。要实行重点工程领导分工责任制。区县领导包乡镇、乡镇领导包村，深入基层，指导工作，总结经验，解决问题。二

要抓思想工作。绿化隔离地区建设从总体和长远利益上讲是造福人民、荫及子孙的大好事，但从局部和暂时讲，生产和生活方式的变化，可能会给一些农民带来暂时的不适应和困难，要做好群众的思想政治工作，帮助他们克服困难，顾全大局，积极参与，共同投入到绿化隔离地区建设的大业上来。各区县要对你那个地区的中央、市属单位、企业和居民的拆迁、建设做好宣传工作，取得他们的理解和支持。三要舍得投入。隔离地区房屋建设、市政建设、绿化建设需要巨大投资，各区县应制定与市里相应的投资政策，予以支持。要积极工作，通过招商引资、入股联营、合作开发等多渠道、多层次筹集资金，加快建设步伐。四要通力配合。绿化隔离地区建设是个综合性系统工程，涉及市和区县各个部门。指挥部要发挥综合协调职能，各部门、各单位都应该从首都建设的全局出发，积极地支持、配合这项工作，形成合力。市属各部门、各单位都要按规划办事，做自觉执行规划的模范、带头绿化的模范、拆除违章的模范。要提高办事效率，关键是要转变工作作风，涉及规划、建设、拆迁、土地征占项目审批，尽可能实行“一条龙”审批，加快工作节奏。同时，也要采取有效措施，广泛动员社会各行各业、各方面人士积极参与绿地的认建、认养工作，为首都绿化建设作出新的贡献。

还要强调的是，已经实现绿化的隔离带地区，决不能再受到侵蚀。一定要加强管理，高水平养护，保证绿化成活率，建一片、成一片、绿一片。为了切实搞好绿化工作，中央一年检查两次，我们也要检查两次，保证绿化建设的实效。

三、要切实搞好首都大环境的绿化

加强环境建设，提高环境质量，牵动首都经济和社会发展的全局，事关首都二十一世纪可持续发展和整体形象。我们在当前工作中，在十五计划和长远规划的安排中，都要把环境建设摆到重要的位置上，作为造福工程，作为百年大计，切实抓紧抓好。首都的环境建设近年来取得了很大的进步，但面临的形势不容乐观。今年入春以来，连续发生的沙尘暴天气，范围之广、强度之大、频率之高，引起了上至中央领导、下至平民百姓的广泛关注，再一次敲响了加强生态环境建设的警钟。频繁发生沙尘暴天气，直接原因是气候异常，但更重要的是毁林毁草开荒，乱采滥挖，植被破坏严重，土地沙化扩大，造成生态环境恶化。发生在北京的沙尘暴有外部原因，但与我市沙化土地和裸露地面过多也有直接关系，暴露出我们的绿化、防风、防沙、防尘还有不少薄弱环节和工作漏洞。面对如此严峻的形势，我们必须增强责任意识和忧患意识，按照江泽民总书记的要求，切实加大治理力度，在抓好绿化隔离地区建设的同时，加快城区和郊区的绿化美化步伐，建设一流的生态环境，创造美好家园，造福子孙后代，向中央和全国人民交出一份合格的答卷。

全市的绿化工作，城区是一个薄弱环节。四个城区绿化覆盖率只有27%，人均公共绿地不足4平方米，离要求的目标有很大差距。今年的任务，一是每个区1万平方米以上的集中绿地必须高标准、高质量地落实，每个街道一片500平方米的集中绿地也必须坚决落实，补广大居民的环境欠帐。二是拆墙透绿。凡是可以拆的围墙一定要坚决拆掉，凡是新建的单位绝对不允许再建实体围墙，让满院绿色出墙来。三是一定要见缝插绿、垂直挂绿，减少裸露地面，让一切可以绿的地方绿起来，在有限的空间，实现绿化面积最大化的效果，降低城市热岛效应。

郊区的绿化工作，要与调整农业结构、发展生态农业、改善生态环境结合起来。一是要提高卫星城的绿化标准，建设空气清新、环境优美、生态良好的精品卫星城。二是要搞好小城镇和村级绿化美化。要提倡农户庭院绿化，挤出更多的土地绿化美化。三是搞好路边、水边、地边“三边”绿化，形成三道绿色屏障。加强道路沿线两侧尤其是高速公路沿线两侧的植树造林、种草、种花工作，形成网络化绿色通道。沿永定河、潮白河、拒马河等河流两岸和密云水库、十三陵水库等库区周围，要加大绿化造林力度，治理荒滩，保护水源，塑造优美的绿色水系景观。农田的周围也要搞好绿化。四是山区要加快退耕还林的步伐，增加植被覆盖率。要明确工作目标，二三年之内，山区要退出粮食生产，实现耕地还林、还果、还草，恢复生态环境。同时，也要关注北京周边地区绿化建设，为加快构筑京津周围地区的绿色生态屏障贡献我们的力量。

首都绿化建设的任务是艰巨的，前景是美好的。希望各级党委、政府和广大干部群众向先进单位和个人学习，再接再厉，团结拼搏，开拓进取，艰苦奋斗，争取绿化建设新的更大的胜利，促进首都改革开放和现代化建设更快更好的向前发展。

贾庆林同志在参加
通州区委常委会民主生活会时的讲话

（2000年5月20日）

5月20日，市委书记贾庆林参加通州区委常委会“三讲”回头看民主生活会。

通州区委常委会的民主生活会开得坦诚热烈，区委书记赵家骐、区长焦志忠认真地讲述了个人和班子落实“三讲”整改措施的情况。

贾庆林在讲话中肯定通州区委常委民主生活会准备充分，气氛热烈，勇于开展批评和自我批评。他指出，通州区地处首都东大门，是重要的卫星城，资源条件和经济基础比较好。近几年来，特别是1997年撤县设区以来，新一届区委、区政府认真贯彻执行党的路线、方针、政策，解放思想，实事求是，奋力开拓，埋头苦干，带领全区人民抓住难得的历史机遇，进一步端正和理清了经济发展的思路，使通州区各项工作都发生了很大变化。作为全市“三讲”教育试点单位，通州区通过积极的探索，创造出了许多行之有效的好做法，为全市“三讲”教育的顺利进行积累了经验。

贾庆林强调，全市各级党组织和广大共产党员要认真学习江泽民总书记关于“三个代表”的重要论述，深刻领会其精神实质和重要意义。他说，最近一个时期，江泽民总书记站在党和国家发展的历史高度，反复强调“要把中国的事情办好，关键取决于我们党。只要我们党始终成为中国先进社会生产力的发展要求、中国先进文化的前进方向、中国最广大人民的根本利益的忠实代表，我们党就能永远立于不败之地，永远得到全国各族人民的衷心拥护并带领人民不断前进。”前不久，他在江苏、浙江、上海考察工作时又指出，三个代表“是我们党的立党之本、执政之基、力量之源”。江泽民同志关于“三个代表”的重要论述，高屋建瓴，总揽全局，内涵丰富，含义深刻，是对马克思主义建党学说的新发展，是对我们党的性质、根本宗旨的新概括，是对我们党近80年历史经验的新总结，是新形势下对各级党组织和党员干部提出的新要求，是面向新世纪加强党的建设的纲领。认真学习和贯彻“三个代表”的重要思想，对于我们党在新的历史条件下更好地坚持党的工人阶级先锋队性质，保持党的先进性、增强党的生机和活力；对于我们党带领全国各族人民团结奋斗，建设富强民主文明的社会主义现代化强国；对于巩固党的执政地位，提高党的领导水平，具有重要的现实意义和深远的历史意义。

贾庆林说，认真学习贯彻江总书记“三个代表”的重要精神，是当前摆在我们面前的一项重大而紧迫的任务。各级党组织要高度重视，把学习“三个代表”的重要论述作为领导干部理论学习的重要内容，安排专门时间，集中进行学习，深刻领会讲话的精神实质。要把学习“三个代表”的论述同学习邓小平理论结合起来，同我们的思想实际结合起来，同正在开展的工作结合起来。通过学习，加深对我们党的性质、宗旨、任务的理解和认识，提高思想认识水平，进一步增强抓好党的建设的责任意识和带头实践“三个代表”要求的自觉性。

贾庆林指出，要按照“三个代表”标准，全面加强党的建设特别是领导班子建设，进一步提高党的凝聚力和战斗力。一是加强思想政治建设。要坚持用马克思主义、毛泽东思想、邓小平理论武装全党。全体党员干部，要牢固树立科学的世界观、人生观和价值观，服从服务于全党工作大局，维护中央权威，同以江泽民同志为核心的党中央保持高度一致，确保中央政令的畅通。要通过学习“三个代表”的重要论述，进一步坚定共产主义理想信念。二要加强各级领导班子建设和基层党组织建设。全市各级领导班子要认真贯彻民主集中制原则，不断健全党内政治生活，认真开展经常性的批评与自我批评。班子成员之间要加强交流和沟通，多支持、多帮助，进一步增强领导班子的整体合力。党的基层组织是党的全面工作和战斗力的基础，当前，加强基层党组织的建设就是要把“三个代表”的要求贯彻到党的基层组织建设的各项工作中去。“基础不牢，地动山摇”。加强基层组织建设要不懈地抓下去，使基层组织和它联系的广大共产党员、社会各阶层群众，不仅能在平时的改革、发展、稳定等工作中发挥积极作用，而且在遇到突发事件，面临各种政治风浪时也显示出强大的战斗力。三是切实改进工作作风。牢固坚持党的全心全意为人民服务的根本宗旨，想问题、做决策、办事情，都要以是否符合最广大人民群众的根本利益为最高标准，坚持为人民办好事、办实事，诚心诚意地、切切实实地把广大人民群众的切身利益实现好、保护好、发展好。同时，动员和带领人民群众积极参与改革开放和现代化建设，鼓励和支持人民群众在实践中大胆探索，勇于创新，尊重群众的首创精神。切实转变作风，深入基层，深入群众，关心群众生活，体恤群众疾苦。四是加强党风廉政建设。各级领导干部要树立正确的世界观、人生观、价值观，加强党性修养。坚持自重、自省、自警、自励，堂堂正正做人，勤勤恳恳工作。保持艰苦奋斗的优良作风，安于清贫。自觉接受党和人民的监督，以自己的实际行动，做促进社会生产力发展的模范，做社会主义精神文明建设和党风廉政建设的模范，做全心全意为人民谋利益的模范。

贾庆林指出，“三个代表”不仅是加强党的建设的指导思想，也是指导我们党全部工作的纲领。我们要按照“三个代表”的要求，认认真真、扎扎实实开展工作，保证首都改革开放和现代化建设事业的顺利进行。市委常委会和市政府党组集中四个半天时间，召开了“回头看”专题民主生活会，对90年代以来，市级领导班子的工作进行认真回顾和总结，对当前和今后一个时期首都建设的重要战略问题进行深入研讨，明确了首都各项工作的努力方向。全市各地区、各部门、各单位都要按照“三个代表”的总体要求，根据市委的具体部署，切实搞好“总结过去，规划未来”工作。通州区作为北京市的一个区，要在“回头看”活动中联系走过的发展历程，认真总结以往的经验，精心制定本区跨世纪发展战略目标和规划。要按照中央对北京要率先基本实现现代化的要求，就本区工业、农业、科技、文化教育、城镇建设与管理等重大问题，制定科学的发展规划。规划既要和全市的发展规划相吻合，又要符合实际，切实可行。各区县当前要加紧制定“十五”计划，以制定和实施“十五”计划为新的起点，把各项工作提高到一个新水平。只要我们认真贯彻“三个代表”的要求，解放思想，开拓创新，扎实工作，江总书记要求北京“在建设有中国特色社会主义的经济、政治、文化方面，都能不断向全国和全世界人民展现出新的进步和新的风貌”的光荣任务就一定能够实现。

刘淇同志在北京市农村工作会议上的讲话

（2000年1月14日）

在世纪交替之年召开的农村工作会议，是进一步贯彻落实党的十五届三中、四中全会和中央经济工作会议精神，对跨世纪农业发展和农村工作具有重要指导意义的会议。福洪同志的工作报告总结了近年来、特别是去年以来农村工作的基本经验，明确了目标和任务，讲得很好，我完全同意。全面完成这些任务，关键是我们要深化对形势的认识，理清思路，把握重点，切实加大工作力度。下面，我就如何抓好今年全市农业和农村工作讲四点意见。

一、新的发展阶段和我们的任务

近一年多来，全市各级党委、政府坚决落实党在农村的各项方针政策，认真贯彻党的十五届三中全会精神，按照市委八届二次会议确定的跨世纪目标和任务，解放思想，实事求是，大胆探索，锐意改革，使郊区农业和农村工作出现了战略性转折，开创了新的局面。主要标志是：以农民增收统揽农村工作全局，工作指导思想从保产量、保市场向奔小康转变，保证了农村改革和发展的正确方向。坚持以人为本的改革思路，全面落实土地延包政策，确立了农民的投资主体、经营主体地位，广大农民的积极性空前高涨。产权制度改革取得突破性的进展，集体经济组织的产权结构趋向多元化，农村公有制经济通过新的实现形式焕发出蓬勃的生机。“六种农业”迅速成长，二、三产业专业村迅速兴起，结构调整正在取得实质性的进展。全市乡镇企业通过重组转制走出困境，步入了快速发展的轨道，对农村经济发展的支柱作用进一步增强。农民收入打破了徘徊不前的局面，去年增长了7.2%，是近三年来的最高水平，在全国来讲也是处于前列的，增收步伐明显加快。这些成绩是在近几年国内外形势复杂多变、相当严峻的困难条件下取得的，体现了郊区广大干部群众所具有的强烈开拓意识和创新精神；反映了我们对农村经济发展客观规律的认识进一步深入，把握形势、驾驭全局的能力有新的提高；也表明郊区农村经过20多年的积聚渐变，正孕育着一次新的质的飞跃，在即将开始的新世纪中一定会实现更快的发展。

当前，我国农业和农村经济已经进入新的发展阶段。各地干部群众对我国农业和农村经济发展进入新阶段的认识高度一致，并在实践中不断深化；广大农民面向市场，积极调整结构，表现了很高的主动性和创造精神；许多地方已经涌现出一批成功的典型；农业和农村基础设施建设取得了重大进展；适应新阶段的要求，指导农村工作的方式有了新的改进。中央指出，新阶段农业和农村工作的中心任务是，大力推进经济结构的战略性调整，全面提高农业和农村经济的素质和效益，增加农民收入。新阶段的时代背景是什么？为什么现在提出要以结构调整为重点？调整的方向是什么？这些都离不开对时代的认识和对形势的把握。新的阶段主要是指农业和农村发展的环境、条件出现了重大变化。一是农产品市场供求格局发生了根本性转变，出现了前所未有的阶段性、结构性过剩。全国粮食库存2 500多亿千克，加上农户的近2 500亿千克存粮，相当于全国一年的产量。北京作为农产品主销区，不仅粮食库存增加，一些副食品生产能力也出现过剩和闲置，农产品价格持续低迷。这些表明，在基本解决了12亿人口的温饱之后，农业已经从提供低水平的粮食保障向满足人民群众多层次、高水平的各种需求转变，农业的主要矛盾、发展道路和增长方式必然要产生很大的变化，从粗放型的数量扩张转向集约型的结构优化，成为农业和农村经济发展中十分紧迫的要求。乡镇企业发展，也面临着工业产品供大于求的问题。不是办工厂就会有效益，而是要看市场竞争力，看有无高附加值、低成本的产品，看工艺是否先进。面对大量重复建设造成的恶果，国家正在采取有力措施，压缩钢铁产品、糖精、煤矿等生产能力，对大型工业项目一般不予审批，工业产品结构和过剩的问题也同样会对乡镇企业发展产生重大影响。二是农业发展受市场的制约越来越明显。改革开放以来，农业的市场化程度越来越高，农业生产不仅要面对本地市场，还要面对区域市场以及全国市场，山东蔬菜、河北鸡蛋、南方水果等全国各地的农产品大量进入北京市场。“种什么就能卖什么，种多少就能卖多少”的局面已经永远过去了。农业的发展不仅取决于生产手段和生产能力的高低，更取决于成本、技术、人才、区位等多种因素，取决于农产品在市场上的占有率。特别是我国即将加入世界贸易组织，这不仅带来市场空间的扩大，也意味着生产要素将在更大范围内流动，竞争将在更大范围内展开，我们将直接面对来自发达国家农业的竞争。但我们也要对我国农业充满信心，有关人士分析，我国农业和信息业到国际市场中去竞争，有极大优势。我们不要怕竞争，加入WTO既是挑战也是机遇。三是科学技术作为第一生产力已经越来越明显地发挥威力。当今世界科学技术突飞猛进，成为经济增长的持续推动力。从北京来看，高科技对工业的贡献率大于50%，农业科技企业的高效益已经超过了历史上的任何时期，也超过了一般的加工工业。如海淀四季青乡的农业高科技企业“锦绣大地”，53.3公顷土地创造4 700万元利润；顺义“绿健”种猪基地，规模达到10万头，单位效益达到国际水平。京郊涌现出科技兴农的热潮，依靠优良品种和科学管理，把科技成果直接引入农业，节水、良种、反季节种植等措施，提高了效益，实现了增收。总之，科技迅猛发展、市场因素增强、经济全球化趋势，是当前推动世界经济发展的三大动力，也是发展首都经济、包括农业和农村经济所必须重视的三大因素。农村工作、农业经济必须顺应时代要求，才能有正确的方向和有效的措施。四是农村城镇化进程明显加快。随着农村经济社会的不断发展，农村市场对城市经济的拉动作用越来越强，农村小城镇发展十分迅猛。从北京来看，一方面随着市区建设不断扩展，城乡边缘地区许多乡镇已经融入市区或正在向城市过渡，对这些地方的经济社会管理正在向城市管理模式转轨。另一方面，以卫星城为重点的城镇建设势头很猛，一些地方已初具小城市规模，同时农村小城镇建设试点数量逐渐增加，范围逐步扩大。这些都充分说明，城镇化为农业和农村发展提供了新的空间、载体和巨大机遇，不仅是经济社会发展对农村的外部要求，而且是农村现代化的内在需要，是一种不可逆转的趋势。

分析天下大势是为了谋好工作大局。我们必须认清形势，适应变化，把握机遇，迎接挑战，在新的起点上，以新的思路，应对新的问题，寻求农业和农村发展的新突破。根据党的十五大和十五届三中全会精神，市委八届二次会议确定了到2010年郊区农业和农村工作的奋斗目标，这些目标是符合实际的，也符合农业和农村发展新阶段的要求。实现这些目标，当前和今后一段时期的主要任务可以概括为两句话：一是大力推进经济结构调整以加快农业的现代化，二是大力推进城镇化进程以加快农村的现代化，这是使农业和农村现代化建设达到中等发达国家水平的根本性措施，也是一项十分艰巨复杂的任务。全市各级党委、政府，特别是郊区广大干部和群众，一定要把思想统一到这一任务上来，把精力和干劲集中到这一任务上来，使得郊区农业和农村发展在新世纪的开端能够实现新的跨越式发展。

二、推进农村经济结构的战略性调整

结构性矛盾是郊区农业和农村发展的主要矛盾，这次对经济结构的调整不是暂时的、局部的，而是一种战略性调整。温家宝副总理指出：农业和农村经济结构战略性调整是针对农村发展新阶段提出来的。所谓战略性，第一，结构调整是不断向农业的广度和深度进军的过程。第二，结构调整就是实施科教兴农的过程。第三，结构调整是从粗放经营向集约经营转变的过程。第四，结构调整是农村经济新体制建立和完善的过程。这种调整不是简单的多种或少种什么的问题，也就是说绝不是少种点粮食，多种点菜、多种点花的问题，而是全面提高农产品质量，优化农村区域布局，实现农业的可持续发展和城乡经济的相互协调。这就要求我们，不仅着眼于解决当前的突出问题，更要着眼于农业和农村的长远发展；不仅着眼于农业和农村自身发展，而且要考虑国民经济发展的全局。只有迅速完成这个战略性调整，才能构筑起适应首都经济发展要求的郊区农村经济体系，加快实现经济体制和经济增长方式的根本转变，在21世纪更趋激烈的国际竞争中占据有利地位。江泽民总书记指出：“经济结构的每一次升级，都会带动经济发展上一个新台阶，这是经济发展的一个规律。”我们一定要站在这个高度上认识结构调整的战略意义，增强自觉性和紧迫感，确保如期达到目标。

结构调整是一项极其复杂的长期任务，涉及农村经济的方方面面，不能眉毛胡子一把抓，一定要有明确的主攻方向。在这个问题上，福洪同志讲得很清楚。从郊区实际看，一是要迅速扩大二、三产业规模和提高增长素质。二、三产业是增加农民收入的主要渠道，是促进农村工业化的主要途径，是率先实现农业和农村现代化的关键。要通过加大企业重组转制力度、加快产品和产业升级、促进技术创新、培育新的增长点等一系列措施，使二、三产业保持增长势头，实现总量翻番，显著提高这两大产业占农村经济的比重。二是改变农业以种植业为主、种植业中以粮食为主的传统结构，迅速提高畜牧业和经济作物的比重。我市粮田面积占总耕地的3/4，大部分是两茬平播，上茬小麦，下茬玉米，平均每亩化肥施用量在全国最高。高投入虽然带来了高产量，但效益却不很高，而且大量施用化肥，还会造成恶化生态环境的后果。因此，调整农业结构，核心是调整种植业结构，特别是调整粮食结构。过去，我们服从大局，稳定产量，稳定面积，为缓解全国粮食短缺做出了贡献。现在，全国粮食供应状况发生了根本性转变。中央明确指出：“沿海经济发达地区和大中城市近郊区，有条件发展高效农业和创汇农业的，不必要求粮食自给，腾出一部分耕地生产高价值作物”。1月3日朱总理听北京市汇报时强调，不要求北京成为粮食生产基地，要加大结构调整力度。按照中央精神，结合北京实际，我们要在确保农田使用性质和农业综合生产力提高的前提下，在种植业结构调整上迈出更大、更坚实的步伐。

当前的结构调整无论形势、任务和手段都与过去有很大不同。要搞好结构调整，必须坚持以下几个重要原则。

一是必须以市场为导向，以效益为中心。市场导向既要求面向市场搞调整，又不能简单地什么热门就搞什么，一定要根据郊区的要素特点和比较优势确定自己的主导产业。以效益为中心，就是要把效益作为结构调整的出发点和归宿点，结构调整的成功与否只能用效益尺度来衡量。以市场为导向，要求政府不能盲目决策，不能瞎指挥。

二是必须以农民为主体，政府来引导。产权制度改革和土地延包政策的贯彻，使农村经济的微观基础发生了根本变化。要充分发挥农民决策主体、投资主体、经营主体、市场主体的作用，充分尊重农民的意愿和创新精神，不要包揽过多、过死。但也不能忽视政府的引导作用。发挥政府的引导作用主要体现在：第一，加强农村市场体系建设，着力搞好产地批发市场、农产品质量标准体系和产品市场信息网络建设。北京市的信息网络建设要在全国领先，农业方面也不能例外。第二，推动农业科技进步，在建立技术推广体系和教育培训体系、引进国外先进技术和人才方面加大政策倾斜力度。第三，扶持产业化经营。要摆正关系、找准位置、加强引导、搞好服务。只有农民和政府两个积极性都充分发挥了，结构调整才能健康顺利地向前推进。

三是科教兴农，锐意创新。结构调整必须建立在更高的技术基础之上，决不能搞低水平的重复、扩张。科教兴农，最终要体现在农业科技体制、现代耕作技术、名优作物品种、经营组织形式等全方位的创新和发展上，这是北京农业发展的独特优势和不尽源泉，一定要充分利用这一优势，走出一条科教兴农的新路子。“锦绣大地”在全国有影响力，国务院领导在参观后给予很高评价。福洪同志讲了，我再强调一下，要通过结构调整，在各区县涌现出一大批类似于“锦绣大地”、“绿健”这样的企业。

四是整体推进，重点突破。在推动结构调整全面、均衡发展的同时，一定要紧紧扭住“六种农业”，大力建设“五项工程”，使之迅速形成规模，取得突破。只有这样，才能掌握全局工作的主动。

三、加快推进小城镇健康发展

江泽民总书记在中央经济工作会上明确指出：“发展小城镇是个大战略”。这是党中央根据改革开放20年后的现实国情以及世纪之交我国经济社会发展的客观趋势，作出的一项重大决策。小城镇的发展过程，实际上就是农村各种资源合理配置、调整和聚集的过程。从一般意义上讲，我国有12亿人口，80%是农民，只有降低农民比例，才能最终富裕农民。发展小城镇能够大规模地转移农村富余劳动力，大幅度提高农业生产效率和效益，迅速缩小千百年来形成的城乡差别，加快农村工业化和城市化，对于建设有中国特色的社会主义现代化事业意义重大、影响深远。从特殊意义上讲，作为首都和特大型城市郊区，北京农村小城镇建设具有更强的现实性和紧迫性。北京农村的经济发展水平是比较高的，但是郊区的住房水平、城镇建设水平与经济和社会的发展是不相适应的。

北京郊区人多地少，人均耕地只有0.093公顷，紧张的人地关系，加上多年来生产效率的提高，形成了大量富余劳动力。二、三产业的发展和大城市较多的就业机会，使农村中相当多的农民不仅已经“离土”，而且有着强烈的“离乡”愿望。全市7万多家乡镇企业，13.8万个体工商户，在二次创业过程中迫切要求依托小城镇建设来实现集中布局和集约发展，小城镇建设已经成为解决农村经济中一系列深层次矛盾的关键。从首都经济全局上看，农民进入小城镇不仅会带动消费需求，而且将有效地启动投资需求，从而为全市国民经济克服当前困难、保持高速增长，提供广阔的市场空间和持续增长的动力。北京是首都，是全国的政治中心、文化中心，这种特定的城市功能，需要由中心城市、卫星城市和一大批中小城镇所构成的完整城镇体系共同承载。郊区小城镇发展起来了，才能使首都城市功能不断得到巩固和增强，才能更好地担当起中央要求的“四个服务”的任务。我们的目标是将北京建成世界一流的现代化国际城市，与之相适应，在郊区也必须有一流的城乡风貌，一流的生态环境，一流的文化、教育、卫生、体育，一流的思想素养和道德标准。所有这些，离开小城镇的发展，都是谈不上的。我们常说，农村经济发展和社会进步，是全市经济发展和社会进步的一个重要依托和重要基础，没有农村的现代化就没有全市的现代化。而农村现代化的必由之路是小城镇的快速发展，这一点现在看得是越来越清楚了。

郊区的城镇化起步是早的，已经有了一定的基础。全市现在共有10个卫星城，105个建制镇，近几年又将小城镇建设试点扩大到21个。在城镇建设过程中，我们积累了许多宝贵经验，也有不少教训，走了一些弯路。我感觉，在实践和认识上比较容易出现的问题主要是两个。一个是建设小城镇的热情很高而科学性不足，不研究、不尊重城市发展的客观规律，主观随意性较大。有些小城镇的基础设施没跟上，还有的小城镇仅以“卖户口”吸引外地人，这个方向是不合适的，违背了建设小城镇的初衷。建设小城镇应是优先自己的农民上楼，进入小城镇。另一个是对小城镇主动地推动不够，而是寄希望于农村经济社会发展的自然演变，工作比较消极。这两种倾向都是错误的。现在，实施小城镇发展战略的时机和条件已经基本成熟，郊区广大群众的积极性很高。特别是依托首都这个大城市，在资金、人才、产业联系、城市建设和管理经验等方面，郊区农村比全国许多地方有着十分明显的优势条件。我们应当在城镇建设上走在全国的前列，率先基本实现城镇化，我们北京市应该有这个雄心壮志。

刚才，福洪同志就小城镇建设作了深入具体的部署。我在这里进一步强调几个需要引起大家重视的问题。一是加强领导与协调。小城镇建设涉及面广、政策性强，单靠小城镇自身或某一方面的努力都不行，必须依靠强有力的领导和多方面的配合。市里准备成立专门的领导小组，全面负责这项工作的组织协调及督促检查。各级政府和各相关部门要统一认识，在工作中自觉服从和服务于小城镇发展这个大战略，各司其职、分级负责、通力协作、形成合力，保证小城镇建设的各项政策措施落到实处。二是规划先行。规划决定着小城镇发展的方向、布局、规模和功能定位等一系列重大问题，是小城镇建设的“龙头”。要下决心改变目前规划滞后于建设的局面，加大力度，加快进度，切实发挥规划对城镇建设的规范指导作用。重点把卫星城、中心镇和建制镇规划好。村一级规划有能力也要搞。要坚决防止和克服无视规划随意建设的现象，维护规划的严肃性。现在，郊区道路修到哪里房子就盖到哪里，主要公路两侧到处是小饭馆、小商店，形象很差，受到了中央领导的多次批评，一定要着手解决这个问题。三是抓住繁荣经济这个关键。小城镇建设绝不是盖点房子就行了，一定要以繁荣经济为目标，抓住了这条也就抓住了关键。要把政策的着力点放在加快产业集中、人口集中上来，通过区域政策、产业政策、经济杠杆、行政措施等手段，引导和促进农村二、三产业向城镇聚集，进而繁荣经济。四是搞好基础设施建设，尤其是公共设施。建设21世纪的小城镇必须坚持高标准、高起点。要以小城镇为中心，规划建设道路、电网、上下水、污水处理、液化气站、天然气站、通讯广播网络等等，改善小城镇的生产条件和居住条件。坚持以人为本，从一开始就以高标准的环保设计建设小城镇，创造空气洁净、碧水蓝天的优美环境，有自成体系的小型水厂及污水处理厂。建设21世纪的小城镇，起点要高一点，标准要高一点，环境要优美一点，基础设施是关键，对此要加大投资力度。资金来源是：第一，各级财政调整支出结构挤一块给小城镇，今后政府财政要更多地用于公共建设。第二，国家补贴要更多地转到对基础设施的建设上来。市里的扶持资金，包括支农资金，也要更多地转到基础设施建设上来。第三，鼓励全社会投资，谁投资谁经营。郊区已有投资建水厂经营水的企业出现，要鼓励这种方式发展。第四，利用一部分外资。一定要把小城镇的基础设施放在特别突出的地位，优先加以发展。有条件的地方还要适当超前安排，为长远发展留下余地。

城乡协作，共下决心，解决城乡结合部问题。市委四次全会决定，2000年的工作重点是要在城乡结合部的治理上取得突破性进展。在这次市委常委会研究农村工作时，庆林同志又要求，农口的同志与城区部门要加强协作、共同努力、下定决心，推动城乡结合部的治理和绿化隔离带的建设。过去，我们忽视了对城乡结合部的管理，造成这部分地区的环境脏乱，社会治安问题突出，经济也不能顺利发展。我们在研究农村工作时，必须把城市边缘地区的城市化工作抓好。这是农村工作的一项重要任务，也是当前工作的一个难点。根据市委决定，市里要组织有力的领导机构，实现666.6公顷（1万亩）绿化隔离带和18个试点乡的启动任务，研究和制定农村集体资产的处置、农民户籍管理的办法，以及在城乡结合部地区退耕还林、退耕还草的政策，推进240平方公里内的农村城市化进程。要加大力度，拨出专项资金，鼓励城乡结合部的基础设施建设。市政府农办及其它部门、各有关区县都要有领导专门负责这项工作，完成本辖区的治理任务。

四、加强领导，统筹全局，全面推进郊区农村工作

农村经济是首都经济的重要组成部分，农村工作是全市工作的重要内容。全面搞好农业和农村工作，不仅是郊区各级党委和政府的主要责任，也是全市共同的任务。江泽民总书记指出：“要进一步稳定和加强农业的基础地位。农业丰收，粮食多了，但并不等于农业基础已十分牢固了，要注意防止忽视农业的倾向。如果农业出现反复，整个经济工作都会陷入被动。”因此，各级领导必须牢固树立农业是基础的观念，在形势比较好的情况下，尤其要注意防止忽视农业和农村工作的倾向，围绕农民增收和农村稳定这两件大事，进一步加强领导，认真履行职责，加强工作指导，确保完成全年任务。

要转变政府职能，实现政企分开。政府必须把工作重点放在搞好政权建设和社会治安、做好规划和监督管理上来。乡镇政府要为发展经济创造一个良好的环境。要抓好领导班子建设，培养、选拔和大胆使用优秀年轻干部，让他们担当起实现农业现代化的重任。同时，要积极引进人才，特别是归国留学人才。只要企业自己能承担，可以自定办法吸引高科技人才。市里也要拿出吸引归国留学人才的政策，推动全市科技进步。

统筹农村工作全局，就是要妥善处理好改革、发展和稳定的关系，最关键的是要始终注意维护广大农民的利益。农民是农村改革发展的主体和动力，也是稳定的力量源泉和深厚基础，我们一定要把实现和维护农民的利益，作为我们推进工作和制定政策的出发点、落脚点。目前郊区人均纯收入在1 500元以下的还有近2万人，大部分集中在山区。加强山区水利富民建设，搞好山区综合开发，帮助低收入农民尽快脱贫致富，不仅是一个经济问题，也是一个严肃的政治问题。各级党委、政府要把脱贫工作列入重要议事日程，集中时间，研究部署，坚决打好这场攻坚战，争取在两三年内基本消灭人均收入在1 500元以下的贫困农户，让他们同郊区绝大部分农民群众一样，共同享受改革发展的丰硕成果。

要认真做好政治思想工作，充分重视并正确处理

新形势下的人民内部矛盾。重点解决好改革发展中农民关心的突出问题，防止局部问题扩大为全局问题，防止矛盾激化。各级领导干部要深入农村基层，倾听农民的呼声，了解农民的要求，体察农民的情绪。对涉及农民利益的事，要一件一件地去落实。一时解决不了的，也要认真做好说服解释和思想政治工作，依法化解各种矛盾和纠纷，把问题解决在萌芽状态。

要进一步抓好农村精神文明建设。加强农村精神文明建设不仅可以为物质文明建设提供精神动力、思想保证和智力支持，也可以满足农民日益增长的精神文化生活需要。随着经济发展和社会进步，广大农民在这方面的要求将越来越高，各级领导干部要认真探索新形势下开展农村精神文明建设的规律，把精神文明建设工作抓好做实。要引导农民树立马克思主义的世界观、人生观和价值观，抵制封建迷信、奢侈浪费、赌博等歪风邪气，用积极、健康、向上的思想文化占领农村阵地。继续肃清“法轮功”的影响，对绝大部分“法轮功”练习者要坚持做思想政治工作，对极少数顽固不化者要坚决法办，为改革、发展、稳定创造良好的社会环境。

2000年是完成“九五”计划和本世纪末奋斗目标的最后一年，做好今年的农业和农村工作具有十分重要的意义。让我们高举邓小平理论的伟大旗帜，紧密团结在以江泽民同志为核心的党中央周围，认清形势，明确任务，抓住机遇，知难而进，努力开创郊区农业和农村工作的新局面。

刘淇同志在绿化隔离地区建设总结表彰会议上的讲话

（2000年5月25日）

今天，市委、市政府召开全市绿化隔离地区建设工作总结表彰大会，主要任务是，认真总结前一阶段的工作，表彰春季绿化隔离地区建设工作先进单位和先进个人，动员部署下一阶段各项任务。刚才，庆林同志和首都绿化委员会、市绿化隔离地区建设领导小组，以及有关区县、部门的领导对全市绿化隔离地区建设情况进行了检查。几个区县的典型发言也系统地介绍了他们的具体做法，很有代表性，为我们下一步搞好绿化隔离地区建设提供了宝贵经验。总的看，今年全市春季绿化成效是显著的，特别是绿化隔离地区建设，通过认真贯彻市委提出的“解放思想，转变观念，锐意创新，大胆探索”的指导思想，在市绿化隔离地区建设指挥部的统一部署和精心组织下，经过首都各界及全市人民，特别是绿化隔离地区有关区县各级干部和广大群众的共同努力，绿化隔离地区建设取得了开局首战告捷的重大胜利。下面，我就前一阶段的工作情况作简要总结，对下一阶段的任务进行部署。

一、绿化隔离地区建设的进展情况

3月8日，市委、市政府召开了全市绿化隔离地区建设动员大会。会后，绿化隔离地区内的6个区县和市有关部门迅速部署，广泛发动，层层落实责任制，本着因地制宜，多种形式实现绿化和大力发展绿色产业的指导方针，较好地完成了第一阶段绿化隔离地区的建设任务。

1. 绿化工作进度快、标准高，绿色产业格局初步形成。截止到4月底，绿化隔离地区实现绿化面积超过原定2333.3公顷的计划，初步形成了10片面积在333.3公顷以上大的绿色板块。两个月的战果，相当于以前6年完成的任务。坚持高起点、高标准是今年绿化工作的一大特点。市绿化指挥部连续三次召开绿化工作会议，提出了绿化的技术要求和标准。各区县对指挥部下达的绿化地块大都进行了规划设计，有的区县、乡镇还请了专业设计部门和大专院校帮助进行规划设计。根据规划设计和不同绿地的功能性质，按照适地适树和植物多样性的原则，进行了乔、灌、花、草的优化配置，对重点地区的经济林周边实行了美化“包装”。这次绿化所栽种的苗木、花草品种多，规格大，质量好，各种乔、灌、花、草等植物品种达70余种，其生态和景观效果有了很大进步。在绿化建设的过程中，各区县、乡镇和村，紧密结合当地实际，积极培育和大力发展绿色产业，根据生态建设和市场需求，积极发展速生丰产林、各种经济林和体育、旅游等绿色产业，发展绿色产业已成为大家的共识。目前，隔离地区发展各类绿色产业面积近1333.3公顷，形成了速生丰产林、以圃代林、观光采摘园、优质果园、体育公园、树种园、森林动物园和水生植物观赏园等八种类型的绿色产业，涌现了四季青、来广营等一批以绿色产业为主导产业的典型乡镇。同时，有的乡镇和村还采取承包、股份合作、股份制等多种形式，积极探索了绿色产业的产业化、规模化和企业化经营的新路子。

2. 拆房建绿和旧村改造的各项工作开始启动。拆房建绿和旧村改造工作的进度如何，不仅关系到农民群众的生产与生活，而且直接影响到绿化隔离地区建设三年目标的顺利实现。为确保今年绿化任务的完成，各区县除在现有耕地上进行绿化外，还根据规划的要求，进行了拆房建绿。各区县、乡镇和村的党政领导，坚持从大局出发，克服困难，深入基层，积极做好群众的思想工作，得到群众的理解和支持。到目前为止，绿化隔离地区已拆除各种建筑79.2万平方米，确保了今年绿化任务的完成。对于旧村改造和企业搬迁工作，各乡镇党政一把手亲自带队，对规划绿地中各类建筑进行实地勘察，摸清了基本情况，根据规划，初步制定了绿化建设与产业结构调整相结合，企业搬迁与乡镇企业二次创业相结合，旧村改造与建设新农村结合起来的工作安排，相当一部分乡镇和村已制定了具体的规划方案和相应的拆迁补偿办法。

3. 总体规划和控制性详细规划的编制工作已基本完成。为了规范绿化隔离地区的建设与发展，市总指挥部会同市规委、市规划院和6个区县，针对目前隔离地区土地使用现状，依据《北京城市总体规划》，共同研究确定了绿化隔离地区总体规划、各乡镇和村的控制性详细规划的编制原则和规划实施的基本思路。在规划的编制过程中，规划部门深入实际调查研究，充分尊重有关区县、乡镇和村的意见，对原没有作过规划的乡镇和村，进行了规划的编制，对已作过规划的乡镇和村，根据目前的情况和发展的要求，进行了适当调整。目前，绿化隔离地区总体规划已经市政府办公会讨论通过，各乡镇、村的规划也已通过了有关部门的初步审定，控制性详细规划也在加紧编制，为绿化隔离地区建设和经济社会发展提供了规划依据。在编制规划的同时，各区县、乡镇和村根据规划方案的基本框架，研究并制定了今年秋季绿化的具体地块和面积，以及明、后两年绿化、拆迁、安置用地的计划，有的还完成了勘界、确界工作。

二、绿化隔离地区建设的主要成效和基本经验

全市绿化隔离地区建设第一阶段的各项任务已全面完成。绿化隔离地区建设在改善环境、促进农村产业结构调整、富裕农民、加快城市化进程等方面取得了初步成效。

1. 区域环境得到进一步改善。长期以来，受多种因素影响，规划绿化用地被违法建设大量蚕食，绿化建设进程缓慢，隔离地区环境严重恶化。今春以来连续多次扬沙天气，对北京生态环境造成极大危害的严峻形势，再次给我们敲响了警钟。前一阶段绿化隔离地区建设，虽然时间短，绿化面积有限，对改善首都生态环境的效果还需要一段时间，但局部地区绿化美化效果已明显呈现出来。尤其是绿化面积在333.3公顷以上的十大板块，以及在主要道路两侧绿化带的实现，一定程度上改变了当地的环境面貌。随着绿化隔离地区建设的展开，社会环境综合治理工作力度不断加大，有效地疏散了当地的外来人口，社会治安、环境状况得到了一定的好转。

2. 带动了村镇规划。规划是建设的“龙头”，决定着发展的布局、方向、规模和功能定位等一系列重大问题。长期以来，这一地区规划工作滞后，由于没有规划作为依据和指导，无论是当地的经济发展，还是农民居住条件的改善，都受到了严重的制约，造成的结果，要不就是发展处于被动局面，举步维艰，要不就是无序盲目发展，大量违法建设层出不穷。例如，朝阳区东坝乡由于没有乡域规划，企业发展用地得不到很好解决，农民结婚宅基地审批也长期被冻结。加快绿化隔离地区的建设，客观上使这一地区的规划工作摆在了各项工作之首的地位，由此促进了规划工作加快进行。目前，绿化隔离地区各乡的乡域规划已基本完成，多数乡镇和村都已开始按照规划制定自己的发展规划，有效地调动了农民按照规划安排生产和生活的积极性，规划对村镇建设的规范指导作用越来越大。

3. 推进了农村产业结构的调整。绿化隔离地区地处城乡结合部，受级差地租和劳动力成本的影响，近几年来，农业生产高投入，低效益问题非常突出，第一产业呈日益萎缩的局面，部分基本农田的粮食生产已成为农民的包袱，迫切需要进行结构性调整。加快绿化隔离地区建设，实施退耕还林，大力发展绿色产业，为隔离地区进行农业种植结构全面调整提供了重要契机，调动了农民生产和投资的积极性。目前，在绿化隔离地区内，低收益的传统种植业、养殖业已开始退出，各种新兴的绿色产业正在成为这一地区种植业的主体。特别是一些有市场前景的绿色产业项目已成为吸引投资的热点。同时，由于绿化建设对区域环境的改善，也为当地发展经济和农民致富提供了更好的投资环境，许多新的第二、第三产业引资项目也开始启动。

4. 基层干部和群众的观念以及农民的生产生活方式开始发生转变。目前，全市绿化隔离地区建设第一阶段工作已经告一段落，由于我们思想政治工作到位、措施得力，基层干部和群众对绿化隔离地区建设重要性的认识有了进一步提高，思想观念上也发生了转变。一是通过学习和理解市委、市政府关于加快绿化隔离地区建设的政策，以及参与制定各乡镇、村的规划，使当地的干部和群众对加快绿化隔离地区建设的前景有了形象和透彻理解，对未来充满了希望。特别是通过亲身参与绿化隔离地区建设，目睹退耕还林、拆违还绿所带来的巨大变化，从开始的不理解，转为支持和拥护，从“要我绿化”转向“我要绿化”，广大干部群众参与绿化隔离地区建设的热情空前高涨。丰台区提出抓住地区发展的又一次机遇，这是观念上很重要的认识。二是通过大力发展绿色产业的实践，进一步认识到绿色产业符合首都经济发展的方向，是调整农业结构，促进第一产业，带动第二、第三产业发展的有效途径。各区县、乡镇和村经过相互观摩，交流经验，特别是四季青乡、来广营乡的典型示范作用，进一步激发和坚定了发展绿色产业的信心与决心。三是通过对绿化隔离地区大力发展符合首都经济要求的第二、第三产业重要意义的认识，以及推进旧村改造和新村建设各项政策的深入人心，使当地广大干部和群众认识到，只有尽快改变以往主要靠出

租房屋和场地的经济发展模式，摒弃重眼前经济收入，轻生活质量和环境改善的生产生活方式，加快与城市文明的接轨，才是加快当地经济发展和农民致富，推进城市化进程的根本出路。目前，相当一部分农民已主动放弃了家庭饲养业和房屋出租，对拆除各类违法建设由抵触开始转为理解和支持，对加快旧村改造和新村建设的热情也日益高涨。

总结今年春季绿化隔离地区建设，主要有以下几条最基本的经验：

第一，各级领导高度重视，把绿化隔离地区建设作为全年工作的重中之重。为了加强对这项工作的领导，市委、市政府成立了绿化隔离地区建设领导小组，组建了总指挥部和办公室，各区县、乡镇也相应成立了以行政一把手为指挥，各有关部门参加的指挥部。各级指挥机构在市委、市政府的统一领导下，迅速到位开展工作，全面落实责任制，并经常深入基层，进行具体的组织和指导，保证了各项建设任务的落实。

第二，充分发挥农民在绿化隔离地区建设的主体作用，切实维护农民利益。这次的绿化隔离地区建设，我们坚持把绿化建设与增加农民收入、解决农民就业紧密地结合起来，把旧村改造和新村建设的实惠全部带给农民，得到了农民的理解和支持，充分发挥了当地农民参与建设和经营的主体作用。尽管一些农民放弃了部分眼前利益，有的甚至作出了较大的牺牲，但总体上得到了农民群众的理解和支持，不但没有发生一起上访告状事件，而且还涌现了许多农民群众主动拆房、拆棚、退田，甚至垫资绿化的感人事迹。许多新的绿化形式和绿色产业项目的典型也都是由农民群众创造出来的。

第三，结合农业内部结构调整，通过大力发展绿色产业，加快了绿化隔离地区绿化目标的实现。长期以来，由于没有形成绿化建设与经济发展的协调机制，绿化进展缓慢，规划目标难以实现。今年，我们坚持解放思想，转变观念，通过实行退耕还林，大力发展绿色产业，带动了农业内部结构的调整，实现了绿化建设与经济发展的有机结合。实践证明，大力发展绿色产业符合绿色隔离地区的基本条件，能够充分发挥区位优势，有利于获得良好的环境效益、经济效益和社会效益，有利于调动农民加快绿化建设的积极性，绿色产业已开始成为绿化隔离地区经济发展和农民致富的新兴产业和朝阳产业。

第四，在坚持当地农民作为绿化隔离地区建设主体的同时，各级政府给予了必要的政策扶持。为了加快绿化隔离地区建设，市绿化隔离地区建设领导小组制定了《关于加快本市绿化隔离地区建设的意见》和《关于加快本市绿化隔离地区建设暂行办法》等文件。就加快绿化建设，发展绿色产业和适合首都特点的第二、第三产业，旧村改造和新村建设以及组织实施等，制定了一系列优惠和扶持政策，调动了农民群众的积极性，有力地推动了绿化隔离地区的建设。

短短的两个月时间，绿化隔离地区建设虽然取得一些成绩，得到中央领导同志的肯定和广大群众的拥护。但是我们也要看到存在着的一些问题。一是部分绿化地块建设标准偏低，一些地块栽植苗木偏小；二是如何在确保生态效益和环境效益的前提下，进一步提高绿化的经济效益，建设一批更符合市场需求的绿色产业项目还需进一步探索；三是个别乡镇和村对拆迁和旧村改造的政策，从组织、思想等方面准备不足，工作进展不快；四是绿化后的养护管理和经营机制等问题还有待进一步探索和完善。这些问题都是客观存在的，今后要逐步加以解决。

三、下一阶段的目标和任务

第一阶段绿化隔离地区的建设已取得良好开局。但我们要清醒地看到，今后的任务将更艰巨，也将遇到一些新的困难和问题。主要是：绿化工作由过去的耕地绿化转为拆房绿化，难度明显加大；适应市场需要的绿色产业，以及符合首都经济发展方向的第二、第三产业如何发展还需要进一步探索；旧村改造和新村建设还尚未启动，大规模的建设还没有启动，相应的配套措施和群众的思想工作还需要做大量的工作。对此，我们一定要有“打硬仗”和“啃硬骨头”的思想准备。要用比前一阶段更好的精神状态，更快的工作节奏，一环扣一环地把工作安排好、部署好，保证任务按期高标准地完成。

下一阶段绿化隔离地区建设总的目标是：按照绿化隔离地区建设的整体部署，按照现在的规划，加大拆房建绿力度，确保完成3.5万亩的绿化任务，注重突出绿化效果；加快基础设施建设，启动旧村改造；继续发展各类绿色产业和符合首都经济要求的第二、第三产业，努力增加农民收入。

为实现上述目标，要做好以下几个方面工作：

1. 认真总结推广绿色产业发展的典型经验，进一步加快绿色产业的发展。发展绿色产业是实现绿化隔离地区绿化任务和经济发展的战略性措施。今春以来，一些地区在发展绿色产业上做出了积极的探索，取得了一定的经验。对于这些经验，我们要认真进行总结，并在实践中不断完善和推广。各区县、乡镇和村都要结合实际总结典型经验，以此来指导绿色产业的健康发展。在发展绿色产业的过程中，要始终坚持因地制宜、多种方式并举的方针，突出绿色产业发展的适应性和多样性，发展适合当地特点的具有特色的绿色产业。要充分运用市场经济手段，多渠道筹措发展资金，形成政府、企业、社会、外资相结合的多元化投资格局。各区县要采取特殊优惠政策，积极吸引国内外客商投资兴办绿色企业。要进一步确立农民在绿化隔离地区建设中的主体地位，鼓励农民通过承包、股份合作、股份制等多种形式参与发展绿色产业。

2. 加大拆迁和旧村改造、新村建设力度。拆迁和旧村改造、新村建设关系到绿化隔离地区建设的大局，是一项政策性很强的工作，也是我们工作中的一个难点。各区县、乡镇和村一定要有充分的思想准备和坚定的决心，及早动手，及早安排，把工作做好、做实、做细，让群众满意，提高农民的自觉性和主动性。对于在绿化隔离地区的违法建设要坚决拆除，对不适宜在这一地区发展的企业，要一律外迁，对污染扰民的企业要坚决关闭。旧村改造和新村建设要以改善和提高农民生活居住条件为目标，要在乡镇和村的统一组织下，走农民合作建房的路子。在建设农民新居和加快市政基础设施建设中，要坚持政府、集体经济组织和农民共同出资，民办公助的原则。要妥善解决拆迁、搬迁和旧村改造的补偿问题，深入做好思想工作，一定要向农民讲清楚，新村建设是合作建房、改善住宅条件，不能套用城区里的拆迁政策，希望各地自己研究办法，要确保这项工作的顺利进行。

*3. 充分发挥区位优势，大力发展适合首都经济特点的第二、第三产业。*加快绿化隔离地区符合首都经济发展要求的第二、第三产业的发展，是发展当地经济，解决农民就业的关键。每一个乡镇、每一个村都要根据自身特点，围绕发展首都经济的目标，加快对现有产业的调整和改造，积极培育新兴产业，促进地区经济发展，提高农民的收入水平，确保绿化隔离地区社会稳定和可持续发展。各区县、各乡镇要抓住当前的有利契机，大力发展高新技术产业，改造传统产业，结合企业搬迁，加大对企业改革和重组转制力度，促进乡镇企业二次创业，推进生产要素的优化配置，提高企业的竞争能力。对于第三产业的发展，要充分利用隔离地区的区位优势和绿化美化后的良好生态环境，重点发展为市民休闲服务的体育、旅游等第三产业，努力提高服务档次和水平。从今年“五一”节假日经济的繁荣情况，可以看到北京城近郊区第三产业大有可为。

*4. 加大绿化隔离地区的环境综合治理力度。*绿化隔离地区地处城乡结合部，是全市环境综合整治的重点地区。为了从根本上改变这一地区的面貌，各区县、各乡镇要在进行绿化建设的同时，以拆除违法建设和旧村改造为突破口，着力解决城乡结合部的脏乱问题。按照城市化管理的标准，加快隔离地区的市政、环卫基础设施建设，建立健全清扫保洁制度。全面清理出租房屋，对违反规定的，要依法予以处罚。加强对外来人口管理，全面清理“三无”人员，减少外来人口数量。加大对马路市场和无照经营的查处力度，落实区域管理责任制，加强巡查，严格管理。

绿化隔离地区建设工作时间紧，任务重，困难多，完成下一阶段工作任务仍然需要各级政府和各有关部门的通力合作和不懈努力。让我们在中央和市委的领导下，统一思想，坚定信心，知难而上，开拓进取，为圆满完成首都绿化隔离地区建设任务，为改善城市环境、建设现代化首都而奋斗！

张福森同志在北京市农村工作会议上的讲话

（2000年1月20日）

今年的农村工作会采取了集中与分散相结合、上下相结合的方式，先开了一个大会，福洪同志作了报告，刘淇同志就农村工作的重大问题讲了很重要的意见，会后各区县、局、总公司都组织了讨论。大家普遍觉得，市委、市政府提出的2000年农村工作思路清楚，主要任务、主要目标明确，制定的措施符合实际，切实可行，同时大家也提出了一些很好的意见和建议，需今后在工作中认真加以考虑。借今天的总结会，根据讨论的情况，有几个问题我再强调一下。

一、关于郊区农村工作的目标和主要任务

郊区农村经济是首都经济的重要组成部分。郊区工作总的目标，就是市委八届二次全会提出的，充分发挥首都优势，加快科技进步，在北京郊区率先基本实现农业现代化，使农业和农村现代化建设达到中等发达国家的水平，郊区农村面貌与首都现代化国际城市的总体要求相适应。我们在考虑和安排工作时要以这个目标来统揽农村工作的全局，而不能脱离这个目标。实现这个目标是一个长期的任务，需要每年都确定一些具体的工作要求，并且坚持多年持续不断地努力，一步一步地向这个目标迈进。关于今年的任务，福洪同志已经讲得很清楚了，就是大力推进农村经济结构的战略性调整，加强小城镇建设，做好农村的基层基础工作。具体的工作思路是：重点推进农业产业、产品、市场、技术、区域结构的调整，推进六种农业的发展和乡镇企业的二次创业，实现农村经济的战略性调整，促进农民增收和农村经济的发展；通过搞好村镇规划、增强小城镇的经济实力、加快基础设施建设等措施推进小城镇建设；大幅度提高村和乡镇基层党组织的战斗力，进一步加强农村的精神文明建设，推进基层民主法治建设，确保农村稳定。

讨论中，大家感到今年的农村工作任务很重，各项指标都不低，有的同志担心实现不了。应当说，这次会议提出的这些指标，是按照率先基本实现农业现代化的总目标，从全局的角度出发提出来的，是就全市而言的总体的指导性指标，经过努力是可以完成的。尽管各区县条件不同，基础不同，各自优势和要求不完全一样，但都要紧紧围绕着今年工作的目标和任务，并认真结合各自的实际，研究和确定率先实现农业现代化、增加农民收入的新思路、新途径、新办

法，把农村工作今年的三项任务具体化，扎扎实实地推进郊区的全面工作。

二、关于农村经济结构调整问题

中央农村工作会议提出，新阶段农村经济发展的中心任务是大力推进农业和农村经济结构战略性调整。这完全符合北京郊区的实际，也是今后一个时期郊区农村经济工作的重中之重。这次调整不是暂时的局部性的调整，而是具有全局意义的战略性调整。这次调整既对郊区农业发展提出很多新的挑战，也为郊区农业发展创造了许多新的机遇。我们一定要运用好首都的科技优势、市场优势和综合经济实力优势，更加自觉、积极、主动地调整经济结构，站在更高的起点、更高的层次上调整经济结构。这件事情做好了，就可以使农业和农村经济步入良性循环，使农村社会生产力水平再上一个新台阶，也可以使我们向着现代化的目标再迈出一大步。这是一个长期任务，不是一两年就能够完成的，但我们必须要有紧迫感，今年应当有新的进展，并力争有新的突破。

具体的调整安排，请大家根据福洪同志的报告抓紧落实。根据中央的精神和北京郊区的实际，当前郊区农业和农村经济结构调整中应注意这样几个问题。

一是在推进农业科技进步上要有所突破。实现农业现代化，提高农产品的市场竞争能力，关键在于科技进步。就全国来说，北京有得天独厚的科技优势。用好北京的农业科技优势，关键是加大改革力度，实现体制创新，推动各种科技要素与农业生产、农村经济相结合。这方面，今年特别要注意解决好三个问题。第一，要制定政策，重点抓好农业科技示范园区的建设，大力推广“锦绣大地”、“绿健”等高效农业企业的经验。市委常委会在讨论农业和农村工作时，庆林同志提出每个区县都应当建一两个这样的现代高效农业企业，扩大农业产业化的规模，提高郊区农业科技水平，加快首都农业现代化的步伐。这个问题还要专题研究具体落实的办法。第二，要运用市场机制实现科技与农村经济的紧密结合。农业科技与农村经济结合的形式是多种多样的，各区县、各局总公司、各乡镇都要研究和创造更好的环境和机制，把更多的科研人员从“深宅大院”吸引出来，可采取业余兼职、合作研究、办企业等多种方式，推动农业科技人才同生产实际的结合，把科研人员的创新潜能挖掘出来。80年代，中关村电子一条街发展的一条成功经验，就是通过市场机制把科研人员从“大院大所”请出来到企业中去，激发科研人员的积极性，效果十分明显。当然，农业的科研单位、机构也要加大自身改革的力度，调动广大科技工作者的积极性，积极探索科研工作与农业生产紧密结合的新路子。第三，要围绕着农业现代化的目标，明确精品农业、籽种农业的方向，加大宏观协调的力度，加大政策的扶持力度，提高对各种科技要素的吸引力度，力争今年有新的进展，切实把农业产品的质量搞上去，档次搞上去，效益搞上去。

二是在提高农村经济的组织化程度上要有所突破。实现农业现代化迫切需要提高农业的组织化程度。主要方式是培育一批有竞争实力的龙头企业。有了一批龙头企业，农民的小生产就可以同大市场对接，传统的农业生产方式就容易加以改造，科学技术的创新就能够与农业生产相结合，大量的农业劳动生产力也可以从土地中转移出来。市和各区县都要有计划地扶持一批市场前景好、效益高、带动能力强的龙头企业，在项目审批、贷款筹集、股票上市、利用外资等方面给予重点支持，使这些龙头企业成为推动农业产业化的重要力量。同时，积极鼓励和引导农户和企业增加投入，创办多种形式、多种所有制的加工、流通、服务型企业，加快农业产业化的发展。各区县都要积极支持和鼓励农民发展新型合作经济组织，在组织形式上要坚持农民自愿的原则，因地制宜，形式多样；在内部机制上要注重在稳定家庭承包经营的基础上，明晰合作经济组织内部的经济关系；在运行方式上要体现“民办、民管、民受益”的原则。通过大力发展各类农民合作经济组织，形成多种形式的联合，提高农民的组织化程度，降低经营成本，规避市场风险。这两年我们在合作经济组织的发展上已经迈出了步子，全市合作经济组织现在已发展到几百个，千万别小看这件事，还要采取有力措施，进一步推动这项工作。

三是各级政府要在建立和完善社会化服务体系方面有所突破。要加强农产品的市场建设，把建设市场作为农业基础设施建设的重要内容，合理规划，增加投入，重点扶持，发挥市场在农业现代化建设中的带动作用。要建立农产品质量标准体系，实现农产品的优质优价，创造平等竞争的环境，促进农产品提高质量。要加强农产品市场信息网络建设，不断提高对农民在产前、产中、产后全方位的服务水平。

郊区调整结构的一个重要内容是推进乡镇企业的“二次创业”。市委八届二次全会提出乡镇企业要进行第二次创业。最近，市委、市政府对乡镇企业“二次创业”问题又进行了认真的研究，还要专门发一个文件。乡镇企业二次创业是市委、市政府在分析当前形势、把握全局的基础上提出的一项重要的战略任务。应当看到，站在新千年、新起点上的乡镇企业与农村其他二、三产业一样，都面临着新的形势、新的挑战和新的机遇。首先是体制与制度面临挑战。我国已经迈入了社会主义市场经济时代，企业必然要走向市场，在市场竞争中求得生存与发展。这种生存与发展能力的大小，很大程度取决于企业制度。其次是科学技术的挑战。当今世界科学技术突飞猛进，成为经济增长的持续动力，科学技术作为第一生产力已经越来越明显地发挥威力。第三是经济全球化趋势的挑战。我国入世在即，今后企业不仅要参与国内竞争，还要应付来自发达国家企业的挑战。总之，在新的形势、新的挑战面前，郊区乡镇企业和二、三产业只能通过体制创新、制度创新、科技创新，开辟新的发展之路。这就是乡镇企业二次创业的内涵。

当前，乡镇企业存在两大矛盾，即结构性矛盾和体制性矛盾。近几年，我们搞重组转制，取得了显著成效，但对企业制度的改革力度还不够大，还没有从根本上解决问题。从总体上看，乡镇企业仍存在总量不足、产权不清、机制不活、竞争力不强等诸多问题，从产业结构到企业机制还很不适应市场经济条件下的激烈竞争。乡镇企业二次创业要着力解决这些矛盾。在结构调整方面，郊区乡镇企业要严格执行国家的产业政策，按照发展首都经济的要求，坚持“有所为、有所不为”的方针，优先发展体现现代农业特色的农产品加工业、体现首都经济特点的高新技术产业和为首都服务的第三产业。限制发展科技含量低、竞争能力差的一般加工企业，淘汰浪费资源、污染环境的落后企业，切实把乡镇企业和农村二、三产业的发展建立在依靠科技进步、合理利用资源、保护生态环境的基础上，实现可持续发展。在改革方面，这几年虽有进展，但决心还不够大，进展还比较缓慢，个别地方甚至才刚刚起步。今年要加大这方面的改革力度，并取得突破性进展。体制改革的中心是产权制度改革，集体企业的盈利大户、亏损大户和村办企业是改革的重点和攻坚的主要对象。要采取措施，确保今年完成这一改革任务，在这个基础上，再经过二至三年的努力，最终完成乡镇企业的体制改革和机制转换，普遍建立起适应市场经济要求的企业制度。

郊区在乡镇企业的结构调整和机制转换上，已经积累了一定的经验，各方面的认识也趋向统一，各方面的条件已经成熟，特别是企业普遍有这种改革的要求，希望各区县要认真贯彻市委即将下发的关于大力推进乡镇企业二次创业的《意见》，认清形势，抓住机遇，加强领导，努力开拓乡镇企业二次创业的新局面。

三、关于郊区城镇建设问题

发展小城镇，是党中央根据我国农业和农村经济发展新阶段、新情况作出的重大战略决策。这次中央经济工作会议和中央农村工作会议再次强调这个问题，具有重要的理论意义和实践意义。北京作为首都和特大型城市，加快郊区城镇建设步伐，同样是关系首都经济发展全局的重大战略问题。郊区农村现代化建设的一项重要任务，就是加快郊区城镇建设，提高农村的城市化程度，提高郊区交通、通讯等基础设施水平，改善居住环境，使郊区农村面貌与首都现代化国际城市的整体要求相适应。只有加快郊区城镇建设，才能逐步缩小城乡差距，促进城乡经济协调发展；才能不断推进农村剩余劳动力的合理转移，缓解农村人口增长及大量剩余劳动力的压力；才能进一步带动郊区经济结构的整体性调整，促进农村经济的发展，为首都经济发展提供广阔的市场空间和持续的增长动力。各区县都要高度重视城镇建设，把城镇建设纳入国民经济和社会发展规划，加强领导，统一协调，制定政策措施，扎扎实实加以落实。

郊区城镇建设的重点：一是城乡结合部地区的建设与管理。这个问题在去年底召开的第二次城市管理工作会上已经作了部署。总的目标是，通过城乡结合，形成合力，加大综合治理力度，使城乡结合部地区面貌有一个较大的改观。经过几年的努力，逐步把这个地区建成一个经济社会持续健康发展、基础设施比较完善、环境优美整洁、社会井然有序、人民安居乐业的欣欣向荣的区域。今年要力争对城乡结合部地区的治理有一个突破性的进展。二是搞好卫星城的建设。全市现在有14个卫星城，为首都的发展做出了巨大的贡献，但也存在不少问题。最近市政协的同志搞了一些调查研究，希望我们加强对卫星城建设的领导。这个问题还要进一步研究。卫星城的建设要按照《北京城市总体规划》的要求，进一步明确各自的性质、功能和建设重点，加强基础设施建设，提高文教、医疗、居住等社会、人文环境水平，增强卫星城的吸引力。三是搞好全市105个建制镇和21个小城镇试点单位的建设，从量的扩张转向质的提高。对已经形成一定规模、基础较好的小城镇，要重点扶持，循序渐进，促进其健康发展。同时，要多方筹集城镇建设资金，实行财政资金为引导、吸纳民间资金参与建设的多元化投融资体制，走出一条主要通过市场机制建设郊区城镇的新路子。小城镇能否建设好，关键是要有坚实的经济基础。要把发展小城镇同发展乡镇企业、发展科技型农业结合起来，形成具有比较优势的支柱产业、支柱企业和新的增长点，带动相关产业的发展，提高小城镇持续发展的能力。

不论是城乡结合部地区、卫星城还是小城镇，在发展中都要注意克服布局混乱、违法建设、超强度开发、环境恶化、建设散乱和发展不协调等问题。郊区的城镇建设一定要加强领导，加强协调，加强规划。必须尊重规律，尊重科学，尊重历史，尊重实践，尊重专家。按照首都现代化建设的总体要求，认真总结郊区城镇建设的经验教训，研究和借鉴国外成功的做法，遵循城镇建设的客观规律，立足当前，面向未来，统筹兼顾，综合布局，促进经济、社会、环境协调发展。

四、关于加强党对农村工作的领导

实现农业现代化，搞好农村经济结构的调整，推进乡镇企业二次创业，必须加强和改进党对农村工作的领导。

一是要切实把农村基层组织建设好。以党支部为核心的农村基层组织是党在农村全部工作的组织基础。在新的形势下，郊区农村基层党组织要在深化农村改革、调整经济结构、发展农村经济、增加农民收入、正确处理农村各种人民内部矛盾、保持农村稳定方面发挥领导核心作用和战斗堡垒作用。北京市从1994年以来，按照中央和市委的要求，集中对农村基层组织进行了整顿，效果很好。基层党组织的战斗力、凝聚力不断增强，领导核心地位不断巩固，干部队伍和党员队伍的素质明显提高。但是也必须看到，农村基层党的组织建设中还存在着不少薄弱环节。最突出的是，一些基层干部带领群众发展经济、调整结构、增加农民收入方面的思路还不宽，办法还不多，能力还不强；有些同志不善于做新形势下的群众工作，作风不民主，办事不公道，方法简单粗暴，甚至以权谋私，违法乱纪，造成干群关系紧张，以致诱发一些群体性事件。针对当前的这些问题，加强农村基层组织建设，就是要不断地落实党建工作责任制，不断地整顿后进支部，不断地提高基层干部的素质。

各区县都要按照中央和市委的要求，认真落实农村党建工作责任制。区县委书记要认真当好“第一责任人”。把党建工作的各项任务，逐级落实到乡镇、落实到村，做到每层有每层的目标、任务。按照中央的要求，认真搞好“五个好”农村党支部、“六个好”乡镇党委活动和创建基层党组织建设先进区县活动。要不断地抓后进村和后进乡镇的整顿，每个区县每个时期都有后进的村和乡镇，我们的工作就是要根据不同情况，采取多种方式，扭转后进村和后进乡镇的面貌。抓好后进乡镇党委和后进村党支部工作，关键是搞好乡镇和村两级领导班子的建设。首要的是要选准、选好村党支部书记和乡镇党委书记。要加大基层干部选拔任用制度的改革力度，扩大视野、多条渠道、多种形式选贤任能，建立有利于人才脱颖而出的选人机制。还要研究建立和健全对基层干部的监督激励机制，探索对农村基层干部规范化管理的有效途径和办法。基层干部面对广大农民群众，处于农村各项工作的第一线，工作非常辛苦，任务很艰巨、工作难度大；但也确有一些同志在思想上、工作上、作风上存在这样那样的问题，群众意见比较大。上级党委必须满腔热情地关心、爱护和支持农村基层干部，帮助他们解决实际困难，为他们开展工作创造更好的条件和环境。同时，也要严格要求，严格教育，严格管理，严格监督。

要提高基层党组织的凝聚力、吸引力、战斗力，必须下力量提高农村基层干部队伍的整体素质。加大干部培训的力度，认真研究农村各类基层组织的状况，根据不同岗位，不同任务，不同需要，有针对性地进行培训。提高基层干部的素质，从全市看，当前第一是增强农村基层干部带领群众发展经济的本领，帮助和引导他们认清当前的形势，增强发展经济、调整结构的主动性、自觉性和紧迫感。要帮助他们增强市场观念，学会根据市场需求发展经济、调整结构，掌握面向市场、适应市场变化的本领。要帮助他们树立科技意识，努力学习和掌握科技、文化知识，带头运用和普及农业实用技术。通过加强培训，使他们能够自觉地按照自然规律和市场经济规律办事，尊重农民群众的意愿，改进工作方式方法，提高工作水平。第二要努力提高和增强农村基层干部的政策水平和法制观念。要认真学习和全面理解党的政策，做到执行中不打折扣、不走样；正确向群众宣传和解释各项政策，使党的政策成为群众的自觉行动；结合贯彻落实政策，发挥创造性，防止绝对化；模范地执行政策，要求群众做到的自己首先做好。同时要教育农村基层干部增强民主意识和法制观念，学法、知法、守法，严格依法办事，按政策办事。第三要努力提高农村基层干部正确认识和处理新时期人民内部矛盾的水平和能力。随着改革的深入，农村的生产方式和社会组织形式都发生了新的变化，农村人民内部矛盾在内容和表现形式上呈现出许多新的特点。在这样的情况下，必须改变长期习惯的行政命令式的工作方式。要帮助基层干部从新的情况出发，积极探索解决新形势下人民内部矛盾的新方法。要帮助他们学会具体问题具体分析，针对不同的情况采取不同的解决问题的办法。要帮助他们学会做耐心细致的群众工作，善于透过现象抓住本质，区分两类不同性质的矛盾，能够及时发现、及时处置各类矛盾，使各类问题解决在萌芽状态。

二是要加强农村基层民主政治建设。这些年，农村基层民主政治建设有了长足发展，在村级民主选举、民主决策、民主管理、民主监督等方面都迈出了新的步伐。当前突出的问题是，农村基层民主建设的制度还不够规范，办法还不够完善，水平还不够高。今年的任务主要是扎扎实实地搞好各项措施的巩固、完善和落实。

要进一步健全和完善民主决策、民主管理、民主监督制度，深化村务公开，规范公开的内容和程序，坚持全面、真实、及时，增强公开的实效性。要搞好村务公开的监督检查，确保这项制度得到有效坚持，防止形式主义，克服随意性。要加强对干部群众的民主法制教育。努力提高农村基层干部的民主意识，增强干部的法制观念。对广大群众也要进行权利与义务教育，教育他们在享有民主权利的同时，自觉履行公民应尽的义务。农村基层民主建设要在党的领导下进行。村党支部是村级各种组织和各项工作的领导核心，实行思想、政治和组织领导，决定村里的政治、经济和社会发展中的重大问题，领导和推进村级民主选举、民主决策、民主管理、民主监督，负责村级干部的管理和监督。村民委员会是基层群众性自治组织，在村党支部的领导下，推进村级民主决策、民主管理、民主监督，在法律、政策的范围内办理本村的公共事务和公益事业，管理本村的集体资产，承担和协调本村的生产经营活动。村党支部对村民委员会要敢于领导，善于领导，支持、监督村委会依法履行职责，村委会要在村党支部的领导下，积极主动地做好职责范围内的工作，同党支部一起把村里的事情管好、办好。

要确保郊区农村稳定。今年要继续抓好“严打”整治专项斗争，坚持不懈地严厉打击各种刑事犯罪和经济犯罪活动，进一步落实社会治安综合治理的各项措施，坚决打击和取缔“法轮功”等邪教组织，依法加强对民间组织的管理。当前，妥善处理人民内部矛盾也是影响农村稳定的重要因素。从郊区信访工作的情况看，出现大量的人民内部矛盾，主要原因是乡、村和一些部门、企业在处理土地、劳资纠纷等问题时没有按照国家的法律、法规操作；一些基层干部以权谋私、侵占集体利益，一些农村干部不民主、村务不公开等。出现这些问题，绝大部分都与我们的基层干部有关。从某种意义上说，干群矛盾，主要责任在干部。今年，解决农村人民内部矛盾的工作主要是健全工作机制。这项工作，我在全市政法工作会上已经讲了，这里就不重复了。要强调的是，郊区排查调处的工作重点在基层，在乡镇、在村。工作目标是，提高基层干部的素质，做好深入细致的工作，及时化解各类矛盾，做到小矛盾不出村，大矛盾不出乡镇，矛盾不上交，尽最大力量把矛盾化解在基层。这项工作，年底要进行考评。

三是区县、乡镇的领导同志都要切实转变工作作风，把工作的着力点放到落实党的农村政策和为农民提供服务上来。为农民提供良好的服务，是农村基层干部面向群众做好工作的基本方式。在农村工作的各级干部都要树立政策观念和服务意识，严格按党的政策办事，善于通过服务推动工作。要改进思想方法，始终坚持尊重实践，尊重群众，特别是要尊重群众的首创精神。我们办任何事情都要从当地实际情况出发，即使为群众办实事，也要充分考虑群众的承受能力，尊重农民意愿和民主权利。要改进工作方法，注意突出重点、狠抓落实，认真研究新形势下出现的新情况、新问题。各区县、各局总公司、各部门都应抓住当前障碍我们事业发展的主要矛盾，深入进行调查研究，探讨解决问题的治标之法、治本之策。当前，需要研究的问题很多，推进农业现代化，调整经济结构，乡镇企业二次创业，深化农村改革，推进农村基层民主建设，加强农村党的建设等等，市里要加强研究，要有思路、有招术，各区县、局、总公司以及各乡镇党委也应当有符合本地区特点的思路和招术。只有这样，才能不断地提高农村工作的总体水平。

在新的一年里，我们要坚持以邓小平理论和党的十五大精神为指导，在以江泽民同志为核心的党中央领导下，坚定信心，埋头苦干，努力开创郊区农业和农村工作的新局面，为首都改革开放和现代化建设更快更好地发展做出新的贡献！

于均波同志在农村基层组织建设领导小组扩大会议上的讲话

（2000年4月6日）

刚才，几位区县委书记交流了履行农村基层组织建设第一责任人职责的作法和体会，凤山同志代表市农村基层组织建设领导小组办公室通报了对13个郊区县1999年创建工作的检查验收情况。今天的会议是市委部署开展创建农村基层组织建设先进区县活动以来的第三次专门会议，也是首次以落实第一责任人职责为主题的会议。开好这个会议，有利于进一步加强对农村基层组织建设的领导，推动创建农村基层组织建设先进区县活动的深入开展。借此机会，我讲几点意见。

一、按照“三个代表”的要求，全面加强农村基层组织建设

前不久，江泽民同志在广东考察工作时强调指出：“要把中国的事情办好，关键取决于我们党，取决于党的思想、作风、组织、纪律状况和战斗力、领导水平。只要我们党始终成为中国先进社会生产力的发展要求、中国先进文化的前进方向、中国最广大人民的根本利益的忠实代表，我们党就能永远立于不败之地，永远得到全国各族人民的衷心拥护并带领人民不断前进。”这一讲话，精辟总结了我们党七十多年的基本经验，深刻指明了新形势下党的建设的方向，对于在新的历史条件下全面加强党的建设，提高党的领导水平和执政水平，保证社会主义事业永远兴旺发达，具有重大而深远的意义。全市各级党组织、广大党员干部要认真学习、深刻领会江泽民同志的重要讲话精神，深刻认识“三个代表”的内涵，按照“三个代表”的要求，全面加强党的建设。

党的农村基层组织，是我们党在农村全部工作和战斗力的基础。加强农村基层组织建设，也必须贯彻“三个代表”的根本要求。要紧紧围绕深化农村改革，调整经济结构，发展农村经济，增加农民收入，维护农村稳定，加快致富步伐这个中心，通过加强农村基层组织建设，充分发挥党的思想政治优势、组织优势和密切联系群众的优势，把“三个代表”的要求体现到建设社会主义现代化新农村的实践中去，更好地加强和改善党对农业和农村工作的领导，不断巩固党的执政基础，推动农村各项事业的发展与进步。

长期以来，中央高度重视农村基层组织建设工作，始终把这项工作作为党的建设的一个重点来抓，农村基层组织建设的工作内容不断扩展，形式不断完善，标准也越来越高。去年以来，郊区县各级党组织积极贯彻党的十五大、十五届三中全会和市委八届二次全会精神，开展了创建农村基层组织建设先进区县

活动，围绕党在农村的中心任务，实行整顿与创建并举，基层组织建设与基层民主政治建设相结合，促进了农村基层组织建设整体水平的提高，成效是明显的。但是我们必须清醒地看到，当前郊区农村基层组织建设的状况和水平同中央的要求，特别是同江泽民同志提出的“三个代表”的要求还有差距，还不能适应新形势、新任务的要求。全市郊区各级党组织特别是领导干部，要按照“三个代表”的要求，查找农村基层组织建设方面存在的不足和差距，不断提高农村基层组织建设的水平。要认真组织广大干部群众开展“致富思源，富而思进”的教育活动，激励广大干部群众在党的富民政策指引下，沿着改革开放和现代化建设的道路，迎难而上，开拓前进。

二、提高认识，进一步增强履行农村基层组织建设第一责任人职责的主动性和自觉性，不断提高农村基层组织建设的水平

江泽民总书记在中央纪委第四次全体会议上的讲话中明确指出：“落实好从严治党的方针，必须坚持党要管党。各级党委都要建立和健全抓党的建设的责任制，一级管好一级，一级带动一级，一直抓到支部、抓到党员。”区县委书记是农村基层组织建设的第一责任人，这是中央和市委多次强调的。作为区县委书记，对本地区各个方面的工作都负有第一位的责任，但抓好党的建设是抓好其他各项工作的基础和保证。不抓好党的建设，其它方面的工作就不可能真正抓好。因此，区县委书记必须牢固树立“党要管党”和“关键在党”的思想，以实际行动把“三个代表”的要求贯彻到党的建设的实践中去。就农村基层组织建设而言，区县委书记必须切实履行第一责任人的职责，坚决贯彻“党要管党”的要求，全面加强农村基层组织建设，真正解决好农业、农村和农民问题，为深化农村改革、发展农村经济、保持农村稳定提供坚强的组织保证。

应当说，各区县委在开展创建农村基层组织建设先进区县活动中，在落实党建工作责任制方面做出了很大努力，取得了非常明显的效果。但是，对此我们还不能估价过高。在党建工作责任制方面，还有一些需要加强和改进的地方，如少数区县委思想上重视不够，存在着“讲起来重要，做起来次要，忙起来不要”的现象。有的单位对责任制抓得不紧，或者时紧时松，抓抓停停；有的单位在落实责任制方面思路不清，抓不住重点，针对性不强，满足于上级布置什么抓什么，不能结合实际，工作虚浮。还有的督促检查不够，满足于开开会、发发文件，没有下大力气抓责任制的落实。还有些区县部门的职责不清，协调配合不够、齐抓共管的局面没有形成，等等。在农村基层组织建设工作中，也还存在着许多不容忽视的问题，如相当一部分农村基层组织的凝聚力、战斗力还不强，一些后进村、贫困村和后进乡镇尚未真正改变落后面貌，目前，全效区还有13个后进乡镇党委和76个后进村党支部有待实现转化。个别长期后进的村，问题还没有得到有效解决；农村基层干部的整体素质还不能适应农业和农村经济发展新阶段的要求，有的在带领群众调整经济结构、发展农村经济、增加农民收入方面思路不宽，办法不多，能力不强；也有的不善于做新形势下的群众工作，作风不民主，官僚主义严重；也有个别基层干部习惯于个人说了算，方法简单粗暴，甚至以权谋私，违法乱纪，造成干群关系紧张，以致于诱发一些群体性事件等等。这些问题的存在，直接影响着农村基层组织的凝聚力和战斗力，影响着党组织领导核心作用的发挥。出现这些问题，是与第一责任人作用发挥不够、职责没有到位有很大关系的。

区县委书记作为第一责任人，必须从率先基本实现农业现代化、顺利完成农村经济结构战略性调整、巩固党在农村执政基础的高度，充分认识农村基层组织建设的重要性和紧迫性，充分认识第一责任人在农村基层组织建设中的作用，增强履行第一责任人职责的主动性和自觉性，真正把农村基层组织建设摆在更加突出的位置，抓紧、抓实、抓出成效，推动农村基层组织建设不断上新台阶。

强调落实第一责任人的职责，一个重要目的，就是通过一把手抓农村基层组织建设的自觉行动，带动区县委班子及各个部门、各个基层单位重视党建工作，抓好党建工作，不断提高农村基层组织建设的水平。如何切实履行第一责任人的职责，需要在实践中不断地探索总结。今天在会上发言的两位同志和书面交流的几位同志的作法、体会，都是从实践中探索总结出来的，其中的一些做法很值得我们大家学习和借鉴。这里，我就履行第一责任人职责应该重点把握的几个问题，提出几点具体要求。

第一，要把握全局。履行第一责任人的职责，不是要求区县委书记事无巨细，件件都要亲自抓，而是要从战略的高度，把精力放在抓大事、抓全局上。只有牢牢把握党建工作的全局，才能够把党建工作放在本地区各项工作的整体中去考虑，使党建工作紧紧围绕党的中心任务去开展，为中心工作服务；也才能够对党建工作统筹安排，有序开展，整体推进。因此，区县委书记一定要树立全局意识，学会和善于从全局上认识、思考问题，全面推进农村基层组织建设。

第二，要出好思路。作为第一责任人，首先应当研究党建工作的整体思路。整体思路理清了，目标方向明确了，抓什么和怎样抓的问题也就好解决了。所以，区县委书记一定要把主要精力放在研究制定党建工作的总体思路上去。明确目标，理清思路，首先要认真学习毛泽东、邓小平的党建理论和江泽民同志关于党的建设的一系列重要论述，学习党的路线方针政策，提高理论水平和政策水平，同时要搞好调查研究，了解掌握本地区党建工作的实际状况，把上级精

神与本地实际有机结合起来，这样才能提出科学的、符合实际的思路。当前，特别要认真学习贯彻好江泽民同志关于“三个代表”的思想和中央对农村基层组织建设工作的部署，紧密联系本地区的实际，多调查，多思考，多研究，把工作目标和具体方法有机结合起来，使农村基层组织建设不断适应农业、农村经济发展新阶段的要求。

第三，要责任到人，狠抓落实。乡镇党委是农村基层组织建设的龙头；乡镇党委书记是农村基层组织建设的直接责任人。各区县委书记要充分发挥乡镇党委书记的作用，并制定措施，责任到人。要教育他们自觉抓党建，切实负起党建工作的责任；要加强对他们工作的检查监督，使他们真正把党建工作“挂上号”，常抓不懈；同时要加强对他们工作的指导帮助，不断提高他们抓党建工作的水平。要通过落实乡镇党委书记的党建工作责任制，有效防止和解决农村基层组织建设的“断层”问题，发挥好乡镇党委对农村组织建设的承上启下作用。

任务明确、思路清晰后，关键要抓落实。光靠开会、发文件、作报告不行。各区县一把手要抓好对农村基层组织建设工作的督促检查。凡是没有落实的工作，要责成主管领导和有关部门抓紧落实，对因工作抓得不紧，使基层组织建设受到影响的，要分清责任，按照责任制予以追究。另外，要抓好组织协调。农村基层组织建设涉及方方面面，与许多部门都有联系。区县委书记要做好组织协调工作，把各个部门都动员起来，齐抓共管，共同负起农村基层组织建设工作的责任。

三、扎实工作，确保2000年农村基层组织建设工作任务的实现

关于2000年农村基层组织建设工作的主要任务，去年底的全市农村基层组织整顿建设工作座谈会和今年初的全市组织工作会议，都已作出了部署。在上个月的农口政治工作会议上也做了具体安排。各区县委要在深入学习胡锦涛同志视察山东、江苏、安徽三省农村基层组织建设工作时的重要讲话和中组部[1999] 10号文件精神的基础上，紧密结合各自的实际，努力工作，确保2000年工作任务的圆满完成。

一要总结经验，深入开展“三级联创”活动。

“五好”村党支部和“六好”乡镇党委创建活动的开展，对于农村基层组织建设整体水平的提高起到了重要促进作用；去年以来开展的创建先进区县活动，又使农村基层组织建设达到了一个新的水平。这次检查验收的结果，证明“三级联创”活动是加强农村基层组织建设的有效载体。我们要认真总结几年来创建活动的经验，紧紧围绕农业和农村经济发展新阶段的任务要求，突出重点，狠抓关键，主攻薄弱环节，把“创建”活动深入持久地开展下去，进一步抓出特色，抓出成效。

今年是创建先进区县活动的评比表彰年，各区县要以此为契机，认真加强和改进工作，努力争取各方面都得到新的提高。要通过这次对“创建”活动的检查验收，看一看自己工作中还有哪些问题和差距，那些是薄弱环节，认真加以改进，努力争取在年终验收评比中获得好成绩。

二要紧紧抓住领导班子建设和提高干部队伍素质两大重点，推动农村基层组织建设再上新水平。

农业和农村经济发展的新阶段，给农村基层组织和基层干部提出了新的更高的要求。现在的问题是，面对新形势、新任务和新要求，我们的基层干部队伍素质和基层组织状况还存在着一些不适应的问题。因此，必须按照胡锦涛同志在视察三省农村基层组织建设工作时提出的要求，把加强农村基层领导班子建设抓得很紧很紧，把提高农村干部素质抓得很紧很紧，从总体上提高农村基层组织的凝聚力和战斗力。

加强基层领导班子建设，一是要认真搞好思想作风整顿，提高领导班子的思想政治素质。要切实搞好乡镇领导班子和领导干部的“三讲”教育，找准抓住领导班子和领导干部在党性党风方面存在的突出问题，认真进行整改，切实使领导班子和领导干部思想上有明显提高，政治上有明显进步，作风上有明显转变，纪律上有明显增强；二是要配好班子选好人，特别是要把乡镇党委书记和村党支部书记选准选好。要坚持政治上强、作风上正、公道能干、党员和群众真正拥护的原则，真正把那些能够担当重任的人选进领导班子中来。为了真正把人选准选好，要认真总结近年来农村基层干部选拔工作的经验，积极探索，扩大视野，进一步加大基层干部选拔任用制度改革的力度，不断开辟新的选拔渠道，创造新的选拔机制，使优秀人才脱颖而出。三是要强化对基层干部的管理。逐步建立健全对基层干部特别是主要干部的监督约束机制和激励机制，规范基层干部的行为，调动他们的工作积极性。特别是要规范村级事务议事规则和决策程序，充分发挥以党支部为核心的村级组织的作用。

提高基层干部素质，主要措施和途径是加强对干部的培训教育。要继续实施农村基层干部现代化素质工程，采取有力措施抓好培训。要紧紧围绕调整农村经济结构、发展农村经济、保持农村稳定，调整培训内容，改进培训方式，增强培训的针对性和实效性。通过培训教育，努力提高农村基层干部带领群众致富奔小康的本领；提高基层干部的政策水平，增强他们的民主法制观念；提高基层干部正确认识和处理新时期农村人民内部矛盾的水平和能力。这里需要特别强调的是，农村党支部书记的任职资格培训一定要抓紧，务求年内完成培训率50%的目标。

三要进一步抓好村级组织的配套建设，把加强农村基层组织建设同推进农村基层民主政治建设结合起来。

几年来，我们坚持把农村基层民主政治建设与基层组织建设紧密结合、同时部署同期检查的做法，两者相互促进，相互补充，有力地促进农村基层组织建设整体水平的提高。我们要在认真总结经验的基础

上，把这种工作方式坚持下去。要在加强村党支部建设的同时，把村委会、合作经济组织、共青团、妇代会、民兵等组织建设好，发挥其各自的职能作用，形成整体工作合力。要积极研究探索村级组织的设置形式和工作方式，逐步推广村级干部交叉兼职，减轻农民负担，提高工作效率。要理顺村级各种组织之间的关系，充分体现和发挥村党支部的领导核心作用，保障村民自治组织依法行使职权，实现村民自治。要深入扎实地推进村务公开、乡镇政务公开和民主决策、民主管理、民主监督。村务公开和乡镇政务公开要注重质量，务求实效，防止和克服形式主义，真正实现有效监督，使广大农民群众满意。

四要以改革的精神，研究新情况，解决新问题，总结新经验。

农业和农村经济发展已进入一个新的阶段，农村工作和农村基层组织建设也面临着许多新情况新问题新任务。实践证明，农村基层组织建设是在不断解决新问题中前进的，领导水平也是在不断总结新经验中提高的。当前的新问题很多，比如：如何增强农村基层组织和农村基层干部带领群众调整经济结构，发展农村经济，增加农民收入能力；如何加强和改善党对农村工作的领导，把坚持党的领导、充分发扬民主和严格依法办事结合起来；如何正确处理新时期农村的人民内部矛盾，加强农村的精神文明建设，维护农村社会的稳定；如何在新形势下加强农村基层党组织建设，保持农村党员的先进性等等。我们要对这些问题进入深入调查研究，在群众和基层干部的实践中，找到解决问题的办法，把农村基层组织建设提高到一个新的水平。

同志们，目前全市面临良好的发展机遇，中央对北京工作的期望很高，希望大家再接再厉，扎实推进以创建农村基层组织建设先进区县活动为主线的农村基层组织建设工作，为实现首都跨世纪发展战略目标做出新的贡献。

岳福洪同志在北京市农村工作会议上的报告

（2000年1月14日）

同志们：

在刚刚进入2000年即将迈入新世纪的重要时刻，市委、市政府召开农村工作会议。这次会议的主要任务是，贯彻落实中央农村工作会议和市委八届一次全会精神，认真总结1999年的农村工作，分析形势，明确任务，确定今年的工作重点，大力推进郊区的改革和建设，为加快实现农业和农村现代化目标而努力。

一、关于1999年工作的回顾

1999年是很不平凡的一年。一年来，郊区广大干部群众认真贯彻中央和市委、市政府一系列重要指示，团结一致，不懈努力，使郊区经济和社会发展取得了显著成绩。1999年，郊区农村经济总收入预计1 151.1亿元，增长13.8%；第一产业增加值预计87.5亿元，增长2.5%；乡镇企业总收入预计815亿元，增长17.2，利润总额预计45.2亿元，增长20%；农民人均纯收入4 316元，实际增长7.2%。基层组织建设、民主法制建设、精神文明建设取得了明显成效。

总结过去的一年，我们的主要做法和基本经验是：

（一）把富裕农民作为郊区工作的主线，加快了农民增收步伐，推动了农村的迅速发展 针对郊区经济发展中面临的主要矛盾和问题，市委、市政府在1996年底明确提出了“富裕农民是郊区工作的主线，要以增加农民收入，富裕奔小康，促进农村发展，统揽农村工作全局”。这个指导思想的确立，对于调动广大农民的积极性和创造性，推动农村的改革发展，起到了巨大作用。几十年来我国农村社会主义建设的初衷和近几年本市郊区的发展都证明，农村各项事业的兴衰成败，核心是如何正确对待农民。农村工作的全部任务就是要最大限度地调动、发挥农民的积极性和创造性。近几年，郊区农村的改革主要是围绕这一基本目标进行的，如相继出台的水利富民和九项扶持农民发展经济的实施办法等，做到了家喻户晓，人人皆知，在引导农民不断拓展新的生产领域，增加农民收入，推动农民致富上发挥了显著作用。在近几年农产品市场供大于求，价格长期低迷，自然灾害频繁的情况下，郊区农民收入仍然稳步增长，去年增幅居全国领先地位。事实证明，以富裕农民为主线统揽郊区工作，抓住了事物发展的主要矛盾，牵住了农村改革和发展的牛鼻子。

（二）围绕确立农民的经营主体地位，深入进行农村经济体制改革 在市经济条件下，只有牢固地确立农民的经营主体地位，农民才能成为真正独立的商品生产者，他们的积极性和创造性才能得到最充分的发挥。1997年底，市委、市政府为了认真落实中央的土地延包政策，调动广大农民的积极性，下发了14号文件，从而打开了新时期农村改革与发展的总开关。事实证明，落实土地承包，绝不仅仅是农民得到几亩地，而是确立农民经营主体地位的一个基本前提。在落实土地承包政策之后，我们又相继推出小型农用设施的产权改革，国有、集体农牧企业产权改革和机制转换，乡镇企业的重组转制等一系列改革措施，确保农民经营主体地位的不断巩固和发展，使农民的积极性和创造性有了一个更大的发挥。1999年，全市新增养殖专业户7.9万户，总投资达到13.86亿元，养殖小区达到1 000余个。农民购买农机29 400台(件)，总投资2.5亿元。山区农民用于五小水利工程建设的投资达6 075万元，占总投资的81.8%。京郊农民已初步成为投资和经营主体，摆脱了过去单纯依赖政府和集体的局面。特别是由于农民经营主体的确立，在郊区涌现出一大批以锦绣大地、绿健为代表的高效农业企业。这些企业全部是以农民为主体和新型企业制度出现的，以资本密集和技术密集为特征，以获取最佳经济效益为目标，为京郊现代农业的发展拉开了序幕。他们的经验打破了农业是个弱质低效产业，大城市郊区农业发然不断萎缩的传统观念。

（三）不断加强农村四大体系建设，提高京郊农村经济的社会化、组织化程度　1999年我们重点抓了以培育农村合作经济组织为主的农村服务体系建设，目前郊区已有1 200多个农民合作经济组织，覆盖农户达13%。据市政府农办的调查，这些合作经济组织虽然尚不规范，但发挥的作用却十分明显。参加合作组织的农民买难卖难问题基本解决，而且经济效益普遍高于一般农户。除此我们还在培育农业服务产业和龙头企业方面采取了一定措施，特别是1 000多个养殖小区的建立，为提高郊区的社会化、组织化程度，提供了新鲜经验。在积极探索农村的科技创新上我们着重抓了高效农业企业建设。这些企业对具备时代特点的高新技术有着强烈渴求，在努力实现企业的技术创新，提高产品质量和市场竞争力方面有了新的发展。农产品的流通体系和质量保证体系建设在过去一年取得了新的进展，今年我们要实行重点突破。

（四）以培育新的增长点和发展新产业为目标，加大农村经济结构调整的力度　近年来，我们以发展“六种农业”和乡镇企业“二次创业”为手段，加大了农村经济结构调整的力度。

“六种农业”作为农业结构调整的切入点和突破口，近年来取得了明显的成效，特别是去年又有新的进展。通过初步调整，粮经结构、种养结构、品种结构、市场结构都发生了可喜变化。粮经比例由上年的73∶27调整到70∶30；养殖业产值占大农业产值的比例由47.5%提高到50%；各类名、特、优、新、稀品种由800个发展到1 000多个；旅游观光农业总收入达到5.3亿元，比上年增加97%；设施农业面积达到1.52万公顷，品种扩大到1 000多种，总产值达到27亿元；籽种农业总收入达到12.5亿元，比上年增加89.8%；农产品加工增值率由1∶1.46提高到1∶1.61；农产品出口创汇额连续三年以50%以上的幅度增长。“六种农业”创造产值93亿元，其中农业部分63.9亿元，占大农业总产值的34.5%，使农业增加值增幅上升5.7个百分点。正是由于“六种农业”的大发展，传统产业得到改造提高，新的增长点不断涌现。所以在去年遇到严重旱灾的情况下，农业增加值增幅反而由三年前的－0.8%提高到2.5%，打破了90年代以来徘徊不前的局面，进入了自改革开放以来的第二个较快发展阶段。

乡镇企业“二次创业”是推动整个农村经济结构调整的重大举措。根据郊区普遍存在的二、三产业总量不足、质量不高的矛盾，市委、市政府以乡镇企业的重组转制和动员农民大规模进入二三产业为目标，大力推进乡镇企业的二次创业，使郊区乡镇企业克服了徘徊不前的状况，再次进入了快速发展的阶段。1999年共引进投资2 000万元以上的大项目128个，其中投资5 000万元以上的项目16个，亿元以上的项目3个。960家企业实现资产重组，总资产翻了一番，净资产增长1.6倍，资产负债率下降14.2个百分点。所有制结构进一步优化，混合经济占到55.5%，股份合作制企业占到13.8%，个体私营企业占到12%，近万户农民家庭进入二三产业。去年郊区乡镇企业总收入、增加值、实现利润增幅都在两位数以上，这是近年来所少有的。

在这里我还要特别指出，近年来在郊区的改革和现代化建设中，涌现出了一大批先进典型，其中也有不少坚持改革、不断前进的老典型。这些典型都创造了很生动的经验，为郊区的经济发展做出了重要贡献，从不同角度代表着郊区的发展方向。我们要大力宣传他们的事迹，推广他们的经验，使他们的经验尽快在郊区开花结果，从而有效地推动全局工作的开展。

同志们，在我市农业和农村工作取得一定成绩的同时，还应该看到仍然存在一些不容忽视的问题：

一是农村经济的结构性矛盾仍然十分突出，调整任务还很艰巨。虽然经过了近两年来的调整，但传统产业格局还没有从根本上打破，仍然严重制约着郊区的经济发展和农民的增收。随着国内外市场形势的变化，有些矛盾还会表现得更加突出，解决的难度也会进一步加大。

二是郊区经济组织化、社会化程度还不高，双层经营体制尚未真正建立。虽然近年来郊区合作经济组织建设开始起步，但覆盖面小、操作不规范、服务手段低的问题普遍存在，千家万户的家庭经营如何与市场对接的问题仍然没有得到有效解决。

三是农业科技创新体制在一些企业虽已初见端倪，但总体上还未脱离旧体制的束缚，其机制、手段等各方面都还难以适应新形势发展的需要。

四是农村中的种种矛盾还很突出，社会稳定的任务还很大。一些地方民主制度建设水平还不高，农民的民主权利还没有得到充分保障。一些地方的干部不重视维护群众利益，不善于做深入细致的思想工作，甚至采取简单粗暴的办法，使矛盾不断激化。乡镇机构雍肿、人浮于事、开支过大、职能老化的问题也很突出。个别干部以权谋私、贪污腐化还不断发生，引起群众的强烈不满，也直接影响社会的稳定。

解决上述问题，既是郊区工作的重点和难点，也是郊区经济、社会发展的突破点。因此，各级党委、政府必须保持清醒的认识，下定决心，逐步把这些问题解决好。

二、关于2000年的郊区工作

2000年是世纪之交的一年。搞好今年的工作，对实现郊区的跨世纪发展，加快实现农业和农村现代化，意义十分重大。在这重要的一年里，我们要高举邓小平理论的伟大旗帜，认真贯彻中央一系列指示精神，紧紧围绕率先基本实现农业现代化的目标，以富裕农民为主线，继续深化改革，扩大开放，充分调动各个方面的积极性，抓好经济结构调整，推进小城镇建设，保持农村社会稳定，实现经济持续、快速、健康发展，促进社会全面进步，以优异的成绩，迎接新世纪的到来。

重点做好以下三个方面的工作：

（一）大力推进农村经济的战略性调整，促进农民增收和农村经济的快速发展 今年郊区经济工作的主要目标是：农村经济总收入达到1 312亿元，增长14%；一产增加值达到90亿元，增长3%；乡镇企业总收入达到937亿元，增长15%，利润总额达到52亿元，增长15%；农民人均纯收入达到4 600元，实际增长5%。

实现今年郊区经济工作目标，加快经济发展和农民增收步伐，关键是要进一步加大农村经济结构调整的力度，通过调整，实现结构优化、产业升级，全面提高郊区经济的总体规模和实力，增强其市场竞争力和效益水平。

1. *充分认识经济结构调整的重要性、艰巨性和紧迫性*。江总书记在中央经济工作会议的报告中指出："调整和优化经济结构，是促进经济发展，提高经济增长质量和效益的根本性措施。经济结构的每一次升级，都会带动经济发展上一个新台阶，这是经济发展的一个规律"。"不把这件事抓好，就难以实现经济体制和增长方式的根本性转变，也难以在21世纪更趋激烈的国际竞争中占据有利地位，要站在这样的高度认识结构调整的重要性和紧迫性。"

郊区目前的经济结构格局，是在计划经济体制下形成的，已经很难适应市场变化的需要。近年来我们虽然加快了结构调整的步伐，但结构不合理的问题仍很突出。农业结构雷同，品种单一，技术含量低，效益低下。乡镇企业长期单一的投资和经营结构造成企业机制退化，管理粗放，技术设备水平低，产品低劣。面对供大于求的市场局面，郊区现存的经济结构已经表现出明显的不适应。一旦我国加入WTO后，市场情况还会发生新的变化，郊区经济的结构性矛盾会更加突出。农村经济结构调整，也是充分发挥自身优势，增强经济的总体规模和市场竞争力，加快农民增收步伐的需要。就实现京郊农业和农村现代化来说，努力提高农村各业的产业化水平，培育新兴产业，是一个十分重要的问题。实现这一目标，必须加快农村经济结构调整步伐。因些，郊区各级党委、政府，必须按照中央和市委、市政府的要求，把调整结构作为郊区今年和今后一个时期经济工作的主要着力点，下决心切实抓紧抓好。必须认识到，这次农村经济结构调整，事关郊区经济社会发展的大局，也是郊区农业和农村现代化过程中一个不可逾越的重要阶段。同时还要看到，结构调整是一个长期的任务，决不是一朝一夕就可以实现的。农村经济结构调整绝不限于在农业内部或某个环节上进行，而是要在横向和纵向，广度和深度全方位推进。我们要充分认识这次结构调整的艰巨性、复杂性和紧迫性。郊区上下必须统一思想，明确目标，协调行动，全力以赴，坚持不懈地搞好这项关系郊区长远发展的伟大战略事业。

2. *明确任务、确定重点、一抓到底*。郊区经济结构调整，要紧紧围绕农业和农村现代化的目标，充分发挥资源优势、市场优势和技术优势，以市场为导向，以农民为主体，以效益为中心，全力进行新产业的塑造和传统产业的改造，逐步形成具有首都经济特色的现代化农村产业结构。因些，必须着重抓好以下五个方面的调整：

（1）产业结构调整。从某种意义上讲，郊区的根本出路在于提高农村的工业化、城市化水平。因些，必须大力发展二三产业，增加总量、提高水平，使二三产业真正成为增加郊区经济实力和促进经济社会发展的强大动力。要通过重组转制和推进产权制度改革等措施，大力发展优势行业和优势产品，组建优势企业，同时坚决淘汰一批生产工艺落后、扭亏无望的亏损企业和劣势企业。培育和发展一批年销售额10亿元以上、在同行业居于领先地位、具有市场竞争优势的大型企业和企业集团。从今年起，郊区乡镇企业总收入、增加值、利润总额每年要以15%以上的幅度增长。郊区二三产业增加值在农村国内生产总值中的比重、二三产业就业劳动力在农村总劳动力中的比重、农民在二三产业中的收入占农民人均纯收入的比重均达到85%以上。到2005年，下决心使郊区乡镇企业的综合实力处于全国发达地区的前列，提高郊区农村的工业化水平。

在第一产业发展中要大力调整种养结构和粮经结构。大力发展养殖业，提高养殖业在郊区大农业中的比重，经过5年左右的发展，使养殖业产值占农业产值的比例达到60%以上。大力调整种植结构，力争用三年时间使粮经种植比例由现在的7:3调整为3:7。同时充分发挥首都优势，加快一产向二三产业的延伸，大力发展农副产品加工业，尽快建成一批水平高、规模大、产品新、辐射力强的农产品加工企业。经过3~5年的努力，使郊区农产品加工增值率达到80%以上。大力发展观光休闲农业，为城市居民提供丰富的精神产品和舒适的休闲度假场所，经过5年左右的发展，使郊区成为观光休闲农业的重要基地。

（2）产品结构调整。京郊农业要适应多层次的市场需求，大力发展特种种植、特种养殖和名、特、优、新、稀高附加值的产品，逐步把首都郊区建设成为全国最大的绿色食品基地。要进一步提高农业的设施水平，通过改善设施条件，提高科技含量，丰富农产品品种，提高产品质量和均衡上市的能力，实现优质、高产、高效。要充分利用本市现有的物质和技术优势，大力发展籽种农业。重点发展粮食、蔬菜、果品、花卉的籽种生产，养殖业要保持和扩大肉鸡、蛋鸡、肉鸭、生猪、奶牛等畜禽品种的种业优势，提高其市场竞争力。

(3) 市场结构调整。郊区要重新认识首都市场，针对自身优势，按照首都市场的多层次需求和居民的消费习惯，从根本上改变传统的生产格局、生产方式和销售形式、销售手段，大力发展符合市场需要的、具有郊区特色的优质产品。在这里要特别强调，首都郊区的特殊性，决定了粮食生产可以做出调整，但郊区的副食品生产能力，包括传统的肉、蛋、奶、菜、果的生产能力只能增强，绝不能有任何的削弱和下降。郊区要树立信心，通过广泛采用新技术等一系列措施，扩大生产能力，增加农产品总量，以产品的质量优势和价格优势，确保其在首都市场的绝对数额。这既是农民增收的需要，也是首都市场遇到特殊情况时，保证万无一失的需要。所以要努力提高郊区产品的安全质量水平，增强开发和占领首都市场的能力。要充分发挥自身优势，大力发展各类具有很强地方特色的产品，以特色产品增强在首都和全国市场的竞争力。同时，要大力发展创汇农业和乡镇企业的出口创汇，提高郊区各业的外向依存度。

(4) 技术结构调整。从锦绣大地和绿健等一批高效农业企业的经验看，当前我们要着力培育和建立追求技术创新和技术进步的企业机制，使企业对高新技术具有强烈的渴求和吸纳能力。要大力拓展新技术来源渠道，敢于追踪世界技术前沿，通过技术入股、高薪聘请科技人员、有偿转让科技成果、合作开发科技项目等，使更多的高新实用技术迅速进入郊区工农企业。科技开发要与郊区经济发展紧密结合，大力进行科技创新，善于把具有国际水平的先进技术运用到郊区经济发展中去。要彻底改变农业科技开发集中围绕增加农产品产量的状况，科技部门要积极主动地进行技术结构的更新，为实现农业的优质、高产、高效，实现农业企业的利润最大化服务。另外，在计划经济体制下，本市由各级政府投资兴建的一批“窗口”农业项目，目前有相当一部分处于闲置或亏损低效运转，它们和锦绣大地、绿健等高效企业形成鲜明的对照，影响很坏。对这些单位要限期进行改革，盘活资产，迅速形成生产能力，发挥其应有的作用。

(5) 区域经济结构调整。各地要充分发挥自身优势，扬长避短，在经济发展中确定自己的主导产业，逐步形成具有自身特点和优势的区域经济。近郊城乡结合部地区人多地少，资金密集，不要再从事粮食生产，要以锦绣大地为榜样，大力发展各种形式的、以资本密集和技术密集为特征的高效农业。同时要大胆进行集体资产的产权改革，建立以股份制、股份合作制为主的社区经济。积极发展具有较高科技含量的乡镇企业和符合首都特点的第三产业。远郊平原地区在大力发展乡镇企业的同时，要积极采用高新实用技术，全面改造传统农业，塑造新兴产业，全面推进农业现代化水平的提高。山区要继续搞好水利富民工程建设，加快资源的综合开发，大力发展林果等各类经济作物，尤其要突出发展养殖业，提高其规模、科学饲养和产业化水平，有条件的还要积极发展农产品加工业和旅游业，尽快形成具有自身优势的特色经济，加快山区农民致富奔小康步伐。

3. 狠抓结构调整的关键措施，推动整体工作进展”。

(1) 继续扭住“六种农业”不放，使农业结构调整再上一个新台阶。近两年来，“六种农业”的发展使郊区的农业结构调整拉开了序幕。它在促进农民增收、农村经济发展上发挥了重要的作用，在郊区农民中已经取得共识。但“六种农业”在全市和一个区、一个县可以全面推进，具体在某一个乡镇和村却要根据自身实际，因地制宜地确定一两个或两三个重点方面实行突破，形成自己的特色，不要追求全面发展、四面出击，更不准走形式、摆门面。农村经济结构调整是一个长期的任务，因此“六种农业”的发展绝不是一蹴而就的事，必须有锲而不舍的精神，认准自己目标扭住不放，确实抓出成效来。

(2) 把水利富民综合开发推向新的高潮。两年来水利富民工作已经取得了很大成绩，但绝不能有任何自满松懈情绪，少数地方必须彻底丢掉幻想，认识到以“五小工程”为代表的山区集雨工程和节水灌溉，是克服山区十年九旱，根本改变生产条件的唯一出路。这条路必须坚持走下去，任何人、任何时候都不得有丝毫动摇。以水利工程带动的山区综合开发，必须以确立自己的主导产业为目标。山区经济之所以长期落后，一是结构单一，二是没有主导产业，因此难以冲破传统的生产方式和生产技术。今年各山区县要下决心，在培育主导产业上下功夫，要认识到这是山区脱贫致富不可逾越的基本条件。要大力发展畜牧业，跳出传统的饲养方式，走舍饲和科学养殖的路子，向专业化和规模化迈进。要大力推动养殖小区建设，提高社会化、组织化程度，帮助农民进入市场，发展生产。

4. 推进乡镇企业的“二次创业”。乡镇企业是郊区的经济支柱，大力发展乡镇企业是农村经济结构调整的重大举措，必须认真组织实施。

继续开展乡镇企业的重组转制，实施高起点、大范围、宽领域的资本引进战略，加大招商引资力度，大力吸引外商直接投资兴办“三资”企业，或与乡镇企业进行合资合作。积极利用委托招商、定向招商、网上招商等形式，拓宽利用外资渠道。认真办好现有“三资”企业，调动外商投资扩股、以外引外的积极性。大力兴办民营科技企业和其他非公有制企业，动员、鼓励和组织农民大规模向二、三产业进军。

2000年要大力推进以产权制度改革为重点的企业改革。采取兼并、租赁、出售和股份制、股份合作制等形式，加快乡镇企业的产权改革，最终形成由农民和众多社会出资者共有的企业产权制度。规模大、效益好的集体企业，要在资产重组的基础上，实行规范的公司制改造，组建股份公司或有限责任公司。规模大、效益差的集体企业，要采取破产、拍卖、兼并、联合等形式，尽快盘活资产存量。经济效益一般的集体企业，鼓励其通过产权出让方式组建有限责任公司或股份合作制企业。扭亏无望的企业，在承担相应债务的情况下，允许将有效资产出售给本企业职工、社会法人和个人，重新组建新企业。严重资不抵债又难以用其他改革方式起死回生的企业，必须关闭破产。允许将集体企业净资产搞成股份，划出一定比例，按贡献大小量化给企业经营者、骨干分子和职工。允许将集体企业净资产搞成股份，向本企业职工、本社区集体经济组织成员和社会法人出售。允许企业经营者和各类骨干通过出资购买、量化等方式在企业总股本中占有较大股份。允许企业内部或外部的科技人员以各种形式实行技术入股。允许以商标权、发明权、专利权和销售渠道等无形资产入股。允许向业绩突出的经营者、技术人员和各类骨干奖励企业股权。不得硬性规定集体经济组织在企业中控股。

建立和完善乡镇企业经营管理者的选拔机制。要坚决突破按血缘、亲缘、地缘关系选拔乡镇企业经营管理者的传统陋习，逐步实行企业经营管理者的社会化、市场化、职业化。集体企业改制时，要面向社会公开招聘经营者，一律不准上级指派。集体经济组织控股的乡镇企业，也要通过企业内部竞争或公开向社会招聘选拔经营者。集体经济组织参股的乡镇企业，要由各出资方商定，公开选拔经营者。对因决策失误或经营管理不善造成集体企业连年亏损又不改制的，要先行撤换经营者。对给企业造成严重损失的经营者，要给予相应处罚。

推进乡镇企业的科技进步。乡镇企业科技进步的关键在于人才和技术的引进。各区县要进一步完善优惠政策，充分利用市场机制，在互利互惠共同受益的原则下，主动与科研院所、大专院校和高新技术企业发展多种形式的经济合作与资产重组。要以合作、联营、入股等多种形式吸引科研院所、大专院校的专业技术人员到乡镇企业任职或兼职，开展技术咨询，转让科技成果。鼓励科技人员通过股份、兼并、技术入股、租赁等途径，将乡镇企业改造为民营科技企业。政府要大力支持乡镇企业围绕提高科技含量、产品质量和经济效益进行技术改造。落实财政、投资、信贷、税收等方面的鼓励政策。对有利于开拓国内外市场和开发有竞争力新产品的重大技术改造项目，市区县要重点支持。

5. 加紧实施五项重点。

一是县乡工业小区开发建设工程。区县和乡镇工业小区，是增加郊区工业总量、提高水平的重要载体，是重要的经济增长点。发展工业尤其是引进和发展以高新技术为特点的大型企业，必须有工业小区提供的基础设施条件和政策环境。没有这些基础性条件，就很难引进大额资本和高新技术项目，调整结构、升级换代和规模化发展的目标就很难实现。因此，区县、乡镇党委、政府要高度重视这项工作，下力量把工业小区建设好。一要改革原有的招商办法，充分运用市场机制，由单纯的政府行为向企业行为转变。工业小区要建立多家以不同形式出现的招商公司，制订政策，实行公开平等竞争，要让更多投资机制好、风险意识强、内在动力足的民营公司和个体公司参与工业小区的招商引资工作。二是面向社会，使更多的企业入区发展。不管区县工业小区还是乡镇工业小区，都要打破目前的封闭状态，不论区县、乡镇或村一级企业，只要符合产业方向都可进区发展，不得歧视。尤其要抓住首都城区工业外迁的机遇，把更多的优势企业吸引到工业小区落户。

二是工业大院建设工程。那些农民家庭进入二三产业相对集中的村，为了有利于建立双层经营的体制，发挥集体和农户的两个积极性，同时也为了保护农村的生态环境，要积极创造条件兴办工业大院，提供必要的场地、厂房、道路、通讯、供电及其它基础设施，使农民家庭企业集中发展。工业大院必须坚持以农民为主体自主经营的方针，对农民自愿联合起来发展生产要给予大力支持。工业大院建设要积极推进，同时也要注意从实际需要出发，避免“村村点火、处处冒烟”。

三是养殖小区建设工程。建设养殖小区，是提高养殖业产业化水平的关键。当前郊区家庭养殖业发展上存在的突出问题是产业化水平低，传统的生产方式和技术手段占统治地位，社会化服务水平不高，环境污染严重。通过建设养殖小区，逐步使农民家庭养殖业向小区集中，是建立双层经营框架，提高社会化、组织化程度，加强农村生态环境建设，积极采用高新实用技术，推进郊区畜牧产业化水平，拉动农民致富的一条成功之路。

四是高效农业园建设工程。高效农业企业是以农民为主体和新型企业制度出现的、以资本密集和技术密集为特征、以追求利润最大化为目标的高科技企业。以锦绣大地和绿健为代表的这样一批企业，为我市现代农业的发展第一次真正破了题。我们要认真总结他们的经验，并以种种形式大力推广，尤其要大力推动高效家庭农场的建设，使京郊的现代农业走在全国的前列。

五是专业村建设工程。专业村是形成区域特色经济的基础，是组织农民家庭实行专业化生产、提高科技水平和经营水平、增强市场竞争力、加快农民致富步伐的有效途径。要按照区域化布局、专业化生产、规模化经营的思路，立足本地优势，围绕主导产业的系列开发，大力发展各种类型的专业村，并向一村一品、多乡一业发展。今年郊区各区县都要努力培育出一批农民人均纯收入万元以上的专业村。并在此基础上大力发展多种形式的专业合作和区域合作，提高农民的专业化生产水平和联合起来进入市场的能力。

农村经济结构调整是个系统工程，涉及农业和农村工作的方方面面，要放手发动农民去实践去创造。为了少走弯路，避免盲目性，必须坚持以下原则：

第一，坚持以市场为导向的原则。农产品只有销得出去并具备价格优势，才能实现其价值。所以结构调整必须面对市场，首先是首都市场。今年市政府在郊区农产品和首都市场衔接上将采取较大的动作，希望和郊区县一是要配合好，二是要有自己的部署。

第二，坚持以农民为主体的原则。农村经济结构调整只有坚持这个原则，才能有效地避免盲目性、瞎指挥，进入良性循环的轨道。只有坚持这个原则，我市的农村经济发展才能形成万马奔腾、生动活泼的局面。只有坚持这个原则，农村经济的技术创新才有最基本的前提。在坚持以农民为主体的前提下，对农民的自愿联合，真正的新型企业制度，我们也要给予大力的支持。但任何时候、任何情况下，郊区农村改革只能深入进行，绝不能再回到老路上去。

第三，坚持因地制宜的原则。任何地方都要在结构调整中认真研究和把握自身优势，主动和市场结合，形成优势产业和拳头产品，绝不能一哄而起，结构雷同。

第四，坚持提高社会化、组织化程度的原则。结构调整的全过程中，始终要把建立各种不同形式的新型合作经济组织放在十分重要的位置。没有这一条，农民即使有了产品优势，也不一定有商品优势；有了商品优势，也不一定有价格优势。农民只有联合起来，形成双层经营的体制，才能克服势单力薄的劣势，这已经被国内经验所证明。农民的联合不是生产的联合，而是利益的联合。农民联合的最高形式是建立规范的合作经济组织，通过合作，经济组织有效解决供应、技术、销售、运输、加工等基本环节上的问题。过去各级政府办的一些服务组织就多数来讲是不成功的，有的已经垮了，有的甚至和农民格格不入。对此要进行改革，转换机制，打破垄断，变官为民，企业化经营，以平等的身份进入市场，参与竞争，让农民自愿选择服务对象。

（二）加强小城镇建设，推进农村城市化进程

搞好村镇规划建设，是实现北京城市总体规划，把首都建成国际化大都市的重要组成部分，对进一步优化城市布局，强化首都功能，加快城区人口向郊区转移，起着非常重要的作用。搞好村镇规划建设，有利于培育新兴产业，优化产业结构，扩展郊区经济发展空间，推动劳动力向二三产业转移，是加快郊区经济发展和农民致富的重要途径。搞好村镇规划建设，加快农村人口向城镇集中，可以使更多农民享受城镇文明，对提高人口素质和郊区文明程度，建设有中国特色的社会主义郊区农村，具有现实而深远的意义。

经过20年来的改革和发展，郊区加快村镇建设不仅有了一定的实力，而且有了迫切的需要。但总体看，郊区村镇建设水平还不高，村镇建设不仅滞后于经济发展水平，也滞后于社会发展需求，与郊区所处的地位很不相称。实现郊区农村的现代化，必须坚持经济建设和社会发展同步。在大力加强经济建设的同时，必须切实抓紧村镇规划建设。各级党委、政府要把村镇规划建设作为一项重大战略任务，加强领导，认真组织，抓好典型，完善政策，动员社会各方面的力量，把村镇建设切实搞好。

村镇规划建设的指导原则是：在《北京城市总体规划》和土地利用总体规划的指导下，坚持统一规划，合理布局，综合开发，配套建设；坚持合理用地，节约用地，保护和改善生态环境；坚持因地制宜，分类指导，实现城乡优势互补和社会资源优化配置；坚持村镇建设与农业和农村经济发展、富裕农民相结合；坚持经济、社会的可持续发展；坚持两个文明一起抓。

推进郊区村镇建设，重点要抓好以下几点：

1. *切实搞好村镇规划布局*。要着眼于产业和人口的合理分布，从有利于形成合理的城镇体系和村庄布局出发，认真搞好村镇规划建设。一是加快发展区县政府所在地的卫星城。经过多年建设，这些卫星城已经具有了一定的产业基础、基础设施条件和人口规模。要充分利用这些有利条件加快卫星城的发展，使其确实成为区县和地域范围内的经济文化中心。基本条件好的卫星城，要发展为中小城市。二是重点建设好中心镇。各区县要选择3～5个区位好、交通便利、经济发达、人口较多的镇，确定为中心镇，进行集中建设。三是建设好一般建制镇。郊区平原地区在对乡域进行必要调整的基础上，除个别民族乡之外，要撤乡和地区办事处建镇，加快其经济建设和社会发展。四是规划建设好中心村。平原地区的行政村即为中心村，在山区要根据实际确定中心村，并加快自然村向中心村转移，今后自然村不再投资建设基础设施和服务设施，农民新建和翻建房屋也一律停止。中心村要保持合理的布局和规模，并根据经济发展水平和地理位置，分层次搞好规划建设。

2. *增强小城镇的经济实力*。要从资源条件和经济基础出发，对小城镇进行功能定位，确定主导产业，逐步形成特色经济，大幅度增强小城镇的经济实力。要发挥小城镇上联城市下接农村的优势，建设对农村经济发展有较强带动作用的各类“龙头”企业和综合性、专业性的农副产品和工业品批发市场，大力举办为农民提供产前、产中、产后服务的服务业和旅游观光业。要利用小城镇的有利条件吸引乡镇企业进镇。凡进入小城镇发展的乡镇企业，仍按原隶属关系进行产值统计和税收上缴，管理费上缴渠道不变。要抓住首都工业外迁的有利时机，吸引技术人才和相关产业向小城镇扩散。采取有效政策措施，大力发展个体、私营和其他非公有制经济，尤其要鼓励和扶持农民到小城镇投资。

3. 加快小城镇基础设施建设。小城镇基础设施建设要运用市场机制，逐步建立以政府投入为导向，民建公助，主要依靠社会资金建设小城镇的多元化投资体制。

要按照“谁投资、谁所有、谁受益”的原则，鼓励国内企业、个人及外商以多种形式，参与小城镇的住宅开发以及基础设施的建设、经营和管理；鼓励民间投资文化、教育、卫生等公用事业。各级政府要加大对小城镇基础设施建设的资金投入，拨出专项资金以投资、贴息等方式，重点用于公用基础设施建设和文化、教育、卫生事业的发展。

4. 妥善解决小城镇建设用地问题。发展小城镇要集约用地，保护耕地，着力于内涵挖潜和改造，提高土地利用率。要建立有利于小城镇建设用地的土地置换和存量调整机制，凡在小城镇镇域内，经开发、复垦和新增加的耕地，在完成占补平衡后，按实际增加有效耕地面积置换小城镇建城区建设用地指标，并允许跨年度使用。小城镇建设用地指标要纳入全市建设用地总体规划和年度用地计划。小城镇建设用地，除法律规定可以划拨的以外，一律实行有偿使用。小城镇土地出让金留给镇级财政，统一用于小城镇基础设施建设。重点城镇发展所需的建设用地指标，由市土地管理部门按计划优先安排，直接下达。允许农民在规划的前提下，在小城镇用地范围内带资建设较高标准的个人住宅。

5. 以村镇建设为契机，大规模开展郊区环境整治。优美的环境不仅是提高郊区农民生活质量和精神文明水平，建设国际化大都市的需要，同时也是改善投资环境，发展经济必不可少的条件。因此在村镇建设中，要始终把环境建设摆在突出位置。每一个乡镇、村都要从今年起制定出环境建设的总体方案和分年度实施的目标，并向群众公布，主动接受群众的监督检查。同时各区县要分别制定出分级考核的指标体系，有奖有惩，要将环境整治和经济工作一样列入各级干部的重要议事日程。

搞好村镇建设是一项长期性、综合性的工作，各有关部门要通过协作，各司其职，主动服务，确保村镇建设的健康发展。

（三）做好基层基础工作，推动农村经济发展和社会进步，保持社会稳定 农村工作必须坚持“两手抓、两手都要硬”的方针，在集中精力抓好农村经济结构战略性调整、加速率先基本实现农业现代化、围绕农民增收这一主线展开农村工作的同时，要进一步落实党的各项政策，深化改革，努力把党的建设、基层民主建设和精神文明建设提高到新水平。为此要重点做好以下几项工作：

1. 继续落实党在农村的基本政策，深化以产权制度为重点的农村经济体制改革。土地延包工作，我市大部分地区已经完成。其后续和完善工作，重点是在二三产业发展较快的地区进行。这些地区情况复杂，要紧密结合当地实际，充分考虑到农村长远发展和可持续发展的需要，从有利于促进生产力的健康发展，有利于二三产业的发展和土地向种田大户、农业企业集中，提高土地产出率，形成土地规模经营出发，在广泛听取不同意见的基础上，制定具体方案。已经完成土地延包工作的地区，要制定有利于土地流转的具体政策，加强政策指导，及时总结推广典型，进一步加强合同的规范化管理，进一步调动、保护集体和农民两个积极性。

要继续推动产权制度改革。努力探索集体经济的多种实现形式，大力发展股份制、股份合作制企业，实现投资主体的多元化。以股份合作制的形式，认真解决好行政建制村撤除后集体资产的处置问题，使农民安居乐业，集体资产保值增值，保护和促进生产力的发展。

在广开增收渠道的同时，切实减轻农民负担，特别是乡镇企业负担，加强对乡统筹和村提留的管理，同时搞好费改税的试点。

2. 切实加强领导班子建设和基层组织建设，努力提高领导水平。区县局要巩固发展“三讲”教育成果，在认真落实整改措施的同时，按照市委的统一部署，抓好处级和企事业领导班子的“三讲”教育，确保“三讲”教育成效。着力加强领导班子建设和基层组织建设，增强党的凝聚力，吸引力和战斗力。认真贯彻落实农村基层组织工作条例，继续深入开展基层组织建设先进区县创建活动，以选准配强乡镇党委书记和村党支部书记为重点，强化乡镇党委和村党支部的班子建设。按照“六个好”和“五个好”的目标要求，使更多乡镇党委和村党支部进入先进行列。同时，要加强对后进村、经济薄弱村、不稳定村和后进乡镇党委的整顿工作，采取有力措施，解决突出问题。还要做好对中间状态镇村的帮促工作和先进镇村的巩固提高工作。要继续实施干部现代化素质教育工程；加强对农村党员的教育管理工作；抓好农口国有企业党的建设工作。

京郊农村的改革和发展正处于十分关键的时期，各种新事物、新经验、新典型必然层出不穷。各级领导一定要善于总结典型，并用这些典型经验，推动面上工作生动活泼地开展。实践证明，没有典型的示范作用，工作必然会出现一般化、无所作为的局面。没有典型的重点突破，一个地区、一个单位就可能长期被一些保守的、一成不变的、僵化的观念所束缚，改革开放就没办法深入进行。因此抓住这些代表时代方向的典型，就掌握了领导的主动权。

3. 推进基层民主法制建设，认真解决新时期农村矛盾，确保农村稳定。要通过学习、教育、培训等多种形式，对广大基层干部、群众进行民主法制教育，要针对农村工作的实际情况进行普法宣传，增强人们的法制观念，使干部懂得依法行政、依法办事，使农民知道公民应有的权利和义务，了解与自己的生产、生活有关的法律法规，遵纪守法，提高维护社会稳定的自觉性。

要继续抓好以财务和集体资产的使用、管理为重点的村务公开。进一步规范公开制度，提高公开的质量，保证公开的及时性和实效性。不断提高村民大会或村民代表大会科学、民主决策的水平，努力实现村民自治。要大力推进乡镇政务公开，进一步加大乡镇政府权力运行的透明度，保证乡镇和职能部门依法行政。国有企业的厂务公开要在试点的基础上，总结经验，全面推开。

加强社会治安综合治理的基层基础建设。要认真坚持领导干部信访接待日和人民内部矛盾排查制度，不断提高质量和效果。进一步健全新形势下正确处理人民内部矛盾的工作机制。保持农村的社会稳定，要靠教育、靠法制。一要善于处理新时期的农村人民内部矛盾，解决好各种利益纠纷和热点问题，预防和妥善处置群体性上访事件，调动积极因素，化解消极因素。二要加强社会治安综合治理，依法打击各种刑事犯罪活动和“法轮功”等邪教组织，扫除农村恶势力，扫除黄、赌、毒，增强农民群众的安全感。三要加强农村基层社会管理，特别是城乡结合部地区的管理。发动群众制定村规民约，实行依法制村。深入开展基层安全创建活动，城乡结合部地区要从各种矛盾和问题的源头入手，进一步理顺管理体制，把社会治安综合治理的各项措施落实到基层，确保首都郊区的稳定。

*4. 以思想道德建设为核心，大力加强精神文明建设。*以培育四有新人，建设首善之区为主线，进一步加强郊区的精神文明建设。郊区各级党组织要认真落实《中共中央关于加强和改进思想政治工作的若干意见》和市委的贯彻意见，重视做好新形势下农民的思想政治工作。要围绕农业和农村现代化目标，全面实施“农民素质教育工程”。采取多种形式，对农民进行“三德”（即社会公德、职业道德、家庭美德）、“两爱”（即爱国家、爱集体）教育，增强法制观念和科学致富的能力，倡导科学、文明、健康的生活方式。

在继续开展文明户、文明村、文明乡镇、文明居民区和文明景区创建活动的基础上，深入开展创建文明区县活动，促进郊区精神文明建设上一个新台阶。要把创建活动同城镇建设和环境结合起来，同加强行业管理树立窗口形象结合起来，同群众的自我教育结合起来。要以办实事为突破口，增强群众的关切度，最大限度地调动广大群众参与的积极性。

同志们，郊区改革发展任重道远，让我们在党中央和市委、市政府的领导下，统一思想，坚定信念，狠抓机遇，迎接挑战，团结和带领广大干部群众，为实现跨世纪发展目标而奋斗。

特　载

中共中央　国务院
关于做好二〇〇〇年农业和农村工作的意见

（2000年1月16日）

去年，各地和有关部门适应农业和农村经济发展新阶段的要求，围绕农民增收、农村稳定，做了大量工作，农村总的形势是好的。农业和农村经济在结构调整中稳定增长，农业基础设施建设和生态环境建设取得新进展，农业生产连续5年获得好收成，农民收入有所增加，农村社会保持稳定。实践证明，中央关于我国农业和农村经济发展进入新阶段的判断和采取的措施是正确的，对于当前和今后一个时期的农业和农村工作具有重大的指导意义。

农业和农村经济发展的新阶段，实际上就是对农业和农村经济结构进行战略性调整的阶段。粮食和其它主要农产品由长期供不应求变为阶段性供大于求；人民生活总体上开始进入小康，我国经济社会发展进程中的这一历史性跨越，为农业和农村经济的发展创造了新的条件和机遇，也提出了新的要求。过去为解决温饱而主要追求产量增长的农业生产，就可以在保持总量平衡的基础上突出质量和效益，向多样化、高品质的方向发展，促进人民生活质量的提高；过去由于短缺而以提供初级产品为主的农业，就可以将更多的农产品用于发展畜牧业和各类加工业，更大规模地实现转化增值，使农业成为有活力的现代产业；过去迫于生存压力而过度开垦的土地，就可有计划、分步骤地退耕还林、还草、还湖，逐步恢复生态的良性循环，创造更加适合于人民生存与发展的自然环境，实现可持续发展；过去相对滞后的城镇化进程，就可以加快步伐，通过发展乡镇企业和小城镇，更快地降低农业人口的比重，提高城镇化水平，为农业和国民经济的持续发展提供更广阔的市场空间和新的增长动力。对农业和农村经济结构实行战略性调整，不仅是解决当前农产品销售不畅、农民收入增长缓慢等困难的客观要求，更是提高我国农业、农村经济整体素质和效益的有效途径。积极推进农业和农村经济结构的战略性调整，是现阶段农业和农村工作的中心任务。

一、大力调整农业生产结构

当前农业生产结构不合理的矛盾十分突出，调整势在必行。各地要按照适应市场、因地制宜、突出特色、发挥优势的原则，制定当地农业生产结构调整的规划，并通过政策引导、信息服务、技术示范等手段，加强对结构调整的指导。

调整和优化农业生产结构，当前要着重抓好三个环节：第一，全面优化农作物品种，努力提高农产品质量。根据市场需求变化，继续压缩不适销品种，扩大优质农产品生产。有关部门要加大对“种子工程”的支持力度，通过品种改良和新品种开发，加速我国农产品品种的更新换代。力争经过两三年的努力，使我国农产品的良种普及程度和质量有一个明显的提高。第二，积极发展畜牧水产业，优化农业的产业结构。要抓紧选育和推广优良品种，开发优质饲料，采用先进的养殖技术，进一步提高养殖业的比重。加强疫病防治和饲料监测体系建设，加大行政执法力度，确保畜禽水产品的质量和卫生安全。在有条件的地方，采取严格的隔离措施，建立无规定疫病畜产品出口基地，努力扩大畜产品出口。第三，调整农业生产布局，发挥区域比较优势。粮食主产区要稳定面积，提高单产，优化品质，稳定提高粮食生产水平。沿海经济发达地区和大中城市郊区，要合理调整粮食和经济作物的种植比例，发展高效农业和创汇农业。坚持因地制宜，充分发挥区域比较优势，着力发展具有区域特色的农业主导产品和支柱产业。

粮食是农业的基础，也是结构调整的基础。在结构调整中，一定要注意保护粮食生产能力。要切实保护基本农田，严禁乱占耕地。在当前粮食库存量大、粮价持续下跌的情况下，必须更好地贯彻粮食流通体制改革的各项政策，特别是按保护价敞开收购农民余粮的政策。按保护价敞开收购农民余粮，是保护农民利益，稳定农业基础的重大政策，也是扩大内需、开拓农村市场的重大措施，要不折不扣地贯彻落实。要认真执行优质优价政策，促进粮食品种结构调整，但决不准压级压价，更不得限收拒收。

二、促进农产品加工转化增值

发展农产品深加工，实现转化增值，对于扩大农产品市场需求，带动农业结构调整，提高农业的综合效益和市场竞争力，具有重要意义。目前我国农产品加工尤其是食品加工相对滞后，进一步发展的潜力很大。要把发展农产品加工作为农业结构调整的重要内容，使其成为推动农业和国民经济发展的积极力量。

发展农产品加工业，要立足于现有生产能力的结构调整、技术改造和资产重组，不能盲目铺新摊子，搞重复建设。要按照国家产业政策引导农产品加工企业形成合理的区域布局和规模结构，在多层次加工转化中着重发展精深加工，努力开发新产品，积极发展优质名牌产品。要加大技术攻关力度，积极引进国外先进技术、工艺、设备，努力提高我国农产品加工的技术水平。加强专用原料品种的开发，引导原料生产逐步向专业化、基地化方向发展。国务院有关部门要抓紧研究制定促进农产品加工业发展的规划和政策措施。

以公司带农户为主要形式的农业产业化经营，是促进加工转化增值的有效途径。各级政府和有关部门要认真总结经验，采取得力措施，推进农业产业化健康发展。国务院有关部门要在全国选择一批有基础、有优势、有特色、有前景的龙头企业作为国家支持的重点，在基地建设、原料采购、设备引进和产品出口等方面给予具体的帮助和扶持，各地也要抓好这项工作。龙头企业要与农民建立稳定的购销关系和合理的利益联结机制，更好地带动农民致富和区域经济发展。

三、积极发展小城镇和乡镇企业

发展小城镇和乡镇企业，不仅有利于转移农村富余劳动力，解决农村发展中的一系列深层次矛盾，而且有利于带动投资和消费需求增长，拓宽城乡市场，优化国民经济整体结构，是一个具有全局意义的大战略。

各地要按照党中央、国务院的要求，切实搞好小城镇发展的规划，制定支持措施，促进小城镇健康发展。发展小城镇要坚持循序渐进，防止盲目攀比、一哄而起。要充分考虑现有小城镇的发展水平、区位优势和资源条件，以及今后的发展潜力，选择已经形成一定规模、基础较好的小城镇予以重点支持，发展小城镇经济，加快小城镇建设。争取经过5～10年的努力，把一批小城镇建设成为具有较强带动能力的农村区域性经济文化中心，使全国的城镇化水平有显著提高。

乡镇企业正处于结构调整和体制创新的重要阶段，面临着许多新情况和新问题。各级党委、政府和有关部门要采取有针对性的措施，支持乡镇企业的发展。乡镇企业要加快调整产业和产品结构，积极发展高新技术产业和名特优新产品；结合农业结构调整，重点发展农副产品加工、储藏、保鲜和运销业；结合小城镇建设，积极发展商业、饮食、服务和旅游等第三产业。对国家明令禁止生产、生产能力严重过剩以及严重污染环境的产品，要坚决停止生产。要加强和改善对乡镇企业的社会服务，乡镇企业集中的地区，可以建立多种形式的科技和信息服务中心，帮助企业了解市场和进行技术、产品开发。

四、加快农业科技进步

推进农业和农村经济结构的战略性调整，必须深化科技体制改革，大力开展新的农业科技革命，逐步建立具有世界先进水平的农业科技创新体系，高效率转化科研成果的技术推广体系，不断提高农民科学文化素质的农业教育培训体系。农业科技工作要以市场为导向，以提高农业效益、改善生态环境为主要目标，重点发展优质高产高效技术，农产品精深加工及综合利用技术，农产品贮藏、保鲜、包装技术，以节水灌溉为重点的降耗增效技术，以生物措施为重点的生态环境建设技术。既要追踪世界农业科技发展的前沿，又要满足结构调整的现实需要；既要重视基础研究、开发研究，又要重视技术推广；既要发展高新技术，又要重视常规技术；既要集中力量开展关键技术攻关，又要注重产前、产中、产后技术的集成配套；既要重视培养一批学术带头人，又要注重提高农业科技队伍的整体素质和农民的科学文化素质。有关部门要抓紧制订和实施《农业科技发展纲要》，推进新的农业科技革命。

大力推广先进实用技术，支持农业结构调整，是当前农业科技工作的首要任务。县乡两级农业技术推广机构是农技推广的基本力量，要在继续做好定性、定编、定员工作的基础上，增加推广经费，改善工作条件，提高人员素质，充分发挥他们的作用。为完善农业技术推广机制，提高服务水平，从今年起，各级财政要拨出专项经费作为启动资金，支持各地以现有乡镇技术推广机构为基础，有计划、有重点地创办一批农业科技示范场，使之成为农业新技术试验示范基地、优良种苗繁育基地、实用技术培训基地，在结构调整中发挥带动作用。

要切实推进科研机构的成果转化，建立农业技术创新体系，实现科技成果产业化。抓紧建设具有国际先进水平的重点实验室和科学园区，并制定扶持政策，培育具有国际竞争力的农业先进技术产业集团。各地也要从结构调整的实际需要出发，扶持具有一定优势的研究机构，以多种形式进入企业，或创办研究、开发、应用一体化的企业。

要切实抓好先进技术的引进工作。鼓励各地从发挥资源优势、形成产业特色出发，积极引进先进技术。对重大技术引进项目和合资、合作的农业项目，要在项目配套资金和相关配套条例方面给予支持。

五、加强农产品市场建设

引导农民按市场需求进行结构调整，必须加强农产品市场建设，充分发挥市场对结构调整的带动作用。目前，农产品市场体系基本形成，但产地批发市场建设相对滞后，是迫切需要加强的薄弱环节。产地批发市场是农民接受市场信息、了解市场行情和出售大宗农产品最便捷的渠道，也是鲜活农产品实行产业化经营的有效形式，对于促进农业生产的区域化、专业化，形成具有本地优势的主导产业和特色产品，具有直接的带动作用。各地要把产地批发市场纳入农业基础设施建设规划，增加投入，重点搞好场地、道路、通讯和农药残留检测等公用设施建设。

改革以来日益活跃的农民经纪人队伍和各种形式的民间流通组织，是搞活农产品流通的重要市场中介，是推动农业结构调整的一支重要力量。各地要采取鼓励措施，帮助他们解决实际困难，引导他们自我约束、自我完善，发挥更加积极的作用。

加快农产品市场信息体系和质量标准体系建设。农业行政主管部门要尽快制定农产品市场信息采集标准和规范，完善信息发布制度，建立及时、准确、系统、权威的农业信息体系。要参照国际惯例和准则，从我国实际出发，抓紧制定和实施主要农产品的质量标准，完善检测手段。特别要搞好粮食、棉花分等分级，落实优质优价政策。

六、加强农村基础设施和生态环境建设

加强农业基础设施建设，改善农业生态环境，是稳定提高农业综合生产能力的根本途径，也是顺利推进农业和农村经济结构调整的基本保证。要充分利用国家实行积极财政政策、粮食库存较多的有利条件，加大投资力度，更大规模地开展以水利为重点的农业基础设施建设，以植树种草、水土保持为重点的生态环境建设，以公路、电网、供水、通讯为重点的农村生产生活设施建设，进一步夯实我国的农业基础。

水利建设要按照国家的统一规划和实施计划，继续抓好长江、黄河等大江大河大湖的治理，加快大型灌区水利设施的整修、改造和续建配套，搞好病险水库的除险加固。要根据调整农业结构和改善生态环境的新要求，继续开展群众性农田水利基本建设，积极发展节水灌溉和旱作农业。切实抓好防汛抗旱工作，确保安全度汛。要进一步完善水利建设的监管机制，确保工程质量。抓紧建立权威、高效、协调的主要江河水资源管理体制，合理调度和统一管理流域水资源。改革水利工程的投资、建设和管理体制，鼓励集体、个人以多种方式建设和经营小型水利设施，调动各方面特别是农民群众投资兴修水利的积极性。

生态建设要坚定不移地实施天然林资源保护工程，落实好国家对天然林禁伐地区、停伐企业和被关闭的小型木材加工企业的各项扶持政策；加大封山育林、飞播造林、人工造林力度，加快荒山绿化；在以往过度开垦造成生态破坏的地区，有计划、分步骤地退耕还林、还草、还湖；在干旱风沙地区，加强草原保护，推进防沙治沙和防护林体系建设，控制土地荒漠化扩大的趋势；采取紧急措施，遏制森林病虫害的蔓延。治理水土流失是生态建设的重要措施，要坚持不懈地抓紧抓好。西部是我国生态环境最脆弱的地区，尽快恢复和扩大林草植被对经济社会发展具有重要意义，要作为生态环境建设的重点，结合实施西部大开发战略，采取“退耕还林（草）、封山绿化、以粮代赈、个体承包”等综合性措施，集中力量，加快治理。生态环境建设，特别是退耕还林（草）工作，政策性强，涉及农民切身利益，务必尊重农民意愿，周密筹划，突出重点，先易后难，分步实施，注重实效。各地要从本地区实际情况出发，抓紧制定科学的规划和具体实施办法，首先选择条件好的地方进行试点，取得经验，逐步扩大。

我国农村大部分地区的生产生活设施比较落后，不仅阻碍了农村经济结构调整，也制约了农村经济社会协调发展。要切实加强农村电、路、水、通讯等基础设施建设，为扩大农民消费，开拓农村市场创造条件。国家要继续增加这方面的投入，并鼓励各方面的力量参与投资。

国家实施的农业综合开发项目，对于改善农业生产条件、提高农业综合生产能力具有重要作用，要进一步加大力度。农业综合开发要适应结构调整的需要，由过去以改造中低产田和开垦宜农荒地相结合，转到以改造中低产田为主和保护生态环境上来；由过去追求增加主要农产品产量为主，转到发展优质高产高效农业上来。重点建设大型优势高产粮食生产基地，优质饲料作物生产基地，发展节水灌溉，建设生态农业。

今年是实施“八七”扶贫攻坚计划的最后一年，要坚持开发式扶贫方针，加大财政转移支付和以工代赈的力度，力争再解决1000万左右贫困人口的温饱问题，基本实现“八七”扶贫攻坚计划的目标。

农业结构调整，基础设施建设和扶贫开发，都需要投入大量资金。中央和地方财政都要加大对农业的投入力度，继续增加农业基本建设投资。国有商业银行特别是农业银行和农村信用社，要深化改革，加强管理，在防范金融风险的同时，改善金融服务，增加对农业的信贷投入。农民是农业投入的主体。要继续引导农民个人和集体增加农业投入，特别是劳动积累，并鼓励社会资金投向农业。

七、强化农村土地承包、集体财务和农民负担管理

加强农村经营管理，把贯彻农村经济政策的工作制度化、经常化，是保证党的农村政策落到实处并长期稳定的重要环节。当前，要抓好土地承包、集体财务和农民负担管理，把这三方面的政策落实好，进一步保护和调动农民的积极性。

目前全国延长土地承包期工作已基本结束，加强土地承包管理，重点是建立健全承包合同的各项管理制度，建立合同档案，及时调处纠纷，组织合同兑现。对个别尚未完成延包工作的地方，要组织力量，

加强指导，抓紧落实。没有颁发土地承包经营权证书的，必须尽快发到户。要妥善解决延长土地承包期工作中的遗留问题，稳定土地承包关系。

要继续做好农村集体资产的清理工作，建立资产登记台账，健全各项管理制度。严格执行财务制度，搞好收支核算，定期公布账目，加强民主监督。采取有效措施，杜绝并逐步化解乡村两级不良债务。继续做好清理整顿农村合作基金会工作，加强对民间信贷的引导和管理，化解农村金融风险。对财务混乱、群众反映强烈的乡、村，要派专人帮助清理整顿。

改革农村税费制度，是从分配上理顺国家、集体、农民三者关系，切实减轻农民负担的治本之策，对于增加农民收入，促进农村发展，改善干群关系，保持农村稳定具有重大意义。要按照国务院的统一部署，切实搞好试点。未进行试点的地方，要继续实行农民合理负担额“一定三年不变”的政策，健全提留统筹款的预决算制度，加强专项审计。农民负担监督卡要及时发放到户，并严格执行。坚决禁止乱集资、乱收费、乱罚款和各种摊派，严肃查处涉及农民负担的恶性案件。严禁动用警力参与收缴提留统筹款和其它收费工作。

农村经营管理工作面广量大，政策性强，各级党委和政府要高度重视，列入重要议事日程。要建立健全有权威的工作机构和经常性的工作制度，努力造就一支熟悉农村政策、热心为群众办事的专职队伍，提高农村经营管理工作水平。

八、加强农村基层组织、民主法制和精神文明建设

农村工作要始终坚持两手抓。当前和今后一个时期，在集中精力抓好农业和农村经济结构战略性调整的同时，必须切实抓好农村基层组织建设、民主法制建设和社会主义精神文明建设，促进农村经济社会全面发展。

农村基层组织建设是一项长期的基础性工作，在农业和农村经济发展的新阶段，只能加强，不能削弱。今年农村基层组织建设工作，中央组织部已经作出具体部署，各地要认真贯彻落实。要以提高农村基层干部队伍的整体素质为重点，下大气力培训好农村基层干部。今冬明春，要分期分批集中培训农村基层干部和党员，提高他们的素质，增强他们带领群众发展经济、依法办事、善于做群众工作的本领。深入扎实地开展创建“五个好”村党支部、“六个好”乡镇党委和农村基层建设先进县活动。继续抓好后进村和贫困村的整顿，着力选好村党支部书记和乡镇党委书记。加强村级组织配套建设，依法推进村民自治。既要坚持发挥党支部的领导核心作用，又要支持村委会依法履行职能。加快乡镇机构改革步伐，抓紧清理乡镇超编人员。

农村社会主义精神文明建设，要针对新阶段的新情况，开展党的基本路线和农村政策教育、社会主义和集体主义精神教育、移风易俗教育、民主法制教育、科学文化教育。进一步搞好创建文明户、文明村镇活动，积极推进城乡共建、工农共建、村企共建、军民共建等多种形式的共建活动。提倡节俭，反对铺张浪费。切实抓好农村计划生育工作。继续组织好文化、科技、卫生“三下乡”活动。加强农村文化设施建设，扩大广播、电视覆盖面。

农村社会治安综合治理，要继续抓好“严打”整治专项斗争，重点打击地痞、村霸等流氓恶势力。坚决打击和取缔“法轮功”等邪教组织，依法加强对民间组织的管理。深入开展“扫黄打非”斗争，加大扫除“黄、赌、毒”等丑恶现象的力度。在加大整治力度的同时，积极开展基层安全创建活动，建立健全法律咨询服务体系和信息报送体系；做好民事调解工作，及时化解矛盾，减少群体性事件发生，维护农村社会稳定。

我国农业和农村经济进入新的发展阶段，是党的农村政策的巨大成功，是改革开放的伟大成就，也是农业和农村迈向现代化的新起点。在新世纪，我国经济、社会必将有更大发展，对农业的发展也将提出更高的要求。随着经济全球化趋势加快，农产品的国际竞争将日趋激烈。全党同志务必清醒地看到，我国的农业基础还不牢，任何时候都不能放松。切实加强农业基础地位，是国民经济结构调整的重要任务，也是对农业和农村经济结构进行战略性调整的根本出发点。我们要坚持以邓小平理论和党的十五大精神为指导，在以江泽民同志为核心的党中央领导下，坚定信心，埋头苦干，抓住机遇，开拓进取，努力开创农业和农村工作的新局面。

中共中央办公厅关于在农村开展“三个代表”重要思想学习教育活动的意见

（2000年11月30日）

为了深入贯彻落实江泽民同志“三个代表”的重要思想，加强和改进党对农村工作的领导，切实

解决当前农村存在的突出问题，确保党的十五大和十五届三中、五中全会及中央经济工作会议提出的农业和农村各项工作任务的落实，中央决定，从今冬明春开始，用两年左右的时间，在全国县（市）部门、乡镇、村领导班子和基层干部中，有计划、有步骤地开展“三个代表”重要思想学习教育活动。

一、开展学习教育活动的重要性和必要性

江泽民同志关于中国共产党始终代表中国先进社会生产力的发展要求、代表中国先进文化的前进方向、代表中国最广大人民的根本利益的重要思想，是新形势下加强党的建设的伟大纲领和推进各项工作的行动指南。通过学习教育活动，把“三个代表”的要求贯彻落实到农村基层，对于推动农村经济发展和社会全面进步，具有重大而深远的意义。

从新世纪开始，我国将进入全面建设小康社会，加快推进现代化的新的发展阶段。进一步加强农业，积极推进农业和农村经济结构的战略性调整，提高农业、农村经济的素质和效益，努力增加农民收入，是新阶段农业和农村工作的中心任务。当前农业和农村经济的结构性矛盾突出，一些地方农村经济发展缓慢，农民增收困难。解决这些问题，必须把发展作为主题，把结构调整作为主线，把改革开放和科技进步作为动力，把提高人民生活水平作为根本出发点。开展学习教育活动，把广大干部的思想进一步统一到“三个代表”的要求上来，通过深化农村改革、调整经济结构，加快农村经济发展，这是解决农村所有问题的关键。

加强农村社会主义精神文明建设，全面提高农民的思想道德素质和科学文化素质，为农村经济和社会发展提供强大的思想保证、精神动力和智力支持，是全面建设小康社会、加快推进现代化的重要保证。在改革日益深入，开放不断扩大，各种思想、文化相互激荡的背景下，农村精神文明建设面临大量新情况、新问题。一些地方封建迷信活动抬头，腐朽思想蔓延，宗族势力干扰村务，少数地方非法宗教活动猖獗、邪恶势力横行、黄赌毒等社会丑恶现象沉渣泛起。加强农村精神文明建设的任务非常艰巨。开展学习教育活动，增强广大干部“两手抓、两手都要硬”的责任感和自觉性，对于切实加强农村精神文明建设，促进农村经济和社会协调发展，建设有中国特色社会主义新农村，具有十分重要的作用。

代表最广大人民的根本利益，不仅要靠正确的理论和路线方针政策，而且要靠广大党员干部以良好的思想作风和工作作风，真心实意地为群众谋利益。农村基层干部队伍总体上是好的，他们长期工作在第一线，为农村改革和发展作出了巨大贡献。但一些基层干部素质不适应新形势新任务的要求，存在着一些不符合甚至损害农民群众利益的问题。有的宗旨观念淡薄，方法简单粗暴；有的弄虚作假，加重农民负担；有的以权谋私，违法乱纪等等。在少数地方，这些问题导致干群关系紧张，甚至诱发群体性事件。开展学习教育活动，使广大基层干部更加自觉地坚持全心全意为人民服务的宗旨和党的群众路线，必将进一步密切党群干群关系，巩固党的执政基础。

总之，在农村开展“三个代表”重要思想学习教育活动，是实现党的十五届五中全会确定的发展目标，加快农村发展的需要；是巩固和扩大县（市）“三讲”教育成果，解决当前农村存在的突出问题的需要；是在农村基层组织连续六年集中整顿和建设的基础上，进一步提高农村基层干部素质和基层组织建设水平的需要；同时，也是推动全党深入贯彻党要管党、从严治党的方针，推进党的建设新的伟大工程的需要。各级党委一定要提高认识，统一思想，把这次学习教育活动作为事关改革、发展、稳定全局的一件大事抓紧抓好。

二、学习教育活动的指导思想和应把握的原则

开展学习教育活动的指导思想是：以马列主义、毛泽东思想、邓小平理论为指导，按照“三个代表”的要求，深入贯彻落实党的十五大和十五届三中、五中全会及中央经济工作会议精神，紧紧围绕农村改革、发展和稳定的大局，着力解决当前农村存在的突出问题，努力创建“五个好”村党支部、“六个好”乡镇党委和农村基层组织建设先进县，进一步提高农村基层干部素质，增强农村基层党组织的凝聚力和战斗力，为做好农业和农村工作提供坚强有力的思想和组织保证。

这次学习教育活动要把握以下原则：

（一）坚持学习教育与推动农村工作相结合　学习教育活动要紧密联系思想和工作实际，围绕农村经济建设的中心任务，切实解决农村存在的突出问题，把学习理论与总结经验、推动工作结合起来，把解决思想问题与解决实际问题统一起来。不能脱离农村的各项工作就学习教育抓学习教育，也不能简单地用解决具体问题来代替学习教育。

（二）坚持正面教育、自我教育为主　学习教育活动重在提高农村干部的思想和政策水平。要通过学习教育，加强领导班子建设，增强贯彻落实“三个代表”重要思想的自觉性，总结经验教训，明确努力方向，进行自我改进、自我提高。同时，要认真开展批评与自我批评，并以多种方式听取群众的意见，接受群众的监督。

（三）坚持从实际出发，分类指导　各地要根据本地农村经济和社会发展的实际情况以及县（市）部门、乡镇、村不同层次干部的状况，在学习教育的时间、内容、方法等方面，提出不同要求，有什么问题就解决什么问题，什么问题突出就重点解决什么问题，不搞一刀切。

（四）坚持上下结合，综合治理，标本兼治　对农村存在的突出问题要进行深入分析，找出原因，研究根治这些问题的措施。属于县（市）的问题，县（市）委要承担责任并认真加以解决；属于县（市）部门的问题，县（市）主管领导要协调解决；属于乡镇的问题，县（市）委和政府要督促、帮助他们解决。对所有问题，都不能推诿扯皮、敷衍了事。对情况复杂、涉及面大、一个乡镇或一个部门难以解决的问题，上级党委要组织力量，采取配套措施进行综合整治。

三、学习教育活动要达到的基本要求

（一）推动农村经济发展，增加农民收入要有新进展　贯彻落实"三个代表"的要求，要体现在发展农村生产力、积极推进农业和农村经济结构的战略性调整上。按照党的十五届五中全会的要求，结合本地实际，落实各项措施。以优化品种、提高质量、增加效益为中心，大力调整农产品结构。加快发展畜牧、水产业，提高农产品加工水平和效益。加快推进农业产业化经营，培育和支持龙头企业的发展，大力推广公司加农户、订单农业等经营形式。加快乡镇企业的结构调整和技术进步，积极稳妥地发展小城镇。大力发展农村集体经济，支持、鼓励和引导农村个体、私营等非公有制经济的发展，千方百计增加农民收入。

在学习教育活动中，县、乡、村领导班子要深入研究当地农业和农村经济结构的突出矛盾，摸清情况，找准问题，理清思路，因地制宜地制定和完善规划。要抓好一批示范乡镇、示范村、示范户，发挥它们在调整经济结构中的带头作用。抓好以科技服务和信息服务为重点的农业社会化服务体系建设。县（市）部门要明确职责任务，运用资金投入、技术指导、市场拓展、教育培训、信息咨询等方式，积极为调整经济结构提供有效服务。

（二）减轻农民负担要切实见到成效　充分认识减轻农民负担的重要性和紧迫性，进一步提高执行减轻农民负担各项政策措施的自觉性。要按照中央的部署，加快推进农村税费改革，建立规范的农村税收制度，从根本上减轻农民负担，调动农民积极性，进一步解放农村生产力。已经实行农村税费改革的地方，除征收国家规定的税收外，要取消其他各种名目的税费。还没有实行农村税费改革的地方，要严格执行国家农业税收政策，严格控制提留统筹费，坚决制止向农民乱收费、乱集资、乱罚款和各种摊派，严格加强对农民义务工的管理，严格控制乡镇、村开支，严禁在粮食收购时代扣代缴各种款项，严禁强迫农民借款、贷款缴纳各种税费，严禁各种形式的达标升级活动。要严肃查处加重农民负担的违法违纪行为。

在学习教育活动中，县（市）、乡镇党委和政府要对减轻农民负担政策的执行情况进行认真检查，针对农村中小学乱收费、报刊征订中乱摊派、电网改造中搭车收费和乱收电费等问题，开展专项治理，对清理出来的问题坚决予以纠正。要在各级党委、政府的统一领导下，积极稳妥地进行乡镇机构改革，精简人员编制，清退不在编人员，压缩财政供养人员。提倡村干部及村、组干部交叉兼职，减少享受补贴的人数。

（三）基层干部思想作风和工作作风要有明显改进　广大农村干部要按照"三个代表"的要求，牢固树立全心全意为人民服务的思想，始终维护农民群众的根本利益。要转变作风，深入群众，帮助群众解决生产、生活中的实际困难和问题。要善于用说服教育、示范引导和提供服务的方法开展工作，尊重农民群众的意愿和生产经营自主权。正确处理新时期的人民内部矛盾，密切党群干群关系。

在学习教育活动中，县（市）委要对各级干部思想作风情况进行深入检查，并作为落实"三讲"教育整改措施的重要内容。要对乡镇和县（市）部门领导干部下基层的时间作出明确规定，认真落实。乡镇党委要重点解决有的干部作风不实、方法简单粗暴、不安心在基层工作等问题，坚决纠正虚报浮夸、强迫命令、用公款大吃大喝、铺张浪费等不良风气。县（市）部门要端正服务思想，重点解决"门难进、脸难看、事难办"和"吃、拿、卡、要"等问题，真心实意地为基层和农民办实事。

（四）精神文明建设和民主法制建设要进一步加强　要把"三个代表"重要思想的学习教育同党的基本理论和基本路线教育结合起来，同贯彻中央思想政治工作会议精神结合起来，弘扬爱国主义、集体主义和社会主义精神，培养有理想、有道德、有文化、有纪律的新型农民。加强和改进农村思想政治工作，提倡自力更生、艰苦奋斗的创业精神，破除封建迷信，移风易俗，提倡科学文明健康的生活方式，促进社会风气好转。加强计划生育工作，发展教育、卫生、体育事业。加强农村文化设施建设，丰富农民的精神文化生活。进一步扩大农村基层民主，切实尊重和维护农民群众的民主权利，在党的领导下有步骤、有秩序地全面推进以民主选举、民主决策、民主管理、民主监督为主要内容的村民自治。

在学习教育活动中，县（市）和乡镇党委要以创建文明户、文明村镇为主要形式，加强精神文明建设。开展科技知识培训，大力推广先进适用技术。普遍实行乡镇政务公开和村务公开，方便群众办事，接受群众监督。加强法制教育和宣传，增强农村干部的法制观念和依法办事的能力。依法打击利用宗教进行非法活动，坚决取缔各种邪教。落实社会治安综合治理措施，严厉打击危害社会治安的刑事犯罪和各种恶势力，维护农村社会稳定。

要认真总结六年来农村基层组织集中整顿和建设的经验，开拓创新，乘势而上。深入开展创建"五个好”村党支部、“六个好”乡镇党委和农村基层组织建设先进县活动，制定、完善“三级联创”的规划和实施意见，形成常抓不懈的工作机制。要适应农村经济和社会发展的需要，改进农村基层党组织的设置、活动方式和工作方法。大力推进村党支部领导班子成员选拔任用制度的改革，实行“两推一选”和“公示制”。加大教育培训工作力度，全面提高农村基层干部素质。加强以党支部为核心的村级组织配套建设，正确处理村党支部和村民委员会的关系。加强农村党员教育管理，充分发挥农村党员在两个文明建设中的先锋模范作用。

四、学习教育活动的方法步骤

这次学习教育活动的重点是乡镇和县（市）部门。今冬明春首先在这一级开展，逐步扩大到村一级班子和部门驻乡镇单位。已经进行“三讲”集中教育试点的乡镇，要进一步完善和落实整改措施，重点抓好村级学习教育活动。

县（市）委应集中力量抓好乡镇、村和县（市）部门的学习教育活动。同时，要结合“三讲”教育“回头看”，对解决当前农村存在的突出问题的整改措施进行充实完善，认真抓好落实。

今冬明春开始的乡镇和县（市）部门学习教育活动，大体可分三个阶段：

（一）学习培训　集中学习与个人自学相结合。县（市）委要举办乡镇和县（市）部门主要领导干部培训班，进行思想动员、学习辅导、讨论交流，时间一般不少于7天。市（地）委、县（市）委的主要领导同志要到培训班讲课。乡镇、县（市）部门领导班子要组织集体学习，时间10天左右。注意发挥理论教育讲师团和县、乡党校的作用。要把学习“三个代表”重要思想同学习党的十五届三中、五中全会精神紧密结合起来。中央组织部选编的《农村干部学习“三个代表”重要思想文件汇编》作为必读教材。《邓小平理论通俗读本》、《农村政策简明读本》和《农村基层干部读本》可作为学习辅助材料。

（二）对照检查　在学习提高的基础上，乡镇和县（市）部门干部要采取个别谈话、召开座谈会、进村入户调查等形式，认真听取群众意见，了解群众想什么、盼什么，要求干部做什么。对照“三个代表”的要求，检查党的十五届三中全会以来思想和工作方面存在的问题，总结反思，形成书面材料。领导班子成员之间要开展谈心，经过充分准备，召开民主生活会，开展批评与自我批评，并在适当范围通报民主生活会的情况。

（三）整改提高　乡镇和县（市）部门领导班子要从发展农村经济、增加农民收入、减轻农民负担、转变干部作风等方面，制定具体整改方案，明确责任，抓好落实，并以适当方式让群众都知道。对群众反映的问题和提出的要求，能够解决的要尽快解决。应该解决但一时解决不了的要向群众说明情况，并采取措施，逐步加以解决。县（市）委要对整改方案的落实情况进行督促检查。

村级和部门驻乡镇单位的学习教育活动可参照上述方法步骤进行。对村一级更应突出正面教育，注重效果，以利稳定。乡镇党委要切实抓好村级的学习教育活动。乡镇“站、所”的学习教育活动要在乡镇党委统一领导下进行，上级部门党组织要积极支持和协助。

五、切实加强对学习教育活动的领导

各级党委要把这次学习教育活动列入重要议事日程，精心部署，周密安排。党委书记要亲自抓，领导班子成员分工抓。在党委统一领导下，党委组织部门牵头，纪检、宣传、农业、民政、财政、教育、编办、共青团、妇联、科协等有关方面，要通力协作，齐抓共管。为了加强对学习教育活动的具体领导和指导，各级党委要有专门工作机构。

各省、自治区、直辖市党委要从实际出发，根据本意见对学习教育活动作出全面安排，并制定年度计划，召开专门会议进行部署。省级党委常委、政府的党员领导干部要确定一个县（市）作为联系点，作学习教育动员，并经常深入实际，调查研究，进行指导。

市（地）委要加强对学习教育活动的领导和指导。市（地）委常委（委员）、政府（行署）的党员领导干部要具体抓好一个乡镇或一个县（市）部门的学习教育活动。市（地）委要组织检查组，分阶段对学习教育活动进行督促检查。

县（市）委要制定学习教育活动的具体安排意见，有部署、有检查、有总结。县（市）委书记要认真履行“第一责任人”的职责。县（市）级党员领导干部要联系一个乡镇或一个县（市）部门，对学习教育活动进行指导。乡镇党委书记、县（市）部门党员主要负责同志要切实履行直接责任人的职责。对群众意见大、严重不团结、暂不具备条件开展学习教育活动的领导班子，要先进行组织调整，然后再开展活动。县（市）委要组织督查组，及时进行检查指导。要把这次学习教育活动同对干部的考察、考核结合起来，从中发现、培养和选拔优秀干部，对不称职的按有关规定作出组织调整。对于在学习教育活动中暴露出来的违法违纪问题，由有关方面按照规定程序处理。

开展学习教育活动务必注重实效，坚持标准，确保质量，克服形式主义，防止走过场。要加强对学习教育活动的宣传，总结推广典型经验，形成良好的舆论氛围。学习教育活动结束后，省、自治区、直辖市党委要向中央写出报告。

中共中央　国务院
关于促进小城镇健康发展的若干意见

（2000年6月13日）

党的十五届三中全会通过的《中共中央关于农业和农村工作若干重大问题的决定》指出："发展小城镇，是带动农村经济和社会发展的一个大战略"。当前，各地积极贯彻落实中央精神，小城镇的发展形势总的是好的。但也存在着一些不容忽视的问题：一些地方缺乏长远、科学的规划，小城镇布局不合理；有些地方存在不顾客观条件和经济社会发展规律，盲目攀比、盲目扩张的倾向；多数小城镇基础设施不配套，影响城镇整体功能的发挥；小城镇自身管理体制不适应社会主义市场经济的要求。为促进小城镇健康发展，特提出如下意见。

一、充分认识发展小城镇的重大战略意义

对农业和农村经济结构进行战略性调整，全面提高农业和农村经济的整体素质和效益，增加农民收入，提高农民生活水平，是当前和今后一个时期我国农业和农村工作的首要任务。发展小城镇，可以加快农业富余劳动力的转移，是提高农业劳动生产率和综合经济效益的重要途径，可以促进乡镇企业适当集中和结构调整，带动农村第三产业特别是服务业的迅速发展，为农民创造更多的就业岗位。这对解决现阶段农村一系列深层次矛盾，优化农业和农村经济结构，增加农民收入，具有十分重要的作用。

扩大国内需求，开拓国内市场特别是农村市场，是我国经济发展的基本立足点和长期战略方针。发展小城镇，可以有效带动农村基础设施建设和房地产业的发展，扩大投资需求尤其是吸引民间投资，可以明显提高农民消费的商品化程度，扩大对住宅、农产品、耐用消费品和服务业的需求。这不仅有利于缓解当前国内需求不足和农产品阶段性过剩状况，而且也为整个工业和服务业的长远发展拓展新的市场空间。

加快我国城镇化进程，实现城镇化与工业化协调发展，小城镇占有重要的地位。发展小城镇，可以吸纳众多的农村人口，降低农村人口盲目涌入大中城市的风险和成本，缓解现有大中城市的就业压力，走出一条适合我国国情的大中小城市和小城镇协调发展的城镇化道路。

发展小城镇，是实现我国农村现代化的必由之路。农村人口进城定居，有利于广大农民逐步改变传统的生活方式和思想观念；有利于从整体上提高我国人口素质，缩小工农差别和城乡差别；有利于实现城乡经济社会协调发展，全面提高广大农民的物质文化生活水平。

当前，加快城镇化进程的时机和条件已经成熟。抓住机遇，适时引导小城镇健康发展，应当作为当前和今后较长时期农村改革与发展的一项重要任务。

二、发展小城镇必须坚持的指导原则

发展小城镇要以党的十五届三中全会确定的基本方针为指导，遵循以下原则。

尊重规律，循序渐进。小城镇是经济社会发展到一定阶段的产物，必须尊重客观规律，尊重农民意愿，量力而行。要优先发展已经具有一定规模、基础条件较好的小城镇，防止不顾客观条件，一哄而起，遍地开花，搞低水平分散建设。不允许以小城镇建设为名，乱集资、乱摊派，加重农民和企业负担。

因地制宜，科学规划。我国幅员辽阔，经济发展不平衡，发展小城镇的条件也各不相同。各地要从实际出发，根据当地经济发展水平、区位特点和资源条件，搞好小城镇的规划和布局，突出重点，注重实效，防止不切实际，盲目攀比。

深化改革，创新机制。小城镇建设和管理要按照社会主义市场经济的要求，改革创新，广泛开辟投融资渠道，促进基础设施建设和公益事业发展，走出一条在政府引导下，主要通过市场机制建设小城镇的路子。要转变政府职能，从根本上降低管理成本，提高管理效率。

统筹兼顾，协调发展。发展小城镇，不能削弱农业的基础地位。要利用小城镇连接城乡的区位优势，促进农村劳动力、资金、技术等生产要素优化配置，推动一、二、三产业协调发展。要坚持物质文明和精神文明一起抓，在搞好小城镇经济建设的同时，大力推进教育、科技、文化、卫生以及环保等事业的发展，实现城乡经济社会和生态环境的可持续发展。

城镇化水平的提高是一个渐进的过程。发展小城镇既要积极，又要稳妥。力争经过10年左右的努力，将一部分基础较好的小城镇建设成为规模适度、规划科学、功能健全、环境整洁、具有较强辐射能力的农村区域性经济文化中心，其中少数具备条件的小城镇要发展成为带动能力更强的小城市，使全国城镇化水平有一个明显的提高。

三、发展小城镇要统一规划和合理布局

各级政府要按照统一规划、合理布局的要求，抓紧编制小城镇发展规划，并将其列入国民经济和社会发展计划。重点发展现有基础较好的建制镇，搞好规划，逐步发展。在大城市周边地区，要按照产业和人口的合理分布，适当发展一批卫星城镇。在沿海发达

地区，要适应经济发展较快的要求，完善城镇功能，提高城镇建设水平，更多地吸纳农村人口。在中西部地区，应结合西部大开发战略，重点支持区位优势和发展潜力比较明显的小城镇加快发展。要严格限制新建制镇的审批。

在小城镇的规划中，要注重经济社会和环境的全面发展，合理确定人口规模与用地规模，既要坚持建设标准，又要防止贪大求洋和乱铺摊子。规划的编制要严格执行有关法律法规，切实做好与土地利用总体规划以及交通网络、环境保护、社会发展等各方面规划的衔接和协调。规划的调整要按法定程序办理。小城镇建设要各具特色，切忌千篇一律，特别要注意保护文物古迹以及具有民族和地方特点的文化自然景观。

四、积极培育小城镇的经济基础

充满活力的经济是小城镇繁荣和发展的基础。要根据小城镇的特点，以市场为导向，以产业为依托，大力发展特色经济，着力培育各类农业产业化经营的龙头企业，形成农副产品的生产、加工和销售基地。要发挥小城镇功能和连接大中城市的区位优势，兴办各种服务行业，因地制宜地发展各类综合性或专业性商品批发市场。要充分利用风景名胜及人文景观，发展观光旅游业。

要通过完善基础设施建设，加强服务，减轻企业负担等措施，吸引乡镇企业进镇。要鼓励农村新办企业向镇区集中。要抓住国有企业战略改组的机遇，吸引技术、人才和相关产业向小城镇转移。鼓励大中城市的工商企业到小城镇开展产品开发、商业连锁、物资配送、旧货调剂、农副产品批发等经营活动。鼓励商业保险机构拓宽服务范围，到小城镇开展各类商业保险业务。

五、充分运用市场机制搞好小城镇建设

各地要制定相应的优惠政策，吸引企业、个人及外商以多种方式参与小城镇基础设施的投资、建设和经营，多渠道投资小城镇教育、文化、卫生等公用事业，走出一条在政府引导下主要依靠社会资金建设小城镇的路子。对有收益的基础设施，可合理确定服务价格，实行有偿使用。鼓励相邻的小城镇共建、共享某些基础设施，提高投资效益。

金融机构要拓宽服务领域，积极参与和支持小城镇建设。国有商业银行要采取多种形式，增加对小城镇建设的贷款数额，逐步开展对有稳定收入的进镇农民在购房、购车和其他消费方面的信贷业务。

为促进小城镇健康发展，国家要在农村电网改造、公路、广播电视、通讯等基础设施建设方面给予支持。地方各级政府要根据自身财力状况，重点支持小城镇镇区道路、供排水、环境整治、信息网络等公用设施和公益事业建设。要严格建设项目审批程序，严禁以小城镇建设为名，铺张浪费，大搞楼堂馆所。

六、妥善解决小城镇建设用地

发展小城镇要统一规划，集中用地，做到集约用地和保护耕地。要通过挖潜，改造旧镇区，积极开展迁村并点，土地整理，开发利用荒地和废弃地，解决小城镇的建设用地。要采取严格保护耕地的措施，防止乱占耕地。

小城镇建设用地要纳入省（自治区、直辖市）、市（地）、县（市）土地利用总体规划和土地利用年度计划。对重点小城镇的建设用地指标，由省级土地管理部门优先安排。对以迁村并点和土地整理等方式进行小城镇建设的，可在建设用地计划中予以适当支持。要严格限制分散建房的宅基地审批，鼓励农民进镇购房或按规划集中建房，节约的宅基地可用于小城镇建设用地。

小城镇建设用地，除法律规定可以划拨的以外，一律实行有偿使用。小城镇现有建设用地的有偿使用收益，留给镇级财政，统一用于小城镇的开发和建设。小城镇新增建设用地的有偿使用收益，要优先用于重点小城镇补充耕地，实现耕地占补平衡。

七、改革小城镇户籍管理制度

为鼓励农民进入小城镇，从2000年起，凡在县级市市区、县人民政府驻地镇及县以下小城镇有合法固定住所、稳定职业或生活来源的农民，均可根据本人意愿转为城镇户口，并在子女入学、参军、就业等方面享受与城镇居民同等待遇，不得实行歧视性政策。对在小城镇落户的农民，各地区、各部门不得收取城镇增容费或其他类似费用。

要积极探索适合小城镇特点的社会保障制度。对进镇落户的农民，可根据本人意愿，保留其承包土地的经营权，也允许依法有偿转让。农村集体经济组织要严格承包合同管理，防止进镇农民的耕地撂荒和非法改变用途。对进镇农户的宅基地，要适时置换出来，防止闲置浪费。

小城镇户籍制度改革，要高度重视进镇人口的就业问题。各省、自治区、直辖市人民政府要按照国家有关规定和当地实际情况，制定小城镇户籍制度改革的具体办法。

八、完善小城镇政府的经济和社会管理职能

要积极探索适合小城镇特点的新型城镇管理体制，大力精减人员，把小城镇政府建成职能明确、结构合理、精干高效的政府。镇政府要集中精力管理公共行政和公益性事业，创造良好的投资环境和社会环境，避免包揽具体经济事务。在规定的机构编制限额内，镇政府可根据实际需要设置机构和配备人员，不要求上下对口。小城镇政府的行政开支要严格实行预决算制度，不得向社会摊派。

理顺县、镇两级财政关系，完善小城镇的财政管

理体制。具备条件的小城镇，应按照有关法律的要求，设立独立的一级财税机构和镇级金库，做到“一级政府，一级财政”。根据财权与事权相统一和调动县(市)、镇两个积极性的原则，明确小城镇政府的事权和财权，合理划分收支范围，逐步建立稳定、规范、有利于小城镇长远发展的分税制财政体制。对尚不具备实行分税制条件的小城镇，要在协调县（市)、镇两级财政关系的基础上，合理确定小城镇的收支基数。对重点发展的小城镇，在实行分税制财政体制之前，其地方财政超收部分的全部或大部分留于镇级财政。

九、搞好小城镇的民主法制建设和精神文明建设

在小城镇的建设和管理中，要加强民主和法制建设，健全民主监督机制，依法行政。根据户籍管理制度改革的新特点，搞好小城镇的社会治安综合治理，依法严厉打击各种刑事犯罪行为，严厉打击邪教和利用宗教形式进行的非法活动，建立良好的社会秩序。

要大力提高镇区居民和进镇农民的思想道德水平和科学文化素质，采用各种行之有效的形式，宣传有中国特色社会主义理论和党的各项方针、政策，普及科学文化知识，教育和引导农民移风易俗，破除迷信，革除陋习，逐步形成适应城镇要求的生活方式和生育观念，用社会主义精神文明占领小城镇的思想文化阵地。

进一步加强小城镇的干部队伍建设。结合机构改革，选调一批政治素质高、年富力强、懂经济、会管理的同志，充实到小城镇的领导岗位。加强对镇政府主要负责人的培训，提高他们的民主法制观念、政策水平和管理能力。

十、加强对发展小城镇工作的领导

发展小城镇的规划和组织实施工作主要由地方负责。各省、自治区、直辖市党委和人民政府，要根据本意见的精神，认真研究制定促进小城镇健康发展的具体政策措施，分级负责，扎实做好工作。

中央和国务院各有关部门要通力协作，各司其职，加强对发展小城镇的政策指导和协调，可选择一些基础较好、具有较大发展潜力的建制镇作为试点，做好服务工作。使这些小城镇在规划布局、体制创新、城镇建设、可持续发展和精神文明建设等方面，为其他小城镇提供示范和经验。

北京市村民委员会选举办法

（2000年9月22日）

（北京市第十一届人民代表大会常务委员会第二十一次会议通过）

第一章　总　　则

第一条　为规范村民委员会选举，保障村民依法行使民主权利，根据《中华人民共和国村民委员会组织法》，结合本市实际，制定本办法。

第二条　村民委员会主任、副主任和委员，由本村有选举权的村民直接选举产生。任何组织或者个人不得指定、委派或者撤换村民委员会成员。

第三条　村民委员会由主任、副主任和委员共3～7人组成，具体人数由村民会议或者村民会议授权村民代表会议决定。

第四条　村民委员会每届任期3年，届满应当举行换届选举。村民委员会成员可以连选连任。

第五条　村民委员会的换届选举工作由市人民政府统一部署。区、县和乡、民族乡、镇人民政府负责组织和指导选举工作的具体实施。

第六条　中国共产党在农村的基层组织，按照中国共产党章程进行工作，发挥领导核心作用；在村民委员会选举工作中，依照宪法和有关法律、法规，支持和保障村民直接行使民主权利。

第七条　村民委员会的选举经费由村自行解决。选举经费支出确有困难的村，乡、民族乡、镇人民政府应当给予适当补助。各级人民政府组织指导村民委员会选举工作所需经费由同级财政专项拨付。

第二章　选举工作机构

第八条　村民委员会的选举工作由村民选举委员会主持。村民选举委员会成员经村民会议或者各村民小组推选产生，由5～9人组成。村民选举委员会成员推选1人主持工作。

村民选举委员会成员名单应当报乡、民族乡、镇人民政府备案。

第九条　村民选举委员会履行下列职责：

（一）宣传选举的目的、意义和有关法律、法规；

（二）制定选举工作实施方案；

（三）确定和培训聘请的选举工作人员；

（四）组织选民登记，审查选民资格，公布选民名单；

（五）组织选民提名村民委员会成员候选人，并公布候选人名单；

（六）确定并公告选举日期、投票地点；

（七）主持选举大会，公布选举结果，并报乡、民族乡、镇人民政府备案；

（八）受理有关选举工作的申诉；

（九）总结选举工作，整理、建立选举工作档案。

村民选举委员会履行职责是新一届村民委员会召开第一次会议时止。

第三章　选民登记

第十条　年满18周岁的村民，不分民族、种族、性别、职业、家庭出身、宗教信仰、教育程度、财产状况、居住期限，都有选举权和被选举权；但是，依照法律被剥夺政治权利的人除外。

选民的年龄计算到选举日为止。

第十一条　具有选民资格的村民一般在户口所在地的村进行选民登记。

现居住地与户口所在地不一致，要求在居住地参加选举的，经居住地所在村的村民选举委员会确认，可以进行选民登记，但不得在户口所在地重复登记。

第十二条　选民名单应当在选举日的20日前张榜公布，并发给选民证。村民对选民名单有不同意见的，可以在选民名单公布后的10日内向村民选举委员会提出申诉；村民选举委员会应当在接到申诉之日起3日内作出书面处理决定。

第四章　候选人的产生

第十三条　村民委员会成员候选人，由选民直接提名产生。村民委员会主任、副主任、委员正式候选人数应当分别多于应选名额1~2人，按照获得选民提名的票数多少确定。

每个选民提出的村民委员会成员候选人的人数不得超过应选名额。

第十四条　村民选举委员会应向选民介绍候选人情况。可以组织村民委员会成员候选人与选民见面，回答选民提出的问题。

第十五条　选民提名村民委员会成员候选人，应当推荐遵守宪法、法律、法规和国家政策，公正廉洁，作风正派，热心为村民服务，身体健康，有一定文化水平和组织、管理能力的村民。

第十六条　村民委员会成员正式候选人名单应当在选举日的5日前，按照获得选民提名的票数多少的顺序公布。

第五章　投票选举

第十七条　村民选举委员会应当在选举日前做好以下准备工作：

（一）公布投票选举的具体时间和地点；

（二）准备选票和票箱，布置选举大会会场和投票站，设立发票处和秘密写票处；

（三）确定监票人、唱票人、计票人及其他选举工作人员；

（四）其他选举事务工作。

村民委员会成员正式候选人及其配偶、直系亲属不得担任监票人、唱票人、计票人和其他选举工作人员。

第十八条　选举村民委员会，可以采取选民一次投票选举主任、副主任和委员的方式；也可以采取分次投票选举主任、副主任和委员的方式。具体选举方式，由村民选举委员会根据多数选民的意见在选举方案中确定。

第十九条　投票选举时，应当由村民选举委员会主持召开选举大会。村民选举委员会应当根据选民居住状况和便于组织选举的原则，设立中心投票会场和若干投票站。对不便到会场或者投票站投票的，可以设立流动投票箱。每个投票站或者流动票箱必须有3名以上监票人负责。

第二十条　选举现场应当设立秘密写票处和公共代书处。

投票时，选民自己不能填写选票的，可以请他人代写。代写人不得违背委托人的意愿。

第二十一条　选举日不能参加投票选举的选民，可以书面委托除正式候选人之外的其他选民代为投票。每一选民接受委托投票不得超过3人。村民选举委员会应当在投票选举日前办理委托投票手续，并在发票时查验委托书。

第二十二条　村民委员会选举采取无记名投票方式。选民对正式候选人可以投赞成票、反对票或者另选他人，也可以弃权。

第二十三条　投票选举前，村民选举委员会应当核实参加选举的人数；投票结束后，所有投票箱应立即集中到选举大会会场。当众开箱，公开唱票、计票，当场公布选举结果。

第二十四条　全体选民的过半数参加投票，选举有效；每次选举所投的票数，等于或者少于投票人数的有效，多于投票人数的无效；每一选票所选的人数，等于或者少于应选名额的有效，多于应选名额的无效。选票无法辨认的，经村民选举委员会认定，作废票处理。废票计人选票总数。

第二十五条　候选人获得参加投票选民的过半数选票，始得当选。获得过半数选票的候选人人数多于应选名额时，以得票多者当选。如遇票数相同，无法确定当选人时，应当就得票相同的候选人再次投票，以得票多者当选。

第二十六条　当选的村民委员会成员人数少于应选名额时，应当在15日内就不足的名额另行选举。

另行选举时，根据第一次投票时得票多少的顺序，差额确定候选人。候选人以得票多者当选。但得票数不得少于参加投票选民的1/3。

另行选举后，当选人数超过3人并已选出村民委员会主任，但仍不足应选名额时，经村民会议决定，可以不再另行选举。

第二十七条　村民选举委员会确认选举有效后，应当报乡、民族乡、镇人民政府备案。

第二十八条　以威胁、贿赂、伪造选票等不正当手段当选的，其当选无效。

第六章　罢免、辞职和补选

第二十九条　村民委员会成员受村民监督。

本村1/5以上有选举权的村民联名，可以对村民委员会成员提出罢免要求。罢免要求应当以书面形式向村民委员会提出，并写明罢免理由。村民委员会应当在接到罢免要求之日起30日内召开村民会议，进行投票表决。

乡、民族乡、镇人民政府对严重违反国家法律、法规受到处罚的村民委员会成员，可以向村民委员会提出罢免建议。

第三十条　村民委员会逾期不召集村民会议投票表决罢免要求的，乡、民族乡、镇人民政府可以召集村民会议投票表决。

第三十一条　村民会议在讨论表决罢免要求时，被提出罢免的村民委员会成员有权出席会议并提出申辩意见。罢免村民委员会成员，必须经有选举权的村民过半数通过。表决的程序和方法适用本办法规定的选举程序和方法。表决结果报乡、民族乡、镇人民政府备案。

第三十二条　村民委员会成员要求辞职的，应当以书面形式向村民委员会提出，由村民委员会召集村民会议或者村民代表会议讨论决定，并予以公告。

第三十三条　村民委员会成员出现缺额时，应当及时补选。补选村民委员会的主任或者2名以上村民委员会成员，按照本办法规定的选举程序和方法进行；补选村民委员会个别成员，补选方法由村民委员会根据多数选民的意见确定。补选的村民委员会成员，其任期到本届村民委员会任期届满为止。

第七章　监督管理

第三十四条　本市区、县、乡、民族乡、镇人民代表大会和市、区、县人员代表大会常务委员会对村民委员会换届选举进行监督、检查，保证《中华人民共和国村民委员会组织法》和本办法在本行政区域内的贯彻实施。

第三十五条　村民对选举有异议的，可以向乡、民族乡、镇人民代表大会和人民政府或者区、县人民代表大会常务委员会和人民政府及其有关主管部门提出，有关机关应当负责调查并依法处理。

第三十六条　对有下列行为之一的，由上一级人民政府责令改正，并视情节轻重给予批评教育或者行政、纪律处分；违反治安管理规定的，由公安机关依法处理；构成犯罪的，依法追究刑事责任：

（一）用暴力、威胁、贿赂等不正当手段破坏选举或者妨碍选民自由行使选举权和被选举权的；

（二）擅自调整、变更村民委员会成员候选人或者指定、委派、撤换村民委员会成员的；

（三）伪造选举文件、虚报选举票数的；

（四）对控告、检举村民委员会选举中违法行为或者提出罢免村民委员会成员要求的人进行压制、报复的；

（五）无正当理由拖延村民委员会换届选举的；

（六）未经村民会议通过，罢免村民委员会成员的；

（七）以其他不正当方式干扰、妨碍选举工作正常进行的。

第八章　附　　则

第三十七条　本办法自2000年10月1日起施行。

北京市节约用水若干规定

（2000年12月1日）

第一条　为加强本市节约用水管理，科学合理利用水资源，根据当前节约用水工作的实际需要，制定本规定。

第二条　在本市行政区域内通过公共供水设施取水或者直接从河道、水库、湖泊及地下取水的单位和个人（以下简称用水户），均须遵守本规定。

第三条　市水利局主管全市节约用水统一协调和监督管理工作。市市政管理委员会负责本市城市节约用水工作。市节约用水办公室和市城市节约用水办公室依照各自职责负责节约用水的具体管理工作。

区、县水行政主管部门或者节约用水办公室（以下简称节水管理部门），负责本辖区内节约用水的具体工作。

第四条　本市用水实行计划管理。每个年度，市水利局依据本市水资源情况，会同市市政管理委员会制定用水计划。各级节水管理部门按照职责权限向各用水户下达年度计划用水指标。

第五条　市水利局、市市政管理委员会会同市物价部门研究制定有利于节水的科学水价体系，对生产、生活等不同类别的用水实行不同的水价。对超计划用水实行超计划累进加价收费。

第六条　对年度用水计划外的新增用水实行总量控制，严格限制新上耗水量大的建设项目。本市逐步实施用水定额管理。市水利局会同市市政管理委员会组织研究制定各行业用水定额指标，经市政府批准后实施。

第七条　严格控制开采地下井。确需开凿自备井、取用地下水的，应当经水行政主管部门批准。在规划市区内取用地下水的，应当先征得市市政管理委员会同意。

第八条　因建筑施工、园林绿化、环境卫生等确需增加临时用水的用水户，应当提前30日向节水管理部门申请核定用水计划。经核定后，方可用水。节水管理部门应当自接到申请后15日内给予答复；逾期不答复的，视为同意。

第九条　饮料和其他以水为原料的生产企业应当采取节水措施，提高原料水的利用率。生产后的尾水必须回收利用，不得直接排放。饮用水生产企业产水率不得低于原料水的70%。低于70%的，由节水管理部门限期达标；逾期不能达标的，停止供水。

第十条　洗浴业、洗车业的用水户应当制定并落实节约用水措施，洗车业等直接耗水的企业必须安装并正常使用循环用水设施。节水管理部门应当经常检查其节水设备、节水措施的落实情况，对不符合规定的，责令限期整改。

第十一条　市水利局应当制定使用中水的方案，并会同市市政管理委员会制定使用中水工程建设规划，经市人民政府批准后，负责组织实施。

第十二条　严格执行本市有关建设中水设施的规定，已经建成的中水设施必须投入使用，并应当加强维护管理，保证正常运转。企业因开工不足不能正常使用的，必须向节水管理部门备案。对已安装中水设施并正常使用的用水户可减收污水处理费。

第十三条　鼓励用水户进行污水处理和使用中水。已接通中水的地区，工业用水和城镇园林绿化、环境卫生用水应当使用中水。

第十四条　新建、改建、扩建工程，应当采用节水型的工艺、设备和器具，建设相应的节约用水设施，并与主体工程同时设计、同时施工、同时投产使用。新建、改建、扩建公共建筑、住宅、市政工程，必须使用节水型用水器具。自本规定实施之日起，一律不得使用螺旋升降式水龙头、一次性冲水量超过9升的便器水箱。本规定实施前已经安装使用的，产权人应当采取措施，逐步更换。

第十五条　城市绿化应当选用耐旱型树木、花卉。公园和单位院内的绿地、树木、花卉逐步使用滴灌、微喷等先进的节水灌溉方式。暂时不能改为滴灌、微喷等节水灌溉方式的，不得大水漫灌。

第十六条　绿地、道路应当建设低草坪、渗水地面，使用透水性能好的材料。城镇地区的机关、企业、事业单位院内应当建设雨水收集利用的设施。

鼓励单位和居民庭院建设雨水利用设施和渗水井。

第十七条　单位和个人应当使用节水型用水器具。市水利局、市市政管理委员会会同市质量技术监督部门确认“节水型用水器具名录”和“明令淘汰用水器具名录”，向社会公布并监督实施。禁止销售和安装使用明令淘汰的用水器具。

第十八条　建设项目的节约用水设施竣工后，建设单位应当向节水管理部门申报验收；验收不合格的，建设项目不得投产使用，供水部门不得供水。用水户不得擅自停止使用节约用水设施。

第十九条　对违反本规定的，由节水管理部门按以下规定处罚：

（一）饮用水生产企业未将生产后的尾水回收利用的，责令限期改正，并按每直接排放一吨尾水处以100元罚款。但最高不得超过3万元。

（二）从事洗车业的用水户未正常使用节水设备或者节水措施不落实的，处以1万元以下的罚款；未安装循环用水设施的，处以2万元以下的罚款，并通知供水单位停止供水。从事洗浴业的用水户无节水措施或者节水措施不落实的，处以1万元以下的罚款。

（三）已建成的中水设施未投入使用，责令限期投入使用，并处以3万元以下的罚款。企业因开工不足，中水设施未投入使用，也未向节水管理部门备案的，处以1万元以下的罚款。

（四）新建、改建、扩建公共建筑、住宅、市政工程安装、使用螺旋升降式水龙头、一次性冲水量超过9升的便器水箱的，责令限期更换，更换费用由责任单位承担，并可对责任单位处以3万元以下的罚款；逾期不更换的，建设工程不得投入使用。

（五）以大水漫灌方式浇灌绿地、树木、花卉的，按每平方米1元的标准处以罚款。

第二十条　对有下列浪费用水行为的，由节水管理部门按以下规定处罚：

（一）建设项目节约用水设施未与主体工程同时设计、同时施工、同时投产使用的，处以5 000元以上3万元以下的罚款。

（二）建设项目的节约用水设施未经节水管理部门验收或者验收不合格擅自投入使用的，处以5 000元以上2万元以下的罚款。

（三）擅自停止使用节约用水设施的，处以2 000元以上1万元以下的罚款。

（四）安装使用明令淘汰的用水器具的，每套（件、台）处以50元以上100元以下的罚款。

第二十一条　对销售“明令淘汰用水器具名录”中的用水器具的，由工商行政管理部门或者质量技术监督部门责令停止销售，并按每套（件、台）50元以上100元以下处以罚款。

第二十二条　本规定自2000年12月20日起施行。《北京市城镇用水浪费处罚规则》第三条第（一）项、第（三）项、第（六）项同时废止。

北京市人民政府批转市农村工作委员会关于加快本市小城镇规划建设推进郊区城市化进程意见的通知

（2000 年 4 月 29 日）

改革开放以来，随着本市农村经济的快速发展，郊区小城镇建设取得了长足进步，农村面貌发生了深刻变化。但从总体上看，本市郊区村镇规划建设滞后于农村经济发展，郊区城市化进程缓慢，与首都郊区的地位和功能不相称，与率先基本实现农业现代化的目标有较大差距。根据党的十五届三中全会精神和中央关于加快小城镇发展的战略要求，为进一步加快本市小城镇规划建设的步伐，推进郊区农村城市化进程，提出以下意见：

一、小城镇规划建设的指导原则和主要任务

（一）指导原则 坚持科学规划、突出重点、循序渐进、注重实效的原则。根据当地经济社会发展的实际情况，搞好规划和布局，确定小城镇发展目标和建设方式，防止不顾实际的盲目攀比和一哄而起、低水平的重复建设。

坚持以农民为主体进行建设的原则。采取积极的政策导向，吸引当地农民进入小城镇安家落户发展第二、第三产业，直接参与小城镇建设。

坚持充分发挥市场机制作用的原则，克服规划建设和管理中政府包揽过多、缺乏活力的弊端，广开投融资渠道，增强自我发展能力。

以贯彻“十分珍惜、合理利用和切实保护耕地”的基本国策为原则。正确处理保护耕地和建设用地的矛盾，通过旧镇区内涵挖潜改造、旧村改造、宜农荒地开发和废弃地复垦等措施，提高土地利用效率，实现土地资源利用的可持续发展。

（二）主要任务 2000 年底前，完成区县域总体规划、卫星城总体规划和土地利用总体规划的编制工作，同时进行乡镇行政区划调整。建制镇都要完成总体规划的编制工作，其中，中心镇还要编制镇区的控制性详细规划，进行旧村改造的重点村要编制实施规划。在完成规划编制工作的基础上，市重点抓好通州区宋庄镇、顺义区后沙峪镇、昌平区小汤山镇、大兴县西红门镇和怀柔县杨宋镇 5 个规划建设示范点。远郊各区县也要抓好 2～3 个中心镇和重点村的建设试点工作。

力争经过 5～10 年的努力，建成一批经济发达、规模适度、规划科学、功能健全、环境优美、具有较强辐射能力的中心镇，镇区常驻人口达到 2 万人左右，形成与首都城市功能相适应的郊区城镇体系。

切实保护与改善生态环境，大力发展绿色产业，提高绿化美化水平，建设“空气清新、环境优美、生态良好”的首都郊区。

坚持物质文明建设与社会主义精神文明建设一起抓。在搞好小城镇经济建设的同时，大力发展科技、教育、文化、卫生、体育等事业，提高人口素质，全面推进社会主义精神文明建设。

二、搞好小城镇的规划和布局

（三）规划编制工作要以《北京城市总体规划》及《北京市土地利用总体规划》为指导，以区县域总体规划和土地利用总体规划为依据，按卫星城、中心镇、一般建制镇、重点村、平原村和山区村 6 个层次进行。具备条件的要制定规划实施方案，分期进行建设。对远郊平原乡和山区有条件的乡进行区划调整，实行建制镇编制。区划调整工作要在 2000 年上半年完成。

（四）加强规划管理，维护规划的严肃性和权威性。小城镇规划编制要坚持高起点、高质量、高水平。要面向国内外，以招标方式广泛征集规划设计方案，优中选优。对符合要求的规划方案，从上报之日起，有关审批部门应在一个月内审核批复。经审核批准的规划方案由区县人民政府向社会公布。小城镇建设要严格按照规划进行，服从规划管理。任何单位和个人不得随意变更规划。确需进行调整的，要按照法定程序办理。对未按规定时间完成规划编制工作的镇、村，原则上对其各类建设项目实行冻结。对违规建设项目要按有关规定严肃处理。

三、培育小城镇的主导产业

（五）加快小城镇第二、第三产业的发展。依据当地的区位优势、资源优势，明确产业定位，大力发展各具特色的产业。按照国家产业政策和发展首都经济的要求，提高产业的科技含量和附加值。

（六）改善投资环境，制定优惠政策，吸引乡镇企业和各种生产要素向小城镇集聚。今后，凡新建企业一般应进入小城镇的工业小区。鼓励原有的乡镇企业和农村从事第二、第三产业的企业搬迁到小城镇，其统计口径和税收、管理费上缴等仍保持原隶属关系不变。加快小城镇的市场建设，因地制宜，建设综合性及专业性的农副产品和其它产品批发市场。鼓励城市工商企业在小城镇投资建厂，大力发展多种所有制

形式的第二，第三产业。

四、妥善解决小城镇的建设用地

（七） 在土地利用总体规划指导下，按照节约土地、集约用地、提高土地利用率的原则，建立有利于小城镇建设用地的土地置换和存量调整机制。市土地行政管理部门要会同市小城镇规划建设主管部门抓紧研究制定切实可行的实施意见，在市确定的小城镇建设试点镇先行试点，并及时总结经验，逐步推开。

（八） 在区县域内，经土地整理和土地复垦新增加的耕地，由市土地行政管理部门验收确定后，按新增耕地面积的60%用作折抵建设占用耕地的补偿指标，并允许跨年度使用。

（九） 小城镇建设用地应当符合土地利用总体规划和土地利用年度计划，在2000年、2001年下达的全市农用地转用计划指标中，安排一定数量作为小城镇建设的启动用地。在区县行政区域内，不同集体经济组织之间可以进行土地交换，签定互换合同，进行土地变更登记。

（十） 小城镇建设用地，可由区县人民政府按照土地利用总体规划和土地利用年度计划，提出分批次农用地转用和土地征用申请，经有相应批准权限的人民政府批准后，由区县人民政府在批准范围内按项目批准供地方案。凡经营性用地，要实行公开招标、拍卖。

五、加快小城镇基础设施建设

（十一） 建立以政府投入为导向、民建公助、主要依靠社会资金建设小城镇的多元化投资体制。按照“谁投资、谁所有、谁受益”的原则，鼓励国内企业、个人及外商参与小城镇基础设施的建设；鼓励农民个人、本市居民、企业事业单位到小城镇购买住房或合作建房；按照统一规划的要求，制定农民进镇自己建房的实施办法；鼓励民间资金投资教育、文化、卫生等事业。

（十二） 进一步加大对小城镇基础设施建设的投资力度。小城镇基础设施建设的资金来源，主要是本区县财政预算内拨款用于基础设施建设的部分、征收的全部地价款及市政公用设施建设费等。市财政每年安排一定规模的专项资金予以补助，按市、区县、镇1:2:3的比例配套使用。同时要积极争取国家投资和社会捐款、赠款。对有收益的基础设施，要吸引外资和民间资金参与建设，实行有偿使用，逐步引导公用事业向自我积累、自我发展的经营型方向转变。鼓励相邻的城镇之间共建、共享基础设施，提高投资的规模效益。

（十三） 小城镇建设项目列入全市固定资产投资计划，纳入政府预算范围进行管理。要严格按基本建设程序办事，规范工程管理，确保建设工程质量。

六、引导农村人口向小城镇集中

（十四） 市级小城镇建设试点镇的户籍政策，继续按《北京市人民政府办公厅关于印发北京市郊区小城镇建设试点城镇户籍管理试行办法的通知》（京政办发［1997］41号），《北京市人民政府办公厅关于转发北京市郊区小城镇建设试点城镇户籍管理试行办法实施细则的通知》（京政办发〔1997〕74号）执行，在认真总结经验的基础上逐步推广。要广泛吸引鼓励本市和外埠的单位、个人到小城镇投资办实业，凡长期在小城镇居住，并有合法收入来源的本市农民可登记为城镇居民。

（十五） 已登记为小城镇常住户口的人员，享有同本市城镇居民同等的权利，并履行同等义务。

七、切实抓好小城镇的环境建设

（十六） 要以小城镇为中心，逐步完善道路、电网、上下水、供气供暖、垃圾处理、通讯广播网络等设施，切实改善小城镇的生产条件、居住条件和生态环境。高标准进行小城镇的环保设计与绿化美化设计，大力发展以植树、种花、种草为中心的绿色产业，努力实现村镇绿化覆盖率不低于50%，人均公共绿地不低于30平方米的目标，创造“空气清新、环境优美、生态良好”的村镇环境。

（十七） 切实搞好农村环境整治和村容村貌治理。要将这项工作列入小城镇建设的重要内容，纳入经常化、规范化管理轨道。通过建立机制、健全制度、建立队伍、加强管理，彻底改变村镇环境脏、乱、差现象。有条件的中心镇，要规划建设一个样板村、一个公寓式住宅样板小区、一个样板公园、一条样板路、一个规范的工业小区。列入近期旧村改造和异地新建的村，旧村址要停止新建、翻建农民住房和进行其它项目的建设。

八、加强对小城镇规划建设的领导

（十八） 各级政府和各有关部门要统一认识，高度重视，根据市委、市政府的工作部署和本通知要求，制定具体实施细则，确保各项政策措施落到实处。市政府建立由有关部门参加的小城镇规划协调机制，进行组织协调和督促检查。市农村工作委员会作为本市村镇建设的行政主管部门，负责日常协调工作。各区县也应建立相应的组织协调机制，实行统一领导。

（十九） 抓好典型，发挥示范带动作用。各区县要选择一批区位优势好、经济社会发展较快、带动能力强的镇、村集中进行规划建设。全市所有的镇、村都要根据自己的实际，制定出长远的规划建设目标和分阶段、分年度的工作计划，狠抓落实。

（二十） 完善小城镇政府的经济与社会管理职能。按照社会主义市场经济体制的要求，建成职能明确、结构合理、精干高效的政府。小城镇政府在规定的机构编制限额内，可根据城镇管理的实际需要设置机构和配备人员，不要求上下对口。同时，进一步完善小城镇财政管理体制，培育自我积累、自我发展的良性循环机制。各区县政府要根据财权与事权相统一的原则，明确小城镇政府的事权和财权，合理划分收支范围，逐步建立稳定、规范、有利于小城镇长远发展的财政体制，列入重点建设范围的小城镇在实行分税制财政体制之前，其地方财政超收部分的全部或大部分留于镇级财政。小城镇规划建设一要积极推进，二要量力而行，不得借机进行乱集资、乱摊派，加重农民和企业的负担。

北京市人民政府办公厅转发市农委关于本市食用农产品安全生产体系建设的意见

（2000年8月16日）

为加快本市农业结构调整和产业升级，保护农业生态环境，满足消费者对安全、优质、绿色食用农产品的需求，保障人民群众的身心健康，对本市食用农产品安全生产体系建设提出如下意见。

一、食用农产品安全生产体系建设的指导思想和工作目标

食用农产品安全体系是指通过对粮、菜、果、肉、蛋、禽、奶、鱼等主要农产品的生产、供应、销售等环节的有效控制和管理，使食用农产品达到安全质量标准。食用农产品安全体系建设是一项系统工程，包括农产品的生产、市场、监控、保障四大体系建设，其中生产体系建设是基础和重点。

食用农产品安全生产体系建设的指导思想是：以生产为基础，以市场为导向，以技术为保障，以法律、法规、规章和标准为依据，以监督检查、监测控制为手段，以保障消费者健康、保护农业生态环境、实现农业可持续发展为出发点，建立和完善食用农产品安全生产体系，全面提高本市食用农产品的质量，保证消费者食用安全优质的农产品。

食用农产品安全生产体系建设的目标是：用两年时间，在食用农产品生产经营中全面推行食用农产品安全生产标准，规范农业投入品的使用，建立和完善食用农产品监管体系，使郊区食用农产品主产区及主要食用农产品达到本市提出的食用农产品安全生产标准。具体分为两个阶段：第一阶段：2000年5月至2001年5月。全面推行《北京市食用农产品安全生产暂行标准》，建设一批食用农产品安全生产示范基地，推出一批安全食用农产品品牌；全面禁止销售和使用剧毒、高残留农药和禁用的饲料添加剂、兽药；对允许使用的化肥、农药、添加剂、兽药初步达到限用要求和规范操作。完成市、区县监测认评体系的规划及试点工作。第二阶段：2001年5月至2002年5月。完成市、区县食用农产品安全生产体系建设目标。

二、推进食用农产品安全生产体系建设的主要措施

（一）提高对食用农产品安全生产体系建设重要性、紧迫性的认识　食用农产品安全生产体系建设是涉及人民群众饮食安全、首都生态环境保护和实现农业可持续发展的一项重要的系统工程，各级政府要以对人民群众高度负责的态度，积极倡导，认真组织实施。要利用各种形式，宣传食用农产品安全生产体系建设的重要性，增强消费者的自我保护意识和生产经营者的自律意识。

（二）严格执行食用农产品安全生产标准和标识制度，规范生产经营行为　广泛宣传《北京市食用农产品安全生产暂行标准》，使生产经营者尽快掌握并严格按标准从事生产经营活动。养殖业要推行生产记录卡制度，禁止使用镇静、安眠类饲料添加剂和平喘、激素类药物，对允许使用的兽药要严格遵守休药期规定。种植业要推广应用高效低毒低残留农药和生物农药，严格遵守农药使用安全间隔期的规定，严禁使用高毒、高残留农药。大力控制氮肥的施用量，推广应用有机肥、活性有机肥和生物肥料，推广配方施肥及精量平衡施肥。要积极推进产地标识和安全产品标识制度建设。对达到食用农产品安全标准的生产经营单位，择优向社会公布，没有进行商标注册的农产品应有产地标识。逐步推广使用统一的食用农产品安全标志，建立安全优质农产品展示销售中心，为安全食用农产品占领市场创造条件。

（三）依靠科技推动食用农产品安全生产体系建设　要以科技为先导，加强试验和示范工作，搞好安全可靠农业投入品的筛选及生产过程的质量控制。积极开发生物肥料等安全有效的农业投入品，降低安全食用农产品生产成本。

（四）完善相应法规、规章和政策，保障食用农产品安全生产体系建设的顺利实施　依据国家有关法律法规和相关标准，结合本市实际，建立和完善本市食用农产品安全生产标准体系和法规规章。鼓励创建安全优质农产品品牌，推动食用农产品产地标识制度建设及食用农产品安全标志的使用工作。对具有典型带动和示范作用的重点乡镇和企业，在资金上优先考虑，在技术上重点扶持。

（五）做好食用农产品监测和基地、标志认证及管理工作　各有关部门要形成合力，充分利用现有的

监测力量，做好食用农产品监测证工作。本着市、区县两级共同负担的原则，由市、区县食用农产品安全生产体系建设办公室牵头，组织农业、质量技术监督、卫生、环保等部门的检测力量，分别建立市监测认评中心及区县监测认评站，形成全方位的食用农产品安全检测和监控体系。凡申请使用食用农产品安全生产基地名称、食用农产品安全标志的生产经营单位，要向所在区县食用农产品安全生产体系建设办公室提出申请，经区县检测后，由市食用农产品安全生产体系建设办公室组织认证，符合安全生产标准和条件的单位，可以命名为食用农产品安全生产基地，可以使用食用农产品安全标志。现有的绿色食品生产基地，经市食用农产品安全生产体系建设办公室组织监测认证，可以命名为食用农产品安全生产基地。对食用农产品安全生产基地和食用农产品安全标志实行动态管理，区县食用农产品安全生产体系建设办公室及府评站要加强日常检测和监管，市食用农产品安全生产体系建设办公室要会同有关部门定期对生产基地、农产品批发贸易市场和由生产基地设立的直销点（专柜）进行抽查检测，并向社会公布检测结果。对不符合《北京市食用农产品安全生产暂行标准》的，由有关部门依法处理，并由市食用农产品安全生产体系建设办公室取消其使用食用农产品安全生产基地称号和食用农产品安全标志的资格，并向社会公布。

（六）加强领导，明确职责，保障食用农产品安全生产体系建设的顺利进行　建议建立以主管副市长为负责人，由市农委、市科委、市计委、市商委、市农业局、市林业局、市质量技术监督局、市卫生局、市环保局、市工商局、市财政局、市公安局、北京出入境检验检疫局等部门参加的市食用农产品安全生产体系建设联席会议制度，组织和协调食用农产品安全生产工作。联席会议的日常工作由市农委承担。各区县也要建立联席会议制度，切实承担起本区县食用农产品安全生产的责任。市有关部门要各司其职，密切配合，确保这项工作的顺利进行。市农业局会同有关部门负责食用农产品安全生产基地建设、农业投入品使用监督管理以及安全食用农产品的开发推广工作；市质量技术监督局负责食用农产品质量监督管理工作，会同有关部门负责市区县监督认评机构的建设和管理工作；市卫生局负责食用农产品卫生监督管理工作；市环保局会同有关部门负责食用农产品生产区域环境监督管理和污染防治工作；市工商局会同有关部门负责食用农产品及农业投入品市场监督管理工作；市商委会同有关部门负责安全食用农产品的流通管理工作。

北京市人民政府办公厅关于在本市远郊区县组建城市管理综合执法组织的通知

（2000年4月12日）

门头沟区、房山区、通州区、顺义区、昌平区、大兴县、平谷县、怀柔县、密云县、延庆县人民政府：

经市政府研究并报国务院法制办同意，将已在本市宣武区等8个行政辖区内实施城市管理综合执法试点工作，在门头沟区、房山区、通州区、顺义区、昌平区的市区和大兴县、平谷县、怀柔县、密云县、延庆县的县政府所在地的镇推广。经市政府同意，现将有关事项通知如下：

一、城市管理综合执法组织的组建原则

（一）集中行使行政处罚职权，充实一线力量，实现管理重心下移。

（二）坚持“精简高效”的原则，城市管理综合执法组织人员编制总数应低于现有相应执法队伍的人员编制总数。

（三）城市管理综合执法组织建设要坚持新队伍、新职能、新体制、新面貌，真正转换执法机制。

二、城市管理综合执法组织集中行使行政处罚权的职责权限

集中行使的行政处罚权按照国务院法制部门批准的范围执行。

（一）行使市容环境卫生管理法规、规章规定的由区、县环卫行政主管部门及其市容环境卫生监察组织行使的全部行政处罚权；依据国务院《城市市容和环境卫生管理条例》的规定，经区、县政府批准，有权拆除不符合城市容貌标准的建筑物或者设施。

（二）行使城市园林绿化管理法规、规章规定的由区、县园林行政主管部门行使的全部行政处罚权。

（三）行使城市规划管理法律、法规、规章规定的由区、县城市规划行政主管部门行使的对道路、广场、街巷、绿地和居民小区等公共场所范围内的违法建设行为的行政处罚权。

区、县城市管理综合执法组织依据《北京市禁止违法建设若干规定》第十二条第一款作出给予罚款、暂不予拆除违法建筑物、构筑物和其它工程设施的决

定，应当报市城市规划行政主管部门批准。

（四）行使有关法规、规章规定的由工商行政管理机关行使的对集贸市场范围以外的无照经营行为（无照商贩）的行政处罚权。

（五）行使《北京市临时占用道路管理办法》规定的由公安交通行政主管部门行使的对违法占路（包括市管道路和区、县管道路）行为的行政处罚权。但占用机动车专用道路和占用道路设置停车场、掘路、搭建施工暂设方面的违法行为，仍由公安交通行政主管部门查处。

区、县城市管理综合执法组织不行使法律、法规、规章规定的应由区、县环卫、园林、规划、公安交通行政主管部门和工商行政管理机关行使的除上述行政处罚职责以外的其他职能。区、县有关行政机关（包括公安巡察组织）不再行使由城市管理综合执法组织行使的行政处罚权。区、县政府依据职权管辖对城市管理综合执法组织作出的行政处罚决定不服申请的行政复议。

三、城市管理综合执法组织的组建

（一）城市管理综合执法组织名称为“XX区（县）城市管理监察大队”（以下简称城管监察大队），由区、县政府领导。区、县市政管委或者区、县建委归口负责城管监察大队及其与相关部门的工作联系和协调。城管监察大队可设立分队。分队以城管监察大队名义执法。

（二）城管监察大队人员按照国家公务员进行管理。人员编制由各区、县政府从现有编制中调剂解决，其中执法职能划转城管监察大队的，相应编制原则上一并划转。城管监察大队人员应优先从原执法部门和其他政府机关中，经考核培训，择优录用，确保人员素质。未被录用的人员由原单位自行安排。

（三）城管监察大队执法人员经费由区、县财政负担，纳入区、县财政预算。区、县城管监察大队的机构和人员编制，由市编办核定。

（四）市市政管委是本市城市管理综合执法组织的主管部门，负责全市城管监察大队的协调、调度、监督和考核工作。

四、城市管理综合执法组织的建设

（一）各有关区、县政府要切实加强对城管监察大队组建工作的领导。区、县政府领导要有专人主抓组建工作，认真选配好城管监察大队领导班子，组织好执法人员的选拔和岗前培训，协调好城管监察大队与相关部门的关系。

（二）城管监察大队要实行行政执法责任制，按照市政府的要求建立健全各项管理和工作考核制度，执法人员实行试用期制度，试用期为一年。

（三）城管监察大队实行罚款决定与收缴相分离的制度。罚没财物全部上缴区、县财政，不准规定罚款指标或者搞罚款提成，不得变相以收费或者罚没款返还等办法解决经费和人员待遇。

（四）城管监察大队的组建要切实加强一线的执法力量，大队机关的机构设置和人员配备要精干，机关工作人员原则上不超过大队人员总数的10%。

（五）城管监察大队必须严格按照市政府规定的职权范围行使职权，不得擅自调整、扩大职权范围。执法人员的着装、执法证件，实行统一制式；执法程序和文书按照市政府法制办统一规定执行。

五、城市管理综合执法组织组建工作的步骤

各有关区、县政府要加强组建工作的领导。除主要领导同志负责外，还要有一名主管领导同志具体负责，成立由有关部门负责人参加的工作小组。负责本区、县组建方案的拟定和城管监察大队的组建工作。

各有关区、县政府组建城管监察大队方案，要在5月底前完成，报送市政府法制办。经市政府法制办会同有关部门审核并报市政府批准后，各有关区、县政府组织实施。机构设置和人员编制方案按要求报市编办核准。

市委农工委、市农委文件

中共北京市委农村工作委员会关于深入学习贯彻江泽民同志“三个代表”重要思想的通知

（2000年5月30日）

郊区各区县委，农口各局、总公司党委（党组）：

最近，江泽民总书记在江苏、浙江、上海考察工作时发表了重要讲话，再次阐述了中国共产党要始终代表中国先进生产力的发展要求、中国先进文化的前进方向、中国最广大人民的根本利益这一重要思想。按照市委京发〔2000〕16号文件要求，农口各级党组织和广大党员干部要在前一段学习江泽民总书记在广东考察工作重要讲话的基础上，继续认真学习、深刻领会、全面贯彻江泽民总书记关于“三个代表”的重要思想，结合农口实际，切实加强党的建设，推动改革开放和现代化建设。现就学习贯彻工作做如下通知。

一、深刻认识学习贯彻“三个代表”重要思想的重大意义

江泽民总书记关于“三个代表”的重要思想，高屋建瓴，总揽全局，是站在世纪交替的历史高度，着眼我国改革开放和社会主义现代化建设全局，继承历史、立足现实、前瞻未来所作出的精辟论断，是对我们党的性质、根本宗旨和历史任务的新概括，是对马克思主义建党学说的新发展，也是新形势下对各级党组织和党员干部提出的新要求。学习和贯彻“三个代表”的重要思想，对于我们党在新的历史条件下更好地坚持党的工人阶级先锋队性质，增强党的生机和活力；对于巩固党的执政地位，提高党的领导水平；对于我们党带领广大群众实现跨世纪发展目标，具有重大的现实意义和深远的历史意义。当前，农业和农村经济发展进入了一个新阶段，郊区农村面临着经济结构的战略性调整，农口局总公司也处在改革和发展的关键时期，新的形势和任务给我们提出了较高要求，我们要从实现跨世纪发展目标和巩固党的基层政权的战略高度，认识“三个代表”的深刻内涵，认识加强党的建设和基层组织建设的重要性，牢牢把握“三个代表”的根本建党原则，加强党的建设和思想政治工作，为实现“建首善，创一流”的工作目标，推进农业和农村现代化提供根本保证。

二、全面准确把握“三个代表”重要思想的精神实质

广大党员干部要认真学习江总书记的重要讲话，全面准确地领会“三个代表”重要思想的深刻内涵和精神实质。着重把握以下几个重点：

1. *要全面深刻理解“三个代表”是我们党的立党之本、执政之基、力量之源。*充分认识到我们党从诞生、成长到壮大，能够在极其艰难和复杂的环境中战胜各种困难，取得社会主义革命和建设的成功，根本原因在于始终坚持了“三个代表”。在迈向新世纪的征途上，面对诸多复杂矛盾和困难，我们只有按照“三个代表”的要求，坚持把解放和发展生产力，作为社会主义建设的首要任务，才能推动社会的进步和发展。

2. *要进一步明确在新的历史条件下，加强党的建设的极端重要性。*要充分认识到，办好中国的事情，关键在我们的党。我们只有按照“三个代表”的要求，全面加强党的建设，提高党的领导水平和执政水平，增强拒腐防变的能力，才能永远立于不败之地。

3. *要深刻领会党的农村基层组织是农村各种组织和各项工作的领导核心。*充分认识到党的基层组织是农村改革、发展和稳定的政治保证。只有按照“三个代表”的要求，加强基层组织建设，增强党组织的

战斗力和凝聚力，提高党员干部的素质，才能适应农业发展新阶段的要求。

三、切实抓好“三个代表”重要思想的学习

各级党组织要把学习贯彻江总书记“三个代表”的重要思想，作为当前的一项重大而紧迫的任务抓紧抓好。各级党委要充分利用理论学习中心组，认真学习江总书记的重要讲话，深刻领会精神实质，认真贯彻落实“三个代表”的要求。基层党组织要充分利用党课、党日活动、专题讨论等形式，组织广大党员干部认真学习“三个代表”的重要思想，加强党员队伍的建设。各单位党校要把“三个代表”重要思想的学习列入教学计划，组织好学习和辅导，推动本地区、本单位学习活动的深入开展。学习中要注重四个结合：

1. *把学习领会“三个代表”重要思想，同学习邓小平理论结合起来。*江总书记“三个代表”重要思想是对毛泽东、邓小平建党思想的继承和发展。学习“三个代表”重要思想，必须同学习毛泽东思想、邓小平理论紧密结合起来，将其思想精髓、内容实质同我们党近80年光辉实践所形成的基本理论和经验紧密结合，融为一体。

2. *把学习领会“三个代表”重要思想，同当前开展的“三讲”教育和“三讲”回头看结合起来。*目前正在开展“三讲”教育和“三讲”回头看的单位，要把学习贯彻“三个代表”重要思想纳入“三讲”教育的学习内容，以“三个代表”为标准，认真查找领导班子、领导干部存在的问题和不足，搞好整改，确保“三讲”教育的实效。

3. *把学习领会“三个代表”重要思想，同加强和改进思想政治工作结合起来。*各级党组织要按照“三个代表”的要求，认真贯彻落实中央〔1999〕17号文件和市委〔2000〕2号文件精神，加强和改进农口的思想政治工作，加紧推进农民现代化素质教育，加强对农民的教育，不断探索新时期思想政治工作的新路子和新方法。

4. *把学习领会“三个代表”重要思想，同郊区现代化建设紧密结合起来。*围绕农村现代化的建设和发展，结合开展的“致富思源，富而思进”的教育活动，进一步解放思想，更新观念，创造新优势，谋求新发展，推进经济结构的调整，促进产业结构的升级，加快农村经济的发展和农民致富。

四、按照“三个代表”的要求，加强基层党组织建设，全面推进农口的各项工作

坚持“三个代表”，是我们党的性质、宗旨和任务的集中体现。我们要按照“三个代表”的要求，加强党的建设和基层组织建设，全面推进农口的各项工作

1. *加强各级领导班子建设，培养一支高素质的干部队伍。*各级领导干部要按照“三个代表”从严要求自己。要树立正确的世界观、人生观、价值观和权力观，努力实现全心全意为人民服务的宗旨，从思想上建立起抵御腐败的坚固防线。继续推进乡村干部现代化素质工程，加强干部的教育，努力提高干部的政治素质和思想水平；提高驾驭全局和处理复杂问题的能力；提高领导水平和执政水平，努力建设一支适应新形势和任务的高素质干部队伍。

2. *加强党的农村基层组织建设，推进农村各项事业的发展。*按照“三个代表”的要求，加强农村基层组织建设，继续开展农村“五好党支部”“六好乡镇党委”“先进区县”三级联创活动。加强基层干部的教育和培训，增强干部带领农民致富，发展经济的本领；提高干部政策水平和依法办事能力，提高干部正确处理和解决农村人民内部矛盾的能力。把农村基层组织建设好，使其成为农村各种组织和各项工作的坚强的领导核心。

3. *加强农口企业的党组织建设，推动企业的改革和发展。*围绕企业改革和建立现代企业制度，加强企业党的建设，增强企业党组织的凝聚力和战斗力，发挥企业党组织的政治核心作用。要全心全意依靠工人阶级，调动广大职工群众的积极性、主动性和创造性，增强企业活力，促进企业发展。

我们党的根本任务是解放和发展生产力，各单位要按照“三个代表”的要求，坚定不移地贯彻执行党的基本路线，紧密结合农口实际，加快农业经济结构调整和企业改革的步伐，促进经济发展和社会进步。

中共北京市委农村工作委员会转发赵凤山同志在市农口政治工作会议上的讲话

（2000年3月3日）

这次政治工作会议的主要任务是：认真贯彻中央、市委关于加强和改进思想政治工作的意见以及市

委组织、宣传、纪检等工作会议精神，全面落实市农村工作会议提出的各项任务，在总结1999年政治工作的基础上，研究部署2000年农口党的建设和思想政治工作。

一、关于1999年政治工作的总结

1999年是我国历史上的大事之年、喜事之年，也是党的政治工作取得明显进展的一年。在过去的一年中，郊区各级党的组织紧紧围绕实现农民增收，保持农村稳定这个中心，不断加强和改进党的政治工作，积极探索新形势下政治工作的新途径、新办法，突出重点，注重实效，为促进郊区农村的改革、发展和稳定发挥了重要作用，取得了显著成效。

第一，党在农村的各项政策得到进一步落实，以产权制度为重点的农村经济体制改革取得新进展。郊区各级党组织认真贯彻党的十五届三中全会和市委八届二次全会精神，加大了党在农村基本政策的落实力度。目前，郊区除少数二、三产业较发达地区外，80%的村土地延包工作已基本完成，土地承包关系更加稳定，农民的生产积极性进一步高涨；针对土地承包费收缴难和使用管理混乱等问题，出台了《北京市农村集体土地承包费管理使用办法》，确保了土地承包费的收缴和使用有章可循；在土地延包配套政策上，初步确立了郊区土地流转机制，促进了农村劳动力和土地资源等生产要素的合理配置；同时，积极探索市场经济条件下农村集体经济新的组织形式和运行机制，推进郊区股份合作、专业合作、技术合作等组织形式的发展，使农村社会化服务体系建设进一步加强。

第二，“三讲”教育的深入开展，有力促进了领导班子和干部队伍的整体素质提高。按照市委统一部署，郊区各区县和农口局、事业单位领导班子和处级以上领导干部深入开展了以“讲学习、讲政治、讲正气”为主要内容的党性党风教育。广大党员领导干部认真学习邓小平理论和江泽民同志有关讲话精神，抓住党性党风方面和领导班子中存在的突出问题，深刻剖析，查找原因，制定整改措施，使领导班子的凝聚力和战斗力大大增强，领导干部的思想觉悟和政治素质有了进一步提高，工作作风有了明显转变，有力推动了各项工作的开展。

第三，农村基层组织建设工作更加扎实有效地开展。以创建农村基层组织建设先进区县为主线，以乡村两级创建为基础，初步确立了县、乡、村三级联创，一级抓一级，一级带一级，一级促一级的农村党建工作格局；各区县普遍落实了党建工作责任制，使县乡党委责任意识进一步增强，自觉性明显提高；同时，基层创建活动更加深入，涌现出了一批创建工作的典型，全市“五个好”村党支部由去年的28%增加到32%，“六好”乡镇党委由15%增加到20%；农村基层组织整顿工作也取得明显成效，年初确定的229个后进村党支部和27个后进乡镇党委经过整顿，50%的村和67%的乡镇党委发生了较明显变化。

农村基层干部“现代化素质教育工程”全面启动。对基层干部的培训力度进一步加大，培训形式更加多样，培训渠道进一步拓宽，村党支部书记持证上岗工作逐步展开，农村基层干部队伍的整体素质有了进一步提高。

第四，基层民主政治建设的进程不断加快，水平不断提高。农村基层民主制度建设从抓提高抓规范入手，采取了一系列针对性措施，对村民代表会议和村务公开的内容、程序进行了规范，广大干部的民主意识进一步增强，村民代表会议的质量进一步提高，村务公开、民主管理的效果更加明显；以完善村民自治章程为重点，推进了依法建制、以制治村、村民自治工作，完善后的村民自治章程入户率达到了90%以上；本着“办事公开、规范管理和依法行政”的原则，在取得试点经验的基础上，积极开展乡镇政务公开工作；国有企业厂务公开工作也已全面铺开，并取得一定效果。

第五，思想政治教育和精神文明建设取得明显成效。围绕改革开放20周年和建国50周年的庆祝活动，各级党的组织开展了一系列的形势和思想教育。结合揭批“法轮功”，积极向广大群众进行马克思主义唯物论和无神论教育，使群众进一步认清了“法轮功”的反动本质。同时，把群众性“五创建”活动作为思想政治工作的重要载体不断推向深入，使活动内容更加丰富，群众参与更加广泛，全郊区共涌现出首都文明乡镇35个，首都文明村153个，各类文明户40多万户。并以第九届农民艺术节和北京市第四届农民运动会为带动，在基层开展了丰富多彩的文化体育活动，引导人们树立健康文明的生活方式。

第六，国庆50周年庆祝活动农口组织工作取得圆满成功。在建国50周年重大庆典活动中，农口承担了群众游行农业水利方队和联欢晚会农民区两项重大任务，按照国庆筹委会的要求，承担任务的各单位以高度的政治责任感和使命感，作为头等大事进行周密组织，精心安排，严格训练，圆满完成了任务，农业水利方队代表9亿农民接受了党和国家领导人的检阅，向全世界展示了首都农民的风采。两项组织工作都受到了国庆筹委会的表彰和嘉奖。

第七，村镇规划和环境综合整治工作迈上新台阶。市委、市政府高度重视郊区村镇规划建设工作。本着因地制宜、典型引路、分层次推进的原则，大力加强了村镇规划建设工作。全郊区共确定了30个乡镇、38个村作为规划建设的典型，基本完成了规划编制工作，并已开始起步建设。各区县县域总体规划编制完成了80%，12个远郊卫星城的规划编制已基本完成，乡镇和村的规划编制工作也明显加快，21个小城镇建设的试点工作进入了健康有序的发展轨道。

以迎接建国50周年为契机，郊区环境综合整治工作取得突出成效。城镇乡村广泛开展的以治脏治乱、绿化美化为重点的“公路环境整治”、“拆除违法建设”等活动和声势浩大的群众爱国卫生运动，为国庆50周年庆典活动提供了高质量、高标准的环境保障。一批高质量的绿色广场、文化公园亮相京郊，也带动了郊区整体环境水平的提高。

第八，党风廉政建设不断推进，干部廉洁自律的自觉性进一步增强。按照中央和市委部署，以贯彻落实党风廉政建设责任制为重点，全面加强党风廉政建设。各单位普遍建立了责任制，反腐败领导体制和工作格局已经形成，各级领导干部抓党风廉政建设意识普遍提高；以贯彻中央关于厉行节约、制止奢移浪费八项规定为主要内容的领导干部廉洁自律工作取得明显成效；查办案件的力度进一步加大，全年共查处案件271件，结案率达83%以上；纠正行业不正之风工作取得新的进展；减轻农民负担工作取得明显成效，郊区农民负担占当年人均纯收入的比例低于市委市政府规定的3%的水平。

在总结工作肯定成绩的同时，我们也必须清醒地看到，面对跨世纪新的形势和任务要求，农口党的建设和思想政治工作中还存在许多薄弱环节。如：一些基层干部素质明显不能适应郊区率先基本实现农业现代化的需要，把握全局和驾驭市场经济的能力不强，缺乏创新精神和进取意识，一些干部民主法制观念淡薄，依法办事能力不强，总体讲基层干部的整体素质还不高；在基层民主建设上，一些村民主制度不健全、不规范，村务公开不落实，干群关系紧张；精神文明建设与“建首善，创一流”的目标还有很大差距，不少干部对环境建设和村镇规划的认识不到位，措施不力，机制不健全；农村中封建迷信、赌博等陈规陋习没有得到有效遏制，对农民的教育亟待加强。

以上问题解决不好都将影响郊区改革和经济发展的顺利进行。

二、2000年农口政治工作的主要任务

今年农口政治工作总的要求是：坚持以邓小平理论和党的基本路线为指导，认真贯彻中央的大政方针和市委的一系列重要决策精神，全面落实市农村工作会议提出的工作部署，以农民致富为主线统揽全局，紧紧围绕率先基本实现农业现代化的目标，围绕调整优化农业和农村经济结构，切实加强基层组织建设、民主法制和精神文明建设，正确处理改革、发展、稳定的关系，促进社会全面进步，以优异的成绩跨入21世纪。

政治工作的总体任务：一是以提高领导班子和基层干部队伍整体素质为目标，以农村基层组织建设先进区县创建活动为主线，以选好村党支部书记和乡镇党委书记为重点，继续深入开展“六好”乡镇党委、“五个好”村党支部创建活动，全面提高基层党组织的凝聚力和战斗力。二是推进以依法建制、以制治村、村民自治为目标，以增强村民代表会议的决策功能，抓好村务公开、乡镇政务公开和国有企业厂务公开工作为重点，努力提高基层民主法制建设的水平；以综合整治为手段，认真解决好新时期的农村矛盾，确保郊区农村的稳定。三是以“建首善，创一流”为目标，以提高农民素质为重点，以政策法规、现代科技、“三德”、“两爱”教育为主要内容，深入开展精神文明“五创建”活动，继续抓好环境综合整治，提高郊区文明程度。

根据上述总体任务，重点抓好以下工作：

（一）继续落实党在农村的基本政策，深化以产权制度为重点的农村经济体制改革

1. 进一步抓好土地延包的后续和完善工作。要按照有利于生产力发展、有利于城市化进程、有利于增加农民收入的原则，认真抓好二三产业发展较快、经济较发达地区的土地延包工作。最近市委农工委和市农委下发了《关于在二三产业发展较快、经济较发达地区贯彻落实土地延包政策的意见》，有关区县要结合实际认真落实，把土地延包工作确实搞好，保证中央、市委延长土地承包期的政策落到实处，保持经济的快速发展和社会的稳定。

同时要抓好配套改革。要加快农业科技体制改革的步伐，激活科研部门的活力，调动科研人员和推广人员的积极性，推进郊区农业科技水平的提高。还要加快农机、水利等基础设施的改革和林业管理体制的改革，搞活投资主体，提高服务能力和使用效益。

2. 继续推动产权制度改革，大力发展新型合作经济。要努力探索集体经济的多种实现形式。对那些实力较强、前景较好的集体经济组织，要积极进行社区股份合作制改造，明晰产权，给集体经济组织注入活力。要大力发展新的社区股份合作制企业。在科学选定项目的基础上，集体和农民共同投资进行项目开发，使集体和农民家庭优势同时得到发挥。同时要采取多种融资形式，实现企业投资社会化。有条件的地方应当大胆突破社区界限，积极引进资金、技术、人才，在更大范围内实现资产重组。

认真解决好撤销行政建制村队的集体资产处置问题。最近市政府已就这个问题提出了有关政策。核心是在明晰产权的基础上，积极发展股份合作制经济，建立现代企业制度转换经营机制，使村民成为新经济组织的股东，解决村级集体经济的发展壮大和农民增收的问题。

各区县在处理这个问题时要认真做好农民群众的思想工作，加强政策宣传，把集体资产核定清楚，严格履行民主程序和必要的手续。

要加大乡镇企业重组转制力度，推进乡镇企业二次创业。要加快乡镇企业产权制度改革，采取兼并、租赁、出售和股份制、股份合作制等形式，搞活乡镇企业的投资体制和经营机制。各区县要对市委6号文件认真学习，全面领会，结合实际制定具体实施办法。要求是：乡镇企业二次创业工作力度要加大，措施要得力，要一个企业一个企业地进行推动，保证乡镇企业改革的广度和深度。

要大力发展农村专业合作经济组织，帮助农民大力发展专业合作和跨社区的专业联合，促进农民联合起来进入市场、参与竞争。进一步完善社会化服务体系，发展多种所有制形式的服务组织，为农民提供信息、科技、运销、加工等各项服务。

在广开增收渠道的同时，切实减轻农民负担，特别是减轻企业负担。要加强对村提留、乡统筹费的管理，认真解决乱收费、乱摊派的问题。要认真落实国务院提出的农村费改税的要求，积极搞好试点工作，总结经验，逐步推开。要压缩非生产性开支。办好事、办实事，也要充分考虑农民的承受能力，量力而行、量入为出。要努力减轻企业和集体经济组织的负担，使更多的集体资金能用于发展生产。

（二）突出重点，抓住关键，加强领导班子和基层组织建设 提高各级领导班子和基层组织的凝聚力、战斗力，是农村改革、发展、稳定的根本保证。今年，要继续按照中央和市委的有关精神，突出重点，抓住关键，主攻薄弱环节，把农口领导班子建设和基层组织建设提高到新水平。

*1. 认真开展"回头看"活动，巩固发展"三讲"教育成果，进一步加强领导班子的思想政治建设。*按照中央和市委的要求，区县局领导班子和领导干部要集中一段时间，认真开展"三讲"教育"回头看"活动。主要是认真学习江总书记重要讲话和中央最近一系列指示精神，重温领导班子和个人的自我剖析材料，对照干部群众提出的意见和建议，回顾"三讲"教育以来的思想实际和工作实践，结合各自分管工作和部门在"三讲"教育中反映出的问题，看"讲学习、讲政治、讲正气"的自觉性是不是真正得到了提高；看群众反映的突出问题是不是得到了解决；看领导班子、领导干部的精神状态和工作作风是否有了明显改进，是否有力地推动了当前各项工作；看本地区、本部门还有哪些影响改革、发展、稳定的重大问题需要加以解决。各区县局党委要紧紧抓住那些群众意见大、反映比较集中的问题，深入分析研究，落实整改措施，系统总结经验，完善相关制度，绝不能走过场。要以高度的政治责任心、足够的领导精力，扎扎实实地抓好这项工作。同时，按照市委的统一部署，切实抓好处级和企事业单位的"三讲"教育。乡镇要抓住刚刚完成换届选举的有利时机，开展好"三讲"教育，深入进行思想作风整顿。通过开门搞"三讲"，使乡镇和企事业单位领导干部提高整体素质，达到思想上有明显提高，政治上有明显进步，作风上有明显转变，纪律上有明显增强的要求，增强党的凝聚力、吸引力和战斗力。

领导班子建设是全面推进加强党的建设这个新的伟大工程的关键，要把思想政治建设作为领导班子建设的重点，坚定不移地用邓小平理论武装干部的头脑。各级干部要适应新的形势和任务需要，切实加强理论学习，特别是邓小平理论的学习。以江泽民同志关于"一个中心，三个着眼于"的新时期学风建设为指导，把理论学习同研究新情况、解决新问题结合起来；同改造世界观、增强党性结合起来。要按照市委将制定下发的《2000—2002年北京市领导干部理论学习规划》的要求，把各级干部的理论学习不断推向深入。要坚持完善党内的各项制度，强化日常的管理教育，不断提高领导班子解决自身问题的能力。要进一步深化"联民心、知民意、解民困"活动，使其成为领导班子思想作风建设的重要举措。要加强对干部队伍的宏观管理，做好聚才、选才、用才工作。要抓紧完善落实企业经营者队伍和科技干部队伍建设的规划。

2. 深入开展农村基层组织建设先进区县创建活动，全面提高农村基层组织的凝聚力和战斗力。

一要进一步落实区县委党建工作责任制，增强区县委抓农村基层组织建设工作的自觉性。各区县委要进一步建立健全定期研究农村基层组织建设、领导干部联系村、部门包村以及党政主要领导干部直接抓等制度，把党建工作责任制特别是区县委书记第一责任人的制度落到实处。

二要以选好乡镇党委书记和农村党支部书记为重点，继续深入开展"六好"乡镇党委和"五个好"村党支部创建活动。各区县要紧紧抓住乡镇换届后的有利时机，利用多种形式，重点抓好培训，提高乡镇党委书记的思想政治素质和驾驭全局的能力，提高乡镇党委班子的整体素质。要按照"六好"的目标，加大党委班子建设的力度，努力使更多的乡镇党委尽快跨入"六好"行列。对已经达到"六好"目标的乡镇，要注意帮助他们总结经验，巩固提高。同时要继续抓好后进乡镇党委的整顿工作，使后进乡镇党委尽快改变面貌。今年郊区"六好"乡镇党委要力争达到乡镇总数的30%以上，后进转化率达到60%以上。

建设"五个好"村党支部，关键在于建设一个好班子，特别是选准选好一名好的支部书记。要认真总结近年来选拔培养农村党支部书记的经验，探索"公推直选"党支部书记的做法，进一步拓宽选人渠道和选人办法，真正把那些党性强、作风正、懂经济、会管理、群众拥护的党员选拔进支部班子。要采取多种形式抓好培训，提高党支部书记的基本素质，同时要建立激励约束机制，完善考核奖励制度，解决支部书记的后顾之忧。对那些经济基础差、支部书记报酬没有保证的村，乡镇要给予适当补贴。要继续采取选派工作队和部门包村等措施，抓好后进村党支部、低收入村和不稳定村的整顿工作。对那些几经整顿变化不大的村，要找准症结，帮助他们限期实现转化；对处于中间状态的村，要区别情况，有针对性地解决主要问题，使他们向先进行列迈进；对先进村党支部，要坚持高标准、严要求，防止出现"滑坡"。今年郊区"五个好"村党支部要达到总数的35%，后进村党支部转化率不低于总数的60%。

为进一步推进农村基层组织建设，"七一"前夕要召开全市表彰大会，总结交流经验，表彰一批"六好”乡镇党委和“五个好”村党支部。

三要以建设高素质的农村基层干部队伍为目标，进一步实施“现代化素质教育工程”，切实加强对农村基层干部的培训。今年要重点抓好以下几项工作：第一，继续强化岗位素质培训，提高基层干部的思想政治素质、政策业务水平和民主法制观念。第二，全面启动农村党支部书记任职资格培训，今年的培训率要达到50%。第三，搞好学历培训，按照现代化素质教育工程的目标要求，继续组织农村干部参加第二学历和本科、大中专学历培训。市农工委要继续办好产业经济等四个研究生课程班。同时要与部分高校合作开办高层次短期培训班，对领导干部进行科技与现代管理、城镇管理等专业知识培训。

四要贯彻从严治党的方针，加强和改进对农村党员的教育管理。要按照中央和市委的统一部署，组织进行农口党员思想状况调查，有针对性地加强对党员的教育，继续深入开展“学理论、学党章”活动，提高党员的思想水平、党性观念和政治鉴别力。同时要抓好民主法制和科技知识培训，增强党员带领群众致富的本领。要从实际出发，建立农村党员管理台账，加大党员管理力度，完善党员定期参加组织活动制度、民主评议党员制度和外出党员管理制度。还要注意培养入党积极分子，做好农村一线党员的发展工作，进一步改善党员队伍结构，增加党员队伍活力。

3. 贯彻落实十五届四中全会精神，抓好国有企业党的建设。

一要推进企业人事制度改革，改善管理办法，积极探索建立适应现代企业制度要求的选人用人机制，把组织考核推荐和公开向社会招聘结合起来，把党管干部原则和董事会依法选择经营者以及经营管理者依法行使用人权结合起来。今年要首先抓好农口总公司二级企业管理者竞争上岗试点，采取内部竞争和向社会招聘的办法挑选干部，使干部“上”要竞争，“干”有压力，形成优胜劣汰的选人用人机制。

二要抓好培训，提高企业干部的整体素质。市委农工委准备和高等院校合作，对国有企业领导干部进行工商管理知识短期培训和其它专业知识培训，同时有条件的企业要选择一批有发展潜力的管理人才，到国内优秀企业或国外培训。

三要围绕国有企业的改革与发展，抓好基层党组织建设和思想政治工作，要积极研究探索建立现代企业制度后党组织发挥政治核心作用的途径和方法，总结推广典型经验。根据市委组织部要求，凡四年以上未进行换届的局级企事业单位党委，具备条件的，都应在年内完成换届工作，同时，二级企业党委也要相应搞好换届工作。

四要以建立制度，规范程序，提高质量为重点，积极推进企业的厂务公开工作，加强企业的民主监督和民主管理。

（三）狠抓基础，规范提高，推进基层民主法制建设　扩大基层民主，让村民依法行使当家作主的权力，是促进农村经济发展，保持农村社会稳定的重要措施，是党在农村的一项重要工作。要继续贯彻落实中办国办9号文件和市委市政府两办通知精神，按照福森同志在农村民主法制建设经验交流会上的讲话要求，以提高干部的民主法制意识和村民自治水平为目标，抓好规范，提高质量，进一步推进农村基层民主法制建设。

1. 开展“讲民主也要讲法制，讲权利也要讲义务”的教育活动，增强基层干部群众的民主法制和权利义务观念，促进农村社会稳定和各项事业的发展。当前，乡镇、村干部普遍反映工作难做、干部难当、农民难管。产生这些问题的原因是多方面的，但我认为主要是两方面的原因：一是随着中央和市委关于扩大基层民主，进一步减轻农民负担政策的出台，农民的民主意识、参政意识普遍增强，已不满足于对村级事务的知道和参与，而且要求当家作主，但由于受自身素质的局限，特别是法律意识较差，还不善于用法律手段维护自己的合法权益，个别群众把上访做为解决问题的唯一途径；一部分群众思想较以前解放了，但大局观念、集体观念、纪律观念都相对淡化；还有的群众对党的政策理解片面，只看到政策对自己有利的一面，过分强调个人利益，重权利轻义务。据市经管站对某县332个村的调查分析，有40%的村提留款收不上来，部分群众以种种借口拒绝履行应尽的责任和义务，更有个别群众认为只有上访才能解决问题，这就增加了农村工作的难度。二是农村干部在旧体制的轨道上走惯了，其思想观念、领导方式和工作方法基本上停留在计划经济的体制上。有的干部对党的政策学习不够，理解不深，更不善于运用思想教育和法律手段解决问题；有些干部法制观念和民主意识淡薄，工作方法简单粗暴，对村里的财务开支遮遮掩掩，成为引发干群关系紧张的重要因素。

鉴于上述原因，我们必须把提高干部素质与教育农民工作放在同等重要的位置上来抓。要充分认识到，只有教育广大干部充分尊重农民的民主权利，做到依法行政，依法办事，同时教育广大农民群众懂得公民应有的权利和义务，了解与自己生产生活有关的法律法规，遵纪守法，在政策法律允许的范围内正确行使民主权利、依法履行对国家对集体的应尽义务，全面增强农村干部和农民群众的民主法制和权利义务观念，提高他们的素质，才能全面贯彻党的各项方针政策，促进郊区的经济发展和社会稳定。

“民主与法制，权利与义务”，是一个有机整体，不可割裂，不可对立，也不可偏重，必须放在同等位置。各区县要紧密结合实际，选准突破口和切入点，在干部和群众中广泛开展“讲民主也要讲法制，讲权利也要讲义务”的教育活动。要坚持把提高干部素质放在工作首位，进而进一步教育引导好农民；坚持把解决干部思想、作风方面存在的问题与教育农民结合起来，使干部群众共同得到提高。

2. 规范村务公开，健全民主决策、民主管理和民主监督制度。实行村务公开是加强村级民主管理、民主监督的有效途径。各区县要按照《村民委员会组织法》和《北京市村务公开民主管理暂行规定》的要求，规范村务公开的内容和程序，扩大公开的形式，进一步提高公开的效果和质量。要克服怕出乱子不敢公开等思想顾虑和模糊认识，充分发挥村民理财小组的监督作用，保证公开的及时性和真实性，并逐步建立事前、事中、事后公开相结合的制度，让村民不仅知道结果，而且事先参与，提前介入，在决策过程中发挥监督作用。要继续认真组织开好一年两次的村民代表会议，有条件的村可以根据需要随时召开。要坚持重大事项经过村民代表会议讨论决定，集中群众的智慧和创造，进一步提高决策水平。对重大经济问题的决策要聘请专家或有关部门帮助论证，做到专群结合，集思广益，使出台的每一项决定真正具有群众性、科学性和可行性。

3. *推行乡镇政务公开，提高依法行政能力*。按照市委组织部、市委农工委关于推行乡镇政务公开的意见要求，今年郊区乡镇要全部实行政务公开。要按照“公开办事制度、公开办事结果、提高办事效率、提高服务质量、接受群众监督”的总体要求，以乡镇职能部门、综合部门和执法部门为重点，认真抓好这项工作，进一步加大乡镇政府权力运行的透明度，促进依法行政。

4. *完善村民自治章程，推进依法建制，以制治村*。继续抓好村民自治章程的规范和入户。根据《村民委员会组织法》和有关法律法规，经过村民共同讨论，对原有章程的内容条款进行充实和完善。总的要求是：“依法制定，民主讨论，双向约束，切实可行”。在抓好章程完善和入户的基础上，要采取村委会与村民签订协议，建立村民档案和检查评比等措施，增强章程的约束力，进一步提高村民自治水平。扩大基层民主在党的统一领导下有秩序、有步骤地进行。村民委员会作为村民自治组织享有广泛的民主权力，但必须置于村党支部的领导下开展工作。农村党支部要加强自身建设，充分发挥领导核心作用，支持村委会和其它村级组织依法依章开展工作。要教育基层干部和党员带头依法办事，把党的领导同民主管理有机结合起来。县乡两级党委要及时发现和认真总结基层民主政治建设中的成功经验，不断研究新情况，解决新问题，把基层民主政治建设提高到一个新水平。

（四）突出重点，注重实效，大力推进郊区精神文明建设 落实市委八届五次全会提出的要求，以文明社区建设为重点，深入开展创建文明区县活动，以文明村镇建设为重点，扩大创建文明村镇活动的覆盖面，促进京郊农村精神文明建设有新的进步，整体推进郊区精神文明建设工作。

1. *以提高农民科技素质为重点，实施“农民现代化素质教育工程”*。利用三年时间，在郊区全面实施“农民现代化素质教育工程”，以思想道德、科学文化和政策法规为主要内容对农民进行系统教育。今年重点要以提高农民的科技素质为主要内容，启动“农民现代化素质教育工程”，以适应市场经济发展和农业经济结构的调整。具体内容包括：一是大力提倡科学精神，开展唯物论和无神论教育，引导农民划清科学与迷信、文明与愚昧的界限，抵制封建迷信，倡导科学、文明、健康的生活方式；二是进行市场经济知识教育，帮助农民掌握市场知识和科学方法，引导农民改变观念，拓宽视野，以市场为导向，发展农村经济；三是大力推广普及农业实用技术，帮助农民掌握致富技能，运用首都科技优势，加快现代农业技术的运用和推广，引导农民勤劳致富、科学致富。通过现代信息技术、大众传播媒体、电化教育网络等多种形式，有组织有重点地向农民传播现代科技知识，提高农民的现代化素质。

2. *以“三德”、“两爱”教育为主要内容，深入开展群众性的精神文明“五创建”活动*。要以树立社会公德、职业道德和家庭美德，以爱国家、爱集体为主要内容，继续深入开展“文明户、文明村、文明乡镇、文明居民区和文明景区”的创建活动。要把创建活动同村镇建设、环境整治结合起来；同加强行业管理、树立窗口形象结合起来；同群众的自我教育结合起来。以办实事为突破口，下大力气解决群众反映强烈的热点和难点问题，以增强群众的关切度，最大限度地调动广大群众的参与热情。要突出重点，整体推进，扎扎实实开展创建文明区县活动。经过努力，今年力争达到市级文明乡镇45个、文明村170个、文明居民区60个、文明景区50个，并努力创建一批在全国有影响的精神文明建设示范典型。

3. *以旅游文化为龙头，积极发展郊区的文化产业*。在继续抓好农村基层群众文化活动的同时，积极探索和发展农村文化产业。一是要确立郊区文化产业发展的战略，进行产业定位，研究运作方式，落实产业政策；二是积极发展郊区旅游文化产业，针对市场定位和消费需求，突出旅游特色，加强整体包装，进行创意宣传，使旅游与文化有机结合，提高旅游的文化内涵，增加旅游价值，带动相关市场，推动区域经济和旅游业的发展；三是要推进文化设施社会化，积极创造条件，使更多单位内部的文化体育娱乐设施对社会开放，实现资源有偿共享。

4. *以村镇规划建设带动环境整治*。郊区环境建设，要坚持“以人为本”的指导思想和以村镇建设带动环境建设的方针，把环境建设和村镇建设有机地结合起来，加快卫星城和小城镇建设的步伐，搞好区域调整，全面完成村镇规划，并把环境建设切实纳入到规划中去。郊区环境整治工作，要按照福洪同志在马坡现场会上提出的“五个一”要求，即要有一个领导、一项制度、一支专业保洁队伍、一个垃圾填埋场所、一辆垃圾保洁车，加大工作力度，加强基础工作。今年郊区环境整治要重点抓好三方面的工作：一是要继续抓好“五个一”建设的落实，力争使郊区村级环境达标率达到65%，乡镇所在地环境达标率达到85%。二是搞好垃圾填埋场、消纳场所建设。所有村镇（乡）都要建垃圾填埋场或消纳场，从根本上解决农村垃圾随处倾倒、随处堆放问题。三是创建一批绿化美化的形象工程。每个村镇（乡）都要确定一批环境建设的重点工程，有条件的村镇，都要建街心花园和村头公园，都要有自己特点的标志性建筑。

（五）认真解决好新时期农村各种矛盾，确保农村稳定和社会安定 当前，郊区农村总体上是稳定的，但随着改革的深化和利益的调整，郊区农村出现了很多新情况、新问题，一些长期积累的矛盾爆发出来。这些问题处理不好，很容易引发社会不稳定。各级党委、政府要增强大局意识，正确把握改革、发展、稳定的关系，在推进改革和发展中，做好农村稳定工作。

1. 认真解决好涉及群众切身利益的问题，保持农村稳定。目前，农村群众反映的矛盾和问题比较多，主要是政策落实不到位，损害了群众利益；少数基层干部以权谋私，严重侵害集体利益；有些地方工作透明度不高，村务政务公开不够等。从农口群众到市级以上集体上访的情况看，1999 全年共发生 112 批，2 338人次，其中大多数是由于我们工作方面存在偏差，导致群众利益受损而引发的上访。为此，各级党政领导干部和各单位各部门都要以对党和人民高度负责的政治责任感，切实维护和保障群众合法权益和正当利益，要把工作的基点放在认真听取群众的意见和呼声上，放在扎扎实实帮助群众解决实际问题上。对群众的困难，凡是有条件解决的要及时解决，要主动为群众排忧解难，多做得人心、暖人心、稳人心的工作，取得群众的理解和支持，对一时难以解决的，也要耐心做好解释工作，避免矛盾激化。对群众反映强烈的矛盾和问题，加大查处力度，切实纠正那些损害群众利益的行为，维护群众合法权益。

2. 不断提高信访接待制度和人民内部矛盾排查制度的质量，做到化解基层矛盾不出乡镇、街道、企业。领导干部信访接待日制度和人民内部矛盾排查制度，是我们联系群众的畅通渠道，是及时发现和处理涉及群众利益的问题，不使问题积累起来形成工作难点的重要举措，也是我们把矛盾解决在基层，解决在内部，控制化解集体上访的一条成功经验。各级党政领导干部，尤其是一把手要从讲政治的高度，认真坚持好领导干部信访接待日制度。领导干部参加信访接待日制度，不仅要倾听群众呼声，化解矛盾，还要对群众反映的矛盾和问题及时总结。尤其是对一些带有普遍性、规律性的问题，更要认真分析，研究对策，从治标和治本相结合入手，将矛盾解决在基层。要继续坚持和不断完善人民内部矛盾排查制度，建立信息渠道，及时了解群众中出现的矛盾和问题，掌握不稳定因素，以便及时采取措施，将矛盾化解在萌芽状态。要不断完善制度，认真总结经验，今年二季度市委农工委要召开农村稳定工作经验交流会，通过典型推动稳定工作。

要强化基层政权特别是乡镇政权在确保农村稳定中的政治责任，提高基层干部的素质，做好深入细致的工作，及时化解各类矛盾。要按照福森同志在市农村工作会议上提出的要求，做到“小事不出村、大事不出乡镇”，矛盾不上交，尽最大力量把矛盾化解在基层，最大限度地防止因我们工作不到位而引发的群众上访，特别是越级集体上访。年底，市委农工委将就这方面的工作对全市乡镇进行检查考评。

3. 坚持依法办事，保持农村稳定。维护农村社会秩序，保持农村社会稳定，要靠教育，靠法制。一要进行民主法制教育。要针对农村的实际情况进行普法宣传，增强人们的法制观念，使干部懂得依法行政、依法办事，使农民懂得自己的权利和义务，了解与自己生产生活有关的法律和法规，遵纪守法，提高维护社会稳定的自觉性。二要加强社会治安的综合治理。对社会治安问题要定期分析研究，对突出的治安问题，要组织专项斗争。要依法打击“法轮功”等邪教组织，铲除农村各种邪恶势力，扫除黄赌毒，加强对宗教活动和各种民间团体组织的管理，增强人民群众的安全感。三要加强农村基层社会管理，特别是城乡结合部地区的管理。要发动群众制定村规民约，实行依法治村，对少数蓄意闹事，制造事端的违法行为要坚持依法处理。要加强基层治保组织的建设，深入开展基层创安活动，城乡结合部要从各种矛盾的源头抓起，进一步理顺管理体制，把社会治安综合治理的各项措施落实到基层，确保首都郊区的稳定。

（六）加大力度，从严治党，推进党风廉政建设和反腐败斗争 在改革开放不断深入的大好形势下，我们的干部更要警钟长鸣，坚持不懈地将党风廉政建设和反腐败斗争进行下去，并不断引向深入。要认真贯彻党的十五届四中全会和中纪委第四次全会精神，按照中央和市委的部署，继续以党风廉政建设责任制为龙头，不断健全完善反腐败领导体制和工作机制，坚持三项任务一起抓的工作格局，抓住重点，明确目标，巩固成果，防止反弹，坚持标本兼治，从整体上推进各项工作的顺利开展。

要继续全面落实《廉政准则》和制止奢侈浪费行为的若干规定，特别是严格执行中央纪委四次全会对领导干部和国有企业领导人员提出的廉洁自律的有关规定，推进领导干部廉洁自律工作，要加大查处违法违纪案件的力度，突出重点，纠正部门和行业不正之风。切实加大从源头预防和治理腐败的力度，全面落实“收支两条线”规定，积极推行政府采购制度，认真做好党政机关与所办经营性企业脱钩和规范有形建筑市场工作，开展企业效能监察。照市委提出的各项要求，坚持在治标的同时，加大治本力度，综合治理，努力使党风廉政建设和反腐败斗争取得新进展。

（七）加强党对思想政治工作的领导 中共中央《关于加强和改进思想政治工作的若干意见》是以江泽民同志为核心的党中央高度重视思想政治工作的一项重要举措，是指导我们做好新形势下党的政治工作的纲领性文件。市委提出了关于加强思想政治工作的具体意见，我们要认真贯彻落实中央和市委文件精神，提高对加强和改进党的思想政治工作重要性和紧迫性的认识，把思想认识统一到中央精神上来，坚持纠正和防止忽视党的建设和思想政治工作的错误倾向，从巩固党的执政地位、完成党的历史任务的高度，切实加强和改进党的建设和思想政治工作。

第一，党的建设和思想政治工作必须服从服务于全党工作的大局，要始终着眼于改革和经济建设的主战场，紧紧围绕郊区产业结构调整，围绕率先基本实现农业现代化的目标，围绕农民增收的工作主线，要避免和克服围绕中心不够，工作重点不突出、形式主义等问题，使思想政治工作更扎实有效。

第二，建立思想政治工作责任制，形成齐抓共管的工作格局。各级党的组织都要把党的建设和思想政治工作摆到重要的位置，列入重要的议事日程，定期研究，周密部署，加强检查，狠抓落实，进一步落实党的建设和思想政治工作的责任制。各级党的组织一把手都要切实负起第一责任人的职责，对本地区、本部门、本系统党的建设和思想政治工作负总责。各级党政领导干部都要增强政治意识、大局意识、责任意识，带头做好思想政治工作。按照中央要求，各级党委要建立起思想政治工作联席会议制度，加强对本地区思想政治工作重大问题的研究协调，形成党政、工团齐抓共管的工作格局。

第三，加强调查研究，积极探索思想政治工作的新机制。要深入基层，深入群众，调查了解新情况新问题，认真研究新形势下党建和思想政治工作的特点和规律，积极开辟新途径，探索新办法，创造新经验，把思想教育与加强管理和制度建设有机结合起来。不仅在思想教育上下功夫，而且要在加强管理、制度改革、机制创新上下功夫。

第四，加强督促检查，总结推广典型。基层组织建设、民主法制和精神文明建设工作都要有一些硬的指标，布置下去的工作就要有督促有检查。同时，要及时总结党的建设和思想政治工作方面的一些好的典型和做法，要善于运用典型引导来推动工作。

同志们，2000年是我们迈向新世纪的重要一年。面临新的形势任务，农口改革和经济发展的任务很重，让我们高举邓小平理论伟大旗帜，在以江泽民同志为核心的党中央领导下，在十五大精神的指引下，按照市委、市政府对今年工作的总体部署要求，以昂扬向上的精神，扎扎实实做好各方面的工作，以一流的工作业绩迎接新的世纪。

中共北京市委农村工作委员会关于在处级单位领导班子、领导干部中开展“三讲”教育“回头看”活动的意见

（2000年12月1日）

根据京发〔2000〕9号文件精神和市委“三讲”教育办公室《关于开展处级单位领导班子“三讲”教育“回头看”活动的通知》要求，市委农工委决定，从今年11月下旬开始，在农口局、事业单位、市委农工委、市农委机关和直属单位处级领导班子、领导干部中开展一次“三讲”教育回头看活动，具体安排意见如下：

一、开展“三讲”教育“回头看”活动的目的意义

开展“三讲”教育回头看活动，是整个“三讲”教育全过程不可缺少的组成部分，是巩固和扩大“三讲”教育成果，落实整改，确保“三讲”教育不走过场的有力措施。开展好这项活动，对于进一步加强处级领导班子建设，提高领导干部的思想政治素质，全面贯彻落实中央和市委的工作部署，推动本单位各项工作的开展具有重要意义。开展处级领导班子“三讲”教育回头看活动，要以江泽民同志“三个代表”重要思想为指导，继续坚持整风精神，通过集中抓好学习，开展自看自查，征求群众意见等形式，组织领导班子和领导干部，回顾“三讲”教育以来的思想实际和工作实践，结合“三讲”集中教育中反映的问题，认真进行对照检查，找准抓住薄弱环节，在实事求是地分析原因、总结经验的基础上，进一步落实改进措施，完善相关制度，深入抓好整改，推动领导班子、领导干部把“三讲”教育经常化、制度化。

二、开展“三讲”教育回头看活动的方法步骤

按照市委的工作部署，这次处级单位领导班子、领导干部开展“三讲”教育回头看活动时间安排两个月，从2000年11月下旬开始，到2001年1月下旬结束，分四个阶段进行。具体步骤和方法是：

1. 集中学习，统一思想认识（2000年11月27日至12月14日）。各单位采取集中学习和自学相结合的方法，组织处级领导干部深入学习江泽民总书记“三个代表”的重要思想和党的十五届五中全会、市委八届六次全会精神，结合“新三步走”战略和“十

五”计划要求，深入思考如何贯彻中央和市委跨世纪发展的战略决策，理清本单位的工作思路；深入思考如何围绕贯彻“三个代表”的要求，加深对党的性质、根本任务和根本宗旨的认识，进一步坚定理想信念；深入思考如何改进领导方法和工作作风，密切联系群众，推动各项工作的务实创新。

在学习中，要紧紧围绕讲政治的核心，联系实际，重温领导班子和领导干部的自我剖析材料，认真总结经验教训，研究分析当前面临的新形势、新任务，进一步提高贯彻党的路线方针政策的自觉性。

2. 回顾总结，开展自看自查（2000 年 12 月 15 日至 12 月 25 日）。在集中学习，提高认识的基础上，各单位要搞好自看自查。首先要对“三讲”集中教育结束后，领导班子和领导干部实施整改方案的进展情况进行总结。然后召开专题民主生活会，按照中央精神和市委的要求，对照干部群众提出的意见和建议，组织领导班子和领导干部从五个方面进行自看自查：

一是看“讲学习、讲政治、讲正气”的自觉性是否真正得到了提高，政治意识、大局意识、责任意识是否明显增强，对贯彻中央和市委的各项重大决策，推进各项改革措施和加强思想政治工作方面，是否坚定不移。二是看“三讲”集中教育阶段查摆的突出问题，特别是群众反映强烈的问题是否得到了解决，在树立正确的理想信念、加强班子团结、贯彻民主集中制原则、廉洁自律等方面是否有了新的改进和提高，并在制度上得到了切实保证。三是看领导班子、领导干部的精神状态和工作作风是否有了明显改进，是否有力地推动了当前的各项工作。四是看“三讲”教育的成功经验是否自觉地运用到党建等经常性工作中，批评和自我批评的优良传统是否在党内生活中得到保持和发扬，领导班子解决自身问题的能力是否得到了明显提高。五是看本单位还有哪些影响改革、发展、稳定的重大问题需要加以解决。

在进行自看自查的同时，各单位要召开座谈会，听取干部群众对领导班子前一段整改情况的意见。在找准问题、认真分析原因的基础上，形成领导班子开展自看自查的总结材料。

3. 总结经验教训、完善整改方案（2000 年 12 月 26 日至 2001 年 1 月 15 日）。针对领导班子查找出的问题和差距，结合干部群众反馈的意见和建议，各单位要对整改措施的落实情况进行系统的梳理和检查，本着“有什么问题，解决什么问题，缺什么，补什么”的原则，逐项研究和制定改进措施。对整改方案进行补充和完善，在广泛听取各方面意见的基础上，形成领导班子进一步落实“三讲”教育整改措施的具体方案。

4. 通报整改情况，听取群众意见（2001 年 1 月 15 日至 1 月 25 日）。在认真总结经验，完善整改措施，落实整改方案的基础上，要在适当范围内，向干部群众通报领导班子自看自查和整改方案的落实情况，进一步听取意见，依靠群众的支持和帮助，认真搞好整改。

三、开展“三讲”教育回头看活动的基本要求

各单位党委（党组）要把处级领导班子开展“三讲”教育回头看活动作为当前的一项重要工作来抓，切实加强领导，保证这项活动取得成效。

各单位党委（党组）要按照市委农工委的意见，结合本单位实际，对所属处级单位“回头看”活动制定实施方案，安排好工作日程，精心组织，党委（党组）书记要继续履行第一责任人的职责，坚持高标准严要求，集中精力，以高度的政治责任感，强烈的进取精神，扎实的工作作风，搞好“回头看”活动。

各单位要统筹兼顾，合理安排，做到教育、工作两不误，两促进。把开展“三讲”教育回头看与加强领导班子建设结合起来，与促进本单位各项工作任务的顺利完成结合起来，与年终总结和干部考核结合起来，把思想上的收获切实转化到实际工作中，以新的精神面貌推动当前各项工作的开展，使党的路线、方针、政策和中央、市委的重大决策在本单位得到更好的贯彻落实。

各单位在开展“回头看”活动中，要加强信息报送工作，及时总结好做法、好经验；“回头看”活动结束后，要写出书面报告，报送市委“三讲”办和市委农工委“三讲”办。

中共北京市委农村工作委员会
关于加强和改进农村思想政治工作的意见

（2000 年 8 月 1 日）

为贯彻落实中央、市委思想政治工作会议和江泽民总书记重要讲话精神，进一步明确新时期农村思想政治工作的指导思想，确立新的工作格局，推进工作的改进创新，充分发挥思想政治工作在农村改革发展和稳定中的重要作用，特提出以下意见：

一、充分认识加强和改进思想政治工作的重要性

当前，郊区农村正处在改革和发展的重要时期，经济和社会生活的深刻变化，给农村思想政治

工作带来了许多新情况、新问题。在思想领域里，随着国际政治多极化和经济全球化的发展进程，世界各种思想文化的互相激荡，西方资本主义思想文化必然会对一些干部群众的思想意识产生一定影响；国内的社会经济成分、组织形式、物质利益和就业方式多样化的趋势，使人们思想活动的独立性、选择性、多样性和差异性明显增强，市场经济存在的弱点及带来的消极影响，给传统的思想文化和道德观念带来冲击；在农村小农经济思想观念与社会化大生产观念，计划经济条件下等靠要思想与市场经济的竞争观念，封建落后的宗法观念与基层民主进程中的民主法制观念等相互交织在一起，同时并存，对农村思想领域产生了深刻影响，使人们的思想观念、生活方式和价值取向发生了很大变化；在经济领域里，农业结构调整使农村传统的生产方式、经营方式、组织方式和管理方式发生了变化，特别是我国即将加入世贸组织，面临国际市场竞争带来的挑战，一些干部和农民群众思想准备不足，在思想观念、文化知识、科技素质等方面还不能适应农业发展新阶段的任务要求；在社会生活中，随着改革的深化和利益的调整，人民内部矛盾日益突出，由农村城市化进程中的占地问题、土地延包中的落实政策问题和基层的干群矛盾等问题，引起的农民与集体、农民与国家以及不同利益群体的矛盾，这些矛盾的解决既是经济工作，也是政治工作，关系到社会稳定和整个现代化建设的进程。思想政治工作的复杂性在当前十分突出，对农村思想政治工作提出了新的更高要求。面对新的形势和任务，农村思想政治工作的任务更繁重、更艰巨。

近年来，特别是今年以来，农口认真贯彻中央17号文件和市委2号文件精神，以江泽民总书记“三个代表”的重要思想为指导，围绕农村改革和发展，深入开展教育活动，积极探索新时期农村思想政治工作的新方式、新方法，并取得了一定成效。但同时还应当清醒地看到，农村思想政治工作还存在许多问题和一些薄弱环节：一是没有形成党委班子抓思想政治工作的有效工作机制，工作上仍存在两张皮现象。二是基层思想政治工作比较薄弱，工作的覆盖面窄，针对性不强，效果不明显。三是思想政治工作的方法、手段落后，缺乏创新。

加强农村思想政治工作，对于巩固党在农村的执政基础，维护农村的稳定大局，保证农村经济持续快速健康的发展，具有十分重要的意义。因此，我们要从实现农业和农村经济跨世纪发展战略目标的高度，深刻认识加强和改进思想政治工作的重要性，增强做好这项工作的责任感和使命感，紧密结合郊区改革发展变化的新实际，紧密结合干部群众思想认识和工作中的新问题，紧密结合发展市场经济的新要求，紧密结合农村精神文化生活的新发展，加强和改进思想政治工作，努力开创农村思想政治工作的新局面。

二、大力加强和改进农村思想政治工作，推进思想政治工作的创新实践

加强和改进农村思想政治工作，是农村和农业发展新阶段的客观要求，是郊区面向新世纪和农村现代化的必然选择。为此，农村思想政治工作要进一步明确指导思想，确立工作格局，把握工作重点，提高工作的针对性和实效性，在工作的创新上下功夫。

1. *紧紧围绕经济建设这个中心，围绕农村经济发展目标和任务来做好思想政治工作。*要将思想政治工作与经济工作有机地融合在一起，找准工作的切入点。当前农村思想政治工作，重点要放在开拓农村经济发展思路，帮助农民群众致富增收上。要通过宣传贯彻党的路线方针政策，使党在农村的政策深入人心，充分调动广大干部农民的积极性、主动性和创造性。通过教育引导农民群众，进一步解放思想，转变观念，提高素质。要继续做好经济宣传工作，通过对经济成就、发展目标和投资环境的宣传，做到凝聚人心，振奋精神，鼓舞士气。

2. *形成农村思想政治工作新的格局。*要加强思想政治工作的规划和布局，各级党委要站在地区经济和社会发展的全局高度，审时度势，运筹帷幄，提出思想政治工作的中长期目标和任务，确定工作思路和重点；要经常分析群众的思想状况和社会动向，研究带一些根本性的理论和现实问题，掌握工作的领导权和主动权；要加强思想政治工作的组织和协调，建立以思想政治工作部门为主、其他部门为辅齐抓共管的工作格局，形成工作合力；要明确分工和职责，建立起灵活、有效的工作机制，组织部、宣传部等政工部门要从各自的工作职能出发，将思想政治工作的任务落实到具体工作中去。

3. *增强思想政治工作的针对性。*要针对不同层次、不同对象、不同群体的不同需求，采取不同形式开展教育。县乡两级领导干部要通过中心组学习和干部培训，加强马列主义的教育，提高干部的政治素质；在基层广大党员干部中，要开展以理想信念为核心的思想教育，提高对党的政策的理解力，增强带领农民致富的本领；在广大农民群众中，要开展以集体主义为重点的思想道德教育，树立社会主义的义利观和正确的权利义务观，建立与社会主义市场经济体系相适应的思想观念和道德体系。

4. *把化解人民内部矛盾、维护社会稳定作为农村思想政治工作的重要内容。*思想政治工作要坚持解决思想问题与解决实际问题相结合，针对农村各种矛盾日益突出的情况，教育引导群众正确认识和处理各种利益关系，增强政策法制观念，通过深入细致的思想工作，做好释疑解惑、理顺情绪工作。同时要对农村中的占地安置、干群矛盾、土地延包等农民群众反映突出的问题，加强调研，研究深层原因，加大调处力度。通过改革、发展和政策调节，解决群众关心的实际问题，把矛盾化解在基层，维护农村的社会稳

定。

5. *面向基层，面向农民，做好宣传群众，教育群众，引导群众工作。*重点抓好“农民现代化素质教育”工程，要从农民迫切需要的科学技术和与农民利益直接相关的政策、法规入手，开展思想教育，提高农民素质。同时，要积极倡导先进的科学文化，开展内容丰富、形式多样的教育和文化活动，满足人民群众的精神文化需求，抵制封建迷信活动。

6. *在思想政治工作的创新上下功夫。*要针对农村生产经营方式和组织方式的变化，在继承思想政治工作优良传统的基础上，不断探索适应农民多元经营主体和分散经营方式的有效教育形式和载体，充分运用电化教育、现代媒体和网络技术，扩大教育的覆盖面；利用各种形式，开展科学知识和农业技能的普及，加强信息服务，增强教育的实效性。

三、加强党对思想政治工作的领导

党的领导是做好思想政治工作的重要保证。各级党委要从讲政治、讲大局的高度，充分认识思想政治工作的地位和作用，切实加强对思想政治工作的领导。

1. *加强领导班子建设和党的基层组织建设。*要按照江总书记提出的“三个代表”的要求，搞好各级领导班子、基层组织和基层民主制度建设，加强对干部的教育、管理和监督。要教育党员干部以身作则，率先垂范，树立良好形象，努力实现党的全心全意为人民服务的宗旨，用行动教育和影响群众，使思想政治工作更具有说服力和感召力。

2. *加强党对思想政治工作的领导。*各级党委要提高认识，坚决纠正和防止忽视思想政治工作的倾向，克服工作上的两张皮。党委书记要负起第一责任人的职责，建立健全思想政治工作责任制，做到一级抓一级，层层抓落实。要注意经常分析影响全局和稳定的问题，有针对性采取措施，加以解决。

3. *形成全党抓思想政治工作的机制。*要建立党委、政府各部门齐抓共管的工作格局，形成工作合力。要抓好典型，通过典型引导推动工作。要通过建立目标明确的管理体制、行之有效的工作机制、科学量化的考核体系，以确保思想政治工作的有效进行。

4. *增加投入，加强阵地建设。*各区县在制定经济和社会发展的“十五”规划中，要对本地区精神文明建设和思想政治工作做出规划安排，在卫星城、小城镇、新农村规划建设中要配套搞好公共文化设施建设。各区县、各部门要保证思想政治工作所需要的必要经费，确保各项工作的顺利开展和教育活动的完成。

5. *加强政工队伍建设。*要按照提高素质、优化结构、相对稳定的要求，努力建设一支政治强、业务精、作风正的思想政治工作队伍。要按照新时期新任务的要求，搞好政工干部的培养，全面提高政工干部的素质。要关心、爱护政工干部，解决他们的政治和生活待遇，将优秀的政工干部提拔到重要岗位上任职。

6. *建立思想政治工作考核激励机制。*要把思想政治工作纳入各级党委工作和政绩的考核范围，建立起科学的考核指标和评价体系，按照干部管理权限和对口部门，定期对各级党委和有关部门的思想政治工作进行考核，对在思想政治工作方面做出突出成绩的先进集体和个人，给予表扬和奖励。市委农工委每年将对区县的思想政治工作进行综合考评。

中共北京市委农村工作委员会
关于在郊区农村广泛开展“致富思源、富而思进”教育活动的通知

（2000年4月3日）

江泽民总书记最近在广东考察工作时提出，当前很有必要在广大干部群众特别是在发展较快地区的干部群众中开展“致富思源、富而思进”的教育活动。为落实江泽民总书记的这一指示精神，根据京办发［2000］16号文件的要求，市委农工委决定在郊区开展“致富思源、富而思进”教育活动。现将有关事项通知如下：

一、这次教育活动的指导思想

高举邓小平理论伟大旗帜，以江泽民同志最近在广东考察时的重要讲话和关于思想政治工作的一系列重要指示为指导，通过开展“致富思源，富而思进”教育活动，帮广大干部群众深刻认识到，改革开放以来我国社会主义现代化建设取得的巨大成就以及郊区经济和社会发生的深刻变化，源于有了邓小平理论的指导，有了党的方针政策的指引，有了党中央的坚强领导。通过开展“致富思源，富而思进”教育活动，进一步提高思想认识，更加坚定社会主义的信念，增强改革开放和社会主义现代化建设的信心；进一步增强改革发展的紧迫感，克服小富即安，固步自封，不思进取的落后观念，解放思想，实事求是，抓住机遇，乘势而上；进一步弘扬艰苦奋斗的精神，戒骄戒

躁，不懈奋斗，争创新优势，更上一层楼。更加紧密团结在以江泽民同志为核心的党中央周围，深入贯彻党的十五大精神，为实现郊区跨世纪发展的宏伟目标而奋斗。

二、这次教育活动的主要内容

按照市委的要求，结合郊区实际，着重抓好以下几个方面的教育：

1. 进行改革开放成就教育，进一步增强改革开放和社会主义现代化建设的信心。要大力宣传改革开放20年来郊区经济建设取得的辉煌成就，通过列举改革开放富起的巨大变化，回顾富起来的奋斗历程，致富思源，使广大干部群众充分认识到：我们在党的领导下，坚持走建设有中国特色社会主义的正确道路，才取得了今天举世瞩目的巨大成就，从而激励广大干部群众，增强信心，充满希望，同心同德建设现代化，满怀信心跨入新世纪。

2. 进行党的基本理论、基本路线、基本纲领教育，进一步坚定理想信念。通过“致富思源”，让广大干部和群众更加深刻了解党的基本路线和党在农村的方针政策，充分认识到：我们党始终代表着先进社会生产力发展要求，代表先进文化的前进方向，代表最广大人民的根本利益，更加坚定社会主义的理想信念，更加坚信党的领导。

3. 进行改革开放和现代化建设新形势、新任务教育，进一步增强改革发展的紧迫感。通过开展“致富思源，富而思进”的教育，使广大干部群众认识到，郊区的改革和现代化建设处在关键时期，面对经济全球化的发展趋势和日趋激烈的市场竞争，要进一步增强改革发展的紧迫感，克服小富即安，固步自封，不思进取的落后观念，适应农业和农村发展新阶段的要求，积极推进农业和农村经济结构调整，加快农业和农村现代化建设的步伐。

4. 进行艰苦奋斗教育，进一步弘扬新时期艰苦创业精神。要联系我们的基本国情和本地改革发展的实际，通过教育活动，使干部群众认识到，我们的富裕只是相对的，距离建成一个富强、民主、文明的社会主义现代化强国还有相当距离，郊区的发展与先进地区相比也还存在一定差距。要树立干大事业、求大发展、力争上游、不断开拓的创业精神，破除在困难面前无所作为的思想，树立敢为人先、敢于探索、在困难中抢抓机遇的意识，破除贪图享乐的思想，戒骄戒躁，不懈奋斗，争取更大的发展。

5. 进行爱国主义、集体主义、社会主义教育，进一步增强社会责任感。引导广大干部群众思考富起来的根本原因，饮水思源，富不忘本，正确处理个人与集体、地区与国家、部门与全局的关系，正确处理眼前利益与长远利益、个人利益与国家利益的关系，富裕不忘国家，先富带动后富，实现共同富裕，崇尚优良的道德风尚和健康文明的生活方式，促进物质文明、精神文明的协调发展和社会的全面进步。

三、这次教育活动的主要形式

这次教育活动，要以干部、党员为重点，从实际出发，区分层次，有重点地开展。

1. 各区县要利用理论学习中心组，组织干部认真学习江总书记在广东考察时的重要讲话精神，开展“致富思源，富而思进”的专题讨论，深刻领会精神实质，提高思想认识。要紧密结合农业和农村经济发展阶段性变化的实际，进行深入思考，进一步明确发展思路，认真研究和解决新矛盾、新问题，推进农村的改革和发展。市委农工委将总结顺义区开展的“把什么样的顺义带入21世纪”教育活动的经验和做法，在全郊区进行推广。

2. 各区县领导干部要深入基层，围绕“致富思源，富而思进”的主题，结合本地区改革和发展的实际，给基层干部讲一次党课，并与基层干部群众进行座谈、讨论。

3. 组织重点乡镇、村有针对性地开展教育活动。要在经济发展较快的地区，组织干部就如何“富而思进、加快发展”进行深入讨论，找到差距，拓展思路，加快发展，增强对周边地区经济发展的辐射力，带动共同富裕；在尚未富起来的地区，也要通过教育活动，把广大群众的思想统一到发展经济、改变面貌上来，增强信心，发奋图强，艰苦奋斗，迎头赶上。市委农工委将适时召开郊区百强村、百富村代表“致富思源、富而思进”的座谈会。

4. 组织党员开展“致富思源、富而思进”主题党日活动。通过活动，使广大党员认清形势，坚定信念，增强责任感，充分发挥先锋模范作用，带领群众，发展经济，共同致富。

5. 选择在郊区改革和发展中积极进取，锐意创新，发奋图强，艰苦创业的先进典型，组成“致富思源，富而思进”教育报告团，到基层乡村进行巡回报告，用典型的事迹和精神来鼓舞士气，启发思路，推动工作。

6. 利用各种形式和媒体，广泛进行宣传教育。通过形势报告会、座谈会、参观学习、征文演讲、知识竞赛等多种形式，生动活泼地开展教育活动。要在广播、电视、报刊等媒体上，开辟教育活动的专题栏目，组织系列报道和重点文章，扩大教育活动的影响和效果。

四、这次教育活动的基本要求

开展“致富思源、富而思进”教育活动，是当前加强和改进新时期思想政治工作的一项重要措施，也是郊区改革和发展的内在需要。因此，各区县要集中一段时间，扎扎实实开展好这项教育活动。

1. 加强领导，精心组织。各区县委要充分认识开展“致富思源、富而思进”教育活动的重要意义和紧迫性，把它作为两个文明建设的重要内容，纳入工作计划，摆上议事日程，制定具体实施方案。区县组织、宣传部门要精心组织，加强协调，狠抓工作落实。要协调好工会、共青团、妇联等群众组织共同把教育活动开展好。

2. 统筹安排，突出重点。各区县要把“致富思源、富而思进”教育活动，同当前开展的“三讲”教育、同贯彻《中共中央关于加强和改进思想政治工作的若干意见》精神、同加强党的基层组织建设的任务有机结合起来，紧紧围绕农民增收、农村稳定这个中心任务，通过教育活动推动当前工作。

3. 讲求方式，注重实效。要从实际出发，运用多种形式和手段开展教育。要注重区分层次，有的放矢，对干部、党员、群众提出不同的教育要求，增强针对性，提高实效性。

4. 抓好重点，典型带动。各区县要在普遍开展教育活动的基础上，抓一批重点乡镇、村和企业的教育活动，发挥典型的示范作用，带动整个教育活动的开展。

各区（县）要及时向市教育活动办公室和市委农工委宣传处反馈活动的开展情况。

中共北京市委农村工作委员会关于在郊区开展“致富明方向、‘十五’再发展”主题教育活动的通知

（2000年9月29日）

为了深入开展“致富思源、富而思进”的教育活动，动员和组织广大干部群众振奋精神，同心同德，加快农民致富和农村现代化建设，根据贾庆林书记的指示精神，市委农工委决定，在前一阶段郊区开展“双思”教育的基础上，结合“十五”规划的制定，集中一段时间在郊区农村开展以“致富明方向、‘十五’再发展”为主题的教育活动。现将有关事项通知如下：

一、指导思想和总体要求

今年4月以来，郊区落实江泽民总书记在广东视察工作时的讲话精神，普遍开展了“致富思源、富而思进”的教育活动。各区县结合实际，利用多种形式，教育和引导干部群众饮水思源，戒骄戒满，抓住机遇，加快发展，进一步明确了发展思路，调动了干部群众的积极性，有力地推动了郊区经济结构调整和改革发展，上半年郊区农村经济和社会发展出现了良好势头，取得了可喜成就。但是，我们应当清醒地看到，农业和农村经济发展新阶段给我们提出了许多新的课题，在由传统农业向现代农业转变的过程中，在结构调整发展高效优质、高科技的农业上，郊区广大干部群众还有很多不适应的地方，突出表现在：一些基层干部对结构调整认识模糊、思路不清，缺乏明确的目标和带领农民致富的有效手段；一些农民面对激烈的市场竞争感到无所适从、信心不足，缺乏必要的科学知识和致富技能。针对这些问题，迫切需要我们从思想上提高认识，明确发展方向，增强致富信心。为此，农工委决定在郊区干部群众中围绕“致富明方向、‘十五’再发展”的主题开展教育活动，进一步统一思想，理清思路，调动干部群众致富求发展的积极性，增强信心，提高素质，为农业结构调整进行再一次思想动员。

这次教育活动是郊区开展“致富思源、富而思进”教育活动的深入和继续，是落实中央和市委思想政治工作会议精神的重要措施，也是郊区农村经济发展和改革开放的根本要求。这次教育活动，既要立足于当前干部群众思想认识提高和积极性调动的实际需要，促进农村经济结构调整、加快经济发展，又要着眼于基层干部和农民素质的整体提高，促进队伍建设，为实施“十五”规划、实现第三步发展战略目标做好准备。

通过教育活动，要使广大农村干部进一步提高思想认识，找到发展差距，明确发展方向，提高带领农民致富的本领；使广大农民进一步明确致富目标，增强致富信心，寻找致富途径，掌握致富技能。通过教育活动，推动今年农村经济和各项工作任务的全面完成，为实施“十五”规划奠定良好的思想和组织基础。

二、活动内容

这次教育活动要以江总书记“三个代表”重要思想为指导，结合农村基层组织建设来推进。

1. 组织学习讨论，提高思想认识。组织各级干部认真学习江总书记关于“致富思源、富而思进”的论述和即将召开的十五届五中全会精神，学习贾庆林书记的重要批示。充分认识到农村经济结构调整的目的是为了增强农业产业的竞争力、增加农民的收入，必须坚持把富裕农民作为农村工作的出发点和落脚点，牢固地树立农民家庭经营的主体地位，调动集体和农民两个积极性；充分认识到面对新世纪带领农民致富、推进农村现代化必须要有新思路，“发展才是硬道理”。要增强发展的紧迫感，克服畏难情绪，增

强发展信心，加快发展步伐。

2. 制定乡村两级发展计划，明确发展方向。组织干部结合郊区“十五”规划开展讨论，修订区县“十五”规划。围绕本地区经济和社会发展目标，制定乡村两级近期和远期的发展计划，着重规划好农村区域经济布局和产业发展方向，抓住比较优势，确立主导产业，明确农民增收目标。要找到经济发展的差距，找出致富存在的问题，明确发展思路，制定具体措施。发达地区要研究如何创造条件加快农民向二三产业转移，增加农民的收入；山区要下力气研究解决低收入村的农民致富问题。

3. 加强农村基层党组织建设，提高基层组织的战斗力。结合年底创建农村基层组织建设先进区县活动的检查评比，推进农村基层组织建设上水平，提高基层组织的战斗力和凝聚力。认真贯彻《中国共产党农村基层组织工作条例》和《村民委员会组织法》，组织好农村党支部和村委会的换届选举，优化农村基层班子和干部队伍结构，配好班子选好人。继续实施“农村基层干部现代化素质教育工程”，重点抓好农村党支部书记的任职资格培训和党员干部的实用技术培训，提高基层干部带领群众致富的能力。

4. 开展对农民的教育，提高农民的综合素质。结合“农民现代化素质教育工程”的实施，加大对农民的教育力度，推动农民的思想解放和观念转变。从科技培训入手，提高农民的素质。通过办好乡村两级农民夜校、开展技术服务和组织科技下乡等多种形式，开展对农民的技术培训，调动农民学科学、学技术、学知识的积极性。建立起适应农村经济结构调整、长期有效的培训机制，推动农业新技术的普及和应用；加快农业技术推广体制的改革和创新，加强对农民的科技服务，培育农业科技市场，加快农业高新技术成果的转化，促进农民增收。

三、时间安排

利用今年第四季度，集中时间在郊区干部群众中开展“致富明方向，‘十五’再发展”的教育活动。整个教育活动分三个阶段：

第一阶段（10月份），学习讨论阶段。组织干部认真学习，分析经济发展和农民致富的现状和问题，找到差距，明确发展方向。

第二阶段（11月份），制定规划阶段。结合区县“十五”规划的制定，讨论制定乡村两级的发展计划，围绕发展目标制定具体措施。

第三阶段（12月份），强化培训阶段。开展基层干部和党员的培训，结合“农民现代化素质教育工程”的实施，搞好农民的技术培训。召开郊区农民素质教育工作现场会，推广典型，为农民素质教育开创一个良好开端。

四、工作要求

各级党委要充分认识这次教育活动的重要意义，把它作为一项重要任务集中时间、集中力量抓紧抓好。

1. 切实加强教育活动的领导。这次教育活动要由区县委书记挂帅，主管领导负责，宣传部、组织部组织实施。各区县要结合实际作出具体安排，精心组织，认真部署，抓好落实。重点要抓好乡村两级活动的开展，各区县要组织力量深入基层，了解情况，加强对基层工作的指导。

2. 紧密结合实际，注重教育实效。要紧密结合干部群众的思想实际和工作实际，认真解决干部群众在结构调整和经济发展中的思想障碍和实际问题，增强教育的针对性和实效性，以求真务实的作风抓好教育活动，切忌形式主义。

3. 充分利用多种形式开展教育活动。要通过学习培训、座谈讨论、参观观摩等多种形式开展思想教育，利用广播、电视、报刊等媒体进行广泛宣传，营造良好的舆论氛围。要在《京郊日报》上组织开展以宣传北京市和郊区“十五”规划为主要内容的知识竞赛活动，推动教育活动的开展。

4. 抓好典型，推动工作。各区县要深入基层抓好典型，注重总结和推广典型经验，通过典型的示范作用，推动面上教育活动的深入开展。

各区县要按照市里的部署和要求，认真落实好教育活动每个阶段的工作，并及时将活动情况报市委农工委。

中共北京市委农村工作委员会
关于实施农民现代化素质教育工程的意见

（2000年4月5日）

为贯彻落实中央和市委关于加强和改进思想政治工作的意见，适应郊区农业和农村经济发展新阶段的要求，市委农工委决定，利用三年时间，在郊区实施以思想道德、科学文化、政策法规为主要内容的“农民现代化素质教育工程”（实施纲要另发），全面提高农民素质。通过教育，使广大农民进一步坚定理想信念，提高思想道德水平，增强政策法制观念，增长科技文化知识。今年的重点，主要是对农民进行现代科学知识、科学精神、科学技术教育，努力提高农民的科学文化素质；同时，形成和完善农民现代化素质教育的稳定渠道和系统。

一、指导思想

当前，农村改革和现代化建设处在关键时期，农业和农村经济发展进入新阶段。面对经济全球化、科学进步日新月异的发展趋势和农业结构调整的任务要求，面对改革深化和社会发展给思想政治工作提出的新要求，有必要制定明确规划和目标，采取得力措施，加强对农民的教育，提高农民素质，实施农民现代化素质教育工程，为适应计划经济向市场经济、传统农业向现代农业的转变，培养造就具有现代素质的农民队伍。郊区各级党委，要坚持以邓小平理论和党的十五大精神为指导，按照郊区率先基本实现农业现代化目标要求，以经济建设为中心，以富裕农民为主线，根据农村特点，对农民现代化素质教育作出系统、明确、具体的安排，利用多种形式和载体，有计划、有步骤扎扎实实地对农民进行思想道德、政策法规、科学文化教育，努力塑造有思想觉悟、有现代意识、有创新精神、掌握科学知识和技能的一代新型农民，以加快农村经济发展和农民致富的步伐。

二、当前农民素质教育的主要任务

加强农民教育、提高农民素质是一项长期任务，要根据不同时期的工作要求分阶段、有重点的推进。今年主要以科技教育为重点，贯穿思想道德、政策法制等方面的内容，在农村大力倡导科学精神、宣传科学知识，传播科学技能，提高农民的科学文化素质，为农村经济发展、农民致富提供思想保证和智力支持。今年的具体工作任务：

1. 倡导科学精神。开展唯物论和无神论教育，宣传科学思想、科学精神、科学方法，普及科学常识，树立崇尚科学、破除迷信的思想观念，克服封建、愚昧落后的思想意识和陈规陋习，引导农民与唯心论、有神论划清界限，增强识别各种伪科学的能力，建立科学、文明、健康的生活方式。

2. 宣传科学知识。向农民传授经营管理、市场营销等经济知识和现代科技知识，加强信息服务，引导农民克服小农经济的狭隘意识，拓宽视野，树立现代经营思想，以市场为导向，发展农村经济。

3. 传播科学技术。开展先进实用的种植、养殖和农产品加工等技术培训，帮助农民掌握致富技能，推进农业实用技术的普及，引导农民勤劳致富、科学致富。

三、教育的载体与形式

农民教育是一项社会性工作，范围广，覆盖面大，特别是在当前农村利益主体多样化，组织形式多样化，从业方式多样化的新形势下，工作难度加大。要适应新形势，积极探索新时期思想政治工作的规律和方法，增强工作的针对性和实效性，力戒形式主义。

1. 抓好教育内容的组织。今年的教育内容主要以中央七部委推荐的《中国农民基本常识读本》作为基本教材，结合实际，选取重点内容进行宣传。市委农工委将创办农民教育的“音像杂志”，向各区县提供教育的基本素材，以加强教育的针对性。同时，各区县要根据农民需求，充实教育内容，及时向农民宣传新的知识、技术和信息。

2. 抓好载体、阵地建设。载体和阵地是实施农民教育的基础，是把各项工作任务落到实处的有效形式和基本途径。为此，结合宣传工作的特点和郊区实际，提出如下几项具体措施：

办好一个栏目。各区县广播、电视、报刊等新闻媒体，都要开办农民教育专栏，针对农民需要，及时、经常地宣传科技知识、农业技术、各类信息等；村一级要建立健全规范的宣传栏，经常向农民宣传思想道德、科技文化知识。市委农工委将在北京电视台《京郊大地》栏目，开办“科技大棚车”节目，在《京郊日报》、北京电台开办专栏，举办科技讲座，宣传科技知识。

开展一项活动。各区县都要结合实际，利用“政策宣讲团”、“致富报告团”、“科技服务团”等形式，深入到乡镇、村，向农民提供科技服务、政策咨询和致富经验。

推广一项技术。适应农村经济区域化、规模化发展的需要，各区县要结合农业结构调整和区域种植，结合区域经济产业带布局，开展相应的农业技术培训。同时，要因地制宜，抓好农民实用技术的培训和农业新技术的推广。

开通一条线路。主要是适应农村发展的新形势，加快乡村广播站、有线电视、闭路电视等基础设施建设，推动农村的电化教育，定期组织农民收看教育性节目。

巩固一个阵地。各区县要以乡镇、大村为重点，抓好成人教育网络建设，对农民进行科技知识和技能的培训。乡镇一级要建立完善成人教育学校，较大的行政村要设立教学点，并经常组织开展教育活动。

推出一批典型。抓出一批农民教育的先进典型，发挥典型的示范带动作用，以点带面，推动工作。每个区县要重点培养2~3个典型；乡镇要至少抓出一个典型。市委农工委将重点推出10个不同类型的典型，并召开现场会，推广典型经验。

四、总体要求

加强农民素质教育是加强和改进农村思想政治工作的重要措施，也是农村经济发展和现代化建设的迫切需要。各区县要给予高度重视，确保工作任务落到实处，收到预期效果。

1. 切实加强领导。各区县要把农民教育作为农村改革和发展的一项重要而紧迫的工作来抓，高度重视，加强领导，搞好组织协调，充分调动宣传、教育、农业、科技、妇联、共青团等各方面、各部门的力量，在区县委的统一领导下有计划、有重点、有步骤地实施。

2. *明确责任，狠抓落实*。各区县要成立以主管领导牵头、宣传部负责组织协调、各有关部门参加的工作班子，并建立责任制，一级抓一级。要结合实际，制定计划，明确任务，落实措施。

3. *突出重点，抓出成效*。各区县要在工作全面开展的基础上，针对不同情况，抓一批重点乡镇、重点村，从载体建设、内容组织、教育方式等方面入手，加强指导、策划、管理，努力探索农民教育的规律和方法，取得经验后，再逐步推广。

4. *建立考核和激励机制*。为充分调动各方面的积极性，确保各单位、各部门管理、责任到位和各项目标、任务落实，各区县要建立目标责任制，把此项工作列入各单位、各部门精神文明建设的考核内容，对工作要有部署、有检查；要建立激励机制，每年表彰一批在农村思想政治工作和农民教育中作出突出贡献的先进单位和个人。市委农工委也将对各区县工作加强检查和指导，每年对成绩突出的单位和个人进行表彰。

中共北京市委农村工作委员会
关于市农村纪工委
2000年纪检监察工作要点

（2000年2月18日）

2000年，农口纪检监察工作要以邓小平理论和党的十五大精神为指导，认真贯彻党的十五届四中全会和中纪委四次全会精神，按照中央和市委、市纪委的部署，围绕经济建设中心，继续以党风廉政建设责任制为龙头，坚持反腐败工作领导体制和三项任务格局，突出重点，明确目标，标本兼治，狠抓落实，从整体上推进农口党风廉政建设，为改革、发展、稳定的大局服务。

一、深入贯彻党风廉政建设责任制，健全完善反腐败领导体制

1. *落实责任主体，确保责任主体工作到位*。党政领导班子和领导干部是党风廉政建设责任制的责任主体。确保责任主体到位，重点要抓好各级领导班子党政正职和牵头部门的工作到位。一是督促各级党政正职认真落实市纪委提出的“五个亲自”，即：亲自组织分解全年党风廉政建设的主要工作任务，明确领导班子每个成员的具体责任和各牵头部门、协办单位的工作目标及任务要求；每年至少要亲自主持召开两次领导班子专题会议，研究和安排本地区、本部门、本单位的党风廉政建设工作；亲自解决一至两个群众反映强烈的热点难点问题；亲自听取有关党风廉政建设的专题汇报，对需要追究的要落实责任追究；亲自组织召开本级领导班子民主生活会，至少参加一个下属单位领导班子的民主生活会。以此切实提高各级党政领导落实党风廉政建设责任制的责任意识，保证党风廉政建设各项工作到位。二是各单位要进一步完善细化《党风廉政建设牵头单位工作职责》，使之做到“分管领导、责任部门、任务要求、工作时限”四到位。充分发挥各职能部门的作用，切实把党风廉政建设和反腐败斗争的各项任务落到实处。

2. *抓责任追究的落实*。一是规范责任追究，各单位要在总结去年实施责任追究工作经验的基础上积极深入调研，结合自身的工作实际，在上半年制定出本单位党风廉政建设责任追究的具体办法，使责任追究规范化。纪工委在这方面将总结典型，对农口各单位进行指导。二是突出责任追究重点。农口各单位在认真贯彻中纪委四个责任追究重点的基础上，要着重在以下三个方面加大责任追究力度。一是中央、市委、市政府已经明令禁止而仍然顶风违纪的。二是有案不查、瞒案不报的。三是领导干部对配偶、子女、身边工作人员严重违法违纪知情不管的。通过监督检查，对确属领导干部负有责任的，要坚决依据责任追究的有关规定予以严肃处理。

3. *抓责任制配套制度的建立和完善*。在去年各单位建立党风廉政建设责任制的基础上，今年要加紧党风廉政建设责任制的检查、考核、评议、报告等配套制度的建立和完善工作。区县局总公司此项工作上半年完成，所属二级单位下半年完成。年底纪工委将对各单位配套制度建立完善情况进行一次检查。

二、突出重点，推进领导干部廉洁自律工作

深入开展党员领导干部廉洁自律工作，要着眼于教育，狠抓已有各项规定的落实，尤其要在强化监督制约机制上狠下功夫。

1. *认真抓好邓小平党风廉政建设和反腐败斗争理论的学习*。要以中纪委编写的《邓小平论党风廉政建设和反腐败理论学习纲要》为基本教材，以《讲析》、《领导干部党风廉政建设知识导读》为辅导教材，组织党员领导干部学习。坚持党风廉政专题学习日制度，使学习有规划、有重点，形成制度，增强针

对性和实效性。

2. 利用正反面典型开展好党风廉政建设和反腐败斗争宣传教育。要认真贯彻中纪委全国纪检宣传教育工作会议的精神，对广大党员干部进行反腐败斗争形势、反腐败斗争路子和反腐败斗争成果的宣传教育。通过宣传教育振奋党心民心，提高广大党员干部和人民群众开展反腐败斗争的信心和勇气。农口各单位纪委要努力探索，建立本地区纪检监察宣传教育领导体制。纪工委将根据情况，组织专题研讨，推动这项工作。

3. 抓好中纪委“四项规定”的执行。在全面贯彻落实中纪委近年来出台的一系列廉洁自律规定的同时，今年要按照中纪委和市纪委的部署和要求，重点抓好地（厅）级领导干部配偶子女，不准在该领导干部管辖的业务范围内个人从事可能与公共利益发生冲突的经商办企业活动；不准在该领导干部管辖地区和业务范围内的外商独资企业或中外合资企业中担任由外方委派、聘任的高级职务。不准领导干部配偶子女利用领导干部的职权和职务上的影响收受礼金、有价证券和贵重物品。不准接受下属单位或地方、部门企事业单位用公款安排的私人旅游活动；不准用公款为领导干部住宅配备电脑或用公款支付个人上网费用等四项规定的执行。四月份各单位要对现职局级干部配偶子女从业情况进行一次调查，违反规定的领导干部应及时自行纠正，拒不纠正的，要予以组织处理。

4. 运用“三讲”教育成功的经验，认真开好领导干部廉洁自律专题民主生活会。今年6月底以前农口各单位处级以上领导班子和领导干部要以执行中纪委四次全会确定的四项规定为主要内容召开一次专题民主生活会，认真自查自纠。

5. 实行对新任职领导干部的谈话制度。各单位纪委要形成制度，凡新任职的领导干部纪委都要派人进行谈话，谈话主要对新任职领导干部进行党纪条规教育，帮助领导干部树立廉洁从政意识，真正做到关口前移。年内要对当年新任职的领导干部，进行一次党风廉政建设知识的培训，做到警钟长鸣。

三、加大案件查处力度，严肃党纪政纪

1. 继续坚持把查办党政领导机关、行政执法机关、司法机关、经济管理部门和县（处）级以上领导干部的违纪违法案件放在重要位置，认真查办司法、干部人事工作中和建筑领域、企业改制过程中发生的案件，以及农村基层干部违纪违法案件。执行中央关于处理“法轮功”邪教组织的规定，查办党员干部违反政治纪律的重大案件。区县局总公司纪委要加大案件直查力度，在查处有影响的大要案上力争有突破。

2. 深入挖掘案件线索，拓宽案源。一是加强信访工作，充分发挥信访主渠道作用，认真处理群众来信来访，做好案件线索的初核工作，注意筛选群众反映强烈、案情具体、问题严重、影响较大的案件线索，确定核查重点；二是围绕党和政府重大改革措施的出台、重大经济决策的实施，深入到经济建设第一线，充分运用纪检监察的各种手段，发现揭露问题。三是注重从现正查办案件中发现新的案件线索，挖掘“串案”、“窝案”，查处“案中案”。四是注意从有关执法部门、社会舆论监督部门获取案件线索。纪工委每季度将组织一次案件排查会，听取区县局总公司纪委案件排查情况汇报，进行案情分析，抓立案，提高成案率。

3. 落实案件检查责任制，强化办案责任意识。根据市纪委下发的《北京市纪检监察机关案件检查工作责任制》，区县局总公司纪委要下力量抓好案件检查工作责任制的建立和落实工作。要按照案件检查责任制的要求，明确本级纪委和基层纪委的办案责任和目标，做到任务明确，责任清楚，人员到岗，措施到位。农村纪工委在年中和年底要对区县局总公司纪委落实办案责任制的情况进行检查。

4. 继续推进基层办案工作。各区县要加强乡镇基层纪检干部队伍建设，加大对基层纪委办案工作的指导，总结经验，树立典型，对多年有案但查处不利的乡镇给予督促和帮助，力争年内做到50%的乡镇有自办案件，使乡镇办案在数量和质量上都有明显提高。为推动此项工作开展，纪工委决定6月份召开乡镇基层办案工作经验交流会，推动基层办案工作。

5. 做好案件审理工作。加强对已审结案件的检查、复查工作，一季度前，对1999年局总公司审结案件的审理工作和案件归档工作进行一次检查，确保审结案件的质量。

四、深入开展纠正部门和行业不正之风工作

坚持“纠建并举”的方针和“谁主管、谁负责”的原则，突出重点，抓好专项治理，巩固和扩大治理成果，积极推进行风建设。

1. 按照中央今年关于纠正部门和行业不正之风的要求，区县要突出抓好纠正医药购销中不正之风的工作。既认真查处医药购销中违法乱纪行为，又要不断完善监督制约机制，从源头加以治理。

2. 继续做好减轻农民负担和企业负担工作。加大减负工作检查监督力度，保证农民负担低于人均纯收入的3%。保证党中央、国务院《关于治理向企业乱收费、乱罚款和各种摊派等问题的决定》在基层的落实。

3. 抓好行风评议，推进行风建设。行风评议工作要抓明查暗访，使评议贴近群众，突出针对性，不断提高评议效果和质量。

五、贯彻十五届四中全会精神，切实加强国有企业党风廉政建设

1. 加强企业领导班子和领导人员廉洁自律工作。认真执行国有企业领导人员廉洁自律的各项规定。突出抓好中央提出的“四条八不准”和市委提出的困难企业“五条五不准”以及《廉政准则》等有关规定、

特别是中纪委四次全会重申和强调的国有企业“五条规定”的执行工作。严格执行重大决策失误追究制度、财务审批制度、物资竞价采购制度、工程招投标制度、厂务公开制度、民主评议制度和企业招待费使用情况向职代会报告制度，把思想教育、制度约束和群众监督有机结合起来，推进国企改革和发展。

2. 抓好企业违法违纪案件的查处工作。今年重点是查处企业领导人员侵吞国有资产、挪用企业资金、越权决定企业担保、大额度资金拆借、资产重组、产权交易、出售企业造成的国有资产严重流失，擅自以个人名义在国（境）外注册公司、投资参股和为亲属经商、办企业提供便利和优惠条件等以权谋私案件。

3. 搞好企业效能监察。农口国有企业的纪检监察部门，要从实际出发，围绕企业效益、效率、质量、安全等经营管理中存在的主要问题，开展效能监察。及时发现、揭露和处理挥霍浪费、营私舞弊、侵吞国有资产等行为，堵塞管理漏洞。企业党委和各级领导要及时选题立项，充分运用各种手段开展工作。

六、切实加大从源头预防和治理腐败的力度

1. 继续贯彻全面实行“收支两条线”的规定。巩固清理资金账户、票据管理和罚缴分离成果，加大监督检查力度，严肃处理违反“收支两条线”规定的违纪违法行为。

2. 进一步推进政务公开、村务公开、厂务公开和司法公开工作，不断提高水平，向纵深发展。

3. 稳步推进会计委派制度。要认真总结国有中小企业和集体企业实行会计委派制度和国有企业领导干部执行领导干部任期经济责任审计制度的经验，并加以推广。抓好在财政拨款的事业单位，试行会计委派制的试点工作，待取得经验后，逐步推开。

七、加强纪检监察干部队伍建设，提高队伍整体素质

1. 加强纪检监察干部的政治业务培训。年内纪工委将以党风廉政建设理论、纪检监察业务知识、市场经济和财会知识为主要内容，对区县局总公司纪检干部进行一次培训。区县局总公司纪委也要对所属纪检干部开展有针对性的培训。通过培训，提高纪检监察干部的政治思想水平和业务能力，以适应当前反腐败斗争新形势的要求。

2. 加强调查研究工作。着眼农口党风廉政建设和反腐败斗争的新情况、新问题，加强调查研究和理论探讨，今年拟围绕国有企业党风廉政建设；开展企业效能监察；农村党员干部来信来访趋向；村级财务管理等开展调查研究。年内还将围绕如何落实党风廉政建设责任制，抓好责任追究；如何推进乡镇基层办案；深化厂务公开工作等问题组织专题研讨。通过研讨，总结交流经验，拓展思路，推动工作。

中共北京市委农村工作委员会
北京市农村工作委员会下发
《北京市农口信息化2000—2010年
发展规划（纲要）》的通知

（2000年5月23日）

北京市农口信息化是首都信息化的重要组成部分，是一项对郊区经济、社会发展具有重要推动作用的系统化工程。为确保农口信息化工作的科学、快速、健康发展，大幅度提高农口信息化水平，按照《首都信息化1998—2010年发展规划（纲要）》确定的目标、方针和原则，结合郊区实际，制定北京市农口信息化2000—2010年发展规划（纲要）如下：

一、指导思想和规划目标

（一）指导思想 北京市农口信息化建设的基本指导思想是：紧紧围绕郊区到2010年率先基本实现农业现代化的目标和郊区经济社会发展的总体要求，信息资源开发为重点，建设信息网络，提高设施建设水平和信息采集利用能力，逐步实现现代信息技术在郊区经济、社会发展中的广泛应用，为富裕农民服务，为经济发展服务，为社会繁荣服务，为领导决策服务，力争使北京市农口信息化走在全国农村发达地区的前列。

（二）规划目标

第一阶段（2000—2005年）。重点建设北京市农口综合信息服务平台，发展和完善联通因特网的北京市农口经济信息网络，在提高信息网络化水平和网络资源共享度的同时，紧紧围绕农业和农村经济结构的战略性调整，建设和完善北京市农产品产销信息服务系统、农业与农村经济决策支持系统、农村资源与经济动态监测系统，大力开发并有效利用信息资源，发

展信息服务，初步实现农业与农村经济信息化。具体目标是：

加强信息化基础设施建设。力争郊区农村电话主线普及率达到每百人25部，农民户均计算机普及率达到15%；30%的村通光缆，所有乡镇接入互联网。

强化信息服务。建成农口综合信息服务平台，紧紧围绕农业和农村经济结构的战略性调整，市农口各单位联合开发农业生产、农业科研、农产品加工技术、农产品市场价格等专门数据库，定期发布权威性的市场行情和中长期预测报告。实现农口信息资源的集中开发和信息资源的共享。

初步建成北京市农产品电子商务工程。实现部分名、特、优、新农产品网上交易，并不断扩大交易规模，提高交易效率，降低交易成本。

大力培养农口信息化人才。到2005年，市农口各单位工作人员都基本具备计算机网络操作能力；郊区各乡镇都要配备3～5名专职信息服务人员；全市农口要形成一支同初步实现信息化目标相适应的专门人才队伍。

研究制定加快农口信息化发展的政策和法规。要在农产品信息采集与发布、农口系统信息资源管理与共享、信息化基础设施建设和使用等方面，形成比较完善的管理办法。

第二阶段（2006—2010年）。同《首都信息化1998—2010年发展规划（纲要）》相适应，北京市农口信息网成为立足郊区、辐射全国、面向世界的信息集散中心，农民和农村各业生产经营者的信息化素质明显提高，信息引导成为政府对农业和农村经济发展进行宏观调控的重要手段，信息技术对郊区经济运行质量收到显著成效，北京市农口基本实现信息化。具体目标是：

郊区农村的电信基础设施建设进一步完善，农村建成以光缆为主体、电信网与广电网相结合的高速宽带主干网。郊区农村村村通光缆，电话主线普及率达到每百人40部，农户计算机普及率达到30%。

农口综合信息服务平台进一步完善并充分发挥作用。实现以“虚拟现实”为支持的农产品网上交易功能和网上农产品产销信息咨询、网上农业科技咨询、网上农业教育等综合信息服务功能。

建成和使用具有先进性、实用性的3S系统（RS遥感、GPS卫星定位系统和GIS地理信息系统）、远程教育系统和远程会议系统；信息产业成为郊区的支柱产业之一；北京郊区成为立足首都、联系北方10省市区域市场、面向全国和世界大市场的信息化高度发展的城乡一体化地区。

二、2000—2002年的重点任务

2000—2002年是为北京市农口到2005年初步实现信息化和到2010年基本实现信息化打基础的重要时期。在这三年的起步阶段，要确保完成以下建设任务：

（一）建设北京市农口综合信息服务平台 以首都现代化信息基础设施和首都公用信息平台为依托，采用虚拟技术和其它接入技术，在2000年年底前，基本建成北京市农口综合信息服务平台，有效解决目前北京市农口信息化建设过程中存在的分散、重复建设问题，促进郊区经济发展和信息技术应用水平的提高。这个信息服务平台应具备以下的特点：

第一，权威性。北京市农口综合信息服务平台是全市农口实现信息交换和信息服务的公用设施，是全市农口公用信息集散的枢纽和对外进行信息交流的主要出口，它反映全市农口工作的基本内容，代表市农口的整体形象和实力。

第二，系统性。北京市农口综合信息服务平台是集中并全面展现农口系统各单位基本情况、业务工作和发展水平的大舞台。不仅包括农口各局、总公司、院、校、各郊区县的组织机构、职能任务、工作成果等情况，而且包括农业生产、农产品流通、农村经济发展、郊区社会进步等各方面情况。

第三，先进性。北京市农口综合信息服务平台在技术上是基于全球互联网（INTERNET）的运行系统，以首都现代化公用信息服务平台和网络基础设施为依托，信息传输速度快、容量大，信息资源丰富，可以有效支持农口各单位信息中心运行畅通。

第四，实用性。北京市农口综合信息服务平台立足农口，面向首都以及国内和国际市场。各区县及各有关局总公司，可以建立自己的网页或网站以超级联接的方式进驻，便于整体宣传，提高北京郊区整体知名度，扩大影响力，以期获得更大的收益。各区、县、局属企业、个人或其它社会人员可以根据需要向网站提出要求发布信息或直接上网发布信息。

（二）建设8个数据库 北京市农口信息化建设坚持以开发信息资源为主的发展战略。今后三年内，要紧紧围绕农业和农村经济结构的战略性调整，开发资源，建设各种数据库，实现信息资源管理与利用数据库化。根据专门数据库正在向数据仓库发展的趋势，三年内重点开发建设北京市农业与农村经济数据仓库，包括以下8个专门数据库：

1. *农业与农村经济动态信息数据库*。它适时反映北京市农业与农村经济的发展情况和动态，包括郊区农村各业经济发展动态、各种农产品的市场价格、各郊区县的经济工作动态和有关经济参考信息等。

2. *农业与农村经济资源数据库*。它集中反映北京市郊区农村在土地、人口、气候、林木、水等各方面的资源情况及利用变化情况，并及时更新数据。

3. *农业与农村经济统计数据库*。它以统计数据为主，集中反映农业和农村经济各业在各个不同时期的情况。

4. *粮食、蔬菜、水果和畜禽产品生产与销售数据库*。统计数字与有关情况并重，集中反映粮食、蔬菜、水果和畜禽产品的生产与销售情况。以北京市场为基础，兼顾全国和世界相关市场的走势，并提供有

关产销的分析预测和建议。

5. 农口高级专门人才数据库。它集中反映市农口局、总公司、有关院、校和各郊区县、各乡镇的各类具有高级技术职称人员的情况，并定期更新完善。

6. 农业生产实用技术数据库。它集中反映农村种植、养殖各业的各种生产、加工的实用科学技术。

7. 北京市农口重点企业数据库。它集中反映农口市、郊地方国有企业、国有控股企业、乡镇企业和其它类型重点企业的生产经营情况。

8. 农业与农村政策法规数据库。包括中央和北京市的各立法、行政机关历年颁发的涉及农业和农村的各种法律、规定和条例。

（三）建设3项重点工程 北京市农口信息化在到2005年的阶段目标和到2010年的长远目标中，需要建设的信息化工程主要有10项，包括：北京市郊区乡镇上网工程；北京市农口重点企业上网工程；北京农产品销售电子商务工程；市农口政府上网与办公自动化工程；京郊社会保障和社区信息服务示范工程；北京周边地区农业信息联网工程；北京市农业科技信息服务工程；北京市农口人才教育培训工程；城乡人才交流信息服务工程；北京郊区电信主干网改造与村村通光缆工程。其中，需要在2000—2002年期间重点建设的工程有三项：

1. 北京市农村信息服务体系建设工程。面对建立社会主义市场经济和政府机构改革的新形势，按市场化和产业化的模式开展农村信息服务。所谓“市场化”，即不是依靠政府逐级建立工作机构、由政府提供资金开展日常工作，而是借鉴“特许经营”的模式，在信息服务领域建立直接面向基层企业和农民的乡镇信息服务站点，通过有偿和低偿的信息服务，提高农业和农村的信息化水平；所谓“产业化”，就是将面对农村的信息服务作为一个产业来发展，从市到区县再到乡镇，形成一个产业链。北京市城乡经济信息中心在保持公益性事业单位性质的基础上，利用五年来积累的技术力量和信息资源，作为郊区县信息服务的龙头，为区县和乡镇的信息机构开展低偿信息服务提供支持。

2. 北京农产品销售电子商务工程。以“首都电子商城”的技术为依托，选择郊区的名特优新产品，开展具有超前性和先进性的农业精品网上订购、网下配送活动，推动郊区农产品产销的现代化进程。

3. 京郊社会保障和社区信息服务示范工程。2000年年底以前，安排1~3个村进行示范，基本任务是为农民户提供及时有效的信息服务；2002年年底以前，安排10~20个城郊结合部小区和乡镇进行信息化服务试验示范工程，以推进京郊社会保障和社区服务信息化的进程。

三、指导原则

北京市农口信息化建设要遵循全国信息化工作会议确定的“统筹规划、国家主导，统一标准、联合建设，互联互通、资源共享”24字方针，根据农口信息化建设的总体任务，从郊区实际情况出发，充分调动各方面的积极性，集中力量，把农口信息化建设搞好。

（一）统筹规划、协调发展 北京市农口信息化未来10年的发展，要以《首都信息化1998—2010年发展规划（纲要）》为指导，按照首都信息化的指导思想和建设原则进行。市农口各单位的信息化要与整个农口信息化规划相适应，重点行业和各郊区县要制定相应的信息化规划。各有关部门要把为郊区经济、社会发展服务，为富裕农民服务作为义不容辞的责任，在加强信息网络和信息资源互联共享的基础上，围绕郊区农村信息化发展的中心任务进行规划和建设。

（二）政府支持、市场运作 推进郊区农业与农村信息化是跨部门、跨行业、跨地区和多种业务技术综合集成的大系统工程，需要各部门的通力协作和政府的大力扶持。各区县政府和农口有关部门，要实行政策倾斜，增加资金投入，扶持农口信息化建设的顺利开展。同时，要充分利用市场机制，千方百计筹集社会资金，形成多元化投资体制，并注重信息化建设的投资效益。

（三）开发资源、完善系统 一要大力开发信息资源，增加农村社会经济发展中的信息资源投入，不断充实信息网络中的信息内容；二要建设覆盖面广、功能完善、运行畅通的信息网络系统，提高网络系统的运行效率。资源开发，既要满足农民从农村看城市、从本地看外地、从国内看国际的需要，也要满足市民从城市看农村的需要。在系统建设上，要在现有基础上，加强中心网站的建设，同时，将信息网络向农村和企业延伸，使更多的专业村、专业户、合作经济组织和企业上网。

（四）服务郊区、发展经济 要把为富裕农民服务、为城乡居民的生产和生活服务，作为北京市农口信息化建设的重要目标。要借鉴信息化先行地区的做法和经验，对农民使用信息网络给予优惠；并通过报纸、电视台、电台和刊物等公共媒体，定期公布农产品产销信息和农村发展信息，多途径多形式地为郊区提供信息服务。

四、对策措施

（一）提高对农口信息化重要性的认识 要深刻领会邓小平同志关于“开发信息资源，服务四化建设”和江泽民同志关于“实现四个现代化，哪一化也离不开信息化”的重要指示，深刻认识推进农业与农村信息化，对贯彻落实中央十五届三中全会精神和市委八届二次会议精神，加快实现郊区农业和农村现代化的重要作用，增强推进农口信息建设的责任感和紧迫感，大力推进农口信息化工程建设。

（二）加强对农口信息化建设的组织和领导 为统一领导和全面实施农口信息化规划，加强综合管理和组织协调工作，市政府决定成立北京市农口信息化领导小组，领导小组下设办公室，负责农口信息化组织实施工作。

各郊区县要严格按照市编委已批准同意的方案，组建综合统一的经济信息中心，统筹协调本区县的政府上网工程、网络系统建设、信息资源开发、经济与社会信息化等工作，并与市农口信息中心对口开展有关农口信息化的工作。

加强同国家及市属各有关部门和单位包括国家农业部和电信局、统计局等单位及其所属信息机构的联系与合作。

（三）积极筹措所需资金 据估算，北京市农口信息化发展规划项目中，建设一个平台、8个数据库和10项工程，除电信基础设施投资以外，其余项目和工程平均每年要投入320万元。要通过各种渠道积极筹措，要积极争取市计委和市财政部门对农口信息化的资金支持，争取在计划和立项方面优先安排。同时要千方百计筹集社会资金，按照谁投资谁受益的原则，鼓励社会法人、个人投资农口信息化建设。

（四）加强对农口信息工作的管理 加强对信息化规划的实施管理。要宣传规划方案，执行规划目标，按规划要求办事，制止不符合规划方案的信息化项目建设。

加强信息标准化和信息资源管理。要研究制定和监督实施北京市农产品分类分级系列条例、北京市农产品产销信息采集与发布条例、北京市农业与农村经济数据库开发管理办法、北京市农口信息网络运行管理办法等。规范信息资源采集、传输、发布等行为，促进信息资源的综合高效利用和信息化的健康发展。

中共北京市委农村工作委员会
北京市农村工作委员会
关于二三产业发展较快、经济较发达地区
贯彻落实土地延包政策的意见

（2000年2月23日）

为了在二三产业发展较快、经济较发达地区正确贯彻落实土地延包政策，现就有关问题提出以下意见：

一、延长土地承包期的基本原则

二三产业发展较快、经济较发达地区，多数农村劳动力加速转移到非农产业，集体经济实力较强，农民收入水平较高，在落实党的联产承包政策，稳定土地承包关系上，应当坚持以下原则：

1. *三权分离、权责明确的原则。*明确土地所有权归集体；凡有经营土地的能力和要求，愿意履行承包土地后所承担的权利和义务，符合政策规定的农业人口，均有土地承包使用权；农民在完成向非农产业转移后，土地使用权可以在自愿的基础上，依照有关法律、法规和政策进行流转。

2. *有利于农村社会长远发展和可持续发展的原则。*落实延长土地承包期政策，有利于推动二三产业的发展和土地的规模经营；有利于农民家庭主导产业的形成和发展；有利于推动农业的科技进步和现代农业的发展；有利于保护耕地和提高土地的产出率，走可持续发展的道路；有利于加快农村城市化进程和保持社会的进一步繁荣稳定，为今后的发展留有足够的空间。

3. *坚持因地制宜、尊重群众意愿的原则。*无论采取哪种承包形式，都要在充分考虑当地实际情况、广泛听取群众意见的基础上，集中多数农民的意见制定具体方案。不要违背群众的意愿，强行推行某种承包经营形式。同时，各级政府和村集体经济组织，也要做好对群众的引导工作。土地承包方案既要照顾农民的眼前利益，更要考虑农民的长远利益，有利于保护和发展生产力。

4. *坚持家庭承包经营与企业承包经营一视同仁的原则。*无论是家庭还是农业企业，都是农业承包中的合法经营主体，具有同等的权利和义务，要保障他们的合法权益不受侵犯。

二、实行多种承包经营方式

二三产业发展较快、经济较发达地区应从实际出发，采取多种承包经营方式，主要包括：

1. *家庭承包经营。*农户根据自身经营能力承包经营集体土地，按照承包合同约定享有土地使用权、生产自主权和经营收益权，承担农业税、农产品定购任务和土地承包费等义务。

2. *联户承包经营。*若干农户根据需要，自愿联合起来承包经营集体土地，进行合伙经营，开展多种形式的互助合作，按照合同规定享有权利并承担相应义务。

3. *股份合作经营。*集体、农户及各类农业服务组织在劳动联合和资本联合的基础上，以各自生产要素入股，组建股份合作企业，独立经营，自负盈亏，

控股分红，建立利益分享、风险共担的经营机制。

4. 股份有限公司或有限责任公司。有条件的地方，突破社区界限，在更大范围内引进资金、技术、人才，包括引进外资，组建以高科技、高效率为特点的股份有限公司或有限责任公司，进行农业的深度开发和生产经营。

各地应当坚持党在农村的基本政策，全面领会中央和市委关于土地延包的精神实质，紧密结合当地实际，发挥广大干部、群众的积极性和首创精神，创造和探索能够充分发挥首都优势、加快郊区农业现代化发展的土地承包经营形式。

三、建立土地使用合同制，推进农业专业化、集约化

二三产业发展较快、经济较发达的地区，就业门路比较广。要通过发展生产，调整结构，加快城市化、工业化进程，创造更多的就业机会，大力推动土地使用权流转，使更多的农民从土地上分离出来，向二三产业转移。具备条件的地方要积极推行以家庭农场和现代农业企业为主要形式的规模经营，加速实现农业的专业化、集约化。

这些地区要认真贯彻落实《关于建立北京市农村集体土地承包经营权流转机制的意见》（京农发［1998］17号），建立并不断完善土地使用权流转机制。土地使用权流转，一般应在村集体经济范围内进行。流转给村集体经济组织以外的单位或个人的，须经村民大会或村民（社员）代表大会同意，并报乡镇人民政府备案。

四、加强土地承包管理，依法保护承包双方的合法权益

二三产业发展较快、经济较发达的地区，程度不同地存在土地承包费偏低、农民承包土地随意性较强的问题，有的甚至不收承包费、搞均补乱贴。对这些问题应予以纠正，采取措施认真加以解决。

要严格土地承包费的收取和管理。承包经营集体土地必须依法承担缴纳农业税、承包费和完成农产品定购任务等项义务。集体经济实力比较强的村，不得随意减免土地承包费。集体对农业的支持，重点是加强农业基础设施建设，改善农业生产条件，提高劳动生产率。

土地经营期限要保持相对稳定，承发包双方都不得随意变更承包全同。各地都应根据实际情况制定土地产出标准，对进行粗放经营，土地产出低于标准的，经村民（社员）代表会议讨论决定，可以由集体收回土地重新发包。对弃耕撂荒的承包者，集体要按照有关规定进行教育并收取土地荒芜费。经处罚仍不改正的，由集体收回土地重新发包。

土地承包经营后，遇有国家征地或村镇规划占地，承包者必须服从大局，国家或集体按照有关政策，视承包者的投入情况给予适当经济补偿。

五、加强对延长土地承包期工作的领导

二三产业发展较快、经济较发达的地区的土地延包工作，情况比较复杂，政策性很强。各区县要认真学习、全面领会中央和市委的有关精神，紧密结合实际情况，积极稳妥地做好土地延包工作。

土地承包方案要广泛征求群众意见，按照大多数农民的意见，经过村民大会或村民（社员）代表大会讨论后形成决议。同时，要充分发挥村党组织的核心领导作用，积极引导土地承包向正确方向发展。

郊区各级党委和政府，要牢牢把握农村改革和发展的主动权，认真贯彻落实党在农村的基本政策，通过土地延包促进农村生产力的发展，充分发挥二三产业发展较快、经济较发达地区的示范和带动作用，全面推进郊区农业现代化进程。

中共北京市委农村工作委员会
北京市农村工作委员会
关于抓好当前农业生产和农业结构调整工作的通知

（2000年5月24日）

近期，中共中央办公厅、国务院办公厅联合发出《关于做好当前农业生产工作的通知》（中办发〔［2000］9号），《通知》强调了做好当前农业生产工作的重要性和必要性，指出了存在的问题，在抓好当前春耕生产，搞好结构调整，做好粮食收购工作，切实减轻农民负担等方面提出了具体要求。为了认真贯彻《通知》精神，结合当前郊区农业生产和农业结构调整实际，特通知如下：

一、积极稳步推进农业结构调整

今年以来，各区县认真贯彻市农村工作会议精神，郊区农业结构调整呈现出良好的发展态势，粮经

结构、种养结构、品种结构都发生了明显变化，经济作物大幅度增加，新兴产业迅速崛起，草食畜牧业迅猛发展，农业结构调整已经成为郊区农业工作的主线。从目前看，郊区农业结构调整总的发展趋势是好的，但也面临着一些问题，有些问题必须引起各级政府的高度重视。主要表现在：一是缺乏得力的措施，推动的力度不够。二是重点突破不够，有些调整只是低水平的重复。三是急于求成，盲目性大。对此，要求各区县要在结构调整中认真把握以下几点：

一要注重质的调整。要正确处理好粮食生产与多种经营的关系，既不要单纯地追求粮经比，也不要在调整的面积上下硬性指标，对粮食作物，要突出优质化发展方向，大力发展优质专用粮、特用粮和优质小杂粮。

二要注重主导产业的培育。要充分发挥本地区的区位优势、资源优势和产品优势，以市场为导向，选准主导产业，进一步促其发展壮大，形成各具特色的区域经济。

三要紧紧扭住“六种农业”不放。“六种农业”涵盖了结构调整的全部内容，各区县要加大“六种农业”的发展力度，促使农业结构调整向纵深发展。

四要注重产业链的培育。要搞好加工、贸易龙头企业和经济合作组织的培育，充分发挥龙头企业的辐射和带动作用，塑造和培育主导产业群、产业链，实行农业的产业化经营。

五要抓紧三项重点工程的实施。专业村、养殖小区、高效农业园工程是农业结构调整的突破口，要加快推进力度，依靠工程带动，推进农业结构的调整。

六要因地制宜，扬长避短。在结构调整中，山区和平原地区要区别开来，要有所不同，有所侧重。要珍惜土地资源，对耕地依法进行管理，各区县要研究适合本地发展、市场前景好、经济效益高、产品适销对路的优新品种进行发展，基本农田保护区内原则上不准挖鱼池和发展果树、速生丰产林等。山区要突出林果业、草食畜牧业和观光旅游业的发展，使之真正成为富民产业。

今年是结构调整之年，调整的任务重，工作难度大，各区县要抓住主要矛盾，抓住关键环节，采取得力措施，进一步把郊区农业结构调整引向深入。

二、搞好为农民的服务工作

为确保农业结构调整的顺利进行，各区县要围绕结构调整和主导产业的培育，成立由有关职能部门、技术人员和中外专家组成的农业结构调整攻关小组，定期召开会议，对农业结构调整中出现的新情况、新问题进行攻关，找出问题的症结，制定有效措施予以解决。

各级干部要转变职能，改变工作作风，改进工作的方式方法，积极主动地深入基层，搞好结构调整的指导工作，要抓好政策的宣传和落实，保护和调动农民的积极性，千方百计为农民解决实际问题，要善于发现典型，培育典型，宣传典型，充分发挥典型引路作用，正确处理好尊重农民意愿和行政推动的关系，要靠政策引导，典型示范来推动郊区农业结构的调整。

各职能部门及有关服务部门，要围绕农业结构调整，搞好快捷有效的服务。

第一，在服务的方式方法上，要发挥农口各职能部门的优势和整体服务作用，变过去单一进行行业服务和行业指导的组织起来，形成合力，搞好整体配合和综合服务。

第二，在服务的内容上，要适应结构调整的发展趋势和要求，不断由原来单一的生产服务向产前、产后服务延伸，向生产经营全方位服务拓展。主要是搞好三个方面的服务：一是品种方面的服务。要不断的引进国内外优新品种，加大推广力度，并及时地把优新品种的信息传递给农民，为农民提供及时准确和有价值的信息。二是技术服务。要把广大农民急需普及和推广的先进实用技术，利用多种渠道向农民传授和推广，使更多的先进技术应用到生产中去。三是市场服务。针对广大农民在结构调整中存在的盲从问题，要广泛搜集各类农产品的市场信息，及时传递给农民，靠及时准确的市场信息来指导郊区农业结构调整的实践。

第三，在服务的手段上，各服务部门要充分利用广播、电视、报刊等新闻媒体，进行各类信息、技术的发布和传播，开展行之有效的信息服务，特别是要充分发挥北京电视台和区县电视台的作用，要设电视栏目进行信息广告和技术讲座，同时要采取电脑网络传播等形式向农民及时有效的发布信息。同时要鼓励科技人员深入到生产一线，为农民提供各种形式的技术服务。

金融部门要进一步提高为农服务意识，加大对农业结构调整的支持力度，切实解决农户贷款难问题，特别是要加大向山区倾斜的力度，以保证农业结构调整的健康进行。

三、切实减轻农民负担

各区县要不折不扣地落实中央关于减轻农民负担的各项政策措施，进一步落实提留统筹费一定三年不变的政策。要妥善解决延长土地承包期工作中的遗留问题，长期稳定土地承包关系。同时，要对去年减轻农民负担政策的执行情况进行一次检查，对违反规定和超过标准的收费要坚决清退，严禁违反国家税收政策向农民乱摊税赋，严禁各种形式的摊派。要进一步加大机构改革力度，清退乡镇超编人员，压缩享受补贴的村干部人数，减少各种开支。

要认真贯彻市山区工作会议精神，抓好扶持政策的制定和落实，搞好对口支援和险村险户的搬迁工作，搞好水利富民综合开发，千方百计增加农民收入，消除低收入村。

四、当前要抓的几项重点工作

（一）抗旱抢种，禁止撂荒 今年以来，出现了多年来罕见的大风扬沙天气，旱情较重，给春播造成困难，郊区还有4万多公顷耕地尚未播种。5月中旬以来，本市连续出现两次降水，郊区旱情有所缓解，土壤墒情较好，正是抢墒播种的最佳时期，各区县要不失时机，抓紧定植，做到适时播种，种满种严，禁止出现撂荒现象。各区县近期要抓紧对白地原因进行调查，凡是可能出现撂荒的地方，要责成有关部门帮助基层予以解决。对非农建设用地，凡不能及时开工的，要继续耕种，不能荒置。对占而未用的非农建设用地，按市政府的有关规定，超过规定年限的，区县政府要责令收回并复耕。

各区县要高度重视春播工作，要继续以抗旱为中心，充分利用一切水利设施，山区要利用“五小工程”，开足马力，浇水补墒，搞好小麦和春播作物的田间管理，为夏粮丰收，农民增收创造条件。

5月底前，市农委、市农业局要组织有关部门对全市春播和田间管理情况进行一次全面检查，对春播组织不力，出现撂荒的区县和乡镇给予通报批评。

（二）搞好“三夏”的准备工作 “三夏”即将来临，由于农业结构调整的幅度较大，今年夏玉米播种面积将呈锐减之势，预计夏播玉米调减8万公顷左右。各区县要及早做出安排，抓紧品种、地块和生资的准备，把工作做在前面，争取“三夏”和农业结构调整工作的主动。

（三）搞好粮食购销工作 为保护和调动农民的种粮积极性，今年夏粮要继续执行按保护价敞开收购政策，保护价要严格按照国家制定的标准，对优质粮要实行优质优价。保护价确定后，各区县要及早向农民公布，并坚决执行，要讲信誉，取信于民。粮食部门对列入保护价收购范围，符合国家质量标准的粮食，要做到长年敞开收购，不准拒收限收，更不准变相压级压价。在保证粮食经营部门敞开收购的基础上，要进一步拓宽粮食收购渠道，退出保护价收购的粮食，要鼓励扶持用粮企业和流通企业以多种方式参与收购和经营，要继续加强粮食收购市场的管理，禁止无照经营和违规经营。

夏粮收购在即，各区县要对粮食的购销政策的落实情况和夏粮收购的准备工作进行一次检查，发现问题及时解决，确保夏粮收购工作的顺利进行。

各区县接此通知后，要按照通知要求，立即行动起来，全力以赴投入到当前农业生产、结构调整和粮食收购、减轻农民负担等各项工作中，全市上下要步调一致，真抓实干，确保今年农业生产和农业结构调整等各项工作的顺利进行。

北京市农村工作委员会关于印发《北京市鼓励和吸引科技人才从事农业开发和服务的若干规定》的通知

（2000年11月8日）

第一条 为加快北京市率先基本实现农业现代化进程，充分发挥首都科技和人才优势，鼓励和吸引高素质的科技人才从事农业开发和服务，制定本规定。

第二条 本规定所指科技人才是指中央在京、外埠来京、海外留学人员以及市属高等院校、科研院所和郊区县（区）级推广机构以及其它事业单位中，具有一定专长的科技人员。

第三条 鼓励和吸引科技人才到郊区从事农业开发和技术服务的主要方式是：

1. 以技术入股、投资或其它形式在郊区创办各种类型的高新农业技术企业、高效农业园。

2. 领办与农村区域性支柱产业结合、能够带动农民致富的技农贸、产加销一体化的龙头企业。

3. 受聘于郊区高新农业技术企业、高效农业园、龙头企业及各种形式农民专业合作经济组织，专职或兼职从事经营管理和技术工作。

4. 采取协议形式为郊区各种农业企业、农民专业合作经济组织、养殖小区、专业村、专业户提供产前、产中和产后技术服务。

5. 有偿转让科技成果，开展有偿技术承包、技术咨询、技术培训等活动。

第四条 科技人员到郊区从事农业开发和服务的，在承租土地、设施投入等方面均视同当地农民享受各项支农政策扶持和其它优惠政策。

第五条 科技单位或科技人员到郊区边远山区乡（镇）。从事农业综合开发，可享受山区各项优惠政策，对新开发的荒山、荒地、滩涂、水面上生产的农业特产品，自有收入起一至三年内免征农业特产税。对其投资的种植业、养殖业项目，按有关规定享受用电优惠政策；对其需要配套的”五小水利工程”可享受与农民同等的政策扶持。

第六条 应积极探索多种担保形式和贷款担保机制，为科技人员到郊区提供农业开发和服务条件。重点支持那些科技含量高、产品附加值高和市场潜力大、能够带动农民致富的高效农业企业的发展。

第七条 科技人员可以承担北京市的农业科技项目，并按规定获得相应的科技经费。项目完成后可申报北京市科技奖励。

第八条 科技人员到郊区以技术入股形式与其它社会法人合作创办各种高新农业技术企业、高效农业园、龙头企业等，其高新技术成果作价总金额可达到公司或企业注册资本的35%。合作方可凭合同到工商部门办理企业注册、合同公证等手续。

第九条 科研机构、高等院校向高效农业企业转让科技成果，可在项目正常生产后的三年内，从实施该项成果转化年净收入中连续提取不低于5%的资金或一次性提取不低于20%的资金给予成果完成人奖励。

第十条 科技人员受聘在郊区农业企业和其它农业经济组织工作期间完成的新技术成果，属于职务发明的可作价入股，从项目实施起，完成人可享有不高于50%的成果股权收益，成果转让时，完成人可享有不低于20%的转让收益。

第十一条 科技人员采取专职或兼职形式在郊区农业企业和其它农业经济组织从事农业技术工作，其报酬由聘用单位与本人协商，从优确定。对科技人员从事农业技术转让、技术开发业务和与之相关的技术咨询、技术服务业务取得的收入，照章免征所得税。

第十二条 本市行政区域内的科研院所、高等院校、推广机构的科技人员自行创办或受聘于高效农业企业，在企业任职期间，可按《北京市促进科技成果转化若干规定的实施办法》的规定保留其回原单位参加竞争上岗及其它相关待遇。

第十三条 对到郊区从事农业开发和服务的外埠科技人员，符合条件的可按有关规定为其办理《北京市工作寄住证》或调京手续。

第十四条 调到郊区从事农业开发和服务的外埠科技人员，用人单位可以提供住房。外埠科技人员持《北京市工作寄住证》者不再办理“暂住证”，在购房、子女入托、入中小学等方面享受本市市民待遇。

第十五条 自行创办或受聘于高效农业企业，连续工作三年以上的，不受人事档案工资关系和低一级职务年限的限制，可根据所从事的专业技术工作，采取个人自主申报、社会统一评审的办法，评定相应的职称。在郊区农业企业和其他农业经济组织兼职的专业技术人员，在兼职工作中做出的成绩应作为评审职称的依据，原单位应予优先推荐。

第十六条 在郊区从事农业开发和服务的外埠科技人员，符合下列条件的可以由北京市人事局按有关规定对原职称进行认定或评定高一级职称。

1. 档案关系不在北京市，但在京连续工作五年以上的外埠科技人员；

2. 档案存放在北京市政府人事部门所属的人才服务中心，在京连续工作三年以上的外埠科技人员；

3. 已经办理《北京市工作寄住证》的外埠科技人员。

第十七条 鼓励海外留学人员到郊区创新创业从事农业技术开发工作，按照市政府关于鼓励留学人员来京创业工作的若干规定享受有关优惠政策。

第十八条 各郊区县（区）和有关部门要积极制定本县（区）吸引科技人员的政策，为科技人员进入农村及农业企业创造良好的环境和提供便捷的服务。要依法保护这些科技人员在郊区创业、工作的资产、知识产权和合法收入及其它权益。

第十九条 本规定由北京市农村工作委员会和北京市人事局负责解释。

第二十条 本规定自二〇〇〇年十二月一日起执行。

北京市农村工作委员会关于扶持和鼓励发展农民专业合作经济组织的意见

（2000年2月21日）

农业的家庭经营，需要各种形式的农民专业合作经济组织，解决农产品进入市场等问题，解决农产品的加工、储运、销售问题。发展合作经济组织是推进现代农业的必由之路，是发展农业产业化经营的必然选择。为此要大力发展各类农民专业合作经济组织，提高郊区农民的组织化程度，提高农民进入市场的能力，增加农民的收入。

一、农民专业合作经济组织应具备的条件

1. 自愿组建。农民完全自愿，不搞行政性强行捏合。

2. 产权明晰。农民出资，承认个人产权及权益，风险共担，利益共享。

3. 不受社区限制。可以跨村、跨乡、跨县联合。

4. 不改变家庭经营基础。农民专业合作经济组织不改变生产环节上家庭经营这个基础。重点在生产以外的加工、购销、储运、市场开发等方面的合作。

5. 规章制度健全。有规范性章程和管理办法。

二、农民专业合作经济组织的类型

1. 出资型合作。农民出资，用产权连接的规范的合作社。

2. 契约型合作。农民不出资，用合同连接的农民专业合作经济组织，包括加工企业、贸易组织等，含农民龙头大户。这些经济组织必须与农民签订购销合同，实行保护价格，保证农民有合理收入。

3. 会员制型合作。用会员制连接的农民专业合作经济组织，包括为农民提供产前、产中、产后的各类服务协会。

三、扶持的标准和办法

1. 重点扶持带动农户作用强、农民增收幅度大、各项规章制度健全的农民专业合作经济组织。鼓励发育新的农民专业合作经济组织；对已扶持过的农民专业合作组织，根据其新增带动农户的数量和农民增收情况，给予一定的扶持。

2. 对出资型农民专业合作社，凡是入社农户在20户以上，农户增收水平高于本地区10%以上，给予一定的资金奖励，扶持资金主要用于农产品加工、销售等环节。

3. 对契约型合作组织，凡是带农户200户以上，农户增收水平高于本地区10%以上，与农户签订购销合同、实行保护价收购的农产品加工企业和贸易组织，给予一定的资金奖励，扶持资金重点用于技术改造、储运、加工、开发新产品等环节。

4. 对会员制型合作组织，凡是为农户提供生产资料、技术服务、新品种推广、产品销售，带动农户在100户以上，农户增收水平高于本地区10%以上，给予一定的资金奖励，扶持资金主要用于改善服务设施。

5. 对一些规模较大，跨区域联合，带动农户作用特别强，农民增收效果非常显著的农民专业合作经济组织，可作为全市农民专业合作经济组织的典型，给予重点表彰和奖励。

6. 各区（县）政府部门对农民专业合作经济组织的发展要积极引导和扶持，对农民专业合作经济组织在工商注册、税收登记等有关手续方面要提供方便。在水电、土地等基础设施方面，应给予倾斜和扶持，为农民专业合作经济组织发展创造一个良好的外部环境。

四、扶持农民专业合作经济组织的资金和管理

1. 加强对农民专业合作经济组织发展的组织协调工作，各区县政府要明确有关部门负责，抓好典型示范。

2. 各区（县）要制定相应的扶持政策，积极筹措资金，按层次、有重点地鼓励和扶持农民专业合作经济组织的发展。有关政策办法分别报市农委和市财政局备案。

3. 各区县每年在5月底将需市里扶持的农民专业合作经济组织上报市农委和市财政局，由市农委会同市财政局等有关部门检查验收，并从达到扶持标准的农民专业合作经济组织中，择优选出50~100个给予扶持。

4. 各区（县）对扶持农民专业合作经济组织的资金要严格管理，专款专用。年底市里对扶持的农民专业合作经济组织资金使用情况进行检查、验收。

北京市农村工作委员会
关于大力发展六种农业的考核奖励意见

（2000年2月21日）

1999年设施农业、籽种农业、精品农业、加工农业、创汇农业、观光农业，这六种农业的发展有力地拉动了郊区农业经济的快速增长。实践证明，六种农业符合首都市场的需要，也符合北京国际化大都市农业发展趋势，是建设现代化农业的重要途径。为此，特制定本考核奖励意见。

一、奖励对象

六种农业综合性较强，涉及的面较广，各区县由于受地理环境、区位优势、综合实力等差异的影响，发展情况有所不同。为鼓励各区县加大农业结构调整的力度，提高郊区农业的内在质量，促进郊区农村经济的快速发展，对在发展六种农业工作中做出突出贡献的区县给予奖励。

二、考核的主要内容

（一）设施农业　特指运用于生产蔬菜、花卉、瓜果等种植业设施（指温室、大棚）。

1. 年度设施增加面积。

2. 蔬菜保护地设施占本区县菜田亩积的比重。

3. 设施农业的产值占种植业产值的比重。

4. 设施农业的产值增长率。

（二）创汇农业　主要指郊区生产的直接或间接销往国外的农产品及加工农产品。

1. 本区县农产品直接出口、间接出口供货额比上年的增长幅度。

2. 农产品出口供货额（按人民币结算）占本区县农业收入的比重。

3. 本区县农产品直接出口额、间接出口供货额比上年的增加数量。

（三）精品农业 主要指生产品质优良，技术含量高，经济效益好的名（具有国家注册商标、具有绿色食品证书、省部级以上获奖产品）、特（相对于大路货而言的特种、特养产品）、优、稀、新的农产品。

1. 各类精品的收入比上年的增加量。

2. 各类精品收入占本区县农业产值的比重。

3. 各类精品收入比上年的增长幅度。

（四）加工农业 加工农业有利于提高农产品的附加值，有利于农业初级产品更好地进入市场，有利于一产向二、三产业延伸，有利于带动农民致富。农产品加工包括农产品的粗、精、深等不同形式的加工。

1. 本区县农产品加工增值率（加工增值部分/本区县农业产值×100%）。

2. 本区县能够促进农业产业结构调整，辐射和带动基地和农户的农产品加工企业的发展情况（包括带动的基地面积、带动农户）。

3. 农产品加工收入增长率。

（五）籽种农业 在大农业范围内，以生产和销售籽种为目的的农林牧渔生产，包括自用和留用部分。

1. 农产品的种业销售收入占本区县农产品销售收入的比重。

2. 农产品的种业销售收入比上年的增长幅度。

3. 农产品种业销售收入外埠所占份额。

（六）观光农业 主要指利用农业资源发展与农业相关的观光、休闲项目（不含人文景点和郊区旅游）。

1. 本区县观光农业总收入占农业收入的比重。

2. 观光农业项目的运作情况，包括新增项目的建设情况，接待的人次、直接收入。

3. 观光农业收入增长率。

三、考核、奖励办法

市农委、市财政局、市统计局、市有关职能局等部门，负责对区县“六种”农业发展情况进行综合考核、评比等工作。各区县要按照六种农业的具体内容，年中、年底分两次由区县农办（委）、财政局、统计局向市农委、市财政局、市统计局进行书面汇报，涉及的数据以区县统计局提供的数据为准，并由市统计局进行综合统计、核准。根据各区县书面汇报情况，组织有关人员，采取循环互检等形式对各区县六种农业的进展情况及主要考核指标完成情况进行抽查、核实，并按照市制定的打分标准进行综合打分。综合打分采取分项百分制、分项评比、综合考评的办法。六种农业设总分600分，每种农业100分。按照突出重点的原则，六种农业分别设系数为：设施农业、籽种农业、加工农业、创汇农业各0.2，精品农业、观光农业各0.1，每种农业的实际得分分别乘以各自的系数再相加为各区县六种农业的累计得分，按累计得分排出顺序，评出一、二、三等奖。对农业增加值、农民人均纯收入未达到全市平均水平，农业投入未达到《农业法》规定的增长比例的区县不予奖励。

北京市农村工作委员会
关于扶持发展创汇农业的意见

（2000年2月21日）

发展创汇农业对促进京郊农业结构调整和产业升级换代，尽快实现与国际贸易接轨，提高京郊农产品的竞争力具有重要的意义，同时也是带动京郊农民致富和农业发展的一个新的经济增长点。为进一步推动创汇农业的发展，特制定本扶持意见。

一、扶持范围

1. 各类农产品出口创汇企业（不包括外商独资企业人）。

2. 各类农产品出口创汇贸易组织。

3. 农产品集中出口创汇基地。

二、扶持的主要内容和标准

1. 市政府将对农业出口创汇工作继续给予政策扶持，由市里安排专项奖励资金，主要用于扶持有直接出口权的出口创汇的企业、贸易组织。对直接出口创汇的农产品加工企业，其主要原材料来源于京郊，并能带动500个以上农户致富；要求农产品贸易组织出口的农产品80%以上产自京郊。直接出口企业和贸易组织，与上年比较，按当年直接出口创汇新增额的3%，由市里予以奖励。

2. 对农产品出口创汇生产基地，其规模较大，具备较强的基础设施和生产条件，面积66.6公顷以上，能带动200个农户以上的，其生产水平和配套的基础设施建设如冷库、加工设备等，符合国际化标准的，市里给予一定的扶持奖励。

3. 对间接出口的农业企业和贸易组织，由区县自行安排给予奖励。

对符合以上政策的农产品出口企业，只享受一项奖励，不重复支持。

三、管理办法

1. 由市农委，市财政，市农口有关局定期对各区县出口创汇企业按照有关政策条件，进行严格考核，共同认定扶持出口创汇的企业和项目，并负责扶持资金的监督检查及落实。市级奖励资金每年9月底一次性兑现。

2. 对直接出口企业和贸易组织的创汇额，凭报关单标定的数值（或具有同等效力的其他凭证）给予奖励。间接出口企业和贸易组织的考核，由区县制定具体标准。

3. 各区县农办（委）、财政局，将本区县农产品出口创汇情况按季度向市农委，财政等部门进行及时上报，经考核认定后，保证政策的兑现。

北京市农村工作委员会
关于扶持山区水利富民综合开发的意见

（2000年2月21日）

为继续贯彻执行和完善“九项政策”，扶持山区水利富民综合开发，推进山区现代化建设，加快山区农民增收致富步伐，特制定以下扶持意见。

一、扶持内容和标准

1. 鼓励山区县区和山区乡镇抓好农户兴办“五小”水利工程、成片开发经济沟和种植牧草。

（1）以各山区县区为单位，按照统一规划，县区政府对山区农户“五小”水利工程补贴资金达到上年度市、县两级财政补贴水平，并完成市定三年水利富民规划，农民年人均纯收入增幅12%的区县，市奖励资金50万元；上年度补贴资金基数大，今年任务又完成好的，再增加奖励。（2）以山区、半山区乡镇为单位，按照统一规划，科学实施“五小”水利工程和节水工程，超额完成市、县区下达三年水利富民工程任务，补贴奖励资金全部兑现到户；或成片发展新果树，改造老杂劣果树133.3公顷以上，或成片种植牧草，达到66.6公顷以上，且年人均纯收入增幅较大的乡镇，市择优奖励资金10万元。

2. 鼓励边远山区乡镇和低收入村发展主导产业。

（1）以边远山区乡镇为单位（含少数民族乡镇），从事主导产业的农户（包括户办二、三产业）达40%以上，帮助30%以上的农户借到贷款且家庭规模经营，发挥合作经济组织作用，农民人均劳动所得比上年增长较大的乡镇，市择优奖励资金10万元奖励。（2）以边远山区行政村为单位，积极发展牛、羊舍饲养殖达到30户以上村（户均养牛5头，养小尾寒羊10头，养山羊30只以上），发挥合作经济组织作用，农民人均劳动所得比上年有较大增长的村，市择优奖励资金5万元。（3）以低收入村为单位（含部分收入较低的少数民族村），农民人均劳动所得超过1500元的村，市奖励资金5万元。

3. 对水利富民综合开发工程重点示范户和示范工程，市里择优给予奖励。

二、组织管理

1. 各区县在当年9月15日前对山区水利富民综合开发和消除低收入村户按以上要求进行检查、评比、总结，要把区县应兑现到户的奖励资金全部兑现到户。10月1日前市农委、市财政局会同市各有关职能部门组织检查。经市政府批准后，市以奖代补资金兑现到有关县区政府。

2. 市部分支农资金实行转移支付后，水利富民“五小”水利资金、发展果树资金，养殖业贴息资金已全部下放到各区县，各区县要结合实际情况，制定相应政策措施，要确保资金及时足额到位。各区县于每年9月份（2000年要在3月底）以前把下一年度支持山区综合开发水利富民工程预算安排情况和重点工程安排情况报送市农委、市财政和有关部门。当年9月底向市农委、市财政及有关部门上报本年预算执行情况和工程进展情况。

3. 市奖励资金要全部用于发展农村经济，严禁用于非生产性支出。各项扶持政策不重复奖励。

本意见由市农委、市财政局解释。

北京市农村工作委员会关于
“乡镇企业重组引进大项目”的奖励意见

（2000年2月21日）

根据市委［2000］6号文件关于“对在国内外市场有竞争力的新产品的技术改造项目，要从财政、信资、税收等方面予以重点支持”的精神，从2000年开始，对符合以下条件的，择优进行奖励。奖励资金主要用于支持乡镇企业的改革与发展。

一、基本条件

1. 项目总投资到位5 000万元以上，其中引进资金到位3 000万元以上。

2. 符合国家产业政策，对区域经济有重大带动作用。

3. 项目按现代企业制度建立，并在当地注册、建设、纳税。

4. 项目回报率应在10%以上。

二、实施办法

1. 成立由市农委、市财政局、市乡镇企业局组成的“乡镇企业重组引进大项目”协调指导小组，协调指导全市“乡镇企业重组引进大项目”的实施。

2. 各区县要严格按照上述基本条件对本区县乡镇企业通过重组引进的大项目进行认其审定，对符合条件的，以区县为单位，将有关材料在8月31日前上报市“乡镇企业重组引进大项目”协调指导小组。

3. 市“乡镇企业重组引进大项目”协调指导小组对各区县上报的乡镇企业重组引进大项目进行统一检查验收，择优给予适当奖励。

4. 各区县要保证市级奖励资金足额到位，严禁挪用。

5. 各区县要根据本政策制定相应的配套政策，支持乡镇企业重组转制。

本实施意见由市农委、市财政局负责解释。

北京市农村工作委员会关于“养殖小区工程”的实施意见

（2000年2月21日）

近年来，郊区农民家庭养殖业迅速发展，已经成为农民致富的重要途径。但是，一家一户小规模散养的传统生产方式，应用先进技术的能力有限，难以取得好的效益。实践表明：发展养殖小区体现了以农民投资经营为主体，统分结合的双层经营体制；有利于提高养殖业的组织化程度；有利于应用先进的科学技术和生产工艺，有利于郊区养殖业向产业化发展；有利于实现农民增收。

一、“养殖小区工程”要实现的目标

1. 通过实施“养殖小区工程”，使一家一户分散的养殖由家庭副业变成主业，让更多的农户投入到养殖业的生产经营活动中，推动农业内部结构的调整。通过“养殖小区工程”的推动作用，使郊区养殖业占第一产业的比重提高到50%。

2. 通过实施“养殖小区工程”，为有扩大生产规模愿望而又缺少场地的农民提供发展空间，更好地发挥农户在人力、资源等方面的优势，提高劳动生产率和综合效益，加快农民致富步伐。到2000年底，使全市入区专业户累计达到2万户，占全市家庭养殖户的比例由现在的不足5%提高到15%以上，使入区农户收入有明显增长。

3. 通过实施“养殖小区工程”，使农民家庭养殖业向区域化、专业化、规模化、商品化方向发展。在小区建设上突出特色，形成一区一品、一村一品的生产格局，逐步发展成为专业乡、村，进而形成地域优势和产业优势，提高农民家庭养殖业的综合生产水平的经济效益。

4. 通过实施“养殖小区工程”，推动各类专业合作组织的发展，提高农民的组织化程度，实现养殖业技术结构与市场结构的调整，使小区建设与加工企业和出口创汇企业相结合，形成主导产业推进郊区养殖业产业化的发展进程。

二、养殖小区的建设标准

1. 统一规划，合理布局，小区与村庄要保持一定的距离，远离其他养殖场点和人群集中活动区，小区内水、电、路、绿化等基础服务设施齐备，畜禽舍建筑要符合饲养工艺流程，饲养设施完善。

2. 养殖小区以农民为投资、经营主体，坚持统分结合的双层经营体制，集体经济组织要做好各项服务。入区农户应达到一定的养殖规模，形成家庭主导产业，平原每个小区农户要达到40户以上，山区20户以上。

3. 养殖小区要建立相应的农民合作经济组织，有效地解决入区农户的技术服务、供种供料和产品销售等问题。

4. 养殖小区必须配备相应的防疫设施和人员，并建立健全兽医卫生防疫制度。小区内户与户之间，畜禽舍之间有相关隔离措施，净道、污道分开，并有统一的粪污排放、贮存和清理设施。

5. 养殖小区建设要以市场为导向、效益为中心，必须采用先进的饲养管理技术，并取得明显的经济效益。

三、鼓励发展养殖小区的措施和政策

“养殖小区工程”是2000年郊区养殖业的重点工作，是郊区农业结构调整的一项重要内容，也是一项系统工程，市、县（区）都要制定扶持政策和保障措施，确保小区工程的顺利实施。

1. “养殖小区工程”的发展重点。鼓励各区县结合本地区资源优势和区位优势发展适合于本地区特色的专业养殖小区。鼓励发展种养结合生态小区。鼓励畜禽产品加工企业同乡村联办养殖小区。鼓励出口创汇企业同乡村联办养殖小区。鼓励龙头大户与农民共同建设养殖小区。鼓励规模畜禽场和种畜禽场同小区建设相结合，解决农户的供种和品种改良、更新问题。

2."养殖小区工程"的扶持政策。养殖小区建设是市场经济条件下一种新型的集约化家庭饲养模式，农民投入较高，各区县要结合本地实际，在为农户协调贷款、土地使用、基础设施建设和引种上制定相应的优惠政策，鼓励农户入区经营，使小区建成后能够尽快投入使用。各级畜牧兽医部门要根据郊区养殖业新的生产经营格局，建立相应的技术推广和疫病防治体系，认真做好养殖小区的防疫灭病、技术培训和技术推广等工作。

2000年对新建养殖小区实行分级管理和挂牌奖励制度。经市有关部门联合检查验收，凡达到市级标准的养殖小区，列为"一级养殖小区"挂牌并奖励资金30万元，奖励资金主要用于养殖小区的基础服务设施建设以及配备和完善相应的设备。对暂时未达到市定标准的小区，经县（区）验收合格，列为"二级养殖小区"，由县（区）给予奖励。待达到市定标准后，再向市有关部门申报，经市验收合格，享受"一级养殖小区"的政策。

四、管理办法

成立由市农委、市财政局、市畜牧、兽医等部门联合组成的"养殖小区工程"协调指导小组，指导全市"养殖小区工程"的实施。

各区县要严格按照市定养殖小区标准，按月上报申请达标的养殖小区名单，由市"养殖小区工程"协调指导小组统一检查验收，挂牌奖励。本年度申报截止日期为8月31日，各县（区）要保证市级扶持资金足额到位。

北京市农村工作委员会
关于"专业村工程"的实施意见

（2000年2月21日）

随着我市农村经济的发展，京郊涌现出一批各种类型的专业村。实践表明，积极引导、大力推进专业村建设，有利于推动农业和农村经济结构调整；有利于区域化布局、专业化生产；有利于创立名牌，提高产品市场竞争能力。专业村以农户为主体，实行集约化生产经营，能产生最佳边际效益，对于农民进入市场，增收致富有着重要意义。

一、专业村的标准与条件

（一）一产专业村的标准与条件 一产专业村是指在村域经济中，以某产业为主，这一产业的经济收入占本村经济总收入的比例、农民从这一行业中获得的收入占人均劳动所得的比例、从事该行业生产经营的农户比例均较大。这样的村，称为一产专业村。具体标准和条件是：

1.有明显突出的主导产业。以农业为主的主导产业经济收入占第一产业总收入的80%以上，主导产业具有行业特色，实行区域化布局、专业化生产，集约化经营。

2.有较强带动农户的能力。从事主导产业的农户占本村农户的80%以上。

3.有较高的经济效益。主导产业符合国家政策，产品有市场。经济效益明显，能够带动农民增收致富，主导产业带动农民人均劳动所得年增长10%以上（平原地区年人均劳动所得在6 000元以上、山区年人均劳动所得在4 000元以上），经济效益高于本地区同行业平均水平的20%以上。

4.有较高的技术水平。主导产业的生产要有较高的技术含量，先进实用技术在农户中得到普遍推广和应用，有专业技术人员做指导。

5.有较完善的服务组织。专业村要有较完善的农民专业合作经济服务组织，能较好的为农民提供技术服务、销售服务。

（二）二、三产业专业村的标准与条件 二、三产业专业村是指合理开发利用当地资源，在资源开采、产品加工、运销、旅游服务等领域，集中程度高，并形成行业特色的村。具体标准与条件是：

1.从事农副产品加工、运销；合理开发利用当地资源，从事加工业或旅游服务业；依靠能工巧匠，发展具有专业化水平的小商品生产等，集中程度高，并形成行业特色。

2.在上述领域里，从事主导产业的农户占本村总农户的60%以上，劳动力占全村劳动力的80%以上，收入占全村总收入的80%以上。

3.主导产业符合国家政策，产品有市场，无污染，农户成为投资经营主体，经济效益较高。

二、主要政策和措施

对达到市级标准的专业村，经确认择优给予20万元一次性奖励，对人均劳动所得达到万元以上的专业村，经确认择优给予50万元一次性奖励。奖励资金主要用于：（1）公共基础设施建设和环境改善。

(2) 新技术、新品种、新产品的引进应用及培训推广。(3) 服务组织及产后流通、加工设施的建设。

推进专业村工程建设的主要措施是：

1. 各级要成立专门组织，负责专业村工程的组织、协调和建设，积极发挥村镇集体的职能和作用，帮助农民解决一家一户干不了的事。

2. 区县、乡镇政府要制定相应发展专业村建设的扶持政策，在专业村建设过程中，要坚持和引导农户为基础、农民为主体。

3. 坚持技术作保障，科技做支撑。专业村要注重科技投入，努力提高农民的科技素质，并积极探索同科研部门、科研人员有机结合的新形式、新体制。

4. 加强专业村生产环节建设的同时，要注重产后流通环节的建设。

5. 积极鼓励和发育各类专业合作经济组织，提高产品进入市场的能力。

三、管理办法

1. 成立"专业村工程"协调指导小组。由市农委、市财政局及有关职能局组成，负责对全市专业村的发展提出总体规划及意见。审定市级支持的专业村；负责检查、指导专业村发展。

2. 加强检查验收。建立专业村评比考核体系，区县要严格按专业村标准，对当年能达到标准的专业村，年初将材料上报市农委及市财政局。经市专业村工程协调指导小组确认后，列入当年专业村发展工程，市及区县有关部门进行检查考核。各区县于8月31日前上报专业村工程开展情况，年底市专业村工程协调指导小组对专业村进行考核、检查，对合格的专业村，给予政策兑现，并进行命名挂牌。

3. 要专款专用。区县要保证市级扶持资金足额到位，严禁挪用。

4. 二、三产业专业村与"村级工业大院"不重复奖励。

本实施意见由市农委、市财政局负责解释。

北京市农村工作委员会
关于"高效农业园"工程的实施意见

(2000年2月21日)

现代农业是首都农业的重要特征，为完成市委八届二次会议提出的到2010年北京郊区要率先基本实现农业现代化的目标，必须从科技入手对传统农业进行全过程改造，建立一种全新的高效农业产业模式，为此要在京郊大力实施"高效农业园"工程。

一、意义与作用

1. "高效农业园"是发展北京现代农业的需要。探索按照市场规律运作，利用现代设施、现代科技和现代管理方式进行现代化农业生产和经营的高效农业产业模式。

2. "高效农业园"是迎接21世纪知识经济时代和新的农业科技革命挑战的需要。通过"高效农业园"可以不断地将最先进的科技成果、新的营销理念进行集成和综合应用。

3. "高效农业园"建设是拉动和支撑本市农业产业结构调整和促进农业资源优化配置的需要。

4. "高效农业园"是实现京郊经济增长方式转变的需要。即由单纯追求数量型增长向质量效益型增长方式转变。

5. "高效农业园"是带动农民致富的需要。按照区域经济特点规划布局，不仅要实现农业园内经济高效持续增长，而且要发挥"高效农业园"产学研与科工贸集结的特点，使其成为高效农业的技术、市场信息的集散地。

二、建设标准

"高效农业园"是由不同的社会法人投资兴办的按照市场规律运作，实行现代企业制度，具有技术密集、资本密集的特点，能创造较高经济效益的企业。市一级"高效农业园"建园标准是：

1. "高效农业园"土地规模一般在6.6公顷以上，资金投入在500万元以上，以农民独资、集资兴办的农业园或家庭农场，占地规模一般在3.3公顷以上，投资规模100万元以上，水、电、路等基础设施完备。

2. "高效农业园"要按照产权明晰、权责明确、政企分开、管理科学的现代企业制度，合理确定企业的组织形式，完善企业法人财产制度，建立以市场为导向的高效灵活的经营机制。

3. "高效农业园"的科技进步贡献率达到70%以上。

4. "高效农业园"的净资产利润率10%以上，销售利润率高于同类产品的水平。

5. "高效农业园"的产品要有注册品牌，产品主要是高质量绿色农副产品和农业精品。

三、政策与措施

1. "高效农业园"建设以企业投资为主，市、县、乡（镇）各级政府要制订相应的标准和相关的奖励扶持政策，鼓励兴办“高效农业园”。

2. 市、县、乡（镇）各级政府及有关部门要制定相应的服务措施，为“高效农业园”建设积极做好服务工作。

3. 凡符合市一级“高效农业园”条件，达到“高效农业园”标准的企业经市“高效农业园”协调指导小组验收后命名授牌，并给予30万～50万元奖励资金；其中以农民投资为主、达到农民建园标准的农业园，给予10万～20万元的奖励资金。

4. 各县区、乡镇也要按照各自制定的奖励标准和政策，对达到市、县、乡各级建园标准的给予扶持和奖励。

四、管理办法

1. 成立由市农委、市计委、市财政等有关职能部门参加的建设“高效农业园”工程协调指导小组，负责“高效农业园”市级标准、相关政策的制定及验收工作，对县区“高效农业园”建设工作进行指导。

2. 年初各区县农委、农口局、总公司按照各级“高效农业园”的标准对本县区、本单位具有一定规模的农业企业进行摸底调查和初步审核，将初步具备条件的企业上报市农委、市计委、市财政局备案，年底经市“高效农业园”协调指导小组验收达到市一级奖励标准的给予政策兑现，并命名授牌。

3.“高效农业园”扶持项目及奖励资金实行合同管理，奖励资金不得用于非生产性开支，保证足额到位。

4. 各县区、市有关局、总公司请于每年8月31日前将本区县、有关局、总公司高效农业园建设及经费使用情况上报市农委、市计委、市财政局。本实施意见由市农委、市财政局负责解释。

北京市农村工作委员会关于“乡镇工业小区工程”的实施意见

（2000年2月21日）

从2000年开始，对符合以下条件的乡镇工业小区，择优进行奖励。奖励资金主要用于乡镇工业小区的基础设施建设和招商引资。

一、基本条件

1. 经区县级政府及以上部门批准，符合乡镇区域规划。

2. 基础设施建设完善，管理工作规范。

3. 区内注册并投资建厂的企业10家以上，当年实现销售总收入在5 000万元以上。

4. 区县有相应的配套政策。

二、评价指标

1. 区内企业当年新增到位资金总额。

2. 区内企业的总收入和上缴税金的增长幅度。

3. 区内企业吸纳本地农村劳动力占企业总劳动力的比重。

三、实施办法

1. 成立由市农委、市财政局、市乡镇企业局组成的“乡镇工业小区工程“协调指导小组，协调指导全市“乡镇工业小区工程“的实施。

2. 各区县要严格按照上述基本条件和评价指标对本区县发展的乡镇工业小区进行认真审定，对符合条件的，以区县为单位，将有关材料在8月31日前上报市“乡镇工业小区工程”协调指导小组。

3. 市“乡镇工业小区工程”协调指导小组对各区县上报的乡镇工业小区进行统一检查验收，择优给予不超过30万元的奖励。

4. 各区县要保证市级奖励资金足额到位，严禁挪用。本实施意见由市农委、市财政局负责解释。

北京市农村工作委员会关于“村级工业大院工程”的实施意见

（2000年2月21日）

村级工业大院是指村集体提供场地和基础设施，吸引农民成为投资和经营主体，集中发展第二、三产业，并形成一定规模的区域。为推动郊区村级工业大院的建设与发展，加快农民向二、三产业转移，从2000年开始，对符合以下条件的，择优对工业大院所在村进行奖励。奖励资金主要用于村级工业大院的基础设施建设。

一、基本条件

1. 有确定的区域，合理的规划和必要的基础设施，并经所在乡镇政府批准。

2. 农民成为投资和经营主体，入院企业当年实现销售总收入在2 000万元以上。

3. 村集体能为农民兴办二、三产业提供较完善的服务。

4. 生产项目符合环保要求。

5. 区县要有相应的扶持政策。

二、评价指标

1. 本年度新进入村级工业大院的企业个数。

2. 村级工业大院内的企业当年新增到位投资总额。

3. 在村级工业大院就业的本村农民占全村劳动力的比重。

三、实施办法

1. 成立由市农委、市财政局、市乡镇企业局组成的“村级工业大院工程”协调指导小组，协调指导全市“村级工业大院工程”的实施。

2. 各区县要严格按照上述基本条件和评价指标对本区县的村级工业大院进行认真审定，对符合条件的，以区县为单位，将有关材料在8月31日前上报市“村级工业大院工程”协调指导小组。

3. 市“村级工业大院工程”协调指导小组统一检查验收，择优给予不超过30万元的奖励。

4. 村级工业大院与二、三产业专业村，不重复奖励。

5. 各区县要保证市级奖励资金足额到位，严禁挪用。本实施意见由市农委、市财政局负责解释。

北京市农村工作委员会关于加强对山区农户经济开发信贷支持的几点意见

（2000年3月10日）

根据中央今年4号文件关于“国有商业银行特别是农业银行和农村信用社，要深化改革，加强管理，在防范金融风险的同时，改善金融服务，增加对农业信贷投入”的精神，决定对京郊山区有适宜开发项目、有增收致富能力、有良好还款信誉的农户加大信贷投入，促其尽快增收致富。

一、扶持的标准和原则

1. 对于农户兴办的“五小水利工程”；发展以牛羊为主的养殖业；成片开发经济沟，发展、更新、改造老果树，发展苗木，种植牧草；发展以旅游业为重点的户办二、三产业等，给予每户不超过5万元贷款。

2. 对于低收入户。每户发放3 000～5 000元的小额贷款。

3. 对于特种养殖业需要投入较多或生产周期较长的贷款，额度可以适当增大，还款期限可以适当延长；

4. 对山区农民有巨大带动和辐射作用的龙头大户，实行一事一议，“特事特办”的原则，加大扶持力度。

5. 贷款的发放要向先进的生产方式和技术措施倾斜，对于沿袭落后生产方式和操作手段的，一般不予支持。

二、信贷发放和担保方式

1. 区县和乡镇农村信用社对新增农户小额信用贷款要依照中国人民银行《农户小额信用贷款管理办法》和《农户小额担保贷款管理办法》指导意见的要求，结合我市情况，可采取多种担保方式发放农户贷款，切实解决农民贷款难的问题，保证其生产资金需要。对于采取存单和国债质押方式、乡村有经济实力的企业及专业大户信誉等担保贷款方式，要满足贷款需要，做到随用随贷；对于区县和乡镇使用担保资金方式，实行担保资金在信用社专户储存，以1∶10比例放贷；对于5 000元以下小额贷款要采取农民联户信誉担保方式，经乡镇政府审核同意后，做到及时发放。

2. 农村信用社在总行规定的贷款利率浮动范围内，实行有差别的浮动利率。对于农户发展家庭经济所需贷款，根据各社实际资金成本原则上不上浮或少上浮。

3. 推行农户贷款公开制度，增加贷款透明度。农村信用社要每半年将农户贷款的对象、用途、数量、利率、还贷等情况张榜公布，区县和乡镇政府也要制定相应措施促使积极偿还贷款本息，以提高贷款的周转速度和受益面积。

4. 提高服务质量和效益，扩充信贷资金实力。区县和乡镇政府要扩充农村信用社信贷资金实力，帮助信用社扩充资金来源，农口各单位要多在联社或信用社开设基本结算账户。区县、乡镇要按“九项政策”规定安排专项财政贷款贴息，扶持山区农户发展家庭经济；各区县联社要加强对辖区内农村信用社的资金调剂，及时解决部分农村信用社资金不足的困难。

5. 强化规范管理，提高指导水平。各区县联社要防止出现新的不良贷款，乡镇政府要加强对农户发展经济项目审核、指导、服务，农村作用社要落实信贷员岗位责任制，到村到户办理贷款，搞好流动服务，做到“包放、包管、包收”，提高贷款管理水平。

三、组织管理和指导

1. 各山区县区要成立农户信贷使用管理指导小组，主管区县长任组长，山区办、联社等区县有关部门为成员，对山区农户贷款发放、使用进行指导、监督。

2. 94个山区、半山区乡镇要成立农户信贷使用管理领导小组。乡镇长任组长，主管农业的副乡镇长，乡信用社主任等乡镇有关部门为成员，对本乡镇农户贷款发放、使用进行管理、检查。乡镇长为第一责任人，负全责。

3. 市农委和市联社将加强对山区发展农户经济贷款工作的指导、监督，总结先进经验，宣传优秀典型，纠正存在的问题，并做好农户信贷使用管理经验的总结和交流。

领 导 视 察

国务院总理朱镕基9月30日在京考察环境综合治理和住宅小区建设时指出要再接再厉、持之以恒把首都建设得更加美好

国庆节前夕的首都北京城，洋溢着一派节日的气氛。9月30日上午，在中共中央政治局委员、北京市委书记贾庆林，北京市市长刘淇的陪同下，国务院总理朱镕基首先来到了石景山绿色广场。位于长安街延长线上的石景山绿色广场，紧邻石景山游乐园、石景山松林公园和八角公园，将周边的各个园林景点相互串联起来，在长安街延长线上形成一条园林气息浓郁的景观带。望着眼前跳动的喷泉、漫坡的绿茵匝地、五彩缤纷的模纹花坛，朱镕基十分高兴。随后，朱镕基又来到鲁谷小区的半月园公园。占地102万公顷的鲁谷小区总建筑面积达255万平方米。近年来，石景山区在鲁谷小区社区修建了绿地面积达3万多平方米的半月园公园，这是北京市社区中最大的绿地公园。园内叠水台、回廊、花坛、古亭交相辉映。朱镕基向石景山区负责人详细地询问了鲁谷小区的建设情况，售房的房价及住户的构成。他说，随着城市住宅小区建设的飞速发展，一定要注意小区绿地建设，为广大居民提供尽量多的空气清新、赏心悦目的休闲和娱乐场所。

接着，朱镕基又来到回龙观文化居住小区和天通苑经济适用房小区考察。他详细地了解了回龙观文化居住小区的规划和建设情况，并询问售房房价是多少，贷款购房的人多不多？小区学校、医院、商店等配套建设以及供暖系统怎么样？在北京市商业机械公司退休职工战义的新居里，朱镕基在详细地向主人了解小区物业管理的情况及供暖设备的型号后，对随行的有关负责人说，要大力推广集约型的供暖设施，鼓励使用新设施、新技术、新设备，这样住宅产业才能真正带动相关产业的发展，成为新的经济增长点。

在天通苑经济适用房小区，朱镕基对该小区所有的建材采购以及设计、施工都采取招标投标办法，小区一期工程合格率达到100%，表示赞赏和满意。他强调，经济适用住房建设也一定要引入竞争机制，注重质量管理。在朝来森林体育公园，朱镕基还听取了北京市副市长汪光焘关于北京住房建设、绿化情况和环保工作的汇报。朱镕基对北京市环境综合治理和住宅小区建设予以充分肯定，并提出了三点希望。一要把绿化工作坚持不懈地抓好。绿化是造福子孙后代的大事，一定要发扬愚公移山的精神，动员广大群众大搞绿化。要坚持以种树为主，多种树，种大树，让首都绿树成荫。二要加强城市节水工作。北京是个缺水城市，要把市政建设、环境治理和节水工作统筹考虑，结合起来进行。三要搞好城市整体规划和建设，既要注重郊区美化绿化，又要抓紧城市中心区的治理。交通越来越重要，一定要高度重视，特别要抓好立交桥的建设。朱镕基要求，中央和国务院有关部门要继续支持北京环境整治和市政建设，使首都城市面貌有更大的改观。朱镕基说："十一国庆黄金周"即将到来，来北京旅游人员增加较多，一定要全力以赴，把工作做实做细，让广大游客高兴而来，满意而归。国务委员兼国务院秘书长王忠禹随同考察。

国务院副总理李岚清5月5日到京郊韩村河考察时强调农村致富更应重视发展科教

中共中央政治局常委、国务院副总理李岚清在北京市副市长岳福洪等人的陪同下，5月5日上午兴致勃勃地来到位于京郊西南的房山区韩村河村。他首先考察了韩村河教育中心，参观了这里的阶梯教室、电

脑室、语音教室和物理实验室；接着来到韩村河村老年活动中心，看望了在这里娱乐的退休老人们，并深入到两户村民家中参观访问，与村民们进行了亲切交谈。随后，李岚清等登上 20 米高的鲁班公园观景台二层平台，俯瞰韩村河新村风貌，并到韩村河档案展览室观看了正在举办的全国部分小康明星村“致富思源、富而思进”展览。

李岚清一边认真察看，一边向村党委书记田雄仔细询问韩村河近年来的教育、养老、村镇建设等方面的情况。韩村河历史上人称“寒心河”，“天灾人祸年年有，村破人穷常挨饿”。改革开放后，韩村河发生了翻天覆地的变化，走出了一条“以建筑业为龙头、带动集体经济全面发展、村民共同富裕”的成功之路，成为京郊的“首富村”。去年全村实现工农业总产值 10.8 亿元，人均收入 8 100 元。韩村河人没有忘记用知识充实自己，投资 2 500 万元建成了 25 000 平方米的集幼儿、小学、初中、高中、大专于一体的教育中心，不仅为本村的孩子创造了良好的学习条件，还出资为周边地区建立了 3 所现代化小学。同时，投资建起了有阅览室、棋牌室、乒乓球室、卡拉 OK 等设施的老年活动中心，为全村 200 多位老人提供文化娱乐场所，使他们安度晚年。李岚清对韩村河新村建设等方面取得的成果给予了充分的肯定。

在听取了房山区委书记王凤江等人的工作汇报后，李岚清强调，要认真学习贯彻江泽民总书记最近在广东考察工作时的重要讲话精神，深入开展“致富思源、富而思进”教育活动。大家过上了今天的好日子，不能忘了党的改革开放好政策。不仅要思源，更要思进。我们要紧紧跟上知识经济时代的步伐，切实贯彻科教兴国战略，为科技教育事业创造好的条件。科技教育办好了，思进也就有了基础。

李岚清指出，尊老爱老是中华民族的优良传统，一定要把老人照顾好，不管他们是工人、农民，还是教师、科技人员，都曾为国家建设做出过贡献。为老人服务不仅是有饭吃的问题，更主要的是要为老人提供更多的文化娱乐生活，满足他们精神方面的需求。今后，要在不断建立和完善社会养老体系的基础上，做好老龄工作。

市委书记贾庆林 2 月 24 日在通州区调研时指出
今年工作要因势利导乘势而上

上午，市委书记贾庆林和市委常委、秘书长杜德印，副市长岳福洪首先来到琪景饮片厂。这个厂是在农业种植结构调整基础上成立的，现种植中草药 36 个品种，种植面积 286.6 公顷，带动农户 470 户，今年预计销售收入 3 500 万元。贾庆林等认真察看了中草药饮片生产加工过程，仔细询问了药材的种植和市场销售情况。随后，贾庆林等又来到了张家湾镇里二泗村工业大院，察看了村办企业中航黎明幕墙装饰工程有限公司和宝佳制衣公司。贾庆林仔细了解了村办企业的规模和行业构成、种植业和养殖业的情况。

在通州区经济技术开发区的北京市恒聚油田化学剂有限公司，贾庆林等察看了正在兴建中的新厂房。这是一个集科研、生产、销售为一体，以生产油田化学剂为主的化工企业，主产品聚丙烯酰胺在油田生产中有广泛用途，市场销售很旺。在宋庄镇喇叭庄村，贾庆林等高兴地看了村民刘振荣办的养殖场。刘振荣夫妇开了 4 年出租车。去年初他们回村办起了鸭场，当年出栏北京鸭 50 万只，获利 75 万元。贾庆林边看边鼓励刘振荣，走勤劳致富的道路很对，希望她能够扩大规模，带动乡亲共同致富。

泰和通环保技术有限公司是专门从事环保产业和技术的开发与推广的新型环保企业。贾庆林等兴致勃勃地察看了这家公司生产的免水冲卫生厕所和造型美观，集书刊、电话亭与公厕为一体的泰和通小屋。这种免水冲厕所采用打包原理，将粪便封闭，马桶座由可降解塑料袋保护，每次使用后自动更换，方便、卫生、舒适、无交叉传染、不需上下水、节约水资源、降低市场污水处理量、粪便无污染、集中收集处理后可生产有机复合肥。贾庆林说，这种环保厕所很有市场潜力，应当在做好设备配套基础上进行推广。

下午，贾庆林等听取了区委、区政府的工作报告。

贾庆林在充分肯定了通州区工作后指出，今年的工作要因势利导，乘势而上，各方面工作不能松劲，不能滑坡，要继续开拓进取，要调动广大群众的积极性，使北京市的建设和发展能在一个较长的时期内保持上升的势头。

贾庆林强调，北京市的产业结构调整要本着“加强一产、调整二产、发展三产”的原则进行。农业结构调整要有利于农民富裕、农村稳定。在城乡结合部建好绿化隔离带，种草、种树，发展绿色产业，取得环境效益和经济效益的双收益。乡镇企业的重组转制二次创业，为乡镇企业带来了新的生机。要搞好所有制、产业结构和产品结构的调整，要提高企业的管理水平。郊区县要研究什么是适合自己发展的工业，全市 800 多个工业企业要迁出市区，以便市区集中发展三产，郊区县要积极吸引那些符合本地区实际，有市场、无污染的企业。要坚持发展多种所有制，国有企业一定坚持有所为，有所不为，郊区县要注意发展个体私营企业，真正使个体私营经济成为重要组成部分。要大力发展三产，第三产业是一个很有发展潜力的产业，今年全市的目标是三产要占到国民生产总值的58%。无论一、二、三产都要以高科技为依托，寻找新的经济增长点。

贾庆林指出，通州区的环境建设要以通州城为核心，加大步伐、提高标准。良好的环境建设就是生产力，郊区县在这方面有条件比城区做得更好。要以人为本，把环境建设得更适宜人的生存、生活。一要搞好绿化，让北京的郊区始终处于绿色覆盖之下；二要搞好垃圾卫生填埋处理，区、县、乡、村都要研究有效可行的办法。要科学规划集中兴建小城镇，拆除废弃的和违法的建筑，还田还林。通州区在治理环境的过程中，要注意挖掘通州丰厚的历史文化资源，在抓好物质文明建设的同时，努力抓好精神文明建设，加强党的建设，深入开展“三讲”教育，把各项工作提高到新水平。

贾庆林强调，在即将跨入新世纪的时候，北京的各项工作都要开创新局面，要按照江泽民总书记的要求，在建设有中国特色社会主义的经济、政治、文化方面，都能不断的向全国和全世界人民展现出新的进步和新的风貌，不辜负党中央、国务院的期望。全市上下要齐心协力做好今年各项工作，气可鼓而不可泄，要一鼓作气，再接再厉，在去年取得成绩的基础上，不断做出新的成绩，争创新优势，更上一层楼。

贾庆林等还来到朝阳区，察看了正在建设中的黑庄户观赏鱼交易中心。

贾庆林3月25日到顺义区调研时强调
以市场为导向科技为依托
率先实现京郊农业现代化

贾庆林和市委常委、秘书长杜德印，副市长岳福洪于3月25日上午来到顺义区马坡地区北京昭贵科技开发有限责任公司。该公司是顺义区马坡镇一家民营科技企业，从事芦荟种植、深加工及销售为一体的芦荟产业公司，采用温室大棚种植1.5万株库拉索芦荟，开发芦荟系列产品深加工。目前，已研制出11个品种，16个规格的化妆品、洗发、护肤品投放市场。贾庆林等兴致勃勃地观看了该公司的芦荟产品展览室和芦荟生产大棚，仔细地询问了芦荟的用途、生产成本和市场销售情况，公司负责人胡昭贵介绍说，芦荟是草本植物，除可作为药材外，还是制造化妆品的原料，用它为原料生产的化妆品在市场上是很受欢迎的绿色产品。有些芦荟品种还可以食用。贾庆林高兴地说，芦荟的种植和加工是很有发展前途的，你们要带动更多的农民种植芦荟，推动当地农民致富，搞好芦荟产品的深加工，加大产业规模，提高市场占有量。

在龙湾屯镇北京绿健现代农业发展有限公司，贾庆林等察看了这家年出栏商品猪10万头的大型企业。该公司是由民营企业家柳显旺个人投资兴建的集生猪生产、饲料加工、屠宰销售于一体的企业，总投资1.5亿元。通过实行科学管理、提高畜牧科技含量等一系列具体措施，公司得到了较快发展，投产半年已出栏商品猪4万头，实现产值4 000万元，创利1 200万元。同时公司还发挥龙头带动作用，为农民提供仔猪、饲料、防疫、技术等全程服务，带动了全村近100户农民养猪致富。预计2000年可出栏商品猪10万头，实现产值1亿元。贾庆林等换上白大褂，脚穿工作靴，走进饲养房，一边仔细察看成品猪、仔猪、种猪的饲养情况，一边了解仔猪的成活率、猪的育肥期、瘦肉率、防疫、市场销售等情况。贾庆林说，你们企业的实践说明，养猪必须科学饲养、科学管理、加大科技含量，实现产业化，形成产业链条。贾庆林叮嘱柳显旺，要处理好和当地农民的关系，要加强市场观念，进一步扩展销售渠道，要打自己的品牌，使“绿健”产品成为名牌。

随后，贾庆林等又来到马坡三高农业示范区，这里有高新农业技术、粮食“三高”、农林牧渔生态、农副产品加工、旅游观光等6个功能区，示范中心区已开发26.6公顷，引进高新技术农业企业6家，2000年预计实现利润1 200万元。

贾庆林等饶有兴趣地观看了蝴蝶兰种植温室，这里培育的蝴蝶兰采用了多种新技术，枝株茁壮，花朵繁多，花期长，一年四季均可开花，姹紫嫣红，馨香四溢。贾庆林等还察看了无土栽培蔬菜温室，这里的蔬菜品种从播种、育苗、栽培都是在培养液中进行的，各种蔬菜长势茁壮，鲜嫩喜人。生菜等品种从播种到收获仅用18天。贾庆林等还认真了解了各种蔬菜的培育情况，并观看了净菜加工包装生产线。贾庆林说，要提高农业科技水平和农民素质，实现农业由规模扩张型向质量效益型的转变，从传统农业到现代农业的转变。三高农业示范区要发挥示范区在区域经济发展、延伸农产品产业链和富裕农民中的带动作用，在农产品加工和产业化上实现新突破，要开发旅游功能，使示范区成为青少年增长农业科技知识的科普基地。

贾庆林4月6日在昌平区调研时强调加快农村小城镇的建设步伐发展科技含量高的高效农业

贾庆林和市委常委、市委秘书长杜德印，副市长岳福洪首先来到小汤山村的台商独资企业北京圣瑞思农业发展有限公司。这家花卉生产企业利用日光科技温室种植蝴蝶兰、卡特兰、石斛兰、文心兰等国际领先的洋兰品种，所产兰花远销海外。在宽畅的温室大棚内，贾庆林等饶有兴趣地观看了色泽鲜艳的各种兰花，向公司负责人询问了兰花的培育、养护和销售情况。

在市水产总公司汇瀛欧洲鲟鱼养殖场，贾庆林等了解了鲟鱼的养殖情况。这个养殖场自1996年引进欧洲鲟鱼以来，在育苗、育种、成鱼饲养等方面，不断取得成功。今年3月底，经科研人员努力，采用各种生物创新技术手段，终于首次攻克了人工培育鲟鱼亲鱼催产、孵化的难关，获鱼苗1.3万尾，开始了工厂化鲟鱼养殖生产。贾庆林等换上白大褂，走进养殖场，仔细了解鲟鱼从鱼苗到成鱼的饲养过程。贾庆林叮嘱在场的科技人员，要加快技术推广工作，促进鲟鱼养殖业的发展，带动农民致富。

随后，市领导又来到昌平区农业科技园区，考察园区内的特菜种植情况。这个园区利用小汤山的地热资源，建设了花卉育种、苗木生产、进口品种蔬菜水果的高科技温室大棚。同时还办起了罗非鱼养殖场，成为昌平区农业现代技术项目的孵化器和高效农业示范区。在中垦——三菱友好示范农场，贾庆林等还兴致勃勃地参观了无土栽培草莓、立体栽培西红柿的温室大棚，仔细听取了蔬菜、水果的生长情况介绍。这里的果菜生产完全采用现代技术，无污染、无农药，是名副其实的“绿色食品”。

贾庆林等还察看了中垦集团鸵鸟特禽良种繁育基地、小汤山龙脉温泉渡假村和小汤山温泉疗养院。听取了小汤山镇负责人关于小城镇规划、建设的情况汇报。

小汤山镇地处昌平区东南角，是1994年国家级小城镇建设试点区。近几年来，小汤山镇加快建设步伐，拆除违法建设，扩大绿化面积，调整农业结构，引进高效农业项目，改造村域，城镇面貌发生很大变化。贾庆林在讲话中指出，要科学规划，加快小城镇建设步伐。科学规划是搞好农村小城镇建设的前提，小城镇的规划可以面向国内外招标。一旦规划确定下来，要严格按照规划搞建设。小城镇在建设项目上要突出特色，不搞大而全、小而全，要因地制宜，发挥自身的优势。小城镇建设中一定要把环境建设放在第一位。

贾庆林说，各级领导要转变观念，进一步发展绿色产业、现代农业，让广大农民富裕起来。要把高科技农业办成观光农业，以此带动旅游业的发展。他要求小汤山镇在建设中要特别注意保护好宝贵的地热资源，做到科学开采、合理利用。要提倡地热的梯度开发和循环利用，决不能盲目滥采，要最大限度地节约利用。

贾庆林4月8日到朝阳区调研时强调，要坚持贯彻以人为本的思想，加快搞好绿化隔离地区建设

贾庆林和市委常委、秘书长杜德印等首先察看了朝阳区长营乡、东坝乡绿化隔离带建设情况。长营乡今年新栽种的千亩银杏苗木已吐出嫩芽，一望无际。贾庆林在这里认真地询问了长营乡和东坝乡退耕还林、调整农业产业结构的情况。长营乡面积9.5平方公里，人口1.1万，60%是回族，规划建设隔离带2.8平方公里。东坝乡面积18.8平方公里，人口2.4万，2000年计划建设绿化隔离带193.3公顷，2001年400公顷，新栽种的千亩特种果园内苹果、桃、枣、樱桃等苗木都已成活。贾庆林对区乡干部说，建设好绿化隔离带，你们两个乡决心很大，劲头很足，工作进展很快，在搞好退耕还林当中，要注意在发展绿色产业上下功夫，要有长远打算，今年绿化工作安排好了，要作好明年工作的准备，坚持不懈地抓下去，真正达到环境优美、生态良好、空气清新。在村民搬迁工作中，腾退出来的旧村占地要及时还林，同时要规划好农民新村。贾庆林特别嘱咐长营乡干部和回族居民代表，长营乡回族居民聚居，一定要贯彻好党的民族政策，搞好民族团结，促进社会安定，推动经济发展。

金盏乡新建的郁金香花园芳草茵茵，鲜花飘香。贾庆林等一边察看这个退耕还林建造的郊区公园，一

边向区乡干部了解当地农民的收入情况、产业结构调整情况。乡干部说，这个花园生产的花卉在市场上很有销路，同时这里也成了城里人和村民休闲的场所，大家都很欢迎。

马泉营农民新村数百栋别墅造型新颖，环境优美。贾庆林等察看了村容村貌，仔细询问了旧村改造过程、资金筹措、村镇管理等情况。该新村是由村积累、集资等方式建设起来的，旧村占地 73.3 公顷全部还耕，新村占地面积 37.3 公顷，节省了耕地，改善了农民居住生活条件。

贾庆林等访问了村民陈淑清、李志明的新居。每家的新居都是两层小楼，高大宽敞，建筑面积 180 多平方米，水、电、气、热样样俱全，两家的主人高兴地说，旧村改造为我们农民带来了福气。贾庆林祝贺他们生活愉快，全家幸福。

随后，贾庆林等来到了位于望京小区的望京科技创业园。这个园区是促进科技成果商业化、产业化和国际化的专业服务机构，已经有 46 家高科技企业入驻。贾庆林等察看了龙文科技、安博捷讯、英特网络等公司，观看了各种软件的演示，对望京科技创业园的工作给予肯定，希望科技创业园区成为培育、扶植高新技术企业发展的摇篮。

贾庆林 4 月 15 日深入门头沟山区调研时
强调统一规划科学指导合理布局整体
治理好北京的生态环境

清晨，市委书记贾庆林和市委常委、秘书长杜德印，副市长岳福洪等乘坐面包车，沿着三家店通向灵山的山区公路，翻山越岭沿途察看生态环境治理和山区绿化情况。在清水镇，贾庆林等下车察看了这里的生态环境治理工程。在明媚的春光里，一片片新开辟的果林含苞吐绿，群山的缓坡上各种经济林木长势茁壮，远山近丘长满了野山杏等野生乔灌木。贾庆林等兴致勃勃地察看山脚下村民修建的蓄水池和排洪渠道，仔细了解这一带山区栽种的生态林木和经济林木品种、环境治理工程如何与农民利益挂钩及灌溉排洪设施兴建等情况。门头沟区于 1999 年被列为第三期国家生态环境重点治理地区，由国家计委投资 50%，市区政府匹配资金 50%，逐年对全区进行生态环境建设综合治理。2000 年综合治理 44 平方公里，其中清水镇治理 29 平方公里，投资 700 多万元。镇里从正月初十开始治理到现在，已出动劳动力 15 万人次，完成了 20 万立方米土方，为使农民增加收入，村里还安排在林木之间的空地上种菜和杂粮，农民将来也可以在经济方面得到更多的回报。

贾庆林对在场的干部说，门头沟区是京西绿色屏障建设的重要组成部分，一定要充分发动群众，使绿化荒山荒坡与群众切身利益相结合，与农业结构调整相结合，使群众从中得到收益。要鼓励保护群众的参与热情，使热情与科学态度相结合，生态林、经济林要布局合理，统一规划。门头沟区委、区政府的领导表示，一定加快京西绿色屏障和京西果品基地的建设步伐，营造门头沟区的青山、绿水、蓝天，增绿增收富民。

随后，贾庆林等来到雁翅镇太子墓村了解这里的山区绿化情况。放眼望去，这里的山坡上是一层层、一片片新植的果木、乔木。村干部说，绿化荒山，群众的积极性很高，现在全村平均一人 0.06 公顷（1 亩）果树，果品的市场销路很好，去年村里人均收入 4 200 元。贾庆林高兴地说，绿化荒山与群众利益挂钩，是山区农民致富的好路子。

贾庆林在沿途调查研究中一再强调北京整体治理生态环境的重要性，他说，今春以来连续七次扬沙天气，对北京生态环境的危害和对市民生活的影响，必须引起我们的高度重视和警觉。街上妇女们又戴上了纱巾，夜里的风声使人们难以安眠。去年，我们抓住迎接国庆 50 周年庆典的契机，建设了一批重点工程，城市绿化美化上了新台阶，人民群众为之振奋。而今年风沙一再袭来了，在市民心中投下了阴影。风沙虽然是从蒙古国和内蒙古刮来的，但与北京的绿化和生态环境治理也有一定关系。延庆县是北京的上风口，由于绿化工程发挥了效益，七次沙尘天气中，风力比北京城区小，沙尘比北京城区少。我们一定要整体治理好北京的生态环境，整体建设好北京的绿化工程，不仅要把城区的绿化美化搞好，还要综合治理好北京周边的生态环境。要加大力度建设环北京城区的绿化隔离带，加快建设北京周边山区绿色屏障工程，尽早实现首都环境优美，生态良好，空气清新。

贾庆林指出，绿化荒山荒坡，整体治理北京的生态环境是一项改天换地的伟大工程，必须统一规划，合理布局。各区县乡镇要充分照顾农民的利益，尊重农民的意愿，考虑到经济效益。门头沟区生态环境综合治理和绿化工程进展很快，各山区县也要结合自己的实际情况，把这项工作搞得更好，更有特色。

贾庆林在调研中嘱咐区委和乡、村党组织的负责人，要按照江泽民总书记关于“三个代表”的要求，加强和改进思想政治工作，改进工作作风，团结和带领广大农民致富。党组织要发挥战斗堡垒作用，党员要发挥先锋模范作用，要通过带领群众改天换地、建设家园，搞好精神文明建设，体现出党的先进性和战斗性。

针对今春以来本市多风干旱、降水少的情况，贾庆林强调，各有关部门、各郊区县要高度重视正在出现的旱情，采取多种措施，做好抗旱工作，及时利用水利设施和现有水源，浇水补墒，确保夏粮丰收。

岳福洪在调研中指出，北京的山区生态示范县建设和水利富民工程相结合已经取得了一些成功的经验，今后要坚持小流域建设和治山治水相结合、和生态环境治理相结合、和产业结构调整相结合。

贾庆林4月25日到平谷县调查研究时强调 以农民致富为主线统揽工作全局 加快调整优化农业农村经济结构

暮春时节的京郊大地满目葱绿，一派生机。市委书记贾庆林和市委常委、秘书长杜德印，副市长岳福洪来到平谷县靠山集乡的圣林工艺品厂，察看了这个厂生产的各种干花、仿生植物和艺术插花。贾庆林仔细询问了产品的原材料来源、生产成本和市场销售等情况。厂负责人回答，厂子有自己的生产基地和农户种植基地，大量的野生植物和农作物秸秆也被加以利用，去年全厂实现产值800万元。贾庆林高兴地说，就地取材，变废为宝，降低了生产成本，有利于开拓市场，而且促使当地农户增收，安排更多人就业。你们要根据市场需要，生产出更多更好的新产品，满足美化城市和百姓生活。

在平谷县经贸洽谈会展览大厅，贾庆林等兴致勃勃地观看了琳琅满目的平谷经贸产品。平谷县努力扩大对外开放，全县形成了农业、工业、商贸、建筑和旅游等共同发展的经济格局。1999年，全县实现国内生产总值30亿元。展品中不仅有丰富多彩的农副产品，还有钢琴、计算机软件、光缆纤维等高科技产品。

在陈太务村，贾庆林等察看了长势茁壮的千亩桃林。村里把荒芜的大片河滩地改造成桃园，采用了管灌、渗灌等节水新技术，实现了两年见花，亩产大桃750千克，使承包的农户增加了收入。贾庆林与地头正在给桃花授粉的村民亲切交谈，询问他们承包桃园的资金投入、技术管理、销售收入等情况。农户们说，荒地种桃使全村普遍富裕了，乡和村里还对我们进行技术培训，大伙儿对种桃致富的热情更高了。

位于平谷县城中心的世纪广场气魄非凡，设计以天圆地方为主题，突出人与自然和谐共处，总规划面积20万平方米，绿草茵茵、喷泉奔涌、雕塑宏大，中心喷泉高达38米。贾庆林一边高兴地察看，一边对县里的负责人说，这个工程很有气势，美化了县城的环境，为老百姓休憩、娱乐提供了一个好去处。

下午，在大兴庄唐庄子村，贾庆林等一行察看了村民唐祥云兴办的兴唐生态农业研究所。唐祥云从1994年开始承包集体9.3公顷土地，聘请专家教授，大搞温室桃反季节品种和栽培技术研究。贾庆林在日光温室大棚内看到枝头硕果累累，红艳的油桃已坠弯了枝干，他饶有兴趣地向在场的农艺师详细询问了反季节大桃栽培的培育技术。贾庆林嘱咐县乡领导，一定要重视科技，重视科技人员的作用，没有科技就不可能取得好的经济效益。

翟各庄地处半山区，千亩桃花争芳斗艳。县领导向贾庆林等介绍了平谷县大桃生产的发展情况。平谷县目前大桃面积已达8 000公顷，总产量达1亿千克，是全国大桃第一县，今年又被国家林业局正式命名为“中国名特优大桃之乡”。贾庆林希望平谷县在大桃生产上要搞出特色，增加科技含量，保持品牌优势，争取在国内外市场常盛不衰。

贾庆林在调研中强调，要以农民致富为主线统揽农村工作全局，北京郊区要率先基本实现农业现代化，加快调整优化农业和农村经济结构，因地制宜，大力发展高效益高质量高科技农业和生态农业，努力走出一条“富裕郊区农民，改善生态环境，为城市发展服务”的道路。

贾庆林4月30日在密云水库调研时强调 坚持可持续发展战略科学利用保护水资源

市委书记贾庆林，市长刘淇等来到密云水库调研本市水资源情况。贾庆林、刘淇、张福森和杜德印、岳福洪、黄承祥以及市老领导焦若愚来到密云县一起乘船察看了密云水库库区蓄水情况。贾庆林在船上仔细了解了水库来水、蓄水和放水情况，他一再叮嘱密云县有关负责同志，要采取有力措施保护好北京市的这一盆净水。

市领导在调研中听取了市水利局、市市政管委会和市气象局负责人关于全市水资源供需状况、节水工作和降水情况的汇报。

贾庆林在讲话中强调，水是关系人类生存发展，具有战略意义的资源，它关系到实现经济社会可持续发展的全局。北京是一个水资源匮乏的特大型城市。北京人均占有的水资源只有全国的1/8，世界的1/30。新中国成立以来，党中央、国务院对本市城乡生产、生活用水高度重视，采取了兴建水库、治理河道等富有远见的措施，保证了人民群众生产和生活用水。我们要坚持可持续发展战略，科学合理开发利用保护水资源。当前，全市上下要进一步唤起科学用水、节约用水、保护水资源的意识，切实采取各种有效的措施开源节流，合理利用好北京市宝贵的水资源。他要求认真分析研究利用好水资源的中长期规划，精心组织实施。一是要尽快着手官厅水库的综合治理，增大库容，改善水质，争取用几年的时间，使官厅水库还清，成为北京饮用水的第二水源。二是进一步加大污水处理后的中水利用，提高污水处理后二次利用的比例。三是搞好生态小区建设，新建小区要搞好污水处理，使生活污水处理后得到二次利用。

贾庆林指出，全市节水工作要突出重点，工农业中的用水大户节水潜力仍很大，要进一步采取措施降低消耗。农业要调整种植结构，淘汰耗水高的作物，普遍推广滴灌、渗灌、微灌，发展节水型农业。工业也要采取切实措施降低水耗，提高中水利用率。在城市中，进一步增强人民群众的节水和科学用水的意识，提倡一水多用，要像抓大气污染治理一样抓节约用水，广泛推广节水器具、设备。扩大城市绿地面积，涵养水源，增加雨水回渗。

贾庆林说，节水工作要与治理水污染相结合，要加大治理城市污染水系、河道的力度，实现增加水源、美化环境的目的。

刘淇在讲话中要求，从可持续发展战略的高度出发，进一步增强全社会节水意识，切实加强组织领导，制定出系统的全市水资源管理、利用方案，科学组织实施。动员全社会科学用水、节约用水，用技术、法制、经济杠杆等手段保证各项节水措施的落实。要尽量增加城市水面和河道面积，增加蓄水能力，提倡中水回用。

焦若愚、张福森、杜德印、岳福洪分别就水资源的统筹管理、加大节水力度和全市水资源利用中长期规划问题讲了意见。

贾庆林、刘淇5月25日检查
绿化隔离地区建设时指出
今春全市绿化隔离地区建设开局良好

贾庆林、刘淇和市委副书记张福森等5月25日来到朝阳区长营乡。这个乡2000年新栽的千亩银杏园新枝吐翠，长势茁壮。贾庆林、刘淇仔细询问了长营乡退耕还林、以圃带林的情况。长营乡面积9.5平方公里，人口1.1万，60%是回族，规划建设隔离带2.8平方公里。贾庆林说，要调动农民的积极性，使他们感到退耕还林，种树、种草、建公园经济上有收益，自觉积极投入环境绿化。在东坝乡，贾庆林、刘淇、张福森等察看了这里的千亩果树观光采摘园。东坝乡今春完成绿地198.12公顷，其中观光采摘园独具特色，66.6公顷的果园内种植了苹果、梨、桃、葡萄、樱桃、枣、李子、杏，进入果期以后，可不间断采摘供旅游观光。

随后，贾庆林、刘淇、张福森等来到来广营乡，兴致勃勃地察看了这个乡兴建的朝来足球活动中心，11块标准足球运动赛场绿草茵茵，周围由雪松、油松、花灌木、花草装扮，还有经济林、露天垂钓相陪伴。形成绿荫环抱之中的体育公园。当了解到体育公园刚刚起步，就有多家单位前来联系开展体育运动、训练、娱乐事宜时，贾庆林高兴地说，建体育公园既搞了绿化，又为群众提供了体育活动场所。

贾庆林、刘淇等还察看了朝来文化休闲公园和朝来森林公园。朝来文化休闲公园占地26.6公顷，园内由植物景观林、流水型观赏湖、冲浪式运动湖、特种果林、小型高尔夫练习场组成。朝来森林公园由秋色园、密林区、花卉区、水景区等组成。园内湖光潋滟，林密、草旺、花美、水清，风景怡人，是理想的旅游、休闲、观赏、锻炼的好地方。贾庆林、刘淇嘱咐区乡干部：这两处公园景色优美，与附近的足球活动中心相得益彰，一家人到这里既可以开展体育锻炼，又可以休闲娱乐。

在检查中贾庆林、刘淇说，看了几处绿化隔离带的景点感到很高兴、很振奋，各方面、各单位创造了许多新鲜的经验，对已建成的绿化隔离地区一定要加强管理和养护，不断总结经验，提高绿化美化水平。

市委常委、秘书长杜德印，市人大常委会副主任汪统，副市长岳福洪、汪光焘、刘志华，市政协副主席万嗣铨，以及市政府秘书长黄承祥一同检查。

贾庆林、刘淇5月27日考察北京西北地区生态环境时指出 着眼于北京大环境生态建设 构筑三道防沙治沙绿色屏障

贾庆林、刘淇和市委常委、秘书长杜德印，副市长岳福洪以及市政府秘书长黄承祥5月27日来到了官厅水库大坝，仔细了解和察看了水库水量和水质情况。官厅水库是本市第二大水库。近年来，由于上游降水不足和环境污染，水库面积逐渐减小，水质污染，库区泥沙淤积。贾庆林、刘淇指出，官厅水库是北京市的第二主要水源，市有关部门和延庆县要与河北省有关部门和地区积极配合协作，千方百计搞好库区周围的生态环境，要加强绿化，治理污染，要兴建必要的污水处理工程，采取措施排除淤积泥沙，使官厅水库尽早成为北京市的另一大饮用水源。

贾庆林、刘淇等考察了河北省怀来县境内的天漠沙丘，这个沙丘方圆13.3公顷，与北京市区直线距离70多千米，近年来有逐步扩大的趋势。市领导认真询问了沙丘形成的原因和对环境的危害。

贾庆林、刘淇等市领导听取了市林业局和延庆县的工作汇报。本市的风沙化土地主要分布在11个区县129个乡镇，总面积24万公顷，占全市总面积的14.4%，重点是永定河、潮白河、怀柔密云大沙河流域和延庆康庄、昌平南口地区的“三河、两滩”五大风沙区。近些年来，全市开展了大规模的治沙造林活动。以“三河、两滩”为重点的治沙造林完成了4.4万公顷，实现林木覆盖率27%。五大风沙危害区风速降低了40%，扬沙天数减少了34%。延庆县是本市重点风沙危害地区，为了改善恶劣的自然气候条件，延庆县踏踏实实地植树造林，目前，全县林地面积达到了11万公顷，林木覆盖率达到了55.4%，县城的绿地覆盖率达到了55%，人均绿地面积56平方米。

刘淇讲话说，北京市是水资源匮乏的城市。水资源对于北京市来讲是关系到城市的生存和发展的最基础的条件。全市上下都要认识到水资源保护的重要性，进一步做好开源节流工作。我们要下决心把官厅水库的开源工作做好，加大治理力度，使官厅水库的污染程度减轻，能够作为北京城市的一处重要水源。

刘淇指出，中央非常关心北京市的防沙治沙工作，今年春季多次沙尘天气袭来，北京是风沙危害的重灾区，作为首都在京津地区防沙治沙工作中承担着特别重要的任务，我们一定要高度重视防沙治沙工作，不断增加北京地区的绿化覆盖率。一是各级领导干部要学习和掌握防沙治沙等方面的基础知识；二是全面贯彻关于退耕还林政策，加大农业结构调整力度，通过结构调整，退耕还林，建设起北京的三道绿色生态屏障。包括山地坡地、“首都圈”绿化地区、城市绿化隔离地区和路边、河边、湖边及水源涵养地等都要进行绿化；三是要对重点沙化地区重点治理。要做好规划、制定好政策、加强投入。搞好北京市的生态环境建设，既要努力完成绿化隔离地区的攻坚任务，又要加强重点沙化地区的治理。在防沙治沙过程中，要与发展当地经济和农民致富结合起来，要与绿色产业的发展相结合；要利用高科技防沙治沙，依靠北京市的科技优势，绿化主管部门、各区县要主动与科研单位和院校挂钩，加强协作，发展绿色产业。

贾庆林说，要着眼于北京范围内的大环境生态建设，要统一规划，统一部署，提出目标，加大投入，限期达到一定的效果，实现一定的目标。以燕山、太行山绿化工程为主，从十渡到金海湖，构筑本市第一道绿化生态屏障；以建设“五河十路”和农田林网绿色生态带为重点，构筑本市第二道生态屏障；以绿化隔离地区建设为重点，构筑第三道生态屏障。要切实把这三道绿色生态屏障建设结合起来，总结利用在绿化隔离地区建设中所取得的经验，转变观念，不断有新突破，把大环境的建设进一步地规划好、安排好。山区的大环境的生态建设要与绿化隔离地区的建设齐头并进，要大规模地做好种树、种草工作。同时，在绿化建设中，要与水的治理很好地结合，要相应地把水资源规划做好。

贾庆林、刘淇7月27日到怀柔县调研时要求 郊区要建设成为首都绿色屏障　把小城镇规划好　建设好　管理好

7月27日，市委书记贾庆林、市长刘淇到怀柔县调查研究，在县城边上察看了小泉河治理工程，仔

细询问了工程的规模、治理前后的状况。整个治理工程共动用土石21.2万立方米，完成两岸林带和六个公园绿化24公顷，栽植各种花卉8 500余株，植草坪1.6万平方米，硬化铺装4 306.94平方米。改造后的小泉河由“龙须沟”变成了县城一道新的风景线。贾庆林嘱咐县领导要注意保持河水一定的流量，使其更有益于改善县城的环境。

在杨宋镇，贾庆林、刘淇等察看了这里的小城镇建设情况。杨宋镇是全国小城镇综合改革试点镇，总面积30.5平方千米，辖15个行政村，人口1.8万，5年来，该镇用于基础设施建设投资1.2亿元，先后建成凤翔大街、凤翔东街、北辰路、和平路和凤翔环岛，形成“两纵七横”路网，建成供水、供热、管道煤气站等设施，基本上实现了“七通一平”。

贾庆林、刘淇等听取了县委、县政府的工作汇报。

贾庆林肯定怀柔县经济和社会发展表现出良好的态势，他说，怀柔县抓住举办第四届世界妇女大会等机遇，加快了发展步伐，县城建设和各项事业都上了一个新台阶，特别是在营造优美环境方面，全县的林木覆盖率已达到65%以上。从怀柔县和其它郊区县发生的变化，可以看出郊区的环境建设步伐超出了市区，江总书记要求北京要做到“空气清新，环境优美，生态良好”，可能首先在郊区实现。

贾庆林指出，怀柔的工业发展，不要求大求全，要从实际出发，从自身的资源条件出发，办出符合自己经济特色的产业。有条件发展的产业，要纳入统一的发展规划。怀柔县污染少，水质好，有条件发展饮料业、食品业，目前已经形成红牛、如梦等几个大规模的饮料企业。在这方面，怀柔要形成独树一帜的特色，成为全市的饮料、食品基地。要大力促进私营个体等非国有经济的发展，发挥多种所有制在增加就业、繁荣经济、满足群众多样化需求等方面的作用。

贾庆林指出，怀柔县要把环境建设作为重要发展方向之一，把建设首都绿色屏障放到事关全局的重要位置上。要真正保持北京城区环境的优美，首先要搞好郊区的环境建设，怀柔是北京郊区绿色屏障的一个重要环节，环境建设搞好了，就会促进旅游产业不断发展，要注意搞好旅游安全，加强管理，为城区市民创造休闲的场所。

贾庆林指出，怀柔的杨宋镇、昌平的小汤山、房山的良乡等区县小城镇的建设搞得很好。城市的发展是和经济的发展相适应的，首先要把经济搞上去，才可以推进城市现代化建设。小城镇建设首先要把经济发展起来，使乡镇范围内的工业集中发展，形成工业小区。在中心城镇的经济发展中，使人口逐步向小城镇集中。各区县要根据实际情况，调整经济结构，用经济的发展来带动城镇的发展。要努力把京郊的小城镇规划好，建设好，管理好，不要重复建设。小城镇建设要有长远的观点，经过科学论证，落实各项措施。包括水、电、气、热等基础设施建设都要落实，要以规划为指导逐步实施。小城镇建设要加强管理，培养小城镇居民的城市意识，从一开始就按照城市的管理办法加强管理，促进小城镇居民完成从农民到市民的转变。

贾庆林8月22日在房山区调查研究指出
农村要想变关键靠党建
农村要想稳党建是根本

8月22日，市委书记贾庆林冒雨到房山区调查研究。上午，贾庆林和市委常委、秘书长杜德印等察看了拒马河水系和十渡镇以拒马河为依托发展旅游业和鲟鱼养殖业的情况。十渡镇目前是市级风景名胜区，北京市唯一的旅游专业镇，1992年以来，十渡镇累计引进资金6.5亿元。近两年，他们以建设鲟鱼养殖基地为龙头，带动拒马河沿岸各村发展鲟鱼养殖，目前已建成鲟鱼池250个，有望成为全国最大的鲟鱼养殖基地。贾庆林详细询问了旅游客源、收入、设施安全等情况，嘱咐要不断提高服务水平，保证游客安全，搞好旅游区的生态建设。在察看鲟鱼养殖中心时，贾庆林仔细询问了拒马河的水质、鲟鱼的市场销售等情况，要求区、镇领导注意发挥当地资源优势，科学养鱼，多发展优良品种，要充分调动农民的积极性，使养殖业成为农民致富的一条渠道。

贾庆林等来到南尚乐镇，察看了石雕园和石窝雕刻厂，这里总规划面积44万平方米，已入住石材商贸加工企业43家，明年将建成全国最大的石材加工基地和交易市场。贾庆林了解了石材产品的市场占有情况和入驻企业的效益情况，对在场的干部说，要将石材加工和发展旅游有机结合起来，使人们在游览青山秀水的同时也得到艺术的享受。贾庆林等还察看了长沟镇的小村镇建设。

下午，贾庆林等察看了韩村河村的村民住宅、村办公园、村办宾馆，还登上村里的观景台，俯瞰了韩村河的全貌。他仔细询问了韩村河近两年来经济发展、村民收入、村镇建设等情况，当得知全村今年人均收入可达到9 100元时，贾庆林高兴地说，韩村河的集体经济发展势头好，在农民致富的过程中，集体经济必须不断地发展壮大。

在南韩继村，贾庆林等察看了这里的生态村建设情况。村党支部在带领农民发展经济的同时，注重生态建设，利用人畜粪便发展沼气，解决了村民炊饮、田地有机肥来源等问题。贾庆林说，这个做法很好，在建设社会主义新农村的同时，一定要搞好生态建设，这是建设首都大环境的需要。

贾庆林听取了南韩继村党支部和房山区委关于加强基层党组织建设情况的汇报。南韩继村党支部认为：农村要想变，关键抓党建；农村要想稳，党建是根本。他们通过抓班子建设，充分发挥党支部的战斗堡垒作用；通过加强党员队伍建设，充分发挥党员的先锋模范作用，使全村两个文明建设不断取得新的成绩。

贾庆林讲话说，在房山区看了一些地方，经济发展势头和干部群众的精神面貌都很好。说明这里的基层党组织在农村各项工作中发挥了重要作用。基层党支部是农村各种基层组织和各项事业的领导核心。搞好农村基层党组织的建设至关重要。农村的稳定和各项事业的发展，很大程度上取决于党支部的凝聚力、号召力、战斗力。南韩继村总结的“农村要想变，关键靠党建；农村要想稳，党建是根本。”朴实的语言说出了真理。房山区组织100个基层党支部作为先进典型推广，一定会大大推进房山农村的各项工作。农村党组织要适应形势的需要，不断提高基层党员干部的素质，要学习一些基本的社会主义市场经济知识、农业科技知识，要学会依法办事，搞好村务公开，加强民主制度建设。做好农村工作要牢牢抓住基层党组建设这个核心，促进农村各项工作迈上一个新台阶。

贾庆林强调，要坚决搞好农村经济结构调整。今年郊区的结构调整已取得了突破性进展。目前，全市乡镇企业已经形成资产重组和二次创业。这有市场的作用，也有规模经济的促进作用。在调整中，成本高、污染严重的企业，必然被淘汰；科技含量高、效益好的企业必将占领市场。

贾庆林指出，在农村经济发展中，一定要不断壮大集体经济，公共事业要发展，没有集体经济的增强，是不行的。壮大集体经济与提高农民生活水平是密切相关的。有了强大的集体经济就可以为村民办更多的实事好事，增强党支部的凝聚力、号召力。

贾庆林强调，加强农村生态环境建设事关全局。北京城市三条绿色屏障地处郊区，各区、县都要广泛发动群众，积极投身绿色屏障的建设。北京是水资源匮乏城市，农村和城市一样，在用水上都要厉行节约，要发展节水型农业。要利用人畜粪便资源大力推广沼气应用，从可持续发展出发，搞好垃圾填埋、污水处理，使京郊农村永葆空气清新、生态良好、环境优美。他要求，农村的各级党组织要把维护稳定作为一项重要任务，保持稳定是发展农村经济和各项事业的根本保证。

贾庆林9月2日在丰台区调研时强调
加强城乡结合部建设提高城市化管理水平

贾庆林和市委常委、秘书长杜德印等9月2日来到位于丰台六里桥地区的莲花池公园，察看这里的建设情况。莲花池始建于元代，从1999年开始，丰台区对莲花池地区进行清淤改造，现已完成13万平方米的绿化工程，这里将建成大型城市水上娱乐主题公园。步入公园，但见满园青翠、绿草如茵。贾庆林嘱咐有关负责同志，城市建设既要注意节水，又要保证生态环境建设用水，要通过雨污分开等措施，保证生态用水的可持续利用。

贾庆林等来到丰台区在绿化隔离地区建设的草桥欣园，这里绿化面积达48.6公顷。在村民兴建的居民楼内，贾庆林向村民询问了搬迁、居住情况后指出，环境设施的改善和完善的物业管理将为农民提供良好的居住条件。

随后，贾庆林等察看了新发地公园的建设情况。新发地公园规划占地40公顷，目前一期工程已建成14.6公顷，栽植各种树木30多种、草坪9万平方米，整个公园建成后，将达到三季有花、四季常青、绿树成荫的效果，成为当地居民一个新的休闲、娱乐、健身的好去处。贾庆林要求一定要把绿色园林建设好、维护好、经营好，使之成为绿色产业，同时带动旧城改造和农村居民居住条件的改善。贾庆林等还沿途察看了葆台采摘观光园，了解了整个丰台区内绿化隔离带的建设情况。

贾庆林听取了丰台区的工作汇报。贾庆林讲话说，丰台区各级干部贯彻党中央、国务院和市委、市政府的部署和决策态度是坚决的，效果也是好的。从党的建设、廉政建设到经济建设、城市建设，特别是环境建设都取得了很大的成绩，在绿化隔离带建设和南四环路两侧绿化工作中，丰台区作出了榜样。丰台区搞好四环路两侧绿化工程，路修到哪里，就按规划绿化到哪里的经验值得推广。丰台区各级干部和群众精神面貌好，有一种不甘落后，积极进取的精神。有了这种精神和改革进取的决心，就不怕任何困难，就能不断取得新的成就。

贾庆林强调，今年全市工作的一个重点是加强城乡结合部地区的建设，要搞好城乡结合部的建设事关全局。不仅仅是抓环境建设，还要抓社会治安治理，推进小城镇建设，提高城市化水平。丰台区大部分地区处于城乡结合部，要通过搞好绿化隔离地区建设和加快小城镇建设，改变人们的居住和环境面貌。加强城乡结合部地区建设，还要注意做好深入细致的思想政治工作，使广大群众理解与支持政府的工作，并自觉地投入到工作中来。我们要把好事办好，把实事办实。

贾庆林指出，北京市“十五”计划的一个重点是城市建设的重心适当向南城倾斜。丰台的一部分地区属于南城，在制订“十五”计划中，要有明确清晰的思路，不等不靠，突出重点，要着重搞好四环路以内地区和南中轴路延长线的建设，要有自己的精品街，各项建设要与城市建设总体规划相衔接，要结合城市的总体规划，搞出自身的特色。

贾庆林强调，当前，我们要举全市之力，办申奥大事，要以申办奥运带动和促进各项工作。各地区各单位都要树立强烈的申奥意识和工作责任感，要明确自身的工作重点，通过申奥扎扎实实地推动各项工作上一个新台阶。

贾庆林9月9日检查全市农业结构调整工作时强调以农民致富为主线加快农业结构调整

9月9日，市委书记贾庆林、市委副书记张福森到房山区、大兴县、通州区检查了全市农业结构调整工作。上午，贾庆林、张福森和市委常委、秘书长杜德印，副市长岳福洪等同与会人员一起来到房山区，首先察看了官道镇獭兔养殖小区的情况。官道镇从1999年6月份开始筹建养兔小区，小区占地6.6公顷，建兔舍40栋，总投资800万元，目前一期工程现已完工，建成兔舍100栋，进入小区养兔户已达到40户，养种兔2 200只，带动散养农户58户，全村养兔户数达到98户，占全村总户数的85%。今年全村可养商品兔15万只，收入750万元，纯收入300万元，人均纯收入7 481元。该村还与几家养殖公司联合成立了养兔专业合作经济组织，向农户提供种兔，并负责回收，达到养殖管理统一、防疫统一、回收标准统一，保证了公司与农民共同受益，共同发展。贾庆林详细询问了农民养兔收入和市场销售情况，嘱咐养殖小区要面向市场，及时调整产品结构，以适应不断变化的市场需求。在官道镇北京卓宸畜牧有限公司，贾庆林仔细询问了公司与农户开展合作的情况。目前，卓宸公司已与房山区12个乡镇、22个村的1 000余农户签订了肉牛养殖合同，与通州、顺义、延庆等区县建立了饲养、收购合作关系。公司投资新建的万头肉牛饲养区也通过合同形式，带动周边农户从事肉牛养殖，形成年出栏2万头的规模，实现收入1亿元。贾庆林在察看该公司的牛肉生产车间时，要求公司确保牛肉质量，严把肉品卫生检疫关，在全国创出名牌。

贾庆林、张福森等来到大兴县，考察了顺兴葡萄酒厂，该厂自1997年以来，技术改造投入就达到8 000多万元，通过开发新产品、扩建生产厂房等措施，使公司的生产能力达到20 000吨。贾庆林对该厂主动与果农建立供货关系的做法给予表扬。在大兴县亦庄镇，贾庆林等察看了该镇发展精品农业的情况。该镇地处京津塘高速路以东的低洼盐碱地带，高速路取土造成该地区排水难、易涝，1998年该镇经过市场调查和试种，开始种植藕、茭白和油葵，目前面积已达到了246.6公顷，经济效益比种植水稻翻了两番。

贾庆林、张福森等还来到通州区，了解牛堡屯镇莲藕生产情况和郎府镇绿色兔业高效园建设情况。贾庆林向农户仔细询问了养殖、政策、收入以及围绕养兔发展绿色产业的情况。绿色养兔高效园占地6.6公顷，总投资280万元。园区入住养殖户已达到40户，园内每户引进法国“伊普吕”肉兔20组，成立了肉兔生产合作社，实行统一管理，单独核算。从目前的饲养实践和发展，合同规定回收每只重2千克的种兔价格为55元，每组种兔每年可获得纯利3 000元，利润十分可观。

贾庆林11月3日在延庆县调查研究指出依托地域优势快步大发展

贾庆林和市委常委、秘书长杜德印，副市长刘志华等考察了延庆的旅游资源，他们先后察看了松山风景区、古崖居风景区和延庆县城内新建的夏都公园。贾庆林仔细询问了松山、古崖居两处景区的客流、服务设施及冬季防火情况，嘱咐要加强绿化美化，维护好生态环境，古崖居作为古代人类活动的遗迹，历史价值十分珍贵，要妥善保护好。随后，市领导来到夏都公园，贾庆林对在县城中建造这样一处大面积的公园十分称赞。

贾庆林指出，这几年延庆县经济建设和社会发展势头良好，这是县委、县政府带领全县人民共同努力、艰苦奋斗的结果。

贾庆林强调，当前全市上下正在认真学习贯彻党的十五届五中全会精神和市委八届六次全会精神，延庆县和各郊区县要结合本地实际，坚持发展是硬道理，发挥地域优势，加快各项事业发展的步伐。延庆县地处塞北，要更加重视旅游资源的开发、利用和保护，为城里人休闲娱乐提供好去处。要进一步搞好环境，维护生态平衡，发展绿色产业，吸引更多的国内外著名高科技企业到延庆县安家落户。

贾庆林 11 月 4 日到大兴县调研时强调加快农村工业化进程

在京开高速公路旁的九龙花园住宅小区，贾庆林、张福森和市委常委、秘书长杜德印等观看了小区的设计平面图，仔细询问了小区的规模、造价、环境绿化、居民入住等情况，还深入住户察看了户型设计。贾庆林指出，新建小区一定要搞好物业管理，千方百计为住户提供方便，收费价格要合理。

贾庆林、张福森等来到位于大兴工业开发区的三元基因工程有限公司，这是一家集研制、开发、生产和销售于一体的现代医药生物技术企业，目前生产包括基因工程药物、疫苗和诊断试剂三个系列共十个品种，其中运德素生产线已大规模投产。市领导察看了这里的干扰素生产车间，了解了医用干扰素的市场占有情况和发展前景。贾庆林说，你们已经有了一个很好的基础，有一批致力于基因工程研制开发的人才，要科研、生产相结合，以技术创新为动力，不断推出新产品，开拓国内外市场，为首都增光。

市领导察看了黄村卫星城边正在兴建的兴城广场，这里有水景、喷泉、雕塑和可容纳万人活动的绿化广场。随后，市领导察看了黄村污水处理厂，该工程建设规模为近期日处理污水 8 万立方米，远期为 12 万立方米，使卫星城的污水处理率达到 80%以上。

在瀛海奶业基地，贾庆林、张福森、杜德印和副市长岳福洪察看了奶牛饲养厂，这是集养殖、加工、销售为一体，以农民投资为主体的股份合作制企业。占地 10 公顷，可饲养奶牛 1 300 头，其中成母牛 720 头，年产奶 5 200 吨，年加工鲜奶 7 000 吨。

市领导听取了大兴县委、县政府的工作汇报。

贾庆林在讲话中充分肯定了大兴县这几年的工作。他说，大兴县经济和社会发展取得了很大成绩，这是县委、县人大、县政府、县政协四套班子带领全县人民改革进取、战天斗地取得的成果。当前，我们正在努力贯彻落实党的十五届五中全会精神和市委八届六次全会精神，各地区、各单位都要结合自身实际，认真总结“九五”期间的成绩和经验。以五中全会为标志，我国人民生活总体上达到了小康水平，从新世纪开始，我国将进入全面建设小康社会，加快推进现代化的新的发展阶段。这是中华民族发展史上的新的里程碑。各地区、各单位要按照江总书记要求的“致富思源、富而思进”，认真总结“九五”期间的工作，为制定好“十五”计划打下一个坚实的基础，要有明确的指导思想和工作思路，一切从实际出发，勾画出各自的新世纪之初的发展蓝图。

贾庆林强调，率先实现京郊农业的现代化，关键是搞好农业和农村经济结构调整，加速农村工业化进程，加快郊区二三产业发展，实现乡镇企业二次创业。当前，伴随信息化的各种新兴产业发展迅猛，而我们尚处于工业化的进程中。北京郊区要抓住历史的机遇，把工业化和信息化结合起来，发挥后发优势，用信息化带动工业化，加快工业化进程和发展。

要按照首都经济的发展方向，大力发展高科技产业，特别是五大支柱产业，用高科技改造传统工业。种植业、养殖业、畜牧业、服务业都可以引入高科技手段。要加大引进外资和国外先进技术、管理的力度，迎头赶上国际先进水平，实现跨越式发展。

贾庆林指出，要坚持发展是硬道理，牢牢把握发展的主题，在发展中调整，在调整中发展。要面向市场，依靠科技，增加效益，富裕农民，逐步形成结构合理、功能完善、生态健全的都市型郊区经济。

贾庆林 11 月 19 日到密云县调研时强调把提高人民生活水平作为出发点全面向更加富裕的小康社会迈进

贾庆林和市委常委、秘书长杜德印首先来到密云工业开发区，察看了位于工业区内的恒基伟业公司、清华同方光盘公司、数据公司和清华阳光公司。恒基伟业公司是中国著名的移动信息处理设备的生产和服务公司，它所经营的“商务通”掌上手写电脑系列产品已经成为中国掌上电脑领域的主导品牌，市场占有份额达70%左右。清华阳光公司是生产全玻璃真空太阳集热管太阳集热器的高新技术企业。市领导在恒基伟业生产车间、包装车间，在清华同方光盘公司、数据公司的母本车间、复制车间、印刷车间，以及清华阳光便携式太阳能热水器生产车间查看了产品的生产情况，询问了产品的性能、成本、产值、市场销售情况。贾庆林说，要根据市场情况，多开发不同档次的新产品，满足社会不同群体的需要。

随后，贾庆林等来到密云奥林匹克全民健身园。密云奥林匹克全民健身园是密云县2000年启动的城市环境建设重点工程，公园以穿城而过的白河为依托，在白河两岸实施高品位绿化工程，将群众体育健身活动融入自然生态的环境之中。市领导仔细察看了密云白河环境景观规划设计图，了解了密云县城白河两岸绿化规划和密云县新世纪绿岛公园的建设及密云县新南路道路改造工程情况。

从密云奥林匹克全民健身园出来，贾庆林等又察看了河南寨镇千亩设施农业园。河南寨镇耕地总面积2 400公顷，7 500户，2.3万人，现有菜田面积400公顷，其中设施菜田面积233.3公顷，是密云县蔬菜生产专业镇。贾庆林等在农业园大棚温室内，兴致勃勃地查看了芦荟生长情况，询问了芦荟的生长、投资、成本、销售及市场情况。当了解到农户能在短时间内收回成本获得效益时，贾庆林高兴地对当地村干部说，农民有积极性，你们要多搞一些设施菜田，带领大家致富。要随时了解市场信息，市场价格，给农民提供有效信息，指导生产经营，增加农民收入。

市领导听取了密云县委、县政府的汇报。

贾庆林在讲话中充分肯定了密云县四套领导班子带领全县人民战天斗地，锐意改革，奋发进取所取得的突出成绩。他说，这几年密云县经济和社会各项事业发展快、进步大，今年1～10月份密云县经济增长高于全市平均水平，特别是工业开发区初具规模，是未来发展的希望。县委、县政府的工作思路对头，围绕环境调整结构，围绕环境发展经济，大力引进高科技企业，经济发展显示出强劲势头。从密云县和北京郊区发生的巨大变化可以看出，完全可以实现一年一个样，三年大变样。

贾庆林强调，要坚决贯彻落实党的十五届五中全会精神，把不断提高城乡人民生活水平作为经济和社会发展的出发点和归宿，这也是扩大内需，拉动经济的动力。“九五”期间，全市经济和社会各项事业快速发展，人民生活达到了小康水平，我们要按照江总书记指出的“致富思源，富而思进”，带领人民群众向更富裕的小康社会迈进，使农民的居住条件、生活环境更好，文化生活更丰富，农民的收入得到最大限度的增加。要抓住当前的大好时机，积极推进农业现代化。农业和农村经济结构调整，要面向市场，依靠科技，增加效益，富裕农民，逐步形成结构合理、功能完善、生态健全的都市型郊区经济。在结构调整中，要大力引进发展适合郊区特点的高科技企业，发展服务业，促进郊区二三产业发展，加速农村工业化、现代化。在大步迈向更加富裕的小康社会的同时，要注意解决相对贫困问题，加强扶贫开发、扶贫济困，使相对贫困的地区和人口尽快脱贫。

贾庆林指出，要加速推进郊区小城镇建设，增强对农村劳动力转移的接纳力和市区产业转移的吸引力，促进北京城市化、现代化总体水平的提高。密云和各山区县要注意加快将生活条件困难的山区人口吸引到小城镇中来，一方面保护了山区的自然环境，另一方面随着小城镇人口的不断增加，政府要加大对小城镇基础设施建设的投入，将会大大拉动经济的发展，提高人民生活水平。

贾庆林说，密云县在发展经济上有自身的优势，过去常讲，保护密云水库环境影响了工业的发展，现在看来这对密云县也是好事，传统工业少，历史包袱小，生态环境好，大力发展无污染的高科技企业有着后发优势。

贾庆林要求，密云县干部群众肩负着保护密云水库这盆净水的神圣责任，密云水库是北京市的饮用水源，是全市人民的生命之水，绝对不能污染。密云县既要做好自身的保护工作，还要加强与上游地区的合作，保证全流域不截流、不污染，广泛植树种草，涵养水源、保护水源、开发水源，为全市人民做出更大贡献。

贾庆林12月7日到门头沟区调研指出
明年经济工作一件大事
千方百计增加农民收入

贾庆林和副市长岳福洪首先来到冯村砖厂、仙潭珍禽养殖场，察看了冯村砖厂的生产车间。冯村砖厂利用煤干石、粉煤灰等废物生产建筑空心砖，年产量6 000多万块。贾庆林仔细询问了砖厂的原料、成本、生产及环保情况，他说，你们变废为宝，变废为利，要注意降低成本，做到经济适用，才能在市场竞争中站住脚。在仙潭珍禽养殖场，贾庆林察看了饲养山鸡、珍珠鸡、乌鸡等珍禽的养殖，询问了养殖场带动农户饲养、防病、收购、销售等一条龙服务的情况。当听到养殖场负责人介绍说，每只珍珠鸡一般能卖到40元，有的农户今年已卖出1 000多只时，贾庆林说，要为农户服务好，提高他们的收入。贾庆林、岳福洪等市领导还在门头沟区的戒台寺、潭柘寺风景区考察了旅游资源的开发利用情况。

市领导听取了门头沟区委、区政府的工作汇报。

贾庆林在讲话中充分肯定了门头沟区四套领导班子带领全区人民改革进取、团结奋斗所取得的突出成绩。他说，这几年门头沟区经济和社会各项事业有了很大发展，为新世纪的进一步发展打下了良好的基础。希望门头沟区把现有的成绩作为新的起点，加大改革步伐，发挥地域优势，围绕环境发展经济，建设好首都西部的绿色屏障，使各项事业不断进步，人民生活水平不断提高。

贾庆林强调，要认真贯彻落实党的十五届五中全会精神和刚刚闭幕的中央经济工作会议精神，以提高人民生活水平作为我们一切工作的根本出发点，要注意关心和解决人民生活问题。不断改善人民生活，是我们党全心全意为人民服务宗旨和“三个代表”要求的最终体现，是处理好改革、发展、稳定关系的结合点。现在，全国总体上已摆脱了绝对贫困，人民生活总体上达到了小康水平，这是中华民族振兴的重要标志。北京和全国一样，在迈入小康社会的同时，要看到农村地区比城市还相对贫困，各级党委和政府必须把加强农业和增加农民收入放在经济工作的突出位置，把千方百计增加农民收入作为明年经济工作的一件大事来抓。要继续推进农业和农村经济结构的战略性调整，紧紧依靠科技，优化农产品品种结构，发挥区域比较优势，大幅度提高农业的整体素质和效益。要以科技创新为动力，搞好郊区工业化发展，加快郊区小城镇建设，推进城市化进程，使广大农民安居乐业。

贾庆林指出，这几年门头沟和其他郊区县水利富民工程建设有了很大进展，由政府投入到农民自觉投入，五小水利工程在解决旱涝保收上已经发挥了很大作用，农民收入有了显著提高。今后这项工作要进一步抓紧抓好，通过实施水利富民工程真正造福于广大农民，使他们的生活每年都有较大提高。

贾庆林说，京西旅游走出了一条健康发展的路子。门头沟区有着丰富的旅游资源，戒台寺、潭柘寺、灵山、妙峰山、珍珠湖等都是著名的风景区，要很好地发掘和利用好，变资源为资本，要抓好导游队伍建设，保护好风景旅游区的环境，要把旅游业作为一项事业来办，使京西旅游风景区的建设真正成为门头沟的一个经济增长点。

贾庆林强调，现在已是年终岁首，各区县、各单位一定要按照十五届五中全会和中央经济工作会议精神，制定好自己的“十五”计划，领导干部要高度重视，要亲自抓，要广泛听取各方面的意见，体现出新世纪本地区本系统发展的奋斗目标，指导好今后五年的工作。岳福洪就明年山区建设工作讲了话。

市长刘淇2月19日、20日在朝阳、丰台调研时指出 加快建设城市绿化隔离带

市长刘淇19日和20日在朝阳、丰台两区调研时指出，实现城市绿化隔离带的绿化要有新思路，要采取多种方式，以绿色产业为主体，加快建设步伐。

在朝阳区大屯乡辛店村外的片林和丰台区卢沟桥乡正在建设中的北京世界风情园这两片隔离片林边，刘淇仔细询问了这些林地中建筑物占的比例、绿地管理和养护情况、农民生活等问题，同时察看了为建设隔离片林筹资的慧忠北里、大屯里和玉泉小区规划建设。

刘淇对朝阳区今春确保266.6公顷、力争完成333.3公顷绿化隔离片林建设和丰台区在保证完成今年建设隔离片林任务后争取超额完成任务的汇报，给予了很高的评价。他说，加强城乡结合部的管理和建设绿化隔离带，是市区两级政府今年提高城市现代化水平最重要的工作，也是突破口。江泽民总书记前不久视察北京工作时，要求把北京建设成空气清新、环境优美、生态良好的现代化城市，今年主要任务之一是加强城乡结合部的管理和绿化建设，希望这项工作能够加快，如果形不成绿化隔离带，北京城市总体规划将受到严重破坏，成为国际大都市，提高市民生活质量，就都是一句空话，在这个问题上态度一定要坚决。绿化隔离带搞好了，对所在区的经济发展、城市建设，会起很大促进作用。没有一个好的环境，谁来给你投资？一些精明的房产商，先把周围绿地建起来，买房的人一看环境好，就买了房，环境是发展经济的先决条件。

刘淇指出，城乡绿化隔离带经济发展靠什么？既然是绿化隔离带，就要在绿色上做文章，使当地农民在经济上有收益，只要能够形成一个绿色的产业，就能较好地解决农民生活，当地经济发展就不会有大的问题，也使绿化隔离带的养护经费有着落，在这方面一定要有新的思路。规划绿化隔离带中怎么形成新的居住点也要有新思路，要立足于调动有关方面，特别是农民自身的积极性，搞好旧村改造，结合房改政策，把政府要我搬变成我要搬。房屋开发商代征地，只开发不绿化，成为脏乱差的问题，要拿出个办法来解决，你不绿化，就让别人来开发，我们制定的政

策，要有利于绿化隔离带的建设。从北京城市定位的高度考虑，绿化隔离带的规划标准要高，要从建设绿色产业的角度来搞，别什么品种的树都种，种上再换就难了，要选择优良树种。

副市长岳福洪、刘志华，市政府秘书长黄承祥等参加了调研。

刘淇2月26日察看四季青乡城市绿化隔离带建设情况时指出 更新思路 加快建设 营造优美城市环境

市长刘淇2月26日来到海淀区板井地区，乘车察看了曙光小区隔离带的绿化建设和农民住宅改造情况。在四季青乡门头村，市领导仔细察看和详细了解了绿化片林基地建设进展情况，刘淇对这个村退耕还林、统一规划建设村民住宅楼的作法给予肯定。

随后，市领导还察看了四季青乡城市绿化隔离地区的综合建设情况，并听取了四季青乡和海淀区的负责人的汇报。

刘淇在讲话中充分肯定了海淀区和四季青乡在环境绿化美化方面所取得的成绩。他指出，市委、市政府十分重视首都城市环境建设，最近已做出决定，要进一步加快城市绿化隔离带的建设步伐，争取用3年时间，完成绿化隔离带绿化，改善北京城市环境。

刘淇说，加快城市绿化隔离带建设，关键是要转变观念，更新思路。各区县领导要充分认识到发展首都经济的重要方面是吸引、留住大批高科技人才，吸引、留住人才要建设整洁、优美的城市环境。各级领导要进一步提高认识，变要我绿化为我要绿化，用城市环境的改善促进各项事业发展。

刘淇强调，各地区在城市绿化隔离带的建设中要因地制宜，采取适合各自情况的多种形式。要利用国家退耕还林的政策和乡镇的改造、农村产业结构调整的有利时机，加快实施步伐，建设中要注意保护农民的利益，注意研究和解决近郊区农民增加收入和持续发展问题。

副市长岳福洪、刘志华一同考察。

刘淇7月6日在通州区顺义区调研时指出 抓住机遇推进农业结构调整

刘淇和副市长岳福洪7月6日来到通州区梨园镇将军坟村药材种植基地，察看了知母、射干等中草药生长情况。这里的农民在北京中医药大学等单位帮助下，利用原有良田改种中草药，每亩纯收入达到1 000元以上。在北京琪景饮片厂，市领导了解了药材加工生产过程。这个饮片厂是集中草药种植、加工、销售为一体的股份制企业，它以企业建基地、基地带农户的形式，使1万多户农民通过种植、加工、营销中草药增收致富。

随后，刘淇等来到通州区徐辛庄镇尹各庄村牧草基地，察看牧草生长情况。在顺义区龙湾屯镇北京绿健现代农业发展有限公司养猪基地，市领导询问了企业发展情况，并通过闭路电视了解了生猪生长情况。

顺义区“三高”农业示范区三益生物科技中心，刘淇等参观了花卉组培车间、养殖车间，向中心负责人仔细了解了兰花的培养、生产和出口创汇情况。市领导还来到顺鑫长青蔬菜有限公司，参观了利用深池浮板技术生产无污染蔬菜的过程。

市领导在调研中听取了市农委负责人关于京郊农业结构调整情况的汇报。

刘淇在讲话中指出，今年本市农业结构调整的发展势头良好，受到农民拥护。我们一定要抓住当前大好机遇，解决调整中出现的新问题，全面推动农村经济的发展。刘淇要求，政府部门要认真转变职能，为农业结构调整创造良好环境。结构调整的主体是农民，要尊重他们的主动性和创造性，政府的工作是政策引导、树立典型、搞好服务，要千方百计为农民增收创造条件，调动农民参与农业结构调整的积极性，使调整的各项措施落到实处。

刘淇强调，要高度重视科技在农业中的作用，引导农民利用现代农业生产技术，改造传统农业。要促进科技成果在农业结构调整中转化为生产力，提高农业劳动生产率。

刘淇说，农业结构调整也要与农村城镇化建设相结合，使农村社会经济协调发展。发展新型、高效农业要注意环境保护、节水和防止土地污染，建设清洁优美的现代化新农村。

刘淇8月5日到房山区调研农业结构调整时指出 落实农业结构调整措施促进农村经济全面发展

刘淇和副市长岳福洪8月5日来到房山区官道镇刘庄村獭兔养殖基地，察看獭兔养殖情况。这里已建兔舍40栋，养种兔2 200只，预计全村全年可养商品兔15万只，收入达到750万元。养兔专业户已达40户，带动了全村养殖业的发展。在官道镇卓宸畜牧有限公司，市领导察看了肥牛饲养情况，参观了屠宰流水线。这家公司年生产加工肉牛3万头，肉羊10万只，是大型养殖加工企业，公司与房山区12个乡镇、1 000多农户签订了肉牛养殖合同，带动周边农户从事肉牛养殖，形成年出栏肉牛2万头，实现收入1亿元的规模。刘淇详细了解了肥牛屠宰加工的全过程，并叮嘱公司负责人一定要做好卫生防疫工作，保证牛肉的卫生和食用安全。

随后，市领导来到交道镇一街村察看苗圃、果园基地建设情况。几年来，这个村通过农业结构调整，全村经济作物种植面积发展到101.6公顷，粮食作物和经济作物之比已达2:8，村里投资建设的“高效农业示范园”引进了名、特、优、新的几十种水果，预计全年可实现收入120万元。市领导还察看了韩村河村镇规划建设情况。

市领导听取了房山区负责人关于全区上半年农业结构调整工作的汇报。

刘淇在讲话中对房山区上半年农业结构调整取得的成绩给予充分肯定，他要求全区进一步贯彻落实市委、市政府关于农业结构调整的各项部署，把握重点，狠抓落实，培育农村新的经济增长点，促进农业发展再上新台阶。

刘淇强调，京郊在农业结构调整中要下决心、下大力压缩和淘汰污染环境和存在安全隐患的小煤窑、小玻璃等“五小企业”，扶植和发展优质高效的新型产业，从而带动整个农业经济结构调整步入良性循环的轨道。

刘淇说，农村的村镇建设也要做好规划，要逐步引导富裕起来的农民按规划搞建设，大力整治环境，加快建设社会主义新农村。

刘淇8月10日到天竺空港工业区调研时指出 抓住机遇　完善服务　建设一流工业园区

刘淇和副市长张茅8月10日来到天竺空港工业区察看北京JVC电子产业有限公司录像机生产和装配生产线。这家中日合资企业总投资6 018万美元，中方、日方各出资50%，设计、开发、生产摄像机、录像机、数字照相机等电子产品，去年生产录像机93万台，居全国第一位，出口额达7 900万美元。在北京爱立信移动通信公司，市领导仔细了解了手机组装、基站生产线的生产情况，北京爱立信公司年产手机已达500万部，目前国产化率已接近40%，今年的出口额将达到20亿元，已发展成为国内最大的合资企业之一。刘淇向公司负责人询问了手机售后服务和维修情况，并表示对公司今后的扩大发展给予全力支持。

随后，市领导来到华欧航空培训及支援中心，参观了空中客车客机全飞行机务模拟器和客舱训练器。刘淇等饶有兴趣地走进模拟客舱，了解了飞机模拟飞行情况。这家中心是国内最大、最先进的集航空培训和客户支援为一体的设施，其中空中客车公司投资8 000万美元，主要从事中外飞行员的培训、飞机零配件供应等业务。市领导还参观了中心计算机飞行培训系统、保税仓库。

市领导在调研中听取了空港工业区的情况汇报。天竺空港工业区首期开发3平方千米，累计完成市政投入6.83亿元人民币。截止到今年上半年，入区建厂的企业已达64家，投资总额9.1亿美元，其中中外合资企业41家，外资占投资总额的86%，六年来平均每年引资达1.5亿美元。空港工业区发展呈现出四个特点：一是与航空相关的产业得到较快的发展。二是着重吸引和发展科技含量高、投资规模大的电子信息项目，形成了以电子信息为主导的产业格局。三是入区的国际跨国公司多。四是产品的技术密集度高。

刘淇在讲话中指出，空港工业区发展形势很好，要认真总结经验，研究在上半年取得的成绩的基础上，如何加快发展步伐。空港工业区面临新的发展机遇，要抓住机遇，加强领导，进一步把工业园区办好。

刘淇说，搞好空港工业区关键是提高竞争力，要以自己的优势和特色，加大招商引资力度。要简化办事程序，提高办事效率，为入区企业提供优质服务。要给予必要的政策支持，财政扶植，增强吸引力，把空港工业区办成一个最具竞争力的工业园区。

刘淇 8 月 12 日在平谷县调研时指出 继续深化农业结构调整　高标准搞好小城镇建设

市长刘淇等 8 月 12 日来到平谷县大桃交易市场，察看了市场建设和大桃交易情况。这个市场建于 1998 年，一期投资 2 300 万元，占地 19.4 万平方米，共建设 100 间交易大厅。去年市场运营以来，全县 70%的大桃由此销往全国各地，年交易额达 1.5 亿元。最近，市场内又建起了一座大屏幕户外果品价格电子显示系统，并与全国各大农贸市场实现了联网，使果农、交易商及时准确地了解市场行情，促进了果品交易。在夏各庄陈太务村果品高效园区，刘淇详细了解了优质晚桃的生长情况。当刘淇了解到这个园区内的大桃普遍采用了渗灌、滴灌等节水措施时，十分高兴，他叮嘱园区负责人，一定要抓好节水灌溉工作，优先发展节水型农业。

随后，市领导来到平谷县城世纪广场，察看广场二期工程建设情况。世纪广场位于县城中心，占地总面积 20 万平方米。平谷县多方筹资 4 300 万元，分二期于今年 7 月底完成工程建设。刘淇等还参观了华北地区最大的室内温泉游泳场平谷绿都大浴场。

市领导在调研中听取了平谷县工作汇报。

刘淇在讲话中指出，平谷县近几年来认真贯彻、执行市委、市政府制定的方针、政策，经济发展速度快，效益好，城镇面貌变化很大，经济社会整体发展步入了良性循环。他希望平谷县在认真总结取得的成绩的基础上，研究如何进一步加快发展步伐，再上新台阶。

刘淇强调，平谷县经济之所以快速发展，一个重要原因是抓住了农业结构调整这个龙头，以大桃产业为重点，不断调整和优化农业结构，并且不断提高农业结构调整的水平。这充分说明，京郊农业结构调整大有可为，要坚定不移地搞下去。

刘淇说，在农业结构调整的过程中，各级政府的职能也要相应转变，为调整服务。平谷陈太务村大桃高效园区建设中，县、乡政府注意搞好政策引导、水利配套服务、技术支持和规划设计的经验值得认真总结。

刘淇在讲话中要求小城镇的规划建设起点要高，特别是要抓好生态环境的建设。要以城市建设和管理的标准为目标，搞好小城镇建设。各区县要继续抓好“门前三包”和绿化美化工作，增强全体市民的环境意识，使人们认识到，城镇的绿化美化搞好了，既改善了投资环境，也为市民生活、休闲提供了场所。

刘淇 9 月 2 日到昌平区调研时指出 注重吸引内外资金　促进区域经济发展

市长刘淇和副市长岳福洪 9 月 2 日来到位于昌平的中关村科技园区生命科学园选址现场，察看工程建设前期的准备情况，听取生命科学园负责人关于工程选址、规划情况的汇报。中关村生命科学园规划占地面积 245 公顷，计划建成国家级生命科学产业的研究、中试和孵化基地。生命园一期工程将于 11 月份开工建设，投资 10 亿元，规划建设生物芯片、动物基因、作物设计、菌种保藏和细胞培养 6 大中心以及北大国际医院，为生命科学产业企业从事技术成果的研发、孵化提供良好的工作和生活环境。刘淇叮嘱工程的建设者要高起点，高标准建设好生命科学园，促进首都经济发展。

在中国电子信息产业集团公司昌平基地建设现场，刘淇等市领导听取了集团负责人关于基地规划、建设情况的介绍。中国电子昌平基地一期工程已于 8 月底奠基，工程建筑面积 5 万平方米，计划明年 8 月竣工。昌平基地 2006 年全部建成后，建筑总面积将达 50 万平方米，成为中国电子集团在国内最大的集科研、生产、经营、培训、服务于一体的产业化基地，也将成为国内最大的软件、集成电路的研发、生产和出口基地。目前，中国计算机软件与技术服务总公司等 6 家企业成为首批进驻企业。刘淇对中国电子集团公司负责人表示，北京市委、市政府高度重视电子信息产业的发展，欢迎中央企业来北京投资开发建设，北京市将在财政、信贷、土地等方面制定积极的扶植政策，为高新技术企业的创业、发展创造良好的环境，提供优质的服务。

随后，刘淇等来到小汤山汇赢水产良种开发中心，察看了鲟鱼养殖车间鱼苗、成鱼的孵化和培养情况。市领导还察看了正在建设中的昌平绿化广场，了解了工程进展情况。

市领导在调研中听取了昌平区负责人今年上半年全区经济运行情况的汇报。

刘淇在讲话中指出，昌平区今年以来在经济、社会和各项事业上都实现了快速发展，特别是科技园区吸引了一批国内知名大企业投资落户，呈现出强劲发展的态势。他希望昌平区在总结成绩的基础上，抓住机遇，乘势而上，使全区的经济发展再上新台阶。

刘淇说，加快发展的关键是千方百计吸引国内外资金。要转变观念，拓宽资金来源渠道。昌平区在吸引资金促进自身发展上一要尽量吸引中央在京的大企业投资入驻科技园区，同时也要注意吸引与主导企业相关联的企业入驻，形成产业链的规模投资效益。二要吸引包括北京市上市公司在内的全国各地的上市公司的资金。三要放开政策，吸引民间资金和大力发展民营企业。只有充分吸引和利用好这三个方面的资金，才能够发展、壮大地区经济，实现持续、快速发展。

刘淇强调，昌平区要加大吸引外资的力度，要通过大力对外宣传和高质量、高水平的对外招商引资活动吸引外资，带动全区发展。昌平区要抓住北京申办奥运会的历史机遇，以申奥促进环境建设和小城镇建设，重点抓好京昌高速路两侧环境的绿化美化工作，把京昌路建成漂亮的申奥林荫大道。

（本栏目摘自《北京日报》）

专　文

从战略上积极推进农业结构调整

北京市副市长　岳福洪

目前，北京市进行的农业结构调整，是全市经济结构调整的重要组成部分，也是实现全市农业和农村经济现代化的重要内容。在新的经济发展阶段，北京市农业结构调整的方向就是要促进农业生产资源向知识和技术密集、高附加值、高效益、少污染的产业和产品转移，争取在短期内使比较效益较高的畜牧业和经济作物的产值比重有大幅度提高。从各种因素看，北京市这次农业结构调整是适应农业现代化要求而做出的必然选择，关系到今后全市农业发展、农民增收、农村稳定。

一

改革开放以来，北京市农业结构经过了多次调整，基本上改变了农村经济以农业为主、农业以种植业为主、种植业以粮食生产为主的格局，逐步形成了农村经济以二、三产业为主，农业内部农林牧渔全面发展，种植业内部以经济作物生产为重点的新格局。20世纪90年代以来，随着统一市场的建立和发展，我国农产品市场供求状况发生了根本性的变化。就北京市的情况来说，农产品供给充足、种类多样、价格低廉，主要农产品形成了买方市场，市场竞争加剧。面对市场供求条件的变化，北京市委市政府适应这种变化，抓住农业发展机遇，大力推进农业结构的战略性调整。特别是近几年来，北京市委市政府把调整农业结构作为发展农业和稳定农业基础地位的出发点，着力发展高效特色农业，加大种养比例、粮经比例的调整力度，使农产品供给紧跟居民消费结构的变化，提高了农业生产的比较收益，促进了农业生产的大发展。

首先，结构调整带来了农业经济总量的增加，带来了农业经济运行质量的改善。20世纪90年代的前期，北京市农业的年均增长速度始终在1%徘徊，甚至出现过负增长。经过后期的结构调整，北京市农业摆脱了徘徊不前的局面，在近几年实现了产品总量和经济效益双增长，农业发展开始步入以市场引导结构调整、结构调整提升效益、效益促进发展的轨道。1999年，北京市农业增加值增长速度为2.5%。2000年，这一速度达到4%，是近年来农业增幅最大的一年。

其次，结构调整发育了一批新兴产业和主导产业。新兴农业产业主要分布在北京市各郊县的高效农业园区。各区县因地制宜，注重优势，保持特色，积极培育主导产业，构筑产业带、产业群，逐步形成各具特色的区域经济雏形。目前，各区县的高效农业园区正在形成一体化的具有区域经济特色的现代化农业产业带、产业群，已经聚优成势。这些具有一定规模、按产业化方式运作的新兴产业，将成为今后带动北京市农业发展和农民致富的重要力量。

第三，结构调整带动了农村经济体制创新和农业生产技术创新。典型的例子如，在养殖业的发展中，针对家庭养殖存在产业化水平和社会化服务水平不高、主要依靠传统生产方式和技术手段、环境污染得不到有效解决等突出问题，政府重点推进了养殖小区建设，逐步使农户家庭养殖向养殖小区集中，依托养殖小区兴办专业合作组织，推广高新实用技术，加强生态环境建设，提高产业化、组织化、科技化水平。同时，以专业村为基础，政府鼓励发展多种形式的专业合作和区域合作。目前，全市新建各类养殖小区1 029个，农户投资9.1亿元，在京郊出现了500多个初具规模的种养业专业村。

第四，结构调整推进了养殖业迅速发展，种养结构明显改变。加快发展养殖业，增加养殖业的产值比重，是北京市农业结构调整的一个重要内容。2000年，北京市养殖业产值占全市农业总产值的比重上升到50%以上，特别是以草食家畜为主的畜牧业发展更快，肉牛、肉羊、奶牛、特种养殖等存栏及其出栏增幅大。养殖业的发展带动了饲料等经济作物的生产，以饲草业为代表的饲料作物开始成为种植业中的新兴产业，这预示着农业发展的一个新趋势。经过几年的调整，全市粮经比例已经由前两年的64:36调整到2000年的55:45。

第五，结构调整使农民纯收入稳步增长。结构调整的一个重要目的是让农民尽快富裕起来，结构调整的效果也主要由农业是否增效、农民是否增收来衡量。近两年，北京市农业结构调整促进了农民增收幅度上升，1999年农民纯收入增长7.1%，2000年大旱之年继续保持了7.3%的增幅。特别是在结构调整的带动下，这两年山区农民的人均纯收入增长超过了10%。

二

北京市这次农业结构调整是在深化经济体制改革的背景下进行的，是对农业发展如何适应市场竞争规律的一种积极探索。因此，这次结构调整为我们今后如何以市场为导向调整农业结构、以结构调整促进农业发展提供了不少好的经验。

结构调整要以富裕农民为出发点。“九五”计划初期，市委市政府明确提出“富裕农民是郊区工作的主线”。这个指导思想对推动北京市农村改革与经济发展起到了至关重要的作用。近几年，全市各区县在促进农村工作和促进结构调整中采取的一系列措施，比如扶持水利富民综合开发政策、九项扶持农民发展经济的实施办法等，都是围绕这一基本目标进行的。实践证明，以富裕农民统揽郊区工作的全局，就抓住了农村改革和结构调整的“牛鼻子”。只有把富裕农民作为结构调整的出发点，才能在结构调整中尊重农民的意愿，一切工作从广大农民群众的利益出发，调动农民发展农业生产的积极性，才能使中央作出的千方百计增加农民收入的决策落到实处，克服农产品市场供大于求、农产品价格长期低迷、自然灾害频繁等各种困难，确保农民收入随经济和社会发展而稳步增长。

确立农民的经营主体地位，调动集体和农户两个积极性，是农业结构调整的重要保证。在市场经济条件下，只有牢固地确立农民的经营主体地位，农民才能真正成为独立的商品生产者，他们的积极性和创造性才能得到最充分的发挥。1997年以来，市委市政府采取措施坚决落实中央的土地延包政策；随后相继推出了小型农用设施的产权改革、国有及集体农牧企业产权改革和机制转换、乡镇企业重组转制等改革措施，确保农民经营主体地位的不断巩固。农民在一定范围内已经初步成为投资主体和经营主体，摆脱了过去单纯依赖政府和集体的局面。同时，在农村还涌现出一批以锦绣大地、绿健等民营企业为代表的高效农业企业。这些以农民为主体、以资本密集和技术密集为特征，以取得最佳经济效益为目标，采取新型企业制度的农业企业，拉开了郊区现代农业发展的序幕，打破了农业是弱质低效产业、大城市农业必然不断萎缩的传统观念。

加强农村产业体系建设，提高农业的社会化、组织化程度，是农业结构调整的关键环节。一是抓以农村合作经济组织为主的服务体系建设。市政府制定了扶持和鼓励发展农民专业合作经济组织的意见，对自愿组建、产权明晰、不受社区限制、不改变家庭经营基础和规章制度健全的各种农民专业合作经济组织，包括出资型合作、契约型合作、会员制型合作，予以一定支持或奖励。二是抓以加工、销售为主的农业龙头企业的培育和发展。目前，郊区已经形成了新发地批发市场、大华山大桃批发市场、小丰营蔬菜批发市场等农产品批发市场，出现了以三元牛奶、鹏程食品、汇源果汁、前鲁鸭场、卓宸畜牧等农产品加工制造企业。三是抓包括养殖小区和高效农业在内的郊县农业园区建设。这方面的典型是“养猪第一村”顺义区赵全营镇北郎中村。该村在原来规模猪场和农户散养的基础上，统一规划生态养殖园。养殖园分为8个小区，每个小区占地6.67公顷，区内分20多个园，一户一园；每园又占地0.2~0.3公顷，园内建猪舍1~2栋，建沼气池1个，其余土地种植果树、蔬菜。兴办养殖小区可以把农户经营与集体服务结合起来，便于解决畜牧业的排泄物处理和改善乡村卫生及景观，这在乡村产业发展和社区管理机制上是一种创新。

培育支撑农业发展的新增长点是农业结构调整的重要任务。在深入分析城市消费市场和郊区农业发展趋势的基础上，1997年市委市政府提出要主动避开“大路货”市场，抢占技术、市场的制高点，把“六种农业”作为农业结构调整的切入点和推进农业现代化建设的重要途径。“六种农业”是指从生产普通产品向生产名特优新产品调整，发展精品农业；利用北京农业良种开发基础较好的优势，发展具有高技术、高投入的籽种农业；大力提高初级农产品的加工能力，发展具有高附加值的加工农业；从单纯面向国内市场转向进入国内国际两个市场，发展创汇农业；从传统栽培向设施栽培调整，发展设施农业；从物质产品生产转向物质产品和精神产品并重，发展旅游休闲农业。截止2000年，北京市精品农业总收入55.5亿元，增长76.2%；籽种农业销售额34.6亿元，增长176.4%，其中销往外埠19.8亿元，增长249.6%；加工农业带动基地面积10.4万公顷，带动农户38.8万户，加工产品产值122.1亿元，增长50.9%；创汇农业直接出口1.2亿美元，增长67.4%，间接出口26.5亿元，增长98.4%；设施农业面积发展到2.08万公顷，其中设施蔬菜已经占到菜田面积的31.8%；观光农业直接收入12亿元，增长126.6%。

三

农业结构调整涉及到农业的市场、产业、产品、技术、区域、功能、组织、劳动力等各个层次、各个方面。世纪之交，面临世界经济结构新变化，我们要密切关注世界农业发展新趋势，在农业结构调整中逐步明确今后北京农业发展的方向和重点，以发展的思路优化农业结构，促进农业发展战略目标的实现。

第一，调整农业的市场结构，发挥北京农业的比较优势。在市场经济条件下，农业结构调整必须以市场为导向才能有成效。以市场为导向，就要按照现代市场理论揭示的规律性来区分北京农业的目标市场。从国内外农产品市场状况看，目前北京市农业生产主要面临三类市场：一是鲜活农产品的生活性消费群和加工性消费群。这两类消费群主要是由本市的居民、单位和原料加工企业组成的食品市场。二是以密集型的技术和资金为依托的籽种商品消费群。这个消费群分散在市内外广大农业地区，是由农业生产者和农业企业组成的庞大的国内市场。三是安全优质的鲜活农产品和加工食品的国际市场。我国加入WTO以后，北京农业在国际市场上比较有竞争力的主要是鲜活农产品，在国内市场比较有竞争力的主要是籽种产品，具有区位优势的主要是邻近消费市场的奶业和休闲农业，经济效益比较高、容纳就业比较多的主要是养殖业。因此，这些产业和产品具有开发潜力。北京农业的资源是有限的，不可能面向所有的市场，必须根据自身的优劣态势来确定所面向的市场，即通过对消费群的细分来选择导向性的目标市场，按照目标市场的需求来确定产销策略和组织产销活动。

第二，调整农业的产业结构，从纵横两个方向提升产业结构。在横向上，要在种植业内部改变以粮食为主的传统结构，形成粮食作物—经济作物—饲料作物三元结构；要改变种养比例，提高养殖业在农业中的份额，力争逐步使养殖业成为农业的主导性产业；在养殖业内部发展草食、舍饲家畜和特种养殖。在纵向上，要积极发展农产品流通、加工和食品制造业，在产后环节形成一批产业龙头，以龙头企业作为产中环节的市场，以合作或契约等方式构造产中与产后环节不同经营单位之间的稳定型连接，从而形成专业化分工协作的产业化链条。

第三，调整农业的产品结构，着重提高农产品质量。“六种农业”的提出，勾画了以外向型、无害化、高科技、高价位为特征的农业发展方向，其实质是要以市场来配置农业生产资源，增强北京农业进入国内外市场的竞争力。在生产领域，要注意改善农业环境，加强农业标准化、分级、加工、检验检测等工作，按照A级和AA级标准发展进入国际市场的绿色食品基地，增加绿色食品品种，壮大绿色食品龙头企业。在流通领域，建立高标准的农产品检测检疫制度，改善农产品检测手段，加强对超标污染产品的监督，保障首都食品安全；同时，加大对绿色食品的宣传，使消费者认识绿色产品的价值、特征和标志。从2000年5月起，北京市郊区开始进行食用农产品安全生产体系建设，力争用两年时间使郊区生产的主要农产品基本达到北京市地方行业标准。

第四，调整农业的技术结构，为产业和产品结构调整提供技术保证。农业技术结构调整的基本思路，是把原来主要围绕大田作物和增加产量的农业技术发展方向，逐步转移到主要围绕新兴产业和产品提高质量和效益的方向上来，用新兴适用农业技术改变传统的耕作和种养方式，实行水、地资源节约型和环境保护型技术开发思路。

第五，调整农业的区域布局，形成三种区域农业类型。近郊的农业要与市区建设相适应，发展以科技、精品、观光为特点的都市型绿色产业，发挥农业的生态环保、观光休闲、文化教育和就业等多种功能，改善市区生态和景观环境。远郊平原地区作为主要的农业生产加工基地，要以优质、高产、高效为目标加快农业现代化建设，加大改造中低产田的力度，大幅度提高农业集约经营程度。山区是城市的重要生态屏障和水源涵养地带，要充分利用山区资源优势，在保护生态平衡的前提下加快资源综合开发，发展特色农业、绿色食品和休闲产业。

第六，调整农业的功能结构，实现从生产功能向经济、社会、生态等多种功能延伸。从现代都市型农业的观点看，农业是城市的重要产业，是城市食品系统的组成部分。农业是城市文化与社会生活系统的组成部分，对传承文化、美化景观、增加就业和收入具有重要作用。农业还是城市生态系统的组成部分，对保育自然生态、涵养水源、调节微气候、改善人类生存环境具有重要作用。农业之所以能够在城市地区生存和发展，除了它对城市就近供应食物的基本功能以外，更重要的是它对城市有生态和生活两大功能。拓展农业的功能结构，就是要全面发挥农业对北京市现代化建设的多种作用。特别是在生态功能方面，构造以燕山、太行山绿化工程为主的第一生态圈，以“五河十路”绿化和农田林网化为重点的第二生态圈和以城市绿化隔离带为重点的第三生态圈。在生活功能方面，促进一产向三产延伸，营造面向城市人民消费的郊区农产品大市场，真正发挥北京农业在国内外竞争中的区位优势。

抓住机遇，开拓进取，
加速推进农业和农村现代化

市委农工委书记、市农委主任　赵凤山

党的十五届三中全会指出：东部地区和大中城市郊区要提高农村经济的发展水平，有条件的地方要率

先基本实现农业现代化。市委八届二次会议进一步明确，到2010年率先基本实现农业现代化，使农业和农村现代化建设达到中等发达国家的水平。这都是从我国国情和北京市情出发，提出的一个非常重要的发展目标，为北京农业和农村现代化指明了方向。

一、率先基本实现农业和农村现代化是北京跨世纪发展的重大任务

进入新的世纪，面临实现首都“新三步走”发展战略和完成“十五”计划的艰巨任务，必须把率先基本实现农业和农村现代化建设，推进农村经济和社会再上新台阶，作为北京跨世纪发展的重大任务。

1.率先基本实现农业和农村现代化，是党中央、国务院对首都现代化建设提出的明确要求。党的十五届三中全会决定和江泽民总书记在江、浙、沪调查研究时都强调指出：沿海发达地区要率先基本实现农业现代化。北京必须按照党的十五届三中全会所描绘的现代化建设总框架和江总书记的指示，把率先基本实现农业和农村现代化变为工作的压力和动力，以科学的态度、严谨的作风、扎实的工作，加快北京农业和农村率先基本实现现代化的步伐，为全国实现农业和农村现代化树立典型，探索经验，发挥示范和带动作用。

2.率先基本实现农业和农村现代化，是首都现代化建设的重要组成部分。首都北京是国际型大都市，实现农业农村现代化是发展首都经济的重要内容。郊区农村作为首都城市发展的腹地、副食品供应的生产基地、生态环境的屏障和城乡居民旅游休闲的胜地，对首都的现代化建设起着重要的推动作用。没有郊区农业和农村的现代化，就没有首都的现代化。目前首都现代化建设已处在全国前列，率先基本实现农业和农村现代化已成为首都现代化建设的迫切要求，不解决这个基础问题就不利于全面提高首都现代化建设水平。为了进一步实现首都现代化建设的宏伟蓝图，为了整个国民经济和社会协调发展，就必须在推进其他方面现代化的同时，不失时机地推进农业和农村现代化。

3.率先基本实现农业和农村现代化，是农业和农村经济发展进入新阶段的需要。北京农业和农村经过50多年的发展，在取得扎实成绩的同时，也进入了面临新的挑战和深层次矛盾制约的发展阶段，需要解决的重大问题很多。如：农业科技水平还不够高，科技创新、推广体制还不健全，推广途径、手段、内容与农民的需求还不一致，农业科研开发转向还不够快；山区基础设施薄弱，农业抗灾减灾能力急待进一步加强；农村城镇化发展较慢；乡镇企业推进两个根本转变的难点增加，二三产业的带动能力还不够强。多因素的共同作用，使农村社会和经济的发展难度明显加大，决定了今后农业和农村经济的发展必须走现代化的路子。

4.率先基本实现农业和农村现代化，是应对加入世贸组织，提高北京农业国际竞争力的现实选择。我国即将加入世界贸易组织。入世对于农业和农村经济外向度较高的北京地区而言，将首先受到国外发达农业的冲击。同时，北京也是我国农业和农村经济最具竞争力的地区之一。因此，北京应当成为我国入世后参与国际市场竞争的“领头羊”。为此，必须加速实现农业和农村现代化，大力调整农业和农村经济结构，发展外向型农业，积极参与国际竞争。

完成率先基本实现农业和农村现代化的跨世纪重任，必须认真分析北京郊区经济社会发展现状，精心设计农业农村现代化实施方案，毫不动摇、满怀信心地向既定目标迈进。实现郊区农业农村现代化的指导思想是，顺应先进生产力发展的趋势，围绕首都现代化建设的经济、政治、文化目标，实施科教兴农和可持续发展战略，优化经济结构，推动农村工业化，促进郊区城市化，实现农业现代化；大幅度提高农民收入水平和生活质量，加强农村民主政治建设和精神文明建设，把郊区建设成体现时代风貌、现代特征、首都特色的社会主义新农村。

郊区基本实现农业农村现代化的目标是，用10年左右时间，即到2010年，在郊区建立比较完善的社会主义市场经济体制，形成与城市优势资源相配套，具有较高现代科技含量、经济效益和体现首都经济特征的都市型郊区经济；使农村经济社会发展达到中等发达国家的水平，郊区农村面貌与首都建设现代化国际城市的整体要求相适应，为首都现代化奠定坚实的基础。

到2010年预计达到的主要指标是：①人均国内生产总值达到24 000元以上；②郊区二、三产业增加值比重达到90%以上；③农业劳动力人均一产增加值达到22 000元左右；④农业科技进步贡献率达到65%以上；⑤农业综合机械化程度达到90%左右；⑥郊区城镇化率达到45%以上；⑦林木覆盖率达到50%以上；⑧农村劳动力受教育年限基本达到12年；⑨农民人均纯收入达到1万元左右；⑩基本建立农村扶贫、帮困、救助体系。

二、北京郊区具备率先基本实现农业和农村现代化的现实条件

建国50多年特别是改革开放以来，在邓小平理论指引下，北京坚持把农业和农村放在全市发展的首位，农村经济全面发展，农村面貌发生显著变化，为率先基本实现农业和农村现代化奠定了基础，集中体现在以下四个方面。

1.农村经济快速发展，农业内部结构不断优化，加快了由传统农业向现代农业的转变。2000年郊区农村农业总产值达到195.2亿元，平均每个农业劳动力所创造的农业总产值达到28 000元，劳动生产率、土地产出率分别在全国居领先与先进水平；农林牧渔全面发展，结构不断优化，种植业与林牧渔业结构比达到46.7:53.3，种植业内部的粮食作物与经济作物的产值之比达到55:45，农产品总量增加，品种增多，

品质提高；“六种农业”增加值突破30亿元，对农业增加值的贡献率超过70%；平原地区粮食生产实现全过程机械化，耕地有效灌溉面积达到94.7%；农业科技贡献率达到54.7%，林木覆盖率达到43%。

2. 乡镇企业和小城镇联动发展，促进了农村经济综合实力的增强。乡镇企业已成为农村经济乃至郊区国民经济的重要支柱。2000年郊区农村乡镇企业总收入962亿元，利润总额62.6亿元，分别占农村经济各业营业收入和利润总额的74.5%和82.2%。农民收入的44.3%来自乡镇企业。乡镇企业的发展带动了小城镇蓬勃兴起，郊区农村有建制镇141个，城镇人口的比重已达到30.8%。小城镇对农村经济社会发展的带动作用越来越显著，形成了以房地产、工业、旅游、商贸等各具特色的区域块状经济。2000年郊区国内生产总值达到536亿元，第一产业与二三产业之比达到17∶83，有力地促进了农村劳动力的大量转移；从事非农产业的农村劳动力96.1万人，占全部农村劳动力的比重为58%。

3. 农民收入快速增加，生活质量不断提高，郊区农村实现了由温饱向小康的跨越。2000年郊区农村农民人均纯收入达到4 687元，农民人均生活消费支出达到3 441.3元，农民消费的恩格尔系数下降到36.7%，农民人均生活用房面积达28.9平方米。按照全国的小康标准，郊区农村已基本达到小康。

4. 农村面貌发生了巨大变化，农民整体素质进一步提高，农村经济和社会全面进步。随着农村经济综合实力的不断增强，农村的科技、教育、文化、卫生、体育、计划生育、社会保障等社会事业发展和基础设施建设的步伐加快。2000年平均百户农民家庭安装电话79部，计算机农民家庭拥有率达到3.37%，彩电、空调、冰箱等大型家用电器拥有率大幅度提高，小汽车也开始进入农民家庭；电视人口覆盖率达到97%；普及了九年制义务教育；农村人口已基本享有农村初级卫生保健；99%的乡镇、80%的村都开展了农村社会养老保险。农村的文化生活进一步丰富，广大农民的市场意识、民主法制观念不断增强，农民整体素质不断提高。以上这些为推进农业和农村现代化提供了可靠的物质基础和社会条件。

三、抓住重点，积极探索率先基本实现农业和农村现代化的路子

率先基本实现农业和农村现代化没有现成的经验与模式可以照搬，需要从北京郊区实际出发，按照党中央、国务院和江泽民总书记的要求，以邓小平理论和党的基本路线为指导，认真落实党在农村工作的基本方针，以富裕农民为根本出发点和落脚点，把增加农民收入、提高农民生活水平作为农业农村工作的中心任务和基本目标，全面提高郊区农业和农村现代化水平，为首都经济发展和国际化都市建设做出更大贡献。

1. 调整优化农业和农村经济结构。要形成养、种、加、销协调发展的农业产业结构。积极发展适应市场需求的优质粮、专用粮和小杂粮，大力发展有北京特色的蔬菜、瓜果、花卉、药材等经济作物和饲料作物，实现粮、经、饲合理种植；大力发展养殖业，2010年养殖业产值在农业生产中的比重达到60%以上；大力发展精品农业、设施农业、籽种农业、创汇农业、加工农业、观光休闲农业；建立农产品安全化、标准化生产销售体系，提高农产品的档次、质量，增强在国内和国际市场的竞争力。

积极发展二、三产业，使郊区成为首都工业的重要产业基地和首都服务业完善服务功能、开拓服务领域的重要区域。大力推进乡镇企业二次创业，积极实施高起点、大范围的资本引进和资本跟进战略，发展大规模、高科技、外向型企业，强化科学管理，建立现代企业制度，提高乡镇企业综合实力和经济效益；发展农业产业化经营，延长农业产业链，提高农业的综合效益；加强市场设施建设，进一步搞活农产品流通，尽快形成开放、统一、竞争、有序的现代化农产品市场体系。

加快山区农业和农村经济结构调整步伐，形成以草食动物为主的畜牧业、特色林果业、旅游休闲业等主导产业，形成具有秀美山川特色的山区经济发展格局；抓好山区水利富民综合开发，推进小流域综合治理和经济沟开发；退耕还林，荒山绿化，加强山区生态环境建设；加强对山区建设的支持，使山区与全市共同实现现代化。

2. 加快农村小城镇建设，推进农村城市化。依据首都城市建设总体规划的安排，推动郊区城镇体系建设，使郊区城镇建设达到中等发达国家大城市郊区的水平。要提高卫星城规划、建设和管理的现代化水平，形成完善的交通、通信、能源各项市政公用设施，建设功能齐备、运行规范的现代化社会公益事业，成为居住舒适，生活方便，交通顺畅，环境优雅，具有不同功能特点的现代化新城。建设一批现代化与田园风光相结合的小城镇，重点建成33个经济发达、功能健全、环境优美、具有较强辐射能力的中心镇，形成区域经济文化中心，加快农村人口向小城镇集中的步伐。

3. 加快体制创新和技术创新，为实现农业和农村现代化提供新动力。进一步落实党在农村各项政策，不断深化郊区经济体制改革。稳定土地承包关系，完善以家庭承包经营为基础、统分结合的双层经营体制，巩固农民家庭经营的主体地位；加快建立健全土地使用权流转机制，推进土地集约化经营；大力发展农民专业合作经济组织等多元化、社会化服务组织，完善集体乡村经济组织的服务功能，健全农业社会化服务体系；进一步搞好集体经济组织改革，搞活投资机制和经营机制，探索市场经济条件下发展壮大集体经济的有效办法；大力发展个体、私营经济、外资经济，使其成为农村经济发展新的增长点。

逐步建立与首都科技实力相适应、具有世界先进

水平的农业科技创新体系，实施科教兴农战略，促进传统农业向现代农业转变；实施农业科技人才素质工程，培养和造就一大批与郊区农业现代化要求相适应的有知识、懂技术、会经营、善管理的新型农民和干部队伍；加快农业科技体制改革，建立以政府为主导，各种社会力量广泛参与的多元化、市场化的农业科技推广体系，加大农业实用技术的推广力度，加快科技成果的应用和转化，实现农业生产条件、生产手段的现代化。

4. *合理利用农业资源，加强农村生态环境建设，实现农业和农村可持续发展。*郊区承担着首都生态环境建设的重要责任。要按照城乡一体，统筹规划，综合治理的原则，造就与环境协调发展的农业生产体系和生活环境，实现农业农村的可持续发展。合理进行农业资源利用和开发，大力发展节水农业，提高水资源利用率，对耕地、山场等农业资源进行有效保护和利用；发展生态农业，建设高标准基本农田，合理使用化肥、农药，增施有机肥，提高耕地质量；加强生物防治技术的开发与推广，净化农业生产过程；加大环境治理和保护的力度，开展植树种草、水土保持、防风治沙、保护水源、环境整治、污染治理等项工作，加强环境保护的立法、执法和监督，使首都生态环境明显改善。

5. *加强精神文明建设和民主法治建设，提高农村文明程度和水平。*以“建首善、创一流”为目标，实现郊区社会文明有序、环境洁净优美、农民安居乐业。大力发展郊区教育事业，基本普及高中阶段教育，发展各类中高等职业教育和成人教育，健全农业技术培训体系，提高郊区农民的科学文化素质；加强农村文化建设，建设好郊区文化设施以及娱乐场馆，发展健康、活泼的文化、体育活动，满足农民和城镇居民的精神文化生活需要；建立健全郊区农村医疗保障制度和社会保障网络，加快郊区通讯、道路、电力等基础设施建设，提高郊区生活质量；加强对农民的现代文明教育，加强农村环境卫生建设，改变农村环境的脏、乱、差现象。

加强农村民主法制建设。规范村务公开，健全民主选举、民主决策、民主管理和民主监督制度，推进依法治村，提高农村干部、群众的民主与法制意识；进一步推进乡镇政务公开，加大办事透明度；认真解决好新时期农村各种矛盾，确保农村稳定和社会安定；建立健全农业执法机构和执法队伍，使农业和农村经济的发展走上法制化轨道。

农业和农村现代化是一项长期的战略任务，也是农村工作的历史使命。既要从战略高度认清农业和农村现代化的必要性，又要认清加快农业和农村现代化的紧迫性；既要看到率先实现农业和农村现代化的可能性，又要看到具体工作的艰巨性；要正确处理好农业和农村现代化建设方方面面的关系，努力走出一条改革与发展相结合的、充满生机和活力的、具有北京郊区特点的农业和农村现代化新路子，开创农村经济和社会发展的新局面。

加强农村基层组织建设，把“三个代表”要求落到实处

市委农工委副书记　白仙畔

江泽民总书记关于“三个代表”的重要思想，是对党的性质、根本宗旨和历史使命的新概括，是对马克思主义建党学说的新发展。这一重要思想从根本上回答了建设一个什么样的党和怎样建设党的问题，为在新的历史条件下加强党的建设指明了方向。只有始终按照“三个代表”要求来建设党，我们党才能永远保持先进性，才能不断提高执政水平和领导水平。农村基层党组织是党在农村各项工作的领导核心，其状况如何，直接关系着农村经济和社会的发展，关系着“三个代表”要求能否落到实处。因此，把“三个代表”要求落实到农村各项工作中去，必须进一步加强农村基层组织建设。

一、加强农村基层组织建设是实现“三个代表”的迫切需要

1. 加强农村基层组织建设使其成为先进生产力的代表，是首都郊区继续发展的需要。农村改革已经走过22年的光辉历程。实行家庭联产承包责任制、废除人民公社、突破计划经济模式，初步构筑了适应发展社会主义市场经济要求的农村新经济体制框架。这个根本性改革，解放和发展了农村生产力，带来农村经济和社会发展的历史性巨变。农村改革的巨大成功，都是我党通过加强农村基层组织建设实现的。

进入新世纪，郊区经济和社会发展的任务相当艰巨。只有适时调整生产关系，继续解放和发展生产力，才能做好农业、农村、农民这篇大文章。如：长期稳定以家庭承包经营为基础，统分结合的双层经营体制；深化农产品流通体制改革，完善农产品市场体系；加快以水利为重点的农业基础设施建设，改善农业生态环境；依靠科技进步，优化农业和农村经济结构等等。这些工作只有在党支部的坚强领导下才能完成。所以，加强农村基层组织建设是现实和历史任务提出的要求，是首都郊区继续发展的需要。

2. 加强农村基层组织建设使其成为先进文化前

进方向的代表，是农村社会主义精神文明建设的需要。中国共产党代表中国先进文化前进方向是马列主义唯物史观的必然要求，是我们党生存和发展的重要保障。先进的社会生产力必然要求先进的文化与之相适应，先进的文化对先进的生产力有着重要的推动作用。在现代化建设大潮中，我们党以马列主义、毛泽东思想和邓小平理论为指导，以培养“四有”公民为目标，形成了面向现代化、面向世界、面向未来的民族的科学的大众的有中国特色的社会主义文化。这个文化，就是时代的先进文化，是我们党的文化生命。农村改革的巨大成就，与我党对先进文化的灌输和引导分不开。同样“法轮功”所造成的危害也与我们的先进文化教育不到位有关。在新的世纪，农村、农业、农民对先进文化的要求是迫切的，我们党有责任把先进的文化灌输到农村的每一个角落。从这个角度看，这个任务也只有我们的基层党组织才能胜任。所以，加强基层组织建设、提高农村干部水平，是实现“始终代表中国先进文化前进方向”的组织保障。

3. 加强农村基层组织建设使其成为人民群众根本利益的代表，是履行党的宗旨，富裕农民的需要。始终代表中国最广大人民的根本利益，是我们党的根本宗旨，是我党的力量之源，也是我党同其他政党的最大区别。全心全意为人民服务，是我们党一切工作的出发点和落脚点。马克思主义的一条根本原理，就是人民群众创造历史。我党领导的新民主主义革命，就是依靠人民群众推翻了三座大山，解放了全国人民；同样十一届三中全会以后农村改革的巨大成就，也是运用农民自己的创造，依靠农民群众的力量所取得的。新的世纪农业如何发展，老百姓能否得到更多的实际利益，这是农民关注最多的一个问题。这个问题解决好了，农村就发展，农民就高兴，社会就稳定。这个任务由谁来完成呢？不言而喻，这个历史重任还必须落到农村基层党组织的肩上。可见，从落实党的根本宗旨富裕农民看，加强农村基层组织建设也是非常重要的。

二、加强农村基层组织建设是解决农村工作中存在的突出问题的迫切需要

当前，郊区总的形势是好的。2000 年，郊区国内生产总值增长 10.1%，农民人均纯收入增长 7.3%，均居全国领先地位。精神文明建设和民主法制建设也蓬勃健康发展，农村政治稳定，社会安定。但也要清醒地看到，郊区农村工作中还存在着一些不容忽视的问题。比如，经济发展困难还比较多，农民增收难度加大；一些地方农民文化生活贫乏，生活环境较差；结构调整和推进城市化进程中形成了整体与局部、集体与个人、长远与眼前等利益上的矛盾，有的还比较尖锐，甚至引发了不稳定因素。解决这些问题，迫切需要进一步加强农村基层组织建设，提高农村基层组织的凝聚力、战斗力。从农村基层组织的状况看，多数基层组织是有战斗力的，但也有少数基层组织软弱涣散，不能发挥领导核心作用；农村基层干部和党员队伍总体上是好的，但按照“三个代表”来要求，差距还比较大，如相当一部分干部和党员观念转变相对迟缓，缺乏市场经济知识和科学文化知识，因而领导水平不高，带领群众致富的本领不强；少数干部政策观念和民主法制观念不强，执行政策和依法办事的水平较低；也有少数干部宗旨意识和群众观念淡薄，作风不实不正，影响了党在群众中的威信。这些问题已经影响到党的路线方针政策和“三个代表”要求在农村的贯彻落实，影响到农村经济的发展和社会稳定，必须采取措施认真加以解决。加强农村基层组织建设是落实“三大代表”要求的根本措施，也是解决当前农村工作和农村基层组织自身存在突出问题的根本途径。只有按照“三个代表”要求全面提高农村基层组织建设的水平，才能进一步做好农业和农村工作，才能把农村基层组织建设得更加坚强。

三、增强紧迫感，按照“三个代表”要求切实加强农村基层组织建设

按照“三个代表”要求加强农村基层组织建设，从对象上说，一是乡镇党委，二是以党支部为核心的村级组织；从工作重点上说，一是领导班子建设，二是干部队伍建设，三是党员队伍建设。加强领导班子建设，首先要选好人、用好人，尤其要把乡镇党委书记和村党支部书记选准、选好。要继续坚持政治上强、廉洁奉公、办事公道、党员和群众真正拥护这些基本条件，同时也要体现新形势、新任务的要求，看是否具备带领群众面向市场调整经济结构，发展农村经济，增加农民收入的能力和本领。为了真正把人选准、选好，必须加大基层干部选拔任用制度改革的力度，形成有利于优秀人才脱颖而出的选人用人机制。要扩大视野，多渠道、多形式选贤任能。在选人用人中要充分发扬民主，走群众路线。除村民委员会成员依法由村民直接选举以外，在党支部成员选拔过程中，也既要听取党员的意见，又要听取广大群众的意见。1999 年以来郊区积极推进的农村党支部成员“两推一选”，实践看效果很好，要认真总结推广这方面的经验。要积极探索村级组织和基层干部规范化管理的有效途径和方法，建立健全以任期目标责任制、评议考核制以及民主监督为主要内容的管理制度。同时要逐步健全和完善对干部的激励机制，充分调动基层干部的工作积极性。

农村基层干部队伍建设的根本任务是全面提高他们的素质。要以强化教育培训为主要手段，在提高政治思想水平的同时，着力提高他们发展农村经济、带领群众致富的本领；执行政策和依法办事的水平；正确认识和处理新时期人民内部矛盾的能力。当前，要通过“三个代表”学习教育活动，努力增强他们实践“三个代表”要求的自觉性，切实解决好思想上、工作上和作风上存在的突出问题，同时要加强市场经济知识、现代科技与管理知识以及民主法制方面的培

训。

郊区农民党员结构不合理，整体素质不高的问题比较突出，这是一个不容忽视的问题，必须增强紧迫感。要通过认真分析研究，有针对性地加强对党员的教育管理，重点要解决部分党员理想信念淡薄，组织观念不强，不能很好发挥先锋模范作用的问题。要以改善结构，增强活力为目标，积极做好党员发展工作，尤其要在农村青年农民中发展党员。

加强农村基层组织建设是郊区各级党委和各部门的共同责任，必须坚持上下联动，齐抓共管。区县委要进一步把农村基层组织建设摆到重要议事日程，高度重视，加强领导。乡镇党委既要抓好村一级的工作也要努力加强自身建设，充分发挥“龙头”作用。区县有关部门要相互配合，协调一致，不断增强工作合力。要深入开展“五个好”村党支部、“六个好”乡镇党委和农村基层组织建设先进区县创建活动，巩固和发展多级联动、三级联创的农村基层组织建设工作格局。创建活动要不断提高标准，丰富内容，增强实效，使其真正成为加强农村基层组织建设的有效载体和常抓不懈的工作机制。当前就是要把创建活动与经济建设、精神文明建设和民主法制建设更加紧密地结合起来，以创建带动农村各项工作，提高农村基层组织建设的整体水平和工作实效。

北京农业经济结构调整的实践与思考

市委农工委副书记、市农委副主任　聂玉藻

根据党的十五届三中全会精神，市委八届二次全会提出了“到 2010 年北京郊区要率先基本实现农业现代化”北京农业发展跨世纪目标。这一奋斗目标的确立，为北京郊区农业的发展指明了方向，提出了具体要求，也拉开了北京新一轮农业经济结构战略性调整的序幕。

一、北京农业经济结构调整历史回顾

回顾北京农业经济结构调整的历史，大体可以分为四个阶段：第一阶段是 20 世纪 50—70 年代，中央提出“以粮为纲，全面发展”，在当时的历史背景下，北京农业同其他省市一样，狠抓了粮食生产；第二阶段是在 80 年代中期，中央提出“绝不放松粮食生产，积极开展多种经营”，这个时期北京围绕一个“米袋子”和一个“菜篮子”进行了调整；第三阶段是在 90 年代初，北京曾提出一个“三高”农业，发展了一批“万字号”工程，这在一定程度上促进了郊区农业规模化发展；第四个阶段是世纪之交、“九五”时期末，在调整和优化经济结构的大环境下开始的，新的一轮农业经济结构调整是以推进农业经济结构横向拓展和纵深推进，促进产业结构的提档升级为目标的。

二、当前北京农业经济结构调整面临的环境

北京农业经济调整同兄弟省市一样，都面临当前全球经济一体化和国内产业结构大调整的大环境，也都有自身所处的地域性等多重因素影响的小环境，既有一定的共性，又有北京自身的特点。

从国际形势看，当中国经济与世界经济接轨后，中国农业与世界农业的关联度明显增强，农业经济结构调整势在必行。其表现有三：①经济结构调整呈现出世界范围内调整的局面，尤其是中国加入世界贸易组织之后将更是如此；②农业科学技术突飞猛进，呈现出向农业纵深发展的趋势；③农业跨国公司影响力日益增大，渗透面越来越广。面临这样的国际经济形势，作为国民经济的基础，农业经济的调整和优化在面临良好机遇的同时，也面临严峻挑战。

从国内经济形势看，国内农业与非农产业乃至整个国民经济的联效应越来越大，为农业提供产前、产中、产后服务的非农产业同农业逐渐融为一体，产业一体化的趋势日益明显，农业生产与农民消费的非农化倾向日益明显，农业对非农产业的需求与市场拉动作用在增强。从产业关联角度分析，调整和优化农业结构发展农业、增加农民收入是启动国内市场和推动经济增长的一个关键。

目前，我国经济在国际国内的复杂环境下，克服了重重困难，取得了显著的成绩，但是尚有许多亟待解决的问题。诸如有效需求不足，农村市场疲软，农民收入增长缓慢，农业结构不合理的矛盾更加突出等。在农业现代化的进程中，来自于农业产业内部，对农业技术进步、产业升级的要求越来越高，特别是现代农业产业结构演变的客观趋势——农业产业结构多元化、规模化、工业化与我国农业产业结构的单一化、家庭化、落后的生产方式的强烈反差，表明了农业经济结构和生产方向的调整是不可避免的。

面对全球经济一体化的浪潮，在全国大流通的经济格局形成以后，北京的农产品在激烈的市场竞争中受到了严重冲击，尤其是中国加入世界贸易组织指日可待，京郊农业将面临新的严峻挑战，现实的情况要求北京农业经济结构调整和优化迫在眉睫。当前北京农业经济结构调整所面临的环境与兄弟省市比较起来，其异同主要体现在以下几点：

1. 同处在相同的历史时期。这一时期，农产品基本处于供求平衡和低层次的相对过剩状态，初级买方市场已经形成，而首都市场的这种供需平衡在初级

农产品、大路货上体现得更加突出，农产品供给由短缺走向结构性、地域性的过剩。但北京农业面临首都市场庞大的优质农产品消费群体，市场包容量大，需求层次明显，市场对精品的需求带动了农业产业结构的提档升级。

2. 农业的功能定位发生了重要的变化并出现了新特征。北京大都市小城郊型的农业功能定位变化更加突出，主要表现在：一方面郊区农业不仅要为首都居民提高新鲜、时令产品，还要为其提供有丰富文化内涵的精神产品，以满足人民日益增长的物质文化生活需要，这种首都居民的多元化、多层次的物质、文化生活需要，也给北京农业经济结构调整带来了契机；另一方面产品贡献从侧重于数量贡献侧重于品种和质量贡献转变，农业由数量型向效益型提升，产值贡献功能和资本积累功能在不断弱化，而市场贡献的功能日益凸现。如何使农民的收入更稳定地增长，为农民发挥其市场贡献提供条件，这是新形势下经济增长对农业提出的新要求。

3. 农业生态环境的可持发展日益重要。当前农业结构调整都存在受地区资源制约的问题，但北京农业经济结构调整还受到生态环境因素的制约，农业的环境贡献地位得到空前的强调。京郊农业结构调整要与构筑首都三道“绿色生态屏障”相结合，即在北京近郊区发展绿色隔离带、建设隔离片林、扩建绿地，形成近郊绿色项链；在平原地区实施“五河十路”的绿色通道工程，形成郊区绿色走廊；在山区大力发展以林果业为主的经济林和采取综合治理措施增加森林覆盖率，形成首都绿色生态屏障。要坚持把经济可持续、生态可持续、社会可持续看作一个有机整体来进行农业经济结构调整，坚持以经济可持续为前提，生态可持续为中心，社会可持续为目的，以保持北京农业的可持续发展，突出北京农业的社会效益，因而，北京农业经济结构调整面临更严峻的挑战。

4. 提高农业科技含量的需求尤为迫切。新的一轮农业结构调整都面临着要切实落实科教兴国、科教兴农战略，依靠科技提升农业效益的问题，北京农业科技进步贡献率高于全国平均水平的10个百分点，农业科技人员的比重达1.23%，如何把北京农业发展的科技优势有效地转变为效益，实现北京农业由粗放经营向集约经营、从利用资源向利用和保护资源转变，完成这一递进的过程还有一段不短的路要走。

三、北京农业经济结构调整现状

自1999年以来，北京把农业经济结构战略性调整作为优化农业资源配置，增加经济总量，实现产业升级，提高经济效益，加快农民致富的战略举措，全力推进，取得了明显的成绩。2年来，通过实施以市场为导向、以效益为中心、以科技为依托、以农民为主体的农业经济战略性调整，郊区经济发展速度明显加快，达到了“九五”期间的最高增速。据统计，2000年郊区国内生产总值达到536亿元，增长10.1%；其中一产增加值达到90亿元，增长4%，打破了“八五”以来长期低速徘徊的局面；二产增加值达到216亿元，增长11.2%；三产继续保持良好态势，增加值达到230亿元，增长12.1%；农民人均收入达到4 687元，扣除物价指数比上年增长7.3，也是“九五”期间增速最高的年份。

1. 北京农业经济结构调整的特征。2年来的北京农业经济结构调整和优化的实践，对农业经济结构的调整和优化进行了积极有益的探索。归纳北京农业经济结构调整的特性如下：

一是多向性。北京农业经济结构调整是以提高农业经济整体素质为目的，涉及农业经济格局中的产业结构调整、农业内部结构调整、品种和品质结构调整、农业区域结构调整、农业科技体系结构的调整等，是一项复杂的系统工程，具有多方向性。

二是多元性。北京农业经济结构调整并没有拘泥于农业的范畴来开展，坚持以农民为主体，广泛谋求与农业关联密切的亲缘行业的支持与参与，充分汇集社会各业资源优势，形成了投资结构的多元性。

三是长期性。由于农业经济结构与生产布局体系构建过程是一个中长期的动态过程，农业生产的中长期目标与短期的利益矛盾会经常反映出来，协调、兼顾产业结构调整过程中的短期利益与中长期利益，并且以中长期目标为主，科学、理性地确立农业经济结构调整的中长期目标，是北京农业经济结构调整的根本要求。

四是系统性。北京农业经济结构调整的系统性体现在通过强调面向市场、突出特色、优质高效、龙头带动、加工增值、抓基础建设、科技支持等，着力推进农业向产前、产后延伸，以支持主导产业发展来配置资源。经过主导产业扩张，带动相关产业品发展，形成生产、加工、销售纵向一体、有机结合、相互促进及利益关联的体制，推动农村经济向区域化、专业化、商品化、一体化、有序化发展转变，解决农业经济发展中的瓶颈问题，实现系统资源的最优耦合，提高农业经济整体素质。

五是高深性。农业经济结构调整并不是简单意义上数量的增减，也不仅仅是平面上的横向拓展，而是在走横向拓展与纵深推进相结合、内涵得到不断扩大的产业发展道路。

2. 北京农业经济结构调整的突破点。回顾2年来对北京农业经济结构实施战略性调整的实践进程，以大力发展“六种农业”为切入点，使郊区经济取得了快速发展，实现了三个方面的突破：

一是实现了生产方式上的突破。计划经济体制下单一粮食生产自给自足的小农经济时代一去不返，随着现代科学技术在农业领域的广泛应用，使得突破了多层制约因素的农业现代化进程不断加快。

设施农业的发展通过利用可控光能、温能及无土栽培等技术，突破了农业生产的季节性限制，摆脱了自然资源的地域、时空分布不均衡困境，实现了农业生产的工厂化生产，提高了土地产出率，同时加强了对农业生产环境的控制能力，从数量和质量两方面获得了效益。

郊区县通过充分发挥比较资源优势，面向市场、发挥优势、多点发展、重点突破、搞出特色、形成规模、种养加贸协调发展，着力培育各具特色的农业区域经济主导产业，养殖业、蔬菜、果品等产业优势进一步扩大，牧草、药材、花卉等新兴产业坚持走高起点、高科技、高效益之路，基本具备了区域化布局、规模化生产、集约化经营的主导产业雏形。

二是实现了经营方式上的突破。随着经济一体化趋势的加剧，单一产业的发展已不适应市场的需要，农业突破了仅提供初级原料的局限性，按农业产业化经营体制的要求，加强农业产前生产资料供应，以及农业产后的储运、加工、销售等服务，打破初级原料生产的单一格局，促进传统农业向新的产业分化。以市场为取向延长产业链，实施产业一体经营战略，改进初级农产品及其加工品的收购、销售、包装、储藏、运输条件，以增加初级产品的附加值，提高农业部门的比较利益；提高农产品的加工增值率和提高农业资源的综合利用率，使一、二、三产相互渗透，协同发展，产业关联度更加密切，促使农村经济在产业互助和城乡经济良性循环中优化结构，实现了农业由能手创造规模效益，工业带动农业实现‘量的扩张"，第三产业推进工农业“质的进步”；围绕主导产业的培育，形成了一批加工龙头企业，如通州的御香苑、金苜蓿集团、房山的卓宸公司、延庆的绿富隆等。

三是实现了组织形式上的突破。北京调整优化农业经济结构突破了农业部门分割、生产经营分散的局面。在家庭经营基础上，鼓励发展多种形式特别是农民自办的流通中介组织、外销网络、民间运销大户、经纪人队伍等，形成多渠道、多形式流通，确保货畅其流，反弹琵琶调整结构。通过现代市场经济的协议、契约、合同、参股、投资、入社等，发展合作社、专业协会、股份公司和法人企业，如平谷的大桃合作社等，实现了“龙头企业 + 基地 + 农户”的农业产业化经营模式，在组织形式上取得了突破，增强了农户抵御市场风险的能力，保证了农户的效益。

3. 北京农业经济结构调整的理论支撑。在调整和优化北京农业经济结构中，我们坚持结合北京实际情况，在理论的指导下，通过不断实践，来探索北京农业经济发展的最佳途径。

一是以发展的观点看农业经济结构调整。任何一项产业的发展都不是独立的，总是与其他产业有着密切联系，脱离了环境来谈产业的发展只是一句空话。只有把握好农村的工业化和农村的城市化、农业的现代化和社会的现代化之间的关系，才能构筑农业经济动态可调的合理结构。

二是以经济学梯度差适位论指导农业经济结构调整。农业经济结构的战略性调整关键在于区域性调整。我们根据北京郊区自然资源存在地域、时空的分布不均衡，区域经济发展存在梯度差的实际，出台了带有指导性的梯度扶持政策，鼓励郊区县在充分发挥区域比较资源优势的前提下，确立适合本区域经济发展的主导产业，结合国内外市场情况，根据需要和可能优化农业结构，实施调整，强化地域产业结构优势，打破区域内自求平衡的状态，实现专业化分工，实现广泛地域上的产业结构均衡，促进区域产业结构优势的发挥。

三是以农民为主体论。在结构调整中，我们坚持以农民为主体，把主动权交给农民，充分尊重农民的意愿，尊重农民的选择，把调整结构变成农民的自觉行动。政府和各级干部的责任主要是指导、协调和服务，帮助农民增收而不是代替农民决策。由于市委市政府所确立的农业结构调整的意见符合广大农民的意愿，极大地调动了农民投入的积极性。

四、农业经济结构调整需把握的原则

北京农业经济结构调整是一项复杂的系统工程，是一个长期、动态的发展过程，在取得一定成绩的基础上，在今后的工作中还需把握好以下几项原则：

1. 整体最大效益原则。即经济效益、社会效益、生态效益宏观上均要争取最大化，还要兼顾产业结构调整过程中的短期利益与中长期利益，科学、理性地确立农业经济结构调整的中长期目标。

2. 市场导向原则。坚持以市场为导向，弱化指导性计划，依据市场需求结构的变化确定产业结构调整方向，为卖而产、为用而产、为富而产。同时，由于产业结构调整（或供给结构调整）一般滞后于市场需求结构调整，因此，还要注重培育并挖掘市场潜在的需求，抢占市场先机。

3. 资源合理配置原则。农业经济结构优化的过程，实质上是农业产业资源要素的合理化组合的过程，资源合理配置是衡量产业结构构建合理与否的基本指标。

4. 科技先行原则。技术进步是社会进步与经济发展的重要源泉，是产业结构调整的有效方式，农业经济结构调整应该建立在产业技术进步的前提下。

5. 农民自主自愿的原则。在结构调整中，要继续坚持以农民为主体，把调整的主动权交给农民，充分尊重农民的意愿，尊重农民的选择，把调整结构变成农民的自觉行动。政府主要起指导、协调和服务作用，要做到指导不指令，推动不发动，示范不勉强，服务不包办。

适应新形势，开创农村精神文明建设新局面

市委农工委副书记 王海平

2000年是郊区农村精神文明建设适应经济结构调整和现代化建设形势进行积极探索，创新实践的一年。认真总结探索和实践的经验，进行理性的思考和分析，有助于精神文明建设进一步明确指导思想和工作思路，开创新局面。

一、农村精神文明建设要以提高农民现代化素质为重点，以培养新型农民为根本任务和目标

提高国民素质、培养“四有”社会主义公民，是党的十二届六中全会就已明确的精神文明建设的根本任务，但不同的历史时期有不同的要求和内涵。当前全国农业正在进行结构调整，北京农业也在加快推进农业农村现代化，农村的生产力必须有一个大发展。作为生产力要素的劳动者——农民，也必须学习新的知识、掌握新的技能，逐步摆脱小农经济思想的束缚，增强市场经济观念和社会化大生产意识。或者说，当前农村经济建设给精神文明建设提出的要求就是引导农民学习和实践现代化，培养能够适应现代化建设要求的新型农民。这是现代化的重要内容和基础，在很大程度上关系到现代化建设的成败。

学习新的知识和技能、更新思想观念，也是农民自己的要求。改革开放以来，党在农村政策的基点是充分调动农民的生产、经营乃至整个经济活动的积极性。同时，一个直接的效果就是调动了农民学科学、学技术的积极性，学知识、学经济的积极性。学习新的知识，掌握新的技术和致富本领，成为当代农民重要的精神需求和精神特征。这种需求更由于当前农产品总体上进入地区性、结构性、阶段性过剩阶段，出现买方市场而得到强化，农业逐渐走向资源和市场双重约束时期，走向依靠科技进步和提高劳动者素质的轨道上来。增加科技含量和提高质量、优化结构在市场竞争中取胜的事实教育了农民，农民致富的愿望已经在相当大程度上转化为学习和掌握新知识、新技能以及新的经营方式的要求。而满足群众不断增强的精神文化需求正是精神文明建设的根本出发点。问题在于，要真正把农民的致富愿望和与之相关的学习要求作为农民群众重要的、积极的精神文化需求来看待，列入工作范围，这恰恰是以往农村精神文明建设的认识误区和工作偏差所在，也是农村精神文明建设游离于经济建设之外，不为农民群众接受的根本原因。因此，要增强农村精神文明建设的有效性，就应理直气壮、毫不含糊地把引导农民致富纳入工作范围，而切入点则是提高农民素质，通过提高农民素质引导农民致富，并进而培养一代新型农民。

提高农民现代化素质，培养新型农民不仅是经济结构调整和现代化建设宏观形势的要求，也是农民自身的需求和愿望。农村精神文明建设只有准确地把握这种经济建设全局要求和农民自身的精神需求，将二者有机地结合起来，明确工作的指导思想和目标、任务，才能取得实效。一年来，郊区农村精神文明建设通过全面实施“农民现代化素质教育工程”，为广大农民群众和基层所接受并取得成效的实践正说明了这一点。

二、农村精神文明建设要以实践为特征，建立和完善方法体系

一年来，各区县积极开展“农民现代化素质教育”，创造了不少方法和经验，为研究新时期农村思想政治工作和精神文明建设的方法论提供了实践基础。认真总结分析，是有一定规律可寻的。

“农民现代化素质教育”走了一条实践中提高素质的路子，采用了组织、引导农民边学边干、干中学、学中干的做法。这使得“农民现代化素质教育”区别于一般的学校教育和一般的成人学历教育的“以学为主”的模式，而是一种目的性、针对性很强的应用技术、科学和实践教育。即主要通过指导实践来提高农民素质，采用了“以干为主”的模式，也区别于传统的传授技能，而是学习对于农民来讲完全是新知识的东西。这无疑是一种创造，把认识世界和改造世界很好地统一起来，把学习过程和解决思想认识问题过程都融入到实践过程中去。因此，我们可以说，这种教育总的特征是实践，是实践教育。同时，以实践为特征的“农民现代化素质教育”直接为实践服务，农民素质在实践中提高，以实践的范例为教材，有明显的方法系列。总结目前的实践经验，它至少包括以下几种基本方法：

第一，信息服务的方法。通过为农民具体实践提供信息服务，让农民了解科技、市场等，潜移默化地使农民增长有关知识、增强市场观念和科技意识，并且逐渐在接受信息服务中，熟悉并掌握现代信息手段。这已在一些乡村取得成功经验，京郊出现了不少的电脑户、电脑村，我们可以从中看到信息服务“教化”的效果，农民已尝到了“干中学”、“练中长本事”的甜头。

第二，办实事的方法。实际地解决了农民生产生活中遇到的技术问题，改善了农民的生产条件和生活环境，也使农民接受了新的知识，掌握新技能，树立新的观念，提高了素质。

第三，抓典型的方法。这是一种传统的工作方法，但赋予了新的含义，那就是强调和突出了典型在实

践中先行一步的特点,强调了典型的先导示范作用。不少区县组织的致富报告团,给农民提供了一个又一个通过学习和观念更新致富的范例。这样的实践指导,而不是理论启发的做法已成为基本的教育方法。

当然，还包括我们过去经常采用的活动的方法、群众自我教育的方法等，总之，以实践为特征的教育和工作方法系列还在不断完善丰富。但用实践和相关的方法来教育引导群众确实已经显示出了强大的生命力，它的作用是独特而不可替代的，它的前途也应当是远大的。

三、农村精神文明建设要有相对稳定的工作格局

一年来，郊区精神文明建设以提高农民现代化素质为中心，以信息服务、环境建设、群众文化活动和文明户评选为工作重点，初步形成了基层精神文明建设的工作格局。这些工作重点能够在实践中突现并相对固定下来，自然有它存在的理由，但从主观上讲，我们确应有相对固定的工作格局，常抓不懈，才能收到成效。全面认识这些重点工作的意义，将增强工作的自觉性，有利于我们将之长期坚持下去。

首先，我们要坚持不懈地为农民提供信息服务，这不仅是一种重要的工作方法，更是让农民学习现代化的重要途径，也是农民提高素质要求训练的重要内容。如果说我们抓住了致富愿望与学习需求这个农民精神文化需求的重点，明确了工作指导思想，那么我们就抓住信息服务这个工作重点，就抓住了农民与现代化建设之间的桥梁和纽带，可以明确工作思路。通过各种形式的信息服务，我们将把农民带入新的天地、境界，从而实现我们培养新型农民的目标。

其次，我们要坚持不懈地改善农村环境，要不断改善农民生产和生活环境，使农民在环境改善中逐渐树立可持续发展的思想和养成健康卫生的生活习惯，从而影响农民素质的全面提高和发展。

再次，我们要坚持不懈开展群众业余文化活动。随着收入的增加和生活水平的提高，农民的精神文化需求将更加多样化，必须通过开展丰富多彩的活动，满足农民需求，引导农民兴趣、爱好、文化消费、生活方式，提高农民精神品位和文化修养。

最后，我们要坚持不懈开展创建文明村户活动，对农民进行思想道德和民主法制教育。要通过村民评选评议文明户等活动，引导农民自我教育、自我管理，逐渐强化民主法制观念，树立正确的世界观、人生观、价值观，抵制封建迷信观念和市场经济的负面影响，在农村社区形成良好村风，为农民素质提高提供良好的道德氛围。

一年的实践，无论怎样扎实有效，毕竟还只是开局，农村现代化的路还很长，精神文明建设还要不断探索，不断创新，才能不断适应新形势、开创新局面，舍此，我们将一无所成。

坚持标本兼治综合治理，不断推进党风廉政建设的深入开展

市农村纪工委书记　高　华

江泽民总书记在中纪委五次全会上指出，开展反腐倡廉，既要治标，更要治本，要实行标本兼治、综合治理。标本兼治，教育是基础、法制是保证，监督是关键。江泽民同志这一讲话，为我们新时期党风廉政建设指明了方向，我们要深刻理解，认真贯彻。

一、在改革开放和发展社会主义市场经济条件下，党风廉政建设面临许多新情况、新问题，要推进党风廉政建设深入开展，必须标本兼治、综合治理

改革开放以来，农口各级党委认真贯彻中央、市委的部署，始终坚持两手抓，两手都要硬的方针，在抓好改革开放，发展经济的同时，高度重视党风廉政建设。围绕经济建设中心，服从服务于改革发展稳定大局，采取了一系列重大措施推进党风廉政建设深入开展，形成了领导干部廉洁自律、查处违纪违法案件、纠正部门和行业不正之风的三项任务格局，建立了党委统一领导，党政齐抓共管，纪检组织协调，部门各负其责，群众参与和支持的领导体制和工作机制，党风廉政建设取得了明显成效。但同时我们也应看到党风廉政建设形势依然严峻，需要我们对新形势下党风廉政建设面临的新情况、新问题进行认真的分析，趋利避害，采取积极的措施，不断推进党风廉政建设深入开展。

我们现阶段的党风廉政建设，是在深化改革扩大开放，转换经济体制，诸多社会矛盾相互交织的历史条件下进行的。特别是在计划经济体制向社会主义市场经济体制转换的过程中，由于适应市场经济发展要求的管理体制、监督制约机制不可能在短期内建立和完善，行政行为、企业行为和市场行为不可能在短期内得到严格规范和有效约束，社会主义民主法制的健全和完善也需要一个长期的过程，这就使得腐败的滋生蔓延有了客观条件，存在易发多发的可能性。

改革开放以来，我国的经济基础特别是所有制

结构和分配方式等发生了深刻变化，给我国经济生活和社会政治生活带来了一系列新情况、新问题。在所有制结构方面，我们党确立了以公有制为主体、多种所有制经济共同发展的方针，促进了经济持续、快速发展，为党风廉政建设和反腐败提供强大的物质基础。但所有制结构的变革，形成了利益主体的多元化，对人们的思想冲击也不可低估，各个利益主体为了追逐各自的最大利益，都希望通过各种方式获取有限的资源。在市场经济体制还不完善的情况下，很容易发生不正当竞争。有的为了获取高额利润，逃避法律惩处，不惜靠非法手段侵吞国家和集体财产来牟取暴利；有的不惜用重金、美色等方式拉拢腐蚀领导干部，使干部手中的权力商品化。利益主体多元化还导致人们思想观念多元化，特别是由于经济利益的驱动，拜金主义的影响，使一些意志薄弱的党员干部以权谋私、权钱交易，走上违纪违法的道路。在分配制度变化方面，我国实行按劳分配为主体，多种分配方式并存的分配制度，把按劳分配和按生产要素分配结合起来，坚持效率优先、兼顾公平，有利于优化资源配置，调动劳动者的积极性，促进经济发展。但在分配制度不健全的情况下，出现了社会分配不公的现象，客观上使一些人心里发生不平衡，而诱发腐败。

在改革开放和发展市场经济条件下，人们生活方式和价值追求呈现多样化，尤其在引进西方发达国家先进管理、先进技术和先进经验的同时，资本主义的腐朽思想和生活方式也趁虚而入，每时每刻都在对社会成员理想信念、世界观、价值取向、道德观念和生活方式等发生冲击，一些意志薄弱的党员干部经不起改革开放和市场经济的考验，滋生了拜金主义、享乐主义，世界观、人生观、价值观发生扭曲。理想空虚，信仰动摇，贪图享乐，腐化堕落，助长了享乐型腐败的滋生蔓延。

改革开放和发展社会主义市场经济，对人们意识形态产生深刻影响，就业方式和组织形式也出现了多样化。随着改革开放和社会主义市场经济的发展，增强了人们民主法制、公平竞争的思想观念，促进人们的思想观念的更新和作风的转变，激发了积极变革、开拓创新，讲求实效的精神。但也刺激了一些党员干部的投机、冒险心理，使多年来倡导的爱岗敬业和乐于奉献精神有所淡化。社会组织形式多样化对党员干部监督、管理难度增大，在工作不好的地区和部门就出了党风廉政建设的“盲区”，使思想政治工作包括党风廉政建设的难度增大，渗透力、辐射力减弱。

就以上对新情况、新问题的分析，不难看出，腐败现象往往同其他社会问题相伴生，并有一个发展和人们对它逐步认识的过程，纠正起来也会有一个过程。另外，腐败问题产生的原因是复杂的，既有我们工作上的问题，也有体制、机制、制度方面的问题。这就决定，我们在党风廉政建设上既要树立长期作战的思想，又要有现实的紧迫感，立足现实，一个问题一个问题的解决。既要坚持治标，又要注重治本，要标本兼治，综合治理。

二、党风廉政建设工作，应对新形势下出现的新情况、新问题，要大胆改革创新，运用多种形式将“标本兼治、综合治理”的方针落到实处

总结农口近几年党风廉政建设的经验，结合客观实际，我们应该在“标本兼治、综合治理”方面做好以下工作。

1. *教育先行，强基固本，筑牢反腐败思想道德防线*。腐败行为是腐败意识的外化。当腐败意识没有得到有效遏制，反而逐步膨胀，成为人的行为的主导力量时，腐败意识就会外化为腐败行为。大量事实表明，沾染腐败意识，是走向腐败的第一步。遏制腐败意识的蔓延是消除腐败的第一道防线。加固这道防线，必须抓好教育，加强德治。当前，在党员领导干部中要深入开展好党性、党风、党纪教育，着重解决在坚持党的宗旨和理想信念方面存在的问题。结合农口实际，一是大力开展反腐败斗争形势及成效的宣传教育。通过理直气壮地肯定我们党反腐败的指导思想和方针政策以及取得的明显成效；理直气壮的阐明我国现阶段出现的腐败不是根本制度性腐败；理直气壮地讲我们党的干部队伍的主流是好的，我们党完全有能力解决腐败问题；正面回答和解决现实思想问题，引导和帮助广大党员干部正确认识和分析反腐败斗争形势，坚定反腐败必胜的信念，鼓舞斗志，增强信心。二是深入开展实践三个代表，树立正确权力观的教育。针对党员干部特别是领导干部容易在干部人事、家属子女、行政审批等方面产生腐败的突出问题，组织领导干部深入学习《党章》、《廉政准则》、《邓小平论领导干部廉洁自律》和江泽民同志在中纪委会议上的一系列讲话，联系思想实际，围绕“参加革命为什么，现在当官做什么，将来身后留什么”等问题深入反思，使领导干部进一步增强党性，树立正确的世界观、人生观和价值观，强化公仆意识，增强廉洁从政意识和拒腐防变能力。过好金钱关、美色关和配偶子女关，经受住改革和执政的考验。三是深化党纪政纪法律法规教育。要以《廉政准则》、《纪律处分条例》等为基本学习内容，分层次进行教育。通过教育使广大党员干部，特别是领导干部，进一步增强纪律意识和遵纪守法，廉洁从政的自觉性，抵制各种腐朽思想的侵蚀。

2. *严格制度，强化监督，制约腐败现象的发生*。加强党风廉政建设，监督是关键，凡是不受监督制约的权力必然导致权力的滥用，进而走向腐败。实际生活中的腐败现象无一不是从权力失去监督制约开始的。改革开放和发展市场经济条件下，干部队伍结构、思想观念、行为方式、活动领域和所处的

环境，都发生了深刻的变化，领导干部手中权力受到腐蚀的可能性和现实性大大增加。在这样的条件下必须以权制权，强化对领导干部，尤其是“一把手”的监督制约。要抓住权力制衡这一核心，在保证权力运作畅通、协调、有序、高效的前提下，对权力进行分解和合理配置，降低权力行使的自由度，增加监督程序，形成领导班子上下连带互制、权力分解互制、班子内部互制等环环相扣的互制格局。要认真实施党风廉政建设责任制考核制度，严格上级组织对下级组织的监督；要认真贯彻执行民主集中制，确保重大决策、重大干部人事任免、重大项目安排和大额资金的使用等重要事宜由集体讨论决定；要认真做好干部提拔任用党风廉政“一票否决制”工作，把好选人关，健全领导干部廉政档案，积极开展廉政谈话，督促领导班子开好专题民主生活会，严格领导干部个人重大事项报告、收入申报、任期经济责任审计制度。在易发案和多发案的权力集中部位，建立干部交流、权力分解、岗位轮换等权力制约制度，使单个部门和个人不能对某种权力形成垄断，以对权力行为实行有效的监督和制约，从而减少以权谋私、权钱交易的机会。要以创新精神，从实际出发，探索对领导干部“八小时以外”的监督，研究制定各种监督法规，使党内监督，党外监督，法律监督，新闻舆论监督形成体系，使对权力的监督制度化、法制化。

3. 严肃执法，惩治腐败，努力构筑党纪国法防线。努力构筑党纪国法防线，严肃查处腐败分子，在当前一些地方和部门腐败现象仍然比较严重的情况下坚持这一点更显重要。查处违纪违法案件，严厉打击腐败分子是我们党同腐败分子最直接、最激烈的较量，是反腐败斗争的主要突破口，也是衡量斗争是否深入有效的重要标志。对于腐败现象、违法者，必须严惩，才能维护法律的尊严，约束人不敢腐败。因此必须加大惩治力度，要主动深入到经济建设第一线，采取重点检查、专项执法监察、经济审计等手段，及时发现案件线索，认真调查核实，不论案件涉及到谁，该纪律处分的要处分，该判刑的要判刑。在对腐败分子进行刑罚制裁和纪律处分外，同时，还必须严格“经济处罚”和“从业处罚”，使其在经济上占不到便宜，增加犯罪成本。要注意扩大查办案件的作用，查办案件揭露出来的腐败分子，有些典型是发人深省的反面教材，要运用这些教材对广大党员干部进行警示教育。通过反面教育，使党员、干部从中汲取教训，懂得在什么情况下、在什么问题上、在哪些环节中容易犯错误，时刻保持高度的警惕，增强自律意识和拒腐防变的能力。同时通过办案，总结分析领导干部违纪违法特点、规律，找出滋生腐败的土壤和条件，发现在体制、机制、法制、政策、管理等方面存在的漏洞和薄弱环节，有针对性地采取对策，从源头上预防和治理腐败。

4. 深化改革、源头治理，铲除滋生腐败的土壤和条件。实践证明，通过改革体制、机制、制度和强化管理，解决好在权、钱、人事管理方面存在的突出问题，从源头上防止权力的不正当运用，是预防和治理腐败的治本措施，必须大力推进。要加强对行政审批制度的改革，简政放权，规范行政审批权力的行使。如减少行政审批项目的数量，可以取消的审批项目要取消；确需保留的行政审批项目，可以适用市场机制运作的，要通过招标、拍卖等市场手段来处理；对不能通过市场机制运作的项目，必须区别不同情况进行合理分解，重塑新的权力结构模式，加大监督制约，有效地限制与制止权力进入市场。要加大公开力度，公开是最好的“防腐剂”，权力运作在公开透明的条件下，权钱交易将无法实现，能很好的避免“幕后交易”、“暗箱操作”，从根本上消除腐败发生的条件。要不断在政权机关推行政务公开，在国有企业、集体企业推行厂务公开，在村级推行村务公开，对其他公共事务也要向社会和群众公开，让群众知情，便于群众监督。要加强资金管理，从改革财政管理制度入手，把钱管住。财政拨款部门要全部实行部门预算，将部门所有收支纳入财政预算管理，要清理银行帐户，严禁设“账外账”，取消“小金库”，继续落实收支两条线规定，逐步推进“零户统管”，推行会计委派制度，“村账乡审”制度。从制度入手，规范干部的经济行为，抑制违法违规现象的发生。要加强干部人事制度改革，强化干部选用中民主推荐、民主测评、民主决策等关键环节，扩大任前公示制，公开选拔制和竞争上岗制度的使用范围，以解决用人中的不正之风和腐败现象。

5. 强化责任、齐抓共管，确保党风廉政建设工作落到实处。新的形势下，推进党风廉政建设，必须仅仅抓住党风廉政建设责任制这个龙头，不断统一各级领导班子和领导干部，特别是党政“一把手”的思想，进一步强化其政治意识、龙头意识、主体意识和保障意识。坚持和完善“党委统一领导，党政齐抓共管，纪委组织协调，部门各负其责，依靠群众参与和支持的反腐败领导和工作机制”，各级党委要进一步建立横向到边、纵向到底，人人有责、共挑重担的责任网络和配套制度，明确工作目标，层层分解责任，把责任内的党风廉政建设工作落实到班子、量化到成员、细化到部门，因地制宜地做好牵头、协调、配合和细化实施工作，并切实加强检查考核，落实责任追究。对领导干部对自己职责范围内的反腐败工作敷衍塞责，不抓不管，以致屡屡发生大案要案、重大事故、恶性事件，出现重大经济损失，造成恶劣影响的；对选拔任用领导干部违反有关政策和规定，用人失察的；对领导干部配偶子女利用领导干部职权和职务上的影响获取非法利益的，必须追究有关领导干部的责任，严格执行纪律。要选择典型案例在媒体上曝光。对落实责任好的单位和个人，要及时进行总结宣传，鼓励先进，从责任、机制上确保党风廉政建设和反腐败各项任务落到实处。

关于乡镇企业“二次创业”的思考

市农委副主任　张凤福

2000年，市委下发了《关于大力推进乡镇企业二次创业的意见》的6号文件，这个文件对郊区乡镇企业的发展起到了重要的推动作用。围绕着乡镇企业的二次创业我进行了相关调查和思考。

一、郊区开展乡镇企业二次创业的基本情况

市委6号文件，是指导乡镇企业“二次创业”，实现郊区二、三产业持续、快速、健康发展的重要文件。文件下发后，各区县党委、政府非常重视，通过召开各种会议进行了认真的学习和贯彻，通过各种方式进行了广泛的宣传培训；同时建立了“五个一”的领导体系，即区县、乡镇党政一把手挂帅，负总责，成立了一个由有关部门组成的工作班子，组建了一支工作队伍，制订了一个实施方案，完善了一个配套政策。总的看，通过认真学习贯彻市委6号文件，郊区广大干部群众的思想空前活跃，改革与发展的热情空前高涨，二、三产业的速度与效益保持了空前的发展势头，出现了四个明显的变化：

1. *干部群众的思想观念发生了明显变化。*市委6号文件的一个鲜明的特点是触动了乡镇企业和农村二、三产业改革与发展中的深层次问题，这些问题与干部、农民、集体、企业等不同主体的利益息息相关，因此文件下发后，受到了郊区干部、群众的普遍欢迎和广泛关注。通州区的同志说，6号文件是继土地延包政策之后又一个促进农村经济发展，加快农民致富的重要文件。大兴县的同志说，贯彻6号文件实质上是农村第一步改革之后又一次思想解放运动。昌平区的同志说，6号文件是指导乡镇企业和农村二、三产业从计划经济迈向市场经济的理论依据和政策依据。总之，思改、思变、思进、思富已成为郊区农村的思想主流。

2. *改革的力度明显加大。*市委6号文件提出：“实施乡镇企业二次创业，就是通过产权制度改革，培育适应市场经济需要的市场经营主体”。按照这一要求，各区县都对集体企业的产权改革作了周密布署，对“大而盈”、“大而亏”的集体企业，党政一把手亲自抓试点，对改革中遇到的难点问题，坚持大胆试、大胆闯，创造了不少新经验。市农委相继转发了平谷县和通州区宋庄镇等一批典型经验，大兴县还专门召开了产权改革经验交流会。平谷县提出：“企业要发展壮大，必须要有全新的机制，必须进行产权制度的改革，企业的出路就在于此”。他们首批抓的42家产权改革试点企业，改制效果非常明显，改制后总资产由1.87亿元增至2.85亿元，增长52.4%；总负债由2.33亿元降为1.63亿元，下降42.9%；资产负债率由124.9%降到57.3%；亏损企业由17家降至3家，停产企业由20家降为1家；总产值由0.94亿元增至1.57亿元，增长67%；利润总额由82.3万元增至645万元，增长6.8倍；税收由183.4万元增至469万元，增长1.6倍；就业人数由1 775人增至3 985人。

3. *发展速度明显加快。*市委6号文件提出今后几年乡镇企业总收入、增加值、利税总额年平均增长15%以上。从前几个月的情况看，各项指标均超过了这个要求。总收入增长16.5%，近郊区增长最快的是朝阳区16.5%，远郊增长最快的是门头沟区53.7%；增加值增长17.3%，近郊增长最快的是朝阳区17.3%，远郊增长最快的是门头沟区69.3%；利润总额增长27.2%，近郊区增长快的是海淀区83.1%，远郊增长最快的是密云县88%；出口交货值增长17.2%，近郊增长最快的是海淀区171.1%，远郊增长最快的是延庆县46.9%；财政收入增长19.9%，其中远郊增长40.8%，增长最快的是平谷县76.8%。

4. *质量效益明显提高。*不仅表现在郊区乡镇企业和二、三产业的增加值、利润、税收等效益指标增长均超过了总量指标的增长，更突出地表现在近几年来我们培育的新的经济增长点发挥了强大的拉动作用，重组引进的大项目和个体私营经济成为拉动经济增长的主导力量，区县工业区、乡镇工业小区和村级工业大院成为拉动经济增长的载体，二、三产业专业村蓬勃兴起，增加了农民就业。一大批高新技术企业、明星企业和名牌产品落户京郊，带动了产业升级，正以崭新的面貌改变着乡镇企业“小、散、低”的现象。

目前，在推进乡镇企业二次创业中还存在一些问题，一是有的区县对市委6号文件学习领会得不深，广泛宣传不够，贯彻落实的力度不大，企业和农民的积极性还未被充分调动起来，二次创业的各项工作停留在一般化的水平上。二是在企业重组与转制的关系上结合得不够紧密，有些企业改制在自我封闭的状态下进行，忽视了增量生产要素的引进重组和经营者的置换，一些亏损企业由现任经营者“自卖自买”，出现了集体资产流失的苗头。三是一些“大而盈”、“大而亏”集体企业改革进展缓慢，一些乡镇、村对这类企业改制决心不大，疑虑较多，甚至等待观望。四是乡村集体企业的亏损额与亏损面虽有所下降，但仍停留在较高的水平上。1～4月份乡村两级集体企业的亏损面为12.1%，其中营业收入500万元以上企业中的亏损面为25%；集体工业企业亏损面为12.4%，其中营业收入500万元以上企业中的亏损面为25.6%，亏损额比上年同期增加了4.9%。由此可见，

一些规模较大的集体企业仍未走出困境。

二、关于继续大力推进乡镇企业二次创业的一些思考

经过前5个月的努力，郊区在深入学习贯彻市委6号文件、推进乡镇企业二次创业过程中取得了显著的成绩，但只能说是开局良好，下一步二次创业的各项工作，特别是集体企业的产权改革将由试点向面上扩展，改革与发展的任务异常繁重。我们一定要毫不松懈、乘势而上，努力实现今年二次创业的阶段性目标。

1. *要进一步转换思想观念和发展思路。*市委6号文件以社会主义市场经济理论为指导，为郊区乡镇企业总结过去，规划未来，具有很强的思想性和指导性。我们学习贯彻6号文件，首先要认真领会其精神实质，并结合实际，着力解决一些思想观念上的问题，从而把学习贯彻6号文件的过程当成思想解放、观念更新的过程。在这个基础上，才能形成正确的工作思路，并做出正确的决策。如果还用计划经济那一套，二次创业就可能复归到老路上去。改革开放以后，乡镇企业异军突起，大体经历三个阶段。第一阶段是乡镇企业刚刚兴起，它依附于农业，是一产的补充，当时被称为“工副业”。第二阶段是随着乡镇企业的快速发展，使其在经济总量上迅速超过一产，成为相对独立的产业和集体经济的主体，大力发展集体经济成为这一时期的主旋律。现在已经迈入了第三阶段，这个阶段的特征是按照发展社会主义市场经济要求，大力发展区域经济。我理解，从大力发展集体经济转移到大力发展区域经济上来，就是思想观念上的一大转变。确立发展区域经济的思路，起码要包括以下几方面的内容：首先政府要有强烈的开放意识，即以繁荣区域经济、增加农民就业与农民增收为目标，鼓励各种不同经济成分企业共同发展，政府对企业“不求所有、但求所在”，对人才“不求所有、不求所在、但求所用”。第二，使市场对资源配置的基础作用得以充分发挥，政府要有服务意识，即“各级政府要树立为纳税人服务的意识”。为纳税人服务包含一个道理，这就是纳税人养活政府，政府应该为纳税人服务。这就要求政府行为不能追求利润最大化，不能直接投资兴办竞争性的企业，不能对企业经营进行行政干预，更不能对企业吃拿卡要。政府要做的就是为企业提供更多服务类公共产品，为企业公开竞争，健康发展创造一个良好的赚钱环境，从而产生更多的税收。第三，企业要有市场意识。繁荣区域经济的基础是企业，企业必须适应市场、具有强烈的市场意识。一般来说，非公有制企业的市场意识是与生俱来的，因为如果没有这种意识，它就不能生存，更谈不上发展。而我们乡村办的集体企业，过去一直由政府包办，有很强的依赖性，现在要下决心改制，下决心把它们推向市场，各级政府再不能为它们承担无限责任。

2. *要进一步转换投资主体和市场主体。*市委6号文件明确指出：“乡镇企业总量不足、质量不高、产权不清、机制不活、竞争力不强，产业结构和经营机制都还不能适应市场经济条件下的激烈竞争”。“要实施高起点、大范围、宽领域的资本引进战略，引进增量、盘活存量、扩大总量”。“彻底改变乡镇企业资本结构单一的状况”。上述精神，可以说是抓住了郊区的主要矛盾，并提出了解决矛盾的思路和办法。在二次创业中，我们一定要牢牢把握两个工作着力点：

第一，充分发挥首都的集聚效应和郊区优势，坚定不移地实施高起点、大范围、宽领域的资本引进战略。这篇文章这几年我们一直在做，但还远远没有做足。现在大环境对郊区有利，机遇难得。城市工业布局调整、绿化隔离带建设，一些企业向郊区扩展已是大势所趋。最近我到郊区调研，发现一批新企业开工建设，其中绝大多数是民营企业，有的把研发基地放在中关村，把生产基地落在区县，有的整体搬迁，建设新厂，培训员工，为中国进入WTO做准备。我看了很兴奋，深感民营企业在这次调整中又是捷足先登，走在了国有企业的前面。福森同志最近到郊区调研对资本引进、资产重组问题做了重要指示，归纳起来是五个结合。一是资本引进、资产重组要坚持多元化、多形式，把培育新企业与建立新的企业制度相结合；二是把资本引进、资产重组与结构调整、产业升级结合起来，区位优势好的区县引进项目的档次应当高一些，规模更大一些；三是把资本引进、资产重组与布局调整结合起来，引导企业向工业区、工业小区和有条件的专业村集中，不要再搞“村村点火”；四是把资本引进、资产重组与增加农民就业和农民收入结合起来，在发展高新技术企业的同时，不能排斥劳动密集型企业，劳动密集型企业有利于发挥郊区的资源优势，有利于增加农民就业和农民收入，有实力的乡镇村集体经济在一些好项目中可以参股，占有一定份额的股权；五是把资本引进、资产重组与发展当地的第三产业结合起来，各种服务业要及时跟上。

第二，二次创业中的第二个工作着力点是要依靠农民、充分调动农民发展和进入二、三产业积极性。郊区的目标是实现农业和农村现代化，组织农民大规模地向二、三产业转移是实现这一目标的重要前提条件，也可以说不大规模地减少农民，农业和农村现代化就无从谈起。农民进入二、三产业主要有两个通道，一是农民以投资主体身份进入二、三产业，大力发展个体私营经济与合作经济。进入这个通道需要条件，农民要有较高的素质和资金积累，因此从这个通道进入二、三产业的农民从总体上说还是少数。第二条通道是农民以生产劳动力要素的身份进入二、三产业，就是增加农民在二、三产业中的就业，获取工资性收入。进入这个通道虽然也需要条件，但相对来说比第一条要容易得多，是农民进入二、三产业的主要形式。总之，资产重组企业和农民进入二、三产业是二次创业的两个工作着力点，相信在不久的将来，他

们就会成为农村二、三产业的主角。

3. *要进一步转换企业制度*。通过资本引进、资产重组的企业，民营企业和个体私营企业，他们的产权明晰，责任风险明确，企业制度一般都能到位，政企关系也随之理顺了，但通过调查发现乡村集体企业的进展还不十分理想。在集体企业改制上，我认为要把握住以下三点：

第一，集体企业必须改制，不改没有出路。市委6号文件把“经过二至三年的努力，基本完成乡镇企业的体制改革和机制转换，普遍建立起适应市场经济要求的现代企业制度”作为二次创业的主要目标。提出这个目标，主要是因为集体企业由于产权不清、政企不分、机制僵化、缺乏活力而不适应市场、不适应竞争。企业制度在企业的生存与发展中起基础性、决定性作用，有了好的企业制度才能产生好的经营者，好的机制和行为。乡村集体企业恰恰在制度上存在严重缺陷。市委6号文件重笔强调，企业改制不是企业扭亏的权宜之计。即使现在能够生存的集体企业，不改革、不改制也是死路一条，一定要站得高一些，看得远一些，坚定信心，坚定不移地把这场改革搞好。

第二，改制要与重组紧密结合。实践证明：在老企业、老经营者、老设备、老产品原封不动的基础上改制，一般效果都不好，“鸡窝里飞不出‘金凤凰’”。为此，福洪同志多次强调，改制是手段，不是目的，改制必须把企业推向市场，运用市场机制实现生产要素的优化配置。在诸生产要素中特别是要突出对不合格经营者的置换，实现经营者选拔的社会化、市场化、职业化。目前在改制中有一种值得注意的倾向，对一些经营企业有功、奉公守法、资产积累较大的经营者，乡村集体容不得给他们量化股权，由于存量资产大、经营者又买不起，改革处在僵持阶段；而对一些亏损企业，乡村为了甩包袱，把企业以低价卖给了将企业置之死地的原有经营者，使昔日的“杀手”变成了拯救企业的“天使”。这种改制不是改革，是倒退。市委6号文件中对企业经营管理者的选拔淘汰有明确的要求，凡将企业造成亏损的企业经营者，必须采取坚决措施，将他们淘汰，绝不允许他们借改制之机再捞好处。

第三，改制要因地制宜、坚持多种形式。不刮风、不一刀切、不追求指标进度，工作重点是在各个不同的利益主体之间找到合理的结合点，使上级主管部门，企业经营者和职工、农民都能接受。在方法上，一定要坚持公开、公正、公平的原则，提高透明度，防止暗箱操作。

4. *要进一步转换职能，制定政策*。发展区域经济、富裕郊区农民是郊区经济工作的主线，政府职能与各项政策都应紧密围绕这条主线实现新的转换。首先各级政府要致力于改善区域投资环境，提高本地区的竞争能力。良好的投资环境是区位优势、设施条件、土地价格、社会成本、工作效率等诸多因素优化组合的表现，政府行为在优化组合中起着至关重要的作用。怀柔县引进了一批大项目，近两年密云县引进一批高新技术企业，顺义区空港工业区迅速崛起，大兴县、通州区、房山区招商引资空前活跃都取决于政府在改善投资环境上下了很大功夫。其次各级政府要制定相关政策。在计划时期制定、为计划经济服务的一些政策虽然滞后于现实，但仍起作用，因此仅完善政策还不够，有些政策必须重新制定。通过调查，我发现目前亟需认真研究转移农村剩余劳动力的政策。这几年通过资产重组，郊区兴建了一批大项目，创造了很多就业机会，但增加郊区农民就业却很有限，这无非有三条原因：一是政府重视税收，对增加农民就业有所忽视，甚至还未提到议事日程；二是项目的档次高，用人少，农民的素质也不适应；三是郊区劳动力价格偏高，很多就业机会给了外地人。对这些问题应认真研究，起码要在以下几个方面制订一些支持政策：一是放手让农民发展个体、私营经济，为他们创造公平的竞争环境，使他们享受到其他企业能够享受的各项政策；二是郊区自然资源开发，应优先让本地农民干。比如郊区休闲旅游极具发展潜力，2000年“五一”期间形成了郊区旅游热，如果算理论账，延庆、怀柔两县仅在“五一”节日期间得到的旅游收入就可拉动全县农民全年增收2～3个百分点。但是由于农民参与的程度不高，使农民增收大打折扣。福洪同志最近提议，要组织有关区县到成都取经，学习他们动员农民大搞休闲旅游的经验。三是各区县要加强农村劳动力的职业技能培训，有些岗位要像城里支持下岗工人再就业那样，限制用外地工。四是在各级经济考核中，要增加劳动力就业指标，对完成好的给予奖励和支持。总之，在大力推进乡镇企业二次创业的过程中，一定要高度重视增加农民在二、三产业中就业的问题，并要拿出具体扶持政策。

坚定不移地推进郊区农村城市化进程

市农委副主任　赵根武

党的十五届三中全会明确提出：“发展小城镇，是带动农村经济和社会发展的一个大战略。”党的十五届五中全会又将“积极稳妥地推进城镇化”载入了正式决议。去年，中央又专门下发了《促进小城镇健康发展的若干意见》（中发［2000］11号文件），这标志着我国在对城市化的认识上发生了历史性的进步。北京市委、市政府从首都现代化建设事业的全局出发，印发了《关于进一步加快郊区小城镇建设推进农村城市化进程的意见》（京发［2000］30号文件），成为指导郊区小城镇发展的纲领性文件。

一、加快郊区城市化进程的现实意义

1. *推进农村城市化是富裕农民，扩大内需的重要途径*。到2000年底，远郊区的城市化水平只有30.8%，城市化水平明显偏低。城市化的滞后，加剧了社会经济发展中的一些突出矛盾，如需求不足，农民收入增长缓慢，就业压力大等问题。积极稳妥地推进农村城市化，必然要通过增加投入，提高城镇的容量。而投入的增加，既可以扩大内需，拉动经济的增长，又可以加速农村剩余劳动力向非农业转移的步伐。农村剩余劳动力的转移，不仅可以有利地增加农民的收入，扩大农村市场的现金流量，启动农村的消费市场，化解农村市场内需不足的矛盾，还可以较好地促进农村产业结构调整，提高农副产品的市场竞争力，推动农业产业化的进程。

2. *推进农村城市化是郊区产业结构调整的重要组成部分*。"十五"期间，郊区社会经济发展的主线是产业结构调整。结构调整一方面是以产业与产品生产主体为主的，包括产业结构、所有制结构、企业内部组织结构在内的经济结构调整；另一方面就是指以缩小城乡差别为主的区域结构、城乡结构在内的空间结构调整。后者是前者的载体，也是经济结构得以稳健推进和最终成功的必要条件。

加快郊区经济产业结构，就必须要加大第二、三产业在国民经济中的比重。从国外城市发展的经验看，只有当城市化水平达到30%以后，第二、三产业才能得到长足的发展。从北京郊区的实践可以看出，二、三产业越发达，结构调整和农民增收的空间也就越大，也就能使更多从事第一产业的农民向非农业转移，农民致富的环境也就更加宽松。

3. *推进农村城市化是落实《北京城市总体规划》的要求*。《北京城市总体规划》明确提出："城市建设的重点要从市区向远郊区转移。"大力发展中心镇是北京郊区今后小城镇建设的重点，也是推进郊区农村城市化的主要内容之一。它可以进一步优化北京现代化大都市的城市群体结构，开拓新的城市发展空间。

4. *积极推进郊区农村城市化是北京城市功能的需要*。北京是全国的政治中心和文化中心，是世界著名的古都和现代化国际城市，积极推进郊区农村城市化，大力发展中心镇建设，可以充分实现中央对北京提出的"四个服务"的要求。

二、加快郊区城市化进程的战略重点

1. *加快卫星城建设*。郊区要按照《北京城市总体规划》的要求，逐步建立起适应首都现代化要求的四级城镇体系。在卫星城、中心镇、一般建制镇和中心村四级城镇体系建设中，卫星城建设是龙头，是联结北京大城市和广大农村的纽带和桥梁，是区县域的政治、经济、文化中心和交通枢纽，地位和作用十分重要。应该在加速郊区农村城市化的进程中加以着重培育和大力提高，以进一步完善卫星城的城市功能和辐射力。

2. *大力发展中心镇建设*。中心镇是吸纳农村人口和地方经济发展的重要载体；是北京城市工业发展的重要基地；是首都生态屏障和首都城市居民旅游、休闲、度假的基地。

三、"十五"时期郊区中心镇发展的指导原则、主要任务和发展目标

根据十五届五中全会、市委八届六次全会以及市委、市政府《关于加快郊区小城镇建设推进农村城市化进程的意见》精神，郊区中心镇发展总的指导思想是：以推进郊区城市化为核心，把中心镇作为带动郊区城市化的重点环节，抓住城市建设重点向郊区转移的契机，加快中心镇（试点镇）开发建设步伐，形成对市区人口和农村人口有双重吸引力的城镇体系，促进人口和产业的合理布局，加强环境建设，显著提高郊区城市化水平，使郊区城镇建设达到中等发达国家城市郊区的水平。

1. *指导原则*。

（1）坚持规划先行的原则。根据当地经济社会发展的实际情况，科学规划合理布局，要用具有系统性又有前瞻性的科学规划统揽郊区城市化的全局。

（2）坚持以农民为主体进行建设的原则。吸引当地农民进入小城镇安家落户，发展二、三产业，直接参与中心镇建设。

（3）坚持充分发挥市场机制作用的原则。广开投融资渠道，建立多元化投资机制，走出一条在政府引导下的通过市场机制建设中心镇的新路子。

（4）坚持统筹兼顾，协调发展的原则。充分利用中心镇的区位优势，推动一、二、三产业协调发展。

2. *主要任务*。"十五"期间，要按照科学规划、合理布局、设施配套、环境优美、增强特色的原则，重点抓好昌平区小汤山镇等33个中心镇建设，带动全市小城镇的发展，形成与首都城市功能相适应的城镇体系。

（1）繁荣中心镇经济。要根据中心镇的特点，依据当地的区位优势、资源优势，以市场为导向，以产业为依托，大力发展特色经济，壮大中心镇的经济实力。

（2）完善中心镇的功能。进一步加大对基础设施和公共服务设施的投资力度，逐步完善中心镇的道路、电网、上下水、供气供暖、垃圾处理、通讯广播网络等设施，切实改善中心镇的生产和居住条件。

（3）提高中心镇建设质量。严格进行规划管理，规范建设程序，强化运用法律手段对规划、设计、施工进行监管。

3. *发展目标*。到2005年，按现行非农业人口统计，郊区城市化水平达到45%，镇区常驻人口达到2万人左右，条件好的中心镇要向3万～5万人以上的

小城市发展。

四、中心镇建设要做到的几个结合，处理好几个关系

从北京郊区中心镇建设发展的实际来看，在工作中要做到以下几个结合：

1. 与新村建设结合。中心镇周遍的新村建设,要纳入中心镇建设的大盘子,统筹做好规划。有条件的地方,可以通过"迁村并点"、"迁村并镇",把新村建设与中心镇建设结合起来,尽快把中心镇的规模做大。

2. 与工业小区建设相结合。要扩大中心镇建设规模，增加新区容量，就必须调动工业小区的人流优势，依靠产业来支撑中心镇的发展。

3. 与市场建设相结合。繁荣的市场，可以带活一方的经济。中心镇要依据本地的产业优势，大力建设发展各具特色的市场，以市场带动产业的发展。

4. 与环境整治相结合。环境治理是城镇建设的重要内容之一，环境治理一定要按照规划，结合建设进行，避免出现重此轻彼，一头沉，或以环境建设代替城镇建设的现象。

5. 建设与管理相结合。要实现中心镇建设健康、有序、持续发展，就必须建立健全适应社会主义市场经济要求的中心镇建设运行管理机制，克服重建设、轻管理的倾向。要逐步提高群众对中心镇管理的参与度，建立一支精干高效的中心镇管理机构，完善城镇管理网络，提高中心镇现代化管理水平。

6. 与精神文明建设相结合。在中心镇建设中，要加强民主与法制建设，健全民主监督机制，依法行政。要大力提高镇区居民和进镇农民的思想道德水平及科学文化素质。

从郊区的实际出发，在工作中应处理好以下几个关系：①农村工业化与农村城市化的关系；②规划与建设的关系；③工业小区开发与招尚引资的关系；④中心镇建设发展的普遍性与特殊性的关系。

五、农村城市化一定要积极稳妥，循序渐进

北京郊区的农村城市化一定要遵循城市发展同经济发展水平相适应，与工业化、农业产业化相适应的基本规律，把城市建设和城市经济发展结合起来，避免蛮干。在实际工作中应注意把握好以下几点：

一是顺应而不要超越经济发展阶段的要求，城市化以工业化为基础。

二是把握好户籍指标、资金投向，加快发展技术含量高、资源消耗少、环境污染小的城市型经济，重点是调整、加强和提高第二产业，大力发展第三产业尤其是知识密集型产业，以城市经济的发展带动城市建设的发展。

三是城市化是一个渐进的过程，一个综合的系统工程，一定要以科学的规划，精心的建设，严格的管理，量力而行，循序渐进，绝不能一哄而起，盲目蛮干，更不能为了追求"政绩"搞"花架子"。

提高经营管理水平，增强郊区农村集体经济发展能力

市委农工委委员　张　新

集体经济实力比较强，是郊区农村的重要优势。"九五"期间，郊区农村在农民家庭经营取得很大发展的同时，集体经济实力也进一步增强，主要表现在以下方面：

1. 集体经济的总量进一增长。到2000年底，农村集体经济总收入达到739.1亿元，比1995年增长30.9%；集体经济净利润达到25亿元，比1995年增长15.2%；集体账内资产总额达到911.3亿元，比1995年增长94.3%；集体账内净资产403.8亿元，比1995年增长101.5%；农民人均拥有集体资产2.5万元、净资产1.1万元，分别比1995年增长92.3%、100%。全市集体经济积累总额达到178.92亿元，比1995年增长49%。

2. 集体经济是推进郊区农村经济、社会发展的重要力量。到2000年底，在全市农村经济总收入中，集体经济收入占57.4%，高出全国19.9个百分点。在农村生产性固定资产中，集体所有部分占76.1 %。在农村社会资产总额中，集体资产占70.8%。2000年郊区共提取村级公积金、公益金和管理费23.16亿元，其中从集体经济组织提取的数额占93.9%。凭借集体经济的较强实力，"九五"期间，乡村集体经济组织用于农村公益事业和基础设施建设的投入累计达到97亿元，年均19.4亿元，比1995年增长85.6%，占到农村公益事业和基础设施建设总投资的90%以上。

3. 集体经济是农民增收的重要渠道。2000年，在郊区农民人均劳动所得中，从集体经济组织所得收入占30.5%，绝对额比1995年增长24.7 %。据统计分析，村级集体经济实力越强，农民收入水平越高。村级集体经济收入0.5亿～1亿元的，农民人均纯收入平均6 062元；村级集体经济收入0.1亿～0.5亿元的，农民人均纯收入平均5 455元；村级集体经济收入100万～500万元的，农民人均纯收入平均4 376元；村级集体经济收入100万元以下的，农民人均纯

收入平均3 622元。

尽管郊区农村集体经济发展情况十分喜人，但存在的问题也不容忽视：

1. 地区之间发展不平衡，实力差距拉大。2000年，全市集体经济收入占农村经济总收入的比例为57.4%。其中，近郊区为76.3%，远郊平原地区为53%，山区为44.8%。在郊区农村集体净资产总额中，近郊区占47.7 %，平原地区占31.6%，山区占20.7%。全市农村集体经济总收入比1995年增长30.9%。其中有6个区县增长幅度在40%以上，而有4个区县为负增长。

2. 一定数量的村集体经济萎缩。有的村集体经济收入下降；部分村集体积累下降；一些村集体净资产下降；有的村集体经济无收益；部分村集体经济收不抵支；个别村资不抵债。

3. 集体经济负债较高，不良债务比重较大。到2000年底，全市乡村两级集体经济组织及其所属企业债务总额达到400多亿元。乡均债务和村均债务都比全国平均数为高，其中不良债务占一定比例。

4. 集体经济管理水平不够高。一些地方集体经济运行质量较低，效益不够好。2000年同1995年相比，一些乡镇、村集体经济实现利润下降，一些乡镇企业利润下降，有的甚至亏损。

一些地方集体资产管理不到位。有的集体企业在转制中，暗箱操作，造成集体资产流失。有的村决策不民主，造成投资失误，效益低下，甚至背上沉重的债务。有的村干部私自做主，将大量土地低价出租，影响了集体经济的长远发展和农民就业，造成社会的不稳定。有的村集体资金胡花乱花，不定期向农民公布账目。个别村干部甚至铺张浪费，化公为私。

解决郊区农村集体经济发展中存在的主要问题，进一步发展壮大集体经济实力，是在改革开放的新形势下搞好郊区经济建设，加快现代化步伐的重要方面，是一项意义深远、十分重要的举措。

1. 郊区各级领导同志都应充分认识发展壮大农村集体经济的重要性。发展壮大集体经济，是实践江总书记“三个代表”重要思想要求的重要体现，是发展郊区生产力，加快农村经济社会发展，提高农民生活水平，实现现代化目标的重要途径。虽然“九五”期间郊区农村集体经济发展较快，但与郊区所处的地位、所应达到的目标和所应取得的成效相比，仍有较大差距。郊区各级党委、政府都应按照市委、市政府的要求，充分认识大力发展农村集体经济的重要性，增强自觉性和紧迫性，在巩固农民家庭经营主体地位，大力扶持发展家庭经营的同时，必须毫不放松地加快发展乡村集体经济。要把发展壮大集体经济实力作为重要职责和任期目标，集中精力，抓紧抓好。

2. 必须大力开辟发展壮大集体经济的有效途径。实践已经证明，发展集体经济必须有宽阔的领域，不能和农民争利益。必须以新的思路，广开集体经济增收渠道。近年郊区农业结构调整取得了重要成效，对集体经济的发展，特别是农民增收，起了十分重要的作用。但总体上农村经济的发展，尤其是农村集体经济的发展，靠一产远远不够，必须大力发展二三产业，以前景远大的二三产业，推进农村集体经济发展和农民的富裕。

作为首都郊区，在发展二三产业上有十分明显的优势。有广阔的市场，有众多的高科技人才，有通畅的信息渠道，有已经形成的发展基础。如果申奥成功，其机会更会大大增加。因此，我们必须紧紧抓住机遇，发挥郊区在发展二三产业上的明显优势，按照庆林同志的要求，实行资本引进和资本跟进战略，加大乡镇企业重组转制力度，实行科技兴企，塑造高科技含量的大企业、大公司和名牌产品。同时，要大力发展既适应首都要求又体现郊区特点的第三产业。当前尤其要重视发展前景十分看好又能充分发挥郊区资源优势的旅游业。要面对首都市民，大力发展休闲旅游、景观旅游、民俗旅游和观光农业等。通过二三产业的大发展，使集体经济大范围、宽领域地增收，使农民尽快富裕起来。

3. 加快集体经济的体制创新。发展壮大集体经济，首先必须使集体经济组织充满活力。郊区经济体制改革已经取得很大成绩，但产权不清、机制不活、动力不足、管理不善的问题仍然不同程度地存在着。因此必须进一步深化农村经济体制改革，为郊区农村集体经济的发展注入新的、持久的动力。

一要认真落实土地延包政策，稳定土地承包关系，充分调动广大农民的积极性，大力发展家庭经营。通过村级经济实力的总体增强，推动村级集体经济的发展。有条件的地方，要积极建立土地使用权流转机制，大力发展规模化、专业化经营，为农民家庭经营和村级集体经济发展提供更加广阔的空间。

二要推进乡村集体经济产权制度改革。对乡村集体经济进行股份制和股份合作制改造，明晰产权，使集体经济组织内的农民真正成为名副其实的资产所有者。在充分调动他们发展集体经济积极性的同时，实现政企分开，规范经营者行为，调动经营者的积极性，提高集体资产的经营效益。

三要实行多元化投资。吸引社会法人、自然人投资兴办企业，进行资源开发。同时实行资本跟进战略，有条件的集体经济组织，应选择有前景的公司、企业进行投资，使资本大幅度地增值。还要鼓励村民投资参股，和集体经济组织一起，共同兴办实业。

4. 大力抓好集体经济薄弱乡、薄弱村的转化工作。郊区在乡村集体经济发展上的差距和存在的问题，很大程度上在那些集体经济弱乡、薄弱村上反映出来。这些薄弱乡、薄弱村经济发展慢，农民增收慢，各种矛盾多，既是郊区发展的薄弱环节，又是影响社会稳定的不利因素。因此，必须下大力量抓好薄弱乡、薄弱村的转化工作。应在摸清底数的基础上，分类排队，针对不同情况制定发展计划。采取典型示范、政策扶持、对口支持等办法，使其尽快改变面貌。

5. *加强对集体经济的管理。*加强管理是确保农村集体经济健康、快速发展的重要环节。目前郊区一些地方村级经济管理薄弱的问题十分突出，已经造成集体资产的流失或使集体经济背上了沉重的债务，需要各级党委、政府高度重视。一要健全民主决策机制，避免少数干部说了算。重要事项必须经村民会议或村民代表会议讨论同意；重大投资必须进行可行性研究，不可盲目决断。二要健全民主管理机制，实行村务公开，重要事项包括经济发展情况和开支情况，必须定期向村民公布，接受村民的有效监督。三要做好基础性管理工作。加强对集体收入、土地出租、企业转制和债权、债务的管理，定期审计，坚决堵住可能造成集体资产流失的各种漏洞。

大力发展加工农业，积极推进农业产业化经营

市农委委员 张贵忠

江总书记在党的十五大报告中指出："积极发展农业产业化经营，形成生产加工销售有机结合和相互促进的机制，推进企业向商品化、产业化、现代化转变"。我国"十五"计划纲要也明确指出农业产业化经营是推进农业现代化的重要途径。实施农业结构战略性调整几年来，北京农业产业化进程不断加快，但从京郊农业发展的实际来看，北京农产品加工率只有30%，全市至少有70%农产品仍是以初级形态进入市场，北京加工农业的发展有着广阔的市场前景和巨大的发展潜力。因此，必须促进农业和非农产业的协调发展，特别是要大力发展农产品加工业，实现由单纯以低附加值的初级农产品经营为主向以高附加值的农副产品加工品抢占市场的经营方式的转变，实现农业由数量型向效益型的转变。通过农产品加工企业，开拓市场、引导生产、加工增值，进一步带动农业和农村经济结构战略性调整和农民增收。

一、加工农业发展的基本情况

伴随着农业和农村经济的不断发展，特别是两年多来的农业结构战略性调整的实施，北京加工农业得到了蓬勃发展，其带动作用日益明显，已经成为北京农村经济的重要组成部分。其主要特征是：

1. *农产品加工企业数量不断增加，加工领域广泛拓展。*回顾几年来北京农产品加工业的发展历程，一个明显的特征是发展建设较快，加工领域得到广泛拓展。据不完全统计，1996年底全市各类农产品加工企业326家，到2000年底，已经发展到943家，4年的时间里增加617家；农产品加工产值由1998年的67.7亿元，达到2000年的122亿元，年均增长34%；农产品加工增殖率从1996年底的60%到2000年底已达到64%，农产品深加工率已超过30%。在农产品加工企业数量增长的同时，近几年已开始呈现向多行业、多品种不断拓展，加工产品日渐丰富，加工数量不断增多。传统的肉、奶、粮行业的加工在原有的基础上有了新的发展，随着郊区蔬菜走出国门和果品面积的不断扩大，瓜菜果品的加工不断增长。特别是郊区养殖业的大发展为农产品加工企业提供了良好的发展契机，全市资产值100万元以上的畜产品加工企业达到130多家，加工畜产品品种达到16大类。随着近几年农业中一批新兴产业的出现，相关的加工企业应运而生，食用菌、药材、牧草、干花等加工企业已在郊区涌现，京郊农产品加工领域不断拓宽。

2. *农产品加工市场半径不断扩大，抢占市场制高点的能力日益增强。*近几年来，全市农产品加工业坚持以市场为导向，以效益为中心，以科技为依托，以质量求发展，积极开拓市场，收到明显成效。较大规模的农产品加工业有相当一部分具有双重功能，既是加工龙头，又是创汇龙头，在抢占市场方面触角大大延伸。一是以首都市场为依托，加工农产品不断满足首都多样化的需求，一些加工农产品已在首都市场上占有较大的份额。二是北京的农产品加工业已向外埠市场广泛延伸，在国内市场上占有一席之地。三是积极抢占国际市场。通过农产品的精深加工，大大提高了北京市农产品的国际市场竞争能力，拉动了全市出口创汇农业的大发展，近几年北京农产品出口交货额年递增在40%以上，2000年年底已达到了36亿元，其中加工农产品占70%以上。大发正大的肉鸡，泰华、双斯特的饮料，华丰鸭场的北京烤鸭等不断扩大出口，在国际市场有了一定份额。特别是近两年北京的牛羊肉制品已经开始进入国际市场。实践证明，农业加工企业是发展创汇农业的主力军，是推动京郊农业国际化的主要力量。近两年郊区创汇农业之所以有较大发展，与农产品加工有着直接的联系。据不完全统计，全市已有40余家农产品加工企业获得国际ISO9000质量体系认证和ISO14000环保体系认证，大大提高了在国际市场的竞争能力。

3. *多元化投资体制开始形成，开放型农产品加工体系已具雏形。*目前北京市农产品加工业的发展已经初步打破所有制和地域的界限，国有加工企业、股份制加工企业、民营加工企业、独资合资等外商加工企业等多形式、多样化的农产品加工企业在郊区不断涌现。特别是近两年一批具有远见卓识的非农企业投资北京农产品加工领域，给京郊农产品加工业带来了生机与活力。一些国际、国内大型涉农企业落户京郊，充实了郊区农产品加工能力，带动了京郊加工农业的发展。

4. *农产品加工业和郊区农业结构调整互动发展。*农产品加工业的发展不是独立的，近几年农产品加工业的快速发展与郊区农业产业结构调整紧密相连，与农民增收息息相关。农产品加工业的发展促进郊区农业结构调整，带动了农民增收致富。而农业结构调整又为农产品加工业提供了广阔的发展空间，特别是在农产品加工业的发展过程中，我们坚持产业化经营，积极探索“龙头企业+合作组织+基地+农户”一条适应京郊实际情况、独特的连接方式，一批加工企业实现了对农民的简单买断方式向建立起利益共同体的转变，提高了农业生产的组织化程度，显示出了加工农业的旺盛生命力。

回顾北京农产品加工业的发展历程，农产品加工业的作用非常明显，主要表现在：

1. *带动农业产业升级，提升农业现代化水平。*近两年北京农业产业结构调整获得历史性突破，农业产品不断升级，现代化水平有了明显提高，这与农产品加工业的发展有直接关系。实践证明某一农产品加工业的大发展，可以带动一个产业的大发展。有了鲲鹏等大型生猪加工企业，带动了顺义的百万头商品猪工程；有了大发正大、华都集团等肉鸡加工企业，带动了郊区1亿只肉鸡发展；有了金苜蓿、鲁梅克斯等企业，带动了京郊2万公顷牧草业和近4万公顷的饲料业的生产；有了华邦、平乐、泰华、顺兴等果品加工业，带动郊区果品业的不断推进。实践已经说明，大力发展农产品加工业是推进战略性结构调整的催化剂，是农业结构调整向广度深度推进的关键。农产品加工业对于推进北京农业产业升级，塑造培养区域经济主导产业起着积极的促进作用。

2. *促进农民增收，带动农民致富。*富裕农民是农业、农村工作的中心，增加农民收入遇到的最大问题是农产品能否顺利进入市场，实现千家万户与大市场的有效对接。而进入市场的关键是农产品加工业的发达程度以及加工龙头与农民的关系。北京市绝大部分农产品加工企业与农民建立了预定的合作关系，有的加工企业与农民签有合同，农民可以放心地进行生产，得到技术支持，有的在保护价格下得到预期的收益。从1998年以来，北京市农民人均纯收入打破多年徘徊不前的局面，连续3年以7%以上的速度增长，增速在全国领先，这与农产品加工业的发展有着紧密关系。

3. *发挥桥梁和纽带作用。*结构调整的目的是生产适应市场需求的农产品。市场需求结构是农业结构调整的重要依据，如何使千家万户的农民直接与大流通、大市场有效对接，这是一个最关键、最困难的问题。加工企业的出现，提供了解决这一矛盾的有效手段，农产品加工企业成为农民连接市场的桥梁和纽带，为农民提供了市场保障，技术保障，甚至资金的支持。众多的农产品加工企业既是农民专业合作组织的成员，又是合作龙头，他们发挥了市场经济条件下政府所不能替代的作用。

在充分肯定农产品加工取得的显著成绩的同时，也必须清醒地看到所存在的问题：

1. *就总体而言，加工企业布局不尽合理，有些加工企业与京郊的生产基地极不相称。*有的行业加工能力已达到一定的水平，但基地发展相对滞后，跟不上加工企业的发展。如全市肉牛加工能力目前可达20多万头，企业的生产能力还在不断扩大，但牛源供应出现严重短缺，企业的生产能力不能有效发挥，因此对行业布局需要认真加以研究。

2. *农产品加工市场竞争力有待进一步提高。*就总体而言，北京市农产品加工规模普遍偏小，在国内外市场占有份额普遍偏少，有影响力、知名度大的名牌产品还不多，特别是面对加入WTO的新形势，抵御市场风险的能力还不强。

3. *龙头企业与农户的连接机制和如何最大限度发挥辐射带动作用还有待提高。*目前固定资产在100万元以上的企业只有298家，达到国家标准的龙头企业就更少。带动农户数不足郊区全部农户的1/3，部分加工企业与农户的连接需要进一步加强。

二、通过加工农业的大发展加速农业产业化进程

发展农业产业化经营不仅有利于当前的农业结构调整，增加农民收入，而且是北京郊区率先在全国基本实现农业现代化的基础和前提。因为依靠单个农民的分散经营，不可能实现社会资源的优化配置和高效经营，没有农业的企业化就不可能实现农业现代化。近几年来，北京郊区对如何发展农业产业化经营进行了有益的探索，并取得了一定的成效，在种植、养殖等领域或某些区域内初步形成了产业化经营的格局。但从发展形式和取得的效果来看，京郊的农业产业化仍处于起步阶段，与国外和产业化发展较早的地区相比，还有着一定的差距，特别是存在着缺乏大的龙头企业、规模偏小、组织结构松散、带动作用不够等多方面的问题。市、区县都将制定相应的政策措施，采取有效的手段，通过大力发展加工农业，进一步推动全市农业产业化发展。

1. *围绕农业战略性调整和农业产业化经营，大力发展农产品加工业。*农产品的深度加工是农业产业化的重要一环。以农产品加工企业为龙头，以有利于建立起以国内外市场为主导，建立产供销、贸工农一体化的农业生产经营模式，有利于提高北京农业产业化经营水平，从而提高京郊农产品参与国际、国内市场竞争的能力。农产品加工企业的蓬勃发展，能够带动农户有效地开拓国际、国内两个市场，抢占市场销售的制高点，能够保证农业结构调整健康、有序地进行，能够促使农产品增值、农民增收、农业增效。在前一阶段农业结构调整中，郊区充分发挥了比较资源优势，在近郊区形成了以籽种农业、精品农业和观光休闲农业为主的都市型农业；在平原区县形成了以粮油、瓜菜、畜牧等大宗农产品为主的城郊型农业；在

山区远郊区县形成了林果业、草食畜牧业和山区综合开发为主的山区经济农业。各郊区县着力培育各具特色的农业区域经济主导产业，加快了向现代农业方向迈进的步伐。农业主导产业的确立，为生产多类型的农产品、满足市场不同层面的需要打下了坚实的基础，为加速农产品加工企业的建设创造了良好的契机，同时发展区域主导产业也离不开农产品加工龙头企业的带动。因此，下一步要通过围绕主导产业的培育大力发展加工企业，通过遴选一批面积最大、质量最优、效益最高、带动作用最强的农业主导产业，在这些领域发展农产品加工业，采取初加工、深加工、精加工等多种形式，全面提高农产品加工水平，在全郊区初步形成区域化布局、专业化生产、规模化发展、集约化经营的现代农业产业新格局。

2. *通过科学规划、合理布局、规模发展来提高农产品加工业的规模效益*。在北京市农产品加工率不高的情况下，进一步增加农产品加工企业的数量是必要的，只有农产品加工企业绝对数量增多，才能把更多的农业初级产品转化为产成品进入市场。但是这还很不够。与其他省市比较，北京市农产品加工企业的整体竞争能力较弱，突出表现在我们缺少像“三元”、“大发”这样能够在北京乃至全国占有一定市场份额的规模较大、知名度较高、带动农户能力较强的龙头企业。在当前发展农业产业化经营是以市场为导向，以企业为龙头。为此，我们在指导农产品加工企业建设的工作中，必须科学规划、合理调整，切忌小规模地重复建设和盲目的行政行为，要通过把工作重点放在提高企业规模、水平和市场竞争力方面来，将资金捆绑、集中使用，共同打造主导北京农业产业的“航空母舰”。同时通过打破区域的界限，打破县区的界限，充分利用全市的农业资源乃至环渤海地区经济圈的农业资源，促进加工企业高起点、大规模地发展，实现产业化经营。在扩大规模的同时要上水平，实现企业在产品、市场、管理等方面不断创新。要以现代技术和设备为依托，提高产品质量，用现代知识、文化和艺术时尚等全方位包装产品，提高农产品的品位和档次。最终目的在首都市场、国内市场和国际市场占有更大的市场份额。我们要经过几年的努力，着力塑造和打造一批知名农产品加工龙头企业和一批北京市加工农产品的名牌，抢占市场的制高点。

3. *要坚持以市场为导向，富裕农民为主线，多形式发展农产品加工企业*。当前，应大力引导工商企业进入农业开发领域，并努力把其中的大型企业培育成为推进农业产业化的龙头企业。目前我国大多数农业一体化体系的组织化程度还不高，普遍存在着技术层次较低，产业规模较小、资金缺乏、自我积累能力较弱和组织体系不稳定等问题。解决这一问题的有效途径就是，引导有条件的大中型工商企业进入农业领域，融入农业一体化体系，由它们来充当一体化体系中的龙头企业。在发展农产品加工企业工作中，必须以市场为导向，要根据市场需求，充分调动企业的积极性，提高自我发展的能力。帮助企业不断提高组织开拓市场、引导生产、加工增值、科技创新、资本集聚和参与国际市场竞争能力。富裕农民是积极发展农业产业化经营、农产品加工龙头企业的出发点和根本目的，要注重提高企业与农民紧密关联度和带动分散农户进入市场的能力，把发展农产品加工企业与带动农民致富结合起来，建立企业与农民利益共享、风险共担、共同发展的利益联结机制。积极探索“农产品加工企业 + 合作组织 + 农户”的产业化经营模式，带动郊区农业结构调整向深度广度延伸，带动农业产业的升级和农业经营整体运行质量和效益的提高。在发展农产品加工企业中，我们一方面鼓励郊区现有农产品加工企业，打破区域界限，能够走出去，走向全国走向世界，通过企业嫁接、重组成为国际的知名企业；另一方面鼓励首都和外埠人员到郊区投资建立农产品加工企业。虽然郊区经济实力在不断增强、农民的腰包在逐渐地鼓起来，但是同发展的需求相比，郊区财力还十分有限，农民还不是十分富裕，完全依靠各区县和农民投资发展农产品加工企业是远远不够的。现有农产品加工企业在企业规模、加工能力、经营水平等方面都有待于提高。所以必须积极引进外部资本和能人，这是加速企业发展的有效措施。各区县政府、各有关税务、工商、土地等管理部门要积极地为农产品加工企业的引进和发展提供政策优惠和便利的服务。

4. *通过采取政策扶持、分类指导、重点突破、实施品牌战略来加快加工企业的建设和发展的步伐*。农业产业化发展是一项综合的系统工程，加工企业的建设也是一个渐进的过程，需要通过制定有效的政策予以积极扶持，实施分类指导、重点突破来实现北京加工农业的有序发展。市县乡各级政府都将把发展农业产业化经营作为农业结构调整的重点，把农产品加工企业建设作为推进农业产业化的重点工作，分别制定扶持农产品加工企业的相关政策和具体措施来推进加工农业的发展。

品牌战略是企业进行无形资产投入、积累和运营的一种重要方式，是企业实现资本要素形态转化的一条途径，是农业产业化经营向更高水平发展的现实需要。在农业产业化的起步阶段，面对的市场较为宽松，主要的任务是建基地、办企业。当农业产业化发展到一定阶段后，产品竞争日趋激烈，只有培育具有竞争力的名牌产品，才能在国际国内市场上站稳脚跟，求得生存和发展。实施品牌战略，关键是要创名牌。创名牌，既要注重名、优、特、新产品的开发，又要注重产品质量，在搞好有形资产投入的同时，注重无形资产的投入和积累，加大产品的宣传推介力度，提高产品的知名度，扩大产品的市场占有率。

目前，农业发展已经进入转型阶段，即从计划经济向完全的市场经济转变，从传统经济向现代经济转变，从粗放型向集约型经济转变。随着我国加入世贸组织进程的加快，北京市的农业及农村经济将面临严峻的挑战，市场竞争也由局部的、小规模的竞争转向全方位、集团化的竞争。为了在激烈的市场竞争中争取主动，让我们共同努力，迅速培育以农产品加工企业为龙头的市场经营主体，重点扶持一批能够参与国际、国内市场竞争的较大规模农产品加工企业或企业集团，通过加工农业的发展，促进北京农业产业化经营的现代农业格局的形成。

“五个一”建设与郊区环境整治

市农委助理巡视员 王振业

按照市委和市政府统一部署，岳福洪副市长直接领导和指挥，市委农工委、市农委组织开展的郊区环境整治工作已经有3个年头了。3年多来，以“五个一”建设为中心的郊区环境整治已正式列入各远郊区县委、区县政府的主要议程，正在不断抓出成效。总结、研究这一工作的发展轨迹，特别是认识“五个一”建设在郊区环境整治中的作用，找出规律性的经验问题，以指导今后的环境建设，是非常必要的。

一、“五个一”建设的内涵及其内在联系

按照岳福洪副市长的讲话要求，“五个一”建设即是农村环境建设的总目标，归结为：确定一位环境建设负责人，组建一支精干的保洁队伍，配备一套必要的保洁设备，建设一个高标准的垃圾填埋场，建立一个有利于全民参与、持久保洁的好制度。

一位环境建设的负责人，是“五个一”能不能搞好的关键。干部是决定因素。区县、乡镇、村都要有专职领导来抓，实行分级负责。特别是在乡镇，必须有一位责任心强、工作能力也强的副乡、镇长负责这项工作。这些领导同志经常检查、经常研究、经常指导这一工作，在领导班子中就有了发言权，议定这项工作后就有了落实的保证。区县乡政府、以及村委会，主要职能是社会管理职能，过去直接经营管理企业、承担无限责任的做法应当改变过来，要按照党和政府的政策进行社会管理，维护正常秩序，营造良好的环境条件，抓好公益事业建设，提供优质服务，是应当做的工作。因此，区县乡政府、村委会明确一位领导专门抓环境整治，是分内的一项主要工作。

组建一支精干的保洁队伍，是“五个一”的主要内容。保洁，要有专人去做，环境整治就落到了实处。按照每百人配备一个专职保洁员较为合理。郊区一些村为这些人佩带标志或统一着装，他们很有荣誉感。各村的保洁队坚持日清日洁，一有闲空就站在街头上打扫清理，保持了环境的整洁。他们多是村里的老人，责任心强、工作认真、不怕苦、不怕累。他们的劳动报酬，由村公共事业基金支付或是按户收取。昌平区单村保洁员每天五点多钟就打扫起村的卫生了。他们说：让村里每天都干干净净的，是我们愿意干的，何况还给我们报酬呢！定时表彰一批先进的保洁队伍，宣传他们的模范事迹，是必须做的事。

配备一套必要的保洁设备，是“五个一”的基础建设。保洁队必须要有运送垃圾的工具车。这些工具车应固定在一个时间内由保洁队使用以形成一个制度，使日清日洁有了保证。工具车，多少为宜，使用时间长短，都应以能否做到日清日洁为准。应当做到今天的垃圾今天清理干净。村内建垃圾池，也是必要的保洁设备。有的村搞密封式垃圾箱更好；有的村户户有垃圾桶，每天早晨放到门口，保洁队及时清走，也是个好形式。

建设一个高标准的垃圾填埋场，是“五个一”的核心。每个乡镇，每个村，能不能把垃圾处理好，是至关重要的事，是环境整治的核心内容。各村利用闲置的废坑、洼地，建一个高标准的垃圾填埋场是非常必要的。填埋场做些防渗措施，以免污染地下水源。每次倒垃圾时都要盖上一层黄土，以做到不裸露。目前农村多是渣土等生活垃圾，建造这种垃圾填埋场是可以的。一些村把已装满垃圾的填埋场建成了小花园，很得村民欢迎。此外一些区县帮助有能力的乡镇建设垃圾焚烧场，也是很好的。

建立一个有利于全民参与、持久保洁的好制度，是“五个一”的根本，是环境建设得以充满活力，能够坚持的动力。不仅要有具体的物质要素、人的要素，更要有制度的保证。环境整治的好制度，首先是要把前几个内容形成具体工作条文，比如哪位领导负责，保洁员由哪些人组成，各自的责任，以及对保洁队的要求，经村民委员会通过，形成制度执行。这个制度在村内张榜公布，全体村民监督。乡镇、村负责这项工作的专职领导，要定期向乡镇人大和村民代表会议报告，都要形成制度，认真遵守。区县党政一把手联系乡镇制度，乡镇党政一把手联系村制度，以及相应的奖惩制度，都要制订，并不断完善。目前，乡镇、村市场管理，以及各商店、摊贩管理，也都要形成制度。过去形成的“门前三包”、“街长负责制”、“路段承包制”等各种责任制，都有好的效果，也应坚持。这些制度都不能流于形式，在环境整治工作中按制度办事，实现制度化、规范化。

郊区环境整治的总任务是治脏治乱、绿化美化，达到郊区空气清新、环境优美、舒适洁净、文明富裕的目的。“五个一”的建设正式从体制上、机制上为完成这一任务、达到这一目的提供了新的思路、明确的措施。“五个一”，清楚、具体，是治本的措施。抓住了，环境整治的领导体制、工作机制就可以建立，

各项基础性的工作就可以得到全面加强，就会推动全郊区环境整治任务高标准完成。

二、“五个一”建设的提出和其实施过程

“五个一”建设是1999年4月21日在顺义区马坡乡召开的全市郊区环境整治现场会上岳福洪副市长提出来的。按照市委、市政府的部署，早在1997年，市委农工委、市农委就已经安排郊区环境整治工作了。经过两年的努力，有些成绩，主要表现在县区政府所在地、景区和干线公路，对全郊区影响不大，特别是村镇环境整治难度很大，突击一阵子，就算了事的现象普遍存在。为了加大工作力度，常抓不懈，岳福洪副市长及时总结了郊区环境整治的经验，明确提出了郊区环境整治工作，要切实做好建章建制工作，落实“五个一”，坚持“四检查”，加强城镇建设与规划工作，努力推动郊区环境建设上一个新台阶。

以建设“五个一”为目标，在郊区全面展开环境整治工作，为第一阶段。从1999年4月21日至2000年4月29日，一年的时间，各区县极为重视，郊区村镇配置保洁员近1.3万人，村镇设置填埋场2 700多个，配置各种专用保洁车3 100辆，农村用于“五个一”建设资金近亿元。各区县乡镇普遍建立任务台账，按台账管理，具体整治内容都落到了实处。通州区永乐店地区、昌平区南口镇的一些村垃圾成堆、成山，污水横流，市场占路，乱摆摊点，得到了彻底治理。一些村民高兴地说：20多年的垃圾山终于被搬走了，门前亮堂了，街道清洁了，这才像过好日子的样子了。院内现代化，院外脏乱差的现象得到了根本治理。怀柔县李两河村、昌平区乃甘屯村、房山区梨村、顺义区高丽营二村等一批好典型涌现。同时，郊区干线公路环境也明显改善，县城环境建设进步很大，环境整治的机制建设得到加强，城市管理水平有很大提高。但工作不平衡，依然存在很多脏乱地区，反弹现象比较突出，高标准的精品项目也还不多，其关键是以“五个一”为主的制度建设落实得不彻底、不到位。

以实实在在地落实“五个一”为目标，在郊区狠抓环境整治“精品工程”的阶段为第二阶段。从2000年5月到2001年，各区县按照岳福洪副市长和市委农工委、市农委的要求，确定“党政一把手工程”，即远郊区县委书记、区县长都要分别联系一个乡镇的“五个一”的高标准落实工作，每个乡镇也要抓一个高水平的示范村。为了抓好这一工作，市委农工委、市农委按照明确具体、可操作的原则，制定了考核标准，向郊区县公布了一把手环境整治试点名单，共20个镇、364个村。一批乡村高标准的精品工程涌现。怀柔县杨宋镇、昌平县小汤山镇、房山区豆店镇、大兴县瀛海镇、通州区徐辛庄镇、密云县太师屯镇和怀柔县霍各庄村、通州区三间房村、昌平区西辛峰村、顺义区龙山村、门头沟区苛坨村、房山区下坡店村、大兴县小羊坊村、延庆县刘浩营村，成为了榜样。他们的基本经验是认真落实“五个一”建设，并做到经常化、制度化。为了发挥榜样的作用，岳福洪副市长和市委农工委、市农委在杨宋镇召开现场会。各区县以杨宋为榜样，从基础设施、绿化美化、制度建设、人员素质等各方面制定了自己的标准，并在年底进行了考核验收。典型推进了面上的环境建设，县城建设有更新的提高，示范作用明显，郊区出现许多新的亮点。

以全面落实“五个一”为目标，切实使郊区特别是平原地区环境面貌发生根本性变化，开始了郊区环境整治的第三个阶段。2001年，春节刚过，岳福洪副市长和市委农工委、市农委就召开了农口第一个有区县长第一把手参加的环境整治现场会，表示了对郊区环境整治工作的高度重视。与会领导，对昌平区小汤山镇的环境建设给予了很高评价。各区县根据这次会议精神努力落实，主要抓了所有乡镇政府所在地、平原村以及公路两侧，按照“五个一”要求搞好净化、硬化、绿化、美化，拆除违章、还绿于民、拆墙见绿、改善环境，并制定了具体的考核标准，掀起了农村环境建设的高潮，使农村环境整治工作进入了一个新的阶段。经过各区县的努力，目前已有90%以上的村基本落实了“五个一”，农村卫生基本实现了专人负责、专人保洁、垃圾清运、及时填埋到位的责任制，郊区的暴露垃圾，农村的乱堆乱放，公路沿线的白色污染等问题基本得到解决。“五个一”如一夜春风，吹得千树万树梨花开。各区县精品亮点工程大批涌现。

可以说，从1999年4月在顺义区马坡乡召开会议到2001年6月又在这个乡镇召开会议，两年多的时间通过全面落实“五个一”，郊区环境整治工作取得明显成效，大多数地区出现了根本性变化。

三、以建设“五个一”为中心的郊区环境整治效果显著

农村环境是农民生存和发展的基本条件，是农村经济和社会发展的重要基础。近3年来，以建设“五个一”为中心的郊区环境整治，取得显著成效，就说明了这个道理。

创造了良好的人居环境。“以人为本”，提高村民生活水平，是“三个代表”思想的最根本要求和具体实践。农民居住区是与农民生活质量关系最密切的生态环境。农民居住区的环境整治，大大提高了农民生活质量，成为了保护生态环境的基础条件。多数平原村在拆除乱搭乱建、乱堆乱放、治理污水乱流的同时，高标准绿化，乡镇拆墙透绿，见缝插绿，尽量做到三季有花、四季常青，创造着人居和谐可持续发展的优美生态环境。在完善主干道硬化的同时，很多把通向农户的小胡同也进行了硬化；在此基础上，粉刷墙壁，营造新的景观。治理环境、改善面貌，是为农民办实事、办好事，使农民得到了实惠。环境整治好的村选举村委会的工作很顺利。农民说：村干部给我

们干实事就应当投他们的票。

营造了良好的投资环境，提高了对资金、人才、技术等生产力要素的吸引力和凝聚力。“梧桐引得凤凰来”，好的环境可以形成生产力。保持良好的生态环境反映了乡村领导的工作能力和工作水平。投资者不仅愿意在环境优美的乡村创办实业，而且还可以从中看到所在地领导的办事能力和信誉。正因此，到环境整治好的乡村投资者日益增多。此外，随着首都市区作为政治和文化中心的建设速度加快，二、三产业大批向郊区转移。各区县抓住这个机遇，营造郊区良好环境，二、三产业的转移就将更为顺利。此外环境建设本身还带动了花卉、林业、园林建筑、环保产业的发展。据统计2001年第一季度郊区每个中心镇平均引进资金近1 500万元。延庆县康庄镇党委书记说：过去我们这里的土地价格很便宜，一亩仅8 000元；这两年环境建设搞好了，每亩地竟涨到了十多万元。

农村城市化进程步伐加快。以“五个一”建设为中心的环境整治结合小城镇建设进行，小城镇建设上了一个新的台阶。村镇道路得到改善和解决，给排水建设速度加快，环卫基础设施建设得到加强，绿化面积大幅度提高，街心花园、广场建设有了新发展，形成了一批有特色的新型小城镇、新型村庄。农村市场井井有序、繁荣活跃。交通方便、设施配套、功能齐全、环境优美的小城镇正在形成。就地消化和吸纳农村剩余劳动力的水平不断提高，城市化进程加快。

干部和群众的思想观念发生着显著变化。县乡村干部抓环境建设，正在成为自觉行动。顺义区委把环境治理和改造提高到事关生存的战略高度考虑。一些区县“经营城市”的观念正在形成，运用市场经济手段，集聚、重组和营运全县土地、道路、河流，精心建设道路网络、市政设施网络、绿化网络、环保网络等等，从而吸引大量社会投资，实现农村的超常规发展。抓环境建设，已经升华为“经营城市”，成为全县区经济社会发展的“火车头”。怀柔县一些村的村民把自己的东西放在自己的院里，不乱摆在大街上。村民自觉地维护良好的生态环境，正在蔚然成风。

作为首都的郊区，应率先实现农村现代化。环境建设在率先实现农村现代化进程中应走在最前列。首都要建设成为国际化大都市，郊区农村作为其组成部分，决不能落后，要瞄准国际先进水平，在建设良好的农村生态环境方面，做出新努力、新贡献。

四、需要处理好的几个具体问题

注意搞好“五个一”建设与全民参与的关系。“五个一”建设是在全民参与的基础上进行的，而“五个一”建设的不断发展又会促进全民的参与。环境整治必须发动全民参与，提高全民环境意识；否则，不会持久、深入。经过村民讨论，建设“五个一”规范性制度，同时又要经过村民监督实行，即是发动村民参与的过程，又是增强村民环境建设意识的过程。环境建设搞得越好，村民参与的意识越强，主动维护环境的行动越自觉。

进一步搞好“五个一”建设与小城镇建设的关系。“五个一”建设的不断深入，就决不仅仅是环境整治的问题，而是要向环境建设发展，势必与小城镇建设相联系。“五个一”建设的目标应随着形势发展而不断提高。集中力量改善道路、上下水、燃气和垃圾处理，是解决环境整治的源头问题，是治本的具体措施。而这些正是小城镇建设所要做的工作。环境整治深入发展，必然要先做规划，根据规划进行建设。这都是与小城镇建设相协调、相一致的。若干年内，衡量乡镇环境建设的标准，应该是生活污水集中处理率、垃圾粪便无害化率、村民用气普及率、绿化覆盖率。

“五个一”的建设要注意因地制宜原则。经济发达的地区要对建设“五个一”提出高标准，不断提出新的任务。经济不太发达的山区，也必须落实“五个一”，保证全村干净、整齐、没有积存垃圾、白色污染、乱堆乱放的现象。但落实“五个一”的形式，可以多样。比如个别偏远穷山村，由农户轮流担任保洁员，坚持清扫，有具体要求，有检查措施，也是可以的。还要注意克服形式主义，一些村不去清除垃圾、解决乱堆乱放，只是粉刷了墙，村民很有意见。还有的村把“五个一”制度挂在墙上，却不去实行。一些乡镇超过财力所允许，建豪华办公楼，也不可取。

要研究“五个一”与资金投入问题。要舍得花点钱，建设“五个一”。“五个一”建设的支出，并不是很大的。随着基础设施建设的展开，投入将不断增加。要研究政府、集体经济组织、农民、社会各方面多渠道投入的办法。采取招标的办法组建保洁队，也是可行的。要不断探索利用市场机制，建立环境保洁公司，作为企业行为，解决环境问题。

要全面考虑郊区环境整治。城乡一体化，具体也表现为城市环境污染向农村蔓延。城市现代化水平提高，污染物排放总量加大，就需要全市统一研究郊区的环境治理。城区在人力、财力、技术等各方面支援农村，是应尽的责任。城乡应共同搞好郊区生态环境建设。

市委书记贾庆林同志提出：“能否把首都的城市环境搞好，是对全市各级领导干部能否认真贯彻中央对北京工作一系列指示精神的一个考验，是衡量我们各级政府执政能力，各级干部思想和工作水平的一个重要标志”。“治理脏乱，保护环境是各级人民政府的基本职责。”作为一个有现代意识和务实精神的领导者，要认真贯彻江泽民总书记“三个代表”的思想，扎扎实实地为人民的利益服务，为官一任、造福一方，在生态环境的保护和治理方面有所建树，把郊区农村青山绿水留给子孙后代。

加大扶持引导力度，加快山区建设步伐

市农委助理巡视员　李如理

北京市山区面积占全市国土总面积的62%。这无论是在国内诸大城市，还是在世界各大国首都，都是极为少有的，是北京市的一大特点。北京城北枕燕太、南蹬渤海，一个椅子圈形的群山三面拱卫，占尽了地理位置上的战略优势。

一、要以市场为导向，就要首先以政府为主导

新中国成立以来，特别是改革开放以来，在历届市委、市政府高度重视、正确领导下，京郊山区面貌发生了历史性的巨大变化，广大山区农民摆脱了贫困，基本实现了小康，这是有目共睹的。然而与平原和城区比较，山区经济总量少，生产生存条件差，基础设施薄弱，社会事业发展滞后，农民生活水平低，不少方面差距还有拉大的趋势，这也是不争的事实。

差距的存在，一是由自然、地理、历史、社会等原因造成的，本质上是城乡差别的集中反映，即所谓“穷奔山，富奔川”。漫长的旧社会，广大山区特别是深山区，向来是广大穷苦人民躲避兵荒马乱或是逃避反动统治者奴役镇压的栖身之地。新中国成立以来，对于改变山区的贫困落后面貌，党领导人民进行了坚苦卓绝的努力，也在全社会形成了广泛的共识。

差距的存在、乃至拉大的第二个原因，则是转向市场经济体制以后，我们的认识滞后、工作力度不够造成的。山区远离市场，交通不便，信息闭塞，在发展商品经济中处于弱势。市场不同情弱者。而且，作为经济发展中的“血液”——商业性金融企业本能地“嫌贫爱富”。市场不同情弱者，政府却不能不同情弱者。在经济转轨变型过程中，政府必须发挥主导作用，引导欠发达地区人民增强市场意识，壮大进入市场的能力，引导扶持他们走进市场，奔向富裕。基于此，党和国家实施了西部大开发战略。北京的山区就是北京市的“大西北”，要举全市之力加快京郊山区开发建设步伐，实施北京市的“西部大开发”战略。

二、政府主导目标是确立山区农民的主体地位

开发建设山区，政府为主导，绝不是照计划经济体制下那样，政府把山区生产的一切具体环节都管起来，把山区农民生活包起来，而是发挥市场机制的导向作用，调动山区干部群众的积极性，具体应体现为：

1. 支持先进生产力，不支持落后生产力。政府增加投入，应扶持山区的商品经济，不支持山区的小农经济；扶持发挥比较优势的主导产业，不支持落后的传统产业；扶持采用了山区适应技术和先进科学技术的生产方式，不支持落后的传统生产方式；扶持充满活力、带领农民进入市场的新体制，不支持僵化的、“等靠要”旧体制。

2. 支持山区加快城市化进程，不支持山区维持旧貌。在调整山区经济结构的同时，要以政府为主导，大力调整山区的人口布局。山区可以考虑以国道为主轴，以区县、乡级公路为网络，以现有中心镇、建制镇、中心村为基础，促进人口流动，加快人口集中速度，带动山区经济社会发展和人民致富。千沟万壑上极度分散的小山村，它的基础设施建设、各项社会事业的发展，国家目前无力、也不应该加以支持。人口流动，除采空区和目前尚有极少量洪水、泥石流一类险区需要通过政府行政手段搬迁外，其余应主要以市场机制和优惠政策加以吸引，动力是下山创业致富。

3. 支持山区深化改革，扩大开放，不支持山区因循守旧，走回头路。山区的根本出路在于深化改革，扩大开放。目前，山区改革滞后，有待继续深化；山区的开放更滞后，亟待从思想到行动上敞开山门，实行双向开放。一是鼓励广大山区农民走出大山，走向发达地区，走向市场，走向世界。只有走出大山，才能见到山外的精彩世界；只有走出大山，才能激发山区农民创业致富的冲动。与此同时，政府要支持大批有资金、有技术、有市场的企业家进山开发，优化配置山区资源，整合山区生产力要素，繁荣山区经济，发展山区社会事业，彻底改变山区因循守旧、闭塞落后的面貌。目前，有相当部分的山区农民不是开发建设山区的有生力量，而是山区资源的消耗者，是山区环境的破坏者。要吃饭，就到处垦荒种粮，甚至在25度以上陡坡开荒种粮，造成山体植被破坏，水土流失；要做饭，就要烧柴，据有关部门统计，山区每户农民一年要烧5 000千克山柴，需要割光7公顷山场的灌木。山区不少的村正在以村庄为圆心，乔木变灌木，灌木变白草，白草变裸岩，年复一年向外扩展。因此，把消耗山区资源、破坏山区环境的农民引出来，使他们换个活法；把有能力的人引进大山，进行开发建设，这是改变山区现状的最后途径。

三、山区最可宝贵的是环境

在首都总体发展战略中，京郊山区的功能定位要求山区要把保护和建设好生态环境放在首位，山区本身的区位优势也在于它良好优美的生态环境。山区的很多功能，如食品生产基地的功能，平原完全可以代

替，惟独山区的生态环境功能其他任何地区不可替代；而且，随着经济社会的发展，愈显其宝贵。

目前，京郊山区正在培育发展的特色果林业、以牛羊等草食家畜为重点的绿色养殖业和休闲旅游业，与加强山区环境保护建设，实行经济、生态、社会效益相结合的目标是吻合的，需要在实践中进一步精心组织、精心施工。现在山区生态环境方面存在的主要问题是矿业开发所造成的严重破坏。开山采矿，有的割断了山体的水层，造成人畜饮水困难，房屋建筑受到采空的威胁；有的扒开大片山皮，从根本上毁坏了山场的植被；有的矿藏被开采，矿渣堆积得漫山遍野，不仅严重污染了环境，而且极大地破坏了山区景观；有的在山区开矿冶炼，留下了大量的有毒物质，等等。山区的生态环境破坏容易治理难，专家指出：裸岩表层风化成1厘米土需要300年，有些被破坏了的环境则不可逆转。

而且，山区目前的采矿业，绝大多数是打着各种旗号的单干户，靠开采国家资源少数人爆发，把环境灾难留给政府和子孙。

因此，建议除国家特需品种外，关闭北京山区所有采矿点，市政府应责成有关部门调查了解京郊山区采矿业对生态环境破坏的状况，制订治理规划，投资从速治理。北京市的各矿务领导部门和生产经营单位应像林业部门的伐木队改成造林队那样，改为专门治理山区生态环境的部门和队伍。否则，北京山区的生态环境将不堪设想。

认真贯彻“三个代表”的要求，努力建设一支高素质的干部队伍

市委农工委委员　党　明

江泽民总书记在“七一”讲话中强调：贯彻“三个代表”要求，我们必须全面贯彻干部队伍革命化、年轻化、知识化、专业化的方针和德才兼备的原则，深化干部人事制度改革，努力建设一支高素质的、能够担当重任、经得起风浪考验的干部队伍。

党的干部是党的事业的骨干，是完成党的政治任务的重要保证。干部的作用主要取决于干部的素质。要建设有中国特色的社会主义，实现中华民族的伟大复兴，必须培养讲政治、懂全局、善于治党治国的领导人才。中国的社会主义事业能不能巩固和发展下去，中国能不能在激烈的国际竞争中始终强盛不衰，关键就是看我们能不能不断培养造就一大批高素质的领导人才。

一、要实现党的任务，就必须建设一支高素质的干部队伍

我们党历来十分重视干部队伍建设，在不同的历史时期，培养和造就了一批又一批、一代又一代适应革命、建设和改革事业需要的领导骨干和宏大的干部队伍。正因为有了一支坚决贯彻执行党的路线、方针和政策，与人民群众保持密切联系的干部队伍，我们党才战胜了各种艰难险阻，始终保持着强大的凝聚力和战斗力，不断从胜利走向胜利。毛主席提出：“政治路线确定之后，干部就是决定的因素”。小平同志坚持和发展了毛泽东思想，他针对新时期党的总任务的需要，强调指出：“中国的事情能不能办好，社会主义和改革开放能不能坚持，经济能不能快一点发展起来，国家能不能长治久安，从一定意义上说，关键在人”。江泽民总书记在纪念中国共产党成立七十五周年座谈会上的讲话中，也着重指出：“七十五年来，我们有一条基本的经验，这就是：党领导的事业要取得胜利，不但必须有正确的理论和路线，还必须有一支能坚持贯彻执行党的理论和路线的高素质干部队伍。”

党的干部之所以成为党的事业成败的关键，成为实现党的政治任务的有力保证，主要是由于：

1.党的干部是制定和执行党的路线和政策的决定因素。无产阶级政党要完成自己的历史使命和各个时期的任务，必须有正确的路线和政策作指导。正确的路线和政策的制定，要以科学的理论为指导；要从实际出发，认清国情，明确形势，对客观环境进行深入的调查研究和细致分析，集中群众的经验和智慧，并将其上升为指导方针。所有这些，都需要领导机关和领导干部进行理论和实践的创造性的活动。如果没有干部，就不能把先进的理论灌输到群众中去，也就不能把群众中的新鲜经验上升为理论，从而制定出正确的路线和政策，也就谈不上党的领导作用的实现。同样，要把制定出来的党的方针政策变为群众的行动，变成改造自然、改造社会的物质力量，就要依靠广大干部去付诸实现。因此，没有党的干部去组织和发动群众为实现党的路线和政策而奋斗，再好的路线和政策也会落空。干部是制定和执行党的路线的决定因素。在新的历史时期，要保证党在社会主义初级阶段的基本路线的贯彻执行，坚持改革开放的总方针，建立社会主义市场经济体制，关键在于有一支坚定不移地贯彻执行党的基本路线、全心全意为人民服务、开拓进取、具有专业知识和能力的干部队伍。

2.党的干部是完成党的各项任务的组织者和领导者。社会实践表明，任何一项社会活动或生产活动，哪怕是人数不多的、简单的活动，也需要人去组

织和协调。这种组织和协调的活动就是指挥和领导。通过这种活动，可以把分散的人群组成一个完整有序的整体，可以使每一个成员都按照既定的目标协调一致地行动，从而形成强大的社会力量，保证各项任务的完成。无产阶级革命事业是人类历史上最伟大最艰巨的事业，要完成这个任务，需要动员、组织起广大的群众，为此，就需要有马克思主义政党的领导，需要有大批领导骨干和专门人才去组织群众。毛泽东说过：指导伟大的革命，要有伟大的党，要有许多最好的干部。没有大批懂政治、懂业务、会管理，善于治党治国治军的领导骨干和专门人才，革命和建设事业是不能成功的。我们党一贯重视干部的作用，把干部视为党的宝贵财富。在长期的革命斗争中培养和造就了千百万干部，依靠这支经过不同时期考验的干部队伍，团结动员起了最广大的人民群众，赢得了革命和建设事业的胜利。今天，我们从事的社会主义现代化建设事业，比过去任何一项任务都要艰巨复杂，它需要我们充分调动最广大人民群众的主动性和创造性，需要把不同层次、不同行业、不同利益群体的人组织和动员起来，朝着一个共同的目标而奋斗。因而培养、造就一大批合格的组织者和领导者，便成为现代化建设事业完成的可靠保障。

3. *党的干部是党联系群众的桥梁和纽带*。在社会主义建设事业中，党是领导力量，群众是实现力量。两种力量的紧密结合，是社会主义事业发展的根本保证。靠什么把党的领导力量与群众的实现力量结合起来，靠政权组织、群众组织、社会团体、新闻宣传，等等。但这里最根本的是靠党的干部的作用。因为党的干部遍布社会各个组织之中，并在其中发挥着协调和领导的作用，这种作用是任何力量都无法替代的。党依靠广大干部向群众宣传先进的理论和正确的主张，依靠干部去组织和发动群众，并以干部自身的模范行动带领群众前进。如果没有党的干部去教育、组织和团结群众，如果党的干部不能在群众中发挥模范作用、示范作用，党和群众的联系就会脱节，党的力量也就会受到削弱。

二、领导干部应当具备较高的素质

江泽民在纪念中国共产党成立七十五周年座谈会的讲话中指出，我们的干部队伍应当是一支包括党政干部、企业经营管理干部、科学技术干部和其他战线干部的宏大队伍。这支干部队伍，由于分工和职责不同，对他们应当有适应本职工作特点的不同的具体要求。但是，不论做什么工作，作为党的干部首先是领导干部，都要具备基本的政治业务素质。

党的干部是人民的公仆，真心实意地为人民服务是干部的惟一宗旨。干部的这个本质特征决定了对领导干部的要求必须把思想政治素质放在首位，要求他们具备与职务相适应的政治觉悟、思想水平和道德品质，同时，还要具备与职务相称的专业知识、管理能力和领导水平。

在新的历史时期，领导干部具备的基本政治业务素质有：要有远大的共产主义理想，坚持正确的政治方向，坚定地走建设有中国特色社会主义道路，坚决贯彻执行党的基本理论、基本路线和各项方针政策；努力实践党的全心全意为人民服务的宗旨，密切联系群众，特别是工农群众，坚决维护人民群众的利益；解放思想，实事求是，一切从实际出发，善于开拓前进，具有唯物辩证的思想方法和工作方法；模范遵纪守法，保持清正廉洁，发扬艰苦奋斗精神，自觉拒腐防变，坚决反对消极腐败现象；刻苦学习，勤奋敬业，不断加强知识积累和经验积累，具备做好本职工作的专业知识和能力。

江泽民提出的上述领导干部的五条政治业务素质，与党章规定的党的干部的六项基本条件，其精神是完全一致的。对于省部级以上的高级干部，党的十四届四中全会则提出了要按政治家的素质来要求的高标准。这主要是由于高级干部处于国家最高决策群体的位置上，处于总揽全局的位置上，处于对群众影响最深远的位置上。他们的政治水平如何，直接关系到党和国家的前途命运，关系到中国能否顺利实现现代化。因此，要求他们应该具有坚定的政治信念，始终保持清醒的头脑，自觉坚持党的基本理论和基本路线，经得起各种风浪的考验；应该具有开阔的眼界，熟悉国情，了解世界，解放思想，实事求是，务实创新，开拓前进；应该具有宽阔的胸襟，讲党性，顾大局，模范执行民主集中制，公道正派，任人唯贤，善于团结同志一道工作；应该具有较强的领导能力，讲究领导艺术，审时度势，驾驭全局，善于协调各方面的力量；应该具有优良的作风，廉洁勤政，艰苦奋斗，深入实际，调查研究，谦虚谨慎，联系群众，真心诚意地为人民谋利益。这些要求不仅符合时代的需要，而且反映了人民的期望，不仅是高级干部努力的方向，而且也是广大干部提高素质的重要指导原则。

三、坚持党管干部的原则，深化干部人事制度改革

建设高素质的干部队伍，既需要加强思想教育和实践锻炼，更需要建立一套民主化、法制化的干部选拔任用制度。江泽民同志在“七一”讲话中强调：“要坚持党管干部的原则，改进干部管理方法，加快干部人事制度改革步伐，努力推进干部工作的科学化、民主化、制度化。坚持扩大干部工作中的民主，落实群众对干部选拔任用的知情权、参与权、选择权和监督权。坚持公开、平等、竞争、择优的原则，积极推行公开选拔、竞争上岗等措施，促进干部奋发工作、能上能下。加强对干部选拔任用工作的监督，完善干部考核制度和方法，坚决防止和纠正用人上的不正之风。”

党管干部原则，是我们党的优良传统和组织优势。执政党如果不管干部，就会动摇执政地位，丧失领导权力。但是，坚持执政党的领导地位，又必须遵

循现代人事管理的一般规律，必须把党的组织优势与市场机制结合起来。这是总结干部制度改革实践得出的又一基本经验。改进党管干部的方法，必须坚持群众公认原则，扩大人民群众在干部选任工作中的知情权、参与权、选择权和监督权，实行干部工作的民主化、科学化和法制化，这是改进党管干部方法的方向和目标。

政党出现以来，特别是实行政党制度以来，党管干部便成为任何政党的一项无可非议的天职。但是这一原则的内涵及其实现形式，在不同的历史条件下有其不同的内容。在战争年代和计划经济体制下，这一原则的内涵是：由党组织直接任命管理一切干部。其理论基础是：党是无产阶级的先锋队，是由具有共产主义觉悟的先进分子所组成，因而它能够代表人民选好人、用好权。这一理论及建立在这一理论基础上的党管干部原则，在战争年代和计划经济体制下，发挥了巨大的作用。在发展社会主义市场经济的条件下，随着社会经济成分、组织形式、利益分配和就业方式等日趋多样化，人民群众参与经济、政治和社会事务的意识日益增强，当家作主和维护自身权益的要求迫切希望得到保障。形势与任务的变化，环境与条件的转换，要求我们必须对以往配置干部的原则和理论作一些补充和完善。党的十五大明确提出：共产党执政就是领导和支持人民掌握管理国家的权力，实行民主选举、民主决策、民主管理和民主监督。党是无产阶级的先锋队，但党又是人民的工具。党管干部原则是由党的领导地位和性质决定的，这是执政党必须坚持的一条根本原则。但是，党只有依靠广大人民群众，实行与社会主义市场经济相适应的公开、平等、竞争的原则，改进党管干部的方式，才能管住管好众多的干部。因此，在新形势下，确立科学有效地配置干部的理论基础和基本原则，就是把党是无产阶级的先锋队与人民群众是国家的主人结合起来，把党管干部原则与群众公认原则结合起来。

从这个意义上讲，新时期党管干部原则内涵的最根本的变化就是：由党组织直接任命管理一切干部转向党领导、组织和支持人民群众按照党的干部标准和政策，参与选拔、管理和监督干部，实现干部管理的民主化、科学化和法制化。其主要职责为：制定和完善干部工作的方针、政策，建立干部管理的法律法规体系；管住、管好关系党和国家工作全局的关键岗位、重要岗位的干部，做好全社会人才资源的整体开发和宏观管理。

深化干部制度改革，必须以邓小平理论和江泽民“三个代表”重要思想为指导，全面贯彻落实《深化干部人事制度改革纲要》。党中央于2000年6月制定的《深化干部人事制度改革纲要》，提出了当前和今后一个时期干部人事制度改革的基本目标、方针原则，明确了党政机关、国有企业和事业单位人事制度改革的基本思路和主要任务。它是今后十年深化干部人事制度改革的纲领性文件，是干部工作民主化、科学化、法制化的具体体现和保证。

当前，要着重围绕干部工作中的突出问题，加大改革力度。一是扩大干部工作中的民主，落实群众的知情权、参与权、选择权和监督权。二是建立健全竞争和更新机制，推进干部能上能下。三是完善干部考核制度和方法，进一步提高考察工作的质量。四是加大对领导干部及选拔任用工作的监督。

调 查 报 告

关于加强农村基层党支部建设的调查报告

门头沟区委书记　李建华

最近，江泽民总书记提出了“三个代表”的重要思想，这是我们党的宗旨在新时期的重要体现。落实“三个代表”的重要思想，必须大力加强党的组织建设，特别是加强农村基层党支部建设。因为，农村基层党支部是贯彻落实党的路线方针政策的最前沿，是带领农民致富的第一线，在我们经济基础薄弱的山区尤为如此。我们门头沟区地处首都西部，是北京的革命老区，有着光荣的革命传统，党的建设有着坚实的思想基础和群众基础，但由于门头沟区属纯山区，全区面积 1 445 平方千米，98.5%是山区，而且属太行山脉裸岩山区，土地资源匮乏，全区耕地面积仅 2 800公顷，人均不足 0.07 公顷。以煤炭为主的矿产资源日渐枯竭，经济基础薄弱，人民群众生活水平提高缓慢。改革开放以后，在市委、市政府领导下，区委、区政府带领全区人民打破计划经济体制下的种种禁锢，奋力开拓，农村经济有了较大发展，但和全市相比，差距仍然很大。1997 年全区农村经济总收入仅 18.14 亿元，农民人均纯收入仅 3 009 元，与全市农民人均纯收入 3 762 元比，相差 700 多元。

如何加快农民致富步伐是我们区委、区政府工作的核心问题，我从 1997 年 9 月调到门头沟区工作三年来，带着这个问题调查了近百个村，对调查的情况和问题分析如下。

一、全区农村基层党支部建设基本情况及问题分析

门头沟区农村共有 10 个乡镇、176 个行政村、160 个农村党支部（其中北岭地区 13 个党支部已全部“农转非”，不在调查之中）。

1. 各村经济发展状况分析。1999 年全区农民人均纯收入 3 569.7 元，176 个行政村中，人均纯收入 2 000元以下的村 26 个，占总村数的 14.7%；人均纯收入 2 001～2 500 元的村 39 个，占 22.2%；人均纯收入 2 501 元以上的村 111 个，占 63.1%。

2. 党支部建设情况分析。160 个村党支部中，支部在群众中有较高威信，能较好地坚持开展党的组织活动的有 40 个，占 25%；能正常开展各项活动的 77 个，占 48%；党支部在群众中威信一般，党的活动基本能开展的 43 个，占 27%；按“五个好”党支部标准分类：一类 52 个，占 32.5%；二类 100 个，占 62.5%；三类 8 个，占 5%。

3. 党支部书记及支部班子情况分析。党支部书记情况：行政村党支部书记 160 人，其中 35 岁以下的 13 人，占 8.1%；36～45 岁的 75 人，占 46.9%；46～55 岁的 63 人，占 39.4%；56～60 岁的 8 人，占 8.1%；61 岁以上的 1 人，占 0.6%。其中大学本、专科的 14 人，占 8.8%；中专的 65 人，占 40.6%；高中的 26 人，占 16.2%；初中的 50 人，占 31.3%；小学的 5 人，占 3.1%。党支部班子成员共计 512 人（其中女支部干部 100 人），平均年龄 46.54 岁。35 岁以下的 31 人，占 6.1%；36～45 岁的 200 人，占 39.1%；46～55 岁的 229 人，占 44.7%；56～60 岁的 34 人，占 6.7%；61 岁以下的 18 人，占 3.5%；其中大学本、专科的 16 人，占 3.1%；中专、高中的 207 人，占 40.4%；初中的 245 人，占 47.9%；小学的 44 人，占 8.6%。初中以下总体占 56.5%

4. 全区农村党员情况分析。全区农村党员共有 8 661人，年龄结构情况是：35 岁以下 1 317 人，占 15.2%；36～45 岁 2 119 人，占 24.5%；46～55 岁 2 233人，占 25.8%；56～60 岁 743 人，占 8.6%；61 岁以上 2 249 人，占 25.9%。56 岁以上总体占 34.5%。文化结构情况是：大专以上 331 人，占 3.8%；中专、高中 2 063 人，占 23.8%；初中 3 293 人，占 38%；小学 2 425 人，占 28%；文盲 549 人，占 6.4%。初中以下总体占 72.4%。

从以上分析可以看出，在门头沟区农村基层支部

建设中存在以下几个主要问题：

一是党员、支部班子、支部书记队伍，年龄老化、文化程度低。特别是农村党支部书记队伍中，具有一定专业知识的人，比较缺乏，相当一部分人不能适应市场经济的要求。

二是支部领导班子观念陈旧，工作没思路。由于门头沟区是老区，农村基本在深山区，计划经济体制下农村经济经营思想影响极深，观念陈旧。岳福洪副市长来门头沟区调研时曾指出：山区经济要发展，一定要使农民摆脱对土地的过分依赖（尽管土地很少）；一定要使农民摆脱对粮食生产的过分依赖；一定要使农民摆脱传统的经营方式。这正切中了山区大部分农村支部陈旧观念的要害和山区经济发展步子缓慢的要害。

三是由于经济发展缓慢，一些村干部收入极低，且无保障，其中 29 名支部书记工资兑现困难，雁翅镇黄土贵村支部书记近十年工资不能兑现，大多数村支部书记退休后无养老保障，使得支部书记队伍不稳定，后继乏人。一些支部不健全，组织生活无保证，三类支部多属于此。

二、加强农村基层支部建设的措施

针对上述情况，我们认为解决山区农民脱贫致富问题的关键在于加强农村基层党支部建设。

1. *必须以创建先进农村基层党组织工作为目标，规范农村基层党支部建设工作。*在调查研究的基础上，根据市委关于创建先进农村基层党组织的工作意见，经区委研究，制定了《关于创建先进农村基层党组织工作的意见》，确定了目标，制定了标准，同时结合农村经济工作、精神文明建设、农村城镇化建设，制定具体目标和实施措施，使农村基层党的建设有章可循。

2. *认真总结先进支部工作经验，加以推广，使农村基层支部建设有样可学。*在调查当中我们也总结了一批先进农村支部工作经验，以推动全区农村基层支部建设。门头沟区在农村基层支部建设中有一批老先进典型。如龙泉镇城子村党支部，地处门城镇城乡交界，农居混杂，支部书记李德荣（女）同志 20 多年如一日，以身作则，带领一班人大力发展集体经济，使一个 787 户的村，创农村经济总收入 5 238 万元，农民人均纯收入 3 685 元，村支部连续多年被评为区级先进支部，1997 年度被评为市级五好党支部，1999 年被评为“五个好村党支部标兵”，李德荣同志被选为中共十五大代表。另外，我们还总结了永定镇冯村、龙泉镇西辛房村、清水镇洪水口村、潭柘寺镇鲁家滩村、军庄镇军庄村、雁翅镇田庄村、妙峰山镇下苇甸村等一批不同类型的先进党支部工作经验，加以推广，使各村学有榜样。

3. *选好支部书记，大力调整支部书记队伍结构。*总结先进村支部建设工作，我们发现，发展好的村，关键是有一个好的支部书记。我们在总结先进支部工作经验同时，也总结了一批好的支部书记典型，如城子村李德荣、冯村闫永喜、田庄崔国泉等。我们认为，选好一个好的支部书记是基层党支部建设的关键。因为选好支部书记，提高支部书记素质是创建先进农村基层支部建设的关键。所以，经区委研究后，我们确定了“村选”、“选派”、“社会招聘”、“加强培训”等方法，提高支部书记队伍素质。“村选”，即有条件的村选拔年轻、有文化的或复员军人任支部书记；“选派”，即结合乡镇机构精简，选派年轻干部到村任职，区机关及区属各单位选派年轻干部到村任职；“社会招聘”即由区委组织部公告，全区招聘年轻、文化程度较高的下岗职工、社会人士到村任职。通过以上措施，解决了支部书记来源及年龄文化结构问题。龙泉镇西辛房村，全村 108 户，308 口人，仅有 2 公顷耕地，由于长期村里没有一个好的当家人，仅有的 2 公顷地撂荒，成了垃圾场。镇里从机关派一名干部周锡珍（女）到该村任支部书记，开始时不受村民欢迎，她曾含泪进村。到任后，她挥汗大干，走访村民，把耕地上的垃圾清走，团结党员、村民、干部，带头集资，在 2 公顷地上建设种植小区。仅一年时间，1999 年，全村经济发生很大变化，总收入达 1 194万元，人均纯收入达 4 276 元，一举跨入全区先进村行列。类似这样的例子不只西辛房村一个。

4. *加强培训，提高支部书记队伍素质。*从 1999 年开始，我们对支部书记进行任职资格培训，把全区农村基层支部书记集中到区委党校，进行政治形势、党的基础知识、市场经济、农业产业结构调整等内容的培训。同时组织支部书记进行工作交流，培训考试合格后发给任职证书。从 1999—2000 年，把全区支部书记轮训一遍，使支部书记的党建、经济知识和实际工作经验有了明显提高。同时，我们还组织村支部书记到本区和兄弟区县的先进村学习取经，到外地参观学习，开阔眼界、拓宽思路。

5. *加强帮扶指导，确定每村有一个长期稳定的致富门路，是加强农村基层支部建设的基础。*邓小平同志讲，“发展是硬道理”，一个国家如此，一个地区如此，一个村也如此。没有经济基础，村里不能发展，党支部建设就成为一句空话。为此，我们结合农村经济工作，确定了每个区级领导、全区各处级单位与全区薄弱村结对子，加大帮扶力度。帮扶工作的主要内容是帮助选好一个好的支部书记，建设一个好班子，确定一个好的经济发展思路，解决村民迫切要求解决的问题。围绕全区建设生态旅游区、特色林牧区、新型建材区、石龙工业区的经济发展总的思路，要求各帮扶工作队和乡镇党委一起帮助各村充分利用本地资源，制定产业结构调整计划，确定一条农民长期稳定的致富门路。经过近两年的努力，全区 90% 的村都确立了本村经济发展的主导产业。如妙峰山镇樱桃沟村，全村仅 71 户，203 口人，16 名共产党员，村党支部在 29 岁的支部书记李全军的带领下，充分利用地域小气候优势，发展大樱桃，经过几年的努力，建成了千亩樱桃观光采摘果园。1999 年，农村经济总收入156万元，人均纯收入2 546元。同时结合发展旅游，加强了村内基础设施建设，大大提高了党支部的凝聚力。清水镇洪水口村位于我区旅游重点景区灵山脚下，但长期以来守着灵山，思想不灵。1998年，村支部进行了调整。调整了班子也调整了思想，新支部决心守着灵山，吃灵山，发动村民集资开展股份合作，搞旅游开发。1998年，全村总收入仅135万元，人均纯收入2 567元，1999年搞了旅游开发后，总收入增至427万元，人均纯收入为3 768元，极大地提高了党支部在村民中的威信和凝聚力。

6. *真诚关心村干部生活待遇，切实解决支部书记的后顾之忧，稳定党支部书记队伍。*在调查村支部建设的同时，我们也调查了支部书记工资待遇情况，由于山区资源匮乏，经济发展不平衡，村支部书记工资待遇差距也很大。富的村，村干部有固定收入，近年来经上级部门批准、村民同意，还上了养老保险；穷的村，连基本工资都保证不了，极大地影响了基层干部队伍的稳定和村级基层组织建设。在认真调研分析的基础上，经区委研究，对农村党支部书记在职生活补贴及退休后生活保障问题做了规定。规定明确了农村党支部书记在职期间依政绩、工作年限补助，及退休后的补助办法，使农村基层干部生活有保障，无后顾之忧，以稳定农村基层干部队伍，加强农村基层组组建设。

选准农业结构调整的突破口
全面推进富民工程

——关于房山区养殖业发展的调查与思考

房山区委书记　王凤江

目前，全国各地正在对农业结构进行战略性调整，目的是实现农业现代化和农民富裕。达到这个目的，关键是能否从当地情况出发，选准农业结构调整的突破口，使农业真正成为支柱产业。从房山区的情况看，近两年，由于把大力发展养殖业作为农业和农村工作的重点，以此推动农业结构调整，促进农民增收，不仅跳出了以往在种植业内部调调减减的"小圈子"，促进了高效农业产业的发展，而且大大加快了农民致富步伐。

一、全区发展养殖业取得的初步效果

房山区山区、丘陵、平原各占1/3，山场广阔，饲养资源丰富，非常适宜发展养殖业。近几年来，特别是去年以来，全区上下大胆解放思想，紧紧抓住市里实施九项富民政策和加快农业结构调整的机遇，大力发展养殖业，并以此推动农业结构调整和富民增收工作，使全区出现了养殖业迅速发展、农业结构日趋合理、农民致富步伐明显加快的良好局面。

1. *养殖业实现了由传统副业向主导产业的跨跃，成为大农业的"半壁江山"。*历史上的养殖业是传统农业中的副业。但随着社会主义市场体系的建立与完善，特别是近两年市里九项富民政策的落实，全区养殖业正由副业向主业转变，势头强劲，几乎是一年一个台阶，占大农业的比重也越来越大。到1999年底，全区养殖业收入在大农业中的比重首次超过种植业，占到52%。今年以来，通过农业结构调整，发展势头更为强劲。截止6月底，全区养殖业收入达到4.1亿元，占大农业收入（6.4亿元）的64.2%，比上年提高11.2个百分点。全区有12个乡镇的养殖收入占到大农业收入的70%以上。其中，蒲洼、十渡、佛子庄、史家营等山区乡镇已占到90%以上。养殖业已成为名副其实的大农业的"半壁江山"。

2. *农民作为投资经营主体后，养殖业成为富民增收的主要渠道。*进入80年代后，为保首都居民"菜篮子"，国家投资兴办了一批规模猪场、鸡场和奶牛场。随着计划经济向社会主义市场经济的转变，原有的政策性补贴在1997年全部取消。在这种情况下，区委、区政府及时对全区71个国营集体规模猪场、19个国营集体规模鸡场和7个集体奶牛场进行了拍卖、租赁和股份制等多种形式的改革，把发展畜牧业的重点转移到发展农民家庭养殖业上来。同时，认真落实九项富民政策，使农民成为投资经营主体，不仅极大地调动了农民发展养殖业的积极性，而且使养殖业成了农民增收的主要渠道。

今年上半年，全区农民在发展养殖业的过程中实现了两个翻一番。一是在养殖小区建设数量上翻一番。全区养殖小区数量由去年的33个增加到86个，新建53个，比去年养殖小区的总和还增长1.6倍。在建设小区的7 000万元投资中，农民投资占81%；二是养殖专业户纯收入总量翻一番。由去年同期的4 633万元增加到1.05亿元，同比增长1.27倍。户均纯收入增加834元，人均纯收入增加238元。除此之外，全区又有1.3万户农民成为新的养殖专业户，使全区养殖专业户总数达到3.5万户，同比增长64.2%。农民不仅对发展养殖业的积极性空前高涨，而且已真正把养殖业作为自己脱贫致富的主渠道。不少农民说："过去是白薯干当主粮，小鸡屁股是银行；今天是快调整少种粮，要想富裕养牛羊。"

3. *面向市场，养殖业的产业化水平明显提高。* 目前，全区养殖业在产业化建设上有三个明显提高。一是专业化水平明显提高。截止6月底，全区已建成养殖协会、合作社和服务中心等各类专业合作组织88个，其中出资型的13个，契约型的17个，会员制型的58个。不少合作组织形成了销、供、产的一条龙生产，增强了抵御市场风险的能力。如长阳奶牛合作社，是1998年由30个奶牛养殖户组成的。两年多来，该社为社员户提供配种、防疫、供料和鲜奶销售等优质服务，使全社由小到大，由弱到强。目前，全社会员户已由建社初期的30户发展到213户，销售鲜奶由1998年的109万千克提高到292万千克，户均年收入由2.4万元提高到3.6万元。二是区域化水平明显提高。根据山区、丘陵、平原不同的资源特点，全区形成了不同的饲养区域，其中山区以饲养肉牛、绒山羊、鲟鱼为主，丘陵和平原则以饲养肉鸡、奶牛、肉羊和乌鸡、獭兔等特种养殖为主，使养殖业的区域化布局正朝着日趋合理的方向发展。三是规模化水平明显提高。目前，新发展的养殖户正向养殖小区集中，上半年入区农户已达3 000户，其中新增1 000户，使养殖小区生产规模不断扩大，原有的养殖户积极投入资金，不断扩大生产规模。据不完全统计，今年上半年，仅原有的肉鸡专业户就投入资金800万元，用于扩大再生产，使全区商品肉鸡产量达到323.6万只，接近去年全年商品肉鸡产量的总和。

4. *为牧而农，养殖业对种植结构调整的带动作用正在增强。* 由于发展以草食动物为主的畜牧业需要大量饲草，加速了全区种植结构由粮经二元结构向粮经饲三元结构的转变。目前，山区实行了“退耕还草”的措施，今年上半年已发展人工草场3 333公顷，既为畜牧业的进一步发展提供了条件，也保持了生态环境。平原的长阳、窦店、周口店等部分乡镇，则把种植结构调整与发展畜牧业有机结合起来，提出了“为牧而农”的口号，积极签订合同，种植青贮高油玉米和紫花苜蓿等饲料作物。目前，全区粮田种植饲草面积已达到2 867公顷，有力拉动了种植结构调整。

二、全区发展养殖业的主要作法和体会

近几年，为加快全区养殖业的发展，充分发挥其在农业结构调整和富民增收中的作用，全区上下齐心协力，先后采取了一系列措施和办法。

1. *搞好组织发动，把群众的养殖热情和干劲建立在“三个到位”的基础上。* 一是政策到位。去年以来，区委、区政府为加快养殖业发展，先后制定了“关于鼓励扶持家庭养殖业发展的优惠政策”和“关于鼓励扶持龙头养殖大户发展的意见”等优惠政策，并加大政策落实的力度，使农民搞养殖的积极性保持了长盛不衰。二是领导到位。今年市、区农村工作会后，全区上下以加快专业村、专业户和养殖小区建设为重点，加快发展。有的乡镇把养殖小区建设列为“书记工程”、“乡（镇）长工程”亲自过问、亲自抓，有的乡镇实行主要领导到小区现场办公制度，及时解决小区建设中遇到的困难和问题，促进了小区建设的迅速发展。三是服务措施到位。区畜牧部门多次邀请市里的畜牧水产专家为农民授课，组织技术人员下乡搞咨询，帮助养殖户设计圈舍，解答群众提出的疑难问题，受到农民欢迎。区电视台开办养殖专栏，介绍本地和外埠的饲养经验和技术，使养殖户有了“好参谋”；团区委、区妇联、区畜牧水产局与大发、正大及华都集团合作，从事中介服务，帮助农民养殖肉鸡，今年有望出栏1 000万只，可实现产值2亿多元。其中团区委成立的房山区双大肉鸡饲养服务公司，发展肉鸡饲养户109户，今年饲养肉鸡100万只，新增农民收入2 000多万元，每个养殖户半年获纯利达1.5万元以上。

2. *利用首都的科技资源，不断提高养殖业的科技含量。* 养殖业是农业中科技含量较高的产业。为了不断提高养殖业的科技含量，实现优质高效，近几年房山区每年都确定一批科研、示范、推广项目，聘请市里畜牧专家主持实施，并将研究成果直接用于实践。如去年10月至今年4月，区畜牧局在十渡镇东太平村进行的绒山羊“半舍饲”养殖对比试验，半年时间平均每只舍饲羊比放牧羊体重增加5～10千克，产绒量增加150克左右，经济效益大增，不仅对提高山区草场载畜量意义重大，而且受到农民欢迎。再有，岳各庄镇潜绿园农业技术开发公司与中科院合作开展的转基因技术项目，生产出了皮埃蒙特肉牛的优秀个体，成为国内这一领域的最新尝试；聚联畜牧中心以南非波尔山羊为父本，以当地白山羊为母本，经过胚胎移植成功繁育出的世界著名肉羊——波尔山羊，都对提高我区养殖业的科技含量发挥了重要作用。目前，我区养殖业的科技含量已达50%，高于种植业10个百分点。

3. *发挥优势，重点突破，从实际出发选择各具特色的养殖路子。* 在养殖业的发展中，各乡镇、村从实际出发，充分发挥自身优势，选准适宜的项目搞养殖，形成了各具特色的养殖路子。十渡是市级旅游风景区，旅游业的发展是全镇工作的大局。他们充分利用有水、有山的资源优势，围绕旅游业发展搞养殖，形成了“山上养羊、水中养鱼”的养殖特色。目前，该镇已建成卧龙、东太平、西太平3个养羊专业村和马安舍饲养殖小区，绒山羊存栏达到3.8万只；已发展流水养鱼33公顷，建鱼池400个，其中发展鲟鱼250万尾，成为流水养鱼的一大特色。除此之外，南尚乐镇、青龙湖镇利用丘陵适合养鸡的特点，大力发展肉鸡、贵妇鸡、乌鸡的养殖；琉璃河、官道、闫村、长阳等平原乡镇则以发展獭兔、奶牛、蛋鸡养殖为重点，扩大规模，加快发展，形成了自己的特色。

4. *发挥典型的示范带动作用，用群众身边的事例教育引导群众。* 几年来，房山区在养殖业的发展中注重推出一批农民看得见、摸得着的典型予以表彰，先后推出了“十佳养殖小区”、“十佳养殖场”、“十大

明星户”、“十大新闻人物”等，号召群众向他们学习。同时在全区30多个发展模式中，推出了13种养殖模式让干部群众参考。如书记带头，为民解忧的双柳树村獭兔协会模式；优种优法，统分结合的议合模式；富而思进，敢为人先的卓宸模式等等。通过这些不同类型的典型引路，开阔了干部群众的思路，拓展了发展空间。如我们推出的“十大明星户”之一的隗和芝，是5年前从蒲洼乡搬迁到韩村河镇西东村落户的，爱人是伤残人需坐轮椅行走，又有两个孩子，家境贫寒。我们通过她1996年开始养乌鸡500只，现已发展到存栏上万只，年出栏5万只，年创收入40万元的生动事例，教育引导群众，使群众受到很大震动，目前该镇已有55户农民养殖乌鸡，促进了乌鸡养殖的大发展。

三、养殖业发展应着力解决的几个问题

房山区养殖业的发展已有一定基础，发展势头较好，农民的积极性较高。但在发展中也暴露出一些问题，主要是：对畜牧业发展的战略地位认识不足；养殖业发展的组织化程度仍然不高；加工增值能力差；整体科技含量有待提高，面对国内外市场竞争显得后劲不足等等，这就需要我们着力解决好以下几个问题。

1. 解决对发展畜牧业的认识问题。近几年，我一直在思考：作为传统的农业大区，在知识经济日见端倪的情况下，农业的地位如何？农业结构调整的突破口在哪里？从这次调研得出的结论是：必须以畜牧业作为突破口，加快农业结构调整，才能使农业成为房山区的支柱产业。因为发展畜牧业既符合区情，又符合首都经济发展的需要，有利于与国际接轨。

第一，畜牧业的发展符合现代农业的发展方向。在现代农业结构中，畜牧业是高附加值的产业，是大农业的主导产业，也是农业投入的主要部门，为农产品加工业提供基本原料。有些发达国家畜牧业产值是汽车行业的2倍以上，一般发达国家畜牧业在大农业中的产值比重也在60%～80%之间，就是曾以种植业为主的日本，畜牧业在20世纪80年代末也超过了原先居首位的稻米生产。因此，现代农业一定要以畜牧业为主。

第二，畜牧业的发展符合首都经济的发展方向。根据德国经济学家杜能的大城市农业区位论，房山区丘陵、山区正处于北京发展畜牧业的优势区位，紧靠巨大的、密集的、多样性的首都消费市场。这个市场既不乏星级饭店的高档消费，也有不少低收入居民的日常消费，一年大约50万吨畜禽类、50万吨蛋奶等鲜产品的消费，而且继续呈上升趋势，这为畜牧业的发展提供了广阔的市场空间。

第三，畜牧业的发展对房山区具有重要意义。房山区平原、丘陵、山区各占1/3，可利用山场面积4.67万公顷，还有0.33万公顷的人工草场，资源丰富，具有发展畜牧业的良好自然条件，这是我们的比较优势。一是有利于增加农民收入。畜牧业是一个见效快的产业，早在20世纪70年代就有人提出“远抓林、近抓牧、看准市场抓工副”的口号。现在政策环境、市场环境都比过去好不知多少倍，正是大力发展畜牧业，增加农民收入的最佳时期。二是有利于吸纳农村剩余劳动力，扩大就业机会。全区人口76万，其中农业人口达50万，而粮田只有3.2万公顷，是人多地少的典型。1999年在全区的3万多家庭养殖户中，每户吸纳1.5个劳动力，全区从事养殖业生产的约为5万个劳动力，所供养的农村人口达15万人左右，对新时期维护农村的稳定起到了一定的作用。三是有利于旅游业和创汇农业的发展。房山区有拒马河、大石河，非常适合围绕旅游业搞养殖，使养殖业与旅游业相互促进，协调发展。除此之外，房山区的肉牛、羊绒衫等是重要的出口创汇产品，我国加入WTO后，畜禽产品出口创汇将大量增加，有利于经济更快发展。

2. 解决好养殖业内部结构不合理的问题。近两年，养殖业的发展虽然较快，但结构性矛盾仍很突出。主要是草食家畜和特种养殖在养殖业中所占比重偏小，生猪、一般禽类等大路货所占比重仍较大。今年上半年，全区草食家畜饲养收入只占养殖收入的48%，特养收入只占15%，既与房山区饲草丰富的特点不相适应，也不符合现代养殖业的发展方向。因此，今后畜牧业的发展要以大力发展草食家畜和特种养殖为重点，着力解决畜牧业内部结构不合理问题。在稳定生猪、鸡蛋生产的基础上，大力发展肉牛、奶牛、绒山羊、肉用羊等草食家畜和特种养殖业，重点实施四大工程：

一是10万头肉牛工程。以卓宸、潜绿园、窦店为龙头，以现有的7个肉牛养殖小区建设为重点，大力发展家庭养殖。争取今年肉牛出栏达到2万头。

二是万头奶牛工程。依托三元奶业集团，发挥好长阳奶牛合作社和长沟双平奶业协会的作用，大力发展奶牛养殖业。争取今年奶牛存栏达到1万头。

三是万户养羊工程。山区以绒山羊、肉用黑羊为主，丘陵、平原以波尔山羊、小尾寒羊为主，大力推广舍饲养殖及杂交改良技术，全区常年羊只存栏保持在22万只左右。

四是特种养殖工程。目前，梅花鹿、蓝狐、乌鸡、火鸡、鹧鸪等具有一定的市场开发潜力，要加快发展速度，争取明年特种养殖收入占全区养殖收入的30%以上。

总之，通过实施四大工程，争取二、三年内使草食家畜养殖收入达到60%以上，使房山成为京郊的牛羊养殖大区。

3. 解决好农民的市场化、组织化程度不高问题。目前，全区带动能力强、辐射面广的大龙头企业，只有卓宸肉牛有限公司和大发、正大、华都肉鸡集团等几家，龙头企业比较缺乏。加上一些专业合作组织运作不规范，对农民养殖的带动作用还不强，在一定程

度上影响了农民市场化、组织化程度的提高。因此，今后几年要按照“强龙头、扩基地、规范发展”的总体思路，加快全区养殖业的产业化建设。一是与已经形成规模的大公司、大企业建立稳定的购销关系，借助外力加快养殖业发展，重点是借助大发、正大、华都和三元等大企业的力量，带动农民致富。二是积极扶持和培育区内的龙头企业，如卓宸、潜绿园肉牛、雪峰羊绒等龙头企业和长阳奶牛合作社等服务组织。政府要在资金、政策方面继续进行倾斜，帮助其扩大规模，增强辐射、带动能力。三是以现有的86个养殖小区为重点，进一步扩大规模，全面加快养殖基地建设。特别是肉牛基地，要通过新建和改建，尽快扩大规模，争取在3~5年内使全区肉牛出栏达到10万头，与区内卓宸、潜绿园等肉牛加工企业的加工能力相配套。四是规范现有的各类养殖服务组织，特别是对58个会员制型的服务组织，要加强引导，加强规范，鼓励他们向契约型方向发展，进一步提高农民的组织化程度。

4. *解决好进一步转变政府职能，加强引导服务的问题*。调查中发现，有些农民由于受种种条件的制约，信息不灵，技术素质不高，致富渠道较窄，在发展养殖业，特别是发展特种养殖业的过程中，遇到了这样或那样的困难和问题，这些问题解决不好，就会挫伤农民养殖的积极性。因此，我们要进一步转变政府职能，认真做好三项工作。

一是科学规划，确定好养殖方向。各乡镇地理位置不同、资源条件不同，搞养殖不可能千篇一律。因此要因地制宜、科学规划，充分发挥好本地的资源优势，引导农民有重点地发展2~3个规模大、效益高的养殖品种，解决“什么都有点儿，什么都不多”的问题，形成自己的特色。

二是加强技术服务，实现科技兴牧。生物技术已成为今后全球性的热门话题，克隆动物、转基因工程、饲草饲料方面的微生物技术已崭露头脚。但房山区养殖业的科技含量仍然偏低，很不适应形势发展的需要。这就要求我们充分发挥首都的科技优势，加强与首都科研院所的联系与合作，及时引进先进技术成果和产品，吸引养殖专家来房山区办养殖场和进行养殖技术推广，提高养殖业的科技含量。同时要加强对农民的专业技能培训，努力提高农民的技术素质。区成教、职教和畜牧部门要通过举办各种类型的技术培训、现场指导、科技赶集等多种形式的服务，提高农民的实用技术水平。

三是发挥好职能部门作用，搞好系列化服务。目前，区妇联、团区委和区畜牧局已在大发、正大、华都等龙头企业与农民之间架起桥梁，为农民饲养肉鸡提供产前、产中、产后等系列化服务，受到农民欢迎。其他职能部门也要根据自己的优势，进一步转变职能，为促进全区养殖业的更快发展和农民增收作出自己的贡献。

关于推进昌平卫星城社区建设的思考

昌平区委书记　白宗全

为贯彻落实民政部《关于在全国推进城市社区建设的意见》精神，近期，我们针对我区城北街道实行管区管理体制的情况进行了专题调研，分析了这种体制的优势和不足，并就进一步搞好昌平卫星城社区建设提出了一些初步想法。

一、城北街道实行管区管理的基本情况

城北街道（原城区镇，1999年12月撤镇设街道）地处昌平卫星城中心，总面积18.9平方千米，有中央、市、区属单位230余个，辖区人口13.1万人，长住人口9.6万人。街道下辖6个村委会和17个居委会（其中有5个居委会是原行政村整建制撤销后由村委会“翻牌”设立的），此外，还有38个家委会。地域大、人口多，农居混居，加之居（家）委会的数量少、力量弱，大量的基层工作难以开展，社区服务也跟不上。为解决这一问题，1997年底，原城区镇在基层管理体制方面进行了积极探索，以原来行政村的村域为界限，把辖区分为11个管区，给6个村委会和5个“翻牌”居委会加挂了一块管区委员会的牌子，使这11个居（村）委会既是群众的自治组织，又作为镇政府的派出机构，代表镇政府对社区进行管理。撤镇设街道后，仍沿用这种管理体制。从3年多来的运行情况看，这种体制在昌平卫星城建设和管理中发挥了较大的作用。其特点和优势主要体现在以下几个方面：

1. *突出了地域概念，便于开展社会性、地区性和群众性工作*。11个管区平均面积1.72平方千米，最大的2.66平方千米，最小的0.5平方千米，每个管区内均有一定的社会单位，社区资源比较丰富。由于这种划分以原来的行政区划为基础，本地居民、农民和一些社会单位的认同感较强，能够积极支持和参与社区建设。比如，近年来一街、二街、六街等7个管区积极与区域内的机关、学校等单位协调，利用它们的场地、设施组织开展了一系列群众性的文化体育活动，有关单位非常支持，群众的参与热情也很高。在旧城改造和环境整治工作中，管区积极配合有关部门做了大量的群众工作，确保了拆迁、拆违的顺利进行。为发展社区卫生，管区积极协助卫生部门开展工作，目前已有8个管区建立了社区门诊，3个管区正在建设之中。

2. *有效解决了农居混杂地区的管理问题*。目前，城北街道还有农民3 000多人，其中绝大多数居住在卫星城内。过去，在解决农居混杂地区出现的一些问题上，村委会和居委会之间经常出现扯皮现象，特别是在那些农转非人员和半居半农户的管理、服务方面容易出现空白。设立管区后，虽然管区委员会与村委会或“翻牌”居委会是一套人马，但其作为镇政府的派出机构，能够把区域内的工作统起来，从而较好地避免了这些地区基层工作不到位的问题。

3. *充分发挥了现有社区干部的作用，确保了各项管理和服务工作的开展*。从城北街道的23个居（村）委会和38个家委会的实际情况看，6个村委会和5“翻牌”居委会的组织力量较强，平均拥有工作人员10人，平均年龄41岁，具有高中或中专以上学历的占45%；其他的居（家）委会工作人员则普遍年龄偏大、素质偏低，很难承担大量的社区工作。设立管区，较好地利用了6个村委会和5个“翻牌”居委会的人力资源，同时街道还能及时下派人员进一步充实管区力量，较好地解决了“有人办事”的问题。在1999年开展的第五次人口普查工作中，管区的组织优势得到了充分发挥，保证了普查工作的进度和质量。

4. *管区有一定的经济基础，缓解了基层管理和服务上的经费不足问题*。长期以来，大部分村委会和“翻牌”居委会都保留着集体的经济组织（村经济合作社）和经济实体，自身都有一定的经济实力。管区成立后，为加强社区建设，在做好群众工作、争得群众同意的基础上，管区可以拿出一部分资金用于环境治理、绿化美化、以及进行一些小型基础设施建设，缓解了社区建设投入不足问题。据不完全统计，1998年以来，由管区直接投入社区建设的资金共计500多万元。

从推进社区建设的角度看，这种体制还存在一些不足，主要体现在两个方面。

一是管区的行政化倾向较重。一直以来，居委会承担着大量的基层工作，一些政府部门也不断给居委会下达新的任务。但由于居民的自治意识不强，居委会的职责不清、力量薄弱，很多工作都需要政府来推动甚至具体操作。把管区作为镇政府的派出机构，是符合当时需要的。但随着政府机构改革、转变职能，一些服务职能将从政府中转移出来，大部分需要由城市社区承担。强化社区的行政职能不符合这一大的趋势。

二是导致了一定意义上的机构重叠。管区的设立，使街道与居（村）委会之间多了一个中间管理层次，比如，八街管区下面就管着若干个居委会。如果按照1 000户左右设立一个居委会的标准，城北街道还应增设若干个居委会。这样，将形成街道、管区、居委会“三级”管理机构，导致管理能力的浪费。

总之，管区体制是基层在加强城市管理方面所作的尝试。应该说，其作用是比较明显的，特别是为推进社区建设奠定了一个好的基础。通过进一步改革这种体制，发挥其优势，弥补其不足，必将加快卫星城社区建设步伐。

二、推进昌平卫星城社区建设的几点意见

“十五”期间，随着昌平卫星城东扩、回龙观、东小口文化居住区以及小城镇建设的加快，昌平的城市化进程开始提速。加强城市管理，推进社区建设，越来越显得重要。客观地看，由于郊区城镇发展的历史较短，推进社区建设，郊区与市区相比有一些相对优势：一是农村所具有的血缘和地缘纽带在城镇依然存在，居民对所居住社区的认同感和归属意识强于市区；二是在城市管理方面，多年形成的体制性矛盾对郊区的影响弱于市区。因此，在这样的基础上推进城市社区建设是一个很好的时机，可以实现城市管理的跨越。综合分析城北街道实行管区体制的优势和不足，我们认为，推进昌平卫星城社区建设必须解决好5个问题。

1. *关于党委、政府领导与居民自治的结合问题*。社区建设是党和政府领导下各种社区力量共同建设社区的社会化活动的过程，既不是单纯的政府行为，也不是单纯的民间行为。过去实行的管区管理，过分强化了政府的推动力量，实际上是由政府直接参与社区建设，这样不利于社区居民自我管理、自我约束、自我监督的实现。因此，应推进管区向社区转变，即：撤销管区委员会，保留管区的区域划分（也可根据面积、人口、资源情况作适当调整），由区域内的居、村委会合并组建社区成员的自治组织——社区委员会，具体负责社区日常事务的管理，成员由社区成员代表大会民主选举产生。由于城北街道的农村人口已经不多，而且绝大多数农民的生活习惯和活动方式与居民基本一致，我们认为把村委会并入社区委员会是必要和可行的。

受经济发展水平、传统体制以及居民素质等诸多因素的影响，实现社区居民依法自治需要一个过程，很多工作仍然离不开党委和政府的推动，但推动的方式、方法需要转变，即由过去的以行政命令为主转变为以引导和指导为主。①在区一级的层面上，应成立相应的领导小组，制定社区建设规划，加强政策研究，用规划和政策来推动社区建设。②在街道层面上，要加快推进“条专块统”改革，建立街道对辖区进行统一管理、综合协调的机制，为社区建设创造良好的环境。③在社区层面上，要把社区党组织建设好。社区党组织是社区建设的领导核心，在街道党工委的领导下开展工作，这是党的领导与居民自治的一个很好结合点，通过党的工作和活动，可以把广大群众进一步团结凝聚起来，促进社区建设工作的健康开展。根据目前的实际，可以考虑实行社区党组织书记和社区委员会主任“一肩挑”，以增强社区党组织和自治组织的工作合力。

2. *关于实现社区居民自治的机制问题*。社区工作包括社区服务、社区文化、社区卫生等诸多内容，

过去这些工作大部分都是由政府包揽的，推进社区居民自治，实际上就是使社区自治组织尽可能地、自觉地把这些工作承担起来。因此，必须建立一个有利于社区居民自治的机制。否则很可能又会回到靠政府行政命令的道路上去。作为政府，应结合机构改革，进一步转变职能，真正把那些本不应由政府承担的服务职能放下去，同时明确社区自治组织的职责。作为社区，应从社区成员代表大会中推选出决策机构——社区理事会，成员可以由社区内的人大代表、政协委员、驻区单位代表、社区委员会成员和居民代表组成，负责讨论决定本社区的重大事项；同时，还应建立相应的制度，比如社区委员会定期向社区理事会述职制度等等。此外，必要的财力支持也不能缺少，特别是在起步阶段，区、街道应加大资金、政策的支持力度，积极培育社区服务业，确保社区工作的健康开展。

3. 关于社区干部队伍建设问题。加强社区建设，一支专业化、高素质的社区干部队伍必不可少，这也是关系社区建设成效的一个决定性因素。应为社区配备一定的事业编制，保证社区干部必要的收入，把那些政治素质好、文化程度高、工作能力强、热爱社区工作的优秀人才吸引到社区工作中来。选聘社区干部的视野不应只局限于社区内部，而应根据有关程序，采取“民选街聘”、公开招聘、竞争上岗等办法，广泛吸引人才，特别要注意从下岗职工和大中专毕业生中选聘。同时，还应建立优胜劣汰的考核机制，使每一名社区干部充分发挥作用。此外，应着力提高各级干部城市工作的素质，有计划地对有关干部进行城市经济、社会管理的培训，使他们学会城市建设、社区管理的本领，增强他们管理城市工作的能力和依法办事、依法行政的意识。

4. 关于选好社区建设的突破口问题。群众对社区的认同感和参与程度最终决定着社区建设的成效。我们认为，社区建设之初，应从解决群众关心的难点热点问题入手，集中区、街道、社区的力量，办几件群众看得见、摸得着的事情，用实际业绩凝聚群众。就昌平卫星城而言，应首先在社区服务信息网络建设和社区环境整治上实现突破，带动社区工作的全面开展。同时，加强对社区的宣传，增强群众爱社区、建社区的意识和自觉性。

5. 关于村级集体资产的处置问题。推进卫星城社区建设，城北街道村集体资产的处置问题不能回避。如果把村委会并入社区委员会，那么这个问题必将进一步成为村民关注的焦点。我们认为，成立社区委员会后，村集体经济组织应予以保留，并以产权制度改革为核心，从清产核资入手，依据政策明确村集体经济的产权，建立劳动联合与资本联合的新的集体经济组织，避免平调集体积累的资产和因简单分割集体资产而出现的种种矛盾。在这方面，应先行试点，稳步推进。

关于考核镇和地区办事处经济工作的实践与思考

顺义区委书记　赵　义

改革开放20年来，经过广大干部群众的艰苦努力，全区农村经济取得了长足的进步和发展。一是经济规模不断扩大，实力显著增强。截止到1999年底，镇、地区办事处国内生产总值已达46.3亿元，占全区国内生产总值的59.3%，农村经济总收入112.6亿元，农村经济纯收入29.7亿元，农村社会生产经营性总资产101.3亿元。二是乡镇企业通过二次创业、重组转制，运行质量有了新的提高，是农村经济的重要支撑。目前全区乡镇企业已达922家，其中年销售收入在500万元以上、利税在100万元以上的重点骨干企业89家，形成了一批具有较高知名度和较强市场竞争能力的品牌和企业。三是对外开放不断扩大，引进了不少知名企业和先进技术及成果，促进了企业和产品产业升级换代。目前，镇、地区办事处共兴办“三资”企业287家，占全区“三资”企业总数的52.2%，实际利用外资1.78亿美元，实现出口供货额2.5亿元。四是农业生产水平大幅度提高，结构调整成效显著，农产品品种和产量大幅度增加，现代农业的基本框架正在逐步形成。五是农村经济体制改革步伐加快，农民的市场主体地位逐步确立，生产经营积极性不断高涨，收入普遍增长，人均纯收入4 817元。

农村经济之所以能够如此蓬勃地发展，关键在于我们逐步端正了经济工作的指导思想。党的十一届三中全会确立党和国家的工作中心转移到经济建设上来，这就要求我们在领导经济工作的实践中，必须严格遵循经济规律，讲求经济效益。但由于受长期计划经济的影响，我们在指导经济工作中曾经一度出现过一些偏差。比如，曾经一味地、盲目地追求产量、产值和引进合资企业的个数。特别是在考核农村经济工作上，主要看产值多少、速度快慢，忽视了对地区生产力发展水平、整体经济运行质量和经济效益的考核，而且带有非常浓厚的行政推动的色彩。因而造成了经济工作脱离客观规律，数字指标出现水分，不能反映实际情况，实际运行质量不高等问题。

党的十四届五中全会提出了“两个转变”的思

想，进一步为我们搞好经济工作指明了方向。如何引导、促进镇、地区办事处党委班子和主要领导干部将发展经济的兴奋点切实转移到经济体制和经济增长方式的转变上来，转移到不断提高经济运行质量和经济效益的轨道上来，增强综合经济实力，推进农村城市化进程，成为了摆在我们面前的突出任务。

我认为，在加强教育引导、统一思想认识的基础上，应当紧紧抓住考核这一重要环节，不断完善考核内容，改进考核方法，充分发挥好镇、地区办事处党委这一级党的基层组织的领导核心作用。对经济工作的考核必须遵循经济发展的规律，既注重当前，又着眼长远，全面客观地反映地区经济运行质量、经济发展水平和综合经济实力。从而引导镇、地区办事处不断转变经济增长方式，着力促进经济良性循环，保证区域经济沿着正确的轨道顺利发展。这也是保证“六好”乡镇党委争创工作顺利开展的一项重要措施。

为此，1999 年我们经过调查研究，结合“六好”乡镇党委争创活动对经济工作的要求，在 1997 年底设计的考核镇、地区办事处党委经济工作“五个增长、一个降低”的考核指标体系、按实际增长计分的考核方法和与镇、地区办事处党委书记奖金直接挂钩的奖励办法的基础上，进行了认真完善。

一、考核内容力求合理

镇、地区办事处经济工作涉及面广，包括一、二、三产业的多种行业，所以在确定考核内容时不可能、也不应该面面俱到，而是要突出重点，使考核内容能够集中体现镇、地区办事处经济发展的真实状况，并与其当前的主要经济工作结合起来。按照这一思路，我们将考核的基本内容确定为：“五个增长、一个降低”，五个增长即国内生产总值、地方预算内财政收入、社会生产经营性总资产、农民人均劳动所得、农村经济纯收入增长；一个降低即集体资产负债率降低。“五个增长、一个降低”从镇、地区办事处综合经济实力、生产力发展水平、生产经营性资产状况、农民生活水平等几个方面对镇、地区办事处经济工作进行了高度概括，基本上能够反映出各乡镇经济发展的真实状况。同过去的考核办法相比，现在的考核办法在考核内容上主要做了两方面的较大改进：一是取消了对农业产量指标、工业产值指标等部分单项指标的考核。国内生产总值、地方预算内财政收入、农民人均劳动所得、农村经济纯收入等综合性经济指标的完成情况，已是各项单项指标经济效益、经济成果的集中体现，取消对单项指标的考核，更能体现效益优先、发展优先的原则，同时也使考核内容在层次上更加清晰，在指标分配上更加合理。二是增加了对社会生产经营性总资产和集体资产负债率进行考核的内容。社会生产经营性总资产的考核范围主要包括镇、村两级集体所有的生产经营性单位的资产，本地人员经营的个体、私营企业等资产总额在 5 万元（含）以上的生产经营性资产，“三资”企业在本地区投资形成的生产经营性资产以及各镇、地区办事处区域外集体、个体、私营企业等在本地区投资所形成的生产经营性资产。集体资产负债率主要考核镇、村两级所有的负债总额与生产经营性资产总额的比率。对社会生产经营性总资产和集体资产负债率进行考核，将有利于促进各镇、地区办事处扩充生产经营性资产总量，优化集体资产结构，为进一步壮大本地区的经济实力奠定物质基础。

二、考评计分力求科学

我们对镇、地区办事处经济工作实行的是百分制考核，与原来的考核办法相同，但对考评计分的方法却做了较大改进。一是对考评计分的依据做了较大改进。原来的考核办法，有的指标按增长率计分，有的指标按增长数额计分，现在一律改为按各项指标的实际增长率计分。由于各镇、地区办事处的经济基础和客观条件不同，所以按照经济指标的增长数额计分，其考核结果往往不够公正，也不利于为各镇、地区办事处创造一个良好的竞争环境。按照经济指标的实际增长率计分，增强了各镇、地区办事处之间在工作上的可比性，因而使考核结果更有说服力。二是在考评计分的方式上做了较大改进。原来的考核办法由于考核指标较多，所以各项指标的计分方式很难统一，现在则确定了较为统一的计分方式，即：先根据各项考核指标的性质以及其在镇、地区办事处经济工作中所占的份量，分别赋予不同的分值，然后确定好经济指标增长率与计分加减数额之间的比例，不同的考核指标，所确定的比例关系也不同；最后确定加减分的上限和下限，各项考核指标达到上年基数的计基础分（该项指标分值的一半），减分不超过基础分，加分一般不超过该项指标的分值。

为了使考评计分的方法更加科学，更能突出镇、地区办事处经济工作的重点，考核办法还做了两项特别的规定：一是对地方预算内财政收入的加分上不封顶。地方预算内财政收入既是保证各镇、地区办事处机关正常工作运转的经济基础，也是各镇、地区办事处加强精神文明建设的经济基础。而且随着实行分税制财政体制，镇、地区办事处财权的扩大，事权也随之转移，属地内中、小学校教师的工资也要由地方财政负担，这就给各镇、地区办事处带来了较大财政压力，部分镇、地区办事处的困难还较大。为了充分体现地方预算内财政收入在乡镇经济工作中的重要性，调动各镇、地区办事处想方设法增加财政收入的积极性，所以，考核办法规定对地方预算内财政收入的加分上不封顶。二是确定了部分加分项目。比如为了鼓励各乡镇积极发展外向型经济，吸引外资，扩大出口，考核办法将各镇、地区办事处实际利用外资额、出口供货额确定为考核中的加分项目。

三、奖励办法力求公正

新的考核办法采取的奖励办法是考核结果同各

镇、地区办事处党委书记的奖金直接挂钩。同时为了体现考核结果的权威性，考核办法还规定：各镇、地区办事处党委书记除领取按考核办法核发的奖金外，不得领取本镇、地区办事处的其他各项奖金和补贴，只限于领取人事部门规定的工资收入和区级核发的单项奖励，如再领取其他奖金和补贴的，视同违纪行为。以上规定同以前的考核办法基本相同，但在奖金的核发方法上却并不相同，这主要体现在：现在的考核办法对各镇、地区办事处实行的是分类奖励。先依据地方预算内财政收入的年度完成情况，对各镇、地区办事处进行分类，完成数额在800万元以上的为一类镇、地区办事处，其余为二类。由于一类镇、地区办事处的经济基础较好，在各项指标的增长幅度上往往不如二类镇、地区办事处大，这样它每得1分的“含金量”就应当适当比二类镇、地区办事处高一些。

经过两年的实践看，新的经济工作考核办法的实施，极大地促进了各镇、地区办事处的经济发展，为全区经济工作整体向前推进奠定了坚实基础。

一方面是起到了良好的导向作用，进一步明确了经济工作的目标和方向。比如考核办法把地方预算内财政收入的完成情况放在了比较突出的位置，这引起了各镇、地区办事处的高度重视。它们分别成立了协税小组，协助税务部门查税补税，从而有效地促进了本地区财政收入的增长。特别是在一些小税种的增加上更为明显。小税种由于零星分散，征收难度较大，再加上以前征多征少与镇、地区办事处财政关系不大，镇、地区办事处的征管积极性不高，小税种征收一直很难做到及时足额入库。这次的考核办法将小税种划归镇、地区办事处固定收入，促使其加大了征管力度。1997年，全区镇、地区办事处小税种收入达1 770万元，比1996年增加了1 000余万元；1998年又增加394.7万元，比1997年增长22.3%。

另一方面是起到了良好的激励作用，促使领导班子及领导干部更加注重经济工作的实际效果。新的经济工作考核办法的一个突出特点，就是更加重视经济发展的效益、速度和后劲，使考核结果更能体现各镇、地区办事处的实际工作成绩。考核办法实施后，各镇、地区办事处都非常重视，分别根据本地区的实际情况，以落实考核办法为核心，制定本地区加强经济工作的措施。尤其是1998年的考核结果公布后，在各镇、地区办事处之间引起了较大反响。有的经济基础好的镇、地区办事处，这次考核得分却排在了后头，而有的经济基础一般的镇、地区办事处，这次考核得分却排在了前头，促使一些镇、地区办事处领导班子和领导干部指导经济工作的思想观念有了很大改变，对“发展才是硬道理”这句话有了更深刻的认识，狠抓经济不放松的劲头更足了，敢于争先的意识更强了，经济发展的步子迈得更大了。从而，使“六好”乡镇党委争创工作落到了实处，取得了明显效果。

加入WTO对通州农业的影响及相关思考

通州区委书记　崔君乐

鉴于中国与美国和欧盟都已签署了中国加入世贸组织的双边协议，这意味着中国加入世贸组织已为期不远。这对中国既是挑战也是机遇，其中，农业将不可避免地受到国际农产品贸易自由化政策的影响。如何客观地看待和评价这种影响，并及早采取相应对策，是我国农业当前发展中迫切需要研究和解决的问题。从“入世”对农业生产的冲击程度上看，以种植小麦、玉米、大豆为主的东北、华北地区比较劣势更为明显。通州区地处这一地域，长期以来以传统农产品种植为主，受到的负面影响是不言而喻的。在加入WTO后中国农业结构调整势在必行的前提下，如何尽快理清思路，提出可行性对策和措施，趋利避害，主动调整，加快农业现代化进程，是通州区以“入世”为契机，获得农业生产的长远发展和农村现代化的关键。为此，我们通过发放调查表、举行座谈会、实地走访等形式，对通州区农业发展现状进行了一次全面、广泛、深入的调查，在此基础上，就通州区今后农业发展方向和道路作出了初步的思考和建议。

一、通州区农业发展现状

本次调研是就全区农业所进行的全方位调查，内容涉及农业发展的各个方面，主要包括：全区农产品结构、分布、数量；农业生产类型、效益；农产品国内、国际市场占有状况，农产品出口项目、数量、出口渠道、创汇状况；农业从业人员结构；农业科技投入；农产品加工企业生产状况等。

1. 全区农业生产现状。目前，通州区总耕地面积49 897公顷，拥有农村劳动力184 599人，150 048户。截止到2000年8月，全区粮食播种面积17 895公顷，在农业生产各类型中所占比重最大，主要种植小麦、玉米，其次为水稻，另有部分高粱、白薯、红豆、绿豆等杂粮。

蔬菜种植面积10 325公顷。种植类型主要包括白菜、根菜、茄果、瓜类、豆类、葱蒜、薯芋、绿叶菜、水生菜、食用菌、多年生蔬菜等11类近150个品种。与粮食生产每亩纯收入平均约为250元相比，蔬菜种植每亩纯收入要高出近10倍，大约为2 300元。目前全区蔬菜种植业总户数接近3万户，占农村总户数的 1/5。

通州区油料种植品种主要是黄豆、花生、芝麻和油葵，播种面积约 0.3 万公顷。棉花播种面积近 0.13 万公顷。牧草播种面积近 0.13 万公顷，主要是苜蓿、鲁梅克斯和青贮玉米。中草药面积约 533 公顷，主要品种 35 个。

园林面积 0.59 万公顷，包括果树、苗圃和花卉。果树占地近 4 667 公顷，主要种植苹果、梨、桃、葡萄、杏、枣、樱桃、李等，品种近 80 个。苗圃面积约 1 033 公顷，主要有杨树、柳树、松柏、花溪木、杜仲、银杏等，品种 10 多个。花卉面积 256 公顷，其中露地花卉、设施花卉、草坪分别约占 34%、13%、53%。

养殖业方面，畜禽养殖小区 120 多个，占地面积约 547 公顷，养殖专业户 4 万多户，养殖品种主要有肉牛、奶牛、羊、驴、猪、兔、蛋鸡、肉鸡、鸭以及特种养殖，品种近 110 个。水产养殖有较好的基础，尤其是观赏鱼的出口创汇是我区农业出口创汇的主要项目之一。目前全区现有养鱼水面 1 833 公顷，其中食用鱼水面（含成鱼和鱼种）约占 79%，观赏鱼水面约占 21%。另有稻田综合养殖面积约 667 公顷。

从农业各业劳动力的分布来看，种植业从业人员近 7 万人，占农村总劳力的 84.3%；林业 2 100 多人，占 2.5%；牧业 8 540 人，占 10.3%；渔业 2 353 人，占 2.9%。从各业在农业总产值中的比重来看，根据 1999 年底的统计数字，种植业占 62.1%（粮食 23.5%，蔬菜 29.1%，水果 6%），林业占 0.6%，畜牧业占 29.9%，渔业占 6.9%。根据调查，农民的主要收入来源仍是种植业，而其中粮食种植又占相当大的比重。

2. 全区农产品市场和出口现状。根据发放的《通州区农业发展现状调查表》显示，全区各类农作物的市场主要集中在北京市，其中绝大部分是在通州本地，外销产地主要是河北、天津。观赏鱼的市场较广，远销到了山东、湖北、河南、浙江、江西、黑龙江、吉林和辽宁等省。

农产品出口项目较少，具体状况如表 1。

3. 全区农副产品加工企业现状。目前全区农副产品加工企业共有 30 家，注册资金总计 1.66 亿元。从企业性质分，民营企业 3 家，合资 2 家，集体 8 家，股份 10 家，私营 6 家，联营 1 家。可以看出，股份合作制是我区农副产品加工企业的主要形式，其注册资金合计 1.32 亿元，占总注册资金的 79.5%。

以上企业主要产品为速冻食品、熟食、饮料、小食品、酱菜、饲料等，除了 3 家企业的产品销售到国内其他地区以外，其余均在北京市内销售。有 4 家企业的产品出口到西欧、加拿大、日本、美国和东南亚，年出口量在 3 855 吨，年出口创汇 187 万美元。加上上表中的农产品年出口创汇 1 102.4 万美元，全区农业年出口创汇合计 1 289.4 万美元。

表 1

出口品种		产地	出口方向	出口渠道	年出口量（吨）	年出口创汇（万美元）
蔬菜	芥兰	徐辛庄	新加坡	间接	120	20
	甜豌豆	柴厂屯	东南亚	间接	1 200	48
	荷兰豆	柴厂屯	东南亚	间接	300	12
	洋葱	梨园	俄罗斯、日本	间接	100	1
	香菇	次渠	美国、日本	间接	200	
	金针菇	马桥	韩国、香港、日本	直接	360	67.4
	白灵菇	大杜社	美国、日本、新加坡、西欧	直接	180	900
养殖	观赏鱼	张湾	德国、墨西哥	直接	250 万尾	40
		郎府	英国、法国	间接	61.6 万尾	14
总计：						1 102.4

* 表中数据以 1999 年底统计为准。

二、从加入 WTO 对我国农业的影响看通州农业发展中存在的问题

目前中国加入世贸组织只是一个时间问题，加入世贸组织会给我国农村经济带来新的发展机遇，但也会使现阶段农业直接面临国际大农业的竞争和冲击。从可预测的竞争和冲击看，我国农业生产明显处于劣势，主要表现为：①农产品生产成本高于世界平均水平的价格竞争劣势。②农产品品种单一，质量不高的非价格竞争劣势。③农产品安全性遭国际市场的不信任。④粮食安全受到挑战。另外，在农业发展的其他方面，如我国的农业政策、农业组织形式、农村劳动力就业等，都将面临一系列问题。

加入 WTO 意味着中国将纳入贸易自由化体系。贸易自由化对中国农业发展既有正面影响，也有负面影响。根据有关资料分析，贸易自由化对中国农业的正面影响主要包括：①资源的配置和农业生产结构将得到改善。具体表现为成本相对较高的玉米、小麦、油料、大豆、棉花等农作物的播种面积和产量将逐渐减少，而蔬菜、部分水果、花卉的种植将有所扩大。畜牧业则将是农业部门内部最主要的受益部门。②有利于提高农民整体的收入。随着农业劳动力逐渐向非农部门的转移，从长远来看，农民整体的收入在贸易自由化的情况下会有更快的增长。③消费者福利水平将进一步提高。入世后，由于粮食价格的下降给消费者带来福利的增加超过因畜产品价格上升而导致福利的减少，消费者食物消

费的总福利将得到显著提高。④畜产品和园艺作物产品的出口将增长。但短期内二者出口的规模和数量将受到其产品质量、贮运和保鲜等技术的限制。

对我国农业的负面影响主要包括：①种植业生产将相对萎缩。受影响最大的农作物为玉米、小麦、油料作物、大豆和棉花。②粮食自给率将下降。在贸易自由化方案的情况下，到2005年粮食自给率将下降到88%，玉米将从出口变为进口。③农业就业将进一步减少。目前我国农村劳动力中有30%是剩余劳动力，加入WTO后，农业生产部门的就业将进一步萎缩，大量的剩余劳动力需要转移到制造业和服务业，但由于各种因素的制约，短期内农民的再就业会面对很大的困难，相当一部分农民的收入将不可避免地受到影响。这一问题处理不当，将直接影响农村经济的发展和社会的稳定。④以种植业为生计的农民将是贸易自由化过程中最主要的受害者。首先，粮棉油生产的萎缩和价格的下降将导致种植业收入的下降；其次，由于农民较低的文化素质和农村信息、交通的相对闭塞等主客观原因可能导致他们在短期内很难实现再就业，而相当一部分农民又可能因此维持现状，继续从事种植业生产；再次，以种植业为主要生计的相对贫困的农民在市场竞争中将处于更加不利的地位，收入差距将会进一步扩大。

对于以上问题，纵观通州区农业发展现状，明显可以看出处于比较劣势的种植业，尤其是粮棉油种植在农业生产中占有相当大的比重，年总复种面积约6.67万公顷（统计局）。我们在受益于贸易自由化所带来的种种机遇的同时，不可避免地也要受到严峻的考验。具体分析通州区农业发展中所存在的问题，主要有以下几方面：

1. *农民的市场意识有待进一步加强*。根据我们的调查发现，农民的市场意识与以往相比有很大提高，很多农民已经意识到计划经济体制下的生产模式已经不适应现代农业的发展，只有根据市场的需求来调整农业生产方式和品种结构，才能获得较大的经济效益，真正实现农民致富。但也有相当一部分农民对中国加入WTO后将给农业带来的种种影响了解甚少，甚至觉得这是政府的事，与自己关系不大。这种状况与我国即将加入世贸组织，各方面的专家都在为我国农业发展如何应对贸易自由化的挑战出谋划策的氛围是不相符的。如前所述，加入WTO后，我国的农业政策、农业结构、农业生产组织形式、农业就业都需要作出很大的调整，现阶段农民若没有足够的认识，不加强自身的市场意识，那么在今后5年农业实现贸易自由化方案的情况下，要适应更大的市场和更激烈的竞争将变得更加艰难。

2. *农产品结构弱势明显*。我国农业从战略的角度考虑，一直把粮食生产放在首位。但近10年来，我国粮食生产成本以平均每年10%的速度递增，国内粮食市场价格上升速度很快。到1995年，我国主要粮食作物，包括玉米、大米、小麦、大豆、高粱等的价格都已普遍高于国际市场价格，尤其是玉米和小麦，其价格分别高出国际市场价格的71.1%和28.8%，入世后这部分农产品的市场将面临国际市场低价位的强烈冲击。按照有关资料统计，到1997年，中国主要农产品的比较优势从大到小顺序为：蔬菜、桑蚕茧、柑橘、苹果、烤烟、菜牛、花生、中籼稻、生猪、粳稻、谷子、晚籼稻、小麦、早籼稻、肉鸡、棉花、蛋鸡、高粱、大豆、玉米、油菜籽。这一顺序表明，在入世后，我国的蔬菜、部分水果、特种经济作物、畜产品将具有显著的比较优势。

这次调研中，根据调查表的数据显示，通州区种植业在农业生产中占主导地位，从业人员占农村总劳力的84.3%。粮食生产在种植业中仍占较大比例。作为华北地区，受土壤、气候等自然条件的限制，通州区粮食作物主要为小麦和玉米以及少量水稻，年复种面积约6.67万公顷（统计局），小杂粮的面积仅为0.27万公顷，而我国粮食产品中恰恰是小麦、玉米缺乏国际竞争力，中籼稻和小杂粮却具有明显优势，入世后，小杂粮的出口将大大增加。蔬菜种植在通州区已有了一定规模，但从调查来看，市场占有情况过于狭小，绝大部分在北京市内销售，这说明我们的蔬菜品种、质量和价格都缺乏足够的市场竞争力。同样，作为具有比较优势的畜牧养殖业，通州区养殖小区120多个，占地面积547公顷，从业人员约4万户，占农村总户数的26%，应该说养殖业发展程度还不够。

3. *农业科技含量不高，农产品市场竞争力弱*。我国农业发展面临的各类挑战中重要的一条就是农产品科技含量低，品种单一、质量不高。同时，由于农业生态环境的不断恶化，如空气污染、灌溉水污染、农药残留污染、农产品加工过程中的污染、包装污染等，使我国农产品安全性能受到国际市场的不信任，影响了农产品的国际竞争力。即使是那些具有比较优势的农产品，也因品质远不如国际同类产品，加上产品的农药、激素等的含量指标高于国际技术标准，易遭国外消费者抵制，其市场竞争力也将受到不利影响。

通州区农业生产同样面临以上问题。在全区农业生产中，科技人员、技术、资金的投入都较低，全区现有农业科技人员275人，本科以上学历的88人，有高级职称的仅15人。由于体制的原因，这些科技人员的作用并没有得到充分发挥，过于依赖政府，没有真正认识到自身的价值和义务，不敢或不愿投入到市场中去，缺乏对农民的指导，也缺乏针对本地区进行因地制宜的新品种、新技术的开发和研究。加上科研经费的严重短缺，也在很大程度上影响了科技推广工作的力度。同时，作为乡镇、村等基层单位也缺乏对农民进行有组织的农业专业技术培训和信息传播，农民在农业生产中的技能、水平和观念都难以得到更新和提高。另外，由于客观原因，通州区的水资源潜在污染严重，尤其是某些地区农业灌溉水的污染，对农作物的生产和农产品质量都带来了不利影响。以上这些都严重制约着农业发展的前景和潜在优势，同时也是农产品市场狭小的重要原因之一。

4. *农产品出口创汇过于薄弱*。作为一个农业大国，我国农业的国际参与度很小，10余年来我国农产品出口值占世界农产品出口总值的比重最高的年份也仅为3.7%，与美国和欧盟相比不可同日而语。随着入世所带来的贸易自由化，我国的畜产品、水产品、蔬菜等高附加值劳动密集型农产品将在国际市场中具有较强的竞争力，出口份额将呈进一步扩大的趋势。近年来，北京市各郊区县也主动适应市场变化，积极鼓励和扶持创汇农业的发展，农产品出口呈现良好态势，出口创汇额逐年增长，出口商品结构不断优化，出口市场进一步扩大，并形成了一批出口创汇的龙头企业。与此相比，通州区农产品出口创汇则相当有限，不仅品种少、档次低，而且缺乏龙头产品，市场竞争力和创汇能力非常弱。1999年全区的农产品出口创汇额为1289.4万元，在京郊农副产品实现出口创汇总额（19.34亿元）中仅占5.5%，出口企业也仅有20余家，与北京市其他远郊区县，尤其是延庆、密云、平谷、顺义相比有较大差距。在延庆，有本地特色的菜瓜类生产及加工型出口企业就有70多家；在平谷，以大桃产销协会为代表的果品及加工品生产出口型企业也有40多家。这些集生产、加工、销售为一体的出口创汇龙头企业不仅为本地带来了巨大的经济效益，增加了农民的收入，同时也为农村经济结构调整提供了契机，促进了本地经济步入良性循环。而通州区恰恰缺乏这样的龙头企业，现有的农业生产和农副产品加工状况，面对入世所带来的机遇和更广大的市场缺乏有竞争力的产品和企业。

三、关于通州农业今后发展的几点思考和建议

加入世贸组织对广大消费者来说是利多弊少，但在短期内对各行各业的冲击是不可避免的，尤其对于中国这样一个农业大国，对许多以种植业为主要生计的农民的收入和就业的影响更是弊大于利。农作物生产将相对萎缩，农产品进口增加、农业就业减少，部分现有的农业劳动力以及社会新增的劳动力必须转移到非农业部门就业。可以说，加入世贸组织为农业发展带来的是机遇，更是挑战，要把这种挑战变为机遇，减少它对农业在短期内造成的冲击，需要各级政府在农业发展对策上作好充分准备。通州区作为北京市的农业大区，作为北京的卫星城，作为首都经济圈的组成部分，面对加入世贸组织，更应及时进行应对和调整，保证农民增产增收，加快致富步伐，才能真正促进通州社会经济的全面进步和发展。

1. *转变思想，加强宣传，提高农民综合素质*。农民是农业生产和经营的主体，实现农业现代化的前提是要使农民具有现代意识、掌握现代科技，如果在21世纪知识经济的时代，我们的农民还保留着传统农业的思想观念和种植方式，那么发展现代农业就无从谈起。面对入世，我们首先要做的应该是加强对农民的宣传，转变其思想观念，要让农民树立起市场竞争意识，积极学习市场规则，了解市场规律和发展趋势，积极主动地面对市场及它所带来的机遇和挑战。作为政府部门，还要为农民作好信息服务，因为在未来的经济发展中，信息引导既是市场经济条件下政府宏观调控的重要手段，也是微观主体进行生产经营活动的重要依据。各乡镇政府要充分利用电台、电视台、报刊、墙报等传播方式，及时向农民传递生产、技术、价格和市场供求等信息；利用专业培训、集中学习等方式加强对农民进行先进、实用的生产技术的培训，从而尽快提高农民的整体、综合素质，提高对千变万化的市场的应对能力。

2. *大力发展农民经济合作组织*。欧洲一些国家、我国的近邻日本、韩国很少有农民从事个体的农产品贩运活动，大部分都参加了各种不同的合作社。应当说，大力发展农民经济合作组织，是提高农民组织化程度，解决农户分散经营与统一大市场矛盾，提高通州区农村经济的市场竞争力，加快农业和农村现代化进程的有效途径。但我区农业合作经济组织尚处于发展阶段，还存在一些问题，如规模不大，带动能力不强；不够规范，基本停留在自发运行阶段；以农产品加工销售企业为基础组建的农民专业合作经济组织数量还不多等。为此，今后通州区一是要充分认识农民专业合作经济组织在农业社会化服务和农业产业化经营中的重要作用，把促进农民专业合作经济组织发展作为一项重要工作，使它发展成为农户与市场联结的重要桥梁和纽带，更好地为农民提供多种形式的服务。二是坚持因地制宜、形式多样、群众自愿、互惠互利、自我服务的原则，紧紧围绕“龙头”企业，把发展新型合作经济组织与农业产业化经营结合起来，组建规模大且带动力强的专业合作经济组织；着重培养一批“懂技术、善经营、会管理”的农业合作经济组织带头人，鼓励区、乡农业部门科技人员牵头、鼓励乡镇村队能人牵头和下大力量引进本市或外埠的企业家牵头兴办专业合作组织；具体指导和帮助农民专业合作经济组织建立良好的运行机制，实行规范化管理；协调帮助那些规模不大、带户偏少的合作组织扩大规模，增强带户能力。三是分层次抓一批组织水平高、运行机制好、科技含量高、经营规模大、带动能力强、农户增收明显的合作组织典型。认真总结实践经验，搞好试点示范，推广做法及经验，引导和带动全区农民专业合作经济组织健康、有序、高效发展。

3. *大力发展高效特色农业*。21世纪的农业将不再是以资源为基础的农业，而是以科技为基础的农业。加入世贸组织后，国内小麦和玉米受到的负面影响可能最大，但小杂粮以及劳动或资本密集型的产品，如肉类、水产品、蔬菜、水果等则具有比较优势。根据资料统计，我国的猪、牛、羊肉的价格分别比国际市场低57%、84%、54%，出口潜力很大。通州区在这些具有比较优势的农产品生产方面都具有较好的基础，在今后的农业发展中，应依据这些比较优

势，根据本地农业资源的特点和农产品市场的变化，要在巩固提高传统产业的基础上，突出发展高效特色农业，不断优化、调整农产品品种和品质结构，提高产品质量。首先应以市场为导向，选准特色产业。通过积极组织人员进行市场需求调查和邀请专家论证等方式，立足通州区的优势，优化种植业结构。当前应积极发展牧草、蔬菜、中草药材、苗木花卉养殖及市场行情看好的特色农产品，形成区域基地化生产，逐步发展为外向型产业。其次是抓好特色乡镇、村和农业高效园区建设，培育特色产业。把工作重点放在抓示范园，抓重点乡镇，抓重点村，抓典型户上，实现以点带面。目前，通州区具有专业乡镇雏型的有宋庄、胡各庄的蔬菜，徐辛庄的苗木花卉，张家湾的葡萄，郎府的大葱，台湖的稻田养蟹。通州区已有梨园华世源农业科技开发有限公司、琪景药材高效种植园、通州新世纪农场等高效农业示范园。要继续加强特色乡镇、高效园区建设，充分发挥其在引进名优农作物品种、普及推广先进适用技术的示范作用，提高土地收益，增加农民收入。与此同时，要加强流通体系建设，壮大特色产业。一方面大力组织农民闯市场、搞推销，确保特色农产品畅销无阻。另一方面加快建立农副产品配送中心基地建设，加大宣传力度，吸引更多的客商前来采购。

4. 大力发展农产品深加工龙头企业，提高农产品竞争力和出口创汇能力。龙头企业担负着开拓市场，技术创新，引导和组织基地生产与农户经营的重任，是推进农业和农村经济结构调整的重要力量。近年来，通州区制定了一系列支持奖励农产品加工企业的政策，发展龙头企业取得了一定成效。但农副产品加工仍相对不足，农业产业链条不长，农产品多层次增值不够，农业的整体效率还不高，龙头企业在规模、效益、数量和竞争能力上与近郊及部分远郊区县相比，与农业结构战略性调整的要求和广大农民的盼望相比，还有很大差距。全区各级领导干部首先应以区域化生产布局为原则，以企业化经营为目标，以提高农产品市场占有率、富裕农民为最终目的，真正把发展农业产业化龙头企业作为推进农业结构调整的战略性措施抓紧抓实。其次，要加大招商引资力度，紧紧围绕通州区确定的五大主导产业，重点吸引和鼓励以农产品为原料的、具有市场开拓能力、能进行农产品深度加工、为农民提供优良服务和带动农户发展商品生产的“龙头企业”。全力为龙头企业搞好信息、技术、资金等方面的服务，支持龙头企业建设农产品生产、加工和出口基地，引进开发和推广新品种、新技术，增强市场竞争力和对农户的带动力。支持龙头企业在企业制度创新、产业化运作机制、科技进步和外向开拓等方面实现突破，提高龙头企业产品质量和档次。鼓励龙头企业积极开拓国际市场，提高农产品市场竞争力和出口创汇能力。

5. 加快农村的工业化和城镇化建设，促进农村剩余劳动力的转移。目前，我国农村有 30% 的剩余劳动力，农村劳动力的过剩是制约农民增收致富的重要原因之一。加入 WTO 后，由于农业生产将进一步萎缩，剩余劳动力如果不及时转移，它给农业现代化建设以及农民增收致富将带来更严重的负面影响。通州区对于这一问题的解决，就现阶段来说，应该在加快农业和农村经济结构调整的同时，尽快进行城乡人口结构、农村劳动力就业结构的调整。具体途径就是大力发展非农产业，加快小城镇建设，转移农村人口，转移农村劳动力。通过大力发展农产品加工业、运销业，把有一定专长的农民从纯粹的生产领域带入到加工、流通领域，从而使生产、流通两相宜，构筑合理的劳动力结构。通过发展农产品加工业、流通业以及其他二、三产业拉动小城镇建设，由二、三产业和小城镇的发展，又带动农村人口向小城镇转移，从而减缓由于地少人多、生产经营规模难以扩大所带来的农业生产竞争力弱的局面，为农民增收致富提供更大的空间，为农业和农村加快现代化建设创造条件。

通过这次调研，我们认为，要适应入世后所带来的贸易自由化，加快农业现代化进程，大力调整农业结构是当前农业发展的关键。农业结构调整归根结底就是要由传统的粮食观念向现代食物观念转变；由传统的种、养业二元结构向粮、经、饲三元结构转变；由传统的农产品粗加工向现代食品制造业转变；由注重物质投入的资源型产业向更重视智力投入的知识型产业转变。在农业的经营管理方面，则是由传统粗放向现代集约的经营方式转变；由分散经营向贸工农一体化的产业化经营转变；由部门分割、行业垄断的低效农业向宏观调控市场、市场配置资源的现代化高效农业转变等。我们只有充分认识农业结构调整的本质，并在实际运作中因地制宜，加大力度，才能尽快改变我区农业发展中的一些不利因素，发挥优势，创出佳绩，从而加快农民致富步伐，保证农村社会的稳定和经济的健康发展。

大兴要在“大”字上做文章

——对大兴县整体发展的一些思考

大兴县委书记　牛有成

大兴县将要撤县设区，这给大兴经济、社会发展带来新的契机。如何抓住新机遇，发展新大兴，在实践中我们体会到：只有抓住“大”，才能实现“兴”。大兴只有在“大”字上做文章才能“兴”。

大兴，自秦置县，定名于金，八百载国都京畿，史称“天下首邑”。目前，全县面积1 030平方千米，人口67.2万，行政区划14个镇526个村。大兴，地处北京城南，一马平川，具有良好的区位优势和广阔的发展空间。县政府所在地黄村卫星城距北京南三环仅13公里，是1984年国务院批准建设的首都第一个重点发展的卫星城。大兴东部亦庄，是国务院批准建设的又一个首都卫星城。大兴，是首都北京的“京南门户”，背依京城，面向渤海，辐射中原。伴随着现代交通、通讯体系的建立，大兴同北京城更加紧密地连成一体，加之良好的投资环境，丰富的自然资源，使大兴成为首都21世纪理想的发展空间。

经过历届县委、县政府领导和广大干部群众的共同努力，大兴经济社会有了长足发展。但是，迈进新世纪的大兴，如何加快“大兴”呢？我们不断解放思想，在广泛调查研究加以可行性分析的基础上，提出了“科教兴县、城镇带动、产业互促、协调发展”的战略和原则，努力谋求新“大兴”。

所谓科教兴县，即要进一步加大科技、教育工作力度，把教育作为基础，把科技创新作为经济、社会发展的根本动力，大力推进信息化，带动工业化。积极与首都大专院校、科研院所建立紧密型科学技术合作关系，吸引大批高层次、高素质人才来大兴。在农业上，大力发展优质高效农业、生态农业和观光农业等，引导农民科学种田，帮助农民依靠科学致富。在工业上，引进高层次、高素质人才，兴办高新技术企业和民营企业，开发生产科技含量高、市场前景好的名特优新产品，增强市场的竞争力和占有率。在文化教育上，改善办学条件，引进北京四中、北京实验二小等名牌学校及高级教师来大兴联合办学，使大兴教育事业蓬勃发展。

所谓城镇带动，即运用市场机制，经营黄村卫星城这一巨大的有形资产和无形资产，调动社会力量，完善城市功能，推动大兴经济、社会发展。特别是随着北京城南经济发展和住宅郊区化进程的加快，黄村卫星城将成为北京独具特色的新兴城市。它不仅起着为北京市区疏散人口的作用，而且在带动小城镇发展、调整产业结构布局、加快全区经济发展上起着“龙头”作用。

所谓产业互促、协调发展，即借助大兴一产已经形成的绿甜优势，加快向二、三产业延伸，使三次产业之间相互促进、共同发展，从而实现大兴经济、社会、环境、科技四位一体的可持续发展目标。

为了加快“科教兴县、城镇带动、产业互促、协调发展”这一战略原则的实施，我们根据大兴县情，打开眼界，扩展视野，以“大背景定位、大范围组合、大市场运作、大财政筹资”的方式，利用市场机制运作，以大求新。

一、大背景定位

科学、准确定位是一个地区发展的前提，如何给大兴定位，影响和决定着全县经济发展的方向。准确定位将会增强地区组合生产要素的针对性，提高招商引资的成功率，加快地区经济、社会发展的速度，从而达到事半功倍的效果。否则，忽视定位，盲目发展，就会事倍功半，使我们的事业遭受磨难和损失。为此，我们围绕黄村卫星城的功能、作用是什么，黄村卫星城是谁的卫星城等一系列问题展开讨论。讨论中大家认识到：黄村卫星城是首都这个国际化大都市的卫星城。既然是“卫星”，就要按照卫星的轨迹运行，按照它的定位去发展。而它的功能定位，应具备北京卫星城的特点。于是，我们跳出大兴看大兴，从全市乃至全国的不同角度认清大兴所处的位置。首先，我们不是全国的1/2000，而是北京国际化大都市的卫星城。它也是拉动全县经济、社会和城镇发展的“龙头”。要把黄村卫星城建设好，就必须考虑到北京发展向城南扩充的趋势，瞄准北京这个“母城”的发展态势来发展大兴这个“子城”。只有在这个大背景下，选好自己的位置，才能进一步科学有序地优化城市功能分区，解决分散建设、片面追求容积率等问题，从而营造良好的居住环境和高质量、高品位的服务。在紧紧地服务于“母城”之中，求得自己的大发展。其次，在区位比较优势中认清大兴的发展潜力。京开高速公路、北京公路二环（大兴段）相继动工建设，这两条交通“大动脉”将进一步沟通北京“母城”与大兴“子城”的血脉。一条高速路就是一条隆起的经济带，它们对大兴的经济发展具有巨大的拉动作用。再次，从全县当前三次产业结构的比例看，今后5～10年，大兴经济将步入发展的“快车道”。在这样一个大背景下定位，我们看到了自身的潜力、优势和不足，看到了今后的发展希望与奋斗目标。从而以国际化大都市的卫星城来看待和建设大兴，以全新的姿态融入首都发展的大格局。

二、大范围组合

大兴，大家都来就兴。大兴经济要大发展，光靠自身的力量是远远不够的，还必须请外人来，即要与国内外先进的生产要素有机地组合起来，让更多的人才、技术、资金、项目、信息等到大兴来进行“远亲”结合，实现合作者之间优势互补。这样，才能使大兴经济快速发展，才能使现有的资源保值和增值。为此，我们积极倡导合作共事中的“双赢”的思想，提倡打破封闭意识，打破行业、地区和所有制的界限，进行资源优化配置。同时，制定了一系列面向北京乃至全国“招贤纳士”的优惠政策，真心诚意地欢迎有识之士到大兴来干大事业。最近，经北京市政府批准，我们又在北京经济技术开发区建立了大兴协作配套区，主动借助国家级开发区的优势，来加快大兴的发展。另外，像西红门、黄村、庞各庄、榆垡、采育、青云店等沿京开高速公路、京津塘高速公路、104国道两侧的各镇，也紧抓发展机遇，在招商引资、发展高新技术企业、开发旅游资源等方面，进行大范围组合。这一切，吸引了一大批高素质的人才、高科技项目来大兴安营扎寨，使大兴呈现出人气旺、事业兴的新气象。

三、大市场运作

大兴，把事业作大就兴，小打小闹不能大兴。这是市场经济规律所决定的，不以人的意志为转移。因此，我们必须主动探索市场规律，注意运用市场机制择优组合生产要素，以期把我们的工作做好，把我们的事业做大。过去，大兴一年一度的西瓜节都是由政府主办，政府既当“东家”又得“打工”，钱不少花，累不少受，还觉得搞不出什么新花样。从1999年第十二届北京大兴西瓜节开始，我们跳出了老框框，在坚持“以瓜为媒、广交朋友、宣传大兴、发展经济”这一指导思想的前提下，提出了“运用市场机制、经营无形资产；调动社会资源、铸造瓜节品牌；展示产业成果、捕捉发展商机”等新的经营理念。在办节方法上，试行了瓜节项目面向社会公开招标的办法，把西瓜节推向了市场。结果，北京兴涛房地产开发公司的领导果断决策，一下拿出200万元抢走了第十二届西瓜节的承办权。兴涛房地产开发公司精心策划，并聘请“高人”给予指点，使这届西瓜节活动内容推陈出新，第一次走出大兴，办到了北京城里的全国农业展览馆，不仅大大增加了西瓜节品牌效应，也收到了良好的经济效益和社会效益。2000年，我们进一步完善市场运作机制，西瓜节承办单位由1家发展到7家，出钱办节的人多了，西瓜节的热点也多了，瓜乡文化展、庞各庄精品西瓜展卖、微缩西瓜园、中华民间绝技大赛等搬进京城举办，产生了轰动效应。西瓜节在大市场运作中不断增添活力，常办常新，取得了让全国了解大兴，让大兴走向世界的效果。

四、大财政筹资

大兴要大兴，没有足够的建设资金不行。而要筹集大量资金，必须树立大财政思想，发挥大杠杆作用，积极探索大市场运作下的资本运营之路。首先是把“死钱”变成活钱。2000年，大兴与北京建行大兴支行建立了银政、银企合作新机制，按照现代企业制度组建了国有北京兴创投资有限公司，由兴创公司根据政府授权经营所持国有资产，经营运行政府投入的基础设施建设资本金，对所投资项目行使重大决策、产权收益和选择经营者的权利，并对所安排项目承担投资、建设和偿还债务的责任。通过资本运营，对政府授权经营的国有资产进行调整、重组、盘活等，实现国有资产的保值和增值。同时，把大兴自来水公司和兴达兴建材服务中心两家共达2亿元的固定资产进行评估后在建行作抵押，由建行每年向大兴提供3亿元贷款，用于城市基础设施建设，从而使大兴城市基础设施建设有了有力的资金保证。第二是把小钱变成大钱。2000年，大兴经济迅速发展，财税总额达8亿元，比上一年净增2.8亿元。但是，如果和北京2000年底10 000亿元存款比，它是微不足道的。光靠它进行大规模的建设还远远不够，能不能把小钱变成大钱，成为我们思考和解决的一个课题。2001年，县财政将专门拿出3 000万元作为贷款保证金，一次性存入北京市农村信用联社大兴分社，与该社签定每年向大兴提供3亿元贷款用于扶持农业发展项目的银政、银农合作协议。按照这一协议，通过大财政筹资，拓宽融资渠道，为政府减轻财政上的压力，加快各项事业的发展。

大兴只有在“大”字上作文章才能兴，经过实践，它已得到初步验证。今日大兴，是历届县委、县政府和广大干部群众共同创造的大兴。撤县设区，把大兴推向了历史上又一个新的起点。作为大兴区新一届领导集体，我们要以发展为主题，以结构调整为主线，以改革开放和科技创新为动力，以提高群众生活水平为出发点，团结带领广大干部群众不断开拓进取，努力建设文明富强的新大兴。

农村思想政治工作的出路在于创新

平谷县委书记　刘宝善

建国50年来，我们党总结出了一整套科学的农村思想政治工作方法，对农村经济、社会的发展起到了巨大的推动作用。但随着社会主义市场经济的不断发展和农村发生的巨大变化，传统的思想政治工作方法，有些已经很难适应新形势的发展要求，无论是在思路、方法和手段上都需要不断进行创新。近年来，平谷县委通过认真的探索与实践，深刻体会到：只有创新，才是开创农村思想政治工作新局面的根本出路所在。

一、勇于创新，寻求更多的农村思想政治工作新途径

做好新时期的思想政治工作，必须要有新思路、新方法，要在创新上下功夫。只有创新到位，才能不

断开辟新的工作思路，才能不断适应迅速变化着的社会与人民群众的思想要求；只有新，才能使广大人民群众乐于参与，乐于接受。在实际工作中，我们提倡创新的精神，包括思路创新和方法创新等全方位的创新。这就要求我们广大农村工作者，在工作中必须解放思想，实事求是，创造性的开展工作，对过去的好办法，好的传统要坚持。如加快山区有线电视建设、利用现代化通信传媒手段进行宣传教育、“六、五、四”党建创建活动等。不适应的方面要积极探索，使思想政治工作的方式、方法、手段和机制，都有一个新的面貌，新的提高。当前在领导干部中进行的“三讲”教育和“三讲”教育“回头”看活动，以及“致富明方向，十五再发展”主题教育活动等，都是很好的思想教育方式，是思想政治工作的新创造。

二、注重实效，找到一个好的农村思想政治工作载体

做好农村思想政治工作，一个前提必须明确，那就是要服从和服务于经济建设这个中心。在讲求“投入产出”的基础上，最大限度的获取经济和社会综合效益。在实现形式上，努力创建符合农村、农民生产、生活实际的载体。如我县马坊镇搞的“文化大院”，不失为一种成功的实践。近两年，他们投入100多万元，在7个村中建起了高标准的“文化大院”。以此为载体，对广大农民进行“讲形势、讲发展、讲科技、讲法制、讲计划生育”的“五讲”教育。不仅使全镇的百姓了解了本村的经济发展形势和主要发展目标，了解了很多法制、法规知识，而且学到了许多非常实用的农业科技知识。此举不仅使李蔡街、蒋里庄等村很快成为市、县精神文明建设先进村，更使很多农民积极投身到农业结构调整中去，依靠学到的科技知识，走上了富裕路，效果非常明显。如东店村农民李文生利用在市民学校学到的知识，在温室内种植蟠桃，亩效益由去年的1.5万元猛增到4.2万元。在文明科技大院建设中，马坊镇投入的是100万元，而产生的经济和社会效益却是巨大的。

三、未雨绸缪，疏通思想政治工作的主渠道

思想政治工作，上级布置的要做好，上级没有布置的而在实际工作中需要做的，也要及时主动做好。要切实了解群众的利益和要求，掌握群众情绪，关心群众疾苦，倾听群众呼声，特别是实施重大改革措施时，要预见到可能出现的问题和矛盾，及早采取相应的措施，进行深入的宣传和细致的思想工作，取得群众的理解和支持。凡事预则立，不预则废。如平谷县化工总厂和水泥二厂两家县内的国有大型企业，拟采取净资产出售的形式进行改制。开始很多领导干部、群众都有疑义，社会上也是议论纷纷，但经过有关部门多次召开不同层次人士参加的座谈会，认真倾听离退休老干部、企业全体干部职工的意见，并进行耐心深入的解释说明工作，原来反对的，现在同意了；原来想不通的，现在想通了。同样，在农村土地承包期延长的问题上，开始有部分农民有抵触情绪。我们首先组织农村基层干部和党员骨干学习中央和市委的有关文件，使他们思想通，情况明，积极参与。并通过他们广泛做群众的解释、引导工作，从而有效的化解了群众的疑虑，使平谷县的土地延包工作走在了全市的前列。正是由于有了这种通畅有形的思想政治工作渠道，才使得看上去较难的问题得到了顺利解决。

四、切实增强针对性，找准农村思想政治工作的最佳切入点

主要是有地放矢，对症下药。不能一提思想政治工作就大轰大嗡，空洞说教，泛泛而言，要突出研究回答现实生活中提出的、干部群众关心的各种实际问题。当前农村群众关心的是什么？主要是如何尽快致富的问题。平谷县和平街村和黑豆峪村党支部，针对广大农民缺信息、缺技术等问题，为每户村民订阅了一份《京郊日报》，不仅使广大农民直接从报上及时获取了很多有价值的信息，而且也了解了中央及市的一些有关富民政策，及对广大农民的热切关心。大华山、镇罗营等众多乡镇广泛开展的“致富百颗星报告”活动，不仅以群众身边的典型讲述老百姓自己的致富经验，使广大群众喜闻乐见，学到了真经。而且，极大的激发了干部群众的致富热情，纷纷效仿他们的做法，使一大批农民都走上了富裕的道路。广大群众纷纷称道这是最好的思想政治工作。是对群众进行“致富思源，富而思进”教育的有效途径之一。

五、紧密依靠群众，形成农村思想政治工作的广泛支点

从平谷县多年的农村思想政治工作实践看，“一手软、一手硬”的问题依然没有得到很好的克服。在个别领导干部，尤其是一些乡镇、村的主要领导干部中，还存在着只要经济搞上去了，什么都好说的片面认识，“一荣遮百丑”想法的人大有人在。还有些部门认为思想政治工作是宣传部门、组织部门的事，有政工副书记、宣传委员、组织委员去干就可以了。这些认识是不符合中央要求的，是非常错误的。毋庸置疑，做好思想政治工作是全党的一件大事，不是哪些部门，哪些个人的事，每个党员干部都负有不可推卸的责任，关键在一把手。各乡镇、村的一把手对思想政治工作要负总责，为思想政治工作提供强有力的领导保证。同时，农村思想政治工作的开展还必须要紧密依靠群众。群众既是思想政治工作的对象，也是思想政治工作依靠的力量。只有认真依靠群众，发动群众，才能保证思想政治工作的完全性、彻底性。离开了人民群众，我们的思想政治工作就成了无源之水、无本之木，我们的思想政治工作就将一事无成。

冷静分析形势，抓住主要矛盾，推动怀柔经济稳步发展

怀柔县委书记　雷德才

近几年来，怀柔县国民经济保持了适度快速增长，人民生活水平稳步提高。1999年底，全县实现国内生产总值34亿元，比1995年增长49%，年均递增10.6%；工农业总产值94.4亿元，比1995年增长57%，年均递增12%；财政收入完成6.4亿元，比1995年增长201%，年均递增31.8%。先后被列为国家级生态环境治理示范区、国家级可持续发展试验区。进入2000年，全县经济依然保持了良好的发展势头。上半年共实现国内生产总值18.3亿元，同比增长9.3%；财政收入完成3亿元，比上年同期增长54.2%（按新财政体制口径计算）。但我们在肯定成绩的同时，也必须看到，全县经济发展也面临着不少矛盾，这些矛盾如果不能尽快妥善解决，势必会影响到怀柔经济的持续增长。

一、经济发展中面临的主要矛盾

目前，影响经济持续增长的因素较多，比如企业整体管理水平较低、科技创新能力不足、下岗职工再就业及农村富余人员就业压力较大等等。但是在怀柔经济由粗放型向集约型转轨的过程中，有必要全面冷静地分析经济发展面临的主要问题，我们认为，影响怀柔经济持续增长主要存在两大矛盾：

1. 经济总量不足。从纵向上看，怀柔经济经过十几年的发展，积累了一定实力。但与毗临的顺义区以及顺德、昆山等南方经济较发达地区横向对比，还有不小差距。从总量上讲，1999年顺义区、顺德市、昆山市的GDP总量分别为怀柔县的2.3倍、8.5倍和5倍。按人均GDP计算，顺义区、顺德市、昆山市人均GDP占有量为怀柔县的1.1、2.1和2.3倍。

从近几年发展历程来看，健力宝、红牛、太平洋制罐、福田汽车等一批规模较大企业落户对怀柔经济发展起到了不小的推动作用，至今这些企业仍然是经济增长的重要支柱。由此可见，怀柔经济的持续、快速增长在一定程度上是依靠外来力量的推动。随着各地区竞相推出优厚条件和优惠政策，今后靠优惠政策招商优势弱化，招商引资的难度将越来越大。因此，在不断提高经济外向度的同时，通过自身积累完善基础设施，创造优良投资环境，提升管理水平就显得越来越重要。但是，由于经济总量不足，靠自身积累进行必要的再投入，进一步优化经济发展环境就显得力不从心。

2. 经济结构不合理。

(1) 产业及产品结构不尽合理。从三次产业构成看，1999年第一产业占11.1%，第二产业占54.6%，第三产业占34.3%，第一产业占有比重仍较大，而第三产业所占比重还不够大。尽管怀柔县近几年农业结构在不断调整，但调整步伐较慢，粮经比例不合理，粮食播种面积1995年以来平均每年仅降低2.6和1.2个百分点。调减粮食种植面积，进行土地资源的深度开发利用仍有较大空间。

第二产业中具有支柱性质的行业较少，目前除食品饮料业和与之配套的包装业及以农用汽车为主的机械制造业外，其他行业一般规模偏小，实力薄弱。大多数产品存在“三低”，即技术含量低、附加值低和质量性能低，难以承受市场冲击。

第三产业中传统商饮服务业近年出现持续徘徊局面。作为龙头行业的旅游业虽增速较快，但在整个国民经济中所占比重太低，1999年旅游业综合收入增幅17.1%，绝对值3.5亿元，增加值0.9亿元，仅占全县GDP的2.6%。整体看旅游项目规模偏小，旅游资源和旅游产品有待进一步开发。作为又一重要增长点的房地产业近几年虽然发展势头强劲，但尚未形成气候。1999年实现增加值1.17亿元，仅占全县GDP的3.4%。

(2) 投资结构不合理。1995年以来全县各项投资持续增长，但是生产性投资增速呈下降趋势，在固定资产投资总额中生产性投资所占比重一直低于50%，1999年仅为24%。经济发展后劲明显不足。

(3) 所有制结构不尽合理。现有企业中，国有、集体经济依然占据很大比例，1999年底工业企业中国有、集体独资企业499个，占总数的67.3%。国有、集体企业机制不活，历史包袱沉重，一遇风波，就会转嫁给县财政。1999年以来，为安置困难企业职工，县财政支出近3 000万元。党的十五大提出以公有制为主体，多种经济形式共同发展，中央和地方相继出台了一系列鼓励、扶持个体、私营经济发展政策，近年全县非公经济得到了迅速发展，上半年新发展个体、私营企业1 085个。上半年，非公经济实现增加值4.45亿元，占国内生产总值的24.31%，所占比例仍然相对偏低。从总量及结构两方面来看，非公经济及混合所有制经济还有相当大的发展余地。

(4) 城乡经济结构不合理。1999年全县农民人均纯收入3 807元，仅相当于1994年的城镇居民人均可支配收入(不考虑物价指数)。特别是近几年农民人均纯收入增速放缓，增幅连续5年呈下降态势。1997年以来城镇居民人均可支配收入增幅连续3年超过农民人均纯收入的增幅，平均每年高出4个百分点。这表

明城乡居民收入结构不平衡，城乡差距进一步拉大。

二、实现经济持续增长的主要对策

1. *解放思想，进一步理清发展思路*。怀柔在“八五”、“九五”两个五年计划实施过程中奠定了良好的发展基础，但经济发展的两大深层次矛盾也在不断显露。在迈入第十个五年计划的关键转折时期，必须理智理性地分析经济发展的主要问题，认真研究阻碍生产力向更高水平发展的主要矛盾，进一步解放思想，制定清晰的发展思路。

怀柔发展思路的确定，关键在于如何辨证统一地看待区域经济的发展进程。一方面从联系的观点出发，必须考虑到政策的稳定性和连续性。《“九五”计划和2010年远景目标纲要》中资源开发和经济发展战略导向中的积极因素，特别是优化经济结构、加强城镇建设和建设旅游休闲度假中心等符合现阶段经济发展特点的必须坚持。另一方面还要具备全面发展的观点。根据经济形势的不断发展，生产要素的不断变化，必须立足于县域实际，将怀柔放到首都经济乃至全国经济的宏观背景中考虑。“十五”计划讨论稿中我们提出了把怀柔建成“首都绿色屏障、高效环保产业集和旅游休闲胜地”的功能定位，就是试图在经济发展中更好地体现和落实全面的发展观。首都绿色屏障是从怀柔的地理位置角度讲的，农业发展和结构调整工作必须始终着眼于北京地区的大环境建设；从资源类型和产业基础上看，突出的特点就是建设以高效环保型产业为主导的高层次的产业集，即资源优化配置、三次产业互动发展的集合；从首都经济和全国经济的大范畴看，旅游休闲胜地的建设是假日经济的必然需求。这个功能定位实质上是从怀柔自身地理位置、资源类型和首都、国内市场需求形势的不同要求上提出来的，既充分发掘了怀柔的比较优势，又贯穿了发展生态型经济这一主线，三者相互联系，相互补充，成为经济发展战略和目标的有机整体。

统筹考虑各方面因素，适时调整并明确经济发展思路，才能真正在更进一步解放思想方面迈出实质性步伐，才有可能站得更高一些，看得更远一些，才有可能为结构调整上的进与退、经济布局上的增与减、管理权限的放与收、政策体系的松与紧等经济管理的具体问题提供有力的依据和导向。

2. *树立以开放促发展的观念，在招商引资上寻求更大突破*。经济总量不足、自身积累有限是追赶型经济的典型特点。但从另一方面讲，由于自身经济总量小，只要有选择地注入优质、高效的增量，经济结构的调整、转型也会更快。因此，在重视自我积累的同时，充分吸引、利用外来资金壮大县域经济，打好招商引资的“持久战”，是一个重要战略。

在招商引资上，我们必须树立以开放促发展的意识，树立全方位的开放观念，既要对外开放，又要对内开放。怀柔山区广大，土地资源有限，自“八五”末期创造性地提出“放虎下山”，山区工业山下办以来，山区乡镇在平原地带划定工业区集中发展乡镇企业，为加快招商引资，实现增量带动开创了良好局面。但由于初期工业区按行政区划划定，近年逐渐显露出功能单一、相对封闭、利益分割的“孤岛效应”，妨害了经济开发区的统筹规划及协调发展。而管理体系上因为现行体制因素，前置性审批过多，职能部门协调不力，又导致了管理效率较低、服务质量较差的弊端。

落实全方位的开放，进行全民的招商引资，首先要抓住主线，把住重心，以“三区”建设为重点，即以雁栖工业开发区、杨宋、北房经济开发区为载体，统一规划，设定标准，构建一个开放的、功能互补的具备有机联系的经济开发区体系。新上招商项目，要按照企业规模、产业性质，结合开发区的功能进行统盘考虑，合理选址，规范入区，务求定向发展、功能齐备、科学布局。解决好不同归口行政区域、部门的利益分配问题，务求管理有序、分配合理。总之，要彻底打破生产要素按市场需求自由流动的障碍。

其次，要在充分发挥各乡镇、职能部门招商引资积极性的同时，建立起综合招商协调、服务机构。可先由目前的投资服务中心将这一块工作统进来，使招商引资工作能够做到统一、协调与长久。招商引资的方向要符合环保产业基地的功能定位，充分利用北京市高新技术聚集地的优势，有倾向性地侧重引进名牌企业、名牌产品及高新技术企业，通过引进改造传统行业结构和产品结构，形成新的优势骨干行业群。

引导投资者的再投入实质上也是一种招商引资。在注重引进的同时，更要做好引进后的服务工作。在周边区县政策环境趋同的形势下，今后在招商引资工作中，基础设施及政策优势将会相对弱化，这就要求我们在注重引进的同时更应注重后期服务工作，真正做到招得来、留得住、长得大。有必要探索服务投资者和企业发展的新机制，而不是将眼光仅仅限于手续快办、服务热情上，要从管理体制、政策体系的角度，认真研究如何使企业和投资者有问快复、有难快解、有钱快赚。

3. *建立并完善进入、退出机制，促进国有、集体和非公经济同步发展*。2000年初县里出台了国有、县属集体企业改革和发展有关意见，根据县域经济实际，提出：“实现国有资本从绝大多数不具优势的竞争性领域内逐步退出，以退为进，将国有资本优化配置到关键领域和优势主导产业。支持个体私营、外资等多种经济成分参与国有、县属集体企业的产权转让。”进行所有制结构的战略性调整，其中关键的环节是建立一个良性的退出、进入机制。

国有、县属集体企业退出机制中，核心问题一个是行政管理体制上的退出障碍，另一个是人员的退出障碍。从行政管理体制上，着手逐步取消企业（主要是二级公司）的行政级别，分离企业的社会职能和行政职能，让企业按市场需求自主经营、自我管理，建立现代企业制度。消除国有集体企业人员退出的障碍，要在实现国有集体企业职工身份的置换上有所突破，一方面在企业转制中放宽限制，努力开辟多种筹资渠道，实现国有职工身份的置换，鼓励职工进入劳动力市场；另一方面加强制度建设，弥补资金缺口，加快建立社会保障体系。

今后经济总量的增加很大程度靠非国有经济的发展。非公经济最大化是我们近年提出的县域经济的重要发展目标，在这个导向下非公经济有了长足进展。但无论是从比重和总量上来看，非公经济的发展还缺乏一个大的气魄、大的突破。目前怀柔非公经济的自身发育程度较低，仍停留在以资金等物质要素而非知识和经营能力为重点的初级阶段，组织形态单一，不具备以网络形态组织生产要素的能力，从这一点来说，我们与南方发达城镇是不可比的。但从另一方面思考，我们有一些极其宝贵的社会资源，就是国有、集体企业积淀的生产要素（资金、厂房、场地、技术等等）。如果取之得法，用之得当，就会为非公经济提供一个难得的发展机遇。怎样利用好这些生产要素，最大限度地扶助非公经济的发展，建立一个完善的非公经济进入机制，既涉及当前国有集体企业改革的形式、途径，又决定未来非公经济（或非国有经济）的发展方向。

加快建立非公经济的进入机制，一是加快产权制度改革步伐，对于规模较小的国有、集体企业，不管目前是否盈利，都应根据实际情况进行产权出售、兼并、带资解体或实施破产，力争在产权上有所触动；对于规模较大的企业，通过存量折股、增量招股、扩股募股及产权售让等形式，进行股份制、股份合作制改造，国有、集体资本完全撤出或仅保留少量股份，不在企业中占支配地位。在此基础上，积极探索并逐渐推广职工持股的有效形式，力争在2～3年内，使国有、县属集体资本逐渐从绝大部分竞争性领域中退出，逐步将现有的国有、县属集体企业改造成混合所有制企业或私营企业。二是放松对非公有制企业的市场准入管制，打破部分行业的行政性垄断，鼓励非公经济进入基础设施、环境卫生、教育及技术服务等公共服务领域，鼓励城乡居民大胆投资兴办实业。充分落实成立个体私营企业贷款担保公司等政策，采取挂牌保护等方式，重点培育一批较大规模的民营企业，形成能有效动员社会力量创业和投资的机制，改善创业环境。

*4. 加快以旅游休闲产业为重点的第三产业发展。*对照旅游休闲胜地的目标定位，必须改变当前资源开发规模小、档次低，景点布局零散、特色不突出的现状，以初具雏形的三个旅游环线为基础，整合旅游资源。在科学布局、整体规划的前提下，实施梯次开发，力求每一环线形成一个鲜明的旅游主题。在运营机制上，以现有的红螺寺、雁栖湖、慕田峪等几家国有、集体重点旅游企业为骨干，组建股份有限公司并力争上市，鼓励小型旅游景点加盟，积极吸引民间资本投入，以达到规模经营效果，避免各景区的重复建设和恶性竞争。此外要进一步加大旅游产品开发力度，加快农业旅游、工业旅游、城镇旅游、民俗旅游等特色产品开发，形成旅游业为龙头、各产业联动、相互促进的格局，提高综合经济效益。

随着房改措施的启动和住房信贷条件的放宽，近年房地产市场不断升温，房地产业已成为怀柔旅游休闲经济的重要增长点。促进房地产业发展，必须围绕怀柔经济的整体功能定位，深入研究市场需求，区分不同区域，搞好合理规划。在城镇地区，加快县城旧城改造和乡镇政府所在地城镇建设，重点开发一批集中连片、设施齐全、管理规范的康居小区；抓住市区居住中心向郊县扩散和京密高速路建设契机，结合旅游度假区建设，发展一批以山前暖区为主的独立式住宅区、公寓住宅区，吸引高消费群体。同时，加强政府对房地产市场的宏观调控，完善房地产市场服务体系，加快启动商品房二级市场；采取有效措施鼓励房地产开发企业进行强强联合、集团化改造，提高整体竞争实力，不断拓展外埠市场。

*5. 加大农业内部结构调整力度。*农业内部结构的调整，必须以市场为导向，紧紧围绕生态建设这个主题，围绕农民致富主线，努力实现三个转变，即传统型向现代型转变、生产型向经营型转变、数量型向质量型转变；打破三个格局，即打破单一粮食生产格局、打破单一产业格局、打破分散经营的格局，构筑具有鲜明怀柔特色的生态经济。

结构调整中要将建设首都绿色屏障，发展生态经济放在突出位置。一是加强以水利工程和生态环境为重点的基础设施建设，继续实施水土保持工程，加大小流域综合治理力度，有计划地退耕还林，加强旅游观光带“绿色通道”建设，既有益生态建设又巩固了农业基础；二是以市场需求为主，政府引导、扶持为辅，加快推进农业产业化，大力发展龙头企业，积极推行订单农业，以养殖小区为载体，加快发展养殖业，提高农业经济效益；三是建设农业科技推广和社会化服务体系，引导农民一家一户的小生产与大市场对接，扭转农民收入增长缓慢的局面。

*6. 以小城镇建设为纽带，推进农村城镇化进程。*怀柔农村地区的城镇建设，要把发展乡镇企业、培育农村市场和发展小城镇三者有机地结合起来，实现三个创新。一是规划管理的创新。合理制订小城镇发展的产业政策和土地利用规划，小城镇的产业定位既要依据区域比较优势，又要与县域经济发展战略相对接。小城镇的土地利用规划，要与县域总体规划相衔接，要引导乡村工业集中布局，从而促进优势、特色产业发展，实现产业带动。二是户籍制度创新。促进农村人口空间转移，鼓励山区农民到平原落户、小城镇周围地区农民向小城镇聚集落户。对在试点小城镇有固定住所，有稳定生活来源的农村人口，实行“镇民待遇”，允许其在小城镇登记落户，在医疗、教育、就业等方面与城镇人口同等对待。为解决农民后顾之忧，可以考虑在土地承包期内保留其原有土地。对于

有条件的自然村可以整体向小城镇搬迁。三是投资体制的创新，以政府投资为导向，鼓励企业、个人及外商参与基础设施建设、经营及管理，推进土地开发的商品化、市场化，拓宽小城镇建设投资渠道。

新世纪首都水源区发展战略研究

密云县委书记　吉　林

导　言

1. 课题背景。20世纪90年代后期，中共北京市委和市人民政府面向新世纪，提出了大力发展以知识经济为主的首都经济和将北京建设成为现代化国际大都市的战略目标。作为首都郊区的密云县，应该自觉地找准本县在首都经济中的战略地位，同时，根据特殊县情、特殊任务，适应经济全球化和信息化的大趋势，找到一条持续快速健康发展的道路。

为此，1999年初，中共密云县委和密云县人民政府决定：成立以县委书记吉林为组长的课题组并邀请北京市委研究室领导和有关专家为顾问，用一年多的时间，进行新世纪首都水源区发展战略研究，为制定密云县国民经济和社会发展第十个五年计划做准备。

2. 战略地位。水是现代城市命脉之一。首都北京是个严重缺水的特大型城市。密云水库座落在县域中央，是华北地区最大的人工湖。设计库容43.75亿立方米，最大水面188平方千米。80年代初期，由于北京严重的水危机，党中央和国务院作出决定，密云水库停止向天津市和河北省供水，专供北京用水，并且由供生产用水转为供生活用水。密云水库功能的转换，提高了水源和环境保护的标准。《北京市密云水库怀柔水库京密引水渠水源保护管理条例》将密云县北半部划为地表饮用水源保护区。《北京市城市自来水厂地下水源保护管理办法》，将密云县南半部划为北京水源八厂地下饮用水源补给区。正常年景，密云县输京地表水和地下水接近京城用水的60%，密云县全境属于首都饮用水源保护区。即使“南水北调”工程竣工，由于密云水库水质好、位势好、运行费用低等比较优势，也丝毫不会降低密云县作为首都水源区的战略地位。按照饮用水源的标准，保护水源和环境，为首都北京服务，这是密云人民的光荣使命和神圣职责，这一特殊任务将在相当长的时期内主导着密云县的产业结构和发展方向，也会创造出独有的环境优势，实现持续快速健康发展。

3. 新的起点。“九五”时期，在市委和市政府的领导下，密云人民高举邓小平理论伟大旗帜，认真执行党的基本路线、方针和政策，紧紧抓住发展这一主题，解放思想，深化改革，扩大开放，充分利用各种发展机遇，全县国民经济和社会发展取得了重大成果：确立并实施了“发展四大产业、建设三大基地、加快两个开发”和“创三优、抓引进、促重组、带转制、求发展”的总体思路，使长期以来对首都水源区经济发展特殊规律的研究取得了实质性进展；工业在国民经济中的地位日见突出，以高校产业园为主体，以环保节能、生物制药、电子信息、软件开发为主导的县工业开发区初具规模，为在严格保护水源的前提下，突破传统发展模式，迅速增加经济总量，提供了宝贵的实践经验；农业基础地位得到了进一步巩固和加强，生产条件进一步改善，农村生产力水平明显提高；城乡基础设施建设得到加强，环境质量进一步提高；文化、体育、教育、科技、卫生等各项事业全面进步；税收和财政收入大幅度增加，城乡居民的收入水平明显提高。2000年，全县实现国内生产总值35.8亿元，比1995年增长40.9%；人均国内生产总值8 547元，比1995年增长42%；实现税收6.94亿元，按可比口径计算比1995年增长3倍；城镇居民人均可支配收入达到8 000元，农民人均纯收入达到3 706元，分别比1995年增长92.5%和76.2%。

上述成果说明，“九五”时期是密云县为实现保水富民双重目标进行战略抉择并取得重要突破的时期；是抓住主要矛盾，确立战略重点，扭转前期徘徊，国民经济进入新的快速增长的时期；是综合实力进一步提升，经济发展后劲明显增强，各项事业全面进步，人民生活水平整体上由温饱转向初步进入小康的时期。“九五”的发展成果，使密云县在进入新世纪时站在了新一轮快速发展的起点上。

4. 现存问题。在新世纪到来的时候，密云县面临着许多严峻的问题：全县经济总量不足，特别是工业总量小，不能满足全县40多万人民致富的需要；发展不平衡，乡村经济比较薄弱，尤其是库北地区发展缓慢，经济落后；城市化水平低，基础设施投入不足，城镇建设未形成鲜明特色；产业结构、行业结构、产品结构、城乡结构和人口布局与首都水源区的经济性质和功能仍然不相适应，多年保护水源形成的环境优势尚未转化为经济优势；实现全方位引进的设施环境、体制环境、人文环境有待进一步改善；社会就业压力大，人民群众收入水平在总体提高的同时，差距拉大，存在着规模较大的低收入群体。新世纪首都水源区发展战略研究，旨在针对这些现存问题，从战略全局上争取发展的主动权。

一、有利条件与制约因素

1. 历史阶段。21世纪的第一个10年，将是密云县在整体初步进入小康后全面提高小康水平的关键时期；是紧跟北京市在全国率先实现现代化步伐，尽快缩小与京郊发达区县的差距，跻身中等区县行列的关键时期；也是切实发挥环境优势，实现保水与富民高度统一，根本改变密云人民命运的关键时期。

21世纪第二个10年，将是密云县由小康向富裕的迈进时期；是基本实现信息化工业化城市化的重要时期；是彻底摆脱落后局面，跻身京郊一流区县的重要时期。

在此基础上，再经过三个10年的努力，建国100年时，争取达到当时国际发达地区的水平。

2. *有利条件*。在新世纪的起步期，密云县国民经济和社会发展，面临着比以往更好的发展环境和机遇。主要是：我国加入世贸组织，将成为世界性投资热点之一，这就为我们扩大开放，充分利用国外资源和开拓国外市场，带来新的机遇；我国实行积极的财政政策和稳健的货币政策，大力刺激内需，国民经济已进入新一轮快速增长期，这为我们的经济发展，提供了宽松的国内环境；北京市提出加快发展以知识经济为主体的首都经济，知识经济的发展改变了传统的发展模式，过去制约密云经济发展的一些因素相对弱化，密云县工业开发区列为高校产业基地和市级开发区，为县域经济快速发展提供了有利条件；21世纪，大力发展生态经济是大势所趋，密云县几十年保水形成的环境优势，将成为经济发展的后发优势，有可能实现经济的跨越式发展；京密高速公路即将贯通，将大幅度缩短密云与北京市区的通行时间，从而有利于密云区域经济的快速发展；全县广大干部群众致富思源、富而思进、不甘落后的情绪高涨，这是密云县加快发展的力量源泉。

3. *制约因素*。在现阶段和可预见的未来一段时期内，密云县国民经济和社会发展存在以下制约因素：经济全球化和信息化，意味着竞争加剧，国内市场国际化，几乎所有产品不出国门，就面临着国际对手的激烈竞争；加入世贸组织以后，由于一些国际规则的制约，将使全方位引进面临一些新的困难和问题；北京近几年将重点进行中关村科技园中心区的大规模开发建设，在一段时间内，由于优惠政策向中心区倾斜，会使密云县对科技生产要素的引力减弱，处于不利的竞争地位；政治、经济体制改革深化和力度加大，种种深层次矛盾将逐渐显性化；保水与富民的矛盾以及大规模城乡建设和旧城改造，有可能产生局部摩擦；市场经济的宽领域发展和激烈的竞争，会使我们在观念和能力上显得有些不适应；劳动力素质不高，尤其是各类专业人才的不足，不利于经济快速发展。

二、总体战略及战略要点

1. *总体战略*。根据江泽民同志“绿山、净水、富民”的题词精神和密云县独有的环境优势，基于对历史经验的总结、县域形势的分析和国内外环境的判断，新世纪首都水源区发展战略是：着眼首都未来发展对水源和环境的高标准要求，切实履行高质量保护水源和环境的特殊职责；走环境立县、引进强县、科教兴县、依法治县之路；努力建设清洁优美的自然环境、先进完善的设施环境、高效规范的体制环境和健康和谐的人文环境；构建以高新技术工业、绿色农业、生态旅游业和环保节能型建筑建材房地产业为支柱的首都水源区经济体系；突出县工业开发区、密云卫星城和中心镇建设、旅游西线开发和畜牧产业化四个战略重点；实现经济持续快速健康发展，达到富民强县的目标。

2. *战略基点*。严格保护水源和环境，以优质的水资源和环境资源，为北京承担中华人民共和国首都的职能并向现代化国际大都市的标准迈进，提供强有力的资源支撑，这是密云县有别于京郊其他区县的特殊使命，是区域服从全国、局部服从大局的体现，是作为首都水源区的发展战略的基点。

3. *战略目标*。几十年保护水源的经验已经证明：必须克服孤立的静止的机械的保水观点，坚持“在保水中求发展，以发展促保水”的辩证思维，选择适合水源区的发展道路，实现经济持续快速健康发展，根本改变区域相对贫困加剧的状况，才能更好地保护水源。因此，将密云县建设成为首都绿色田园和京郊经济强县，是为首都保护好水源的必然要求，是首都水源区可持续发展的战略目标。

4. *发展道路*。保护首都饮用水源这一特殊任务，决定了密云县在选择发展道路时，既要考虑到与其他区县的共性，尤其要考虑到自身的特性。新世纪，在首都水源区面前，展现着四条并行不悖、互为条件的发展道路：

环境立县。“举保水旗”、“吃环境饭”，进一步保护、治理和建设环境，尽快实现自然环境清洁优美、体制环境高效规范、人文环境健康和谐，最大限度地发挥优良环境对于经济社会发展的巨大吸引和带动作用，加快发展步伐。全方位立体化的环境立县，是首都水源区独具特色的发展道路。按照这条道路的要求，不仅要从自然、设施、体制和人文各方面推进环境建设，而且必须对产业、行业、产品结构、城乡结构和人口布局进行战略性调整。环境立县是利用优势，再造优势，抢占区域竞争制高点的过程。

引进强县。总量不足是密云县的主要矛盾。实践证明，仅靠自我积累“滚雪球式”发展，不会快；仅靠“举债式”发展，无可能。必须把引进作为富民强县的主要途径。要坚持“不求所有、但求所在”的原则，面向国际和国内两大市场，吸引各类生产要素到密云集聚和组合，迅速增加总量、盘活存量、提高质量、创新机制，提高区域经济的竞争力。

科教兴县。加大高科技生产项目引进和先进适用科技推广普及的力度，将经济发展转向主要依靠科技进步和劳动者素质提高的轨道。高度重视发展各级各类教育事业，培养大批科技人才、管理人才、领导人才和有一技之长的劳动者。同时，要本着“不求所管，但求所用，统筹安排，适度超前”的原则，立足县内需求，面向北京、面向全国、面向国外，积极地、多渠道地、全方位地引进人才。靠提供优厚待遇引来人才，靠提供充分施展才华的舞台留住人才，使人才真正进得来、留得住、用得上。

依法治县。努力做到有法必依、执法必严、违法必究。依法行政，从严治政，促进县乡两级政府行政行为规范化、制度化；加强对执法活动，执法队伍的监督管理；深化司法改革，维护司法公正；认真抓好普法教育，提高公众的法律意识，增强领导干部的法制观念；严厉打击各种刑事犯罪活动，坚决扫除黄、赌、毒等社会丑恶现象，铲除社会敌对势力，取缔非法宗教组织。通过加大综合治理的力度，建立良好的经济、社会、治安秩序，创造良好的环境，促进经济增长和社会进步。

5. 经济体系。必须以严格保护水源和环境为前提，坚持“有所为，有所不为”的原则，对产业、行业、产品等经济结构进行战略性调整，构建以高新技术工业、绿色农业、生态旅游业和环保节能型建筑建材房地产业为支柱的首都水源区经济体系。

高科技工业。要突出工业在国民经济中重中之重的战略地位。在巩固和优化机械电子、服装纺织、食品加工等行业的同时，要大力发展电子信息、软件、生物工程、新型材料、环保节能等高新技术行业，切实做到无污染。要用高新技术改造传统工业，提高传统工业的科技含量和经济效益。发挥高科技企业的“龙头”带动作用，促进相关产业、下游产品的开发和生产，积极发展劳动密集型产业，缓解农村剩余劳动力多的就业压力。

绿色农业。强化农业在国民经济中的基础地位。加大投入，加强基础设施建设，改善农业的生产条件，增强抵御自然灾害的能力；加强引导，加快农民的组织化进程，大力发展合作组织，增强抵御市场风险的能力。要充分利用本县“净水、净土、净气”的环境优势，大力建设无公害生产体系，发展绿色食品生产，出精品，创名牌，提高经济效益，加快农民增收致富的步伐。

生态旅游业。旅游业发展潜力巨大，有望成为经济的旺盛增长点。要充分利用“北京山水大观，首都绿色田园”的优势，念好“山水经”，坚决做到旅游活动无污染，符合生态要求。要包装大项目、组织大引进、进行大开发和开展大型活动，将生态旅游业发展推上新台阶。

环保节能型建筑建材房地产业。要坚持“兴利除害，扬长避短”的原则，在环境保护和节约能源方面创出特色，使建筑建材房地产业成为首都水源区经济体系的重要支柱。

6. 战略重点。必须坚持全面推进与重点突破相结合，在全面推进实施总体战略过程中，突出战略重点，通过战略重点上的突破，掌握全局发展的主动权。“十五”和“十一五”计划期乃至更长一些时期内，战略重点是：

县工业开发区。在工业化进程中，县工业开发区具有“龙头”带动作用。工业开发区要充分利用被国家教育部定为全国高校科技工业园、被国务院列入中关村科技园辐射区和北京市将其升格为市级开发区的优势，做好规划，加快建设，强化引资，形成特色，成为高科技产业密集区，成为财政收入的主要来源和劳动力就业的重要渠道，成为首都水源区发展的希望所在和后劲所在。

密云卫星城和中心镇建设。密云卫星城是首都14个卫星城之一，是北京城市体系的重要组成部分。加快密云卫星城建设步伐，不仅是分担首都部分职能和人民群众整体上初步进入小康后进一步提高生活水平的需要，尤其是从有利于保护首都水资源的大局出发，进行城乡结构和人口布局战略性调整的需要，而且是根本改善城乡面貌，体现环境立县的需要。因此，要坚持“规划高起点，建设高标准，管理高水平”的要求，使密云卫星城在不久的将来形成“水域大绿地多建筑新颖风景园林城，人文明秩序好环境洁净现代旅游区”的特色。同时，在县域内次经济中心，要规划和建设好各具特色的溪翁庄、太师屯、十里堡、西田各庄、穆家峪等中心集镇。争取经过10年左右的努力，使县域内城市化水平达到60%以上。

旅游西线开发。根本改变旅游业缺乏骨干景区，难于集优成势和难于形成支柱产业的局面，必须强化密云卫星城至云蒙山一线的大规模开发建设。密云城南有黍谷山、北有冶山，中有白河和潮河穿过，借助两山两河的地理优势，建设园林城、精品城、生态城，将在京郊卫星城群落中独具特色。密云城至水库大坝一线，只要精心规划、精心设计、综合开发，可形成白河旅游经济带。云蒙山具有黄山风格，只要开通进山公路，就会引来大批投资者进行后续开发，利用靠京津的优势，不难形成庐山那样的避暑、度假、会议的理想场所。

畜牧产业化。畜牧业具有良好的发展前景。增强抵御市场风险的能力，必须推行区域化、规模化、集中化、专业化和深加工化，形成龙头企业+专业合作组织+专业户的产业化体系。畜牧业要坚持四退四进，即：退出家庭副业的地位，进入家庭主业领域；退出放牧散养，进入舍饲圈养；退出庭院，进入养殖小区；退出仅提供初级产品的地位，进入加工增值的产业化体系。要大力培养和引进从事加工销售的龙头企业，架起畜产品走进市场的桥梁。要积极发展各类专业合作经济组织，使其形成专业户与龙头企业之间的纽带，一方面合理保护专业户利益，一方面为龙头企业提供稳定货源。

三、政策措施与组织保证

1. 结构调整。面对世界范围内科学技术的迅猛发展，面对北京发展以知识经济为主体的首都经济的现实选择，面对保护首都饮用水源的特殊职责，必须大力推进经济结构战略性调整。

产业结构调整。原则是："强二兴三优一"。"强二"，就是把工业作为富民强县的主导产业大力发展，突出其在县域经济中的战略地位。同时，把建筑建材业作为重要的经济增长点，大力培育。要加快工业布局调整步伐，提高工业的集中度，逐步形成"一大七小"工业园区格局。除资源开采外，山区乡村兴办工业企业一般要进入县开发区和7个乡镇工业小区。有条件的村，要积极创立工业大院。县工业开发区要加快16平方千米的详细规划制定和基础设施建设，确保区内供水、供电、供热、供气、通讯、宽带多媒体、道路等基础设施建设，适应发展高新技术企业的需要，继续大规模引进一批知名度高、科技含量高的国内外大型企业，在县内形成以高新技术企业为支撑的工业骨架。积极创办大学科研城，为科学家、研究人员提供科研、开发、成果转化的条件，使大学科研城与县工业开发区相得益彰，成为密云发展高新技术产业孵化器。加大高新技术对传统工业的改造力度，要十分注重引进和发展高新技术与劳动密集相结合的企业，注重发展与高新技术产品配套的、无污染的劳动密集型企业，大幅度提高工业吸纳劳动就业的能力。要集中使用资金，培育骨干龙头企业上水平。要关、停、破、转一批对环境有污染的企业。"兴三"，重点在两个方面展开，一是采取有力措施切实推进西线为重点的生态旅游大开发，大幅度增加旅游业在国内生产总值和税收中的比重；二是继续大力发展房地产业，带动装饰装修、物业管理、家政服务、休闲娱乐等各项事业的发展。要积极培育金融、保险、信息、咨询等现代服务业。"优一"，就是进一步优化农业内部结构，突出畜牧业在大农业中的战略地位，通过增加投入、加快基地建设和布局调整，充分利用资源优势，建成畜牧强县。要围绕畜牧业发展调整种植结构，尽快形成粮、经、饲三元格局。要十分重视农产品的绿色品牌的培育，提高农产品含金量，加快农民增收致富的进程。

城乡结构调整。保护首都饮用水源，必须把水源保护区内超载的人口疏散出来。人口布局的调整，依赖推进城市化，调整城乡结构。一是必须坚持规划先行、科学布局，形成以卫星城为核心，中心镇、建制镇和中心村四个层次的城镇网络。二是必须坚持走实业带动的道路，即以工业发展带动人口聚集，以人口聚集带动第三产业发展，促进城镇繁荣。要千方百计扩大非农产业就业机会，使农民变职工、农民变市民，根本改变农民的社会地位和生活品质。

所有制结构调整。公有制企业要深化改革。大中型骨干企业要尽快按照现代企业制度的要求，加大资产重组力度，实现公司制改造，调整股本结构，彻底解决投资主体单一的问题，建立规范的出资人制度和法人治理结构，使企业真正成为参与市场竞争的经济主体和法人实体；鼓励小型企业采取多种形式搞活；对资不抵债、难以运营的企业，依法破产。积极推进公有资产管理体制的创新，构建起"公有资产管理委员会——公有资产授权经营公司——企业"三个层次组成的公有资产运营和监管体系。要进一步解放思想，不搞姓资姓社的无谓争论，为非公经济的长足发展提供良好的舆论氛围。要进一步放宽政策，使非公经济在信贷、用地、服务、经营等各领域与公有经济享有同等待遇，参与平等竞争。要认真落实党在农村的各项政策，稳定农民土地使用权并建立土地使用权流转机制，同时加强和完善土地承包、租赁合同的管理。要把建立各种不同形式的农村新型经济合作组织放在十分重要的位置，加大引导和支持力度，使其真正成为农民群众进军国际、国内两大市场的有效组织形式。与此同时，要进一步研究壮大乡村经济的途径和方式，对原有的集体经济组织实行以股份合作制为主要形式的改造。

2. 人才工程。人才是最重要最宝贵的资源。在市场经济条件下，几乎所有的短缺都表现为人才的短缺，所有的竞争都表现为人才的竞争。目前，密云县人才短缺主要表现：一是缺少一批知经济、懂法律、具有较高协调和驾驭能力的党政干部；二是缺少一大批与现代高科技发展相适应的科技人才；三是缺少一大批能够面向市场、开拓市场的企业家人才；四是缺少一大批能够活跃于生产、加工、流通各个环节，带领广大农民致富的知识型能人。解决这四个短缺问题，必须大力实施人才工程。解决人才问题的基本途径有两个：引进、培养。吸引人才，一靠政策，二靠"搭台"，要进一步解放思想，按照市场经济条件下人才流动的基本规律，敢于从大处着眼，打破常规，不惜代价，展开人才争夺战，创造出珍惜人才、重用人才、保护人才的良好环境和氛围。人才培养的基础是教育。要坚持教育为人的全面发展服务、为全县经济建设和社会发展服务的思想，既着眼于千秋大计，又着眼于眼前需求，多层次多形式地办好大教育。要高标准普及九年义务教育，尽快普及高中教育，积极稳妥地发展高等教育。重视发展职业教育、远程教育和网络教育，进一步提高成人教育的水平。

3. 组织保证。地区之间的竞争，首先表现为领导素质的竞争。领导者视野开阔、思维活跃、工作扎实、作风民主、推进力强，所在地区和部门干部群众的精神面貌就会焕然一新，经济增长就快，社会就稳定。因此，要十分注重党政干部队伍的建设，努力培养一大批懂国情民意、懂市场经济的复合型党政领导人才。在组织建设方面，要积极推进干部人事制度改革，建立激励、约束与淘汰相结合的干部管理机制，使干部能上能下，能进能出，使优秀人才能够脱颖而出。同时，在组建领导班子时，要注重年龄、知识、性格、能力合理组合。在思想建设方面，要按照"三个代表"的要求，用马列主义、毛泽东思想和邓小平理论武装头脑，开展大规模、高档次的干部培训，加速干部队伍观念更新、知识更新、思想解放。要教育干部，敢于冲破传统思想理论的禁锢或某种思维定式的束缚，从全新的角度去探索、诠释事物发展的本质和内在规律，切实做到实事求是。在作风建设方面，要教育干部自觉坚持以人为本的工作理念：一是要在感情上贴近人民群众，经常深入基层，深入实际，开展调查研究，问民情、知民意、集民智；二是要始终坚持围绕人民富裕来开展各项经济工作，防止“假大空”现象；三是要始终关注人民疾苦，尽可能改善人民生活，努力为人民办好事、办实事，排忧解难；四是要正确处理改革、发展和稳定的关系，坚持以发展为主题，以改革为动力，以稳定为发展和改革提供条件；五是要追求只争朝夕的工作精神与严谨科学的工作态度高度统一，坚持快办事、办好事、办成事。

结　束　语

此战略研究报告是《1989——2000年密云县经济社会发展战略研究报告》的续篇，是在社会主义市场经济体制初步建立后的第一个区域性中长期战略研究成果，主要是对密云县在21世纪初期的发展提出基本判断和基本对策。未来事物发展存在多种可能性和复杂性，首都水源区发展战略，也必然将随着经验的积累和客观情况的变化不断丰富和发展。

以改革和创新的精神做好新时期农村党建工作

延庆县委书记　张志宽

延庆县是个小县，全县27万人口，共有18个乡镇，370个农村支部。几年来，我们在农村基层组织建设方面，下了不小的功夫，做了大量的工作，但是，用改革和创新的眼光去审视农村基层组织建设工作，就会发现，过去我们的功夫虽然下得不少，但是效果并不明显，面对农村出现的新矛盾与新问题，我们的新办法和新对策还太少。从去年开始，市委提出开展“创建农村基层组织建设先进区县活动”，要求把“党建责任制、六好乡镇党委建设、五好支部建设、村级民主制度建设以及后进支部整顿”等一系列内容融为一体，作为一个系统工程来抓，我认为创建活动的开展抓住了农村党建工作的根本，抓住了县委书记作为第一责任人、乡镇党委书记作为直接责任人的关键环节，它对于我们用新的思维方式和工作方法去抓农村基层组织建设起到了有效的促进作用。

下面，结合延庆县工作实际，谈谈我们在抓农村基层组织建设方面的认识和体会。

一、在市场经济条件下，对农村基层组织建设工作的再认识

随着农村社会主义市场经济的深入发展，现有的农村以党支部为核心的村级管理体系表现出了明显的不适应，基层组织建设的总体状况不容乐观。一是相当一部分乡镇党委放松了抓农村基层基础工作，对抓农村基层组织建设的认识不到位、措施不得力、投入不够多，致使农村基层组织建设工作出现了说起来重要、干起来次要、忙起来不要的问题。二是一些村党支部目标不明确，领导核心作用发挥不明显，缺乏凝聚力、吸引力和战斗力，在带领农民致富上信心不足、能力欠缺。三是现行村级管理体系不尽科学，党支部、村委会、村经济合作社责权定位不够清晰、职能交叉重合，致使关系不协调，造成了矛盾，形不成合力，影响了村级经济和社会事业的发展。

上述问题的存在，告诉我们，当前农村基层组织建设的任务很重、很艰巨，我们的工作与时代的发展和党对农村党建工作的要求存在着很大的差距。中国的农业和农村已经进入一个新的历史时期，要保证一个区域社会经济快速发展，就必须对我们过去的工作进行认真反思，进一步解放思想，适应新时期的要求和形势发展的需要，同时要抓住根本，用改革和创新精神去做好农村基层组织建设工作，这样，才会收到事半功倍的效果。

二、抓住根本，务实创新，寻求加强农村基层组织建设的有效途径

随着农村改革的深化、农村经济结构的调整和农村利益主体多元化进程的加快，必然给农村基层组织建设带来大量新情况、新问题。我认为，县委书记作为抓农村基层组织建设的第一责任人，必须解放思想、实事求是、认真研究问题，形成明确的工作思路，提出做好农村工作的一整套办法。一年来，我始终把探索研究解决农村基层组织建设出现的新情况、新问题，贯穿在履行第一责任人职责的过程当中。主要在以下几个方面提出了自己的见解，指导下面的工作。

1. *研究构建以党支部为核心的新型村级组织管理体系*。目前，村级组织中，党支部的领导核心作用发挥不明显、村委会管理村级事务的主角意识不到位、党支部与村委会关系没理顺，出现了不协调的矛盾，经济合作社对农村经济发展的贡献率降低，与村委会在职能上交叉重合。如何构建符合时代发展要求的村级组织管理体系，从根本上解决现行农村管理体系存在的问题，达到标本兼治的目的，我认为一是要对村级组织进行责、权定位。要强化农村党支部的领导核心地位，体现党支部在方向性、政策性、全局性问题上的决策作用；同时充分发挥村委会的职能，明确党支部与村委会之间的关系及权责定位；强化村民

小组的作用，在农村建立起一种塔式的管理体系。二是改革农村领导体制，实行支部书记兼任村主任。它的产生办法可以简单地概括为“党员＋群众”。这样做有利于理顺党支部与村委会的关系，实现农村干部队伍的优化，减少干部职数，减轻村级负担。三是打破现有经济合作社一村一社的布局，改变目前农村的经济管理体制。鉴于村经济合作社在职能上与村委会重合，它的管理集体资产和集体经济的职能可以移交给村委会，重要的是，我们要逐步以适应市场经济的新型经济组织和经济协作形式取代村经济合作社，构建起跨行政区划的新型农村经济体系。当然，以党支部为核心的新型村级组织管理体系的建立，有赖于进一步的研究与实践，目前我们在调查研究的基础上，已初步形成了基本设想框架。

2. *探索研究对农村支部书记的职业化管理。*我们提出，要对农村支部书记实行职业化管理，一方面是要在选人机制上有所突破。农村干部不在于多而在于精。目前，农村特别是贫困山区选不出人才、留不住人才，是我们面临的客观现实。这些村由于没有一个较高素质的“带头人”，致使村级经济发展缓慢。如何解决这一难题，做到农村干部少而精，我们认为要解放思想，拓宽识人选人视野。对于确实没有合适干部人选的村，可以从乡镇机关与县直机关下派干部回村任支部书记、支部副书记或支部书记助理。我们提出对于回村任职的干部，机构改革不作为精减对象。同时，通过调整行政村设置，减少全县农村干部的数量。目前，全县100户以下的村有98个，占全县行政村总数的26%，这些村规模小、人口少，但是村村都是麻雀虽小、五脏俱全，村干部一大片。我们将按照地理位置分布情况，对现有行政村进行合并，建立联合支部，以一个各项工作开展比较好的大村为中心，辐射、带动小村经济的发展，使行政村布局与经济规模、村落大小相适应，这样也可以达到优化村级干部的目的。另一方面是解决好农村干部的工资待遇，从物质利益上调动他们的积极性。农村干部责任重、任务多、工作量大，非常辛苦，他们工作主动性不强和积极性不高的主要原因，是其劳动得不到公开的认可。我们提出，要解决农村干部尤其是支部书记的工资待遇问题，目的在于建立起一种激励机制，也有利于乡镇党委对农村干部的领导与管理。怎么解决这一问题，我在前两年就进行了专门调查研究，提出农村干部可以逐步采取职业化管理办法，支部书记要纳入乡镇党委管理的干部序列，这个想法得到了常委们的认可。去年，我县部分乡镇根据自己的财力状况解决了农村支部书记的部分工资，有的乡镇是80%，有的是60%，虽然县委尚未硬性规定统一的标准，但已经见到了良好的效果。今年，我们明确提出，要由乡镇解决支部书记的全额工资，工资核定可设基本工资和浮动工资，基本工资每月发放，浮动工资按业绩考核核定。通过解决这一实际问题，增强村级干部岗位的吸引力，从而有利于把优秀人才吸引到村级干部队伍中来，实现村级干部整体素质的提高。

3. *积极推进农村干部行为规范化和村务管理的制度化、民主化。*农村工作失之于随意性强而重在规范。过去，更多的基层管理是按照支部书记个人的意愿操作，随意性强，支部书记文化高、能力强，工作就能严格要求，就能得到群众的认可，文化低、素质差，工作就简单化，一切都是我说了算，既得不到群众的认可，也使干部之间产生了矛盾。我们要通过规范农村工作程序、规范操作环节，达到规范农村干部行为的目的，使村级事务管理做到有所遵循，有制度上的保证。同时，要推进农村民主化进程。当前，我们的农村工作必须以农村为出发点，透视农民的心态，研究农民最需要什么，最反对什么。近几年来，农村干群矛盾很突出，影响着农村社会经济的发展，其成因是复杂的，而村级财务作为群众关心的热点，财务不公开、不透明成为引发干群矛盾的焦点和敏感点。解决干群矛盾不在于压而在于明，压制群众的意见，往往容易使干群矛盾由沉默走向爆发，而实行村务公开，则有助于干群之间的沟通与理解。一个村里要干什么事，干了哪些事，不仅要让群众知道，而且要让群众通过村民大会和村民代表会议参与村务的管理，参与重大问题的决策，做到真正的村民自治和民主管理，调动群众发展社会公益事业的积极性。去年，我们提出要对村级财务管理体制进行改革。有关部门进行了试点工作，主要是“账前审计”和“村账乡代管”两种做法。去年8月，我们召开了全县农村财务管理体制改革会议，到目前为止，在全县范围内已经落实了这项改革措施。通过对农村财务管理体制进行改革，有效地解决了农村财务管理中存在的谁当权谁花钱、账目混乱、透明度不高等问题。

三、认真履行第一责任人职责，不断强化党要管党的责任感

农业、农村、农民工作的极端重要性和延庆县基层组织建设的现状，决定了农村基层组织建设是一项长期而艰巨的任务，思想不能松懈，工作不能松劲，力度不能减弱。我们认真抓农村基层组织建设，出发点和落脚点是通过开展活动，切实促进全县农村基层组织建设的整体水平，推动全县农村社会、经济的发展。因此，我们明确提出1999年是延庆县农村基层组织建设年，目的就是要在全县营造出大力加强农村基层组织建设的氛围。

江泽民同志说：治国必先治党，治党必须从严。市委提出的创建农村基层组织建设先进区县活动，集中体现了江泽民同志的讲话精神，为我们抓农村基层组织建设提供了动力和载体。加强农村基层组织建设，县委是关键，而创建先进区县活动开展的好与不好，实与不实，关键要看县委书记是否履行了职责，是否能够正确地引导和组织。如何履行第一责任人职责，我是从以下几个方面入手进行工作的。一是调查研究。即通过调查研究认识客观实际，解决新情况、

新问题，在求知、真知、深知上下功夫。我认为调查研究的过程也是发现问题，推动工作、狠抓落实的过程。二是规划部署。即保证把农村基层组织建设列入县委重要议事日程，把它纳入农村社会经济发展体系一并研究、规划、部署、考核。去年，我们召开了7次农村基层组织建设领导小组会议，研究部署、听取汇报，从而强化了农村基层组织建设领导小组的职责，使领导小组真正发挥了明显的作用。三是表率导向。一个地区的工作千头万绪，实事求是地讲，县委书记在工作中想什么、干什么、提倡什么，对下面的工作起着极大的导向作用。我要求自己抓农村基层组织建设思想先到位，责任先履行，以此引导基层重视农村基层组织建设工作。四是形成合力。抓农村基层组织建设，县委书记是第一责任人，但不是惟一责任人。县委书记只有凝聚“一班人”的力量，发挥“一班人”的作用，组织带领常委和各部门创造性地开展工作，形成合力，才能真正履行好第一责任人的职责。我们认为，农村基层组织建设是一个薄弱点，因此把它作为全县党建工作的一个突破口，下大力量去抓，我多次主持常委会集体听取了乡镇党委书记关于农村基层组织建设的汇报，组织县五套班子领导同农村党支部书记座谈，这样，就使每一位县级领导干部参与到农村基层组织建设工作中来，使“一班人”做到了思想上“合心”、工作上“合力”、行动上“合拍”。五是组织协调。去年，结合农村后进支部的整顿，我们建立了县级领导干部联系后进村制度，安排副县级以上领导干部20人每人包一个乡镇，同时联系一个后进村，并建立了工作台账，县级领导经常深入下去调查研究，有针对性地解决班子建设和经济发展上比较突出的问题，加快后进村的转化工作。同时，我们完善了下派工作队制度，从全县110个县直单位中抽调了330多名机关干部组成包村工作队，并把县直单位联系村户工作作为很重要的一条考核标准纳入部门考核体系，建立了定期汇报制度，年终评比表彰制度，从而有效地促进了农村基层组织建设的深入开展，营造出一个抓基层组织建设的良好氛围。六是指导督查。经常过问农村基层组织建设的进展情况，发现问题及时提出自己的意见，保证责任制落到实处。去年，我们组织农村基层组织建设领导小组三次深入乡镇、村进行检查指导，以此促进乡镇对这项工作的重视。

四、几点体会

一年来，抓农村基层组织，履行第一责任人职责，最深刻的体会有三点：

*1.新时期农村基层组织建设，既要坚持改革、创新精神，又要坚持实事求是原则。*在深化农村改革、发展社会主义市场经济的条件下，农村基层组织在地位作用、职责任务、机构设置、工作方法、工作制度、活动方式等方面，都出现了许多亟待解决的问题。县委书记要认识分析这些问题，提出课题，这样才能把农村基层组织建设不断推向前进。而要解决这些新问题，就必须把握解放思想、实事求是的精髓，树立改革和创新的精神，根据本地区农村实际情况，大胆探索，找出解决新问题的办法和途径，从指导思想、领导方式、工作机制等方面进行革新和创造。从某种意义上说，这是新的历史时期巩固我们党在农村的执政地位的一个根本性的重大问题。

*2.要搞好农村基层组织建设，必须首先培养一批农村的组织者和管理者。*毛泽东同志曾经精辟地指出：“领导者的责任，归纳起来，主要是出主意、用干部”。实现农业发展、农村稳定、农民富裕这一目标，就得有一支得心应手的农村基层干部队伍去组织实施。加强农村基层组织建设，就是为实现这一目标提供组织上的保证，其实质是为农村培养一大批具有较高素质的组织者和管理者，是在抓生产力中最活跃、起主导作用的核心因素，即人的管理。这应当成为我们做好一切工作的基本着眼点。如果农村基层干部特别是乡镇党委书记和农村支部书记不认真履行自己的职责，不重视农村基层组织建设工作，则说明县委书记第一责任人的职责履行的不到位。

*3.集中精力抓农村党的建设，不偏离经济建设这个中心。*经济建设是中心，党建是关键。一个中心，一个关键，具体到农村工作实际，工作如何摆布。我体会，经济建设这个中心时刻不能动摇，这是从工作重心上讲的，而要完成这一中心任务，拿什么保证？切入点是什么？具体到农村，基层组织建设正是最根本的保证，只有先建设好坚强而有力的基层组织，农村的各项工作才能顺利进行，农村经济才会有一个大发展。因此，我们要抓住基层组织建设这个“牛鼻子”，以此为我们工作的切入点。经济建设与党的建设不存在一个谁轻谁重的问题。集中精力、下大功夫抓农村党的建设，不但没有偏离经济建设这个中心，而且恰恰体现了党建为经济建设服务的指导思想。因此，为了突出经济建设这个中心工作，我们必须坚定不移地抓好农村党的建设，以此促进农村经济和社会的全面发展。

农村城镇化是实现农业现代化的必由之路

门头沟区区长　刘永富

北京市提出，“十五”期间要在全国率先基本实现农业和农村现代化。要实现农业和农村现代化，关键是要实现农业的规模化、集约化、产业化经营，促进非农产业有更大的发展，使更多的农业人口从农村转移出来，实现农村各种经济要素向城镇集聚。没有城镇的大发展，农业现代化就失去了有效的载体。推进农村城镇化进程已成为实现农业现代化和推动农村进一步发展的关键环节。

改革开放以来，门头沟区农村城镇化水平有了较大的提高，但与农村城镇化水平较高的地区相比，门头沟区农村的城镇化进程相对落后了，城镇化水平与首都经济发展水平和首都郊区的地位不相适应。门头沟区是山区，全区98.5%的面积是山地，自然地理条件较差，经济基础相对薄弱，社会发育明显不足，要与全市一道率先实现现代化困难很大，必须下大力气解决好农村城镇化这个关键问题。

一、农村城镇化是解决农业和农村问题的关键环节

1. 促进农村城镇化有利于调整农业产业结构。城乡人口比例是三大产业运营比例的基础。农业人口向城镇转移，不仅为第三产业发展提供了市场，而且为其发展提供了劳动力和经营者。从门头沟区小城镇建设的实践看，农村劳动力转移到城镇后能被现代工业部门吸纳的数量越来越少，大部分劳动力只能从事以商业为主的第三产业。这一方面是因为小城镇经济发育不足，吸纳能力有限造成的，但更主要的还是因为这些行业市场需求广，资本和技术要求低，易于进入。

2. 促进农村城镇化有利于实现农业产业化经营。农业产业化是实现农业现代化的基础。提高农业产业化程度，内靠农业专业人才和资本积累，外靠市场需求不断扩大。从农村内部看，农业劳动力过多滞留在农村，造成农户经营规模过小，资本积累缺乏来源，即使拥有较多资本，受农地规模限制，也不可能有较高的效益，导致农业专业人才极难产生。从外部看，城镇人口比重过低，农产品市场扩展困难，农业一丰收就难卖，一歉收缺口却很大。农民“既盼丰收，又怕丰收”；政府则始终处在“因歉收而担忧，因丰收而尴尬”的境地。用大视野审视农业问题，只有加快农村人口向城镇流动，扩大农产品需求，农业产业化才有可能真正实现。

3. 促进农村城镇化进程有利于增加农民收入。农业生产的特殊性决定着其劳动生产率与平均耕地数量直接相关。从门头沟区看，农村人口耕地人均占有量仅有0.05公顷，其中大部分为山坡旱地。在这样的自然地理条件下，农民增收十分困难。一些地区因人多地少，农民的边际生产为零甚至是负数。农村城镇化的进程，不仅是人口在地区之间转移的过程，而且是劳动力由传统部门向现代部门转移，引发劳动生产率突变和提升的过程。据测算，同一名劳动力从事农业生产的劳动生产率比从事工业生产的劳动生产率明显要低4～5倍。小城镇建设的实践充分证明，社会劳动生产率的提高过程，不仅是劳动者自身技能的提高过程，而且是劳动者在地区之间和部门之间重新配置的过程。配置的结果可以为劳动力提供更多的就业机会，为其增加收入提供有利条件。

4. 促进农村城镇化进程有利于提高人民群众的生活品质。据统计，门头沟区农村年人均消费水平为2 000元左右，相当于城市居民的1/3左右。从家用电器的普及程度看，即使同一收入层次的城乡居民，家用电器的普及率也相差很大。从受教育程度看，农村人口受教育程度也明显低于城镇人口。造成这种状况的原因很大程度上是因为城镇化水平不高所致。促进农村城镇化，可以为农民改善生活质量创造更为有利的外部条件。

二、促进农村城镇化一定要充分考虑山区实际

改革开放以来，随着党的富民政策的贯彻落实，门头沟区农村经济总量不断增加，农民收入不断提高，农村经济结构进一步趋于合理，为农村城镇化奠定了一定的经济基础。在此基础上，按照国家、北京市有关政策，以政府为主导，通过合并自然村、行政村、撤乡并镇、发展重点小城镇等措施，使农村城镇化水平与改革开放前相比，有了较大提高，城镇对农村经济和社会发展的促进作用日益明显。主要表现在：一是形成了比较完整的城镇网络。目前，全区共有建制镇8个，重点发展的小城镇2个，中心集镇17个，中心村36个，基本形成了以门城卫星城为龙头，以建制镇为中心，以小城镇为重点，以中心集镇和中心村为基础，连结深山区、半山区和平原地区的城镇网络。二是城镇吸收了大量农村富余劳动力。城镇接近农村，具有市场机制作用比较充分，农民进入和转移到城镇的成本和风险较低等优势。近年来，全区城镇共吸纳农村富余劳动力2万人，占同期转移出农村的富余劳动力的65%，避免了农村人口盲目涌向北京市区，发挥了一定的人口“蓄水池”和“节流闸”作用。三是促进了农村经济结构的调整和农业生产方式的进步。由于城镇为农村工、商业，特别是乡镇企业提供了生产、交换、技术、资金、信息等经济要素的聚集空间，促进了农村非农产业的发展，推动了农村产业结构的调整。二、三产业在农村经济中的比例逐年提高。城镇吸收了大量富余劳动力，为农业的规模经营提供了条件，出现了一批规模较大的种、养殖大户和一批上规模的种、养殖基地，提高了农业的集约化水平。由于城镇的技术、信息和市场导向等作用，带动了农户从事适应市场变化的，效益较高的特色种养业，改善了农业产品结构，增加了农民收入，促进了农业生产特色化。四是改善了农村面貌，缩小了城乡差别。城镇的发展加快了农村交通、通讯、文化卫生等条件的改善，农村城镇的街道建设、环境建设使农村落后的面貌得到较大的改变；作为联系城市与农村的纽带，城镇把城市的思想观念、技术信息、

管理经验传播到农村，使农村在物质文明和精神文明两个方面缩小了与城市的差距。

门头沟区农村城镇建设取得了一定成绩，但距离实现农业现代化的要求还有相当大的差距，城镇化进程中存在不少亟待解决的问题。

1. *城镇布局不够合理*。主要表现在：一是城镇数量多，规模小。衡量一个地区农村城镇化水平高低的标准是城镇的质量而不是数量。城镇数量的确定取决于各地区人口总量和经济发展水平。门头沟区人口总量少，大体在 25 万人左右，加之经济基础薄弱，经济发展水平较低，不可能同时为多个城镇提供长期稳定的资金、人口、人才等资源要素支持。目前，全区有建制镇 8 个，每个镇镇区平均人口大体在 1 万人左右，非农业人口比重小，大部分达不到城镇发展所必需的规模要求，导致城镇功能难以完善，城镇吸引力差，就业门路狭窄，公用基础设施的修建和服务业的供给形不成规模效益，制约了城镇的进一步发展。二是在重点发展小城镇的布局上存在偏差，城镇的辐射带动作用不强。如地处深山区的一些小城镇，没明显的优势资源为依托，距离市区和门城镇两级经济核心较远，与现阶段社会变迁的自然流向相逆，导致人口和资金聚集难、充分就业难、技术和人才流入难，致使城镇建设难以达到预期效果。

2. *城镇特点不突出，城镇经济的主导产业不明确，经济结构趋同*。目前，大部分城镇没有形成特色鲜明的主导产业，产业类型多而杂，小而全，小而弱。特色种养业、建材开发、旅游业等在大部分城镇都有但都不强。城镇经济结构趋同，造成低水平重复投资和低水平竞争，没有形成有效互补。

3. *政策不配套，使要素向城镇聚集受到现行体制的束缚*。一是政府管理体制方面，沿袭了大农业管理体制和按行政等级设立城镇的体制，使城镇政府的机构设置和职能划分主要强调纵向对口，缺乏非农产业、社会事业发展和城镇建设所需的管理职能，造成镇政府难以有效地组织实施适合各自城镇特点的发展和建设规划。二是财政体制方面，镇级政府没有健全的财政功能，难以进行事权的统一管理，弱化了政府对城镇实施综合管理的能力。三是户籍政策方面，对农民进镇落户的限制条件仍然较多，农民进镇的成本和风险较高，制约了农民进镇的积极性。四是土地利用政策方面，灵活性不足。存量土地的调整和转换缺乏具体规定，用地指标与用地实际需求相脱节，既不利于城镇发展，也不利于耕地的真正保护。

4. *城镇建设资金、人才和技术缺乏*。一是经济基础薄弱，资金的历史积累不足，政府财力有限，社会资金力量不强。二是目前正处于产业结构大调整的过程中，原有的煤碳业和其它采矿业已退出主导产业的位置，而特色林牧业、生态旅游业、新型建材业等新兴产业尚未壮大，短时期内难以为城镇化提供有效支持。三是由于种种原因，城镇公用基础设施建设急需的中长期信贷资金几乎得不到银行支持。四是一些城镇的经济和社会发展水平上与市区存在较大的差距，导致门头沟区人口、人才和社会资金流向市区。近年来，全区人口总数逐年下降，山区出现不少人户分离的“空心村”现象。从农村流出的人口中，除部分被本区城镇吸纳外，其余大部分流向城区。本区人才流失严重，受教育程度越高，越有一技之长的人才流失情况越严重。为获取更多的利益机会，本地有限的民间资金也不断流出。

三、促进山区农村城镇化必须突出山区特色

推进农村城镇化进程是一项科学性、政策性极强的工作，我们必须提高认识，把握规律，结合实际，按照“布局合理，重点突破，聚集周边，带动全局”的方针，做好今后的城镇建设工作。

1. *进一步提高认识，把推进农村城镇化进程作为实现山区农村现代化的重要措施来抓*。一是提高各级干部对农村城镇化重要性的认识，从思想上解决为什么要大力推进农村城镇化的问题。要使各级干部认识到城镇化是我国农村经济、社会进一步发展的必然选择，是实现农业现代化的关键环节和必由之路，认识到城镇化对农业产业化、集约化经营和发展非农产业的巨大推动作用，认识到城镇化是缩小城乡差别，实现城乡社会、经济协调发展的主要途径。二是提高各级干部对农村城镇化的特点和内在规律的认识，从思想上解决农村城镇化究竟是什么的问题。要使各级干部充分认识城镇的职能、功能和特点，正确理解城镇化与农业产业化、与农业经济结构调整、与农业现代化之间的内在联系，克服一些干部思想上存在的把城镇化等同于一般市政建设的错误认识。三是增强各级干部把城镇化的一般规律与门头沟区实际相结合的自觉性和能力，从思想上解决怎样促进农村城镇化的问题。要着重树立把市场经济规律与城镇建设相结合的意识，树立把城镇建设与我区经济发展水平、山区资源特点及全区经济发展战略相结合的意识，增强决策的科学性，克服盲目性和简单化，防止不顾条件，用行政手段人为“造城”现象的出现。

2. *突出山区特色，认真搞好城镇规划布局*。科学规划是促进山区城镇化进程的前提条件。加快门头沟区的城镇化进程，一定要从建设首都西部生态屏障这一基本功能定位出发，紧密结合“四区”建设，按照明确功能定位，形成主导产业，突出山区特色的要求，着眼于产业和人口的合理分布，健全以门城卫星城为龙头，以小城镇建设为纽带，以中心村镇建设为基础，连接深山区、半山区和平原地区的城镇网络系统。门城卫星城的建设要突出旅游大本营的特色，注意发挥其在提升全区城市化水平中的龙头带动作用，加快基础设施建设步伐，提高综合接待能力。小城镇建设要突出生态特色，努力为建设首都西部生态屏障服务，为发展山区特色旅游和特色农业服务。山区小城镇规模设计不宜过大，

但起点要高，要与建设生态旅游区配套，有一定超前性。中心集镇的建设要突出文化特色，着力建设一批具有山区文化特色的村镇。

3. 加快体制创新步伐，重点完善小城镇政府的经济和社会管理职能。一是结合地方政府机构改革，进一步建立职能明确、结构合理、精干高效的镇级政府。允许小城镇政府在机构编制限额内，根据城镇管理工作的实际需要进行机构设置和人员的配备，加强其协调小城镇经济和社会发展的能力。二是按事权与财权相结合的原则，逐步建立稳定、规范、有利于小城镇长远发展的分税制财政体制。在具备条件的小城镇，应设立独立的一级财税机构和镇级金库，健全预决算制度，合理划分收支范围，以增强小城镇自我发展能力为出发点，理顺区、镇两级财政关系，充分调动小城镇政府培植财源、发展经济的积极性。三是赋予小城镇必要的行政执法权力，为依法治镇，提高市政管理水平创造良好条件。市政管理难度大，管理水平不高是目前小城镇建设中存在的一个比较突出的问题，造成这一问题的主要原因是小城镇政府没有相应的权力和权限。要解决这一问题，区各行政执法单位要给予小城镇必要的权限，并向小城镇派驻执法队伍，以加强依法治镇力度。

4. 制定更加灵活的政策，着重增强在建小城镇的聚集能力。聚集功能是农村城镇化的最重要和最基本的功能，没有人口的聚集、乡镇企业的聚集、人才及资金技术的聚集，小城镇发展就没有前途可言。要制定更加灵活的政策，解决目前小城镇聚集功能弱的问题。一是积极争取有关方面的支持，制定更加灵活的户籍政策，增强小城镇聚集人口、人才的能力。重点是要在进一步降低农民进镇的成本和风险，赋予进镇农民在就业、入学、身份等方面与原镇居民同等待遇，要对进镇农民保留其在农村承包地的使用权或使用权有偿转让等方面的问题进行深入研究，制定相应政策。二是制定更加有利于引导乡镇企业向小城镇集中的政策。重点是在规范税费、减轻企业负担和降低乡镇企业、个体工商企业建设用地的成本等方面加强政策研究工作。三是制定有利于推进小城镇基础设施建设市场化进程的政策。改革小城镇建设的投融资体制，充分运用市场机制，更多地发挥民间投资的作用，建立以政府投入为导向，主要依靠社会资金建设小城镇的多元化投资和建设体制，增强小城镇的资金聚集力。对于具备自负盈亏条件的基础设施建设项目以及部分文化、教育、卫生事业，根据“谁投资、谁所有、谁受益”的原则，鼓励多方投资，通过市政设施有偿使用和合理收费等途径，解决投资者投资回报问题。

“关五小、育五大”，加快产业结构调整步伐

房山区区长　杨德宏

改革开放以来，房山区以资源型为主的经济得到了长足发展，一批以资源为依托、以市场为导向的企业迅速崛起，基本形成了以建筑、建材、化工、煤炭等产业为特点的地区经济结构，为房山经济的快速增长和农民脱贫致富做出了贡献。但是，随着国家产业政策的调整和经济增长方式的转变，这种单纯依赖资源型的经济结构越来越不适应形势发展的需要，面临调整的压力越来越大。如何在国家关闭、压缩“五小”企业的情况下，抓住机遇，加快调整，尽快培育好支撑全区经济持续健康发展的五大支柱产业和优势行业，是摆在全区人民面前的一项紧迫任务。

一、近两年全区关“五小”的基本情况和取得的初步效果

房山区的“五小”企业是指按照国家经贸委《关于淘汰落后生产能力、工艺、产品目录》的要求和全市的统一安排部署，在今后1~2年内限期淘汰的小砖窑、小煤窑、小水泥、小灰窑和小化工企业，共涉及全区建材、化工、煤炭三大传统产业。两年来，我们根据国家的产业政策和优化区域经济发展环境的需要，积极采取措施，对这些“五小”企业进行了大刀阔斧的关、停、并、转，取得了一些初步效果。

1. 扼制了“五小”企业盲目发展的势头，淘汰了一大批“五小”企业。“九五”初期，全区大小煤炭生产企业500多家，年产量400万吨以上，占全市煤炭总量的60%。化工企业216家，年产值8.8亿元，占全区工业总产值的24.9%。建材业中有水泥企业32家，主要生产325#水泥，年产量240多万吨，占全市总产量的32%。黏土实心砖厂139家，年产砖24.7亿块，占全市总产量的46%，年毁耕地67公顷以上。为了扼制这种浪费资源和污染环境的现象，我们从1997年开始治理，取得了一些成效。到2000年10月底，通过关、停、并、转，全区已关闭年产万吨以下小煤窑272个，压缩产量200万吨；关闭小砖窑43个，压缩产量6.7亿块，减幅达27.1%；减少小化工企业79家，其中关闭小造纸厂4家；淘汰2.2米以下水泥立窑生产线8条，关停生产工艺落后、质量低劣的水泥粉磨站13家，压产60万吨，有效扼制了“五小”企业的盲目发展。

2. 积极用高新技术改造传统产业，开发出一批

新型建材产品。为了合理利用资源，使全区的资源优势进一步变为经济优势、市场优势，我们在淘汰一批、限制一批的同时，注意开发一批，积极用高新技术嫁接改造传统产业，使限制与发展同步，生产与应用并重。一是新型墙体材料开发步伐加快，提高了市场竞争力。全区已有新型墙体材料生产企业26家，形成了60万平方米的生产能力，占全市的30%。其中，青龙湖镇和阎村镇以煤矸石、页岩为原料开发出的空心砖和页岩砖，市场销路看好。已生产煤矸石空心砖200万块、页岩砖100万块。长沟三义德建材公司开发的承重砌块，年产量达1万立方米。新型墙体材料的发展正在改变着全区烧砖毁田的历史。二是新型门窗开发步伐加快，正在形成新的建材拳头产品。截止10月底，全区已有门窗生产企业70余家，生产能力达70万平方米，可生产玻璃钢门窗、塑钢门窗等新型建材产品。其中年产10万平方米的房云盛玻璃钢生产线，达到国内领先水平。全区生产玻璃钢门窗已达2.6万平方米，塑钢门窗已达15万平方米，占全区新型门窗总量的44 %。三是水泥生产的龙头企业初步形成，水泥质量显著提高。1998年，我们及时将水泥一厂、二厂组建成双山水泥集团，扩大了水泥生产规模，提高了产品质量，形成了全区水泥行业的龙头企业。双山水泥集团已成为全区最大的水泥生产企业，年生产能力达70万吨。高标号水泥、散装水泥产量分别达到28万吨和17万吨，占全区水泥总产量的10%和6.1%。

3. 加快建材市场建设，拓宽了建材产品的销售渠道。房山素有“建材之乡”之称，汉白玉、大理石、花岗岩储量丰富，尤其是汉白玉石材堪称国宝。为了发挥这一品牌效应，我们及时注册了“大石窝”石材商标，并在南尚乐镇建成了“北京大石窝雕刻艺术商贸园区”，园区积极引进国外石材加工生产线，引进石材加工的能工巧匠，不断提高石材加工水平，初步形成了产加销一条龙的格局。为了使全区的建材业产生规模效益，我们还在长阳镇建成了华北地区最大的型材专业市场，为我区建材业“买全国、卖全国”奠定了基础。

4. 积极发展精细化工，提高了全区化工企业的整体水平。在淘汰小化工的同时，我们积极利用已有的化工基础和条件，以严格控制污染为前提，以引进开发为重点，大力发展精细化工、化工建材和以石油产品为原料的化工生产。先后引进了青云利达工贸有限公司、北京盛妆家化有限公司、瑞星石化公司等科技含量高、规模大的化工企业，为全区化工业的发展注入了新的活力。其中青云利达工贸有限公司生产硅管、双壁玻纹管、PPR管材等新型化工建材，年产值达8000万元。瑞星石化公司生产 润滑油、防冻液，年产值达6000万元，有力拉动了全区化工业的发展。截止10月底，全区137家化工企业实现产值4亿元，销售收入3.99亿元，分别占全区工业总产值、总收入的15.7%和13.9%。同时，全区还在石楼新材料园区、燕山东流水工业区，开发出特种涂料、泡沫塑料、医药中间体等产品，进一步提高了化工产品的科技含量。

5. 培育壮大高新技术产业，强化了对全区经济的支撑作用。在产业结构调整中，我们坚持两条腿走路的方针，一方面用高新技术改造传统产业，另一方面大力发展高新技术企业。全区高新技术企业已达到55家，涉及生物制药、医疗器械、新材料等21个行业领域，分布在良乡、城关、燕山、长沟等18个乡镇和地区。累计投入8.3亿元，已有44家企业正式投入生产，预计2000年底，可实现产值5.8亿元，占全区工农业总产值的7%。其中良乡工业区依托区位优势、政策优势，先后引进四环生物制药、天维康等高科技项目，带动了全区高新技术企业的发展。截至10月底，已完成技工贸总收入17.8亿元，实现利润达5 043万元，成为全区经济发展新的亮点。

二、全区在推进产业结构调整中存在的问题

在关“五小”、育“五大”为主的产业结构调整中，全区尽管取得了一些成绩，但存在的问题也不少。主要是：

1. 思想认识不到位，进行结构调整的紧迫感、压力感不强。当前，关“五小”育“五大”，已成为我区进一步调整产业结构的重要任务之一。传统产业只有用高新技术嫁接改造，实现优化升级，才能在激烈的市场竞争中站稳脚跟，快速发展。在这方面，中央出台的一系列产业政策已为我们敲响了警钟，可是，我们不少的干部还不警醒，认识还不透彻。对关“五小”有畏难情绪，存在“两怕”思想。“一怕”关“五小”后，影响本地区经济发展；“二怕”关“五小”后，失业人员增加，无法解决剩余劳动力的就业问题。“两怕”思想正严重影响着全区的产业结构调整。

2. 传统产业内部生产工艺落后，资源利用率不高。调查中，我们发现全区传统产业的生产工艺水平远远落后于新兴产业，尤其缺乏技术创新和产品创新的能力。建材业是全区的第二大产业，但大部分是作坊式的小厂，加工工艺落后。突出表现在对大理石等名贵石材的加工上。山东、河北等地能加工出1厘米以下的新型板材，而我区生产的产品最薄的也只有1.5厘米，只能用在三层楼以下的装饰装修，不仅浪费资源，而且销路不畅。汉白玉石材虽然全国驰名，就因为我们的精加工、深加工不足，还存在着卖荒料的现象。水泥生产企业在淘汰8条立窑生产线以后，还有水泥窑生产线22条，其中旋转窑只有6条，其余16条为机立窑生产线，全区还没有一条窑外分解生产线。煤炭业以炮采房柱式采煤法为主，资源回收率仅为30%，矿井回采率40%，资源浪费严重。黏土实心砖和石灰的生产大部分是轮窑，90%的工序为手工操作，生产水平极为落后。正是由于生产水平的落后，污染环境的问题日益突出，全区黑、白、灰的

形象一直没有得到彻底改观。

3. *缺少名牌和龙头企业，小、重、低的现象普遍存在。*“小”是企业规模小。全区705家建材企业实际平均资产不足150万元，年收入1 000万元的企业只有25家，占建材企业总数的3.5%，缺乏抗击市场风浪的能力；水泥企业现有20余家，企业平均规模不足10万吨，年产50万吨以上的企业只有双山水泥集团1家。“重”是重复建设。由于缺乏统一规划和科学论证，受局部利益的驱动，煤炭行业、建材行业曾经一轰而上，生产同档次、同规模的相同产品。而且各自为战，企业之间无序竞争，互相倾轧，造成市场混乱。“低”是科技含量低，产业化水平低，经济效益低。由于全区的传统产业是通过低水平扩张发展起来的，大部分是以劳动密集型和资源初加工为主，产品的科技含量不高，名、特、优、新产品和拳头产品少。

4. *缺乏高层次管理人才和专业人才，优势行业的发展受到制约。*在我区的企业中，尚未形成一支高素质的企业家队伍，特别是缺乏高素质的技术创新人才和产品开发人才。据区人事局提供的最新人才资料表明，在全区的建筑业当中，建筑工程高级工程师只有4人，高级经济师1人，高级政工师3人，中级职称人员59人。建材业人才更为匮乏，在汉白玉石材雕刻工艺方面，高水平的雕刻人员大都是曲阳人，因此有“房山的石头，曲阳的匠”的说法。由于我区的产业优势与人才匮乏形成强烈的反差，严重阻碍了优势行业的发展。

5. *开拓市场意识不强，传统产业面临新的考验。*我区的传统产业在研究市场、开拓市场方面有待加强。建筑业是全区的第一大产业，近几年在立足区内，打入北京市场方面取得了辉煌成果，但还没有在全国打响房山建筑的名牌。建材业中有型的大市场不多，与“建筑之乡”、“建材之乡”不相符，与广东云浮市“百里石材长廊”这样的大市场相比，我们的差距很大。特别是我区的板岩生产，国外市场前景广阔，由于我们开拓国外市场不够，只能通过外地市场出口国外，不同程度地制约了全区板岩加工业的发展。

三、实施产业结构调整的基本思路和措施

根据国家产业政策的要求和我区的实际情况，我认为“十五”期间我区产业结构调整的基本思路应该是：以关“五小”为契机，以高新技术的嫁接改造为手段，加快发展建筑、建材、旅游、化工和农业5大支柱产业，实现全区产业结构的优化升级。

1. *继续巩固建筑业的支柱地位，不断开创建筑业发展新局面。*建筑业是全区的第一大产业，多年来上缴税金一直占全区综合财力的1/3左右。面对我国即将加入WTO和北京申办奥运的历史机遇，要在四个方面下功夫，使其不断发展壮大。一是积极调整企业组织结构，在工程总承包上下功夫。韩建、房建、建工和城乡四大建筑集团要努力发展成为综合承包企业，力争通过自身承包能力的提高，进一步拓展北京建筑市场，开辟外埠市场和国外市场，增强竞争能力。二是在充分发挥房地产的龙头作用上下功夫。努力使房地产开发与建筑业发展有机结合起来，发挥好区房地产开发集团和集达房地产公司的带动作用，实现房地产带建筑、建筑带建材的发展格局。三是在质量兴业、实施名牌战略上下功夫。力争通过质量兴业，再创更多的市优以上工程，进一步塑造房山建筑业的整体形象。四是在培养和引进各类人才，提高建筑企业的技术管理水平上下功夫。力争通过人才素质的提高，带动企业整体素质的提高，确保全区建筑业长盛不衰。

2. *加快利用高新技术嫁接改造的步伐，促进传统建材业优化升级。*针对建材业“小、重、低”的问题，全区要在近几年内，以建设四大建材基地为重点，以大力应用高新技术为手段，加快传统建材业的优化升级步伐。

一是以周口店地区、河北地区为重点，建立高标号水泥基地。新建2~3条日产2 000吨熟料新型干法生产线，发展旋窑企业，彻底淘汰小水泥，发展大水泥（高标号水泥）。经过3~5年的努力，形成周口店地区和河北地区两个水泥生产基地。重点扶植双山水泥集团、三力水泥有限公司等具备525#水泥生产能力的企业，使全区高标号优质水泥达到280万吨。

二是以阎村镇和青龙湖镇为重点，建设新型墙体材料基地。其中，以阎村砖厂为核心，由6个企业重组转制组建股份公司，扩大多规格、多品种的煤矸石空心砖生产，彻底解决毁田烧砖的问题；以青龙湖镇为主，新建2~3家煤矸石、页岩空心砖厂；同时，以长沟镇三义德建材公司为母体和其他几家公司为发起人，成立新型墙体材料公司，积极开发承重砌块等多种产品，逐步形成房山新型墙材的集约化优势。

三是以石楼和窦店为重点，建设新型化工建材基地。重点发展PE型塑料管材、螺旋波纹管材和玻璃钢门窗、塑钢门窗、玻璃幕墙和新型涂料等产品，使化工建材得到较快发展。

四是以南尚乐大石窝石雕艺术园区为重点，建设石材基地。促使石材加工由手工雕刻向机械化雕刻方面发展，进一步提高产品附加值和高科技含量，发挥好大理石、汉白玉等优质石材的优势，打出房山的知名度。同时要以房建集团所属的德益全石材有限责任公司为母体和周边有一定规模的石材企业为发起人，成立房山区新的大型石材企业，形成工程板、人造石、雕刻、石材设备等综合一体的产、供、销一条龙的大型石材企业集团，带动全区石材业的发展。

3. *积极扶持壮大旅游业，促进新兴行业的发展。*房山区旅游资源极为丰富，在远郊区县中名列前茅，发展潜力很大。早在“八五”时期，旅游业就被列为全区“四大支柱”产业之一，但近些年一直发展不快，年综合收入和接待游客量分别处在远郊区县的

6、7位，旅游业还没有成为真正的支柱产业。今后几年，要使旅游业真正成为支柱产业，就要认真做好四个方面的工作。

一是进一步理顺管理体制，加大政府主导力度。按照国家提出的旅游业必须坚持政府主导的原则，区旅游局要站在大旅游、大产业、大发展的高度，加大行业管理和统筹协调工作力度，逐步建立健全主导型的管理体制和管理措施，把政府主导战略落到实处。区旅游集团要加大改革力度，逐步建立起现代企业制度，提高集团的运行质量和整体效益。同时完善十渡旅游景区管委会职能，新建青龙湖景区管委会，解决好景区开发互不统属，各自为战的问题。

二是做好规划工作，合理利用好资源。要在全区《1999—2010年旅游总体规划》的基础上，尽快制定出各景区的控制性详规，并抓好落实。通过规划，使全区尽快形成以良乡、青龙湖为重点的休闲度假区；以十渡、张坊为重点的山水观光区和以周口店、云居寺为重点的古文化区等六大特色旅游区，实现旅游资源的合理配置和有效利用，最大限度地提高经济效益。

三是大力开展招商引资，建立多元化的投融资体制。按照“谁投资、谁所有、谁受益“的原则，放开经营权，鼓励国家、集体、个人一起上，广泛吸引社会资金和境外资金进行开发建设。同时，根据《北京市旅游管理条例》的有关规定，尽快建立房山区旅游发展专项基金，用于全区旅游业的宣传促销、景点开发和旅游企业发展等，不断增强旅游业发展后劲。

四是加大宣传促销力度，强化旅行社的带动作用。“十五”期间，全区旅游业要以“探索自然变迁、浏览历史画卷、欣赏秀美风光、领略现代文明”为主题，搞好宣传促销，塑造房山旅游的整体形象；以良乡、青龙湖至十渡的黄金旅游线建设为重点，抓好沿线的旅游大环境整治工作，解决好交通不畅、环境污染、标识牌不全等问题，给游客一个良好的“第一印象”。与此同时，针对全区旅行社数量少（只有4家）、规模小（每社4~5人）带团能力不强的问题，进一步加强区内旅行社建设，扩大规模，提高组团、带团水平，积极同国内、市内一类社联手，使旅行社成为联结游人与景点的纽带，改变景点坐等游客上门的被动局面，促进全区旅游业的更快发展。

*4. 积极扶持发展化学工业，使全区尽快成为京西南重要的化工基地。*房山区在《北京市1999—2010年经济社会发展总体规划》中被列为化工区，为使全区尽快成为京西南重要的化工基地，要重点做好三项工作。

一是科学规划，合理发展。针对目前全区化学工业多年是支柱，多年没有规划的现状，要尽快制定《全区化学工业发展规划》，明确发展方向和区城布局，做到合理发展。要把发展化学工业与优化区域环境有机结合起来，坚决不上污染项目。同时针对全区化学工业点多面广、经营分散的状况，把发展的重点放在燕山东流水工业区、石楼新材料园区和城关前、后朱各庄化工区等区域，依托燕化，集中发展，形成行业优势和规模效益。

二是突出重点，积极扶持化工龙头企业发展。今后几年，要重点扶植北京酶制剂总厂、城关华益公司、燕山迪龙化工公司、北京盛妆家化有限公司和阎村瑞星石化公司等七大化工龙头企业，扩大规模，加快发展，努力使全区在精细化工、生物化工和化学建材等方面实现突破，形成新的比较优势。

三是进一步扩大燕房合作，搞好横联和引进开发工作。抓住燕化公司改革后向精细化工倾斜的机会，加快合作步伐，促进共同发展；同时抓住市区企业“退二进三”向郊区转移的机会，有重点地引进精细化工和生物化工企业及人才，通过引进，发展具有自主知识产权的科技型化工企业和产品，形成有特色、有市场竞争力的新型化工产业群体。

*5. 加快农业结构调整步伐，大力发展现代农业。*近两年，通过结构调整，特别是“六种农业”的发展，农业已不再是传统意义上的低效农业。今年1~3季度，全区大农业的增长速度首次超过了二、三产业，农业正在成为促进经济发展和农民增收的一个支柱产业。为此，“十五”期间，房山区要把农业做为新的支柱产业来抓，加快结构调整，推动现代农业发展。

一是大力发展“六种农业”，加快现代农业发展步伐。“六种”农业比传统农业具有更大的比较优势，发展潜力巨大。特别是加入WTO后，这种优势和潜力会更好地发挥出来。因此，各乡镇要充分发挥好各自的优势，大力发展精品、设施、籽种、创汇等“六种农业”，提高质量，扩大规模，使全区“六种农业”综合产值占大农业的比重，在2~3年内达到70%以上，促进全区现代农业的大发展。

二是积极扶持龙头企业，加快农业产业化建设步伐。重点扶持卓宸肉牛有限公司、康仁堂制药有限公司和双斯特饮料厂等10个龙头企业，提高辐射带动能力。同时，培育好50个专业合作组织和房、良两地的两大农产品批发市场，搞好配套服务，加快全区的农业产业化建设。

三是大力培育主导产业，加快农业结构调整。重点围绕磨盘柿、食用菌、药材、肉牛、奶业、绒山羊、肉鸡等七大主导产业扩大规模，形成规模优势，提高规模效益。在培育七大主导产业的过程中，要突出抓好30个养殖小区、20个设施小区、20个高效园的建设，发挥好示范带头作用，促进七大主导产业的发展壮大。

四是大力发展养殖业，不断提高养殖业所占比重。重点实施好10万头肉牛、万头奶牛、万户养羊和特种养殖“四大工程”，大力发展食草家畜和特种养殖业。争取用2~3年时间，使全区草食家畜养殖收入达到养殖总收入的60%，使房山成为京郊肉牛养殖小区。

关于农村城市化有关问题的探讨

昌平区区长　赵凤桐

城市化是衡量一个地区、一个国家社会经济发展水平的重要标志。随着经济的高速发展，我国城市化进程也正处在加速发展阶段。全国村镇建设工作会议明确指出，着力推进农村城市化进程是我国今后一个时期的重要战略任务。昌平作为首都北京的一个卫星城，特别是撤县设区后，如何适应这一发展趋势，加快农村城市化进程，是一个值得深入探讨和认真研究的重要课题。近期，笔者对这一问题进行了初步地调查和研究。

一、关于农村城市化的理论认识

1. 农村城市化的概念。关于农村城市化问题，多年来，理论界和各地实践工作者对此众说纷纭。我认为，所谓农村城市化就是人类的生产方式和生活方式由乡村型向城市型转化的历史过程，表现为乡村人口向城市人口转化及城市不断发展和完善的过程。

2. 农村城市化的实质。农村城市化的实质就是镇村建设质的提高，是农村居民生活条件和生产方式的转变和提高，是镇村向城市发展的准备阶段，是将农村人们比较落后的行为方式和生产方式向现代的较为先进的城市居民行为方式和生产方式转化的过程。也就是变传统的落后的农村社会为现代的先进的城市化社会的自然历史过程。最终达到缩小乃至消除城乡生活条件的差别，实现城乡融合。

3. 农村城市化的主要内容。农村城市化的主要表现在以下几个方面：

(1) 在生活方式上，传统的农村生活方式向城市文明转变。镇村居民享受到跟城市同等的文化、教育、卫生保健、社会福利、休闲娱乐等物质和精神生活方式。

(2) 在物质基础上，简陋的农村生活设施向城市生活条件转变。农村拥有同城镇一样的基础设施和生活设施。包括诸如交通、居住、水电气供应、购物、环境保护等社会公共条件接近城镇。也包含着农村居民收入水平接近城镇居民，因而有能力与城镇居民一样享受这些生活条件。

(3) 在劳动力产业布局上，劳动力从农业向非农业产业转移。

(4) 在人口地域分布上，人口由农村向城镇转化。

(5) 在空间布局上，形成城镇体系，在管理上形成城乡一体化管理。

二、昌平农村城市化进程的现状及取得的初步成效

1. 昌平农村城市化的现状。昌平地处北京的西北郊，总面积 1 352 平方千米。其中平原 552 平方千米，山区 800 平方千米，耕地 24 179 公顷，区内常驻人口 42.8 万人，其中农业人口 25.3 万人，占全区常驻人口的 59.1%；非农业人口 17.5 万人，占全区常驻人口的 40.9%。近年来，随着经济和社会各项事业的迅速发展，尤其是撤县设区以来。进一步加大了城市建设力度，全区农村城市化水平不断提高。主要表现在以下几个方面：

(1) 区、镇、村基础设施和公共设施配套建设步伐加快，进一步适应了农村城市化发展的需要。

一是道路交通建设。卫星城建成了以政府街为中心的五横五纵的城内交通干线，结成了四通八达的道路网络，城内道路长度达 117.2 千米，道路密度达每平方公里 2.7 千米。在全市率先实现了村村通公路，镇与镇之间都有干线公路连接，形成了以京张高速公路、立汤路为主动脉的路网，以 110 国道及辅线、京银路、温南路、安四路（安定门至四海）为纵向干线，以百葛路、顺沙路为横向中轴线。1999 年底，全区公路总里程达到 1 323 千米，每平方千米有公路 0.929 千米，接近全市每平方千米有公路 1.023 千米的路网密度。

二是城镇供水建设。全区建有邓庄水源厂、化庄水源厂、沙河水厂、小汤山水厂，有水井 33 眼，供水管线 160 千米，年供水能力达 1 700 万吨、其中昌平卫星城日供水能力 7 万吨，预计 10 年内可满足供应。另外还有隶属区外其他单位的水源厂为昌平一些地区提供生活用水，满足了城乡居民的生活需求。

三是全区供电建设。全区共有大小变电站三十余座，3 150 千伏安以上主变电站 22 台，总容量 45.9 万千伏安。经过“9511”工程及 1998 年后几次电网改造工程后，增强了全区的供电能力，提高了电网运行的安全可靠性，满足了城乡居民的用电需求。

四是电信现代化建设。全区现有 6 个程控电话局，22 个模块点，120 个接入网点。程控交换设备装机容量达到 18.67 万门，电话用户达到 13.3 万户，电话主线普及率达到 32.9%，其中农村电话主线普及率达到 17.8%，城镇电话普及率达到 39%，156 个自然村成为电话村，占总数的 51.7%。4 个深山区镇实现了光缆程控通信。

五是邮政建设。全区共有 28 个邮政支局所，并且部分支局所实现了微机处理业务，有邮政报刊零售亭 13 个、信筒信箱 135 个、投递道段 63 条。

此外，全区加大了对道路排水工程、路灯照明工程的改造力度，卫星城燃气管道已铺设完毕，各项市政基础设施建设进一步适应了农村城市化发展的需

要，为昌平的城市化发展奠定了坚实的基础。

(2) 绿化、美化水平提高，使全区环境得到明显改善。

一是加大了卫星城区内绿化美化力度。重点是道路绿化美化、公园建设和花园改造，逐步实现了“黄土不露天”，城区内绿化覆盖面积达到350.54公顷，绿地率达到36.67%，公共绿地面积158.27公顷，人均占有公共绿地达到22.6平方米，1999年被首都绿化委员会授予“园林式城镇”称号。二是加大了村镇绿化力度。目前，全区共有林地面积32 526公顷，疏林地745公顷，村镇四旁绿化占地2 922公顷，全区共有林木覆盖率达49%以上，多次被评为“全国绿化先进区县”。此外环境保护工作进一步加大了气、尘、水的监督治理，营造了良好的生态环境，被誉为“北京的后花园”。

(3) 村容镇貌综合治理整体推进，进一步推动了镇村的物质文明和精神文明建设。近年来，全区强化村镇的综合治理工作，编制了村镇规划，加强了村镇建设和管理，加强了村镇环境建设和村容镇貌的综合治理，一方面在各镇中心建设区大力拆除违章和不符合规划的建筑，拆墙透绿，里景外借，提高透视率，增强整体绿化美化效果；一方面全区各镇所辖村认真落实市农工委提出的环境整治“五个一”的要求，达到“四化十无”标准。全区的村容镇貌得到明显改善，推动了农村城市化进程。

(4) 试点小城镇建设有了突破性进展，对全区农村城市化起到了示范和拉动效应。发展小城镇，加快农村城市化步伐，实现以城带乡，以城促乡、城乡一体化，是拉动区域经济和社会协调发展的全局性战略举措。为实施好这一大战略，我们从小汤山和北七家两个试点镇的实际出发，突出特色，进行了大胆的探索，取得了一定的成效。

小汤山镇位于昌平卫星城东南10千米，镇域总面积70.1平方千米，耕地3 600公顷，具有丰富的地热资源，区位优势明显，自然环境优美。1995年被原国家体改委等11个部委确定为国家级小城镇综合改革试点。几年来，小汤山镇依托优势，大力发展旅游、度假、疗养、观光、房地产等主导产业，小汤山现代农业科技示范园建设初具规模，乡镇企业蓬勃发展，经济实力不断增强。全镇国内生产总值、农村经济总收入、财政收入、上缴税金、农民人均纯收入等主要经济指标年递增均在20%以上。在城镇建设中，加大了基础设施建设和社会公用设施建设，1994年以来，先后投资5亿多元用于完善基础设施建设，城镇建设已初具规模。北七家镇位于昌平卫星城东南30千米，全镇总面积59.5平方千米，总人口5.03万。随着经济实力的不断增强，全镇的基础设施建设力度不断加大。截止到1999年底，全镇完成基础设施投资2 114.6万元，其中道路建设完成150余千米，日供水能力达到7 000吨，日供电能力达到8.62万千瓦，电话装机容量3万门，煤气普及率达到98%，城镇建设取得长足的发展。两个试点镇的建设，对全区其他乡镇的城镇建设起到了示范作用，有力地带动了镇村建设，推动了全区农村城市化进程。

2. 我区农村城市化取得的初步成效。

(1) 农村的生产方式发生了根本变化。随着全区经济的发展，农业生产条件得到显著改善。以农业水利化、机械化、化学化、电气化水平为主要标志的农业现代化发展迅速。截止到1999年底，全区农机总动力达20.6万千瓦，拥有动力排灌机械2 688台，拥有农用运输机械1 221台，其中大中型拖拉机995台，农用载重汽车99辆。拥有农业耕作机械2 409辆，收获机械538台，喷灌机具1 069套，植保机械4 422部，农业生产基本上实现了现代化。近几年来，农业的耕作方式也进行了重大改革，免耕覆盖、精量播种、化学除草、喷灌、滴灌的新技术的推广，使农民彻底摆脱了传统的生产方式，减轻了农民的劳动强度，解放了大批的农业劳动力，提高了农业的劳动生产率。

(2) 从事一、二、三产业劳动力布局发生了重大变化。农业的现代化，在提高农业生产率的同时促进了农村劳动力向二、三产业的转移。据统计，1984年，全区农村劳动力从事第一产业的有73 161人，占农村劳动力总数的50.4%，其中从事种植业的劳动力为61 960人，占农村劳动力总数的42.7%。1999年末，从事第一产业的农村劳动力为47 761人，仅占农村劳动力总数的40%，比1984年下降了10个百分点，减少2.5万人。从事工业、建筑业、商饮服务等非农行业的劳动力总数为70 381人，占农村劳动力总数的60%，比1984年的49.6%提高了10个百分点。随着农村经济结构的调整，大量劳动力向二、三产业转移。

(3) 农民的生活方式和生活质量发生了巨大变化。随着市场经济的发展，昌平农村居民生活水平不断提高，农村居民的人均收入持续增长。到1999年底人均纯收入已达到4 588元，是1989年的2.77倍。同时农民的消费观念也随之发生了明显变化，城乡居民的消费结构已由温饱型向更高层次迈进，生活的质量已得到明显的改善和提高。从近十年来看，1989年，全区农民人均生活消费支出为940元，占当年总收入的67.1%；1999年的人均生活消费支出已达到4 046元，占当年总收入的75%，比1989年增长4.3倍。吃、穿、用等消费支出几倍、十几倍增长，医疗保健用品支出、交通通讯支出均增长百倍以上。此外，随着人民生活水平以及文化素质的提高，农民用于文化教育、娱乐等方面的支出增长十分明显。其中，培养子女的费用从十年前人均12.31元增长到335元，用于文化娱乐方面的支出从10年前的人均1.63元增加到32元。农民住房状况也明显改善，1999年，全区农村居民住房面积人均达到30平方米，比10年前增长了41.6%。农民在衣、食、住、行等各方面已经接近城市居民的水平，个别镇村甚至已经超过城市居民。农民不仅追求物质上的富足，也正在开始追求和品味高层次的精神享受，已把从基本实现温饱变为进一步提高生活质量、实现小康以及达到更加富裕的程度作为追求的目标。

3. 昌平农村城市化建设存在的主要问题。昌平的农村城市化建设虽取得了较快的发展，但是农村城市化程度还处于起步阶段，与首都发展的客观要求相比，总体发展水平还不高，还存在一些深层次的矛盾和问题。主要表现在以下几个方面：

一是部分领导干部认识不深。部分领导干部对农村城市化的重要性以及如何进行农村城市化，思想认识不清，经验也不足，在今后的工作中应加强学习，进一步提高认识，增强在农村城市化进程中的主观能动性。

二是规划尚需完善。昌平卫星城规划1984年经市政府批复后，县域及县城总体规划于1994年进行了重新调整，1997年6月14日经规划委联席会批准通过。但由于1997年底乡镇合并以及1999年的撤县设区和撤乡并镇，以及多年来在经济发展过程中所积蓄的各种矛盾，日益显露了规划的不完善性，规划深度基本停留在总体规划水平上，区域规划及卫星城规划亟需进行调整。

三是资金不足。由于在城镇建设方面，融资体系不够灵活，缺少相应的融资政策，数额巨大的城镇建设资金，财政难以完全支持。资金严重不足，制约了城市化进程。

四是缺少完善的配套政策。城市化建设是一项系统工程，农村城市化建设必然带来产业、土地、就业、投资、环保等相应问题，这些问题的解决，需要有完善的配套政策与之相适应。由于昌平的城市化建设，还处于初级阶段，还没有形成一整套完善的配套政策，城市化建设与配套政策的滞后，严重制约了城市化进程。

四、加快昌平农村城市化建设几点对策

为加快昌平农村城市化进程，使昌平农村城市化建设步入健康、快速、有序的良性发展轨道，必须结合全区的实际情况，主要做好以下几个方面的工作。

1. 进一步提高全区各级领导对农村城市化建设必要性的认识，积极探索有特色的农村城市化道路。

(1) 加强学习，使广大干部群众认识到昌平区农村城市化的必要性。一是昌平区的农村城市化是全国农村城市化大环境的要求。目前，我国城市化水平还很低，据有关资料统计，1997年世界城市化水平为47%，而我国不足30%，和日本相比，我国城市国土密度为每万平方千米0.7座，而日本为55座。要使我国城市国土密度达到日本现在一半的水平，就要增加21 000多座城市。我国现有建制镇19 000个，即便都发展成为城市也达不到这样的水平。因此，推进农村城市化是我国经济社会发展的一个大战略。要适应全国农村城市化这一经济和社会发展的大环境，就必须深入贯彻中央和市委关于加快城市化进程的一系列指示精神，就必须积极推进昌平区的农村城市化进程。二是农村城市化是农民实现现代化的客观要求。和全国一样，农业、农村、农民问题，始终是昌平发展的重要问题，要实现全区的现代化，首先要解决“三农”问题，实现农业、农村、农民的现代化。从实行家庭联产承包责任制解决了农民的温饱问题，到大力发展乡镇企业使农民逐步走上了富裕的道路，再到发展城镇建设、推动农村城市化使农民过上了城市人的生活，享受到了城市文明，这一农村改革的实践证明，农业的根本出路在于产业化，农村的重要出路在于工业化，农民的最终出路在于城市化。要实现昌平的现代化，就必须推进农村城市化，实现农民现代化。三是农村城市化是昌平特殊区位的要求。一个健全的大都市，必然要有一部分城市化的现代乡村。昌平做为首都的郊区，推进农村城市化，建设现代化的新农村，是首都北京作为国际化大都市的必要补充和必然要求。

(2) 在学习和提高认识的基础上，要积极探索有特色的农村城市化道路。一是各部门要研究如何为推动全区农村城市化进程服务和如何配合各镇推进农村城市化进程；二是各镇在根据自己的优势和特点，因地制宜，各具特色，综合开发，在全区的总体规划方案的指导下，积极探索本地区的农村城市化模式。

2. 切实加强规划工作，推进农村城市化健康发展。科学的规划是指导城镇合理建设和依法管理的重要依据和手段。昌平地处北京的上风上水，是首都重点建设的以发展旅游、高教、科研为主的卫星城，其特殊的地理位置和赋予的功能要求卫星城和村镇建设必须按照区域总体规划，合理配置资源，功能综合齐备，设施配套齐全，布局科学合理，生态环境优化，形成现代化、组团式新型城镇建设格局。

(1) 做好规划的编制工作。

一是要修订完善全区城镇建设总体规划。1997年底乡镇合并以及1999年的撤县设区和撤乡并镇，使原有的城镇规划不能适应区域的发展。要从全区整体角度，从全区经济社会发展的战略高度出发，面向21世纪，修订完善好昌平区城镇建设的总体规划。

二是做好卫星城城区的规划。卫星城城区建设在全区城市化建设中处龙头和主导地位。卫星城城区的建设好坏直接影响着全区的城市化进程，做好卫星城城区的规划尤为重要。要根据经济和社会的发展需要，按照合理布局的总体要求，做好卫星城旧城区及城区东扩的整体规划。

三是做好镇域规划。要以合并后的17个镇为基础，做好各镇镇域的总体规划。目前，南口镇镇域总体规划已经首规委联席会审批同意，沙河镇镇城总体规划已经市政府办公会同意，其余各镇的镇域规划还没有最后完成，正在待批、待报、编制中，要加快各镇的镇域规划工作，这些规划的完成，将对各镇的发展起到超前的指导作用。

四是做好行政村的规划。行政村是城乡建设最基

本的组团，面广量大，它的建设好坏直接影响着农村城市化进程。全区共有313个行政村，1999年已完成94个行政村的规划编制，其余各行政村要继续按照既已确定的“工业进区，商业进镇，缩并村庄，切实保护耕地，合理利用资源，维护生态平衡”的总体要求，做好编制工作。

（2）加强规划实施的监督检查，抓好规划的落实工作。一要建立健全城市规划监督检查组织。建立规划监察执法机构，负责全区的规划检查监督工作。二要建立健全城市规划监督检查制度。根据有关法规规定，结合本地区的实际情况，制定规划监督检查制度，对全区的建设项目进行监督管理。三要加大查处违法建设的执法力度，强化规划监督管理，使城镇建设秩序进一步得到改善。

3.拓宽融资渠道，加快农村城市化进程。要制定配套政策，进一步拓宽融资渠道。充分利用市场机制，鼓励和吸引多种投资主体积极参与昌平区的农村城市化建设。

一是适当加大财政投入力度。随着经济的发展和实力的增强，在逐步加大区、镇两级财政投入力度的同时，利用有关政策，积极争取市级财政投资力度。投资重点是基础设施、公用设施、环境建设和地下设施等具有明显的公益性和投资规模巨大的设施建设。二是积极鼓励社会投资参与城市建设。利用市场机制，采取“建设—经营—转让”、“转让—经营—转让”或拍卖基础设施冠名权等特许权经营方式和融资方式，大量引进比较丰富的民间资金参与城市基础建设。三是积极引导农民投入。可以通过税收优惠、贷款贴息等政策，积极引导农民投入城市建设，包括农户投入和农村集体投入，集体投入重点是社区性基础设施、公用设施；农民投入重点是住房建设。四是向金融机构融资。通过贷款的方式进行城市建设。五是积极吸引外来投资。积极争取国际金融机构的优惠贷款、国外政府的优惠借款以及国外财团的直接投资。

4.制定配套政策，保持农村城市化进程健康、有序、稳步推进。按照农村城市化发展的客观要求，有针对性地研究制定各项相关政策。特别是在产业、土地、人口和就业、投融资、环境保护等方面，要制定相关政策，使全区农村城市化健康、有序、稳步推进。

（1）产业政策。产业的发展与城市化的推进是息息相关的，产业发展的进程直接影响城市化的进程。昌平地处山区半山区，是首都重点建设的以发展旅游、高教、科研为主的卫星城，其特殊的地理情况与功能定位确定了昌平的产业发展方向。

平原地区要按照既已确定的“强二、兴三、优一”的产业发展思路，全面推进经济快速增长。一是卫星城要与昌平高科技园区结合起来，重点发展第三产业和第二产业中的支柱行业、骨干企业。二是卫星城以外平原地区的产业发展要突出特色。一产要以小汤山现代农业科技园为龙头，大力发展以科技、精品、观光为特点的都市型农业，全面发挥都市农业生态环保、文化教育、观光休闲和就业等多种功能；二产要结合工业小区、工业大院的建设，改造传统产业，大力发展科技含量高、市场竞争力强、有利于环境保护、能代表一定实力和水平的行业和产品；三产要大力发展为城市生活和生产服务的行业，并向高档次、高水平发展。

山区、半山区与平原的生产和生活条件差别较大，在发挥好首都生态屏障和水源涵养的重要作用同时，要充分利用山区资源优势，以种养业和旅游业为主带动山区特色经济发展。大力发展特色种养业和休闲旅游观光农业，特别是要利用山前暖带，大力发展果品业、养殖业，形成有特色的果品业和养殖业的主产区；同时，依托丰富的旅游资源，大力发展旅游业，促进山区经济发展。在主导产业的区域定位的基础上，制定相应的产业发展政策，推动区域经济的快速发展，逐步形成产业发展与推进农村城市化良性互动之路。

（2）土地政策。城市化是土地使用方式的调整，不可避免地涉及到土地的流转和转换问题。因此解决好城镇建设、旧村改造、房地产开发、农民上楼、工业建设与保护耕地之间的关系，实现良性运转。要把开发建设同复耕还田结合起来，在调整土地使用的布局结构上保持一定程度的灵活性，既要有总量平衡上严格的宏观调控，也要在调整过程中发挥出各级的积极性。

（3）人口和就业政策。积极引导农村劳动力向非农产业转移。①结合农业结构调整，做好三个转移；一是在种植业内部从粮食生产向经济和饲料作物生产转移，较大幅度地减少粮食种植业的劳动力；二是在农业内部从种植业向畜牧业转移，较大幅度地增加草食动物畜牧业及饲料种植业的劳动力；三是在农村内部从种养业向产前、产后服务业特别是向农副产品加工业转移。②加大对农村人力资本的投资，大力开展技术培训教育，使农民掌握新的技能，引导农民从农村向城镇和非农业转移。

（4）投资政策。城镇建设所需大量的资金，仅靠政府财政投资是难以实现的，必须制定相关政策，吸引和鼓励社会各种投资主体参与全区的城镇建设。例如，在旧城改造及城镇建设中，要研究土地出让金的减免政策、市政公用设施建设费用的减免政策、财政贴息政策及贷款担保政策等，吸引社会各种投资主体参与城镇建设。另外，还要充分研究和利用小城镇试点一系列优惠政策吸纳社会资金进行城镇建设。

（5）环境保护政策。在农村城市化发展过程中，要尽量避免走先污染、后治理的老路，把城镇建设与资源、环境的保护建设结合起来，坚持走可持续发展的道路。一是合理利用资源。要采取保护土地资源、发展节水农业等有效措施，合理利用资源；二是保护环境，增加绿化，抓好城镇绿化以及隔离片林和山区绿化建设，从而促进生态环境建设；三是防治生产和生活对生态环境的污染，环境治理要逐步从末端治理向全过程防治，实施清洁生产，减少废物产生，控制排放，并向废物资源化方向发展。

*5. 分层次抓好基本建设，加快农村城市化步伐。*构建符合昌平经济社会发展的总体规划的现代化城镇体系，是推动全区经济发展和社会进步的客观要求，是加快昌平农村城市化进程现实选择。因此，昌平的农村城市化建设，应结合新的形势和任务要求，以“统一规划，因地制宜，各具特色、保护耕地，优化环境，综合开发”为指针，突出昌平卫星城的龙头地位，建设好沙河、回龙观、东小口、阳坊、小汤山、北七家等中心镇和试点小城镇，带动一般建制镇的开发建设，建设一批现代化的新农村，建立和完善布局合理的“卫星城—中心城镇— 一般建制镇—现代化新农村”的四级城镇体系，分层次抓好基本建设，逐步形成经济发达，农民富裕，环境优美，基础设施齐全，既有时代气息，又有京郊特色的现代化城镇体系，推动全区农村城市化向更高层次发展。

(1) 高标准，搞好卫星城建设。卫星城城区是全区行政、经济、文化和服务中心，卫星城城区建设在全区城市化建设中处龙头和主导地位。为加快卫星城城区的建设步伐，要继续加大对卫星城城区基础设施、公共设施和社会服务体系建设的投入，不断完善城市服务功能，继续加大拆除违章建筑力度，并及时进行绿化美化，提高卫星城整体环境水平。同时搞好城区危旧房改造，大力支持城北街道办事处一街、二街、三街、五街、六街、八街、东关、西关和永安9个管区的旧城改造工作，按照昌平卫星城的总体规划要求，全面启动旧城改造工程。同时按照卫星城城区东扩的总体规划，高标准、高起点做好东扩的开发和建设工作。

(2) 加快试点、中心小城镇的建设。试点小城镇建设要发挥其聚集功能和对周边乡镇的辐射作用，根据功成定位，形成相当规模、相对独立、基础设施和公共服务设施齐全的新型城镇，充分利用各项优惠政策，加快建设步伐。小城镇的建设要有特色、有风格、有标志性建筑；民宅建设要坚持“适用、安全、经济、美观”的原则。注重提高和健全使用功能，重点抓好小汤山镇、北七家镇2个典型。

在抓好试点小城镇建设的同时，要抓好沙河镇、东小口镇、回龙观镇、马池口镇、南口镇、阳坊镇等一批重点中心城镇的建设。一是要坚持以经济建设为中心，结合乡镇企业二次创业，加快二、三产业的发展，把中心城镇建设成为经济强镇；二是实行资金支持和政策倾斜，搞好交通、供水、排水、供电、通讯、供气、供热、环境保护等公用基础设施建设，完善文化、教育、医疗等服务设施，增强服务功能，与试点城镇一起成为全区城镇建设的典型，带动一般乡镇的发展。

(3) 推动一般建制镇的建设。经济相对落后的平原和山区一般乡镇的建设，要借鉴试点和中心城镇的经验，结合自己的实际情况，以发展特色产业，环境综合整治为主，做到在产业上，山区旅游、林果、特色养殖等主导产业突出。在环境上，主要道路硬化，重点地区和道路绿化美化，达到环境建设与产业发展互相促进，推动一般乡镇的发展建设。

(4) 村庄改造。在重点抓好卫星城城区建设和乡镇建设的同时，要在规划和有步骤地进行行政村区域调整的基础上，搞好中心村的建设，进一步深化和规范村容镇貌综合治理。要以经济发达村为重点，高标准规划建设一批市政基础设施和公共服务设施配套的新型农村。农村住宅建设要打破“兵营式”布局模式，发展别墅式或庭院式建筑。主要公路沿线村，加强高标准的环境综合治理，保持无违章建筑、无妨碍交通的集市和摊点、无垃圾、无有碍观瞻的建筑物和广告牌。可以先确定百善镇泥洼村、汤山大柳树村、北七家镇郑各庄村等一批经济强村为典型，重点建设为别墅式或庭院式新村，通过对一批重点村的建设，初步形成既具有田园风光，又具有时代气息的新农村发展典型，以带动和促进新农村的建设。

以“三个代表”重要思想为指导，努力做好新形势下的信访工作

顺义区区长 孙政才

随着改革力度的加大，经济的快速发展，城市建设步伐的加快，全区经济社会发展过程中长期积累的一些深层次矛盾和问题不断暴露出来；同时，全社会范围经济成分、利益主体、社会组织和生活方式日趋多样化，也带来了一些新情况、新矛盾和新问题，决定了在人民内部必然存在复杂多样的利益矛盾。这些物质的、经济的利益矛盾，是人民内部矛盾产生和变化的重要根源。面对新的形势和任务，信访工作应以江泽民总书记关于“三个代表”的重要思想为指导，积极适应新的形势要求，提高思想认识，完善各项机制，加大工作力度，妥善地处理好人民内部矛盾，以扎实有效的工作，努力为全区改革与发展营造良好的社会环境。

一、顺义区的信访形势

近几年来，全区各级领导干部对信访工作越来越

重视。结合本地区、本部门的实践，进一步完善了信访工作领导责任制。从1995年开始，陆续建立并完善了区镇局级领导干部接待日、领导阅批群众来信、领导包案、定期分析信访形势、排查信访隐患、群众逐级上访、信访工作目标量化考核、复信回访等多项制度。下大力量狠抓了基层信访机构建设，建起了区镇村三级信访工作网络。以此为切入点，信访工作取得了明显成效，大量信访问题被化解在基层，化解在萌芽状态，有效地维护了政治稳定和社会安定，促进了经济发展和政府工作水平的提高。但是，我们也应清楚地看到信访形势仍不容乐观，以群体访为例，突出表现在：

1. *群体上访量大幅度上升*。今年1~5月份，全区发生群体上访达222批，比去年同期上升了31%。到区群体上访68批，1 408人次，分别比去年同期上升了52%和164%。到市群体上访10批，444人次，分别是去年的3倍和16倍。

2. *反映的问题相对集中*。主要涉及占地补偿费的使用和占地转非、密云库区移民住房、农村基层干部违法违纪、城区拆迁改造、企业拖欠职工工资及其福利待遇等诸多方面。

3. *围堵党政机关大门现象比较突出*。今年以来，共出现围堵区委、区政府大门1 117起，围堵市政府大门3起，有一批到国务院上访，较前几年情况严重。

二、引发群众上访增加的主要原因

造成群体上访增加的原因是多方面的，从我区1~5月份所发生的群体访案件分析，主要有如下几个方面：

1. *随着改革的不断深入、新旧体制的转换、社会利益格局的调整，一些涉及群众切身利益的深层次问题不断涌现出来*。相应地，我们对暴露出来的问题在思想认识上和工作方法上与形势发展的要求存在差距，没有引起高度警觉和妥善处理，这是产生群体上访的客观原因。此类问题占群体访总量的40%。如占地补偿费的使用欠合理，转非安置工作不能及时到位；在城市建设和管理过程中，拆除违法建设、清除影响市容的摊点等工作，涉及面广，情况复杂，触动了一部分人的既得利益；水利工程占地、绿化占地，造成个别村的农民耕地减少；农民合同工合同到期下岗失业人员增多；企业停产、半停产，经营亏损，拖欠职工工资及各种福利、待遇，影响职工基本生活等等。

2. *有些群体访的发生，与某些地方和部门领导干部没有牢固树立全心全意为人民服务的思想，干部与群众位置处理不好，伤害了群众感情有直接关系*。此类问题占群体访总量的30%。如农村基层少数干部为政不廉，办事不公，以权谋私，工作方法简单，往往是干群关系紧张的诱发原因，也是容易激化矛盾酿成事端的导火索；一些干部全心全意为人民服务的宗旨意识不强，群众观念淡薄，没有把群众的呼声放在心上，自觉地为人民排忧解难，为人民办好事，办实事；有的部门和干部不愿意做艰苦细致的群众工作，怕麻烦、图省事，把上访群众推来推去，致使很简单的事情复杂化，造成越级上访和重信重访，加大了解决问题的难度；个别基层干部民主法制观念不强，与群众日益增强的民主意识、参与意识不适应。

3. *部分上访群众法制观念淡薄，不讲政策，要求过高，怀着侥幸心理上访*。此类问题占群体访总量的18%。群众上访，有些是合理的，但也有些是不合理的。有的上访群众认为人多势众找领导，领导怕影响稳定，必然会让步给予解决。因此，在“小闹小解决、大闹大解决、不闹不解决”的错误思想支配下，有少数人串联组织、多数人追随上访。如密云库区移民在住房问题区、镇给予恰当处理后，又重复上访，企图得到更多的实惠。有的上访群众不按政策想问题，而是依照自己设想的目标上访，不达目的就不罢休。顺义城区光明街改造过程中，在幸福西区4号楼拆迁问题上，区政府已按市政府、区政府有关文件规定向拆迁居民作了详细解释，当时居民普遍表示满意，可事后又多次找政府，要求脱离政策规定，给他们增加住房面积，并按优惠价给予解决，为此还到市政府上访。个别农村群体上访是因为村干部依法或按政策对他们的某些事情作过处理，影响了个人利益，从而引起不满情绪，串通上访。比如计划生育、承包土地、亲友在村当干部被免职等问题。

4. *个别基层信访网络单位工作不到位引发群众上访*。此类问题占群体访总量的12%。如今年1~5月份。到区的68批群体访中，有8批没有向区里及时反馈信息。正是因为信息不灵，贻误了化解矛盾的有利时机，造成了工作上的被动。我们的干部对群众想些什么、说些什么、做些什么不能及时掌握，也是造成越级群体访的重要原因。

三、以“三个代表”重要思想为指导，努力做好新形势下的信访工作

针对目前全区的信访形势，必须正确处理好改革、发展与稳定的关系，进一步加大工作力度，充分发挥信访部门的职能作用，为全区的两个文明建设提供稳定的社会环境。在工作中，应努力做到：一个坚持，两个到位，三个必须。

一个坚持，就是信访工作要坚持以江总书记关于“三个代表”重要思想为指导。切实将贯彻落实“三个代表”作为全区信访工作的根本出发点和落脚点；按照“三个代表”的要求，解决好群众反映强烈的热点、难点问题；以“三个代表”来衡量和检验信访工作的好坏；按照“三个代表”探索社会主义市场经济条件下做好信访工作的新思路、新途径。要以扎实的工作，有力的措施，完善的机制，争取在信访工作上取得新突破，见到实效，以扭转群体访上升的势头，为改革、发展创造一个良好的环境。

二个到位，即认识到位，工作到位。认识到位，主

要是对目前的信访形势要认识到位。目前,由于改革的深入,利益关系的调整,人民内部矛盾明显增多,群体访上升是改革进程中不可避免的,是正常现象。面对这种形势,必须解决好认识问题,辩证地看待信访量与工作实绩的关系。群众信访,是信任党和政府,也是密切党和政府与人民群众关系的重要渠道,对正常有序的信访,我们应当欢迎、支持,这有利于改进我们的工作。当然,我们也应当看到,信访量的多少,往往与辖区内问题存在的程度、解决问题的力度有关。如果一个地方问题成堆,又长期得不到解决,群众信访理所当然就会增加。信访量多并不可怕,可怕的是有了问题不解决。对此,认识上必须到位。

工作到位,就是日常的排查工作、初信初访的调查处理等工作要到位。一是要加强领导。当前的群体访、越级上访和重信重访已成为影响社会稳定的因素之一。因此,必须引起高度重视,切实把预防、控制群体信访、上访事件作为我们信访工作的重点抓紧抓好。要妥善处理各种处于萌芽状态的矛盾和问题,防止矛盾激化。二是认真做好排查工作。各地区、各部门的领导干部应经常深入基层,调查研究,了解本地区、本部门存在的不安定因素,做到及时发现、及时化解。抓好排查制度的落实,定期排查信访隐患和不稳定因素。对排查出的信访隐患和不稳定因素按照"归口办理"的原则,转交承办单位,明确包案领导和责任人,限期解决。三是提高初信初访一次办结率。各地区、各部门一定要高度重视初信初访工作,把初信初访的一次办结率作为衡量信访工作好与差的重要标准之一。过去,顺义区之所以出现重信重访量偏高问题,究其原因,很大程度上是对初信初访的重视不够,处理上不能做到一步到位,留有尾巴,使矛盾复杂和激化。要认真对待人民群众的初信初访,弄清信访人反映的问题和要求后,应进行认真细致的调查,按政策规定及时、妥善地处理并做好答复工作。对特殊案件不能按时结案的,要及时向上访群众反馈意见,做好解释工作,争取上访群众的理解,以防止、减少重信重访和越级上访的发生。

三个必须,即必须抓好领导责任机制;必须坚持分流机制;必须加强基层信访工作机制。

一是必须抓好领导责任机制。各级党政一把手要对本地区、本部门的信访工作负总责,把信访工作摆在重要位置,切实抓紧抓好。要继续坚持逐级签订信访工作责任书制度,一级抓一级,一级对一级负责,保证定期研究信访工作、公开挂牌接待来访群众、及时阅批群众来信、领导亲自包案处理信访问题、信访工作目标量化管理考核等各项工作制度的落实。对群体上访案件,主要领导必须亲自过问,分管领导包案解决,一包到底。对主管领导解决不了的案件,主要领导要亲自抓,直到把问题彻底解决为止。

二是必须坚持分流机制。拓宽信访渠道,充分发挥区长便民电话网络的作用,广泛听取群众的意见和建议,对群众反映的热点、难点问题,要高度重视,作为大事来抓,根据不同问题,抓好分流工作。分流的范围:一是向行政复议、仲裁、司法这三个渠道横向分流;二是对群众反映有理的、行政管辖明确的、单一的,需职能部门履行职责的问题,向职能部门分流;三是对于涉及多方面或情况复杂、没有仲裁依据或仲裁依据不明确的问题,则应采取条块结合的方式,向属地管辖方向分流;四是向下分流,由责任单位处理。信访部门应做的工作是:认真分析群众反映的问题,认定群众的要求有无道理,明确处理责任,在政策上把握大局,在方法上给予指导。

三是必须进一步探索把矛盾控制化解在基层的机制。要积极适应信访的新形势,不断探索信访工作的新思路、新途径,有效地预防、控制和化解矛盾,确保政治稳定和社会安定。

1. 进一步健全信访工作网络。切实加强区、镇、村(厂)三级信访工作网络建设,健全机构,配齐人员明确责任,加强沟通,确保信息灵敏,反映快速。

2. 健全完善信访工作制度。领导接待群众上访、群众逐级上访、信访工作领导责任制、领导包案、信访排查等各项制度要继续坚持,并狠抓落实。要不断完善村民议事会、财务政务两公开、财经审计等制度,增加工作透明度。

3. 加强对群众的民主与法制教育,引导群众依法信访,利用法律维护自己的权益。警惕个别人借干群矛盾谋取不正当利益;对个别人利用信访问题,煽动群众闹事,危及社会稳定的应依法处理。

4. 加强基层组织建设,提高基层。干部的综合素质。抓好基层干部关于党的方针、政策、党的宗旨、法律法规知识、工作方法等方面的学习,提高他们的政策理论水平和在新形势下运用法律、行政和思想政治工作的综合方法处理好各种矛盾的能力。

以重组引进为重点大力推动乡镇工业二次创业

通州区区长　焦志忠

1998年以来,市委、市政府加大了乡镇企业改革与发展的步伐,市委八届二中全会明确提出了乡镇企业的"二次创业"任务。通州区认真贯彻市委、市政府关于二次创业的一系列指示精神,从自身的实际出发，解放思想，开拓进取，坚定不移地走重组、引进之路，以重组引进为动力推动乡镇工业二次创业进程。3年来的重组引进实践，不但改变了乡镇工业面貌，而且也使通州的整体经济环境和经济结构得到了优化。最近，我们对三年来的重组引进情况进行了调查模底，从调查结果来看，反映了如下情况：

一、引进的基本情况

3年来，全区各乡镇共引进投资500万元以上的项目215个，其中投资1 000万元以上的项目132个，投资3 000万元以上的项目52个，投资5 000万元以上的项目35个。500万元以上大项目总投资77.17亿元，到位资金28.96亿元，资金到位率37.5%。

到2000年8月底，以上引进项目中，已投产或试生产的项目122个，占项目总数的56.7%；安装设备的项目25个，占项目总数的11.6%；开工建设的项目37个，占项目总数的17.2%；签订协议尚未筹建的项目28个，占项目总数的13%。

2000年1～8月份，引进企业实现产值8.36亿元，实现销售收入7.20亿元，实现利润6 518.2万元，实现税收3 400.3万元。500万元以上的引进大项目全部建成达产后，预计实现产值73.57亿元，实现销售收入62.92亿元，实现利润7.23亿元，实现税收2.9亿元。

二、重组、引进取得的主要成效

1. 重组引进加快了乡镇经济结构调整。3年来，全区各乡镇充分利用本地的资源和区位优势，吸引了一些规模大、实力强、发展前景好的企业来本地投资办厂，从而初步形成了具有行业特点的支柱产业，使乡镇产业结构和产品结构得到了调整和优化，为通州区经济的发展与繁荣注入了新的活力。汪财记食品有限公司、雨润食品公司、御香园、航通真空保鲜公司等企业，已经成为通州区农副产品加工的龙头企业，带动了全区农业产业化的发展；甘李生物技术有限公司、嘉德、华尔孚、中天制药等企业将成为通州区乡镇企业新医药的代表；具有国家一级建安资质的南京凌云、中航黎明和北京轻钢轮骨有限公司的入区，将使通州区的建材业和建筑安装业再上一个新台阶；北京桑德、泰和通等环保企业将成为通州区颇具发展潜力的环保产业。一个个民营高新技术企业相继到通州落户，使全区工业结构不断优化，初步形成了以环保、精细化工、电子电讯、生物制药、新材料等行业为特色的高科技产业群。泰和通环保技术有限公司在世界环保产业占有重要的地位，是目前世界上最大的免水冲卫生厕所及粪便垃圾资源化系统工程专业环保公司，其主要产品免水冲卫生厕所被誉为21世纪的卫厕革命，并赢得100多项国家专利和两项国际专利；以生产油田化学剂为主的北京恒聚油田化学剂有限公司，其产品被列为国家“九五”重中之重，该公司总投资1.2亿元，自签约到投产仅用一年时间，预计年产值可达5亿元，成为全区民营企业中投资规模最大、建设周期最短、见效最快、科技含量最高的项目；在我国首屈一指的民营环保企业桑德集团，预计年产值可达2亿元，利税可达5 000多万元；北京沃华生物制品公司在全社会范围内配置资源，成为全区第一家股份有限公司。1999年，全区财政收入的1/5来自民营高科技企业。

2. 重组引进使乡镇企业的生产要素得到了优化配置。在通州区重组引进215家500万元以上的项目中，属于重新建厂的104家，其余111个项目均属利用原有的厂房、场地进行扩建、生产。这样就形成了以乡镇企业已经具备的生产要素为基础，通过引进资金、技术、产品等生产要素，充分释放其生产能量，既达到了原企业生产要素的盘活，又实现了引进企业低成本扩张的目的。3年来，各乡镇通过重组引进共盘活工业闲置厂房、场地87.41万平方米，盘活闲置电力1.61万千伏安，盘活闲置设备401套，盘活闲置总资产5.43亿元。漷县镇将其闲置了数年的2 000平方米的厂房以年租金68万元租给鄂尔多斯羊绒集团公司，该企业1999年生产羊绒衫7万件，实现销售收入3 500万元，利润350万元，税收300万元。

3. 重组引进逐渐形成乡镇工业发展的新机制。3年来，各乡镇通过重组引进，彻底抛弃了过去那种不适应市场经济的乡镇政府或集体直接投资，并且承担无限风险的运作企业方式，广泛吸引资金和技术，建立了新的多元化的投资机制和经营机制，实现了企业组织形式的多样性，使全区的经济结构趋于合理，更加适应市场发展需要。在重组引进的215家500万元以上的大项目中，按引进投资企业经济性质划分，国有企业投资项目20个，占9%；高等院校、科研院所投资项目14个，占7%；民营企业投资项目106个，占49%；外商投资项目29个，占13%。按企业组织形式划分，股份合作制企业71家，私人独资企业22家，公司制企业90家。

4. 重组引进促进了乡镇工业总量的增长。乡镇工业实现二次创业，量的增长是关键，资金和技术的投入是关键，没有高质量的技术与投资拉动，乡镇工业的发展和二次创业就会成为无源之水、无本之木。3年来的重组引进工作，吸引大量的生产要素向通州区聚集，有效地拉动了乡镇工业总量的迅速增长，加快了二次创业进程。据统计，全区各乡镇今年上半年引进企业的工业生产总值占乡镇工业生产总值的比例达到20.6%，引进企业税收占乡镇财政收入的比例达到18.9%。次渠镇这两个比例分别高达68.9%和76.6%。1998年和1999两年乡镇税收的增幅分别为21.6%和45.5%，13个乡镇税收超过千万元。截止到2000年上半年，乡镇税收总额超过1 000万元的有9个。

三、重组、引进的成因和问题分析

1. 重组、引进的成因分析。

(1) 有一套有利于重组、引进的政策。通州乡镇工业发展面临的主要矛盾是：经济总量不足，存量闲置。为此，近几年我们的工作核心就在引进增量，盘活存量，增加总量。为加快重组引进，1999 年以来，通州区出台了六项政策，即：关于支持重点企业的政策，关于支持工业企业资产重组、企业转制的政策，关于支持工业企业创名牌的政策，关于鼓励高新技术企业进入科校园区的政策，关于鼓励个体、私营经济发展的政策，关于为中小企业提供担保的政策。这些政策主要涉及五个方面：一是土地政策。根据引进档次不同程度放开土地价格，特别在工业区、科技园区，重点靠土地价格吸引项目人区。区政府早已明确，工业区、科技园区不是搞房地产，不是卖地，而是引进生产要素、引进科技产品、引进科技人才。凡是好项目、投资大的项目，土地价格优惠就多。二是扶持保护政策。对私人投资、私有资产，政府依法给予保护。对个体、私营企业在贷款、占地、水电、税收和各种服务等方面给予支持，与国有企业、集体企业享受同等待遇，一视同仁。三是税收政策。在强调企业依法纳税的基础上，对重点企业、贡献大的企业和新的经济增长点享受税收财政返还政策。对引进的项目给予退税让利的政策，不求所有，但求所在。四是分配政策。在分配上放开，首先尊重知识，尊重科学、尊重人才，承认科技等无形资产可以作价入股分红，政府给予法律保护。五是奖励政策。坚持以效益为基础，根据贡献大小给予奖励。

各乡镇根据区委、区政府的政策，并结合本地区实际，也分别制定了自己的重组、引进的优惠政策和奖励办法。3 年来，各乡镇政府认真按优惠政策进行重组引进，主动按奖励办法进行政策兑现。优惠政策和奖励办法的有效实施，既保证了政策自身的严肃性，又极大地保护了投资者的投资热情。投资5 600万元的天龙钨钼合金工贸有限公司曾对在胡各庄镇投资持观望、怀疑态度，该企业入区后，胡各庄镇依据政策努力为其协调生产建设过程中出现的资金不足等问题，得到了该企业的很高评价，认为该镇守信用、靠得住，可以依赖。台湖镇根据优惠政策，认真履行对引进企业的税收返还兑现，地税返还可以凭完税单一月结一次，国税返还可以凭完税单一年结一次。

(2) 为重组引进营造了良好的投资环境。3 年来，通州区以卫星城建设和卫星城周边地区的基本建设为中心，开展我们通州区的环境建设，对重组、引进起到了巨大的推动作用。通州先后完成了北运河“一河二桥三路”综合改造工程和通惠河“一河三桥”综合改造工程等一系列河流、道路、桥梁工程，为运河两岸的改造与开发奠定了坚实的基础；完成了傍河取水工程，使卫星城日供水量最高可达 7.5 万吨，基本满足生产生活要求；完成了卫星城电网改造工程，为全城用电提供了可靠保证；同时，配合市有关部门，实施了京沈高速公路工程、外二环通州段工程、电信二局建设工程和天然气入通工程。这些重点工程总投资近 60 亿元，根本改善通州的投资环境，大大增强了乡镇重组引进的吸引力。

从 1999 年下半年到 2000 年上半年，营造环境的工作开始扩展到乡镇。各乡镇根据重组引进的现实要求，积极开展公路、桥梁、电力电信等基础设施建设，与此同时，重点实施乡镇工业小区、工业大院建设工程。目前，全区规划建设乡镇工业小区 23 个，建设村级工业大院 74 个。通过实行区、乡、村、企业的多元化投资机制，两年来用于小区、大院的基础设施建设资金分别达 1.8 亿元和 1.4 亿元。入区项目 262 个，总投资 67.4 亿元，到位资金 35.2 亿元，已投产项目 185 个，在建项目 77 个；入院项目 499 个，总投资 17.2 亿元，到位资金 9.9 亿元，已投产项目 395 个，在建项目 104 个。甘棠工业小区和召里工业大院，入驻企业分别达到 11 家和 9 家；县工业小区和召里工业大院入驻企业投资总额分别达到 2.2 亿元和 8 330 万元。

(3) 形成了重组引进的新队伍。经过 3 年来重组引进的实践，各乡镇重组引进队伍的结构发生了明显变化。他们充分利用自身优势，广交朋友，广结人才，把一切能为重组引进做贡献的人联系起来，使地区经济发展建立在广泛的群众支持的基础上，逐渐形成了一支专兼职相结合的重组引进队伍，从而使得乡镇自我宣传和聚集信息的功能大大增强。台湖镇党委抓住北京市区企业搬迁的机遇，将所有搬迁企业的基本情况打印成册，发放给机关干部和村支部书记，动员社会力量为引进出力，收到较好的效果。2000 年上半年，该镇成功地吸引进北京市工程机械集团下属的 5 家搬迁企业整体入区，一期出让土地 67 公顷，吸引投资近 20 亿元。

(4) 有一套重组引进的新方法。各乡镇在重组引进中，逐渐形成了一整套行之有效的工作方法。一是通过图文印刷品、广播电视、报纸刊物等媒体宣传自己的投资政策和投资环境。二是成立乡镇招商公司，开展常规性招商活动。三是开展丰富多彩的招商活动。如台湖镇举办了两届科技招商月活动，都取得了较好的效果。四是利用国际互联网进行网络宣传和网络招商。目前通州区漷县、牛堡屯、台湖等乡镇都在互联网上拥有自己的宣传网页，其漷县镇已拥有自己的网站。五是通过入资企业的对外关系，以商招商。台湖镇通过这种方法，成功地吸引北京砂轮厂、京南方不锈钢型材有限公司和三昌公司三个项目到该镇落户。五是充分利用首都科技优势，与大专院校、科研院所建立长期固定的联系，吸引高科技项目入区建设。通过这种方法，次渠镇成功地引进了北京化工研究院生产基地、北京工大健翔工贸有限公司和北京联合大学生产实验基地。

(5) 形成了重组引进的新观念。几年来，伴随着一个个大项目到通州区落户，乡镇逐渐形成了按市场经济规律组织经济，依靠外力发展乡镇工业的一系列新观念。一是乡镇工业从传统的政府和集体为投资主体的计划经济条件下的投资模式中解放出来，树立了多元化的吸引社会资本发展乡镇工业的新观念。二是乡镇工业从既要所有、又要所在的旧的从属观念中解放出来，树立了“不求所有、但求所在、让得取税”的新观念。三是从宁可要跑了、不能要少了的狭隘的还利观念中解放出来，树立了兼顾长远和眼前利益，让利取税的新观念。四是从对非公经济存有疑虑、区别对待的旧观念中解放出来，树立了效益优先、一视同仁的新观念。五是从片面追求企业资产的大规模的误区中解放出来，树立了企业规模大小由市场决定，宜大则大，宜小则小，大、中、小企业并举发展的新观念。

在这种新观念的支配下，各乡镇在重组引进中认真研究市场在全社会范围内配置资源的突出作用，把眼界放在全市、全国，以致世界范围，紧紧抓住生产要素流动的、稍纵即逝的机会，通过自身的努力，生产要素迅速向本地区集中。

2. 重组、引进中的问题。3年来，通州区的重组引进成果显著，对加快乡镇工业二次创业进程起到了巨大的推动作用。但是在重引进过程中，还存在着不少问题和困难，这些问题和困难在一定程度上制约乡镇工业二次创业的质量和效益。

(1) 重组、引进不平衡，一部分乡镇在重组、引进上至今尚未打开局面。3年来有的乡镇引进大项目多达二三十家，而有的乡镇只引进一二家。主要原因：一是部分单位和部门唯条件论，总认为自己没有优势，不容易引进。其实，这种认识是片面的。甘棠镇既无区位上的优势，又无道路交通上的便利，今年上半年引进项目10个，总投资近1亿元，而且大部分企业已入驻工业园区开工建设。二是一些单位和部门的领导思想不解放，死抱原来的摊子，宁可让企业的资产闲置甚至流失，也不愿和别人重组，更不愿交给别人经营管理。三是一些单位和部门的领导对于近年来已经被实践证明了重组、引进的好思路、好办法没有真正结合自身实际去学习和运用，所以在重组、引进上无招数、少路子、看不准、抓不住。

(2) 重组引进项目的质量有待进一步提高。首先是重组引进项目的周期过长。主要表现在：一是项目签约时间与开始建设时间间隔过长；二是开工建设时间与竣工时间间隔过长；三是投产之后产生效益、实际纳税的周期过长。有的项目甚至中途夭折，半途而废，长期不能形成生产能力。从本质上说，这些都与投资者的资金实力不足、产品市场前景不宽、技术管理实力有明显缺陷等密切相关。

其次是引进项目的资金到位率需要进一步提高。1998年以来引进的500万元以上的项目215个，协议引资额高达77.17亿元，而实际到位资金仅28.96亿元，资金到位率仅为37.5%。究其原因，主要是个别企业自有资金少，前期资金准备不足，想依靠银行贷款补充资金又很困难。

第三是重组引进项目的科技含量需要进一步提高。3年来引进的500万元以上的215个大项目中，高科技企业27个，仅占12.6%。2000年上半年引进企业中有较高科技含量的企业14家，仅占引进企业总数的11%。

(3) 引进企业流动资金不足，严重影响企业的生产和效益。调查表明，重组引进企业中，90%以上的引进企业存在资金困难。民营高科技企业筹资更是困难，这是一种比较普遍的问题。民营高科技企业要加速科研成果的转化，迅速发展形成规模，取得必要的资金支持是非常必要的，但是现实中由于高新技术及产品的高风险、高投入、高效益的特点很难取得注重安全性、流动性、效益性的商业银行的资金支持。因此，引进企业扩大规模、提高创新能力相当困难。漷县镇引进的恒聚油田化学剂有限公司，投产仅两个月，便实现产值6 000万元，纳税400万元。如果流动资金充足，该企业今年的产值可达到3亿元。但由于企业前期固定资产投资过大，流动资金缺口达3000万元，导致六条生产线只能开通二条，因此减少产值达1亿元。

(4) 乡镇工业小区、村级工业大院的基础设施建设总量和质量亟待提高。总量亟待提高指的是通州区现有的工业区内可提供的路、电、水所拥有的总量还远远不适应入区企业的要求。质量亟待提高指的是基础设施还不配套，尤其是电力的供应、统一供暖、排污设施等更加缺乏，多数还不能形成整体。有的乡镇工业小区、村级工业大院缺乏长远规划，建设水平不高。

此外，多样化、市场化的工业小区、工业大院的筹资机制、招商机制还没有形成。由于缺乏行之有效的招商手段和招商方式，部分工业小区、工业大院的招商效果、招商效率还不明显。由于筹资机制不利，有的乡镇工业小区、村级工业大院的基础设施建设基本上还是空白。

四、加快重组、引进，推动工业二次创业更快、更好发展

1. 进一步增强依靠重组引进实现乡镇工业二次创业的信心和决心。从理论上讲，重组引进是市场经济条件下组织经济的要求。在市场经济条件下，市场这只无形的手在全社会范围内配置资源的作用越来越突出。市场经济的驱利性和利益最大化，使生产要素能够在短时间内向配置最合理的地方集中、转移。这个规律是客观存在的，是不以人的意志为转移的。目前通州区乡镇工业发展对技术、资金、人才的高标准需求与现实存在极大反差。而资金运转、技术转化、人才管理的专业化、社会化程度越来越高，资本、技术、人才升值的内在动力越来越大。只有眼界向外，按市场规律办事，才能在尽可能大的范围之内找到与我们的区位、资产、土地相适应的人才、资金、产品、市场等，以实现资源的优化配置，形成较合理的经济结构。这就需要我们要认真的研究这个规律，抓

住生产要素流动的、稍纵即逝的机会，通过我们自身的努力，使生产要素向通州集中。从实践上看，3年来的重组引进证明，一些经济基础比较困难、基础设施条件不太好、地处偏远地区的乡镇可以通过重组引进，聚少成多，把乡镇工业搞得有声有色；一些困难比较大甚至濒临破产的企业可以通过重引进再次获得新生；通过重组引进，完全可以在乡镇发展高科技产业、高科技企业和规模较大的企业。因此，要实现通州乡镇工业的二次创业，重组引进是必由之路，要解决通州区乡镇工业的问题，除了重组引进没有别的办法。通州区乡镇工业要在认真总结过去3年重组引进的同时，要进一步坚定重组引进的信心和决心，充分利用一次创业中已经形成的物质基础，进一步加大招商引资的力度，通过重组引进大力发展新兴产业，进行产品结构调整，借助外力培育一批“巨人”企业、“龙头”企业、利税大户和名牌产品，实现经济总量的迅速扩张。

乡镇工业二次创业在坚持重组引进的同时，要牢固树立四个新观念：一是抓住机遇、乘势而上的新的发展观念，通过重组引进，努力形成一个较长时期的快速增长阶段，尽快缩小通州区与经济发展较快的区县的差距；二是新市场观念，自觉地按市场经济规律办事，努力实现由过去依靠优惠政策吸引向依靠市场运作和依靠环境吸引的转变，实现由过去主要依赖政府行为向主要运用市场机制的转变，把工作着力点和立足点放在积极培育市场主体（尤其是企业主体）上来；三是新资源观念，在大力重组引进的同时，要着力培育和开发通州的品牌、商标、专利、市场网络、信息、创新环境、创新人才等软资源，实现全区各种资源的综合开发和科学利用；四是全面推进的新观念，坚持“有所为、有所不为”的原则，突出重点，以点带面，整体推进。

2. 继续坚持营造环境、加快重组引进的方针，为重组引进创造良好的外部环境。投资环境的好坏，不仅决定着项目的入区与否，同时更重要的是对入区项目能否缩短建设周期、早投产、早见效起着举足轻重的作用。

首先，是基础设施建设。乡镇工业小区和工业大院是乡镇工业重组引进的重要载体，如果没有一个形成规模的载体，招商引资就难以实现，实现二产的优化配置也是不可能的。所以，要吸引大量的社会投资、吸引大量的生产要素向通州区聚集，不抓紧工业小区和工业大院的建设管理是不行的。

完善工业小区、工业大院的建设和管理主要应做好以下四方面工作：一是完善小区、大院的布局。要根据小区、大院的现状，做出明确的发展规划。没有配套基础设施或基础设施不全的，要根据规划尽快筹资建设，从而使小区、大院的布局更合理、更规范。二是完善提高入区、入院企业质量。要从机制、产品、管理者等方面严格把关，使入区、入院企业有比较高的素质和比较好的效益。对于原来一些产品、技术落后的企业，要大力进行资产重组，引进新的生产要素，吸引更新、更好的企业入区、入院经营。三是完善小区、大院吸纳劳动力的功能。创造条件，使入区、入院企业能够尽量多地吸纳当地农村劳动力就业，从而使重组引进与农民致富有机地结合起来。四是完善小区、大院的外在形象。小区、大院应有明显标志，有企业分布图，有入区、入院项目简介等。同时，搞好绿化、美化，使经济环境、社会环境相统一。五是完善小区、大院的管理和服务。对入区、入院的企业要做好全程服务，使企业尽快投产见效。

工业小区、工业大院的建设的主要问题是建设资金短缺，这个问题的解决除了依靠乡镇政府直接投资外，通州区政府还要继续完善对乡镇工业小区和村级工业大院基础设施建设的扶持配套政策。但解决这个问题的根本办法主要还是要运用市场机制，拓展新的筹资渠道。如可以广泛地吸收资金实力雄厚的单位或农民个人投资，采取“当期设施投入换取等值土地，二次招商获取土地增值收益”的办法，加快设施建设。这样，既可改善设施条件，实现土地增值，又可以利益为纽带，调动社会各方面参与招商的积极性。

其次，是继续完善重组引进政策。3年来，通州区委、区政府坚持“不求所在，但求所有，让利取税”的原则，制订了一系列引进人才、引进技术、引进项目、引进资金的鼓励政策，这些政策对加快乡镇工业二次创业、促进地区经济发展起到了巨大的推动作用。在今后的重组引进中，我们要根据经济发展的实际，进一步修改和完善这些政策，使其更具有吸引力和导向作用。完善政策要在三个方面有所突破：一是土地政策的完善，要确保入区企业及时取得土地证，彻底解决引进企业的后顾之忧；二是制定和完善贷款担保办法，有效解决入区企业融资难的问题；三是有效地避免入区企业前期基础设施投资过大、资金紧张、建设周期过长的弊病。为使项目入区后早投产、早见效，通州区将继续增加工业发展基金和中小企业扶持基金，对重组引进项目予以重点扶持。

第三，是为入区企业提供优质的服务。要通过加强统一协调，提高办事效率和服务水平，为入区企业创造良好的发展环境。在充分发挥区综合服务大厅对引进项目的立项审批、注册登记、资金评估、环保评估、消防评估、审计等项工作提供方便、快捷服务的基础上，为使入区项目早投产、早见效，各乡镇要继续完善项目代办制等服务功能，做到对入区项目有人帮助办手续；对在建项目有人帮助抓落实；对达成协议的优惠条件，有人负责抓落实。乡镇要和入区企业建立长期密切的联系，随时为企业排忧解难。

3. 充分利用首都科技优势放在重要位置，把首都大专院校、科研院所作为重组引进的重点，多渠道、多方式地引进大专院校、科研院所的高科技项目。目前,北京的168家科研院所在科技体制改革的推动下,由单纯的科研单位向科技型企业转变,但受自身场地的制约,发展空间受到限制,这些科研单位急需在远郊区县发展科研生产基地；随着高等院校教育体制改革，学生的生产实践活动的地位日渐突出，院校内部的基础设施已无法满足教学需要，急需在远郊区县建设产学研结合的实验基地；中关村高科技园区虽在城区，但其特殊的区位决定了园区更适合搞研发，为了大大降低生产成本，提高利润，生产基地必然向远郊区县发展。以上这些都为通州区下一轮的重组引进提供了更好的机遇。通州距市区最近，辅之以便捷的交通网，会成为大专院校、科研院所和科技企业首选之地。为此，通州区必须要抓住机遇，积极创造条件，大力引进科技企业、大专院校、科研院所到通州区落户，把通州建设成为科研成果的转化与生产基地。

4. 建立大项目责任制、跟踪制，狠抓入区项目的落实。重组引进是全区各乡镇工业二次创业的头等大事，而引进高质量的重组项目又是二次创业的重中之重。因此，对这项工作一定要加强领导。对大项目，主要领导要亲自抓、亲自谈，一抓到底。同时还要抽出专人具体抓，要把项目落实到人头上。项目入区，只能说明引进工作刚进行一半，而更重要的引进的项目能够早建设、早投产、早见效，这是我们重组引进的出发点和落脚点。因此，引进项目一旦签约，就要有专人负责，建立项目责任制，把他们的工作优劣与经济利益挂钩。同时对大项目要建档，建立项目跟踪制度，由专人进行跟踪服务，随时掌握进度，及时发现问题，解决问题。还要定期召开会议，研究项目的建设工作，确保入区项目早投资、早建设、早投产、早见效。

5. 提高工作质量，加强对重组引进项目的可行性分析。在重组引进的一些项目中，之所以出现资金不到位、建设周期过长甚至投产后市场前景不乐观、效益不佳的问题，反映出乡镇在招商引资的工作质量上还存在问题。3 年来全区引进的项目大多数都以外方投资为主，有些同志认为既然是对方投资，我方不出钱，没有什么风险，因而对有的项目就忽视了投资方的经济实力和产品前景的可行性分析。我们认为，在招商引资过程中，不论谁是投资的主要方面，对引进的企业项目都要进行认真的论证，决不能因为项目由对方投资或急于盘活闲置资产，而对引进项目草率从事。我们对引进项目的论证，既要看投资规模，也要看它的经济实力；既要看产品的科技含量，也要看产业政策及市场前景。即使是对方投资，如果资金不到位，项目迟迟不能建设、投产、见效，或生产出的产品无市场，不但投资方的利益受损，我区的资产也得不到盘活，资源得不到优化配置，会造成更大的资源浪费。因此，各乡镇今后在重组引进中，除了对重组引进项目加大可靠性分析的工作力度外，一是对已经引进一年以上仍未动工建设的项目重新进行一次审核，根据不同情况采取限期开工建设和解除合同的措施，对闲置的资产重新进行组合；二是对已经开工而资金不到位、建设周期过长的项目，协同投资方商讨解决资金的途径，在力所能及的情况下给予资金扶持，促其早投产、早见效；三是对已经开工生产而产品市场存在问题的项目，要协同企业研究产品的结构调整，重新进行资产重组。

6. 充分发挥政策的导向作用，加快人才的引进。乡镇工业二次创业相对于一次创业来说，是一次质的飞跃，是一次全面的创新。世界经济已经进入知识经济时代，经济竞争会更加激烈，竞争的实质就是人才的竞争。所以加快二次创业，首先要实现用人机制的创新，要充分发挥市场配置资源的基础作用，用市场手段选择经营者，对现有经济管理者队伍进行脱胎换骨的改造。尤其是要抓住重组引进的好时机，形成一种优胜劣汰的用人机制，把经营者的选用和人才市场对接起来，彻底优化乡镇工业经营者结构。其次是要不断完善地区性优惠政策，不断改善地区生产生活环境，全方位解放思想，彻底打破僵死的用人机制，拓宽引进人才的领域，完善引进人才的方法和措施，加大人才特别是高科技人才引进的力度，以人才带动乡镇工业进步。

7. 加强对重组引进企业的监督、审计制度。目前，已经开工的企业中有的效益不好，究其原因，多是产品市场和管理成本过大。但也有个别企业生产正常，但效益不明显，利税寥寥无几，只出产品不出效益，尤其是原料、市场一头在外或两头在外的外资企业更为突出，产品的效益与投资规模不相符。鉴于这种情况，有关经济执法部门要加强对入区企业的管理、监督和审计，加大执法力度，引导他们加强管理，照章纳税，依法经营，促使企业健康发展。

关于大兴县农业结构调整的调查研究

大兴县县长　郭普金

为适应商品经济的发展，大兴县先后进行了粮经、农牧、产加销三次农业结构调整。从 1998 年开始，我们又对农业结构进行了较大范围的调整，全年减少粮食播种面积约 3 333 公顷，用于发展蔬菜瓜果等经济作物。我对县内部分镇乡近几年调整农业结构的情况进行了调查，认真分析了农业结构调整中成功和失败的原因，对今后一段时期如何抓好农业结构调整工作有了一些粗浅的认识。

一、农业结构调整工作中应关注的若干问题

1. 稳定的销售渠道。市场经济条件下，稳定的

农产品销售渠道是农民在结构调整后能够增产增收的基本保证。以礼贤镇发展肉鸡为例，就是通过合同利用北京大发正大有限公司这个收购渠道，使肉鸡公司饲养业得到了较快发展，1997 年开始起步，到 1999 年底出栏可达 350 万只，农民从中获取的收入 500 万元。反之，如果产品没有销路，就谈不上发展。

2. 配套的实用技术。发展名、特、优、新产品是农业结构调整的重要内容，而有配套的实用或高新技术是重要保证。如庞各庄镇是“中国西瓜之乡”，1995 年，该镇有西瓜面积 533 公顷，一度曾因品种退化以及市场因素出现卖难。近两年，该镇为再造西瓜优势，引进提高西瓜品质的技术，并积极推广了良种西瓜苗稼接，引种航天育种西甜瓜，发展保护地西瓜生产技术，做到了一年“四季种瓜，三季有瓜”。开发了西瓜育苗肥，西瓜面积不但没有减少，反而扩大到 800 公顷，使粮食作物得到了调整，农民收入也得到了大幅度提高。

3. 适合于发展的自然环境。发展一项新产业、新产品，在有市场的前提下，还要考虑本地是否有符合其生存发展的自然环境。就拿发展甲鱼养殖来说，大兴县某镇从 1987 年开始发展甲鱼生产，到 1993 年达到最高峰，有较大收益。但近几年甲鱼养殖逐渐萎缩。究其原因，主要是受南方部分地区甲鱼生产有较大规模扩张的影响，那里环境适宜成本低，我们难以与其竞争。而花卉中的非洲菊种植管理简单，每个大棚年收入在 4 万元以上，因此可以大力发展。

4. 良好的中介服务。礼贤镇 1997 年开始发展肉鸡生产时，专门抽调 6 人成立了肉鸡服务站，对饲养户实行送雏、送料、送饲养技术、防疫治病、毛鸡回收、现金结算“六到户”的全方位服务，农民只管喂鸡，到时候拿钱，消除了大多数农民的思想顾虑，由此使礼贤肉鸡养殖有了较快发展。相反，采育獭兔养殖由于龙头企业与农户中间缺少中介服务组织，农民心里没底，只好放弃。

5. 较高的收入回报。较高的收入回报是农民发展生产积极性最直接的动力。以凤河营乡为例，1998 年成立了北京宜生源蔬菜制品厂，发展酱菜加工业，并保证收购蔬菜价格比市场价高，由此带动农户 500 户，每户平均种植 0.1 公顷，每户稳定收入 4 500 元。1999 年又扩大 100 户。又如，定福庄乡依托梨树资源，开发建设集旅游、采摘、健身、住宿、观摩体验、休闲度假为一体的家庭旅游观光农业项目，带动农民增加相关收入几百万元。

二、现阶段促进农业结构调整应重点抓好的几项工作

1. 市场信息的调查研究。当前市场信息的调查主要从两方面进行，一是利用现有的各种经济信息网和信息资料，追踪市场信息并做出正确分析；二是针对某一项发展内容组成专门的市场调查小组，集中力量进行调查。调查的内容一方面是各种农产品生产销售情况，目的是做到以销定产；另一方面是新品种、新技术的开发和利用情况，以加快新品种、新技术的引进和推广，从而提高农产品品质、发展精品农业。

2. 中介组织的建立、发展。目前，发展中介服务组织，一个是建立以销售为主要内容的中介服务组织，另一个是建立产前、产中、产后全方位服务的中介服务组织。中介服务组织的建立有四种方式：一是原有乡级农业集体、企事业单位进行经营内容、经营机制的创新，发展像礼贤肉鸡服务站、魏善庄乌鸡服务站式的中介组织；二是发展农民专业合作服务组织，如庞各庄、四各庄西甜瓜产销服务联合体；三是县级农口行政部门要结合机构改革，转换职能，抽调一部分人员组成以生产供应、技术服务、销售服务为主的经营、服务型企业，如蔬菜销售公司等；四是农商部门联合，发挥商业系统信息灵、销售队伍人员素质高的优势，大力发展农产品销售服务网络。

3. 政策的扶持。政策扶持的方向：一是基础设施建设；二是新产品、新技术引进，加工型龙头企业技术改造；三是中介服务组织，包括农业科技推广服务等组织的建设。政策扶持要有选择，有重点，有连续性，要克服遍地撒芝麻盐现象，要与市有关政策相结合。

4. 典型引路。“不见兔子不撒鹰”是农民的特点，这就要求我们树立典型示范户，靠典型来引路，实践证明身边的典型最有说服力。礼贤肉鸡发展之快，是始料未及的，除有市场、有销售渠道、有中介组织外，典型示范户的作用功不可没。

5. 实施科教兴农。一是积极引进、试种、试养和推行新优品种。一方面通过与农业科研机构合作，与国外中介组织合作，学习推广外部的科学技术与管理经验。另一方面引进新优品种，如引进以色列辣椒、西红柿、美国油桃进行种植；引进美国蓝狐、标准色水貂、梅花鹿进行养殖，都取得了很好的经济效益。

二是推广先进实用的农业生产技术。如间作套种，立体高效蔬菜栽培，延长产品上市期，增加反季节品种，果品疏花、疏果、套袋技术，绿色食品配套生产技术等。

三是建设现代化的农业科技园区。像芦城“绿邦”、庞各庄西甜瓜观光示范园等。今后在科技园建设上，要坚持实行高资金投入、高科技含量、高标准管理、高产品质量、高经济效益的现代化农业生产经营方式，培育出一大批具有引导、示范和带动作用的农业创收项目。

四是积极实施名牌战略。对科技含量高、产品附加值高的蔬菜和果品继续进行商标注册，提高产品知名度，同时要充分依托主导产业、园区优势，培育名、特、优、新产品，以创造出更多省市乃至全国的名牌。

五是尽快提高劳动者科技素质。我们在向农民传

递信息提供政策的同时，通过实行绿色证书、短期农业技术和定向选送等培训方式，提高农民的科技素质，帮助其掌握实用技术。这是调整农业结构的一项基础工作，必须抓紧抓好。

一厂两制见高低

平谷县县长　赵克忠

北京豪特酿酒公司是平谷县一家国有集体企业。这家公司既生产白酒，也生产葡萄酒。1999年葡萄酒生产线上马后，他们采取股份制经营的方式，而白酒生产依然是“大锅饭”式的集体经营。

由于产权主体不一样，一厂两制，两个企业经济效益截然相反。白酒企业1999年经营亏损200万元，欠税累计370万元，贷款高达3 000万元，资产负债率为200%。而葡萄酒厂生产则红红火火，1999年实现利润130万元，上交税收30万元。

葡萄酒厂的发展是有目共睹的：

一是闯市场人人都是销售员。集体经营的白酒生产销售主要是靠业务员和领导个人的能力，而且产销各有分工，互不牵涉。股份制经营葡萄酒生产则实行全员销售，销售队伍由单一的业务员延伸到职工、股东和社会人员。明文规定：不管是业务员、职工，还是社会人员，只要谁在一年内销售3万瓶酒（合84万元人民币），就奖励桑塔纳轿车一辆。董事长郭有勤深有感触地讲：拿巨款重奖个别人，在过去是想也不敢想的。因为大家普遍认为工作是大家干的，业务员销酒是本职。而在股份制企业，领导无后顾之忧，销售人员也取之有道。去年已有7人领到了小轿车，有县内的，也有县外的；有销售人员，也有社会人员。其次，销售人员责任心明显增强。传统体制下的白酒生产业务人员出差、送货都要等专车，没有就往后拖，吃住也比较讲究，业务开支费用很大。个别人甚至为了吃点回扣而帮买主搭帮拉价。股份制经营的葡萄酒生产厂就不一样了，业务员出差只拎一个包，出门抬脚就走，经常是一、两个月不着家，吃的简单，住图方便。有人要货没有车，搭车或自己找车也要及时送。哪个买主要是讲价，对不起，全厂对外统一价格，没商量。白酒企业到山东进瓶子，都是要专车，去时跑空车。葡萄酒厂则提前几天就打听有没有送货的车，搭车一起去，回来拉瓶子，避免去时跑空车，仅此一项年可节省开支5万余元。此外，由于有沈阳和长沙的两个社会法人作为股东加盟，不仅壮大了企业的经济实力，而且市场销售半径明显扩大。相当于不花一分钱就在南北两个中心城市编织起了一张销售网。企业产品的80%主要由这两个股东销售出去，仅湖南一地1999年就实现销售收入200多万元。目前葡萄酒已销往辽宁、天津、河北、湖南、广西和浙江等省、市的众多大中城市。

二是职工对企业的关切度大大提高，自觉性明显增强。白酒企业的职工除了按时上下班完成任务外，很少关心企业的其他事情。而葡萄酒厂由于绝大多数职工是股东，名副其实地成为企业的主人，大家对企业的各项事情都分外关心。葡萄酒厂任用干部、招收职工不能个人说了算，靠权力、关系、人情用人、进人，职工根本不答应，要求必须集体讨论。只有那些思想品德好、工作能力强的职工才有资格上岗。企业不养闲人，真正体现了精干高效的原则。董事长讲：同样规模的企业，旧体制下的企业，管理人员、后勤人员至少需要20人，而现在只有7人。同是原企业的职工，到葡萄酒厂后，工作面貌、自觉性和干劲同以前相比都发生了明显变化。白酒企业的瓶包装平均破损率在5%左右，而葡萄酒厂仅在1.3%以内。两个企业的职工中午都在车间用饭，白酒就有很多人喝，好像是天经地义，厂长也不好说什么。葡萄酒则没有一个人喝，这是制度的约束和职工自觉行为的结果。仅此两项年可节省资金8万元。

三是产品创新速度明显加快。白酒企业的销售人员通常只管销不问生产，而葡萄酒厂的业务员则在搞好销售的同时，特别注意及时搜集各市场的消费信息，争取在最短的时间，以最快的速度把经销商、消费者的意见反馈给公司，以便尽快改进工艺，开发出更加适合市场需求的新产品。北京发酵研究所是豪特酿酒公司的长期合作伙伴，一直负责新产品、新工艺的开发使用，多年来双方合作得很好。但发酵研究所过去从来都是按照自己的时间表研发新产品，有时即使有了新产品，白酒企业由于受资金的限制，也不能及时购买使用权进行投产。研发所的专家人员成为股份制葡萄酒厂的股东后，开发新产品的速度明显加快，而且总是紧盯市场的变化，认真听取研究市场销售人员反馈的信息，及时开发适销对路的新产品。仅两年时间，已开发出干红、干白系列葡萄酒，其中干红品种已达6个，且市场销售形势都很好。同时，企业也无需担心无钱购买使用权了，年可节省资金10余万元。

四是社会负担明显减轻。白酒企业要参加不少职能部门的检查、评比、表彰和各种名目的社会赞助，年招待费和各种赞助费等在30万元左右。仅白拿走的酒就不下10万元。而葡萄酒厂一提是股份制企业，各有关职能部门、单位及工作人员都自觉不要、不拿，而且还给予大力支持，急事急办，快事快办。就连工商注册、领取营业执照等项费用也明显降低。干部职工一致反映，实行股份制连职能部门个别工作人员的工作作风都转变了。总经理意味深长地说：机制问题解决了，很多问题都迎刃而解了。

五是资金运行质量显著提高。上葡萄酒生产线，如果不实行股份制，还由集体办，总经理给我们算了一笔账，从建厂到投产至少要花费1 700万元，由于企业效益不佳，只能靠贷款解决，贷不到款，还无法实施。可实行了股份制，不仅在一周内吸纳资金300万元，在各个环节上也都节省了可观的资金。如购买机械设备一项，如果完全新购就需开支600万元。通过利用原有闲置设备进行改装，仅花了120万元，节省开支480万元。白酒企业主要靠贷款发展起来，光利息支出每年就达260万元，加上大量的外欠款和业已形成的呆、坏、死账，资金十分紧张。而葡萄酒厂资金全部是自有，没有利息负担，周转速度明显加快，企业投产以来，未形成一笔呆、坏、死账，基本都能按时收回。

同在一个院里，同是原来的职工，一厂两制经营差别如此之大，优劣如此之明显，给我们上了一堂生动的改革实践课。

大力发展山区休闲产业，加快农民增收致富步伐

怀柔县县长　戴景珠

随着社会生产力的发展和经济的繁荣，以旅游业、娱乐业和服务业为主的休闲产业正在逐步形成世界经济发展热潮。自从我国实行了“春节”、“五一”、“十一”三个长假日后，休闲产业在促进消费、拉动内需、解决就业、繁荣市场等方面发挥着越来越重要的作用，成为一个新的经济增长点。适应这一新的发展趋势，大力发展怀柔山区的休闲产业，不仅是山区农民增收致富的重要途径，而且是促进怀柔社会经济持续、快速、健康发展的战略需要。

一、怀柔县山区发展休闲产业的优势

休闲产业的发展，离不开市场、资源和一定的基础条件，而怀柔县山区在这方面具有明显的优势。主要表现在四个方面：

1. 资源丰富。怀柔县总面积2 128.7平方千米，其中88.7%是山区，而且有丘陵、山地、沟谷等多种地形地貌，自然、人文资源十分丰富。一是山峰奇特。山区有名称的山峰有500多座，巍峨雄伟，形态各异，其中著名的有云蒙山、黑坨山、猴顶山。二是植被茂密。由于多年坚持植树造林，怀柔山区保持了良好的植被条件，并随着海拔高度的变化，植被种类呈梯次分布，植被类型达200多属、300余种。三是水源充足。怀柔山区的最大特点是有山就有水。县内有4级以上河流17条，大小水库22座，山泉774处，年水资源总量8.55亿立方米，占全北京市水资源总量的1/5，而且水质优良，地表水质量达到国家饮用水二级标准。四是人文资源历史悠久。万里长城横贯东西，长城摩崖石刻具有极高的文物价值；千年古刹红螺寺是金、元、清三代佛教胜地；云蒙山、龙潭涧、天华洞等都流传着美丽的传说。山区丰富的自然、人文资源为发展休闲产业创造了得天独厚的条件。

2. 环境优美。怀柔是北京东北的绿色屏障，全县林木覆盖率为64.99%，城镇绿化覆盖率为56.4%，县城实现了“三季有花，四季常青”，素有“京郊一枝花”、“京郊明珠”、“首都后花园”的美誉。由于不断加大绿化美化和环境整治力度，并实行环保“一票否决制”，使全县始终保持了整洁优美、空气清新的良好环境。全县大气质量始终保持国家一级标准，先后被列为全国造林绿化百佳县、国家级可持续发展综合实验区和全国生态综合治理示范区。良好的环境，使怀柔成为北京郊区的“天然氧吧”，成为久居城市的人们休闲度假的首选之地。

3. 基础设施完善配套。县城距北京市区50千米，京怀高速公路建设规划设计等前期准备工作已经完成，计划2001年4月开工建设，2003年可望建成通车，届时从城区到怀柔只需30分钟，交通非常方便。在县内，县城至各乡镇的放射性公路全部开通，山区各旅游景点全部通上柏油路，全县实现乡乡通柏油路，村村通公路。山区供电充足，供水充沛，通讯方便。电视覆盖率达到99%。全县实现了乡乡通光缆，村村通程控，而且覆盖全县的无线通讯网站也即将建成投入使用。水、电、路、通讯等基础设施的完善配套，不仅缩短了山区与城市的距离，更为休闲产业的发展创造了条件。

4. 区位优势明显。怀柔紧邻京、津两座特大城市，不仅面临京、津2 000多万人巨大的国内消费市场，而且可以借助首都机场的优势，吸引更多的国外游客光顾，从而为我们提供了多层次的巨大消费群体，休闲产业消费市场广阔。

二、怀柔县山区休闲产业发展现状

怀柔县山区休闲产业发展已经具备了一定的基础。从1983年修复慕田峪长城开始，怀柔县围绕建设京郊旅游休闲度假基地和“首都后花园”的目标，大力发展以旅游业为主的休闲产业，带动了山区的综合开发，促进了全县社会经济的发展。1999年，全县已有正式对外开放景点23个，宾馆、饭店76家，接待游客550万人次，实现旅游综合收入3.5亿元，成

为京郊著名的旅游会议中心。经过十几年的不断发展，目前怀柔县山区已形成具有自身特色的四大休闲产业类型：

1. 自然风光型。主要是充分利用怀柔山区的山水资源开发旅游景点，用优美的自然风光吸引游客。在全县23个景点中，以自然风光为主的山区景点占19个，形成了怀柔以自然风光为主的旅游发展特色。其中著名的景点有青龙峡、幽谷神潭、云蒙山、神堂峪、卧佛山、龙潭涧、喇叭沟门原始自然林风景区等。

2. 休闲娱乐型。主要是用怀柔山区特有的山野菜、虹鳟鱼等特产，吸引游客到山区休闲、品尝、娱乐，其中以虹鳟鱼的养殖、垂钓、烧烤最为突出。怀柔的山泉资源最适合养虹鳟鱼，经过几年的发展，目前山区虹鳟鱼养殖点达到230处，养殖水面12公顷，年产量超过180万千克，形成了雁栖镇、渤海镇、九渡河镇虹鳟鱼养殖、垂钓、烧烤三条沟。仅2000年"五一"期间，到怀柔县进行虹鳟鱼观赏、垂钓、烧烤的游客达5万人次，综合效益达到2 000万元，赢利500万元，每处垂钓、烧烤点平均赢利2万元，最高的盈利10万元。

3. 民俗风情型。主要是充分挖掘怀柔县的民俗风情资源，通过开展"吃农家饭、住农家院、干农家活"以及"民俗风情过大年"等活动，吸引游客参与民俗风情旅游活动，体验农家生活。从1993年神堂峪自然风景区开始开展民俗接待至今，已有雁栖、怀北、渤海、九渡河、琉璃庙、喇叭沟门等6个乡镇都先后搞起了民俗旅游，民俗接待户达540户，床位5 000余张。通过开展民俗接待，不仅解放了农民的思想，提高了农民的文明素质，而且大大增加了农民收入。1999年，神堂峪村的86家民俗户平均收入达1.5万元。琉璃庙乡后山铺、柏查子、东峪、龙泉峪等4个村的261家民俗接待户，年增收286万元，户均增收8 000元。

4. 观光采摘型。主要是通过发展各种果园，通过开放经营的方式，吸引游客到园内进行观光，并亲自采摘果实，享受田园之乐。其中以乡间情趣园、鹅和鸭农庄最为典型。乡间情趣园总面积73公顷，有桃、葡萄、梨、苹果、红果、杏、柿子等各种果树4万多株，专供游人自采自食。目前，怀柔县以观光采摘为主的果园达80多处，采摘品种达20多个。

怀柔山区的休闲产业在发展过程中也还存在一些问题：

一是发展不平衡。受地理位置和基础设施条件的影响，目前怀柔山区的休闲产业主要集中在浅山区和半山区，深山区除喇叭沟门乡外，大部分旅游资源还没有开发利用。

二是深度开发不够。山区的一些旅游景点片面追求自然风光，缺乏科学规划设计，形式单一，档次偏低；一些民俗户还停留在青砖瓦房、木板床、山野菜的水平上，部分民俗户的环境、设施还没有完全达标。

三是与农民结合的还不够紧密。农民还没有成为休闲产业发展的主体，休闲产业在促进农业结构调整，增加农民收入方面的潜力还很大。

三、怀柔县山区发展休闲产业的设想

随着国家经济的不断发展和人民生活水平的普遍提高，休闲、娱乐、旅游将成为一种新的消费时尚。特别是加入WTO以后，我国改革开放的步伐将进一步加快，届时将会吸引更多的国外游客参与休闲消费，为休闲产业的发展提供了广阔的市场。

市委书记贾庆林同志指出，山区特别是浅山区的农民应该更加富裕。副市长岳福洪同志强调，山区农民贫穷没有道理，关键是发展思路问题。按照市领导的指示精神，经过研究，我们认为，怀柔县抓住当前的大好机遇，充分利用好山区面积广阔、资源丰富这一得天独厚的优势，大力发展休闲产业，不仅是山区发展的希望所在，也是全县社会经济发展的潜力所在。今后，怀柔县将把整个山区作为一个大的休闲度假区来建设，按照"坚持三条原则，实施五项工程，落实四项措施"的发展思路，整体推进山区休闲产业的发展，把怀柔建设成为京郊著名的旅游休闲胜地。

1. 坚持三条原则。

（1）坚持科学规划原则。科学的规划是山区休闲产业健康发展的前提和保证。只有制定科学的规划，并认真按规划实施，才能避免"一哄而上"、无序开发，避免重复建设和资源浪费。只有在统一规划的前提下，因地制宜，合理开发，突出特色，山区休闲产业的发展才能永葆生机和活力。为此，要结合全县的旅游发展规划，结合山区实际，在土地利用、环境保护、产业布局等方面进行统盘考虑，专门制定怀柔县山区休闲产业的发展规划，用于指导全县山区休闲产业的健康发展。

（2）坚持保护生态环境原则。发展任何项目，包括旅游休闲项目，都将以不破坏生态环境为前提，继续巩固和加强山区的生态环境建设，为山区休闲产业的发展营造更大的优势。

（3）坚持以农民为主体原则。发展山区休闲产业的主要目的是富裕农民。要积极鼓励、引导农民参与休闲产业开发，确立农民的投资、经营主体地位，凡是农民愿干、能干的就放手让农民干，充分调动广大农民的积极性、创造性。只有让农民参与到休闲产业发展中来，成为发展山区休闲产业的主力军，才能最终达到促进农村经济发展，实现农民增收致富的目的。

2. 实施五项工程。

（1）山区拦蓄工程。山区休闲产业的发展离不开山、水，只有山清水秀，才能吸引游客去休闲度假。为了给山区创造优美的山水环境，我们规划利用三年时间，按照"排蓄结合，改造环境，建管并重，为我所用"的原则，坚持改善生产、生活、生态环境相结合，在山区规划建设200处水利拦蓄工程，使山区水利设施基本配套，山区整体环境有较大改观。2000年我们已完成100处拦蓄工程的建设，形成了100处“小水库”、“小瀑布”，不仅涵养了水源，提高了抗旱能力，而且大大美化了山区的环境，推动了山区休闲产业的发展。

(2) 绿色通道工程。为了改善全县的生态环境，营造首都的绿色屏障，为山区休闲产业发展创造良好的环境，我们将全县动员，全民动手，在主要公路、铁路和旅游沿线，大力开展植树造林活动，力争用3年时间，完成169.5千米、总面积0.39万公顷、规划绿化面积0.21万公顷的19条绿色长廊建设，使全县林木覆盖率每年提高2个百分点，到2003年达到71%，到2005年达到75%，把怀柔建设成为首都的后花园和京北的绿色长城。届时，游人将沿着一条条绿色通道，步入怀柔山区的绿色世界，尽享优美的自然风光。

(3) 退耕还果工程。以农事活动为基础，以农产品的观赏、采摘、品尝为特色，将农业和旅游结合在一起的观光农业越来越受到人们的欢迎。为了满足人们观光采摘的消费需求，我们将本着科学规划、合理布局、保护资源的原则，在旅游沿线和山区大力实施退耕还果工程，将公路沿线两侧的山坡地全部退耕还果，大面积栽植板栗、桃、枣、核桃等果树，力争用3~5年时间，在山区建成10个观光采摘精品园区，建成县城至渤海镇、县城至九渡河镇、县城至喇叭沟门、汤河口至碾子等四条山区农业旅游观光带，以此促进山区休闲产业的发展。

(4) 民俗旅游发展工程。民俗旅游因为在旅游中赋予了民俗内容，因而对久居城市的人具有很大的吸引力，是山区休闲产业发展的重要内容之一。近年来成都郊区郫县友爱乡的农科村就因发展“农家乐”民俗旅游而蜚声海内外。为了丰富山区休闲产业的内容，我们将实施民俗旅游发展工程，通过景区带动、民俗吸引、农家体验等多种方式，突出低价位、高科技、浓文化等民俗特色，立足山区，走出庭院，大力发展山区的民俗旅游，促进山区休闲产业的发展。在现有540家民俗户的基础上，用2~3年时间，再发展民俗户500家，使全县的每个山区乡镇都有民俗接待户，使民俗旅游成为农民增收致富的重要途径。同时，以民俗旅游为基础，逐步建设旅游专业村、专业乡。

(5) 基础设施建设工程。山区休闲产业的发展，需要完善配套的基础设施做保障。为了给山区休闲产业发展创造条件，我们将加大山区基础设施建设的投入。在道路建设上，首先将大力推进京怀高速公路建设，使休闲产业的市场源头畅通。并将打通宝山寺至崎峰茶、碾子至喇叭沟门、庄户沟门至喇叭沟门三条山区公路，连通山区各乡镇，方便广大游客的通行。在通讯建设上，将加快山区无线通讯网站和有线电视光缆建设，扩大覆盖面，彻底解决山区的无线通讯、上网、看有线电视的问题。同时，加大山区乡、村环境建设力度，通过环境整治和绿化美化，全面提高乡村环境建设水平，为休闲产业发展创造良好环境。

3. 落实四项措施。

(1) 加强领导。怀柔县将把发展山区休闲产业作为“十五”规划中山区建设的一项重点工程来抓，县、乡、村都成立由行政一把手任组长的山区休闲产业发展领导小组，加强对休闲产业发展在规划、协调、指导和服务，通过上下的共同努力，使山区休闲产业在较短的时间内实现一个新发展。

(2) 政策扶持。结合怀柔实际，我们将制定《关于加快休闲产业发展的意见》，对山区休闲产业发展在土地使用、资金支持、税费减免等方面给予一定的优惠。同时，选择有条件的乡镇作为试点镇，从政策上给予重点扶持，以点带面，典型示范，推动山区休闲产业的发展。

(3) 扩大宣传。加强对有关政策和典型的宣传，利用广播、电视、报纸、组织活动等多种渠道，加大宣传力度，为休闲产业的发展“造势”，积极引导农民参与到休闲产业发展中来。并通过“政府搭台、农民唱戏”的方式，促进休闲产业的发展。

(4) 强化管理。旅游、卫生、公安、文化等部门将加强培训，强化管理，制定统一收费标准，开展卫生、防病等各类达标活动，达标后实行统一挂牌经营，规范管理，提高档次，使山区休闲产业保持持续、快速、健康发展的良好势头。

抢抓历史机遇，建设旅游强县

密云县代县长　王洪钟

密云县是首都郊区一个旅游资源丰富的大县。经过全县人民40多年的不懈努力，通过植树造林、涵养水源，创造出密云良好的生态环境，林木覆盖率达到58.49%，是北京市植被最好的区县之一。通过植树造林，涵养了水源，保护了密云水库这盆净水。

县境内具有开发价值的旅游资源100多处，自然景区类型26类，人文景观50多类，具有大小景点100多个，许多资源在北京乃至全国享有盛誉。以惊、险、奇著称的司马台长城，被长城专家罗哲文教授誉为“中国长城之最”，并被联合国教科文组织列为“世界文化遗产”。优美的山水、人文组合为北京所罕见，旅游专家盛誉密云县是“北京山水大观，首都郊野公园”。因此，资源类型多样，自然景观优美，历史名胜众多，是密云旅游资源的主要特征。1994年

5月29日，江泽民总书记视察密云时欣然题写了“绿山、净水、富民”六个大字，进一步指明了密云发展生态环保型经济的方向，也为密云县旅游业发展指明了方向。密云的旅游业正已前所未有的速度向前发展，如何加快密云旅游业的发展，使之真正成为密云经济重要增长点和支柱产业，是我们正在编制“十五”规划的重要内容。对此谈谈自己的粗浅认识，供编制规划中参考。

一、旅游资源开发现状及存在的主要问题

1. *开发现状*。密云是从1984年开始发展旅游产业的，经过县委、县政府和全县人民共同努力，密云的旅游业得到了较快的发展。特别是1995年起在北京市带头发出“城乡联谊百万市民游密云活动”的邀请函，较好地宣传了密云的旅游资源和良好的生态环境。1995年，密云县政府决定将旅游业作为密云县四大支柱产业之一，并且以旅游开发为龙头，带动密云经济发展，使旅游开发速度大大加快。经过十多年的开发建设，密云县的旅游业已初步形成以县城和云湖为旅游根据地，西线景区以云蒙山，东线以司马台长城、云岫谷、白龙潭等人文、自然景观为主体的格局，即形成县城及其附近为旅游中枢、东西两大旅游环线，在境内开辟了一批有价值的旅游景点。同时，也陆续建成云湖度假村、云蒙山庄、云佛山庄、国际会议中心等一大批旅游龙头企业。1999年接待游人400万人次，旅游综合收入3亿元。

2. *存在的主要问题*。

(1) 认识相对滞后。主要是对旅游业在经济和社会发展中的地位和作用认识还不高。改革开放20年随着经济的发展，人民生活水平的提高和对外开放的扩大，国内旅游需求迅速增长。但目前还缺少强烈的发展欲望和明确的工作思路，没有像抓乡镇企业发展那样来抓旅游业。密云县虽然景点多、品位高、资源全，但缺乏开阔的眼界和开拓的精神，醒得早、起得晚，想得多、干的少，造成点多、面广、水平低的状况。特别是片面受水库“制约论”的影响，旅游业迟迟没有形成全方位、大规模的开发气候，远远没有成为经济发展支柱和优势产业。

(2) 投入严重不足。一方面我们对基础设施建设资金投入不足，直接投入少。另一方面缺乏政策导向，没有形成多元投入的发展格局。在引进资金中用于宾馆、饭店建设多，用于资源开发和基础设施建设少。对主要景区像云蒙山这样具有较大开发价值的景区没有加大招商引资力度，使这一在北京地区独一无二的资源迟迟不能开发，只好闲置在那里。

(3) 缺乏完整规划。密云县的旅游点多、面广，相对较为分散，景点建设处于低水平建设，形不成较为完整的旅游精品线。虽然我们也先后多次制定了发展规划，但规划缺乏整体性、长远性和可操作性，旅游发展实际处于盲目开发状态，旅游布局不合理，大旅游的概念始终没有形成。

(4) 旅游行业没有走向市场。各旅游企业没有树立市场观念，市场竞争力不强，大部分企业没有建立符合市场需要的营销网络和经营机制，没有专门的营销机构和营销队伍，坐等游客上门。在建成的旅游企业中，纳税者寥寥无几，除云湖度假村多年上缴200多万元税收以外，其余的旅游企业基本上不纳税，有相当一部分旅游企业连营业执照都不办。结果造成享受优惠政策占地，内部自行接待，不接受旅游行业管理，除给密云产生垃圾以外，什么好处也不能带来。

(5) 旅游管理体制不顺。密云县的旅游管理分别属于各部门、各行业分散管理，由于缺乏统一的规划布局，不能发挥整体管理职能，存在着谁建的企业谁管，“一人一把号，各吹各的调”。对倒闭的企业无人问津，大量旅游资产闲置在那里。旅游局由于没有实现政企分开，把精力放在办自己的企业上，对旅游管理力度大大削弱，规划管理监督开发职能远远没发挥，影响了旅游业的健康发展。

(6) 缺乏龙头企业带动。全县的旅游行业形不成快速发展的格局，其中一个重要原因就是缺乏龙头企业带动。虽然有“云湖”、“云蒙”等一批相当规模的企业，但由于数量少，形不成带动作用。还没有一个经营较好的旅行社，其服务不规范，多数的企业还存在着内部竞争现象，有的甚至抬高自己，贬低别人。几条旅游线串不起来，吃、住、行、游、购、娱的功能远远没有发挥。

(7) 对外宣传力度不够。特别是对旅游业整体的宣传，在“优化区域发展环境，树立密云整体形象”上做的远远不够，在宣传上对周边和外埠宣传力量不大，国际宣传更谈不上，未能形成整体宣传的大气候。

(8) 旅游从业人员素质低。首先是旅游管理人员素质低，缺少专业旅游管理人才，致使管理水平低下；二是一些景区服务水平差，缺乏专业的导游队伍；三是文明经营意识不强，拉客、宰客、不正当竞争，一些游客投诉现象时有发生；四是人才市场的引进力度不大，实际上处于“划地为牢”、“近亲繁殖”状态。以上问题必须引起我们的高度重视并认真加以解决。

二、明确旅游业发展的指导思想和任务目标，抢抓历史机遇，建设旅游强县

旅游业是密云县发展潜力较大的产业之一，是重要的经济增长点和优势产业。从经济学角度讲，一个产业的增加值如果不占GDP的10%以上，就不能成为优势行业，而密云县旅游业的增加值只占GDP的6%，还不能成为支柱产业。因此，我们要进一步提高对加快旅游业发展重要性和紧迫性的认识，面向21世纪，立足当前，放眼未来，扎实工作，艰苦创业，努力使旅游业在新世纪发展进程中真正成为支柱产业。结合密云县实际，旅游业发展的指导思想是：

认真贯彻十五届五中全会精神，充分发挥密云得天独厚的生态环境和旅游资源丰富的优势，抢抓历史机遇，大力发展旅游产业，建设旅游强县，使旅游业成为全县经济可持续发展的重要增长点，农民脱贫致富的重要手段，为密云经济社会发展做出新贡献。总的工作思路是：强攻一个目标，实现三个转变，突出三个效益，实施六大战略，推进六项工程，把握六个环节。

强攻一个目标。即把密云建成旅游强县。为实现这一目标，一是要营造旅游大环境。千方百计保护自然环境，提高全县的旅游生态质量，提高旅游产品品位，提高全县人民的文明程度，夯实社会环境基础。二是要实现旅游景区合理布局，形成点、线、面相结合，游、住、行一体化，集观光游览、休闲度假、公务会议为一体的旅游区。三是建设独具特色的首都旅游基地，培植品位高、特色鲜明的旅游产品，做到人无我有，人有我精，人精我特。

实施三个转变。①由粗放型向集约型转变。一是实施旅游总体规划，在总体规划指导下，景区、景点建设要有详规，使旅游发展达到科学、合理、有序。二是理顺管理体制，建立政府主导型的规划开发管理机构，对全县旅游实施统筹管理，协调发展。②由传统旅游向现代旅游的转变。就是旅游开发建设要依托自然和人文历史资源，“借题发挥”、“小题大做”，适度建设人造景观、景点和娱乐型、参与型项目，优化产品结构，丰富旅游内容。③由旅游大县向旅游强县转变。就是变资源优势为经济优势，充分开发密云的旅游资源，加大招商引资力度，大力发展旅游龙头企业，使旅游企业成为纳税大户，成为农民增收的主要手段，在全县经济发展中提高经济比重，真正作为支柱和优势产业来发展，并在北京市的旅游发展中占有重要的一席之地。

实现三个效益。①经济效益，就是旅游收入每年以平均15%以上的速度增长，尽快实现旅游业在国民经济中作为支柱产业的目标；②社会效益，就是发挥旅游业的产业带动作用，通过发展旅游业带动交通、建筑、商贸、运输、餐饮等行业发展，为社会提供更多的就业机会；③生态效益，就是坚持保护与开发并重的原则，科学规划，严格管理，通过开发旅游，保护自然资源，改善生态环境。在旅游业发展中，要兼顾三个效益，并努力实现三个效益的统一。

实施七个战略：

1. *环密云卫星城的旅游支撑发展战略*。密云县城是全县的政治、经济和文化中心。以建设密云生态精品卫星城为中心，把密云建成集观光、度假、考察、会议为一体综合性较强的现代化卫星城镇，展现其生态城、雕塑城、文化城、购物城、名胜城的风貌，以此为支撑点，进而辐射全县。特别指出的是，因密云县的旅游主要体现自然风光，各景点旅游产品单一，以卫星城为基点，可以带动城内商品促销活动，因此要加强环保产品开发，形成独具特色的环保购物城市，才能大大增强对游客的吸引力。

2. *环密云水库的旅游基地带动战略*。重点建设五大旅游基地：①以遥桥峪为中心的密云东部旅游度假基地。包括雾灵仙湖、云岫谷、狩猎场、雾灵山庄等旅游景点。以雾灵山为中心可开发青少年夏令营登山健身、文化考古等项目，同时带动民俗旅游发展。②以云蒙山为中心的西部旅游度假基地。包括九道弯、莲花瓣、小西天三个立体性度假村；黑龙潭、桃源仙谷以自然风光游览为主；以云蒙山为中心，集会议、观光、疗养、避暑、娱乐等为一体的综合旅游，也是密云县最具开发价值的旅游基地。③以云湖为中心的中部及南部旅游度假基地。包括白龙潭、郊野公园、云峰山、金鼎湖等游览点。以云湖度假村为中心集会议、观光、疗养、避暑、娱乐等内容，通过对东西度假基地的辐射作用，可以成为密云旅游度假的龙头企业。④以古北口、司马台长城为中心的北部旅游游览基地。重点是司马台长城，包括卧虎山、杨令公庙、长城水关遗址。作为世界文化遗产的司马台长城是长城文化的主要组成部分，重点以科学考察、发展文化旅游，是密云县最主要的旅游胜地，也是对青少年进行爱国主义教育的好场所。⑤以密云水库和库区周边内湖为中心的水生动物观赏和科学考察基地。适当开辟观光旅游线路、参观增殖站和网箱养鱼、水源地保护，突出密云水库的生态环境建设的重要性和在北京市的重要地位，从侧向带动旅游业发展。

3. *以长城文化为主要内容的古迹保护开发战略*。充分利用司马台长城作为世界文化遗产的契机，保护以司马台长城为主的境域内的文物古迹，在保护的基础上，进行合理开发，不断挖掘其文化内涵，并把自然景观和人造景观有机地结合起来。对冶仙塔等173处县域内的文物加强保护，并有计划地加以修复，不断增加密云的文化底蕴，为旅游业发展创造条件。

4. *以云蒙山为重点的旅游开发战略*。旅游景区、景点的开发建设是密云旅游业可持续发展的关键。而云蒙山得天独厚的、丰富的自然景观不但在北京市而且在华北地区都享有盛誉，极具宝贵的开发价值，要列入主要日程，加快开发，目前正积极运作。此外对金鼎湖、雾灵山、遥桥峪水库景区、穆家峪红酒村、司马台周边景区、黍山、曹家路民俗旅游，在现有开发基础上，不断完善功能，形成像云佛山庄、国际会议中心等具有较强功能和带动作用的旅游龙头企业。

5. *以河南寨为中心的现代农业观光基地发展战略*。利用卫星城周边河南寨千亩蔬菜基地建设，调整种植结构，完善基地建设和村镇建设，展现农村风貌，尽快形成以旅游观光农业为重点，以旅游开发和村镇建设相结合的现代旅游景区。

6. *旅游精品和旅游文化发展战略*。密云县有司马台长城遗址、密云古城遗址、冶仙塔、白龙潭、龙泉寺、大公主府等人文历史旅游资源，又有云蒙山、白龙潭、黑龙潭、桃源仙谷等自然资源。我们要充分利用自然资源，不断开发升华，使之成为旅游精品、极品，并不断挖掘其深遂的文化内涵，使旅游和文化紧密结合，同时加快旅游纪念品开发，形成品位高、具有密云特色的旅游产品。

推进六大工程：

1. *整体宣传促销工程*。开发市场，扩大市场份额是今后旅游工作的一项主要任务。在连续几年开展“百万市民游密云”活动的基础上，通过各种载体，采取多种形式，加大整体促销力度，扩大密云县旅游业的知名度。在旅游促销定位上要立足北京、依托河北、面向全国、放眼世界。特别要加大国外市场的促销力度，使密云旅游走向世界。在具体促销活动上，一是积极参加国内和市旅游部门组织的旅游交易会和促销会，逐渐扩大密云的知名度。二是继续做好在北京前门定点举办的旅游咨询活动，并注意在县内做好旅游宣传咨询活动。三是有计划组织促销团到周边城市宣传促销。四是在电视台、广播电台、报刊杂志、网上宣传等多种媒体进行宣传，形成立体宣传和整体宣传的格局。五是继续通过年年举办的“百万市民游密云”活动扩大宣传。六是通过开展优化区域发展环境、塑造密云整体形象做好密云城区的广告宣传，设立全县旅游景点标志图，利用县城大街、重点地段对旅游景点进行宣传，开展丰富多彩的节庆活动，做到“月月有活动、季季有高潮”。

2. *多元市场开发投资工程*。在旅游资源开发上要坚持“资源统一管理，规划政府主导，开发市场运作，经营法人治理”的原则。必须多渠道筹措资金，加快旅游业发展。一是争取政府扶持资金用于人才培训和基础设施建设，县政府每年要列出专项资金用于旅游业发展，逐渐改善景区投资环境。二是按照“统一规划、多元投资、谁投资谁受益”的原则，鼓励社会投资，形成全社会办旅游的良好氛围。三是加大招商引资力度，积极吸引有实力的国内外大集团、大公司、大企业投资旅游项目，特别是鼓励民营企业参与旅游开发，每年引资不少于3亿元。三是鼓励农民投资办旅游，大力发展民俗旅游，使旅游业成为农民增收的主要途径之一。四是制定旅游业发展优惠政策，引导社会资金投入旅游业，形成国家、集体、个人一齐上的投资格局。

3. *龙头企业带动工程*。密云旅游业要实现健康发展，关键要有龙头企业的有效带动，而这正是我们目前旅游业发展所缺少的，是个薄弱环节。要培育龙头企业，为其配备相应的旅行社，直接和国内外旅行社接轨，通过龙头带动，推动密云旅游上规模、上水平，并实现各龙头企业有机结合，优势互补。发展大旅游，这是密云旅游行业发展的关键所在，也是今后旅游业发展的主攻方向。结合密云实际，要集中力量培育以下十几个大小龙头。一是渔阳会馆的开发建设。渔阳会馆在密云县具有一定知名度，位于县城中心，可以通过招商引资开发建设，完善功能，形成较强的接待能力，形成集会议、娱乐、餐饮为一体的多功能龙头企业，一定要集中力量，加快发展。二是檀州宾馆开发建设。目前，檀州宾馆二期改造已接近尾声，年内可交付使用，使宾馆的功能日趋完善，档次相应提高，可以形成密云的会议中心和对外形象窗口。目前，要改变招待所格局，树立对外形象，克服依靠县委、政府支持的局面，直接进入旅游市场，建成真正的旅游企业。三是云湖度假村建设。目前已形成相当规模，功能较为完善，是密云县目前旅游企业最大的纳税大户，目前要帮助其继续扩大规模，完善基础设施，制定优惠政策，鼓励其快速发展。四是云佛山旅游度假区。目前是全县投资最多、功能最全、规模最大的旅游企业，已于10月份正式对外营业，要鼓励二期开发，做好绿化美化，完善景区周边环境和基础设施，组建旅行社，使之成为纳税大户，形成具有较强带动作用的龙头企业。五是云蒙山庄建设。要鼓励继续扩大规模，完善纳税体制，加强对外宣传，形成具有较强竞争实力的旅游企业，同时带动周边民俗旅游的发展。六是正在建设的国际会议中心。要加快建设，尽早开业，真正形成能够接待国际会议的旅游龙头企业，并成为密云县对外发展的窗口，密云旅游走向国际的桥梁。七是司马台旅游风景区。在完善基础设施基础上，增加旅游功能，主要是修建司马台水库，增加水上娱乐项目，合理开发资源。建设相当规模的宾馆，尽快成为功能较为完善的风景区，提高旅游的经济效益。八是雾灵山风景区开发。以遥桥峪水库为中心，改善周边基础设施，增加水上娱乐项目，尽快投入使用，成为旅游休闲度假的好场所。九是加快云蒙山的旅游开发，这是目前最具开发价值的风景区，要加快招商引资力度，尽快开工建设，形成独具特色的旅游龙头企业。十是穆家峪红酒村开发。目前已完成规划和立项，明年初开工建设，形成具有欧洲风格的红酒度假村，进而带动民俗旅游发展。十一是金鼎湖景区开发。目前已完成立项和规划，开工准备工作已经就绪，明年开始大规模建设，建成后拥有水上娱乐、蹦极、滑翔等独具特色的惊险项目。十二是黑龙潭风景区建设。主要是加强基础设施建设，形成以自然风光为主的观光休闲项目，带动民俗旅游发展。十三是白龙潭风景区建设。完善基础设施，加强文物的修复和保护，以万福山为主要特色的旅游项目，使更多的名人留字于万福山，增强密云旅游的文化底蕴。十四是万国园建设。加快招商引资力度，把各国首都集中于万国园，形成独具特色的异国风情旅游，以此提高对游客的吸引力。十五是位于密云入口处由金飞民航发展中心承建的田园旅游度假村，主体工程已完工，明年投入使用。十六是密云镇燕山宾馆。工程改造已完工，并投入使用，已形成较强接待能力的龙头企业。通过以上大小龙头建设，密云旅游功能将日趋完善，接待能力和竞争能力将大大提高，大旅游气候也将逐渐形成。

4. *重点景区精品建设工程*。今后密云县的旅游景区要增强创精品意识，抓住重点工程建设，特别是司马台长城要深入挖掘文化内涵，加强基础设施建设，完善长城文化。云蒙山开发要以精品为前提，避免粗制滥造，圈个山头就是旅游景点的低水平建设倾向，把其建设成为具有较好生态环境的精品旅游景区。

5. 行业管理综合整治工程。贯彻市旅游局“以管理促发展”的方针，强化行业管理，加大综合整治力度。一是认真贯彻《北京市旅游管理条例》，结合实际，制定出适合密云县特点的实施细则。二是严格开发、开业、审批手续和年审制度。今后凡开发旅游项目或经营旅游产品，必须经旅游局按要求审批，未经批准或不办理执照的一律不准经营。要在旅游行业中实行从业证书制度，并严格年审，年审不合格的不能继续营业。三是加强旅游安全管理。各景区、景点都要与公安部门签定安全责任书，加强安全教育和管理，采取安全防范措施，尤其是惊险项目，必须做到万无一失，确保游客安全。四是整顿旅游秩序。商贩须有固定摊位，车辆，马匹停放要有指定地点，杜绝尾随兜售、围追游客现象。五是加强景区环境卫生治理，特别要有垃圾填埋和焚烧设施，并加强食品卫生检查。六是提倡优质服务、文明经营，使旅游行业成为精神文明的窗口。七是加强门票的监制，各景点禁止使用非监制门票，绝不准抬价和压价。八是认真处理游客投诉，保护游客的合法权益。

6. 人才培训和人才引进工程。提高旅游从业人员的素质，是今后密云县旅游业发展的一项重要内容，要积极组织和参加各类旅游培训班，特别是要办好县委党校举办的旅游管理大专班，为密云县培养更多的旅游人才。此外，还要采取走出去、请进来的作法，对现有旅游管理人员进行全面培训，不断提高全县旅游整体管理水平。

7. 全县旅游网络化建设工程。加快旅游业发展必须树立大旅游观念。这就要求旅游业发展必须朝着网络化的方向迈进，解决星状分布、无序发展的问题。密云旅游“有大分散、小集中”的特点，大分散指东、西、中三条旅游线。小集中是指每一条旅游线的景点都比较集中，从整体看比较分散，但从布局看却相对集中。一是以密云卫星城为中心形成四条旅游观光线。西部旅游线，主要以云蒙山的自然风光为主，包括桃源仙谷、黑龙潭等主要风景区，体现自然风光和民俗旅游。东部旅游线，以密古路为重点，体现人文资源的特点，主要是古北口和司马台长城。北部旅游线，以不老屯和番字牌为代表，体现民族风情、宗教色彩和自然风光。南部旅游线，包括密云县城在内，库坝以南的部分，以人造旅游景观为主，接待设施良好，重点建好万国园和以云佛山庄为主的几大龙头企业。同时是东、西两大风景区的旅游中转站，起着重要的交通枢纽作用和辐射作用。二是解决景区、景点之间旅游交通问题，开辟主要景点间的旅游环线车，解决游客出门行路难。三是推行联合经营，建立起全县旅游经营网络，互相依托，资源共享，打破门户观念，形成联合推销、联合接待、网络预订、利益共享的市场体系。四是建立3～4家旅行社，不但使密云旅游形成整体，而且可以有效的与国内外联接。

把握六个环节。为了实现建设旅游强县的目标，在今后的工作中，要制定切实可行的工作措施，重点把握好以下六个关键环节：

1. 拓宽思路，促进旅游各要素的协调发展。随着经济的发展和人民生活水平的不断提高，旅游已逐步成为人们生活的重要组成部分，国内旅游发展的前景十分广阔。发展旅游业，要真正树立起现代旅游的思想，确立现代旅游的发展思路。旅游业是一项综合性的产业，要根据旅游者的消费层次和消费水平的不同，在吃、住、行、游、购、娱等方面，开发适合不同档次的旅游产品。不能一味追求高层次、高消费，而失去大部分消费者。同时，旅游业的发展，政府有关部门要协调配合，城建、交通、通讯、供电、商贸、文化、工商、卫生、体育、环保、公安部门都有责任和义务支持旅游业的发展。都要为发展旅游业奠基、铺路，都要像支持第一产业那样，支持旅游业。现代旅游的内涵是十分丰富的，不仅自然风景、人文景观可以成为旅游产品，现代文明建设成就，包括城市建筑、重点工程、水利设施、生态农业、商品市场、村镇街道、工厂学校都可以成为旅游产品，关键要具有鲜明的特色，要将这类要素有机组合，迎合旅客的猎奇心理，满足游客求新求特愿望，增强吸引力。

2. 立足开发，提高旅游业发展水平。从旅游业发展进程来看，旅游资源始终是旅游业赖以生存和发展的基础，发展旅游业必须立足于开发具有优势的旅游资源，使资源优势转变为产业优势。必须强调，旅游资源开发，不能无序乱开发，更不能以破坏环境、破坏资源为代价，搞低水平开发。密云县必须以保护密云水库环境为前提，在开发过程中要坚持高起点规划、高标准建设、高水平管理。密云县正在制定“十五”规划，对旅游业要在前几个规划的基础上，重新修订和完善，使之更加符合密云县的实际，要严格按规划合理开发。全县文物古迹较多，一定要坚持先保护后开发，保护与开发并重的原则。现在保护的越好，将来开发价值就越大。值得关注的是，在开发资源的同时，必须正确把握开发资源与建设景观的关系。既要充分开发利用现有自然和人文资源，又不能局限于这些资源的开发利用。特别不能局限于传统观念上的观光型资源开发，而要进一步拓宽思路，以自然景观为依托，创造新颖的人文景观，开发参与性、娱乐性项目。旅游业是一个涉及多种行业的综合性较强的新型产业，由于多数单位开发旅游业的物质基础薄弱，在起步阶段难以拓宽市场。所以，一定要从实际出发，做到不具备条件的不开发，没有经过论证的不盲目开发，要进行深入的市场调查和可行性研究，选择适合多层次旅客消费水平、具有鲜明特色、品位较高的开发项目。防止蜂拥而上的盲目投资、重复建设，造成资源的破坏和财力、物力的浪费。

3. 合理布局，贯彻实施旅游总体规划。加快发展密云县的旅游业，必须有一个科学合理的发展规划。不仅要有全县的规划，各景区都要在全县总体规划的指导下，制定出景区开发建设的详细规划，以实现旅游资源合理配置、有效利用，最大限度的提高经济效益。密云县的总体规划已经形成，但还要修订和完善。既然规划已经形成，我们就要维护规划的严肃性和权威性，就应该按照规划不折不扣、分轻重缓急，分步实施，决不能再凭感觉、靠拍脑门上项目。风景区开发建设，一定要按总体规划的要求，制定详规，以规划为依据，发展特色旅游产品，决不能再像以前一样，谁出钱，谁选址，谁建设，想建什么项目就建什么项目，抢占地盘，结果把自然风光搞得不伦不类。巴蜀文化园的教训要时刻记取。我们一些乡镇和村，都有发展旅游的积极性，这是非常可贵的，但必须按总体规划建设项目，不能圈一个山头、圈一块地盘就搞"旅游"，这实际上是无知的表现。旅游是一门科学，有它自身的规律，违背了这个规律，不但搞不成旅游，还会起副作用。我们一定要跳出低水平旅游的圈子，提高旅游业整体水平。

4. 形成特色，增强旅游产品的竞争力。随着首都旅游业的发展，旅游方式正逐步由静态观赏型向动态参与型转变。生态旅游、文化旅游、休闲旅游在市场中占的比重份额逐步加大，旅游业的竞争日益激烈，旅游产品的结构发生了变化，更新换代明显加快。这就要求我们要适应旅游市场的变化，不断推陈出新。一方面要提高传统旅游项目的标准，完善配套设施，在挖掘深层次内涵上下功夫，做到老景点新面貌，使原有特色永葆青春。另一方面，要充分利用密云县优势，不断推出参与性强、娱乐性强、逗留时间长、人均消费多的旅游产品，要提高竞争力。首先要搞好现有产品的包装，培植一批品位高、特色鲜明的知名品牌，要强化品牌意识，创造旅游业的"极品"和"珍品"，实施密云旅游的"双品"形象工程，打响"密云旅游"的牌子。过去我们推出"百万市民游密云"、"北京山水大观、首都郊野公园"已取得成功的经验，我们还要努力挖掘、整理、包装，推出具有区域特色、富有新意的旅游产品。同时还要开发富有特色、附加值高的旅游产品，发展购物旅游，延长旅游产业链。

5. 深化改革，实现旅游管理机制的根本转换。首先县旅游局要逐步退出投资主体，彻底实现政企分开，不要直接经营企业，要把主要精力用在旅游业的开发和管理上。二是各旅游企业要彻底实现股份制改造，调动旅游经营者的积极性，鼓励社会投资办旅游，集体要逐渐退出投资主体。三是加大招商引资力度，吸引大企业和非公有制经营者投资办旅游，谁投资、谁受益，集体要出让荒山、景区，可采用租赁的方式，一定几十年不变。同时要确保集体利益不受损失，并加大对旅游企业的税收征管力度，使现有资源得到有效的利用和开发。

6. 加强领导，为旅游业发展创造良好的工作环境。为早日实现把密云建成旅游强县的目标，县委、县政府和各有关部门都要加强对旅游工作的领导。一是县委、县政府要把旅游业发展列为经济发展的主要内容来抓，经常听取旅游业发展汇报，分析存在问题，制定切实可行的措施，确保旅游业沿着健康的方向发展。二是旅游局要强化对全县旅游业的管理，制定工作计划，狠抓落实，并建立严格的考核和奖惩制度。三是要尽快制定支持鼓励发展旅游业的优惠政策，引导投资方向，使之尽快形成支柱产业。四是各旅游景点要按全年任务要求创造性开展工作，扎扎实实抓落实，确保全年任务的圆满完成。四是要加强旅游局和旅游单位领导班子自身建设，形成整体合力，上下一盘棋，打好总体仗。总之，我们要充分认识旅游业在全县经济社会发展中的地位和作用，增强建设旅游强县的压力感、紧迫感、使命感和责任感，坚定信心、知难而进，为尽快实现密云旅游业的可持续发展而努力工作，为全县经济发展做出新贡献。

启动生产信贷投入，激活农村消费市场

延庆县县长　田小平

2000年以来，中央制定出台了一系列扩大内需以拉动经济增长的政策，降低银行存贷利率，刺激信贷消费是其中的一项重要举措。在北京城区，信贷消费已渐成时尚，各银行相继推出了住房、汽车、耐用消费品以及旅游、助学等贷款业务，很受城市居民的欢迎，有效地扩大了消费需求，缓解了消费需求增长滞后于生产力发展的矛盾。延庆县是北京市远郊的农业大县，农村人口占78%以上，农民收入水平相对较低，如何抓住国家利率下调的机会，启动农民的信贷消费？我们进行了一些积极的探索和偿试，取得了一定效果。

众所周知，农村与城市消费需求的最大区别在于：农民不仅是消费的主体，而且是生产和投资的主体，在农民的总支出中，除生活消费支出外，还有相当一部分生产消费支出。从这一点出发，我们在落实《北京市农村九项政策》，给予农民贷款奖励贴息的同时，还研究制定了《延庆县发展农村家庭经济的贷款担保办法》，旨在通过政策贴息和贷款担保，扩大农民在生产消费上的信贷投入，从而置换出更多的生活消费支出，激活延庆农村生产资料和生活资料两大市场。截止目前，全县共有886户农民利用贴息奖励政策贷款1 429.5万元，兑现奖励和贷款利息735万元(包括市县两级)；为626户农民提供担保贷款608.4万元。140户农民抽样调查表明，农村人均生活消费支出达到2 108.4元，生产消费支出492.3元，分别比去年增长24.9%和21.2%。

尽管大力发展农村生产性信贷消费非常有利于经济增长和农民增收，但我们在推进之初，仍遇到许多不容回避的问题，制约了我县农村生产性信贷消费的进程。

一、影响农民生产性信贷消费进程缓慢的主要原因

据调查，延庆县农村生产性信贷规模不能扩大的主要障碍是农民的信贷需求不旺，担保和供贷支持力度不足，需求、担保和供给三个环节存在脱节形象。

1. 老百姓的生产性信贷消费意识较差。在概念上，虽然农民与其他“经济人”一样，只要外部有良好的投资环境、投资激励，都会如所需那样积极投资，甚至做出具有风险性的信贷投入。但是，在深化农村经济体制改革的现实过程中，由于受传统农村经济发展模式的影响和农民自身局限性的约束，要确立农民长期的土地主人和投资主体、受益主体地位，还需要一个过程。近年来，我们在落实土地承包政策的同时，从延庆农业的资源优势出发，调整农业内部结构，加快优质农副产品基地建设，蔬菜、果品以及养殖业的一些优新品种在市场上适销对路，保持了这些农副产品合理的价格水平和农民满意的收入水平。这样，在长期和短期投资激励下，延庆农民在生产生活资料以及非商品性消费等各方面都有不同程度的增长，从1996—1999年，全县人均用于生产性消费的现金支出年增长14.8%以上。但是，抽样调查显示出矛盾的两方面：一方面，因为延庆在北京市属于相对后发展地区，农民特别是山区农民人均收入水平较低，生产性消费的快速增长严重挤占了生活消费支出，5年中生活消费支出年平均只增长了5.6%，因此大多数农民希望增加对农业生产的投入，提高收入水平，有的农民甚至通过民间贷款来补充自身生产消费资金的不足。另一方面，农民因为对市场经济的认识不足，对未来收入的预期不高，种植什么、养殖什么能够获得好的收益还不能确定，因而形成了有钱不敢花的心态，在勤俭持家思想的影响下，他们把收入作为一种生存风险基金转向储蓄。1999年城乡居民各项存款余额23.9亿元，仍有18.5%的增长。对于具有风险投资性质的信贷消费，在没有非常好的项目之前，他们更是非常谨慎。

2. 银行部门的体制需进一步完善。客观上，我国1996年的农村金融体制改革与农村经济的多层次发展相适应，确定了以农村信用合作社的合作金融为基础，中国农业银行的商业性金融、中国农村发展银行的政策性金融分工协作的农村金融体系。但从延庆的实际情况看，本应是最重要的合作金融却比较薄弱。县信用联社的资金来源主要是延庆县的地方存款，可用于信贷的资金十分有限，而且在运作过程中更多地表现出股份制的商业银行的特性，对于一般性农民家庭和非法人实体的小集体农业来说，获得消费信贷资金的难度大、规模小。在县信用联社1998年的外放款中，农户贷款所占比重不足11.8%，1999年也不过15.7%。另外，为规避金融风险，信用联社与其他银行一样，贷款抵押、质押的门槛较高，农村合作基金会清理整顿后，农村信贷消费需求将会越来越强烈，但是因为没有有效的组织担保，银行部门又手续繁杂，效率低，使具有贷款资格的农户很少，农民家庭的生产生活消费资金仍然主要靠自我积累来实现。实事上，农业投入的高风险、长周期、低盈利等特点，与信贷资金追求盈利性、流动性、安全性相悖。

3. 担保机构的运营机制需要进一步理顺。延庆县发展农村家庭经济贷款担保政策的担保基金出于县乡两级财政，作为中介机构的经济担保中心也挂靠于财政部门。因为目前还没有建立农户的信用机制，对贷款人资信审核和催还贷款是非常麻烦的事情，要耗去大量的时间精力，而且县乡两级的财政实力都不是很强，对于一旦发生的贷款风险承受能力差。因此，他们对宣传、发动和办理农民生产性信贷消费的热情不高。

二、继续推进农民生产性信贷消费的几点建议和想法

以上分析可以得知，虽然启动农村消费市场的潜力巨大，但是，如果广大农户的生产性信贷需求得不到解决，不仅农村消费市场很难启动，而且还将严重影响以家庭经营为基础的农村经济的发展。因此，为加大农民的生产性信贷投入，扩大农村市场的消费需求，必须尽快理顺农户、信用联社及中介方的关系，进一步完善农村金融市场体系。

1. 加快农民增收步伐，增强农民对未来收入会不断增长的心理预期。农民信贷投资需求与收入的增长趋势有直接关系，而农户收入状况主要就是农产品销售价格及农业外就业收入的总和。因此，一要加快农业内部结构调整，发展高产优质高效农业，迎合市场需求；二要实行贸工农、产供销、种养加一体化，加快农业产业化进程，使农业生产与市场接轨；三要大力发展乡镇企业，引导农村劳动力向非农产业转移，发展农村二、三产业。这些都有助于保持农产品合理价格水平和农民满意的收入水平。另外，要切实落实党在农村的各项政策，处理好农民长期经营权、收益权和集体所有权的关系。只要在农村创造出良好的投资环境，农民会在信贷支持下积极投资，形成贷款与偿还，储蓄与收入，积累与消费的良性互动，激活农村消费市场，促进农村经济的发展。

2. 建立新型经济服务组织，提高农民的市场化、

组织化水平。在农村市场经济的条件下，单个农民家庭的小规模经营，农副产品的分散供给与现代统一大市场的要求存在着矛盾。光有农民的积极性，并不能自动保证生产领域的稳产高产、流通领域的合理收益、分配领域优惠待遇，需要在农民自愿的基础上，成立跨区域的新型经济服务组织，将农户与农户，农户与市场，农户与国家联结起来，做好农民家庭经营干不了干不好或干了不经济的产前、产中，产后服务，用服务体现双层经营。这样，帮助农民从银行申请贷款，提供必须的资信担保，也就成为一条必不可少的服务内容。银行的贷款针对组织而不直接针对单个的农户家庭，放贷的可靠性和可能性会大大提高。

3. 信用联社要在财政资金的支持下，积极主动地为农村家庭信贷消费服务。发展定位为合作金融性质的信用联社要从体制上逐步转化，真正的合作金融就应该是弱小的农户家庭为了抗衡市场经济领域各环节的风险而结成团体开展的自我服务组织的，为农户服务理应成为信用联社的天然职责。要为农村最大多数的普通农户着想，设身处地地考虑单个农民家庭的融资需要，不仅表现在股权设置、民主管理、服务方向、财务管理等方面的原则要求上，更要落实在与财政资金及相应机构的配合上，尽快健全信用体系，完善消费信贷规章，简化相关程序，给先行一步的信贷消费农户提供优质服务。

4. 建立农户家庭的信用制度，理顺中介机构的运营机制。目前，由于没有建立农户家庭的信用制度，解决农民贷款的资信难以把握，信用联社和经济担保中心调查农户的信用情况很麻烦，加大了信贷成本，风险也比较高。信用是交易双方以相互认可且有法律、道德约束效率的方式，达成和履行借贷互利合约的行为及过程。应该以户口证明、农村医疗保障、农民负担登记、收入来源等建立相应的信息系统，既可规范农户的信贷行为，也可利用这一资源进行有效管理。这样，经济担保中心可以在收取一定中介费用的前提下，积极为农户提供贷款担保。

5. 继续加大财政支农资金的投入力度，坚持贷款贴息的扶持政策。尽管延庆县经济实力还不够强，巨大的投资需求与拮据的财政预算的矛盾还很突出，但是作为北京的农业大县，农业资源的优势还要进一步发挥。我们将继续坚持贷款贴息的扶持政策，加大支农资金的投入力度。通过这一政策，来引导农业内部结构的调整，鼓励农户使用银行的信贷资本，加大农民自身的投入。

关于加强海淀区外来人口管理的调查报告

海淀区委副书记　侯君舒

一、海淀区外来人口的基本情况及特点

报2000年11月份统计，海淀区外来人口总量已达70万人。其中住宿时间超过半年以上者为56万人，半年以下的约14万人。这与1997年11月份统计相比，居住期半年以下的临时人口有所减少，居住期半年以上的人数却大增，总量增加了约20万人。当前海淀区的外来人口有以下几个特点：

1. 务工经商是主体，但无正当职业，长时期在区内逗留的“三无”人员数量也较大。据调查统计，全区外来人员中，在建筑施工企业劳动的有13.9万人，在工贸、餐饮、修理、运输企业打工的约10万人，在各类市场或店铺、摊点经商的约5万人，在民办学校求学的约5万人，在新技术企业中工作的外地专业技术人员约4万人，从事农林牧渔劳动的约1.5万人，外省市一些机关企事业单位驻区办事处工作人员约1.3万人。临时来京旅游、探亲访友、治病、出差公干，住宿时间不超过1个月的平均每天约10万人，16岁以下儿童约4.5万人。除此之外，无正当职业、长期在区内逗留的“三无”人员约有12万人，这部分人成为海淀区外来人口管理上的一大难点。

2. 旧的聚居点被拆散后，一批新的聚居点又逐渐形成。新的外来人口聚居点主要有：海淀乡的巴沟、六郎庄、树村、肖家河；东升乡的小营、清河；四季青乡的兰淀厂、远大、田村；东北旺乡的马连洼、西北旺等城乡结合部的农村地区。在万泉庄、塔院等居民回迁楼区，外来人口租住的也越来越多。

3. 围绕着中关村科技市场吸引了一大批外地人“谋生”。他们主要在此经营快餐、搞门店装修、收购废旧品、登三轮车送货、从事货物托运，以及在马路上散发小广告、倒卖盗版软件光盘、制做假文凭、私刻公章等。这批人给中关村市场环境造成比较混乱的影响。

在改革开放和发展社会主义市场经济的新形势下，海淀区外来人口的数量不断增加。应该说大部分外来人员在区内从事比较艰苦的劳动，在促进全区经济发展，方便群众生活，增强城乡交流等方面发挥了积极作用。特别是在新技术企业中工作的一批外地专业技术人员，他们之中不少属优秀人才，为全区新技术产业发展做出了一定贡献。但是，大量外地人员的涌入，也给区内的社会治安、市场秩序、环境卫生、城市交通、计划生育、城乡基础设施建设、煤水电供

应等方面带来了一系列问题。如一批不法分子混迹其间，大肆偷、抢、吸毒、卖淫，给社会治安造成严重危害；一些外来人员乱设摊点，无照经营，制售假冒伪劣商品，偷税漏税，对消费者坑蒙拐骗；在一些外地人员聚居的地区，废品堆集、垃圾遍地、污水横流，造成了环境卫生脏乱差。

海淀区外来人口数量之多，情况之复杂，给管理工作带来了巨大的困难。

二、我区外来人口管理工作状况

海淀区外来人口管理工作在市委、市政府以及上级有关部门指导下，在区委、区政府直接领导下，经过各职能部门的共同努力，特别是广大公安干警，流血流汗，有的还付出了宝贵的生命，使全区外管工作取得了很大成绩。一是坚持每年都适时组织各类专项战役，有力地对外来人员的落脚点和活动场所进行了清理整顿。如集中力量拆除违章建筑，收容遣送“三无”人员，取缔无照商贩，撤消“三边”市场，清理出租房屋，对违章使用外地工的单位以及违反计划生育的人员开展监察执法，使一批外来人口聚集的重点地区的治安、市容、卫生、交通等秩序明显好转。二是依法严厉打击了外来人口的违法犯罪活动。通过及时审查外来的可疑人员，查处外地负案在逃犯，破获了一批刑事案件，有力地打击了外来违法犯罪活动，为维护社会稳定做出了一定贡献。三是基层管理网络建设正在形成。全区各街、乡都成立了外管组织，居（家）村委会相继建立起一批外来人口管理站、出租房屋管理站，不断调整充实了协管员队伍，使基层群众性的管理组织不断壮大。四是明确责任，加强考核，使外来人口管理目标责任制逐步落实。区领导与各街乡以及有关职能部门签定了外来人口目标管理责任书，使各项工作指标细化和量化，提高了有关人员的责任心和积极性。五是广泛开展宣传教育和法制培训工作，使部分外来人员和当地群众增强了法制观念。

海淀区外来人口管理工作虽然取得了很大成绩，同时也应该看到，这与改革发展的新形势要求相比，还存在着一定的差距和不足。根据有关部门和单位的反映，目前全区外来人口管理工作存在的主要问题是：对外来人口的犯罪活动没有达到有力遏制；部分外来人员给市场秩序、交通秩序、环境卫生、城乡规划建设、计划生育等项工作带来的危害愈来愈烈，没有达到有效制止；一批既无正当职业、又不办理各项证件，长期在区内滞留的外来人口数量没有控制住；外来人口在区内租住房屋的情况底数不清，有不少务工经商人员没有按规定办理有关证件，在对外来人口的教育、疏导和服务方面需要进一步加强。总的来说，管理工作比较粗放，还存在不少漏洞和死角。

分析这些问题存在的原因，主要有以下几方面：

1. *管理体制不顺*。现有管理体制除公安部门投入力量较大外，其他有关行政职能部门的作用没形成合力，街乡的管理职能没充分发挥出来，广大群众没积极参予到管理之中。具体表现是：①按市政府的现行有关规定，不同的外来人口群体归不同部门管理。如在市属以上企事业单位做工的成建制的外来务工人员，归市劳动部门直接管理；在区属有关企事业单位务工的，归区劳动局负责管理；经商的归工商局管理；家庭服务员归妇联管理；零散务工人员归街乡管理；求学的、无工可做的无明确管理单位。这样多头管理局面，不易形成管理合力。②街乡一级缺少必要的行政执法权，“属地管理”原则难以落实。③区、街乡两级外管办都设在公安机关内，这种管理模式除方便社会治安管理外，对外来人口带来的其他问题主要依靠有关职能部门各自管理，这样职责分离、多头管理，又造成相互依赖、相互推诿，达不到综合治理目的，教育和服务工作也难以做到位。④区和街乡外管办都不是正式行政编制单位，而且其主任、副主任大都是兼职。对这样一项庞大复杂的系统工程没有强有力的专职领导干部去具体组织和领导，很难形成一定的领导权威和核心，也直接影响到管理成效。

2. *基层管理力量薄弱，也缺乏有力的保障机制*。现在街乡的外管领导一般都是抓虚的多，抓实的少，在一些实际工作中基本上是依赖公安派出所，街乡一级政府的职能在对外来人口管理上没有达到充分体现。居(家)村委会本应是对外来人口管理的最基础力量，因为常住的外来人口一般都是在他们所属地盘内居住和生活，特别是那些无正当职业的闲散人员，如果在京居留时间较长，一举一动也跑不出他们的视野。但是海淀区目前在居(家)村委会还没形成对外来人口管理健全的组织和制度。协管员队伍主要归公安派出所管理，福利待遇也不高，其主要任务是协助派出所干警负责检查外来人员是否办理了《暂住证》，以及有关社会治安工作，对外来人口出现的其他问题也不便多管。一些刚建立起来的外来人口管理站、出租房屋服务站也因经费困难很难运转。居(家)村委会现在对外来人口管理存在的实际困难是：任务不够明确，经费没保障，没有组织起专门力量，制约了对群众的发动。

3. *有的行政职能部门缺乏制度化、规范化、法制化的执法手段，没有形成强有力的执法力量*。如对出租屋的管理，应该是对外来人口管理的关键环节，但海淀区房管部门缺乏监察力量，相关法规也不够完善，对全区数万户违规出租房屋的单位或个人缺乏登记；出租房屋者只顾收钱，对租赁住房的外来人员不负管理责任，使有关部门难以做到及时查处，至使外来人员在全区的落脚点底数不清，有不少违法分子在出租屋内躲藏被漏管。

4. *日常管理措施不够落实，缺少一批必要的教育疏导和服务设施建设*。应充分认识到，在外来人口的构成中，虽有不少是盲目流动的“三无”人员，甚至有一些流窜犯或在逃犯混在其中，但大部分人员属于我们请来的客人；外来人口所带来的问题中有的属于敌我矛盾，更多的还是人民内部矛盾问题。这就要求我们在管理思路和管理方式上应有所转变。可是现在海淀区大部分职能部门对外来人口的管理方式主要还是按照上级的布置组织几次专项战役进行查处。在平时由于力量不够，区、街乡管的面积相对大，涉及的外来人员多，根本管不过来。缺乏日常管理措施，仅靠一年查处几次是解决不了根本问题的。另外海淀区对外来人员的教育、疏导和培训工作有的部门做得不够经常和制度化，也缺乏一批必要的教育服务设施建设，无长远打算，使管理工作不能规范有序进行。如外来人员办理《就业证》、《房屋租赁证》等证件，必须跑到区级有关部门办理，给外来人员带来很大不便，这样有很多外来人员设法逃避办证手续，使证件管理制度落实起来很困难。

三、对有关外来人口管理的几个重要问题的认识

1. 关于“规模控制”问题。北京市制定的对外来人员管理的工作方针中第一句话就是“规模控制”。对此有关人员有不同意见。有的认为，现在改革开放、发展市场经济形势下，要达到规模控制是一句空话；有的认为要做到规模控制就要少下指标、少发务工证；还有的为此产生泄气或厌战情绪。通过调查研究我们认为，对外来人口坚持规模控制是完全必要的。但必须全面理解其涵义，以便采取相应措施。其涵义除在总体数量上要坚持尽力控制外，还应从三方面理解：一是要努力控制人员质量。在海淀区，对外来的优秀科技人才要敞开大门，给予优惠条件，欢迎他们来；对一般工种的外来人员，要采取措施限制其数量；对那些经商和在艰苦岗位上务工的人员，要适应市场需求，让市场去调节；对无正当职业、市场又不需要的“三无”人员，要严格控制其数量。二是对一些重要地段，要严格控制外来人口居住和活动的规模。如中央和国家机关、部队驻地周围；大学、科研院所周边地带；中关村科技园区核心区及其交通要道。三是对外来人口聚集地要控制其规模，不能再出现这个“村”、那个“店”。控制的手段，一是通过经济杠杆，按规定该收取的费用一定要收上来，包括培训、教育宣传材料等费用，缴不起钱的就走人；二是对不按规定办事的要坚决给予处罚，包括罚款和集中培训，处罚一次不改就连续处罚，在什么地方违规就在什么地方处罚，要罚得那些违规的在海淀呆不下去；三是加大收容遣送工作力度，使那些没有正当工作和合法身份的要感觉到海淀不是随便来的。以此达到总量相对控制的目的。

2. 关于“属地管理”问题。2000 年 3 月市委张福森同志在全市外来人口管理工作会议上的讲话中指出，“要结合城市体制改革，认真贯彻重心下移、权限下放和属地管理的原则，街道、乡镇和基层组织要全面负责本辖区的外来人口管理工作，统一组织各种力量落实对外来人口管理的各项措施。”这是市委市政府对加强外来人口管理工作在领导体制和工作机制上的重要改革精神。

海淀区目前在外来人口管理体制上仍是由各职能部门根据行政业务关系分头管理，权力没有下放到街乡。全区地域范围较大，区级职能部门管理力量有限，除一年组织几次专项战役和突出性检查几天外，日常管理只能是办办证、收收费，其余管理工作无法开展起来，解决不了管理中的根本问题。街乡因为权力有限，也基本上是依赖派出所进行管理。派出所除重视对社会治安管理外，对其他方面的问题很难管得过来。这样的管理体制使属地管理原则无法落实。

街乡范围相对较小，特别是居（家）村委会对本地域内的外来人口的居住和活动情况掌握起来要容易得多。如果真正把管理责任落实到街乡和基层组织，区有关职能部门给街乡委托放权，并加强工作指导、监督和检查，管理经费到位，街乡和居（家）村委会按属地范围对外来人口应该管理得更好。

3. 关于对出租房的管理问题。据调查，全区现有对外来人口的各类型出租房约 8 万间左右。而到房管局办理租赁证的仅 3 000 间。不办出租手续的原因有两个：一是办不办无所谓，反正房管局管不过来；二是没政策，按现有规定除私有平房外，其余房屋不得出租给任何人。这对外来人口管理是极为不利的，也使大量房产税收白白流失。

现在海淀街道万南居委会为了管好外来人口，自己闯出了一条路，即自建房屋出租管理站，坚持对辖区内所有对外出租的房屋进行登记造册，清楚掌握外来人口的情况，并为他们提供一定的服务，管的效果很好，受到了各方面的好评。该居民区是外来人口集中区之一，在未建出租房屋管理站之前，仅 1998 年就发生三起刑事案、两起窝藏和销售淫秽光盘案、一起窝藏和销售黄色书刊案。成立出租房管理站的两年来未发生任何案件。

我们认为，居委会管理出租房虽然与现行有关规定不相符，但作为居民自治组织，为保一方平安，在不违背居民利益的原则下，利用社区对政府事务有协管权这一有利条件，采取相关方式管理出租房，解决了房管局管理力量不足的矛盾，对加强外来人口的管理是十分有利的。

四、对加强外来人口管理工作的建议

1. 提高认识。应从改革、发展、稳定全局的高度来认识外来人口管理工作的意义，以建设中关村科技园区和申办奥运需要有良好的社会治安和经济秩序，有良好的市场和卫生环境作保障来认识在海淀区搞好外来人口管理工作的重要性。应把对外来人口的管理作为“民心工程”、“投资环境工程”建设好，下大力抓出成效。

2. 工作方针和目标。在认真贯彻中央和市委、市政府提出的“双十六字”方针（中央提出的方针是：宏观控制、加强管理、因势利导、兴利除弊。北京市的方针是：规模控制、严格管理、加强服务、依法保护）的基础上，根据海淀区实际，应实行控制规

模、严格管理、加强服务、兴利除弊的工作方针。要努力适应新形势，积极探索新的工作思路和管理方式，调整和改革外来人口管理体制和工作机制，应在教育、疏导和服务上下功夫，从建章立制入手，树立长期管理意识，全面落实各项管理措施，使全区对外来人口的管理提高到新水平。

工作目标是：争取经过1年的努力，在全区建立起一整套符合重心下移、权限下放、属地管理原则的有利于加强外来人口管理的领导体制；在街乡和社区建立一支精干有力的职业管理队伍，形成责、权、利相一致的有效的工作机制。经过3年左右时间的努力，使海淀区务工经商的外来民工队伍趋于平稳、盲目在区内逗留者逐步减少，劳务环境有所改善，一些重点地段的聚居规模得到控制，外来流动人口的违法犯罪所占比例下降，市场秩序、环境卫生、计划生育等工作有明显改观，使管理工作逐步走上规范有序的轨道。

3. *改革管理体制，加强基层基础建设*。

(1) 调整区外来人口管理办公室。根据市委、市政府的要求，区外来人口管理的领导格局不变，把原外来人口管理办公室移设在区综合治理办公室，与综治办合署办公。

区外来人口管理办公室作为政府的主管机关，对上接受北京市外管办交给的有关任务，对下领导有关职能部门及各街乡外来人口管理工作，对外来人口工作统一指导、监督、检查和考核。

区外管办主任由区综治办主任兼任，公安分局一名副局长任办公室副主任，再选派1～2名干警作为区外管办专职人员参加外管办工作。

(2) 调整街道、乡镇外来人口管理机构。街道和乡镇应当成为外来人口管理主体。各街道、乡镇行政一把手担任外来人口领导小组组长，领导小组下设外来人口管理办公室，负责组织领导辖区内的外来人口管理工作。街道、乡镇外来人口管理办公室主任由综治办主任兼任。派出所选派1名副所长兼任外管办副主任。同时，派出所和房管所选调责任心强、懂业务的专职干部1～2名分别充实街道、乡镇外来人口管理办公室。

(3) 强化基层的外来人口管理工作。居（家）村委会要建立外来人口管理站，管理站站长由居委会主任或治保主任、村长担任，公安派出所选派1～2名民警，房管所选派1～2名房管员专门从事外来人口管理工作，做到形成合力，在最基层形成一级管理机构。

公安、工商、劳动、房管、城管、计生、卫生等部门都要有一名领导负责本部门有关外来人口管理工作，进一步加强外来人口管理。

4. *明确管理责任*。

(1) 区有关职能部门职责。公安部门严格实行《暂住证》制度，及时查处违反户籍管理的行为，清理、收容和遣送“三无”人员；负责对外来人口租赁房屋的治安管理；严厉打击外来人口中的各种违法犯罪活动。

工商、城管部门对外来人口的经商活动开展经常性的监督检查，及时处理无照经营、乱设摊点、制售假冒伪劣商品、对消费者坑蒙拐骗的违法经营行为。

房管部门要加强对外来人员出租房屋的管理，严格《出租房屋许可证》的办理，按照有关政策规定，对出租房屋人的资格进行审查把关。房管部门不能派人进住街乡工作的，要授权给街乡外来人口管理办公室。

区劳动部门要根据市有关政策规定，做好务工证审核发放工作。要建立外地劳动力管理所，对有关单位使用外地劳动力进行调控和管理，成立劳务纠纷调解委员会，依法保护外来人员的合法权益。

其他有关行政部门要按照各自行政职责，加强协调配合，并负责处理各街道、乡镇反映上来的有关问题，支持街道、乡镇外来人口管理工作。

(2) 街道、乡镇外来人口办公室的职责。街乡外来人口管理办公室要在外来人口领导小组的领导下，负责本地区外来人口管理具体工作。外管办按照领导小组的统一要求和部署，做好对外来人口统一办证和收费管理工作，认真组织对外来人口进行培训工作，对居（家）村委会外来人口管理站进行指导、监督检查和处理外管站反映上来的有关问题，切实落实出租房屋的各项管理措施，组织有关部门加强对无证非法出租房屋的查处，加大违章建筑拆除力度。

(3) 居（家）村委会外管站主要任务。居（家）村委会外管站是管好外来人口的最基层组织，也是把好外来人员出租房屋的第一道关口。外管站主要负责对本辖区内居住以及务工经商或从事其他活动的外来人员进行登记；与片警一起检查外来人员有无合法身份证件；与房管员一起对社区内向外来人口出租的房屋进行统一登记审查，凡不经外管站准许的视为违章出租；对出租房屋实行一户一档、亮证、挂牌等制度，并督促房主和外来人员承租者签订治安责任书；发现异常情况及时报告；对社区内给市场秩序、交通秩序、环境卫生、计划生育等方面带来危害和影响的外来人员，街乡外管办协调有关行政部门及时处理；积极开展对外来人口的宣传教育疏导，充分发动群众，搞好外管工作。

(4) 严格园区核心区外来人口管理。认真做好中关村科技园区核心区外来人口管理工作，加强服务，依法保护，严格控制外来人口数量。对进入核心区的外来人口要分层次管理。通过发放专门证件等方式和措施，保证优秀的科技工作者的正常科研工作。对从事一般工种的外来务工者，必须具备初中以上文化程度，经过考核培训后持证，才能在核心区务工。坚决阻止无证件人员进入核心区，对违反有关规定的要严厉处罚。对“三无”人员要及时收容遣送，保证中关村科技园区核心区始终保持良好的治安环境。

5. *实行“一站式”办公*。“一站式”办公（即外来人口服务中心）是外来人口管理的一种形式。实行“一站式”办公便于对外来人口统一办证和收费。各街道、乡镇外来人口管理办公室可以结合自己的实际，选择适当场所建立办公地点，以统一办理暂住证、健康证、出租房屋许可证、房屋租赁安全合格证、就业证、婚育证等证件，统一收取相关费用上交区财政。

公安、劳动、房管、计生、卫生等部门要在街道、乡镇统一领导下，给办证工作提供方便，能够授权的要授权；不能授权的要派专人到“一站式”场所办公。切实实行“条专块统”，把握好办证这一环节。

6. 机制保障。

（1）要确实保证外来人口交纳的管理服务费真正用于对外来人口的管理服务工作。坚持财随事走、专款专用、责权利相一致、保障重点和向基层倾斜等原则。外来人口管理服务费应与公安机关日常所需经费脱钩，公安机关日常办公经费不足部分由区财政补足。对外来人口出租房屋手续费，继续实行收支“两条线”管理制度。对服务和手续费区财政按比例拨付各街道、乡镇的外管领导小组统一安排使用。要把管理的力度与经济利益挂钩，保证出租房屋管理站、派出所和房管所用于外来人口管理的费用开支。

（2）街道、乡镇代征出租房屋的有关税收，补充管理经费不足。对房屋出租户所应交纳的《房产税》、《营业税》等税种，区地税局、物价局等有关部门与街乡签定委托代征协议，除按规定上交市财政的部分，其余返还街道、乡镇用于外来人口管理。

（3）建立和健全协管员队伍。各街道、乡镇按3%的比例建立协管员队伍，在街道、乡镇外管办的领导下，负责对外来人口进行登记巡查工作，与居（家）村委会外管站一起工作。要加强对协管员队伍的教育管理，定期进行培训，逐步实现专业化、正规化，使这支队伍切实发挥作用，管好外来人员。外管办和外管站对协管员的工作情况，应每月考评一次，以此为依据发放奖金。

（4）严格工作评议制度。每年由区外管办负责对各街乡外来人口管理工作进行综合考评，对工作成绩突出的单位或个人给予奖励，对问题严重的单位要追究责任人，并报有关部门进行处理。各街道、乡镇外管办和居（家）村委会外管站要广泛发动群众检举揭发外来人口的犯罪活动，对检举揭发有功者，由街道、乡镇外管办及时给予表扬和奖励。对出现外来人口重、特大犯罪的街道、乡镇，由区有关部门追究其领导、管理人员和出租房主的责任。

关于朝阳区农业产业结构调整情况的调查

朝阳区副区长　史贵升

今年召开的中央农村工作会议提出了把推进农业和农村经济结构调整作为农村经济发展新阶段的中心任务。农业结构调整是一项系统工程，是农业经营方式的深刻变革，要求抓住新的机遇，探索新的思路，实现新的发展，使农业和农村经济走上市场引导结构，结构提升效益的轨道。因此实现农业结构调整的目标，是一个长期的过程，也是一个需要在实践中不断完善的过程。

做好朝阳区农业和农村经济结构调整，是新形势下农村发展、农民增收的重要途径，也是最终实现“都市农业”和农村现代化的战略举措。“九五”计划中实施的“都市农业”工程为朝阳区农业结构调整明确了方向，经过几年的努力，目前全区农业结构正在不断向布局合理，设施先进，品种优良，效益增加的方向发展，一些乡、村发挥区域优势，率先实施调整，取得了令人鼓舞的成果，起到了较好的示范带动作用。特别是抓住绿化隔离地区建设对朝阳区产业结构调整的有利机遇，加大了农业结构调整力度，提高了全区农业的整体水平。

一、朝阳区农业产业结构现状和特点

1. 基本情况。1999年全区农村实现经济总收入154亿元，其中，第一产业实现经济总收入6.05亿元，占农村经济总收入的3.9%。

今年调减粮田面积0.25万公顷，占年初粮食面积的37%，初步实现了3年完成结构调整的第一步目标。其中退耕还林绿化面积0.11万公顷。新发展菜田、牧草、花卉、苗木和观赏鱼养殖等面积0.15万公顷。到目前，全区现有农业用地面积1.11万公顷，其中粮田0.43万公顷，绿化0.29万公顷，蔬菜0.26万公顷，水果、花卉、药材、饲草等经济作物433公顷，种植业粮经比例为59∶41；淡水养鱼水面733公顷，畜牧场占地80公顷。

2. 主要特点。

（1）都市农业工程建设整体推进了全区农业结构调整。“九五”以来朝阳区提出的建设都市农业工程，使朝阳区农村在城市化进程中明确了农业的发展方向，几年来，都市农业建设带动农业结构调整取得了突破性进展。以朝来农艺园、通胜高科技农业园、金盏郁金香花园、莱太花卉交易中心等为代表的一批高效农业园和龙头企业建设已初具规模，实现了一产向二三产业的延伸。

（2）加快绿化隔离地区建设，为农业结构调整创造了有力契机。今年全区完成绿化任务1 200公顷，在实现绿化的同时，大力发展了体育健身型、休闲娱乐型、农业致富型的绿色产业。

(3) 农业生产布局已形成了以城市为中心点，向东北 东南扇形分布。其中，绿化隔离地区有16个乡，耕地面积2 867公顷，占25.8%；绿化隔离地区以外有8个乡，耕地面积8 247公顷，占74.2%（其中粮田3 800公顷）。

(4) 种养业内部结构调整取得了初步成效。农业结构调整以都市农业思想为指导，着力于提高农业内在质量。目前全区设施农业面积已经达到587公顷，占菜田面积的27%。创汇农业面积537公顷，包括崔各庄、楼梓庄、东坝和黄港乡出口菜基地301公顷，黑庄户、金盏、东坝、十八里店、高碑店等乡观赏鱼面积237公顷；上半年实现出口创汇2 210万元。照泉兴农业发展有限公司、金世界养殖发展中心和莱太花卉交易中心三个企业已经取得农产品自营进出口经营权。籽种农业和观光农业也取得了进展，小麦种子、绿化苗木、草坪和优质鱼苗、种畜禽等产品的生产为乡村农业结构调整开辟了新的致富途径；朝来农艺园、郁金香花园和通胜高科技园等都市重点工程开展“农游合一”，上半年接待各界游客11.5万人次，观光购物收入达到500多万元。

二、农业产业结构调整存在的主要问题

1. *思想观念问题*。朝阳区在农业结构调整工作中始终强调：解放思想、转变观念，建设都市型的现代农业。一些乡村，领导重视，观念更新，结构调整步伐大，效果好。但是也有相当部分乡村在农业结构调整工作中，领导干部的思想意识还有差距，没有完全摆脱传统农业的束缚，工作力度不够，表现在动作慢、思路窄、措施少等方面。

2. *管理体制和经营机制问题*。进入市场经济以来，朝阳区农村深化改革，农村经济管理体制和经营机制有了很大进步，但是在农业方面，由于多种因素，现有的农业管理和服务机构在体制创新、服务手段等方面，存在着政策引导和措施服务滞后的现象。全区现有耕地分布在23个乡中，地块零星分散，以乡村为基础的调整，不容易形成规模，缺乏市场竞争力，这也是农业结构调整的不利因素之一。农业企业内部也存在着机制不活，人、财、物的作用不能得到充分的发挥。

3. *农业龙头企业数量少，带动作用有限*。农业龙头企业一头联着市场，一头联着基地（或农户），在农业结构调整中发挥着重要的桥梁和纽带作用。但是，从全区整体上看，现有的农业龙头企业还不能满足全区农业结构调整的需要，特别是朝阳区的农产品加工龙头企业目前还是一个薄弱环节。通过加工联接市场、联接基地应该是农业结构调整的重要途径，也很有优势，因此我们要下大力量建设好农产品加工龙头企业。

三、加快推进农业产业结构调整的思路

1. *指导思想*。根据全市农业结构调整工作的部署，结合朝阳区农业、农村和城市发展的实际需要，农业结构调整工作的指导思想是：以都市农业发展思想为方针，为以市场为导向，以效益为目标，以绿化隔离地区建设为契机，建设好绿化隔离带，温榆河生态带，观赏鱼产业带，继续实施都市农业发展战略，全面推进农业结构调整工作。

2. *调整目标*。农业结构调整总的目标是：从2000年起到2003年初，用3年时间在全区范围内退出传统的商品粮食生产，退出大路货农产品种植，大力发展精品农业、创汇农业、观光农业、绿色产业和特种养殖，使农业成为农村经济新的增长点。

3. *农业结构调整途径*。全区现有粮田4 333公顷，其中位于绿化隔离地区和边缘集团小区的粮田667公顷，这部分粮田随着北京市城市建设总体规划的实施，在2—3年内调整发展绿化和绿色产业，传统意义上的农业将从这一区域退出，2—3年之内的粮田耕地也只能作为过渡时期的临时调整。其余的3 666公顷粮田分布在绿化隔离地区以外的8个乡（黄港、崔各庄、孙河、东坝、金盏、楼梓庄、黑庄户、豆各庄），这一区域目前仍以粮食种植为主，并形成了与之配套的农业基础设施体系，是农业结构调整的重点区域，在这3 666公顷中，有667公顷调整项目已基本确定，今秋明春即可落实。因此，朝阳区明后两年的调整任务主要集中在绿化隔离地区以外的3 000公顷粮田中。根据市区政府农业结构调整的思路，结合朝阳区实际情况，经过调查分析，吸取先进典型的经验，提出以下几项农业结构调整的途径。

(1) 大力发展出口蔬菜。两年来全区的出口蔬菜生产基地从零发展到301公顷，由原来的何各庄1个村发展到以崔各庄乡、楼梓庄乡为主的4个乡，出口流向由原来的香港、新加坡发展到日本、荷兰、法国等东南亚和欧洲各国，并开始由间接出口转入直接出口，出口额大幅度增长，取得了自营出口权、出口菜生产基地、绿色食品注册等一系列基础认证，可以说朝阳区的出口菜产业已经具备了一定的基地规模，掌握了一般的生产、贮存、包装技术，初步形成了较为稳固的销售渠道和市场，大发展的条件已经成熟。我们要抓住农业结构调整的良机，尽可能积极地大力发展，扩大生产面积，优化品种布局，提高规模化、专业化、集约化的生产能力，瞄准港澳台地区及国际市场，增加出口创汇额度。朝阳区东北部几个乡作为出口菜主要生产基地，面积由现有的300公顷发展到1 000～1 333公顷，使全区蔬菜面积达到2 333公顷左右，其中新增菜田800公顷，同时适当增加设施栽培面积，达到蔬菜总面积的30%以上。

(2) 扩大观赏鱼养殖面积，构筑观赏鱼产业带。朝阳区现有养殖水面667公顷，主要集中在东南部黑庄户、金盏和楼梓庄等乡。其中观赏鱼养殖水面237

公顷，国际国内销售市场看好，生产稳定，销售畅通，已形成创汇产业之一。1999年出口额1 640万元，占总出口额的33%。未来要借助黑庄户乡已经形成的观赏鱼产业优势，减少常规水产品养殖，扩大观赏鱼养殖，形成万亩观赏鱼养殖规模并在品种、技术、饲料、鱼药、渔具设施和市场等方面形成产业化循环，提高竞争力。计划在现有基础上新发展观赏鱼水面367公顷。

(3) 发展绿色产业和精品农业，农林结合，农游合一，带动农业结构调整。抓住北京绿化隔离带建设和我区温榆河生态带建设的契机，利用都市农业建设中已形成的几个具有旅游、休闲、观光的高科技园区，结合绿化建设，栽花、种草、植树、造地形、建水面，扩大延伸园区规模，增建旅游、休闲、娱乐等设施，建设生态农业，实现农业种植与林业绿化相结合，为“农游合一”增添新的内涵，带动绿色产业三种模式建设（绿色产业链接全民健身，接旅游观光，接农民致富）和农业结构调整快速到位。在来广营、东坝、常营、金盏、楼梓庄、王四营等乡现有规模基础上，扩大667公顷左右，形成农林结合、农游合一，集精品农业、创汇农业、观光农业、绿色产业为一体的综合产业。

(4) 发展以草食动物为主的畜牧业，带动农业结构调整。畜牧业产值在大农业总产值中所占比重较大，发展草食动物为主的畜牧业符合降低成本，提高效益，生产绿色安全食品，增加农村经济收入的新形势。为此，市政府提出大力发展草食动物畜牧业。发展草食畜禽，推广有机生态栽培，实现种养结合良性循环的生态农业。全区现有草食动物存栏17.5万头（只）（含农场），年出栏11.53万头（只），包括肉牛500头，羊1万只，兔10万只，其他草食动物300只。计划三年内发展到33.8万头（只），年消耗饲草3万~3.5万吨，如果靠本区自行生产，需饲草地1 667公顷。此外，根据顺义、通州区饲草加工需要，可收购部分饲草，为此朝阳区在没有其他更好的调整品种情况下，可安排人工牧草667公顷以上。

(5) 扩大经济作物种植。除上述四项调整意向外，根据市场需求，扩大花卉、籽种、苗木、药用植物、杜仲、叶用银杏等经济作物（林木）及精品农业产品的种植面积，以加速农业结构调整的步伐。预计占粮田667公顷左右。

四、加快农业结构调整的主要措施

1. 切实提高和转变领导干部的思想认识，开拓农业结构调整的思路。从优化区域经济结构的战略高度重视农业结构调整，消除轻视农业和消极、盲目、困惑、畏难情绪，积极主动，认真扎实地推进农业结构调整。农口主管业务局和各乡主要领导挂帅，领导农业结构调整工作，并成立一支专门研究农业结构调整的攻关队伍，专项研究农业结构调整工作，摸清底数，了解市场，拿出思路，制定措施，狠抓落实。

2. 政府农业部门加大对农业结构调整的引导力度，培育扶持农业结构调整。一是研究制定农业结构调整的鼓励政策，调动农民调整结构积极性。从今年下半年起，区农发资金重点转向农业结构调整，包括对引进品种、发展创汇农业、精品农业、绿色产业、特种养殖及建设农业龙头企业等项目进行重点扶持（具体鼓励政策附后），各乡也要增加投入，支持农业结构调整。二是转变工作方式，增加信息交流，树立农业结构调整的先进典型，推广先进经验，加强引导，为乡村农业结构调整服务。

3. 明确任务分工，落实岗位责任制。农委负责组织、协调、领导农业结构调整的全面工作。成立区农业结构调整工作领导小组，领导全区农业结构调整工作。农林局负责全区种植业结构调整工作，按市政府提出的原则，拿出切实可行的三年调整规划，发挥业务主管领导的积极作用，调动广大科技人员的积极性，出思路、出措施，强化服务，狠抓落实，确保区政府提出的朝阳区农业“两个退出”目标的落实，重点研究落实创汇农业、精品农业、观光农业及绿色产业和温榆河生态带的建设。畜牧局、水产局负责养殖业结构调整工作，也要拿出在农业结构调整中养殖业的调整发展思路，研究如何通过调整和发展养殖业促进农村经济发展及农业结构调整，重点研究落实养殖小区和特种养殖业的发展和观赏鱼产业带的建设。农机局、水利局负责为种植业结构调整中的机械和水利的配套服务。对全区各乡的农业结构调整安排，一是按全区农业结构调整的总体规划，坚持四个原则（市场为导向，效益最大化，农民、企业为主体，追求产业化）和两个退出；建设三个产业带；做到五个发展；推行四种模式（科技型、企业型、规模型、效益型），提出对各乡农业结构调整具体指导性计划。二是各乡根据区里的计划，结合本乡的特点，制定本乡的具体实施方案，区乡统一后，作为各乡三年农业结构调整的任务、目标，由区乡共同组织落实。

4. 培育、扶持农业龙头企业，带动农业结构调整。一是对现有的农业龙头企业要继续挖潜，增加企业在农业结构调整中的责任感和使命感，进一步拓宽销售市场，扩大生产基地，更好地发挥龙头企业的带动作用。二是在数量上，要进一步加大开发力度，积极寻求建设项目，努力增加农业龙头企业数量，重点发展农业创汇龙头企业和农产品加工龙头企业。

5. 鼓励农民根据市场和生产发展需要，自发的组建农民合作经济组织，并为其提供必要的场地和设施条件，使农民合作经济组织成为联系政府—农民—市场的纽带，促进农业结构调整。

6. 为了加快农业结构调整步伐，全区从下半年起大幅度调减以至取消秋播小麦种植面积（种子除外），为明年全面实施农业结构调整作好准备。计划明年再调减粮田2 333公顷左右，力争3个产业带和规划的4个种植区要初具规模，金鱼养殖新增133公顷，创汇蔬菜种植面积新增400公顷以上，新发展花卉、草坪、经济林等绿色产业面积333公顷。生态种植区新发展草业667公顷左右，精品农业及观光农业新增面积133公顷左右，新增绿化面积占耕地667公顷。特种养殖的规模和养殖小区在现有基础上增加1倍。

走产业化之路，做好花卉文章

丰台区副区长　沙松平

丰台区现有行政村70个，农业人口14.7万人，劳动力7.1万人，农户6万户，耕地面积4 267公顷。2000年农村七大行业增加值完成17.1亿元，农村经济总收入达到99亿元，农民人均纯收入达到5 756元。近年来随着城市化进程的加快，传统的农业已经不适应市场发展的需要，面对这一新的形势，必须探索一条适合丰台区特点的农业发展新路。经过调查研究，我们认识到我区发展花卉产业具有得天独厚的优势和有利条件。一是有花卉种植的悠久历史、积累了丰富的花卉种植经；二是地理位置优越，交通便利，销售渠道畅通；三是形成了大型花卉市场群，建立了花卉产销信息网络；四是技术力量雄厚，拥有一批水平较高的园艺人才和花卉生产基地；五是已具备了实现花卉产业化经济实力。根据上述优势，我们确立了以发展花卉苗木为主导产业的农业发展路子。目前丰台区现有花卉面积414公顷，设施面积80公顷，其中现代化联栋温室面积5.2万平方米，花卉从业人员1.1万人，拥有花乡花卉市场、玉泉营花卉展销厅、玉花园花卉中心、万园春花卉市场、南宫花卉市场等5大花卉批发市场，拥有盛芳切花基地、白盆窑盆花基地、花乡种苗繁育中心等各类花卉生产基地46个，年产盆花700万盆、切花500万支，花卉品种达1 300余种，收入1.3亿元，出口创汇2.2万美元。现有林地面积6 667公顷，林业苗木面积260公顷，各类苗木生产基地36个，苗木产量150.34万株，林业总收入达1.1亿元。丰台区的花乡被国家林业局评为中国花木之乡，花乡花卉市场被评为中国十大花卉市场、盛芳园被评为全国花卉重点生产基地。

丰台区花卉苗木产业发展目标是：到2005年花卉苗木生产面积发展到1 667公顷，其中花卉面积1 000公顷，苗木面积667公顷；盆花年产量达到1 500万盆，鲜切花年产量达到1 200万支，宿根花卉30万株；花卉苗木年销售收入达到3.5亿元，实现利润1.5亿元。丰台花卉苗木产业实现产加销一条龙，贸工农一体化，形成集绿化美化、科普、观光、旅游及相关产业综合发展的产业化体系。

为了实现上述目标，推进全区花卉产业化的发展，使花卉产业形成具有较大规模、科技含量高、效益高的区域主导产业，我们将大力实施“113811”工程。即建设完善一个以玉泉营为中心的花卉市场交易区；建设一个科技、信息、培训中心；建设三个花卉观光游览园、建设和完善八个花卉苗木生产基地；组建一个花木集团和争创一个花卉节。具体如下：

完善花卉市场交易中心。进一步完善以玉泉营环岛为中心的花卉市场体系，以高档次、规范化为目标，从硬件和软件两个方面，提高现有3万平方米花卉市场的经营管理水平，增强市场的辐射力、带动力，使之成为华北地区最大，全国及世界闻名的花卉销售集散中心。

建设一个花卉信息技术培训中心。为全区花卉生产培养技术和管理人才，提供科技和信息服务，培训中心规划占地13.33公顷，总投资2 000万元。

建设三个花卉观赏园。即世界花卉大观园、石榴园、世界园林花卉艺术观赏园。

花卉大观园，为满足城市居民热爱自然、回归自然和生态旅游的需要，规划建设一个以花为主体，集花卉科研，观赏、休闲、科普、娱乐和旅游为一体的花卉大观园。该项目总占地面积33.33公顷，项目投资1.4亿元。

石榴园，位于南苑石榴园村，规划占地29.33公顷，总投资5 500万元，以石榴为主题，计划种植石榴品种上百个，同时依据一些药用植物的保健功能，兴建健身区，使之成为观赏石榴、养生健身场所。

世界园林花卉艺术观赏园，计划在花乡六圈村，将国内外园林艺术精华微缩于一园，与世界公园成为姊妹园，该园规划占地43.33公顷，总投资1.6亿元。

建设完善8个花卉生产基地。即盛芳园切花生产基地、郭公庄百亩草花生产基地、草桥兰花培育基地、草桥仙客来生产基地、黄土岗茉莉花和玉兰花生产基地、王佐南宫木本切花生产基地、种苗繁育中心花卉生产基地、王佐月季花生产基地。

组建花乡花卉集团。以花乡农工商联合公司为主体，花卉生产企业为股东，组建花乡花木集团，实行“集团＋农民专业合作经济组织＋农户”的产业化生产经营体系，提高丰台区花卉产品的市场竞争力。

争创一年一度的花卉节。为进一步提高花卉的知名度，力争创办一个花卉节，以花为媒，以花会友，拉动花卉产业全面发展。

发展花卉苗木产业的措施是：一是加大扶持力度，今后几年区政府在政策和资金上，重点扶持“113811”工程重点项目，推动全区花卉苗木产业上规模、上水平；二是转变经营机制，建立与市场经济相适应的经营体制，鼓励个体私营经济发展花卉产业，增强企业的活力和竞争力；三是依靠科技进步，促进花卉发展。充分利用首都的科技优势和人才优势，增加花卉的科技含量，提高花卉质量，引进和培养花卉技术人才，提高生产和管理水平；四是加大引资力度，做好重点项目的规划和包装，广泛吸引社会各界投资丰台区花卉产业。

关于在农村城市化进程中发展集体经济的思考

石景山区常务副区长　祁　红

农村城市化，是由乡村社会型态向城市社会形态的转化过程，实现这一转化需要解决群众生活、社会发展等一系列重大问题，依靠集体经济的发展是解决诸多问题的关键。因此，在推进我区农村城市化进程中，不断深入研究集体经济的发展问题，应成为我们的重要任务之一。

一、农村集体经济发展的历史性作用

1. 农村集体经济的发展使农村社会发生了深刻变化。从20世纪50年代起石景山区农村开始组织发展集体经济，由于历史的原因集体经济发展缓慢。但经过广大农民群众20年的艰苦奋斗，农村集体经济具备了一定的发展基础，人民生活得到初步改善。党的十一届三中全会之后，我国进入了一个新的历史发展时期，党在农村的一系列改革开放的政策为农村集体经济的发展注入了无限生机与活力。从1980—1999年的20年间，石景山区农村调整产业结构，改革生产管理方式，特别是近几年来由于投资主体多元化，使农村集体经济发展逐步呈现多元化结构，农村社会生产力发展到一个新水平。据统计，1999年农村集体总资产达16.7亿元，比1980年增长76倍。由于农村集体经济的发展，农民的物质和精神生活有了极大提高，乡镇企业的兴起使产业结构发生了重大变化，形成了以二、三产业为主的城市化的产业结构，村容村貌有了较大改观，特别是干部群众的思想观念和思维方式发生了深刻变化，因而在客观上缩小了城乡差别，推动了农村的社会进步。

2. 农村集体经济已成为我区发展区域经济的重要组成部分。近3年来，石景山区农村认真贯彻实施区域经济发展战略，遵循“稳中求进”发展经济的指导思想，使集体经济基本走上了持续、快速、健康发展的道路，成为发展区域经济的重要组成部分。统计表明（据1999年统计数），农村乡镇企业基本形成较为巩固的企业发展群体，有各类企业239家，其中二、三产业占90.4%；农村集体企业总资产16.7亿元，占全区国有集体企业总资产的42.1%；农村国内生产总值2.3亿元，占全区国内生产总值的18.7%；农村集体企业缴纳税金5 130万元，占全区税收总额的16.6%。为了适应石景山区城市化发展步伐，农村确定了经济定位发展，推进乡镇企业二次创业的发展目标。经过调整产业结构，发展多元化经济，重点规划开发“六条路”和“七个区”的发展项目，形成一批新的经济增长点，为今后一个时期的发展打下了基础，目标实现后必将进一步推动全区区域经济的快速发展。

二、在农村城市化中要充分认识发展集体经济的重要性

1. 对农村城市化内涵的再认识。在首都城近郊区，农村城市化是一个客观的历史发展过程，是农村社会形态发展的必然。由于石景山区已成为首都规划市区，具有特殊的功能定位，因此正确认识农村城市化的内涵，对推进农村城市化的健康发展具有十分重要的意义。如前所述，农村城市化是由乡村社会形态向城市社会形态的转化过程，在总体上要实现农村生产方式、生活方式、社会管理方式的根本性转变，使农村成为城市的组成部分，与城市融为一体。所以，在农村城市化进程中，不是农村经济的解体，而要实现集体经济整体素质的提升。要按照城市功能定位，以为城市建设和为人民生活服务为目标，全面调整产业结构，实现产业结构优化升级，达到与城市社会的协调发展。在产业结构优化升级的同时，要按照现代企业管理的要求，全面提高人员素质和企业管理水平。经过改革、改造，使原农村集体经济转变为城镇新型集体经济。在城市经济发展和社会进步中发挥其应有的作用。

2. 发展是硬道理，发展是实现农村城市化的重要保证。石景山区农村现有农民人口15 755人，农村劳动力10 339人（含转居留用）。在农村城市化进程中，农民转为城镇居民后，劳动力仍滞留在农村。原农村集体经济仍然是他们赖以生存的物质基础，随着城市化水平的提高，人们对物质文化生活也必然有更高的需求，所以只有依靠集体经济的不断发展，才能使农民转居后生活得更富裕，社会才能更安定。在石景山区，实现全面城市化的主要任务之一是农村地区实施城市化改造。全区农村现有11个行政村（包括54个自然村），分布在85平方千米的范围内，要彻底改变农村的居住条件和生活环境，使农村变为城市，实现这一目标必然是十分艰巨而渐进的过程，需要有大量的物力和财力做保证，所以农村集体经济的不断发展是实现农村城市化改造的物质力量。在讨论研究石景山区农村城市化问题时，必须坚持发展是硬道理的指导思想，要从理论、政策和措施上，保护和支持集体经济持续、快速、健康发展。

三、在农村城市化进程中，发展集体经济的途径和方法

1. *确立与城市化相适用的发展观念*。在石景山区实现城市化的发展目标，是要努力把石景山区建成经济繁荣、社会稳定、环境优美、功能完善、生活方便、风气文明的首都新市区。因此在农村城市化进程中，农村集体经济要确立与城市化相适应的发展观念。也就是说要遵循大力发展区域经济战略的指导思想，针对农村集体经济构成中，产业结构不尽合理，科技含量低，企业规模小，与为城市社区服务结合的不紧密，经济运行质量不高，但具有一定发展基础和潜力的特点，调整在计划经济条件下形成的传统思维定式，走出一条与城市化协调一致的发展道路。要按照发展开放型经济，形成多元投资主体，面向城市建设发展和为社区服务的以高新技术武装的二、三产业，具有现代管理水平的新型企业，全面提升集体经济素质，使之成为推进全区城市化的重要力量。

2. *大力调整产业结构，实现结构优化升级*。2年来，石景山区农村认真贯彻执行发展区域经济战略，实施经济定位发展，在调整产业结构和发展布局等方面已取得初步成效。但面对我国即将加入世界贸易组织的新形势，面对已趋于成熟的社会主义市场经济，冷静审视农村产业结构的现状，提高整体素质是促进集体经济发展的必由之路。所以，我们要继续大力调整产业结构，实现结构优化升级，在激烈的市场竞争中立于不败之地。调整产业结构仅仅依靠自身的力量是不够的，必须把通过引进实现重组做为一项战略性重点任务来抓。在实施中，我们既要坚持从自已的实际出发，充分利用业已形成的物质基础，又要解放思想，突破地域及所有制界限，开拓视野，积极运用市场机制的作用，引进技术、项目、资金、管理、人才等，在引进过程中实现生产要素的优化组合，提高生产力水平，形成面向市场，各具特色，优势互补，竞争力强的企业群体。

3. *以公有制为主体，建立多元化经济体制*。党的十五大提出，以公有制为主体，多种所有制经济共同发展是我国的基本经济制度，非公有制经济是社会主义市场经济的重要组成部分。在石景山区农村城市化进程中，要坚持以发展集体公有制经济为主体，使之成为群众致富和推进农村城市化的重要力量。同时要按照所有制结构多样性的原则，努力塑造多元化经济新体制。在企业引进重组过程中，要以优惠的政策和良好的环境广泛吸纳社会资本，形成多元投资主体相互融合的企业组织形式。由集体经济组织提供发展空间，扶持发展具有一定规模的民营企业或私营企业，使之成为繁荣城市经济的重要组成部分。针对全区农村个体经济发展缓慢的状况，要进一步研究具体的政策和措施，并把发展个体经济工作纳入集体经济发展计划之中，引导支持群众从事个体经营活动，开辟新的就业致富渠道，使之成为具有合法身份的经营群体。

4. *深化改革，破除影响集体经济发展的体制障碍*。经济发展和结构调整归根到底要靠改革，要大胆探索，勇于创新，突破影响集体经济发展的体制性障碍。在全区农村城市化进程中，改革集体经济的产权制度是深化改革的中心环节。要按照“产权清晰、权责明确、政企分开、管理科学”的要求，逐步建立现代企业制度，健全法人治理结构，使企业真正成为市场竞争主体。主要做法应是：在现有企业进行重组转制的基础上，加大力度推进社区型（行政村级）股份合作制改革工作。通过清产核资，资产评估，产权界定，量化股权，购买新股等改制程序，使农村集体经济组织从整体上改造成城镇股份合作制性质的有限责任公司或集团公司。经过制度创新，突破原集体经济单一产权的体制性障碍，建立起能够适应城市化发展要求的新机制，促进集体经济的健康发展。

围绕农民需求做好思想政治工作

市委农工委宣传处　彭　玲　李　彬

为进一步摸清农民在农村改革发展新时期、农业结构调整中的所思所想和对科技文化的需求情况，了解农村思想政治工作的成效和问题，更好地贯彻落实中央和市委思想政治工作会议精神，更加有针对性地做好农村的思想政治工作，抓好农民教育，为农村的改革和发展提供有力的智力支持和思想保证，近期我们在郊区部分农村开展了一次调查活动。

一、调查的基本情况

本次调查我们采取与部分区县、乡镇和村干部座谈，与农民面谈，发放调查问卷方式，集中对农民的思想觉悟、对现实问题的看法、农民的科技文化需求、现有教育渠道及实效等方面内容，进行调查了解。情况如下：

1. *农民对现行政策满意、对党和政府信任，政治觉悟、政策水平都有较大提高*。在问及“农村生活改善的主要原因”时，100%的人回答是“党的政策好”。当问到“谁对您的生产经营帮助最大”时，95%以上的人回答是“政府和集体”。在座谈中，农民均切实感到生活改善了，与改革开放之前比有天壤之别，都一致认为是党的富民政策才使农村发生了翻天覆地的变化，只要跟着党走，按照党的政策办，农

村的变化就会越来越大。可见，农民对党的富民政策是满意的，对政府和集体的工作是充分肯定的。

在调查中，我们还考察了农村群众对“法轮功”的态度，95%以上的人认为“‘法轮功’是邪教组织，应依法取缔”，只有3人回答“说不清，反正自己也不练”，但没一个人回答“是健身组织，应容忍其发展”。由此可见，农民对党的重大决策是坚决拥护的。

*2. 农民的法制观念增强，义务、责任感提高，但同时也存在一些模糊认识。*在调查中我们设计了这样的问题:“当您遇到严重的经济、民事纠纷时首先考虑如何解决”,有78%的人回答“寻求法律解决”,还有22%的人不同程度地回答“找政府公断”、“找领导调解”或“自行了断”。这说明我们在农村开展的普法教育已深入人心,农民的法制观念确实增强了,但还有一部分人存在依靠政府、领导解决矛盾纠纷的惯性思维,不熟悉用法律手段保护自己的合法权益。

调查中，我们还问及农民对交纳村提留、乡统筹等法定税费的基本看法，92%的人认为是“应尽义务，绝对该交”，只有极少数人回答“自己也不富裕，能不交则不交”，但没有一个人回答“钱是自己辛勤劳动所得，不该交”。这说明绝大多数农民责任和义务意识增强，责权利比较分明，基本能正确处理国家、集体和个人之间的利益关系，也反映出农民致富不忘国家、集体的朴实思想觉悟。同时我们也了解到，一些集体经济实力较强的村，把农民本应依法交纳的一些税费统统包了起来，这是一种新的平均主义大锅饭，对农民的生产经营起不到任何激励作用，长此以往还会淡化农民的责任意识，滋长农民对集体的依赖思想。

*3. 农民基本能正视一些社会现象，但文化素质不高、市场观念不强、等靠要思想严重是制约农村发展的重要因素。*在调查中我们了解到，农民对现实中存在的贫富差别的基本看法是：60%的人回答是因为“文化素质不一样”；还有为数不少的人认为是“少数人钻了政策的空子”、“一些人靠关系占了便宜”，个别人认为是“靠运气发了财”。通过对问卷的统计，我们发现回答“文化素质不一样”的人基本都是文化程度较高的人，反映出文化程度差异决定着对社会事物的认识。我们还了解到，农民既关心自身利益问题，也关心一些社会问题。多数人认为自己最关心的问题是“农产品销路”，但同时也相当程度地关心“社会治安”和“社会风气问题”。

我们还调查了农民的市场意识，问农民“您认为在市场经济条件下致富应主要依靠谁”，有75%以上的人回答靠“政府和集体”，只有不到20%的人认为应主要靠“自己掌握技术，了解市场需求”，只有极少数人回答应靠“专业合作组织或龙头企业带动”。可见，农民的市场意识不够强，等靠要思想依然严重，农民开展生产经营合作、提高组织化程度、抵御市场风险的意识还很差。

一些乡村干部反映，市场经济条件下农村人口流动大，外出经商做工比较多，而且都是一些文化程度较高的年轻人。剩余人口素质差，文化程度低，小农经济的传统思想比较严重。我们在调查中就听到过这样的情况，有的乡村从调整结构、增加农民收入的目的出发，计划改造一些有多年历史的劣质果林，引种优质品种，但老百姓却思想不通，甚至躺倒在拖拉机的车轮下阻止施工，增加了工作难度。正因为农民文化素质的限制，缺乏敢试敢闯的精神，因此对政府和集体的依赖性较强，等靠要思想严重。

*4. 农民对农业结构调整的热情高，致富愿望强烈，热切呼唤科技、信息服务，但存在着一些自身难以解决的实际问题。*我们与基层干部群众进行了多次座谈，总的印象是大家对当前农业结构调整的认同率高，热情高涨，求富、盼富是大家的迫切愿望，都感到不调整没有出路；大家抓调整的劲头和决心都很大，但限于基层干部的能力和农民的素质，也有一部分人流露出畏难情绪，感到茫然，没有明确的思路和方向。我们走访的不少村，都表现出一个共同的特点，就是粮食面积在调减，但形成了少、散、杂的局面，没有形成主导产业。在调查中，另外一个突出问题是，有的村在种养业某一方面有传统、有优势，但由于农民之间没有协作和合作，因此在生产经营上遇到不少困难和麻烦。有不少农民向我们反映，曾经协议购买某公司的蔬菜种子，蔬菜采收后对方却借口质量有问题拒绝收购，给菜农造成很大损失。还有的农民反映，菜价经常变，对方出多少价也得卖。突出反映了农民没有进行合作，缺乏组织，形不成合力，在生产经营中经常吃亏，受到盘剥。

通过问卷我们对农民生产经营中遇到的困难、农民科技信息需求、农民获得技术的渠道等方面都进行了调查。有65%的人认为在农业结构调整中遇到的主要困难是“自己不懂技术”，有57%的人觉得是自己“不了解市场，比较盲目”，36%的人认为是“缺资金，没本钱”，还有22%的人认为是“自己胆小，放不开手脚”。“缺乏技术的主要原因”，54%的人回答“不具备学习的条件”，35%的人认为是“现有教育内容不合乎需要”。在问及“您迫切需要哪一类知识”时，有七成的人回答“实用技术和市场信息”。当问到“您认为哪种途径对您的生产经营最有帮助”时，近80%的农民回答是“政府和村里组织的技术培训、咨询活动”，也有51%的人觉得是“广播、电视、报纸”。通过调查，我们感到农民呼唤科技和信息服务的愿望是十分强烈的。

*5. 农民在物质生活水平提高的同时，精神文化需求也有明显增长。*尽管农民比较关心自身的经济利益，但富而思乐，希望自己的精神生活更充实些。我们了解到，农民对政府、集体组织的文化活动参与热情和积极性很高，不少乡村组织的文化活动比赛展演农民都争着参加，甚至自己出钱买道具。绝大多数人认为开展健康向上的文化活动，对改善社会风气、抵制农村赌博、封建迷信活动有“很大关系”或“有一

定关系”。农村群众参加最多的文化活动依次是看电视、听广播、读书看报、扭秧歌。有65%的人希望“乡村多组织秧歌、花会等喜闻乐见的节目”，也有一部分青年人希望“多组织一些歌舞健身等现代文化活动”。同时，还有不少群众希望上边多组织文化、科技、卫生“三下乡”活动，并盼望能到自己的村里。

二、对当前加强农村教育的几点建议

通过调查，我们深深感到，农村的思想政治工作必须切实围绕农民的需求、农村经济发展和农民增收致富去做，才能收到实际效果。遵循这样的工作主线，把农民的思想逐步导入市场经济的进程，导入农村改革发展的主旋律，是农村思想政治工作的重要任务。目前，各地开展的农民现代化素质教育已取得了明显成效，已把重点转到对农民的科技培训和服务上，但力度和针对性需要进一步加强。下面结合调查情况提出建议：

1. 针对农民思想观念保守、市场意识淡薄、等靠要思想严重等问题，应利用多种形式向农民宣传党的路线、方针、政策和有关法律法规、现代经营思想、市场经济知识。加大对各类典型的宣传力度，推广他们的经验和做法，发挥典型的示范带动作用。依靠政府推动、典型引路，启发引导和调动农民的积极性，促进农民思想观念的转变，增强农民的竞争意识和进取精神。

2. 围绕农民在农业结构调整中表现出来的强烈科技需求，进一步强化农业科技教育。推进农业结构调整，加快农民致富步伐，必须大力推行先进的生产管理方式，提高农产品科技含量，向农民提供技术服务。因此，适应农业结构调整的需要，农村教育要以科技教育为重点，帮助农民增强科技意识，培养科技技能，提高科学素质。通过农民夜校、文明市民学校等多种途径，利用农闲时机，组织开展技术培训和科技下乡咨询活动，向农民传授种植、养殖、防病、储藏、节水灌溉等方面的技术，提高农民的科技文化素质和致富本领。

3. 加快农村信息化建设和农产品市场信息服务，带动农业结构调整。针对农村信息渠道不畅的问题，应组织力量，加强农产品市场信息的收集、加工、处理，搞好农产品市场预测，及时向农民反映农产品市场供求变化，要充分利用面向郊区农村的新闻媒体，如《京郊日报》北京电台《今日京郊》栏目、北京电视台《京郊大地》栏目等，及时向农民反馈科技、市场信息。应加快农村信息网络建设，启动乡村上网工程，使乡镇和有条件的村率先上网，同时抓好网络人才培训，搞好信息的收集和发布。通过有效的信息化服务，引导农民面向市场调整结构，为农产品找到合适的销路。

4. 加强农村文化阵地建设，开展健康向上的文化活动，满足农民的精神文化需求。应本着文化为经济建设、社会发展服务的思想，加强文化阵地建设，开展健康向上的活动，服务农村经济，抵制伪科学和封建迷信，引导农民形成健康文明的生活方式。政府和集体应加强组织引导，在农村提倡和推广好的文化活动和健身活动，适时开展一些比赛、调演活动，调动群众参与的积极性。有条件的村应开辟文化活动场所，如创办文化大院，建立图书室、文体活动室等，为群众文化活动提供必要的硬件条件。同时，盘活现有文化资源，图书馆室、文化馆站服务范围应向农村基层延伸，为农民生产经营和精神文化生活提供服务。如有些区县图书馆在农村建立换阅点的做法就很好，应总结推广。应抓好基层文化活动骨干队伍建设，秧歌、花会是农村群众自娱自乐、喜闻乐见的好形式，农民参与热情极高，应积极扶持，使其不断发展壮大。

5. 适应农村改革发展进程的要求，为农村发展和农民致富加强指导和服务。目前，郊区农村各项事业正在沿着党的方针政策指引的方向健康发展，农民迫切需要政府的引导、组织和服务。因此，思想政治工作必须满足形势的需要，帮助农民出主意、想办法，为农村发展和农民致富当参谋。要利用宣传思想部门灵通的信息渠道、先进的宣传手段，向农村传授先进的科技、文化、致富信息和致富经验。还要适应农村不同发展层次、不同发展阶段的情况，把握政策和发展方向，及时总结好的做法和经验，对农民进行引导。

北京市远郊区县农民进入小城镇的现状、问题和对策

市农委村镇规划建设管理处　章兰芳　胡建华

一、北京市远郊区县和试点小城镇的基本情况

北京市远郊共有10个区县、125个镇、16个地区办事处（加挂镇政府牌子）、30个乡、3 699个行政村；总人口439.7万人，其中农业人口308.9万人，占70%，乡镇平均人口2.57万人。北京城市总体规划确定的14个卫星城（除亦庄、长辛店）有12个地处远郊10个区县，其中又有10个是远郊区县政府所在地。经市政府确定的22个试点小城镇，分布在远

郊10个区县内。

2000年上半年远郊区县行政区划调整后，全市22个试点小城镇共辖618个行政村，常驻人口783 465人，平均每个试点镇为3.56万人。其中非农人口为207 294人，占26.5%，平均每个试点镇为9 422人；镇区现有人口为296 235人，占37.8%，平均每个试点镇为13 465人。22个试点镇中，良乡、延庆为卫星城和区县政府所在地。

二、农民进入小城镇的现状

为了减缓市区人口压力、吸纳农村剩余劳动力、促进非农产业和人才向小城镇集中及有序流动，加快郊区城市化进程，市政府于1997年制定并下发了京政办发［1997］41号和74号两个关于小城镇户籍管理、改革的文件。几年来，试点小城镇享受的户籍政策得到了较好的贯彻落实，效果也比较明显，对农民进入小城镇起到了较好的推动作用。

截止到2000年6月底，22个试点小城镇靠户籍政策已批准迁入10 046户、24 593人。其中，本市农转非7 138户、17 294人；外埠投资购房迁入2 863户、7 299人。据市统计局的统计表明，从1998年到2000年上半年，本镇农民投资购房农转非的为2 876人，本市镇外投资购房的为16 084人，两项合计为18 960人，占22个试点镇同期批准迁入的77%。以1999年为例,22个试点镇全年共销售商品房136.4万平方米,本镇农民购房46.9万平方米,约占40%,本市镇外投资购房面积34.1万平方米,约占25%两项合计达75%左右。也就是说,自户籍政策实施以来,迁入试点小城镇区的人口绝大多数是靠购房迁入的。

目前，本市农民向小城镇集中的主要途径有三个：一是镇办企业吸引了镇区周边的劳动力向小城镇集中，为农民提供了就业机会；二是起步区内的农民根据试点小城镇户籍政策，在本人自愿、并交出承包土地的前提下，就地农转非；三是本市镇外的人靠户籍政策，购房进入小城镇。这三个途径中，起步区就地转非是一次性的，不能解决周围农民进镇的问题。而镇办企业吸纳农民，只解决了就业问题，却解决不了他们在镇区居住和生活问题，更不能改变他们的农民身份。因些，目前吸引农民进入小城镇的途径，实际上只有一条，即靠户籍政策购买商品房。从1998年到今年上半年，22个试点镇购房迁入的本市人员，只占试点镇常住人口的2.4%，农民到试点镇购房的数量更少。

通州区乡镇，二产比较发达，1997年至今，本市镇外农民迁入的只有1 312人，而且还是靠户籍政策进入的，只占全镇总人口的3.8%。平谷县峪口镇，几年来镇域外进入镇区的仅有200人。延庆镇做为延庆县政府所在地，一期建设起步区在22个试点镇中划定的最大，达到11.9平方公里，自户籍政策实施以来，起步区以外申请登记为小城镇户口的仅为735人。昌平区的小汤山镇，至今没有一户本镇、本县的农民申请登记为小城镇户口。从22个试点小城镇的总体情况看，本市农民进入小城镇的速度十分缓慢，数量也不多。

三、影响和制约本市农民进入小城镇的主要因素

1. 小城镇自身缺乏足够的吸引力。北京的小城镇建设，起步比较晚，第一批11个试点镇的规划1996年才全部完成，第二批11个试点镇至今仍有2个镇的规划没有完成，加之对小城镇优惠的各项政策措施未能及时到位，资金投入不足，小城镇本身实力较弱等原因，使得小城镇建设规模过小、档次不高，还不足以吸引郊区农民进入小城镇。突出的表现：一是基础设施不配套、不完善。据统计，1998—1999两年，22个试点镇基础设施投资完成额为22.1亿元，平均每年每个试点镇为5 000万元。基础设施投入的不足，已成为制约小城镇发展的瓶颈，直接影响了小城镇二、三产业的发展。二是公共服务设施的不配套。1998—1999两年，22个试点镇公共设施投资完成额为17.6亿元，平均每年每个试点镇仅为4 000万元。据统计，到1999年底试点镇共有医疗床位3 082张，敬老院床位数1 084张，幼儿园227所，文化、体育、娱乐场所255个，数量不多，档次、标准也不高。

由于投入的不足，目前试点镇的基础设施还很不配套，公共设施也还很不齐全，其聚集、吸引力尚未充分形成，暂不具备吸引农民进镇生产、生活的条件。

2. 经济实力弱，农民就业难。截止到2000年9月底，全市22个试点镇共完成财政收入54 834.3万元，平均每个镇为2 492万元；地方财政收入30 105.2万元，平均每镇1 368万元。且各试点镇间差距悬殊，地方财政收入最高为长沟镇，达6 367.4万元，最低的潭柘寺镇仅为60万元。由于经济实力弱，二、三产业不发达，小城镇还不能为失去土地的农民提供就业岗位，缺乏对农民进入小城镇的吸引力。

3. 商品房价格过高，农民难以承受。据统计，1998年全市21个试点镇商品房的平均销售价格为1 917元/平方米，1999年上升到2 153元/平方米，增长12.3%。以最普通的70平方米二居室、按2 000元/平方米计算，也要14万元才能买下来，而1998年全市农民人均纯收入只有4 029元，1999年为4 316元，差距太大，农民目前的收入只能就付供暖、物业、水电气的开支，还谈不上置业购房。

4. 农民自身进入小城镇的条件尚不完全具备。由农民到居民、市民，不仅仅是身份的转变，更是思想观念、生活习俗、社会活动、文化教育等诸多方面的彻底变化。角色的转变需要多方面的条件，而京郊农民的许多条件并不完全具备。主要是：一方面农民收水平低。1999年，农村住户家庭人均收入相当于北京城镇居民收入的43%，相当于全国城镇居民收入

的70%。同时农民取得收入的渠道也十分有限，许多农民的收入来源具有不稳定性。第二方面是思想观念落后。传统的散居已成习惯，许多农民不适应城镇生活，不愿意离开祖辈生存的环境到城镇生活，不愿意或不敢放弃土地到城镇生活。再有农民文化素质不高，谋生能力差，在相对竞争激烈的城镇里生存，压力远远高于农村。

5. *政策滞后*。目前制约小城镇发展，阻碍农民进入小城镇的主要政策问题是：

(1) 土地政策。自1997年中央11号文件冻结非农建设占用耕地审批以来，北京市仍未有一套关于土地置换、土地整理的政策性文件，政策的滞后极大地影响了小城镇的招商引资、发展经济的速度，以致于城镇面貌变化不明显，农民上楼步伐迟缓。

(2) 户籍政策。目前北京市试点小城镇执行的户籍政策明确规定：凡登记为试点小城镇户口的，均要收回其承包的土地。2000年中央11号文件明确指出："凡在县级市区、县人民政府驻地镇及县以下小城镇有合法固定住所、有稳定职业或生活来源的农民，均可根据本人意愿转为城镇户口"。而北京农民进入小城镇，不仅要收回赖以生存的承包土地，还有指标限制，同时规定"凡进镇农民，必须购买二居室以上的商品房"。政策规定太严，门坎太高。

(3) 其他政策。目前农民进入小城镇，在就业、税费征收等各方面，享受不到任何优惠政策，这不利于鼓励农民进镇自谋职业、走创业之路。加之投资的不足，二、三产业不发达，使得小城镇就业压力过大，农民进入小城镇的愿望也就大打折扣。而进镇农民数量过少，又难于形成"人气"，使现有的基础设施和公共服务设施难以形成规模效益，这又会直接影响小城镇的设施建设与完善配套。

6. *转非手续繁琐，办事效率低*。在农民购买了商品房、交回承包地、有农转非指标的前提下，还要办理以下几种手续：填写入户申请书；原派出所、村委会、街道办事处、乡镇政府等层层部门开具的户籍证明；村委会出具的收地证明，结婚（或离婚）证明；单位或居委会开具的子女或亲属不随迁证明；独生子女或超生罚款证明等等。待这些证明准备齐全后，再由镇政府小城镇办上报镇政府，由镇长签字后报公安派出所。公安派出所由内勤民警审核签字，外勤民警审核签字后，再由民警出具调查报告，由所长签字上报区县公安分局。区县公安分局的内勤处长审核后，再由区县公安分局局长签字。经过几个过程，才可把农民户口的卡片，换成盖有"小城镇户口"方印的非农业户口卡片。这个过程至少需要3—4个月。而公安部门要求的有些证明材料，由于时间久远，很多农民难以备齐，繁琐的手续使许多农民放弃了人镇转非的念头。

7. *社会保障制度不健全*。目前，郊区农民的社会保障体系不健全、不完善，基本没有建立医疗保险、养老保险、最低生活保障制度等，农民在生老病死等问题上压力很大，负担沉重，即使就地转非，这些问题仍然得不到解决。

另外，在一些富裕起来的地区，由于集体家底殷实，社会保障体系也较健全，农民更不愿意农转非。昌平区小汤山镇起步区内的大柳树村，集体经济实力较强，村民享受集体的各种补贴和优惠，一旦转非成了居民，村里给这些农民的好处与实惠就自然中止了，不仅如此还要收回其承包地，支出数目不菲的各种费用，使农民感到转非以后什么好处也得不到。因此，小汤山至今没有一户农民提出农转非申请的，其他试点镇农民进入小城镇的积极性也都不高。

8. *北京郊区的半径小，小城镇的区位优势不明显*。北京是个特大城市，周围又分布着14个卫星城，这些卫星城距市区的距离只有几十公里，而市里确定的22个试点小城镇距卫星城的距离只有十几公里。在现代交通、通讯十分发达的今天，人们大多看不上小城镇，甚至连小城镇的农民都不愿意在乡镇居住，直接到卫星城去买房，有的还跨过卫星城镇，直接到北京城买房。加之，大部分小城镇缺乏特点，环境优势不明显，设施还不很齐全。因些，农民不愿意进入小城镇居住和生活。

四、吸引和鼓励农民进入小城镇的建议与对策

1. *从规划入手，重点抓好卫星城和中心集镇的建设*。北京发展小城镇，一定要严格按照北京城镇体系布局予以实施。卫星城的规划建设是整个村镇规划建设的龙头，起带动和拉动作用。中心集镇要按规划，做好布局，讲究规模，避免重复建设。要实施规划下乡，让群众参与。

2. *大力发展城镇经济，富裕农民*。要加大小城镇的基础设施建设的投入，大力发展二、三产业，培育其主导产业，实现产业带动，为小城镇提供充分的就业机会，让农民富裕起来，为农民进入小城镇创造好物质条件。

3. *制定政策，降低农民进入小城镇的门坎*。要制定鼓励农民进入小城镇就业、创业、税费征收、务工经商、兴办实体等各项优惠政策，打开农民进入小城镇的大门。要尽快建立农民医疗保险、养老保险、最低生活保障等制度，解除农民的后顾之忧。同时，一定要按中央11号文件精神，允许其转非后继续承包土地或依法予以有偿转让，并下决心减化户籍管理中的审批手续，提高办事效率。在新村建设、住宅开发、农民建房上，也应制定特殊的政策，鼓励农民进镇购房或自建住房。

4. *搞好功能定位，加强环境建设*。每个小城镇的功能定位，一定要体现自己的特色，根据自己的优势确定功能定位。要按照园林式、花园式的标准，搞好小城镇的环境建设，充分发挥环境带动的作用，增强对农民乃至居民的吸引力。

5. *加强领导*。要充分发挥市村镇规划建设联席

会议的作用，明确目标，把握方向，共同研究解决小城镇工作中的困难与问题，各区县也要加强领导，明确责任，上下一致，共同把北京市小城镇工作推向一个新的阶段，提高市远郊的城市化水平。

关于顺义区赵全营镇村级领导体制改革的调查与思考

市委农工委组织处　雷显武　陈立玺

在1998年的村民委员会换届选举中，全市有326个村的党支部书记参选村委会主任，并顺利当选，从而实行了党支部书记、村合作社社长、村委会主任三职一人兼的领导体制。这些村分布在郊区14个区县，村党支部书记参选村主任的原因不尽相同，其中只有顺义区赵全营镇，是以这次换届选举为契机，整建制、有计划、有组织地进行村级领导体制改革。他们在全镇25个村的村级领导班子全面实行交叉兼职，其中23个村实现了村党支部、村委会、合作社“三块牌子一套人马”，书记、主任、社长三职一人兼的领导体制。认真总结和研究赵全营的做法、经验，对推进全市村级领导体制改革，建立适应市场经济需要的新型村级领导体制，具有重要意义。

一、认清体制弊端，积极推进改革

改革开放以后，赵全营镇和全市一样，在原来党支部领导下的生产大队体制上，先是建立健全了村级合作经济组织。80年代末按《村委会组织法》（试行）又建立了村委会组织，逐步形成了党支部、合作社、村委会“三套车”并驾齐驱的领导体制。这种体制在一定时期内对规范农村的各项管理起到了非常重要的作用，但随着农村经济社会的发展，镇党委感到这种分设体制存在种种弊端。首先是多头管理不利于对农村各项工作实行集中统一领导，不利于村级三个领导班子及其成员之间的团结协作；其次是管理人员过多，工作效率低，农民负担过重。针对这些问题，近年来镇党委通过组织手段逐步对村领导格局进行了调整，先是普遍实行了党支部书记兼任村合作杜社长，进而在一部分村级副职实行交叉兼职，有效地保证了党支部充分发挥核心领导作用，提高了工作效率。但随着近两年农村基层民主政治建设的不断加强，在充分体现村民民主权利的同时，也给村级班子建设带来一些新的问题。主要是在个别村的党支部和村委会之间产生了不协调现象，甚至有形成两个核心的趋势。这在一定程度上，影响了党支部对农村工作的统一领导，也影响了村委会充分履行职能。而且村级机构人员臃肿的问题更难以解决。为实现村党支部对村委会的有效领导，精简村级工作人员，减轻村级财务负担，镇党委认为有必要从根本上进一步进行改革，实行村党支部、村委会、合作社“三块牌子一套人马”，书记、主任、社长三职一人兼的体制。

1998年初，全市统一组织村委会换届。镇党委认为通过村委会换届，改革村级领导体制，进一步理顺村级组织关系，精简工作人员，干部易于接受，可以避免对村干部的硬性降职、裁减带来的矛盾。但是基层干部群众对此是否确实理解、支持，尤其是党支部书记是否愿意、敢不敢参选村委会主任，镇党委还没有太大的把握。为此党委首先走访了全镇25个村的党支部书记。大家普遍认为：实行“一人兼”，既减少人员又提高效率，减轻村里的财务负担。作为书记，虽然事情多了，责任大了，但是有利于党支部加强对全村工作的领导，尤其抓村务工作可以名正言顺了。当时该镇有个不太稳定、有上访的村，党委进行了重点走访。村书记非常坦率地讲：“我知道有人对我有意见，因为没有满足他们的不合理要求。当干部不可能不得罪人。我干了20多年，就算一年得罪一个，算起来也得20多人。再加上家族关系的影响，我得罪的可能是几百人。但我问心无愧，这都是为了工作，为了维护多数人的利益。所以要说参选村主任，我不含糊，我相信绝大多数群众会谅解。说心里话，我确实也愿意参选村主任，干了这么多年，到底看看咱在老百姓心目中的位置。”走访结果，全镇的25名党支部书记中有23人表示愿意参选村委会主任。只有北郎中和板桥两个大村的书记提出村里工作太多怕忙不过来，并且村主任也比较得力，两人工作配合很好，因此表示不参选村主任。为进一步摸清情况，党委还走访了不少群众。大家一致认为：“现在村干部太多，哪有那么多事，大伙看着都运气，是得改改。”“我看咱村的书记能当选，书记都干得了还当不了村主任?”听了基层干部、群众的反映，镇党委更坚定了改革的信心，果断作出决策，以村委会换届选举为契机，改革村级领导体制。

二、采取有力措施，保证改革成功

为顺利实现改革目标，换届选举工作中，党委做了大量深入细致的工作。先是召开了全体村干部大会，向大家进一步讲清交叉兼职的好处，明确通过村委会换届实行党支部、村委会、合作社交叉兼职，特别是“一把手”要宜兼则兼，建立“一人兼”领导体制；要求在这次换届中，严格控制村级班子职数，按较大村5人、小村3人的标准给每个村规定了在村财务领取工资的人数；还明确提出：“凡是现任村主任被选为副主任的可享受村正职待遇”，以减轻他们对改革的心理压力。其次是做好广泛的宣传发动工作。在驻村干部的指导下，各村党支部召开党员会和村民（社员）代表会，利用广播等宣传工具，认真宣传、讲解实行交叉兼职体制的好处，让广大选民充分理解村“两委一社”干部交叉兼职，是压缩干部职数、提高工作效率、减轻农民负担的一种有效方式。第三是严格依照法定程序组织选举。通过民主推荐共提出正式候选人118名，最后无记名、差额选举出委员39名，正副主任34名。参选的23名党支部书记100%当选为村委会主任，其中有9名书记的得票率是99%或100%，有12名书记的得票率在92%以上，另外2名书记得票率分别为89%和79%。在选举的基础上，镇党委又调整配备了村党支部、合作社干部，最后全镇25个村的106名村级干部全部兼职，顺利实现了交叉兼职体制。

三、改革取得显著效果

通过2年多的实践，“交叉兼职”体制运转协调，得到了全镇上下的普遍认可，有力地推动了全镇的两个文明建设。一是加强了村党支部的核心领导地位，有利干部团结，促进各项工作的开展。这是来自“一人兼”的村官们的亲身感受。他们比喻原来的体制，好似“三足鼎立”，开会讨论工作“各人一把号，各吹各的调”，都强调自己工作的重要，最后常常是议而不决。有时干部之间还因此产生误解，影响团结。现在的体制比原来顺多了，党支部的领导作用明显加强了，不管是党务、经济，还是村务工作都可以在一个会上解决，非常有利于集中统一，工作上容易形成合力，干部之间的关系也更融洽了。那会儿，我们当书记的也难，说你党支部是领导核心，可是好多工作不归你管，不好插手。改了以后，我们当书记的是名副其实的“一把手”，村里大的工作可以直接控制。这样虽然工作多了，压力大了，可是我们也干得更欢了。再说，你不好好干，也对不起大伙的信任。二是使村委会的职能可以充分发挥。该镇的一些村主任反映：过去支部除了负责党的建设，主要精力是管合作社，抓经济，村委会的工作常常排不上号。现在书记兼着主任，有些不好办的事从他哪儿就重视起来了，主动出面解决。现在感觉村委会的位置比过去高了，作用也比过去大了。三是交叉兼职后减少了干部人数，减轻了农民负担。通过98年的村委会换届，赵全营镇合情、合理又合法地精简了部分村干部和多余的后勤人员。全镇在村财务领工资的人员从原来的375人减到106人，减少了269人。仅工资一项，平均每人的年收入按9 000元计算，一年就可节省242万多元。至于这些人消耗的办公经费还没有细算过，实际也是很可观的。这相当于给每个村增加了一个效益不错的企业，大大减轻了农民的负担。四是促进了全镇两个文明的健康发展。1998年以来，该镇信访量连年下降，一直是全区信访最少的乡镇。1997年越级到区信访是12件次，今年到11月底仍是全区唯一无信访的镇。社会治安综合治理连续2年被评为全区先进单位。农村经济稳步发展，农民人均纯收入以10%的速度递增，经济结构调整力度大、效果好，目前全镇整体经济协调发展，呈现良好态势。这些成绩的取得，不能不说与村级班子协调运转、干部群众心气顺畅有直接关系。

四、赵全营改革引出的思考

村级领导体制改革原本是一项很复杂又容易引起矛盾的工作。而在赵全营，这项改革却显得异常的平静，一帆风顺，没有为此产生任何矛盾，甚至没有在人们心目中形成热点问题，好象事情本该如此。这个现象值得回味，也带给我们一些思考，尤其对我们分析判断整个村级体制改革，理顺村级组织关系，很有借鉴意义。

1. *赵全营的做法证明了“一元制”在实践上的合理性*。赵全营的改革可谓是对“一元制”村级领导体制的成功探索。这个“一元制”，是建立在科学分工、保证村级各组织功能及其成员权利的基础上，强调了党支部的领导核心地位，强化了党对农村工作的集中统一领导，它与过去的“一元化”有着本质区别。从赵全营的实践看，这一体制的实行，使村级党组织在党的制度章程和国家的法律、法规范围内能够更直接、更有效地发挥领导核心作用，同时也使村合作杜、村委会能够更充分发挥其管理职能。可能是受过去“一元化”的影响，对于实行这样的体制曾有些争议，有人认为党支部书记兼村委会主任是不是又形成党政不分、政企不分了呢？其实这种担心大可不必。作为村这一级，既不是政府，也非正规的企业，所以这个问题的大前提并不存在。实际上，目前在村这一级党、政、企也没必要分那么清楚。比如党的工作，按毛主席说的是“出主意，用干部”。可到了村这一级，最基层了，主要任务应该是执行，党组织的作用主要应该体现在具体的经济、村务管理事务上。作为村里的党支部书记角色是多重的，既是导演又兼指挥，而且许多工作还要亲自动手带头干。既然我们强调党支部是领导核心，就应当允许它有一个具体的实现形式，允许它以领导者的身份走上前台。还有一种担心，认为这样的体制权力过于集中，不利于监督。应该说这个担心也是不必要的。监督的问题有村民代表会、社员代表会，有党内的民主生活制度，村里还有民主监督理财小组。这么多环节盯着那几个干部，可以了，没有必要再设置一个难以驾驭的领导体制来监督。实际上，即使“两委”分设，如果是“哥儿俩好”，监督也很难到位；如果“哥儿俩”较劲，监督可能变成挑刺，不但没什么积极作用，还会影响工作的开展。总的来说，这一体制，无论在理论上，还在实践上，都具有充分的合理性。

2. *正视现状，打消疑虑，增强改革信心*。近两年，随着农村改革的深化，基层民主政治建设的逐步加强，农村党支部如何加强领导核心地位，对村级各组织和各项工作实现有效领导的问题，被越来越多的各级领导所关注，纷纷加强了研究和探讨。有的还到外地参观学习这方面的经验。总的看，对实行“一人兼”来解决村级领导体制上的问题上已基本形成共识，且普遍认为是大势所趋。但目前对于是否可以推行村党支部书记兼任村委会主任的问题，还存在一些疑虑。比如认为在规模较大的村，工作多，书记兼主任精力达不到。我们觉得是否“一人兼”跟村的规模大小没有多少关系。合格的书记是村里当然的“一把手”，不光管党务，抓经济，村委会的工作也是分内之事。而且现在在农民群众心目中党支部书记还是第一位的，村主任有处理不了的事情也还是找书记。党支部书记即使不兼村主任，村委会的工作也脱不了干系。只不过兼职后，书记管村务更直接了，效率也高了。如果兼职后班子内分工明确，责任到人的话，不管大村小村，都不会对书记的精力有太多的影响。赵全营的23个村中大、小村都有，可照样运转得不错。还有一种观点，说村书记和主任比较团结，工作配合得好，就不必搞“一人兼”。应该明确，搞不搞兼职不是个人行为，涉及农村的领导体制，涉及党支部如何发挥作用。用感情，靠“哥儿俩好”，来维系“两委”关系，个别的可能行，短时间的可能行，但不应成为普遍的原则。这是赵全营镇的一位老书记的亲身体会，他说：“1998年村委会换届前的村委会主任原来曾是支部副书记，是我一手培养起来的，一直忒听话。当选为村主任后，开始还行，可时间一长就显着劲头不一样了，他总以为自己是大伙选上来的。工作上虽然还能配合，和我也没什么大矛盾，但我总感觉领导工作不如原来顺当了。”事实上，对一个新生事物，人们品头论足、有些争议均是正常现象。因为人的社会角色不同，认识角度有差异，利害关系也有很大区别。作为决策参考的选择，不可兼收并蓄，应作具体的研究分析，正确判断和把握。其实，一项新的改革举措，往往是基层实践的结果，是客观需要。就像村级经济合作社，不知从什么时候开始，村党支部书记们纷纷兼任起社长来了。其目的、意义和实际效果，与村党支部书记兼任村委会主任问题好象是异曲同工。对村级领导体制上遇到的问题，以赵全营镇为代表的23个村已先期解决，做出了榜样。目前郊区一些区县、乡镇正在积极进行改革的探索，有的已初步形成决策；在山东聊城已有现成的解决方案，有86.7%的村党支部书记兼任村委会主任。在这个形势下，我们应当积极推动，促进村级领导体制的改革和完善。

3．加强换届工作的指导，保证村级体制改革成功。2001年上半年，全市将统一组织村委会换届选举。是否进行改革，判断的依据除赵全营的成功实践，我们还可以这次村委会换届选举后的形势为参照系，进行推测分析。这次村委会换届选举，是《村委会组织法》正式颁布后的第一次换届选举，是比过去更民主、更公开的选举，换届后的村委会在群众心目中的位置可能也更高。因此，为保证通过这次村委会换届选举，促进农村改革发展稳定的大好局面，促进农村基层民主健康发展，确保农村基层党组织的领导核心地位不动摇，从总体上，应积极提倡农村党支部书记参选村委会主任。当然也应当允许过渡，不搞“一刀切”，特别对领导核心作用发挥得比较好，书记、主任团结，工作配合不错的村，可以由村里自愿选择；对矛盾比较多，村支部书记威信比较低的村应当缓行。

借鉴赵全营的做法，为保证在村委会换届中参选村委会主任的党支部书记能顺利当选，各级党组织需做好以下工作：

一要加强对农村党支部换届工作的指导，采取“两推一选”的办法，让群众参与选拔村党支部成员。农村党支部书记参选村委会主任，是否能当选取决于他是否被全村党员群众的普遍认可。多年来，郊区许多村选举支部书记过程中没有充分发扬民主，甚至不少村的书记只凭一纸任命就走马上任。这些人当中，有的确实群众基础较差，若直接参选村主任，难免被选下来。实际上，一些同志之所以存在这样那样的疑虑，强调这样那样的“实际”，关键是出于对这部分人的担心。因此，要在村委会换届之前先统一组织村党支部换届选举，把支部班子建设好。党支部的换届选举中要采取“两推一选”的办法，即党支部成员的人选由党员和群众分别推荐，然后在党内进行正式选举，使新一届党支部班子特别是支部书记得到党内外的普遍认可。这样党支部书记包括支委参选村委会主任、委员，就有了基本保证。

二要在村委会选举前做好充分的思想发动和舆论宣传工作。要向广大干部群众讲清实行交叉兼职的目的、意义，做好深入细致的思想工作，消除误解和疑虑。在此基础上，积极提倡并鼓励支部成员参选村委会的成员。

三要从试点抓起，分批组织选举。村委会换届选举前，先逐村摸清情况，分类排队，再搞试点，取得经验后，按照先易后难、稳步推进的原则，分批组织村委会换届选举。

关于北京市养羊生产的调查报告

市农委养殖业管理处　赵玉荣　王晓东

近年来，北京市养羊业保持了比较稳定的增长态势，与其他畜种比，生产和效益较为稳定，对农民致富起到了积极作用。但从畜牧业内部结构调整的需求来看，特别是当前草食家畜已成为郊区畜牧业的发展重点，目前的养羊生产在规模、数量、质量等方面均有明显不足，基本属于传统的生产方式，低投入、低产出，生产周期长、出栏率低、品质差，羊肉生产总量不足全市消费量的30%。带着这些问题，我们对郊区养羊生产现状进行了调查，并在认真分析的基础上，提出了建议。

一、全市养羊生产现状

1. *养殖规模和生产总量*。据统计，1999年末全市绵、山羊存栏103万只，其中绵羊55万只，山羊48万只；年末出栏羊88万只，其中绵羊55万只，山羊33万只。在88万只出栏羊当中，自繁羊出栏64万只，出栏率67%，其余为易地育肥或贩运进京羊。羊肉总产1.3万吨，只占全市肉类总产的3%。

2. *品种构成*。目前全市羊群品种构成以生产性能低的本地绵、山羊为主，良种羊数量偏低。在55万只绵羊中，本地绵羊48万只，占绵羊总数86%；小尾寒羊及其高代改良羊7万只，仅点绵羊总数的12.3%。良种肉用绵羊数量少，无角陶赛特300只，萨福克50只。在48万只山羊中，本地山羊32万只，占山羊总数65.8%；辽宁绒山羊及其改良羊16万只，占山羊总数33%；萨能奶山羊及杂交后代0.4万只，占山羊总数0.8%；波尔山羊仅有600多只。

3. *生产经营形式*。以户为单位放养为主，大多数养羊户还兼营它业，养羊只作家庭收入的一部分，饲养规模一般在5~20只。年饲养30只以上、以养羊为主要收入来源的专业户有3万户。常年混群放牧，公母、大小不分群，以冬羔和夏羔居多。冬春季节补饲，饲料为作物秸秆、秋干草，部分农户在母羊妊娠期补给玉米等谷物饲料。低水平饲养导致饲养周期加长，羔羊一般4月龄断奶，12月龄以上出栏，体重在35千克左右，胴体重14千克。

4. *农民养羊效益*。近几年我市养羊生产收益较为稳定，尤其是绒山羊生产，效益比较显著，一千克羊绒卖200元左右，养绒山羊使不少穷山村实现了脱贫致富。活羊市场价格稳定在5元/千克左右，每只羊收入在150~200元左右。以放牧方式养羊为例：据对房山区的调查，一个放养50~60只绒山羊的养羊户，卖绒加上卖一部分羊，一般年收入6 000~8 000元左右，收入多的在万元以上；放养50~60只普通山羊的养羊户，靠卖活羊，一般年收入也不低于6 000元。以舍饲养羊为例：据对昌平区的调查，农民在小区采取全舍饲方式养架子羊，一般每户饲养50只羊，育肥期两个月，平均一只羊可纯赚30元，一年养4~5批羊，年收入也在6 000元左右。

需要注意的是，目前以放牧方式为主的养羊业虽然保持着较为稳定的收益，但这种收益是建立在农户不计劳动力成本，通过无偿利用天然饲草资源，以较长的生产周期为代价而取得的。

二、存在的主要问题

1. *良种化程度低*。良种化程度低影响了养羊业生产效率和产品质量。与养猪和养鸡业相比，养羊业良种普及率极低。群体中只有辽宁绒山羊和小尾寒羊2个地方良种，加上其改良羊只占绵山羊存栏的22%。其他国际级良种数量极少，尚未投入生产。多年来由于对养羊生产重视不够，羊的良种、保健等保障体系极为薄弱，目前全市尚无上档次的良种羊场，精通羊病的兽医寥寥无几。这种局面造成羊只个体生产率低、死亡率高，降低了生产效率。

2. *饲养技术落后*。饲养技术落后是造成养羊业生产低效和产品质量差的重要因素。由于农户养羊以放牧为主，而北京地区天然草地营养水平偏低，粗蛋白含量只有8%，营养成分摄入量不足且不平衡，有“只放不养”之说。少数农户在冬春季节虽然也进行了补饲，但投放的饲料除少量玉米外，主要是作物秸秆，由于营养偏低，补饲往往只起到减少掉膘的作用。低水平饲养导致生产周期长，一般出栏羊均在12月龄以上，且耗料多，肉质差。

专业化程度低也影响了生产效率的提高。绝大多数养羊农户兼营它业，没有形成专业化生产。目前一般农户养羊存栏在5~20只之间，而采取集约化舍饲养羊，每个劳动力可管理400只以上的羊群。

3. *饲料资源开发和利用水平低*。饲草料资源是养羊业存在的基础，饲草料开发水平低直接影响了养羊业规模的扩大。现在的问题首先是土地资源利用不当，专门用于畜牧生产的饲料及牧草种植面积严重不足。以中等肥力水平的耕地为例，种植玉米和小麦，可获得粗蛋白约104千克，而种紫花苜蓿可获粗蛋白150~190千克，且紫花苜蓿氨基酸含量高于小麦和玉米。同时，紫花苜蓿属多年生牧草，一年种多年收，投入低于玉米和小麦。其次是现有作物秸秆有效利用率低，全市年产玉米和小麦秸秆230多万吨，但多数直接还田，有相当一部分被烧掉，通过青贮、氨化等处理用做饲料的部分不足20%。

4. *对养羊生产方式和工艺技术缺乏研究*。北京市奶牛、生猪、肉鸡等产业能形成现在的高效生产模式，原因之一就是对其饲养方式进行了系统的研究，并投入了大量的人力、物力和财力。而养羊业在这方面几乎为零，缺乏研究是养羊生产发展慢的主要原因之一。此外，羊的生物学特性也不利于群体快速膨胀。绵山羊中以小尾寒羊繁殖率最高，即使年产2胎，平均每胎也不过2~3只，因此羊的扩群速度不可能很快。

三、关于发展途径的几点建议

1. *建立和完善良种繁育体系*。根据肉羊生产要求，选择繁殖率高、生长快、体形大、性早熟、肉质好的品种建立良种繁育体系。针对北京市目前良种羊数量不足的实际，有计划地从国外引进优秀品种。绵羊品种选择无角陶赛特、白萨福克、德克赛尔和小尾寒羊，以无角陶赛特、白萨福克和德克赛尔做经济杂交的父本，小尾寒羊做母本。山羊选择波尔山羊和南江黄羊，对本地山羊进行改良。

加强种羊场建设。按年度出栏规模建立配套的种羊场，吸引社会力量参与种羊场的建设，可以采取由政府资助引进良种羊，以招标形式由企业和农户经营。建立北京市肉羊育种协作组织，开展品种选育，提高生产性能。开展种羊评比竞赛，促进各场选育积极性。

加强种羊场管理。根据国务院《种畜禽管理条例》和农业部《种畜禽管理条例实施细则》，尽快验收、整顿现有种羊场，颁发种畜生产许可证，建立良种登记制度，新建种羊场要严格按照审批程序办理，有计划地引进良种肉羊，增加良种数量。

2. 生产布局和方式。根据资源状况、现有生产基础和肉羊生产自身特点，北京市养羊品种以绵羊为重点，出栏比重占到85%；山羊生产在现有出栏基础上适度发展，保护绒山羊改良成果。

在生产区域布局上，平原山区各有侧重。平原区以绵羊为主。养羊重点放在生产基础好的大兴、顺义、通州全境和房山、昌平、平谷、怀柔、延庆等区县山区部分，密云、门头沟等绵羊基础较好的山区乡镇亦可列入。平原区全部实行全舍饲，并以自繁生产为主，易地育肥为补充。山区以山羊为主，重点是房山、门头沟和密云等区县，采取舍饲和半舍饲相结合的方式，即以肉羊生产为目的的实行全舍饲，以产绒为目的的实行半舍饲。

易地育肥是迅速扩大肉羊产量的有效途径，在肉羊生产体系中就占一定比例，结合养殖小区建设对现有从事易地育肥的大户加以扶持，使之成为有带动性的龙头大户；结合西部开发由政府部门出面与周边地区建立联系，疏通肉羊转运渠道，如昌平区与内蒙古锡盟等地合作建立肉羊基地。

3. 生产组织形式。突出高效率、规模化、专业化和产业化特点，坚持以农户为投资主体，自主经营，自繁生产和易地育肥相结合。根据不同地域及投资者的具体情况，可以建立独资或股份合作制的规模化商品羊场，也可以建立以农户为主体的专业化肉羊小区。山区可利用承包的山场建立专业化家庭牧场。

采用舍饲生产工艺。创造适合羊繁殖、生长发育的人工环境条件和饲养管理条件，实行分阶段舍饲养羊，批量密集生产商品肥羔，最大限度挖掘羊的生产潜能和提高劳动生产率。

按生产工艺设计圈舍。舍饲养羊圈舍设计要考虑当地气候条件和容易解决的建筑材料，采用有窗式羊舍，应做到夏季可通风，冬季能防寒，圈舍组成应符合分阶段饲养的要求，必须配有对应的运动场和产羔暖圈。

4. 建立饲草饲料生产体系。规模化、集约化舍饲养羊需要充足的饲草料贮备做后盾。根据饲养规模，结合种植业结构调整，安排足量的专用饲草饲料地，以保证基本饲料供应。常年存栏羊200万只，年需精饲料26万吨，年需干草18万吨，按照上述饲料用量，需要2.67万公顷左右的专用饲草饲料地，其中饲用玉米和豆科饲料2万公顷，苜蓿0.67万公顷。

5. 推进肉羊产业化经营。改变传统生产方式，推进肉羊产业化经营。培植有带动作用的龙头企业，探索多种类型的产业化经营模式，充分延伸产业链条，拓展产业群体，最大限度地把家庭养殖纳入产业化经营范围，提高养羊户进入市场的组织化程度。

市场开拓能力的大小将决定肉羊产业能否快速、高效地发展。要根据北京市肉羊产业布局，建立和发展大规模的活羊交易市场，严格食品卫生标准，树立精品意识，创立名优品牌，积极开拓国内外市场，根据市场需求生产冷冻胴体、分割肉等。

6. 深入研究舍饲养羊技术，降低生产成本。北京市天然饲草资源有限，大规模饲养必须采用舍饲方法，这就失去了反刍动物通过游走放牧降低生产成本的优势，虽可通过增加科技含量提高效率，但成本增高是不可避免的。就绵羊来说，放牧可以广泛利用多种饲草且不计成本，一般羔羊每天需鲜草1.8千克，体重40千克的成年羊每天需鲜草3.6千克；舍饲养羊，育成羊每天喂精料200~250克，喂干草300~350克，干草与精料比例为6:4，按精料每千克1.4~1.8元，优质干草每千克0.5元计算，每天的饲料成本1.6元左右。因此，如何采取先进的技术手段降低生产成本，提高质量，增强市场竞争力是我们亟待解决的关键问题。

7. 建立技术推广和培训体系。完善肉羊生产技术推广网络，将现代肉羊生产技术尽快普及到广大农户。发挥现有市、县、乡畜牧兽医技术推广组织的作用，注重扶持、建立民营科技组织和广大科技推广队伍。通过改制和整顿，提高他们的专业技术水平和业务能力，帮助农户掌握养羊生产中的实用技术。

京郊农民收入现状调查及增收对策初探

市农委发展计划处　刘春广

农民收入水平是反映农村社会经济发展和农民生活水平的重要综合指标。近几年来，市委、市政府把农民增收作为农村工作的主线，作为一切工作的出发点和落脚点。就此，我们对京郊农民收入发展变化的过程和特点，以及2000年农民收入的形势做了简要分析，并对农民增收的途径做了初步探讨。

一、农民收入变化的特点及现状

1. *农民收入阶段性分析*。改革开放20多年来，农民生活水平发生了质的变化，农民生活从温饱进入小康，人均纯收入、恩格尔系数、生活消费品支出等多项指标均达到较高水平。1999年，京郊农民人均纯收入达到了4 316元，比1978年增长18.2倍，扣除物价因素影响，实际增长5.1倍，平均每年实际增长9%。纵观1979—1999年农民收入的发展变化，大致可划分为三个阶段：

第一阶段：1979—1985年，为农民收入低水平高增长阶段。农民人均纯收入由225元提高到775元，增长了2.4倍，平均每年增长19.3%，扣除物价因素影响，年均实际递增18.3%。这一阶段农民增收的主要来源是农产品产量的增长和价格的提高，以及乡镇企业初期的跨越式发展。

第二阶段：1986—1992年，为农民收入缓慢增长阶段。人均纯收入由775元增加到1 569元，增长1倍多，平均每年增长率10.6%，扣除物价上涨因素影响，实际年均增长3%，是比第一阶段实际增幅降低15.3个百分点。这一阶段农民增收的主要来源是非农产业，特别是乡镇企业的快速发展。农民收入增长缓慢的主要原因是农产品价格下跌和生产资料价格上涨。这一阶段，是改革开放以来农民收入增长的低谷。

第三阶段：1993—1999年，为农民收入稳步增长阶段。人均纯收入由1 569元提高到4 316元，增长1.75倍，平均每年增长18.4%，扣除物价因素影响，年均实际增长6.5%，比第二阶段实际增速快3.5个百分点，比第一阶段慢11.8个百分点。这一阶段农民增收的主要来源发生了根本性变化，农业已不是农民增收的主要来源。据统计，1999年比1993年，农民从农业生产中获得的收入仅增加531元，平均每年不足百元，而从非农产业获得的收入增加了1 731元，平均每年近300元。从农民收入构成看，农业收入占全部收入的比重从53.1%下降为36.4%，非农产业收入占全部收入的比重从46.9%上升到63.6%。

2. *农民收入现状分析*。1999年市政府制定了支持农村经济发展的“九项政策”，有效地拉动了郊区经济结构的调整，促进了农民增收。在全国大部分地区农民增收困难甚至出现负增长，乡镇企业效益下滑的背景下，京郊农民人均纯收入实际增长速度达到7.2%，居全国领先地位。2000年以来，结构调整力度进一步加大，效果更加明显。郊区经济增长速度5年来首次突破10%，农民收入也呈现快速增长态势。上半年，农民人均实际现金收入同比增长5.2%，1—8月增长6.1%，三季度末增长达到9.7%。家庭经营成为农民收入的主要增长点。1—9月，农民人均现金收入达3 806元，同比增加338元。在农民现金收入中，家庭经营现金收入达1 244元，增长28.9%，其中来自畜牧业的收入增长31.9%，来自运输业的收入增长39.2%。由于二次创业推动乡镇企业快速增长，农民来自乡镇企业的收入稳步增加，1—9月，农民来自乡镇企业的收入为996元，增长达到6.7%。

但是，我们也不能不看到，北京农民纯收入与天津、上海相比还有一定的差距，1998年、1999年天津农民纯收入增长均在9%以上，北京农民纯收入增长为7%左右，目前京郊农民纯收入与上海农民纯收入还相差1 165元。

二、制约农民增收的主要因素

1. *农业在市场经济条件下，竞争加剧，制约因素增加*。京郊农业不但受到资源的制约，而且还受到市场、资本、技术等因素的严重制约。从计划经济体制逐步向市场经济体制过渡和完善的过程中，农业出现了大的转变：一是农产品从短缺到相对过剩，从卖方市场到买方市场的转变。二是农业从追求量的增长到质的提高的转变。三是农业生产从只是受自然因素制约到既受资源、气候等自然因素的制约，更受市场、技术、资本制约的转变。四是农民从只从事农业生产到既从事生产又从事投资、经营活动的转变。上述四个转变，由于全国大市场的逐步形成以及全球经济一体化的发展趋势，市场的制约因素将上升到第一位。这意味着在市场经济条件下，农产品市场竞争激烈，农民从事农业生产经营活动的难度加大，制约因素增加，农民增收困难。从近两年全国性传统农产品相对过剩，农产品低价运行的情况可以看到竞争的激烈和农民增收之难。据调查，2000年上半年，农民人均从种植业产品出售中得到的收入只是上年同期的85.9%。到三季度末农民家庭仅在出售粮食一项中因价格下跌，人均就减少现金收入32元。

2. *乡镇企业二次创业处于起步阶段，拉动农民增收作用有待发挥*。北京郊区是工资性收入为主的地区，来自乡镇企业的收入是农民增收的重要来源。乡镇企业第一次创业阶段在1994年，占农民收入比重达到43.3%。1995年以来，由于结构性矛盾和体制性矛盾的日益突出，1997年乡镇企业走到谷底。1998年市政府提出了以实行重组转制为切入点的乡镇企业二次创业，经过两年重组转制，乡镇企业已呈现出快速发展势头。但是，目前乡镇企业正处于二次创业的起步阶段，对农民增收的作用远低于一次创业时期的1994年，1994年乡镇企业对农民收入的贡献率达到68.8%，而1999年仅为40%。作为农民增收的重要来源，乡镇企业拉动农民增收的作用有待进一步发挥。

3. *农村劳动力有效转移不足*。20世纪90年代以来，郊区经济快速发展，城市化进程加快。但是，由于户籍政策、劳动力素质等因素制约，造成郊区城市化进程滞后于经济发展，农村第一产业劳动力转移不畅。1995—1999年，农业从业人员有增无减，所占比重始终偏高，1999年达到43.4%。近年来，虽然小城镇建设速度加快，但试点小城镇不足郊区乡镇总数的1/10，吸纳本地农民有限。乡镇企业二次创业，重组企业科技含量高，对从业人员素质要求高。因此，农民在这类企业就业机会少，而本地农民就业大多集中在乡镇企业的老行业、老企业，恰恰这些企业经营困难，收入水平偏低。据统计，乡镇企业职工1999年比1993年减少30万人。因此，从目前状况看，第一产业劳动力转移缺少充分的就业空间。

4. *农村劳动力素质低，不适合知识经济的需要。* 21世纪的经济，是以科技为先导的知识经济。北京要在2010年率先实现农业和农村现代化，需要一支高素质的农民队伍。目前农民素质较低，观念陈旧。据统计，全市农村劳动力大专及以上学历的农民仅占总数的2.8%，而小学及文盲、半文盲农村劳动力占到14%以上，与知识经济环境的要求相去甚远。农民择业受到制约，大多数农民只能面向受市场约束大的传统产业。

5. *农民资本投入少，增收后劲不足。* 农民在农业生产上投资存在短期化行为。1999年，郊区农民人均用于生产性固定资产支出仅占全部生产性支出的20.4%。说明农民目前只重视维持简单再生产，缺乏对农业发展进行投资以增强后劲的考虑。

6. *集体经济发展不平衡，为农民服务能力低。* 近年来，各郊区县在市场经济的不断作用之下，相继加强了农民各类专业合作经济组织的建设，为农民增收和促进经营方式的转变作出了贡献，取得了良好的效果。目前已发展各类专业合作经济组织来1 800余个。但由于经济发展不平衡，集体经济实力存在较大差异，并有相当一部分实力较弱的村在农民增收和创收过程中无能为力。据有关部门统计，到1999年底，全市人均集体净资产不足500元的村还有1 190个，占全市村总数的29.5%。由于这些村集体经济薄弱，村级开支主要靠农户上交的提留款来维持，无力为农民家庭生产经营提供支持和服务，影响了农民收入水平的提高。

三、拓宽农民增收途径初探

研究农民增收，首先要研究农民的收入结构。1995—1999年，郊区农民收入中来自农业的收入下降了10%，而来自非农产业的收入增长89.5%，占农民人均纯收入的63%。非农产业主要来自各类企业，这部分收入1999年比1995年增长了52%。家庭经营中二三产业收入增长了2.4倍。因此，拓宽农民增收途径要从六个方面入手。

1. *进一步发展优势产业，拓宽农民增收渠道。*

(1) 以农产品生产基地为依托的农产品加工业。发展一批农产品加工企业，是提高农产品市场竞争力，促进郊区经济结构调整、产业升级、农民增收的有效途径。最近我们对郊区固定资产规模在100万元以上的农产品加工企业进行了调查，从调查情况看郊区目前固定资产100万元以上的农产品加工企业有298个，固定资产总规模39.5亿元。到1999年底，农产品加工企业加工总产值63.8亿元，主要农业原材料价值43.1亿元，占郊区农业总产值184亿元的23.4%。企业直接安排就业3.6万人，带动郊区种植基地建设4.81万公顷，增加农户收入15.2万元。

(2) 以奶制品加工为龙头的奶牛饲养业。北京奶牛在国内有一定的影响，我们应利用北京奶牛种业上的优势，扶持以奶制品加工为龙头的奶牛饲养企业，以促进北京奶牛业的发展，满足国内市场需求，特别是大、中城市市场的需要。喝牛奶健身长寿的观念逐渐深入人心，如何成为郊区农民增收的一个新的增长点，还大有文章可做。

(3) 以北京科技优势为支撑的籽种业。发挥首都科技优势和现有的种业优势，面向国内、国际市场发展籽种业，抢占市场。这是郊区经济有希望的增长点，也是利用郊区有限资源，发挥大城市郊区比较优势的有效措施。

(4) 以农业企业为载体的工厂化种养业。农业企业是实现农业现代化的载体，发展集约型、工厂化的种养业是首都农业现代化的重要标志。我国加入WTO后，农业企业将是参与市场竞争的主体。因此，发展以农业企业为载体的工厂化种养业将成为京郊农业发展的趋势。

(5) 以郊区自然资源为优势的旅游休闲业。利用郊区特有的自然风光和人文景观，为城市居民提供旅游、度假、休闲胜地。休闲产业将成为郊区经济重要的支柱产业，也是农民增收的重要途径。

2. *提高家庭经营水平，挖掘农民增收潜力。* 2000年以来，家庭经营成为农民增收的主要增长点，已占农民收入的30%，一产占家庭经营的43%。种植业近年来呈下降趋势，养殖业却高速增长。因此，应提倡粮食生产集约化和规模化经营，探索粮食生产的最佳经济规模，以单体规模求效益，把郊区从事粮食生产的人减少到最低限度。要大力发展家庭养殖业，仅从本市供需水平分析，发展养殖业，仍有空间。据测算，北京猪肉缺口在50%以上，家禽和水产缺口在10%，牛羊肉市场北京自产份额不足40%。在现有消费水平上，牛奶市场份额不足70%，随着人民生活水平的提高，牛奶的需求量将呈上升趋势。

3. *大力发展非农产业，加快农民增收步伐。* 北京市农村二、三产业总量不足已成为十分突出的问题，与上海相比差距较大。1999年，郊区二、三产业增加值仅为上海的37%；农村二、三产业从业人员仅为上海的56.3%。上海二、三产业的高度发展，是农民实现增收的保障。北京和上海同样，农民收入都是以非农产业为主，因此，北京郊区应加快二、三产业的发展，充分发挥郊区功能和资源优势，提高郊区第三产业层次，加快发展各类服务组织，鼓励素质较高的农民向新兴产业如金融、保险、房地产、投资咨询等行业发展，拓宽农民增收渠道。

4. *加快小城镇建设，实现劳动力转移。* 小城镇建设将大大加快农村城市化进程，提高农村的文明程度和农民素质，可以给农民创造更多的就业空间和机会，有效地实现农业劳动力的转移，从而提高农民收入。

5. 提高农民素质，应对入世挑战。新世纪的农业将是开放的农业，面对中国即将加入 WTO，应尽快提高农民素质，了解国际规则，以适应形势发展的需要。农民收入与劳动力素质成正比，劳动力是最重要的资源，其他资源的有效开发取决于人力资源的优先开发。在发达国家，自然资源对国民收入的贡献率接近 5%，资本的贡献率是 20%，而人力资本的贡献率是 75%。因此，开发人力资源，提高农民素质，是农民增收的根本。

建立土地流转机制，促进农业结构调整

市委农工委研究室　陈　涛　康　森

建立健全农村集体土地承包经营权流转（以下简称土地流转）机制，既是在延包 30 年基础上，进一步落实党在农村基本经济政策，稳定和完善双层经营体制的重要内容，也是当前农村经济结构调整向纵深发展亟待解决的重大现实问题。因此，如何推动郊区土地流转机制的建立和完善，成为当前农村工作的一项重要任务。基于以上认识，我们组织区县有关部门开展了郊区土地流转状况调查，力图摸清现状和问题，提出下一步工作的对策。

一、基本做法

1997 年下半年以来，郊区农村全面落实中央关于延长土地承包期、稳定土地承包关系的政策，农民获得了长期、稳定的土地承包经营权，有力地促进了农村经济的全面发展。为了适应农村经济结构调整对土地经营方式、经营规模提出的新要求，郊区对建立土地流转机制普遍给予了高度重视，并在具体工作中加大力度，取得了很好的效果。主要做法是：

1. 因地制宜，制定土地流转政策。1998 年市委农工委下发《关于建立北京市农村集体土地承包经营权流转机制的意见》以后，很多区县在广泛听取群众意见，结合各自实际的基础上，相继制定了具体的政策措施，对土地流转的范围、原则、形式、规模和程序等各个环节都做了明确规定，使政策进一步细化，可操作性更强，保证了土地规范、有序地流转。目前，多数区县出台了建立土地流转机制的专门文件。

2. 多种形式，大力宣传土地流转政策。为了把政策真正交给群众，提高执行的自觉性和主动性，各区县利用政策宣讲会、社员（村民）代表会、公开栏、发放材料、新闻媒体等多种形式加强对建立土地流转机制有关政策、法规的宣传，使政策家喻户晓，让干部学懂政策，增强了意识，让农民掌握了知识，消除了疑虑，为建立土地流转机制奠定了良好的基础。

3. 深入基层，进行分类指导。建立和完善土地流转机制，是一项政策性很强的工作，群众对此比较敏感，具体情况也千差万别，容易产生矛盾和纠纷。因此，在工作中各区县普遍坚持因地制宜、分类指导的方针，组织有关部门深入基层指导工作，根据不同情况提出不同政策措施，保证了土地流转的健康、顺利进行。通州区在流转中采取了因镇因村因地的原则，怀柔县对不同的情况采取了协商、评估、约定的办法，都取得了很好的效果。

4. 严格管理，规范土地流转制度。为了保证土地流转的公开性和公正性，很多区县从统一管理、规范制度入手，抓好基础工作。一是印制统一的流转合同文本，明确规定流转双方的权利义务，避免了合同文本混乱、格式不规范、内容不全面等现象；二是建立合同流转登记制度，对土地流转进行动态管理，为合同的正常履行和解决可能出现的纠纷奠定了基础。

在建立土地流转机制过程中，各区县普遍坚持了“四个结合”：

一是坚持土地流转与稳定土地承包关系相结合。延包 30 年后，如果再依靠行政和组织手段解决因经济发展、劳力转移、人口增减以及国家建设需要出现的“人地矛盾”，必然会破坏稳定土地承包关系政策。因此，各区县都把建立土地流转机制与稳定土地承包关系紧密结合起来，充分运用市场手段，尊重农民意愿，维护农民利益，从而既化解了矛盾、高效利用了土地，又可以保持承包关系稳定，把党的土地政策落到了实处。

二是坚持土地流转与加快农业结构调整相结合。农业结构调整是以规模效益为前提的。因此，各区县在农业结构调整中，普遍运用土地流转机制来解决农户分散经营的问题，在不改变家庭经营地位的基础上，使分布于各农户间的相对狭小的土地适度集中、形成规模，开展区域化、规模化种植和养殖，加快了农业结构调整的步伐。如通州区为此出台了《关于在农业结构调整中土地流转的指导意见》；怀柔镇把建立土地流转机制与农业结构调整结合起来，纳入村干部双文明考核内容，推动了土地流转机制的建立和发展。

三是坚持土地流转与推动农村二、三产业发展相结合。郊区农村工业化的大趋势，必然要求有足够的劳力、土地和资金从农业中分离出来，进入二、三产业。各区县通过建立土地流转机制，加快了农村劳力、土地和资金等生产要素向二、三产业的转移。如房山区良乡、闫村等乡镇专门出台了加快土地流转，鼓励农民放弃土地，向二、三产业转移的政策性文件，有效地促进二、三产业的发展。

四是坚持土地流转与加强基层民主制度建设相结合。各区县在进行土地流转过程中，普遍采取了实行民主决策、履行民主程序的做法，充分发挥基层民主制度在土地流转过程中的作用，收到了群众满意、社会稳定 的良好效果。如怀柔县要求充分发挥村经济合作社在土地流转中的管理、协调作用；顺义、延庆、房山等区县做出规定，在土地向社区外流转、招商引资、再次转包时，必须充分征求群众意见，经社代会讨论通过。

由于领导重视，政策落实，措施到位，郊区的土地流转机制正初步建立起来，截止到2000年9月，郊区土地流转面积已达到2.75万公顷、涉及9万多农户，分别占郊区耕地面积和农户总数的8.1%和7.3%。表明土地流转作为一种调配资源的手段已开始在郊区农业生产经营中得到普遍应用。

二、突出特点

目前，郊区的土地承包经营权流转呈现出以下几个特点：

1. 土地流转形式趋于多样化。在土地流转过程中，出现了转让、转包、互换、入股等多种形式。在土地流转总量中，转让2.03万公顷，占74%；转包3 333公顷，占12%。互换133公顷，占0.5%；入股333公顷，占1.2%；其他形式3 400公顷，占12.3%。其中转让所占比例远远超出其他流转形式，成为目前流转中的主要形式。这是因为，一部分农民转向二、三产业经营后，随着就业和收入的稳定，放弃了土地经营权。同时随着农业结构调整部分农民开始从事专业化生产，而放弃了兼业的土地经营权。

2. 土地流转以社区内流转为主。从目前土地流转的范围看，社区内流转占了绝大多数。据统计，社区内流转占流转户数和面积的比重分别是98%和93%；而向社区外流转的户数和面积，仅占调查总数的2%和7%。

3. 土地流转程序趋向规范化。近年来，各区县普遍加强了土地流转的规范管理工作，取得了明显效果。调查显示，土地流转中签订书面协议的达到82 531户、2.52万公顷，占到流转总量的90%和92%；而未签订合同的，只有9 325户、0.23万公顷，仅占调查总数的10%和8%，所占比例已大大下降。

4. 土地流转运作机制趋于市场化。调查显示，目前的土地流转中，有81 662户、2.5万公顷的土地实行有偿流转，分别占总数的89%和91%，成为流转的主体。这表明，土地作为一种重要的生产要素，其市场价值已越来越为广大农民群众所认知，并已逐步参与到用市场机制进行配置的行列中，从而提供了土地高效利用和农业稳定发展的基础。

5. 土地流转过程平稳，纠纷不多。由于各地普遍对土地流转工作比较重视，措施得力，规范化程度不断提高，流转过程中矛盾大大减少保持了相对稳定。调查中发现，因土地流转而发生的纠纷仅有8起，涉及农户14户、土地4公顷。产生纠纷的原因，有的因为流转程序不规范，有的因为没有正式合同，双方权利义务不明确，导致利益冲突。

三、主要问题

通过调查，也反映出一些值得进一步研究的问题，主要是：

1. 部分地方政策落实不到位，影响了农村经济结构的调整。这次调查发现，仍有一部分干部、群众，对政策不了解，对于建立土地流转机制的重要意义认识不足。导致一方面个别乡村干部对土地流转的指导不力，甚至放任自流；另一方面个别地方出现了少数农民阻挠土地流转，干扰结构调整的问题。如大兴县某村就曾出现村集体计划扩大经济作物区域化种植面积，实现增产增收，但该村少数农民却以土地延包30年、农民享有经营自主权为由阻挠土地流转，使结构调整计划落空的问题。房山、昌平、密云等区县也反映，山区一些农民对土地流转不认识，明知靠几亩薄田无法致富，也不愿通过土地流转进行结构调整。

2. 土地流转的程序还不够规范，存在产生矛盾和纠纷的隐患。目前，部分地区土地流转的有关管理制度尚不完善，流转中仍有少部分没有签订正式合同；个别地方既没流转档案，也没有检查监督，完全处于自生自灭的阶段，极易引发矛盾和纠纷。如延庆县有70%的流转农户没有签订正式合同；昌平区在重点调查的8个村中，只有1个村有较详细的土地流转记录，多数村对本村土地流转根本不登记或登记不全面。

3. 市场化程度偏低，制约了土地流转范围和规模的扩大。一是无偿流转较多。虽然总体上，有偿流转数量已远远超出无偿流转，但从局部看，仍有部分区县的无偿流转比例过高。二是缺少合理的流转价格确定机制。合理地确定流转价格，是保证流转顺利进行的前提和消除纠纷隐患的基础。怀柔县某村，原计划发展豆角制种，需要调整种植地块、品种和规模，但由于部分农民漫天要价，无法达成一致，错失了结构调整、农民致富的机遇。以上两个问题，说明郊区土地流转的市场化程度还不高，造成土地流转中的短期行为和随意性，在很大程度上制约着土地流转范围和规模的扩大。

四、对策建议

建立和完善郊区土地流转机制，关键在于抓好政策落实。下一步应重点做好以下几项工作，推动农村经济结构战略性调整。

1. 继续加强领导。建立和健全农村土地承包经营权流转机制，是深化农村经济体制改革的一个重大课题，对于促进农村经济结构调整和保持农村社会稳定，有着重要的意义。不仅涉及到农村基本经济制度的巩固和完善，而且关系到党在农村基本政策的连续性和稳定性。各级党委、政府，特别是乡镇一级，应当对此给予高度重视，认真加强调研指导，了解和掌握土地流转的动态，及时发现处理问题，常抓不懈。

2. 抓好政策贯彻落实，加快机制的建立健全。一是要紧紧围绕农村经济结构战略性调整这个中心任务，从如何以土地流转促进结构调整的角度，确定本区县土地流转的具体政策措施。已出台政策的，要进一步细化和完善，要研究具体实施细则；没有出台政策的，要加紧完成这项工作。二是要采取多种形式，进一步加大土地流转政策的宣传力度，使政策家喻户晓，提高广大干部、群众对建立健全土地流转机制重要意义的认识，从而增强执行政策的自觉性和主动性；同时，使广大农民和基层干部掌握土地流转的方式、方法，引导他们采取适当的土地流转形式，更有效地推动经济结构调整。

3. 抓好分类指导。一要坚持多样性，尊重群众意愿。在流转对象、形式上，不搞单一模式、一哄而起，允许各种形式并存，要鼓励基层创新，尊重农民的选择和创造。二要因地制宜引导发展。要根据不同地区、不同条件实行分类指导，选择适合本地的流转形式，促进规模经营的形成和发展，更好地满足经济结构调整的需要。三要积极扶持，搞好服务。要通过加大对农业基础设施投入、健全农业社会化服务体系、发展农村二、三产业，积极为土地流转创造条件。对已流转的土地也要在生产的各个环节上搞好服务，充分发挥土地流转在推动农村经济结构调整方面的应有作用。

4. 强化规范管理。一是要健全和坚持规范的操作程序。要对协商、议价、签约、鉴证、解约、再流转等各个环节作出政策性规定，并在操作中严格执行。二是统一合同文本。要按照有关政策的要求，以区县为单位制定统一的流转合同文本。要对土地流转的时间、租金、投资补偿等双方的权利义务作出政策性规定。三是建立流转合同备案制度。乡、村均应建立土地流转备案制度，社区内流转的，要到村里备案；社区外流转的，需经乡镇政府批准并备案。四是要加强检查、监督。乡镇要定期对农村土地流转情况进行检查，并做好流转纠纷仲裁和调解工作，保证土地流转健康、有序地进行。

大　事　记

2000年农口大事记

1月

4—5日　水利部和北京市政府联合召开"21世纪初期首都水资源可持续利用规划"专家座谈会。27位专家、国务院有关部委和河北、山西省的有关代表参加会议，水利部部长汪恕诚、北京市市长刘淇出席座谈会并讲话。

14日　市委、市政府召开全市农村工作会议。刘淇市长主持会议并讲话。副市长岳福洪作了题为《大力推进农业和农村经济结构的战略性调整加速实现郊区农业和农村现代化》的报告，会议确定2000年全市农村工作重点：一是大力推进农村经济的战略性调整促进农民增收和农村经济的快速发展；二是加强小城镇建设，推进农村城市化进程；三是做好基层基础工作，推动农村经济发展和社会进步，保持社会稳定。市委、市政府对农口在1999年做出显著成绩的36个先进个人和集体进行了表彰。

19日　市委农工委、市政府农办下发《关于表彰2000年郊区经济工作先进集体和先进个人的通知》，公布了表彰的内容和条件，以利于各单位明确目标，高标准做好各项工作。

20日　市委、市政府召开农村工作会议总结大会。岳福洪副市长主持会议，市委副书记张福森在会上作了总结讲话。市农委副主任张凤福在会上就市委、市政府将要下发的《大力推进乡镇企业二次创业的意见》作了说明。

21日　市政府下发《关于机构设置的通知》。通知规定首都绿化委员会办公室与市林业局合署办公，为市政府议事协调机构的常设办事机构。

21日　北京市第十届农民艺术节乡村秧歌表演赛举行。

22日　中共北京市委组织部下发了《关于赵凤山等五名同志职务变动的通知》。根据中央批复的北京市机构改革方案，北京市人民政府农林办公室更名为北京市农村工作委员会，北京市山区建设办公室并入北京市农村工作委员会，作为其内设机构。市委同意提名，赵凤山同志为北京市农村工作委员会主任人选。市委建议，聂玉藻、张凤福、安钢同志任北京市农村工作委员会副主任。市委决定，李如理同志任北京市农村工作委员会助理巡视员。

25日　市委农工委书记、市农委主任赵凤山同志主持了第一次两委合署办公会议，传达了贾庆林同志在北京市党政机关机构改革动员部署大会上的讲话精神，成立了两委机关机构改革领导小组，要求进一步明确工作职能，加快推进党政机关机构改革工作。

26日　市委农工委、市农委召开"99京郊种植、养殖致富能手大赛"总结表彰会，对柳显旺等20名"致富标兵"、张春山等62名"致富能手"进行了命名表彰。

28日　市长刘淇、副市长翟鸿祥、刘志华等到大兴县慰问老年荣誉军人，鼓励他们要继续发扬革命传统，争取更大光荣。

2月

2日　北京市农村科技工作会召开，确定"绿色食品及良种工程"为北京市农业科技工作的重中之重。

13日　全国人大农业和农村委员会主任委员高德占考察京郊《中华人民共和国乡镇企业法》贯彻实施情况，强调：在新形势下，要从战略的高度充分认识乡镇企业的地位作用，进一步加强组织领导。要切实减轻乡镇企业的负担，为其发展创造良好的环境。市人大常委会副主任张燕丽、副市长岳福洪陪同考察。

14日　市委下发《关于大力推进乡镇企业二次创业的意见》，确立了乡镇企业二次创业的主要目标，提出了大力推进资产重组，加快乡镇企业的结构调整；以产权改革为重点，大力推进乡镇企业的制度创新；积极推进科技进步，提高乡镇企业的技术创新能力；切实加强领导，为乡镇企业二次创业创造良好的环境等具体要求。

19—20日　刘淇市长在朝阳、丰台两区调研，指出：实现城市绿化隔离带的绿化要有新思路，要采取多种方式，以绿色产业为主体，加快建设步伐。并指出：加强城乡结合部的管理和建设绿化隔离带，是市区两级政府提高城市现代化水平最重要的工作。

21日　市农委发布《关于推进农业现代化加快农民致富若干政策和意见》，对扶持和鼓励发展农民专业合作经济组织、创汇农业、山区水利富民综合开发、养殖小区建设专业村工程、高效农业园等制定相应的扶持政策。

23日　市委农工委、市农委召开北京市山区工作会。会议提出：调整经济结构，培育主导产业，开创京郊山区建设新局面。岳福洪副市长就山区工作强调指出：要大力推进山区水利富民工程，集中发展山区养殖小区，大力推进专业村的发展，加快高效农业企业的发展进程，大力发展合作经济，组织农民进入市场。

23日　市委农工委、市农委召开专题工作会，正式颁布了《关于推进农业现代化，加快农民致富步伐若干政策意见》，提出了对发展农民专业合作经济、发展出口创汇企业、山区水利富民综合开发、发展六种农业和乡镇企业重组引进大项目以及兴建乡镇工业小区、村级工业大院、二三产业专业村、养殖小区和高效农业园等“五项工程”在支农资金上予以扶持的具体规定。

23日 市委农工委、市农委下发《关于在二三产业发展较快、经济较发达地区贯彻落实土地延包政策的意见》，对这些地区延长土地承包期的基本原则、承包经营方式、建立土地使用权流转机制、依法保护承包双方的合法权益和加强对延长土地承包期工作的领导等做出了明确规定。

24日 市委书记贾庆林到通州区调查研究，市委常委、秘书长杜德印，副市长岳福洪等陪同。贾庆林先后来到琪景饮片厂、张家湾镇里二泗村工业大院、通州区经济技术开发区和宋庄镇喇叭庄村。贾庆林在充分肯定了通州区工作后指出，今年的工作要因势利导，乘势而上，各方面工作不能松劲，不能滑坡，要继续开拓进取，要调动广大群众的积极性，使北京市的建设和发展能在一个较长的时期内保持上升的势头。

25日 1999年度首都绿化美化先进单位积极分子表彰大会在人民大会堂举行。副市长岳福洪作报告。市长刘淇讲话，指出：今年是世纪之交的一年，各项工作要超过去年，要为新世纪首都绿化美化事业的腾飞创造一个良好的开局。贾庆林、赵南起、俞正声等领导出席。

26日 刘淇市长等来到海淀区四季青乡察看城市绿化隔离地区的建设情况。刘淇强调指出：城近郊区要转变观念，更新思路，全面加快北京城市绿化隔离带的建设，营造优美的城市环境。

28日 市委农工委、市农委在通州区漷县镇召开郊区工业区、工业小区建设工程现场会，提出：将以“建设一个基地，提高三个能力”为目标，大力实施工业区和工业小区建设工程，努力把区县工业区和乡镇工业小区建设成为乡镇企业二次创业的基地。通过提高开放程度，引进竞争机制，发挥自身优势和深化体制改革，不断提高工业区和工业小区的吸纳能力、辐射能力和竞争能力。岳福洪副市长要求：各区县要结合实际，制定政策，进一步加大各项基础设施建设，加大招商引资力度，确定好二、三年的工作计划和发展目标。

3月

3日 市委农工委召开农口政治工作会，全面部署2000年农口政治工作。市委副书记张福森出席会议并讲话，岳福洪副市长主持会议，市委农工委书记赵凤山同志作了《加强基层组织建设、民主法制和精神文明建设，确保农村稳定、经济和社会全面发展》的工作报告。

7日 市委农工委、市农委召开郊区环境整治工作会。提出力争在环境治理制度和机制上有所创新，在环境整治水平上有所提高，在环卫基础设施建设上有所突破，使郊区以整洁、优美的面貌迈向新世纪。重点抓好“五个一”建设的落实，即确定一位环境建设负责人，组建一支精干的保洁队伍，配备一套必要的保洁设备，建设一个高标准的垃圾填埋场，建立一个有利于全民参与、持久保洁的好制度。

7日 市委农工委、市农委与内蒙古自治区举行农业经济合作座谈会，提出在加强对内蒙古进行帮扶和对口支援的基础上，开展新一轮的合作。

15日 市委农工委、市农委在郊区开展“环境综合整治突击月”活动。

20日 市委农工委、市农委机关及农口局、事业单位领导班子、领导干部“三讲”教育回头看活动全面展开。

23日 市委农工委、市农委召开“种养业专业村”工作会，落实“专业村工程”实施意见。

24日 中共中央政治局委员、书记处书记、中央军委副主席张万年，中共中央政治局委员、北京市委书记贾庆林，中央军委委员王永波、王克及71位将军到海淀区万柳地区参加义务植树，共植树1 000余株。张万年指出，绿化祖国是功在千秋、利在子孙的大好事，一定要动员广大群众积极参与。

24日 中央国家机关57名退休部长、副部长和一些知名老同志在密云县新世纪绿岛公园参加“携手共建美好家园——中央国家机关百名老同志义务植树活动”，共植树300多株。中央国家机关绿化委员会主任、国务院机关事务管理局局长焦焕成、北京市副市长刘海燕等为薄一波同志题词“携手共建美好家园”的纪念碑揭幕。

25日 市委书记贾庆林到顺义区北京昭贵科技开发有限责任公司、三高农业示范区、北京绿健现代农业发展有限责任公司调研。指出：要提高农业科技水平和农民素质，实现农业由规模扩张型向质量效益型转变，从传统农业向现代农业转变；三高农业示范区要发挥在区域经济发展、延伸农产品产业链和富裕农民中的带动作用，在农产品加工和产业化上实现新突破，要开发旅游功能，使示范区成为青少年增长农业科技知识的基地。杜德印、岳福洪等陪同调研。

4月

1日 200万市民参加首都第16个全民义务植树日活动。江泽民、朱镕基、李瑞环、胡锦涛、尉建行、李岚清到中华世纪坛植树。江泽民指出，开展全民义务植树活动，一定要长期坚持下去。西部大开发首先要改善生态环境，加强生态建设，要抓紧抓好植树种草的工作。李铁映、吴邦国、张万年、罗干、姜春云、温家宝、吴仪、王志宝、贾庆林、刘淇、张福森、李志坚等领导同志参加了活动。

3日 副市长岳福洪和市绿化隔离地区建设工程指挥部成员检查了四环路、主要出京道路和朝阳区城乡隔离地区绿化工程的进展情况。

3日 市委农工委、市农委通过《北京市农口信息化2000—2010年发展计划（纲要）》。

4日 市委、市政府下发《关于做好2000农业和农村工作的意见》。

6日 市委书记贾庆林到位于昌平高科技园区的市水产总公司所属汇瀛水产良种开发中心调研。充分肯定他们在欧洲鲟鱼良种开发上取得的成绩，鼓励他们在农业产业化中发挥龙头作用，带动郊区农民致富，希望他们在产品的市场化运作上取得很好的社会效益和经济效益。杜德印、岳福洪等市领导陪同。

6日 全市农村基层组织建设领导小组扩大会议召开。市委副书记于均波强调：加强农村基层组织建设，必须切实履行第一责任人职责。

7日 市委农工委下发《关于在郊区开展“致富思源、富而思进”教育活动的通知》。

7日 市委农工委出台意见，决定利用三年时间，在郊区实施以思想道德、科学文化、政策法规教育为主要内容的“农民现代化素质教育工程”，全面提高郊区农民素质。

8日 市委书记贾庆林等到朝阳区

调查研究。贾庆林和市委常委、秘书长杜德印察看了朝阳区长营乡、东坝乡绿化隔离带建设情况。贾庆林强调，要坚持贯彻以人为本的思想，搞好绿化隔离地区建设，各方面要加快工作进度，统筹安排，确保实现首都环境优美、生态良好、空气清新的目标。

15日 市委书记贾庆林同志到门头沟区清水镇双塘涧村、雁翅镇太子墓村及沿途部分地区考察山区生态环境治理情况和山区绿化工程的进展情况。指出：要统一规划，科学指导，合理布局、整体治理北京生态环境，尽快建设环城区绿化隔离带和周边山区绿色屏障工程。杜德印、岳福洪等陪同调研。

20日 中共中央政治局委员、全国人大常委会副委员长姜春云同志就《种子法》（草案）与我市领导和有关部门负责人座谈。姜春云同志指出：近年来北京通过实施种子工程，在品牌、质量等方面形成了较强的市场优势，在种子精选、加工、包衣率及包装等方面在全国处于领先地位，种子检验工作的效果也较为明显。市委书记贾庆林同志要求：要进一步加强种子工程建设，加强科研、投入和立法工作，制定出相应的地方法规。市长刘淇、市人大主任张健民等领导参加座谈。

25日 市委书记贾庆林到平谷县调查研究，强调北京郊区要以率先基本实现农业现代化为目标，以农民致富为主线，统揽农村工作全局，加快调整优化农业和农村经济结构，因地制宜，大力发展高效益高质量高科技农业和生态农业。市委常委、秘书长杜德印，副市长岳福洪等陪同。

25日 国家防总海河流域检查组检查北京市永定河防汛工作。水利部副部长张基尧对北京市的防汛工作给予了充分肯定并指出：对防汛工作要高度重视，进一步做好防汛检查，每个环节都要做好防抢预案，责任制要落实到人，病险水库要严格控制汛险水位，确保度汛安全。岳福洪副市长强调：防汛工作不可有丝毫麻痹，全市上下要提高认识，以这次检查为契机，抓紧落实各项防汛责任制。

28日 市政府召开专题会议，决定从5月份起全市全面启动食用农产品安全生产体系建设工程。

29日 市委农工委、市农委与农口各局、总公司党政一把手签订计划生育合同书。

30日 市委书记贾庆林，市长刘淇等来到密云水库调研本市水资源情况。贾庆林、刘淇在讲话中强调：要坚持可持续发展战略，科学合理开发利用保护水资源，增强全市人民科学用水、节约用水的意识，采取坚决有效的措施开源节流，实现全市水资源的可持续利用。张福森等一同调研。

5月

5日 中共中央政治局常委、国务院副总理李岚清在北京市副市长岳福洪等人的陪同下，兴致勃勃地来到房山区韩村河村。他考察了韩村河教育中心、老年活动中心，并深入到两户村民家中参观访问。随后，李岚清等登上20米高的鲁班公园观景台二层平台，俯瞰韩村河新村风貌。李岚清对韩村河新村建设等方面取得的成果给予了充分的肯定。

12日 市农委发出通知，要求郊区大力实施"养殖小区工程"，做好养殖小区引种工作。

17日 市政府批转市农委《关于加快本市小城镇规划建设推进郊区城市化进程意见》。明确了小城镇建设的指导原则和主要任务，提出了搞好小城镇的规划和布局、培育小城镇的主导产业、妥善解决小城镇的建设用地、加快小城镇基础设施建设、引导农村人口向小城镇集中、切实抓好小城镇的环境建设、加强对小城镇规划建设的领导等7项具体意见。

18日 全市山区水利富民综合开发经验交流会召开，对前一阶段工作进行总结，对下一阶段工作进行动员和部署。

20日 市委书记贾庆林参加了通州区委常委会"三讲"回头看民主生活会。他强调：全市各级党组织和广大共产党员要认真学习、深刻领会江总书记关于"三个代表"的重要论述；按照"三个代表"的要求，切实加强党的建设；以"三个代表"为指导，推动当前首都各项工作。

24日 市委农工委、市农委下发《关于印发〈北京市农口信息化2000—2010年发展计划（纲要）〉的通知》。

25日 市委书记贾庆林、市长刘淇检查了朝阳区的绿化隔离地区建设，肯定全市春季绿化隔离地区建设开局良好，各方面、各单位认识到位，行动迅速，措施得力，创造了许多新鲜经验。市委副书记张福森，市委常委、秘书长杜德印，市人大常委会副主任汪统，副市长岳福洪、汪光焘、刘志华，市政协副主席万嗣铨，以及市政府秘书长黄承祥一同检查。

27日 市委书记贾庆林、市长刘淇考察北京西北地区生态环境，指出要着眼于北京大环境生态建设，构筑防沙治沙绿色屏障。

29日 全市乡镇企业二次创业经验交流会召开，对进一步深入学习贯彻市委6号文件精神，继续推进乡镇企业二次创业进行了动员和部署。

30日 市委农工委发出《通知》，对在农口党员干部中深入学习贯彻"三个代表"重要思想作出部署。

6月

2日 市农口会同市计委、市财政局、市农业局等有关部门，就本市郊区农业结构调整情况对郊区14个点进行现场参观和检查。副市长岳福洪指出：目前全市农业结构调整存在的一个突出问题是发展不平衡，需要以点带面，总体推进。

13日 市委农工委召开农民素质教育工作会。

15日 市委书记贾庆林、市长刘淇到河北省张家口市考察官厅水库上游生态环境情况，并与河北省委书记叶连松等座谈，水利部、国家环保总局等有关负责人参加。决定京冀携手加快生态环境建设，尽快恢复官厅水库饮用水功能。

16日 市委书记贾庆林、市长刘淇在延庆县召开"三夏"和农业结构调整工作座谈会。贾庆林强调，各区县、各有关部门要加强组织领导，抓好"三夏"工作，推进农业结构调整，确保今年农业和农村工作目标的实现。市长刘淇就积极稳步推进农业结构调整讲了话。

21日 市农委召开"北京市山区休闲产业座谈会"。副市长岳福洪指出：北京山区区县发展休闲产业有着得天独厚的优势。但在发展上还存在着休闲产业与农村经济发展和农民致富脱节、环境脏乱、软件建设薄弱、开发形式过于单一、领导体制不顺等问题。各级政府要加强研究，科学指导，将休闲产业与一产发展有机结合起来，同时注重发展主体的多元化，强化农民的主体地位，使北京山区休闲产业发展上一个新台阶。

30日 市委组织部、市委农工委召开北京市农村先进基层党组织、优秀共产党员表彰大会。市委副书记于均波出席会议并讲话，副市长岳福洪宣布表彰决定，对顺义区马坡镇等16个“六好”乡镇党委标兵、房山区霞云岭乡四马台村党支部等50个村党支部标兵、通州区甘棠乡甘棠村优秀共产党员赵学忠等102名优秀共产党员进行了表彰。

7月

3日 高温久旱的北京普降中到大雨，西部和西南部出现了暴雨。

4日 副市长岳福洪、市政府副秘书长柳纪刚、市农委副主任聂玉藻等领导同志到市气象局听取天气情况汇报。

6日 刘淇市长到通州区琪景饮片厂、徐辛庄镇苜蓿草种植基地和顺义区绿健现代农业发展有限公司、“三高”农业示范区、北京顺鑫长青蔬菜有限公司进行调研。指出：各级政府要按照“三个代表”的要求，转变职能，搞好服务，为农业结构调整创造良好环境。同时加强政策引导，树立典型，使农民成为农业结构调整的主体、投资的主体。农业结构调整要以农民增收为主线，要与科技相结合，与农村的环境建设相结合。副市长岳福洪陪同调研。

11日 大兴县被确定为国家级生态环境建设重点县，至此全市已有8个区县被列为国家级生态环境建设重点县；同月北京市将畜禽粪便污染治理、食用农产品安全生产体系建设和农业环境监测体系建设等列为全市到2003年生态环境建设重点内容。

12日 市委下发《关于郊区农村税费改革试点工作的意见》，确立农村税费改革试点工作的指导思想、基本原则、主要内容和基本步骤，并把昌平区定为本市税费改革试点单位。

12日 市委农工委、市农委召开安全生产紧急工作会，落实中央和市委、市政府指示精神。岳福洪副市长要求各区县要针对乡镇企业布局分散、行业复杂、管理水平低、安全隐患多的特点，严查漏洞，防范措施到位，责任到人，把安全生产当作一项长期任务抓紧抓好。

19日 国家“99”高技术产业化示范工程奶牛胚胎产业化建设工程在延庆农场奠基。这项工程由市农工商总公司奶牛中心承担。奶牛胚胎产业化项目是利用生物技术，为北京乃至全国提供优秀奶牛组合胚胎和优质精液、加速提高奶牛遗传水平的重大工程，标志着我国奶牛生产已达到国际水平。

27日 市委书记贾庆林、市长刘淇到怀柔县调查研究，察看了小泉河治理工程和杨宋镇小城镇建设情况。贾庆林指出，郊区要把环境建设作为重要发展方向，把建设首都绿色屏障放到事关全局的重要位置，要努力把京郊的小城镇规划好，建设好，管理好。市委常委、秘书长杜德印，市政府秘书长黄承祥一同调研。

28日 市委农工委、市农委召开会议，传达贯彻市委、市政府半年经济形势分析会精神，并提出贯彻意见。

29日 市委书记贾庆林、市长刘淇等到北京经济技术开发区和天竺空港工业区调查研究。贾庆林强调，全市各行各业要认真学习领会江总书记关于要理论创新、体制创新、科技创新及其他创新的重要指示精神，实现跨世纪发展目标。市长刘淇，市委常委、秘书长杜德印，副市长林文漪、张茅，市政府秘书长黄承祥等一同调研。

8月

2日 市委农工委、市农委召开半年经济形势分析会。市委副书记张福森要求各级党委要认清形势，驾驭全局，为农业结构调整和各项经济工作提供思想政治、组织和社会保证。副市长岳福洪部署了下半年郊区经济工作。

4日 市委农工委召开农口思想政治工作座谈会，传达中央和市思想政治工作会议精神，并下发《中共北京市委农村工作委员会关于加强和改进农村思想政治工作的意见》。

5日 市长刘淇到房山区调研农业产业结构调整情况，刘淇和副市长岳福洪察看了房山区官道镇刘庄村獭兔养殖基地、交道镇一街村苗圃、果园基地。刘淇对房山区上半年农业结构调整取得的成绩给予充分肯定，要求全区进一步贯彻落实市委、市政府关于农业结构调整的各项部署，把握重点，狠抓落实，培育农村新的经济增长点，促进农业发展再上新台阶。

8日 市农口召开国有企业改革发展座谈会，岳福洪副市长部署国有企业改革发展工作。

10日 市农委召开全市农民专业合作经济组织经验交流会，岳福洪副市长强调要进一步加大农民专业合作组织的发展力度。

10日 市长刘淇到天竺空港工业区调研。他强调，要总结经验，抓住机遇，加强领导，加大招商引资力度，把空港工业园区建设得更好。副市长张茅、市政府秘书长黄承祥一同调研。

12日 市长刘淇到平谷县调研，察看了平谷县大桃交易市场建设和大桃交易情况及平谷县城世纪广场二期工程建设情况。他指出，要坚定不移地深化农业结构调整，高标准搞好小城镇建设，促进京郊农村经济全面发展。市政府秘书长黄承祥一同调研。

15日 市农委召开北京市发展奶牛合作社、实施奶业产业化工作会，部署全市奶业产业化工作。

22日 市委书记贾庆林同志到房山区调研。提出：农村第一位的是抓好基层党组织建设，充分发挥党支部的核心领导作用。要抓好农村的产业结构调整，进一步壮大集体经济实力，进一步加强生态环境建设，保持农村的稳定。杜德印等陪同调研。

22日 市农委召开北京市小城镇建设工作座谈会。市长刘淇要求各级政府要认真贯彻落实中央11号文件，加快小城镇建设进程。

25日 市委农工委、市农委召开山区减灾增收现场会，部署发展以农户为主体的山区畜牧业，加快养殖小区建设，实现山区农民减灾增收。

26日 北京国际精品水果节开幕。在新落成的北京国际精品水果中央批发市场举行。市人大常委会副主任张燕丽、副市长岳福洪出席。此次水果节展示国内、外精品水果50类、近100个品种。500多名国内、外经销商到场。

9月

2日 市委书记贾庆林到丰台区调查研究。贾庆林和市委常委、秘书长杜德印等察看了位于丰台六里桥地区的莲花池公园、在绿化隔离地区建设的草桥欣园及新发地公园。贾庆林强调，要加强城乡结合部地区建设，提高城市化管理水平。

2日 市长刘淇到昌平区调研。刘淇和副市长岳福洪首先来到位于昌平的中关村科技园区生命科学园选址现场，察看工程建设前期的准备情况。随后，刘淇等来到小汤山汇赢水产良种开发中心，察看了鲟鱼养殖车间鱼苗、成鱼的孵化和培养情况。市领导还察看了正在建设中的昌平绿化广场，了解了工程进展情况。刘淇强调，要抓住发展机遇，注重吸引国内外资金，全力办好科技园区，促进昌平区经济、社会发展再上新台阶。市政府秘书长黄承祥一同调研。

5日　市农委、市农业局召开加强畜禽检疫执法工作会议。

9日　市委书记贾庆林、市委副书记张福森到房山区、大兴县、通州区检查了全市农业结构调整工作。贾庆林强调，全市加快推进农业结构调整，要以农民致富为主线，认真落实党在农村的各项政策，紧紧围绕率先基本实现农业现代化的目标，大力发展高效益高质量高科技农业和生态农业，努力走出一条“富裕郊区农民，改善生态环境，为城市发展服务”的道路。

11日　北京市“五河十路”绿色通道建设工作会议召开。岳福洪副市长要求要把永久性林带和经济林带同时建设好。永久性林带要做到乔灌结合，以高大速生林为主，苗木要就地取材，降低绿化成本；经济林带要以农民投资建设为主体。

12日　市农委召开北京市农业结构调整工作会。岳福洪副市长提出：一是各区县要对本地区的农业结构调整工作进行一次认真的总结，找出存在的主要矛盾和差距；二是要充分发挥本地区的比较优势，培育自己的主导产业，同时要发挥龙头企业的带动作用；三是要与高新技术相结合，用新技术改造传统的生产技术和生产方式；四是在种养环节上要坚持农民家庭经营的主体地位，调动农民的生产积极性。

14日　市委农工委在全国试点小城镇——怀柔县杨宋镇召开乡镇环境建设现场会。市委副书记张福森、副市长岳福洪要求郊区环境建设要继续以落实“五个一”为目标，做到“三拆”、“六结合”，即“拆危、拆旧、拆围墙”，与发展经济、吸引外资、企业重组转制、乡镇企业二次创业、生态环境建设、绿化美化相结合。

19日　全市农村税费改革试点工作动员大会在昌平区召开。市委副书记张福森强调：一是充分认识农村税费改革试点工作的重要意义；二是试点工作要注意从实际出发，各部门之间要加强协调配合，同时做好宣传解释工作；三是切实加强对试点工作的领导。副市长、市农村税费改革领导小组副组长翟鸿祥作动员报告。

20日　市农委召开经济结构调整如何与农民致富相结合座谈会，一些村的村支部书记出席会议并交流感想。副市长岳福洪出席，并讲话。

21日　市委农工委召开厂务公开座谈会。要求农口国有企业要以深化完善、提高质量为重点，抓好公开的制度化、规范化和经常化，强化监督机制建设，创新公开载体，扩展公开形式，不断提高公开质量。

30日　国务院总理朱镕基在市委书记贾庆林、市长刘淇的陪同下视察北京工作。朱总理对本市环境综合整治和市政建设工作提出了要求和希望，指出：绿化工作要坚持不懈地抓好，绿化是造福子孙的大事。北京要坚持以种树为主，多种树，种大树，让首都绿树成荫，不是说不能种草，而是不要大面积种草，因为它很难代替种树的效果，费水，维护费用高。要发扬愚公移山精神，动员广大群众搞绿化，把北京真正绿化好。

10月

10日　市委农工委召开会议，贯彻落实市委书记贾庆林批示精神，在郊区启动“致富明方向、‘十五’再发展”主题教育活动。

12日　山区水利富民综合开发第一阶段总结会召开。决定再用三年时间，进行以“五小工程网络化”为目标的第二阶段山区水利富民综合开发，并具体部署山区水利富民综合开发第二阶段工作。

20日　市农委、市乡镇企业局组织乡镇企业“三项工程”建设观摩活动。看了昌平、顺义、平谷、通州、大兴五区县的部分乡镇工业小区、村级工业大院和二三产业专业村。岳福洪副市长提出：要充分认识发展二三产业的重要性和必要性；要采取多种途径和多种形式确保乡镇企业的健康发展；要把财政增收和农民增收放在同等重要的位置；要注重建设好投资环境。

21日　市委、市政府召开山区水利富民综合开发总结表彰大会。副市长岳福洪参加。全市山区三年水利富民综合开发工程共增加抗旱灌溉面积14万公顷，山区农民实现了人均一亩水浇果园和一亩水浇粮田的“双一”目标。

28日　市绿化隔离地区建设领导小组在海淀乡万柳地区召开全市绿化隔离地区规划绿地确界钉桩工作现场会。市长刘淇在讲话中强调，各有关区县、部门要高度重视，加强领导，落实责任，确保按时完成确界钉桩工作。副市长汪光焘、刘敬民，市政府秘书长黄承祥出席现场会。

11月

1日　市农口厂务公开领导小组对郊区区县和农口局、总公司厂务公开工作和企业工会组建工作进行检查。提出：要进一步加强领导，健全责任制和考核制度；要紧密结合企业实效，突出重点抓深化；要确保公开内容的真实性；要进一步规范各种规章制度，使农口厂务公开工作有新的进展。

3日　市委书记贾庆林到延庆县调查研究。贾庆林和市委常委、秘书长杜德印，副市长刘志华等先后察看了松山风景区、古崖居风景区和延庆县城内新建的夏都公园。贾庆林指出：要进一步搞好环境，维护生态平衡，发展绿色产业，吸引更多的国内外著名高科技企业到延庆县安家落户。

4日　市委书记贾庆林、市委副书记张福森等到大兴县调查研究，先后察看了九龙花园住宅小区、三元基因生物制药厂、大兴县兴城广场、黄村污水处理厂、瀛海奶业基地。贾庆林指出：要认真贯彻落实党的十五届五中全会精神，从实际出发，发挥优势，搞好农业和农村经济结构调整，加速农村工业化进程。

8日　北京市冬修水利工作会召开。会议指出：在新的历史阶段，水利部门要转变思想意识和观念，明确指导思想，管理职责应由农田水利向管理社会水转变，由注重搞排、灌向蓄水、节水转变，由利用地下水向大气水转变。

10日　农口国有企业经济工作座谈会召开。市委农工委书记、市农委主任赵凤山提出：在改革上，要实现投资主体的多元化；在发展上，要注重培育自己的拳头产品；在班子建设上，要坚持民主集中制和党管干部的原则。

19日　市委书记贾庆林到密云调研，提出：要把不断提高城乡人民生活水平作为经济和社会发展的出发点和归宿；今后可以围绕环境调整结构，围绕环境发展经济；要注重解决相对贫困的问题，加强扶贫开发、扶贫济困；要加速推进小城镇建设，增强对农村劳动力转移的接纳力和市区产业转移的吸引力；要大力发展无污染的高科技企业。

23日　全国第四届农民运动会北京代表团表彰大会召开。市长刘淇、副市长岳福洪接见代表团全体成员并合影留念。北京代表团在此次运动会上获得了金牌总数和东道主四川代表团并列第一、奖牌总数第二的好成绩。

27日 北京市乡镇企业工作会召开。副市长岳福洪强调要通过乡镇企业二次创业，大力发展农村工业；通过大力进行招商引资，大力发展个体、私营企业和坚定不移地推进工业小区、工业大院和专业村建设，实现农村工业化。

12月

7日 市委书记贾庆林到门头沟区调研。强调要注意总结“九五”期间的工作经验，广泛征求社会各界的意见，认真制定好本地区的“十五”计划；要继续加强领导班子建设，充分利用山区优势，坚持高起点、高标准，努力发展山区经济，尽快富裕群众。副市长岳福洪就落实农村政策、加快产业结构调整、解决农村剩余劳动力就业、增加农产品市场竞争力和降低生产成本、提高农产品科技含量等提出要求。市有关部门领导谭维克、赵凤山陪同调研。

13日 山区第二阶段水利富民综合开发经验交流会召开。会议指出：水利富民综合开发的目的是增加农民收入，要以“五小工程”网络化为手段，以基本完成农业结构调整为目标，最终消灭山区人均2 500元以下的低收入村。

13日 市委农工委召开农口企业效能监察工作经验交流会。

14日 市委书记贾庆林到昌平区调研，察看了位于昌平科技园区内的三伍电子系统（北京）有限公司，液晶显示器生产情况、昌平区旧村改造情况及昌平区农业科技园区。贾庆林强调，要全面贯彻中央关于加强农业和增加农民收入的一系列部署，进一步搞好农业和农村经济结构调整，千方百计地提高京郊农民收入。

21日 市委农工委举办郊区新秧歌大赛。昌平、怀柔等6个区县获最佳表演奖，通州、延庆等7个区县获优秀奖，房山、顺义两区获创新奖。“乡村秧歌创新普及”活动被市委宣传部、市文明办评为首都精神文明建设最佳活动之一。

26日 市委农工委召开老干部工作会，部署农口老干部工作。指出，要落实市老干部会精神，创农口老干部工作一流水平。

28日 市委农工委召开专门会议，部署“两节”期间维护社会稳定工作。要求：对郊区社会稳定情况进行全面检查和排查；进一步做好“法轮功”重点人员的监控、转化工作；落实岗位责任制度，加强信息报告和主要领导带班制度。

（任京音 杨秋玲 赵铁军）

综　述

2000年郊区农村经济发展综述

中共北京市委农工委研究室

2000年，在市委、市政府的正确领导下，郊区认真贯彻落实党的十五届三中全会和市委八届二次全会精神，坚持以经济建设为中心，以富裕农民为主线，认真落实党在农村的基本政策，进一步深化农村改革，积极推进经济结构的战略性调整，郊区经济实现持续快速增长，农民收入有了较大幅度提高，各项经济指标圆满完成。

2000年，郊区实现国内生产总值536亿元，比上年增长了10.1%。其中一产增加值达到90亿元，增长4%；二产增加值达到216亿元，增长11.2%；三产增加值达到230亿元，增长12.1%。远郊区县财政收入增长29.1%。农民人均纯收入达到4 687元，同比增长7.3%，是“九五”期间增速最高的一年。

一、以富裕农民为主线的工作思路进一步明确，农民致富步伐进一步加快

市委、市政府高度重视农民增收问题。贾庆林书记明确提出，要以农民增收作为农村工作的中心任务。几年来的成功实践，使富裕农民逐步成为各级党委、政府和广大农村干部工作的出发点和落脚点。在2000年郊区经济整体工作中，特别是农村经济结构战略性调整中，市和区县、乡镇都把农民增收作为根本性目标，坚持以市场为导向、以效益为中心、以农民为主体，把结构调整与农民增收紧紧地联系在一起。在农业结构调整中，坚持规模化、专业化方向，帮助农民大力发展“六种农业”，大幅度提高农业效益，从根本上改变“卖难”和增产不增收的状况。乡镇企业的二次创业，为郊区农民提供了更多的就业机会。2000年在京郊乡镇企业中新增就业人员5万人，职工突破百万，占农村就业人数比重达到61%，郊区农民从乡镇企业获得的工资收入总额达75.6亿元，增加10.4亿元，同比增长15.9%。山区水利富民综合开发工程显见成效，林果业、养殖业和休闲旅游业三大主导产业的发展对山区农民增收的作用尤其明显。2000年山区在遇到严重旱灾，粮食减产幅度较大的情况下，农民收入非但没有减少，而且保持了增长势头。2000年山区农民人均劳动所得达到3 594元，所有山区乡镇全部跨过人均收入1 500元的低收入线。2000年全市农民人均纯收入达到4 687元，比上年增长7.3%，增幅在京津沪渝四个直辖市中排在第二位，在全国处于前列。

二、农民家庭经营主体地位得到进一步确立，经济发展活力进一步增强

郊区把确立农民家庭经营的主体地位，充分调动农民家庭的积极性，完善双层经营体制，作为农村改革的重要方向。在前几年工作的基础上，认真做好延长土地承包期的后续工作，特别对二三产业比较发达地区的土地延包工作进一步明确了政策。同时，加强了对建立土地流转机制的研究和推动，为农业的规模化、专业化经营，使更多农民进入二三产业创造条件。小型农用设施的产权改革、国有集体农牧企业产权改革和机制转换等工作也取得了新的进展。乡镇企业重组转制中，充分调动农民家庭进入二三产业的积极性，进行政策扶持，建设村级工业大院，为农民家庭成为二三产业的投资主体、经营主体与其他类型的企业平等竞争，创造宽松的政策环境和必要的物质条件。在山区水利富民综合开发和养殖小区建设中，改变了单纯政府投资和集体投资的做法，让更多的农民积极、大胆地向生产领域投资，并对他们进行资金扶持，给他们明确的财产权、经营权和收益权，使广大农民投资经营的积极性得到了前所未有的调动，农民的投资热情充分迸发，郊区出现了千家万户农民投资各种生产领域的喜人局面。农民家庭经营主体地位的确立，优化了郊区产权结构，改善了投资环境，增强了对社会资源投向郊区的吸引力。一大批具有较强实力的社会法人、个人纷纷到郊区投资，形成了一批有规模、有档次的各类企业，给郊区经济发展注入了新

的活力和动力。在已经建成的1 029个养殖小区中，农民投资占75%，总额达到9亿元。山区农民用于“五小水利工程”建设的投资达到2.6亿元，占总投资的一半以上。2000年，农民生产性投入人均达到531元，同比增长32.1%。

适应市场形势变化和农民组织起来的需要，2000年农民专业合作经济组织得到迅速发展，使郊区农民不但具有了家庭经营的优势，而且具有了组织起来的优势。突出表现在以下四个方面：一是农民专业合作经济组织的数量进一步增加，总数达到1 845个，其中2000年新发展的有500多个，入社农民达到22.3万户。二是合作的领域进一步拓宽，合作的深度进一步加大。很多农民专业合作经济组织已经由生产环节的合作，扩展到产前、产中、产后全过程的合作，尤其是对农民进入市场意义重大的农产品加工、销售环节的合作和对农民增收作用明显的二三产业的合作。三是组织形式多样。郊区农民专业合作经济组织中，出资型的占30.5%，契约型的占21.4%，会员型的占48.1%。这些合作经济组织，有的由农民组建，有的由科技人员、销售人员组建；有的由公司或转制后的“七站八所”组建，有的由“龙头”企业组建。这种形式上的多样性，适应了郊区生产力的发展水平和农民的基本需求，保护了各方面带领农民进入市场的积极性。四是利益联结进一步紧密。郊区农民专业合作经济组织表现出由松散型向紧密型发展的趋势。有社员出资的合作社一般都做到了不但核心层成员入股，外围成员也入股，合作社成员间通过资产上的联接，实现了利益上的一致。很多农民专业合作经济组织实行了民主管理，坚持了科学的分配方式，凝聚力、带动力明显增强。组织化程度的提高，使农民进入市场的能力大大增强，据初步统计，加入农民专业合作经济组织的农民，其生产的农产品一般很少出现“卖难”问题，年增收一般比没有加入专业合作经济组织农民多500元以上。

三、农业结构调整力度明显加大，成效十分显著

2000年，根据中央和市委、市政府的指示，针对郊区计划经济体制下形成的农业结构雷同，规模化、集约化水平低，科技含量低等问题，郊区各县把培育新兴产业，实现农业产业全面升级，作为提高经济发展水平，增强市场竞争能力，实现经济可持续发展，加速实现郊区农业和农村现代化的根本举措大力推进。其思想之统一，决策之果断，行动之坚决，措施之得力前所未有，并在一年中显见成效，“六种农业”有了新的进展，二三产业扭转了多年徘徊的局面，开始出现良好的发展势头。

1. *种植业结构不断优化，三元结构初见端倪。*郊区种植业结构调整是从打破长期以来稳定粮食种植面积、稳定粮食总产的“双稳定”格局开始的。2000年全市共种植粮食作物30.83万公顷，比上年调减10.15万公顷，减幅25%，粮经比例由上年的64:36调整到55:45。其中：夏粮12.17万公顷，比上年调减4.65万公顷；秋粮18.65万公顷，比上年调减5.51万公顷。由于粮田面积调减和受旱灾的影响，2000年夏粮亩产366.1千克，总产6.69亿千克，分别比上年减少12.5千克和2.86亿千克；秋粮亩产276.3千克，总产7.7亿千克，分别比上年下降14.8千克和3.7亿千克。

粮食生产内部的品种结构也发生很大变化。优质小麦面积达到2.87万公顷，由上年的占10%提高到占38%，甜玉米、糯玉米、高油玉米、青饲玉米等专用玉米和小杂粮播种面积也迅速增加。

2000年，全市蔬菜播种面积9.93万公顷，比上年增加0.93万公顷，其中保护地面积1.53万公顷。商品菜总量43亿千克，比上年增加3.5亿千克。总收入32亿元，比上年增加3亿元；出口供货额近8亿元，出口品种达30多个，销往20多个国家和地区。果树更新改造1.67万公顷，苗木发展到0.67万公顷，花卉、药材达到0.67万公顷。郊区老杂劣果园已基本淘汰或加以改造，已建成精品高效果园278个，面积达0.58万公顷，引进优良品种200多个，郊区各类农业精品突破2 000个，已有1 000多个正式注册品牌，农产品进入市场的安全性、信誉度大大增强。年初以来调减的粮田，重点发展了果树、蔬菜、牧草、油料、花卉、瓜类和中药等；特别是饲草业发展方兴未艾，面积已经达到1.71万公顷，其中以苜蓿为主的豆科牧草已发展到0.91万公顷；以青贮玉米为主的禾本科饲草已发展到0.8万公顷。种植业由粮食、经济作物二元结构开始向粮食、经济作物、饲料饲草三元结构转变，在粮经比例由上年的64:36调整到55:45，经济作物中有13.3%的是饲草，86.7%的是其他经济作物，粮经饲三元结构已现端倪，郊区种植业显示出良好的发展前景。

农产品安全体系建设开始起动，农产品品质和质量均有大幅度提高。2000年面对申请加入WTO的形势，以及首都居民生活水平的不断提高，消费水平的升级，以及人们饮食卫生的切实需要，在充分调研和论证的基础上，市委、市政府组织农口有关部门起草了《北京市食用农产品安全体系建设的意见》，制定了《北京市食用农产品安全生产暂行标准》。内容包括了环境质量标准、生产投入品标准、产品质量标准等三个系列，120个指标，建立了一套完整的监控体系。为全面推进食用农产品安全体系建设，开展了安全食用农产品生产基地和达标单位的认证工作。由有关部门组成的认证机构对郊区申报的300个企业、基地进行生产环境和产品质量检测，根据质量暂行标准确定生产基地和达标企业。到2000年底，农产品安全品种已由生猪扩大到蔬菜、瓜果、畜禽、牛奶等，建成农产品安全生产基地98家，4 667公顷菜田取得了出口菜生产基地资格。小汤山地热开发特菜基地等5家蔬菜生产基地和7个直销专柜被授予“无农药残

留放心菜（果）”品牌，同时涌现出平谷大桃、大兴西瓜、三元牛奶等一大批农业精品和安全、绿色食品。

2. *以养殖小区建设为重点，推进了家庭养殖业的大发展。*2000年郊区的畜牧养殖业，一改过去的传统养殖模式，按照“三进三退”的指导方针，大胆改革、勇于创新，取得了畜牧养殖业发展历史上的最好水平。2000年，郊区进行的畜牧养殖业改革，首先从生猪生产开始，继而拓展到蛋鸡、奶牛和水产品的生产。对畜牧业进行股份合作制、合伙制、承包、拍卖、租赁等形式的改造，既解决了产权不清、责任不明，又解决了经营者出资负担过重而不敢问津的问题，确保了集体资产保值增值，而且也深受农民欢迎。2000年，全市猪场转制面、蛋鸡转制面、水产业转制面很大，集体奶牛场转制面达到80%以上，国营奶牛场的转制也正在进行之中。转制后的畜牧养殖企业，普遍人员减少，费用减少，成本下降，个人投入增加。据统计，总资产由原来的11.89亿元增加到13.29亿元，增长11.8%，其中经营者新投入资金1.34亿元。

大力发展养殖业是推进京郊农业现代化，增加农民收入的重要途径。在如何发展养殖业上，根据市场竞争的需要和养殖业自身特点，郊区把着力点放在大力发展家庭养殖业上，并且跳出肉蛋奶的旧框框，以市场为导向，发展特种养殖业。市政府制定了发展养殖业的具体政策，出台了鼓励发展家庭养殖业的具体办法。按照“三进三退”的要求，结合养殖小区的建设，使郊区养殖业以前所未有规模、速度和水平加快发展，并已成为郊区经济的支柱之一。一是养殖业发展创历史新高，已占据郊区农业的半壁江山。生猪、鸡蛋、肉牛、肉羊、肉鸡、牛奶等生产全面超过上年，预计全年畜牧养殖业产值可达85亿元，同比增长5%，占大农业产值比重达到50%。二是养殖业已经成为农民致富的重要途径。2000年，郊区已发展养殖专业户17.9万户，占全市务农户比重的26.3%。三是养殖方式发生了重大转变。据统计，2000年全市养殖小区总数达到1 029个，入区农民3.79万户，占全市养殖总户数的25.3%，建设总投资12.77亿元，其中农户投资10.38亿元，占81.3%。特种养殖小区占全市养殖小区的70%，饲养品种超过了40个，不但富裕了农民，还丰富了首都市场。养殖小区建设一改郊区传统的散养方式，在养殖技术上进行了重大变革，“舍饲”已经成为被很多农民认同的现代饲养方式，为郊区养殖业在高水平上的大发展，为郊区养殖业规模化、专业化、特色化的形成，塑造郊区的主导产业开辟了重要途径。

3. *高效农业示范园区建设取得明显成效。*一年来，一批机制新、市场竞争力强、具有创汇能力的新兴高效农业园区的逐步发展壮大，架起了农户与国内外市场之间相互连接的桥梁。到2000年底，各类农业高效园区已发展到420多家，占地1.33万公顷，投资近50亿元。绿健、绿邦、绿天使、绿金海、绿富龙、金鑫、昭贵、锦绣大地、小汤山农业园区、顺义农业园区等一大批农业高效园区都有了长足的发展，起到了明显的示范带动作用。这些高效农业园区年平均利润率达20%左右，最高达50%以上，带动郊区近4万农户走上致富路。同时，吸引了大批市民到郊区观光、旅游和采摘，带动了相关二三产业的发展。

4. *“六种农业”增势强劲，再次跃上新水平。*“六种农业”（籽种、设施、精品、加工、创汇和观光农业）是郊区广大农民长期实践经验的概括总结，它涵盖了郊区农业结构调整的基本内容，也是郊区农业结构调整的突破口。2000年，“六种农业”拉动农业增长效果明显，其增加值突破30亿元，拉动整个农业增加值上升11个百分点。籽种农业的发展，改良了品种，从根本上解决了农业品质低下的问题，实现了农业增效。2000年籽种农业产值达34.6亿元，比99年的12.5亿元增加了22.1亿元，增长了近1.8倍，籽种产业前景非常看好。设施农业有利于先进农业技术的推广，有利于生产优质高产高效的农产品，有利于提高农业工厂化生产水平，近几年设施农业生产摆脱了传统农业生产过程中环境、气候、时空等因素的制约，取得了长足的进步，面积不断增加，2000年达到2.08万公顷，比上年增加20%，产值达到47.9亿元，增长77.4%，设施生产的种类也由单一的蔬菜扩大到了果品、西甜瓜、花卉、药材、水产、畜禽等。精品农业有利于提高初级农产品的质量，更有利于农产品在国内外两个市场上的竞争，精品农业产值在2000年达到55.5亿元，增长76.2%。加工农业使农产品的经济效益从根本上得到了提高。2000年，郊区各类农产品加工企业已有近千家，发展了一批如三元奶业集团、大发正大公司、延庆绿富隆公司等能够带动一个产业整体发展的较大规模加工企业。郊区农产品的加工率达到30%，产值达到122.1亿元，增长50.9%，农产品加工增值率达到64%，比上年提高了3个百分点。创汇农业通过实施农业优质名牌战略，积极参与国内外两个市场的竞争，充分利用国际农业市场与资源，大力拓展国际市场空间，也取得了长足的进步，出口品种由蔬菜、果品扩大到了花卉、畜禽、加工品等，出口地区由原来的香港、东南亚拓宽到了欧洲、北美、中东地区等国家和地区。2000年，郊区的水果、蔬菜、水产品、畜产品、园艺盆景等具有比较优势且比较利益高的农产品开始抢占国际市场，呈现出强劲的发展势头，出口创汇额连续两年以150%的速度递增，2000年底农产品出口交货值达到26.34亿元，增长88.7%。观光农业无论是在平原，还是山区都得到了大发展，既为市区居民提供了休闲旅游的场所，又使农业找到了新的发展途径，增加了农业收入。2000年观光农业收入达到12亿元，增长1.3倍。2000年，郊区“六种农业”净增增加值达10亿元，比上年翻了一番，其各项增长幅度均达到

30%以上，占大农业产值及增加值的三成以上，有力地推进了农业现代化进程。

5. *农业产业化步伐加快，龙头企业带动作用明显*。农业产业化是增加农业附加值，改变农业弱质产业地位，提高郊区农业现代化和组织化程度的重要措施。从1997年开始，北京市就明确提出要把推动农业产业化经营做为今后农业工作的重点，并采取了一系列措施，有力地推动了郊区农业产业化的全面发展。近几年农业产业化的发展步伐不断加快，龙头企业不断发展壮大，特别是2000年，在生猪、肉鸡、北京鸭、绒山羊、蔬菜、果品等方面农业产业化的发展步伐明显加快，龙头企业发挥的带动作用越来越明显。在农业部、财政部等国家八部委联合召开的全国农业产业化工作会议上，北京市北京顺鑫农业股份有限公司、北京市丰台区新发地农副产品批发市场、北京三元食品有限公司、北京资源亚太饲料科技有限公司被列为农业产业化国家重点龙头企业。2000年，仅农口的大发正大和华都集团两个较大型的肉鸡出口创汇龙头企业，就带动了郊区4 000多户农民养鸡致富。

6. *水产业持续、稳定、健康发展*。2000年，京郊水产业养殖面积、水产品产量保持稳定，通过养殖品种结构调整和产业升级，水产业产值大幅度增加。据统计，全年全市养殖水面共2.25万公顷，开发种养结合、稻田综合养殖0.1万公顷，莲藕及水生花卉种植0.13万公顷。全年总产量7 544.9万千克，稻田养殖产量53.9万千克，莲藕及水生花卉产量2 165万千克。水产业总产值达9亿元，比上年的8.2亿元增长9.8%，其中，名优水产品产值达4.1亿元，占总产值的45.5%。在水产业发展上，2000年突出了名优水产品的养殖，面积不断扩大，达到0.24万公顷，比上年增长了15.5%，特别是观赏鱼养殖面积达800公顷，比上年增长27.2%；全年名优水产品总产量达到2 354.3万千克，比上年增加2 091.4万千克，增长了12.6%；效益也得到了显著增加，观赏鱼、罗非鱼等品种亩效益均在1 000元以上，鲟鱼、南美白对蛙等品种亩效益在万元以上。

7. *实施科技兴农，提高农民科技素质，引导农民进行结构调整*。科技进步和创新，是推进郊区经济结构调整的基本动力，也是郊区率先基本实现农业农村现代化的决定性因素。2000年郊区上下大力加强农业应用技术研究，推广农业适用新技术、新品种。工厂化农业示范工程、农业遥感应用、转基因羊开发、奶牛胚胎移植、欧洲鲟鱼人工孵化技术、畜禽养殖小区粪便加工等一大批科技成果得到开发和推广。在推广新技术的过程中，适应市场经济体制的要求，探索了农业科技推广体系的建设，还提出了《关于完善我市农业科技推广队伍建设的意见》。并加大了对农业科技方面的培训，全市基层科技人员和农民共22万人次参加了不同形式、不同内容的技术培训，有力地促进了郊区农业的发展，提高了农业生产的科技含量，取得了可观的经济效益。2000年农业科技进步贡献率达到54.7%，高于全国平均水平13个百分点，农业科技人员的比重达1.23%，居国内领先水平。粮食、蔬菜及其他主要经济作物优良品种率达到95%以上，大宗畜禽产品良种覆盖率达到90%以上。生猪良种繁育、奶牛育种生产、肉鸡疫病防治等技术在全国处于领先水平。

四、郊区乡镇企业二次创业取得了历史性新成果，进入了新的发展阶段

2000年，针对郊区乡镇企业的发展实际，总结几年来重组转制过程中积累的经验，市委下发了《关于大力推进乡镇企业二次创业》的文件。郊区上下认真贯彻市委文件精神，掀起了乡镇企业二次创业的高潮。经过一年的努力，郊区乡镇企业的改革和发展都出现了良好势头，基本扭转了一个阶段内郊区乡镇企业的机制不活，后劲不足，速度减缓的局面。一是发展速度和经济效益明显提高。乡镇企业总收入、利润、增加值等各项指标完成或超额完成，其增幅均高于上年，实现利润、税收、增加值和区县财政收入均高于经济总量的增长。二是乡镇企业组织结构、产业结构、布局结构朝着市场经济方向进行了有效调整。通过高起点、大范围、宽领域的资产重组，引进了一批投资几千万元甚至上亿元，且科技含量较高的大企业，成为郊区经济新的增长点；在新上企业中，传统项目较少，科技含量较高的项目增多；电子、医药、精细化工、新型建材、农产品加工等科技含量高、市场前景好和郊区具有资源优势的行业得到了较大发展，郊区工业朝着塑造优势产业的方向迈出了实质性的步子。“三项工程”（区县及乡镇工业区、村级工业大院和二三产业专业村）建设，有力促进了工业布局相对集中和资金、技术、人才的优化配置。2000年已建成区县工业区21个，其中10个已列为市级工业区；乡镇工业小区89个，入区企业近800个，总资产180亿元；村级工业大院217个，入院企业2 600家，总资产近百亿，基础设施投资累计16.5亿元；二三产业专业村429个，占郊区行政村总数的10%以上，有54个专业村农民人均纯收入超过万元。三是乡镇企业的制度创新取得重大进展。通过改革和转制，传统的单一集体投资企业一统天下的局面已被打破，代之而起的是多元化投资主体，一个多种经济成分共同健康发展的格局已初步形成。总之，京郊乡镇企业已经成为农村经济的重要支柱，吸纳农村剩余劳动力的主要载体和农民致富的重要途径。体现在以下几个方面：

1. *乡镇企业经济运行良好*。发展速度明显加快。2000年，京郊乡镇企业累计完成总收入966.1亿元，同比增长18.%；完成增加值206亿元，同比增长16.2%；实现利润总额62.6亿元，同比增长20.7%；完成出口产品交货值50.5亿元，同比增长11.4%，

发展势头良好。

经济运行质量提高。全年完成利润总额 62.6 亿元，比上年同期增长 20.7%，增加值增长 16.2%，工业增加值增长 21.2%。由于采取积极措施，加大了扭亏力度，亏损面和亏损额继续下降，亏损企业1 654家，减少了 38 家，亏损额同比减少 2 541 万元。

2. *招商引资力度加大，结构调整效果明显*。2000年以来，各区县针对总量不足、结构性矛盾突出问题，普遍加大了招商引资、重组引进工作力度，培育了一批新的经济增长点。全年共引进投资 1 000 万元以上的大项目 225 个，企业新增投入 45.2 亿元，其中引进资金 36.5 亿元，盘活存量资产 17.8 亿元，预计投产后可实现销售收入 80 亿元，利润总额 12 亿元。重组引进的项目投资规模普遍较大、科技含量普遍提高，生物制药、新型电子、高低压电力产品等一批国家“九五”重点攻关项目纷纷落户京郊。

3. *产权制度改革进展速度加快*。按照全市统一部署，郊区各区县、乡镇认真学习和贯彻市委文件精神，加强对企业产权制度改革的领导县乡党政一把手负总责，成立了主管领导负责的工作指导小组，组建了专门的工作队伍，制定了操作性强的实施细则，完善了配套政策。今年转制工作的主要特点：一是对转制必要性、紧迫性的认识明显提高；二是将转制与重组引进、与关停破产、与建立现代企业制度结合起来的工作思路进一步明确；三是普遍注重了质量，讲求实效，触动产权，不走过场，有序推进。

五、山区水利富民综合开发取得阶段性成果，山区经济发展呈现良好势头

郊区的山区面积为 1.04 万平方千米，占全市面积 62%，山区人民如何实现脱贫致富奔小康，跟上全市人民的步伐，一直是全市各级政府和社会各界广泛关注的问题。山区经济落后，一个重要原因就是生产条件落后，而水又是山区农业生产条件的关键，直接制约着山区的资源开发和经济发展。为此，市委、市政府决定，从 1997 年 10 月开始，在郊区开展以“五小”水利工程为重点的山区水利富民综合开发工程。2000 年是山区水利富民综合开发工程的第一阶段的最后一年，山区发展思路进一步明确，结构调整力度进一步加大，主导产业得到有力推动，经济发展速度、质量明显转好。在市委、市政府的领导下，山区各级党委、政府和广大农民群众，把水利富民工作作为改变山区生产生活条件，带动综合开发，加快经济发展和农民致富的根本性措施，统一思想，坚定信念，真抓实干，取得了显著成绩。

截止 2000 年，全市山区三年共完成抗旱灌溉面积 14 万公顷，比规划任务超额 8%。其中：完成“五小”水利工程 3.5 万处，新增蓄水能力 243 万立方米，解决抗旱灌溉面积 3.33 万公顷；采取流动泵浇水、综合应用旱地龙、地膜覆盖等措施解决蓄水保墒抗旱灌溉面积 4.57 万公顷；完成井站塘坝工程 2 255 处，新增改善灌溉面积 3.43 万公顷；完成灌区改造工程 20 处，新增改善灌溉面积 2.67 万公顷。可以说，在这样短的时间内，解决这么多灌溉面积，在郊区水利建设史上还是第一次。

山区水利富民工程第一阶段任务的顺利完成，实现了山区百万农民人均一亩抗旱灌溉果园和一亩抗旱灌溉粮田的“双一”目标。山区以水为主的生产生活条件和生态环境得到很大改善，抗灾能力明显增强。1999 年以来，北京市遇到了建国以来连续两年的严重干旱，由于山区充分发挥五小工程和集雨工程的拦蓄调节作用，加强节水工程配套设施建设，使有限的水资源得到了充分利用，在大旱之年果品产量不减，养殖业发展势头强劲，农民稳步增收。山区广大农民从水利富民综合开发工程中得到了看得见摸得着的实惠。

水利富民综合开发推动农民大幅度增收。2000年，山区经济总量快速增长，山区乡镇农村经济总收入实现 338 亿元，农民人均劳动所得达到 3 954 元，边远山区乡镇农民人均劳动所得 3 208 元，平均年增长 17.7%。郊区 7 个山区区县中的 114 个经济发展相对落后的村，全部超过了人均纯收入 1 500 元的低收入线。山区农民从整体上已经较好地解决了温饱问题，正在向建设全面小康迈进。

农民投资兴建“五小”水利富民工程的积极性空前高涨。水利富民工程充分发挥政策的威力，落实了土地延包、荒山租赁 30～50 年不变政策，明确了“五小”工程的产权政策，落实了财政资金的扶持政策和奖励资金发放兑现办法。实行水利工程谁投资、谁兴建、谁所有、谁受益，确立了以农民投资、经营为主体的新体制。实现了水利建设与农户紧密结合，极大地调动了山区农民兴办水利、走向富裕、造福子孙的积极性和巨大热情，农户参与水利富民工程建设的覆盖面达到 95% 以上。3 年中，山区水利富民工程总投资 4.6 亿元，其中农民投资 2.6 亿元，占 56%。在水利建设中，农民投入的资金第一次超过了国家和集体的投入，是山区建设的一次重大革命，是山区改革不断深化的一个突出表现。

山区三大主导产业发展形势喜人。在山区水利富民综合开发工程第一期建设中，京郊山区养殖业、林果业和旅游休闲业三大主导产业已初步确立。3 年来，90 个山区、半山区乡镇养殖业专业村已发展到 200 多个，专业户已达 7.38 万户，建成养殖小区 350 个，入区农户 8 100 户，陆续建立起来的 280 个养殖业合作社及专业协会辐射带动农户 3.4 万多户，全年养殖业收入达到 17.9 亿元，比上年增长 12%。山区共开发经济沟 260 条，新发展果树 2.63 万公顷，更新老杂劣果树 1.19 万公顷，引进新品种 200 多个。果品总产量达到 3.83 亿千克，比 1997 年增加 3 000 万千克；果品收入 7.5 亿元，增长 15.4%；22.5 万户果农户均果品收入 3 330 元，增长 430 元。休闲旅游

业成为农民致富新的增长点。水利富民带动了山区以民俗、生态、休闲观光农业为主的旅游业的发展。仅果园观光采摘旅游，就累计接待游人80万人，增加收入5 000多万元。3年新增旅游景点30个，累计已达200个，2000年全年接待游人800多万人次，山区乡镇旅游总收入已达到4亿元。

六、小城镇规划建设成绩显著，农村城市化进程明显加快

近年来，郊区城市化虽然有了较快发展，但总体上明显滞后于首都的经济社会发展，与农村现代化的要求很不适应。为了使农村城市化加速发展，按照中央和市委、市政府的部署，认真研究郊区的实际情况，制定了有关政策。2000年，郊区小城镇建设全面启动。一是远郊区县村镇规划编制工作进展顺利。到2000年底，远郊已有3个区县完成区县域总体规划，其余正在编制修订中。13个卫星城的总体规划、乡镇村规划编制工作已经基本完成。二是小城镇试点工作稳步推进，为全面推进城镇规划建设奠定了基础。22个试点小城镇积极开展了政府管理体制、农村经济体制、土地制度、投资体制、户籍管理等方面的改革和探索，编制了区域总体规划、土地利用规划和镇区控制性详细规划。加大了基础设施建设力度、招商引资力度，其对区域经济的拉动辐射作用明显增强。全市22个试点小城镇农村经济总收入、一产增加值、乡镇企业总收入、农民人均纯收入等，主要经济指标的增幅都比一般乡镇高。三是乡镇区划作了调整，中心村建设开始起步。针对远郊乡镇人口少、规模小的现状，本市调整了远郊乡镇的行政区划，中心镇的布局调整工作和重点镇的建设工作，经过一年的努力，郊区城镇建设取得明显成效。区县、卫星城、乡镇和行政村规划编制工作基本完成。经过合乡并镇和撤乡建镇，乡镇总数减少了27个，乡镇区域面积平均由78平方千米扩大到90平方千米，常住人口由2.2万人提高到2.6万人，平原地区乡的建制全部改为镇的建制。重点镇从22个增加到33个，布局也进一步科学合理。试点小城镇建设加快，基础设施投资明显增加，招商引资成效显著。2000年，22个试点小城镇国内生产总值增长22%，财政收入增长68.1%，分别比郊区平均增速高12个百分点和39个百分点。与此同时，中心村建设也取得较大进展，继韩村河等一批新农村建设试点取得成效后，近郊区结合绿化隔离带建设进行的旧村改造、新村建设工程业已启动，郊区一批现代化水平的新农村正在涌现。

（王　东）

2000年郊区农村社会发展综述

中共北京市委农工委研究室

2000年，在北京市委、市政府的领导下，郊区全面加强党的建设、民主法治建设和精神文明建设，加强社会保障，基础设施建设等各项工作，社会发展取得了令人瞩目的成就。

一、大力加强基层组织建设、民主法制建设和精神文明建设

1.“三讲”教育与“三个代表”学习紧密结合，进一步加强了领导班子思想政治建设。2000年，按照中央和市委的统一部署，郊区深入开展了领导干部“三讲”教育“回头看”活动，加大了整改力度。一是在各级领导干部中，紧紧抓住群众意见大、反映比较集中的问题，深入分析研究，系统总结经验，完善相关制度，落实整改措施。二是抓好处级和企事业单位的“三讲”教育，加强督促检查，确保实效。通过“三讲”教育，提高了处级和企事业单位领导干部的整体素质，达到了思想上有明显提高、作风上有明显转变、纪律上有明显增强的目的，增强了凝聚力、吸引力和战斗力。

根据江泽民总书记提出的“三个代表”的重要思想，农口各级党政领导班子通过认真学习，进一步认清了所肩负的责任，发展意识、“两手抓”意识和宗旨观念大大增强，乡处级以上党政领导班子以“三个代表”思想为指导，深入开展“三讲”教育和“三讲回头看”活动。按照要求深入查找党性、党风和工作上存在的突出问题，制定和完善整改措施，有效地巩固和发展了“三讲”教育成果，进一步提高了思想政治素质。通过深入贯彻十五届四中全会精神，农口国有企业领导班子进一步加强了自身建设，党组织的政治核心作用得到了较好发挥，班子的整体功能进一步增强，促进了企业的改革和发展。

2.“创建”活动成效显著。2000年，郊区各区县继续落实市委八届二次全会的决定，深入开展基层组织先进区县的创建活动。各区县委进一步增强了抓农村基层组织建设的责任意识和工作主动性，“创建”的氛围明显增强。各区县区县委书记亲自抓、带头干，各部门齐抓共管，成为2000年度“创建”工作的显著特点。

一是区县委党建工作责任意识显著增强，抓农村基层组织建设的积极性、主动性和创造性空前高涨。2000年，各区县普遍实行了定期分析研究农村基层组织建设工作、领导干部联乡包村、开展专题调查研究等制度，并明确和落实了各部门的责任，形成了浓厚的“创建”工作氛围。在“三讲”教育和“三讲回

头看”活动中，各区县普遍把查找农村基层组织建设工作中存在的问题并制定整改措施作为重要内容，切实把加强农村基层组织建设任务落到了实处。

二是基层“创建”工作的力度明显加大，“创建”工作水平明显提高。各区县在创建农村基层组织建设先进区县活动中，普遍丰富了基层“创建”活动的内容，提高了标准，并不断创新形式，强化了考核，使“五个好”村党支部、“六个好”乡镇党委在数量增加的同时，质量也得到了提高。2000年，各区县进一步丰富了“六个好”乡镇党委和“五个好”村党支部的创建内容，细化了考核标准，使“六个好”乡镇党委和“五个好”村党支部创建达到了新的水平。全市“六个好”乡镇党委达到68个，占乡镇党委总数的32%；“五个好”村党支部达到1 134个，占行政村总数的30.6%。一批成绩突出的先进典型脱颖而出，成为农村基层组织建设的旗帜和标兵。2000年“七一”前夕，市委组织部、市委农工委召开了“农村先进基层党组织、农村优秀共产党员表彰大会”，对郊区13个区县的13个“六个好”乡镇党委、50个“五个好”村党支部和103名优秀共产党员进行了表彰。2000年，全市共整顿后进乡镇党委14个，后进村党支部115个，转化率分别为67%和54%，有的还进入了先进行列。

三是创建活动与农村两个文明建设结合得更加紧密，工作实效进一步增强。市委坚持把两个文明建设的发展作为考核“创建”工作成效的最终标准，从而促使各区县和基层党组织把“创建”活动与经济工作、精神文明建设更加紧密地结合了起来，有力地推动了郊区的经济发展和社会稳定。农村精神文明建设成绩喜人，涌现出了一批高标准的文明村、文明乡镇和环境综合整治典型。农村干群关系更加密切，影响稳定的各类矛盾得到了有效缓解，农村社会更加稳定。

*3. 加强基层组织班子建设，提高基层党组织的凝聚力和战斗力。*2000年，北京郊区农村紧紧围绕农村经济结构调整，狠抓了基层班子建设和提高干部队伍素质两大重点。一是围绕班子抓整顿。在整顿后进乡镇党委和后进村党支部工作中，始终坚持把建设一个好班子作为中心任务和关键环节，紧紧地抓在手上，并把是否建设起了一个好班子作为衡量整顿工作成果的重要标准，分别采取充实调整等措施，提高乡、村领导班子的整体素质。二是拓宽渠道抓选拔。一年中，各区县用改革的精神积极进行探索，开辟了多种选拔农村基层干部的方法和途径。特别是在农村党支部书记选拔中，在立足于在本村选举产生的前提下，还分别采取了从县、乡机关或企事业单位下派，村与村之间交流，动员和吸引外出人才回村任职，面向社会公开选拔等措施，使农村党支部书记人难选的问题得到了有效缓解。此外，在一些山区小村，还试行了联村建立党支部的办法，解决了支部书记既难选又难派的问题。全年共选拔支部书记583人。一批有文化、年纪轻、能力强、观念新的农村人才进入了村级领导班子。在实行上述办法中，积极指导基层对用人制度进行配套改革。如试行村干部“公职化”管理，由乡镇统筹支付村级主要干部报酬；为村主要干部入养老保险；对因年龄、身体原因退下来的干部给予适当补贴等措施，进一步调动了干部的工作积极性，提高了村级干部岗位的吸引力，形成了逐步健全的激励约束机制。全年共调整乡级班子406个，其中调整党委书记89名；调整支部班子1 025个。三是着眼长远抓培养。主要措施是积极发展青年农民入党，解决农村党员队伍老化问题；建立村级后备干部队伍，采取给任务、压担子，让他们在村级重要岗位工作，送出学习等措施，重点进行培养；积极扶持农村产业带头人和致富能手，使他们在发展市场经济中增长才干，提高素质，符合条件的选拔到村级干部岗位。四是规范管理抓监督。为搞好农村基层组织的配套建设，各级党组织将农村基层民主政治建设纳入到农村基层组织建设的整体工作中，与基层组织建设一同部署，一同考核。在这项工作中，各区县坚持以制度建设为重点，规范“四大民主”，提高民主议政、民主理财、村务公开、乡镇政务公开和民主评议干部等工作的质量和效果。市委组织部、市委农工委还制定了农村党支部换届选举的有关意见和规定，对村级党支部按期进行换届选举，换届选举中普遍对班子和干部考察等进行了规范，并积极推行了党支部成员“两推一选”，扩大群众参与，进一步强化了对村级班子和干部的监督。

*4. 基层民主制度进一步落实，增强了广大干部群众的民主法制意识。*一是通过规范内容和程序，加强监督指导，村民代表会议的质量不断提高、决策功能明显增强。二是狠抓了村务公开监督制度的健全完善，全市农村重新推选了民主理财监督小组并健全了村务公开监督制度，村务公开的真实性和经常性得到了更有效的保证。三是在普遍实行乡镇政务公开的基础上，公开内容逐步由重点公开方便群众办事的问题向重点公开应让群众知情和监督的问题转变，公开的主体逐步由乡镇机关向基层站所扩展。四是有针对性地在干部群众中开展了民主法制教育。通过教育，干部群众的民主法制观念进一步增强，用民主的方法和手段推动工作，调动群众积极性已成为基层干部越来越自觉的行动。广大群众也越来越充分地认识到只有依法正确地行使民主权利，自觉履行公民义务，当家作主的民主权利才能切实得到保障。

*5. 切实加强和改进思想政治工作，农村精神文明建设取得了新的成果。*2000年，郊区各级党组织通过贯彻落实中央和市思想政治工作会议精神，制定加强和改进思想政治工作的措施，使思想政治工作与经济工作结合得更紧密，针对性和实效性更强。结合郊区实际，农工委组织实施了“农民现代化素质教育工程”，开展了以科技教育为重点的活动。各区县利用“三团”下乡、电化教育和农民业校等多种形式和载

体向农民宣传党在农村的政策，传播科技知识，开展技术服务，在广大群众中形成了学科学用科学的热潮，有力地推动了农业结构调整和农民增收。

认真学习江总书记在广东考察时的重要讲话精神，郊区广泛深入地开展了“致富思源、富而思进”教育活动。根据贾庆林同志的重要批示，在“双思”教育活动的基础上，结合“十五”计划的制定，在北京郊区农村广泛开展了“致富明方向、‘十五’再发展”的主题教育活动，深入了“双思”教育成果，使广大干部群众进一步明确了发展方向，坚定了发展信心，为“十五”计划的实施奠定了坚实思想基础。

以落实村镇环境整治“五个一”工程为重点，加大了郊区环境综合整治力度，涌现出以杨宋镇为代表的一批环境综合整治典型，郊区的文明程度和环境水平有了明显提高。全郊区市级文明乡镇达到了35个，文明村达到了147个，各类文明户50多万个，文明景区40个，文明小区31个。

6. *通过开展形式多样、内容充实的文体活动，丰富了农村的文化生活，增强了农民的身体素质。*广泛开展了群众性文化活动，先后组织了农民艺术节、五月鲜花、夏日广场、十月金秋以及区县特色节日，在农村基层开展了新秧歌的普及活动，有效推进了基层群众文化活动的开展和创新，用健康文明的娱乐方式占领了农村文化阵地。农村的文化生活进一步丰富，农民艺术节已经连续举办11届，农民自发组织的各种文艺队伍有3 000多支，业余演出队伍有200多支。

在市委、市政府的领导下，在郊区开展了全民健身计划和“亿万农民健身活动”，成绩显著。到2000年，郊区县在争创全国体育先进县活动中全部达标，86个乡镇被评为市级体育先进乡镇，28个乡镇被农业部、国家体育总局授予全国体育先进乡。郊区农民参加体育锻炼人口达到35%。

2000年，北京市组团参加了全国第四届农民运动会，通过参加田径、自行车、风筝、武术、象棋、民兵三项、游泳、乒乓球、摔跤等9个项目的角逐，共获得金牌13枚，和东道主四川省队并列第一名，银牌9枚，铜牌4枚，奖牌总数第二名。并且夺得风筝团体、自行车男女团体、团体总分4个团体第一，乒乓球队、武术队、田径队获大会组委会颁发的体育道德风尚奖，获得了运动成绩和精神风貌双丰收。

二、农村社会保障体系建设成效显著

1. *农村社会养老保险工作成效显著。*根据北京市政府《关于加快建立农村社会养老保险制度建设的通知》（京政办发［1995］107号）要求，北京郊区推行农村社会养老保险制度。到2000年，京郊农村养老保险制度建设有了一定的发展，全市14个郊区区县全部开展了此项工作，100%的乡镇、88.6%的村和24.4%的乡镇企业建立了农村社会养老保险制度。2000年，根据年初制定的“规范管理、稳步发展”的工作思路和维护农村稳定的原则，北京市农村养老保险工作较好地完成了全年工作任务，为巩固和完善农村养老保险制度，为建立健全城乡社会保障体系，做了进一步的探索。全年新增投保人数1.3万人，新增保费5 694万元。其中，朝阳、丰台、海淀三个区保费收缴额分别为1 365万元、1 364万元和1 875万元，总额占全市保费总数的79%。全市共1万多人开始领取养老金，共支出养老金700多万元，到2000年底，全市养老金滚存结余4.1亿元。

2. *农村救灾工作水平有新的提高。*2000年，北京市认真执行了“救灾工作分级管理、救灾经费分级负担”责任制，及时进行了“地方自然灾害救济费”的预算安排，预算资金达到916万元，为完成全年的救灾任务提供了有力保障。

一是及时解决灾民生活上的困难。2000年，北京市灾情较为严重，大部分区县相继发生旱灾、洪涝和风雹等自然灾害，损失严重。农作物受灾面积26.21万公顷，成灾面积19.02万公顷，绝收面积4.61万公顷；受灾人口172.3万人，成灾人口143.4万人；直接经济损失9.2亿元。为解决灾区群众生活困难，2000年，下拨救灾款1 606.2万元（其中中央800万元，市级500万元，区县306.2万元），共为6.55万灾民解决了口粮，为1.76万灾民解决了衣被问题，修缮房屋614间，救治伤病人口9 033人，保障了灾民的基本生活。

二是加强灾情数据的统计核报工作，使信息管理工作规范化、制度化和现代化。经过多年的努力，北京市各级民政部门均已按照国家民政部的要求并结合本市实际情况，建立了较为科学完备的灾情统计制度，增强了灾情信息的及时性和准确性。由于职责明确、制度健全，市、区县、乡镇各级救灾人员能在第一时间迅速赶赴受灾地区，展开查核工作。为提高本市救灾工作的规范化管理水平，北京市民政局制定并下发了《北京市民政救灾工作规范化管理指导意见》，进一步明确了各级救灾工作主管部门、人员的权利与责任，同时规范操作程序，使之不因人员的变动而延误，从而保证了救灾工作的连续性。

三是加强了救灾款物的管理，保证救灾款物及时足额地兑现到灾民手中。2000年，为做好灾后救济工作，保证救灾款及时足额地发放到灾民手中，北京市各级民政部门层层把关，建立起一套救灾款物的管理制度，所有救灾款物的分配与使用均需按规定完成严格的报批和反馈程序。在救灾款物的分配使用过程中，严格按照统筹安排、专款专用、重点使用的原则，及时有效地保证了灾民、特别是重灾区、重灾户的基本生活。

3. *落实民心工程，大力发展农村合作医疗事业。*北京市农村合作医疗工作是农村社会保障体系的重要内容之一。为保障广大农村居民身体健康，促进农村经济发展发挥了重要作用。随着社会主义市场经济的建立和完善，郊区广大人民群众生活水平的日益提高，传统的保健性合作医疗远远不能满足农民日益增长的医疗保健需求，为克服资金筹措困难，总量不足，抗风险能力差，对农民吸引力低的弊端，京郊农村在合作医疗事业上进行了大胆的探索尝试，总结出有首都特色的合作医疗工作模式。例如：延庆县根据地区特色，克服了该地区大部分农村和个人收入偏低，筹集资金操作困难的实际情况，制定《延庆县实施农村合作医疗工作意见》和《延庆县开展农村合作医疗工作的补充意见》，对筹资有较大困难的村和个人，暂由市、县、乡三级投入抗大病风险基金，同时规定了乡镇企业、个体户参加县职工医疗保险，中小学生参加保险公司医疗保险，根据实际情况规定报销比例和报销封顶线，从体制上解决了抗大病的问题，使全县基本上避免或减少了农民因病返贫问题。

截止到2000年10月，郊区开展合作医疗的行政村有了367个，占行政村总数的91.95%，朝阳、丰台、大兴、密云、石景山区村覆盖率均达到100%，全市参加农村合作医疗的人口为306万人，占全市农业人口的88.4%，参加合作医疗人口覆盖率最高的为丰台区、海淀区和朝阳区。全市共落实合作医疗资金1.24亿元，人均占有合作医疗资金40.6元。

三、农村基础设施建设步伐加快

1. *水利基本建设和水土保持、生态环境建设进展顺利*。2000年，郊区水利基本建设以节水、蓄水为主题，围绕农业结构调整，以富裕农民为主线，结合市政府26项节水措施，抓典型带全面，各项工作进展顺利，成效显著。全市农田水利基本建设共投工1 728万个，投入机械台班12.4万个，完成土石方3 880万立方米。治理中小河道6条，长50千米；兴建橡胶坝4座；发展节水灌溉1.33万公顷；治理水土流失面积300平方千米；建成乡镇集中供水工程10处；修建截流工程60处，农用机井装表1万眼。

2000年，北京水土保持工作突出综合治理和监督管理两个重点，坚持以小流域为单元，以农田基本建设为基础，以退耕还林为重点，以建设秀美山川为目的，山水林田统一规划，集中连片综合治理，实施了密云水库上游国债治理项目、水利基金项目、全国“十百千”师范工程项目、八片重点治理、水土保持生态县重点建设、亚行项目等一批重点工程，综合治理了59条小流域，修建小型水利工程1万多处，营造水保林近2 667公顷，各项水保措施保水效益为1 500万立方米，减少入库泥沙约50万吨。

山区水利富民工程极大地改善了山区水资源紧缺的状况。“五小”水利工程项目已完成3.5万处，维修改造配套井站塘坝2 255处，增加抗旱面积14万公顷，实现了山区人均一亩抗旱灌溉果园和一亩抗旱灌溉粮田的目标。

随着市政府提出的节水措施的实施，郊区已建成乡镇集中供水工程10处，日供水能力9.62万吨，覆盖人口21.7万人；增加蓄水能力1 292万立方米，保水能力1 511万立方米，饮用水源保护也有显著提高。

2. *郊区邮政电信事业进步显著*。2000年，北京市郊区邮政担负着京郊450万人的用邮服务任务，服务面积为15 437.9平方千米，占全市总面积的92%（其中山区面积占64%）；郊区邮政共有局所257处，其中邮政支局64个，邮政所167个，邮政代办所26个；郊区邮政平均每个局所服务面积为57.2平方千米，服务半径为4.26平方千米。郊区共有邮路58条，单程长度为2 884千米；郊区邮政共有职工2 644名。

2000年，北京郊区邮政紧紧围绕北京邮政“创新经营机制，建成文明行业”的目标，突出“创收、创建、安全”三大重点，开拓经营，强化管理，改善服务，提高效益，圆满完成了各项工作任务。全年，郊区邮政完成业务收入26 571.1万元，比上年增长8.5%；完成收支差额6 556.6万元，比上年增长59.2%；全员劳动生产率完成14.35万元，比上年增长13.6%；完成业务总量17 491.4万元，比上年增长10.5%。其中函件完成5 077.2万件，比上年减少5.97%，主要原因是部分大宗户流失；完成包裹59万件，比上年增长9.5%；汇票开发144.6万件，比上年增长8.9%；特快专递完成46万件，比上年增长37.3%；由于一些报刊社自办发行，致使订销报纸、杂志累计份数减少，分别减少7.2%和8.2%；邮政储蓄期末余额达52.87亿元，比上年增长13.8%。

2000年，郊区电信业务快速发展，郊区市话用户实增20.88万户，超额完成计划24.3%；市话用户总数突破100万户，达到107.56万户；公用电话实增1 744部，总数达到8 051部，电话普及率达到26.22部/百人；主线普及率达到23.7线/百人。数字数据用户实增214户，总数达到680户；ISDN用户实增7 078户，总数达到8 309户；宽带业务发展实现“零”的突破。发展电话村555个，总数达到2 398个，发展电话镇41个，总数达到99个，10个远郊区县共有电话用户1 102 207户，其中农村用户667 266户，首次超过远郊区县的城镇用户。

郊区农村的通讯能力进一步提高。全年完成固定资产投资5亿元，使固定资产原值达到52.5亿元；完成交换机联网开通23.7万门；交换机总容量达到154.7完门；新增局所281个，局所总数达到392个。铺设电信管道137沟千米，超额计划30%，敷设光缆1 573条千米；布放用户线50.6万对千米，局房开复工面积5.8万平方米。

3. *郊区公路建设又有新进展*。郊区公路建设是郊区经济发展的基础，在交通公路部门的积极努力下，年内郊区公路建设又得到快速发展。总公路里程已经达到13 597千米，比上年新增高速公路40千米、一级公路20千米、二级公路40千米。使全市高速公路里程达到267千米，一级公路里程达到298千米，二级公路里程达到1 444千米，三级公路里程达到

4 345千米，四级以下公路里程达到7 243千米。重点完成公路二环（通马段）、顺平路（三期）五里仓立交桥和宝崎路（一期）三项重点工程。并发挥公路建设的优势，以公路建设改善郊区的投资环境，提高道路周边的整体效应，支持山区建设的发展，为小城镇开发建设服务，带动经济建设的发展。

2000年，为改善远郊区县的交通环境，年内先后完成了顺义区五里仓立交桥工程、通州区滨河路、门头沟区三石路二期工程等道路改建和新建工程。这些道路的拓宽与改建，不仅使原路的交通通行能力得到提高，同时为沿途地区的经济建设和群众生活提供了良好的条件，也为周边环境整治和发挥整体效益打下基础。

4. 郊区低压电网改造一、二期工程胜利完成。为解决郊区低压电网线损大，电压低，安全性能差、电价过高、农民反映强烈等问题和扩大国内需求的需要，自1998年10月开始，经国家发展计划委员会批准，正式启动北京农村低压电网改造工程，年内已经全面完成一二期改造工程任务。此次农村低压电网改造的重点一是低压设备破损严重，不能保证用电安全的村；二是低压线损过高，致使农村到户电价不能控制在最高限价内的村；三是负荷增长快，设备远不能满足需要的村。一二期工程总投资44 250万元，改造村1 022个，受益农户达到36.44万户。农村电网建设与改造，改变了农村生活环境，促进了两个文明建设，得到郊区广大农民群众的欢迎。

四、农村基础教育和农业技术教育得到加强，农村人口素质进一步提高

1. 农村基础教育情况。基础教育是实施“科教兴国”的基石，郊区各级政府高度重视基础教育工作，把教育放在优先发展的战略地位，全面推进农村教育的改革和发展。根据党中央“科教兴国”战略，北京郊区认真抓好《义务教育法》、《教师法》等教育法律法规的贯彻落实工作，做到依法治教，北京市政府建立了完善的对有关教育法律、法规进行检查的制度，并从1995年开始每年进行一次执行情况的检查。目前，全市295所农村乡（镇）中心小学全部达到标准，农村完全小学和村小学的建设也得到进一步的加强，教学质量得到提高。经过努力，北京市农村教育事业的规模、质量、效益提高到一个崭新的水平，农村基础教育正向全面实施素质教育、全面提高教育质量的方向迈进，义务教育的质量稳步提高。农村基础教育投入继续增加，办学条件不断改善，教师队伍稳定；农村中小学进一步端正教学指导思想，注重学生的素质教育和全面发展，教学质量稳步提高，为提高郊区农村人口素质，培养适应首都经济建设和社会发展需要的各类人才，做出了重要贡献。2000年，市教育主管部门围绕《教育法》、《义务教育法》、《教师法》和《职业教育法》，对本市郊区区县各级政府以及教育行政管理部门进行教育法律法规执行情况调查，有力地推动了农村教育经费的落实、教师住房和山区中小学建设，1999—2000学年度，北京14个郊区县共计投入教育经费40亿元以上。

(1) 学前教育。2000年，全市农村地区共有幼儿园1 480个，其中县镇420个、农村1 060个，分别占全市托幼园所总数的67.88%。共收托幼儿10.8万人，占全市收托幼儿总数的45.4%，其中县镇收托4.8万人、农村6万人。全市农村小学设学前班724个，其中县镇253个，农村471个，分别占全市小学附设学前班总数的24.61%和45.81%。农村幼儿园职工共计8 174人，占全市幼儿园教职工总数的27.83%。

(2) 小学教育。2000年，全市农村地区学龄人口共计444 029人，占全市学龄人口总数的56.07%，其中县镇204 392人、农村239 637人。县镇学龄人口入学率为99.89%、农村为99.93%，分别比全市平均学龄人口入学率低0.06个百分点和0.03个百分点。全市农村地区小学共计1 702所，其中县镇581所、农村1 121所，分别占全市小学总数的24.70%和47.66%。全市农村地区小学毕业生共计99 022人，其中县镇46 415人、农村52 607人，分别占全市小学毕业生总数的26.42%和29.94%；招生48 870人，其中县镇23 683人、农村25 187人，分别占全市小学招生总数的25.09%和26.69%；在校生479 669人，其中县镇221 605人、农村258 060人，分别占全市小学总数的24.48%和30.84%。全市农村地区教职工共计40 681人，占全市小学教职工总数的54.88%。

(3) 普通中学教育。2000年，北京农村共有普通中学391所，占全市普通中学总数的51.85%。全市农村普通高中在校生296 673人，其中县镇初中生134 201人、高中生43 313人，分别占全市普通中学在校生总数的28.34%和26.82%；农村初中生112 995人、高中生6 164人，分别占全市普通中学在校生总数的23.86%和3.81%。全市农村普通中学共毕业87.32人，其中县镇初中毕业生40 078人，高中11 214人；分别占全市普通中学毕业生总数的26.16%和27.57%；农村初中毕业生33 873人、高中生1 867人，分别占全市普通中学在校生总数的22.11%和4.59%。全市农村普通中学招生111 794人，其中县镇招初中生50 580人、高中15 967人，分别占全市招生总数的29.28%和28.01%；农村招初中生43 129人、高中2 188人，分别占全市招生总数的24.97%和3.71%。全市农村普通教职工共计31 104人，占全市普通中学教职工总数的43.01%。

(4) 职业中学教育。全市农村职业中学共有59所，占全市职业中学总数的35.11%，其中县镇职业中学35所，农村24所。农村职业中学在校生30 624人，其中县镇23 815人、农村6 809人，分别占全市职业中学在校生总数的22.26%和6.36%；全市农村地区职业中学毕业生共计10 641人，其中县镇7 772

人、农村2 869人，分别占全市小学毕业生总数的22.6%和8.34%；招生9 134人，其中县镇7 275人、农村1 859人，分别占全市职业中学招生总数的23.46%和5.99%；全市农村地区职业中学教职工共计3 609人，占全市职业中学教职工总数的27.35%。

2. *农业技术教育*。“九五”期间，全市参加各类技术培训的农民100多万人次，农民绿色证书培训自1989年开展以来到2000年底累计获证农民以达14.7万人次，占全市农村劳动力的21%。科技普及工作进一步得到加强，各区县都已建立科普工作联席会议制度，设立了科普画廊，开通了科普热线，使科普工作在广大郊区得到蓬勃开展，提高了干部群众的科技意识。随着农村信息基础设施建设的加快，农业信息传递系统远程教育系统的建设也在逐步深入和完善，在部分区县，农民已经能够快捷、准确地得到技术、市场、政策等信息服务，并通过远程教育，使农业科技的新知识、新技术得到快速普及。

2000年，围绕农村经济结构调整和农民致富的需求，郊区各级科技推广组织采用多种形式向农民宣传科技知识，普及实用技术，提高农民的科技文化水平和生产经营能力。同时组织农民开展丰富多彩的文体活动，满足农民的精神需求，提高农民的文化生活水平。在有条件的地方建设乡镇文化站、村级文化科技大院，使农民有稳定的活动场所。加强对农民的思想道德教育，提倡健康文明的生活方式，反对封建迷信，加强对宗教活动以及民间团体组织的规范管理。

五、农村卫生事业不断加强，农民健康水平稳步提高

“2000年人人享有卫生保健”是我国政府于1987年向世界卫生组织及国际社会做出的承诺。在市委、市政府的领导下，北京农村地区从1988年全面开展初级卫生保健工作，经过各级政府和卫生部门的共同努力，克服困难，突出重点，农村初级卫生保健工作提前实现了预期目标，农村卫生三大支柱得到加强。

1. *农村初级卫生保健工作实现预期目标*。北京市政府根据世界卫生组织提出的“2000年人人享有卫生保健”的全球性评价指标的要求，先后制定了北京市“2000年人人享有卫生保健”的计划目标和具体工作措施，在郊区广大农村，掀起了实施初级卫生保健的高潮，对促进农村卫生事业的发展，初步改善卫生环境和面貌起到了积极的推动作用。北京农村初级卫生保健工作，始终坚持“政府领导、部门协作、群众参与”的原则，在领导上给予加强，在政策上给予倾斜，在资金上给予支持，强化措施，狠抓全市初级卫生保健工作规划目标的落实。经过各级政府的努力，到1994年，提前6年完成国家制定的《我国农村“2000年人人享有卫生保健”规划目标》。2000年，本市行政村卫生室覆盖率达到100%，其中集体办医占93%，甲级卫生室占76.7%，集资医疗覆盖率达到91.8%；定期对村卫生室进行考核的乡卫生院达100%；食品卫生合格率达81%，食品生产经营受检率达到90.61%；食品中毒发病率控制在15/10万以下；儿童四苗接种建卡率达到100%，结核病控制工作保持国内先进水平；孕产妇、儿童保健覆盖率达到96.62%和95.26%；农村行政村健康教育宣传栏覆盖率达到92%，中小学健康教育开课率达到93%；农村公共卫生厕所普及率达到96.61%，居民户卫生厕所普及率达到64%；农村97%以上的人口用上了“安全卫生水”，其中95%为自来水，覆盖率达到92%。

2. *农村卫生“三大支柱”得到加强*。三级医疗卫生保健网、乡村医生、合作医疗是农村工作三大支柱。2000年，通过实施初级卫生保健，北京农村卫生工作三大支柱得到巩固和加强。

一是大力加强农村三级医疗预防保健网和基层卫生队伍建设。2000年，全市农村县级医疗机构中已经配备了较为现代化的大型医疗设备，如：CT、心脏监护仪、肾透析仪、自动化分析仪等。在当地农村卫生工作中，各县级医疗机构起到了医、教、研、防的中心作用。二是基本完成农村乡卫生院、妇幼保健院、防疫站的改、扩建工作。几年来，有近200家乡卫生院得到了支持，农村三项建设达到了“一无三配套”（无危房，人员、设备、房屋三配套）的基本要求。三是促进了山区医疗卫生事业。全市有97家城市医疗机构与本市边远山区乡镇卫生院和21个县级医院建立了定点支援关系，签订了协议书。2000年，为使对口支援活动更加深入，市卫生局再次要求各城市医疗机构要继续贯彻落实《北京市城市医疗机构定点支援边远山区乡镇卫生院（医院）的实施方案》，同时要加强受援单位的人才培养、技术指导，积极参与合作医疗和社区卫生服务的开展，对各远郊区县的医院重点科室，进行定点支援活动，从而提高各县级医疗机构的“医、教、研、防”的综合服务功能。四是加大对乡村医生队伍的教育培养。为在农村培养素质优良、数量充足的乡村医生队伍，以市卫生职工电教中专为中心，以13个区县卫生学校为枢纽，在全市范围内对乡村医生进行了系统化、正规化的中等医学教育。

六、坚持可持续发展的目标，加大环境整治力度，改善城乡居民的生活条件

生态环境是人类生存和发展的基本条件，是社会经济发展的基础。在发展经济的同时，加强郊区农村环境保护，正确处理好两者之间的关系，是北京市现代化建设中必须始终坚持的一项基本方针。北京郊区承担着首都生态环境建设的重要责任。按照城乡一体，统筹规划，综合治理的原则，加强农业基础设施建设，加强水资源的保护和合理利用，加强绿化美化建设，保护生态系统，造就与环境协调发展的农业生

产体系和生活环境，实现农业农村的可持续发展。一是实现水资源的可持续利用。加强水源保护，基本控制水土流失，改善水质，提高水源保护功能。农田水利基本建设要实行灌、排、蓄、补统一规划，沟、路、林、渠综合配套，天上水、地表水、地下水统筹调度，雨水资源和污水资源综合利用。大力发展节水农业，淘汰高耗水产品，推广应用现代科学的节水灌溉技术，节水灌溉率达到95%以上，大幅度提高水资源利用率。实施水源保护和城乡水环境综合整治，控制城市水污染向农村转移。二是建设高标准农田。采取经济、法律、行政手段保护与合理利用耕地；加强高标准基本农田建设，搞好主要农产品商品基地建设；努力增加土壤有机质含量，努力改善土壤理化结构及保肥保水能力。三是提高郊区绿化水平。北京郊区的绿化要以建设首都绿色屏障为核心，大力开展植树种草、水土保持、防风治沙、保护水源等项工作，不断地向综合治理和绿化美化的深度和广度进军。营造山区、平原地区和城乡结合部地区三道绿色生态屏障，展现青山、绿水、秀美农庄的绿色景观。采取多种形式，与北京周边地区共同搞好环境建设，使风沙危害、水土流失得到有效控制，首都生态环境明显改善。四是加大环境治理和保护的力度。净化农业生产过程，实现安全农产品生产；积极推广清洁生产，控制污染物排放，并向废弃物资源化方向发展；大力推广生态型富民工程，用市场机制来引导农民保护环境；加强同周边地区特别是水源上游地区在生态环境建设方面的协调，发展互利互惠的协作关系。

2000年，北京郊区以治脏、治乱、绿化美化为重点，环境整治工作力度不断加大，整治效果显著，涌现出一批先进典型。1999年全市完成荒山人工造林2.77万公顷；城市绿化隔离地区建设23.3平方千米，植树276.6万株；建成村镇绿地950公顷；新植农田林网466.4千米；完成公路、河岸绿化299.1千米；沙荒治理造林6 200公顷。以落实“五个一”为目标，郊区村镇环境整治开始向制度化、规范化、市场化发展，长期困扰郊区的环境脏乱问题开始在部分地区得到有效的解决，并创造了比较好的经验。

2000年，郊区多次组织开展了以清运积存垃圾、检拾白色污染、进行环境卫生大扫除为主要内容的“突击月”、“突击周”活动。共发动150多万人次，清运垃圾45.8万吨，清理户外广告9.5万块，取缔占路摊商1万多个，拆除违法建筑51.9万平方米，植树620万株，种植草坪933公顷。通过集中整治，干线公路、城镇、景区等地区的环境状况有了很大转变，广大农村地区的环境状况有了明显改观。

（杨武林）

农 业 发 展

概 述

北京是一个有着1 100万人口的国际化大都市，有1 040平方千米的城区和15 740平方千米的郊区。全市耕地面积33万多公顷，山场66.7万公顷。北京农业一直处在全国农业发展的前沿，呈现以下主要特点：

1. *较快的发展速度*。北京市辖18个区县，其中有4个县和9个区含有农业经济成分，农业人口370万，约占全市人口的35%。

经过改革开放20年的发展，北京农业取得了丰硕成果。2000年郊区农业总产值195亿元，比上年增长了5.9%；农业增加值90亿元，比上年实际增长4%，为"九五"期间的最高增速。

2. *日益优化的农业结构*。近几年来，通过实施以市场为导向，以效益为中心，以科技为依托，以农民为主体的农业结构战略性调整，充分发挥了北京农业的比较优势。在近郊区形成了以籽种农业、精品农业和观光休闲农业为主的都市型农业，在平原形成了以粮油、瓜菜、畜牧等大宗农产品为主的城郊型农业，在山区形成了林果业、草食畜牧业为主的山区经济。通过近几年的结构调整，农业产业结构更趋合理。养殖业保持了强劲的发展势头，其产值占大农业的比重由1995年的45%提高到了2000年51%。种植业由传统的粮食作物、经济作物组成的二元结构向粮食作物、经济作物、饲草组成的三元结构过渡，单一粮食为主的农产品生产格局得以打破，经济作物、饲料作物和新兴产业迅速发展，土地产出率和生产效益得到显著提高。

3. *日益增多的优质名牌农产品*。随着农业结构调整向深层次发展，一批农业区域经济主导产业在京郊显现生命活力，京郊农业开始由增产型农业向增效型农业转变，京郊作为优质农产品生产基地的生产能力不断提高，具有传统优势的产业不断扩大规模、提高效益。坚持走区域化布局、专业化生产、集约化经营之路，涌现了延庆出口菜、平谷大桃、怀柔板栗、丰台花卉、大兴西甜瓜、顺义和房山的生猪、肉牛、肉羊、奶牛等一大批名牌产品。为保证市民身心健康而实施的北京食用农产品安全生产体系建设开始起步，制定了农产品生产环境、生产投入品、农产品品质三类共404项指标，极大地促进了北京农产品向提高品质、增强市场竞争力的方向发展。2000年通过检测、检验、认证，有98家单位获得安全食品品牌，京郊30%的农产品达到安全食品生产标准。

4. *较高的现代农业科技水平*。"九五"期间，科技创新成为京郊农业发展的先导。积极建立适合京郊农业发展需要的科技推广网络，一批先进适用生产技术得到有效地推广。通过实施资本引进、科技跟进战略，一批科技含量高、产品市场潜力大、辐射带动农户能力强的高效农业示范园区的建设取得显著成效。以北京小汤山现代农业示范园区、锦绣大地农业股份有限公司为代表的高效农业示范园，在农业高新技术的研究、应用与推广方面起到典型示范作用。

在生产手段上，农业机械广泛应用于粮食、蔬菜、牧草、果品生产，畜牧业基本上实现了集约化生产。国内外一批先进技术和科研成果得到了进一步推广，基地建设、龙头企业建设和社会化服务体系建设迈出了新步伐。

2000年，农业产业化进程加快。龙头企业实力进一步壮大，龙头企业与农户利益连结机制更加健全，产业链不断完善，发展水平不断提高。京郊农产品由提供简单原料向精深加工发展，农业产业链条不断延伸，农产品参与市场竞争的能力明显增强，农产品附加值显著提高。

种 植 业

【粮经饲三元结构初现雏形】 随着种植业结构调整的深入进行，经济效益低下的普通商品粮面积进一步调减，经济效益较高的经济作物面积不断增加，以苜蓿为主的饲草种植面积迅速扩大，传统的粮经二元结构向粮经饲三元结构过渡。2000年粮食生产向优质粮、籽种粮、专用粮、特用粮方向发展，粮食制种面积达2万公顷，比上年增长40%；优质小麦面积2.87万公顷，占播种面积的40%；甜玉米、糯玉米、高油玉米、青饲玉米等专用玉米和优质小杂粮面积大幅度增加；全市经济作物面积进一步扩大，蔬菜播种面积由上年的4万公顷发展到6万公顷，完成果树更新改造1.67万公顷，新增苗木0.67万公顷，花卉、药材种植面积首次突破了0.67万公顷；以苜蓿为主的牧草面积达到0.93万公顷，青贮玉米0.86万公顷、青绿饲料0.13万公顷、禾本科饲草0.27万公顷，饲草总面积达到2万公顷。饲草面积的大发展，带动了草食家畜的大发展，促进了种养联动。

【种植业区域经济主导产业基本形成】 在农业结构调整过程中，各郊区县充分发挥自身比较资源优势，强化地域产业结构优势，打破区域内自求平衡的状态，采取了有效措施促进了产业结构优势的发挥和力争实现广泛地域上的产业结构均衡，培育了各具特色的种植业7项主导产业，加快了京郊种植业向区域化布局、规模化种植、专业化生产、集约化经营方向发展的步伐。2000年牧草、药材、出口菜、西甜瓜、果品、苗木、花卉7项种植业主导产业总产值40亿元，占种植业总产值的44.8%，其中集中连片规模千亩以上的种植基地280个，形成近30个初具雏形的种植业专业乡镇和100多个达到市级标准的种植业专业村，带动农户24万户。这种规模化发展、专业化生产，增强了生产基地的辐射带动作用，增加了农产品的规模效益，提高了农产品市场占有率，较好地促进了农业增效、农民增收。

【粮食品种结构不断优化】 随着农业结构调整的深入进行，2000年通过采取4项主要措施优化粮食内部品种结构，粮食生产向优质专用粮方向发展。一抓兼用，推广以高油115为主的粮饲兼用型玉米1.13万公顷；二抓特用，发展以中糯、黑珍珠、甜单号为主的鲜食特用型玉米0.27万公顷；三抓专用，推广面包专用小麦1.6万公顷；四抓品质，推广以京早13号、中金601号为主的生育期在95天以下品质较好的夏玉米0.33万公顷，发展两年三熟套种玉米（含非传统套种）1.01万公顷。推广越富等优质稻0.65万公顷，优质豆类0.72万公顷，优质薯类0.07万公顷左右。粮食内部品种结构得到不断优化。

【经济作物呈多样化发展】 郊区通过调整结构，打破了过去单一粮食生产的格局，经济效益较高的经济作物面积不断扩大，呈现多样化发展趋势。2000年，蔬菜面积进一步扩大，设施蔬菜面积1.53万公顷，出口菜发展势头强劲，全市有蔬菜标准化出口基地0.53万公顷，蔬菜出口供货总量30万吨，从业农户4.5万户；郊区大豆面积2.2万公顷，比上年增加1.16万公顷；油料、棉花、药材等经济作物1.61万公顷，比上年增加0.48万公顷；以“订单农业”为主发展起来的药材产业，全市共种植0.31万公顷，涉及43个乡镇271个行政村，带动农户共11 127户；甜西瓜面积1.07万公顷，其中设施瓜新增加0.34万公顷，带动从业农户4.5万户；全市果树面积13.33万公顷，新增加面积1.6万公顷，更新改造0.4万多公顷，果品产量6.1亿千克，产值16.2亿元，形成了以大桃、葡萄、板栗、苹果、梨、柿子、樱桃等为主的多品种结构；各类苗木发展到0.67万公顷，实现产值3亿元；花卉面积发展到0.22万公顷，产值3.4亿元。

【山区种植业发展成绩喜人】 2000年，北京市山区水利富民综合开发以制种基地开发、新品种开发、新技术开发、高效模式开发和特色农业开发“五项开发”为突破口，通过采取“以点带面，典型引路”的工作方法，取得了可喜的成绩。制种基地开发形成了以玉米制种为主，小杂粮、经济作物为辅，蔬菜、花卉繁种渐成规模；新品种开发有，引进各类新品种100个，筛选出适宜山区间作套种的玉米、花生、大豆等新品种30个，推广各类新品种60个，面积3.33万公顷；新技术开发有，落实小麦地膜穴播技术、玉米免耕覆盖、玉米非传统套播、双膜双茬玉米覆盖、化肥一次性底施技术、平衡施肥技术、病虫害综合防治技术、农化抗旱技术等技术；高效模式开发有，推广了果树糯玉米间作、果菜间作、果经间作、粮菜间作等9种高效模式，加大了果百间作、果菌间作、果草间作、果药间作、红薯芝麻套种5种新模式的示范、推广力度，形成了山区3.67万公顷的高效种植模式，促进了山区特色林果产业的形成。

（寇文杰、刘刚、蔡新颜、刘刚、杨立国、尹光红、王以忠）

畜 牧 业

【畜牧业生产成绩喜人】 2000年郊区养殖业，各类产品产量全面增长，全市出栏生猪415.6万头，同比增长3.7%；出栏牛17.26万头，同比增长28%；出栏羊103.93万只，同比增长17.9%；出栏肉鸡10 253.75万只，同比增长24.75%；出栏肉鸭2 752.4万只，同比增长46.47%。肉类总产56.28万吨，同比增长14.2%；鸡蛋产量15.61万吨，同比增长0.6%；牛奶产量30.33万吨，同比增长26%。全市牧业产值达到90.6亿元（现行价格），同比增长11.7%，创历史最好水平，占一产比重达到46.5%，比上年增加了3.1个百分点。畜禽存栏普遍增加，草食家畜存栏增势明显，其中适繁母牛同比增加3.1万头，增长54%；适繁母羊同比增加11.2万只，增长22%。

由于养殖业保持了快速发展，全市养殖业产值较上年有明显增长，全年郊区共实现养殖业总产值98.7亿元，比上年88.96亿元增加9.74亿元，增长10.9%；养殖业产值占农业总产值的比重由上年的48.26%提高到50.6%。

【提出郊区养殖业“三进三退”指导方针】 根据首都功能定位和郊区养殖业的特点，2000年市政府把“三退三进”作为全市养殖业发展的指导方针。

所谓“三退”：一是养殖业原则上要从近郊退出来，为了保护首都的生态环境，适应建设国际化大都市的需要，今后除特色养殖外，近郊原则上要从养殖业中退出来。二是养殖业要从农民家庭庭院中退出来，为了从根本上改善农民的生活居住环境，提高防疫水平，实行科学养殖、规模养殖和有利于确立农民家庭主导产业，今后一律不再鼓励农民在庭院或房前屋后从事养殖业。三是养殖业要从散养的落后形式中退出来。散养这种落后的饲养方式和饲养技术，是长期以来小农经济、粗放经营效益低下的集中表现，既不利于郊区绿化和环境建设，也不可能发展为一个主导产业，因此，必须坚决彻底抛弃这一落后的生产方式。

所谓“三进”：一是养殖业要逐步全部进入养殖小区。由一家一户饲养到入区饲养绝不仅仅是饲养方法的改变，而是经营方式、饲养技术的一次革命。养殖小区充分体现了双层经营的特点，是将农民组织起来进入市场的最佳形式，是实现郊区养殖规模化、专业化、产业化发展的重要载体，是郊区养殖业由传统的养殖方式、落后的养殖技术向现代养殖方式、科学养殖技术转变的重要途径。二是养殖业要从单纯的饲养环节向产业化发展。养殖业只有不断加快产业链的延伸，实行“一条龙”产业化经营，才能有效地抗御生产和市场风险，提高市场竞争力和经济效益。三是郊区养殖业的产品要积极参与国际市场的竞争，大力发展出口创汇。加入WTO以后畜禽产品的出口是我们的比较优势。我们必须抓住这一机遇，努力抢占国际市场，建立安全生产和标准化生产体系。

【养殖小区快速发展】 2000年，郊区共新建养殖小区1 029个，入区农户3.26万户，总投资11.9亿元，其中农户投资9.18亿元，占77%，户均投资达到2.82万元，农民已经成为郊区养殖业的投资和生产经营主体。

养殖小区的发展彻底改变了农民家庭养殖的传统生产方式，开创了郊区养殖业现代化的新局面。主要体现在以下几个方面：一是促进了郊区养殖业的结构调整，促使养殖业由耗粮型向节粮型转变、向多元化方向发展。在全市新建的1 029个养殖小区中，草食家畜小区达到540个，占52.5%。二是进一步促进了郊区农民家庭养殖的发展。2000年郊区农民家庭养殖专业户累计达到15.9万户，比上年同期的13.4万户增长18.7%，其中：进入养殖小区经营的达到3.26万户，占养殖专业户总数的20.5%，比年初提高了15个百分点。三是提高了农民生产的组织化程度和养殖农户的经济效益。大部分养殖小区都建有自己的合作组织，为入区农户提供全方位服务，并与龙头加工企业建立了稳固的合作关系，解决了农户与市场的对接问题。四是推进了郊区养殖业现代化进程。2000年新建的养殖小区特别是经验收合格的100个一级养殖小区，均采取统一规划、合理布局，严格按照现代化生产工艺流程进行建设，实行全进全出的饲养管理方式，采用优良品种和先进的饲养管理技术，极大地提高了郊区养殖业生产的现代化水平。五是改善了农村环境，养殖小区将分散的养殖户集中起来，改变了传统的房前屋后的庭院式饲养方式，减少了畜禽粪污对环境和空气的污染，促进了郊区养殖业的可持续发展。

【畜牧业结构调整成效显著】 2000年大力调整郊区养殖业内部结构，基本上扭转了过去以肉、蛋、奶为主的生产格局，郊区养殖业向多元化、高效型发展上取得重大进展。主要体现在：

一是草食家畜取得突破性发展。全市奶牛、肉牛、肉羊存栏和出栏大幅度的增长，出栏肉牛17.3万头，出栏肉羊104万只，特别是奶牛生产更是取得了高速的发展。截止到年末，全市奶牛总存栏达到8.44万头，比上年同期的6.1万头，净增2.34万头，增长38.4%，其中存栏成乳牛5.44万头，比上年同期的3.9万头增加1.54万头，增长39.5%，达到历史最高水平。彻底扭转了多年来郊区草食家畜一直徘徊不前的局面。

二是养殖品种向多元化、精品型发展。2000年继续以满足多层次的消费需求为导向，以经济效益为目标，加快名、特、优、新、稀等特种养殖品种的发展。品种结构从大宗传统食用型品种为主的肉、蛋、奶扩展到绒、皮、毛、绒、羽、药、观赏等多功能，品种达到70多个，其中特种养殖就有60多种，全年共出栏特禽1 146.4万只，同比增长21.3%，出栏特种动物341.9万头（只），同比增长56%。多样性的品种，给京郊畜牧业带来发展机会，培育出新的经济增长点。2000年全市肉类总产比例中，猪肉下降5.4个百分点，牛羊肉增加1.2个百分点，家禽肉增加3.6个百分点。与1995年相比，猪肉比例下降11.5个百分点，家禽肉增加近10个百分点。特种动物产品1 866.75万个饲养单位，同比增长126.4%。

三是郊区养殖业产品出口创汇能力进一步增强。2000年郊区养殖业抢占国际市场的能力进一步增强，养殖业产品出口企业达到30家，其中直接出口的企业10家，间接出口的企业20家。面对激烈的市场竞争，郊区各养殖出口企业大力调整出口产品结构，积极开发产品深加工，大发、华都两大肉鸡公司均加大了肉鸡熟食制品的出口，顺义前鲁鸭场出口北京烤鸭微波系列产品，提高了出口产品的附加值和市场竞争力。2000年肉鸡、肉鸭、肉牛、观赏鱼和蜂产品等主要出口产品均有较大幅度的增长，如：大发畜产公司全年出口肉鸡产品2.5万吨，实现创汇额4 200万美元，同比分别增长43%和32%；顺义前鲁鸭场全年出口微波烤鸭系列产品800吨，实现创汇额237万美元，同比分别增长1.67倍和1.89倍。

【养殖业成为京郊农民增收致富的主导产业】 2000年末，全市畜牧养殖专业户从事畜牧养殖的专业劳动力22.66万人。年内专业养殖总收入44.65亿元，占家庭总收入的77.96%；畜牧养殖纯收入11.8亿元，占家庭纯收入的65.4%；畜牧养殖专业劳均收入1.97万元；劳均养殖纯收入5 206元，比上年增加634元；家庭人均养殖纯收入2 279元，比上年增加480元。

【动物疫病防治与兽医卫生工作得到加强】 2000

年，畜禽疫病防治工作和检疫监督工作加强，保证了市民吃放心肉和全市畜牧业的顺利发展。①加强免疫。对危害动物的13种疫病进行强制免疫，免疫密度提高。②检疫净化、疫病监测、综合治理饲养环境规范进行。③加强兽医医政和药政管理。生物药品坚持主渠道供应，查处违规案件，加大畜牧兽医执法力度。④强化检疫监督。严格产地和屠宰检疫，加大对运输、市场环节的监督力度。组织对全市批发市场、农贸市场、大型超市抽查120个（次），1 240个摊位；抽查屠宰场203个（次）；对公路检查站检查40多次。严格产地和屠宰检疫，加大对运输、市场环节的监督力度。共检疫活畜禽4 560万头（只），畜禽产品43万多吨，其中检出不合格：畜禽20 316头/只、产品113.2吨。强化了检疫证章、标志使用，有效防止了病肉流入市场，保证了首都市场的食品安全和居民的身体健康。同时，配合市人大农委，对全市贯彻落实《中华人民共和国动物防疫法》和《北京市家畜家禽检疫条例》情况进行了检查，规范了全市畜禽市场。

（王小冬　张广安）

水产业

【水产品生产成效显著】 2000年全市养殖水面共2.25万公顷，其中，大中小水库养殖面积1.43万公顷，湖泊200公顷，池塘养殖面积0.8万公顷，与上年基本持平。开发种养结合，稻田综合养殖0.1万公顷，莲藕及水生花卉种植0.13万公顷。全年总产量7 504.5万千克，与上年基本持平。其中池塘产量6 725.3万千克，水库捕捞产量1 386.1万千克，三网养殖产量111.8万千克。稻田养殖产量0.3万千克。莲藕及水生花卉种植产量2 165万千克。渔业总产值实现8.7亿元，比上年的7.93亿元增长10%，其中池塘成鱼产值5.9亿元，水库捕捞产值0.3亿元，鱼种产值1.3亿元，观赏鱼产值1.0亿元，稻田养殖产值0.3亿元，莲藕及水生花卉产值0.2亿元。名优水产品产值达到4.1亿元，占总产值的45.5%。

【优化水产品品种结构】 名优水产品养殖面积0.24万公顷，增长15.5%；名优水产品产量持续增长，达到88.3万千克，增长21%；名优水产品养殖的比重进一步提高，达到32%，增长4%；名优水产品规模化养殖的品种迅速增加，并发展了亩效益万元以上的高效养殖典型。

【加强水产业区域结构调整】 各区、县根据当地资源优势，本着区域化布局、规模化生产、各县一品的原则，培育和发展具有本地区域特色的主导产品和支柱产业，形成特色养殖专业村和养殖小区，促进了区域经济的发展。

形成以朝阳、通州为中心，辐射顺义、大兴、门头沟等几个县、区的观赏鱼产业带。2000年观赏鱼养殖面积达到800公顷，产量达到1.5亿尾，实现产值1亿元，占全市渔业总产值的11%。实现观赏鱼出口5 580万尾，创汇6 831万元，涌现出以朝阳区黑庄户乡为代表的多个观赏鱼养殖专业乡、专业村。

横跨海淀区、顺义区、通州区、朝阳区4个县区的稻田综合养殖产业带，将水产养殖和农业种植有机结合，带动了近千户农民致富。2000年全市共发展稻田养殖0.1万公顷，比上年的1万亩增长47.6%。新增效益1 173万元，平均亩增效益766元。

以怀柔、房山、密云、昌平等山区县为主体，辐射全市13个县、区的鲟鱼养殖，成为北京市又一新兴支柱产业。全市已有鲟鱼苗种场8处，孵化能力达3 000万尾，年产鲟鱼苗600万尾，成为国内较大的鲟鱼苗种生产基地，苗种供应到广东、福建、山东、辽宁、上海、四川等省市。全市发展鲟鱼池塘养殖、山区流水养殖、水库网箱养殖面积共23.33公顷，产量20万千克，产值2 400多万元，利润1 500多万元。特别是怀柔县实施了百万尾鲟鱼工程，并将鲟鱼等冷水鱼养殖列为怀柔县三大支柱产业之一；房山区建立了4个鲟鱼养殖小区，共建高标准鱼池450个，一户一池，户均增收万元以上。

【水产品科技含量提高】 水产品竞争具体表现为产品质量和生产效益的竞争，最终取决于水产品的科技含量。2000年实施水产科技项目17项，新立农业部、市科技项目5项，科技项目经费投入700多万元。重点开展了"智能水产系统的研究"、"环保渔业生态循环水养殖的研究"、"人工配置海水养殖鱼虾贝藻的研究"、"水产品健康养殖技术的研究"等项目；加大了优质水产品引种、繁育、养殖的试验、示范推广。

【良种水产品繁殖有较大发展】 京郊共有11个良种场，养殖面积226.67公顷，其中市级5个、区县级6个。2000年全市下塘鱼苗9.6亿尾，其中4.7亿尾由北京市自己生产，4.9亿尾从外埠购入，销往外埠约1亿尾。

【创汇渔业形成一定规模】 本市水产品进入多个国际市场，如美国、日本、欧盟、韩国等。2000年全市水产品出口创汇折合人民币9 331万元，比上年增长78.4%。其中观赏鱼及水生花卉出口额为7 031万元，池沼鱼出口额为1 660万元，泥鳅、白虾出口额为640万元。

【大力发展垂钓渔业】 全市0.63万公顷成鱼养殖池塘中，有0.28万公顷鱼池开展了垂钓，占成鱼养殖池塘总面积的44.2%。可用于四季垂钓的大棚有26.67公顷，年垂钓商品鱼1 200万千克，占总产量的16%，年垂钓收入超过亿元。怀柔、房山等县区开发观光垂钓一条沟，通过观光、垂钓、休闲、餐饮综合经营，提高了渔业效益，带动了山区农民致富。

【养殖专业户增加】 2000年新增家庭养殖专业户2 644户，全市水产养殖专业户达到8 290户，建设养殖小区10个，占地667公顷，入区694户，共投资4 598万元。

【《北京市水产种苗管理办法》出台】 为推动京郊渔业的健康发展，根据农业部《水产苗种管理办法》的精神，北京市于2000年5月23日制定并实施了《北京市水产种苗管理办法》。本办法的实施为规范北京市水产种苗市场，保护水产种质资源，保障水产种苗质量，防止病害的传播和流行，维护生产者的合法权益奠定坚实的法律基础。

（张红兵）

林　业

【林业发展呈现好形势】 2000年，全市人工造林2.19万公顷，比计划的1.33万公顷超64.4%。其中，山区荒山造林1.22万公顷，平原造林0.97万公顷。完成封山育林1.33万公顷；中幼林抚育2万公顷；飞播造林1.93万公顷（撒播1.4万公顷，补植0.53万公顷），比计划的1.07万公顷超81.3%。平原绿化中，农田林网和四旁植树1 325万株，比计划的1 000万株超32.5%；卫星城和重点小城镇绿化0.06万公顷，植树43.46万株，各区县营造1万平方米以上的大型绿地19块，建设绿地60多万平方米；村镇片林0.04万公顷，植树38.76万株；新植农田林网468.38千米，植树43.55万株，更新完善林带541.77千米，植树54.24万株；治沙造林0.62万公顷。全市林木覆盖率增加1个百分点。全市累计育苗0.69万公顷，总产苗量1.4亿株，苗木销售总收入达1.28亿元。据测算，全市造林良种使用率达到35%，比上年增加3个百分点。全市郊区发展果树2万公顷，果品产量5.6亿千克，产值10.3亿元。生产鲜切花8 500万支，盆花2 460万盆，实现产值近3.39亿元，创汇近280万美元。养蜂11万群，产蜜3 560吨，总产值5 100万元。森林旅游年接待国内外游客200万人次，总收入1亿元。

【推进高标准林业生态体系建设】 一是城市隔离地区绿化取得历史性突破。全市共完成城市隔离地区绿化0.27万公顷，比计划的2万公顷超33.3%，栽植各类乔木、花灌木1 012万株。其中发展绿色产业0.14万公顷，占总面积的54%。新植林木、花草平均成活率为90%。初步形成10个333公顷以上绿色大板块和速生丰产林、植物观赏园等8大绿色产业类型。二是“五河十路”绿色通道建设开始启动。本着“适地适树、有气势、绿量大、色彩浓、看不透”的原则，在市绿色通道工程建设指挥部的统一部署下，及时制定有关政策，签订绿化责任书，确定绿化方案，努力实现政策引导与机制创新的有机结合。当年启动京石、京开、京津塘、京沈、京张五条高速路绿化，总长249.52千米，共拆迁68.76万平方米，占规划总拆迁量的82.7%。各区县已建成高标准示范段，并大力兴建水利设施，准备优质苗木2 000万株，为2001年大规模造林做好准备。三是荒山人工造林又有新发展。共完成荒山人工造林1.22万公顷，怀柔、昌平、平谷、密云、延庆、房山、门头沟等7个山区县全部完成了国家生态环境综合治理项目造林工程。四是爆破整地造林工程有了突破性进展。造林任务由过去每年0.03万公顷增加到0.13万公顷，全市造林0.14万公顷，植树198.45万株。五是林业科技支撑作用日益明显。积极开展林业科技交流，北京市与中国林科院建立了全面的科技合作关系，与多家科研院校开展科技攻关和成果转化合作项目13项。

【推进高效益林业产业体系建设】 全市种苗业有了长足进展，全年累计育苗0.69万公顷，其中农民个人和农民联合体育苗占总育苗面积的71%。总产苗量1.4亿株，超计划76%。出圃各类苗木4 000万株，占全市造林用苗的90%。北方国家级林木种苗示范基地建设项目，按照高科技、高投入、高产出的思路，走生产经营、科研开发、示范推广与旅游观光一体发展之路，建设规模化、产业化与国际水平接轨的大型种苗基地。主体工程基本完成，引进红豆杉等新品种苗木30多种30多万株，播种、扦插、嫁接培育各种苗木200多万株。

果品产业结构调整初见成效。全市郊区发展果树2万公顷，比计划的1.67万公顷超20%，其中山区发展果树1.41万公顷，占发展总面积的70%。全市果品产量5.6亿千克，产值10.3亿元，果农人均果品收入1 520元。引进242个新品种，果实套袋1.5亿个，鲜果优种率达100%。全年新植果树1.25万公顷、1 164万株，其中农业结构调整种植果树面积0.8万公顷，占新植果树的64%；更新0.54万公顷、607万株；高接换优0.20万公顷、86万株。果树发展注重区域特色，主导产品规模进一步扩大。共建成精品果园278个、387公顷，累计果品商标注册39个；果树苗圃0.04万公顷，创产值6 000余万元；发展设施果树722个、0.01万公顷；果品及加工品出口3 928万千克，创汇6.1亿元；果品加工1.05亿千克，产值12.5亿元；全市开放观光果园面积近0.67万公顷，观光采摘人数超过300万人次，收入8 500万元。

花卉业发展势头良好。全市花卉种植面积0.22万公顷，比上年增长36%；新植花卉生产面积0.07万公顷，保护地面积0.03万公顷，比上年增长20%。全市郊区生产鲜切花8 500万支，盆花2 460万盆，花灌木550万株，实现产值3.39亿元，创汇近280万美元。蜂业创历史新高。全市养蜂总数达11万群，创历史最好水平。蜂蜜产量3 560吨，王浆30吨，分别比上年增加48.3%和100%。出口蜂产品2 000吨，创汇380万美元，总产值达5 100万元。全市共建蜂业专业合作组织20个，有养蜂专业户5 000多个，户均收入6 500元。森林旅游业有新发展，已批准建立的森林公园22个，其中国家级森林公园6个，市县级森林公园16个。14个郊区县，利用森林资源开办的森林旅游景区（点）200多处。森林公园建设规模逐步扩大，基础设施有较大改善，接待能力明显增强，共接待国内外游客200万人次，总收入1亿元。

【推进高水平森林资源安全保障体系建设】 森林防火措施进一步加强。面对气候条件极为不利、火情火警增加的形势，市委、市政府对森林防火提出了明确要求。各级政府和森防部门采取措施，广泛开展森林防火宣传教育，加强火源管理，严防死守，坚持做到打早、打小、打了。全市共查处火险隐患812处，制止违法用火行为1 678起；发生森林火警28起，一般森林火灾5起，未发生重大森林火灾和人员伤亡事故，火灾损失也降到最低水平。森林病虫害防治目标全面完成。

【果品产业向规模化方向发展】 全市现有果树面积12.33万公顷，其中鲜果占8.07万公顷，干果4.27万公顷，年平均果品产量超过5亿千克。为切实做好果树结构调整工作，年初北京市制定并印发了《并于调整郊区果品生产结构的若干意见》，各区县政府出台相应扶持政策，推广典型经验，注重科技含量，推广实用技术，加大劣质果树更新力度。据统计，全市共发展果树2万公顷1 857万株。包括新植果树1.25万公顷1 164万株，其中退耕还林面积0.8万公顷，占新植果树的64%；更新0.54万公顷607万株；高接换优0.2万公顷86万株。7个山区县发展1.41万公顷，占总发展面积的70%，其中新植0.83万公顷，山区及全市的果树发展规模均创历史最高。果品产量6.09亿千克，比1999年增长8.9%；果品收入达11.23亿元，比1999年增长13.2%。

【前山爆破整地造林工程力度加大】 前山爆破整地造林进一步加大力度，推动工程建设深入开展。将爆破造林工程列入“2000年直接关系群众生活拟办重要实事”项目之一。2000年初，首都绿化委员会第十九次全会决定加快郊区前山脸爆破整地造林建设，尽快实现这一地区基本绿化，造林任务由过去每年266.67公顷，增加到0.13万公顷。国家发展计划委员会予以立项，列入国家基本建设项目，给予资金支持。全市各级林业部门迅速部署和行动，以“高标准、上水平、创精品”为目标，克服时间紧、任务重、多风少雨、持续高温、严重干旱等困难，精心组织和施工，使10个区县、43个造林地段全部完成造林任务。经核查，全市共完成爆破造林0.14万公顷，为计划任务的103.3%，栽植以侧柏、油松、五角枫、刺槐、蒙古栎、黄栌、火炬等10余个针、阔叶树种198.95万株，成活率达90%。

【森林资源效益总体评估完成】 由北京市林业局和中国林科院协作完成的“北京市森林资源价值核算”项目研究成果表明，北京现有森林资源总价值为2 313.37亿元（按当年价计算），其中林地价值20.80亿元，林木产出价值159.16亿元（包括经济林产出价值），森林环境资源价值2 119.88亿元，森林社会效益已知部分的价值13.53亿元，森林资源环境价值是森林资源总价值的91.63%，是林木产出价值的133倍。在森林资源环境价值中，涵养水源价值为1 107.92亿元，净化环境价值675.73亿元，生物多样性价值269.24亿元，固碳制氧转化太阳能价值36.40亿元，防护林的环境价值16.26亿元，景观游憩价值9.98亿元，保育土壤价值4.35亿元。“北京市森林资源价值核算”全面计算和分析了北京市森林资源的价值总量和构成，客观地揭示了森林资源的多种效益和林业价值取向，得到了国内该领域专家的肯定，对本市林业发展、城市规划与决策有较强的指导作用，并为森林资源资产评估及森林环境价值补偿奠定了基础。

【林木病虫害防治工作取得好成绩】 为更好地保护首都的绿色景观和绿化成果，北京市不断加大森林病虫害防治工作力度，加强森林病虫害预测预报、防治和森林植物检疫三个网络建设，取得了明显的成效。“九五”期间，北京市森防系统基础设施得到明显改善，通过政府采购等形式为郊区县和局属林场、苗圃配备各项基础设施设备484台。北京市全面完成国家林业局下达的“四率”指标，其中森林病虫害监测覆盖率达到82.89%，防治率达到80.2%、种苗产地检疫率达到94.51%，分别超过国家林业局下达指标2.89个百分点、10.2个百分点和4.51个百分点；郊区林木病虫害发生率控制在4.71%以内，比国家林业局下达的指标降低2.29个百分点，实现了“四率”指标的一降三提高。

【自然保护区建设取得进步】 北京自然保护区始建于20世纪80年代初期。1985年4月，市政府批准建立百花山、松山2个市级自然保护区。1986年7月，经国务院批准，松山被定为国家级森林和野生动物类型自然保护区。北京地区的动植物区系为南北方动植物过渡地带，野生动物资源较丰富。据统计，有陆生脊椎动物420多种，列入国家级重点保护的有65种；有维管束植物169科2 088种171变种和亚种。1998年，经市政府同意，制定了《北京市自然保护区发展规划（1999—2010年）》。1999年以来，全市自然保护区建设进入大发展时期。到2000年，全市已批准建立各种类型自然保护区17个（各区县批准建立县级保护区4个），总面积8.75公顷，占全市国土面积的5.25%。林业部门主管的自然保护区14个，其中国家级2个，省市级6个，县级6个，总面积8.17万公顷，占全市国土面积的4.9%，基本形成北京西、北、东北三面环山自然保护区网络。在湿地保护中，已建立6个湿地自然保护区或保护地，其中市级3个，县级2个，总面积2.02万公顷。

【林政资源管理工作得到加强】 根据森林法实施条例，严格审核征占用林地、林木采伐。共审批使用林地12件、8.46公顷，比往年减少近一半；审批发证3 088件，批准采伐株数65.23万株，直接减少工程建设林木采伐7.1万株；审批采伐林木蓄积12.09万立方米，占年采伐限额18.3万立方米的66.1%。全市231个乡镇、3 966个行政村、1 922个国有林单位基本完成林权初始登记工作，共完成初始登记11.42万份，面积63.96万公顷。188个乡镇3 199个行政村、1 871 个国有林单位的 7.93 万份林权登记申请进行了终审。

【林业执法力度进一步加大】 为了严厉打击盗伐、乱砍滥伐等破坏森林资源的违法犯罪行为，组织专项打击行动。全市森林公安机关共查处各类林业案件 221 起，已查清 211 起，处理 205 起。与上年相比，案件数量下降 4.7%。共处理违法单位 81 个，违法人员 172 人，责令补种树木 8.45 万株。加强陆生野生动植物保护工作，围绕申办奥运，制定了《绿色奥运爱护野生动物行动计划方案》，开展了系列宣传教育及专项打击活动。基本完成全市野生动物经营利用许可证清理整顿工作，共查处非法经营利用野生动物案件 25 起，收容、救治各类野生动物 3 000 只（头），没收野生动物制品 125 件。

【林权发证工作基本完成】 在 1999 年开展集体林权登记发证工作基础上，2000 年本市继续在 14 个郊区县开展林权初始登记发证工作。通过层层培训，严格把好审核关，及时督促、检查各区县林权登记发证工作进度和质量，截至 2000 年底，全市 14 个郊区县已有 221 个乡镇 4 028 个行政村、1 248 个国有林单位完成了林权初始登记工作，占应完成总数的 95%以上。共完成林权初始登记 13.09 万份，其中国有 2 600万份、集体 4.94 万份、个人 7.89 万份。完成登记面积 65 万多公顷，登记林网 1 566 万米，登记林木 1.634 亿株。区县林业主管部门对 11.81 万份初始登记进行了终审，占初始登记的 90.2%，已完成微机录入近 7 万份，打印林权证 5 612 本，颁发林权证 2 981 本。在发证过程中，共解决林权纠纷 81 起，争议面积 319 公顷。

【加强工程建设征占用林地和伐移林木管理】 2000 年 12 月，市政府下发《关于加强本市工程建设征占用林地和伐移林木管理的通知》。这是继《森林法实施条例》颁布实施后，北京市加强工程建设征占用林地和伐移林木管理的重大举措之一，对加大森林资源保护力度，巩固首都绿化美化成果意义非常重大。该通知特别强调有关部门和工程建设单位要严格遵守不占或少占林地以及少砍伐林木的原则，充分考虑本市林业总体规划，尽可能保护林地和林木资源。要求计划、规划等有关部门在进行工程建设项目立项和选址规划时，必须征求林业主管部门的意见。凡涉及使用林地的，工程建设单位必须首先向区县林业主管部门申报使用林地申请，要在项目概算中明确列出绿化资金，按规定留出绿化用地。涉及使用林地和伐移林木的，申报单位和有关主管部门必须按法定程序办理有关手续。涉及伐移林木的，应尽量安排在林木采伐期内进行，向区县林业主管部门申报林木采伐申请的同时要上报绿化的具体方案。北京市工程建设采伐林木，必须在年森林采伐限额内申请林木采伐许可证，涉及采伐量较大时，工程建设单位必须在年初向区县林业主管部门申报采伐量计划，以确保森林采伐限额管理制度的顺利执行。

【国际间林业合作进展加快】 为了加强一些国际组织和发达国家对我国生态建设领域的援助、交流与合作，引进先进技术、管理经验与人才，2000 年共接待日本、澳大利亚等 6 个国家 8 个林业项目团（组）37 人次，其中部长级以上 7 人。林业对外交流与国际合作日趋广泛。中德合作“密云水库流域保护与经营”项目第一期进展顺利，第二期已在中德政府工作会议上得到确认，德国将无偿援助 300 万马克进行项目建设。中韩林业合作在京全面展开，中韩合作“密云水库水源保护示范林建设”项目已经中韩两国政府认可。中日、中加、中澳等生态建设援助项目正在洽谈中。

（张云飞）

六 种 农 业

【六种农业有新进展】 自 1998 年提出郊区大力发展设施农业、籽种农业、精品农业、加工农业、创汇农业、观光农业以来，“六种农业”成为郊区农业结构调整的切入点和突破口，有力地拉动了郊区农业经济的快速增长。“六种农业”涵盖了郊区农业结构调整的主要内容，是郊区农业结构调整的最终表现。1999 年“六种农业”各项产值增长幅度均在 20%以上，2000 年郊区“六种农业”又有新进展，增加值突破 30 亿元，比上年增长 50%以上，使郊区农业增加值实际增长幅度自“八五”计划以来首次达到 4%，结束了近年来郊区农业增加值长期低速徘徊的局面，走出一条发展郊区农业的新路。

随着“六种农业”的发展，郊区农业精品不断增多，蔬菜生产已经完全按市场需求进行调节，品种丰富，淡旺季逐年平缓，价格不断下降。绿色蔬菜、品牌蔬菜不断涌现，节日期间蔬菜供应更加充足。春节期间，全市箱装配菜就达到 38.8 万箱，销售总量达到2 900多吨，比上年同期增长了 8.7%，销售额达到 4 340.9万元，增长 50.4%。“六种农业”的发展促进了郊区主导产业的形成。大兴西瓜、平谷大桃、顺义蔬菜、通州药材、怀柔西洋参等等，形成了各区县具有本地的资源优势的主导产业。并且市场经营意识明显增强，“大兴西瓜节”在市区繁华的西单举行，引起广大市民关注。平谷在全市中心商业街王府井举办了蟠桃盛会，将农业调整的成果向全市和国内外游客进行了展示。“六种农业”的发展带动了郊区科技农业园区的建设。在发展“六种农业”的同时，涌现出一批像海淀锦绣大地、昌平高科技园农业园、顺义三高农业等具有现代农业水平的高科技农业园区，大大提高了郊区农业的生产水平，实现农业生产的现代化。

【设施农业情况】 2000 年郊区设施农业发展迅猛，新增面积创历史新高。设施农业占地面积已达 2.08 万公顷，比上年新增 0.58 万公顷，增长 1.07 倍。在设施农业占地面积中，温室 0.57 万公顷，大棚0.5万公顷，分别比上年增加0.17万公顷和0.09万公顷。在设施农业中，设施蔬菜占地1.59万公顷，占76.3%，设施蔬菜占地面积已占郊区总菜田面积的31.8%。设施瓜类占地0.29万公顷，占总设施面积的13.8%；设施果类占地0.07万公顷，占总设施面积的3.2%；花卉占地0.07万公顷，占设施面积的3.4%。

年度设施农业创产值47.9亿元，比上年增长77.4%，占郊区全年农林牧渔总产值的24.5%，占种植业产值的45%以上。其中设施蔬菜所创产值最高，达到31.7亿元，占设施农业产值的66%；花卉产值也创新高，达到5.8亿元，比上年增长2.87倍。设施蔬菜年度产量达到187万吨，比上年增长74%，占蔬菜总产量的近四成；设施果品产量达到1.35万吨，比上年增长3倍；设施瓜达到22.6万吨，增长68.7%；鲜切花4 770万株、盆花16 520万盆，分别比上年增长25.6%和72.7%。

【籽种农业情况】 籽种农业是郊区农业的优势。全年郊区籽种销售额达到34.6亿元，比上年增长了1.8倍；其中销往外埠的籽种显著增多，达到19.8亿元，比上年增长2.5倍，占总销售额的57.2%。全年销售粮食类籽种2.6亿元，蔬菜籽种4.2亿元，瓜类籽种2.5亿元，种畜7.3亿元，种禽5.4亿元。销售冷冻精液7.7万份，胚胎800万个。销往外埠的粮食、蔬菜、种畜、种禽的销售额分别占到各品种销售额的31.5%、44.2%、80.8%、47.6%。顺义区大力发展籽种农业，瓜菜种子总产62.12万千克，瓜菜种苗产量6.14亿株，全年籽种农业销售额22.79亿元，比上年增长4倍。昌平区注重粮食、蔬菜籽种，和种畜、种禽、种鱼苗等的生产，销售额达到1.6亿元，比上年增长17%，其中销往外埠6 172万元，增长1.3倍。怀柔发展鲟鱼水面4.8公顷，建设苗种繁育基地5处，年孵化受精卵1 000万粒，出苗700万尾，培育成苗70万尾，带动农户100户。

【精品农业情况】 2000年精品农业产值达到55.5亿元，比上年增长76.2%，占郊区农林牧渔总产值的28.4%。其中粮菜果等种植业产值29.1亿元；林业产值3.1亿元；畜牧业18.1亿元；渔业5.2亿元。郊区农业精品数量已达数千种，由于近几年农副产品市场供大于求，价格普遍下降，农民对种植、养殖的品种筛选意识增强，郊区县及农业科技推广部门也加大了引进、培育和推广优良品种的力度，蔬菜、瓜果品种被不断更新，特种种植、特种养殖在郊区普遍开花，市场成为调节农业种植品种的重要手段，使农业精品不断涌现，丰富了首都市场，满足了不同层次市民的需求。大兴县新引进日本丰水梨等名优品种，种植面积达到433公顷，建成优质品种“金把黄”鸭梨3 333公顷。怀柔县冷水鱼养殖水面达到20.2公顷，同比增长67.4%，其中虹鳟鱼水面15.4公顷，实现总产值8 000万元，利润1 500万元，并结合观光农业，形成旅游、观光、垂钓、餐饮为一体的4条经济沟，带动农户270户。发展梅花鹿养殖2 750只，比上年增加近1倍，养殖户达到267户，年生产鹿茸1 797千克，增长了2.4倍，实现收入500万元，同比增长2.2倍。平谷县积极推行大桃标准化生产，生产面积超过万亩，并增加了澳李、石榴、美国红提的推广，种植面积达到400多公顷。

【加工农业情况】 郊区加工农业年度完成产值122.1亿元，比上年增长50.9%；加工增值47.67亿元，加工增值率达到64%，比上年提高3个百分点。郊区加工农业主要涉及粮油、瓜菜、畜禽、果品、水产及蜂制品等方面，粮油制品加工达到127.8万吨，瓜菜制品加工38.8万吨，畜禽制品加工37.5万吨，果及果制品27.9万吨。加工农业带动基地面积10.41万公顷，带动农户38.8万户。加工型龙头企业是郊区加工农业的主力军，郊区固定资产在100万元以上的农产品加工企业有298个，带动基地生产面积4.8万公顷，带动农户15.2万户。房山区北京双斯特天然饮料有限公司，利用自身的果菜深加工优势，与房山、延庆、平谷、密云等区县的果品和蔬菜的种植大户签订收购合同，带动了8 000多农户种植果菜，提高了农民收入。顺义前鲁养鸭中心和小胡营4家肉鸭饲养加工龙头大户，积极引进烤鸭生产新技术，开发出方便食用的软包装鸭片新产品，并增加屠宰加工能力，带动全区北京鸭生产1000万只。

【创汇农业情况】 郊区有自营出口权的企业158家。2000年郊区实现农业创汇1.2亿美元，比上年增长67.4%。其中种植业产品创汇7 392万美元，增长62.9%；畜产品创汇2 448.2万美元，增长1倍；水产品创汇326.97万美元，增长1.47倍；农产品加工创汇1 905.1万美元，增44.2%。郊区主要出口产品为蔬菜、干果、花卉、畜禽产品、肉类制品、蜂产品、及观赏鱼鸟等，出口日本、韩国、菲律宾、马来西亚、荷兰、法国、德国、美国、加拿大等国家和香港、澳门、台湾地区。瓜菜类产品和畜禽产品是郊区农副产品出口的主要品种。2000年瓜菜类出口额达到6 738.7万美元，畜禽产品出口157.6万美元。

【观光农业情况】 2000年，郊区有观光农业项目1 368项，其中新增项目476项，新增项目投资达到9.7亿元。全年观光农业接待人数2 179万人次，直接收入12亿元，比上年增长1.26倍。在观光农业总收入中，门票收入2.68亿元，比上年增长1.36倍，采摘瓜果收入1.34亿元，增长69%；垂钓收入1.98亿元，增长1.07倍；出租农家客房、农家饮食收入8 580万元，增长54.3%。房山区充分发挥自然优势，把旅游业和农业结合起来，投资2.4亿元，新增观光农业项目191个，成功举办了张坊磨盘柿、猕猴桃采摘节，良乡梨村百花节，大安山万倾园香椿节，并开发了韩村河镇韩村河村、十渡镇西庄村、蒲洼乡宝水村等一批民俗旅游专业村，推出“民风、民情、民俗、民趣”为主要内容的暑期度假游和家庭双休日休闲游。全年全区共接待587万人次，实现收入3.9亿元，比上年增长98%。观光农业形式多种多样，果品采摘园、农业观光园、民俗旅游村、“吃农家饭、住农家屋、交农家友、享田园乐”等观光农业活动吸引了大量市民到郊区游玩。

【发展“六种农业”考核奖励意见出台】 2000年2月21日市农委和市财政局联合下发了《关于大力发展“六种农业”的考核奖励意见》(简称意见)。目的是鼓励各区县加大农业结构调整的力度，提高郊区农业的内在质量，建立起各县区发展“六种农业”的竞争环境，促进郊区农村经济的快速发展。《意见》明确以区县为考察奖励对象，规定了各项考核的具体项目和内容，制定了考核、奖励办法。在设施农业方面，重点考核种植业设施年度增加面积；蔬菜保护地设施占本区县菜田面积的比重；设施农业的产值占种植业产值的比重；及设施农业的产值增长率。在创汇农业方面，重点考核农产品及加工农产品直接出口、间接出口供货额的增长幅度；农产品出口供货额占本区县农业收入的比重；及出口供货额比上年的增加数量。在精品农业方面，重点考核生产品质优良，技术含量高，经济效益好的名、特、优、稀、新的农产品的收入增加量；各类精品收入占本区县农业产值的比重；及各类精品收入的增长幅度。在加工农业方面，主要考核农产品加工增值率；带动基地和农户的面积及数量；农产品加工收入增长率。在籽种农业方面，重点考核农产品的种业销售收入占本区县农产品销售收入的比重和种业销售收入的增长幅度；农产品种业销售收入外埠所占份额。在观光农业方面，重点考核用农业资源发展与农业相关的观光、休闲项目的总收入占农业收入的比重；观光农业新增项目数量、接待人次、直接收入；及观光农业收入增长率。《意见》规定市有关部门负责对区县“六种”农业发展情况进行综合考核、评比等工作。并采取分项打分、综合考评的办法对各县区“六种农业”的发展情况予以考评，对成绩突出的县区给以奖励。

(刘容江)

农业产业化

【农业产业化成绩喜人】 党的十五届三中全会明确提出：要积极探索实现农业现代化的具体途径，大力发展产业化经营。北京市认真探索实现农业产业化的新路。1998年北京市农办会同市财政局、市计委联合下发了“关于鼓励和扶持北京市农业产业化发展的意见”，对推动和规范郊区产业化工作起了积极作用。1998年市里加大了对农业产业化项目的扶持力度，共投入资金1.2亿元，其中郊区县共扶持产业化项目100个，投入资金8 750万元，其中龙头企业24个，资金2 990万元；基地31个，资金3 985万元；市场14个，资金1 020元；各种服务组织31个，资金755万元。农业产业化项目经济效益和社会效益显著。据统计，郊区(不含农口局、总公司)100个农业产业化项目，1998年销售总额12.8亿元，比1997年增长48.8%；实现利税2.1亿元，比1996年增长16.6%；创汇2.4亿元，比1997年增长33%；农户从产业化组织新增加收入3.12亿元，比1997年增长19.5%；带动农户164 206个，比1997年增长19.5%。从1999年开始，重点抓农业产业化的重点环节，一是农民专业合作组织建设，二是农产品加工贸易企业建设，作为促进农业结构调整、农产品加工增殖、农民致富的重要措施。2000年郊区农产品加工企业产值达到122亿元，加工增值47.67亿元，加工增值率达到64%，带动基地10.41万公顷，带动农户38.8万户。

【农产品加工企业数量增加实力增强】 到2000年底，郊区固定资产规模在100万元以上的农产品加工企业有298个，固定资产总规模39.5亿元。其中固定资产规模在100万~500万元的201个，占67.4%；500万~1 000万元的有38个，占12.8%；1 000万~2 000万元的有26个，占8.7%；2 000万元以上的有33个，占11.1%。在这298个企业当中，按主营产品的类型划分，屠宰及肉食品加工企业有83个，占总数的27.9%；果品、蔬菜及加工产品类65个，占总数的21.8%；粮食食品及加工产品类有53个，占总数的17.8%；饲料加工类有39个，占总数的13.1%；牛奶及奶制品类24个，占总数的8.1%；药材加工类有12个，占总数的4.0%。

【农民专业合作经济组织发展迅速】 到2000年底，郊区农民专业合作经济组织已发展到1 790个，其中本年新发展583个，占总数的32.6%，2000年以前发展1 207个，占67.4%。在农民专业合作组织中，在工商、民政或科协等有关部门注册登记、取得合法资格的有779个，占43.9%。按合作类型划分，契约型合作组织387个，占21.6%；出资型合作组织569个，占31.9%；会员制型合作组织867个，占46.5%。按产业划分，以种植业为主的合作组织682个，占38.1%；以养殖业为主的合作组织947个，占52.9%，其他161个，占9%。按合作内容划分，以生产为主的合作组织1 022个，占57.1%；以加工为主合作组织130个，占7.3%；以销售为主的合作组织669个，占35.6%。在加入合作组织的正式会员中，有农户22.7万户，企业704家，技术人员7 185人。农民专业合作经济组织共投资40.5亿元，其中农户投资22.1亿元，占总投资的54.6%。合作组织累计销售收入达到61.6亿元，并带动了社外20.7万户农民共同致富，取得了良好的经济和社会效益。

2000年农民专业合作经济组织发展有以下几个特点：一是合作组织产业集中。林业、蔬菜、畜牧三业的合作组织占全部合作组织的78.2%，带动农户14.2万户，占总户数的62.6%。二是畜牧合作组织发展迅速。在新发展的583个合作组织中，有326个畜牧合作组织，占新发展总数的55.9%，这是郊区大力发展畜牧业，实施“养殖小区工程”，进行农业产业结构调整的结果。三是龙头企业+合作组织+农户的形式被普遍接受。大兴县成立奶牛协会（合作社）11个，上接龙头企业“三元”或“光明”集团，下连农户，饲养奶牛7 000多头，入社农户500多人。龙头企业+合作组织+农户的生产、加工、销售方式在郊区非常普遍，尤其在牛奶、肉鸡、养鸭生产方面，形成了责任明确、风险共担、利益共享的产加销一条龙链条。四是合作组织区域特色突出，促进了区域农业结构调整。平谷县以生产大桃著称，现有24个专门的大桃产销合作组织、8个专门的大桃销售合作组织，带动了平谷县大部分大桃生产和销售，形成了平谷种植业的特色经济。通州区的5个中药产销合作组织，带动农户500多户，种植各种药材600多公顷。朝阳区的4个獭兔合作组织，吸引100多农户，饲养销售18.9万只，都形成一定的规模，带动了地区农业结构的调整。五是合作方式的多样灵活，满足农户多方面需要。昌平区特菜产销协会，由15个乡镇200余户蔬菜基地的菜农和运销户参加，以合作销售为主，这200余户农民又是当地蔬菜生产合作社会员，既保证了蔬菜生产，又有效解决了蔬菜销售的困难，深受农民的欢迎。六是农民专业合作经济组织调动了农业专业技术人员的积极性，促进了农业技术推广工作。由原来的农业技术推广服务机构积极参与或牵头与农户联合组建合作组织，在县乡两级会员制合作组织中占有相当比例。如门头沟牛奶协会，顺义南彩出口特菜协会、门头沟的核桃发展服务协会、延庆张山营葡萄协会等。各级技术推广部门凭借懂技术、组织管理能力强、社会联系广泛等优势，为农民提供产前、产中、产后的全方位服务，既推广了技术又壮大了自己。郊区各类新型农民合作经济组织的发展，已成为农村统分结合双层经营体制的新形式，提高了农民的组织化程度，推动了农村经济结构的战略性调整。

【出台《关于扶持和鼓励发展农民专业合作经济组织的意见》】 为了进一步提高郊区农民组织化程度、提高农民进入市场的能力，推进郊区农业现代化，加快农民致富步伐，2000年2月21日，市农委和市财政局联合下发了《关于扶持和鼓励发展农民专业合作经济组织的意见》（以下简称意见）。《意见》指出，发展农民专业合作经济组织是解决农产品进入市场，解决农产品加工、储运和销售问题的需要，是推进现代农业的必由之路。主要内容包括：①规定了农民专业合作经济组织应具备的条件，一是自愿组建；二是产权明晰；三是不受社区限制；四是不改变家庭经营基础地位；五是规章制度健全。②规范了合作组织的类型，将农民专业合作经济组织划分为出资型合作、契约型合作、会员制型合作三种形式。③制定了对农民专业合作经济组织的扶持标准和办法，重点扶持带动农户作用强、带动农民增收幅度大、各项规章制度健全的农民专业合作经济组织，对出资型的农民专业合作社，凡是入社农户在20户以上，农户增收水平高于本地区10%以上，给予一定的资金奖励，扶持资金主要用于农产品加工、销售等环节。对契约型合作组织，凡是带动农户200户以上，农户增收水平高于本地区10%以上，与农户签订购销合同、实行保护价收购的农产品加工企业和贸易组织，给予一定的资金奖励，扶持资金重点用于技术改造、储运、加工、开发新产品等环节。对会员制型合作组织，凡是为农户提供生产资料、技术服务、新品种推广、产品销售，带动农户在100户以上，农户增收水平高于本地区10%以上，给予一定的资金奖励，扶持资金主要用于改善服务设施。对一些规模较大，跨区域联合，带动农户作用特别强，农民增收效果非常显著的合作组织，可作为全市农民合作经济组织的典型，通过市政府授牌，给予重点表彰和奖励。④要求各区（县）政府部门对农民合作经济组织的发展要积极引导和扶持，对农民合作经济组织在工商注册、税收登记等有关手续方面要提供方便。在水电、土地等基础设施方面，应给予倾斜和扶持，为合作组织发展创造一个良好的外部环境。⑤对扶持农民合作经济组织资金的管理提出具体要求，第一，要加强对农民专业合作经济组织发展的组织协调工作，各区县政府要明确有关部门负责，抓好典型示范。第二，各区（县）要制定相应的扶持政策，积极筹措资金，按层次、有重点地鼓励和扶持农民专业合作经济组织的发展。第三，对扶持的农民专业合作经济组织要经过有关部门检查验收。第四，对扶持农民专业合作经济组织的资金要严格管理，专款专用。

【召开北京市农民专业合作经济组织经验交流会】 2000年8月10日，市委农工委、市农委在昌平区召开了农民专业合作经济组织经验交流会。大兴县庞各庄镇、房山区长阳奶牛协会、怀柔县西洋参公司、顺义区张镇肉鸡协会等5个单位做了典型经验介绍。会议总结了郊区农民专业合作经济组织发展的特点，一是合作领域不断拓宽，已从蔬菜、瓜果扩展到种植、养殖、旅游以及农机、水电、科技等各业，深度也从单纯的生产环节扩展到产、加、销的全过程；二是利益联结的紧密度不断提高，出资型的和契约型的合作组织已经占到总数的60%；三是坚持合作的多样化，出现了多种形式的农民专业合作经济组织；四是合作的地域范围不断扩大，很多合作组织打破了地域界限，以产品为依托，实行跨地域的经济合作。指出了农民专业合作经济组织在发展中存在的数量还不够多、组织不够规范、对农民利益保护不够、农产品加工销售型合作组织不多等问题。并强调，发展农民专业合作经济组织，一要确保农民在合作组织中的主体地位，要把参与农户的多少、带动面的大小作为衡量农民专业合作经济组织好坏的重要指标；二要建立起好的运行机制，在坚持“民办、民管、民受益”原则的基础上，逐步健全内部各项管理制度，提高合作组织的社会化、组织化、规范化水平；三要充分发挥龙头企业的带动作用，带动农民专业合作经济组织大发展；四要积极引进外商和掌握国际市场的营销人员，开辟郊区农产品进入国际市场的渠道；五要把具备条件的中小型农产品加工企业改造为专业合作经济组织；六要通过发展农民专业合作，推动农业结构调整，大力发展经济效益高的种植业、养殖业和开发名牌产品；七要继续从赋予合作组织法律地位、给予财政信贷扶持和税收优惠等方面加大对农民专业合作经济组织的扶持引导力度，为合作组织的发展创造良好外部环境，促进其健康发展。

【召开北京市发展奶牛合作社实施奶业产业化工作会议】 2000年8月16日全市召开了“发展奶牛合作社，实施奶业产业化的工作会议”。会上，怀柔县梭草奶牛合作社、大兴县庞各庄奶牛合作社、顺义区史家营奶牛合作社、密云县北庄奶牛合作社、北京三元食品有限责任公司介绍了各自的发展情况，并实地参观了怀柔县梭草奶牛合作社的经营状况。会议提出，郊区奶业产业化的指导思想是：以市场为导向，经济效益为中心，乳品加工业为龙头，奶牛养殖小区为基础，奶牛合作社为主体，通过建立以农民为主体的经济合作组织，提高农民的组织化程度，加快奶业产业化建设的步伐，促进农业结构调整，形成新的产业化的格局。产业化的基本模式是：奶牛养殖小区+奶牛合作社+乳品加工企业。会议还针对北京奶业面临的形势和郊区奶业产业化的问题，就建立奶牛合作社的必要性和如何实施奶业产业化提出了具体意见。一是随着人们生活水平的不断提高，牛奶消费量增长很快，需求增大；二是牛奶的鲜活易腐的特征和北京巨大的消费群体，决定了郊区处于有利地位；三是这两年牛奶盈利较大，调动了农民的积极性；四是三元食品公司等乳品加工企业经过大规模技术改造，加工能力得到提高；五是北京奶业中心有全国最大的种公牛站，科技实力较强。会议要求，郊区要加快培育奶牛合作社、加速奶业产业化步伐，尽快使郊区奶业实现产业化、投资主体多元化、资源配置合理化，提高奶业的组织化程度和农民进入市场的能力。

【北京顺鑫农业股份有限公司等四个企业被评为全国农业产业化经营重点龙头企业】 在2000年11月7日举行的全国农业产业化工作会议上，北京市北京顺鑫农业股份有限公司、北京市丰台区新发地农副产品批发市场、北京三元食品有限公司 北京资源亚太饲料科技有限公司被评为全国农业产业化经营重点龙头企业。

北京顺鑫农业股份有限公司是本市第一家农业类上市公司，目前公司的三个分公司为北京市牛栏山酒厂、北京顺科农业技术开发中心和北京耘丰种业公司。公司的经营范围是：粮食作物、经济作物、蔬菜、瓜果、果树种植、加工及销售；养殖畜禽；生产、销售饲料；白酒、肉类加工、制造及销售；淡水养殖；种畜产品、农作物种子、蔬菜种子、种苗的繁育及销售；农业技术开发、技术服务；销售农机具及配件、化工产品、机电产品、建筑材料；餐饮服务。北京顺鑫农业股份有限公司以股票发行上市为契机，坚持走“知识、资本、技术”三位一体的现代化大农业发展道路，利用良好的区位优势与自身的资金优势，采用“公司+基地+农户”的方式，与农户以合同契约方式，把加工、流通的部分利润返还给农民，与农民形成风险共担、利益共享的经济合作关系，在区内充分发挥农业产业化龙头企业的作用，积极带动区域经济的发展，为农民收入的增长和农村的稳定做出贡献。

北京三元食品有限公司是1997年初成立的一家中外合资企业，由原北京市牛奶公司骨干企业——西郊乳品厂、东外乳品厂、右安门乳品厂、双桥乳品厂、南口乳品厂、中瑞奶业培训中心乳品厂等乳品加工销售企业及北京麦当劳食品有限公司的中方权益组成。现有职工3 000余人，净资产4.8亿元人民币，是1997年5月股票在香港成功上市的北京控股有限公司的成员企业，名列全国十大乳品企业前茅。三元食品有限公司是北京地区最大的乳制品加工企业，日处理鲜奶能力达到700吨。公司继承并延续着原北京市牛奶公司43年的乳品加工史，拥有“三元”这一驰名商标，销售网点覆盖北京市各城区、郊县及全国十几个城市，生产袋装鲜牛奶、屋型保鲜奶系列、超高温灭菌奶系列、酸奶系列、奶粉系列产品以及干酪、黄油、冷食和特制宫廷乳制品系列等数十种特色产品，鲜奶销售量占北京地区消费量70%，是北京奶业发展的龙头企业。1998年，三元公司投资2.3亿元，执行资金战略、名牌战略、科技战略和人才战略，到目前已建成了与国际接轨、在国内处于领先地位的液态奶、发酵奶、固态奶、超高温奶四大生产基地。总投资1.1亿元的液态奶生产基地，选用当今具有国际领先水平的全套设备，采用全自动中央控制系统和牛级的自动控制标准化处理，实现了与国际标准接轨，是目前我国国内自控程度和自动化程度最高、规模最大的乳品生产厂。总投资7 000万元人民币的发酵奶生产基地，在我国同类企业中设备最先进、自动化程度较高、规模较大。投资2 800万元人民币的奶粉生产基地，引进了当今国际一流水平的干法混合生产线，使配方粉的营养素添加问题得到了解决，具有节能、高效、质优的特点。投资2 000万元人民币的科研、培训和中试基地，配备了具国际先进水平的分析检测仪器设备，为科研人员攻克技术难关提供了先进的装备。通过继承和优化原北京市牛奶公司的销售网络，三元公司目前已在北京市内建立了1 600余个销售网点，发展了24个送奶到户分社、10万家订户，开辟了顺义、平谷、燕郊、密云等13个郊区县市场，并且启动了福建、天津、石家庄、广西、南宁、桂林、山东、青岛等外埠市场的开拓。1999年，三元公司为不断加强和规范售后服务管理，在原售后服务热线的基础上，建立了售后服务中心，为消费者解答疑难，为生产企业传递质量信息，保证了消费者与公司的信息交流畅通。专业公司调查表明，在北京市场上，三元牛奶的认知度提升到了98.7%，忠诚度、美誉度列居同类产品第一；在 20 项有关产品质量、品种、价格、购买便利性等方面的评价指标中三元均名列第一。三元公司具有严格的质量保证体系，已于 2000 年 2 月 21 日通过 ISO9001 的现场审核，并将于 2000 年 3 月取得认证，保证了“三元”牌产品由原料奶采购到成品上市的全部过程均有严格的质量控制和卫生测试；三元公司的 200 余名高科技人员，不断研制开发高品质、高营养的乳制品和其他食品；三元公司实行先进严格的管理制度，全体员工团结协作、爱岗敬业，为企业的发展与壮大不断探索和追求。

北京市丰台区新发地农产品中心批发市场成立于 1988 年 5 月。当时，北京市委市政府为搞好北京市副食品供应工作，对原有蔬菜产销体制进行了改革。由于本地区属经济菜区，农民为卖菜难犯愁，于是自发来到新发地形成“马路市场”。新发地村领导因势利导投资 15 万元，1 公顷地，由 15 名劳动力组建成一个小型的农贸市场。解决了当时本地菜农卖菜难和城里人吃菜难的两大困难。由于建场当时政策对头，措施得力，方法对路，再加上企业管理严密，充分发挥自身优势，市场很快发展壮大起来，建起当时最大的夜间交易市场。被当时市场报称之为“一颗璀璨的夜明珠”和“京南的大菜篮子”。市场顺应市场经济发展规律制定出一套相关的规定，市场宗旨是“让客户发财，求市场发展”。客户来市场挣钱，市场取得一定效益，再用于市场建设。市场办场原则是取之于市场用之于市场。经年年滚动发展，市场一步一个台阶地发展壮大起来。现有建筑面积 35 000 平方米，固定资产 8 000 万元，员工 350 名，由原来的单一蔬菜批发市场扩大为蔬菜批发市场、果品批发市场、粮油批发市场；水产批发市场和两座水产、肉类、调料大厅，一座种子交易大厅，配套设施地磅、台磅、招待所、饭馆、长途电话、信息中心、广播站、蔬菜残留检测中心等。由于市场建设的发展，服务设施配套场地扩大、管理制度建全，服务水平提高，加上市场注重信息传递和宣传报道等工作的开展，市场知名度逐年扩大，吸引力和凝聚力不断提高。进场交易的农民、运营户和果菜运销范围已辐射北京郊区、河北、内蒙古、山东、河南、安徽、江苏、两湖、两广、海南等 30 多个省、市、自治区，高峰期日客流量达 5 万多人次，车流量 1 万多辆次，日交易量达 1 500 万千克（菜 700 万千克，果 800 万千克）。蔬菜 1997—1998 年连续占北京市的 55% 以上。冬天南菜北运、夏天北菜南运，市场成为华北地区的一个农副产品大中转站。由于新发地市场的兴旺发展，给众多农民、运营户提供了优越交易场所，激发了大批农民的种菜果的信心。提高了他们的土地经济效益，还有 2 000 多户农民每天都在市场做菜果生意，有相当一批农户由此脱贫走上致富的道路。市场是新发地农工商联合公司 40 来个企业中的龙头支柱企业，由于市场的蓬勃发展，带动了周边服务餐饮、运输等多种企业。市场多次获得“全国文明市场”、“北京市文明市场”、“北京市京郊经济发展十佳（单位）”等荣誉称号。

北京资源亚太饲料科技有限公司是刘钧贻先生与大兴县粮食局共同出资于 1998 年 10 月注册成立的合资企业，本公司是北京资源集团下属控股公司之一。作为北京资源亚太饲料科技有限公司母体（主要股东）的北京资源集团，是由北京资源饲料有限公司和北京亚太资源饲料研究所发展起来的以安全饲料、安全混合料、兽药、农业信息软件和安全肉食品五大板块为支柱产业的农业高科技企业集团，公司始建于 1995 年初，经过 5 年的发展，在全国各地已拥有数十家合资与合作企业，仅在北京就有 5 家控股企业，在北京市大兴县建立了占地 3.33 公顷的现代化安全饲料、兽药、安全肉食品产业基地，并在湖南、辽宁、黑龙江、河南、山东、山西、安徽、江苏、广西等地设立了数十个办事处。集团现拥有固定资产 1 亿多元，年销售额过亿元，员工 3 000 余人。科技资源是资源集团最具活力和竞争力的资源，资源集团在全国率先提出“配方师、安全饲料、安全猪肉”的概念，成为国家科技部中小型企业 1999 年度创新基金资助的第一家资料企业；其品牌产品“资源配方师”REFS 系列软件和“资源 1 号预混料”项目被列入 1999 年度北京市重大科技成果推广计划；“资源 1 号预混料”被科技部等五部委确立为 2000 年国家重点新产品；资源安全猪肉产业化工程和资源饲用生物复合酶项目被列入 2001 年北京市星火计划；资源集团还获得国家出入镜检验检疫局颁发的《出口食用动物（猪）饲用生产企业登记备案证》；2000 年 11 月，北京资源集团被中国饲料工业协会评选为 2000 年度优秀团体会员。

【北京大发正大有限公司等十个企业被评为北京市农业产业化经营重点龙头企业】 为促进郊区农业产业化的发展，鼓励更多的龙头企业带动农民共同致富，经各区县及农口局（总公司）推荐、市级评审，北京大发正大有限公司、北京天惠参业有限公司、北京双斯特天然饮料有限公司、北京市昌平水产集团公司、北京金星鸭业中心、北京琪景药业有限公司、北京顺兴葡萄酒有限公司、北京密水渔业开发公司、北京鲁梅克斯绿色产业有限公司、北京潮河蔬菜基地被评为 2000 年度北京市农业产业化经营重点龙头企业，市委农工委、市农委对上述 10 个单位进行了表彰，并载入 2000 年度北京市郊区经济工作先进集体先进个人《光荣册》。

（王凤楼、姜善文、刘容江、王晓东、薛有才）

食用农产品安全生产体系建设

【下发《北京市食用农产品安全生产体系建设的意见》】 经过市农业局与市农委共同酝酿，并与市技术监督局、市工商局、市卫生局、市环保局研究，在广泛征求意见的基础上，起草了《关于本市食用农产品安全生产体系建设的意见》，于2000年5月30日在第74次市长办公会讨论，原则通过。市农委根据市长办公会上提出的意见进行修改后，2000年8月16日以市政府办公厅的名义正式转发执行。

【制定《北京市食用农产品安全生产暂行标准》】 根据国内外的发展现状，针对北京市的农业生产特点和生产实际，起草了《北京市食用农产品安全生产暂行标准》。《暂行标准》涉及种植业的生产环境、生产投入品、产品质量三类项目共404项指标，其中环境指标84项、投入品指标中禁用的25类116项、限制使用的有92项指标，产品质量指标有112项。

【组建食用农产品安全生产协调领导机构】 根据市政府转发市农委的《意见》，通过协调初步组成了由市农委、商委、农业局、技术监督局、卫生局、工商局等13个部门参加的"市食用农产品安全生产体系建设协调领导小组"，建立工作联席会议制度。同时设立办公室，挂靠在市农委，办公地点在市农业局，全面负责安全生产体系建设的日常管理和具体工作的落实。各区县政府也建立了相应的组织机构。

【"放心菜"生产基地和销售专柜挂牌】 2000年7月4日，北京市和农业部联合举行"无农药残毒放心菜生产基地和销售专柜"授牌仪式，对经过检测产品合格的小汤山地热开发公司、大兴三绿菜蔬责任有限公司等5个单位的蔬菜生产基地授予"无农药残毒农产品试点生产基地——放心菜"匾牌。同时对5个生产单位分别在万方西单商场、崇文门菜市场等4个商场开设的7个直销专柜授予了"无农药残毒农产品试点专柜——放心菜"牌匾。活动开展后，受到广大消费者的认可，同时也取得了良好的经济效益。

【推广无公害蔬菜栽培技术】 推广使用无公害蔬菜生产投入品，包括高效低毒农药和生物农药、新型肥料、环保型蔬菜种衣剂和防虫网的使用等；推广实用安全蔬菜生产技术，包括测土精良平衡施肥技术、生物防治技术、新型高效施药技术等；推广远东化操作规程，包括病虫害综合防治远程、蔬菜规范化栽培规程等。全市共安排中心示范点10个，涉及5个区县的10个乡镇，完成示范推广基地面积0.31万公顷，实现亩增效益15%以上。

【认证一批安全食用农产品生产基地和达标单位】 2000年9月，市农产品安全办根据《暂行标准》的有关要求，对各区县申报的300家基地和企业的生产规模、技术水平、管理条件等方面进行考核，对生产环境和产品质量进行严格检测，认定98家生产基地和企业为北京市安全食用农产品第一批抽检达标单位。

（王永泉）

京郊二、三产业发展

概　述

2000年，郊区大力发展二、三产业，增加总量，提高水平，使二三产业真正成为了增加郊区经济实力和促进经济社会发展的强大动力。郊区二、三产业增加值在农村国内生产总值中的比重，二、三产业就业劳动力在农村总劳力中的比重、农民在二、三产业中的收入占农民人均纯收入的比重都有了很大的提高。

郊区乡镇企业的发展，已经确立了在农村经济中的支柱作用。2000年，认真组织实施乡镇企业二次创业，通过产权制度改革，努力培育适应市场经济需要的市场经营主体。同时，结合首都经济发展的特殊要求，大力进行结构调整，把优先发展高效技术产业、农产品加工业放在突出位置，切实把乡镇企业发展建立在依靠科技进步、合理利用资源、保护生态环境基础上，实现郊区农村的可持续发展。

在2000年，注重实施乡镇企业高起点、大范围、宽领域的资本引进战略，引进增量、盘活存量、扩大总量。组织优势企业进入资本市场，改变乡镇企业资本结构单一的状况，实施投资主体的多元化，进一步推进农民的投资主体地位。

加快了乡镇企业的布局调整。区县工业区逐步发展成为乡镇企业二次创业的集中示范区。规模大、水平高的乡镇企业纷纷在区县工业区落户。镇（乡）工业小区和二、三产业专业村成为了乡镇企业二次创业的主要基地。远郊区县乡镇企业较发达的村，经过批准，开辟了集中工业发展用地，形成了一批“工业大院”。按照区县总体规划和土地利用规划，乡镇企业逐步形成了适度集中的合理布局。

区县属工业成绩斐然。各区县发展区县工业思路正确，本着“以发展为主题、以深化改革为动力，以结构调整为手段，以资本经营为切入点，大力发展与本区县资源优势相结合的特色工业企业。”按照这一原则，各区县对所属工业大力进行产业、产品结构调整、大力开展以产权制度改革为核心的重组转制，清理不良资产，加强设备改造、技术更新力度，推进管理体系建设，严格财务管理等，通过实施切实可行的措施，区县属工业实现利润，上交税金都有显著增长，出现了一批知名企业。

郊区第三产业得到充分发展。各区县充分发挥资源优势，建筑、劳务、运输、房地产开发业和以旅游服务业为主的第三产业取得好成绩。效区三产步入了可持续发展的轨道。仅乡镇企业中的第三产业就有9.22万家，同比净增1.3万家，经营机制、经营方式都发生了明显变化。

2000年，效区的外经外贸工作围绕北京郊区农业和农村产业结构的调整和乡镇企业二次创业，进一步加大对外开放的力度。各郊区县以扩大出口、大力发展创汇农业，加快招商，进一步吸引外资等为重点，全方位、多层次、宽领域开展了对外经济贸易与合作，从而推动了郊区外向型经济的进一步发展。

乡 镇 企 业

【主要经济指标继续快速增长】 京郊乡镇企业全年完成总收入959.1亿元，比上年增长17.1%；完成现价总产值938.1亿元，同比增长21.3%；完成增加值209.9亿元，同比增长18.4%；实现利润63.4亿元，同比增长22.1%。完成工业总产值496.6亿元，同比增长14.1%；完成工业增加值108.3亿元，同比增长14.2%；完成出口产品交货值52亿元，同比增长14.6%。

【经济运行质量进一步提高】 京郊乡镇企业利润总额的增幅分别高于总收入、增加值增幅的5个百分点和3.7个百分点；人均总收入94 586元，同比增长10.8%；人均增加值20 700元，同比增长12%；人均创利税8 581元，同比增长13.4%；人均创利润6 252元，同比增长15.6%；收入利润率6.6%，同比提高0.3个百分点；乡镇企业资产总额855.2亿元，增加116.2亿元，同比增长15.7%；负债总额449.2亿元，资产负债率52.5%，同比下降2.4个百分点。（其中：集体企业资产总额758.3亿元，负债总额437.5亿元，负债率57.7%，同比下降1.9个百分点；集体工业企业资产总额449.7亿元，负债总额263.9亿元，资产负债率58.7%，同比下降2.5个百分点）。集体工业企业收入利润率4.9%，同比提高0.2个百分点；工业产销率94.7%，同比提高1.8个百分点。

【企业扭亏减亏取得成效】 2000年，京郊乡镇企业通过“二次创业”，把重组引进与老企业脱困相结合，在引进增量扩大总量的同时使老企业的扭亏减亏取得成效。当年亏损企业1 654家，同比减少38家，亏损面1.4%。其中：集体亏损企业1 106家，同比减少118家，亏损面9.2%；工业亏损企业671家，同比减少135家，亏损面8.5%；营业收入500万元以上亏损企业118家，同比减少139家，亏损面8%，亏损额10 766万元，同比减少2 541万元，减亏19.1%。

【投资力度加大】 京郊乡镇企业充分发挥首都人才优势和区位优势，加大重组引进力度，加快结构调整步伐，使京郊乡镇企业总体实力不断增强。2000年，京郊乡镇企业固定资产投资项目1 495项，同比增长1.9%；实际完成投资57.5亿元，同比增长39.2%；平均每个项目投资385万元，同比增长37%。技术改造投资百万元以上项目计划349项。其中：500万元～1 000万元项目160项，1 000万元以上项目50项，计划投资24.37亿元，其中引进资金4.22亿元，贷款9.87亿元，企业自筹10.27亿元。2000年，百万元以上技术改造竣工项目273项，占计划的78.2%。其中：500万元～1 000万元项目118项，1 000万元以上项目35项，竣工项目累计完成投资17.23亿元。其中引进资金3.46亿元，贷款6.05亿元，企业自筹7.72亿元。2000年，京郊乡镇企业资产总额达到855.2亿元，同比增长15.7%。乡镇集体企业的单体规模已经超过600万元，增加了135万元，同比增长27%。而且，形成了一批有规模的乡镇、村、企业。超亿元的乡镇24个，同比增加7个，超2亿元的村25个，同比增加8个，超亿元的企业63家，同比增加14家。

【企业出口能力逐渐增强】 2000年，京郊乡镇企业中"三资"企业1996家，出口创汇企业570家，出口交货值超过100万元的企业达到312家。2000年，京郊乡镇出口创汇企业克服金融危机的影响，出口产品交货值突破50亿元，同比增长14.6%。郊区有167个乡镇形成出口能力，其中128个乡镇出口快速增长。传统的服装、纺织行业产品成熟程度加深，占乡镇企业出口总量的45.4%，增长15.1%。机电产品、高附加值产品所占比重有所提高，出口产品交货值4.6亿元，同比提高3个百分点。果蔬、花卉、畜禽特种养殖及农产品出口规模扩大。农产品出口产品交货值达到4.5亿元，同比增长20%，约占乡镇农业企业营业收入的27%。全市乡镇自营出口企业85家，实现自营出口额4 500万元。新批准乡镇"三资"企业95个，协议总金额19 383万美元，同比增长7%，外商投资额8 529万美元，占44%。

【个体私营经济发展壮大】 个体私营企业数达到10.68万家，占乡镇企业总数的89.9%，比重同比增加了3个百分点。职工33.2万人，占乡镇企业总数的32.8%。个体私营企业全年完成总收入298.9亿元，增加值68.3亿元，实现利润27.6亿元，分别占乡镇企业总量指标的31.2%、32.5%和43.5%，比重同比分别增加了3.2、4.5和4.5个百分点。个体私营经济已成为京郊乡镇企业发展的主要增长点。

【产业结构发生变化】 2000年，京郊乡镇企业全年完成增加值209.9亿元。其中：第一产业完成3.95亿元，同比增长72.5%，占乡镇企业总量的1.9%，同比提高0.7个百分点；第二产业完成139.2亿元，同比增长14.4%，占66.3%，同比降低6.4个百分点；第三产业完成66.75亿元，同比增长25.2%，占31.8%，同比提高了5.8个百分点。在第二产业内部，工业企业完成增加值108.3亿元，占二产的77.8%，同比降低0.2个百分点。乡镇集体工业中，轻工业增加值占59.8%，同比提高2.2个百分点，重工业增加值占40.2%，同比降低2.2个百分点。乡镇企业通过结构调整，使为城市、小城镇服务的第三产业和以休闲观光为主的第一产业得到了快速发展，服务首都的功能得到了加强。

【职工素质明显提高】 京郊乡镇集体企业拥有管理和专业技术人员133 362人，同比增加5 172人，增长4%，占集体企业职工总数的19.6%，同比提高1.1个百分点；具有大专以上学历的职工32 591人，同比增加7 492人，增长29.8%，占职工总数的4.8%，同比提高1.2个百分点；中专以上学历的55 182人，同比增加6 270人，增长12.8%，占集体企业职工总数的8.1%，同比提高1个百分点；高中、技校学历的210 349人，同比增加5 649人，增长2.8%，占集体企业职工总数的30.8%，同比提高1.3个百分点。初中以下学历的383 694人，同比减少30 608人，降低7.4%，占集体企业职工总数的56.3%，同比降低3.5个百分点。

【乡镇企业地位作用突出】 2000年，京郊乡镇企业的总收入、利润总额分别占农村经济各业营业收入和利润总额的74.5%和82.2%，分别提高了1.3和3.8个百分点。2000年，京郊乡镇企业新增就业人员5万人，职工突破百万，占农村就业人数比重达到61%。乡镇企业已成为吸纳农村富余劳动力的主要载体。乡镇企业提供给职工的可支配收入总额75.6亿元，增加10.4亿元，同比增长15.9%，远远高于当年农民人均纯收入7.3%的增长幅度，乡镇企业提供给农民的人均可支配收入占农民人均纯收入的比重达到44.3%，提高2.8个百分点。

【依靠科技进步塑造企业形象】 2000年，有36家企业被新认定为科技先导型示范企业，累计已达80家。全市引进、开发新产品443项，同比增长46.2%，其中具有国际水平的11项，填补国内空白的8项，填补本市空白的17项。企业质量意识进一步增强，ISO 9000体系认证工作有新突破。全市通过认证的企业为142家，累计已达348家。2家企业在全市率先通过了ISO14000体系认证。19家企业被授予北京市乡镇企业第一批创名牌重点企业称号，7家企业被农业部授予创名牌重点企业称号，10家企业被授予北京市名牌产品称号。

【集体企业改革取得重大进展】 2000年又有3 044家企业实现了不同形式的重组转制，重组转制面已经达到93%以上。在3 044家重组转制企业中，转为股份制、股份合作制的企业1 148家，占37.7%。其他各种形式为：出售企业466家，占15.3%；租赁企业552家，占18.1%；联营、合资、合作企业183家，占6%；被兼并托管的企业11家，占3.9%；组建企业集团13家，占0.4%；破产企业78家，占2.6%；其他类型487家，占16%。通过重组，企业引进资金36.5亿元，盘活存量资产17.8亿元，转移企业债务11.8亿元。通过转制，企业明晰了产权，推动了现代企业制度的建立，促进了投资主体多元化，改善了投资融资机制，使企业实力、素质和经济效益都得到提高。

【“三项工程”建设速度加快】 2000年，市委、市政府组织京郊农村开展了以乡镇工业小区、村级工业大院和二三产业专业村为主的“三项工程”建设，使京郊乡镇企业集中连片发展，有效扭转了京郊乡镇企业发展中存在的“村村点火、处处冒烟”的无序状况 。2000年，京郊经过区县批准的乡镇工业小区113个，其中已经启动开发的有102个，占地1.05万公顷；入区企业1 848家，同比增长30.7%；基础设施建设投资29.9亿元，同比增长35.4%；累计投资总额147.1亿元同比增长45.2%；入区企业职工11.4万人，其中吸纳农村富余劳动力8.7万人。

村级工业大院经乡镇以上政府部门审定的有271个，其中已经启动开发的有262个，占地0.38万公顷；入院企业2 643家，同比增长48%；基础设施建设投资15.5亿元，同比增长55.5%；累计投资总额85.6亿元同比增长38.5%；入院企业职工10.9万人，其中吸纳农村富余劳动力8.3万人。

2000年，符合市级标准的二三产业专业村累计有429个，其中：二产占45.4%，三产占65.6%。农民人均收入超过1万元的专业村54个，二三产业专业村从事二三产业的农户12.8万户，占农户总数的69%；从事二三产业劳动力19万人、占劳动力总数的84.8%。

【重组引进大项目取得进展】 2000年，京郊乡镇企业利用首都特有的区位优势，引进增量，盘活存量，对现有企业实施了高起点、大范围、宽领域的资产重组。2000年京郊乡镇企业引进投资1 000万元以上的项目225项，企业新增投入45.2亿元，其中引进资金36.5亿元。预计投产后可实现销售收入80亿元，利润12亿元。根据对资产重组大项目扶持奖励政策，市农委、市财政局、市乡镇企业局分两批对其中的51个符合扶持条件的项目引进单位给予了奖励，奖励金额1 020万元。

【绿化隔离地区企业动迁启动】 绿化隔离带地区涉及到郊区6个区县，涉及乡镇企业3 283家，占地2 619.8公顷，涉及企业职工11.7万人。其中2 164家企业需要搬迁，297家企业需要关停。当年，朝阳区共拆除关闭企业103家，海淀区四季青乡共拆除建筑面积79.6万平方米，丰台区卢沟桥乡西局村当年拆除企业建筑面积11.5万平方米。为此，市乡镇企业局向市绿化隔离地区建设指挥部上报了绿化隔离地区企业关停、搬迁、保留改造的建议报告，建立并完善了有关材料的档案管理工作。

【批准乡镇工业小区113个】 2000年，经过区县级政府及以上部门批准的乡镇工业小区共计113个。其中已经开发、启动的乡镇工业小区102个，其中通州区22个，大兴县19个，房山区12个，顺义区10个，平谷县10个，怀柔县9个，昌平区6个，密云县5个，朝阳区3个，海淀区3个，门头沟区2个，延庆县1个。

102个小区占地面积1.05万公顷，入区企业数1 848家，增加568家，同比增长30.7%；入区企业职工11.4万人，增加2.8万人，同比增长33%，其中吸纳农村劳动力8.7万人，占入区企业职工人数的76.1%。

102个乡镇工业小区累计总投资147.1亿元，增加45.8亿元，同比增长45.2%。其中：项目总投资117.2亿元，增加38亿元，同比增长47.9%；基础设施投资29.9亿元，增加7.8亿元，同比增长35.4%。

2000年，102个乡镇工业小区实现营业收入125.9亿元、同比增长43%，利润总额10.9亿元、同比增长53.6%，税金6.3亿元、同比增长47.4%，增加值29.6亿元、同比增长64.2%。

【64个乡镇工业小区符合政策扶持标准】 102个开发启动的小区中，符合市级扶持奖励标准（经过区县级政府及以上部门批准，符合乡镇区域规划；基础设施建设完善，管理工作规范；区内注册并投资建厂的企业10家以上；当年实现销售收入平原地区在5 000万元以上，山区在4 000万元以上）的乡镇工业小区共计64个（顺义区、大兴县和平谷县各9个，通州区8个，怀柔县、房山区和昌平区各6个，朝阳区、海淀区和密云县各3个，门头沟区和延庆县各1个），占102个已启动工业小区的62.7%。

64个小区占地0.71万公顷；入区企业数1 545家，增加452家，同比增长29.3%；入区企业职工9.4万人，增加2.2万人，同比增长31.5%，其中吸纳农村劳动力7.2万人，占64家乡镇工业小区职工人数的76.6%。64个工业小区累计总投资127.5亿元，增加37.3亿元，同比增长41.4%。其中：项目总投资101.2亿元，增加30.8亿元，同比增长43.8%；基础设施投资26.3亿元，增加6.5亿元，同比增长33%。

2000年，64个乡镇工业小区实现营业收入113.6亿元，同比增长42.3%；利润总额10.3亿元，同比增长52.3%；税金5.8亿元，同比增长44.9%；增加值26.6亿元，同比增长60.9%。

【村级工业大院审批271个】 2000年，经乡镇及乡镇以上政府部门审批的村级工业大院271个。其中已经开发、启动的村级工业大院262个。其中：通州区72个、房山区54个、大兴县50个、昌平区20个、怀柔县18个、顺义区17个、平谷县12个、延庆县6个、海淀区5个、朝阳区3个、密云县2个、门头沟区3个。

已经开发启动的262个村级工业大院占地面积0.38万公顷，入院企业数2 643家，增加857家，同比增长48%；入院企业职工10.9万人，增加2.7万人，同比增长33.7%，其中吸纳农村劳动力8.3万人，占入院企业职工人数的76%。262家工业大院累计总投资85.6亿元，增加23.8亿元，同比增长38.5%。其中：项目总投资70.1亿元，增加18.3亿元，同比增长35.3%；基础设施投资15.5亿元，增加5.5亿元，同比增长55.5%。

2000年，已经开发启动的262家村级工业大院实现营业收入99.9亿元，同比增长40.2%；利润总额7亿元，同比增长43.4%；税金3.3亿元，同比增长50.4%；增加值21.4亿元，同比增长39.4%。

【167个村级工业大院符合政策扶持标准】 已经开发启动的262家村级工业大院中，符合市级扶持奖励标准（有确定的区域，合理的规划和必要的基础设施；并经所在乡镇政府及以上部门批准；农民成为投资和经营主体；占地面积6.67公顷以上；入院企业数5家以上；当年实现总收入平原地区在2 000万元以上，山区在1 500万元以上；村集体能为农民兴办二、三产业提供较完善的服务；生产项目符合环保要求）的村办工业大院共有167个（房山区41个、大兴县33个、通州区24个、昌平区16个、顺义区15个、怀柔县12个、平谷县11个、海淀区5个、朝阳区2个、密云县2个，门头沟区和延庆县各3个），占已开发启动大院的63.7%。

政策扶持奖励的167家村级工业大院占地面积0.26万公顷，入院企业数2 081家，增加641家，同比增长44.5%；入院企业职工8.5万人，增加2.1万人，同比增长32.4%，其中吸纳农村劳动力6.5万人，占入院企业职工人数的76.3%。167家村级工业大院总投资72.1亿元，增加18.8亿元，同比增长35.3%。其中：项目总投资60.7亿元，增加15.4亿元，同比增长34%；基础设施投资11.4亿元，增加3.4亿元，同比增长43%。

2000年，167家村级工业大院实现营业收入86.9亿元，同比增长40%；利润总额6亿元，同比增长38.3%；税金2.9亿元，同比增长47.6%；增加值17.7亿元，同比增长38.8%。

【发展“小区”、“大院”得到政策扶持】 各区县委、政府及行政主管部门都把乡镇工业小区、村级工业大院工作做为实现京郊乡镇企业二次创业的重点工作之一。部分区县制定了鼓励乡镇企业乡镇工业小区和村级工业大院的扶植政策和奖励办法。密云县政府制定了《密云县加快“三项工程”建设的扶持奖励办法》，从县财政中拿出500万元作为对重点有规模和特色的乡镇工业小区、村级工业大院和二、三产业专业村的扶持奖励。怀柔县政府关于《转发县乡镇企业局财政局关于促进乡镇企业二次创业意见的通知》中规定：对达标的工业小区给予一次性不低于20万元的扶持奖励资金，对达标的村级工业大院给予一次性不低于15万元的扶持奖励资金。房山区政府制定《房山区关于优化区内投资环境若干政策的通知》，并作出《关于推进乡镇企业二次创业有关奖励政策的规定》。区经委制定了《关于乡镇企业二次创业有关奖励政策的规定的实施细则》。

【扶持奖励工业小区、工业大院】 经市农委、市财政局、市乡镇企业局共同审定，择优扶持奖励了20个乡镇工业小区和20个村级工业大院，扶持奖励总金额1 000万元。其中，持奖励半山区和边远山区乡、镇、村11个，扶持奖励金额280万元，占同口径指标的28%。包括：工业小区6个，扶持奖励金额180万元，占同口径指标的46.2%。工业大院5个，扶持奖励金额100万元，占同口径指标的25%。

【利用自身优势发展二三产业】 利用区位优势和周边丰富的自然资源和人文资源优势，发展二三产业专业村。毗邻城区、卫星城和小城镇村庄，利用优越的地理位置和交通优势，依托市场需求，创办各类企业。其中有以从事商饮服务业为主的专业村；依托煤矿、石材等自然资源搞以加工、运输业为主的专业村；利用现有旅游资源，从事旅游服务、纪念品加工为主的专业村。顺义区北小营后鲁村、仇家店村利用当地砂石资源形成建材专业村，人均纯收入达到万元。怀柔县喇叭沟门满族乡孙栅子村位于本市最大的天然林区猴顶山脚下，原始森林面积达400余公顷，平均海拔1 300米，该村利用得天独厚的资源优势，修路、通车、建度假村，开展民俗旅游“农家乐”。目前全村已发展民俗接待户71户，年入住率达100%。

【依托第一产业发展二三产业】 主要是以农业生产基地为依托，从事包装、分级、加工、运销等行业，从一产向二三产业延伸。平谷县镇罗营乡桃园村是一个小山村，果树面积有113公顷，有各种果树6万余株，果品产量丰富。桃园村利用这个优越的一产种植优势，在平谷率先成立果品产销合作社，干鲜果品长期运销到沈阳、长春、鞍山等地。全村96%以上的劳动力从事果品运销业，果品运销业实现收入占农村经济总收入的86%。

【依靠传统技艺发展二三产业】 以传统技术手艺为基础，从事某些特殊加工制作业。通州区柴厂屯乡临沟屯村素有“风筝村”之称，家家户户会做风筝。该村采取统一供料，家庭分散生产，统一收购，统一销售的生产方式，制作宫廷风筝，目前全村90%以上的农户从事风筝制作或相关行业。

【挂靠龙头企业发展二三产业】 随着市场经济的发展，农民逐步成为农村经济发展中的市场主体和投资主体，发展领域也逐步由单一的农业转向二三产业，农民中的一些能人开始成为二三产业专业户。在这些龙头户的作用下，更多的农户发展二三产业，生产规模扩大，效益增加，专业村很快形成。平谷县马坊镇太平庄村笊篱编织已有70多年的历史，过去一直是作为副业，赚点零花钱。5户村民在村里支持下，带头搞笊篱编织，迅速发展为专业大户。经过几年的发展，不但带动了本村农户，而且带动了附近几个村的100多个农户生产笊篱。村里80%的闲散人员和村里、村外的二十几名残疾人都靠笊篱加工生产走上了致富路。

【多业并举发展二三产业】 京郊二三产业专业村行业结构多样，以第三产业的商饮、旅游、服务业为主。在达到标准的429个二三产业专业村中，各个行业均有不同程度的分布，有煤炭开采、机械制造、建材建筑、手工业、商饮服务业等。产业分布差异较大，从事第三产业的占65.6%。第三产业中以旅游、商饮、服务业为主，占总数的44.3%。从事二产的占34.4%。

【专业村发挥积极作用】 一是促进了农村二三产业的发展。2000年郊区农村二三产业增加值占农村国内生产总值的比重将超过80%，比上年增加4个百分点。二是增加了农民收入，富裕了农民。2000年有54个二三产业专业村人均纯收入超过了万元。三是加快了农村富余劳动力的转移。二三产业专业村吸纳了大量农村劳动力就业，为农村富余劳动力提供了广阔的就业空间。顺义区北小营镇小胡营村在龙头大户的带领下，发展北京鸭的养殖、屠宰、加工业，4个加工厂吸纳本村劳动力200人就业，并成立养殖生产联合体，带动本村和周边地区农户共同养殖北京鸭。

【重组引进大项目取得成效】 2000年，全市乡镇企业利用首都区位优势，引进增量，盘活存量，对现有企业实施了高起点、大范围、宽领域的资产重组。共引进投资1 000万元以上的项目225项，企业新增投入45.2亿元，其中引进资金36.5亿元。预计投产后可实现销售收入80亿元，利润12亿元。根据对资产重组大项目扶持奖励政策，市农委、市财政局、市乡镇企业局分两批对其中的51个符合扶持条件的项目给予了奖励，奖励金额1 020万元。

【招商引资力度加大】 2000年，市政府出台有关扶持奖励政策，各区县也制定了相关的配套扶持奖励政策。郊区乡镇企业各级行政主管部门通过对现有企业的高起点、大范围、宽领域的资产重组引进从而加快乡镇企业发展的成功经验取得共识，并加大推动力度。通州区区委、区政府对9月份以来重组招商大项目举行签字仪式，协议资金11.6亿元。平谷县举办的经贸洽谈会共签约项目220个，是历年来洽谈会签约项目最多的一次。协议总金额26.4亿元，新增投入23.8亿元，盘活闲置资产4.28亿元。

【重组企业投资规模扩大】 通州区引进500万元以上重组项目109个，总投资23.2亿元，其中：投资1 000万元以上的项目63个，投资过亿元的项目5个。大兴县引进2 000万元以上的大项目36个，总投资14.8亿元，引进资金10.6亿元，到位资金12.2亿元，其中投资2 000万～5 000万元的项目22个，5 000万元以上的项目14个。到年底已有22家企业投产。

【企业重组后产品科技含量提高】 在资产重组过程中，各区县更加注重提高企业和产品科技含量。恒聚化学科技开发有限公司是通州区漷县镇引进黑龙江省大庆市的一家企业进行重组的大项目。项目总投资1亿元以上，主导产品为驱油剂——聚丙烯酰胺精细化工产品，主要用于油田采油、水处理以及环境保护等方面，科技含量和附加值高。北京康仁堂药业有限公司是门头沟区长沟镇1999年重组的企业，为提高其产品的科技含量，2000年又投资1 300万元，将原生产的普通中药饮片改为中药颗粒制剂，年生产能力2 000吨，年销售收入1.5亿元。

【个体私营经济积极参与资产重组】 2000年，一大批有规模的民营、个体、私营企业参与乡镇企业资产重组。大兴县榆垡镇工业小区重组的项目大部为民营、个体、私营企业。密云县资产重组项目中，新增7亿元投资，有53%来源于民营、个体、私营企业的投入。如：北京云佛山度假村是私营企业——北京云佛山旅游开发有限公司与密云县溪翁庄镇东至两村联合组建的集旅游、住宿、餐饮、健身为一体的大型度假休闲场所，总投资1.2亿元，并于10月初试营业。

【农副产品深加工企业发展迅速】 区县在资产重组过程中，充分利用本地农副产品资源，注重引进农副产品深加工项目，使农副产品深加工行业发展迅速。如：顺义区引进成立的北京浩邦金苜蓿技术有限公司利用牧草为原料加工成颗粒型精饲料，项目总投资2 000万元，该项目于12月竣工投产，设计能力年产2 000吨，计划年实现销售收入3 000万元、利税550万元。又如：北京京京肉食品有限公司与昌平区沙河镇投资5 000万元重组组建北京万利士食品有限公司，引进德国先进的加工设备，生产加工熟食制品，年产14 400吨，计划年实现销售收入12 000万元、利润800万元、税金300万元，产品销往本市大型商场和超市，市场前景较好。

【一批国内外知名企业落户京郊】 在效益跟踪的101个项目中，名牌企业18个占17%。如：三伍电子系统（北京）有限公司是昌平区东小口镇与美国三伍电子系统有限公司重组的一家企业，主导产品为液晶显示屏，为摩托罗拉等国际大公司配套，成为京郊创汇大户。顺义区实现重组的汇源果汁、天坛家具、庆东锅炉、博涛制衣；通州区实现重组的北泡建材、中国建科实业研发基地、北京恒聚化工科技开发有限公司等一批国内外知名企业相继落户京郊。

【区域经济逐步形成】 通州区形成以宋庄、徐辛庄、胡各庄为重点的食品行业，以郎府、甘棠、漷县为重点服装行业，以马驹桥、牛堡屯为重点的新医药、环保行业；怀柔县形成食品、饮料和电子行业；大兴县形成民营科技型企业为主的特色。这些项目的成功引进，促进区域经济的形成并成为各工业小区的亮点。

【加快结构调整带动区域经济总量增长】 通过资产重组，出现了一批电子信息、新医药、新材料、光机电一体化、环保等高新技术企业和产品，带动了区域经济总量的增长。如：北京市桑德环保集团落户通州区马驹桥开发区，总投资 8 500 万元，集科研和生产环保产品为一体，项目达产竣工后，可年增销售收入 2 亿元，利润 800 万元，税金 600 万元。

【拉动京郊乡镇经济增长】 据对重组大项目效益跟踪的结果显示：到 2000 年底，101 个项目共实现销售收入 29.6 亿元，增加值 6.1 亿元，利润 3.3 亿元，税金 1.8 亿元。昌平区北京金万众空调制冷设备有限公司于 2000 年 6 月竣工投产，当年完成销售收入 5 000万元，利税 400 万元。

【安置一批本地农民就业】 随着重组大项目落户京郊，推动了本地区农业经济结构调整，安置了一批当地农业富余劳动力就业，增加了农民收入。北京汇源食品饮料公司落户顺义区北小营后，镇域内 15 个果园、200 多农户为公司种植水果、蔬菜。怀柔县北京燕松宏达电子配件有限公司职工 90%以上是经过培训的当地农民。北京安美尔纸业公司落户平谷县后，安置当地农村劳动力 500 人就业和 140 余名下岗职工再就业，增加了农民和职工收入，在获得明显经济效益的同时，也取得了良好的社会效益。

（吴晓平　刘万民　王　欣　刘　杰）

区县工业

【区县工业发展取得实效】 据初步统计，2000 年远郊区县所属工业实现产值 383.44 亿元，销售收入达到 450.53 亿元，实现利润 21.2 亿元，上缴国家税金达到 15.6 亿元。在区县工业发展上，各区县的思路和方法都不尽相同，但都取得了实实在在的效果，特别是产业结构、产品结构的调整和进行资产重组的力度，是近几年来比较大的。尽管区县属工业归于中小企业类，但它的正常运营为国有大中型企业三年脱困目标的实现，奠定了良好基础，起到了应有的促进作用。

【产业、产品结构调整取得初步成效】 随着经济全球化和我国市场经济体制改革的日趋深化，积蓄在国有和集体企业中的各种弊端逐步显现，区县属工业也在所难免。面对这种形势，各郊区县根据各自的实际情况，采取了不同的应对措施，基本思路是“以发展为主题，以深化改革为动力，以结构调整为手段，以资本经营为切入点，大力发展与本区县资源优势相结合的特色工业企业。”在这种思路的指引下，区县工业的产业结构发生了明显变化，一改过去为市属大工业企业配套、加工、服务的产业模式，形成自己的开发、生产、制造产业，如电子、通讯和仪表行业，食品饮料行业，纺织服装行业，化工、医药行业等。产品结构也更趋合理，从大多数企业没有自己的产品，发展到不但有了自己的产品，而且还形成了一批在市场上占有一席之地的名牌产品，如燕京啤酒、红牛饮料、福田汽车、裕兴电脑、顺美服装等，都是区县工业发展的成果。

【名优产品、骨干企业的拉动作用开始形成】 2000 年各郊区县都在着力培育有竞争力的大公司、大企业、大集团，并且形成了一批拥有名优产品、市场前景广阔、带动能力强的企业，北京恒基伟业、彼阳红太阳生物、巨能发展、清华同方机电等年销售收入在 8 000 万元乃至亿元以上的骨干企业对区域经济的拉动作用已经形成。如顺义区的燕京啤酒和北京醇两个骨干企业，2000 年完成工业产值 22 亿元，销售收入 27.9 亿元，实现利润 4.5 亿元，分别占全市远郊区县工业企业的 5.7%、6.2%、21.2%。

【以产权制度改革为核心的重组转制效果明显】 首先是企业转制和资产重组，各区县普遍采用“分类指导、一厂一策、全面推进”的原则，加快了企业改制的步伐。实施的办法有租赁、出售、拍卖、联营、兼并、股份制和股份合作制等，取得了很好效果。如怀柔县的县属工业通过企业重组转制，资产负债率下降 2 个百分点，产品销售率提高 3.5 个百分点，工业利润增幅高于销售收入增幅 23 个百分点。其次是多种所有制经济共同发展，公有制是区县属工业的主体并没有改变，但通过资本运作，以较少的资本控制较大的资产的格局已经形成。顺义区属工业中，独资工业企业实收资本占区属工业实收资本的比重已由“八五”末期的 78.1%下降到“九五”末期的 21.7%，下降了 56.4 个百分点，但所控制的资产总量却明显增加。如燕京啤酒以其占有国有资本的 17%的比率，即 10 亿元的资本，控制了近 60 亿元的总资产。三是促进企业上市，规范投融资体制。郊区已有京西旅游、北京中燕、燕京啤酒、顺鑫农业等上市公司，仅其中燕京和顺鑫两家就融资 30.63 亿元。大力发展上市公司，不仅可以在丰厚的资本市场规范的融资，而且有助于现代化企业制度的实施，促进企业规范化经营。再次采取“有生有死”的运营机制，果断地实施破产，有效地抑制亏损继续增加和资产的流失。郊区对长期亏损、资不抵债的区县属企业实施了规范破产。如通州区对区属 14 家企业进行了依法破产，涉及总资产 4.8 亿元，总负债 9 亿元，共核销债务 7.8 亿元，使该区区属工业总体资产负债率下降了近 30 个百分点，为改善总体经济运行质量起到了积极作用。

【工艺设备改造、技术更新周期加快】 区县委、政府都特别关注区县属工业，为支持企业的发展，对市场前景好、有发展潜力的企业和项目，积极鼓励、加快发展，特别是在技改和设备更新上更是给予特殊的优惠照顾。延庆县2000年对工业技改投入资金总额达1.9亿元，使得11项技术改造项目全部竣工，其中清华紫光、双鹤药业、华源亚太技术改造起点标准高，设备先进，处于国内领先水平。平谷县全年对区县属工业实施技术改造13项，投资6 300万元。顺义区2000年，区属工业共实施技术改造项目45项，完成技改技措投资总额达5.2亿元。

【财务管理加强】 2000年，远郊区县的县（区）属工业财务管理进一步加强，会计委派制、企业年审制、年薪制等在不同区县进行试验。通州区还构建了公有资产运营体系，解决了企业公有资产出资人缺位问题。生产型企业远离居住区，利用土地级差地租，借助区县级开发区升级为市级开发区的机遇，对一些县城城区内的企业进行了产业置换，通过适易的房地产开发，获取了土地增值收益，资源得到了合理配置。

【国际质量管理标准体系认证工作初步推广】 企业管理工作得到加强，质量管理体系认证被大家越来越认可，有近百家企业通过了ISO 9000国际质量管理标准体系认证，一部分企业正在申请通过ISO 14000认证。2000年平谷有15家企业通过了ISO 9000国际质量管理标准体系认证。通州区也很注重ISO 9000体系认证工作，并取得了初步成绩，2000年有9家企业通过了认证，使企业管理水平有了初步提高。

【工业园区建设促进区县工业发展】 2000年，10个远郊区县属工业开发区被提升为市级工业开发区，以及各区县根据各自的实际情况确定的各种专业性较强的、科技含量较高的工业园区建设，为区县工业的发展提供了孵化器，区县属工业发展的空间和领域得到了初步拓展和延伸。如大兴的青鸟软件园、留学人员创业园、基因园、民营科技园区等的发展和成长，都对区县属工业的发展起到了促进作用。顺义区的天竺出口加工区、留学生创业园、生物科技园等园区都发挥了作用，仅空港工业区2000年就累计实现工业增加值20亿元，拉动全区经济增长9.3个百分点，实现销售收入142.8亿元。延庆八达岭经济开发区晋升为市级工业开发区，2000年新入区企业61家，注册资金达1.4亿元，实现技工贸总收入59.5亿元，上缴税金7 142万元。

（王　东）

第三产业

【郊区第三产业继续保持良好态势】 2000年，郊区第三产业增加值达到230亿元，增长12.1%，总量和增长速度在三次产业中均排在前面，比一产的增加值高140亿元，增速快8个百分点；比二产的增加值高14亿元，增速快1个百分点。第三产业在三次产业的比重达到42.9%，使郊区产业结构首次呈现三二一格局，对郊区经济增长的贡献率明显加大。

【郊区第三产业发展创造就业机会】 在国民经济产业体系中，第三产业包括的行业门类多，渗透面广，可挖掘、存储劳动资源的潜能大。在2000年农业结构调整过程中转移出来的农村劳动力，大部分都在第三产业中找到了就业岗位。仅在245个第三产业专业村中，就有10多万农村劳动力从事第三产业，其中人均纯收入超万元的村在50%以上。郊区第三产业的蓬勃发展，不但拓展了农村劳动力的就业门路，增加了农民收入，而且还使城区一部分下岗、失业职工在郊区农村找到了再就业的机会；郊区第三产业的发展还安置了大量外来人口就业，缓解了城市中心区的人口压力，郊区为全社会的稳定贡献了一份力量。

【第三产业为郊区农民增收做出贡献】 2000年，在农民人均纯收入4 687元中有1 875元来自于第三产业，占40%。据京郊农户抽样调查资料显示，2000年农民家庭经营纯收入中的三产收入比1995年增长1.85倍，平均每年增长23.3%；农民三产收入占家庭经营纯收入的比重也比1995年提高了22.7个百分点。第三产业的发展不仅能为本行业劳动者带来收益，而且能产生“波及效应”，带动郊区经济其他行业劳动者收入的增加。

【第三产业不同行业对郊区经济发展起不同推动作用】 郊区农村第三产业中传统的交运邮电、批零餐饮、金融保险、社会服务等行业仍占主导地位。在2000年第三产业增加值中，排在前四位的是：批发零售贸易餐饮业、社会服务业、交通运输仓储邮电通信业、房地产业，其增加值分别为：46.2亿元、37.67亿元、35.2亿元和33.86亿元。这4个传统行业增加值已占第三产业增加值的66.5%。随着传统行业的稳步发展，金融保险、文化娱乐、信息、咨询、市场、旅游等新兴行业也正在兴起。2000年，金融保险业增加值达到22.9亿元，教育文化广播电影事业增加值达到16亿元。以上说明，新兴行业对经济发展的推动作用正逐步增强。

【房地产业发展迅猛】 2000年，房地产业逐步成为京郊新的投资热点，并正在形成一个包括土地使用权出让、转让、房屋买卖、租赁、房地产抵押贷款、信托、拍卖等各种经济活动在内的房地产体系。随着住房商品化，房地产市场从无到有，发展正方兴未艾。据统计，2000年房地产业增加值的增速达40.4%，是第三产业中各业增速最高的。2000年，顺义实现房地产销售收入10.9亿元，大兴实现销售收入10.5亿元，通州实现销售收入8亿元，其他区县虽然与这几个区县比相对弱一点，但都取得了历史性的好业绩。大多数区县的房地产业的开复工面积都在100万平方米以上，个别边远山区的开复工面积也在10万平方米以上，特别是延庆县，在2000年首次建成面积为3.5万平方米的高层住宅，销售前景也十分看好。房地产业的发展还带动了建材、家居等行业的发展，门头沟区提出以建材强区。

【批发零售贸易餐饮业在第三产业中仍占主导地位】 批发零售贸易餐饮业的经营网点最多，容纳就业劳动力的量最大，包涵所有制性质最广。从总体规模看，是郊区三产第一位的主要行业，其增加值是整个第三产业的五分之一。特别是以满足城乡居民生活需要和进行物资交流的各类专业市场发展趋势明显，到2000年底，郊区专业市场已发展到几十个，范围包括农副产品、服装百货、建材、汽车及配件、灯具、家具、花卉、小商品等。大钟寺、岳各庄、新发地等几个大型农副产品批发市场，已成为供应首都市民日常生活和农副产品集散的主要基地，大红门地区已成为北京地区最大的以中低档服装为主的服装市场。在专业市场的带动下，郊区各区县都取得了可观的经济效益。昌平2000年实现消费品零售额22亿元，同比增长18.9%；顺义市场成交额达12.2亿元，其中农副产品的成交量达5亿千克，居京郊同类市场之首；平谷县属各类专业市场达75个，仅北宫大桃交易市场的年交易额就达1亿元。专业市场经营内容丰富，形式灵活多样，是批发零售贸易餐饮业繁荣郊区经济的主力军之一。

【邮电通信、金融保险、文化娱乐等增势不减】 2000年，随着社会的发展和农民经济收入的增加，郊区对信息的需求越来越强烈，不但电话的普及率飞速提高，而且农民利用网络的意识也在增强，农民专业合作经济组织和部分先富起来的专业户，已经利用网络查找信息、收发电子订单等。正是这种市场需求，使2000年邮电通信的增加值同比增长了15.7%。2000年，郊区金融市场体系稳定，融资能力增强，贷款力度加大，各类保险市场规范有序，年末以郊区农民存款为主的农业银行、农业发展银行和农村信用社的存款余额达到1 066.9亿元。随着金融保险业务的开展，它对第三产业的贡献率也在加大，2000年对第三产业的贡献率达到10%，平谷一个县增加值就达2亿多元。郊区农民对业余文化生活的需求也随着物质文明的提高而逐步增加。2000年郊区农村不但开展了形式多样的文化娱乐活动，而且电影队、秧歌队、时装表演队、舞蹈队等各种文化娱乐团体不断涌现，使郊区农村文化娱乐业的增加值达到16亿元，同比增长了10.9%。

【农村市场活跃】 2000年，在全市经济持续、快速增长、农村城镇化发展和农民收入稳步提高等各种因素的带动下，农村消费品市场保持持续增长，商业企业改革不断深化，农村市场消费环境不断改善，农村商业经济保持了较快的发展势头。2000年，全市农村市场实现社会消费品零售额212.2亿元，同比增长10.7%，占全市社会消费品零售额的14.7%。

【农村消费品市场保持较快速度增长】 2000年，农村商业按照全市的统一部署，紧密结合农村发展的新趋势，重点围绕假日消费和晚间消费，开展了一系列丰富多彩的商业促消活动，有效地繁荣了农村消费品市场。平谷县等远郊区县商业还在王府井大街等城市主要商业街区举办大桃节等商业促销活动，积极向城市商业拓展。同时，各种新型商业业态通过连锁经营积极向农村市场延伸，城镇市场与农村市场形成了互相渗透与融合的机制。截止到2000年，小白羊超市在远郊区县已开店7家，张一元茶叶公司在远郊区县开店达4家，其他一些管理规范、有竞争力的老字号企业和优势企业如全聚德、东来顺、大明眼镜公司、物美商城等纷纷在城乡结合部或郊区开店。这些企业不但繁荣活跃了区县经济，推动了农村零售业态结构的调整，也促进了当地企业经营管理水平的提高。另外，农村商业设施建设也取得了长足的发展。2000年，农村市场继续延续了1999年的市场走势，在与城镇市场保持同步增长的同时，全年有6个月增长速度快于城镇市场。

【农民购买力提高】 2000年，全市农民人均纯收入达到4 687元，比上年增长8.6%；扣除物价因素，实际增长7.3%，实现了1995年以来的最高增速。全年农民人均消费性支出3 441.3元，同比增长9.9%，消费支出增幅高于收入增幅1.3个百分点。农民收入的稳定增长为农村消费品市场的发展提供了强大的推动力，逐步改变了农民的消费观念，开始由生活温饱型向小康型转变。从农民家庭平均每百户耐用消费品拥有量看，传统大件耐用消费品农民家庭拥有量有所降低，而电话机、抽油烟机、空调等改善农民生活质量的商品拥有量有较大幅度的增长，电话机同比增长16.9%，抽油烟机同比增长27.6%，空调增长了1.3倍。

【农村商业改革不断深化】 2000年是农村商业改革力度较大的一年。各远郊区县商业部门通过股份制改造、资产重组、破产、拍卖、出售等多种形式进一步深化企业改革，尤其是面对农村商业企业规模小、网点多、经营分散的特点，积极探索适合小企业的各种产权制度改革措施。据统计，远郊区县市商委系统实行产权制度改革的小型企业数量占远郊区县改革企业总数的65.4%。其中，改制为有限责任公司的企业86家，实行股份合作制的企业60家，撤资租赁的企业达1 242家，出售的企业284家，破产企业达126家，兼并的企业31家。通过这些形式的改革，有效地盘活了商业资产，实现了商业资源的优化配置，为农村商业的快速、健康发展提供了强大的动力。

【商业行政执法力度加大】 2000年，在全市统一部署下，农村商业以打击“注水肉”为突破口，认真贯彻《生猪屠宰管理条例》，重点加强了对生猪屠宰行业的执法力度，使农村市场的消费环境得到净化，从而在生产和流通环节上保证了全市居民能够吃上“放心肉”。据统计，10个远郊区县全年共组织生猪执法检查2 441人次，查处违法案件342个，没收生猪产品46 788千克。组织盐政执法检查8 841人次，查处违法户4 958个，没收违法盐产品914吨。

10个远郊区县社会消费品零售额完成情况

单位：亿元

区县名称	2000年	1999年	同比（+ -%）
门头沟区	18.0	16.2	11.1
房山区	48.8	45.4	6.6
通州区	33.9	33.0	2.7
顺义区	35.0	32.3	8.4
昌平区	22.0	18.1	21.5
大兴县	27.3	25.6	6.6
平谷县	13.6	12.8	6.3
怀柔县	14.0	13.7	2.2
密云县	15.7	14.7	6.8
延庆县	22.0	18.6	18.3

（市商委提供）

【农村旅游业发展势头良好】 2000年，在郊区14个区县中，旅游业发展情况大体如下：各区县旅游景点数量总和为981个，与1999年的916个相比增加了65个，增长比例7.1%，增加的部分主要来自于门头沟区的增长，其他区县较平稳或旅游景点数略有下降。980多个景点，共接待游客6 360万人，比1999年略有增长，增长比例为3%，但各区县在接待游人数量上差别很大，比较多的朝阳、海淀分别接待了1 449万人和1 553万人，少的区县有几十万人，增长幅度不一，增幅高的房山和大兴分别比1999年增长了86.36%和27.32%。旅游景点的营业收入达到167.5亿元，与1999年32.9亿元相比增长了409%，营业收入各区县均呈上升趋势，其中增幅大的是平谷县，当年实现营业收入2亿多元，比1999年增长了103.19%。2000年，旅游业的利润总额达到8亿多元，比1999年增长了3 525万元，增长比例达到4.6%，但各区县在旅游业利润上差距很大，朝阳一个区就实现利润额7.6亿元，有7个区县利润额为负值，其余6个区县的利润额均在2 000万元以上。旅游业在2 000年度上缴税金总额达10亿多元，增长趋势明显，比1999年的39.3亿元增长了163%亿元，其中增长最明显的是平谷县，该县1999年旅游业上缴税金为455万元，而2000年则达到了1 089.5万元。

【京郊旅游业开拓新领域】 2000年，京郊农村在继续开发传统的、著名的旅游资源，重点吸引国内外游客的同时，休闲观光旅游与特色民俗旅游也发展迅速，已成为吸引北京市民的主要旅游项目。

据统计，2000年京郊观光农业项目达到1 368个，接待游客2 179万人次，观光农业总收入达到12亿元，比上年增长1.3倍。目前，7个山区县已开辟民俗旅游景点90个，2000年特色民俗旅游收入1亿元，比上年增长25%。

【开发旅游商品服务】 农村商业企业针对部分远郊区县山多地少适合发展旅游业的先天自然优势，积极与旅游部门相结合，开发了一系列商业旅游文化活动，有效地促进了农村市场的进一步发展。各区县商业部门适应城市居民旅游休闲的需要，与旅游部门合作，通过开办小吃节、大桃节、采摘节等各种旅游文化节的方式充分挖掘本地区的自然优势，同时努力做好旅游商品的销售和完善相关旅游、餐饮等各项服务，有力地吸引了部分城市购买力及外埠购买力在本地的实现，对繁荣农村市场起到了良好的促进作用。

（王　东　吴晓平　王　欣　刘　杰　刘万民　瞿　功　瞿　商　吕　游　全　茂）

对外经贸

【正式颁布扶植发展创汇农业的意见】 2000年2月21日，为发展创汇农业，促进北京郊区农业结构调整和产品升级换代，尽快实现与国际贸易接轨，提高京郊农产品的竞争能力，市农委和市财政局出台《关于扶持发展创汇农业的意见》。规定：扶持范围为各类农产品出口创汇企业（不包括外商独资企业）、各类农产品出口创汇贸易组织、农产品集中出口创汇基地；扶持的主要内容和标准是：①对农业出口创汇工作继续给予政策扶持，由市里安排专项奖励资金，主要用于扶持有直接出口权的出口创汇的企业、贸易组织。对直接出口创汇的农产品加工企业，其主要原材料来源于京郊，并能带动500个农户致富；要求农产品贸易组织出口的农产品80%以上产自京郊。直接出口企业和贸易组织，与上年比较，按当年直接出口创汇新增额的3%，由市里予以奖励。②对农产品出口创汇生产基地，其规模较大，具有较强的基础设施和生产条件，面积66.7公顷以上，能带动200个农户以上的，其生产水平和配套的基础设施建设如冷库、加工设备等，符合国际化标准的，市里给予一定的扶持奖励。③对间接出口的农业企业和贸易组织，由区县自行安排给予奖励。

【利用外资规模扩大，效益提高】 2000年，郊区新批外商投资企业450家，比上年增长32.7%；协议总金额5.5亿美元，协议利用外资金额3.7亿美元，分别比上年增长6%和8%。实际利用外资3.5亿美元（其中包括外资增资额0.7亿美元），比上年略有增加。其中农业及其农产品加工项目40家，协议总金额6 120.4万美元，协议利用外资3 673.3万美元；三产项目158家，协议总金额6 800万美元，协议利用外资2 553万美元。到年底，郊区外商投资企业累计达到5 990家，协议总金额136.3亿美元，协议利用外资57.5亿美元。

2000年新批1 000万美元（包括1 000万美元）以上的外商投资企业共13家，它们是：北京锦秋知春花园房地产开发有限公司、北京艺都视线网络科技有限公司、北京世纪朝阳房地产开发有限公司、北京世纪中海联数码技术有限公司、北京海腾房地产开发经营有限公司、众和住宅产业有限公司、北京嘉泰房地产开发有限公司、北京路新大成沥青混凝土有限公司、北京华骐机电制品有限公司、北京百顺达房地产开发有限公司、SMC（北京）制造有限公司、北京旧宫新园物业房地产开发有限公司、北京兴合达能源设备有限公司。

发展的特点：一是外商投资规模不断扩大。在新批的“三资”企业中，投资100万美元（含100万美元）以上的企业98家，其中100万～500万美元以下的企业68家，500万～1 000万美元以下的21家，1 000万美元以上（含1 000万美元）的企业9家。如香港国泰数码公司在朝阳区投资的北京艺都视线网络科技有限公司，总投资2 500万美元，英国世纪数码企业在海淀投资的北京世纪中海联数码技术有限公司，投资1 000万美元等。二是新批外商投资企业中，高科技企业明显增加。2000年郊区新引进的外商投资高科技项目共143家，占总数的39%。如昌平区新批准的23家企业中，有19家是高新技术企业，占83%；海淀区新批准的51家外商投资企业中，有37家是高新技术企业，占73%；朝阳区新批准的180家企业中，有90家是高新技术企业，占50%。这些项目主要集中在计算机软、硬件、IT、医药等高新技术产业上。三是已建成的外商投资企业增资、扩股呈上升趋势。2000年增资扩股外商投资企业达55家，增资总额1亿美元，其中外方增资7 000万美元，分别比上年同期提高67%和52%。外方增资额占全年郊区实际利用外资金额的18.9%。如通州区的一家装饰材料有限公司，原注册资金500万美元，今年外方增资1 300万美元，使注册资金增加到1 800万美元；顺义区的奥普尔农业生化有限公司，外方增资600万美元；密云县的科勒卫浴用品有限公司，外方增资500万美元。四是利用外资产生的经济效益持续提高。到2000年底，郊区累计开业投产外商投资企业2 880家，比上年增加146家，实现总产值280.6亿元，比上年增长75.7%；实现销售收入405亿元，比上年增长71.6%，其中出口销售收入6.4亿美元，比上年翻了一番；上缴税金28.5亿元，比上年增长106%。2000年有679家“三资”企业实现盈利，实现利润2.5亿元，首次实现扭亏为盈。

【外贸出口显著增加】 2000年，全年完成出口供货额53.8亿元，首次突破50亿元的历史大关，与上年相比，增长25.9%。当年有38家具备条件的企业获得自营进出口权，到年底郊区自营进出口企业总数已达158家，比上年的120家增加38家。在发展郊区外贸出口中，各区县根据国际市场的需求，积极进行出口结构的调整，在继续保持服装、纺织等郊区具有相对优势出口产品稳步增长的同时，机电、通讯、医药、以及食品饮料等行业的出口产品有了新的发展，种、养、加一条龙的农产品出口能力迅速增强。全年农产品实现出口24.47万元，比上年增长62.4%。养殖业的出口产品主要有肉鸡、肉牛、肉鸭、观赏鱼、池沼公鱼、黎明虾、兔毛等；种植业的出口产品也由过去的单一蔬菜扩大到了蔬菜、果品、籽种、油料、花卉以及加工农产品等诸多品种。农产品的出口市场进一步拓宽，已由东南亚等地扩大到欧美等国家和地区。

随着出口生产和出口创汇的发展，一批出口骨干企业规模扩大，素质进一步提高。2000年有100多家出口企业通过了ISO 9000质量认证，同时一批集生产、加工、贸易于一体的出口龙头企业也初具雏形。2000年出口供货额2亿元以上的骨干企业有1家（北京顺美服装有限公司），1亿元以上的企业有2家（北京市昌平三五电子有限公司、北京市瑞弛钻石厂），5 000万元以上的有13家（北京市华阳服装厂、北京奔驰服装集团公司、北京通州宋庄铸造厂、北京市昌平鹏达制衣公司、北京三益皮革制品有限公司、北京市顺义城关服装厂、北京维根制衣有限公司、北京市门头沟区埃姆毛纺有限公司、北京瑞吉集团、北京市昌平钢研安泰金刚石制品公司、北京市昌平麦克菲精密电子工程有限公司）。农产品龙头企业出口创汇超过1 000万美元的企业已有3家（北京大发畜产公司、北京华都集团、北京绿天使蔬果农业科研集团）。这些出口骨干龙头企业在郊区出口生产和出口创汇中日益发挥着重要的辐射带头作用。如北京大发畜产公司2000年出口创汇达到3 970万美元，几年来公司在京郊延庆、昌平、顺义、密云、平谷、房山、大兴等区县发展农民养鸡大户近5 000个，年饲养肉鸡4 000多万只，初步形成了肉鸡饲养的五大基地，带动了当地农民致富。

【招商引资形式多样】 2000年，由市农口统一组织郊区各区县和市农口各局、总公司，对227个招商项目进行了包装，总投资274 082.14万美元，并通过市计委统一进行了网上发布。各区县、局、总公司经过认真筛选，还自己包装了一批项目，有的区县还制作了光盘，在各类招商活动上进行了对外发布。

在招商引资方式上，郊区在继续采取传统招商方式的同时，不断进行创新。主要方式有：①专题招商，即按照专题召开招商引资活动。如昌平区组织有关经济委办(局)、各乡镇和部分企业与香港科技中心共同召开了“香港科技中心商业配对说明会”，通过组织商业配对帮助企业寻找合作对象、境外融资、拓展销售渠道等，克服了过去漫无边际的盲目招商，增强招商的针对性。②网上招商，即通过各种网站开展网上招商。如大兴县开设了“大兴县西瓜网站”，顺义区19个乡镇中有12个上了国际互联网，为宣传自己进而开展投资贸易提供信息和服务。③文化招商，即通过举办文化展览开展招商引资项目洽谈。如大兴首次在西单文化广场举办了“瓜乡之歌”西瓜文化展。

【进一步改善投资环境】 在不断改善投资硬环境的同时，各区县通过简化审批程序，提高服务质量等，不断改善投资软环境。如朝阳区2000年5月18日开通了“一站式”投资服务大厅，18个委办局集中办公，服务效率大大提高，一个多月受理设立“三资”企业文件 37 份，审批 15 家，从开厅到年底已审批各类报批文件 27 000 多件，接待咨询人员达 29 000 多人次。昌平区实行“三全”（全过程、全方位、全力以赴）服务，为企业办实事，排忧解难，年内为 55 家企业办理了转股、增资、调整经营范围等变更手续，促进了企业的发展。

【参加北京第三届国际周】 在整个国际周期间，市农口总计签订国内外经贸合作项目 64 个，总投资 83 035.8 万美元，占本届国际周北京投资贸易总额 23.8%，其中外资 70 900.64 万美元。正式签定合同的有 36 个，总投资 29 414.5 万美元，外资 19 738.16 万美元；截止目前，这些项目已开业 2 个，占 3.1%；已领执照 33 个，占 51.5%；已批合同 9 个，占 14.1%；正在办理变更合同 1 个，占 1.6%；已立项 2 个，占 3.1%；尚在谈的 16 个，占 25%；已撤消 1 个，占 1.6%。

（庄培徽）

郊区城镇建设

概　述

2000年，市委、市政府将推进农村城市化作为实现农村现代化、促进农村经济社会发展、建设国际化大都市的战略措施，以卫星城、中心镇、试点小城镇和中心村为建设重点，加快郊区城镇建设步伐，城市化水平迅速提高。到年底，郊区常驻农业人口为329万人，城镇人口的比重达到30%以上。郊区非农行业增加值占国内生产总值的比重达到83.2%，比1995年上升了5.8个百分点。郊区农村城市化水平达到30.8%，已进入城市化中期的快速发展阶段。按照《北京城市总体规划》，几年来远郊区县城镇建设迅速发展，已经形成了“卫星城—中心镇——般建制镇—中心村”四级城镇体系布局。

1. *加大规划力度*。2000年，各郊区县均加大了规划工作力度。到年底，14个卫星城除燕房卫星城外，其余13个卫星城的总体规划已经全部编制或修编完成；市委、市政府确定的33个中心镇的总体规划也全部完成，并已上报市政府有关部门审批；一般乡镇的规划编制和修编工作进展也较为顺利，除因涉及乡镇行政区划调整仍需做进一步修编外，其余已基本完成；郊区3 699个行政村的规划已全面展开，其中1 100个中心村的规划已经基本编制完成。

2. *卫星城建设放在突出位置*。郊区卫星城多数是区县域的行政、经济、文化和服务中心，是远郊区县城市化的重点。2000年，各区县都把卫星城建设放到了加快农村城市化进程的突出地位，加大工作力度。在卫星城总体规划的指导下，各区县普遍加强了城市基础设施的建设与城市的管理，加快了卫星城建设的步伐，使得城市的功能日趋完善，卫星城的经济效益、社会效益带动作用也十分明显，城镇面貌发生了巨大变化，城市的人居环境、生活质量也得到了明显改善，并引起了人们生活方式乃至思想观念的转变与更新。与此同时，各区县还积极探索城市管理的新机制，按照市场经济规律要求，大胆引进竞争机制，加大市政公益事业经营管理方式的改革力度。城市管理本着“谁投资、谁经营、谁受益”的原则，社会各界参与城市建设、管理的积极性得到了充分发挥，投资环境得到改善，融资渠道得到了拓宽。城市基础设施多元化投资的格局已经初步形成。

卫星城的快速发展，也加快了农村城市化发展的步伐，加快了周边地区的农业产业结构调整和农业产业化的发展。卫星城的发展，为工业的发展提供了强有力的支撑，日益成为县域工业的主要载体。同时，也加快了以商业、旅游服务业、房地产业为主要内容的第三产业的发展，带动了区县域社会事业的发展。

3. *乡镇行政区划调整工作进展顺利*。调整前，远郊区县设有108个镇、93个乡，调整后，远郊区县共辖141个镇、30个乡。调整后，乡镇域平均面积由78平方千米，上升到90平方千米；平均常驻人口由2.2万人，上升到2.57万人。调整方案于6月20日经第76次市长办公会议批准。

4. *确定小城镇建设发展重点*。根据《北京城市总体规划》和郊区近年来经济社会发展、城镇建设的特点，按照地理资源条件好、交通区位条件优越、现状经济实力较强、未来发展潜力较大的原则，经市委、市政府批准，重新确定了北京市郊区33个中心镇，作为郊区今后小城镇建设发展的重点。

为了进一步加快郊区小城镇建设，规范小城镇的健康发展，市政府制定下发《关于加快本市小城镇规划建设推进郊区城市化进程的意见》文件。同时，市委常委会对小城镇建设问题进行了专题研究，以市委名义印发《关于进一步加快郊区小城镇建设推进农村城市化进程的意见》文件。这两个文件成为指导北京郊区小城镇建设，推进农村城市化进程的纲领性文件。

市政府确定的22个小城镇建设试点，形势发展喜人。到年底，共实现增加值73.4亿元，完成财政收入8.01亿元，引进到位资金27.4亿元，完成固定资产投资46.8亿元。全年迁入镇区的人口为20 366人，其中大专以上的达2 607人。

5. *环境建设成绩显著*。全年，郊区共出动150多万人次，清运垃圾45.8万吨，清理户外广告9.5万块，取缔占路经营的摊商1万多个，植树620万株，种植草坪933.3公顷。郊区广大农村面貌变化十分明显。

全年，郊区共完成人工造林2.2万公顷，山区林木覆盖率达到60%。22个试点小城镇的林木覆盖率达到41.8%，人均公共绿地达到28.5平方米。

远郊区县1 100个中心村，到年底规划已经基本完成。村镇规划的编制，有利地促进了村镇建设和社会、经济的协调发展，对郊区开展大规模的环境治理，起到了积极的推动作用。同时，在规划的指导下，郊区涌现出了一批像韩村河一样的新村建设典型，成为郊区村镇建设的示范。

卫星城建设

【卫星城分布】 经国务院批准的《北京城市总体规划》，确定郊区共设有14个卫星城，即：通州、黄村、亦庄、良乡、燕房、门城镇、昌平、沙河、延庆、怀柔、密云、平谷、顺义、长辛店。其中10个是远郊区县的县城（区县政府所在地）；沙河、房山、长辛店是解放初期重点建设的具有一定工业基础和城镇化水平的城镇，亦庄则是近年重点建设的国家级经济技术开发区。14个卫星城中，良乡、延庆和顺义的马坡从2000年初开始享受试点小城镇的各项优惠政策。

【卫星城规划】 根据市政府要求，到2000年底，14个卫星城除了燕房卫星城外，均依据《北京城市总体规划》，在区县域总体规划指导下，结合本区县社会经济发展的实际，完成了卫星城总体规划的编制及修编工作。并上报，进入了市政府的审批程序。其中，延庆、怀柔、通州、良乡、长辛店、沙河、密云等7个卫星城的总体规划已经市政府批准。

【卫星城城市化水平不断提高】 到2000年底，14个卫星城建设用地规模已达到202平方千米，常驻人口达到130多万人，城市化水平达到59%，远远高于全国城市化30.9%的平均水平，城市化水平提高较快。

【卫星城建设速度进一步加快】 2000年，平均每个卫星城的建筑开工面积达40万~50万平方米，其中竣工量达20万~30万平方米。怀柔、顺义、昌平、平谷、良乡5个卫星城达到了园林城镇标准。为改善卫星城的形象，各区县都加大了拆除违法建设工作的力度，全年郊区共拆除违法建设51.9万平方米。与此同时，各区县也加大绿化美化工作的力度，涌现出了一批如延庆妫川广场、密云绿岛公园、平谷世纪广场、房山府前广场、大兴兴城公园、门头沟滨河公园、通州运河文化广场、顺义中心广场、昌平亢山公园等一大批规模大、标准高的绿化精品工程相继亮相京郊，城镇面貌明显改观。

【卫星城吸引力进一步增强】 经过多年建设，各卫星城道路交通、水电气热供给、环境绿化状况都得到明显改善。特别是与市区的交通联系，已经形成道路交通网络。相继建成了京石、京开、京张、京津塘、京通、机场路、顺平、八达岭、京沈等高速路或快速路，公路一环、二环等也正在紧张的建设中。到2000年底，郊区14个卫星城都分别建设了自来水厂，大部分的卫星城已经建成或正在建设污水处理厂。通州、平谷建成了两座中小型垃圾卫生填埋场，延庆、昌平、顺义、密云也分别建成了四座垃圾综合处理场。与此同时，包括文化、教育、卫生、体育及居民生活服务设施在内的公共服务设施水平也得到了较大程度的提高。

试点小城镇建设

【市政府出台规范郊区小城镇发展文件】 为进一步加快郊区小城镇规划建设的步伐，规范小城镇的健康发展，解决小城镇规划、建设发展中的突出问题，从年初开始，市农委分别协调了市公安局、市土地局、市财政局、市计委等有关委、办、局，研究并起草了《关于加快本市小城镇规划建设，推进郊区城市化进程的意见》，3月7日经第67次市长办公会讨论通过，以市政府文件下发执行。

【市委出台推进农村城市化文件】 为了落实中央有关文件精神，10月18日，市委常委会议专题研究加快郊区小城镇建设问题。

市委常委会在研究加快郊区小城镇建设问题时指出，加快小城镇建设对于郊区农业和农村结构战略性调整、富裕农民、提高郊区城市化水平、实现北京城市总体规划、完善首都城市功能具有十分重要的意义。要认真贯彻中央五中全会精神，并与制定北京市国民经济和社会发展第十个五年计划相结合，充分考虑今后北京城市体系建设这个大局，着重围绕小城镇建设研究提出指导思想、工作目标和具体措施，促进郊区小城镇建设健康、协调发展。

在推进这项工作的过程中，常委会议提出应注意把握好以下几个方面：一是要从可持续发展的高度，科学规划、合理安排农民住宅建设，引导农民上楼，节约土地，保护耕地，增加绿地。二是以产业为依托，因地制宜，发展城镇经济，为小城镇建设提供动力，注入活力。三是对小城镇基础设施建设要加强引导，提高投资效益，虽不能与城市基础设施建设攀比，但也要形成体系，适度超前地为长远发展奠定一定的基础。四是加强环境建设，对小城镇建设也要提出"人文、绿色、休闲"等方面的要求，引导和规范各项建设，使小城镇发展成为优美、舒适并且保持文化特色的京郊社区。

会议原则通过《关于进一步加快郊区小城镇建设推进农村城市化进程的意见》，并以市委文件下发。

【市政府确定22个小城镇建设试点】 1994年9月，建设部、国家计委和农业部等六部委下发了《关于加强小城镇建设的若干意见》。1995年4月，国家11个部委研究制定《小城镇综合改革试点指导意见》，由此开始了全国小城镇建设试点工作。1995年11月，原市政府农林办、首都规划建设委员会办公室等14个委办局研究制定了《北京市小城镇建设试点工作意见》，并经市政府和国家建设部批复确定了昌平区小汤山镇等11个镇，为郊区第一批小城镇建设试点镇。1999年4月1日，刘淇市长主持召开的市政府第34次市长办公会，决定增加通州区宋庄镇等8个镇为试点小城镇。2000年3月7日，刘淇市长主持召开的市政府第67次市长办公会，决定增加大兴县西红门等3个镇为试点小城镇。至此，郊区共有小城镇建设试点22个，它们是：

昌平区：小汤山镇、北七家镇；房山区：长沟镇、良乡镇；通州区：潞县镇、宋庄镇；门头沟区：斋堂镇、潭柘寺镇；顺义区：杨镇、马坡镇、后沙峪镇；平谷县：峪口镇、马坊镇；大兴县：榆垡镇、庞各庄镇、西红门镇；延庆县：康庄镇、延庆镇；密云县：太师屯镇、西田各庄镇；怀柔县：杨宋镇、北房镇。

【试点小城镇全部完成总体规划】 按照市政府京政发［2000］17号文件的要求，市农委会同市规委加强了规划编制的组织工作，要求22个试点小城镇的总体规划，在年底前编制完成。各试点小城镇积极与具有设计资格的“乙级”以上的设计单位联系，抓紧规划的编制工作。到年底，22个试点小城镇的总体规划均已全部完成，除顺义区后沙峪镇的总体规划因涉及首都机场的总体规划而未得到市规委的批复外，其余的21个小城镇均已得到市规委的正式批复。

【小城镇户籍管理正常运行】 为了贯彻《国务院批转公安部小城镇户籍管理制度改革试点方案和关于完善农村户籍管理制度意见的通知》精神，加快郊区城镇建设，北京市制定出台《北京市郊区小城镇建设试点城镇户口管理实行办法》和《北京市郊区小城镇建设试点城镇户籍管理试行办法实施细则》文件。这两个文件，对申请小城镇户口的原则、办法、投资标准、迁移等均做出了具体明确的规定。主要内容是：本市农民在试点镇购买两居室以上的，以及在试点镇务工经商、兴办实体的可以申请登记为城镇户口。外埠人员，除要购买商品房外，个人在平原镇投资50万元、山区镇投资25万元；单位在平原镇投资200万元、山区镇投资100万元可以申请登记为小城镇户口。

根据孟学农副市长关于小城镇人口“规模控制，提高引进素质”的指示，3月15日，市政府副秘书长柳纪纲主持召开了确定今年户籍指标规模会议。市计委、市公安局、市农委有关负责同志参加了会议。会议议定了以下主要事项：(1) 建立北京市小城镇户籍管理联席会制度，联席会议由市政府副秘书长柳纪纲牵头，市计委、市公安局、市农委参加，组成人员是：邓小刚、刘德、张凤福。(2) 联席会的主要任务是：确定郊区小城镇“农转非”和外地进京人员年度控制目标，确定外地进京人口指标分配原则，研究制定“成建制”引进人才和资金的鼓励政策。(3) 确定今年试点小城镇“农转非”人口控制指标为2万人，外地进京人口控制指标为5 000人。外地进京人口指标分解原则是：总指标的70%平均分别下达给22个试点小城镇，其余30%作为调控机动，由市公安局统一掌握。小城镇“农转非”指标，不作分解，以政策控制为主。会议要求，对外地进京人口要适当从严控制，并逐步向对引进资金和引进大项目贡献大的镇倾斜，发挥户籍政策在推动小城镇建设和发展中的积极作用。

【健全村镇建设联席会议制度】 鉴于近年来机构改革，联席会议的组成单位和组成人员变动较大，根据市政府办公厅《关于建立北京市村镇规划建设联席会议制度的通知》和9月19日市政府第27次常务会议精神，经市村镇规划建设联席会议召集人岳福洪副市长批准，市农委对联席会议组成单位和人员予以了调整。调整后，市村镇规划建设联席会议组成单位和组成人员是：召集人岳福洪（副市长）、成员赵凤山（市农委主任）、张凤福（市农委副主任）、单霁翔（市规划委主任）、邓小刚（市计委委员）、宋希友（首都绿化办主任）、栾德成（市建委副主任）、梁广生（市政管委副主任）、高佐之（市政府体改办主任）、郭文杰（市财政局总经济师）、李林（市房地局副局长）、刘德（市公安局副局长）、楚国清（市民政局副局长）、杨春萍（市地税局副局长）、王继全（市公路局副局长）、李强（市供电局副局长）、王月萍（市郊区电信局局长）、王东（市规划院顾问总建筑师）、赵成（市建委开发办副主任）、孟福增（农业银行北京分行副行长）、陈翰林（北京市农村信用社主任）。

【郊区确定33个中心镇】 为了加快郊区城市化进程，依据《北京城市总体规划》，8月22日，岳福洪副市长召开有市规划委、市农委、市建委、市计委、市财政局、市房地局、市公安局有关领导及远郊区县区县长参加的中心镇布局工作会。根据此次会议的要求及各区县上报名单的情况，9月5日，市规划委主任、市农委主任又召开以上部门领导参加的会议，会议确定了郊区中心镇布局的初步方案。9月11日，岳福洪副市长再次召开市有关部门负责人参加的会议，会议基本确定了中心镇布局名单。9月19日，市政府第27次常务会议上通过了市规划委主任单霁翔、市农委主任赵凤山关于调整确定郊区33个中心镇的情况汇报。郊区33个中心镇名单是：通州区宋庄镇、马驹桥镇、永乐店镇、潞县镇；房山区窦店镇、长沟镇、琉璃河镇、韩村河镇；门头沟区斋堂镇、潭柘寺镇；昌平区小汤山镇、北七家镇、阳坊镇；顺义区杨镇、后沙峪镇、北小营镇、高丽营镇；大兴县榆垡镇、西红门镇、庞各庄镇、采育镇；延庆县永宁镇、康庄镇、旧县镇；怀柔县杨宋镇、汤河口镇；密云县太师屯镇、溪翁庄镇、十里堡镇；平谷县峪口镇、马坊镇；海淀区温泉镇；丰台区王佐乡。

【小城镇建设专项资金使用管理办法实施】 市委确定：“市政府每年安排一定规模的专项资金，对列入中心镇的镇区道路、供排水、环境整治、水资源保护、信息网络等基础设施和公共事业建设给予支持，区县、中心镇也要安排专项资金用于此类建设，按照市、区县、镇 1:2:3 的比例配套使用”。根据要求，市农委会同市财政局在认真调研基础上，制定《关于支持小城镇建设专项资金使用的管理办法》，成立了由市农委、市财政局有关处室参加的项目审核小组，对各区县上报项目的时间、专项资金的使用、管理及监督等都做出了具体规定。按照此规定，市农委与市财政局拨付了 2000 年度市政府 2000 万元专项资金，并确保了及时足额到位。

【试点小城镇经济顺利发展】 2000 年，22 个试点小城镇共实现增加值 73.4 亿元，平均每个试点镇实现增加值 3.34 亿元，同比增长 31%，其中：一产增加值 16 亿元，同比增长 19.1%；二产增加值 30.4 亿元，同比增长 30.7%；三产增加值 27 亿元，同比增长 39.7%。22 个试点小城镇完成财政收入 8.01 亿元，同比增长 40.4%，平均每个试点小城镇完成财政收入 3 642 万元。其中地方财政收入 4.31 亿元，同比增长 22.9%。完成利税总额 21.2 亿元，同比增长 42.9%。到 2000 年底，22 个试点小城镇立项项目为 578 个，企业个数本期累计达 15 427 个，其中第一产业 600 个，第二产业 2 967 个，第三产业 11 860 个。全年，22 个试点镇共引进协议金额 77.1 亿元，同比增长 35.4%，其中到位资金 27.4 亿元，同比增长 31.5%，平均每个试点小城镇引进到位资金 1.24 亿元。

【小城镇基础设施和公共服务设施建设力度加大】 全年，22 个试点城镇基础设施投资完成额为 16.3 亿元，同比增长 41.7%。供水能力达到 1 393 390 吨/日；日供电能力达到 842.4 万千瓦；电话装机容量达到 97.2 万门，生活用供热能力达到 8 843 065 平方米，燃气普及率达到 78.7%。小汤山镇、太师屯镇、庞各庄镇分别建成污水处理厂。全年，22 个试点小城镇公共服务设施投资完成额为 12.5 亿元，同比增长 3.8%。到年末，中小学校规模达到 122 980 人，高中以上学校规模达到 26 961 人；医疗机构床位数达到 3 632床；敬老院床位数达到 1 531 床；幼儿园 268 所；有文化、体育、娱乐场所 320 个。

同时小城镇特别注重了环境建设，到年底，22 个试点小城镇林木覆盖率达到 41.8%，人均公共绿地达到 28.5%平方米，同比增长 6.4%，当年造林面积为 2 749.68 公顷，同比增长达到 96.4%，全年，22 个试点城镇共完成绿化美化工程 90 项，总投资达 1.9 亿元人民币。

【小城镇住宅建设发展迅猛】 到年底，22 个试点镇实有住宅面积为 2 275.6 万平方米，其中，商品房 493.5 万平方米，同比增长 15.3%。商品房销售面积 296.6 万平方米，同比增长 18.7%。其中本镇居民购房面积 100.8 万平方米，同比增长 40.1%；本市居民购房面积为 134.7 万平方米，同比增长 59.2%；外埠进京人员购房面积为 61.2 万平方米，同比增长 42.7%。

【通州区宋庄镇等 5 个规划建设示范点达到新水平】 市政府要求：在完成规划编制工作的基础上，重点抓好通州区宋庄镇、顺义区后沙峪镇、昌平区小汤山镇、大兴县西红门镇和怀柔县杨宋镇 5 个规划建设示范点。市委再次明确要抓好宋庄镇等 5 个建设示范点。2000 年市政府、市委确定的 5 个示范点，达到新的水平，示范作用十分明显。5 个小城镇实现国内生产总值达到 252 815 万元，占 22 个小城镇的 34%；实现利税总额 55 175 万元，占 22 个小城镇的 26%；上交税金 21 911 万元，占 22 个小城镇的 30%；固定资产投资完成额 163 699 万元，占 22 个小城镇的 35%；财政收入 28 281 万元，占 22 个小城镇的 35%；人均劳动所得达到 6 729 元，比 22 个镇的平均值高出 1 562 元；基础设施投资完成额 47 374 万元，占 22 个小城镇的 29%；公共服务设施投资完成额 23 399 万元，占 22 个小城镇的 19%；招商引资引进的协议金额 293 788 万元，占 22 个小城镇的 38%；引进到位资金 92 039 万元，占 22 个小城镇的 34%；当年商品房开工面积达到 32.68 万平方米，占 22 个小城镇的 24%，其中当年竣工面积为 26.1 万平方米，占 22 个小城镇的 26%。

一般建制镇建设

【总体规划基本完成】 按照市政府文件要求，郊区各区县今年普遍进行了乡镇域规划的编制和修编工作，市政府也将乡镇的规划编制工作列入了“折子工程”。为此，市农委会同市规划委协调市规划院等部门，积极组织远郊区县乡镇规划的编制和修编工作，到年底，远郊区县的 171 个乡镇的乡镇域总体规划的编制工作基本完成。

【总体规划要求有“六图”、“两书”】 规划的编制应依据《北京城市总体规划》及建设部颁发的《城市规划编制办法》、《城市用地分类与规划建设用地标准》、《村镇规划标准》等有关文件和法规。总体规划文件包括规划文本和附件。规划文本是对规划的各项目标和内容提出规定性要求的文件，规划说明是对规划文本的具体解释。总体规划要做到有“六图”、“两书”。“六图”是：位置及周围关系示意图；工程地质示意图；现状图；土地使用规划图；各项专业规划图（主要有道路、绿化、市政、环保等）；近期建设规划图。比例尺 1:1 万。“两书”：即规划说明书和环保评估报告。

【住宅建设有较大发展】 到 2000 年底，125 个建制镇镇区面积达到 18 869 公顷。本年竣工建筑面积为 158.71 万平方米，其中楼房 141 万平方米。建制镇实有建筑面积达到 2 125 万平方米，同比增长 13.5%，其中楼房 543 万平方米，同比增长 43%。住房使用面积达到 1 689 万平方米，同比增长 14%；住房居住面积达到 1 373 万平方米，同比增长 9.8%。人均居住面积为 14 平方米。

【基础设施、公共服务设施建设投资力度加大】

2000年，公共建筑竣工面积93.47万平方米，生产性建筑竣工面积62.18万平方米。到2000年底，公共建筑实有面积达到659万平方米，同比增长31%；生产性建筑实有面积达到699万平方米，同比增长20%。2000年，建制镇共有水厂175个，自来水厂日供水能力达到188 113吨，自备水供水能力达到89 540吨，供水管道总长度达到2 803千米。人均日用水量达到62升。实有道路总长度达到3 470千米，实有道路面积达到3 670万平方米。有环卫机械1 755辆，建有公共厕所2 341座。

2000年，用于建设的投资总额度达到232 367万元，同比增长达150%。其中，住宅建设投入129 888万元，同比增长158%；公共建设投入49 594万元，同比增长81%；生产性建设投入20 921万元，同比增长74%。全年，用于公用设施建设的投入为31 964万元，其中用于道路建设的投入达到17 915万元。

【绿化工作成效显著】 2000年，郊区各区县把绿化美化建设作为改善生态环境、投资环境和促进经济发展，提高人民生活水平重要的基础设施建设来抓，明显加大了工作力度，使得村镇环境面貌有了很大改观。全年，郊区共完成人工造林2.2万公顷，超计划64%；其中平原造林1万公顷，山区造林1.2万公顷，山区造林1.2万公顷，封山育林1.3万公顷。农田林网及四旁植树1 325万株，超计划33%。山区林木覆盖率由“八五”时期的48.5%增加到60%。到2000年底，建制镇中共建有各类公园60个，面积为152公顷。

【规划建设管理工作加强】 到2000年底，郊区各乡镇均设有村镇规划建设管理机构，一名主管镇长主抓，并配备了村镇规划建设的助理员。村镇建设助理员和其他管理人员已达到390人。同时，对乡镇域范围内的所有建设项目，严格了建设审批的管理，减少了违法建设项目的产生，使得城镇发展布局更加科学、合理、有序。

【农民宅基地审批程序进一步明确】 根据郊区农村宅基地审批中存在的诸多实际困难和有关问题，根据岳福洪副市长提出的要求，市农委会同市国土资源和房屋管理局，依据土地管理法律、法规的有关规定，作出《关于农民宅基地审批应明确界定的问题》规定。主要内容是：农民居民只能在户口所在村（村民组）内申请宅基地，不能到其他乡村（村民组）内申请宅基地。农村村民一户只能拥有一处宅基地。对家庭内部的“分家单”和“房产公证”问题，不作为审批宅基地的依据。村民申请建房用地，必须符合：子女已达到法定结婚年龄，无房分居；现有宅基地（包括1982年以前划定的老宅基地），按所在区县规定的建房用地标准无法扩建。

中心村建设

【中心村规划基本完成】 2000年，远郊各区县都加大了中心村的规划编制工作，并把规划编制的完成情况作为考核乡镇主要领导的重要内容之一，村庄规划的编制工作也成为2000年各区县规划部门的主要工作内容。各乡镇结合乡镇域总体规划、土地利用规划和本地区经济、社会发展的实际，在普遍缺少地形图等基础资料的情况下，积极与测绘部门联系，拨出专款，抽调专人，配合规划部门，加班加点，到年底，远郊区县1100个中心村的规划已基本编制或修编完成。远郊区县村主规划编制已经完成77%，达到2 850个。

【农民居住水平显著提高】 到2000年底，郊区村庄实有建筑面积7 552.52万平方米，比上年增长4.8%。其中，楼房面积为492万平方米，同比增长10%。年末农民住房使用面积达到6 252.22万平方米，同比增长5%，年末农民住房居住面积达到5 310.57万平方米，同比增长1.3%，农民人均使用面积为20.3平方米，同比增长1.1%，农民人均居住面积为17.25平方米。

【基础设施和公共服务设施建设步伐加快】 2000年，村庄公共建筑竣工面积为9.75万平方米，同比增长38%；村庄生产性建筑竣工面积为18.04万平方米，同比增长93%。到年底，村庄公共建筑面积累计已达到401.74万平方米，同比增长2.8%；生产性建筑面积累计已达到545.21万平方米，同比增长3.4%。村庄道路实有长度为11 702千米，同比增长3.6%，实有道路面积为17 173平方米，同比增长35%。2000年，村庄建没投资达到125 878万元，同比增长81%。其中，用于住宅建设的为76 637万元，同比增长51%；用于公共建筑19 451万元，同比增长近300%；用于生产性建筑14 801万元，同比增长近200%；用于公用设施14 989万元，同比增长71%。

【新农村建设进步明显】 本着完善、提高重点新村建设的原则，各区县扩建或完善建设了房山区韩村河，通州区疃里、龙旺庄、西马庄、大营，延庆县鲁各庄、小丰营，昌平区郑各庄，平谷县李蔡街村，顺义区前俸伯村、后鲁各庄村，大兴县小羊坊村等一大批新村或农民住宅小区，成为郊区村庄建设的示范。农民住宅的建房质量、建房水平都有了较大的提高。

房山韩村河村，从1993年开始新村建设，到2000年底，已投入建设资金5.8亿元，建成了11个村民住宅小区，581栋小别墅，共有8种建筑风格。同时还建有包括韩村河山庄、办公楼、教育中心、培训中心、展览馆等设施，建筑面积已达到35万平方米。韩村河村2000年，实现结算收入15.6亿元，同比增长25%；上交税金3 810万元，同比增长23%；农民人均收入达到11 000元。随着新村建设，韩村河村加快了以旅游、餐饮、商贸为主的三产发展，全年共接待游客50万人次，实现旅游收入1 500万元。新村建设走上了良性发展的轨道。

（胡建华）

农村环境与基础设施建设

概　述

市委农工委、市农委按照全市环境整治工作的总体要求，坚持以人为本，紧紧围绕为群众办实事这一主题，以治脏治乱、绿化美化为重点，以农村"五个一"建设为基础，进一步加大环境整治力度，有力地促进了郊区环境建设水平的全面提高。

3月7日，市委农工委、市农委召开远郊区县环境整治工作会议，要求：一是继续抓好"五个一"建设的落实。二是搞好垃圾填埋场、消纳场的建设。三是创建一批绿化美化的形象工程和精品工程。四是建设一批示范典型乡镇和村。五是继续开展公路、旅游景区、农村集贸市场等专项整治活动。岳福洪副市长就进一步搞好郊区环境整治工作提出明确要求。要以村为单位，全面落实"五个一"建设，努力抓出一批"五个一"建设的示范单位，切实提高郊区环境建设水平。会议下发了《关于在村镇（乡）环境整治工作中切实搞好垃圾填埋场、消纳场建设的通知》。

为贯彻此次会议精神，市农委决定，从3月15日至4月15日，在郊区组织开展环境综合整治"突击月"活动，结合春季绿化，开展一次全面的卫生大扫除，清运垃圾，促进"五个一"的落实，干干净净迎"五·一"。通过集中整治，郊区环境脏乱现象明显减少，干线公路、城镇地区、旅游景区等地的环境状况有了很大改变，广大农村地区的环境状况有了明显改观，城乡结合部等地区的环境也有了较大改善。

3月24日，市委农工委、市农委确定了20个乡镇为区县党政一把手"试点乡镇"。各区县委书记、区县长分别负责联系一个乡镇"五个一"的落实工作，亲自下乡入村参与调研，解决难题，指导工作，帮助提高，使20个党政一把手示范乡镇率先成为本地区"五个一"建设的榜样示范。各区县、各乡镇逐级推广和延伸，逐步形成了领导包村包片包工程、各部门齐抓共建、主动出击的工作格局，调动起了各方的积极性，带动了郊区农村环境建设的整体发展。4月12日，市委农工委、市农委召开远郊区县环境整治部门负责人会议，会上观看了一些地区环境脏乱现象，针对当前一些地方存在的工作不到位、力度不够、效果不明显等问题，会议提出：要健全环境建设工作机制，各级都要有专人来抓这项工作，要把村和城乡结合部作为重点，加大力度，对没有行动或动作不大的地方要追查原因，加强监督检查，采取暗查、互查等方式，加大通报和曝光的力度。4月22日，在不提前通知、不确定路线的前提下，市委农工委、市农委所有领导和各处、室负责人分10路，对郊区"环境整治突击月"活动情况进行了突击检查。全年共对800多个村的环境卫生实地检查。

4月29日，市委农工委、市农委召开"郊区环境整治突击月"总结会，会议通报了4月22日对郊区环境突击检查情况，副市长岳福洪在讲话中强调，区县、乡镇要建立一个专抓农村环境的工作部门，乡（镇）、村两级要建立环境监督评议委员会，每年向乡镇（村）人民（村民）代表大会专门报告这项工作；要抓好典型示范，卫星城和乡镇政府所在地的环境一定要高标准进行建设，通过典型推动全面工作。5月份，市委农工委、市农委组织有关区县对西红门、亦庄、东小口等13个环城地区的乡镇进行了集中整治。5月23日至6月16日，市委农工委、市农委领导带队对20个党政一把手示范乡镇"五个一"建设情况进行了全面检查，按照考核标准逐一考核打分，检查表明，"五个一"的建设与落实，夯实了农村环境建设的基础，促进了农村环境整治的经常化和制度化，实现了部分地区环境的基本好转。

6月12日，市委农工委发文，推行环境评议制度，要求把环境综合整治工作作为村民代表会议（村民大会）的重要议题，接受群众监督。7月12日，市委农工委、市农委召开远郊区县环境整治工作总结会。会议确定下半年的工作思路是提高标准，加强规划，分类规范，扩大战果，着力推出样板，再上新水平，推广各种有效的做法和经验，使环境建设逐步走向制度化、法制化。9月初，市委农工委、市农委按照全市的工作部署，及早部署以迎国庆、助申奥为主题的环境整治工作，结合申奥声势，乘势而上，抓住卫星城和干线公路这两个窗口，提高标准，加大投入，各区县都营造出了一大批档次高、规模大、造型新的城市广场、文化公园、样板公路、精品大街，像平谷县世纪广场、通州区运河文化广场、延庆县夏都公园、顺义区的光明大街等，都进一步为申办奥运营造了优美环境。

环 境 整 治

【全年环境整治取得显著成效】 2000年，郊区的环境整治工作，取得了显著的成效。全年，共发动群众150多万人次，清运垃圾45.8万吨，清理户外广告9.5万块，取缔占路摊商1万多个，拆除违章建筑51.9万平方米，植树620万株。卫星城环境建设有了新的飞跃和提高，中心广场亮丽、主要大街优美、居民小区绿化、市场建设规范，如怀柔、平谷、延庆、良乡、通州、密云、门头沟等卫星城建设风格别致，各有特色。农村环境建设有了较大的改观，基础设施建设水平明显提高，脏乱现象明显减少，绿化面积大幅度增加，农民居住环境不断改善，涌现了一批先进典型和样板，创出了一批好的经验做法。2000年，落实“五个一”的村占到郊区农村的90%，农村环境建设的投入上也有了巨大突破。据不完全统计，各乡镇全年投入环境建设的资金达到12.4亿元，其中绿化美化的投资达2.7亿元，投资超过500万元的乡镇达到53个，超过千万元的乡镇有30个，超过百万元的绿化美化重点工程有52个。旅游景区、农村集贸市场建设进一步规范，环境秩序、服务设施逐步健全、完善，广大农民群众的环境意识进一步增强，郊区环境建设开始进入制度化、规范化、市场化的发展轨道。

【2000年远郊区县环境整治工作会议召开】 为落实市委、市政府对郊区环境整治工作的要求，继续建设好郊区环境，3月7日，市委农工委、市农委召开远郊区县环境综合整治工作会议。副市长岳福洪就进一步搞好郊区环境整治工作讲了具体意见。市委农工委书记赵凤山主持会议并提了要求，副书记王海平部署工作。郊区环境整治领导小组成员、郊区各区县主管区县长、区县环境整治主管部门负责人、市林业局、市农工商总公司负责人参加了会议。岳福洪副市长在讲话中指出：市委、市政府领导非常重视远郊区县的环境建设。近年来，市领导反复讲环境建设、抓环境整治，各级领导也很重视。但脏乱差问题在一些地区仍很突出，私搭乱建仍相当严重。主要是有两个方面原因：一是认识问题。造成环境脏乱问题与领导对环境建设重视不够，对环境建设与经济建设的关系认识不清、摆得不当有直接的关系，各级领导没有认识到两者相互促进、互为依托的关系。二是力度问题。现在农村有“五个一”等一些治本的制度，但脏乱问题仍然严重，原因就在于工作缺乏力度，一些乡村落实不认真，甚至根本没有去落实。

2000年郊区环境整治要认真抓好：第一，以村为单位全面落实“五个一”建设。所有乡村都要明确一个领导，全面负责环境整治工作；要制定一项制度，来管理和规范环境整治；要有适量的环卫专业人员，来坚持日常保洁；要有些必要的环卫设施，如车辆、垃圾池（桶）等，来存运垃圾；要有一个比较规范的填埋场所，做好垃圾填埋。这项工作要一个村一个村的落实，一个镇（乡）一个镇（乡）的登记。乡镇所在地要率先搞好“五个一”的落实，在本地区做出示范和表率。4月底前，要以区县为单位进行检查考核，并对落实情况进行通报。对落实不好或没有行动的单位，要进行通报批评；对落实不到位的，要查原因，摆问题。第二，抓一批后进单位的曝光。环境整治工作要突出重点，抓好两头，要实行抽查的办法，抓出一些后进单位，予以曝光。4月15日之后，6月底前，市委农工委、市农委副局级以上的领导每人要在一个区县抓一个后进单位，新闻予以曝光。第三，抓出一批“五个一”建设的示范单位。落实责任制，各区县的区县委书记、区县长都要亲自抓一个“五个一”建设的乡镇，进行典型示范。下半年，市里要对这项工作进行重点检查。各区县要把这三项工作作为近期的重点任务，进一步明确责任制，拿出一些治本的办法，把环境整治搞好。

赵凤山同志在会上提出要求：在近期搞一次广泛的环境综合整治“突击月”活动。现在郊区农村的积存垃圾很多，各乡镇、村必须要进行一次全面动员，清除垃圾，干干净净迎“五·一”。市里将安排在4月中下旬进行第一次检查。要求建立季度通报制度。在检查的基础上，每季度对10个远郊区县进行一次综合排队，把情况通报给区县委书记、区县长和主管区县长；实行抽查评选的办法。改变检查方法，实行抽查制度，综合排队，评选最差，进行曝光；实行责任制。层层建立和落实责任制，市委农工委、市农委由副书记王海平、纪工委书记高华、副局级调研员王振业负总责，王海平同志任组长。各区县都要明确一个主管领导，全面负责环境整治工作。各乡镇、村也都要建立和落实责任制；加强队伍建设。各区县要落实一个专业的管理部门，建有一支专业的环卫检查执法队伍，保证工作的正常开展。

【“五个一”建设】 随着农村环境建设的不断深入，岳福洪副市长在1999年马坡环境整治现场会上提出了环境整治要搞好“五个一”建设，并把其作为农村环境建设的总目标予以推广和深化。“五个一”是指所有村镇都要确定一位环境建设负责人，组建一支精干的保洁队伍，配备一辆垃圾专用车，建设一个高标准的垃圾填埋场，建立一个有利于全民参与、持久保洁的好制度。2000年，市委农工委、市农委进一步提出了要以村为单位全面落实“五个一”。各区县、乡镇按村逐一建立“五个一”的任务台帐，“五个一”制度要规范上墙，村里按照不低于户数的1%配置保洁员，并在全市第一次提出了要把垃圾填埋（消纳）场的建设作为今年农村环境建设和“五个一”建设的重点。“五个一”建设的落实与完善，促进了农村的环境整治工作的深化，开创了农村环境建设的新局面，2000年，郊区已落实“五个一”的村达到3 340个，占到效区农村的90%，村级配备保洁员1.35万人，设置大小垃圾填埋（消纳）场4 500个，配置各种保洁专用车3 070辆。实践证明，“五个一”的建设与落实，奠定了农村环境建设的基础，促进了农村环境整治的经常化和制度化，实现了农村环境的根本好转。

【开展环境整治“突击月”活动】 为落实3月7日远郊区县环境整治工作会议精神，解决冬季积存垃圾，彻底改变农村环境脏乱现象，干干净净迎“五·一”，市委农工委、市农委于3月10日发通知：决定从3月15日至4月15日，在郊区组织开展环境综合整治“突击月”活动。这次活动的主要任务：一是打扫卫生，清运垃圾。各区县要把干线公路、县城周边、乡镇所在地、村内主要道路的环境作为此次活动的重点，发动各部门、各乡镇、村，全面进行卫生大扫除。清理脏乱差，消灭卫生“死角”，基本实现成堆垃圾不露天。二是抓好“五个一”建设的落实，要以村为单位逐一进行落实。乡镇所在地要率先落实、做好，起好示范带动作用。各区县委书记、区县长每人要亲自抓一个乡镇“五个一”建设的试点，进行示范引路。三是抓紧垃圾填埋场、消纳场的建设。各乡镇、村要因地制宜，抓紧选址，加紧建设，使垃圾填埋场、消纳场建设取得阶段性成果。四是搞好春季绿化。结合春季植树造林，清理路边、街边的枯枝死树，植好行道树，完成路树刷白。

通过层层动员，广泛发动，郊区环境整治“突击月”声势强大，成效明显，取得了2000年环境整治的首仗胜利。活动期间，郊区共出动117万多人次，车辆7.4万台次，清运垃圾36.8万吨，清理户外广告6.5万块，取缔占路摊商6 327个，拆除违法建设6.8万平方米，植树617.8万株，通过突击整治，干线公路、进京铁路、城镇大街、旅游景点等地区的环境状况大有改善。

【启动党政一把手“五个一”建设示范乡镇工程】 为了进一步抓好典型示范，推动“五个一”建设的开展，根据岳福洪副市长的意见，远郊各区县委书记、区县长要分别负责联系一个乡镇“五个一”的落实工作。3月中旬，郊区共确定了20个镇（共辖364个村）为党政一把手的试点单位。市农委制定了《郊区环境整治典型示范乡镇考核标准（暂行）》。通过实施党政一把手工程，农村环境建设工作有了明显改进和提高。各区县委书记、县长都十分重视，亲自下乡入村进行调研，解决难题，指导工作，帮助提高，充分调动起了各乡镇、各部门的积极性，逐步形成了领导包村包片包工程、各部门齐抓共建、主动出击的工作局面，率先使这20个党政一把手示范镇成为本地区“五个一”建设的榜样示范。创出了一批如怀柔县杨宋镇、房山区良乡镇、昌平区小汤山镇、顺义区天竺镇、大兴县亦庄镇等高水平建设的“五个一”示范典型；涌现出一批如房山区下坡店、怀柔县李两河、霍各庄、昌平区西辛峰、顺义区珠宝屯等村容村貌整治的新典型。

区县党政一把手“五个一”建设试点乡镇名单：

门头沟：永定镇 区委书记李建华
军庄镇 区长刘永富
房山区：良乡镇 区委书记王凤江
窦店镇 区长杨德宏
通州区：宋庄镇 区委书记赵家琪
梨园地区 区长焦志忠
顺义区：马坡镇 区委书记赵义
天竺镇 区长孙政才
昌平区：小汤山镇 区委书记白宗全
崔村镇 区长赵凤桐
大兴县：西红门镇 县委书记牛有成
亦庄镇 县长郭普金
怀柔县：杨宋镇 县委书记雷德才
庙城镇 县长戴景珠
密云县：十里堡镇 县委书记吉林
太师屯镇 县长张连印
平谷县：峪口镇 县委书记刘宝善
马坊镇 县长赵克忠
延庆县：八达岭镇 县委书记张志宽
康庄镇 县长田小平

【制定《郊区环境整治典型示范乡镇考核标准（暂行）》】 为了加强对区县党政一把手试点乡镇环境整治“五个一”落实情况的监督和考核，抓好典型示范，进一步推进郊区环境整治工作上新水平。3月23日，市委农工委、市农委出台《郊区环境整治典型示范乡镇考核标准（暂行）》。

此考核标准主要包括四方面内容：（1）环境整治效果好。一是无积存垃圾。乡镇政府所在地、村的街道和主要公路沿线无暴露垃圾、无成堆建筑渣土、无明显白色污染、无污水溢流。二是无违法建筑。乡镇政府所在地和村内无违法建筑，无私搭乱建，无破旧不洁、影响观瞻的建筑物。三是无乱堆乱放。主要街巷整洁，无柴草、物料、肥料等杂物堆放。四是无占路市场。没有侵街占道的集贸市场和马路游商。五是无乱贴乱画。无过时或残缺不洁的广告、条幅、标语，无非法小广告。（2）绿化美化上档次。一是道路绿化。公路沿线有行道树，街道两侧有花木或绿篱，树木整齐，统一进行刷白。二是环境美化。乡镇所在地有适量的绿地或公园，有条件的乡镇、村要建街心花园、村头公园或街头小景。（3）基础设施完善。一是道路硬化。村镇公路形成网络，主要街道硬化，路面完好畅通。农户门前路面硬化率达到95%以上。二是有垃圾填埋场。垃圾做到日产日清，及时填埋。三是有一定数量的垃圾池或垃圾桶（箱）。建有封闭或半封闭的垃圾池，池边清洁，清理及时。四是有固定的集贸市场。场所设施配套，摊位整齐，干净有序。五是乡镇政府所在地公厕要达到三类标准以上，布点合理。农村户厕达到卫生厕所标准。（4）管理制度健全。一是乡镇配有市容监察人员，村里“五个一”落实，有专门的保洁队伍。二是有垃圾清运、管理、填埋和日常保洁制度。三是乡镇政府所在地的机关、团体、企事业单位及店铺签有“门前三包”责任制。四是村镇农户家家卫生，无乱扔乱倒，文明农户的参评率达到80%以上。

【郊区环境整治大检查和环境整治“突击月”工作总结】 4月22日，市委农工委、市农委领导率领所有处室负责人与各区县主管区县长、整治办负责人，对郊区环境整治“突击月”整治效果进行了突击检查。此次共检查了25个乡镇所在地、42个村、15条干线公路、9个农贸市场、5个旅游景区和15条县城主要大街，总计检查单位111个，其中达标单位96个，达标率为86.5%。从检查情况看，一是各区县十分重视，认真组织，精心安排，使这项工作取得了明显的成效。怀柔县、门头沟区、顺义区、昌平区、平谷县整体效果较好。二是“五个一”建设进度加快，垃圾填埋（消纳）场建设正在进行，农村环境有了一定改观。环境整治效果好的村是：怀柔县李两河、平谷县李蔡街、顺义区珠宝屯、通州区小堡、昌平区香堂、大兴县薄村。但检查中也发现了一些问题：一是工作进展不平衡，整治效果的差异较大；二是有的地方“五个一”建设标准不高，一些重点地区整治力度不够，还存在着卫生死角，4月29日，市委农工委、市农委召开郊区“环境整治突击月”检查和“五个一”落实进度总结会。会议由市委农工委书记、农委主任赵凤山主持，岳福洪副市长出席会议，远郊各区县区县长和环境整治部门负责人参加了会议。会议通报了4月22日检查情况，观看了村镇脏乱问题的录像。

会上，岳福洪副市长就下一步工作提出四条具体要求：一是充分认识环境整治的长期性和艰巨性。要把环境整治工作作为各级政府的一项重要职能、一项长期的任务来抓，不能急功近利，要脚踏实地的、长期不懈的抓下去。二是要把环境整治与小城镇建设结合起来抓。环境卫生是发展小城镇的一项重要内容，一定要与村容村貌的整体环境建设融为一体。三是切实在落实“五个一”建设上下功夫，从根本上解决环境问题。区县、乡镇要建立一个专抓农村环境的工作部门，统筹规划，抓好落实。乡（镇）、村两级要建立环境监督评议委员会，每年向乡镇（村）人民（村民）代表大会专门报告这项工作。要把环境建设列入村民代表大会的一项重要议程，接受村民的监督。四是要抓好典型示范。卫星城和乡镇政府所在地的环境一定要高标准进行建设，每一个区县都要抓一个高标准的样板，争取达到发达国家的水平，每个乡镇也要抓一个高水平的示范村。

【党政一把手示范乡镇“五个一”建设考核情况】 5月23日至6月16日市委农工委、市农委领导带队，分别对远郊区县党政一把手示范乡镇“五个一”建设情况进行检查，并按照《郊区环境整治典型示范乡镇考核标准》考核打分。10个区县党政一把手示范乡镇共20个、364个村，这次随机检查了100个村，占27.5%。从抽查的情况看，主要有三个特点：一是领导高度重视，亲自抓。各区县委书记、区县长都能亲自深入乡镇、村进行调研，进行督促检查。二是力度大，效果好。各乡镇设置垃圾填埋场、组建专业保洁队、拆违建绿、绿化美化等都取得了明显成效。三是抓出了一批精品。如：怀柔的霍各庄、通州的三间房、昌平的西辛峰、顺义的龙山村、大兴的小羊坊等村，环境建设已经达到了较高的水平。检查排名具体情况：（1）示范乡镇落实“五个一”前五名的区县：怀柔县（95.1分）、房山区（94.5分）、门头沟区（93.5分）、顺义区（93.2分）、平谷县（91.5分）。（2）乡镇政府所在地落实“五个一”和环境前十名的乡镇：怀柔县杨宋镇、大兴县亦庄镇、通州区宋庄镇、顺义区马坡镇、房山区良乡镇、大兴县西红门镇、怀柔县庙城镇、密云县太师屯镇、昌平区崔村镇、平谷县马坊镇。

【把环境整治工作作为村民代表会议（村民大会）的重要议题】 为进一步加强监督，增强广大村民的环境意识，动员广大群众积极投身于环境综合整治活动中，按照岳福洪副市长的意见，市委农工委作出决定：要求要把环境综合整治工作作为2000年第二次村民代表会议（村民大会）的一项重要议题。6月12日，市委农工委发文（《关于认真组织开好今年第二次村民代表会议（村民大会）的通知》京农发［2000］23号）进行了布置，明确要求：村委会要将今年以来开展环境整治的情况，以及下一步的任务和措施专门向会议作出报告，由村民代表进行讨论，并形成相关决议。同时要将村民在治理农村环境中的义务和责任写进村民自治章程，经村民代表或全体村民讨论通过后实施。

【召开郊区环境整治半年工作总结会】 7月12日，市委农工委、市农委召开远郊区县环境整治工作总结会。远郊区县主管区县长和环境整治部门负责人参加了会议。会上，怀柔、房山、密云等单位作了典型发言，市委农工委副书记王海平总结了上半年工作，对下半年工作做了安排部署。上半年，郊区发动群众117万人次，投入资金5亿元，标本兼治，环境面貌有了明显的改善。“五个一”建设进一步落实，农村环境建设基础工作进一步加强；一些重点地区的专项整治取得明显成效。到6月底，拆除上账的违法建设12.3万平方米，完成任务的97%，完成账外拆除10.7万平方米；20个党政一把手示范乡镇基本达标。杨宋、亦庄、宋庄、马坡、良乡等乡镇示范作用明显；积累了一些经验，环境建设作为一项重要议题列入村民代表会议和镇（乡）人大会议、人大代表和政协委员定期视察环境、向乡镇（街道）派环境整治督察员等制度得到交流和推广。

会议提出：郊区环境建设任务很重。各级要对目前的形势有充分的认识和估价，要把环境整治与生态建设统一起来，作为农村现代化建设的重要组成部分和标志来统筹考虑、规划和部署。当前要把重心放在基础建设上来，放在总体水平提高上来。下半年的工作思路是提高标准，加强规划；分类规范，扩大战果；着力推出样板，再上新水平。主要抓好五方面的工作：一是扎扎实实落实“五个一”。各乡镇、村要按照不得少于全村农户总数的1%配置保洁员，有条件的尽量保持相对稳定。要按照刘淇市长提出的要求指示，全面规范垃圾填埋场的建设，科学规划和管理，合理选址处理垃圾，防止带来水源污染和其它新的污染。二是分类指导规范，抓出一批不同类型的典型。以农村人均收入为标准，按照4 316元以上、3 500～4 316元之间、3 500元以下三个标准来进行规范，分类抓出一批典型来。三是加强规划，提高标准。已经达标的村要把环境整治与小城镇建设、村镇规划建设、绿化美化相结合，高标准的进行建设。四是坚持点、片、面结合，抓好典型示范区建设。像怀柔的杨宋、庙城、昌平的小汤山、大兴的西红门、顺义的天竺、后沙峪等镇，要通过三年左右的建设，成为规模适度、规划科学、功能齐全、环境优美、具有较强辐射功能、能代表郊区环境建设最高水平的窗口。五是加强监督，防止“反弹”。要认真落实各种责任制，积极推广各种有效的做法和经验，使环境建设逐步走向制度化、法制化。

【拆除违法建设】 2000年，市政府专门部署拆除违法建设工作，其中给远郊区县下达拆除12.7万平方米违法建设的任务。市委农工委、市农委结合郊区实际，进一步提出了“拆违拆旧、拆墙透绿，以绿治脏”的工作要求，对上账任务按区县逐一进行了分解，按照干线公路、县城地区、旅游景区和乡镇四个部分建立了工作台账。加大拆除力度，把清理破旧不洁、影响观瞻的废弃建筑物和农村地区的私搭乱建也作为环境整治的一项重点工作，每月通报一次工作开展进度。按照市政府统一部署，郊区各区县高度重视，抢时间，赶进度，截止到10月底，10个远郊区县全部超额完成了计划内的任务，共拆除违法建设51.9万平方米，超额完成39.2万平方米，特别是乡镇的拆违拆旧工作取得了重大进展，大大推进了农村环境整治的深入。其中昌平、通州、大兴、平谷、密云等区县拆违力度最大，超额完成最多。经过市里组织验收，90%的拆后地区都及时进行了绿化美化或道路铺装，并创造了一批绿色精品工程。

【召开杨宋环境建设现场会】 为总结经验，推广典型，推动郊区环境建设再上一个新台阶。9月14日，市委农工委、市农委在怀柔县杨宋镇召开郊区乡镇环境建设现场会。市委副书记张福森、副市长岳福洪出席会议，并作重要讲话。会议由市委农工委书记、市农委主任赵凤山主持。市规委、市爱卫会、市文明办、市水利局、市政管委、市财政局等市有关单位领导出席了会议。远郊各区县长、主管区县长、环境整治部门负责人及乡镇（地区办事处）党委书记共260人参加了会议。杨宋镇党委书记作了经验介绍。市委副书记张福森指出：北京市郊区环境建设总的工作思路、目标、要求、重点都比较明确，领导的体制和工作机制在逐步的完善，郊区的环境面貌发生了显著的变化，脏乱现象明显改观，绿化面积大幅度增加，主要道路基本都实现了硬化，广大农民群众的环境意识进一步增强。郊区的环境建设直接影响着首都的风貌和经济发展，郊区环境的质量直接影响和决定着首都环境的水平。因此，必须进一步采取有力措施，加强郊区的环境建设，使郊区环境建设再上一个新台阶。具体要求：

1. *一定要高度重视郊区环境建设。*要把环境建设作为各级党委、政府的一项重要任务和着力点；要把环境建设作为考核农村是否达到小康村和文明村镇的重要指标，为农民办实事、办好事；要配合全市的环境整治，营造申奥的良好氛围，为申奥做贡献。

2. *一定要抓住郊区环境建设的重点。*一是要以规划为龙头，带动和保证环境建设的有序进行。环境建设要坚持规划先行，要把环境建设的内容、环卫设施的内容纳入规划中统筹考虑，不能随意行事。二是加强基础设施建设。小城镇和中心镇要集中力量改善道路、上下水、燃气、烧煤和垃圾的处理，为农民创造居住舒适、交通顺畅、环境优美、功能齐全的条件，以吸引农民逐步向小城镇和中心镇集中。三是加强制度建设。农村要扎扎实实的落实“五个一”，同时，各区县、各乡镇都要根据自己的实际情况制定一些切实可行的办法，特别是要探索利用市场的办法来建设环境、改善环境。四是加强队伍建设。经济条件好的村都要配备专业的保洁队伍，经济条件较差的山区村也要保证环境卫生有人搞。

3. *一定要切实加强领导。*一是各级领导必须高度重视。各级党委、政府要高度重视，理清思路，舍得投入，把环境建设作为一项长期的任务抓下去。二是要认真落实责任制。区县、乡镇党政一把手和村党支部书记、村委会主任是辖区环境建设的主要责任人，市委农工委和市农委要对郊区环境整治的情况负总责。三是要加大宣传教育力度。要把环境建设的目标、任务、要求告诉群众，做到家喻户晓，人人皆知，形成人人都关心、人人都支持、人人都参与环境建设的良好局面，通过2～3年的努力，使郊区的环境面貌有一个质的飞跃。

岳福洪副市长在讲话中提出：(1) 郊区环境建设虽取得了明显的成效，但更应该更多地看到不足和差距。还有不少的领导同志和基层干部对农村环境建设缺乏足够的认识，在他们的头脑中还存在着片面的、不正确的、甚至是错误的思想认识；一些同志有单纯任务观点，造成治表不治本，环境建设上长期打不开局面；环境建设上的短期行为在相当一部分地区还较为普遍和突出。(2) 全面提高对农村环境建设的认识水平，调动起郊区各级领导和广大农村基层干部的内在积极性。(3) 以“五个一”为近期目标，真抓实干，打一场农村环境建设的人民战争。郊区环境建设近期要以“五个一”为目标。远期要为建设一个空气清新、环境优美、舒适洁净、文明富裕的新村镇而奋斗。农村各级领导和基层干部都要在这个问题上做到守土有责、尽职尽责，要以江泽民总书记“三个代表”重要思想为指导，从全心全意为人民服务出发，认真规划本乡镇、本村的环境建设目标，并且一步一个脚印，狠抓落实。每一个区县至少抓 1～2 个乡镇在年底之前达到或超过杨宋镇的水平，每一个乡镇都要抓几个条件较好的村，在年底前达到或超过目前杨宋镇行政村的水平。要注意工作中不能搞“一刀切”，更不能超过其经济实力蛮干，要根据自己的特点形成自己的特色，具有一定经济实力的镇村，在环境建设上要软件、硬件一起上；经济实力较差的镇村主要在治脏、治乱、绿化美化、制定制度、加强管理上下功夫。各区县还要抓出一批经济实力不强、资金投入不多，但环境面貌改观突出的典型。不准在村镇环境建设中向农民集资摊派。(4) 充分利用市场机制搞好农村环境建设。在加大政府和集体经济组织投入的同时，要发动全社会各方面力量，如社会赞助、对家乡的捐献、垃圾的有偿收集和处理，小街小巷硬化的多方投资等，建立灵活、多样的投入机制。同时，农村的环境建设还要动员教育农民共同参与，只有真正把农民群众发动起来，农村的环境建设才能健康持久地发展下去。

【推广杨宋经验】 9 月 14 日在杨宋召开了郊区乡镇环境建设现场会，全面推广了杨宋高水平进行环境建设的经验做法。之后，150 多个乡镇、村组织镇、村两级干部和村民代表到杨宋参观学习，掀起了“学、赶、超”、高水平进行环境建设的新高潮。为进一步扩大成果，结合实际，确定了小汤山、西红门、天竺、宋庄、汤河口等 24 个不同类型的镇做为今明两年郊区环境建设的示范。10 月 9 日，市委农工委、市农委召开郊区学杨宋创建高标准示范镇工作部署会。各区县主管区县长和 24 个被确定为示范镇的党委书记、镇长参加了会议。会议要求：一是集中抓好示范点。各区县党政一把手要亲自挂帅，主管区县长要亲自抓，镇村要集中精力、集中时间，高标准进行整治，带动全局工作开展。二是明确工作标准。以考核区县党政一把手示范乡镇的标准为基本依据，以杨宋标准为参考，结合实际，从基础设施、绿化美化、制度建设、人员素质四个方面制定各自的标准，按标准进行整治。三是严格工作进度。力争年底或明年上半年达到或超过杨宋水平。会后，24 个镇根据各自环城、平原、半山区、山区的情况，制定了不同特点的高标准整治方案，加大力度，加快进度，拆除违法建设、道路硬化、污水排放等基础工程建设全面加快，绿化用地基本到位，粉饰美化工作基本完成，经过努力，小汤山、西红门、瀛海、亦庄、天竺、徐辛庄、宋庄、窦店、庙城、永定等镇的环境建设已具雏形。杨宋经验的全面推广，使农村的环境建设摆脱了简单打扫、低水平重复的老路子，实现了由治标到治本的根本性改变，打开了郊区环境整治的新局面。

【确定 24 个示范乡镇】 郊区环境建设高水平示范镇名单（24 个）：顺义区：后沙峪镇、天竺镇、马坡镇；昌平区：小汤山镇、崔村镇、东小口镇；大兴县：西红门镇、亦庄镇、瀛海镇；怀柔县：北房镇、庙城镇、汤河口镇；房山区：长沟镇、窦店镇；通州区：宋庄镇、徐辛庄镇；平谷县：马坊镇、峪口镇；延庆县：康庄镇、旧县镇；密云县：太师屯镇、十里堡镇；门头沟区：斋堂镇、永定镇。

【表彰京郊环境整治先进乡镇】 按照基础设施完善、绿化美化好、管理制度健全、环境整治效果明显四个标准，市委农工委、市农委评出了 2000 年度郊区环境整治 10 个先进乡镇，并在市农村工作会上进行了表彰。京郊环境整治先进乡镇：怀柔县杨宋镇、房山区良乡镇、通州区徐辛庄镇、大兴县瀛海镇、顺义区天竺镇、昌平区马池口镇、门头沟区永定镇、平谷县马坊镇、延庆县八达岭镇、密云县十里堡镇。

【评选出郊区环境建设与环境整治 33 项优秀工程】 2000 年，各区县、各乡镇、村在环境建设与环境整治中创建了一大批不同类型、不同特点和不同规模的样板工程，经过评定，市委农工委、市农委共确定了 33 个为市级环境建设精品工程。门头沟区：滨河广场二期改造工程（800 万元）、斋堂公园建设工程（150 万元）、德露苑花园广场（80 万元）；房山区：良乡北潞春绿色生态小区建设工程（700 万元）、青龙湖水库公园（800 万元）、窦店下坡店公园（30 万元）；通州区：运河文化广场建设工程（3 800 万元）、永顺镇华龙小区绿化改造工程（350 万元）、宋庄丁宋路绿化美化工程（438 万元）、通马路绿化美化一期工程（2 500 万元）；顺义区：光明文化广场建设工程（2 500 万元）、牛山正大广场建设工程（230 万元）、滨河郊野公园工程（450 万元）、天竺文化广场(300 万元）；昌平区：小汤山环岛绿化美化工程(1 100 万元）、亢山广场建设工程（750 万元）、东小口千亩片林工程（1 350 万元）、马池口乃甘屯村头公园（40 万元）；大兴县：兴城广场改造（4 100 万元）、西红门镇兴海公园（1 800 万元）、庞各庄镇天堂河公园（300 万元）、亦庄头号村花园（100 万元）；怀柔县：小泉河治理工程（2 500 万元）、杨宋镇村容村貌美化工程（1 300 万元）、滨河坎下公园改造工程(340 万元）、下元市场建设工程（1 亿元）；延庆县：妫水湖东湖改造工程（2 000 万元）、康庄大道建设工程（1 650 万元）；密云县：绿岛公园二期建设工程(1 800 万元）、奥林匹克广场（3 000 万元）、太师屯文化广场（380 万元）；平谷县：世纪广场二期改造工程（700 万元）、马坊百亩草坪公园（500 万元）。

（魏惠东）

环 境 保 护

【水土保持工作】 2000 年，水土保持工作突出综合治理和监督管理两个重点，坚持以小流域为单元，以基本农田建设为基础，以退耕还林还草为重点，以建设秀美山川为目的，山水林田路统一规划，集中连片综合治理，实施了密云水库上游治理项目、水利基金项目、全国“十百千”示范工程建设、人片重点治理、水土保持生态县重点建设、亚行项目等工程，综合治理59条小流域，治理水土流失面积300余平方千米，修建小型水利水保工程1万余处，营造水保林近2 666.6公顷，各项水保措施保水效益为1 500万立方米，减少入库泥沙约50万吨。

监督管理逐步走上法制化轨道。水土流失防治任务重的乡镇一般配备2～3名专职监督人员；全市公告了8个违反水土保持法举报电话。全年受理水土保持违法举报20起，查处违法案件29件，收缴水土保持设施补偿费和防治费258万元，监督开发建设单位投入恢复治理资金580万元，审批水土保持方案74个，发放昌平区、门头沟、延庆县、密云县等水土保持方案编制乙级资质4个，建立返还治理示范工程14处，恢复治理示范工程7处。

水土流失监测工作全面铺开。全市配备了水土流失专职监测人员27名，建立并完善水土流失标准径流小区50个，对比沟11条，观测点20余个；完成全市547条小流域数字化划分工作，建立全市水土流失数据库，被水利部评为全国土壤侵蚀及遥感调查先进单位。

【水环境治理】 结合小城镇建设中产生的水污染问题，抓典型、建示范，促全面，建成了密云太师屯镇、昌平小汤山、大兴庞各庄等三处生活污水处理示范工程，日处理污水能力8500 t/d。

针对京郊地区规模化养殖场畜禽粪便对水环境的污染问题，年内兴建了海淀上庄奶牛场沼气工程、顺义大孙各庄猪场沼气工程、通州宋庄猪场沼气工程、大兴能达猪场粪污治理工程等4个规模化养殖场的粪污治理示范工程，日处理粪污能力310 t/d，粪污经厌氧发酵处理后产生的沼气，供居民炊事、发电、温室加热等，沼液、沼渣作为有机肥还田，在从根本上解决猪场粪污排放造成的环境污染问题的同时，充分利用猪场粪污厌氧发酵处理所产生的气、固、液三相副产品（沼气、沼液、沼渣），形成物流、能流往复多层利用的可持续发展的生态农业模式。

【首都绿化隔离地区建设】 2000年3月，北京市召开绿化隔离地区建设动员大会。首绿办、市林业局按照市委、市政府统一部署，迅速行动，精心组织，加强指导，市绿化隔离地区内的六个区县和有关部门狠抓落实。观念上，跳出旧框框，树立新观念，遵循市场经济规律、按产业化发展思路进行建设；政策上，制定一系列优惠扶持政策，广泛调动农民的积极性和创造性；机制上，采取“谁投资、谁经营、谁开发、谁收益”的政策，拓宽投资渠道，吸引社会资金。大力开展义务植树造林活动，提倡、鼓励社会各界和市民在绿化隔离地区认建认养绿地。在新村建设上鼓励农民合作建房，集体经济引资开发进行建设。使隔离片林建设规模大、质量高、效果显著。全市共完成城市隔离地区绿化0.27万公顷，超计划0.2万公顷的33.3%，栽植各类乔木、花灌木1 012万株。其中发展绿色产业0.14万公顷，占总面积的54%。经检查验收，所植林木、花草平均成活率为90%。

【五河十路绿色通道建设】 为构筑北京市第二道绿色生态屏障，形成15条通往外埠的宽阔绿色大通道，市政府第81次市长办公会决定用3～5年时间建设“五河十路”绿色通道。“五河”指永定河、潮白河、大沙河、温榆河、北运河；“十路”指京石路、京开路、京津塘路、京沈路、顺平路、京密路、京张路、外环8条主要公路和京九、大秦2条铁路。“五河十路”植树造林总长1 000千米，其中“五河”384千米，“十路”616千米。整个工程涉及朝阳区、平谷县等12个区、县的98个乡、镇。规划植树造林2.33万公顷，其中通道内侧营造20～50米的永久性绿化带，面积0.33万公顷，通道外侧营造以速生丰产林为主的绿色产业带，面积2万公顷。当年率先启动京石、京开、京津塘、京沈、京张5条高速公路绿化，涉及朝阳、丰台等8个区县，规划造林0.7万公顷。为保证永久性绿化带不断带，需拆迁房屋83.2万平方米。到年底，已完成拆迁68.4万平方米，建设高标准示范段75.27公顷，栽植各种树木83万株，整地0.26万公顷，为绿色通道工程的全面开展打下坚实的基础。

【防沙治沙生态体系建设】 经第92次市长办公会讨论通过，市政府颁布《关于加快本市防沙治沙生态体系建设步伐的实施意见》决定。力争用5～10年完成首都防沙治沙3道绿色生态屏障：一是以燕山、太行山绿化工程为主构筑山区绿色生态屏障。用5年时间完成2.67万公顷山地种植结构调整，用10年时间以太行山水土保持林、燕山水源保护林为重点，完成山区15.33万公顷宜林荒山荒地的造林绿化，搞好天然林保护和中幼龄林抚育管理。二是以“五河十路”绿色通道工程和农田网建设为重点构筑平原地区绿色生态屏障。用5年时间完成5大风沙危害区1.33万公顷沙荒、卵石河滩的植树造林，完成平原防护林体系建设，平原地区基本农田全部实现林网化，以“五河十路”为重点，完成本市主要干线公路、铁路、河流沿线两侧的绿色通道建设，并与农田林网、治沙片林、城镇村庄绿化连成一体，构成点线面、带片网相结合的平原防沙治沙生态体系。三是以绿化隔离地区建设为重点构筑市区绿化隔离地区绿色生态屏障。用3～4年时间，在240平方千米绿化隔离地区范围内完成100平方千米以上的绿化面积。本市防沙治沙生态体系建设总体目标是：全市林木覆盖率达到50%以上，卫星城绿化覆盖率达到15%以上、人均公共绿地超过15平方米，重点郊区小城镇绿化覆盖率达到50%以上、人均公共绿地超过20平方米。全面提高防沙治沙水平，创造良好的首都生态环境。

（蔡宝军）

水利建设

【缓解水资源紧缺的措施出台】 为缓解本市水资源紧缺的局面，市政府于6月初出台了26项对策措施，并且分解到各有关区县、部门和单位执行，涉及郊区共有9项任务。截止到年底，郊区已建成乡镇集中供水工程10处，建成农田再生水灌溉面积4 000公顷，调减水稻种植面积5 200公顷，对农用机井安装水表1万眼。同时，大力发展集雨节灌工程，利用五小水利工程、河道橡胶坝等工程增加蓄水1 292万立方米，水土保持和水源涵养林建设增加保水能力1 511万立方米，农业节水达2 000万立方米，超额完成年度计划。

【防汛与抗旱工作】 2000年是继1999年后又一个干旱年。1~12月份全市平均降水量435毫米，比多年平均少27%，其中1~5月份为78毫米，接近多年平均值；汛期6~9月份为352毫米，比多年同期平均值少35%。2000年汛期的特点是持续高温、少雨，局部地区暴雨成灾，旱灾大于洪灾。汛期仅出现两场较大范围集中降水。一场是7月3~5日普降大到暴雨，局部地区出现特大暴雨，全市平均降水109毫米，雨区主要分布在门头沟、房山区一带，永定河官厅山峡是暴雨中心；另一场是8月7日~9日普降中到大雨。全市平均降水量58毫米，暴雨中心在平谷县。局部地区的洪涝灾害，致使门头沟、房山、昌平等区县造成经济损失6 870万元。各级领导组织干部群众全力抗洪抢险，避免了人员伤亡，减少了灾害损失。

截止12月底，全市16座大中型水库共蓄水21.52亿立方米，比上年同期蓄水量27.48亿立方米减少23%。其中密云水库蓄水量15.41亿立方米，官厅水库蓄水量4.16亿立方米。密云水库全年可利用来水量仅为0.36亿立方米，比建库以来多年同期平均可利用来水量9.66亿立方米减少96%，是建库以来历史同期最低值；官厅水库全年可利用来水量为2.42亿立方米，比建库以来多年同期平均可利用来水量9.23亿立方米减少74%。由于干旱少雨和用水量增加，致使地下水位下降，到12月末，全市平原地区地下水平均埋深15.41米，比上年同期下降了1.18米。全市水资源短缺的矛盾日益突出。

在7月4日暴雨中，防汛部门采取拦、蓄、引等措施，实施水资源综合调度，使山峡洪水得到了充分利用。这次洪水共向城区输水150万立方米；通过埝坛水库为干旱的大兴县补水67万立方米；为大宁水库送水483万立方米。同时利用新建成的永定河橡胶坝蓄水37万立方米，再现了昔日“卢沟晓月”的壮美景观。通过河道、闸、坝回补地下水839万立方米，官厅山峡产生的雨洪资源全部得到利用。

连续干旱严重影响了农作物的正常生长，造成粮食和果品减产。面对旱情，各区县按照“一保人畜饮水，二保夏粮，三保果树经济作物，四保春播，五保社会稳定”的要求落实了责任制，制定了切实可行的措施。全市投入抗旱资金1.7亿元，检修机泵3.2万台，开动机井1.4万眼，投入节水喷灌设备5 000多台套，抗旱车辆3 000余辆，保证抗旱用电1 300万千瓦时，用油1 100吨，投入人力达503万人次，完成抗旱浇水33.3万公顷。8个重点抗旱区县还组织了500多人的专业抗旱服务队，基本解决了人畜饮水困难。同时，结合农业产业结构调整，减少了水浇地面积，发展抗旱经济作物，开展畜牧、养殖等系列措施，做到了连续大旱之年没有一个村庄出现水荒。经过全市人民的共同努力，将旱涝灾害造成的损失减少到了最低程度，为首都的经济持续增长和社会发展提供了保障。

【市政府公布水土流失重点防治区划分结果】 根据《中华人民共和国水土保持法》、《〈中华人民共和国水土保持法〉实施条例》以及《北京市实施〈中华人民共和国水土保持法〉办法》、《北京市生态环境建设规划》的规定，本市在1999年土壤侵蚀遥感调查的基础上，按照水利部颁发的水土保持“三区”（即重点预防保护区、重点监督区和重点治理区）划分参考标准，对全市水土流失重点防治区进行了“三区”划分。

1. *重点预防保护区*。重点预防保护区指目前水土流失较轻，林草覆盖度较大，但存在潜在水土流失危险的区域。主要为平原地区、山区植被较好的林区及水库蓄水线周边。包括大兴县、通州区、顺义区以及山区县的平原部分和植被较好的林区，密云水库、怀柔水库、官厅水库、海子水库等大中型水库及蓄水线周边，总面积为9 549平方千米。

以上区域的工作重点是保护好现有植被和水利水保设施，防止乱砍滥伐、陡坡开荒和挖砂采石堵塞河系水网等人为造成水土流失等现象的发生，同时做好局部地区的土地复垦，按照宜林则林、宜水则水的原则，不断加强水土保持和生态环境建设。

2. *重点监督区*。重点监督区指资源开发和基本建设活动较集中和频繁，损坏原地貌并易造成水土流失，水土流失危害后果较为严重的区域，主要为卫星城、旅游区以及采矿区。包括：本市市区和大兴县、通州区、顺义区、密云县、怀柔县、延庆县、平谷县、昌平区、房山区、门头沟区的城区，还有十三陵风景旅游区、八达岭风景旅游区、灵山风景旅游区、十渡风景旅游区、百花山风景旅游区、京西大峡谷等自然风景旅游区，总面积为2 862平方千米。

以上区域的工作重点是做好以按水土保持方案管理为中心的水土保持监督执法工作，督促有关单位和个人认真履行水土保持法律法规规定的职责，防止因开发建设等活动造成新的水土流失。

3. *重点治理区*。重点治理区指原生的水土流失较为严重，对当地和下游造成严重水土流失危害的区域。包括密云县、怀柔县、延庆县、平谷县、昌平区、房山区、门头沟区的山区植被较差部分，总面积为4 396平方千米。

该区域的工作重点是治理水土流失，改善当地群众生产生活条件和生态环境，增强抗御干旱、山洪、泥石流等自然灾害的能力，有计划地开展重点治理，做好以小流域为单元的水土保持生态环境建设工作。

【密云水库移民搬迁工作圆满结束】 按照1993年12月国务院解决密云水库移民遗留问题的会议精神，密云水库移民工作从1994年开始移民试点，至2000年6月底，历时6年，先后安排三批移民搬迁，陆续搬迁到经济条件相对较好的顺义、通州区。顺义区安排了14个乡镇的77个村接收移民1 590户、5 156人，通州区安排了17个乡镇的111个村接收移民1 491户、4 604人，另外办理投靠和在密云县安置的移民有1 187户、2 724人。累计搬迁移民4 268户、12 482人。其中，居住在水库周边高程155米以下的移民152户460人全部迁出，完成了国务院会议上所确定的主要任务。并设置了80多个高程标志界桩，达到了保护水源、缓解库区人口超载等问题的预期目的。库区居民迁出后，共拆除原地住房15 221间，腾出宅基地113.8公顷，留下耕地71.13公顷、山场1 718.73公顷、果树和用材林12 956棵，为当地农民改善生存条件创造了条件。至此移民搬迁任务圆满完成。

【建设10处乡镇集中供水工程】 2000年，结合市政府缓解水资源紧缺的26项措施的实施，加快了乡镇集中供水工程建设，扩建、新建10处乡镇集中供水工程。分别是海淀区海泉水厂（原温泉水厂）二期扩建工程，房山区良乡吴店、十渡，昌平区兴寿上苑、小汤山常兴庄，大兴长子营、庞各庄，通州区觅子店，怀柔县杨宋镇，平谷县峪口等9处新建工程。日供水能力9.62万吨，覆盖人口21.7万人。

【农用机井灌溉】 本市利用地下水灌溉由建国初期只有土井、砖石井的浅层地下水开发，发展到打机井进行中浅层水的开发。到2000年底，机电井眼数已达到42 800眼，其中百米以上深井保有量为6 202眼，配套机电井42 493眼。井灌面积已由建国初期的5 333公顷发展到现在的26万公顷（含井渠双灌面积）。1981年以后，官厅、密云两大水库基本减少了对农业灌溉的供水，由于机电井的发展，本市的粮食、蔬菜、果品生产仍逐年增产。随着机井技术和管理措施的不断完善、提高以及节水灌溉技术的推广，单井灌溉面积已由1962年的3.4公顷，提高到目前8.6～10公顷左右。

2000年，市政府要求全市积极落实农用机井装表等26项节水措施，水利部门做出规划，在积极推广再生水灌溉的同时，科学、合理地封闭农用机井，切实保护我市地下水资源。这些措施的实施，在我市机井管理水平、合理开发利用地下水资源上又迈进了一步。

【农业节水灌溉】 2000年，北京市加大农业节水工程建设力度，全市共发展喷灌、管灌、微灌及渠道衬砌等节水灌溉面积1.3万公顷，总投入资金1.3亿元。全市节水灌溉面积累计达到27.3万公顷，其中喷微灌面积14万公顷，低压管道输水灌溉面积6.6万公顷，渠道衬砌防渗灌溉面积6.6万公顷，年实现减少灌溉用水3.4亿立方米。

其中，本市由国家计委、水利部批复建设的平谷县夏各庄、房山区张坊、昌平区小汤山、朝阳区来广营等4个国家级高标准节水示范项目，发展喷灌、微灌、管灌等节水灌溉面积1 000公顷，总投资近2 500万元。各项目建设单位严格按照国家有关项目要求实施，项目已基本完成全部工程任务。示范项目的建成，将发挥节水灌溉技术的展示窗口作用，极大地带动了当地及全市的农业节水发展。

【骨干河道治理】 北京地区的河流共有160多条，其中骨干河道有永定河、潮白河、北运河、大清河支流拒马河和蓟运河支流泃河，均属海河水系。除北运河发源于本市境内外，其他发源于内蒙古自治区、河北省、山西省的山区，流经北京市，最后汇集于天津市入渤海。建国后，先后在永定河和潮白河上建成官厅水库和密云水库，减轻了下游的洪害。1964年，在总结前人治水经验的基础上，依据本市实际，确立了“上蓄、中疏、下排、适当地滞”的指导思想。经过数十年的建设，目前永定河、潮白河、北运河三大河道已达到20年一遇洪水设计，50年一遇洪水校核的防洪标准，其中永定河卢沟桥以上左堤按1.6万立方米/秒设防，达到万年一遇以上的防洪标准。

1. 永定河。上游有两条支流：桑干河发源于山西省宁武县，洋河发源于内蒙古自治区兴和县。两河流至河北省怀来县朱官屯村汇合后，称永定河。全流域面积4.7万平方千米，其中本市境内3 168平方千米，河长约170千米。1954年建成官厅水库；1957年开挖了永定河引水渠，为工农业生产和城市生活用水提供水源；1985年建成卢沟桥分洪枢纽工程。由于地理位置重要，1985年被国务院列为全国四大防洪重点河道之一。

2. 潮白河。上游分潮河、白河两大支流。潮河发源于河北省丰宁县，白河发源于河北省沽源县。两河于密云县河槽村附近汇合后称潮白河，贯穿于北京市东部地区。全部流域面积19 345平方千米，北京市境内主河道长118千米，流域面积为5 613平方千米。从1950年开始，本市对潮白河中下游进行了多次治理。1958年开始修建了密云、怀柔等大中型水库；分两期修建京密引水渠，以供给城市生活和工农业用水；1978年开始对密云水库以下北京段的河道两岸筑堤及中泓疏挖整治；1982年修建向阳闸，拦蓄河道基流，补充自来水八厂和农田灌溉水源；1991年采取统一规划，综合治理，分别立项，分期分部门实施的模式，进行河道整治。

3. 北运河。北运河是南北大运河的北段。上游是温榆河，主要发源于昌平、海淀山丘地区，至通州北关入北运河。河道全长142.7千米，流域面积6 166平方千米。其中北京市境内主河道（包括温榆河）长89.4千米，流域面积为4 423平方千米。北运河是北京地区永定河和潮白河之间的一条重要排洪河道。建国后在上游先后兴建了十三陵、桃峪口等10座中小型水库；在通州北关修建了分洪枢纽工程，开挖了向潮白河分洪的运潮减河；1970年开始，自沙河镇以下进行了干流河道疏挖筑堤，梯级建闸，蓄水灌溉。

4．拒马河。拒马河是大清河的支流，发源于河北省涞源县，在房山区十渡镇入北京境，在铁锁崖分为两支，南支称南拒马河直入河北省易县；北支称北拒马河，于房山区南尚乐乡入河北省涿州市。发源于北京市境内的大石河与小清河出境后汇入北拒马河。大石河长129千米，流域面积1 280平方千米。北京市境内河长121千米，流域面积1 243平方千米。小清河流域面积为436平方千米，除排泄本流域沥水外，主要是作为永定河分洪河道。北京市境内大清河水系的流域面积2 219平方千米。

5．泃河。泃河是蓟运河支流，发源于河北省兴隆县，经天津市蓟县入本市平谷县境，在县城西南前芮营村纳错河后折向南流，于北务村出境。泃河是平谷县泻洪与排涝的唯一河道。市境内主河长48千米，流域面积1 377平方千米，在县境内主要支流有洳河。建国后，先后在泃河及其支流上修建了3座大中型水库。

北京市大型水库统计表

序号	水库名称	所在区县	所在河流	修建年月	总库容（亿立方米）
1	密云水库	密云	潮白河	1958.9～1960.9	43.75
2	官厅水库	延庆	永定河	1951.10～1954.5	41.6
3	怀柔水库	怀柔	怀　河	1958.3～1958.7	1.44
4	海子水库	平谷	泃　河	1959.10～1960.10	1.21

北京市中型水库统计表

序号	水库名称	所在区县	所在河流	修建年月	总库容（万立方米）	序号	水库名称	所在区县	所在河流	修建年月	总库容（万立方米）
1	白河堡水库	延　庆	白　河	1970.9～1983.6	9 060	9	天　开水库	房　山	大石河支流	1959.11～1960.4	1 475
2	十三陵水库	昌　平	东沙河	1958.1～1958.7	8 100	10	大水峪水库	怀　柔	潮白河支流	1969.12～1972.5	1 460
3	斋　堂水库	门头沟	清水河	1970.4～1974.9	5 420	11	西　峪水库	平　谷	错　河支流	1967.1～1968.10	1 430
4	北台上水库	怀　柔	雁栖河	1959.10～1962.1	3 830	12	珠　窝水库	门头沟	永定河	1958.7～1961.2	1 430
5	大宁滞洪水库	丰　台	小清河	1970.9～1983.6	3 600	13	黄松峪水库	平　谷	泃河支流	1969.10～1971.6	1 040
6	崇　青水库	房　山	小清河支流	1957.11～1996	2 900	14	半城子水库	密　云	潮　河支流	1974.11～1977.11	1 020
7	沙　厂水库	密　云	潮　河支流	1971.3～1973.12	2 120	15	桃峪口水库	昌　平	蔺沟河	1959.11～1960.7	1 008
8	遥桥峪水库	密　云	潮　河支流	1978.10～1984.9	1 940	16	牛口峪水库	房　山	大石河支流	1959～1972	1 000

（王民州　张文理　刘春明）

电力、公路建设

【农村低压电网改造】 北京农村低压电网建设较早，多年来由集体出资改造，由于资金所限，改造标准不高，而使各项问题比较突出。1998年经国家计委批准，开始实施北京农网改造工程，到年底已经顺利完成两期农网改造工程。一期工程于1998年10月至1999年6月，改造低压线路199千米，建设村配电室400座。二期工程于1999年12月正式启动，改造农村低压线路3 000米，建设村配电室600座，到当年6月底胜利完成。

农村低压电网改造总投资44 250万元，实际改造1 022个村网线，受益农户36.44万户，建设村配电室1 000座。与农村低压电网改造相适应，更换、迁移和加装了10千伏配电变压器1 762台；新增变压器容量257 659千伏安；迁移10千伏线路281.13千米。郊区农村经过低压电网及相应10千伏系统改造，低压供电半径由平均815米，减少到平均446米；末端电压从160伏左右，提高到210~220伏；低压线损由平均12.37%，下降到平均75%。改造后的低压电网，可满足8~10年负荷增长需要，村民家庭用电不受任何限制。

农村电网改造前，由于线损大，电压低，而使电视图像不清，洗衣机马达不转，电冰箱不制冷，日光灯打不着，影响到郊区农民群众物质文化生活。此次电网改造后，电能质量明显改善，用电容量放开，农民可以不受限制正常使用任何电器，因而在改造不长的时间里，农村家庭电器数量大大增加，据对14个郊区县91个行政村的初步统计，低压电网改造后，村民已经增加空调3 827台，电视机4 437台，冰箱、冰柜3 066台，其它电器设备6 544台。

农村电网建设与改造，改变了农村生活环境，促进了两个文明建设，受到郊区广大农民群众欢迎。通州区西集镇侯东仪村电网改造前，由于供电质量不好造成收缴电费困难，一度拖欠电费14万元，导致停止供电时间长达7~8个月，因用电问题村内也多次发生争吵打架现象。经改造，将原180千伏安的变压器增容到315千伏安，建设了标准配电室一座，铺设低压电缆230米，为全村安装IC卡287块，不但彻底解决村民用电问题，也解决了关系电、人情电等农村用电的老大难问题。

密云县十里堡镇双井村601户，外来人口多，人员结构复杂，商业网点多，低压线路老化，接头多、线径细，私拉乱接、偷漏电严重，电费回收困难。电网改造后，配电变压器由280伏安增容到410千伏安，最大供电半径由原来的600米缩小到500米，末端电压210伏，安装电表613块，实现了一户一表，使每户的电负荷达到2千瓦，线损率降低到7.9%，电费足额回收，减轻村委会负担近7万元。

【郊区公路建设】 2000年经交通公路部门的积极努力，郊区公路建设得到长足发展。截止到年底，总公路里程达到13 597千米，比上年新增高速公路40千米、一级公路20千米、二级公路40千米，使全市高速公路里程达到267千米，一级公路里程达到298千米，二级公路里程达到1 444千米，三级公路里程达到4 345千米，四级以下公路里程达到7 243千米。公路密度按国土面积计算为80.9千米/百平方千米。年内公路建设共完成投资220 587万元，其中养护费投资31 768万元。完成重点工程3项、一般新改建工程4项、完成大修工程51项。完成乡公路建设194.44千米。并有十多项新改建工程建设正在施工建设中。公路建设有以下几个特点：

一是精心施工，全面完成重点工程建设任务。为适应全市公路基础设施建设的需求，逐步实现北京市规划公路建设目标，年内实施了3项重点公路建设工程。(1) 公路二环建设工程（通马段)。公路二环通马段全长26.1千米，是公路二环的一部分，是将国道主干线京津塘高速公路、京沈高速公路和国道京哈路三条放射线连接起来的一条高速公路，起到加强北京东南地区联系、形成高速公路网络的作用。(2) 顺平路（三期）五里仓立交桥工程。此项是顺平公路的收尾工程，五里仓立交桥是通过顺义镇，横跨通顺公路的大型立交桥，它的建成使横贯京东地区通往平谷乃至河北蓟县的一条高等级公路全线通车，促进了京郊地区经济与社会的发展。(3) 宝崎路一期工程。宝崎路是一条规划建设的战备路，同时也是一条为怀柔山区人民出行提供方便的富民路，一期工程全长10千米，使沿途4个行政村的村民生产、生活得到改善，尤其是骆驼山村，公路局投入16万元，村内自筹3万元，修通了进村路，使100口人的山村人均收入在原来的600元的基础上翻了一番多。

二是公路建设促进了郊区交通和环境的建设与改善。为改善远郊区县的交通环境，年内先后完成了顺义区五里仓立交桥工程、通州区滨河路、门头沟区的三石路二期工程等道路改建和新建工程，这些路的拓宽与改建，不仅使原路的交通通行能力得到提高，同时为沿途地区的经济建设和群众生活提供了良好的条件，也为周边环境整治和发挥整体效益打下基础。

三是积极开发旅游路、矿产资源路，支持山区建设。出行难是制约山区发展的重要因素之一，修路是山区人民的迫切愿望。新城子乡花园村位于密云县东北部的贫困山村，全村189户，615口人，通往外界仅有一条坑洼不平的小路，交通十分不便，也制约着本村资源开发和经济发展，1998年底全村人均收入只有1 470元。2000年市人大、交通局、公路局、山区办等单位领导先后到花园村现场办公，市县共同出资，仅用3个月时间，一条长7.4千米的柏油路竣工通车，很快引来投资者。20户村民联合成立了“桂芬流水养鱼合作社”，建起鳄鱼养殖小区，养鱼2万尾，年户均收入可达6万元。

四是修路为小城镇建设服务。长沟镇是北京市小城镇建设试点之一，是本市西南与外省市接壤的重要小城镇，是联接山区与平原、北京市与河北省的主要商品集散地，年成交额近一亿元。长沟镇常住人口3万人，流动人口5千人。原长沟镇地区的道路远不能满足经济发展和城镇环境的需要，公路局协助镇政府改建了房易路，增修了慢车道、人行道，安装了路灯及相关器材，改变了小城镇的面貌，促进小城镇商品楼、住宅楼的发展，为小城镇发展建设创造了良好的基础设施条件。

五是积极为库区移民修筑移民路，为政府排忧解难。自1993年12月市政府关于解决密云水库移民遗留问题的意见下发后，公路局密切配合市政府，自

1994年移民试点开始到2000年6月底结束，历经6年，先后为三批移民搬迁修建移民路，总共投资上千万元，仅今年一年就投资480万元，为整个移民工作的顺利完成做出贡献。

【郊区电信建设】 2000年郊区电信业务快速发展，郊区市话用户实增20.88万户，超额完成计划24.3%，市话用户总数突破100万户，达到107.56万户，公用电话实增1 744部，总数达到8 051部，电话普及率达到26.22部/百人，主线普及率达到23.7线/百人；数字数据用户实增214户，总数达到680户，ISDN用户实增7 078户，总数达到8 309户，宽带业务发展实现“零”的突破，发展电话村555个，总数达到2 398个，发展电话镇41个，总数达到99个。10个远郊区县共有电话用户1 102 207户，其中农村用户667 266户，首次超过远郊区县的城镇用户。

通讯能力得到进一步提高。全年完成固定资产投资5亿元，使固定资产原值达到52.5亿元；完成交换机联网开通力23.7万门；交换机总容量达到154.7万门；新增局所281个，全局局所总数达到392个，铺设电信管道137沟千米，超额计划30%，敷设光缆1 573条千米；布放用户线50.6万对千米，局房开复工面积5.8万平方米。

网络运行质量明显提高。交换观测接通率完成72.24%，用户电告障碍修复及时率完成99.98%；百门障碍历时完成72分钟，比上年减少182.5分钟。

（市供电局　市公路局　市郊区电信局）

气象活动

【气候评价】 2000年北京气候的主要特点是：年初寒冷、多雪、春季频繁出现了风沙天气；夏季炎热、干旱。岁初多雪低温结束了北京自1986年以来长达13年之久的暖冬现象；夏季持续干旱和异常高温使人们在经历了1999年酷暑后再次感受了“火炉”滋味。年内居民既经历了严冬又承受了酷暑。年平均气温5.4～13.3℃之间，大部分地区比常年偏高0.5℃以上；年降水量296～651毫米，除佛爷顶站外其他地区均比常年偏少；日照时数在2 084～2 872小时之间，接近或略少于常年。

冬季气温－10.3～－2.1℃，虽然季平均气温比常年偏低不多，但气温变化幅度较大，1月平均气温比常年突出偏低，平原地区平均气温为－6.4℃，比常年同期偏低2.1℃，是1978年以来的同期最低值。季内降水量4.5～17毫米，主要集中在1月，接连下了三场雪，观象台1月份降水量为11.9毫米，是自1973年以来当月降雪最多的。春季平均气温比常年普遍偏高1℃以上；降水时空分布不均，北部山区降水偏多，城区和近郊区偏少。夏季平均气温19.9～27.7℃，比常年同期偏高1.5℃以上，尤其7月份偏高更突出，观象台当月平均气温29.6℃，打破了1 841年以来的历史同期记录。日最高气温超过35℃的总日数26天，7月份14天。季内降水显著偏少，全市降水量在164.9～403.5毫米之间；特别是7月下旬全市各站降水均不及常年的10%，观象台降水0毫米，是1875年以来同期的最少值。秋季平均气温为5.3～12.8℃，呈前高后低的态势，10月中旬前一直偏高，随后受较强冷空气影响一直偏低。11月中旬大多数台站平均气温比常年偏低2℃以上，降水量55.0～157.9毫米。

1月份在不到20天时间里京城连续三场降雪，是1973年以来同期降雪最多的一个月。1月3日～5日降雪期间，汽车追尾事故增多，108、109、110国道及京石高速公路、八达岭高速公路等先后封闭，首都机场5日取消航班25个，170余个航班延误。因雪天路滑仅4、5日两天内积水潭医院收治摔伤患者达1 000多人。11日再次普降中雪，京城高速公路和周围国道全部封闭；首都机场83个航班被延误。春季频繁出现风沙天气，3、4两月出现13个风沙日，3月27日大风把多处广告牌刮倒，树枝刮断，有的大树甚至被连根拔起；健翔桥附近工地楼顶的油毡、钢筋连同4名工人被狂风卷落到地面，造成3人丧生，1人受伤。4月6日出现沙尘暴天气，瞬时风速达9级，最低能见度300～400米，道路交通事故比平时增加20%；当日首都机场为保证飞行安全，有48架次航班备降天津等地机场，延误航班60架次，取消4架次。夏季高温使用电量增加，7月12日全市用电负荷达648.3万千瓦，一些供电设施改造尚未到位的老城区，掉闸断电时有发生，影响市民生活。9月23日早晨时首都机场大雾弥漫，雾气最浓时能见度不到100米，有58架航班受雾的影响未能正常起降。

年内出现4次较重风雹灾害：5月17日出现本市今年的初雹日，顺义区牛栏山、赵全营乡降冰雹持续约10分钟，冰雹大如鸡蛋，密度为40～50个/平方米，砸坏许多太阳能装置、塑料大棚，砸死野外放鸭近千只；866公顷小麦、266公顷果树受损。5月31日密云县受冰雹袭击，雹径1～2厘米，降雹密度大。库南地区各庄镇果产损失122.5万千克，经济损失达307万元，作物倒伏66公顷，经济损失84万元。8月17日，延庆旧县、香营和永宁等乡镇受强雷雨风暴袭击，造成粮食作物倒伏3 026.6公顷，其中绝收266.6公顷，冲毁村级公路40余千米，直接损失3 650万元。香营乡粮库的4个粮囤被雷击起火倒塌，50万千克粮食被大雨淋泡，经济损失7万余元。8月27日延庆县张山营、康庄等镇受风雹袭击，直接经济损失达518.5万元。

年内全市农作物受灾面积26.21万公顷，旱灾占89%。因旱灾农作物绝收4.31万公顷，有23万人、2.1万头大牲畜出现饮水困难。全市因灾造成直接经济损失9.2亿元。因降水少，高温干旱使水库蓄水量减少，使北京水资源短缺现象继续加重。

本年度农业生产年景冬小麦为普通年，玉米为偏差年。

2000年北京气候情况表

月份	降水量（毫米）	平均气温（℃）	日照时数（时）	平均风速（米/秒）	平均气压（百帕）	大风日数（天）
全年	371.1	12.8	2 667.2	2.5	1 012.7	10
1	11.9	-6.4	170.9	2.6	1 027.4	1
2	0	-1.5	230.8	2.4	1 021.8	1
3	8.8	8.1	275.5	3.4	1 014.1	3
4	18.3	14.6	248.8	3.3	1 007.3	4
5	37.7	20.4	304.8	2.9	1 004.5	0
6	19.0	26.7	275.2	2.4	1 001.8	1
7	61.5	29.6	232.3	2.4	998.4	0
8	150.5	25.7	186.9	2.0	1 004.0	0
9	18.4	21.8	239.3	1.8	1 010.7	0
10	35.2	12.6	170.0	2.2	1 017.5	0
11	9.7	3.0	159.5	2.3	1 022.7	0
12	0.1	-0.6	173.2	2.3	1 021.8	0

（轩春梅）

农村能源建设

【农村能源建设简况】 到2000年底，全市共建成“能源生态富民工程”模式1.5万多个，按每个模式年节煤1.5吨、增加收入2 500元计算，全市每年可节约2.3万吨标准煤并增收3 000万元以上；同时使用沼渣、沼液等有机肥可以降低农药、化肥施用量，具有很好的经济效益和社会效益。建成并投入使用的大型沼气工程20多处，每年推广沼气残留物综合利用施肥0.66万公顷。

全市农村共有太阳能热水器50多万平方米，采暖房12万平方米，采暖圈舍10万平方米，日光温室1.46万公顷，形成年新增节约能源近40多万吨标准煤的能力。共建成生物质气化试点15个，生物质气用户达到3 000户。推广节能炉具20多万户，新建和改造节柴架空炕近6 000个，并建成了一批节能示范村，仅此一项全市全年节能达4 000多吨标准煤。

【农村能源综合建设县全面完成】 2000年，平谷、密云、怀柔3个“九五”农村能源综合建设县的建设已全面完成，并通过验收。5年来，建设十大工程，55个子项目，内容涉及种养，结合能源生态富民、大中型猪场粪便处理、生物质气化、型煤生产线建设和煤炭节约、山区水利富民工程、农村电网改造、薪炭林建设、农机节油等。参加验收的专家指出：北京市的农村能源综合建设县工作达到了全国农村能源综合建设大纲中规定的技术指标，并且具有本地区特色，有较高的技术含量，为促进能源、社会、经济和生态环境的发展做出了贡献。

【生物质气化项目被列为农村节能技改重点项目】 2000年生物质气化项目被列为北京市农村节能技改重点项目。在完善已建试点的基础上，建设了生物质气化示范点6处，其中：大兴县在榆垡镇刘各庄村建设了秸秆气化站一座，建设投资45万元，年产秸秆煤气146万立方米，供应107户农户生活用能；通州区军庄村建设的生物质气化系统选用山东省能源所2 000型生物质气化机组，全天向300户居民供气。目前全市共建成生物质气化试点15个，生物质气用户达到3 000户。

（王　宇　张文理）

山区建设

概述

北京市山区面积1.04万平方千米，占全市国土总面积的62%，主要分布在房山、门头沟、昌平、延庆、怀柔、密云、平谷等七个山区区县的89个山区、半山区乡镇。其中边远山区乡镇49个，分别是：房山区的十渡镇、蒲洼乡、霞云岭乡、佛子庄乡、大安山乡、南窖乡、河北镇、周口店镇，门头沟区的清水镇、斋堂镇、军响乡、雁翅镇、王平地区办事处、妙峰山镇，昌平区的流村镇、长陵镇、兴寿镇，延庆县的井庄镇、永宁镇、香营乡、刘斌堡乡、大庄科乡、四海镇、珍珠泉乡、千家店镇，怀柔县的喇叭沟门乡、长哨营乡、碾子乡、宝山寺乡、汤河口镇、琉璃庙乡、雁栖镇、九渡河镇、渤海镇，密云县的古北口镇、冯家峪镇、高岭镇、大城子镇、不老屯镇、太师屯镇、东邵渠乡、番字牌乡、新城子乡、石城乡和平谷县的韩庄镇、熊儿寨乡、黄松峪乡、靠山集乡、镇罗营乡；半山区乡镇40个，分别是：房山区的史家营乡、张坊镇、南尚乐镇、岳各庄镇、长沟镇、房山地区办事处、阎村镇、坨里镇、青龙湖镇，门头沟区的军庄镇、龙泉镇、永定镇、潭柘寺镇，昌平区的南口镇、十三陵镇、崔村镇、南邵镇、阳房镇，延庆县的旧县镇、八达岭镇、张山营镇、大榆树镇，怀柔县的怀北镇、桥梓镇、怀柔镇，密云县的穆家峪镇、溪翁庄镇、河南寨镇、巨各庄镇、西田各庄镇、北庄乡、檀营乡和平谷县的山东庄镇、夏各庄镇、南独乐河镇、峪口镇、东高村镇、王辛庄镇、大华山镇、刘店乡。

1983年，市委、市政府根据决策需要，组织市有关部门联合开展山区综合调查研究，提出了《关于北京山区建设的若干建议》的综合报告及一大批专题报告。在中共中央国务院1984年9月29日《关于帮助贫困地区尽快改变面貌的通知》精神的指导下，1985年11月23日，北京市八届人大常委会第24次会议作出了《关于帮助贫困山区改变面貌的决议》，确定了37个山区贫困乡镇作为重点扶持对象。1989年扶持范围扩大到47个山区贫困乡镇。1991年市委、市政府制定《北京市边远山区乡村十年（1991—2000）致富工程纲要》。1994年市委、市政府又制定实施了《北京市边远山区“四四”奔小康攻坚计划》。密云、门头沟、房山等区县进行了乡镇行政区划调整，京郊60个边远山区乡镇调整为54个乡镇，之后，各山区区县又经过了多次区划调整，形成了目前的49个边远山区乡镇。京郊49个边远山区乡镇，辖区面积7 354平方千米，929个村委会，涉及农业人口由最初的5万户、19.5万人扩大到19万户、56万人，包括男女劳动力26万个。1997年，山区开展水利富民综合开发工程，为促进京郊山区发展区域经济，市政府提出了“大山区”概念。由此，山区开发工作不只限于49个边远山区乡镇，还包括了七个山区区县的其他40个半山区乡镇。到2000年底，北京山区、半山区乡镇共有乡镇89个，辖区面积1.05万平方千米，有1700个村委会，45万户，131万人，男女劳动力62万个，共有耕地9.4万公顷，人均0.06公顷。

在市委、市政府的领导下，山区广大干部群众解放思想，团结奋斗，不懈努力，使山区开发建设取得了鼓舞人心的重要成绩。截至1999年底，七个山区区县94个山区、半山区乡镇，农村经济营业收入达到298.2亿元，乡镇财政收入达到7.4亿元，人均劳动所得3 548元；其中60个边远山区乡镇农村经济营业收入达到79亿元，财政收入3亿元，农民人均劳动所得2 803元。山区水利富民工程建设取得显著成就，在推动山区经济发展中发挥了重大作用；农业结构调整取得初步成果，优势产业得到较快发展；山区的社会事业有了长足发展。岳福洪副市长充分肯定了近几年山区建设取得的重要成绩，山区发生的重大变化：一是从干部到农民的思想观念都有了很大转变；二是山区生产条件有所改善；三是山区经济有了很大发展；四是山区进入市场的能力有所增强。他指出山区建设存在的主要问题：一是山区经济结构单一的矛盾还非常突出；二是山区适应市场的能力很低；三是山区缺乏主导产业；四是传统的生产方式和传统的生产技术仍占统治地位。

2000年2月23日召开北京市山区工作会议，确定山区建设指导思想和奋斗目标是：高举邓小平理论伟大旗帜，贯彻落实中央指示精神，按照市农村工作会议的要求，以加快山区经济发展、加快山区农民致富步伐为目标，继续深化改革，扩大开放，充分调动各方面的积极性，牢固确立农民家庭经营的主体地位，坚定不移地搞好水利富民综合开发，下力调整产业结构，大力培育主导产业，充分发挥区域经济优势，增强山区经济的自我发展能力，为和郊区一道率先基本实现农业和农村现代化创造条件。年初市政府农林办公室、市财政局联合签发的《关于推进农业现代化加快农民致富步伐若干政策意见》中规定了扶持山区水利富民综合开发的各项具体政策、措施。北京市农村工作委员会、北京市农村信用合作社联合社联合制定了《关于加强对山区农户经济开发信贷支持的几点意见》。《意见》决定对京郊山区有适宜开发项目、有增收致富能力、有良好还款信誉的农户加大信贷投入，促其尽快增收致富。

2000年山区建设重点工作：一是坚定不移地推进水利富民工程建设，完成和超额完成水利富民三年计划。扩大水利富民工程建设的覆盖面，进一步完善水利配套设施建设，确保“五小”工程充分发挥效益，大力搞好水利富民综合开发。二是下大力量调整农业结构。把养殖业放到山区经济发展的突出位置，大力发展以果品生产为主的高效种植业，积极发展专业村。三是大力发展旅游业。把旅游业确实作为一个产业来抓，大力开发旅游业市场，大力开发旅游商品，办好郊区旅行社。四是大力发展山区工业。五是大力加强基础设施建设。六是大力实施科教兴山。七是提高市场化、组织化程度。为搞好山区建设工作，各级政府要加强对山区工作的领导，继续实行“一帮一”对口扶持，特别是林业部门要高度负责地组织好山区的果品生产，各区县要制定吸引社会力量投资山区的优惠政策，进一步加强基层组织建设。岳福洪副市长指出山区建设要采取三项主要措施：第一，确立主导产业；第二，大力发展户营经济；第三，实现生产方式和生产技术的创新。他提出：2000年山区工作要搞好水利富民工程，集中发展山区养殖小区，大力发展专业村，推动山区高效农业企业的发展，大力发展合作经济。同时，市里有关部门要加大对山区工作的支持力度。

2000年京郊山区在遭受连续两年严重干旱的情况下，经济仍有较大增长。七个山区区县的89个山区、半山区乡镇，农村经济总收入实现349.1亿元，比上年的294.4亿元增长19%。大农业收入39亿元，占农村经济总收入的11%；养殖业收入22.6亿元，比上年的16亿元增加6.6亿元，增长41%；养殖业收入占大农业收入比重58%，比上年的50%增加了8个百分点；乡村企业两级收入171.4亿元，比上年的155.1亿元增加16.3亿元，增长11%，占农村经济总收入的49%。乡镇财政收入达到6.2亿元，按同比口径比上年也有所增长。山区乡镇财政收入突破亿元的区县有房山、门头沟、怀柔3个区县，最高的是房山区，达到36亿元。人均劳动所得达到3 954元，比上年的3 548元增加406元。房山区山区农民人均劳动所得实现4 385元，名列山区各区县榜首。1998年底统计的全市山区114个低收入村，到2000年底已全部越过1 500元低收入线。49个市定边远山区乡镇，农村经济总收入实现111亿元，比上年的79.1亿元增长40%。大农业收入14.7亿元，占农村经济总收入的13%；养殖业收入9.3亿元，比上年的5.7亿元增加3.6亿元，增长63%；养殖业收入占大农业收入比重63%，比上年53%增加10个百分点；乡村企业两级收入51.5亿元，比上年的40.2亿元增加11.3亿元，增长28%，占农村经济总收入的46%。乡镇财政收入达到2.6亿元。人均劳动所得3 208元，比上年的2 803元增加405元。昌平区边远山区农民人均劳动所得实现3 724元，名列山区各区县榜首。

水利富民综合开发

【扶持山区水利富民综合开发意见出台】 年初，市农林办公室、市财政局联合签发的《关于推进农业现代化加快农民致富步伐若干政策意见》中，“关于扶持山区水利富民综合开发的意见”规定：（1）鼓励山区区县和山区乡镇抓好农户兴办“五小”水利工程、成片开发经济沟和种植牧草。①以各山区区县为单位，按照统一规划，区县政府对山区农户“五小”水利工程补贴资金达到上年度市、县两级财政补贴水平，并完成市定三年水利富民规划，农民年人均纯收入增幅12%的区县，市奖励资金50万元；上年度补贴资金基数大，2000年任务又完成好的，再增加奖励；②以山区、半山区乡镇为单位，按照统一规划，科学实施“五小”水利工程和节水工程，超额完成市、区县下达三年水利富民工程任务，补贴奖励资金全部兑现到户；或成片发展新果树，改造老杂劣果树133公顷以上，或成片种植牧草，达到66公顷以上，且年人均纯收入增幅较大的乡镇，市择优奖励资金10万元。（2）鼓励边远山区乡镇和低收入村发展主导产业。①以边远山区乡镇为单位，从事主导产业的农户（包括户办二、三产业）达40%以上，帮助30%以上的农户借到贷款且家庭规模经营，发挥合作经济组织作用，农民人均劳动所得比上年增长较大的乡镇，市择优奖励资金10万元；②以边远山区行政村为单位，积极发展牛、羊舍饲养殖达到30户以上村（户均养牛5头，养小尾寒羊10只，养绒山羊30只以上），发挥合作经济组织作用，农民人均劳动所得比上年有较大增长的村，市择优奖励资金5万元；③以低收入村为单位，农民人均劳动所得超过1 500元的村，市奖励资金5万元。（3）对水利富民综合开发工程重点示范户和示范工程，市择优给予奖励。

【水利富民工程开发推广10种模式】 “万庄子模式”，即集体统一开发，然后竞价租赁到户的模式；“挂甲峪模式”，即集体统一规划，集体和农民共同投资，实行“五上山、五实现”的模式；“三座庵模式”，即社会和本村开发相结合，收取社会开发的资金，统一修建引水渠，农户修蓄水池，藤上结瓜的模式；“汤河口模式”，即利用当地资源，采取多种形式，村村办水利，户户有工程的模式；“碓臼峪模式”，即根据各户租赁山场数量，分户投资，合作开发的模式；“雁翅模式”，即大户联小户、强户带弱户、富户帮穷户的模式；“宝山寺模式”，即“水利搭台，种养业唱戏”的模式；“大城子模式”，即建立农民合作组织，为水利富民综合开发做好营销服务的模式；“蒲洼模式”，即水利富民综合开发，畜牧上山唱主角的模式；“营城子模式”，即丘陵地区水利先行，种植结构调整的模式。为加快山区经济发展，市农口七个单位和七个山区区县政府各抓一个边远山区乡镇，以点带面，推动山区水利富民综合开发建设。

【山区水利富民综合开发工程成效显著】 截止2000年9月底，山区三年水利富民综合开发工程已圆满完成任务。全市山区共完成五小水利工程4 660处，新增蓄水能力38.2万立方米、抗旱灌溉面积1.04万公顷，共完成灌溉面积14万公顷，比规划任务超额8%。其中：完成“五小”水利工程5万处，新增蓄水能力243万立方米，解决抗旱灌溉面积3.3万公顷；采取流动泵浇水、综合应用旱地龙、地膜覆盖等措施解决蓄水保墒抗旱灌溉面积4.56万公顷；完成井站塘坝工程2 255处，新增改善灌溉面积3.4万公顷；完成灌区改造工程20处，新增改善灌溉面积2.6万公顷。山区水利富民工程任务的顺利完成，实现了山区百万农民人均一亩抗旱灌溉果园和一亩抗旱灌溉粮田的“双一”目标。山区以水为主的生产生活条件和生态环境得到很大改善，抗灾能力明显增强。1999年和2000年，本市遇到了建国以来连续两年最严重的干旱，由于山区充分发挥“五小”水利工程和集雨工程的拦蓄调节作用，加强节水工程配套设施建设，使有限的水资源得到了充分利用。大旱之年，水利富民“五小”工程运行状况良好，不仅解决了粮田、果树抗旱灌溉，还为解决农民吃水、畜禽养殖提供了水源，在抗旱中发挥了明显作用。一是已建“五小”水利工程控制的3.3万公顷粮田、果园，有近2.6万公顷实现了骨干工程与“五小”工程的水利配套，保证灌溉有水源。二是“五小”水利工程控制面积中节水面积达2万公顷，占60%。三是2 327处“五小”水利工程解决改善了深山区2万人的吃水困难。四是山区农民以联户或单户的形式购买拥有流动泵5 000余台，在抗旱中发挥了机动灵活的作用，抗旱保春播、保果树效果显著，使大旱之年果品产量不减，养殖业发展势头强劲，农民稳步增收。山区广大农民从水利富民综合开发工程中得到了看得见摸得着的实惠。岳福洪副市长总结山区三年水利富民综合开发工程的成绩，主要表现在三个方面：①水利富民综合开发工程使山区生产条件有了很大改善和提高；②水利富民综合开发工程调动了山区农民投资和生产经营的积极性；③山区农业的产业结构发生了很大变化。

【市各有关部门支持山区水利富民综合开发工程建设】 山区水利富民综合开发坚持以富裕农民为主线。各级党委、政府组织领导山区农民开展水利富民综合开发工程的整个过程中，以党的十五大路线为指导，按照江泽民同志提出的“三个代表”要求，尊重农民意愿，坚持政策引导，典型示范，精心组织，加强领导，始终以带领农民增收致富为工作主线。市各有关部门，密切协作，统一规划，共同为富民出谋划策。市计委及时审查灌区改造工程方案，并将资金筹措到位；市财政局监制五小工程管理合同卡，派出工作组，深入基层了解资金到位和政策兑现情况；市农村信用联社积极开展信贷，三年向山区投放3亿多元专项开发贷款；市农口各局、院（总公司）围绕山区水利富民综合开发，分工协作，密切配合，不断强化各自在山区建设工作中的职能，同时选派干部到山区乡镇挂职抓点，推动水利富民综合开发，密切了党群、干群关系，深受山区干部群众欢迎。各级政府和有关部门都把培育典型、示范带动作为水利富民工程向深层次发展的重要工作。七个农口局（院、总公司）和七个山区区县抓的14个试点乡镇农村经济总收入和人均劳动所得都比上年有较大提高，有11个乡镇被评为北京市三年山区水利富民综合开发先进乡镇，先进经验在全市逐步推广。

【信贷支持力度不断加大】 为推动山区经济发展，加大信贷扶持力度，市农委、市农村信用社联合社联合制定了《关于加强对山区农户经济开发信贷支持的几点意见》。《意见》决定对京郊山区有适宜开发项目、有增收致富能力、有良好还款信誉的农户加大信贷投入，促其尽快增收致富。(1) 对于农户兴办的“五小”水利工程；发展以牛羊为主的养殖业；成片开发经济沟，发展、更新、改造老果树，发展苗木，种植牧草；发展以旅游业为重点的户办二、三产业等，给予每户不超过5万元贷款。(2) 对于低收入户，每户发放3～5千元的小额贷款。(3) 对于特种养殖业需要投入较多或生产周期较长的贷款，额度可以适当增大，还款期限可以适当延长。(4) 对山区农民有巨大带动和辐射作用的龙头大户，实行一事一议，“特事特办”的原则，加大扶持力度。(5) 贷款的发放要向先进的生产方式和技术措施倾斜，对于沿袭落后生产方式和操作手段的，一般不予扶持。

信贷发放和担保方式：(1) 区县和乡镇农村信用社对新增农户小额信用贷款要依照中国人民银行《农户小额信用贷款管理办法》和《农户小额担保贷款管理办法》指导意见的要求，结合我市情况，可采取多种担保方式发放农户贷款，切实解决农民贷款难的问题，保证其生产资金需要。对于采取存单和国债质押、乡村有经济实力的企业及专业大户信誉等担保贷款，要满足贷款需要，做到随用随贷；对于区县和乡镇使用担保资金方式，实行担保资金在信用社专户储存，以1:10比例放贷；对于5 000元以下小额贷款要采取农民联户信誉担保方式，经乡镇政府审核同意后，做到及时发放。(2) 农村信用社在总行规定的贷款利率浮动范围内，实行有差别的浮动利率。对于农户发展家庭经济所需贷款，根据各社实际资金成本，原则上不上浮或少上浮。(3) 推行农户贷款公开制度，增加贷款透明度。农村信用社要每半年将农户贷款的对象、用途、数量、利率、还贷等情况张榜公布，区县和乡镇政府也要制定相应措施促使积极偿还贷款本息，以提高贷款的周转速度和受益面积。(4)提高服务质量和效益，扩充信贷资金实力。区县和乡镇政府要扩充农村信用社信贷资金实力，帮助信用社扩充资金来源，农口各单位要多在联社或信用社开设基本结算帐户。区县、乡镇要按“九项政策”规定安排专项财政贷款贴息，扶持山区农户发展家庭经济；各区县联社要加强对辖区内农村信用社的资金调剂，及时解决部分农村信用社资金不足的困难。(5)强化规范管理，提高指导水平。各区县联社要防止出现新的不良贷款，乡镇政府要加强对农户发展家庭经济项目的审核、指导、服务，农村信用社要落实信贷员岗位责任制，到村到户办理贷款，搞好流动服务，做到“包放、包管、包收”，提高贷款管理水平。在山区信贷工作中，一是明确支农目标，集中贷款投向，优先满足农户和农业生产资金的需要。继续实行“三优先、一放款”政策，即农户贷款优先、社员贷款优先、农业贷款优先，支农贴息贷款规模放款、随用随贷。二是转变支农观念，调整信贷结构，支持首都农村经济全面发展。扩大农户家庭养殖业贷款面，适当放宽信贷政策、提高贷款额度；支持以水利建设为中心的山区综合开发“五小”工程，在全市94个山区、半山区乡镇范围内发放该项贷款；继续发放小额贷款，扶持60个边远山区乡镇发展第一、二、三产业，进一步加大对山区养殖业的支持力度，对农户发展养殖业所需资金采取以多户联保为重点的多种提保方式给予贷款支持，对于信誉好的山区养殖业农户适当发放信用贷款。

【为山区减灾增收筹措资金】 由于连续两年遇到特大干旱，2000年8月，市政府召开山区减灾增收大会，拨专款3 000万元，用于山区建设养殖小区，保证当年山区农民增收。有关部门协调市、县、乡农村信用社以财政资金及农户资金作抵押，把各方面的资金结合起来，为山区养殖业筹措信贷资金，既发展了山区养殖业，保证了信贷资金安全，同时也支持了农村信用社的发展。

【山区水利富民综合开发基本经验】 坚持以富裕农民为主线，是山区开展水利富民综合开发的根本出发点和落脚点；构筑农民为主体的投资新机制，是推进山区水利富民综合开发的强大动力和坚实基础；夯实山区以水利为重点的基础设施建设，是山区经济快速健康发展的根基；坚持以科技为先导，把节水放在突出位置，实现水资源综合利用和山区可持续发展；培育主导产业，增加经济总量，推动山区经济快速健康发展；大力发展畜牧养殖业，是山区摆脱传统农业，向现代农业迈进的最佳之路。

【北京市山区三年水利富民综合开发总结表彰大会召开】 10月21日，召开“北京市山区三年水利富民综合开发总结表彰大会”，宣布《关于表彰北京市山区三年水利富民综合开发先进单位、示范工程和示范户的决定》。房山区、昌平区流村镇、怀柔县喇叭沟门乡中榆树店村代表做典型发言，山区水利富民综合开发工程中先进集体和个人的先进事例汇编成册下发。市委农工委书记、市农委主任赵凤山同志做了题为《发扬成绩，乘势而上，为夺取京郊山区水利富民综合开发第二阶段的新胜利而努力奋斗》的报告，对山区水利富民综合开发的三年工作进行了回顾和总结。大会对山区7个区县、17个乡镇、21个示范工程和50名示范户进行了表彰。授予平谷县、房山区“北京市山区三年水利富民综合开发优秀区县”称号；授予昌平区、怀柔县、密云县、门头沟区、延庆县“北京市山区三年水利富民综合开发先进区县”称号；授予房山区十渡镇、房山区长沟镇、房山区青龙湖镇、门头沟区清水镇、门头沟区雁翅镇、昌平区流村镇、昌平区长陵镇、延庆县千家店镇、延庆县井庄镇、怀柔县宝山寺乡、怀柔县喇叭沟门乡、怀柔县长哨营乡、密云县高岭镇、密云县北庄乡、平谷县镇罗营乡、平谷县大华山镇、平谷县靠山集乡等17个乡镇“北京市山区三年水利富民综合开发先进乡镇”称号；授予房山区周口店镇红螺谷综合开发示范工程、蒲洼乡集雨示范工程、河北镇半壁店小流域综合治理示范工程，门头沟区斋堂镇九龙头千亩核桃示范工程、军庄镇东山千亩京白梨示范工程、妙峰山镇樱桃沟千亩樱桃示范工程，昌平区长陵镇下口高效果园示范工程、流村镇黑寨千亩果园示范工程、十三陵镇德胜口生态示范工程，延庆县下屯乡小丰营节水示范工程、旧县镇大柏老养牛示范工程、大庄科乡果树示范工程，怀柔县怀柔镇红军庄水利富民综合开发示范工程、汤河口镇小黄塘截流示范工程、雁栖镇虹鳟鱼养殖示范工程，密云县太师屯镇前南台高效果园示范工程、河南寨镇千亩设施果园示范工程、古北口镇獭兔养殖示范工程，平谷县大华山镇李家峪“五小”水利示范工程、靠山集乡东马各庄综合开发示范工程、刘店乡万庄子经济沟开发示范工程等21个示范工程“北京市山区三年水利富民综合开发示范工程”称号；授予房山区十渡镇平峪村晋朝明、门头沟区清水镇杜家庄村赵连基、昌平区长陵镇北庄村高德利、延庆县珍珠泉乡桃条沟村祁明永、怀柔县渤海镇南冶村陈海斌、密云县北庄乡朱家湾村张久富、平谷县独乐河镇甘营村刘东升等50户农民“北京市山区三年水利富民综合开发示范户”称号。

【山区第二阶段水利富民综合开发工程的目标任务】 第一阶段山区水利富民综合开发取得了显著成绩，但仍存在一些问题：一是1999年以来的持续干旱，使郊区水资源紧缺的问题更加突出，水资源短缺、生产生存条件差，仍是制约山区农业及经济发展的主要矛盾。二是山区主导产业不突出，经济总量少，进入市场的能力差。三是山区各区县之间在思想认识上和工作力度上仍存在着不平衡。市政府决定山区水利富民综合开发进入第二阶段——再利用三年时间，彻底解决山区水利问题，基本实现结构调整。

山区水利富民综合开发第二阶段工作的目标任务是：用三年时间，实施“五个一”工程（新建、配套山区水利富民“五小”工程 10 000 处，配套井、站、塘坝及截流调配工程 1 000 处，治理水土流失 1 000 平方千米，除险加固小型水库 10 座，发展集雨节灌 0.66 万公顷），新增蓄水能力 300 万立方米，发展节水灌溉 1.3 万公顷，其中集雨节灌 0.6 万公顷，基本实现五小工程网络化；要加大对综合开发的推动力度，特别是要把山区牛羊等草食家畜为重点的养殖业发展到一个新的水平，力争实现山区年存栏奶牛 5 万头、出栏肉牛 10 万头、舍饲养羊 50 万只的规模。提高产业化经营水平，向产前、产后延伸，进一步提高养殖业收入占大农业收入的比重；三年中发展果树 3.3 万公顷，其中更新改造 1.3 万公顷，建设高效果品园区 0.3 万公顷；大力发展山区旅游休闲产业，力争实现旅游休闲业收入在 2000 年 4 亿元的基础上翻一番；要努力促进山区农民持续稳步增收，力争人均增收 1 000 元，边远山区乡镇农民人均劳动所得突破 4 000 元，最低人均收入突破 2 500 元，推动整个山区向全面建设小康、实现更加富裕的小康社会迈进。第二阶段水利富民综合开发要做好 4 项工作：(1) 继续坚持以富裕农民为主线，深入贯彻落实党在农村的各项基本政策。(2) 大力推进山区结构调整，加快山区经济发展和农民致富步伐。一要大力发展以特色果品为主的种植业，二要大力发展以牛、羊等草食家畜为主的养殖业，三要发展旅游休闲产业。(3) 以拦蓄地表水为主，突出节水，加强配套，提高水资源的优化配置和综合利用水平。一要完善配套，尽快实现五小工程网络化。二要采取综合措施抓节水。三要针对连续干旱出现的人畜饮水困难问题，坚持以拦蓄地表水解决水源为主。(4) 强化科技意识，依靠科技创新和技术服务，提高山区农业现代化水平。岳福洪副市长指出，山区第二阶段水利富民综合开发还要突出强调四点：一是通过三年努力基本形成山区五小水利工程的网络化。实现这个目标，要做到三个转变，即思想上的转变、水利资金投向的转变和由过去水利工程主要靠集体投资、集体兴办和集体管理为主向由农户投资、农户兴办或者联户兴办、农户管理或者联户管理转变。二是用三年时间基本完成对山区的产业结构调整。完成这个转变，要做到：(1) 根据自身特点，研究自身优势，特别是发挥地方优势来确定不同地区的主导产业。(2) 用先进的科学技术来改造现在的传统产业。(3) 大力发展专业合作经济组织，帮助农民进入市场。三是用三年时间，使京郊山区的农民全体进入小康水平。四是加强对第二阶段山区水利富民综合开发工作的领导。要做到明确任务，抓典型。

产业结构调整

【产业结构调整的方针、任务和目标】 山区要优化农业结构，培育主导产业，使之成为山区经济发展和农民增收的重要途径。

一是要把养殖业放到山区经济发展的突出位置，经过 5 年左右的发展，山区养殖业产值占农业总产值的比重要力争达到 70% 以上，使其切实成为山区经济的重要支柱。山区畜牧业发展必须走发展养殖小区之路，促进养殖业的规模化、集约化和专业合作的发展，推进养殖业的现代化进程和农民的大幅度增收。要积极推行舍饲、半舍饲。在引进良种的同时，改造草山草场，发展牧草种植，提高养殖业效益，保护山区环境，实现可持续发展。在发展畜牧业的同时，也要积极发展水产养殖，充分利用山区水面，搞优质鱼种的繁殖和饲养，并把水产养殖与旅游结合起来，发展观赏、垂钓、烧烤等，努力使水产养殖大幅度增效。山区要大力发展养蜂业，利用山区果树多、花粉多的优势，实现资源的综合利用。

二是大力发展以果品生产为主的高效种植业，经过 5 年的努力，使果品收入占到种植业总收入的 80%。要扩大果树种植面积，结合经济沟开发，扩大优势果品的种植，5 年后，力争实现山区人均 0.1 公顷优质果园。要实现果品生产的规模化、区域化，大力发展果品生产的专业村、专业乡，形成规模，形成市场，提高果品生产的科技水平，取得规模效益。要加强对老、杂、劣果树的改造，通过更新改造、高接换优、加强管理等途径，改良品种，提高品质，使山区果品由大路货向名特优产品转化，山区要力争用 5 年的时间，完成对老、杂、劣果树的更新改造任务。要大力发展种苗生产，大力发展果树、速生丰产林、针叶树和绿化、美化用树种的苗木生产，建成林果种苗基地，提高山区林果生产的产业化水平和科技含量。要在山区、半山区大力发展速生丰产林。要大力发展专业村，组织农民家庭实行专业化生产、规模化经营、提高科技水平和组织化程度、引导农民进入市场和增加收入。要培育主导产业，实行一村一品、多村一品。

三是大力发展旅游业。山区必须把旅游业作为主导产业大力培育，各级政府要加大投入，认真研究，大力推动，使其尽快成为带动山区发展的“龙头”产业。要把旅游业确实作为一个产业来抓，大力开发旅游业市场，大力开发旅游产品，办好郊区旅行社。

四是大力发展山区工业，尤其要大力发展能够发挥山区优势的资源型工业和农副产品加工业。要高度重视农民家庭二、三产业的发展，通过提供用地和基础设施条件、进行资金支持、实行税收优惠等办法，对农民家庭发展二、三产业进行扶持。要建设工业大院，并扶持发展一批二、三产业的专业乡、专业村。

【山区养殖业总量增加】 各山区区县因地制宜，发挥本地区的资源优势，把发展以牛、羊等草食家畜为主的养殖业作为最重要的主导产业放在突出位置。2000 年 89 个山区、半山区乡镇养殖业收入达到 22.6 亿元，占大农业收入的 58%；49 个边远山区乡镇养殖业收入达到 9.3 亿元，占大农业收入比重 63%。山区养殖专业村已达198个，建养殖小区531处（其中新建431处），入区农户9 277户，已建起的355个养殖业合作社及专业协会辐射带动农户4.4万多户。2000年山区出栏商品牛4.1万头，存栏3.7万头；奶牛存栏1.9万头，产奶1.2万公斤；绒山羊存栏22.3万只；小尾寒羊出栏8.3万只，存栏10.3万只；肉鸡出栏3 332万只，存栏431万只；养蜂9.8万群；鹿4 553头；发展流水养鱼124.86公顷。

（齐　智）

【重点帮助10个边远山区乡镇大力发展养殖业】 市农委山区办重点抓了低收入村较多的房山区佛子庄乡、霞云岭乡、门头沟区清水镇、昌平区流村镇、延庆县永宁镇、千家店镇、怀柔县汤河口镇、密云县石城乡、番字牌乡和平谷县镇罗营乡等10个边远山区乡镇发展养殖业，召开协调会20多次，协调信用贷款5 000多万元。到年底，10个乡镇建养殖小区68个，其中怀柔县汤河口镇22个行政村建养殖小区15个，2001年村村都可有一个养殖小区；10个乡镇养殖业收入平均每个乡镇达到1 600万元，比上年平均增长30%，最高的是昌平区流村镇，达到8 980万元。

【山区涌现一批靠养殖业致富的专业乡镇、专业村、专业户】 昌平区流村镇把肉鸡、养羊、养蜂作为本镇的主导产业，大力发展养殖业。到2000年底，共建养殖小区19个，养殖户超过2 000户，占总户数的33%，养殖业收入实现8 980万元，占大农业收入比重的91%。该镇以华都、正大两个肉鸡龙头企业为依托，建成1个100万只、2个50万只的3个规模肉鸡场和12个肉鸡养殖小区，肉鸡专业户达到200多户，全镇肉鸡规模达到500万只；建9个养羊小区，饲养总量超过3万只；养蜂总规模超过1.5万箱，其中新增8 800箱，总量实现当年翻番，养蜂专业户已达308户。密云县古北口镇把养殖獭兔确定为本镇农民增收的主导产业。全镇建成养殖獭兔小区4个，獭兔专业村5个，獭兔养殖户1 200户，占全镇农户的50.3%，出售商品兔10万只，收入500万元，此项使人均收入纯增600元。该镇为促进獭兔发展，做到政策宣传到位，干部包村包户到位，政策扶持到位和龙头带动、中心服务到位等“四到位”。延庆县旧县镇大柏老村养殖户410户，占全村总户数的56%，其中养牛专业户316户，存栏奶牛1 150头，年销售鲜奶400万千克，年饲养肉牛5 000头，出栏2 600头；畜牧业总收入达到2 200万元，占全村经济总收入5 500万元的40%，占大农业收入2 576万元的85%；人均劳动所得4 206元，其中畜牧收入2 040元，占49%。平谷县靠山集乡中心村在能人张淑凤的带领下，全村400户中，240户养肉鸡，年底出栏肉鸡120万只，户均养鸡3 000只，纯收入240万元。全村畜牧业收入1 266.3万元，占大农业收入的83.5%；人均纯收入由1997年不足1 400元增加到2 500元，来自畜牧业的纯收入达1 168元，占47%。怀柔县喇叭沟门乡中榆树店村利用闲置房屋投资10万元，建成两个养殖小区，贷款120万元，养肉牛400多头，入区农户50户，占全村户数的84%；纯收入实现16万元，养殖户平均增收3 000元，全村人均劳动所得达到5 000余元。

【山区林果业发展成效显著】 2000年山区果树面积达到10.17万公顷，占全市果树总面积的82%；果品产量4.5亿千克，占全市果品总产量的71%；果品产值8.8亿元，占全市果品总产值的75%。2000年山区开发经济沟1.58万公顷，新发展果树1.26万公顷，更新改造老杂劣果树0.51万公顷，建设高效果品园区146个，面积0.68万公顷，结合休闲旅游业发展观光果园222个、0.92万公顷。山区林果业合作组织有162个，果树专业乡15个，果树专业村192个。

山区林果业发展的特点，一是北京山区多样化的自然资源，使各山区区县都形成了适合本地发展的特色果品，并具有一定规模优势。如房山区0.26万公顷大盖柿、门头沟区0.086万公顷核桃、昌平区0.28万公顷优质苹果、延庆县0.053万公顷葡萄、怀柔县1万公顷板栗、密云县1.06万公顷板栗、0.3万公顷苹果和平谷县0.93万公顷大桃等。二是实施精品战略，提高果品效益。门头沟区军庄镇农民共投资516万元，发展京白梨果树58公顷，苗圃2公顷，并注册了“军山”牌商标，产量达到2万千克，收入120万元，利润30万元，从事种植的50人，人均增收达7 000元。三是增加果品总量，促进农民增收。延庆县香屯村累计发展果树4万株，人均500株，仅板栗就达到人均400株。通过加强管理，全村板栗总产量2万千克，收入28万元，其中板栗产量超过1 000千克的有8户，最多的超过2 000千克，仅板栗一项全村户均纯收入超过万元，人均纯收入4 000元。

山区林果业发展仍存在一些问题，山区果品生产布局分散、管理粗放、品质低劣的问题仍未完全得到解决。山区果树面积占全市的80%以上，但产量只占全市的60%，收入仅占全市的50%左右。果树总量不足的矛盾也仍然突出。郊区发展果品生产的重点在山区，山区要抓住结构调整的机遇，结合经济沟开发，扩大优势果品的种植面积，经过几年努力，使果品收入占到种植业总收入的80%以上，力争实现山区人均0.1公顷优质果园，成为山区的主导产业之一。山区果品品质差，是山区果品出售难，价格低的重要原因。山区现有果树11.3万公顷，高标准果园不足10%。通过更新改造、高接换优、加强管理、推广适用科学技术等途径，改良品种，提高品质，使山区果品由大路货向名特优新产品转化。

【积极做好发展休闲旅游业的服务工作】 山区各区县党委、政府投入很大的精力、拿出很大的力量，对旅游业的发展认真研究，大力推动，使其快速成为带动山区发展的“龙头”产业，成为山区经济新的增长点，为顺利完成山区产业结构调整和加快农民增收步伐增添了新的动力。延庆县政府拿出100万元在山区6个乡镇兴建了8个景点，当年就接待了3.8万人次，收入320万元，有3个村208户成为旅游专业户，户均增收1 300元。山区通过发展旅游，为山区经济注入了新的活力，带来了四方面的显著变化：一是带动了山区产业结构的调整。延庆、昌平、怀柔等区县，旅游业已成为支柱产业，成为财政收入的重要来源。房山区十渡镇近年来围绕旅游，积极调整农业结构，每年发展双膜玉米33.3公顷，向游客出售煮老玉米，亩效益2 500元，比过去增加2 000元；西石门、平峪两村在深山沟建设蔬菜大棚60栋，生产反季节蔬菜，与农民采摘的山野菜配合，占领旅游市场；开发水产养殖，增加垂钓、烧烤项目，使农副产品变成了旅游产品，农业效益大幅度提高，十渡镇已成为郊区第一个旅游专业镇。二是带动了当地农民的就业和增收。延庆县八达岭镇石佛寺村80年代初仅靠农业生产人均只有70元，自从1993年村镇两级联合开发旅游景点，修复了八达岭脚下的水关长城，全村100%的劳动力都从事旅游管理和服务工作，兴办小商店、小旅馆等旅游相关行业，去年年底人均纯收入达到1.2万元。怀柔县段树岭村发展旅游业，门票收入40万元，年综合收入340万元，直接从事旅游的农户30户，从事与旅游业相关产业的近500人，从事与旅游相关的交通运输等行业的农户收入达到105万元。三是带动了山区经济社会综合发展。市、区县各级围绕发展山区旅游，加大了对山区基础设施建设的投入力度，使山区的道路、通讯、供电、供水、广播电视等基础设施条件得到了明显的改善。延庆、房山、怀柔、昌平等区县还积极引进国内外资金，加强旅游基础设施建设。四是带动了山区农民思想观念的转变，开放意识、市场意识进一步增强。将农业注入旅游，发展旅游农业，经济效益明显提高。怀柔县利用本县700多处冷泉资源，在4条沟大力发展虹鳟鱼养殖，养殖水面达到15.3公顷，分布于10个乡镇、51个村、20多处景点，开展虹鳟鱼观赏、垂钓、烧烤等旅游项目，“五一”接待游客5万人次，综合效益达到2 000万元，盈利500万元，每处垂钓、烧烤点平均盈利2万元，最高的盈利10万元。全年综合收入达到8 000万元，效益达到1 600万元，带动800户，户均收益2万元。平谷县黄松峪乡黑豆峪村农民实行股份合作制开发大溶洞，本村557户农民入股，筹集资金594万元，1998年5月开业，当年就收回了全部投资，每股分红793元，到现在，每年景点可分红450万元，户均7 500元。密云县新城子乡曹家路村在党支部书记李桂英同志的带领下，“借景兴办旅游”，1999年“五一”开业，年底门票收入达到32万元，2000年全年门票收入100万元。该村100户农民办民俗旅店，户均收入过万元。

【各级政府积极引导和支持山区休闲旅游业的发展】 一是科学规划，规范管理，实施品牌战略。从本地区的区位、资源、人文、地理、气候等具体情况出发，对旅游开发科学规划，合理安排，严格按照规划进行开发。延庆县将东部山区旅游资源统一规划，统一宣传，打出“仓米古道”这一品牌战略，采取县、乡、村三级管理，带动9个旅游专业村500户发展旅游。二是加强基础设施和配套设施建设，加强人才培养，提高民俗旅游景点文化品位，提高景点档次。怀柔县雁栖镇开展“欢乐在雁栖，满意在农家”的旅游接待工程，在整治环境、规范服务的基础上，请专家指导农户，为游人提供文体娱乐服务。该镇北台上村建了篮球场，组织游客参加比赛；神堂峪开展丰富多彩的活动，颁发纪念品。三是搞好旅游宣传，政府搭台，农民唱戏。密云县开展“百万市民游密云”活动，吸引游客400万人次，旅游收入达到3亿元。昌平区提出“集中优势，打整体战”的指导思想，投入156万元，编辑出版了多集旅游刊物，通过电台、电视台、报社等各种新闻媒体进行宣传，带动了全县的旅游景区和民俗村的发展。四是加强管理。对环境治理、饮食卫生、社会治安加强管理，提高民俗旅游的吸引力和竞争力。五是开拓旅游市场，开发旅游产品。昌平区兴寿镇面向首都市民双休日逛京郊这个市场，开展“吃农家饭，住农家屋，享农家乐，交农家友”的旅游系列活动，提供游客“四月赏花挖野菜，五月樱桃六月杏，七月李子八月枣，九月核桃大板栗，十月红果满园香”活动项目，进一步挖掘旅游市场，促使休闲旅游业蓬勃发展。

【山区休闲旅游业发展势头良好】 2000年全市山区新开发旅游景点75个，累计已达378个，其中边远山区有128个；全年接待游人2 997多万人次，旅游业总收入达到21.5亿元。山区共有市级注册的景区（点）185个，其中自然景观93处，国家级及市级自然保护区6个；市级文物保护单位10余处，其中自然景观文物保护单位5处，世界级重点遗产4处。山区开发了深受游客欢迎的人文景观游，山水风光休闲度假游，吃农家饭、住农家院、享农家乐的乡俗民风游，农业观光采摘游，体育健身游，传统教育游，科学考察游等多种旅游形式，使山区成为首都居民的休闲度假基地。山区初具规模的民俗旅游专业村已发展到102个，从事旅游业的农民8 990户、1.63万人，具备初级接待住宿条件的床位3.77万个，开发旅游产品近100个，户均年旅游收入超万元的200多户。

【山区休闲旅游业经验交流会召开】 为促进综合开发，发展山区休闲旅游业，拓宽农民致富途径，6月21日，全市召开了题为“大力发展山区旅游，着力培育支柱产业，加快农民致富步伐”的山区休闲旅游业经验交流会。七个山区区县长就本区县开发休闲旅游产业的经验、做法和规划做了汇报。市农委主任赵凤山提出：一要充分认识山区旅游是极具发展潜力的一大产业。市委八届二次全会《决定》指出，要把郊区建成四大基地，其中之一就是居民旅游休闲胜地。通过发展山区旅游，带动了山区产业结构的调整，当地农民的就业和增收，山区的综合开发，山区农民思想观念的转变，为山区经济注入了新的活力。发展旅游城市需求日益旺盛，市场非常广阔；山区不仅有丰富的历史文化遗产，还有良好的生态环境和自然景观；山区农民对参与旅游业有很高的积极性，山区旅游业极具发展潜力。二要充分调动农民参与山区旅游的积极性。要突出农民的主体地位，实现富裕农民的目标。为此，应理顺领导体制、下放经营权、组织农民开发当地旅游资源、消除旅游市场准入方面对农民的种种不合理限制。三要大力发展旅游农业。应按照发展旅游的需要，积极调整农业结构，开发农业的深层次功能，大力开发农业旅游商品。四要各级政府加强宏观指导和服务。各区县都要统一科学规划，加强基础设施和配套设施建设，搞好旅游宣传，政府搭台，农民唱戏，对环境、卫生、社会治安加强管理，要抓典型，发挥示范带动作用，要集中有限的财力，构造旅游的拳头产品。

【山区乡镇企业有较大发展】 二次创业使山区乡镇企业焕发了新的生机。2000 年山区乡镇企业总收入 171 亿元，比上年增长 10%；利润总额 2.6 亿元，比上年增长 30%。市对山区的 32 个工业小区、村级工业大院和二、三产业专业村给予扶持资金 1 130 万元，有力地推动了山区乡镇企业的二次创业进程。怀柔县制定优惠政策，鼓励山区乡镇和有条件的山区村走出山区，进入平原致富工业小区发展工业。多数山区区县已在县城周边建立了致富工业小区，在土地开发利用和税收上给予优惠。

【扶持农民家庭发展二、三产业】 各山区区县高度重视农民家庭二、三产业的发展，通过提供用地和基础设施条件、进行资金支持、实行税收优惠等办法，对农民家庭发展二、三产业进行扶持。农民家庭二、三产业发展比较集中的村正在建设工业大院，并扶持发展一批二、三产业的专业乡、专业村。

基础设施建设与社会事业

【山区基础设施建设状况明显改善】 山区以水为主的基础设施建设成效显著，为山区经济发展奠定了基础。山区水利建设取得了巨大成绩，基本解决了山区人畜饮水困难，从根本上改善了以水为主的生产生存条件，实现了山区百万农民人均一亩抗旱灌溉面积和一亩抗旱灌溉粮田的“双一”目标，为农民增收致富创造了必要的水利条件。飞速发展的电力事业和电信事业为山区的开发建设提供了有力保证。自 1998 年，市政府为山区投入 7.4 亿元，对农村电网进行建设与改造。新建改建 110 千伏变电站 10 座，新建改建 35 千伏变电站 10 座；更换、加装 10 千伏配电变压器约 5 000 台；改造低压线路 3 000 千米，受益农户 20 多万户。山区区县所有行政村，村村可通程控电话。山区程控交换机总容量达 88 万门，电话用户达 62 万户，电话村已达到 1 159 个，电话普及率达 17.6%，电信业的发展，扩展了山区农民的视野，信息闭塞的状况得到了改善，加快了农民增收致富的步伐。山区乡村公路的修建，为农民架起了致富的桥梁。为加强山区公路建设，自 1996 年，市政府投资 4 077万元，修建路基 156 千米、沥青路面 207 千米、水泥路面 107 千米、桥梁 89 座（共 1 668 米）。此外，专项投资 3 000 万元用于修建房山区的三福村公路、投资 669 万元用于修建昌平高崖口至门头沟的芹峪口公路；在资金相对紧张的情况下，市政府对边远山区乡镇计划外补助修路款每年投入约 200 万元。山区农机化程度有了很大发展。农机装备总量大幅度提高，共增加各种农机具 2.5 万台件套，农机总动力达到 97.4 万千瓦，粮食机播、机耕、机收作业水平分别达到了 78%、81%和 56%，加快了农业机械化的步伐，山区生产手段相对落后的情况得到大大改善。

【山区社会事业蓬勃发展】 山区教育事业得到加强。截至 2000 年 8 月，市政府累计向山区投入 1.8 亿元，用于改善山区各类学校的办公条件，学校的教学办公设备和寄宿生生活条件得到很大改善，有 205 所边远山区小学达到市颁办学标准，山区中小学面貌日新月异。在广播电视、文化等部门的大力支援下，山区农民的精神文化生活丰富多彩。市政府共投入 1 000多万元，用于发展山区电视覆盖、更新设备、实施有线电视光缆网工程等，达到了广播电视“村村通”，大大改善了山区人民收听收看广播电视节目的条件。集资 65 万元为 60 个边远山区乡镇建立了电影队。每年集资 10 万元为区县无偿提供各类科教片。

【人均劳动所得 1 500 元以下的村全部消除】 山区七个区县的区县委、政府认真落实市政府关于“北京市山区消除低收入面工作会议”精神，年底圆满完成了消除 1 500 元以下低收入村的工作任务。总结经验，主要是：①领导高度重视，将此项工作列入重要议事日程，与有关乡镇签定了“消除低收入面责任书”，同时派直属单位、领导干部包村抓点；②加大投入力度，全年向 6 000 余户低收入农户发放小额贷款 3 000 余万元；③选好致富项目，以养殖业为主，向二、三产业拓展，同时注意与培育当地主导产业相结合；④社会各界的大力支持，一批民营企业积极响应市政府“携手闯市场，同心奔小康”的号召，与山区农户联手开发，加快了低收入村、户的致富步伐。

（齐　智）

农 业 投 入

概　　述

2000年，按照市委、市政府的要求，为率先基本实现农业现代化，政府、集体、农户个人都加大了对农业的投入，社会其它方面对基础产业的投入也加大了力度，投资主体多元化的格局已经初步形成，但市级财政安排的支农资金达7.25亿元，在对农业直接投入中仍占主体地位。一年中，郊区的改革与发展始终坚持以农民为主体，以农民家庭经营为基本生产单位，各级政府加大了对农民家庭经营的政策支持力度，农民的积极性得到了充分调动，涌现出千家万户踊跃投资农业的喜人局面，这也完全符合市委、市政府的政策要求，即对农业的投入要逐步过渡到以农民投入为主。据市统计局提供，2000年郊区农民人均全年家庭经营性投资达到631元，同比增长了28.6%，而郊区农村人均生活消费性支出增长才9.9%，即农民人均家庭经营性投资增长幅度比生活消费增长幅度高18.7个百分点。2000年仅养殖小区建设农民就投入9.1亿元，使得家庭经营成为我市农村经济的新增长点。在山区水利富民综合开发工程中，农民的投资首次超过财政和集体投资，在投资总额中所占比例最大。由于郊区农村集体经济组织有一定经济实力做基础，特别是农民大量地向二、三产业转移，使得集体经济组织对农业的投入也在逐年加大，特别是那些单个农民家庭投资承担不起的大型水利设施、农业机械等农业固定资产的投资，大多是以集体投资为主，据初步测算，集体经济组织对农业投入近27亿元。在社会方面，农村信贷资金的投入、农业保险制度的实施、外资的应用，以及社会其它企事业单位的投入，也为郊区农村综合实力的提高和社会经济的发展，提供了强有力的支持。

支 农 资 金

【市级支农资金使用根据发展任务突出不同重点】 第一阶段，面向千家万户，调动农民生产投入的积极性。1998年以来，为了调动郊区农民生产投入的积极性，制定了《扶持家庭养殖业政策》和《山区水利富民政策》，这两项政策重点突出支农资金直接面向广大农民，这是支农资金在使用方向上的一个重大转变，得到了农民的热烈响应，调动了农民发展一、二、三产业的积极性，特别是在一产的种、养环节上积累了雄厚的物质生产能力，拓宽了农民就业空间，增加了农民收入。

第二阶段，以支持“六种农业”为突破口，带动郊区农业结构调整。自1999年以来，为了解决好郊区农产品抢占市场制高点，大力发展设施农业、籽种农业、精品农业、加工农业、创汇农业、观光农业（简称“六种农业”），以“六种农业”作为郊区农业结构调整的切入点和突破口，有力地拉动了郊区农业经济的快速增长。

第三阶段，扶持农业产业化经营，促进郊区农业现代化建设。自2000年以来，为了推动郊区农业现代化建设，支农资金的使用重点转向扶持农产品龙头加工企业、发展区域经济主导产业和农民专业合作组织。走出了北京农业产业化经营的基本模式：龙头企业+专业合作组织+基地（农户）。

市级支农资金的投入，每年增长10%以上，到2000年市级支农资金投入总量已达7.25亿元。拉动了农户、集体和社会对农业的投入。

【2000年市级支农资金安排情况】 全年市级支农资金共安排7.25亿元，其中：落实《关于推进农业现代化加快农民致富步伐若干政策意见》资金1.92亿元，农业科技扶持资金0.596亿元，农田水利基本建设扶持资金0.8亿元，扶贫资金0.35亿元，救灾资金0.2亿元，其它生产性支出0.334亿元，农业综合开发1.25亿元；农林水等事业费1.8亿元。

【政策落实资金兑现情况】 全年兑现资金1.92亿元。其中：专业村工程，扶持了91个专业村，兑现2 990万元；养殖小区工程，扶持233个，兑现3 000万元。山区水利富民综合开发工程，兑现4 000万元；农民专业合作经济组织工程，扶持100个，兑现2 000万元。高效农业园区工程，全年兑现3 500万元。工业小区（扶持20个）、村级工业大院工程（20个）、重组引进大项目（20个），全年兑现2 000万元。创汇农业，全年兑现1 010万元；“六种农业”兑现700万元。

【农业科技资金投入情况】 按照《2000年农业科技项目指南和高效农业示范园奖励政策》要求，经农业科技专家进行评估、论证，择优确定2000年重点农业科技推广项目3类12项，分两年安排财政补助资金1 650万元。加大对高效农业企业扶持力度，对采用现代企业制度运作的高效农业企业给予投资、贴息、奖励等形式的资金扶持，支持高效农业企业项目23个，安排资金4 310万元。

【农田水利建设资金投入情况】 2000年市级财政安排农田水利建设资金8 000万元，重点用于农业节水和山区水利富民工程建设。完成节水面积1.3万公顷，五小工程5 230处，新建小水库16座，续建配套水库6座，完成小水库除险7座，解决人畜饮水1 987处，完成河道治理47千米，建橡胶坝3处。

【扶贫资金投入情况】 2000年扶贫资金市财政安排资金3 500万元。主要用于完成市委、市政府提出用两年时间消灭人均收入1 500元的低收入村、户。对70个人均劳动所得低于1 500元的村，共扶持资金350万元；为帮助山区农民增收，市财政专门拨款3 000万元，用于山区养殖业的发展；为促进北京市少数民族乡镇经济的发展，从“支援农村合作生产组织资金”中安排150万元，支持三个少数民族乡镇、五个民族村经济的发展。

【救灾资金投入情况】 2000年安排防汛、抗旱救灾资金2 000万元，主要用于政府采购抗旱物资284台件，管路18万米。并及时安排应急渡汛、水毁工程修复，以及灾后恢复生产。

【农业综合开发资金投入情况】 农业综合开发资金市级安排1.25亿元，土地治理项目实际支出7 717.79万元，比上年同期增加2 796.36万元，增长56.8%。多种项目实际支出2 339.36万元，比上年同期增加767.36万元，增长48.8%。土地项目主要以改造中低产田为主，为了认真贯彻全国农业综合开发会议讲话精神，以调整农业生产结构、发展节水农业为重点，以富裕农民为目的，严格按照国家开发办的要求，采取综合措施，综合治理，实现综合效益，完成了顺义区2 000公顷优质粮基地建设、昌平区1 333公顷节水示范区建设、平谷县1 566公顷果粮间作项目、延庆县260公顷生态农业等项目的建设。多种经营项目我们主要完成了顺义区“凌空”果、菜和药材基地建设、怀柔县奶牛养殖和虹鳟鱼养殖等项目、大兴县食用菌加工和酱菜厂改扩建项目、平谷县有机生态肥生产加工等项目的建设。高新科技项目完成了昌平区小汤山1 000公顷示范园区的建设。项目区通过实施水利、农业、林业科技等综合措施，提高了农产品生产能力，农业生产基本条件明显得到改善，通过开发改造及农田林网的营建，加大了项目区内的植被面积，有效地减少了水土流失，美化了环境，调节了气候，风沙得到控制，生态环境得到改善，取得了一定的经济效益和社会效益。

【事业费开支情况】 2000年安排农林水等部门事业费1.8亿元，重点用于市级农口企事业单位人员经费、公务费、设备购置费、修缮及专项经费等。

（刘春广　高　麓　薛有才
王凤楼　刘容江　陈燕华
石　磊　赵玉民　侯卫忠）

集体投入

【农村集体经济投入情况】 截止到2000年底，全市农村集体经济固定资产原值346.07亿元，比1995年174.45亿元增长98.4%。其中：生产性固定资产234.45亿元，比1995年123.36亿元增长90.1%。

2000年底，全市农村集体经济生产成本371.8亿元，比1995年274.0亿元增长35.7%。

2000年底，全市乡村两级集体经济组织本身支出总额79.43亿元，比1995年54.68亿元增长45.3%。其中：用于兴办企业的投资12.53亿元，比1995年8.2亿元增长52.8%；用于经营性支出36.76亿元，比1995年31亿元增长18.6%；用于集体公益事业4.12亿元，比1995年2.25亿元增长83.1%；用于管理费13.97亿元，比1995年7.59亿元增长84.1%。

（吴新生）

农户投入

【农户投资水平提高】 农户的生产性投资，既

1985—2000年郊区农户农业投资情况

年份	人均名义投资（元）	比上年增长（%）	农业生产资料价格指数（1985=100）	人均实际投资（元）	比上年增长（%）
1985	131.93	—	100	131.93	—
1986	137.39	4.14	102.7	133.78	4.91
1987	147.29	7.21	113.79	129.44	-3.24
1988	241.13	63.72	133.82	180.2	39.22
1989	252.01	4.5	162.59	155	-13.99
1990	239.24	-5.06	166	144.13	-7.01
1991	294.52	23.1	170.15	173.09	20.09
1992	295.84	0.45	176.28	167.82	-3.04
1993	222.74	-24.71	192.32	115.82	-30.99

（续）

年份	人均名义投资（元）	比上年增长（%）	农业生产资料价格指数（1985=100）	人均实际投资（元）	比上年增长（%）
1994	271.09	21.71	230.98	117.37	1.34
1995	308.31	13.73	307.66	100.21	-14.62
1996	262.94	-14.72	328.58	79.79	-20.38
1997	265.59	1.01	345.32	76.91	-3.61
1998	291.78	9.86	338.4	86.22	1.12
1999	349.23	19.69	318.8	109.55	27.06
2000	404.03	15.69			

包括流动资金的投入，即家庭经营费用支出，又包括农户的固定资产投资。自1980年以来，北京市农户的投资水平一直在提高。以农户人均投资额计算，1980年22.9元，1985年达到131.93元，1990年为239.24元，1995年为308.31元，1997年有所下降，为265.59元，2000年为404.03元。21年间，农户人均投资额增加了16.6倍，年均增长14.3%。

【农户投资跳跃式增长】 北京市农户投资水平分年度来看，呈跳跃式增长。1980—1984年是低水平的快速增长阶段。这五年中，户人均投资水平较低，1980年为22.9元，1984年也仅有85.3元。但是，由于基数较低，这一阶段农户投资的增长速度很快，年均增长率为30.1%。1985—1987年的三年是投资徘徊阶段，这三年，尽管投资水平比前一阶段有了较大提高，但是三年中却停滞不前。1988—1995年为高水平上的慢速增长阶段。1988年，农户人均投资为241.13元，1995年达到308.31元，1996年以来，农户的投资水平有所下降。1996年为262.94元，1997年为265.59元，1998年为291.78元。1999—2000年，农户投资水平有了较大的增长。1999年为349.23元，2000年为404.03元。

（吴新生）

社 会 投 入

【农村信贷资金投入】 农村信贷资金包括银行的信用贷款和农村信用社信用贷款。银行和信用社对北京农村贷款分别起始于1949年和1952年。当时贷款余额分别为8.8万元和10万元，到2000年，北京农业银行和信用社对北京农村的贷款余额已经增加到49.5亿元。农村信贷对北京农村一、二、三产业的发展，重点设施建设，扶持山区经济，提高北京郊区综合生产能力，丰富北京农产品市场作出了重要支持。

【农业保险】 农业保险是一项防范农业生产风险，一方有难、多方支援的社会保障事业。北京市农业保险经历了试办、停办、恢复与发展阶段，到2000年，全市农业保险开办险种已达20余项，保费收入累计194.5万元，保险赔款累计178.4万元，赔付率91.7%。在体现保险经济补偿的同时，市保险公司积极配合消防、气象等部门做好防灾减灾工作，累计出资200多万元用于承保单位防火、防疫、防病虫害等减灾活动，发挥了良好的社会效益。

【外资投入】 利用外资是现代国际经济技术合作的基本形式之一，也是世界各国特别是发展中国家用来发展国内经济的一条行之有效的措施。改革开放以来利用外资，对我国国民经济发展起到了明显的促进作用。北京郊区对外开放主要特点是：对外开放范围扩大，外向型经济的规模和水平大幅度提高，外商投资额增加，同国外若干大型企业建立了合作关系，对外开放从工业、商业、服务业扩大到了基础设施、农林牧业、房地产开发、通讯、能源等诸多方面，特别是农业的对外合作，包括种植、养殖、农产品加工业取得了良好的发展势头。通过大力发展外向型经济，推动郊区经济向国际水平靠拢，提高技术水平和管理水平。按照国内外市场需要调整结构，使郊区农村经济向着现代化的方向大踏步前进。

（吴新生）

科技进步与人才培养

概　述

2000年郊区农村科技工作，总的要求：一是用改革精神，加强郊区农业科技队伍建设，建立一种条块结合的新的农业技术推广网络。二是鼓励社会各方面、各阶层科技人员直接进入农业生产第一线。三是推动以新技术为依托的大型农业企业的出现。

市农村科技工作的主要任务：一是加快农业创新体系建设、推进农业产业化进程。二是促进农业产业结构调整，大力发展高效农业。三是依靠科技进步，促进乡镇企业的二次创业。四是抓住中关村科技园区建设的契机，大力发展高新技术产业。

具体工作：一是组织全市的农业科研单位和大专院校，汇集一批适应市场需要的新品种和生产实用技术，以多种形式向农民发布，为郊区农业产业结构调整提供有力的技术支撑。二是通过抓高效农业园工程、加速科技成果转化、支持农业科技产业发展、鼓励科技人员下乡等工作发展高效农业，带动农民致富。三是把绿色食品及良种工程作为农村科技工作重中之重的任务，确保首都市民吃上“放心菜”和“放心肉”。四是进一步实施星火计划，促进郊区工业企业的二次创业。五是组织科技攻关，为农业经济的可持续发展增加技术储备。六是加强对科技资源的配置工作，深入开展国际合作，积极引进国外智力。七是搞好多种形式的科学知识普及和专业技术培训工作。八是加强农村科技管理和服务体系建设。

深化科技体制改革，推进科研院所企业化转制。根据市政府《关于市属技术开发型科研院所转制意见的通知》，积极组织科研院所实施企业化转制，推动科研院所建立现代企业制度和尽快进入市场，使科研院所成为充满活力、有较强科技实力和市场竞争力、对本市高新技术产业发展有积极推动作用的科技型企业。对农业和社会公共科研院所进行分类改革，推动它们转为科技型企业，整体或部分进入企业，或转为企业型的中介服务机构；对于向社会提供公共服务、无法得到相应经济回报的科研机构，在调整结构、分流人员的基础上，按非赢利机构运行和管理，作为农业科研体制改革的指导性原则。

抓好京郊农村教育工作。依靠郊区现已形成的普通教育和成人职业教育体系，通过学历培训、绿色证书培训和农村科学技术培训等多种形式，着力培养一批具有现代管理水平和现代农业技术知识的农村基层干部和高素质的农民。郊区农业劳动力受教育的平均年限已达9.3年，位居全国30个省、市之首。农村科技教育体系和网络化建设基本形成，服务于农村教育事业的师资队伍不断壮大，教学条件、教学设备等硬件设施建设有了较大改善，郊区农村教育工作的形式更加丰富多彩，办学模式和教学方法有了较大改进，更具特色。

培养高素质人才。2000年9月市农委、市人事局下发《北京市关于吸引科技人才到郊区从事农业科技开发和服务的有关规定》文件，对稳定郊区科技队伍，吸引科技人才到郊区服务起到积极作用。通过实施农村教育培训工程，学历教育、职称工作中的专业技术培训、农民实用技术培训和绿色证书培训等多种形式相结合，北京市农村科技人员和干部队伍的文化素质不断得到提高，到2000年底，全市农村村级干部中具有大专学历以上的已有700多人，占全市村级干部11 000人的6.5%，居全国前列。北京市农业专业技术人员已达8 100多人，通过近几年开展的农民技术人员职称的评定，郊区已有职称的农民有7 000多人，郊区每一万农业劳动力就有190个农业技术人员，农业专业技术人员队伍的不断充实和壮大，为京郊农业经济的发展提供了强大的技术人才支撑。

科技进步

【出台鼓励科技人才从事农业开发规定】 在发挥首都科技和人才优势、吸引科技人才到郊区创业方面加大了工作力度。一是摸清底数、调查分析。据统计，目前在郊区农业科技企业中从事服务工作的科技人员总计2 663人，从来源看，除本县（区）科技人员外，主要来自于中央在京单位和北京市属单位，其中属于中央在京单位的有821人、占30.8%，属于北京市属单位的有708人、占26.6%，属于县（区）科技机构的有795人、占29.9%，属于外埠科技人员的有339人、占12.7%；从工作形式看，属于长期受聘于企业的科技人员比例最高，有1 096人、占41.2%，为企业进行定期咨询服务的科技人员有1 063人、占

39.9%，属于直接创办或领办企业的有504人、占18.9 %；从学历情况看，具有本科以上学历的有1 710人、占64.2%，其中博士195人、占7.3%，硕士300人、占11.3%；从技术职称情况看，具有中级以上技术职称的2 136人、占80.2%，其中高级1 160人、占43.6%，中级976人、占36.7%。二是广泛征求各方意见，经过与市人事局、市科委、市地税局等部门协商，9月份由市农委、市人事局联合下发了《北京市关于吸引科技人才到郊区从事农业科技开发和服务的有关规定》，从科技人才创业环境、运行机制、解决科技人员后顾之忧等方面提供优惠政策，目前这一政策为吸引社会各界科技人才深入农村第一线起到明显作用。

【农村科技工作取得较大成效】 全市共引进农作物新品种（包括品种资源）1 000多个，主要农作物良种覆盖率达到95%以上，猪、鸡、奶牛良种覆盖率达到100%；组织农业科技攻关项目200多项，取得近百项科技成果，累计推广农业实用技术500多项；开展农民实用技术培训20多万人次，其中获得绿色证书的农民近3万人；据有关部门测算，至“九五”末，郊区农业科技进步贡献率达到54.7%，比“八五”末提高7.1%，居国内领先水平。

【农业高新技术研究与应用成效显著】 通过各有关部门共同努力，本市农业高新技术研究与应用日益广泛，高新技术成果产业化取得初步成效。北京农业信息技术研究中心承担的国家“863”重点攻关计划“智能化农业信息技术”系列成果在郊区10个区县大面积示范推广，累计推广26万多公顷，增产8 700万千克，该成果并已推广到全国16个省市，推广面积达200万公顷。结合硬件技术，开发出便携式“农务通”掌上电脑，包含了小麦、玉米、果树、蔬菜、草坪、花卉、规模化养猪、水产养殖等15个领域的农业专家系统。以3S为核心的精准农业示范项目正式启动，项目总投资5 296万元，其中国家计委安排2 500万元，北京市配套1 500万元，市农科院自筹1 500万元，示范点在昌平区小汤山镇，项目建设占地156.67公顷，年底已基本完成农田现场勘测与规划、1:1 000地形图测绘、GPS设备引进考察等工作；北京市绿源生物技术中心6月在顺义区三高农业科技示范区获得首例四只转基因羊，通过转基因山羊生产修正的人阿尔法抗胰蛋白酶取得重大突破。用于赤眼蜂人工卵及其生产工艺流程的研制成功与产业化，彻底改变了依靠天然寄生卵繁殖赤眼蜂的局限性。鲟鱼人工孵化技术的研究成功，结束了依赖国外进口种苗的状况。生物工程疫苗开发、抗病和耐贮运转基因西红柿、优质抗病转基因小麦玉米均取得成功，为生物技术的产业化打好基础。另外，国家科技部批准了以北京市水产科学研究所为依托，在昌平区小汤山镇北京汇瀛特种水产基地建立了“国家淡水渔业工程技术研究中心北京中心”；由国家计委批准的，以北京奶牛中心为技术依托的“奶牛胚胎移植工程技术中心”在延庆县也正式启动。

【召开农口建设“高效农业园”工程工作会议】 1月12日，市农口在北京锦绣大地农业股份有限公司召开了建设“高效农业园”工程工作会议。副市长岳福洪就高效农业园工程建设问题作了重要讲话，提出高效农业企业的基本前提是机制，核心问题是技术，最终目标是利润最大化。要求各级政府在高效农业园工程建设中主要抓两件事：一是制订政策进行推动；二是要为高效农业企业发展办实事。市农办副主任聂玉藻作了题为《大力发展高效农业园，加快我市农业现代化步伐》工作报告。对高效农业园工程建设提出了具体要求：一是要坚持市里提出的建设标准和指导原则；二是市农口有关局、总公司要提出具体实施意见，做好规划落实工作；三是各郊区县主管农业的区县长要亲自挂帅，抓好高效农业园工程建设。会上，北京锦绣大地农业股份有限公司、绿健现代农业发展有限公司、三利果树研究所、通北特菜销售中心等4家高效农业企业作了典型发言。通过此次会议，明确了“高效农业园”的建设标准以及遵循的基本原则，出台了推进“高效农业园”建设的有关政策措施，有力地促进了“高效农业园”的健康发展。

【高效农业园工程建设取得初步成效】 为推动高效农业园工程实施，市农委出台《关于高效农业园工程实施意见》，从投资规模、企业制度、运行机制、技术含量等方面提出了规范意见，并出台了相应的奖励措施。在抓好典型的基础上，由点到面在郊区全面铺开，取得较大成效。到年底，全市已建设高效农业园420个，总投资近50亿元，占地规模1.3万公顷。大部分高效农业园具备经济效益高、技术含量高、企业制度比较规范等特点，在当地的农业结构调整中发挥了辐射带动作用，成为农民增收致富的“窗口”。

【“九五”农业科研攻关成果显著】 五年来累计完成农业科研项目1 000多项，其中承担国家“863计划”、“973计划”、“自然科学基金”等国家级项目200多项，目前已取得400多项成果。其中“高配合力、综合性状优良的玉米自交系‘黄早四’”荣获国家科技进步一等奖；“优质玉米新品种农大108的选育与推广”、“高产、稳产、优质冬小麦新品种京冬8号的选育与推广”获北京市科技进步一等奖；“北京市乡村水环境综合治理研究”等成果获市科技二等奖；“北京粮食作物病虫害监控系统工程建设、研究与应用”等成果获得市科技进步三等奖。共评定1999年度北京市农业技术推广奖39项，其中“冬小麦新品种京冬6号、8号的良繁与推广”等2项成果获得北京市农业技术推广一等奖，“玉米新品种农大108的应用推广”等19项成果获得北京市农业技术推广二等奖，“花生系列新品种及配套技术推广”等18项成果获得北京市农业技术推广三等奖，共有321名科技人员获奖，其中65%为基层农技推广人员。另外，还有54项成果荣获1999年度北京市星火奖。其中，

"铝电解电容器负极用 2301 铝合金箔"等 3 项成果获北京市星火一等奖；"VSI－12 型户内高压真空断路器"等 19 项成果获北京市星火二等奖，"双层钢网细陶粒砼空心隔墙板产品开发"等 2 项成果获北京市星火三等奖；石作良、杨永起、王立宝、周锡珍、艾腾亮、韩港刚等 6 人获"星火先进个人"荣誉称号。

2000 年度北京市农业获奖项目（部分）

序号	项目名称	获奖等级	主持单位
1	高配合力、综合性状优良的玉米自交系"黄早四"	国家科技进步一等奖	北京市农林科学院作物研究所等
2	高产、稳产、优质冬小麦新品种京冬 8 号的选育与推广	北京市科技进步一等奖	北京市农林科学院作物研究所
3	北京市乡村水环境综合治理研究	北京市科技进步二等奖	北京市水利科学研究所
4	甜辣椒系列配套新品种的选育与推广	北京市科技进步二等奖	北京市农林科学院蔬菜研究中心
5	人造卵赤眼蜂工厂化生产及田间应用技术	北京市科技进步二等奖	北京市农林科学院植保环保所等
6	北京粮食作物病虫害监控系统工程建设、研究与应用	北京市科技进步三等奖	北京市植物保护站等
7	刺槐优良高产薪材无性系筛选及优化栽培技术研究	北京市科技进步三等奖	北京市林业局等
8	瘦肉型父系（杜洛克）种猪选育新技术的研究	北京市科技进步三等奖	北京杜洛克原种猪场
9	嗜水气单胞菌监测方法的研究	北京市科技进步三等奖	北京市水产科学研究所等
10	密云水库优质名贵鱼增殖技术的研究	北京市科技进步三等奖	北京市水产科学研究所等
11	中小尺度用自动气象站网络系统	北京市科技进步三等奖	北京市气象科学研究所
12	北京地区土壤水分状况卫星遥感动态监测业务系统	北京市科技进步三等奖	北京市气象局气象中心
13	冷季型草坪综合防治技术研究	北京市科技进步三等奖	北京市园林局绿化办公室等
14	京郊农田土壤硫素状况、硫肥肥效及补硫技术	北京市科技进步三等奖	北京市农林科学院植物营养与资源研究所等
15	单体异附加材料结合花药培养选育抗病虫小麦新种质	北京市科技进步三等奖	北京市农林科学院植物细胞工程实验室等
16	蔬菜抗促癌作用及其有效成分的研究	北京市科技进步三等奖	北京市农林科学院蔬菜研究中心
17	西瓜抗枯萎病育种分子标记辅助选择技术及其应用研究	北京市科技进步三等奖	北京市农林科学院蔬菜研究中心
18	核桃嫩枝嫁接与丰产栽培配套技术的研究与推广	北京市科技进步三等奖	北京市农林科学院林业果树研究所等
19	山区板栗高产示范研究	北京市科技进步三等奖	北京市农林科学院植物营养与资源研究所等
20	冬小麦新品种京冬 6 号、8 号的良繁与推广	北京市农业技术推广奖一等奖	北京市农林科学院作物研究所等
21	奶牛传染性鼻气管炎监控技术的推广与应用	北京市农业技术推广奖一等奖	北京奶牛中心
22	玉米新品种农大 108 的应用推广	北京市农业技术推广奖二等奖	北京市种子公司等
23	保护地蔬菜粉尘施药技术开发与推广应用	北京市农业技术推广奖二等奖	北京市植保站等
24	提高粮田肥料利用率综合技术示范推广	北京市农业技术推广奖二等奖	顺义区农业科学研究所
25	保护地番茄新品种佳粉 15 号和中杂 9 号推广	北京市农业技术推广奖二等奖	北京市种子管理站等
26	北京市"四位一体"生态模式建设与推广	北京市农业技术推广奖二等奖	北京市农村能源办公室等
27	旱作农业综合技术示范与推广	北京市农业技术推广奖二等奖	北京市土肥工作站等

（续）

序号	项目名称	获奖等级	主持单位
28	京郊小麦腥黑穗病封锁除治与综合防治技术推广	北京市农业技术推广奖二等奖	北京市植保站等
29	西瓜、甜瓜周年栽培技术研究与推广	北京市农业技术推广奖二等奖	大兴县农业科学研究所等
30	苹果高产、优质综合配套技术的推广	北京市农业技术推广奖二等奖	昌平县林业局
31	板栗高产优质高效栽培技术推广	北京市农业技术推广奖二等奖	北京农学院
32	八月脆桃早期丰产栽培技术研究与推广	北京市农业技术推广奖二等奖	平谷县政府果品办公室
33	杨树伐根嫁接更新技术示范推广项目	北京市农业技术推广奖二等奖	北京市林业工作总站等
34	稻田综合养殖技术示范推广	北京市农业技术推广奖二等奖	北京市水产技术推广站等
35	罗非鱼池塘养殖中草药高产高效技术推广	北京市农业技术推广奖二等奖	昌平县水产局等
36	官厅水库“三网”养鱼技术示范推广	北京市农业技术推广奖二等奖	延庆县水产技术推广站
37	玉米收获机械化技术推广	北京市农业技术推广奖二等奖	通州区农业机械局等
38	玉米秸秆禁烧综合技术应用与推广	北京市农业技术推广奖二等奖	通州区农业机械局等
39	房山区四马台小流域水土保持生态环境建设推广应用	北京市农业技术推广奖二等奖	房山区水利局
40	北京地区“FA旱地龙”试验推广	北京市农业技术推广奖二等奖	北京市水利水电技术中心等
41	铝电解电容器负极用2301铝合金箔	北京市星火一等奖	北京伟豪铝业有限责任公司
42	泰和通式免冲卫生厕具	北京市星火一等奖	泰和通环保有限公司
43	鲫鱼配合饲料	北京市星火一等奖	北京友谊饲料厂
44	VS1-12型户内高压真空断路器	北京市星火二等奖	北京华东开关厂
45	全合成麦芽酚生产新工艺开发	北京市星火二等奖	平谷县化工总厂
46	真空泵油系列产品开发	北京市星火二等奖	房山区燕山特种润滑油厂
47	VRH真空吹气硬化工艺改造及开发	北京市星火二等奖	长城铸造厂
48	太阳能热水器系列产品开发	北京市星火二等奖	天普太阳能工业有限公司
49	希玛保龄球自动化设备研制及产品开发	北京市星火二等奖	北京希玛保龄球设备有限公司
50	50%百硫悬浮剂的研制与开发	北京市星火二等奖	北京市顺义农药厂
51	钻石加工设备的国产化	北京市星火二等奖	北京市瑞驰钻石厂
52	DSJC－1电视停播记录仪产品开发	北京市星火二等奖	北京市东方电化教育制片厂
53	果树新品种新技术引进示范基地建设	北京市星火二等奖	中日友好观光果园
54	百万亩粮田科技推广示范工程	北京市星火二等奖	北京市农业技术推广站等
55	绿色富硒保健苹果栽培技术示范推广	北京市星火二等奖	密云县新城子林业站等
56	利用飞机防治林木害虫的技术推广	北京市星火二等奖	北京市林业保护站等
57	国家科技部工厂化高效农业朝阳示范区	北京市星火二等奖	朝阳区来广营农工商总公司等
58	宫廷金鱼产业化基地建设	北京市星火二等奖	朝阳区黑庄户农工商公司
59	翘嘴鳜鱼养殖技术	北京市星火二等奖	北京延庆农场
60	垡上乡星火计划组织管理	北京市星火二等奖	大兴县科委等
61	《北京市星火计划网络管理系统》的开发与应用	北京市星火二等奖	北京市科委农村发展中心等
62	构筑北京水利事业发展的基石	北京市星火二等奖	北京市水利局科教处等

【市农口科普工作取得积极成效】 通过市科委、科协、农委及农口各局（总公司）的共同努力，市农口科普主要取得了以下成效：一是组织市农口局、总公司的主管领导和有关处室学习了《北京市科学技术普及条例》，把科普工作纳入议事内容，融入各部门两个文明建设之中，并依照《条例》要求，规范科普工作，使其经常化、制度化。市农科院、市林业局、市水利局等单位都建立起科普板报；市农科院、市林业局、农业局、水利局等经常向媒体提供科普资料，透过媒体进行宣传普及。二是继续在市农口开展“三个一”科普工程：即发行一张《农业技术咨询报》，每月一期发至乡、村，共印发6万多份；一条科技咨询热线电话，市农口共开通15条热线电话面向郊区农民；市农科院每周一天作为开放接待日，向社会各

界开放。三是市农口局会同郊区县广泛开展“实际、实用、实效”技术培训，其中有30多万农民获得一两手实用技术；3万农民经过培训考核合格获得“绿色证书”。四是组织编写了500项农业实用技术丛书和百项重点技术多媒体光盘，并发放到有关部门和农民手中。五是市农口组织专家1 500多人（次）深入基层配合郊区（县）利用农民赶集的机会举办科技赶集30多场，接待农民15万人（次），发技术资料10多万份，咨询、传授技术5 000多项（次）。六是开放百花山、松山等自然保护区和濒危动物园、濒危水生动物园及小汤山特菜园等，挂牌兼为青少年科普教育基地，仅松山、百花山、八达岭等科普基地，共接待1 300名学生和教师举办5期“热爱地球”为主题的夏令营。

【农业科技创新体系初步形成】 主要体现在：

一是农业科技体制改革进一步深化。根据国务院《关于“九五”期间深化科技体制改革的决定》精神，按照首都经济建设与农业现代化发展要求，今年进行了农业科技系统的结构调整、人员分流、机制转变和体制创新工作。以公益性为主的市农科院、市水科所实行了“一院两制、一所两制”模式；技术开发能力较强的市农机所、市水产所进入企业。

二是区域性农业科技创新体系初步形成。农业科技创新基地建设步伐加快，农业示范体系基本建立，对产业发展的辐射能力不断增强。“九五”期间本市新建了4个农业高新技术研究中心和一个国家级工程技术研究中心（北京生物技术研究中心、农业信息技术研究中心、北京蔬菜种质改良中心、北京玉米研究中心和北方淡水鱼工程技术研究中心）；建立了包括名特优蔬菜品种、新型肥料、优质林果苗木、生物防治和菜篮子工程设施在内的5个农业中试基地；同时培育出如北京锦绣大地农业股份公司、小汤山现代农业园区、绿健现代农业发展有限公司等一批农业高科技企业。

三是农业技术推广体系正向队伍多元化、形式多样化、运行市场化的格局发展。除国家科研、教育、推广等事业单位从事推广外，农民专业技术协会、民营科技服务组织等也参与推广事业，为农民提供产前、产中、产后全方位服务。

四是人才结构不断优化、科研实力进一步增强。通过组织实施科技攻关计划、科技推广计划、科技新星计划和人才引进战略，培养了一批学术带头人和学术骨干。到年底，市属农业科研院所中，大学以上学历人数占科技人员比例达到80.9%，其中博士近60人，培养科技新星41人，基本实现农业科技队伍的新老交替，人才结构趋于合理，科研实力不断增强。在农业部组织的农业科研机构综合能力评估中，有7个研究所进入全国百强之列。

【首都“二四八”重大创新工程在农口启动】 6月30日，“首都二四八重大创新工程”（指建立两大体系、建设四个基地、实施八项高新技术产业化示范工程）正式启动。其中属于农业方面的主要有：一是绿色食品及良种工程，旨在发展无污染、优质高产高效农业，加速农业产业结构调整。二是水资源可持续利用工程，旨在通过一批水资源研究、开发、利用工程项目的实施，缓解本市所面临的城市发展和可利用水资源的矛盾，保障首都经济的可持续发展。

【精准农业示范工程全面实施】 信息技术和农业生产的有效结合——精准农业，已经成为当今世界农业尤其是发达国家农业发展的新潮流。北京精准农业示范工程项目是由国家计委立项的国家级高技术产业化示范工程，10月27日，国家计委正式发文调整了北京精准农业示范工程项目承担单位，同意将该项目承担单位由市农工商联合总公司调整为市农林科学院。项目总投资5 296万元，其中国家计委投资2 500万元，市政府投资1 500万元，市农林科学院自筹1 296万元。基地位于北京市昌平区小汤山镇小汤山现代农业科技园区内，占地166公顷。

精准农业示范工程项目主要以种植大田作物为主，展示以全球定位系统（GPS）、地理信息系统（GIS）、遥感（RS）、专家系统（ES）技术和变量可控农机为代表的现代高新技术的应用。项目计划在两年内完成。市政府对此高度重视，岳福洪副市长于9月15日召集各有关部门专门听取项目汇报，并先后成立了项目领导小组、项目运行管理办公室、项目实施领导小组和项目专家组，由北京市农林科学院承担建设，技术上依托北京农业信息技术研究中心，基地生产建设依托院作物所。主要合作单位有中国农业大学精细农业研究中心、中国科学院遥感研究所和地理所等单位。

本项目将“精准农业”的技术和思想引入我国的农业生产，是利用现代信息技术对我国传统农业进行改造的一次有益的尝试。引进、消化、吸收国际上精准农业的技术和设备，探索适合我国国情的精准农业技术体系和发展模式，将对我国21世纪农业生产领先技术的发展具有深远的战略意义。

年底已基本完成农田现状勘测与规划、1∶1 000地形图测绘、GPS设备引进考察等工作。

【农业科技推广计划逐步实现规范化管理】 2000年农业科技推广计划项目的选择和安排遵循突出重点、讲求实效、科技与经济相结合、技术综合配套集中推广的原则，主要围绕农产品安全体系、农业结构调整、高效农业和信息技术在农业上的应用等几个方面安排了三大类13个项目，经过专家严格评估和领导审定，最后确定了12个中标项目、17家主持单位。在项目确定程序上进行了创新和改进，借鉴1999年项目招投标的有益经验，采用了编制、发布项目指南、组织申报、专家评估、领导审定等程序来确定2000年重点科技项目，既保证了项目管理的科学性、公正性和规范性，又克服了项目招投标程序繁杂、成本较高等弊端，使农业科技推广计划逐步实现规范化管理。

【组织实施《2000年北京市农业科研攻关计划》】 在农业科研攻关方面，市科委组织实施了“2000年北京市农业科研攻关计划”，共安排农业科研课题81项，科技三项费用4 200万元。其中在动植物种质资源引进及新品种选育方面，安排了“苹果新品种的引进与示范”等18个课题；在绿色食品生产与高效种养关键技术研究方面，安排了“绿色食品大桃产业开发”等10个课题；在农业动植物保护与新型肥料开发方面，安排了“仔猪高效免疫增强剂的研究和应用”等7个课题；在农业示范区建设与产业化开发方面，安排了“精品切花示范基地建设”等11个项目；在农业信息技术研究与应用方面，安排了“凌空产业农副产品信息网建设及精品交易市场体系建设”等9个项目；在农业现代化装备技术开发方面，安排了“人工防雹应用新技术工程研究”等5个课题；在农业资源高效利用技术开发方面，安排了“液体发酵木聚糖酶的研究”等4个课题；在农业区域经济开发与软课题研究方面，安排了“小汤山现代农业企业孵化器配套建设”、“北京市农业技术引进的调查研究”等17个软课题。另外，为推动乡镇企业科技进步，促进区域经济的开发和支柱产业的形成和发展，市科委还组织实施了“2000年北京市星火计划”，共安排星火计划项目103项，贷款总额2.94亿元，贴息300万元。

【组织实施《2000年北京市重点农业科技推广计划》】 为加大农业技术推广力度，市农委组织实施“2000年北京市重点农业科技推广计划”，项目合同经费1 650万元，共有17家科技机构承担项目。在食用农产品安全生产体系配套技术推广方面，安排了“改造污水稻田及综合养殖技术推广”、“安全蔬菜生产配套技术推广”、“鱼类健康养殖技术推广”等3个项目；在农业结构调整及配套品种、技术推广方面，安排了“兼用型、菜粮间作型优质玉米新品种及配套技术推广”、“名优花卉新品种繁育及栽培综合配套技术推广”、“板栗、核桃、柿子、仁用杏优质品种及大面积高产技术推广”、“饲用作物品种及配套技术推广应用”、“果实套袋及大面积优质高效技术推广”、“专业小区草食家畜集约养殖综合配套技术推广”等6个项目；在农业信息技术开发与应用方面，安排了“北京市蔬菜产销监测预警系统和农业精品库开发及应用推广”、“经济型农业专家系统系列软件开发及应用推广”、“多种媒体传播农业信息技术应用推广”等3个项目。项目实施一年来，进展比较顺利，各项目均已取得阶段性成果。

【农业技术推广体制改革与创新】 随着市场经济的深入发展，郊区农业和农村经济结构进入战略调整时期。通过半年多的深入调研，经征求各方意见，初步提出了《北京市农业技术推广体制创新的思路与对策》。农业技术推广体制改革与创新的指导思想是：按照“稳住一头，放开一片”的方针，以体制创新为突破口，优化配置科技资源，强化公益性推广职能，放开搞活开发、经营性服务，建立一支队伍多元化、服务区域化、运行高效化，具有首都现代农业发展特色的县（区）农业技术推广队伍。具体改革思路为：一是实行推广队伍多元化，建立专业队伍与社会推广力量相结合的推广体系。二是推进推广行为社会化，建立政府主导与市场引导相结合的运行机制。三是实行推广形式多样化，积极推行无偿服务与有偿服务相结合。市属农业技术推广机构有：市农业技术推广站、市植物保护站、市种子管理站、市水利水电中心、市林业总站、市林业保护站、市畜牧兽医总站、市水产技术推广站、市农业机械试验鉴定推广站等。市级行政机构改革，华都集团下属畜牧兽医总站、农机总公司下属的农业机械试验鉴定推广站、水产总公司下属水产技术推广站，并入北京市农业局统一管理。

信息化建设

【印发农口信息化发展规划（纲要）】 5月24日，《北京市农口信息化2000—2010年发展规划（纲要）》由市委农工委、市农委印发郊区各区县委、政府，农口局、总公司，要求认真组织实施。

【形成完整信息系统】 到2000年，北京市农口信息系统形成了一套较完整的信息工作体系和信息网络体系。14个郊区县（区）和9个农口局（总公司）共建立信息工作机构23个、信息工作人员166人。全系统共有小型机1台，网络服务器116台、各种型号计算机3 100多台。各单位间已全部实现联网，另外，还建各类局域网15个，局域网用户800多个。北京城乡经济信息网是由北京市城乡经济信息中心为主、农口各局（总公司）、14个郊区县（区）共同建立的北京市农口综合性信息网站。网站分为内部局域网和因特网站两部分。内部局域网于1994年建成并开始运行，在国内省级农业系统中率先实现计算机联网，1998年升级为Internet方式。因特网站包括12个主栏目，50余个分栏目，既包括农业新闻、政策法规、分析预测、结构调整等宏观信息，也包括农产品市场价格、供求信息、招商引资等微观服务信息，并与市农科院合作建设科技智囊栏目。

【开展信息下乡服务活动】 11月29日，北京市城乡经济信息中心、密云县信息中心和密云县穆家峪镇信息咨询服务部联合在穆家峪镇前栗园村开展“信息下乡，服务于民”的活动。展台前农民踊跃查询市场信息、技术信息。咨询工作人员利用计算机向农民演示了市城乡经济信息中心刚刚制作完成的《农村实用技术数据库》光盘，农民争先查询数据库中贮存的农产品种植、养殖、贮藏加工等方面技术信息，对农民迫切需要又一时难以掌握的技术信息，工作人员打印出来送给农民。密云县信息中心工作人员热情回答农民询问的有关芦荟、梨枣等种植技术与市场前景。市城乡经济信息中心把从因特网下载的2 000多条农产品供求信息张贴现场。3 个小时的信息咨询活动，共接待农民咨询 200 多人次，发放信息资料和刊物近 3 000 份，现场打印实用技术信息 100 多张。

农民技术教育

【开展农村劳动者科技培训】 市农口系统通过各种方式，如实用技术培训、绿色证书培训等等，制定有关政策，投入一定资金，广泛开展对郊区广大农民科学技术培训工作，据不完全统计，每一年度，全市郊区县接受培训的农民达 30 多万人次，1998—2000 年，累计近百万人次。结合郊区农业经济发展的工作实际，通过农业重大项目，科技实验、示范推广项目对农民进行培训。近几年，在推出的市级 100 多项重大农业科技推广项目中，就培训农民 20 多万人次。1999—2000 年度结合郊区农业结构调整和水利富民等工作，市农委组织编写特种特养技术丛书四万余册发放农民，在“送百项技术下乡”活动中，组织农口局编印明白纸 30 多万份，通过组织“送科技下乡”、“科技大篷车”等活动，农民通过参加科技咨询、观看展览，学习和掌握先进实用的农业知识，参加人数上万人次。2000 年全市各县（区）共举办科技赶集活动 30 多场，制作了 100 块图文并茂、通俗易懂的展板，从 5 月开始，配合县区送科技下乡活动，先后在房山、平谷等十个郊区县近 30 个乡进行了巡回展出，发放资料 10 多万份，参加活动的农民达 10 万人次；市农口科研、推广单位建立科技接待日，咨询、传授技术或解决难题 500 多项（次）。市农科院、市农校、市农学院的农业专家，深入到区县农业生产第一线为农民传授科技知识，都取得了良好效果。为提高郊区广大农民的科技实用技能，北京市率先开展的农民绿色证书培训工作也取得显著成效，共有 14.7 万人获得绿色证书。绿色证书培训工作已提前两年完成“九五”培训规划目标。

【农业远程教育系统在京郊启动】 通过市农科院信息所建立了北京市农业远程教育培训系统，远程教育培训系统已同怀柔县全面接通，每个月有 2～3 个培训班通过这种方式进行，2000 年，累计已开办各种科普培训班 16 个，培训学员 1 800 人次；为便于农民坐地获取首都科技信息及专家咨询服务，农口已开通电话热线 20 条，截止到年底，共接待咨询 2 万多人次；通过“北京农业信息网”向京郊发布了各种农业科技信息 10 000 多条，上网信息达到 10G，日点击率 300 多人次，半年访问人数累计已达 2 万多人次；另外，作为帮助农民走向市场、了解信息的专业技术性报刊，《北京农业技术咨询报》共出版 12 期，约 30 万字，共刊载各类文章及信息 400 篇，总发行超过 60 000份，效果也非常显著。目前，除市农科院以外，北京市农业学校、北京市乡镇企业培训中心等部门都已具备了开通远程教育系统的条件，预计经过几年的努力，全市所有的县区将逐步实现远程教育网络系统，并实现村级信息公路建设，使全市每个村建立一所远程教育农民学校。

【实施绿色证书培训工程】 开展绿色证书培训工程是全面提高郊区广大农民科学文化素质的一项重要工作，绿色证书培训工作是从 1988 年在北京市大兴县首次开展的，北京市率先开展的农民绿色证书培训工作不仅在京郊取得了显著成效，同时也得到国家农业部的表彰，在全国得到推广。为加强绿色证书的培训力度，1999 年底市农委印发了《关于加强农民岗位资格证书规范化培训的意见》，14 个郊区县在农业、果树、蔬菜、畜牧、农机、水产 6 大专业中积极开展培训工作，制定并印刷了统一的培训教材，每年参加绿证培训工作的近 5 万多人，几年来共有 60 多万人次参加了培训。农民绿色证书培训是市政府 2000 年的折子工程中要办的 60 件实事之一，其目标是在广大郊区积极开展各类实用技术培训达到 20 万人次，其中取得绿色证书的农民达到 3 万人。经过各区县科教主管部门的积极工作，培训目标已圆满完成，分别达到 22 万人次，3.5 万人，到 2000 年底累计获得绿色证书的农民已达到 14.7 万人，占全市务农劳动力的 21%，绿色证书培训工程已成为郊区农民科普教育工作的一项经常化、制度化的工作，取得良好效果。

【实施劳动者科技推广培训项目】 市农委、教委、科委共同实施农科教相结合的计划，通过实施培训项目，尽快提高农村劳动者的科学文化知识和素养，推广先进实用的农业科技知识，把科技尽快转化为生产力，适应本市农业产业结构调整，进一步促进我市农业产业化和现代化进程。1998—2000 年共确定北京市农村劳动者科技推广培训项目 33 项，培训项目内容包括特种特养业、林果种植业、观光生态农业、花卉栽培种植业和农业信息网络建设 5 大类。项目涉及 14 个区县，50 多个乡镇，培训的形式多种多样，有生产基地带农户型、教授专家带项目型和利用现代化教学手段开展远程教育的“十乡百村万户电化教育工程型”，如顺义区南彩镇信息网络技术推广与培训、延庆县香营乡出口蔬菜种植培训项目等都取得了可喜的成绩。全市开展的农村劳动者科技推广项目，实施三年来，共培训 20 多万人，推广实用技术 1 200项，农民参加培训，走上了用科技脱贫致富之路。

【进行跨世纪青年农民培训工程试点】 为进一步提高青年农民科技文化素质，培养一大批适应 21 世纪农业和农村经济发展需要的青年农民，农业部、财政部和团中央决定从 1999 年起启动跨世纪青年农民科技培训工程。第一批试点工作 1999 年在全国部分省市开展，第二批试点工作于 2000 年 3 月开始启动，北京市怀柔县被列为第二批全国 148 个试点县之一，成为北京市唯一一个试点县。怀柔县委、县政府十分重视，成立了专门领导机构，制定了“跨世纪青年农民科技培训工程”实施方案，2000 年 9 月 6 日上午，经过县、乡共同努力，完成了调查、摸底、学员统计、成立乡镇跨世纪领导班子等一系列准备工作后，在北房镇举行了怀柔县“跨世纪青年农民科技培训工程”启动仪式，对全县跨世纪青年农民科技培训工程进行了全面部署。到目前为止，全县各乡镇共举办了WTO与中国农业、板栗栽培、西洋参栽培、新型牧草种植、奶牛、冷水鱼养殖等培训班25期次，有3 500人次参加了培训。为确保工程的顺利实施，怀柔县跨世纪青年农民科技培训工程领导小组专门召开会议，根据全县的具体情况，制订了实施方案及管理办法，明确培训要针对各乡镇的产业特点，按照“实际、实用、实效”的原则，做到县、乡、村三级办班，层层培训。确定了农、林、牧、渔、西洋参、菜、经管等方面的培训教师35名，在全县15个乡镇建立了15所跨世纪青年农民科技培训学校，并颁发了铜牌。第一批招收学员1 374名，现已开班。这项工程的启动将加快怀柔县农业结构调整和主导产业发展步伐。同时怀柔县结合当地适宜西洋参种植、虹鳟鱼、鲟鱼养殖等特点，使大部分青年农民掌握一定的专业技术知识，成为带领当地农民脱贫致富的能手，怀柔县开展的跨世纪青年农民培训工程取得了显著成效。

【建立农民职业技术学校】 近几年，为郊区广大农民进行成人技术教育和科普文化知识学习、培训的农民职业技术学校得到较大发展。目前京郊10个远郊区县已建立由成人教育局主管的各类县级农民技术学校36所；全市246个乡镇每乡都有一所农民技术学校，村办学校达到2 105所，通过这些基层学校，结合农村教育综合改革和农、科、教相结合的科教兴农战略的实施，每年有30多万人次的农民参加了各类文化知识的学习和培训。此外，郊区的一些农民通过农广校网络，积极采取自学考试和业余学习进行高一级的职业教育进修。

中高级人才培养

【加强农林系统专家知识分子队伍建设】 农口科技队伍的现状其特点：一是科技干部队伍总量增加，区域分布状况得到初步改善。截止到2000年，农口共有科技干部142 000人（其中区县124 500人、农林系统17 500人），比1985年增加了89 000人，增长了153.8%。其中，农林系统科技干部增加了1万人；区县科技干部数量增加更快，远郊平原县（通州、顺义、大兴）科技干部增加了25 800人，山区县增加了53 300人。二是年龄结构趋向合理，队伍呈现年轻化。在农口科技干部队伍中，30岁以下的占总数的33.6%，31～40岁的占25%，41～50岁的占26.3%，51～55岁的占8.5%，56岁以上的占6.6%。总的看，各年龄段科技干部分布比较合理，并逐步向年轻化方向发展，40岁以下的中青年科技干部已占到58.6%，尤其在郊区县，30岁以下的科技干部已占到1/3。三是多专业结构的科技干部队伍逐渐形成，在各产业中分布较合理，向适应需要的方向发展。目前，农口第一产业的科技干部有11 000人，第二产业的科技干部36 000人，第三产业的科技干部95 000人。农业作为京郊的基础产业，农口一直具有较好的基础和保持一定的规模。目前农口共有农林类科技干部800人。四是专家队伍逐步壮大。农口共有54名专家、217人享受政府特殊津贴。同时，中青年科技骨干中有70人被评为北京市优秀青年知识分子，3人入选国家“百千万”人才工程第一、二层次人选，55人入选“北京市跨世纪优秀人才工程第一、二层次人选”。

【组织农口干部参加全国和市级干部教育培训】 根据市委组织部的统一部署，2000年农口干部参加全国和市级教育培训共有102人次，其中，参加中央党校举办的进修班3人；参加农业部举办的“地市级农业领导干部产业结构调整与农业产业化高研班”2人；参加市委党校举办的区县局级党政正职财税研究班14人、区县局级领导干部进修班31人、中青年干部培训班18人、国有企业领导人员培训班6人、“领导与决策”专题研讨班13人；市委组织部组织的境外培训（工商管理、行政管理研究生班）10人、党员专家（优秀青年知识分子）读书班5人。

【举办在职领导干部研究生课程班】 为了提高郊区领导干部的素质和驾驭社会主义市场经济的能力，以适应京郊农村社会和经济跨世纪发展的客观要求。农工委继续委托首都经济贸易大学，开办第五期金融专业研究生课程班；委托中国政法大学，开办第二期法律专业研究生课程班。9月15日举办了开学典礼仪式，共有105名农口各级领导干部参加了学习。每个班次开设15～17门课程，学制两年，每门课程经考试合格者，由高校颁发相应专业的研究生课程班结业证。5年来，农口共有500多名区县局级领导干部和优秀中青年干部参加了学习。通过学习，一方面提高了农口领导干部的文化层次和专业知识结构，同时，通过几年来的教学实践，市委农工委逐步探索出一条充分利用首都高校的智力资源，加快提高农口领导干部的理论文化水平和专业知识层次的干部教育培训道路。

【中高层次紧缺人才培训成效显著】 市农口各局结合本行业特点，开展专业技术人员知识更新的继续教育工作，三年累计组织各类培训班、专题研修班上千次，培训各种中高层次紧缺人才3万多人次。市农委聘请国内外著名学者，对农口干部进行农业新技术革命、入世对农业影响等培训，有1 000多人次参加。市农干院和中国人民大学、经贸大学等院校联合举办对农口在职管理人员研究生层次培训、大中型企业、乡镇主管管理人才培训，达4 000多人次。农口有关局、总公司在对本系统专业人才培训的基础上，对郊区县本行业专业人才也进行了培训，如市农业、农机、林业、水利等局培训行业骨干上万人次。

【举办“加入WTO的影响与对策”培训班】 按

照市委和农口干部培训工作的总体部署，市委农工委从4月10～14日，对农口局有关部门的负责同志和二级企业的领导人员、区县经委、外经委主任和部分乡镇党委书记共100多名领导干部，进行了加入WTO的影响与对策培训。培训班聘请了人民大学博士生导师邓荣霖教授、中国农科院国际农产品贸易研究中心主任、外经贸部WTO农业专家咨询组组长程国强教授等专家，就WTO的基础知识，加入WTO对我国经济的影响与对策等专题进行了讲解。大家普遍认为，这次学习安排的内容丰富，针对性强，时效性强；通过培训不但较系统全面地学习了WTO的有关知识，了解了加入WTO对我国的影响与对策，而且结合自身工作实际就如何抓住机遇迎接挑战理清了思路，增强了信心，提高了认识，开阔了视野，收获不小，对指导我们进一步搞好本地区、本部门工作，提高管理水平都有很大帮助。

【完成乡镇企业培训工程】 市教委、市农委结合乡镇企业的二次创业，加大乡镇企业管理人员的培训力度，1998年起乡镇企业培训工程被列为五大工程之一，到2000年共培养大专生10 113名、中专生12 683名、新增专业技术人员9 162名，管理岗位共培训6 207名，超额完成了五项工程要求的培训任务。

【认真抓好转岗人员和首都市民素质提高培训】 市农口各单位都制定出计划，加强这两项工程的工作，在提高首都市民素质培训中，市农建总公司投资20万元，对全系统人员进行了计算机技能培训，对外地来京务工人员进行了岗前培训，每年都有两万人参加培训。

【“九五”干部教育培训取得重要成效】 在干部政治理论培训方面，市委农工委针对农口领导干部思想状况和工作实际，加强了对领导干部的政治理论培训：一是积极配合市委组织部，组织推荐区县局级领导干部参加市委党校举办的政治理论培训。如：五年来，区县局级领导干部进修班14期160余人次，中青年干部培训班10期93人次，专家、优秀青年读书班5期24人次等等。二是紧密联系农口经济工作，针对各类干部的思想实际，坚持培训分类别，缺什么补什么的原则，重点加强各级各类干部的思想理论培训，5年来，市委农工委举办各类理论培训班16期，共培训农口干部2 000多人次。三是农口各区、县、局、总公司针对本单位经济、发展状况和干部在政治思想方面存在的主要问题，结合中央和市有关精神，在思想理论学习方面，突出重点，认真抓好理论中心组学习和各级各类政治理论培训工作。

在学历教育培训方面，抓好在职领导干部的学历教育，改善干部队伍的专业结构，提高学历层次，是干部教育培训工作的主要内容。几年来，市委农工委先后委托中国人民大学、首都经贸大学和中国政法大学举办了五个专业的农口领导干部研究生课程班，共有420多名区县局级领导干部和后备干部参加了学习，对提高郊区领导干部的文化水平，改善在职领导干部的专业知识结构，提高驾驭社会主义市场经济的能力，起到了积极的促进作用。同时，农口各单位针对各自的实际情况，把提高干部文化专业知识水平，获得较高层次的学历，以满足工作的需要作为干部培训的重点来抓，通过多种途径，采取多种形式加大了学历培训的力度。通过几年的努力，从整体上提高了农口干部队伍文化知识水平，改善了专业知识结构。目前，农口区、县、局、总公司局级党政领导干部中，研究生、大学本科、大专分别占19.5%、37.6%、36.2%；处级领导干部中，研究生、大学本科、大专分别占0.47%、12.2%、52.6%。

在岗位培训和继续教育方面，五年来，农口各单位始终把岗位培训和继续教育，作为帮助各类干部掌握专业知识和实践技能，提高干部实际工作能力和岗位适应能力以及掌握现代技能，不断更新知识的有效手段，常抓不懈。一是市委农工委从1999年开始用三年时间，对京郊农村4千多名村党支部书记开展“农村党支部书记任职资格培训”，到2000年底，将有2 400名农村党支部书记拿到任职资格证书，力争到2001年底使资格任证率达到100%。二是按照市委组织部［1996］25号文件精神，1996年结合农口工作实际，市委农工委提出“农口关于计算机一级B类培训考试的实施意见”，要求用三年时间，使45岁以下，科级以上或中级职称以上干部达到全国计算机等级考试一级B类及以上水平。并要求各单位在人员培训的同时，把计算机这一现代化手段运用在实际工作中，加快计算机的网络化建设，实现边培训、边使用，积极推进计算机网络化建设。截止到1999年底，农口基本完成计算机一级B类的培训考核任务。

职称评定与奖励

【开展农业专业技术人员职称评定工作】 根据农业部、人事部有关文件精神，近年来，北京市农业专业技术人员职称评定工作得到不断发展，取得很大成绩。农业系列专业技术职称评定分为高、中、初级三个层次，各县区、农口有关局、总公司人事部门负责中、初级专业技术人员职称评定，市农委、市人事局负责高级专业技术人员职称评定工作。在农口各有关部门的共同努力下，2000年北京市农业技术系列高级专业技术职务评审委员会换届工作顺利完成，根据评审工作的有关文件要求，制定了农业系列高级专业技术职务评审量化考评细则，各专业组对全市申报农业技术高级职称的153人进行了答辩和评审工作，全市共有109人获得通过农业系列高级专业技术职称。目前，全市具有高级（农业系列）技术职称的人数已达1 000多人，初、中级达7 000多人。

2000年北京市农委、北京市人事局共同下发了《关于北京市乡镇企业开展专业技术职务评聘工作的规定》（京人发［2000］69号）文件，对乡镇企业中的专业技术人员职称评定工作作出规定，使乡镇企业专业技术人员职称评定工作更加规范。2000 年共评定工程技术、会计、经济、统计等系列的中级技术职务人员 600 多人，其中有 400 多人获得通过。

根据农业部、人事部的有关要求，2000 年度北京市农业技术推广研究员推荐评审工作顺利完成，全市共有 10 人获得农业技术推广研究员职务。

【完成本年度政工职评工作】 按照市政工职评办的统一部署，农口各单位认真组织开展思想政治工作专业职务的评审工作。组织了农口高级政工师职称的初审工作，共有 55 人申报高级政工师职称，经高评组评审，推荐了 50 人参加全市高级政工师的评审，并全部通过，取得高级政工师职称。此外，各单位还评选出政工师 112 人，助理政工师、政工员 136 人。

【农口 15 名同志享受政府特殊津贴】 根据国家人事部《关于批准 1999 年享受政府特殊津贴人员及做好有关工作的通知》（京人发［2000］67 号）精神，2000 年 9 月，农口 15 名同志经北京市人事局批准，享受政府特殊津贴，一次性发放每位专家津贴 10 000 元。他们是：赵春江、李武、李国强、吴建繁、腾书堂、苏本渭、丁跃元、陶铁男、殷守仁、王玉柱、张培君、刘同光、董慧明、贺伟、郑建秋。

【“十佳”农业科技工作者受表彰】 由于在促进郊区农业结构调整、带动农民增收致富工作中成绩显著，晁无疾、陈兆祥、李荣旗、黄德品、王升光、常志来、马月辉、王爱国、刘钧贻、岳长文等 10 人被评为本年度郊区经济发展“十佳”科技工作者，在市农村工作会上受到表彰。

（袁　文　王海龙　杨　琦　胡令涑）

农民生活与农村社会保障

概　述

2000年，北京郊区有乡村农户126.8万户，农村人口363.7万人，农村劳动力198.8万人，从业人员165.8万人。从事第一产业的劳动力比重下降到劳动力总数的42%，从事第二、三产业的劳动力比重上升到劳动力总数的58%。从总体上看，第一产业劳动力比重仍然较高，农业剩余劳动力对第二、三产业的就业压力很大。解决剩余劳动力的出路，依然是促进郊区经济发展，富裕农民的重要问题。

2000年，北京郊区农民人均纯收入4 687元（市统计局抽样调查统计数字），比1995年增加1479元，增长46.1%，扣除物价因素影响后实际增长35.2%，平均每年增长达到6.2%。从地区来看，近郊区农民年人均纯收入6 282元，平原地区农民纯收入5 034元，远郊区农民纯收入4 324元，分别比1995年增长50.8%、49.1%和45.1%；山区农民年人均纯收入3 729元，增加1 154元，增长44.8%。到2000年底，全市农民人均纯收入低于1 500元的村全部消除，农村贫困人口基本脱贫。

2000年，据北京市农村社会经济调查队《2000年农村住户抽样调查年度资料》反映，当年郊区农民人均消费总额4 517.89元，比上年增长14.7%，其中人均生活消费支出3 441.35元，占消费支出总额的76.2%，比1999年人均消费支出增加308.89元，增长9.86%。农民从满足于温饱的低层次消费逐步向较高水平和改善生活质量的方向发展。

2000年，北京郊区的社会保障事业进一步发展，尤其是农村社会养老保险进展明显。全市14个郊区县全部开展了农村养老保险工作，100%的乡镇、88.6%的村和24.4%的乡镇企业建立了农村社会养老保险制度。全年新增投保人数1.3万人，新增保费5 694万元。其中朝阳、丰台、海淀三区保费收缴总额占到全市保费总数的79%，分别为1 365万元、1 264万元和1 875万元。全市共有1万多人开始领取养老金，共支出养老金700多万元。到2000年底，基金滚存节余4.1万元。

（陈水乡）

农村劳动力就业

【农村劳动力地区分布】　近郊农村劳动力从业人数下降，女性劳动力从业人数增加。朝阳、海淀、丰台和石景山4个近郊区，共有农村劳动力从业人数231 046人，占全市农村劳动力从业人数的13.9%，比上年减少0.1%。女性劳动力从业人数为118 802人，占劳动力总数的7.2%；男性劳动力从业人数为112 244人，占劳动力总数的6.8%；女性劳动力的从业人数比男性劳动力从业人数高0.4个百分点。

远郊农村劳动力从业人数增加，女性劳动力从业人数减少。门头沟、房山、通州、昌平、顺义、大兴、平谷、怀柔、密云、延庆10个远郊区县，共有农村劳动力从业人数1 427 321人，占全市农村劳动力从业人数的86.1%，比上年增加0.4%。女性劳动力从业人数为686 347人，占劳动力总数的41.4%；男性劳动力从业人数为740 974人，占劳动力总数的44.6%。女性劳动力从业人数比男性劳动力从业人数低3.2个百分点（见表1）。

表1　农村从业人员地区分布

单位：人

	2000年	1999年
全市	1 658 367	1 652 709
朝阳区	97 376	90 957
海淀区	54 121	61 383
丰台区	72 542	71 394
石景山区	7 007	7 638
门头沟区	42 332	43 210
房山区	223 141	213 154
通州区	183 734	184 599
顺义区	184 199	189 018
昌平区	118 524	118 142
大兴县	195 532	191 692
平谷县	150 456	149 169
怀柔县	81 885	81 752
密云县	154 363	156 813
延庆县	93 155	93 788

【农村劳动力行业分布】 农村劳动力的行业分布，反映农村劳动力资源在本市国民经济，特别是郊区经济中的分配状况。2000年，北京市农村从事农业的劳动力有696 701人，比上年减少14 133人；从事非农业的劳动力961 666人，比上年增加了19 791人。本市农村劳动力的从业特征是：从事非农业的劳动力比重比从事农业的比重高16个百分点。在全行业中，农业从业比重最高，其次是农村工业（占20.2%）。

2000年，郊区第二产业发展继续受宏观政策的影响而速度下降，从事第二产业劳动力474 589人，占劳动力总数的28.6%，所占比重低于上年0.2个百分点；第三产业发展较快，从事第三产业的劳动力达到487 077人，占劳动力总数的29.4%，所占比重高于上年1.2个百分点，且超过第二产业的就业比重。

在第一产业内部农村劳动力从业仍然以种植业为主，有534 683人，占76.7%；从事林业的有61 848人，占8.9%；从事牧业的有88 185人，占12.7%；从事渔业的有11 985人，占1.7%。这四项劳动力从业结构在全部行业分布中所占的比例分别是32.3%、3.7%、5.3%和0.7%；劳动力分布，种植业比上年下降了2.3个百分点，林业比上年上升了0.4个百分点，牧业上升了0.7个百分点，渔业与上年持平。

第二产业中，以从事农村工业劳动力为主，有335 184人，占70.6%；从事农村建筑业的有139 405人，占29.4%。这两项在全行业的分布中所占比例分别为20.2%和8.4%。从事农村工业的劳动力，由于受适度从紧的宏观经济政策影响，增长速度有所降低，比上年减少0.9个百分点；建筑业劳动力有所增加，比上年增加了0.7个百分点，这与近几年房地产的快速发展有一定关系。

在第三产业中，农村运输业从业人数132 516人，占27.2%；从事商业、服务业的从业人数为121 495人，占25%；从事其他行业的从业人数为233 066人，占47.8%。运输、商饮和其他行业的劳动力在全行业分布中所占的比重分别为：8%、7.3%、14.1%（见表2，表3）。

表 2 农村劳动力就业结构

单位：人

	2000年	1999年	构成（%）	
			2000年	1999年
第一产业	696 701	710 834	42	43
第二产业	474 589	475 850	28.6	28.8
第三产业	487 077	474 498	29.4	28.2

表 3 农村从业人员行业分布

单位：人

项 目	2000年	1999年	构 成	
			2000年	1999年
乡村从业人员	1 658 367	1 652 709	100	100
种植业	534 683	572 041	32.3	34.6
林业	61 848	48 984	3.7	3
牧业	88 185	77 777	5.3	4.7
渔业	11 985	12 032	0.7	0.7
农村工业	335 184	34 858	20.2	21.1
其中：乡镇工业	118 164	132 736	7.1	8
村及村以下工业	21 702	215 844	13.1	13.1
农村建筑业	139 405	127 270	8.4	7.7
农村运输业	132 516	118 797	8	7.2
农村商业、饮食业	121 495	102 991	7.3	6.2
其它	233 066	244 237	14.1	14.8

【农村劳动力行业的地区分布】 近郊朝阳、丰台、石景山、海淀4个区第一产业从业人数为51 207人，占22.1%；第二产业从业人数为86 124人，占37.3%；第三产业从业人数为93 715人，占40.6%。从事一产的劳动力占农村劳动力的比重，朝阳、海淀、丰台3个区分别占19.6%、20.4%、27.4%，石景山区农业劳动力只剩1 186人。

平原地区的通州、顺义、昌平、大兴4个区县，第一产业从业人数为308 516人，占45.2%；第二产业从业人数为186 892人，占27.4%；第三产业从业人数为186 576人，占27.4%。

表 4 农村从业人员的地区分布

单位：人

区 县		第一产业					第二产业			第三产业				总计
		种植业	林业	牧业	渔业	合计	农村工业	建筑业	合计	运输	商饮	其它	合计	
北京市		534 683	61 848	88 185	11 985	696 701	335 184	139 405	474 589	132 516	121 495	233 066	487 077	1 658 367
近郊	朝阳区	13 833	2 517	1 888	881	51 207	28 444	6 096	86 124	10 049	13 121	20 547	93 715	231 046
	丰台区	16 533	2 006	1 154	168		25 157	2 649		5 243	6 192	13 440		
	石景山区	793	285	108			2 648	208		328	1 460	11 177		
	海淀区	8 664	1 078	1 108	191		17 908	3 014		2 609	6 267	13 282		

（续）

区县		第一产业					第二产业			第三产业				总计
		种植业	林业	牧业	渔业	合计	农村工业	建筑业	合计	运输	商饮	其它	合计	
平原	通州区	64 634	3 072	10 006	2 604	308 516	43 725	15 693	186 892	13 180	13 330	17 490	186 576	681 984
	顺义区	40 706	2 866	12 902	1 873		53 682	15 713		13 783	11 901	30 768		
	昌平区	32 270	6 000	6 523	751		22 315	8 888		13 083	9 291	19 403		
	大兴县	106 948	8 199	8 607	555		19 607	7 269		9 498	9 083	25 766		
山区	门头沟区	8 854	1 850	2 162	50	336 978	8 106	2 705	201 573	7 711	5 510	5 384	206 786	745 337
	房山区	57 494	6 535	12 459	809		44 207	30 778		27 931	19 452	23 476		
	平谷县	68 879	2 763	7 664	2 262		31 522	13 541		6 432	6 803	10 590		
	怀柔县	22 665	10 248	3 068	451		11 167	6 369		6 464	6 262	15 170		
	密云县	49 843	10 407	15 243	896		20 083	13 538		9 911	8 369	26 073		
	延庆县	42 567	4 022	5 293	494		6 613	12 944		6 294	4 454	10 500		

（陈 珊）

山区的门头沟、房山、平谷、怀柔、密云、延庆等6个区县，第一产业的从业人数为336 978人，占45.2%；第二产业的从业人数为201 575人，占27%；第三产业的从业人数为206 786人，占27.7%。在第一产业中，从事林业的劳动力人数最多的是怀柔县10 248人，其次是密云县10 407人；从事牧业劳动力人数最多的是密云县和房山区，分别是15 243人和12 459人。

农民收入

【农民人均劳动所得大幅提高】 2000年，郊区农民劳动所得总额实现180.2亿元，人均劳动所得达到4 959元，比上年增加500元，增长11.2%（未扣除物价因素），比1995年增加2 072元，增长71.8%，平均每年递增11.4%。

从各区县看，农民人均劳动所得最高的是朝阳区，达到了7 623元，最低的是密云县，为3 572元。各区县农民人均劳动所得排序为：朝阳区7 623元、石景山区7 468元、海淀区6 438元、丰台区6 250元、顺义区5 268元、大兴县5 066元、通州区5 045元、昌平区4 902元、怀柔县4 702元、房山区4 663元、延庆县4 307元、平谷县4 060元、门头沟区3 703元、密云县3 572元。

【农民家庭经营人均所得有较大增加】 2000年，农民人均劳动所得中，来自家庭经营3 448元，占69.5%，比上年增加2个百分点。农民家庭经营人均劳动所得中，来自一产960元，占27.8%；来自二产674元，占19.6%；来自三产1 814元，占52.6%。第三产业已成为农民家庭经济的主要产业和收入的主要来源。

各区县农民家庭经营人均所得排序为：朝阳区4 057元、通州区3 936元、大兴县3 919元、怀柔县3 865元、房山区3 724元、顺义区3 612元、昌平区3 482元、延庆县3 389元、平谷县3 387元、密云县2 977元、门头沟区2 669元、石景山区2 365元、海淀区2 227元、丰台区1 244元。

各区县农民家庭经营所得比重排序为：平谷县占83.4%、密云县占83.3%、怀柔县占82.2%、房山区占79.9%、延庆县占78.7%、通州区占78%、大兴县占77.4%、门头沟区占72.1%、昌平区占71%、顺义区占68.6%、朝阳区占53.2%、海淀区占34.6%、石景山区占31.7%、丰台区占19.9%。

农民家庭经营所得收入结构：来自农业的收入457元、占13.2%；林业116元、占3.4%；畜牧业344元、占10%；渔业45元、占1.3%；工业392元、占11.4%；建筑业284元、占8.2%；运输业584元、占16.9%；商饮业411元、占11.9%；服务业226元、占6.6%；其它231元、占6.7%；外出劳务所得349元、占10.1%；其它渠道所得9元、占0.3%。

【贫困村数量减少】 2000年，农民人均劳动所得低于1 000元的村有2个，占村总数的0.05%，比上年减少10个；低于1 600元的村有36个，占村总数的0.89%，比上年减少117个。

农民消费

【食品消费分析】 2000年，农民全年食品消费支出平均每人1 263.62元，占生活消费支出总额的36.7%，比1999年人均增加10.15元，增长0.81%，基本持平。但食品消费质量明显提高，其消费特点是：

恩格尔系数下降。2000年，京郊农村的农民恩格尔系数（即食品消费支出占生活消费支出的比例）为36.7%，比上年减少了3.3个百分点，表明农民生活水平得到一定程度提高。

主食减少，副食和其它食品支出增加。2000年，人均主食支出222.97元，比1999年人均减少40.33元，减少15.3%；人均副食支出538.21元，比1999年人均增加25.95元，增长5.1%；人均其他食品支出345.97元，比1999年人均增加9.51元，增长2.8%。

食品结构变化，消费讲究营养。2000年农户主要食品消费与1999年相比，消费量增加的食品包括：蔬菜、植物油、肉禽及其制品、蛋类及其制品、奶类及其制品、酒类和干鲜瓜果类。其中：消费量增幅最大的食品是奶和奶制品，年人均消费量6.02千克，比1999年人均增加2.57千克，增长74.5%，其次是蛋类及其制品，年人均消费量9.1千克，比1999年人均增加1.01千克，增长12.5%，第三是肉类中的牛、羊肉，年人均消费量3.11千克，比1999年人均增加0.26千克，增长9.12%。消费量减少的食品包括：粮食、豆类及豆制品、水产品和糖类食品。其中消费量减少最多的是粮食，年人均消费141.35千克，比1999年人均减少22.78千克，下降13.82%；其次是水产品，年人均消费3.83千克，比1999年人均减少0.36千克，下降8.59%；第三是糖类食品，年人均消费量1.75千克，比1999年人均减少0.02千克，下降1.13%。

外出食品消费增加。2000年，外出食品消费人均156.47元，占食品消费总额的12.4%，比1999年人均增加15.02元，增长10.6%。

【衣着消费分析】 2000年，农民衣着消费支出人均261.73元，占生活消费总支出的7.6%，比1999年的人均增加了5.25元，增长2.1%。

【居住消费分析】 随着农民收入的增长，提高住房水平仍然是大多数农民的首选消费目标，不仅如此，强化室内装修，提高住房的舒适性和观赏性成为农民住房新的追求和消费热点。2000年，农民居住消费支出总额人均539.11元，占生活消费支出总额的15.7%，比1999年人均增加122.79元，增长29.5%。其中燃料消费支出人均124.41元，比1999年人均增加20.03元，增长19.2%。

【现代产品进入农户家庭】 2000年，农民家庭设备、用品及服务支出人均252.16元，占生活消费支出总额的7.3%，比1999年人均减少11.06元，下降4.2%，这是生活消费支出中唯一减少的项目，家庭耐用产品处于老产品和新型产品交替阶段，传统产品需求基本饱和，新型现代产品逐步进入农户家庭。

传统必备型耐用消费品的需求量下降。如洗衣机平均每百户拥有84.91台，比1999年减少了1.25台，下降1.45%；电风扇平均每百户拥有142.62台，比1999年每百户减少了0.33台，基本持平；自行车平均每百户拥有219.59辆，比1999年每百户减少了21.66辆，下降8.98%；摩托车平均每百户拥有34.02辆，比1999年每百户减少了0.44辆，减少了1.28%。

传统享受型耐用消费品需求上升，仍有较大市场空间。2000年，北京气温普遍较高，对空调机的需求量增加，平均每百户农户拥有空调机19.59台，比1999年每百户增加了11.02台，增长了118.6%；电话机平均每百户拥有79部，比1999年每百户增加了11.37部，增长了16.8%；彩色电视机平均每百户拥有106.86台，比1999年每百户增加了5.48台，增长5.41%；电冰箱平均每百户拥有84.39台，比1999年每百户增加了3.76台，增长了4.7%；录放像机平均每百户拥有15.57台，比1999年每百户增加了1.02台，增长了7.01%。

新兴现代消费品走进农户家庭。2000年，代表现代生活的消费品走进农户家庭，主要包括汽车、计算机、微波炉和热水器等。这些物品平均每百户拥有量分别是：生活用汽车3.06辆、家用计算机6.61台、微波炉8.27台、热水器16.79台。随着农民收入的继续提高，它们将逐步替代传统产品，成为农民家庭的新宠。

【医疗保健消费增加】 社会经济的发展必然带来农民收入水平的提高，农民走出村庄，走向市场，农民的自身价值逐步得以提高。农民对医疗保健需求增加，2000年，平均每人医疗保健支出276.11元，占全年生活消费支出的8.1%，比1999年人均增加53.1元，增长23.8%。

【交通和通信消费支出增加】 随着科学技术发展，信息的作用已逐渐得到农民的认可，加强对外联系，向专家请教，成为新型农民的选择。2000年，平均每人交通和通讯消费276.11元，占生活消费支出的6.3%，比1999年人均增加51.93元，增长31.4%。

【文教娱乐用品及服务支出增长】 农村经济的发展，小城镇的建设，精神文明的建设，带动了农村文教娱乐事业的发展，不少村镇建有文化站和活动室，组织村民进行健康的文体活动。2000年，农民人均文教娱乐用品及服务支出为495.26元，比1999年人均增加33.69元，增长7.3%。

【其他商品及服务支出增长】 2000年，农民除以上各项外的其他商品及服务支出人均135.9元，比1999年人均增加43.04元，增长46.4%。

【货币消费增长超过两位数】 农民生活水平逐步提高，政府打白条现象减少，农民手中的货币量增加，货币消费增长。2000年，全年人均现金支出4 390.11元，其中人均生产费用支出678.75元，占总支出的15.5%；人均生活消费支出3 352.94元，占总支出的76.4%。比1999年人均增加356.61元，增长了11.9%。

农村社会保障

【开展农村养老保险现状调研】 2000年内，对农村养老保险现状以如何建立城乡社会保障体系进行了专题调研。在农民对养老保险的需求，经济承受能力和对城市化后养老保险预期的选择方面做了问卷调查。结果表明：57%的农民对社会养老保险有需求，50%以上的农民家庭收入在10 000～30 000元之间，人均收入能达到5 000元；60%的已入保农户愿意在农转居后继续保留养老保险个人账户。

【农村养老保险基金管理办法得到完善】 年内市、县、乡根据不同情况，采取有效措施，对农村养老保险基金进行规范管理。市里积极完善农村养老保险基金的管理办法；举办全市农保工作人员培训班，从管理制度、操作程序、精算方法、档案会计、微机操作等方面进行了培训。区县主要对个人账户的管理、保费收缴、养老金发放等环节进行审核，做到了账、表、票相符，入保人员数据按规范化工作流程及时录入微机，基础档案全部按档案管理要求进行了分类整理、归档。乡镇在管理上，主要对投保者档案、台账等保存保护上加强管理，确保投保人的原始档案材料不丢失。通过对县级机构检查和对乡级机构抽查，90%以上达到规范管理要求。

【继续完善救灾工作管理体制】 2000年落实民政部有关加大救灾工作力度要求，全市救灾分级管理工作得到进一步提高。远郊区县均成立了各有关部门参加的救灾机构，明确了各级政府和部门的职责。同时，各区县根据实际制定了抗灾、救灾预案，特别对洪涝、泥石流、风雹、森林火灾等多发地区制定了分门别类的集防、抗、救于一体的预案，防灾、抗灾、救灾相结合，使救灾工作逐步走上规范化、法制化轨道。在救灾经费分级负担方面，市和区县财政逐年增加救灾经费的投入。具体承担救灾工作的10个远郊区县全部建立了“地方自然灾害救济事业费”预算科目，预算达到按农村人口人均1元的标准。少数无救灾任务的城近郊区也建立了“地方自然灾害救济事业费”预算科目。2000年全市救灾经费预算达到916万元，比1999年增加101万元；其中市本级500万元，区县级392万元，为圆满完成全年救灾任务提供了有力的财政保障。至2000年底，全市救灾款实际支出806.2万元，其中市级预算500万元已及时全额下拨给受灾地区，区县级预算中所结转的资金用于元旦春节期间受灾群众改善生活。

【农村救灾取得成效】 2000年春季以来，郊区灾情较为严重，大部分区县相继发生旱灾、洪涝和风雹等自然灾害，损失严重。农作物受灾面积26.21万公顷，成灾面积19.02万公顷，绝收面积4.61万公顷；受灾人口172.3万人，成灾人口143.4万人；直接经济损失9.2亿元。为解决灾区群众生活困难，截止年底，全市下拨救灾款1 606.2万元（其中中央800万元，市级500万元，县级306.2万元），共为6.55万灾民解决了口粮，为1.76万灾民解决了衣被问题，修缮房屋614间，救治伤病人口9 033人，保障了灾民的基本生活。

【农村救济和特困户救助工作取得较大进展】 2000年是农村社救对象危房修缮翻建三年计划的最后一年。全年10个远郊区县共完成561户、2 160间危房修建任务，超过计划指标33户、535间，进一步改善了社救对象的居住条件。

同时，农村特困户救助制度建设有了新的突破。全年根据“各郊区县按照标准有别、重在制度建设的原则，实施农村特困户救助制度，初步形成全市农村最低生活保障网络，健全调整机制，使农村特困户的基本生活得到保障”的工作目标，积极推进农村特困户救助制度建设。到2000年底，已有12个郊区县建立了农村救助制度，救助标准提高到每人每月30～150元，共有11 315户农村特困户、25 767人享受救助（含享受定补人数），全年发放救助金1 188.3万元。

【农村五保户供养水平进一步提高】 2000年郊区在规范和完善农村五保户供养资金乡镇统筹方面做了大量工作，实现乡镇统筹的乡镇达到195个，占乡镇总数的92%；多数区县供养标准已达到当地上年人均生活标准的70%，并充分发挥五保中心和保户服务组织的作用，使分散五保户的生活得到了保障。此外，已实行农村救助制度的区县，还将五保对象纳入救助范围，提高了五保对象的生活水平。

【加强农村敬老院建设】 农村敬老院改扩建是2000年市政府“办60件实事”的内容之一。根据市民政局与市财政局制定的1999—2000年完成13所敬老院改扩建计划，有改扩建任务的区县努力克服困难，年底前按时完成了农村敬老院改扩建任务。同时，各区县以开展“文明敬老院”评选为手段，进一步规范敬老院管理，促进了敬老院管理水平的提高。推动敬老院改革步伐，继续鼓励发展院办经济，以院补院，鼓励有条件的敬老院向社会开放。到年底，全市乡镇敬老院对外开放接收自费老人2 911人。

（李　理　吕海燕　王　珍　刘　兵）

农村经济改革

概　　述

2000年，北京郊区农村认真贯彻党的十五届五中全会和市委八届六次全会精神，按照年初北京市农村工作会议提出的要求，以率先基本实现农业和农村现代化为目标，以富裕农民为主线，认真落实党在农村的基本政策，不断深化以产权制度为重点的农村经济体制改革，推动了以公有制为主体、多种所有制经济的共同发展，促进了农村经济繁荣和农村社会的稳定与进步。

党的农村各项政策进一步落实，土地延包后续完善工作进展顺利。针对二、三产业发展较快、经济较发达地区专业化生产、集约化经营的格局已经基本形成且情况比较复杂的特点，出台了如何贯彻落实土地延包政策的专门意见；开展深入细致的工作，解决了重点、难点村队问题；强化土地承包费的收取、使用、管理以及承包合同的规范化管理，使土地延包的政策措施更加完善，更加符合郊区农村的实际，确保了延包工作在郊区的全面完成。同时，郊区各地认真研究、制定了建立土地流转机制的具体政策，加快了土地流转机制在郊区的建立和完善。

农村集体经济体制改革取得显著成效。年内，郊区继续大力推动集体经济产权制度改革。针对郊区农村集体经济发展中投资主体单一、产权不清、机制不活、政企不分、权责不明、管理不善等一系列问题，采取多种形式实现投资社会化，树立了农民在生产和经营上的主体地位。针对郊区部分经济发达地区农村集体土地被征用、村队建制撤销后集体资产的处置问题，认真贯彻市委市政府有关政策精神，采取切实有效措施，以转换经营机制、提高资产运营效益为中心，明晰产权，积极发展股份合作制经济，认真解决好村级集体经济的发展壮大和农民增收问题。加大了乡镇企业重组转制力度，乡镇企业二次创业取得了显著成效。全年确定了487家产权制度改革试点单位，召开了乡镇企业二次创业经验交流会、乡镇企业产权制度改革大会等，总结和推广先进典型经验，采取兼并、租赁、出售和股份制、股份合作制等形式，加快乡镇企业产权制度改革，传统的单一集体投资一统天下的局面被彻底打破，多元化投资体制已经形成。

农民专业合作经济组织迅速发展。年内，郊区以发展农民专业合作经济组织为重点，通过帮助农民发展专业合作和跨社区的专业联合，促进农民联合起来进入市场、参与竞争。同时，进一步完善社会化服务体系，发展多种所有制形式的服务组织，为农民提供信息、科技、运销、加工等各项服务。

农民负担（含乡镇企业）得到切实减轻。全年，郊区继续强化对村提留、乡统筹费的管理，认真解决乱收费、乱摊派的问题；认真落实国务院提出的开展农村税费改革试点的要求，积极搞好昌平试点工作；努力减轻企业和集体经济组织的负担，使更多的集体资金能用于发展生产，全年共减轻农民负担6 000多万元。此外，按照市委、市政府统一部署，远郊区县乡镇行政区划调整工作顺利完成并取得明显效果。

土 地 延 包

【开展土地经营状况调研】　2000年，针对在土地经营状况比较复杂的平原和城乡结合部等二、三产业发展较快、经济较发达地区在土地延包工作过程中出现的一些带有普遍性的问题，系统地进行了调研。提出的思路主要有：(1) 如何既保证农民的土地承包权，又避免人均分地，如何坚持在群众自愿的基础上实行适度规模经营方向，为率先基本实现现代化创造必要的条件的问题。(2) 如何科学合理地确定承包期，既保持土地承包关系相对稳定，又不因国家或集体征用土地造成很大的人地矛盾，保持社会稳定的问题。(3) 如何正确处理土地延包与农村长远发展的关系，既要延长土地承包期，稳定土地承包关系，又要做到科学规划，合理布局，保证农田基本建设、农村道路、中心集镇和中心村规划建设以及绿化必要用地。(4) 如何正确处理土地延包与加快农业现代化步伐的关系，既要落实农户的土地承包权，尊重农民的投资和生产、经营自主权，又要有利于推进农业内部结构调整，实行区域化布局、专业化生产，提高郊区农业的规模化、集约化水平。(5) 如何使承包集体土地的农户权力义务相统一，既要尊重农民对集体土地的承包权，切实维护承包者的合法权益，又要使农民严格履行承包合同规定的义务，并进一步加强对承包费收缴使用情况的监督管理的问题。

【制定土地延包政策】 在开展有针对性的调查研究基础上，市委农工委、市农委于2月23日出台《关于在二三产业发展较快、经济较发达地区贯彻落实土地延包政策的意见》，其中对延长土地承包期的原则、实行多种承包经营方式、建立土地使用权流转机制、加强土地承包管理和加强对延长土地承包期工作的领导均做出了明确规定。主要包括：(1) 二三产业发展较快、经济较发达地区在稳定土地承包关系上，要坚持土地所有权、承包权和使用权三权分离，权责明确的原则；有利于农村经济社会长远发展和可持续发展的原则；因地制宜、尊重群众意愿的原则和坚持家庭承包经营与企业承包经营一视同仁的原则。(2) 二三产业发展较快、经济较发达地区可从实际出发，采取家庭承包经营、联户承包经营、股份合作经营、股份有限公司或有限责任公司等多种承包经营方式，加快郊区农业现代化发展。(3) 二三产业发展较快、经济较发达地区要通过发展生产，调整结构，加快城市化、工业化进程，建立和健全土地使用权流转机制，使更多的农民从土地中分离出去，向二三产业转移，推进农业专业化、集约化。(4) 二三产业发展较快、经济较发达地区要严格土地承包费的收取和管理，保持土地经营期限的相对稳定，并认真解决在土地承包中存在的问题。(5) 郊区各级党委和政府要认真贯彻落实党在农村的基本政策，积极稳妥地做好土地延包工作，充分发挥二三产业发展较快、经济较发达地区的示范和带动作用，全面推进郊区农业现代化进程。《意见》的出台，实事求是地解决了二三产业发展较快、经济较发达地区落实土地延包政策的问题，使土地延包政策更加符合农村的实际，推动了党在农村的基本政策在郊区的全面落实。到年底，郊区已有3 117个村完成了集体土地延包任务，占有延包任务的3 305个行政村的94.3%，延包工作取得显著成效。据统计，全年农民人均生产性投入增幅也比生活性投入增幅高出11个百分点，仅养殖小区建设农民就投入9.1亿元，农民投资、经营的积极性空前高涨，家庭经营已经成为新的经济增长点。

【郊区土地承包合同规范化管理加强】 全年郊区在规范合同管理工作方面取得了很大进步。基本做到统一文本，统一签订，统一鉴证，统一建档，统一管理。到2000年底，郊区共签订农业承包合同632 616份，其中规范合同588 675份，占93.1%，完全兑现的526 678份，兑现率为83.2%。鉴证合同479 298份，鉴证率达到75.8%。其中，2000年签订的合同鉴证率达到100%。通过合同签订、鉴证、建档、履行等一系列程序，修改更正了一些意思表达不明确，指标模糊不清，条款不严密的合同，排除了纠纷隐患。2000年，郊区共发生合同纠纷890起，现已结案567起，结案率为63.7 %。其中，调解解决514起，仲裁解决53起。

【郊区初步建立土地使用权流转机制】 2000年郊区在延包30年基础上，进一步加大建立和完善土地承包权流转机制的工作力度，坚持把土地流转与稳定土地承包关系相结合，充分运用市场手段，尊重农民意愿，维护农民利益，实现了高效利用土地和承包关系的稳定；坚持把土地流转与加快农业结构调整相结合，运用土地流转机制来解决农户分散经营的问题，在不改变家庭经营地位的基础上，使分布于各农户间的相对狭小的土地适度集中、形成规模，开展区域化、规模化种植和养殖，加快了农业结构调整的步伐；坚持把土地流转与推动农村二、三产业发展相结合，通过建立土地流转机制，加快农村劳力、土地和资金等生产要素从农业中分离出来，向非农产业的转移，促进了郊区二三产业的发展；坚持把土地流转与加强基层民主制度建设相结合，充分发挥基层民主制度在土地流转过程中的作用，收到了群众满意和社会稳定的良好效果。

【建立土地使用权流转机制的有关措施】 在具体工作中，主要采取以下措施：一是因地制宜，制定土地流转政策。根据1998年市委农工委下发的《关于建立北京市农村集体土地承包经营权流转机制的意见》，郊区各地在广泛听取群众意见、结合各自实际的基础上，相继制定了土地流转的具体政策措施。绝大多数区县下发了建立土地流转机制的专门文件，对土地流转的范围、原则、形式、规模和程序等各个环节都做了明确规定，使政策进一步细化，可操作性更强，保证了土地规范、有序地流转。二是多种形式，大力宣传土地流转政策。郊区各地利用政策宣讲会、社员（村民）代表会、公开栏、发放材料、新闻媒体等多种形式加强对有关政策、法规的宣传，使政策家喻户晓，提高干部群众执行政策的自觉性和主动性，为建立土地流转机制奠定了良好的基础。三是深入基层，加强分类指导。鉴于建立和完善土地流转机制工作政策性很强，群众对此比较敏感，具体情况也千差万别，容易产生矛盾和纠纷，郊区各地普遍坚持因地制宜、分类指导的方针，组织有关部门深入基层指导工作，根据不同情况提出不同政策措施，保证了土地流转的健康、顺利进行。通州区在流转中采取了因镇因村因地的原则，怀柔县对不同情况采取了协商、评估、约定的办法，都取得了很好的效果。四是严格管理，规范土地流转制度。为了保证土地流转的公开性和公正性，郊区从统一管理、规范制度入手，抓好基础工作。印制统一的流转合同文本，明确规定流转双方的权利义务，以避免合同文本混乱、格式不规范、内容不全面等现象；建立合同流转登记制度，对土地流转进行动态管理，为合同的正常履行和解决可能出现的纠纷奠定了基础。

【郊区土地流转面积达2.6万公顷】 到2000年底，郊区土地流转面积已达到2.74万公顷，涉及9万多户农户，分别占郊区耕地面积和农户总数的8.1%和7.3%，并呈现出以下几个特点：一是土地流转形式趋于多样化，出现了转让、转包、互换、入股等多种形式。其中，转让2.02万公顷，占74%；转包0.3万公顷，占12%；互换133.3公顷，占0.5%；入股333.3公顷，占1.2%；其它形式0.34万公顷，占12.3%。转让所占比例远远超出其它流转形式，成为目前流转中的主要形式。二是土地流转以社区内流转为主。据统计，社区内流转占流转总户数和面积的比重分别是98%和93%，而向社区外流转的户数和面积，仅占总数的2%和7%，社区内流转占了绝大多数。三是土地流转程序趋向规范化。由于各区县普遍加强了土地流转的规范管理工作，取得了明显效果。调查显示，土地流转中签订书面协议的农户数和土地面积数所占比例都在90%以上，未签订书面协议的所占比例已大大下降。四是流转运作机制趋于市场化。2000年郊区出现的土地流转中，有8万多户和2.5万公顷土地实行的是有偿流转，所占比例分别达到89%和91%，成为流转的主体，显示土地作为一种重要的生产要素，已逐步参与到用市场机制进行配置的行列中，提供了土地高效利用和农业稳定发展的基础。五是土地流转过程平稳，纠纷不多。由于郊区各地普遍对土地流转工作比较重视，措施得力，规范化程度不断提高，流转过程平稳，避免了很多矛盾纠纷的发生，保持了相对稳定。土地流转机制的初步建立，加快了郊区土地规模经营的形成和农民向二三产业转移以及农业结构调整的步伐，稳定和完善了统分结合的双层经营体制，进一步落实了党在农村的基本政策，取得了良好的经济和社会效益。

乡镇集体企业转制

【下发《关于大力推进乡镇企业二次创业的意见》】 2月3日，市委、市政府下发《关于大力推进乡镇企业二次创业的意见》。文件提出“以产权改革为重点，大力推进乡镇企业的制度创新”。具体就“进一步明确企业产权改革的方向”、“大力推进现有集体企业的产权改革”、“合理设置企业股权”、“确保集体资产的保值增值”、“建立和完善乡镇企业经营管理者的选拔淘汰机制”等问题提出了明确意见。

关于企业产权改革的方向，《意见》指出：“要通过产权改革，转换乡镇企业经营机制。产权改革的基本方向是实现产权明晰和投资主体多元化。要采取兼并、租赁、出售和股份制、股份合作制等多种形式，加快产权改革的步伐，最终建立农民和众多社会投资者共同享有产权的企业制度，成为农村新型合作经济”。

关于集体企业产权改革的推进，《意见》指出，“现有的乡村集体企业，特别是大中型集体企业是改革的重点和难点”。“集体企业的产权改革要坚持大胆试、大胆闯；坚持多样性，防止一刀切，坚持典型示范，带动一般”。“对规模大、效益好的企业，要在资产重组的基础上实行规范的公司制改造，组建股份有限公司或有限责任公司。对规模大、长期资不抵债、扭亏无望的企业，要果断采取破产、拍卖、兼并、联合等方式，尽快盘活资产存量”；“对经济效益一般的企业要鼓励通过产权出让等方式组建有限责任公司和股份合作制企业”；“对经济效益差、扭亏无望的中小企业，在承担相应比例债务的情况下，允许将有效资产出售给本企业职工、社会法人和个人，重新组建企业”；“对严重资不抵债又难以用其它改革形式起死回生的企业，坚决关闭破产”。

在股权设置上，《意见》提出7个“允许”：“允许将集体所有的企业净资产折成股份，划出一定比例，按贡献大小量化给企业经营者、管理人员和职工”；“允许将集体所有的净资产折成股份向本企业职工、本社区集体经济组织成员和社会法人出售”；“允许企业经营者和各类管理人员通过出资购买、量化等方式在企业总股本中占有较大股份”；“允许企业内外的科技人员以各种形式实行技术入股，所占比例由双方议定”；“允许以商标权、发明权、专利权和销售网络等无形资产入股，依法保证其合法权益”；“允许向业绩突出的经营者、技术人员和各类管理人员奖励企业股权”；“允许集体经济组织不在企业中控股”。

【重组转制坚持“四个标准”、“四个结合”】 5月26日，市农委、市乡镇企业局召开京郊乡镇企业二次创业经验交流会，大兴、通州等16个单位就乡镇企业二次创业情况进行了交流。会议提出，要全面贯彻落实市委6号文件精神，在重组转制中要坚持“四个结合”，在评价企业改革的成效上要坚持“四个标准”。“四个结合”：①要和生产要素的优化配置相结合；②要和企业的科技进步相结合；③要和增强企业综合素质，提高企业整体竞争能力相结合；④要和建立新型企业制度相结合。“四个标准”：①集体经济实力是否增强；②对国家的贡献是否增大；③企业自身总量是否扩大，综合素质是否增强；④当地农民就业、农民的收入是否增加。

【京郊乡镇企业二次创业“三项工程”建设工作会召开】 10月23日，市农委、市乡镇企业局召开京郊乡镇企业二次创业“三项工程”（乡镇工业小区、村级工业大院、二三产业专业村）建设工作会，并对“三项工程”进行了拉练观摩交流。岳福洪副市长到会讲话明确提出：乡镇企业总体改革的方向是“四个标准”和“四个结合”。不能因为企业改革，特别是建立新型企业制度的目标影响了村镇发展二三产业的信心和决心。要按照市场经济的要求发展乡镇企业，不要因为进行这方面的改革就否定发展集体经济。如果看准了的项目，集体单一投资、单一经营也不是绝对不行，也不要排斥。乡镇企业改革重要的目标是建立现代企业制度，除小型、作坊性的企业可拍卖、租赁外，更多的是要建立现代企业制度。建立新型现代企业制度目的是要解决产权多元化的问题，决不是从过去的集体的单一投资、单一经营，变成个人的单一投资、单一经营，这是企业改革的方向性问题。在企业建立多元化的产权制度，首先要解决重组转制的问题，解决生产要素优化配置问题，其次是要解决经营者问题，实现培育一个新型的、优秀的企业经营者队伍的目标。

【郊区乡镇集体企业重组转制工作取得显著成效】 到2000年底，全市又有3 044个乡镇企业实现了不同形式的重组转制，重组转制面已达到93%以上。在3 044家重组转制企业中，转为股份制、股份合作制的企业1 148家，占37.7%；出售企业466个，占15.3%；租赁企业552个，占18.1%；联营、合资、合作企业183个，占6%；被兼并托管的企业11个，占3.9%；组建企业集团13个，占0.4%；破产企业78个，占2.6%；其它类型487个，占16%。

通过重组转制，郊区乡镇企业进一步提高了综合实力，增强了市场竞争能力，成效显著。一是明晰了企业产权，推进了现代企业制度的建设。改制企业初步实现了“产权清晰、权责明确、政企分开、管理科学”，企业真正成为市场主体。二是促进了投资主体多元化，改善了投资融资机制。在1 148个转为股份制和股份合作制的企业中，股本金共计23.3亿元。其中乡村集体股占24.3%；社会个人股和职工股占48.9%；社会法人股占17.8%；外资股占1.8%；其它股占7.2%。传统的集体单一投资经营的局面被打破，企业初步实现了投资主体多元化，走上了多种经济成分平等竞争、相互促进、共同发展的道路。三是企业实力和素质得到提高。乡镇集体企业通过转制，引进了资金、技术、管理和人才，增强了企业实力和竞争力。全年重组转制企业新增投入45.2亿元，其中引进资金36.5亿元，盘活存量资产17.8亿元，转移企业债务11.8亿元，收回出售转让金及租赁托管费7.4亿元；共置换经营者603人，其中引进外来经营者253人，引进各类优秀人才1 873人（大专以上的占83%），引进先进技术124项，引进名优特新产品79项，购进先进设备1 216台（套）。四是促进了企业的生产经营，转制企业经营效益好转。北京昊达实业公司近年来经营管理不善，产品严重积压，资产负债率90%。该公司转制后，由镇办集体企业转为股份合作制企业，企业经营状况好转，目前已成为良乡镇纳税大户。

农村集体经济改革与管理

【城乡结合部地区集体经济组织改革取得进展】 针对城乡结合部地区和平原经济发达地区，在日益加快的城市化进程中出现的集体经济组织改革和集体资产处置问题，结合近郊绿化隔离带建设的实际，2000年郊区进一步加大改革力度，深化农村集体经济组织产权制度改革，积极探索集体经济组织改革的新路。一是结合郊区实际，认真贯彻落实市政府办公厅于1999年下发的《北京市撤制村队集体资产处置办法》。朝阳、丰台、海淀等城乡结合部地区根据城市化进程中的特点，制定具体落实意见，确定改革的试点范围和方向，为城乡结合部地区农村管理体制改革的全面推开做了必要的准备。二是总结和推广社区股份合作制改造试点的基本经验，扩大试点影响，为深化集体经济体制改革积累经验。主要是对丰台区已完成社区股份合作制改造的8个试点村，进行全面系统的调研和总结，摸清了8个试点的基本情况，进一步探讨了改革试点的基本动因，归纳了社区股份合作制改造的基本类型，并通过对8个改革试点发展的回顾，总结出社区型股份合作制改革的基本经验以及存在的问题和今后推进、完善的具体建议。同时，采取举办股份合作制培训班、组织区县开展学习交流等方式，推广了试点取得的成功经验。三是继续在丰台区、朝阳区等城乡结合部及平原发达地区、具备条件的地方进行集体经济组织产权制度改革试点。全年共有6个村开展了村级社区股份合作制改造试点。其中完成试点的1个村，加上已经完成试点的8个村。到2000年底郊区共有9个村完成了村级社区股份合作制改造试点；还有1个乡进行了社区股份合作制改造的前期准备工作。此外，海淀、石景山、怀柔、密云等条件具备的地方也进行了社区股份合作制改造前期调研，为进一步扩大试点范围，推进农村集体经济组织的改革和发展做了必要准备。

【强化农村集体经济管理工作】 全年郊区在集体经济管理工作中做到：一是加强集体资产管理。完成了农村集体资产的年检，向部分集体企业发放了集体资产使用证；完成了乡村两级不良债务的清理工作以及集体土地承包费收取、管理和使用情况的集中检查；在部分区县的撤乡并镇、机构改革中，认真进行了乡镇集体资产的清理和处置，确保了集体资产的安全与完整。二是继续强化农村财务管理。推动全市村级财务民主化管理和规范化管理水平的提高，使村级财务公开率达到100%。开展了农村财会电算化、会计委派委托、村账乡管试点，取得较好效果；继续对农村财会人员进行岗前培训和岗位再教育以及职称评定，全年共培训财会人员3.1万人次，有559人取得中初级农民专业技术职称。三是加强农村集体经济审计。全年共对9 819个单位进行了审计，审计总金额达到563亿元，查出违法、违纪金额3 360万元，纠正违纪金额1 851万元，查出损失浪费金额294万元，促进增收节支713万元，17名严重违法、违纪的农村基层干部受到党纪处分或国家法律制裁，有效地防止了违纪、违法问题的发生。四是继续搞好农村集体资产管理、农村承包合同管理、农民负担管理和农村集体经济审计等法规的宣传和培训工作。全年培训人员近6万人次，强化了各级干部依法治农、依法管理的意识。五是不断加强农村经济统计、乡镇企业检测、星火科技先导型示范企业检测、农产品成本核算和农村经济社会固定观察点工作。六是开展了农村集体资产经营状况调查，为进一步加强管理、提高运营效益奠定了基础。

【村级财务公开得到加强】 根据《中共中央办公厅、国务院办公厅关于在农村普遍实行村务公开和民主管理制度的通知》和农业部、监察部《村集体经济组织财务公开暂行规定》，郊区进一步强化了村级财务公开工作。3月2日，下发《关于进一步推进村级财务公开工作的通知》，对村级财务公开的内容、程序、时间、形式、标准等作出了明确规定。财务公开的内容主要包括：财务计划及执行情况，各项收入和支出，各项财产，债权债务，收益分配，农民承担的提留统筹费，劳动积累工、义务工，代收代缴费用，水电费，以资代劳情况，救灾救济款项收支情况，干部工资奖金，招待费，贷款的使用和归还情况，报刊订阅情况，土地补偿费情况以及群众要求公开的其他财务事项。财务公开的程序和时间：各村会计每月末根据民主理财小组审查通过的票据进行记帐，编制财务收支明细表，每月1日由民主理财小组负责人把上月财务收支情况向全体村民张榜公布，接受村民监督。财务公开的形式：每个村必须在村民集中的街头巷口设立固定的财务公开栏和意见箱，有条件的地方要设立橱窗式公开栏。每月5日由民主理财小组人员（2人以上）开启意见箱，对群众意见进行整理归纳，三日内向群众答复，并详细登记备案。对问题比较复杂，需要内查外调的，必须在当月内查证落实后，及时向群众反馈。财务公开规范化标准：①公开内容要全面完整；②公开时间要及时；③公开方式要以公开栏为主；④公开程序要严格；⑤对公开中群众反映的问题要妥善处理；⑥对财务公开的监督要落实。

个体私营经济和民营经济发展

【个体、私营经济和民营经济成为新的经济增长点】 2000年郊区个体、私营和民营经济步入注重质量和效益的新的发展时期，成为郊区经济发展新的增长点。到年底，郊区农村个体工商户和私营企业户数达12.4万户，比上年同期下降5.3%；注册资金达270亿元，比上年同期增长79%。主要特点，一是行业结构多样化，经营领域不断拓宽。个体、私营经济活跃在郊区经济的各个领域，从事零售商业、饮食、服装、美容美发、书报、修理等各种服务业，并涉足工业、房地产业、信息咨询、物业管理、交通运输、科研开发、文化产业、现代农业等符合郊区经济发展方向的新兴行业，特别是高科技产业已成为有知识的私营企业家的投资热点，使北京地区智力密集的特有优势得到了充分利用，并出现了一批高技术企业和高科技产品。二是郊区个体私营经济积极参与、支持国有和集体企业改革，推进了郊区经济体制改革。全年郊区个体私营经济纷纷以承包、租赁、兼并或合伙经营，以及以资本同国有、集体企业嫁接等多种形式，广泛参与国有、集体企业产权流动和资产重组，达到优势互补。顺义区以顺平路、京密路为轴心，积极引导民营科技企业参与“两线”区、镇企业重组转制，吸引科技人员携带项目、资金到沿线兴办民营科技企业，构建民营科技企业带。截止2000年底，沿线地区已批准认证180家民营科技企业，注册资金总额6.55亿元，引进科技项目156个，吸引科技人员1 143名。三是个体私营经济拓宽了就业渠道。全年在工商等有关部门给予的优惠政策支持下，大量下岗职工开始从事个体、私营经济，通过个体私营经济解决了就业问题。在郊区个体私营经济从业人中，相当一部分是下岗职工，非公有制经济已经成为吸纳下岗职工再就业的一条重要途径。四是加快了农村专业户、专业村发展。全年郊区个体、私营经济发展逐步走向专业化，以繁华都市为市场目标，充分发挥农村的优势，不断扩大自身的经济实力。一些私企和个体大户在农村承包荒山、荒坡，发展种植、养殖业，形成了一批专业户、专业村。到年底，郊区已发展各种种养专业村400多个，各类养殖专业户16.8万余户，其中特种养殖达到2万户，有力地推动了郊区经济发展和农民致富的步伐。

【郊区私营企业继续保持强劲增势】 在国家鼓励多种经济共同发展的政策指导下，全年郊区私营企业数量稳定增长，企业规模迅速扩大，经济实力稳步提高，对郊区的经济发展和社会稳定起到了积极的促进作用。截止2000年末，郊区农村私营企业总数达2.2万个，同比增长43.67%；注册资本258.09亿元，同比增长88.58%。2000年远郊区县私营企业发展呈现以下特点：一是民营科技企业发展保持良好势头。年底，经市科委认定的远郊区县民营科技企业共有1 176家，其中高新技术企业有107家，信息技术企业191家，生物医药企业115家，新材料企业118家，机电产品企业265家。二是带动农村经济快速发展作用显著。全年郊区先后建立起400多个养殖业、种植业、旅游业等专业村，发展各类养殖专业户16.8万户，这些专业村、专业户的兴起，不但使从业的私营业主实现了富裕，还带动了周围群众，增加了农民收入，壮大了农村集体经济，促进了农村经济整体快速发展。三是私营企业积极参与集体企业产权制度改革。到2000年底，全市私营企业以各种形式参与集体和国有企业改革的累计有1 892户，全市办理登记注册的企业中被改制为私营企业的有1 767户，占改制企业的38%。

减轻农民负担

【农民和集体经济组织负担得到切实减轻】 全年郊区继续深入贯彻执行各项有关政策，共减轻农民负担6 000多万元。主要做法：一是开展了春、秋两季农民负担管理执法大检查，坚决贯彻中央关于禁止平摊农业特产税、屠宰税；禁止一切要农民出钱出物的达标升级活动；禁止一切没有法律、法规依据的行政事业性收费；禁止向农民的集资；禁止各种摊派行为；禁止强行以资代劳；禁止在村里招待下乡干部，取消村组招待费；禁止用非法手段向农民收款收物等8项规定。二是对重点问题开展专项治理。包括：①

清理农村集体土地征占收入，调查处理一批在农村集体土地征占过程中损害农民利益的突出问题；②清理乡镇企业负担；③治理农村乱收电费问题；④治理农村中小学乱收费问题；⑤治理农村报刊订阅中的乱摊派问题；⑥对村级招待费进行专项治理，重点解决了一批与村集体经济组织、乡镇企业和农民利益密切相关的问题。三是根据中共中央、国务院《关于进行农村税费改革试点工作的通知》精神，按照市委、市政府《关于郊区农村税费改革试点工作的意见》，在昌平区进行改革试点。全面推开“取消乡统筹、农村教育集资等专门面向农民征收的行政事业性收费和政府性基金、集资；取消屠宰税；取消统一规定的劳动积累工和义务工；调整农业税政策；调整农业特产税政策；改革村提留征收使用办法”为主要内容的农村税费改革试点。就现有农民负担总额、新的农业税、农业特产税及其附加税率等基础性数据进行了测算，对与农村税费改革密切相关的乡镇机构改革、县乡财政管理体制、农村中小学教育体制改革等18项配套政策及措施进行深入调查研究，并拿出实施草案。

【开展春季农民负担管理执法检查】 落实《市委办公厅、市政府办公厅关于〈2000年全市党风廉政建设和反腐败斗争主要任务分工〉的通知》，自4月1日至6月30日，市农村负担监督管理领导小组组织各区（县）开展春季农民负担管理执法检查。此次检查的主要内容，是对在土地征占中加重农民负担的问题进行全面清查。清查的范围包括国家基本建设征地、国有企业搬迁征地、商业性房地产征地、乡镇政府和乡镇企事业单位征地和其他乡级以上单位征占的集体土地。清查的内容包括各类征占集体土地的面积、审批单位、应支付和实际支付的补偿性资金数额、在土地征占中损害农民利益的情况等。各区（县）党委、政府对此项工作十分重视，专门成立了由主管区（县）长任组长，农委、监察、土地、经管等有关部门领导参加的清查小组。通过清查，弄清了1991年以来征占土地的底数，全市共有1.67万公顷农村集体土地被征占。其中：①国家基本建设征地0.77万公顷，占43.38%；②企业搬迁征地846公顷，占5.06 %；③商业性房地产开发征地0.35万公顷，占21.06 %；④乡镇企事业单位占地0.19万公顷，占11.62 %；⑤其他乡级以上单位占地2 660公顷，占15.88 %。发现了本市在农村集体土地征占过程中存在以下七个严重损害农民利益的问题：一是无偿征占农村集体土地；二是拖欠农民土地补偿性资金；三是截留应支付给村集体经济组织的土地补偿性资金；四是集体土地被征占以后，仍然要农民交纳农业税；五是违章占地；六是农村集体土地被征占以后，部分农民失业；七是长期征而未用。清查结果引起各级党委和政府的重视并着手加以解决，已清欠归还农民土地征占款5 584万元。

【切实减轻乡镇企业负担】 北京郊区由于乡镇企业比较发达，从总体上看农民直接负担不重。1999年农民家庭直接负担的提留统筹总额17 139.4万元，人均47.09元，占本市上年人均农民纯收入4 065.5元的1.16%；积累工、义务工317.5万个，劳均1.85个，远远低于国务院规定的比例。而农民的间接负担不轻，名目繁多的收费、集资、基金严重影响了农村集体经济特别是乡镇企业的发展。市委、市政府根据大城市郊区的特点，将减轻乡镇企业负担作为减轻农民负担的一项重点内容，常年抓紧，认真工作，经过几年的努力，认真清理整顿涉及乡镇企业的行政事业性收费、集资、基金项目，取消、降低了一大批收费、集资、基金项目，使乡镇企业负担得到有效控制。其中，取消的92项是：①土地登记费在农村收取的部分；②农村教育集资（人民教育基金）；③农机管理费；④乡镇集体和个体矿管补充费；⑤饮食业、服务业、修理业、旅店业行业管理费在农村收取的部分；⑥统计台账工本费；⑦汽车维修管理费；⑧治安联防费在农村收取的部分；⑨～⑪在乡统筹之外另行向乡镇企业摊派的修路费、现役军人优抚费、赞助办学费；⑫民兵干部服装费；⑬摊派慰问教师费；⑭粮食加价费；⑮在补助社会性支出之外另行摊派的支援“三夏”费；⑯春节演出费；⑰兵役费；⑱移民费；⑲计量定级资料费；⑳乡镇政府自行设立的消费基金；㉑各种普查收费；㉒防火费；㉓珠算证验证费；㉔摊派会议费；㉕个体运输户和私有车主交通安全保证金；㉖消防机关收取的消防业务咨询服务费；㉗国内企业登记咨询费；㉘代办代理国内企业登记费；㉙劳动定额专业技术培训费；㉚用户交换机年检费；㉛工程承包中的不合理收费；㉜～㉞街乡向辖区单位收取的计划生育宣传费、赞助费、管理费；㉟规划部门收取的规划许可证镜框费；㊱区县爱委会向辖区单位收取的灭蝇费；㊲乡政府代办执照向企业收取的集体办照费；㊳区县工商局收取的经济合同咨询服务费；㊴区县公安部门出具各种证明收费；㊵～㊶县安委会向单位收取的雇佣司机手续费、宣传牌工本费；㊷县安委会向辖区内驾校收取的驾校管理费；㊸新购车辆占地费；㊹区公安局向单位或个人收取的因纠纷引起的治安案件调解费；㊺区安委会收取的小单位安全工作抵押金；㊻地质办向办证单位收取的采矿许可证滞办金；㊼县交通部门向运输单位收取的运输服务费；㊽县交通部门向客运经营单位和个人收取的短途客运管理费；㊾县交通部门向辖区内机动车主收取的车辆管理费；㊿县建委向自营企业收取的自营建管理费；51区县向个体工商户收取的占地押金；52区县消防部门向个体工商户收取的防火费；53安委会收取的特种行业培训费；54～56公安交通大队收取的驾驶员义务值勤费、司机学习班收费、季度检验费；57～59乡镇电管站向用电单位收取的电力管理费、电器管理费、电工年检年审费；60～61区县统计部门收取的统计员培训费、年审手续费；62区县饮食行业管理部门收取的核发经营许可证费；63县旅游局向境内已开放的旅游景点收取的行业管理费；64～65县建委收取的建筑工程放线费、向施工企业收取的工程开工许可证费；⑯临时工招工手续费；⑰区防疫站收取的卫生许可证押金；⑱县卫生局收取的劳卫许可证费；⑲~⑳县建设总公司向乡村施工企业收取的技术装备费、管理费；⑴~⑵区工商部门收取的民办企业管理费、企业公告费；⑶凿井队资格审查费；⑷凿井许可审批费；⑸打井管理费；⑹安委会向驻地单位收取的交通值勤费；⑺~⑻特种行业治安管理费、制表费，⑼~⑽规划局收取的规划咨询服务费、建筑工程围墙费；⑪~⑫汽车维修审验费、检验员年审费；⑬~⑮集资办电用电权款、超指标加价费、电力建设基金；⑯特种作业人员考核委托书费；⑰~⑱渣土消纳登记表费、申请表工本费；⑲饮料准产证费；⑳临时工管理费；⑪城市容纳费；⑫村镇建设规划管理费。

暂缓收取的两项：①水资源费在农村收取的部分；②河道工程维修、维护管理费在农村收取的部分。降低收取标准的七项，包括：①乡镇企业管理费，由按销售收入的1%收取降低为0.1%；②公路运输管理费从事营运性运输的农用拖拉机和农用汽车，公路运输管理费按营业额的0.7%征收；③社会福利企业管理费由按营业额的1%收取降低为0.5%；④乡村集体企业在市区和特定地区以外进行建设工程，一律按工程预算的1%征收建筑工程审核、技术服务及许可证执照费；⑤~⑦降低了农村个体工商户登记费、工商管理费和市场管理费。

【开展秋季农民负担管理执法检查】 9~10月底，郊区开展了秋季农民负担管理执法大检查工作。这次执法检查的重点是乡镇企业负担情况、农村中小学收费情况、农村电费、农村报刊订阅和农村集体土地征占问题。检查的内容包括：①中央和本市明令取消的涉农收费项目是否还有仍在收取的问题；②中央和本市明令降低收取标准的涉农收费项目是否还存在按原标准收取的问题；③中央和本市明令禁止的涉农达标升级活动是否还在进行；④有没有擅自设置收费、集资、罚款项目的问题；⑤合法的涉农收费项目有没有擅自改变收取标准、收取范围和收取办法的问题；⑥在集体土地征占中损害农民利益的问题是否落实了解决办法；⑦农民负担的村提留、乡统筹和“两工”是否做到了“一定三年不变”，是否按农民负担监督卡规定的收取额度和收取时间兑现；⑧本区县减轻农民负担工作存在的突出问题是否已经解决。通过检查，共查处涉及农民负担案件30多起，减轻乡镇企业负担64万元，减轻农民用电负担181万元，向农民清退不合理的教育收费8.1万元、不合理集资9.5万元。

【下发《关于郊区农村税费改革试点工作的意见》】 为了贯彻落实中共中央、国务院《关于进行农村税费改革试点工作的意见》，探索建立规范的农村税费制度，从根本上减轻农民负担的有效办法，7月5日市委、市政府下发了《关于效区农村税费改革试点工作的意见》。《意见》要求各级党委、政府务必从讲政治和全局的高度充分认识进行农村税费改革的重大意义，以党的十五大、十五届三中全会精神和中央税费改革文件精神为指导，从轻确定农民直接负担，把乡村集体经济组织和乡镇企业负担减下来，同时积极进行乡镇机构改革，转变职能、精简机构、压缩人员、减少开支；市里成立农村税费改革领导小组，统一领导全市的农村税费改革工作；以昌平区为试点单位，要求各有关部门切实加强对试点工作的领导，积极、稳妥地作好税费改革试点工作。

【农村税费改革开始在昌平区试点】 9月19日农村税费改革试点工作动员大会在昌平区召开，试点工作正式启动。动员大会提出，要认真落实市委、市政府《关于郊区农村税费改革试点二作的意见》精神，重新确定农民负担水平，采取有利措施把乡村集体经济组织和乡镇企业负担减下来；在不增加农民整体负担的前提下，妥善处理改革力度和各方面承受能力的关系；采取以农业税收为主的方式，实行规范的分配制度和简便易行的征收方法；农村税费改革要与精简乡镇机构、完善县乡财政体制和健全农民负担监督体制相结合；坚持思想工作先行，让农民自觉履行合法义务。会议强调，既要充分认识农村税费改革试点工作对于规范农村分配制度、促进农村基层政府转变职能和精简机构、改善党群干群关系、维护农村社会稳定方面的重要意义；又要注意从做好对广大基层干部和农民的宣传解释工作、做好各部门之间的协调配合工作以及从当地实际出发搞好农村税费改革试点工作，还要各有关部门和单位认真对待、高度负责，切实加强对试点工作的领导。

乡镇机构改革

【远郊乡镇区划调整】 根据市政府《关于加快小城镇规划建设，推进郊区城市化进程的意见》文件中“对规模较小，布局不尽合理的乡镇进行区划调整，远郊平原乡和山区有条件的乡实行建制镇编制”的规定和2000年北京市农村工作会提出的关于“郊区平原地区在对乡域进行必要调整的基础上，要撤乡建镇”的要求，为推进郊区区域经济发展，加快郊区城镇体系建设，深化乡镇机构改革以及进一步减轻农民负担，经市政府第76次市长办公会批准，远郊区县对乡镇行政区划进行了集中调整。

【乡镇行政区划调整标准】 建制镇总面积一般在50~100平方千米左右；每个乡镇的总人口不低于1.5万人，一般应在3万人左右，其中农业人口比例在30%以上；第二产业、第三产业产值占国内生产总值的50%以上；山区可根据实际情况适当放宽条件等。乡镇行政区划调整的原则：一是有利于区域经济发展，方便并提高人民生活水平，保持社会稳定的原则；二是紧密与城镇建设相结合，体现城镇带动战略，立足减少公共基础设施的重复建设，结合长远发展的原则；三是乡镇规模适度的原则；四是这次乡镇调整不考虑建地区办事处的原则；五是严格按照法律程序，依法进行的原则；六是此次乡镇行政区划调整不包括城乡结合部。城乡结合部的乡镇调整需要在绿化隔离带建设、旧村改造过程中，逐步解决。

【乡镇行政区划调整方式】 此次乡镇行政区划调整，主要采取了撤乡建镇、合乡建镇、撤乡并镇、撤乡并乡和加挂镇牌等6种方式，涉及门头沟、房山、顺义、平谷、密云、延庆等7个区、县。撤14个乡，设14个镇；合并8个乡，设4个镇；撤6个乡，并入7个镇；撤1个乡，并入1个民族乡；在11个地区办事处设立镇人民政府，实行“两块牌子、一套人马”。乡镇行政区划调整过程中，各区县精心组织，认真安排；先易后难，逐步推进；在广泛调研基础上，就行政建制、人员安置、债权债务衔接等一些重大问题，制定了切实可行的实施方案并确保严密实施，使得行政区划调整工作有条不紊地进行，保证了社会稳定和国家财产的安全，人民生活没有受到影响。经过乡镇行政区划调整，远郊区县共设有125个镇、16个地区办事处、30个乡，总计171个乡镇。远郊区县平均乡镇域面积由调整前的78平方千米上升到调整后的90平方千米，增加了15.4%，其中平原区县中面积最大的镇是大兴县的榆垡镇，面积为136平方千米，面积最小的是通州区的梨园镇，面积为19.68平方千米；山区半山区中，面积最大的镇是门头沟区的清水镇，面积为339平方千米，面积最小的为密云县的檀营乡，面积2.7平方千米。远郊区县平均乡镇常驻人口由行政区划调整前的2.2万人上升到调整后的2.6万人，增加了18.2%，其中，平原区县人口最多的镇是大兴县的榆垡镇（不包括卫星城），常驻人口4.7万人，常驻人口最少的镇是顺义区的北务镇，常驻人口1.0081万人；山区半山区常驻人口最多的镇是昌平区的南口镇，常驻人口4.6万人，常驻人口最少的乡镇是密云县的番子牌乡，常驻人口0.39万人。

【乡镇行政区划调整取得重要成果】 乡镇区划调整的顺利完成，对于加快郊区城市化建设进程，吸纳农村人口，拉动郊区经济起到了重要的推动作用。一是村镇规划建设更加科学。区划调整后，远郊区县的各个乡镇，依据区县域总体规划、城镇体系规划和土地利用规划，在坚持突出体现“民族传统、地方特色和时代感”原则基础上，积极编制和修编新的乡镇域总体规划，力争使规划更具有科学性和可操作性，以指导郊区的城镇建设，保持了郊区经济和社会的持续发展。在此基础上，远郊区县行政村的规划也全面展开。行政区划的调整，有利地促进了郊区村镇规划的编制工作，使得郊区的村镇规划建设更加科学、合理、有序，为进一步推进农村城市化进程打下了基础。二是乡镇机构得到了精简。调整前，无论乡镇大小，都设有党委、政府、人大、总公司，并下设科室，人浮于事。调整后，远郊区县乡镇总数由1999年底的198个下降为171个，减少了27个，领导干部和一般干部职数减少了1 100人左右。减少了富余人员，提高了工作效率，为郊区的乡镇机构改革、农村税费改革、农村中小学校布局调整等工作创造了条件，奠定了良好基础。三是乡镇区域经济得到了增强。通过乡镇行政区划调整，达到了优势互补，拓宽了经济发展的空间，增强了区域经济的发展实力；同时，对减轻社会管理成本，减轻农民负担，加强市政基础设施建设，促进农村城市化、现代化进程都将起到积极的推动作用。

（康　森　吴汝明　李建平
刘容江　薛有才　侯书江）

精神文明建设

概　述

2000年郊区精神文明建设，紧紧围绕率先基本实现现代化和农民增收的目标，以提高人的素质为中心，认真贯彻中央和市委思想政治工作会议精神，落实江总书记“三个代表”重要思想，在郊区广泛开展了“致富思源、富而思进”教育活动，启动“农民现代化素质教育工程”，开展精神文明创建活动，促进农民素质和郊区文明程度的提高，为郊区经济发展提供了有力的思想保证和智力支持。

思想政治工作

【开展“三个代表”重要思想学习活动】 按照中央和市委指示要求，市委农工委及时下发《中共北京市委农村工作委员会关于深入学习贯彻江总书记“三个代表”重要思想的通知》。要求农口各级党组织从政治和全局的高度，深刻认识学习贯彻“三个代表”重要思想的重大意义；组织广大党员干部认真学习、深刻领会把握和全面贯彻江总书记关于“三个代表”的重要思想；结合农口实际，按照“三个代表”的要求，切实加强党的建设，提高各级干部的执政水平和领导水平，努力建设一批高素质的干部队伍，巩固党的基层组织和基层政权；继续抓好“五好村党支部”“六好乡镇党委”“先进区县”三级联创党建活动，进一步推进“厂务公开”“村务公开”“乡镇政务公开”的基层民主建设；推进企业重组转制、建立现代企业制度的改革；推进农业结构调整，加快农民增收致富步伐。为把学习引向深入，一方面抓了中心组理论学习。各区县、局、总公司都利用中心组学习、党课等形式，组织干部专题学习和讨论。另一方面抓了典型示范。在组织机关干部学习“三个代表”思想交流会的基础上，5月31日，召开农口学习“三个代表”重要思想座谈会。朝阳区委副书记张厚昆、房山区委副书记鲁勇、平谷县委副书记王振林、市水产总公司党委书记张世光四位同志做了重点发言。此外，还组织新闻媒体对农口“三个代表”学习情况进行了深入的宣传报道。学习中各单位结合“三讲教育”回头看活动，用“三个代表”严格要求，寻找差距和不足，制定措施积极整改，使广大党员干部进一步提高了思想觉悟，增强了责任感，加强了队伍和基层组织建设。

【开展“致富思源、富而思进”教育活动】 根据中央和市委指示要求，市委农工委下发《中共北京市委农村工作委员会关于在郊区广泛开展“致富思源、富而思进”教育活动的通知》，在郊区广泛深入开展“致富思源、富而思进”教育活动。文件要求农口各级党委通过中心组学习、讲党课、党日活动和组织“双思”报告团、专题讲座、征文等形式的教育活动，认真学习江总书记的重要讲话内容，深刻领会精神实质；对干部群众进行改革开放成就教育，党的基本理论、基本路线、基本纲领教育，形势与任务教育，艰苦奋斗教育，爱国主义、集体主义、社会主义教育；使广大干部群众克服小富即安、固步自封、不思进取的落后观念，进一步解放思想，戒骄戒躁，抓住机遇，乘势而上，争创新优势，更上一层楼。市委农工委组织了农口先进单位代表“致富思源、富而思进”座谈会。房山区韩建集团总经理田雄、锦绣大地农业股份有限公司副总经理李荣旗、北京星光影视设备集团公司总经理陈瑞福、顺义区赵全营镇北郎中村党支部书记闻宝恒、通州区宋庄镇镇长李柏松、延庆县旧县镇大柏老村党支部书记马永存和平谷县刘店乡万庄子村党支部书记靳成学七位同志，结合单位改革发展的实际谈了自己的体会。4月19日又组织了“京郊百富村、百强村代表‘致富思源、富而思进’座谈会”，顺义区高丽营镇六村党支部书记张书明、昌平区百善镇泥洼村党支部书记朱光瑞、怀柔县琉璃庙乡得田沟村党支部书记马连科、大兴县亦庄镇小羊坊村党支部书记贾秀和、朝阳区来广营乡红军村党支部书记白玉霞、房山区周口店地区办事处南韩继村党支部副书记王占雄和通州区张家湾镇张辛庄村党支部副书记张玉成七位基层干部，结合改革开放富裕起来的实践，交流了新的发展思路。4月底市委农工委推出了密云县曹家路村党支部书记李桂英典型，参加全市“致富思源、富而思进”报告会。各区县都开展了形式多样富有成效的教育活动。5月3日，房山区在韩村河举办了为期三天的“乡村发展世纪论坛”，全国25个明星小康村带头人和有关专家相聚韩村河，共同探讨新世纪农村发展问题。顺义区开展了“把什么样的顺义带入21世纪”大讨论活动，组织各乡镇和部门围绕全区的发展目标，讨论如何加快发展，实现强区富民。通过全区上下共同凝炼顺义精神，调动广大干部群众的积极性，使全区发展再上一个新台阶。密云县在“双思“教育活动中，大力宣传基层优秀村党支部书记李桂英的事迹，弘扬新时期的艰苦创业精神，帮助基层干部克服在经济发展中的畏难情绪，带领农民摆脱贫困、走向富裕。门头沟区开展了“面向新世纪、思源、思进、想责任”的主题教育活动，组织乡村两级干部围绕如何带领农民致富发展山区经济开展讨论，加快了农民致富步伐。怀柔县开展了以民主与法制、权利与义务教育为主，促进怀柔经济发展和社会稳定的“双教、双促”活动。昌平区在全区开展了“‘香堂杯’致富思源、富而思进演讲比赛”。

【开展“致富明方向、‘十五’再发展”主题教育活动】 9月份，市委书记贾庆林同志在‘载《从通州区的调查剖析京郊农村现状》’（《昨日市情》特刊第226期）的调研报告上，如下重要批示：“看来在郊区农村有必要集中一段时间，开展致富思源、富而思进的教育，提高思想认识，增强致富信心，结合‘十五’计划的制定，明确‘思进’方向和目标，也可和加强基层组织建设、提高基层党组织的战斗力结合起来。”的批示。市委农工委及时认真贯彻，决定从10月份开始，在郊区开展“致富明方向、‘十五’再发展”主题教育活动，进一步深化“双思”教育。下发了《关于在郊区开展“致富明方向、‘十五’再发展”主题教育活动的通知》，要求农村各级党组织结合学习中共十五届五中全会、市委八届六次全会精神和郊区“十五”发展规划，制定乡、村两级“十五”发展计划，使广大农村干部找到发展差距，明确发展方向，提高带领农民致富的本领；使广大农民进一步明确致富目标，增强致富信心，寻找致富途径，掌握致富技能，推动农村经济和各项工作任务的全面完成，为实施“十五”规划奠定良好的思想和组织基础。为了突出教育活动的效果，加强了工作指导，利用《农口信息》出了16期“致富明方向、‘十五’再发展”主题教育活动专报，传达市委精神，反映工作动态，展示典型经验，指导基层工作；加大了宣传力度，在北京电视台《京郊大地》栏目和《京郊日报》开辟专栏进行宣传，还联合报社、电台举办了专题知识竞赛和征文活动。市委农工委还就郊区经济发展“十五”计划建议在全市范围进行征集，发动群众献计献策。据统计，郊区有25 000多名干部群众参加了市委农工委在《京郊日报》举办的学习中共十五届五中全会、市委八届六次全会精神和郊区“十五”规划知识竞赛活动，其中100人获奖；200多农民参加了在《京郊日报》举办的“农家话‘十五’”征文活动，其中在报纸上发表60多篇，18篇获奖；有100多名乡村干部参加了在北京人民广播电台《今日京郊》栏目举办的“乡村干部话‘十五’”征文活动，其中8人获奖。11月28日市委农工委召开了“致富明方向、‘十五’再发展”主题教育活动经验交流会，平谷县大兴庄镇党委书记刘庆善、门头沟区清水镇党委书记张满仓、通州区次渠镇党委书记王栓成、昌平区沙河镇党委书记赵军和密云县东邵渠乡党委书记郭生强五位同志在会上发言，房山区大安山乡、大兴县瀛海镇、怀柔县桥梓镇、顺义区北务镇和延庆县康庄镇五个单位书面交流了经验。

【主题教育活动有特点】 此次主题教育活动主要有四个特点：一是各级党委高度重视，精心组织。市委农工委动员会后，各区县都立即行动起来，召开常委会议研究落实方案，下发文件，进行工作部署，提出具体要求；同时成立了书记挂帅的领导小组，组织了办事机构；各区县都先后召开了动员大会，进行了广泛的思想发动，各乡镇根据市、区（县）要求，进一步进行了思想动员。怀柔县从各委办抽调骨干组成了17个指导组，到各乡镇、村指导、督促工作；房山区抽调了400多名乡镇机关干部深入到各村帮助基层开展活动；通州、昌平、大兴、门头沟等区县领导，深入到基层开展调查研究，了解干部群众的思想状况，提高工作的针对性，同时定期听取乡镇教育情况的汇报，开展经验交流，把握工作进度，加强工作指导。二是利用多种形式开展教育活动。各县、区利用干部中心组学习、党课教育和干部培训等形式，组织干部群众认真学习江总书记关于“致富思源、富而思进”的重要论述和“三个代表”的重要思想，学习中央五中全会和市委八届六次全会精神，用首都“新三步走”的发展战略和北京率先基本实现农业和农村现代化的目标来统一思想，凝聚人心。门头沟区、平谷县组织致富百颗星报告团走乡串村为农民群众做报告，传授致富经验，促进群众思想解放；怀柔从全县选出17名致富典型，举办了42场报告，受教育群众达五、六万人次；大兴县在全县范围内总结了28个农业结构调整典型，组织基层干部群众进行观摩，先后有2万人次参加了学习交流；顺义区、昌平区、延庆县、密云县还组织乡村干部到发达地区学习观摩。三是广泛发动群众，层层制定“十五”计划。各区县都将本区县“十五”期间经济和社会发展计划拿到群众中进行讨论，发动群众集思广益、献计献策，让广大群众了解本地区经济和社会的发展目标，改进和完善发展计划；组织制定乡村两级“十五”发展计划，进一步确定主导产业，明确发展思路。通州区向干部群众征集对本区经济发展的建议，收集了3 200多条建议。在发动群众制定乡村两级发展计划的同时，各区县广泛地开展了农户家庭计划的制定，每个农户根据自己的家庭状况，提出“十五”期间的增收目标。平谷县大约有10万农户制定了“新家庭计划”。这项活动的开展，极大地调动了农民的积极性和创造性，使广大农民群众明确了发展方向，增强了致富信心。四是加大培训力度，提高干部群众素质。在主题教育活动中，各区、县普遍开展了对干部群众的培训。通过对基层党员干部政治理论、政策法规和市场经济等知识的培训，进一步提高思想认识，增强带领农民致富的本领；结合郊区农民现代化素质教育工程，掀起对农民实用技术培训的热潮，帮助农民掌握致富技能，增强致富本领。大兴县在对农村党支部培训的基础上，开展了“面向21世纪农村科技致富带头人”的培训，通过重点推荐，选出100名有带动能力的种养能手进行集中培训；怀柔县启动了“跨世纪青年农民科技培训工程”，把培训的重点放在青年农民身上，对3 000名农村青年进行系统培训；延庆县结合区域种植品种，组织了蔬菜、葡萄、李子等专项培训。据不完全统计，教育活动期间，郊区培训乡、村两级干部8万人次，轮训农村党员9.6万人次，农民技术培训11万人次，组织致富报告团巡回报告340场，受教育群众达17万人次，结合区县“十五”计划的修订，95%的乡镇制定了“十五”发展计划，65%的村制定了村级发展计划，30万农户制定了家庭计划。

【主题教育活动取得显著成效】 此次主题教育活动充分调动了农民群众的参与热情，促进了农村经济结构的调整，取得了显著成效。概括起来主要有以下几个方面：一是促进了郊区各级干部的思想解放，强化了发展意识，增强了发展的紧迫感。二是通过制定“十五”发展计划，使干部群众进一步明确了发展方向，增强了致富信心。三是促进了基层干部作风转变，密切了干群关系，加强了基层组织建设，增强了基层党组织的凝聚力和战斗力。在这次主题教育活动中，许多区县、乡镇干部都下到村为农民作报告，深入农户做宣传，了解农民群众的困难和需求，听取群众对乡村发展的建议，倾听群众心声，帮助群众制定致富计划，解决实际困难，增强了政府工作的针对性，也促进了干部作风的转变，密切了干群关系。

【启动“农民现代化素质教育工程”】 为贯彻落实中央和市委加强和改进思想政治工作的意见，适应农业和农村经济发展新阶段的要求，开展好农村的思想政治工作，年初对农村基层的思想政治工作状况进行了深入调研，对新时期如何做好农村思想政治工作进行了积极探索。根据调研，结合农村实际，决定调整工作思路，把工作重心下移，在实效上下功夫。市委农工委研究决定，在郊区实施“农民现代化素质教育工程”。下发了《中共北京市委农村工作委员会关于实施农民现代化素质教育工程的意见》，在郊区启动农民现代化素质教育工程，用三年的时间，对农民进行以思想道德、科学文化、政策法规为主要内容的系统教育，全面提高农民素质，适应新形势的需要。2000年以倡导科学精神、宣传科学知识、传播科学技术为重点，主要抓了载体建设和典型示范工作。一方面提出了办好一个栏目、开展一项活动、巩固一个阵地、推广一个项目、开通一条线路、推出一批典型的“六个一”措施，要求各区县根据自己的实际，强化一两种载体；同时市委农工委宣教中心还创办《走进现代化》音像杂志，定期向基层提供内容丰富、高质量的宣传教育资料，全面推进基层农民现代化素质教育工作，强化思想政治工作。另一方面，多次召开基层党委宣传部长会议，听取各区县农民素质教育工作情况，开展工作交流；在要求区县抓典型的基础上，从全郊区的角度抓了一批农民素质教育工作的先进典型，用典型引导基层工作，使得郊区的农民现代化素质教育和思想政治工作扎实有效。各区县纷纷在广播、电视、报刊等媒体开辟专栏，举办科技讲座，宣传科技知识；利用“政策宣讲团”、“致富报告团”、“科技下乡”等形式，向农民提供科技服务、政策咨询和致富经验；抓乡村教育网络建设，加大农民科技知识和技能的培训力度。密云县在全县开展了以“让科技入脑入心，让文化进村进家”为主题，以“科技进家、开辟致富新门路，文化进家、倡导健康文明新生活”为口号的“科技文化年”活动，成立县、乡信息服务中心，利用网络开通了“信息直通车”；怀柔县把有关法律法规政策编印成册，做成音像资料，选派工作队送到乡镇村，开展宣讲咨询和指导活动，还开通了农业远程科普教育网络系统。据不完全统计，去年至少有30多万农民参加了不同形式的培训教育。农民素质教育工程的实施，一方面完善了乡村两级农民教育的网络，加强了阵地建设，建立健全了农民培训的工作机制，使农民教育逐步走上了规范化、制度化轨道；另一方面通过办班、参观等形式加大了对农民的培训力度，推进了农业结构调整。

【召开农口思想政治工作会议】 为贯彻全国和全市思想政治工作会议精神，结合郊区实际，8月4日召开了农口思想政治工作会议。会上，通州区委副书记王玉辉介绍围绕农民致富开展思想政治工作的情况，顺义区委副书记吕振清介绍开展“把一个什么样的顺义带入二十一世纪”教育活动的情况，大兴县委常委、宣传部长郑默杰介绍利用“三团”开展农民思想教育的情况，水产总公司党委副书记张力翔介绍结合企业改革做好职工思想工作的经验；此外，门头沟区对党员开展“三观”教育、怀柔县开展“双教双促”活动、市水利局围绕中心工作加强职工队伍建设的情况进行了文字交流。会议下发《中共北京市委农村工作委员会关于加强和改进农村思想政治工作的意见》，市委农工委书记赵凤山部署了农口思想政治工作，要求认真学习贯彻中央和市委思想政治工作会议精神，改进和强化基层思想政治工作。市委农工委在各种新闻媒体广泛宣传典型人物和典型经验的基础上，从农口全局角度总结了怀柔县、通州区宋庄镇、市水利局、燕京啤酒集团4个典型，将主要事迹和经验编入《北京市思想政治工作创新实践丛书》，广泛宣传推荐；在全市新闻媒体重点宣传了通州区宋庄、大兴县利用“三团”开展思想教育的经验；此外还组织农口参加了全市优秀思想政治工作者和优秀思想政治工作单位的推荐评比工作，通州区宋庄镇等11个集体被评为市思想政治工作优秀单位，大兴县黄村镇鹅房村党支部书记赵玉生等18名同志被评为市优秀思想政治工作者，充分发挥典型的示范带动作用，推动了农口的思想政治工作。

（孟振全）

农村教育

【北京市农村教育体系和教育网络进一步形成】 到2000年，京郊农业教育已基本形成高等、中等、初等三个层次和普教、成人职业教育两大系统的共同发展格局。

高等农业教育学校已成为为郊区培养高级农业管理人才的摇篮。目前，北京市高等农业教育中普教主要由中国农业大学、北京农学院、北京林业大学承担。成教有中央农业干部管理学院、北京市农业干部管理学院、市农工商联合总公司职工大学等。2000年度，农业普通高等教育各类在校生达到12 000多人，各类函授、夜大、成人脱产班近2 000人。近几年来，北京市高等农业教育学校已为郊区培养了一大批中、高级层次的农业管理人才，为郊区农业的发展起到了十分重要作用。

【建设成教培训系统工程】 一是成立专人负责的成教培训系统。市农口有关领导特别重视郊区的科教事业，多次对郊区科技培训工作提出具体意见，农口有关局、总公司的科教处室也把成教培训工作纳入到每年的工作计划中，保证了五项工程的认真贯彻执行。二是充分发挥北京科研院所和农口23个培训机构的人力、物力资源的优势，搞好五项培训工作。市农科院、农学院、农校以及农口城乡建设学校、水利水电学校、林干校、乡镇培训中心等每年完成各类成人培训工作上百项，培训人员上万人次，市农校在保证北京市农村中专教育工作的同时，每年还承担全国和北京市各类培训班20多期。三是结合工作实际开展丰富多彩的成人教育培训工作。北京市农口成人教育培训工作始终围绕着郊区工作的实际，利用各种活动，开展丰富的工作。目前，一些行之有效的活动如：送科技下乡、科技大棚车等，已成为常年性工作，深受郊区广大农民的欢迎。近几年来，随着网络信息技术的发展，农口在科教工作中，不仅采制编录了一些实用技术录像带、VCD等，远程教育信息网络也在部分区县开始建立。

【成人教育发展情况】 本市农村地区成人高中1所，占全市成人中小学总数的0.36%，在校生360人、招生122人、毕业86人，同比占全市总数的6.02%、3.06%和2.35%。教职工42人、专任教师19人、兼职教师23人，占全市同类教师总数的7.07%、6.83%和9.31%。

全市农村地区农民技术培训学校2 178所，占全市成人技术培训机构的80.99%；共有在校生85 545人、毕业441 010人、招生347 749人。

“九五”期间，市委、市政府不断推进农村“成人学校示范工程”建设，采用听汇报、看材料、查档案、召开座谈会等方式，复评1997年以来的成人示范校13所。根据各区县申报，市政府确定特种特养业、生态农业和农业信息网络共五大类33个科技推广培训项目，共完成实用技术推广项目1 292个，6.6万人取得“绿色证书”。

在首都农业现代化进程中，农村地区职业教育和成人教育担负着重要任务，要使教育主动进入农业技术推广体系，深化农村教育综合改革，培养现化化农村技术人才，提高农民科技文化素质和农业技术水平，北京农村教育还有很多工作要做。

【学前教育情况】 2000年，全市农村地区共有幼儿园1 480个，其中县镇420个、农村1 060个，分别占全市托幼园所总数的67.88%。共收托幼儿107 639人，占全市收托幼儿总数的45.40%；其中县镇收托48 089人、农村59 550人。全市农村小学附设学前班724个，其中县镇253个、农村471个，分别占全市小学附设学前班总数的24.61%和45.81%。

农村幼儿园教职工共计8 174人，占全市幼儿园教职工总数的27.83%。其中县镇教职工4 936人、专任教师2 575人，保健员167人，同比分别占全市总数的16.80%、19.48%和14.95%，农村教职工3 238人、专任教师1 562人、保健员102人，同比分别占全市总数的11.02%、11.81%和9.13%。

【小学教育情况】 2000年，全市农村地区学龄人口共计444 029人，占全市学龄人口总数的56.07%，其中县镇204 392人、农村239 637人。县镇学龄人口入学率为99.89%、农村99.93%，分别比全市平均学龄人口入学率低0.06个百分点和0.02个百分点。

全市农村地区小学共计1 702所，其中县镇581所、农村1 121所，分别占全市小学总数的24.70%和47.66%。本市农村地区小学毕业生共计99 022人，其中县镇46 415人、农村52 607人，分别占全市小学毕业生总数的26.42%和29.94%；招生共计48 870人，其中县镇23 683人、农村25 187人，分别占全市小学招生总数的25.09%和26.69%；在校生479 669人，其中县镇221 605人、农村258 060人，分别占全市小学在校生总数的26.48%和30.84%。全市农村地区小学教职工共计40 681人，占全市小学教职工总数的54.88%。其中县镇教职工18 422人，专任教师15 213人、代课教师385人、兼课教师18人，分别占全市小学同类教师总数的24.85%、24.88%、29.25%和28.57%；农村教职工22 259人，专任教师19 180人、代课教师801人、兼职教师5人，分别占全市同类教师总数的30.03%、31.38%、60.86%和7.93%。

【普通中学情况】 1999—2000学年度，北京农村共有普通中学391所，占全市普通中学总数的51.85%。其中县镇初中127所、高中8所，农村初中175所、高中1所。全市农村普通中学在校生296 673人。其中，县镇初中生134 201人、高中43 313人，分别占全市普通中学在校生总数的28.34%和26.82%；农村初中112 995人、高中6 164人，分别占全市普通中学在校生总人数的23.86%和3.81%。全市农村普通中学共毕业87 032人。其中，县镇毕业初中生40 078人；高中11 214人，分别占全市普通中学毕业生总数的26.16%和27.57%；农村毕业初中生33 873人、高中1 867人，分别占全市总数的22.11%和4.59%。全市农村普通中学招生111 794人。其中县镇招收初中生50 580人、高中15 967人，分别占全市招收学生总数的29.28%和28.01%；农村招收初中生43 129人、高中2 118人，分别占全市招生总数的24.97%和3.71%。全市普通中学教职工共计31 104人，占全市普通中学教职工总数的43.01%。其中县镇教职工18 664人，专任教师12 969人、代课教师488人、兼任教师53人，分别占全市同类教师总数的25.81%、26.92%、27.00%和10.79%；农村教职工12 440人、专任教师9 315人、代课教师603人、兼任教师29人，分别占全市同类教师总数的17.20%、26.92%、33.37%和5.90%。

由于历史、地理和经济发展等多方面原因，北京不同地区、不同行业教育发展状况差别很大，城区过于集中，造成好的学校发展越来越快，农村地区教育经费投入相对不足。市委、市政府在义务教育阶段（小学、初中）努力推进均衡发展，调整结构布局，强化宏观调控。

【职业中学情况】 本市农村地区职业中学共有59所，占全市职业中学的35.11%，其中，县镇职业中学35所，农村24所。农村地区职业中学在校学生30 624人，其中县镇23 815人、农村6 809人，分别占全市职业中学在校生总数的22.26%和6.36%；毕业10 641人，其中县镇7 772人、农村2 869人，分别占全市职业中学毕业生总数的22.60%和8.34%；招生9 134人，其中县镇7 275人、农村1 859人，分别占全市职业中学招生总数的23.46%和5.99%。全市农村职业中学教职工3 609人，占全市职业中学教师总数的27.35%。其中，县镇教职工2 292人、专任教师1 553人、代课教师105人、兼职教师134人，分别占全市同类教师总数的17.37%、20.19%、30.25%和26.96%；农村教职工1 313人、专任教师775人、代课教师10人、兼职教师40人，分别占全市同类教师总数的9.95%、10.07%、2.88%和8.04%。

【农民职业教育情况】 农民职业技术教育和中等农业教育为郊区培养了大量实用技术型人才。北京市的中等农业教育分为农业中专包括农业职工中专和职业高中两大类。农业中专有国家级重点中专——北京市农业学校；北京市重点中专——北京市八一农业机械化学校、北京水利水电学校和园林学校等，北京市农业广播电视学校、北京市农业职工中专和市城乡建设职工中专等学校已成为郊区各类成人职业教育的培训基地。2000年全市各类中专学校共招收学历教育的学生2 500人，在校生达7 200多人，全年培训各类人员10万人次。北京郊区农村职业高中共有23所，县镇级职业中学60余所，昌平区农业职业学校为国家级重点职业高中。2000年各类学校招生达12 000多人。

（孟祥辉）

农村文化体育工作

【举办第十届农民艺术节】 经市领导批准，从1990年开始，农口利用冬闲在春节前后举办农民艺术节。北京市第十届农民艺术节由市委农工委、市农委和市文化局共同主办，从2000年1月开幕到2月底闭幕，历时2个月。第十届农民艺术节的主题是："展示成就，宣传典型，传播科技，倡导文明"。以迎接新千年，迈向新世纪为契机，组织了两项全市性的重点活动：

一是第十届农民艺术节开幕式暨北京电视台"东西南北大擂台"春节农民电视晚会。第十届农民艺术节开幕式与北京电视台2000年春节农民电视晚会合为一体，1月14日晚在京郊首富村—房山区韩村河村韩村河山庄隆重举行。晚会由市委农工委、市农委、北京电视台共同主办，房山区和韩村河村协办，广东、广西、山东、山西、浙江、辽宁、新疆等七家省级电视台参加。开幕式电视晚会立足京郊，面向全国，以农民致富为主线，以农民追求富裕、文明，依靠科技致富的现实生活为题材，以专业创作节目为主，荟萃8省市农村群众文化的精华，集中反映了改革开放以来各地农村经济、社会发生的深刻变化，突出宣传了科技兴农、科技致富的典型。通过北京与兄弟省市致富能手上台比赛争当擂主的表现手法，展示了现代农业的发展成就。晚会以其强烈的时代感、丰富的艺术内涵和喜庆、欢快、热烈的气氛，赢得领导的肯定和观众的欢迎。正月初四前后在中央电视台7频道和8家省市电视台播出后，引起强烈反响；开幕式晚会也因主题突出、结构新颖、特色鲜明、节目精彩的效果，而获得中国广播电视学会农村题材大型节目特别奖和"春燕杯"摄影奖。

二是首届北京市乡村新秧歌表演赛。针对秧歌、花会等文艺形式在农村深受群众喜爱，但传统项目形式单调、缺乏新意和时代感等问题，艺术节期间，市委农工委加大投入，下功夫对农村传统文化项目进行改造，以秧歌为突破口，推陈出新，委托市群众艺术馆聘请专家创编了7个集现代与传统、娱乐与健身于一体的新秧歌，并组织了各区县小教员培训。在初步推广的基础上，1月21日在海淀体育馆举行了"首届北京市乡村新秧歌表演赛"，远近郊13个区县（海淀区未参加）选派的13支代表队、600多名队员参加了比赛。经过规定动作、自选动作两轮比赛和专家评委的评议，最后平谷、门头沟、大兴、通州、顺义、怀柔等6支队伍获最佳表演奖，房山、昌平、密云、延庆、朝阳、石景山、丰台等7支队伍获优秀表演奖，房山、平谷、大兴、石景山的4支队伍还获得了创新奖。表演赛进一步推动了基层文娱体育活动的开展。艺术节期间，郊区各区（县）、乡（镇）、村开展的文艺演出、戏曲调演、花会走街、秧歌比赛、交谊舞大赛、武术表演、卡拉OK比赛、书画摄影展览、春联征集、征文、演讲、团拜会、联欢会等群众文化活动有声有势，高潮迭起，持续不断，异常红火。据不完全统计，全郊区开展各类文化活动7 184场（次），参加演出的群众文艺骨干有40多万人次，吸引群众达400万人次之多，真正实现了“村村响锣鼓，乡乡有歌声，处处节日情”。农民艺术节对丰富农村群众的节日文化生活，提高农民的科学文化素质，改善农村的社会风气，维护农村的政治稳定和社会安定，推进郊区的精神文明建设发挥了极其重要的作用。

【普及创作新秧歌】 在各级党委、政府的重视和积极扶持、引导下，郊区农村群众文化活动开展得如火如荼，一些断档多年的民间文艺项目得以恢复，并迅速发展普及，到处呈现出群众文化活动的火爆场面，尤其以秧歌、花会为盛，这些自娱自乐的文艺形式深受群众喜爱。目前，活跃在郊区城乡的秧歌队有3 000多支，花会千余档，几乎村村都有，长年参加活动的群众达10余万人。尽管秧歌这项活动具有广泛的群众基础，参与人数多，参与面广，但基本上都是以传统面目出现，形式雷同，缺乏新意和时代感，参加活动的中老年人居多，对青年人缺乏吸引力，所以市委农工委一直倡导对农村传统文化项目进行改造，推陈出新，把现代和传统结合起来，融娱乐与健身于一体，使其更具时代感、艺术性和观赏性，又不失农村特色，让更多的人接受、参与，来展示现代农民的精神风貌，提高农村文化的档次和水平，更好地满足群众的文化需求。对农村传统文化的创新在过去历届农民艺术节中都有体现，但表现的力度还不够，为此第十届农民艺术节指导委员会以秧歌作为突破口，专门投入人力、物力和财力，委托市群艺馆组织民间舞蹈、音乐艺术界的专家创作、编排了《小看戏》等7套新秧歌。专家们在舞蹈的结构、素材动作的选择、表演风格及音乐、服装、道具上吸收保留了传统秧歌的精华，同时打破传统模式，进行重新设计和编排，使之更富有时代感，更能表现出现代人的精神风貌。推出的7套新编秧歌分别为《霸王鞭》、《小看戏》、《好收成》、《茉莉花》、《沂蒙春色》、《欢乐中国年》和《让我们一起来跳舞》，这些新编秧歌在素材上选用了河北秧歌、东北秧歌、胶州秧歌、江南音乐的一些曲目和特点，有新谱的曲子，也有用群众比较熟悉的民间乐曲重新改编、配器录制而成；在道具的运用上也丰富多彩，有扇子、手绢、霸王鞭、袖头花等等；在表演形式上，分双扇、单扇、袖头花和手绢等。这些新编秧歌的主要特点是，舞蹈音乐与动作的结合更富有时代感，节奏更鲜明，旋律更突出，民间气息更浓厚，动作明快、优美、舒展、易学。为了普及推广新秧歌，指委会对郊区选派的30多名小教员进行了为期4天的封闭培训，为各区县灌制了录音带、录像带。各区县积极组队进行训练，参加全市的表演比赛。首届新秧歌比赛展示了创新秧歌的艺术感染力和魅力，也检验了各区县的训练成果和表演水平。

【新秧歌被评为最佳活动】 为了加大新秧歌的普及推广力度，推动农村群众文化活动的开展，有效地抵制法轮功等歪理邪说的侵害。各区县在新秧歌的推广过程中，充分调动了文化馆舞蹈干部、乡镇街道文艺骨干、文艺爱好者的积极性，采取多种形式和方法，使新秧歌得到了尽快的普及，新秧歌也受到了广大群众的认可和喜爱。一是集中办班培训。房山区举办了两期新秧歌的培训班，培训了100多名小教员；昌平区对17个乡镇的50多名文化站干部、秧歌队骨干进行了集中培训；密云县办班培训时要求自愿报名、食宿自理，预计有六、七十人参加，实际报名参加达到300多人，只好把培训班由一期扩大为三期。一年来，全郊区共举办新秧歌培训班50多期，培训小教员2 200多人。二是深入基层辅导、教学。门头沟区采取集中培训和分散教学相结合的方式，对门城镇地区的秧歌队集中办班培训小教员，然后巡回到现场指导，另外文化馆还派出舞蹈干部到深山区的雁翅镇、王平地区办事处等地进行教学；房山区也派文化干部深入山区乡镇进行巡回辅导、教学；昌平区在街道社区的秧歌队中进行大面积的推广。三是观摩展示。为了使更多的群众了解认识新秧歌，各区县在各类文化活动中，都把新秧歌作为重要内容进行展示，例如房山区第六届旅游文化节开幕式、门头沟区京西大庙会、顺义啤酒节、大兴西瓜节等，都安排了新秧歌展示；密云县专门在5月27日选拔全县20多支秧歌队，举行了新秧歌大赛；大兴县在11月份举办了为期三天的新秧歌大赛。一系列展示、比赛活动使人真正领悟到新秧歌“新”的所在。四是因地制宜，加大创作。各区县以7个推荐新秧歌为蓝本，在抓辅导培训的同时，组织本地区的舞蹈干部和秧歌爱好者，抓创作和改编工作，以大兴县的《绿海田园》、昌平区的《喜庆秧歌》、房山区的《龙乡秧歌》、平谷县的《桃乡乐》等为代表的一批优秀秧歌脱颖而出，受到群众的普遍欢迎。全年全郊区共创编了百余个新秧歌。经过一年的普及和推广，新秧歌已在郊区遍地开花。郊区城乡的3 000多支秧歌队中，有80%以上的队伍都学会了2套以上的新秧歌。新秧歌的普及和推广，不仅满足了广大农民群众的精神文化需求，而且也带动了农村文化活动水平的提高。“乡村秧歌创新普及活动”由于其具有广泛的群众性和良好的效果，11月份，在市委宣传部、首都文明办主办的第四届“首都精神文明最佳活动”评选中，被评为最佳活动。

【开展文化科技卫生“三下乡”活动】 为了贯彻中宣部等11部委《关于深入开展文化科技卫生三下乡活动的通知》的精神，由市委宣传部牵头、市委农工委配合、远郊各区县协办的“燕山情”文化科技卫生三下乡活动，越办越大，越办越红火，在京郊产生了良好的影响和效果。在2000年里，北京市“燕山情”文化科技卫生三下乡慰问团四次深入京郊农村，1月20日北京有线电视台承办了在延庆的慰问活动，1月25日北京电视台承办了在密云县的慰问活动，1月31日北京市文化局承办了在通州区的慰问活动，9月22日北京有线电视台又承办了在门头沟区的慰问活动。这些大型综合性慰问活动，得到了各级领导的重视，市委常委、宣传部长龙新民出席了1月31日在通州区马驹桥的咨询演出活动，并深入到老党员、烈军属家中贴春联、送年画。一年来，市属专业文艺团体、市文联、电视台、电台、有线台等到郊区组织文艺慰问演出数百场；新闻出版系统捐赠图书16万多册；广电系统投入1 000多万元，安装卫星、闭路电视系统，并与北京广播学院联系，输送区县广电局技术骨干入校培训；市科协共组织专家900多人次参加科技下乡活动，发放农业科技资料50万份，放映科普录像、电影280场，建立农村科普示范基地20个，成立了农村致富技术学校，招收学员近万名，组织科普赶集100多场，参与群众达40万人次。几年来，8个城近郊区的96家医院与郊区边远山区98个乡镇卫生院、21家县级医院建立了定点支援协作关系，为农村送去价值251万元的医疗器械和药品，举办医务人员培训班367期，176支下乡医疗队深入农村，为农民义诊4万余人次。市文化局还专门排练了以评剧《婆媳之间》、《金喇叭》、话剧《夫妻竞选》和河北梆子《代理东家》等4个小戏为主要内容的“春满燕山情”农村小戏晚会，受到广大农民朋友的喜爱；市委宣传部还专门拨出专款400万元，扶持区县的文化设施建设（文化站、文体中心等）。三下乡活动在文化科技卫生下乡的基础上，不断向深度和广度发展，现已扩展到司法、教育等领域。三下乡活动贴近群众、深入群众，密切了党和广大农民群众的关系，巩固了农村思想文化阵地，激发了郊区群众参加两个文明建设的热情。

（李广建）

新闻宣传工作

【开展政策措施及工作动态宣传】 2000年是农村经济和农业结构战略性调整的重要之年。为推动郊区农村的改革发展，农口相继出台了若干重要的政策措施。为配合这些工作的贯彻落实，以市农村工作会、农口经济分析会等重要会议、活动为契机，围绕郊区农业结构调整的目标措施、乡镇企业二次创业的“三项工程”、山区水利富民综合开发、农业科技体制改革、农业产业化、推进郊区农业和农村现代化的若干意见等，及时组织新闻单位对农口的有关政策措施、工作思路、总体工作格局进行报道，营造舆论声势，进行宣传推动。同时配合农工委、农委各处室，组织开展专题性会议及活动报道50多次，及时反映了农口的工作动态情况，增进了社会的关注和了解。

【开展农业结构调整专题宣传】 2000年，郊区加大了农业结构调整的工作力度。为反映工作取得的新进展和阶段性成果，及时总结推广先进经验，先后三次组织首都各新闻单位到郊区高效农业园区、区域化产业带、农产品加工龙头企业、养殖小区等参观采访，推出了一大批有份量、有深度的重头报道，如新华社的《锦绣京郊报春来》，农民日报的《大地交响诗》，中央人民广播电台采写的《北京“六种农业”带动农业结构调整的启示》，经济日报的《北京农业打破徘徊局面》，北京日报的《七彩的田野》等等，广泛、生动地宣传了郊区农业结构调整的措施、力度、成就和特点，发挥了较好的引导和推动作用。

【开展安全农产品专题宣传】 自2000年5月，作为优化郊区农业结构、提高京郊农产品竞争力的新举措，北京率先启动了“食用农产品安全生产体系建设”。配合这一重要措施的实施，组织了专题宣传。先后围绕实施意见的出台、标准的颁布、销售网点的挂牌、生产基地的认定等环节的工作，组织协调新闻单位开展集中采访、专访，各媒体共播发新闻报道60多篇（条），广泛宣传了安全食品的有关知识、常识，安全食品生产体系建设的意义、作用以及郊区生产基地的建设情况，为推动工作的开展营造了良好的舆论氛围。

【开展精品农业专题宣传】 2000年9月，北京举办了第二届农业精品展。配合这次活动的开展，召开了新闻发布会，组织新闻单位到现场参观采访，并以此为契机，积极策划宣传选题，提供采访线索和背景资料，从郊区农业精品的快速发展、农产品质量的不断提高到郊区农业结构调整的政策措施以及取得的成就进行了深度报道。

【开展基层民主建设专题宣传】 为反映郊区民主政治建设取得的进展和成就，在第二、第三季度组织协调“两台”（中央电视台、北京电视台）、“两报”（《人民日报》、《北京日报》），多次深入到房山区阎村镇、门头沟区军庄镇、昌平区马池口镇等地，对一批先进典型进行采访。中央电视台新闻联播节目作为提要新闻以《北京郊区乡镇政务公开工作全面推进》为题报道了郊区的乡镇政务公开工作，《人民日报》、《北京日报》也都相继进行了报道。北京电视台还结合郊区农村基层民主选举、民主决策、民主监督、民主管理的成效进行了连续报道。

【开展“九五”成就专题宣传】 “九五”时期，郊区经济社会全面发展，取得了辉煌成就。为充分宣传“九五”期间郊区发展取得的成就，激发郊区干部群众的信心和热情，增进社会对郊区的关注和了解，2000年第三季度策划了对“九五”成就的专题宣传，先后在北京日报、北京电台、北京电视台、农民日报等媒体就“九五”时期郊区经济快速发展、农民生活变化、农业结构调整等方面的情况进行了宣传。在此基础上，还与北京电视台共同策划，在北京新闻节目开辟了“辉煌九五—京郊故事多”专栏，围绕农民生活全面步入小康、“六种农业”、农业科技进步、乡镇企业、山区建设、创汇农业、观光农业、畜牧转制、环境建设等专题，进行了十余集的专题报道，深层次、大力度地宣传了郊区的发展变化，在社会上产生了较大影响。

【开展精神文明建设专题宣传】 为反映郊区环境建设的成效，先后配合“郊区环境突击月”活动的开展，组织新闻单位对郊区环境建设、“五个一”工程实施情况进行了连续报道，还在有关媒体以“县城亮起来、农村美起来”为题对郊区环境的变化进行了宣传。同时，积极配合有关处室，利用农口记者站对郊区环境整治情况进行跟踪拍摄，制作了两部专题片，用以交流、推动工作；结合农村“双思”教育活动，在北京电视台等媒体进行了系列报道；四季度，还配合在郊区开展的“致富明方向，‘十五’再发展”主题教育活动，组织《北京日报》、北京电台、北京电视台、《京郊日报》等对活动的成效及先进典型进行了专题宣传。

【开展典型宣传】 坚持以典型示范、典型引路作为推动工作的重要手段，5月份，对密云县新城子乡曹家路村党支部书记李桂英的事迹进行了深入总结，对李桂英的精神进行了认真提炼，在有关领导和部门的支持下，在首都各大新闻媒体对李桂英的事迹和精神进行了集中宣传报道，在社会上引起了积极深刻的反响；组织有关新闻媒体，对以柳显旺为代表的十大典型人物、农村各类经济发展先进典型进行了集中报道，较好地发挥了示范带动作用。此外，还向人民日报新闻培训中心编写的《人民公仆访谈录》推荐了19名基层优秀干部，并帮助完成了采编工作；在北京电视台对绿健、恒康等11个优秀农业企业集中进行了广告宣传，提高了企业的知名度，拓宽了产品销售渠道，促进了企业发展。

【创办农民素质教育音像杂志】 配合郊区农民现代化素质教育工程的实施，适应农业结构调整、农民致富的需要，指导协调农口记者站，创办了农民现代化素质教育音像杂志——《走进现代化》。杂志设六个专栏向郊区农民宣传有关的政策法规，提供实用技术、市场信息，介绍致富典型，沟通政府与基层工作。共为各区县摄制、分发了4期。

【举办北京市第三届农口“好新闻”评比活动】 为总结、反映一年来郊区农村宣传工作的情况和成效，鼓励新闻工作者深入农村、写出更多更好反映郊区两个文明建设和农村发展变化的好作品，2000年4月，市委农工委、市新闻工作者协会联合举办了“怀建杯”北京市第三届农口“好新闻”评比活动。本次活动得到了首都新闻界的普遍关注和热情支持，共收到19家新闻单位记者在1999年1月1日至2000年3月31日期间采写发表的、反映京郊改革发展变化的新闻稿件67篇，内容丰富，主题鲜明，质量很高，经过专家认真评选，评出一等奖8篇、二等奖18篇、三等奖22篇。本次活动既了解、总结了一年来新闻宣传工作的成效，也增进了与新闻界的沟通和了解，同时还对新闻工作者起到了较好的激励作用。

（李　彬）

农村卫生

【农村卫生事业稳步发展】 2000年郊区拥有医疗卫生机构861所，其中区县级医院63所，乡镇级卫生院116所，医疗卫生床位10 385张。拥有卫生技术人员137 331人，乡村医生和卫生员5 705人。比“九五”初期有着显著改善。

【初步建立农村合作医疗保障制度】 在“九五”农村初步建立与市场经济体制和农村经济发展水平相适应，保障农民享受基本医疗、预防保健服务，具有一定抗大病风险的、多种形式的农村合作医疗基础上，2000年郊区进一步提高了社会化程度和抗风险能力。到年底，开展农村合作医疗的行政村共3 679个，占行政村总数的91.95%，村覆盖率最高的是朝阳区、丰台区、石景山区、大兴县、密云县，均达到100%。全市参加合作医疗人口为306.06万，占农业人口的88.04%。全市参加合作医疗人口覆盖率最高的为丰台区、海淀区和朝阳区。全市共落实合作医疗资金12 424.56万元，全市参加合作医疗人均占有合作医疗资金40.6元。各区县人均占有合作医疗资金水平最高的为海淀区，人均240.6元；其次是石景山区、丰台区和朝阳区，人均分别为215.3元、171.7元和93.1元。

【农村初级卫生保健工作实现“两个提前”】 根据世界卫生组织提出的“2000年人人享有卫生保健”的全球性指标评价的要求，本市制定了2000年人人享有卫生保健的工作计划。到1994年底，农村初级卫生保健工作实现“两个”提前：即提前一年完成市农村初级卫生保健“八五”规划目标，提前6年完成国家制定的《我国农村“2000年人人享有卫生保健”规划目标》。全市行政村卫生室覆盖率达到100%，其中集体办医占93%，甲级卫生室占76.7%，集资医疗覆盖率达到91.8%；定期对村卫生室进行考核的乡卫生院也达100%；食品卫生合格率达81%，食品生产经营受检率达90.61%，食物中毒发病率控制在15/10万以下；孕产妇、儿童保健覆盖率达到96.62%和95.26%，农村行政村健康教育宣传栏覆盖率达到92%，中小学健康教育开课率达到93%，农村公共卫生厕所普及率达到96.61%，居民户卫生厕所普及率达64%；农村97%以上的人口用上了“安全卫生水”，其中95%为自来水，覆盖率达到92%。

【农村卫生“三大支柱”得到加强】 三级医疗卫生保健网、乡村医生、合作医疗是农村卫生工作的三大支柱，2000年郊区通过实施农村初级卫生保健，使农村卫生工作三大支柱得到巩固和加强。继续采取有力措施，加强农村卫生三级网建设，在全市农村县级医疗机构中配备了较为现代化的大型医疗设备，如：

800mA 以上 X 光机、CT、心脏监护仪、肾渗透仪、自动化分析仪、彩色 B 超、超声心动机等，各区县级医疗机构已在当地农村卫生工作中起到医、教、研、防的中心作用；继续完善对农村乡卫生院、妇幼保健院、防疫站的建设。"八五"、"九五"期间，连续 7 年为乡卫生院投入 2 100 万元装备设备，购置 1 000 多件仪器设备，有近 200 家乡卫生院得到了支持，农村三项建设达到了"一无、三配套"(无危房，人员、设备、房屋三配套)。各医疗机构继续贯彻落实《北京市城市医疗机构定点支援边远山区卫生院（医院）的实施方案》，在完善、落实原有定点计划的同时，重点加强受援单位的人才培养，技术指导，积极参与合作医疗和社区卫生服务的开展，对远郊区县的医院重点科室进行定点支援活动，进一步提高了各县级医疗机构的"医、教、研、防"的综合服务功能。据不完全统计，到 2000 年，全市城市医疗机构已向农村派出下乡医疗队共计 813 支，下乡医务人员 10 176 人次，其中派专家 3 668 人次，诊治病人 11 万多人次，无偿支援设备总价值 506.5 万元，支援药品价值 131.8 万元，办医务人员培训班 1 153 次，对近 5 万名基层卫生人员进行业务培训，为农村医疗机构支援新技术 226 项，向农民发放健康教育宣传材料 22 万份。

（金丽明）

农村计划生育

【认真贯彻中央《关于加强人口与计划生育工作稳定低生育水平的决定》】 3 月 2 日，中共中央、国务院发出《关于加强人口与计划生育工作稳定低生育水平的决定》（以下简称《决定》)。这是党中央、国务院为加速我国社会主义现代化建设，对人口与计划生育工作做出的重大决策，是指导我国人口与计划生育工作的纲领性文件。

市委、市政府先后召开 4 次会议，7 月 13 日，市委、市政府发出《关于稳定低生育水平加强人口与计划生育工作的意见》（以下简称《意见》)，指出人口问题是社会主义初级阶段长期面临的重大问题，计划生育是我们长期坚持的基本国策。控制人口数量，提高人口素质，是实现我国现代化建设宏伟目标和可持续发展的重大战略决策。《意见》提出了全市新世纪人口与计划生育工作奋斗目标，明确要求远郊区县 2005年基本实现计划生育工作思路和工作方法的"两个转变"(即由孤立地就计划生育抓计划生育向与经济社会发展紧密结合，采取综合措施解决人口问题转变；由以社会制约为主向逐步建立利益导向和社会制约相结合，宣传教育、综合服务、科学管理相统一的机制转变)，基本做到人口与经济、社会、资源、环境的协调发展，逐步形成良性循环。

为贯彻落实中央《决定》和市《意见》精神，远郊区（县）委、政府理论学习中心组分别安排人口与计划生育专题学习，并召开人口与计划生育领导小组会议、计划生育工作会议等，提出了贯彻落实意见。多数区县召开了有乡镇、街道主要领导参加的培训班，昌平、大兴、密云等区县分别把培训扩大到村级干部。平谷县委、县政府下发了《关于贯彻落实（决定）精神加强计生工作的意见》。怀柔县委宣传部、县计生委联合下发了《关于宣传贯彻（决定）的意见》。门头沟区举办了领导干部计划生育理论学习征文活动。通过深入学习中央《决定》精神，各级干部对人口与计划生育工作的战略地位有了更加清楚的认识，进一步增强了大局意识、改革意识、责任意识和优患意识，工作力度明显加大。

【层层落实人口与计划生育目标管理责任制】 自 90 年代初以来，市政府每年向区县政府下达人口与计划生育目标管理工作指标。2 月 29 日，在第 21 次市政府常务会议上，刘淇市长与区县长签订了 2000 年度计划生育目标管理责任书。市政府将人口与计划生育工作纳入重大事项督查范围，对一些区县开展了专题调查和重点督查。

为了完成市政府确定的年度工作目标，各区（县）委、政府把人口与经济发展、社会进步、资源利用、环境保护联系到一起，做到人口与经济发展综合决策，努力实现人口与经济、社会的协调发展。各区县坚持党政一把手亲自抓、负总责，普遍实行了计划生育"双线考核"，即：对街乡党政部门、计划生育部门分别下达工作指标，分别进行考核。区县人口与计划生育领导小组成员单位的职责进一步明确，各相关部门的作用得到较好发挥，巩固了齐抓共管的局面。各区县实行工作重心下移，把村级作为计划生育工作的落脚点，在开展创建计划生育"合格村"活动的基础上，进行了计划生育"村民自治"试点工作，取得初步成效。在试点单位，通过开展村务公开，制定《村民自治章程》等工作，发动群众参与民主选举、民主决策、民主管理、民主监督，让群众在计划生育工作当中自我教育、自我管理、自我服务，初步建立了县（区）指导、乡负责、村自治、户落实的工作机制。房山区把计划生育工作纳入"六好党委"、"五好支部"、"文明村"和综合先进单位评比重要条件，又坚持了依法行政，按照《北京市计划生育条例》要求，重点抓了独生子女父母奖励费的落实，调动了广大育龄群众实行计划生育的积极性。平谷县组织纪检、人事部门与计划生育部门紧密配合，对近年来超计划生育的党员、干部进行了处理，产生了良好效果。年底，市计生委组织了对区县的计划生育目标管理大检查也经过考核验收，绝大多数区县全面实现了市政府规定的各项年度人口与计划生育工作目标，特别是远郊区县首次全部超额完成了计划生育人均经费投入指标。

【坚持扶贫开发与计划生育工作结合】 自 90 年代中期以来，全市农村大力推行计划生育"三结合"(即：计划生育工作与发展经济、帮助农民勤劳致富奔小康、建设文明幸福家庭结合)，帮助一批计划生育家庭摆脱贫困，密切了党群、干群关系，推动了人口与计划生育工作的开展。2000年，全市农村地区继续坚持以帮助响应国家号召自愿节制生育的育龄群众脱贫致富为切入点，狠抓政策引导、资金扶持、开展活动三个主要环节，计划生育“三结合”工作取得了新的进展。

根据市农委、市计生委联合下发的《计划生育“三结合”工作会议纪要》精神，远郊区县普遍将计划生育“三结合”工作纳入社会、经济发展的总体规划，落实了目标管理考核责任制。各区县对计划生育家庭实行倾斜政策，优先在项目、资金、技术等方面给予了优惠。各级政府在财政紧张的情况下，仍拨出一定比例的资金用于扶持计划生育贫困家庭脱贫致富，在历年资金扶持的基础上，全年远郊区县各级扶贫资金投入达到18 722．65万元。密云县农委与计生委联合下发文件，要求各乡（镇）结合农业产业结构调整，将小康基金的10%和小额贷款重点帮助独生子女贫困户和独女户发展种植业、养殖业和旅游服务业。门头沟区在实行政策倾斜时做到六优先，即：在同等条件下独生子女户、计划生育户优先享受贷款和帮扶资金；优先承包荒山、果园及项目；优先接受技术、信息、培训；优先子女入托、入学、入保；优先入企；优先各种生产销售服务。顺义区委、区政府制定并实施了“一三五”工程，安排100万元作为计划生育户致富的滚动资金，截止到目前，已运转第三期，使一些受到帮扶的计划生育户走上了致富道路。

各级计划生育协会在帮扶计划生育家庭致富方面发挥了重要作用。90年代初以来，市计生协先后发放“三结合”、“救助贫困母亲”无息贷款64万元，在门头沟、昌平、大兴、密云、怀柔等区县建立项目点，帮助一批计划生育家庭摆脱了贫困。

（市计生委）

民主与法制建设

概　　述

2000年农村民主法制建设总体要求和主要任务是：以邓小平理论和党的十五大、十五届三中全会精神为指针，紧紧围绕农民增收、农村稳定两大农村工作中心任务，以推进依法建制、以法治村、村民自治为目标，以增强村民代表会议的决策功能，抓好村务公开、乡镇政务公开为重点，努力提高基层民主法制建设水平。按照以上总体任务和要求，全年的民主法制建设突击抓好以下工作：

1. 进一步深化完善村务公开和乡镇政务公开。郊区各级党组织坚持把村务公开和乡镇政务公开作为推进基层民主的一项重点任务来抓，采取的主要措施是：(1) 加强教育，进一步提高各级干部的认识。针对村务公开和乡镇政务制度普遍建立以后，部分基层干部产生了满足现状的情绪和其他一些不正确认识等情况，各区县从抓民主法制教育入手，提高他们对搞好公开重要性、必要性的认识，进一步增强他们的民主意识和搞好村务、政务公开的自觉性，引导他们坚持办事公开，主动接受群众监督，切实解决决策不民主、办事透明度不高的问题。同时各区县还结合"三个代表"重要思想的学习教育，要求基层干部要从实践"三个代表"要求，忠实履行全心全意为人民服务根本宗旨的高度，来认识实行村务公开、乡镇政务公开的重要性，积极认真地搞好公开。(2) 加强检查督促，严格进行考核。年初在对创建农村基层组织建设先进区县活动的检查验收中，市委对各区县的村务公开工作进行了认真的检查，将检查结果纳入了百分评比。同时加强了日常的检查督促，发现问题及时纠正，促使各区县高度重视和认真抓好这项工作。顺义、怀柔、延庆等区县把村务公开、乡镇政务公开的开展情况作为评选"五个好"村和"六好"乡镇的重要标准，规定凡经考核不合格的，一律不能被评为"五个好"村党支部和"六好"乡镇党委。(3) 狠抓关键环节，促整体水平提高。一是指导各区县和基层单位紧紧抓住群众关心的热点问题搞好公开，切实增强公开工作的实效。二是狠抓了监督组织和监督制度的建设。年内，全市90%的村都重新健全了公开监督组织，并完善了监督制度。一些乡镇不仅建立了内部的监督机构，还建立了有各方面代表参加的社会监督组织。三是抓责任追究。对因公开不真实、不及时，而造成群众上访告状的，严肃进行查处，责令改进工作，搞好公开。全年市委和市委农工委对反映干部办事不公开的群众信访专门进行统计和调查处理，认真解决公开工作中出现的问题。

2. 进一步规范村民代表会议（村民大会）。在按时召开会议的基础上，各区县以增强决策功能为目标，努力提高村民代表会议的质量。一是加强对会议指导，严密组织。为确保村民代表会议按时并认真召开，市委农工委对2000年全市各村召开的两次村民代表会议都下发了《通知》，对组织开好会议提出了具体要求。郊区各区县委也根据市委农工委的《通知》精神，以区县委文件形式下发了有关《安排意见》，对如何开好会议进行了专题部署。通州、密云、顺义等区县还召开了有各乡镇党委书记、组织部长参加的动员会，选择了试点观摩村，确定了本区县的统一开会时间。一些乡镇成立了以党委书记为组长，有组织、民政、宣传、司法、经管等部门主要负责人参加的村民代表会议领导小组，并抽调机关干部包片包村。会议期间，各区县县乡领导深入各村，现场帮助、指导工作。在7月20日召开的村民代表会议期间，密云县有13位县领导分别深入到经济困难村或问题较多的村现场指导，县委书记吉林、县长张连印分别参加了一个村的村民代表会议，与村民代表一起讨论村内的经济发展等问题。全县各乡镇普遍采取了乡镇干部包村的形式，会议当天，有1 236名乡镇干部到村指导。二是规范会议程序，突出决策功能。全市各村都按照上级党组织的要求，严格按照村党支部书记提出会议议题，村委会主任做村务公开报告，村会计做财务收支情况报告，乡镇经管站做财务审计报告，代表分组讨论并举手表决的程序进行。一些区县还重点规范了会议的决策程序，使会议的决策功能得到了较大提高。通州区各村召开村民代表会议（村民大会）期间，村党支部书记、村委会主任、村经济合作社社长注意广泛听取村民代表的意见，认真解答代表的质询，凡村内重大事项和群众普遍关心的问题，均逐条逐项由村民代表会议做出决议，有效地发挥了村民代表会议的民主决策作用。据统计，在会议期间，共有3 176个村报告并讨论了经济结构调整问题，就经济结构调整形成决议 2 957 项；讨论通过经济发展项目 4 624 项，否决项目 460 项；代表就经济发展问题共提出 4 152 条议案，比上年增加 330 条，被采纳 2 953 条。共形成有关环境综合整治的决议 4 098项，有 2 293 个村将决议写入了本村《村民自治章程》。三是对村民代表进行培训，提高村民代表的参政议政能力。为使村民代表正确履行职责，有效参与民主决策，各乡镇和村都对村民代表进行了以党的方针政策、有关法律法规、村民的权利和义务等为主要内容的培训，共培训村民代表 80 906 人次，使村民代表的素质不断提高，参政议政能力不断提高。对不能履行职责的村民代表，各区县都及时按合法程序进行了调整。

3. 开展法制宣传教育，把基层民主纳入法制化轨道。针对部分党员群众中出现的只讲民主，不讲法制，只讲权利，不尽义务的问题，市委农工委在房山、怀柔、昌平 3 个区县开展了“讲民主也要讲法制，讲权利也要讲义务”的“双教”活动试点工作。活动中，试点单位坚持将教育与解决实际问题相结合，坚决纠正不依法办事，不履行公民义务的行为，解决了不少过去难于处理的问题，取得了良好效果。同时，各区县还结合召开村民代表会议和村党支部换届选举，在全体党员干部中广泛开展了民主法制宣传教育活动。怀柔县各乡镇党委和农村党支部以村民代表会议为契机，对乡村干部、村民代表和全体党员进行了“双教双促”教育培训。全县各乡镇党委利用布置村民代表会议的机会，向全体农村干部通报了本乡镇“双教双促”工作安排，并组织农村干部认真学习了“双教双促”教育的有关材料，加强对农村党员干部和村民代表的教育。通过开展法制宣传教育，增强了广大干部群众的民主法制意识和权利义务观念，促使农村基层民主逐步走上了法制化的轨道。

各区县还加大了依法建制，以法治村工作的力度。90%的村重新修订完善了《村民自治章程》，并实现了入户。60%的村由村委会与村民签订了遵章协议，并建立了村民档案，《村民自治章程》的约束力明显增强。

郊区农村基层民主法制建设取得的新成效主要表现在以下几个方面：一是进一步调动了农民群众的积极性和主动性，促进了农村经济和社会发展。基层民主的扩大，特别是群众知情权、参与权、决策权和监督权的落实，使广大农民群众的主人翁意识明显增强，投身农村改革和经济发展的积极性、主动性和创造性越来越高，解决了许多靠行政手段解决不了的问题，推动了经济和社会发展。二是密切了干群关系，促进了农村稳定。民主决策、民主管理、民主监督制度的落实，实现了大家的事情大家定，干部办事公开透明、群众参与、群众监督，避免和减少了很多不该产生的猜疑、误解，从而消除了产生干群矛盾的隐患，促进了农村稳定。年内，农村反映基层组织和干部决策不民主、办事不公开问题的信访大幅度下降。三是基层干部的民主意识不断增强，依法办事、依法行政的水平不断提高。特别是“两个公开”的实行，促使干部秉公办事，照章办事，依法行政，有事同群众商量，减少了干群矛盾，促进了党风廉政建设。

农村民主建设

【深化村务公开】 按照市委、市政府的部署和要求，2000 年郊区进一步深化完善村务公开工作。采取的主要措施：一是加强领导，积极推进。年初的农口政治工作会议，将抓好村务公开作为农口政治工作的一项重要任务进行了部署，要求各区县按照《村民委员会组织法》和《北京市村务公开民主管理暂行规定》的要求，规范公开的内容和程序，扩大公开的形式，进一步提高公开的效果和质量。在充分发挥村民理财小组的监督作用，保证公开的及时性和真实性，逐步建立事前、事中、事后公开相结合的制度等方面都提出了具体要求。在 5 月 19 日全市乡镇政务公开工作座谈会上，市委副书记张福森再次强调了村务公开工作，要求乡镇政务公开要与村务公开紧密衔接、有机结合，使二者相互促进、相互补充。各区县为积极推进村务公开，加大了领导力度，使公开的内容、程序、方法和形式都进一步得到了规范和深化。市委农工委还加大了对村务公开工作宣传的力度，进一步营造工作氛围，推动此项工作深入开展。5、6 月份，《人民日报》、《北京日报》、《农民日报》、中央电视台、北京电视台等媒体对此都作了报道，推出了一批典型。二是加强检查督促和具体指导。年初，市委组织部、市委农工委在对全市农村基层组织建设的检查验收中，将村务公开作为一项重要内容，严格进行了检查。在检查督促的基础上，各级党政部门加强了对村务公开工作的具体指导，及时总结推广典型经验，发现问题，认真解决。三是强化了监督组织的建设。为使村务公开能够扎实有效地开展，各区县都将村务公开监督机制和监督组织的建设作为一项具体保障措施来抓。在 1 月份的村民代表会议上，多数区县都重新选举了民主理财监督小组，调整和充实了人员。四是深化内容、扩展形式、增强实效。在内容上，重点公开群众关心的热点问题，如宅基地审批、计划生育指标的分配、占地补偿款的收入和使用、转非招工指标的使用、农业专项补贴和优抚款的分配和发放、各种税费的收缴、干部工资奖金和招待费支出等等。公开的内容也更加具体化，特别是群众关心关注的村级财务问题，公开得更具体、更详细，开始扭转了只有收支两笔大账的情况。在公开的时机上，克服了只事后公开的做法，开始向事前、事中、事后全过程公开发展。公开的形式也不断扩展和创新，使公开朝着多渠道、多形式方向发展。除公开栏和召开村民代表会的形式以外，小册子入户、有线广播、黑板报、干部入户宣传讲解等都成了有效的公开形式，方便了群众了解，受到了群众欢迎。

【深化完善乡镇政务公开】 为落实年初农口政治工作会议要求，市有关部门认真总结了全市乡镇政务公开普遍推开过程中的经验和问题，确定了下一步重点抓好规范完善、深化提高的任务要求，并于5月19日以“深化完善，提高质量，进一步推进乡镇政务公开”为主题，召开了专门会议，对深化提高工作进行了部署。会议要求各乡镇都要努力提高政务公开的水平和层次，努力增强实效性。一是在内容上要突出重点，克服泛泛地搞公开；二是要强化监督制约，保证内容真实；三是要扩展公开的形式，方便群众监督。会后，各区县认真落实会议精神，突出抓了以下几个关键环节：一是规范公开的内容，突出公开的重点。根据乡镇政务公开工作要以推动农村经济发展、促进农村稳定为目标的要求，重点抓了乡镇经济社会发展的重大决策、发展规划、集体资产的经营管理情况和乡镇政府为群众办实事情况等关系群众切身利益的重大事项的公开和与群众切身利益密切相关的热点、难点问题的公开，如计划生育指标分配、宅基地审批、乡镇统筹款的收缴和使用、优抚救济款发放等等。二是结合实际，采取多种形式搞公开。坚持因事制宜，灵活多样。对经常性并相对固定的事项，以公开栏或编印手册等形式公开；对阶段性或不固定的事项采取广播、简报、通报会等形式公开。三是强化对公开工作的监督，确保公开内容的真实性和及时性。各乡镇都普遍建立了由人大代表、基层干部、村民代表和机关干部等组成的政务公开工作监督小组，对公开的内容、公开的程序和公开的时间实施严格监督，监督小组并负责收集和反馈群众的意见要求，督促乡镇政府和机关干部改进工作。四是不断扩展实行政务公开的部门。在乡镇机构普遍实行了政务公开的基础上，下半年，各区县将实行政务公开的部门向派驻乡镇的机构和乡镇所属的基层站所延伸。有的区县还在乡镇卫生院、中小学校和企业等建立了医务、校务和厂务公开制度。

【郊区各村普遍召开村民代表会议（村民大会）】 1月20日和7月20日前后郊区各村普遍召开了两次村民代表会议（村民大会）。为组织开好村民代表会议，市委农工委专门下发了《通知》，对会议的主题、加强组织指导等提出了明确要求。据统计，全市4 000个村参加会议的村民代表共191 966人（两次合计），占村民代表总数的90.5%，共提出议案、建议27 732项，形成决议19 995项。会议期间，8 848名县（区）、乡（镇）干部到村指导。与上年相比，这两次村民代表会议民主气氛更加浓厚，会议质量明显提高，决策功能明显增强。

【市委农工委进行“双教”活动试点】 上半年，市委农工委在房山、怀柔和昌平三个区县开展了“讲民主也要讲法制，讲权利也要讲义务”的“双教”活动试点。此项活动的主要目的是教育农村基层干部增强民主观念和依法办事观念，自觉发扬民主，严格依法办事；同时也是为了教育群众增强法制观念和义务观念，依法行使民主权利，履行法定义务。活动中，试点区县坚持将教育与解决实际问题相结合，纠正不依法办事，不履行公民义务的行为，解决了不少过去难于处理的问题，如拖欠集体提留款、电费、计划生育罚款以及违章占地建房、侵街占道、不尽赡养义务等等，取得了良好效果。

【推进厂务公开】 2000年农口厂务公开工作，在原有基础上又向前迈进了一大步。年初，各单位认真总结了本单位上一年厂务公开的经验及存在的问题，按照全市和农口厂务公开工作会议的要求和部署，重点抓了深化和完善工作。9月21日，市委农工委召开厂务公开工作经验交流会，对前一阶段厂务公开工作情况进行了总结，并对下一步工作进行了部署。会议认为，从总的情况看，农口推行厂务公开工作的时间虽不长，起步也比较晚，但工作的进展较快，发展的势头也比较好，并且取得了一定成效。主要表现在以下三个方面：一是强化了民主管理，促进了科学决策；二是进一步调动了职工积极性，增强了企业凝聚力；三是增进了干群之间的沟通与理解，促进了企业改革的顺利进行。会议提出下一步农口厂务公开工作要以深化完善，提高质量为重点，突出抓好四个方面的工作：一是健全完善厂务公开制度，细化搞好公开的各项措施；二是拓展公开的内容，深化公开的层次；三是强化监督机制建设，落实监督措施；四是创新公开载体，扩展公开的形式。

农村法制建设

【加强行政立法工作】 2000年，按照市委、市政府赋予农委的职责要求，根据本市农业、农村经济发展的需要，共起草法规、规章草案11项；根据市场经济发展变化情况和党政机关机构改革职权变化情况，提出对现有法规、规章需要修订的初步意见；初步拟订《市农口近两三年内立法工作计划》；会同有关部门立项调研、起草并向市政府提交了《北京市实施〈中华人民共和国防洪法〉办法（草案）》；进行了《北京市农业联产承包合同纠纷仲裁办法（草案）》的前期调研和起草工作；起草市政府《实施〈北京市森林资源保护管理条例〉办法》草案；根据本市农村税费改革领导小组的布置，在大量调查研究的基础上，初步起草了与本市农村税费改革相配套的《北京市农业税附加管理办法（草案）》、《北京市农村税费改革以后以工补农办法（草案）》、《北京市向不承包土地但有收入来源的农村居民收缴村内公共事业资金的办法（草案）》、《北京市农村民办公助学校资金管理办法（草案）》、《北京市农村村级干部补贴及报酬管理办法（草案）》、《北京市农村一事一议的村内集体生产公益事业筹资管理办法（草案）》、《北京市农村一事一议的村内集体生产公益事业用工管理办法（草案)》、《北京市对违法加重农民负担行为的处罚办法(草案)》、《北京市农村集体财务管理办法(草案)》等9项规章草案，并将进一步征求农村干部和农民的意见，加以修订；完成了市法制办和市人大农委交办的关于对《中华人民共和国渔业法修正案(草案)》、《中华人民共和国交通法(草案)》、《北京市实施(中华人民共和国土地管理法)办法(修订草案)》、《北京市大气污染防治条例(草案)》、《北京市实施〈中华人民共和国村民委员会组织法〉若干规定(草案)》提出修改意见的工作。

【加大行政执法工作力度】 北京市农村工作委员会负责指导、协调本系统单位行政执法工作。其中直接作为执法主体，负责实施的行政执法任务有：农民负担监督管理、农村经济经营管理、农村集体资产管理、农业承包合同管理、农村集体经济审计管理、荒山荒滩租赁承包、农业技术推广、乡村集体企业管理、饲料管理、菜田基金管理、村镇建设管理。

农口有行政执法任务的部门实施本市地方性法规、规章，其中包括种子管理、水政管理、林政管理、乡镇企业管理、野生动物管理、渔政管理、农机安全监理、气象行政管理等方面共50项。经市政府批准，林业系统成立林政稽查大队，重点承担林业行政案件查处工作。全年林业系统作出和实际执行行政处罚决定297起，罚款金额70万元。北京市水政监察大队成立一年，丰台、海淀、石景山、朝阳、昌平、通州、延庆相继成立水政监察大队，农口水政执法监督队伍跨上新台阶。水利系统全年作出行政处罚决定3 081起，罚款金额43万元。农业系统全年作出行政处罚决定84起，罚款金额21万元。农机执法人员全年共出动20 121人次，执法检查车出动305台次，检查拖拉机、农用运输车、联合收割机等农业机械24 092台次，纠正各种违章6 197起。有行政执法任务的局和单位，将执法人员守则、执法程序、执法岗位责任、处罚标准、审批程序等上墙、上网公开，实行行政执法公示制度，推进政务公开。

【加强行政执法监督】 开展农口行政执法处罚案件的抽检评查工作，推进农口行政执法的规范化。其中林业局在全市行政处罚案卷评查中被评为优秀单位，先后4次开展畜禽检疫执法检查，协助市人大农委组织人大代表对畜禽检疫执法进行监督检查，纠正执法不当、执法不严等问题8个，既促进了畜禽检疫执法，又保证了本市畜禽生产安全和人民群众的食肉安全。全年全市没有发生较大疫情，也未发生因食用染疫肉而导致人员伤亡的问题。实施《中华人民共和国行政复议法》，上半年完成了对富国海底世界行政复议案件的行政复议工作，维持了原行政处罚决定。在农民负担监督管理、野生动物保护、兽医卫生监督、林政及护林防火等行政执法机构设立监督举报电话，公布于众，以便于人民群众对行政执法工作的监督。继续坚持农民负担监督卡制度，发卡率保持在95%以上。

【做好行政执法协调工作】 为给行政执法单位排除阻力和矛盾，先后开展行政执法协调工作3次。就家畜家禽检疫和水生野生动物检疫职权问题，向市政府递呈《关于动物防检疫工作整改措施落实情况的报告》。就十三陵水库库区内违法建筑，十三陵水库管理处与十三陵镇在执法中的矛盾等问题进行协调，向市政府递呈《关于十三陵镇所属公司在十三陵库区内私搭乱建情况的调查及处理意见的报告》，初步排除了有关执法部门的困难。

【开展法制宣传教育活动】 按照市依法治市领导小组《关于在公民中开展法制宣传教育的第三个五年规划》的精神要求，在“三五”普法的最后一年，各区县利用广播、报纸、黑板报、橱窗、闭路电视等多种形式进行法制宣传。利用现代新闻媒体，在区县电视台开办法制宣传栏目。开展以宪法为核心，以经济法规为重点的法制宣传教育活动，并有针对性地宣传与农村工作、农民利益密切相关的法律法规，包括行政复议法、土地管理法等。市水利局与水利部共同举办纪念“世界水日”和“中国水周”宣传活动，向广大市民宣传《中华人民共和国水法》等国家法律和《北京水资源管理条例》等有关地方法规。发放宣传材料10万份。林业系统的社会化宣传活动已形成制度。每年3月为森林法及实施条例宣传月，4月为野生动物保护宣传月，11月为护林防火宣传月，4月第一个星期为“爱鸟周”。市农业局和种子管理站就实施《中华人民共和国种子法》组织四次专门培训；农业局结合“3·15”消费者权益保护日、《农药管理条例》颁布实施3周年和《条例》实施办法颁布实施一周年，组织各区县开展宣传咨询活动。《中华人民共和国气象法》自2000年1月1日起实施。北京市气象局采取举办学习讲座、有奖知识竞答等形式进行宣传，发放宣传资料11 000份，并和中国气象局、北京电视台联合举办了《北京热线——气象法与天气预报》节目。

【开展法制调研】 2000年，除结合立法工作开展的调研外，6月份开始对农口系统行政执法队伍状况开展了调查。按照执法类别、机构性质、定编人数、实有人数、执法人员数、年龄结构、文化程度、接受法律专业教育人数、取得区县级以上行政执法培训证书人数、受过与本行政执法类别相关业务正规教育人数以及负责执行的主要法律、法规和规章等内容，摸清了农口行政执法队伍的基本情况和存在的问题，同时也收集到了许多对行政执法工作的意见和建议。撰写《论大城市郊区农民负担的特征、成因及对策》、《依法治农概说》、《政府责任与法制》等多篇调研报告，为领导决策提供参考。

【举办依法治农干部培训班】 为落实依法治市方针，加强农口法制建设，提高依法行政水平，促进郊区社会和经济的稳定和发展，2000年下半年市农委分期举办了“北京市依法治农干部培训班”，对近千名从事农业和农村管理工作的干部进行了法律培训。培训班精选了农民负担管理、农村集体资产管理、土地征占与利用、村民自治、各类农业承包合同的签订与管理、法的基础知识、政府责任与行政法等农业和农村工作的热点、焦点问题作为主要培训内容，聘请从事法律和农村管理工作的专家、学者授课。培训期间，市农委还向学员征求了1 000余条基层在依法治农工作中的意见和建议。

（胡颂文　李淑娟）

维护社会稳定工作

概　　述

2000年，市委农工委、市农委认真贯彻执行市委、市政府社会治安综合治理的一系列方针政策，正确处理改革、发展和稳定的关系，大力加强基层基础工作，认真落实社会治安综合治理责任制，标本兼治，加强郊区社会治安综合管理，保持农村社会稳定，为郊区改革开放和现代化建设提供了良好的社会环境。

一是大力推进基层民主和法制建设。进一步加大乡镇政务、村务公开的力度，强化约束机制，凡是规定要由村民大会或村民代表大会讨论的事项，都必须履行民主程序。干部个人擅自作主，给集体造成损失的，要追究其责任。2000年，郊区全部实现了乡镇政务公开，乡镇、村公开栏全面普及。凡是涉及群众切身利益的热点、难点问题和群众要求公开的问题，都基本进行了公开。60%的村重新选举了民主理财监督小组，80%的村对村规民约进行了完善和补充，90%以上的村实现了章程入户。同时开展了“讲民主也要讲法制，讲权利也要讲义务”的教育活动，教育农民依法行使自己的民主权利，教育干部要尊重农民的民主权益。

二是积极推进社会治安综合治理工作。认真贯彻落实市委、市政府《关于进一步加强首都社会治安综合治理基层基础工作的意见》，区县、局总公司都把维护本地区、本单位的稳定列入重要考核内容，各乡镇与村、各公司与企业都签定安全稳定责任书，对决策失误、不负责任、处置不当等渎职造成严重后果的单位取消评优评先资格，严格实行一票否决。各级都把基层创安活动作为一项基础工作来推动，并取得了明显成效，目前郊区基层创安覆盖面达到100%，达标率达到75%，农村地区、基层企事业单位技术创安和技术防范工作进一步得到加强。把加强外来人口管理、整治城乡结合部地区作为治安综合治理的一个重点，继续推广了大兴县西黄村实行“一图一卡”的经验，增强了对外来人口的管理和控制能力。全年郊区共收容、遣送“三无”人员6万余人，外来人口犯罪比上年下降了3个百分点。坚持“严打”，各区县政法机关加大了对农村恶势力的打击力度，严厉打击农村各种违法犯罪活动，农村地区治安环境好转。同时，对特种行业、文化娱乐、繁华场所开展了多次治安、消防检查，共解决治安、消防隐患3万余件。通州、房山、平谷被评为2000年市级综合治理先进区县。

三是深化“两项制度”的落实。领导干部信访接待日制度和人民内部矛盾排查调处制度就是化解农村矛盾、控制越级上访的有效途径。2000年，市委农工委把这“两项”制度推广到了乡镇、村和企业，各级主要领导定时、定地方亲自接待，认真听取群众意见，解答群众的问题，解决群众的实际困难，同时也发现自己工作中的问题，自觉进行完善和改进；定期把不安定的因素和可能出现上访的矛盾纠纷早排查出来，解决群众的实际问题，抓紧做调处工作，使基层大量的人民内部矛盾都得到了及时有效的化解。全年，远郊区县领导干部共接待群众来访1 400多批、4 500多人次，乡镇领导共接待上访群众2万余批、5万多人次，共处理热点难点问题4 500余件，受访办结率达到94%。共排查出各类重点矛盾问题1 300余件，绝大多数都及时得到了化解，上报到市有关部门协调的109件，已有95件得到妥善解决。市委农工委坚持大信访的格局，每月开一次信访排查分析例会，排查近期可能引起集体访的矛盾问题，分析形成集体访的原因，逐一落实化解措施。实行挂账督办、领导包案，大量矛盾问题解决在了基层，遏制了多起可能形成的越级访和集体访。同时，针对反映农村土地承包、农村干部等比较突出的问题，狠抓了各项政策措施的落实，并采取了一些有效的措施，推广了顺义区北务镇、延庆县八达岭镇、通州区梨园镇等就地化解人民内部矛盾不出乡镇的典型经验。2000年，10个远郊区县中有6个区县到市的集体访较上年下降，其中2个区县连续几年保持较低水平，18个农口局、总公司有14个单位没有发生到市里的集体访，市水利局、市农林科学院、市华都集团公司被评为全市信访工作优秀单位。

四是开展同法轮功邪教组织斗争。根据中央和市委有关精神，市委农工委在农口系统广大党员、干部和群众中，组织开展了学习教育活动以及对曾参与法轮功练习人员的教育转化工作，使农口绝大多数原法轮功练习者思想有了转变。经过大规模的宣传教育，深入细致的思想教育转化工作和及时有效地打击非法活动等，绝大多数练功人员实现转化，不再练功，在思想和组织上与法轮功彻底决裂。少数分子执迷不悟，继续从事非法聚集和练功活动，蓄意滋事，破坏改革开放的好局面。市农口系统广大干部群众与法轮功邪教组织进行了坚决斗争，切实做好监控和防范工作，确保了各个重要时期的平稳渡过，实现了市委提出的春节期间“0”指标要求。

化解人民内部矛盾工作

【做好人民内部矛盾排查调处工作】 2000年，市委农工委以高度政治责任感，认真做好人民内部矛盾排查调处工作。一是各级领导高度重视，把做好新时期的人民内部矛盾排查调处工作作为落实江泽民总书记“三个代表”重要思想的具体体现，建立并不断完善了信访工作的领导格局。建立了信访工作领导责任制，各级党政一把手负总责，分管领导具体抓，各方面领导齐抓共管；建立了主管信访工作领导制度，各区县、局（总公司）由一名副书记或副区县（局）长主管信访工作；坚持了人民内部矛盾排查调处制度，全年共排查出重点矛盾109个，其中95个都得到了有效化解；领导干部信访接待日制度的质量和效果明显提高，各级领导亲临一线，解决了热点、难点问题4 500余件。二是坚持以控制、化解集体访为重点，加大工作力度，努力维护首都稳定。随着改革的不断深入，涉及群众利益的矛盾日益突出，各级党委、政府按照“超前化解、控制越级、减少重访、防止激化”的工作要求，认真落实“三不出”的工作目标，层层落实责任制，解决了很多久拖不决、常年反复上访的历史积案，化解了大量的改革和发展中出现的新矛盾、新问题，通过工作遏制了多起可能形成的集体访和越级访。三是重心下移，狠抓基层，努力把矛盾化解在萌芽状态。各级党委、政府认真落实“三不出”的工作目标，即一般纠纷不出村和企业、小矛盾不出乡镇和二级公司、疑难问题不出区县和局总公司，在街道、乡镇、企事业单位建立健全了信访工作领导体制，很多乡镇设立了专、兼职信访工作部门和信访干部，健全了基层组织与群众的沟通渠道，通过访谈日、设立意见箱、开展民情调查等措施，保持了和人民群众的经常性联系。宣传推广了一批基层信访工作的先进经验，狠抓了信访问题突出单位的转化，强化了基层的化解能力。

【建立领导干部信访接待日制度】 领导干部信访接待日制度，是一个地区、部门、单位负责人在规定时间、地点接待来访职工、群众，接受群众的批评建议，解答群众的疑难问题，协调解决群众反映的实际困难。这项制度最先是从顺义开始的。1995年4月，顺义率先在县、乡两级和公、检、法部门推行了这项制度，实践证明，效果非常好。1998年，市委农工委在农口各区县、局（总公司）及所属二级单位全面推行了这项制度，1999年初，市委、市政府推广了农口和顺义的经验做法，在全市区县、局（总公司）实行了领导干部信访接待日制度，2000年，市委农工委把领导干部信访接待日制度向乡镇、村和企业延伸，很多乡镇、街道上上下下形成了网络。

每个区县每月一次或两次，有的乡镇月中、月末两天（有的乡镇3天），由党政副职以上的领导分级归口，轮流接待。在接待日之前，先通过广播、电视等多种媒体把接待领导姓名、接待时间、接待地点公之于众。接待领导除确有特殊情况需事先调换外，不论是工作日、公休日或节假日，都准时到岗，对接待中反映的问题坚持谁接待、谁负责的原则，一包到底，领导当场批示答复的问题，15日之内要报结果，对重大疑难问题实行领导包案制度，责任到人。做到事事有回音、件件有结果。目前，领导干部接待群众来访主要有以下几种接待方式。一是当场直接答复。群众要求合理、事实清楚、政策明确、责任明确的来访，当场就答复群众，并在信访接待登记单上签署处理意见；对群众不当要求或已经得到处理但不满的，耐心做说服教育工作，向上访人宣讲有关政策，劝其罢访；对不服法院判决或应由司法机关受理的问题，引导群众通过司法渠道解决。二是现场办公。对情况复杂、直接涉及群众利益、易引发群体性、突发性的问题，当班领导接待后，立即率有关部门赴现场办公，处理问题。三是召开联席会。对因种种原因，多次重复上访，且涉及面广的疑难问题，由主管领导及时召开联席会，研究解决。四是预约接待。除接待日之外，对重要疑难问题，特别是可能形成的集体访，采取预约领导接待的办法，作为定期接待的必要补充。五是司法参与接待。在接待日，由司法部门派有一定司法理论水平和办案经验的同志参加，协助领导进行司法宣传，作必要的司法解释，直接接受涉及有关法律纠纷的一些问题。六是提交党委、政府集体研究。对一些涉及面广、带全局性的重点或疑难问题，由接待领导写出书面报告，提交党委、政府集体讨论决定。

2000年，区县领导共接待群众1 400多批、4 500多人次，共处理重点、难点问题2 500余件，受访办结率达93%；乡镇领导共接待群众5 000多批，1.5万人次，受访办结率达94%。农口实行领导干部信访接待日收到了很好的效果，一是及时化解了多起可能形成的上访。领导干部信访接待日制度的建立，使领导干部在化解矛盾中取得了工作主动权，通过接待日及时解决了涉及群众切身利益的问题，有效地控制了集体访特别是越级访。二是加深了对群众的了解，增强了领导干部为群众排忧解难的公仆意识和责任意识，强化了信访工作责任制。领导干部在信访接待日中，亲自为群众解决实际问题，不仅转变了工作作风，而且使信访工作真正列入到了党政领导工作的议事日程，使化解矛盾工作真正落到了实处。三是拉近了与群众的距离，树立了党和政府在人民群众中的良好形象，密切了党群、干群关系。四是领导干部直接听取广大群众对政府的意见和要求，直接了解群众对干部、现行政策的意见和建议，为各级党委和政府及时调整、完善有关政策、实行科学决策，提供了具体、客观的第一手材料。同时通过接待也有利于促进领导干部进一步加强学习，提高领导能力、政策水平、法制观念和领导艺术。五是通过直接接触群众，宣传了党的方针政策和有关法律、法规，增强了群众的法制观念。

【建立首访责任制】 为了进一步密切党群、干群关系，切实转变机关工作作风，针对农村干部群众到政府机关办事经常有“推错门”、“门难找”、甚至出现“门难进”的现象，2000年，一些乡镇推行了首访责任制，架起了干群之间的“连心桥”。

首访责任制是指农村干部群众和有关单位人员到乡镇政府机关办事或反映问题时，第一位接触的工作人员就要切实负起责任。凡是能够立即办理的事情要立即办，不能立即办理的要负责解释清楚，不属于自己分管的工作要主动介绍到主管部门或负责此项工作的人员那里，及时进行处理，要求对来访群众要向对亲人一样来有迎声、问有答声、走有送声、事有结果。

为了把首访责任制落到实处，一些乡镇在机关干部中开展了实行首访责任制的教育，对首访责任制的内容和要求作了具体的规定和说明。将首访责任制列入对机关干部考核的内容，严格奖惩措施；对落实首访责任制的科室和个人优先评选各类先进，对群众反映较多或有投诉现象的科室和个人，取消评先资格；对造成严重后果或影响恶劣的，严厉处罚并追究主要领导人的责任；设立举报箱。来访群众对首访人的工作态度、办事效率有意见的，可向乡镇党委举报。

实行首访责任制收到了明显的效果。一是转变了机关作风，促进了机关服务水平的提高。现在，机关干部接电话时都使用文明用语；都在科室门上主动设立留言处，来访人遇工作人员不在时，可以留条；在办公楼前设置机关分布图，使群众对各科室和领导分管的工作了如指掌，方便群众上访；乡镇机关工作人员一律挂牌服务；各科室的职责、政策、办事程序公开上墙，便于群众来访和监督。二是拉近了与群众的距离，密切了干群关系。群众来访机关干部热情接待，笑脸相迎，认真解决群众反映的困难和问题，深得民心，很多群众感慨地说，如今乡镇的大小干部工作作风都有了很大转变，都把老百姓的事当事，没有架子，真是做到了与我们心连心。三是提高了机关办事效率，为群众办实事的意识增强。实行首访责任制，凡是接访的干部和科室对群众反映的问题都能认真办理，抓紧解决，这对提高机关干部的思想道德素质和工作责任心是一个巨大的推动，增强了机关干部的责任感和战斗力。

【变群众上访为干部下访】 为了加强基层基础工作，切实把农村矛盾化解在基层，2000年，郊区一些乡镇从关心群众生活、解决实际问题入手，在乡镇机关干部中普遍开展了下基层活动，变群众上访为干部主动下访，变群众有事找上门为干部主动下基层，变被动接受为主动出击，“进百家门，知百家情，解百家难，凝百家心，办百家事，致百家富”，扎扎实实地为群众办好事、实事，极大地改善了党群、干群关系。为了推动下访活动，一些乡镇党委规定，每个机关科室每月至少要深入到10个农户家去调查了解情况，发现问题和矛盾纠纷，能解决的解决，不能解决的及时上报，并做好民情日记，每月党委根据民情日记反映的情况做一次排查，发现问题及时落实责任制，抓紧进行处理，并把下访作为年终考核和评优评先条件。除每月按规定下访外，还制定了“几必访”措施。如老党员老干部、遇有重大灾情、重大决策出台之前、干部调整之前、邻里不和的情况必须访问。变群众上访为干部下访，增强了与人民群众的联系，群众有意见可以提，有怨气可以出，有不安定因素可以及时发现，及时消除。变群众上访为干部下访，是有效化解农村矛盾的重要举措，2000年，我们在郊区推广了这种做法，使很多乡镇人民群众的来信来访基本做到了“四不转化”，即群众来电不转化为来信，来信不转化为来访，来访不转化为重访，个别访不转化为集体访，实现了“三无”的目标，即无集体访、无越级访、无重大矛盾积案，切实把矛盾化解在了基层。

【对上半年信访形势进行分析】 2000年7月6日，市委农工委召开农口信访半年形势分析会，远郊区县主管副书记、信访排查办主任参加了会议。会议对上半年信访排查的工作进行了总结，对集体访的情况进行了通报，对下半年的工作作了安排。上半年，由于各级党委高度重视，工作得法，措施得力，使到市的集体访稳中有降，群众来信办结率明显提高，领导干部信访接待日和人民内部矛盾排查调处工作富有成效，但是总体形势不容乐观，农村潜在的问题还很多，集体访上升的因素依然存在；乡村基层组织的化解能力普遍较低；规模较大的集体访、重访有所增多。市委农工委要求各区县、局（总公司）要切实采取措施，努力做好下半年的信访工作。一是认真做好上半年工作的总结分析，围绕上半年到市、区县上访反映的问题开展调研，每个区县至少要对一个典型乡镇、一个典型事件进行剖析，向市里写出书面报告。二是加强基层基础工作，切实增强基层的化解能力。要把目前实行的领导干部信访接待日制度和人民内部矛盾排查调处两项制度向村和企业延伸，主动查找问题，分析原因，把工作做在前头，把矛盾切实化解在基层，消灭在萌芽状态。三是认真落实责任制，切实加强领导。按照属地原则和“三不出”的要求，认真落实责任制，是谁的问题谁管，该谁解决谁解决，不能把该自己解决的问题推向上级，更不能推向社会。要把化解群众集体访纳入农村“三创建”活动之中，切实落实领导包案制度和责任追究制度。

【群众到市以上集体访分析】 2000年，市农口到市以上集体访共153批4 377人次。群众集体访反映的问题主要有以下五个方面：一是乱占耕地、占地安置的44批1 093人次，占28.8%。主要反映的是有的区县、乡（镇）政府不经村委会或村民代表会议讨论同意，越俎代疱，随意将属于村集体的土地出租、转让，侵犯农民利益；一些开发单位征占土地后不按规定给农民补偿，不给转居者安排工作；有的地方占地款和安置费被区县、乡镇层层截留，有的被村干部乱花。二是基层干部问题的34批884人次，占22.2%。群众反映的干部问题主要集中在村支部书记身上。有些干部以权谋私，贪污公款，侵占挪用集体资金，在经营活动中为自己和亲戚朋友捞取好处；一些干部作风不民主，村务财务不公开，一人说了算。三是企业改制、劳资纠纷的34批1 230人次，占22.2%。主要反映一些企业合同未到期，就提前解除合同，或合同到期后，企业不再续签；有的长期拖欠职工工资、医疗费；有些企业转制后，职工的利益得不到保障。四是其他社会管理类的28批995人次，占18.3%。密云水库移民反映顺义、通州为他们建造的房屋有质量问题；一些小区居民反映住房存在质量隐患，物业管理水平低；一些城镇居民反映政府在进行基础设施建设和环境整治中，伤害了他们的利益。五是土地、果树承包的13批175人次，占8.5%。郊区有10个乡镇，共发生到市以上集体访53批1 276人次，占农口全年集体访的1/3。

【处理群众来信】 2000年，市农口共收到群众来信313件，其中重复件121件，占38.7%；署名信204件，占65.2%；区县190件，局（总公司）91件，外单位32件。来信反映干部违法违纪的占60.7%。

社会治安综合治理

【加强社会治安综合治理】 2000年，农口按照市委、市政府加强社会治安综合治理的重大部署，认真落实责任制，大力加强基层基础工作，推动社会治安综合治理各项措施的落实，维护了郊区政治和社会的持续稳定。抓了以下五方面的工作，成效显著。一是强化领导责任制，形成了齐抓共管的工作局面。市委农工委按照市委的要求，狠抓了各项措施的落实，做了大量的工作，形成了条块结合，各负其责，齐抓共管的工作格局。二是针对影响社会治安的主要问题，开展了“严打”斗争和重点整治。各区县公安机关根据不同地区的犯罪规律适时开展了打击抢劫、暴力犯罪、盗窃等专项斗争，极大地打击了犯罪分子的嚣张气焰。全年共破获各类刑事案件6 600多起，破案率比上年提高10.2%，共抓获各类犯罪嫌疑人4 700多人，查处各类治安案件1.3万多起，1.9万多人，共逮捕3 500多人。通过检查机关起诉、法院判决600多人。打击犯罪团伙810个，破获盗窃案件900多起，抢劫案件1 600多起，拐卖妇女儿童案件61起。三是认真落实市政府关于进一步做好外来人口管理工作的意见，把加强外来人口管理作为维护首都社会治安的一个重点，各有关部门密切配合，强化管理，加强了对出租房屋的清理整顿，特别是对治安乱点、外来人口聚居的地区进行了专项整治。为了加强外来人口的管理，农口继续推广了大兴县西黄村实行“一图一卡”的经验，提高了对外来人口的管理和控制能力，全年共收容、遣送“三无”人员6万余人，减少了外来人口的违法犯罪。四是深入开展基层创安活动，提高基层的防范能力。居家委会、内部单位和繁华地区“三位一体”的创安工作稳步推进，一些在重点部门、要害部位和人民群众居住区的科技创安工作得到了加强，人防、物防、技防措施有机结合，提高了基层的创安水平。目前，郊区基层创安覆盖面达到100%，达标率达到75%，基层企事业单位技术创安和技术防范工作进一步得到加强，一些重要场所“三铁一器”达到100%，有些地区的监控系统还与公安部门联了网，各居民小区、各企事业单位都安装了防盗门、防撬锁，治安防范意识明显增强。五是集中进行扫黄打非。对特种行业、文化娱乐、繁华场所开展了多次清理，共查获卖淫嫖娼、黄赌毒案件400余起、1 200多人，净化了农村地区治安环境。另外，各区县政法机关还加大了对农村恶势力的打击力度，严厉打击各种犯罪活动，增强农民群众的安全感。

【签订维护社会稳定责任书】 2000年3月17日，市委书记贾庆林、市长刘淇和首都综治办主任张福森在与各区县签定维护社会稳定责任书的同时，与市委农工委书记、市农委主任赵凤山也签定了加强社会治安综合治理任务书，规定了农口2000年社会治安综合治理的各项任务。一是继续深入开展农村地区安全创建工作，基层安全创建的覆盖面要达到100%。要积极总结创安经验，提高创安水平。二是进一步加强以党支部为核心的村级配套组织建设，大力开展依法治村活动，完善村规民约，推进基层民主和法制建设。三是全面推进农村地区治安综合治理工作，对农村地区存在的突出治安问题要加强调查研究，并提出工作意见。四是认真排查调处本系统人民内部矛盾，防止和避免群体性围堵党政军首脑机关的事件发生。市委农工委按照加强社会治安综合治理责任书的要求，狠抓了落实，维护了农口稳定，为首都社会稳定作出了贡献。

【部署全国“两会”安全稳定工作】 2000年2月25日，市委农工委召开了区县、局（总公司）主管领导会，要求各地区、各部门要把确保全国人大、全国政协两会的安保工作作为当前的一项重要的政治任务，思想上要高度重视，组织上要强化责任，措施上要狠抓落实，确保不发生危害人大代表、政协委员人身安全的案件，不发生围堵大会会场、代表委员住地及中南海等重点地区的群体性事件，不发生法轮功邪教组织非法闹事活动，不发生重大恶性刑事案件和影响大会安全的重大恶性交通和火灾事故，保证两会的顺利进行。为了实现这一目标，确保万无一失，市委农工委要求，一是各级领导要高度重视“两会”的安全保卫工作，切实加强组织领导，严格落实责任制，狠抓各项措施的落实。二是要严密各类重点人的控制，做到不失控、不露控。三是加强社会面和重点场所的控制，坚持专群结合，组织治保积极分子、治安联防队员等各种力量上街巡逻，看门护院，构筑起群防群治的网络。四是深入排查调处重点矛盾纠纷，防止群体事件的发生。五是认真开展安全生产大检查，防止各类重大恶性治安事故的发生。六是做好情报信息工作，拓宽情报来源渠道，保证信息渠道畅通，有情况及时上报。

【大兴县外来人口管理实行“一图一卡”制度】 针对外来人口来源广、流动性强、活动范围难控制的特点，2000 年，大兴县把外来人口落脚点的管理作为搞好农村社会治安的重点，在全县推广了西黄村外来人口管理的经验。西黄村地处黄村镇卫星城，是典型的城乡结合部地区，常住人口 1 700 人，外来人口最高峰时也达到了一千六、七百人。过去这个村社会治安混乱，外来人员犯罪猖獗，1998 年以来，他们高度重视，在村建立了协调配套的外管体制，在对外来人口实行“四控三帮二教”管理的同时，实行了动静结合、以动为主的“一图一卡”式管理。

“一图”，即外来人员在村住房分布图。所有外来人员租用的房屋都在一张平面图上反映，包括出租房所在的片、房主姓名、门牌号以及外来人员的姓名、租房的位置、间数和居住人数。凡迁出或变更都及时注销和更改，无人租住的房屋在图上就表现为空白。村外管办利用这张图，根据外来人员的分布情况确立工作重点，并以此作为依据向新来的外地人员推荐住房。村民每户的出租房，村外管办都建立了规范的档案。村专职管理人员，每月与承租人见一次面，逐一进行核对。

“一卡”，即“大兴县黄村镇西黄村外来人口暂住卡”。这是外来人员在村内居住和活动的有效凭证。“暂住卡”由村委会统一印制、统一编号、统一管理。卡上有本人照片、身份证号码、从事的职业，以及居住的门牌号、房东姓名等。外来人员到村登记居住就办理此卡，并随身佩带。给外来人员发办“暂住卡”，有效地防止外来人员来本村作案，同时也便于对本村的外来人员进行监督。

“一图一卡”的管理，探索出了一条规范、有序、健康的外管路子。1999 年他们在市农口社会稳定工作会上介绍了情况，2000 年，市农工委在一些地区特别是城乡结合部地区推广了他们的经验做法。由于“一图一卡”管理办法的实施，郊区外来人口管理工作进一步得到了加强，全年外来人口犯罪率较上年下降了 3%，管理工作已逐步走上了规范化、制度化的轨道。

同“法轮功”邪教组织斗争

【做好转化控制工作】 法轮功修练者，通过党和政府大量工作，绝大多数转变态度，思想上与法轮功划清界线，组织上与法轮功脱离关系。但仍有少数痴迷者集体练功，聚集滋事，制造混乱。市农口在中央和市委的正确领导下，采取多种措施，进行大量工作，与法轮功邪教组织进行坚决斗争。郊区各级党委、政府把转化、控制法轮功作为全年的一项政治任务来抓。党委主要领导总负责，分管领导专门抓，充实办公室的力量，在组织、经费、人员上提供了有力保障。各级党委、政府加强了对法轮功邪教组织斗争的领导，政治责任感、工作主动性和自觉性明显增强。

2000 年，各级党委、政府高度重视，认真落实责任制，对法轮功顽固分子采取盯紧措施，有效地防止这些分子在各个重要时期到天安门地区进行非法聚集活动，确保了各个重要时期的平稳渡过。加大对法轮功人员违法犯罪活动的打击力度。按照中央和市委的有关精神，各地公安机关加大对幕后组织、策划、操纵的法轮功分子的打击力度，查获大量法轮功宣传品，及时清理了外地来京的法轮功人员，一年来，公安机关查获聚集滋事的法轮功顽固分子，对他们依法刑事拘留或治安拘留或依法作出劳教处理，狠狠打击了法轮功邪教组织的嚣张气焰。深入开展教育转化工作。对所有的法轮功人员做深入细致的思想政治工作，促其真正转化，巩固成果，防止反弹。

【实施教育转化方案】 2000 年 8 月 11 日，市委农工委召开了进一步做好教育转化法轮功人员工作会，下发了教育转化方案。一是高度重视，加强领导。把教育转化法轮功人员列入各级党委、政府工作的议事日程，党政一把手要负总责，亲自抓，克服厌战情绪，不能有丝毫的麻痹和松懈。二是明确任务，落实责任。坚持属地原则，各司其职，各负其责，要把对重点人的帮教控制工作落实到具体领导、具体责任人，重要时期出现有到天安门聚集闹事的要追究领导责任。三是加强教育，防止反弹。凡是有法轮功人员的单位，教育工作不能放松，要充分发挥基层组织的战斗堡垒作用，进一步巩固成果。四是加强对法轮功宣传品的收缴和封禁，加强思想政治工作。五是丰富文化生活，创造转化条件。企业要开展丰富多彩的文体活动，特别是要多开展一些有益于退休人员锻炼的活动，使他们老有所乐。六是加强上下沟通，及时掌握情况。每周向农工委报一次情况，汇报帮教措施和工作效果，遇有重要情况及时上报。农口教育转化方案的出台，打响了对法轮功人员进行教育转化的攻坚战，到年底，原有法轮功练习者转化成果得到了巩固，一些法轮功重点人的态度有了松动，教育转化工作取得了明显成效。

【查缴法轮功反动宣传品】 2000 年 7 月，市农口遵照市委指示，组织各单位对内容反动、用意恶毒、影响恶劣的法轮功反动宣传品进行了收缴。主要从以下几方面加大查缴力度：一是严厉查处和收缴流传于社会上的下载、印制、投寄、张贴和编写的造谣、污蔑、诽谤、攻击党和国家领导人的一切反动宣传品。二是严厉查处和摧毁印制、储藏法轮功宣传品的秘密窝点，并深挖、严惩宣传品案件的组织者和策划者。三是加大对印刷、复印、打印行业的管理，加强对有上网条件的法轮功重点人员的控制，严格规范网吧的经营行为。四是发动群众，抵制、揭露法轮功反动宣传品，街、居委会要充分发挥群防群治的作用，坚决遏制法轮功宣传品在社会上的传播。五是广泛发动群众，打一场收缴法轮功反动宣传品的人民战争。经过各级党委、政府和有关部门的大量工作，全年农口共端掉了一批印制法轮功宣传品的窝点，收缴法轮功宣传品，散发法轮功宣传品的猖獗势头得到了一定遏制。

【春节期间实现“0”指标】 为了加强春节期间对到天安门聚集练功的法轮功分子的控制，把策划、图谋到天安门聚集闹事的法轮功分子拦截于外围，阻止于基层，市委要求各级党委、政府要加大控制力度，确保春节期间北京不发生一例到天安门广场聚集闹事事件。为了落实市委“0”指标的要求，市委农工委专门召开了各区县、局（总公司）党政一把手会，进行了安排部署，由于各级党委、政府高度重视，措施得力，农口实现了春节期间“0”指标的目标。春节期间之所以能实现“0”指标，归纳起来主要有以下五点体会：一是各级党政一把手高度重视，把保“0”指标作为一项重要的政治任务来完成。各区县、局（总公司）主要领导都放弃了节假日休息，亲自挂帅，身先士卒，深入到斗争第一线，督促检查工作，并进行分片责任包干，实行严格的责任追究制度。二是进行广泛的排查摸底，搞清底数，对法轮功人员进行监管，各区县、局（总公司）对法轮功人员进行分类，根据不同情况，采取不同的监管措施，该收的收，该集中的集中，该个别看管的看管，该警告的警告，真正做到了有的放矢，措施到位，人员到位。三是广泛宣传，层层动员，层层签定责任书，严格落实责任制，各区县、局（总公司）利用各种媒体进行广泛宣传，给法轮功人员造成强大的舆论压力，并把治保积极分子、民兵、巡逻队员都发动起来，做到法轮功人员有人管。四是广大基层干部群众动脑筋，想办法，创造性地开展工作。各区县、局（总公司）发动妇联、共青团等组织协助工作，向家庭、社会致公开信，加强门口、村口、路口几道防线，进行严密堵截，经济、行政、法律手段多管齐下，进行震慑。五是注意加强了情报信息工作。春节期间实现“0”指标，为做好各个敏感期的控制工作提供了经验。

【促进转化经验十条】 为了做好法轮功人员的教育转化工作，使之尽早解脱，2000年6月，市委农工委在调查研究的基础上，提出了对法轮功人员进行教育、控制、转化的十条措施，下发基层产生了积极效果，上报后得到了充分肯定。这十条经验主要内容：一是组织学习，提高认识。以举办学习班的形式，让法轮功人员反复学习中央处理和解决法轮功问题的有关文件和揭批法轮功的文章，让他们联系实际，认真思考，逐步提高认识，转变世界观。二是领导面对面谈话，进行帮教。各单位领导直接找练功人员进行说教，通过摆事实，讲道理，直接与法轮功人员进行针锋相对的思想交锋，促进练功人员逐步醒悟，与法轮功决裂。三是观看录像，促其转化。把李昌、姚洁在揭批法轮功现身说法大会上的录像反复放给法轮功人员看，使他们认清法轮功的反动本质和险恶用心，逐步与法轮功组织划清界线，回到正确的立场上。四是家人进行规劝，用亲情去感化。发动家人和亲朋好友帮助做工作，使法轮功人员逐步转变态度，过正常人的生活。五是让转化的法轮功人员现身说法。用中毒深、影响大、转化好的法轮功人员对其他练功者现身说法，让转变过来的人用自己亲身经历和认识转变的实际，剥去法轮功的伪装，教育感化其他人。六是用村规民约进行约束，对法轮功练功者的行为进行限制。七是敏感期安排加班，进行监控。在各个敏感时期，安排对那些比较顽固、没有彻底转化的重点人，白天在单位加班，夜间值班，并派专人昼夜巡逻，进行严控。八是严检限制。在重要时期，对极少数顽固分子，实行严控措施，派人轮流监视，防止他们到市里进行非法活动。九是设卡查路，进行控制。遇国家有重大活动和敏感期，在火车站、长途汽车站、高速路口和村头设卡，对可疑人员进行审查，防止他们进京闹事。十是加大处罚力度。对不听劝阻、屡教不改、给单位造成严重影响的练习者，单位可根据上级有关规定进行处罚。市委农工委十条经验的出台，在郊区产生很大影响，收到了良好的效果。

（何　畏）

民族宗教工作

【民族乡、村基本情况】 北京市现有5个民族乡，109个民族村，其中有3个平原民族乡，2个山区民族乡。109个民族村分布在全市11个区县，其中满族村60个，回族村47个，苗族、满族、回族合居村1个，回族、满族合居村1个。有32个民族村在北京市49个边远山区乡镇。共有人口145 948人，占北京市农村人口总数的4%，其中少数民族人口数为65 414人，占民族乡村人口总数的44.8%，占北京市少数民族人口总数（59万人）的9%；共有耕地面积15 203.2公顷，占全市耕地面积33.84万公顷的4%，人均占有耕地0.1公顷。2000年，民族乡村实现经济收入31.6亿元，比“八五”期末增加9.86亿元，“九五”期间平均年递增9%。民族乡、村人均劳动所得分别达到4 378元和5 046元，比1995年分别增长72%和99%。有4个民族村跃入京郊百富村行列，有2个民族村跃入京郊百强村行列。

到2000年，少数民族乡村实现了人均0.06公顷抗旱灌溉果园和0.06公顷抗旱粮田的目标，完善了少数民族地区的农田基础设施建设，改善了农民的生产生活条件，少数民族地区广播电视、程控电话、公路、电网等其他基础设施建设得到进一步加强，科技、教育、文化、卫生、体育、社会保障体系建设等社会事业进一步发展。

民族乡村发挥民族特色优势，加大产业结构调整力度，使一产进一步向二、三产业转移。民族乡村领导集体充分认识到乡镇企业的二次创业，是推动整个农村经济结构调整的重大举措，他们大力发展二、三产业，使少数民族农民纷纷转变意识，大量进入二、三产业从业，推进二、三产业快速发展。2000年，民族乡村企业实现收入14.5亿元，比上年（9.27亿元）增长56%；完成利润0.9亿元，比上年（0.46亿元）增长95%。农业结构调整后，经济作物面积加大，2000年，民族乡共完成果树更新改造619.2公顷，共有面积56万公顷，牧业收入达到2.11亿元，比上年增长51.8%，畜牧业占大农业的收入上升到56.1%，新发展养殖专业户2 120户。

【郊区伊斯兰教基本情况】 通州、大兴等8个区县中，有清真寺35座，占全市清真寺总数的50%；阿訇38位，约占全市阿訇总数的27%。其大多数为外省籍阿訇且主要通过从师学经，穿衣挂幛后在京应聘担任阿訇的。

各区县对伊斯兰教工作及各清真寺等宗教事务的管理由政府民族宗教部门负责。除通州、大兴、密云外，其他区县尚未建立伊斯兰教协会。各个清真寺基本上成立了民主管理委员会，具体负责管理各清真寺内日常事务、组织宗教活动。

清真寺主要分布在回族群众较为集中的村、镇、街道。阿訇的聘请主要由清真寺民管会提出人选，经所在区县伊协同意，报市伊斯兰教协会审核后，由市伊协统一颁发聘书。聘期一般为3年。民管会由当地穆斯林群众代表经选举产生，每届任期约为3～4年。清真寺的收入主要来自穆斯林群众捐献的“乜贴”（捐款）。清真寺及附属房屋产权属穆斯林群众集体所有。

【郊区基督教基本情况】 北京基督教会现有教堂八所，其中城区有五所，农村有三所（通州、大兴堂、南口堂）。通州堂位于通州区杨庄路西果园4号，礼拜堂面积约240平方米（平房），有信徒400余人，信徒主要来源于通州、郊区打工族及与朝阳区交界地区；大兴堂位于黄村镇前大营村，教堂面积约150平方米（平房），聚会信徒200余人（在册人数3 500人），信徒主要来源于教堂附近农村；南口堂位于昌平区南口镇兴街辘轳把胡同，教堂建筑面积约250平方米，聚会信徒840余人，信徒主要来源于昌平的农村地区。这三所农村教堂隶属北京基督教“两会”，并且教牧人员全部由北京市基督教“两会”派驻，现三所教堂有3名牧师及5名传道员负责教堂的教务和日常管理工作。

【郊区天主教基本情况】 目前北京市天主教共开放教堂17座，信教群众4万余人。其中农村教堂11座，占全市教堂总数约64.7%，信教群众8 000余人，占全市信教人数的20%。农村天主教基本上分布在固定的教徒聚集村中，其产生有100余年的历史，都是从小随家庭信奉天主教。改革开放以来，先后成立区县天主教爱国小组。

从1996年开始，各天主教堂都建立了民主管理组织堂务会。从2000年开始通州区、门头沟区、大兴县还相继成立了爱国会，正式进行社团组织登记，纳入法制管理范畴，使农村天主教爱国爱教事业步入了正轨。

各区县具体分布情况如下：

（1）通州区有开放教堂3座，分别在贾后疃村、牛牧屯村、龙庄村，信教群众2 000余人，集中分布在贾后疃村、牛牧屯村、龙庄村、王庄村、六合村以及通州镇附近，有神甫5人，负责通州区的天主教教务工作。其中贾后疃村全村信教，占总人数的97%以上，该村现有常住神甫3人。

（2）大兴县有教堂3座，分别设在西胡林村、牛坊村、求贤村，信教群众有2 000余人，有神甫3人，负责全区的天主教教务工作。在有教堂的三个村分别成立天主教爱国小组和天主教堂务管理组织。

（3）门头沟区有教堂2座，分别在后桑峪村和曹各庄村，信教群众500余人，有2位神甫主持日常宗教活动，该区成立爱国会组织。

（4）延庆县有教堂1座，建在永宁镇，信徒近300余人，有1位神甫，成立爱国小组和堂务管理组织。

（5）丰台区有教堂1座，建在东管头村，该村有信教群众近500人，有1位神甫，该区成立有天主教爱国会。

（6）朝阳区有教堂1座，建在平房村，有信徒300余人，该教堂与天主教神学院和安老院合在一起，成立有爱国组织。

（7）海淀区有临时宗教活动场所1处，在四季青乡小煤厂村，有信徒100余人。该区成立了爱国小组，没有固定神甫，由城内西直门教堂本堂神甫兼管该区的宗教活动。

（市民委）

领导班子建设与基层组织建设

概　　述

2000年，北京市农口领导班子建设工作，以邓小平理论和江泽民总书记“三个代表”的重要思想为指导，紧紧围绕郊区“十五”发展的目标和任务，认真贯彻落实党的十五届四中全会以及中央和市委一系列重要会议指示精神，巩固“三讲”教育成果，进一步加强区、县、局、总公司领导班子的思想政治建设。结合落实党政领导班子建设规划纲要，选好配齐领导班子，加大力度，抓好优秀中青年干部的选拔培养工作。建立规范的干部管理制度。围绕领导干部的选任、考核、监督、激励，进一步推进干部人事制度改革，不断提高农口区县局总公司领导班子的整体素质和工作水平，推进领导班子和干部队伍建设。在深化国有企业改革中，围绕推动农口国有企业结构调整、制度创新、机制转换、产业升级，积极探索建立优胜劣汰、奖惩分明、监督有效、充满活力的用人机制，营造有利于优秀企业经营管理者脱颖而出、健康成长的环境，使国有企业领导班子建设取得了新的进展。

按照党的十五届三中全会关于“农村基层组织建设是一项长期而艰巨的任务，必须坚持不懈地抓下去”的要求，经市委八届二次全会决定，在全郊区广泛开展了创建农村基层组织建设先进区县活动，形成了县、乡、村多级联动，三级联创，一级抓一级，一级带一级，一级促一级的工作格局，推动了农村基层组织建设进一步加强。2000年，郊区农村基层组织建设坚持以邓小平理论和党的十五届三中全会精神为指导，以深入开展三级联创活动为载体，以加强基层班子建设和提高基层干部队伍素质为主线，紧紧围绕农业结构调整、农民增收和农村稳定，加大力度，创新提高，取得了新的成绩。

领导班子建设

【确定市委农工委管理企业领导人员范围】 根据3月28日《中共北京市委关于确定市委管理的企业领导人员范围的通知》精神，农口8个国有企业，由市委委托市委农工委管理。根据市委组织部5月25日关于印发《市委管理的企业领导人员的任用工作程序》通知精神与有关规定，农口国有企业党委书记、董事长、监事会主席、专职监事、未设董事会的总经理，由市委农工委提出建议人选，经市委农工委考察并征求市委组织部意见后，由市委农工委按有关程序任免；副职领导人员人选由市委农工委提出建议人选，经市委农工委考察后，由市委农工委按有关程序任免，报市委组织部备案。

【出台农口国有企业经理助理设置规定】 市委农工委于8月31日出台《关于农口总公司国有企业设置经理助理的有关规定》，对农口总公司国有企业设置经理助理进行规范管理，作出明确规定。主要包括：(1) 今后各企业设置经理助理要严格控制，确因工作需要，企业经理助理原则上只设一名，个别规模较大的企业经批准可设两名。(2) 设置经理助理过多的企业，对现有助理要尽快进行消化，达到退休年龄的要按规定办理退休手续，企业各部门负责人，原则上不再任助理，原享受助理待遇的，其待遇可继续保留。(3) 经理助理不是一个领导层，其主要职责是根据企业管理的需要，协助经理加强和联系某一方面的工作。(4) 企业经理要注意按照分工充分发挥副经理的作用，不要扩大经理助理的管理范围和强化经理助理的作用。(5) 企业设置经理助理，要在征求市委农工委同意后，由企业党委考察任命，并报市委农工委备案。(6) 现有经理助理继续保留的，要依照本规定重新履行备案手续。《规定》出台后，各企业单位采取积极措施，通过调整、免职等形式，对现有经理助理进行了消化吸收，较好地解决了经理助理设置过多，无章管理，职责不清，影响副经理发挥作用的问题。

【对国有企业领导班子进行换届考察】 按照市委关于做好国有企业党委班子换届选举工作的要求，农口总公司需进行历史上首次党委换届选举。市委农工委为此召开专门会议，就此项工作进行研究部署。抽调8名同志组成考察组，于6月28日至10月25日，组织了对农口8个国有企业领导班子和57名党政正副职领导干部的考察，并组织了对优秀中青年干部的民主推荐。按照工作程序，考察组采取述职、测评、谈话等形式进行了全面认真的考察。总公司机关处室正副职以上干部和二级单位党政正副职干部共481人参加了民主测评、民主评议和民主推荐活动，397人

（包括部分离退休干部和职工代表）参加了考察谈话活动。考察后，及时向各单位反馈了考察情况，并要求各单位针对存在的问题，召开民主生活会，制定整改措施，上报市委农工委。通过考察，摸清了国有企业领导班子建设的现状和存在的问题，发现了一批优秀的中青年干部，为有针对性地采取措施加强国有企业领导班子建设、大力培养选拔年轻干部提供了依据，为召开党代会打下了基础。

【北京农业集团有限公司成立】 9月7日，经市政府批复同意，组建北京农业集团有限公司。北京农业集团有限公司为北京市人民政府调拨农口优良资产，投资组建的国有独资公司，并按照《公司法》的规定建立现代企业制度和法人治理结构。公司资产由6家企业资产组成。包括：市农工商总公司三元种业有限公司、水产总公司烟台远洋渔业公司、北京兴东方集团公司农机研究所、北京怀柔旅游总公司、北京农产品中央批发市场、京龙商贸公司天龙宾馆。北京农业集团有限公司归口市农委，为市委委托市委农工委管理的国有企业。10月24日，经征求市委组织部意见，市委农工委批准，北京农业集团有限公司成立党委。11月8日，经市人民政府批准，北京农业集团有限公司组建了董事会。

【召开农口国有企业党委书记座谈会】 12月31日，农口国有企业党委书记座谈会召开，市委农工委副书记白仙畔主持会议，市委农工委书记赵凤山到会并做重要讲话。会上，各单位党委书记汇报了召开民主生活会情况及进一步加强领导班子自身建设的主要措施，并对农口国有企业领导班子建设和干部管理提出了一些积极的意见和建议。赵凤山同志在讲话中，对国有企业领导班子考察情况进行了通报；对农口各国有企业总公司近年来领导班子加强自身建设，带领全体干部职工克服困难、开拓进取，保证企业正确的发展方向，促进企业健康发展等方面所做出的成绩，给予了充分肯定；同时，也指出了领导班子在民主集中制建设、经理助理设置及企业管理方面存在的问题，并对今后的工作提出了新的要求。

【农口首届国有企业党代会召开】 农口国有企业党委自组建以来，党委班子成员的任免一直沿用上级党委行政任免制，均未进行过党委换届选举工作。根据《中国共产党章程》的规定和《北京市基层党组织换届选举工作暂行规定》，农口总公司需进行历史上首次党委换届选举。市委农工委在考察的基础上，对各国有企业党委换届选举工作进行了认真研究部署，并于12月26日组织召开了北京市水产总公司第一次党代会，市委农工委副书记白仙畔参加了闭幕式并作了重要讲话。其他国有企业党委换届选举工作在以后的时间内继续展开。

【开展《中国共产党地方委员会工作条例（试行）》执行情况检查】 为进一步加强区县领导班子建设，认真贯彻民主集中制原则，根据市委的统一部署，远郊区县党委对贯彻落实《中国共产党地方委员会工作条例（试行）》情况进行了自查，10月份市委检查组还对门头沟区、顺义区、昌平区、大兴县、平谷县、延庆县进行了检查，《条例》贯彻成效如下：

一是县（区）委能够切实履行《条例》规定的职责，成为本地区领导的核心。在工作中，各区、县委能够紧紧围绕经济建设这个中心，对本地区的政治、经济、文化和社会发展等方面工作实行全面领导，注意党的路线、方针、政策同实际相结合，明确职责，把握大局，提出本地区经济和社会发展的工作思路，并通过常委会和全委会，统一广大干部群众的思想，把区、县委的主张变成区县各级领导班子的自觉行动。各区、县委都把工作精力放到抓大事、议大事上，对全区经济和社会发展中、长期规划、重大改革方案和年度财政预、决算方案、重要人事任免、重大建设项目及预算外大额资金的使用等，都能在常委会或全委会上进行重点研究讨论，严格把关，实行政治领导。各区、县委在保证处于核心地位的同时，还特别注重发挥地区人大、政府、政协的职能作用，积极支持人大按法律程序决定大事，把党委的主张变成全区人民的意志，支持政府大胆决策，创造性地开展工作，支持人大、政协对工作的有效监督，认真听取人大代表、政协委员的意见和建议。

二是民主集中制原则得到了认真贯彻。《条例》是坚持和健全民主集中制原则的重要保证。各区、县委普遍认识到，要避免决策和用人上的失误，就必须认真贯彻执行党的民主集中制原则，提高决策的科学化和民主化水平，保证决策质量。在贯彻执行《条例》过程中，普遍实行集体领导和个人分工负责相结合的制度，正确处理民主和集中的关系，坚持决策的个别酝酿、会议讨论、广泛民主和集体决定，对未经充分讨论和集体研究决定的重大经济项目、人事任免等事项，班子任何成员都无权独自决定。无论是书记办公会、常委会还是全委会，在集体讨论决定问题时，与会人员都能畅所欲言，充分发表意见和建议，会议能够做到广开言路，集思广益，从而保证了区县委决策的顺利实施。

三是健全和完善了制度，工作程序得到了规范。各区县委认真按照《条例》规定的组织原则、议事规则和决策程序，并结合各自的工作实际，制定了一系列规章制度，以制度来细化《条例》，确保《条例》的贯彻执行。各区、县普遍健全和完善了《全委会议事规则》、《常委会议事规则》、《书记办公会议事规则》等议事制度，同时，在干部监督管理、党的基层组织建设、思想作风和工作作风、党风廉政建设等方面都先后制定了配套措施和制度。各区、县委在议大事和对重大问题决策上，能够摆正和处理好全委会、常委会和书记办公会的关系，明确了“全委会是党代会闭会期间党的领导机关，在全委会闭会期间，常委会行使委员会职权，主持经常工作，书记办公会不是一级决策机构，不得决定重大问题”。在实际工作中，各区县委领导班子严格按照议事规则的规定规范决策行为。在干部选拔使用上，各区县委严格执行中央《党政领导干部选拔任用工作暂行条例》，杜绝了过去的个人说了算，搞临时动议，选人视野狭窄等现象，坚持程序化，注意把好“五关”（推荐关、考察关、审查关、任免关、监督关）。凡是任用干部都要严格按照民主推荐、民主测评、民主评议和组织考察等规定程序，同时还要征求纪检监察部门和主管常委、区（县）长的意见，经组织部门研究后，报书记办公会研究并提请常委会集体讨论决定，这样就从根本上体现了选人、用人的公开、公平、公正的原则，从根本上杜绝了选人用人上的不正之风。

四是一把手率先垂范，领导班子思想作风和工作作风得到了改善。在检查中，各区、县委普遍认为贯彻执行好《条例》，一把手是关键，作为班长，书记民主作风好，大局意识、责任意识比较强，在班子中起到了表率作用。在工作中，书记尊重班子其他成员的意见和建议，善于调动和发挥他们的积极性、主动性，自觉坚持民主集中制原则，在集体研究决定事项中，努力营造民主讨论的氛围，让班子成员畅所欲言，充分发表意见，得到了班子成员的尊重。同时带头执行各项制度，经常深入基层，开展调查研究。在书记的带动下，县委班子成员都能自觉地抽出时间，深入到基层，开展调查研究，帮助基层解决实际困难。各区县普遍建立了领导干部联系点制度，利用“连民心”、“民主日”、“厂务公开”等活动载体，广泛接触基层，体察民情。同时注意总结调研成果，每位领导干部都能结合本职工作，每年写出2篇以上对工作有指导意义的调研报告。

通过贯彻《条例》，坚持深入基层调研制度，领导干部的思想作风和工作作风得到了改善，自觉按照“三个代表”的要求，为本地区群众办实事，做到“为官一任，造福一方”。

【开展“三讲”教育“回头看”活动】 按照中央和市委“三讲”教育的统一部署和要求，上半年，各区县局领导班子和领导干部进一步完善了整改方案，并积极组织落实。采取的主要做法：

一是坚持把学习放在首位，着眼于思想政治上的进一步提高。各单位领导班子成员认真学习了市委规定的必读篇目，江泽民同志在高州市的讲话、在中纪委第四次全会上的讲话、在广东考察工作和在北京考察工作的讲话，以及中央关于“三讲”教育的一系列指示精神。在学习中，大家采取集中学习和自学相结合的方式，紧密联系思想和工作实际，认真撰写读书笔记，并开展思想交流研讨。

二是自看自查，找准问题和差距。在集中学习、提高认识的基础上，各单位领导班子和领导干部按照市委9号文件提出的五个方面的内容，联系班子和个人的实际，对“三讲”集中教育结束以来落实整改措施的进展情况进行总结，认真开展自看自查。首先，自己查看。即领导班子成员个人通过对照中央领导同志身体力行，高度重视“三讲”教育，查找思想认识上的差距；通过重温剖析材料，对照自己在“三讲”集中教育以来的工作情况，查找改正缺点上的差距；对照整改方案的落实情况，查找整改措施和工作力度上的差距；对照群众在“三讲”教育中反映出来的问题，查找在领导工作中存在的问题和差距；结合新的形势和任务，对照中央对党的建设提出的新要求，更高起点上查找党性党风方面存在的问题。其次，依靠群众帮助查看。即充分发扬民主，坚持走群众路线，开门搞回头看。通过召开座谈会，发放征求意见表，征求意见和建议。再次，领导班子成员集体查看。即通过召开领导班子民主生活会，总结思想和工作上的收获和进步，围绕率先基本实现农业现代化的宏伟目标，对照市委9号文件中提出的从5个方面的要求进行自看自查，严肃认真地查找差距和问题，分析原因，开展批评与自我批评，研究深入整改的措施。

三是总结经验教训，进一步完善整改方案。在找准差距和问题的基础上，各单位领导班子本着有什么问题解决什么问题，缺什么补什么的原则，研究制定改进措施和办法。强化制度，加强自身建设，巩固“三讲”教育成果，推动“三讲”教育的经常化和制度化。

四是听取群众意见和建议，总结通报情况。在自看自查，完善整改措施的基础上，将完善后的整改措施发给基层单位征求意见。在此基础上，对整改措施又进行了补充和完善。最后通过总结会，向各单位中层干部通报了开展自看自查的情况，对工作进行了总结，广大干部对“三讲”回头看活动的开展普遍表示满意。

【“三讲”教育“回头看”活动取得实效】 一是领导干部“三讲”的自觉性普遍提高，政治意识、大局意识和责任意识进一步增强。“三讲”集中教育以来，领导班子和领导干部用高标准衡量自己的理论素质，看到了差距和不足，通过学习理论，与工作中的重大决策密切结合，与总结思想和工作上的经验教训密切结合，与改造世界观、人生观、价值观相结合，进一步提高了思想理论水平，增强了政治敏锐性和政治鉴别力。在与“法轮功”邪教组织的斗争中，领导班子坚定地与中央保持一致，按照市委部署，积极稳妥地组织农口广大干部学习文件，教育群众，提高认识，肃清影响，开展斗争，经受了考验。在“回头看”活动中，领导干部重点围绕江泽民同志提出的“三个代表”和“致富思源、富而思进”的要求，结合改革发展中的重大问题深入思考，加深了对党的性质、根本任务和根本宗旨的认识，加深了对建设有中国特色社会主义理论的理解和把握，进一步坚定了对马克思主义的信仰，坚定了走有中国特色社会主义道路的信心，进一步增强了政治意识、大局意识和责任意识。

二是党在农村的基本政策得到进一步落实，改革、发展、稳定的重点工作得到进一步加强。针对在落实党的方针政策方面存在的薄弱环节，各区县加大工作力度，认真抓好落实有关集体土地承包政策，促进农村劳力、土地资源等生产要素的合理配置，进一步加大了党在农村基本政策的落实力度。同时，在加快农业经济结构调整步伐，扎实有效地开展农村基层组织建设，大力加强思想政治教育和精神文明建设，抓好村镇规划和环境综合整治，推进党风廉政建设等方面都做了大量卓有成效的工作。

三是领导作风和工作作风进一步转变，党群、干群关系进一步密切。各单位领导干部从自身做起，围绕土地延包，群众上访，农民增收，国企改革，精神文明建设开展专题调查，认真研究农村改革、发展、稳定中的深层次问题，寻求解决的办法和措施，进一步转变了领导作风和工作作风，推动了农口系统的改革和经济发展。领导班子成员还进一步完善了基层制度，定期走访，了解情况，不少领导在工作任务重、头绪多的情况下，利用节假日挤时间下基层调查研究，接触群众，增强了群众观念，密切了党群、干群关系。工作中，抓住关系到本地区、本部门改革发展稳定的重点问题深入研究，在全面落实党的农村基本政策，推进郊区深化改革，发展经济，加强农村基层基础工作和精神文明建设，维护社会稳定等方面都做了认真总结和反思，完善了整改措施，进一步明确了今后的努力方向。

四是领导班子保持了良好的精神状态，凝聚力进一步提高。各单位领导班子在重大决策和重要工作上，坚持由集体研究决定，抓大局、议大事的意识普遍增强，班子的合力作用更加明显，工作重点更加明确。以经济建设为中心，围绕经济结构调整和农民致富这个主线，党的建设、精神文明建设和经济工作结合得更加紧密，形成整体推进、协调发展的格局。

（李景辉　才庆学）

基层组织建设

【农村基层组织凝聚力增强】　2000年，郊区各级党组织以“三讲”要求和“三个代表”思想为指导，进一步加大了农村基层班子建设的力度，采取有效措施，使基层班子进一步得到了加强。

一是围绕班子抓整顿。在整顿后进乡镇党委和后进村党支部工作中，始终坚持把建设一个好班子作为中心任务和关键环节，紧紧地抓在手上，并把是否建设起了一个好班子作为衡量整顿工作成果的重要标准。

二是拓宽渠道抓选拔。各区县用改革的精神积极进行探索，开辟了多种选拔农村基层干部的方法和途径。特别是在农村党支部书记选拔中，注意由本村产生，但同时也采取了从县、乡机关或企事业单位下派，村与村之间交流，动员和吸引外出人才回村任职，面向社会公开选拔等措施，使农村党支部书记人选难的问题得到了有效缓解。全年共调整乡级班子406个，其中调整党委书记89名；调整支部班子1 025个。

三是着眼长远抓培养。主要措施是积极发展青年农民入党，建立村级后备干部队伍，积极扶持农村产业带头人和致富能手，符合条件的选拔到村级干部岗位。

四是规范管理抓监督。各级党组织将农村基层民主政治建设纳入到农村基层组织建设的整体工作中，与基层组织建设一同部署，一同考核。对村级党支部按期进行换届选举，换届选举中普遍对班子和干部考察等进行了规范，扩大群众参与，进一步强化了对村级班子和干部的监督。

【农村基层干部队伍素质有新提高】　认真组织实施农村基层干部“现代化素质工程”，加大教育培训工作力度。通过教育培训，农村基层干部的思想政治素质不断提高，科技、文化知识不断丰富，组织带领群众发展农村经济、调整经济结构的本领不断增强，有力地促进了农村经济的发展。在全年的干部培训中，坚持思想理论、科技文化和岗位知识双教双培，努力促进党员干部思想政治素质和科学文化素质双提高。在培训内容的安排上，坚持高起点、高层次，加大现代科技知识和高学历培训的力度。市委农工委举办的以基层干部为主要招生对象的研究生课程进修班从2个专业增加到4个专业，招生人数由100人增加到200人。各区县也与有关高等院校分别联办了大专、本科、研究生三个层次的学历班，包括农村支委以上干部和后备干部在内，都可以参加大专以上学历的培训，部分区县还与高校联办了高级管理短期培训班。在培训的方式上，由零散短期培训为主向正规化、系统性转变。全市今年正式启动了农村党支部书记任职资格培训，市里统一编印教材，统一命题考试，各区县负责组织教学，经考试合格后，由市委组织部、市委农工委颁发任职资格培训合格证书，年内有60%的农村党支部书记实现了持证上岗。

【推动“三级联创”活动深入开展】　狠抓区县委党建工作责任制落实。规定区县委和乡镇党委要认真履行抓农村基层组织建设的职责，各区县委书记是农村基层组织建设的第一责任人，乡镇党委书记是直接责任人。在对区县委书记和乡镇党委书记进行责任定位的基础上，采取定期听取工作汇报，直接向他们部署农村基层组织建设的重要工作，经常组织他们交流工作经验体会，专门检查考核他们履行职责情况等措施，促使他们工作先到位，职责先履行，亲自抓，带头干。市委组织部、市委农工委研究制定了创建农村基层组织建设先进区县活动的考核评比标准和方法。市委组织部、市委农工委严格按照标准对创建活动进行了检查验收。不断发现和总结了基层涌现出的先进典型，大张旗鼓地进行宣传表彰，充分发挥了典型的示范带动作用。将整顿与创建融为一体，区别情况，分类指导，实现整体推进。以主要精力抓好“创建”，以建带整，使更多的基层组织进入先进行列，促进整体水平提高并充分发挥示范带动作用。提高后进转化的标准。坚持以提高班子整体素质，帮助理清发展思路，确立主导产业，完善各项制度。从总体上说，郊区农村基层组织建设得到了有效加强，整体水平有了明显提高。区县委党建工作责任意识显著增强，抓农村基层组织建设的积极性、主动性和创造性空前高涨。基层“创建”工作的力度明显加大，“创建”工作水平明显提高。全市“六好”乡镇党委达到68个，占乡镇党委总数的32%；“五个好”村党支部达到1 134个，占行政村总数的30.6%。一批成绩突出的先进典型脱颖而出，成为农村基层组织建设的旗帜和标兵。创建活动与农村两个文明建设结合得更紧，工作实效进一步增强。

【检查验收郊区“创建”活动】 2月初，市委组织部、市委农工委，抽调市纪委、市民政局、市司法局等单位主管部门的干部和10个远郊区县组织部主管副部长，组成六个检查组，分别对郊区13个区县（不含石景山区）创建农村基层组织建设先进区县活动进行了检查验收，时间历时两周。检查验收采取抽查的办法进行。在听取区、县各委对全面情况汇报的基础上，每个区、县随机抽取3个乡镇（其中“六好”乡镇2个，后进转化乡镇1个）、6个村（其中“五个好”村3个、后进转化村1个、民主制度建设达标村2个），全市共抽查了39个乡镇、53个村。抽查的具体方式包括听汇报、查阅有关材料、开座谈会、搞测评和实地察看等。检查组在对各项检查内容进行分析并打出分数后，按百分计算出总分，由市农村基层组织建设领导小组办公室参考平时掌握的情况，按三个档次确定出排位。远郊10个区县的排名为：第一档次：平谷县、延庆县、大兴县；第二档次：通州区、房山区、顺义区、怀柔县；第三档次：昌平区、门头沟区、密云县。三个近郊区的排名为：第一档次朝阳区；第二档次海淀区；第三档次丰台区。

【召开农村基层组织建设领导小组扩大会议】 4月6日，市农村基层组织建设领导小组召开扩大会议，市农村基层组织建设领导小组成员和郊区各区县委书记、主管副书记、组织部长等50多人出席了会议。会上，市委农工委书记、市农村基层组织建设领导小组办公室主任赵凤山回顾总结了1999年全市农村基层组织建设的总体情况，通报了对创建活动进行检查验收的情况和结果。平谷、延庆、通州、朝阳四个区县分别做了大会发言或书面经验介绍。市委副书记于均波同志做了重要讲话，他要求区县委书记一要提高认识，进一步增强履行农村基层组织建设第一责任人职责的主动性和自觉性，要把握全局，出好思路，明确责任，狠抓落实。对2000年的农村基层组织建设工作，于均波同志要求一要总结经验，深入开展“三级联创”活动；二要紧紧抓住领导班子建设和提高干部队伍素质两大重点，推动农村基层组织建设再上新水平；三要进一步抓好村级组织的配套建设，把加强农村基层组织建设同推进农村基层民主政治建设结合起来；四要以改革的精神，研究新情况，解决新问题，总结新经验，按照新形势、新任务的要求，把农村基层组织建设进一步抓出成效。

【召开“七一”表彰大会】 纪念中国共产党成立79周年，6月30日，市委组织部、市委农工委在市委党校礼堂召开了“北京市农村先进基层党组织、优秀共产党员表彰大会”。市农村基层组织建设领导小组成员，郊区各区县委书记、党群副书记、组织部长，各乡镇党委书记、被表彰的“五个好”村党支部和优秀共产党员约600人参加了会议。会议由市委农工委书记、市农委主任赵凤山主持。副市长岳福洪宣读了表彰《决定》和被表彰的13个“六好”乡镇党委标兵、50个“五个好”村党支部标兵和103名优秀共产党员名单。会上，顺义区马坡镇党委、房山区四马台村党总支、密云县曹家路村党支部书记李桂英分别做了经验和事迹报告。市委副书记于均波同志做了题为《忠实实践“三个代表”，在农业和农村经济发展的新阶段再立新功》的重要讲话。他在讲话中要求全市农村基层党组织、干部和广大共产党员要按照“三个代表”的要求，进一步加强农村基层组织建设；要适应新的形势，把“三个代表”的要求落实到当前农村工作的突出任务中去；要身体力行，在农村两个文明建设中充分发挥党员的先锋模范作用。

【郊区普遍开展农村党支部换届选举工作】 为贯彻落实中共北京市委组织部《关于基层党组织换届选举工作的暂行规定》，11月，市委组织部、市委农工委在调查研究的基础上，联合制定下发了《关于农村党支部换届选举工作有关问题的通知》。《通知》要求：(1) 从本届起把全市农村党支部的任期统一为三年，与村委会换届同步。凡是2000年年底任期已满两年的村党支部，一律要在下年村委会换届之前进行换届；任期已超过一年，不满两年的原则上也要经过上级党委批准，在村委会换届之前提前换届。从下届开始，一般要在村委会换届前以区县为单位统一组织农村党支部换届。(2) 在此次村党支部换届选举支部成员人选推荐工作中，要广泛征求和听取党外群众意见。具备条件的村，应积极试行党支部成员人选由党员和群众分别推荐，在党内进行选举的办法，把党外群众的意见和推荐结果作为确定候选人的重要依据。(3) 要把改善结构作为党支部换届的一个重要目标。特别是要注意选拔年纪较轻、文化水平较高、有能力、群众拥护的同志担任支部书记。要积极扩展党支部书记的选拔渠道，村内无合适人选的应通过下派等办法解决。支部成员人选要与村委会换届时的人选统筹考虑。(4) 区县委和乡镇党委要高度重视农村党支部的换届选举工作，认真研究，精心部署。换届选举前，乡镇党委要逐村分析研究，掌握情况。对支部班子成员的推荐人选，要组织力量认真考察，经乡镇党委研究后确定正式候选人。《通知》下发后，各区县都认真对本区县农村党支部的换届选举工作进行了安排，顺义、昌平、延庆、房山、朝阳、海淀6个区（县）在年底前完成了村党支部换届；怀柔、大兴、通州、平谷、丰台5个区县也开始了准备工作。

【拓宽农村党支部书记选拔任用渠道】 2000年，郊区各区县用改革的精神积极进行探索，在立足于本村、本乡选拔的前提下，开辟了多种农村党支部书记选拔的方法和途径。一是选派区县、乡镇机关干部、企事业单位职工回村任职。平谷、昌平、怀柔等区县就此项工作专门提出了《意见》，对选派对象的条件，选派的原则、程序以及被选派干部的待遇、奖惩等相关问题都作出了具体规定。二是动员本村外出务工经商人员回村任职。三是在乡（镇）域范围内实行异村交流和跨村兼职。四是面向社会公开招聘。五是建立农村党支部书记后备人才库。

此外，部分区县还积极建立、完善对农村党支部书记的激励机制，进一步调动他们的工作积极性。一是改革好党支部书记工资制度。延庆县为减轻农民负担，保证干部工资的按时发放，将全县村党支部书记的工资由县、乡两级统筹，统一支付。二是建立农村干部养老保险和退休补贴制度，解决他们的后顾之忧。顺义、房山等区县都对此项制度进行了修订和完善。三是通过提高村干部政治待遇和农转非等形式，鼓励干部积极工作，增强责任心。昌平区委规定对回村任职干部，在任职期间，要保证其干部身份不变、职务不变、工作关系不变、工资待遇不变、晋级晋职不受影响、工龄连续计算，对工作成绩突出的，要提拔使用。

【强化农村基层干部培训】 为切实落实市委农工委制定的《农村基层干部现代化素质工程规划纲要》，进一步提高农村基层干部队伍的素质，2000年各区县重点强化了基层干部的岗位素质培训和科技文化知识培训。一是以《农村基层干部读本》为基本教材，分层次、分期分批轮训乡村干部，年内对乡镇副职以上干部和村支委以上干部都普遍进行了一次轮训。二是全面启动了农村党支部书记任职资格培训。13个区县共培训农村党支部书记2 400多人，占总数的60%。三是继续进行学历培训。2000年，农村基层干部中专班共招生500多人。市委农工委继续举办了产业经济等四个研究生课程班，各区县也创造条件举办了面向基层干部的大专或本科学历班。郊区全年共举办各类基层干部培训班近500期，培训干部50 000多人次。

【开展劳动模范和模范集体评选工作】 1～4月，按照全市统一安排，农口具体组织了农民劳动模范和模范集体的评选工作。经过自下而上、逐级审核，共确定推荐上报劳动模范200名，模范集体45个。在推荐的200名劳模人选中，有女同志34名，占17%；少数民族11名，占5.5%；党员186名，占93%。年龄最大的72岁，最小的30岁。大专以上文化的96名，占48%。高中、中专文化的61名，占30.5%；初中文化的37名，占18.5%；小学及以下文化的6名，占3%。200名劳模人选中，曾受到市级以上各有关部门表彰的144名，占72%。其中曾荣获过北京市劳模称号的32名；受到全国各有关部门表彰的38名，其中获得过全国劳模称号的7名。在推荐的45个模范集体中，一产28个，占62.2%；二产12个，占26.7%；三产2个，占4.4%。乡镇机关及所属部门3个，占6.7%；行政村26个，占57.7%；农业园区1个，占2%；乡镇企业12个，占26.7%（其中合资企业2个，股份制企业1个）。这些集体中，有10个曾获得过市级荣誉称号，28个曾获得过全国荣誉称号。

（胡颂文　雷显武）

党风廉政建设

【加强党风廉政建设】 2000年，按照市委部署，市委农工委、市农委加强对农口党风廉政建设和反腐败斗争的领导，全面落实党风廉政建设的各项任务，坚持把党风廉政建设和反腐败斗争与农口系统经济工作和精神文明建设紧密结合，做到同研究、同部署、同检查、同考核，全面推动农口党风廉政建设和反腐败斗争的深入开展，促进农村经济和各项事业的发展。市委农工委先后下发了《关于转发〈市农村纪工委2000年纪检监察工作要点〉的通知》、《关于利用胡长清、成克杰等重大典型案件在处级以上党政领导班子和领导干部中开展警示教育的通知》等文件，按照市委的要求，对农口区县局总公司贯彻落实党风廉政建设责任制的情况进行了检查；召开了农口国有企业效能监察工作会议、厂务公开工作座谈会。农口系统各级党委、政府在市委、市政府的领导下，采取有力措施，深入贯彻落实党风廉政建设工作。（1）贯彻落实党风廉政建设责任制，深化反腐败领导体制和工作机制。落实责任主体到位和配套措施的到位。完善落实《北京市党风廉政建设责任制牵头单位工作职责》，细化责任分工；充分发挥各职能部门的作用，切实把党风廉政建设和反腐败斗争的各项任务落到实处。加大力度，严格责任追究。2000年，农口系统有38名领导干部受到了责任追究。（2）深入贯彻落实各项规章制度，积极推进领导干部廉洁自律。大力抓好邓小平党风廉政建设和反腐败斗争理论的学习。以党政机关“四条规定”、国有企业“五条规定”和清理党政机关干部借用小汽车为主要内容，集中进行了四项专项治理，即对区县局党政机关的市管领导干部的配偶、子女从业情况进行了调查登记；对党政机关、事业单位清查出的用公款为领导干部住宅配备的2台电脑，进行了清理；对农口党政机关干部借用小汽车情况进行登记，已清退借用小汽车44辆；对国有企业领导人员兼职情况进行调查摸底，对1名领导干部未经批准擅自兼职和1名领导干部兼职取酬的问题进行了纠正和处理。农口各单位处级以上领导班子和领导干部以执行中纪委四次全会确定的四项规定为主要内容召开了一次专题民主生活会，认真自查自纠。（3）农口各级党委政府进一步加强对查办违法违纪案件工作的领导，深化办案责任制，进一步加大案件查处力度。

【查处违纪违法案件】 1～12月，农口各单位纪委共立案330件，同比上升31.5%，其中查处大案、要案112件，同比上升27.3%。通过查处案件，共为国家和集体挽回经济损失约495万元。(1) 深入贯彻十五届四中全会精神，切实加强国有企业党风廉政建设。抓好企业领导人员执行中央和市委关于国有企业的“四条八不准”、“五条五不准”以及《廉政准则》等有关规定；落实中纪委四次全会重申和强调的国有企业“五条规定”。加强国有企业党风廉政建设教育，提高领导干部的廉洁自律意识。围绕企业的效益、效率、质量、安全等经营管理中存在的问题，开展企业的效能监察。通过效能监察，共为企业节约开支、挽回经济损失5 813万元。(2) 突出重点，狠刹部门和行业不正之风。继续抓好减轻农民和企业负担工作。各区县共清理由市政府和地方法规确定的行政事业性收费项目52项，取消向企业收费20多项，减少向企业收费539万元。各区县和行政执法局结合政务公开，认真开展了行业评议工作。从改革和完善体制、机制、制度入手，抓住关键环节，加强了源头治理腐败工作。认真落实“收支两条线”的规定，完善和健全了各种制度，加强了对执收执罚部门收费和预算外资金管理的检查。全面启动政府采购工作，规范建筑市场，加强了对建筑工程招投标的管理。

【利用重大典型案件开展警示教育】 2000年8月7日，市委农工委印发了《关于利用胡长青、成克杰等重大典型案件在处级以上党政领导班子和领导干部中开展警示教育的通知》。通知的主要内容是：根据市委发出关于贯彻中共中央纪律检查委员会、中共中央组织部、中共中央宣传部《关于利用胡长青等重大典型案件对党员干部进行警示教育的意见》的通知精神，市委农工委决定，从8月上旬至9月上旬，在农口处级以上党政领导班子和领导干部中开展警示教育。(1) 在警示教育活动中要认真组织好学习。党员干部要认真学习中纪委7号文件规定的学习内容，充分利用胡长青、成克杰等重大典型案件进行警示教育的有关材料，深入学习领会江泽民同志关于“三个代表”的重要思想和从严治党的论述，进一步掌握《中国共产党纪律处分条例（试行）》、《中国共产党党员领导干部廉洁从政若干准则（试行）》等有关规定；增强勤政廉政的自觉性。(2) 紧密联系本地区、本部门发生的典型案件，围绕胡长青、成克杰从一名党的高级干部蜕变成一个政治上与党离心离德、经济上贪得无厌、生活上腐化堕落的彻头彻尾的腐败分子的事实，进行具体的解剖分析，弄清他们在何种情况下，在哪些环节和问题上走上了违纪违法的道路，从中总结出若干教训，结合思想和工作实际进行讨论。要举办和组织好参观《北京市打击和预防经济犯罪展览》。(3) 开展警示教育与贯彻落实江泽民同志“三个代表”的重要思想、中央思想政治工作会议精神和领导干部廉洁自律的规定、中纪委四次全会对党政领导干部四条要求、对企业领导干部五条要求结合起来；与正在开展的县处级“三讲”教育及“三讲”教育“回头看”结合起来；与进一步贯彻落实党风廉政建设责任制和当前反腐败斗争的各项工作结合起来；与广泛开展树立正确的世界观、人生观、价值观活动结合起来；与建立健全各项规章制度和内外监督机制，不给腐败分子可乘之机结合起来。教育活动后期，各单位领导班子要召开一次专门会议，交流学习体会。每个党员干部都要在思想、作风、理想信念、党性原则、组织观念、纪律观念、公仆意识等方面进行自我对照，找出存在的问题和不足，总结教育活动的收获和体会。各级班子要针对党员干部在世界观改造、共产主义理想和信念、廉洁自律等方面存在的问题，制定并完善有关制度和措施。(4) 在警示教育活动中，各级党委要按照党的十五大提出的关于从严治党的要求，检查本单位对干部、特别是担负一定领导职务的干部在教育、管理、监督方面存在的问题和差距，并研究制定出进一步加强教育、管理、监督的措施和方法，使对干部的教育和管理、监督工作在思想上更明确，在制度上更健全，在措施上更有力，真正建设一支政治强、作风正，经得起各种诱惑和考验，永葆共产党员的理想信念和道德情操的领导干部队伍。

【深入落实党风廉政建设责任制】 农口系统各级党委、政府（企事业单位）把落实党风廉政建设责任制作为加强党的建设，推动党风廉政建设和反腐败斗争的一项重要工作，狠抓落实。(1) 深入抓好宣传教育，强化各级领导班子和领导干部的责任意识，确保了责任主体工作到位。一是区县局级领导班子加强了自身的学习，将责任制列入中心组学习的重要内容，组织了专题学习、讨论，不少单位还请专家讲课，对责任制进行辅导。通过学习，各级领导班子及成员，对贯彻党风廉政建设责任制的重要意义的认识进一步提高。二是各单位运用广播、有线电视、党课、培训班、知识竞赛、考试等多种形式和手段，对党员干部进行党风廉政建设责任制的宣传教育。三是通过各种会议反复强调贯彻党风廉政建设责任制的意义。四是加强检查、监督。各级领导干部党风廉政建设的责任意识不断加强，特别是党政一把手抓责任制的主体意识，工作自觉性明显增强，使党风廉政建设责任制落实工作摆到了各级党委的重要议事日程，党政一把手基本做到了“五个亲自”，即：亲自组织分解了本单位全年党风廉政建设的主要工作任务，明确了领导班子每个成员的具体责任，各牵头部门、协办单位工作任务、工作目标和工作要求，普遍与下属二级单位一把手签定了落实责任制责任书；亲自主持召开了两次以上领导班子会议，专题研究部署本地区本系统党风廉政建设工作；亲自下基层调查研究，解决群众反映强烈的热点和难点问题；亲自听取纪委党风廉政建设工作的专题汇报，对党风廉政建设工作做出部署，提出要求；亲自组织召开了本级领导班子专题民主生活会，并至少参加了下属一个单位的领导班子民主生活会。（2）抓责任分解，强化反腐败工作机制。根据市委、市政府制定的《2000年全市党风廉政建设和反腐败斗争主要任务分工》，农口各单位突出抓了各项任务分解工作，明确了责任制任务完成的牵头单位、协办单位和主管领导，将责任制各项任务分解到主管领导和部门，基本实现了责任制任务“分管领导、责任部门、任务要求、工作时限”四到位，充分发挥各职能部门的作用，切实把党风廉政建设和反腐败斗争的各项任务落到实处。通过抓责任分解，任务分工，农口系统党风廉政建设已初步形成了党委统一领导，党政齐抓共管，纪检组织协调，部门各负其责的工作格局和工作机制。（3）健全配套制度，保证党风廉政建设责任的落实。根据市里出台的有关配套制度，各单位在1999年制定责任制的基础上，2000年进一步建立健全了党风廉政建设责任制的情况报告、巡视检查、工作考核、民主评议、责任追究等配套制度，使党风廉政建设责任制的贯彻有了更切实的保证。截止年底，农口10个远郊区县、17个局总公司事业单位全部完成了党风廉政建设责任制的配套制度的制定工作，区县乡镇等二级单位80%以上也建立了配套制度。（4）严格执行党的各项纪律，强化责任追究。落实党风廉政建设责任制，责任追究是关键。2000年，农口各区县局总公司在抓责任制工作中，从实际出发制定了责任追究实施细则，普遍加强了责任追究的力度。在认真贯彻中纪委四个责任追究重点的基础上，着重在三个方面加大责任追究。一是中央、市委、市政府已经明令禁止而仍然顶风违纪的；二是有案不查、瞒案不报的；三是领导干部对配偶、子女、身边工作人员严重违法违纪知情不管的。通过监督检查，对确属领导干部负有责任的，要坚决依据责任追究的有关规定予以严肃处理。一年来，农口各区县局总公司通过戒勉谈话、批评教育、通报批评、纪律处分等多种形式，对一批不能严格履行责任制规定的党员领导干部实行了责任追究。2000年，农口系统有38名领导干部受到责任追究。其中，正处级干部11人、副处级干部14人、科级干部13人。在被责任追究的干部中，23人受到党纪政纪处分，15人受到批评教育、通报批评。由于各区县局党委纪委在贯彻落实党风廉政建设责任制中，强化了责任追究这一重要环节，从而有力地推动了责任制在农口的落实。

【推进领导干部廉洁自律】 各单位在深入开展党员领导干部廉洁自律工作中，着眼于教育，切实提高领导干部的思想认识，狠抓已有各项规定的落实，尤其在强化监督制约机制上狠下功夫。（1）结合“三讲”教育，各级领导干部加强了对邓小平党风廉政建设和反腐败斗争理论的学习。坚持党风廉政专题学习日和中心组学习制度，重点学习了江泽民总书记“三个代表”的论述及在中纪委第四次全会的讲话和《中国共产党党员领导干部廉洁从政若干准则》中纪委四次全会对党政机关领导干部廉洁自律四项规定等内容，做到了学习有规划、有重点，增强了学习的针对性和实效性，提高了领导干部的廉洁自律意识。（2）利用典型广泛开展警示教育。年初，市农村纪工委编辑发行了以农口党员违纪违法案例为素材的电视教育片《反腐警示录》，组织农口广大党员干部进行了收看。开展了利用胡长清、成克杰等典型案件深入进行警示教育的活动，各区县局领导干部认真收看电视专题片《胡长清案件警示录》、电影《生死抉择》和《北京市打击预防经济犯罪展览》。据统计，警示教育期间，仅农口局总公司就有8 275人参观了展览；15 347人看了电影《生死抉择》；组织各种讨论会252个；各级领导干部讲党课261次，91.1%的党员收听了党课，通过反腐防腐教育，增强了广大干部参与反腐败斗争的责任感和信心，加固了党员领导干部的思想道德防线。（3）运用“三讲”教育成功的经验，认真召开了领导干部廉洁自律专题民主生活会。2000年6月底以前，农口各单位处级以上领导班子和领导干部都以执行中纪委四次全会确定的四项规定为主要内容召开了一次专题民主生活会，认真自查自纠。各单位党委（党组）对这次民主生活会高度重视，各级领导班子及领导干部对照“三讲”整改措施、领导干部廉洁自律若干规定进行了严格的自查自纠，开展批评与自我批评，准备工作充分，生活会的质量高，达到了召开生活会的目的，收到了良好效果。（4）以党政机关四条规定、国有企业五条规定和清理党政机关干部借用小汽车为主要内容，集中进行了4项专项治理。一是对区县局353名党政机关的市管领导干部的配偶、子女从业情况进行了普查登记，其中：配偶、子女从事经商的有185人，没有违反有关规定的情况。二是对党政机关、事业单位处以上领导干部用公款配备电脑或用公款支付上网费的情况进行了调查，对清查出的用公款为领导干部住宅配备的2台电脑进行了清理。三是根据中央要求和市纪委文件精神，8月7～25日，对农口党政机关干部借用小汽车情况进行登记，已清退借用小汽车44辆。其中：市农业局、水利局、乡镇企业局机关共借用小汽车4辆，符合规定的3辆（借用近亲属2辆、家庭购买1辆），不符合规定的有1辆，已作了清退处理。10个远郊区县党政机关共借用小汽车717辆，符合规定的646辆，不符合规定的71辆（集体借用有关单位57辆，借用朋友及远亲属10辆，借用近亲属4辆），已对不符合规定的71辆小汽车清退了43辆，尚有28辆仍在清退中。四是根据市纪委关于填报《国有企业领导人员兼职情况登记表》、《国有企业领导人员兼职情况统计表》的通知要求，4月25日至6月5日对农口总公司、二级公司共177个国有企业领导人员兼职情况进行调查摸底，共登记962人，其中：兼职211人，经批准兼职的210人，未经批准擅自兼职（未取酬）的1人，兼职取酬的1人。12月20日前，根据中央有关文件规定和市纪委的要求，对个人擅自兼职和兼职取酬问题进行了纠正和处理。

【落实案件检查工作】 2000年，农口纪检监察系统以落实案件检查工作责任制为龙头，进一步加大了案件查处力度。(1) 落实案件检查工作责任制，推动区县局总公司纪委案件查处工作。一是在区县局总公司普遍实行案件检查责任制的基础上，进一步深化工作，明确区县局总公司纪委书记是查处违纪案件的第一责任人，实行有案不查追究制，增强区县局总公司纪委办案责任意识，规范了办案程序，提高了办案效率和质量。二是拓展案源，加大督办力度。全系统坚持每季度召开两次案件排查会，实行案件线索挂账制，加大督办力度。据统计1～12月份，区县局总公司纪委自办案件112件，同比增长23.1%。(2) 采取有效措施，推进乡镇基层办案工作。一是加强基层纪检队伍建设，解决有人办案、会办案问题。通过努力，远郊区县173个乡镇基本配齐了乡镇纪委书记或副书记，配备的书记、副书记中青年人占大多数，具有大专以上学历的人达到80%。纪检干部也有了较大的增加，每个乡镇至少配备了一名专职纪检干部，大的乡镇配备了2～3名专职干部。四月份、五月份市农村纪工委连续举办了两期培训班，对249名乡镇纪委书记和局属二级公司纪委书记进行了专业知识和技能培训。二是落实责任制，强化基层办案意识。在区县局总公司实行案件检查工作责任制的基层上，又进一步在全郊区推行了乡镇纪委办案工作责任制，同时加大区县纪委对乡镇纪委的办案工作从初查、立案、调查取证到结案处理实行全程跟踪指导的力度，纪委对群众反映强烈的违纪问题压案不查或查处不力走过场的，致使群众越级上访或产生其他严重后果的要追究所在乡镇党委书记的责任。三是落实案件排查和组织协调，推动乡镇基层办案。四是通过调研，总结了密云县纪委、怀柔县纪委，房山区闫村镇、怀柔县雁栖镇、通州区小务乡、昌平区十三陵镇等两县四乡镇开展基层办案工作的经验。7月份，在怀柔县召开了有远郊10个区县纪委书记、主管案件工作的副书记、案件室主任参加的乡镇基层办案工作经验交流会。五是组织各区县纪委书记就目前基层办案的领导体制、难点问题、基层干部的思想动态、违纪特点及如何组织乡镇办案等问题展开了研讨。据统计，1～12月农口各单位纪委共受理群众来信来访3 087件次，其中转初核523件，转立案183件，办结信访件2 875件，办结率达93.1%。共立案330件，同比上升31.5%，其中，查处大案、要案112件，同比上升27.3%。结案304件，结案率为92.1%，共处分302人，其中，受党纪处分246人，政纪处分95人；处级干部54人；受留党察看以上党纪处分165人。乡镇基层纪委共查办案件111件，占乡镇总数的64.2%，其中有52%的乡镇有自办案件，同比增长54.2%。局总公司纪委立案查处党员干部违纪案件17件，其中新立案14件，分别比上年同期增长了54.5%和75%。通过查处案件，共为国家和集体挽回经济损失约495万元。

【企业党风廉政建设】 农口各企业紧紧围绕国有企业改革发展的中心工作，积极从企业的生产经营实际出发，不断建立健全现代企业监督约束机制，全面推动国有企业党风廉政建设。(1) 加强国有企业党风廉政建设教育，提高领导干部的廉洁自律意识。一是，在农口国有企业领导班子和领导干部中普遍开展了从胡长清、成克杰严重违纪违法案件中吸取教训的警示教育活动。二是根据市纪委文件精神，8月下旬至9月下旬，在农口国有企业普遍开展了以“四个一”为主要内容的党风廉政建设专题教育月活动。三是按照市纪委、市委组织部要求，组织企业领导班子召开了专题民主生活会。四是坚持把思想教育、制度约束和群众监督有机结合起来，推进了国有企业厂务公开工作。据统计，远郊区县、农口总公司共有1 541个企业进行了厂务公开，公开率达到93.1%。目前农口国有企业重要事项向职工代表大会报告率达到93%，业务招待费使用情况向职工代表大会报告率达到94.5%，对企业领导干部民主评议率达到80%。(2) 积极开展国有企业效能监察工作。3月初，农口12个局总公司的纪委书记、监察处长赴首钢学习参观。之后，就如何开展效能监察工作进行了研讨，农村纪工委提出了具体要求：一是各总公司党委，要切实加强对此项工作的领导，要成立由企业行政领导牵头的企业效能监察工作领导小组及办公室，统一协调本单位的企业效能监察工作。二是农口企业效能监察工作必须紧紧围绕强化企业管理、提高企业经济效益进行，使效能监察工作与经济工作紧密结合，推动企业发展。三是每个单位认真抓好一至二个试点，取得经验，再行推开。四是从企业实际出发，在调查研究的基础上，选准监察题目。重点围绕企业生产、经营、管理、效益、质量、安全等方面选题立项，从小处着眼，力求取得突破。农口各企业结合各自的实际，重点围绕企业投资效益、大宗原材料采购、重点工程资金的使用、企业财务管理和企业招待费使用开展了效能监察。12月份，市委农工委召开了农口国有企业效能监察工作会议，总结交流2000年农口企业效能监察工作经验，部署2001年工作。会上，华都集团公司、市农工商总公司、兴东方公司三个单位介绍了他们开展效能监察的经验和体会，印发了市水产总公司下属友谊饲料公司、市农工商开发贸易公司、市郊区旅游公司大厦管理处、华都公司下属农机物资公司等四个单位的书面发言材料。通过开展企业效能监察，找出了企业管理中的问题，堵塞了漏洞，提高了企业效益。据统计，农口局、总公司共立项效能监察51项，其中，总公司局级单位立项16个，二级企业立项35个。内容涉及人事劳资管理、物资原材料采购、应收款管理、财务管理、基建管理、投资效益及成本管理等6个方面。通过效能监察，共为企业节约开支、挽回经济损失5 813万元。

【纠正部门和行业不正之风】 (1) 继续抓好减轻农民和企业负担工作。在减轻农民负担方面，今年重点围绕农村集体土地征占过程中农民利益受损害问题，开展了调查工作，对加重农民负担案件进行了查处。各区县由有关部门牵头，组织了两次农民减负大检查，使全市农民负担控制在了市政府规定的3%之内。(2) 进一步减轻企业负担。今年各区县共清理由市政府和地方法规确定的行政事业性收费项目52项，取消向企业收费20多项，减少向企业收费539万元。(3) 按市政府纠风办统一部署，各区县和行政执法局认真开展了行风评议工作。

【从源头预防和治理腐败】 根据农口的实际，各单位从改革和完善体制、机制、制度入手，抓住关键环节，加强了源头治理腐败工作。(1) 认真落实“收支两条线”的规定。各区县局对具有行政事业性收费和罚没收入的职能部门及收费项目全部纳入“收支两条线”管理。一是完善和健全了各种制度，建立了《加强预算外资金财政专户管理的规定》、《预算外总会计岗位责任制》等项制度，明确了分工和责任，规范了缴拨手续。二是加强了对执收执罚部门收费和预算外资金管理的检查。(2) 全面启动政府采购工作。一是各区县健全了政府采购机构和采购制度，制定了《政府采购目录》。二是加大了政府采购力度，制定了严密的实施方案。对公务用车、通讯器材等大宗物资均已实现政府比价采购，据不完全统计，已落实采购金额4 242.15万元，节约资金640.4万元。(3) 规范建筑市场，加强了对建筑工程招投标的管理。各区县局总公司普遍建立了专门机构，加强建筑市场规范化管理。

（辛　欣）

老干部工作

【加强和改进老干部工作】 截止到1999年底，农口共有离退休干部5 810人，分布在北京市10个远郊区县及17个农口局、总公司、院校。其中区、县4 727人，局、总公司1 083人；正局级36人，副局级281人，正处级523人，副处级2 315人，科级以下2 655人；一、二次国内革命战争时期参加革命的有15人，抗日战争时期参加革命的有1 473人，解放战争时期参加革命的有4 322人；老干部平均年龄74.3岁。

2000年农口老干部工作在市委农工委领导下，以邓小平理论为指导，认真贯彻落实北京市第十三次老干部座谈会精神，紧紧围绕全党工作大局，结合实际，全面落实老干部的政治待遇和生活待遇，发挥老干部在两个文明建设中的作用。按照“增强老干部工作的针对性，抓重点、抓难点，争取新的突破，取得新的成效，争创一流工作水平”的工作思路和工作任务，从六个方面加强和改进老干部工作：(1)提高认识，进一步加强对老干部工作的领导。(2)加强老干部思想政治工作，更好地从政治上关心老干部。(3)做好“两费”(离休费和医药费)落实工作，更好地从生活上照顾老干部。(4)加强调查研究，了解新情况，解决新问题。(5)加强和改善老干部活动场所，充分发挥老干部在两个文明中的作用。(6)搞好工作部门建设，全心全意为老干部服好务。年内，老干部工作取得较好成果：一是老干部思想政治工作得到加强，政治待遇进一步落实；二是老干部“两费”得到保障，维护了老干部权益；三是老干部活动场所建设取得了新成绩，满足了老干部活动的需要；四是实现了老干部队伍的稳定，使老干部成为促进改革，促进经济发展，促进社会进步，维护社会稳定的积极力量。

【加强老干部工作的四条经验】 (1) 认识到位，领导重视是做好老干部工作的关键。(2) 落实《责任制》是推动老干部工作的主要措施。(3) 加大财力投入是做好老干部工作的物质保证。(4) 建设一支爱岗敬业的工作人员队伍是做好老干部工作的组织保证。2000年，农口共有老干部工作人员1 211人，其中专职工作人员327人，兼职工作人员884人；老干部局、处长63人，其中男43人，女20人，平均年龄51岁，其中研究生1人，大学本科生12人，大专34人，大专以下学历16人。共有工作用车76辆，配备电脑35部。

【农口单位普遍建立老干部工作领导小组】 12月农工委调整充实了老干部工作领导小组：顾问：赵友福；组长：赵凤山；副组长：白仙畔、张凤福；成员：党明、于兆海、周广和、刘春广、彭玲、武学萍。

农口各区、县、局、总公司和院校的老干部工作领导小组，由党委一把手任组长，主管老干部工作的党委副书记任副组长，各有关部门负责同志为领导小组成员。

【老干部两项待遇得到落实】 在农工委和老干部工作领导小组领导下，老干部处负责检查、督促、协调农口远郊区、县和局、总公司、院校的老干部工作。使离休干部“基本政治待遇不变，生活待遇还要略为从优，并注意很好地发挥他们的作用”的政策得到全面落实。老干部政治待遇方面：保证老干部阅读文件、参加政治理论学习，传达重要报告和讲话，参观工农业生产建设项目，听取各项工作情况的通报。在生活待遇方面：保证离休干部的离休费按时足额发放，医药费按规定及时实报实销。对个别单位拖欠老干部“两费”(即离休费和医药费)，农工委老干部处每季度进行一次通报。为了保证老干部“两费”不折不扣地得到落实，各区、县、局、总公司积极采取有效措施妥善地解决困难企业拖欠离休干部“两费”问题。如平谷、密云、昌平等区县把最困难企业老干部转入财政列支；市水产总公司把所属企业的16位老干部转入总公司机关列支；顺义区供销社建立老干部“两费”统筹机制，保证了老干部“两费”及时落实。在保证离休干部“两费”落实的同时，为使离休干部的收入逐年提高，市委、市政府制定了“三条原则”，即：在制定涉及群众利益的改革方案时，一定要考虑到老干部这个有功的群体；给在职人员增加收入时，也要使老干部的收入得到相应提高；对有特殊困难的老干部,应及时为他们排忧解难。要求各单位要按照这三条原则,在保证落实国家政策规定的老干部生活待遇的同时,从实际出发,本着量力而行的原则,凡是给在职人员增加收入时,老干部的收入相应增加。如昌平区、怀柔县从2000年开始每年为抗战时期的老干部增发了生活补贴500元。市林业局、水利局、农业局、市水产总公司等单位在年终给在职人员兑现奖励时,按一定比例给老干部增发生活补贴,让老干部同在职干部一样共享改革成果。对有特殊困难的老干部,采取特殊困难特殊解决办法,及时为他们排忧解难。各区县普遍建立老干部解困基金,昌平区20万元、通州区10万元、门头沟区10万元、怀柔县10万元、密云县10万元、大兴县6万元、顺义区5万元、房山区5万元、延庆县5万元、平谷县5万元,主要用于解决离休干部老伴无工作、子女残疾、易地安置老干部“两费”不落实等原因造成的生活特殊困难。

【老干部思想政治工作得到加强】 按照中央关于加强和改进思想政治工作的要求，把加强和改进老干部思想政治工作作为老干部工作的一项重要内容来抓。5月，农工委老干部处召开了农林系统老干部局、处长会，共同研讨新形势下加强和改进老干部思想政治工作方面存在的问题和解决的办法。要求从七个方面解决问题：①抓好老干部的政治理论学习；②抓好老干部党支部建设；③抓好对老干部的形势教育；④抓好思想政治工作与解决实际问题相结合；⑤抓好典型；⑥抓好调查研究；⑦抓好老干部思想政治工作的领导。农口各单位在加强和改进老干部思想政治工作的实践中，采取多种形式，创造新的活动载体。有的成立了“老干部思想政治工作研究组”；有的建立了“老干部思想谈心会”；有的建立“老干部思想交流日”等等。有17个单位总结了加强和改进老干部思想政治工作的经验，农工委老干部处编印成《市农林系统老干部思想政治工作经验选编》一书，在农口全系统推广。

【老干部党支部建设取得进展】 农口现有离休干部党员4 363人，建老干部党支部397个，其中离休干部党支部233个，离、退休混编支部164个。按照中组部和市委组织部关于加强退（离）休干部党支部建设的要求，5月11日召开区、县、局、总公司老干部局（处）长会，研讨交流老干部党支部建设的经验与问题。积极探索新形势下加强老干部党支部建设的新经验、新方法。针对老干部党支部班子成员老化、支部工作开展不力的情况，采取调整党支部书记、选派专兼职工作人员担任党支部副书记、培训老干部党支部书记、表彰先进党支部、推广先进经验等办法加强老干部党支部工作。房山区紫草坞乡党委把异地回乡居住的老干部党员组织起来，成立老干部党支部，过好正常的组织生活；怀柔县把居住在农村的老干部都搬到县城居住，分片建立了党支部，加强了党支部建设。他们针对支部班子年龄老化、不利于支部开展活动的情况，又重新调整支部成员，全县39个老干部党支部由老干部工作人员担任党支部副书记，使老干部党支部建设得到加强。密云县为加强老干部党支部建设，选拔了一名熟悉党的建设工作的组织员，专职负责全县老干部党支部建设工作。

【老干部作用得到发挥】 按照自愿量力、面向基层、面向群众的原则，发挥老干部在两个文明建设中的作用。据统计，农口老干部参加考察干部、查处案件39人，在各种学会中任职109人，教育培养青少年关心下一代552人，撰写回忆录、编写专业史153人，从事种植养殖业50人，从事专业技术服务106人，领办创办参办经济实体41人，返聘109人，参加居委会工作166人，参加退离休干部管理服务工作248人，其他706人。老干部尽己所能、力所能及地为社会再作出贡献。

【老干部活动中心（站）建设进展大】 扩建农林系统老干部活动中心。农林系统老干部活动中心原有建筑面积650平方米，2000年3月经市委农工委领导批准扩建350平方米。扩建工程于5月20日动工，9月19日竣工，先后投资320万元，总建筑面积达到1 000平方米。设有台球室、乒乓球室、阅览室、棋牌室、会议室、老年大学教室、OK厅和老干部休息室。有5部电脑，2部传真机，使环境面貌、活动面积和内部设施得到了改善。

大兴县投资2 000多万元，拆掉一栋旧居民楼，建造了一座远郊一流水平4 815平方米的老干部活动中心，于2000年9月投入使用。顺义区投资1 000万元，占地1.3公顷，新建5 400平方米的中心已完成主体工程。市水利局新建3 400平方米老干部活动中心已破土动工。截止2000年底农口区、县、局、总公司老干部局（处）直接管理的老干部活动中心（站、室）建筑面积共3.3万平方米。基本上满足了老干部学习、娱乐、活动的需要。

在搞好老干部活动场所建设的同时，加强对老干部活动场所的管理使用，建立健全各项管理制度，开展丰富多彩的活动，组织老干部学习理论、阅读文件、听报告、讲座、举办演讲会、报告会、开展知识竞赛、书画活动、文艺表演、歌咏比赛、健身游艺、开办老年大学，进行台球、门球友谊比赛等等。活动中心、站（室）真正成为老干部之家。

【老干部工作制度得到较好坚持】 一是新任领导拜访老干部制度。要求各级新任领导在上任一个月内拜访老干部。二是领导干部联系老干部制度。要求各级在职领导联系1～2名同职级的老干部，做到定期联系，节假日或有病时走访慰问。三是老干部工作责任制度。要求各级领导建立老干部工作责任制，做到一级抓一级，层层负责。四是情况通报制度。要求各级领导定期向老干部通报本单位改革和经济发展情况。五是老干部工作检查交流制度。

（李景辉、雷显武、才庆学、
胡颂文、辛　欣、于兆海）

区县经济社会发展

郊区概况

北京市位于北纬39°28′至41°5′、东经115°25′至117°30′。地势西北高、东南低。地貌类型多样、地域自然条件复杂、气候、植被、土壤呈有规律的垂直分布。

北京郊区土地面积为1.58万平方千米，占全市总面积的94%。其中山区面积1.04万平方千米。全市农用土地137.12万公顷，占土地总面积的83.47%，非农业用地27.16万公顷，占16.53%。农业用地中耕地40.54万公顷，占24.68%。林地50.40万公顷，占30.68%，牧草地29.07万公顷、园地9.27万公顷、水域7.89万公顷。

2000年北京郊区常住人口860万人，占全市常住总人口的86%。人口密度为544人/平方千米。其中城镇人口531万人，占62%，农村人口329万人，占38%。从业人员165.8万人，其中第一产业从业人员69.7万人，占42%；第二产业从业人员47.4万人，占28.6%；第三产业从业人员48.7万人，占29.4%。

北京郊区行政区划为4个近郊区（朝阳、海淀、丰台、石景山)、5个远郊区（门头沟、房山、通州、顺义、昌平)、5个远郊县（大兴、怀柔、密云、平谷、延庆)，共144个镇、71个乡、4 043个行政村。

朝阳区

全区概况

自古就有京畿腹地美誉的朝阳区，地理位置优越，经济发达，是北京市面积最大，人口最多，城乡结合的近郊区。这里有理想的市政条件和投资环境，是北京市城市发展的主要开发、建设区。它还是北京市对外交往的窗口，是北京市教育、科技、文化的密集区。

【地理位置】 位于北京市城区东部，地处北纬39.40°~40.5°，东经110.21°~116.38°。东与通州区接壤，南与大兴县毗连，西与丰台区、崇文区、东城区、西城区、海淀区为邻，北与昌平区、顺义区交界。属城乡结合地区。

【面积】 朝阳区南北长约28千米，东西宽约17千米，面积470.8平方千米。全区境内无山，地面平坦，位于北京平原上，是华北大平原的一部分。平均海拔34米。

区内80%的土质多是轻壤土到中壤土，比较均一，适于耕种。

【水文气候】 全区属北温带，四季变化明显，气候属于温带半湿润大陆性季风气候，年平均气温11.6℃，年平均降水量600.7毫米。区内主要河流有温榆河、通惠河、清河、坝河、亮马河、萧太后河、凉水河、北小河等，流域面积455平方千米。

【交通】 境内公路、铁路交通网四通八达，区内市政道路密度是北京市平均密度的2倍多，京昌、京通、机场、京津塘、京沈、四环、五环7条高速路，京包、京承、京广、京秦铁路穿越全境。京津塘高速路西端的北京国际货物流通中心朝阳口岸，把天津港口通过高速公路延伸到北京，使北京有了自己的出海口。国内最大的航空港——首都机场位于朝阳区东北部，属朝阳区辖区管理。

【建置】 从秦至隋唐，该地区属幽州所辖的蓟县，辽时归属燕京道析津府，金时属中都路大兴府，元代属中都路大兴县，明清属京师顺天府，仍为大兴县辖。1925年设东郊区，1945年分为郊一区和郊二区，同年更名为第十三区和第十四区，1950年合并为第十区，1952年恢复东郊区名。1958年5月，经国务院批准，东郊区更名为朝阳区。

【行政区划与人口】 1999年，全区有街道办事处21个，乡政府24个，其中位于城乡结合部的大屯、太阳宫、将台、高碑店、南磨房5个乡改设地区办事处，作为区政府派出机构，兼有城市管理职能。1999年全区人口148.8万。

经济发展

2000年，朝阳区经济建设获得新发展，“九五”计划圆满完成。全年农村经济总收入完成177亿元，比上年增长15%；利润总额完成16.2亿元，同比增长16%；农民人均纯收入实现6 350元，同比增长5%。农村三产增速迅猛，同比增长31.4%；农村一、

二、三产比例由1999年的5.6:42.3:52.1调整为2000年的5.7:39.6:55.7，产业结构进一步优化。

绿化隔离地区建设

绿化隔离地区建设是为了落实北京市城市总体规划，加快规划市区范围内城乡结合部地区的环境整治和城市化进程，促进城市生态环境改善和经济、社会可持续发展，达到旧村改造、农民上楼、环境优美、经济繁荣、农民致富，实现农村城市化的目标。

朝阳区绿化隔离地区涉及大屯、太阳宫、将台、高碑店、南磨房、洼里、来广营、平房、东风、王四营、东坝、常营、三间房、豆各庄、十八里店、小红门16个乡及市属单位东风农场，总面积111.46平方千米，占全市241.78平方千米的46%，其中规划绿地面积68.55平方千米，占全市规划绿地面积的54.8%。涉及126个自然村（居、家委会），总人口19.5万人。按市政府要求到2003年全部完成规划绿化面积。

【探索三种绿化产业发展模式】 从2000年3月8日开始，用短短45天时间，超额完成市政府下达的0.087万公顷绿化任务，实现绿化面积0.121万公顷，其中退耕还林0.102万公顷，栽植树木403万株，铺设草坪15万平方米，相当于前10年绿化面积总和。从实践中探索出三种绿色产业发展模式：来广营绿色产业链接全民健身；东坝绿色产业链接旅游观光；常营绿色产业链接农民致富。全市创出10大板块，朝阳初步形成大屯洼里板块、来广营望京板块、朝阳公园红领巾公园板块、东坝常营板块、王四营高碑店板块5个超333.33公顷绿色板块。

【建设8个绿色重点项目】 在超额完成当年绿化任务的同时，还在绿化隔离地区建设了来广营乡朝来足球活动中心、朝来森林公园、朝来文化休闲公园、东坝千亩果树观光采摘园、常营千亩银杏林等绿化重点工程。朝来足球活动中心占地30公顷，投资1 600万元，建成一块高标准比赛用草坪和10块练习草坪，面积10万平方米。周围由雪松、油松、花灌木等花草树木装扮，还有经济林、露天垂钓相伴。建设有看台、休闲、食宿、洗浴、办公等综合服务设施。形成绿荫环抱、功能齐全、高水准的体育公园。朝来森林公园占地53.33公顷，投资1 000万元。公园由秋色园、密林区、疏林草坪区、花卉区、水景区组成。秋色园由颜色不同的秋季观叶植物构成；密林区由各种乔木形成郁郁葱葱的密林景观；花卉区种植色彩各异的花灌木，形成三季有花、四季常绿的景观；水景区的湖边种植垂柳、水杉、白腊等树种，湖内种植各种水生植物。园内湖光秋色、草旺花美、风景怡人、空气清新，形成了旅游休闲、健身娱乐的优良场所。

【启动7个新村建设】 从2000年8月开始，先后启动了来广营乡北苑新村、南磨房乡紫南家园、常营乡回民新村、三间房天泰苑小区、东坝乡东坝新村、豆各庄乡豆各庄新村、十八里店乡吕家营新村7个新村建设项目。一期批准规划设计条件总建筑面积668万平方米，立项批准开工面积195.1万平方米，搬迁房屋面积159.6万平方米，商品房面积30.5万平方米，预计安置搬迁人口3.1万人。

【投资环境改善】 来广营乡在绿化隔离带区建设的机遇面前，提出"建万亩绿色通道，筑城北生态屏障"的绿化宣言，实施了"以旅游观光、全民体育健身、文化休闲为主"的绿色产业的发展战略。全年完成绿化200公顷，创出朝来森林公园、朝来足球活动中心、朝来文化休闲公园三大精品工程，已分别同香港捷成、北京国安足球俱乐部、海口馨叶公司签订了合作协议。初期投入已收回。全乡绿色产业平均亩收益800元，比单纯种植粮食高出700元。同时提高了劳动力就业率和农民收入。绿化改善了投资环境，招商引资加快，城建集团、香港捷成公司等20家企业到来广营投资或合作，引进资金3亿元。新村建设带动了乡建筑、建材业的发展。全乡经济总收入16.8128亿元，比上年增长17.0%；利润10 226万元，同比增长26.1%；增加值22 282.6万元，同比增长13.4%；农民人均纯收入20 098元，上缴税金1 906万元。绿化隔离地区建设的实施促进了全乡经济发展。

2000年9月30日，朱镕基总理等到来广营乡视察绿化隔离带区建设。2000年5月25日，市委书记贾庆林、市长刘淇率市政府有关部门领导查看朝阳区绿化隔离地区建设情况。9月22日，市委书记贾庆林、市长刘淇到南磨房乡参加紫南家园新村建设开工典礼。在5月召开的北京市2000年春季绿化隔离地区建设表彰会上，朝阳区被评为先进区县，来广营乡、东坝乡被评为先进乡镇，小红门乡牌坊村等10个村被评为先进单位。部锡忱等42人被评为先进个人。

农　业

【确定全区农业工作方针】 2000年全区农业工作继续深入贯彻落实"都市农业"方针，结合朝阳区农业和城市发展的实际需要，坚持以市场为导向，以效益为中心，以绿化隔离地区建设为契机，坚持"两个退出"（退出商品粮生产和一般性农产品生产），建设"三个产业带"（绿化隔离带、温榆河生态带和观赏鱼产业带），大力发展精品农业、创汇农业、观光农业、绿色产业和特种养殖，全面推进农业结构调整。同时，在养殖小区、农业科技、农民专业合作经济组织和专业村建设等方面取得新进展。

【农业结构调整取得突破性进展】 朝阳区农业结构调整总面积0.287万公顷，占年初粮田面积的41.7%，完成年初计划调减任务的126.5%。其中绿化隔离地区占粮田0.102万公顷；小麦籽种面积0.08万公顷；新增菜田433.33公顷；新增苗木、花卉、草坪、果树、牧草、药材等经济作物533.33公顷；新开观赏鱼水面40公顷；畜牧养殖用地66.67公顷。

【出口创汇农业发展迅猛】 全年实现创汇额7 856万元，出口主要品种为蔬菜、食用菌、观赏鱼，其中出口特菜和食用菌13 500吨，出口额5 421万元；出口观赏鱼1 500万尾，出口额2 435万元。全区特菜生产面积达到613.33公顷，发展出口菜基地达327.33公顷，其中当年新增192公顷。崔各庄乡何各庄村建成80公顷出口菜基地，2000年人均纯收入达1.05万元，成为市级出口菜专业村。

【农产品加工和销售龙头企业带动作用增强】 全区现有农产品加工和销售龙头企业4个，实现销售额1.3亿元。全区有创汇农业直接出口单位3个，间接出口单位7个。全年实现创汇额8 000多万元，比1999年增长1倍，比1998年增长7.6倍。带动农户1500余户，增强了农民抵御市场风险能力，带动了农民致富。

【养殖小区和特种养殖发展快】 全区现有养殖小区9个，其中新发展8个，获市级奖励的3个；小区总占地23.33公顷，总投资2 610万元，其中农民自筹资金1 420万元，带动农户350户，全年出栏畜禽22.3万头（只），实现销售收入2 050万元，利润800万元。全区特种养殖中畜禽存栏13万只（头），出栏特种畜禽20万头（只），产值2 000万元，占牧业产值的12%。

【推进朝阳区农业科技进步】 名优农业品种迅速增加。全年引进推广300余个，种植业有中华圣桃、黄金梨、樱桃番茄、彩色大椒、甜瓜、食用菌精品阿魏菇和杏鲍菇等；畜牧水产业有山鸡、肉驴、香猪、獭兔、鸵鸟、彩虹鲷、淡水龙虾等。

籽种农业发展较快。水产科技园形成良种培育、良种越冬和种苗供应基地；金盏淡水龙虾基地进行澳洲淡水龙虾的养殖和虾苗的繁育；还有黑庄户乡热带鱼的繁育，楼梓庄乡的中华圣桃、黄金梨的种苗生产等。

加快农业科技推广和科技成果转化。全区农业科技推广项目共计30余项，其中有13项由区科委立项，如新型营养液的研制与利用绿色垃圾开发新型基质、花卉产业化体系建设、稻田养蟹技术示范、无公害蔬菜产业化配套技术研究与应用、彩虹鲷引种与饲养试验和保护地蔬菜灌溉专家系统试验等等。

高效农业园建设得到加强，在数量、规模、功能、体制、科技含量、效益和辐射带动作用等方面均有突破。数量由3个发展到11个，占地规模由千亩发展到近万亩；功能由单一的农产品生产向生产、加工、休闲、娱乐、健身等多功能方面转变；经营体制由集体经营发展成多种体制并存。朝来农艺园全年总收入达1 000万元，比上年增加370万元；通胜卉芳股份公司全年产值600万元。

【观光农业生机勃勃】 坚持“都市农业”发展方针，大力发展观光农业，完成了《朝阳区“农游合一”实施规划》。以朝来农艺园、金盏郁金香花园、王四营通胜高科技园区等一批都市农业园为载体的“农游合一”基地全面对外开放，全年接待中外游客24万人次，实现旅游收入1 390万元。东坝乡千亩果园、常营乡千亩银杏林的建设及蟹岛度假村的扩建，进一步推动了“农游合一”的发展。

【推进专业村和农民合作组织建设】 全区现有种养专业村17个，获市级奖励的2个，其中种植业10个，人均收入过万元的专业村1个，即崔各庄乡何各庄村出口菜专业村，全年人均收入1.05万元；养殖业专业村7个。

农民合作经济组织14个，新发展5个，获市级奖励4个。其类型有：出资型6个；会员制型5个；契约型3个。2000年全区农民合作经济组织实现销售收入5 440万元，利润1 200万元，带动农户1 200户，户均增加纯收入3 000元。经过两年的发展，朝阳区农民合作经济组织纷纷制定组织章程及相关制度，管理由起步阶段逐渐走向规范化、制度化。

【农业基础设施建设加大投入】 结合农业结构调整，着重发展节水灌溉、水环境治理和购置蔬菜、花卉、林果等多领域、多品种的小型农业机械。全年由市、区用于农业项目的补贴达3 800万元。其中，投入2 149万元的资金，完成38项农田水利工程，完成土石方22.7万立方米，发展节水灌溉面积426公顷，其中管灌104.67公顷，微灌134.67公顷，喷灌80公顷，渠道衬砌106.67公顷，治理排水沟23条，效益面积0.81万公顷，新打农用井16眼；用于更新购置的小型农机投资总额为461万元，其中区财政补贴185万元，更新购置农机171台（件）。

【食用农产品安全生产体系建设启动】 2000年内朝阳区制定下发《朝阳区食用农产品安全生产体系建设意见》、《北京市食用农产品安全生产暂行标准》、《朝阳区食用农产品安全生产部分农药使用标准》。以全区13个蔬菜、水产和养殖基地为重点，共计0.08万公顷，实施食用农产品安全生产计划。先后有楼梓庄出口菜及食用菌基地、朝来农艺园、霸新绿色种植园3个基地获得绿色食品认证，楼梓庄出口菜及食用菌基地、水产科技园、通胜农业高科技园区、崔各庄出口菜基地4个基地被定为北京市食用农产品抽检达标单位，推出了净牌、春旭园牌、阿魏牌3个绿色食品品牌。

【北京玉雪阿魏菇技术开发有限公司】 由楼梓庄乡于2000年在其食用菌基地建设基础上设立，总投资1 000万元。该公司目前拥有净资产982.1万元，优质食用菌基地14.93公顷，日光温室68栋，生产车间5 950平方米，设施配套，设备齐全。2000年生产阿魏菇、杏鲍菇、新疆平菇等优质食用菌50万千克，加工食用菌罐头20吨，主要销往广州、深圳、香港等地。全年实现销售收入2 020万元，比上年增长32%。加工原料部分由本公司生产基地提供，部分来自本乡农户。通过与农户签订收购合同，带动520户农户，人均增收3 000元。该公司为了实现产业化经营，加大系列产品开发力度，与中国科学院、北京市食品研究所签订了研制阿魏菇保健饮料的合作协议，已研制出3～4种样品。

【北京格林万德农业科技有限公司】 是豆各庄乡农业公司、东马各庄村和深圳高科农业科技有限公司于1999年共同出资组建的股份制公司，总投资1 000万元，主要经营蔬菜生产、加工及销售。目前，该公司在国内各地建立蔬菜基地333.33公顷，其中有种苗温室6.67公顷，保证产品南北方市场均衡供应。该公司产品主打香港、深圳两大市场，同时正逐步开拓北京市场。2000年销售蔬菜350万千克，实现销售收入2 030万元，比上年增长65%。销售的蔬菜60%来自北京的朝阳区和延庆县，通过与农民签订收购合同，带动农户546户，人均增收2 500元。为进一步开拓市场，该公司投资250万元在深圳福田农产品批发市场建成400平方米的柜台，主要进行蔬菜的深加工和销售。

【北京通胜卉芳高科技农业园】 是由王四营乡总公司和市农科院共同组建的股份公司，固定资产5 200万元，占地13.33公顷。拥有联栋智能温室（12公顷）、净菜加工车间、贮藏车间等设施，设施完备，管理科学，实行现代企业制度，不仅是特菜和花卉生产基地，还具有观光、休闲、餐饮、娱乐、健身等多种功能。园区注重引进人才和技术，与市农科院建立了长久联系，促进科技成果转化，提高企业效益，科技贡献率达到70.5%。注重品牌效益，产品注册商标为“春旭园”，并同时达到了安全食用农产品标准。2000年,园区实现收入800万元，利润200万元。

【北京朝来农艺园】 位于朝阳区望京新城与北苑小区之间，占地面积30公顷，总投资5 000万元，包括生产区、加工区、娱乐区、休闲观光区、高科技示范区和朝阳区青年实践园6大部分。几年来，突出发展高科技农业生产设施、引进培育名特优新农作物品种、农产品加工和开发首都中高档市场，在科技、生产水平和两个效益上得到了显著提高，具有技术密集、资本密集的特点，科技贡献率达到了71.3%，获得了国家科技部授予的“工厂化高效农业朝阳示范区”的称号，被中国科协命名为“全国科普教育基地”。园区在产业结构上逐渐趋于科学合理，实现了一、二、三产业的有机结合，目前已成为集高科技生产、净菜加工、休闲娱乐、科普教育为一体的农业公园。

为提高农产品质量水平，园区在农产品生产过程中，抓住每个环节，严格按照绿色食品生产要求，在注册“净”牌商标的同时，取得了农业部颁发的“绿色食品”认证。2000年园区经济总收入2 189万元，比上年增长23%。

工　业

【乡镇企业稳步发展】 全区乡镇企业1 498家，完成总收入79.06亿元，比上年增长13.3%；实现利润总额2.41亿元，同比增长3.9%。乡镇企业中有工业企业有837家，完成总收入38.49亿元，同比增长10%；实现利润总额1.27亿元，同比增长8.8%。

【重组转制进展快】 1997年3月以来，落实重组转制项目834项，其中本年内完成302家企业转制，转制为股份合作制的65家，有限责任公司123家，进行合资合作2家，出售2家，租赁16家，联营5家，破产1家，关闭88家。共引进区外资金241.2万元，盘活存量资产1 233万元，引进高新技术10项，置换经营者10名，新增收入3 120万元。

【重点企业继续保持主导地位】 区内年销售收入在500万元以上的乡镇企业共211家，占乡镇企业总数的14.1%，当年共完成收入47.59亿元，占乡镇企业总收入的60.2%；千万元以上企业106家，占乡镇企业总数的7%，共完成收入34.14亿元，占全区乡镇企业总收入的43.2%，重点企业继续保持乡镇企业主导地位。高碑店乡北京汽车改装厂、南磨房乡东郊农副产品批发市场、小红门乡美好希望饲料公司等9家企业的销售收入突破亿元，共实现收入16.51亿元，企业总收入同比增长1.1倍。

【技术改造促进经济发展】 2000年内全区乡镇工业企业共申报技术改造项目30项，总投入1.56亿元。其中1999年结转项目20项，总投入1.03亿元；新开项目10项，总投入5 278万元。项目全部投产后可年新增销售收入5.29亿元，利润5 743.8万元，税金3 756.4万元。

【招商引资效果显著】 在“2000年北京朝阳国际商务节”上，农村推出258个招商项目，预计总投资185亿元。重点包装34项，签约成功20项，签约资金达85.3亿元。

【科技先导企业经济效益明显】 全区7家乡镇科技先导企业全年共实现收入2.13亿元，同比增长28.7%；实现利润1 624万元，同比增长127.5%。小红门乡华东开关厂，注重依托高新科学技术，引进法国模具箱生产设备，全年实现利润1 389万元，同比增长226.8%。

【24家企业通过ISO9000质量认证】 全年共有北京九阳实业公司、北京海天网联彩色印刷服务有限公司、北京中瑞家具有限公司等24家乡镇企业通过ISO9000质量体系认证。24家企业销售收入30 753.6万元，实现利润1 746.4万元。朝阳区农村5年累计63企业通过ISO9000质量体系认证。

【创企业名牌】 北京蔬菜食品速冻公司、北京华东开关厂获得“全国乡镇企业创名牌重点企业”称号。北京蔬菜食品速冻公司生产的“民乐”牌速冻食品（系列）、北京华东开关厂生产的KYN28A—12

（GISI—12）金属铠装封闭移开式高压开关柜和ZN63A—12（VSI—12）户内高压真空断路器获得“中国乡镇企业名牌产品”称号。北京蔬菜食品速冻公司生产的“民乐”牌速冻食品（系列）、北京东方京松服装厂生产的“京松”牌男女西服（系列）获得“北京市名牌产品”称号。北京华东开关厂、北京长虹开关厂、北京活力家具有限责任公司获得“北京市乡镇企业创名牌重点企业”称号。北京华东开关厂生产的KYN28A—12（GZSI—12）金属铠装封闭移开式高压开关柜和ZN63A—12（VSI—12）户内高压真空断路器、北京长虹开关厂生产的GCS型低压抽出式开关柜和GZSI型金属铠装抽出式开关柜、北京活力家具有限公司生产的活力弹簧软床垫（系列）和实木家具（系列）获得“北京市乡镇企业名牌产品”称号。

【北京华东开关厂】 建于1985年，占地面积3.2万平方米，注册资金1 500万元，现有职工500人，各类技术管理人员百余人，70多人具有高级技术职称。引进开发了KYN18D、GZS1型高压开关柜、GCS型低压开关柜、ZN12-10和VS1型真空断路器等新产品。引进了日本数控柔性加工生产线，引进德国母线制造生产线等先进设备。全年实现总收入15 046亿元，比上年增长42.1%；利润总额达到1 310万元，同比增长2.2倍；税收达到930万元，同比增加80.9%。1997年通过ISO9001国际质量体系认证，1998年通过英国皇家UKAS质量体系认证，被农业部评为“全国乡镇企业创名牌重点企业”。生产的KYN28A—12（GISI—12）金属铠装封闭移开式高压开关柜和ZN63A—12（VSI—12）户内高压真空断路器获得“中国乡镇企业名牌产品”称号，被市政府命名为“首都文明单位”和“科技先导企业”。

【北京蔬菜食品速冻公司】 1989年建成投产，总投资1 800万元，占地面积45 000平方米，建筑面积17 000平方米，主要设备有4 500平方米的恒温生产车间，贮存冷库2 500吨，速冻间500平方米，日生产能力130吨，是国内生产速冻蔬菜和面食产品最早、产量最大的生产型企业。职工800人，其中高、中级技术人员60人，营销人员70人。主要生产饺子、包子、馄饨、春卷、馒头、汤圆6大系列，50多个品种。在全市有600多个销售网点，产品市场占有率18%，外埠100多个经销商辐射25个省市，产品市场占有率30%。1997年通过中国方圆标志认证委员会产品质量认证，是北京速冻食品行业首家通过ISO9002国际质量体系认证的企业。2000年被农业部评为全国乡镇企业创名牌重点企业，销售收入5943万元，利润总额569万元，税收648万元。

建筑业　房地产业

【田华建筑集团再创佳绩】 全年开复工面积达184万平方米，比上年增长12%；竣工面积39万平米，产值14.3亿元，同比增长11%；增加值2.35亿元，同比增长4.5%。荣获市级优质工程5项，市级长城杯2项，望京K4区市政工程荣获国家工程建设质量金质奖章，全国集约型示范小区惠新一期住宅工程5.2万平方米的三栋高层夺取全国建筑行业最高奖项鲁班奖，实现朝阳区建筑史上零的突破。获得了ISO9002国际质量认证，跨入了全国经营规模500强。获得国家一级建筑企业资质；为创建全国一级A类建筑企业奠定了良好的基础。田华集团总经理刘振元获全国劳动模范、北京市劳动模范称号。

【农村市场建设方兴未艾】 朝阳区市场发展迅猛。截止到目前，共建成各类市场101家，消费品市场80家，生产资料市场24家。摊位2.56万个，占地面积186.7万平方米，营业面积101.7万平方米，投资总额8.64亿元，提供就业机会27 217个。投资超过1 000万元的市场有23家，其中十八里店乡新世纪广场、民乐建材市场、南磨房乡的东郊农副产品批发市场投资分别在8 000万元、7 600万元和4 000万元。农村市场交易总额34.4亿元，上缴税金1 493.5万元，市场收入1.61亿元，其中摊位租金1.41亿元，利润6 715.0万元。市场多为乡村两级建设，交易方式以零售为主，批零兼营为辅。

社会进步

2000年，朝阳区农村精神文明建设以提高农民文明素质为核心，以重在基层为原则，以丰富农民精神生活为主线，以治理环境和社会治安为重点，以创建活动为载体开展各项工作，取得了很好成绩。

党　建

【开展“三讲”教育】 2000年2~4月，全区24个乡的227名副乡级以上领导干部参加“三讲”集中教育。10月下旬，在24个乡、7个农口职能局开展了“三讲”教育“回头看”活动和处级领导班子、领导干部年度考核工作。对31个单位开展“三讲”教育一年来领导班子、领导干部整改措施落实情况、工作成效等5个方面进行对照检查。

【开展“三级联创”活动】 深入开展农村基层组织建设“三级联创”活动，区委农工委在制定下发《关于农村基层组织建设“三级联创”活动意见》和《朝阳区“五个好”村党支部（总支）评选办法》、《优秀共产党员评选办法》。在全区24个乡、169个村级党支部（总支）中评选出8个“六个好”乡党委，其中2个为“六个好”乡党委标兵；17个“五个好”村党支部（总支），其中7个为“五个好”村党支部标兵，31名优秀共产党员。召开了表彰大会，评选出市级“六个好”乡党委1个，“五个好”村党支部2个，优秀共产党员9名，市级模范集体3个，市级劳动模范11名，全国劳动模范1名。

【村级党支部换届选举】 5月中旬到6月底，23

个乡的169个行政村圆满地完成了党支部（总支）换届选举工作。9月份举办村党支部书记任职资格培训班，169名村党支部书记取得了任职资格证书。

【狠抓后备干部队伍建设】 农工委加大后备干部的培养选拔使用力度，建立了有201人的农口处级后备干部人才库，同时对村级和乡属重点企业后备人才按照村3～5人、企业2～3人的要求，建立了后备人才队伍。

【加强党风廉政建设】 全区农口各单位坚持民主生活会、礼品礼金登记、收入申报制度。区委农工委认真处理群众来信，人民来信114封件件有着落，事事有回音。

精神文明建设

【加强宣传教育提高农民素质】 结合当前形势，抓住群众精神文化生活需求，以村民学校为阵地，充分利用宣传栏、板报、有线电视等媒体，加强宣传教育。深入开展爱国主义、集体主义、社会主义教育和“致富思源、富而思进”教育，引导农民增强改革开放和社会主义现代化信念，克服小富即安、固步自封、不思进取的落后观念。以开展各种文化体育活动为载体，广泛宣传党和国家政策法规，加强马克思主义唯物论和无神论教育，广泛开展科普教育，引导农民树立正确的世界观、人生观、价值观，自觉地抵制封建迷信和各种歪理邪说，形成崇尚科学文明，反对迷信愚昧的浓厚氛围。广泛开展“在社会做个好公民，在农村做个好村民，在家庭做个好成员”的村民文明素质教育，以及“千万市民齐参与，争做文明北京人”为主题的宣传教育、义务劳动等活动。通过报告会等多种形式，广泛宣传刘振元的先进事迹，树立农口自身的典型形象，形成了向榜样学习、争做文明朝阳人的社会氛围。紧扣当前市区中心工作，加大绿化隔离带建设对增加农民收入、改善农民居住环境、推进农村城市化进程、提高文明程度的重要作用和意义，以及各项政策的宣传，发动社会各界人士、群众团体等以各种形式参与绿化建设，推动了绿化隔离带建设的顺利进行。

【提高精神文明创建水平】 确立了固优培新工作目标，按照“领导重视组织得力，经济发展成绩突出，精神文明成效显著，乡村建设管理完善，社会秩序安定井然”的标准指导各乡开展创建工作。已创建为先进文明乡的，要继续发挥龙头作用。文明村创建工作继续坚持“达标”与“创优”相结合原则，按照“经济稳步发展，治安秩序井然，村容村貌整洁，村规民约落实，村风文明良好”的标准指导达标创建工作，已达标的村按照“组织领导坚强有力，经济建设成绩突出，精神文明建设成效显著，村容村貌整洁优美，治安秩序安定井然”指导文明村创建工作。

【农村地区环境综合整治加强】 深入贯彻落实市、区环境综合整治工作的精神，广大干部群众克服困难，积极主动开展环境综合整治，工作扎实，措施得力。2000年，农村地区共拆除违法建设85.8万平方米，清理垃圾渣土26.3万吨，清理外来人口3.8万人，绿化11.7万平方米，铺装6.4万平方米。

【专项整治深入开展】 以申奥促环境综合整治，创造良好申奥环境。其中奥运选址主场馆及周边地区环境综合整治，按照“新北京，新奥运”要求，加强绿化美化、市容环境整治，营造申奥氛围。高标准建设大屯路、北辰西路等申奥景观大道、长安街延长线、四环路百米绿带、新修350路公交沿线等重点工程实行环境综合整治，加大了这些重点道路的拆迁、平整、绿化美化工作。拆除长安街治长线两侧违法建设4.9万平米，拆除四环路百米绿带内的违法建设6.1万平米，350路公交线沿途乡对姚家园路两侧进行了综合整治及绿化美化。校园周边环境整治坚决执行国家、市教委的指示要求，在校园周边200米范围内开展综合整治，全面完成挂账25项整治任务，共拆除违法建设400平米，撤销2个市场、40个商业网点，整治6个治安乱点，解决交通堵塞6处，清理卫生死角26处。此外，清理整顿机动车车辆清洗业和燃气市场，已拆除占压各类市政管线建（构）筑物13处，2 100平方米。

【坚持拆、建、绿、管结合】 环境综合整治坚持拆绿结合、拆建结合、拆管结合，建设示范街和精品工程。朝阳区农村地区26条示范街总长度44.1千米，总投资658.1万元。整顿规范市场，实施退路进厅、封闭管理。规范、整顿长营综合市场等25个，撤销大屯“鬼市”、太阳宫西市场等26个，全部拆除5个挂账市场，清除23处占路摊点和无照摊群。在此基础上科学合理规划，新建管庄刨花板市场、长营建材市场、黑庄户市场等，实现撤市进厅、退路进厅，封闭管理，解决交通阻塞、环境脏乱、市场扰民等问题。

【法制教育加强】 通过法制宣传教育，强化农村干部群众法律意识。坚持打防并举，标本兼治，重在治本，全面抓好打击、教育、管理、建设等工作。加强治保组织和联防队伍建设，发挥群防群治的作用。加强了对“法轮功”人员的教育和转化工作，成立了帮教小组进行说服教育，昼夜监控，严格杜绝“法轮功”非法活动。以清理“三无”人员为重点，加大对出租房屋的管理力度。净化了农村文化市场，加大农村地区扫黄打非力度。

【全民健身运动蓬勃开展】 进一步完善了文明村民学校制度及其配套设施建设，新建了来广营灯光篮球场、小红门乡体育公园、平房姚家村文化广场、东坝乡东风村文化广场等群众性、先进性文体活动场所，结合绿化隔离带建设新建了来广营足球场、三间房乡游泳场等绿色体育项目，绿化美化了一大批文体活动广场，为群众创造了良好地健身、休闲、娱乐的场所，成为精神文明建设的载体和窗口。广泛开展了全民健身运动，组织开展了24式太极拳培训，并在全区进行了推广。举办了"顺长杯"乒乓球比赛。成功举办了"金盏郁金香"杯足球比赛，取得了比赛成绩和精神面貌的双丰收。引导群众科学健身，推动农村群众性体育活动广泛开展，形成农村健身活动高潮。参与足球比赛的10支球队是从24个乡、8个农口局中层层选拔出来的水平较高的球队。各乡普遍举办了趣味性强又有竞争性、丰富多彩的农民运动会，开展足球比赛、篮球比赛、乒乓球比赛等群众广泛参与的健身活动。广泛开展了夏日文化广场、五月鲜花歌咏比赛等群众喜闻乐见的文体活动。农村体育事业蓬勃发展。来广营乡、将台乡、小红门乡获"北京市体育先进乡镇"称号。将台乡农民赵世明和刚宝成代表北京市参加第四届全国农运会风筝项目比赛，获得1金、2银的好成绩，为北京市和朝阳区争得了荣誉。第四届全国农运期间，国家体育总局和农民体协联合表彰了全国第五批"亿万农民健身活动"先进乡(镇)，来广营乡获"全国体育先进乡"称号。

【加强卫生基础设施建设】 狠抓了农村基础设施建设，改善群众的生活和生产环境。改造饮用水，修建农村道路。2000年修建、改建农村道路24条，打饮用水井60眼。开展爱国卫生活动，引导农民养成良好生活习惯和生活方式。新建改建大批农村公厕，推广无公害化厕所，加强卫生村建设。

朝阳区主要领导人

区委书记　刘晓晨
副 书 记　李士祥　刘　伟　张厚崑
常　　委　周良洛　韩子荣（女）　倪国锋
　　　　　王力军（女）　霍国庆　张　洋
　　　　　肖兴国
区人大常委会主任　安训生
副 主 任　沈乃宏　张　泰　何淑云（女）
　　　　　赵连平　任　强
区　　长　李士祥
副 区 长　周良洛　史贵升　谢　郁（女）
　　　　　朱家麒　邱水平　孙世超
区政协主席　李　明
副 主 席　郝守谱　关三多　窦君辉　王　文
　　　　　高春锦（女）　马万昌
区纪委书记　倪国锋
副 书 记　刘继芳　张大祥（女）

（张秀云　韩俊生　刘守路）

海 淀 区

全 区 概 况

海淀区是著名的旅游区、文化教育区、国家级高新技术产业开发试验区，中关村科技园区核心区和发展区的大部分位于海淀区。历史上海淀区也著名的水稻和蔬菜种植区。

【自然地理】 海淀区位于北纬39°53′～40°09′，东经116°03′～116°23′。东与西城、朝阳区相邻，南与宣武、丰台区毗连，西与石景山、门头沟区交界，北与昌平县接壤，全区面积427．83平方千米。

全区地形西高东低，西部山区统称西山，属太行山余脉，有大小山峰67座，其中海拔600米以上的18座。山地丘陵面积106．96平方千米。以百望山为界，山南称山前，山北称山后。聂各庄、北安河一带，山势较巍峨陡峭。最高峰阳台山海拔1 278米。平原残丘有：玉泉山、万寿山、荷叶山、田村山。山区东部为平原，面积320．87平方千米。山前平原为永定河洪冲积扇和清河洪冲积扇。山后平原为南沙河、南口洪冲积扇，平原海拔35～50米。位于东升乡东北部的黑泉村，海拔35米，为境内最低处。

海淀区历史上湖泉众多，水漫成河，是金中都、元大都重要地表水源地。明清两朝，玉泉水系成了北京城唯一的地表水源地。海淀丰沛的水源为京都供水、漕运、灌溉、繁荣经济、园林建设、美化净化环境发挥了巨大作用。南长河一直是向京城输水的重要通道。中华人民共和国成立后，开挖了永定河引水渠和京密引水渠，把官厅、密云两大水库之水引入玉渊潭、昆明湖，形成北京城西北郊的两座蓄水库。海淀区水面面积在北京城近郊区至今仍占第一位。

海淀区位于北京城西北上风上水处，远山近水风景秀丽，环境优美。元代学者陈栎在《燕京八景赋》中历称："山水自于西北，景清淑之所钟"。著名"燕京八景"中"西山积雪"、"玉泉垂虹"、"蓟门飞雨"三景在海淀区。金章宗西山八院中"香水院"、"清水院"等在海淀区。玉渊潭、钓鱼台自古即为文人雅士游赏之地，帝王将相临幸之所。万寿山前的昆明湖被誉为"壮观神州第一"。历代帝王、达官显贵在海淀区修建了众多皇家园林和别墅寺院。著名的"三山"(香山、玉泉山、万寿山)，"五园"(静宜园、静明园、清漪园、圆明园、畅春园)，可谓"集天下胜景于一地，汇古建绝艺于京华"，巧夺天工，盛誉中外。

【交通】 境内有铁路3条，火车站6座，分别是：(北)京包(头)铁路，境内长度12.8千米，设清华园和清河火车站；西北环铁路，境内长度15.5千米，设后章村、聂各庄、寨口火车站；大台铁路，境内长度5.8千米，设五路火车站。北京地铁横穿海淀南部，境内长7.2千米。西郊机场主要担负军事航空运输任务。公路交织如网，四通八达，村村通公路，与城市公路交通网融为一体。

【建置】 早在公元前7000～4000年前的新石器时代中、晚期，今海淀地区已有人类居住和活动。历史上这里一直是中原汉族和北方少数民族相互交往和融合的重要通道，是北方民族南下中原和中原王朝北上戍边、开拓疆土的战略要地。1949年7月前，今海淀地区一直没有单独行政建制，而分属不同的行政区域。其南半部自秦汉以来始终隶属于历代北京城的附廓县（蓟县—幽都—宛平），金、元两代还曾有少部分地区是金中都、元大都的城区；到近代，绝大部分则成为北京的市辖行政区域。其北半部历来都是以北京为中心的大行政区（幽州—析津府—大兴府—大都路—顺天府—京兆地方）属县（州汉军都、昌平、万年、玉河等）辖区。

清代在今海淀地区所在的北京西郊大兴土木，建成以“三山五园”为代表的大型皇家园林群体畅春园、圆明园、颐和园。不仅是统治者优游享乐之地，而且相继成为除紫禁城外的又一政务中心，在国家政治生活中起着重要作用。

抗日战争时期，日本侵略者把西郊作为其长期占领和经营北京的重点，在今海淀地区范围内建设机场、兵营，并开辟了所谓的“西郊新市区”。中国共产党领导的人民武装坚持敌后抗战，在西山一带建立平西抗日根据地，解放战争中成为解放区。1949 年 3 月，中共中央迁来北平，曾驻香山。这里一度成为中国人民革命的指挥中枢。

北京解放后，1949 年 7 月，“海淀地区”作为单独行政区域正式建置，当时称“北平市第十六区”，后两次更名，于 1952 年 9 月 1 日命名为“海淀区”。海淀区因区政府驻地海淀镇而得名。古代，海淀镇一带是一片浅湖区，当地人称之为“海淀”，人们在湖边居住，逐渐形成居民聚落，亦以“海淀”命名。“海淀”在历史文献中亦称为“海甸”、“海店”，到清代，海淀发展成北京西北郊最大的集镇。

海淀区建置初期，辖区范围、面积和区属行政区划变动频繁。50 年代初，海淀区基本上是农村地区。随着首都城市建设发展，大量土地被占用，农民转为城市居民。当时本区靠近旧城区（以城墙为界）的东南和南部地区逐渐扩展为城区，在 1958 年以前陆续划出。现辖域北部地区原为远郊，大半隶属于昌平县，1958 年划入本区，成为近郊区。现辖域南半部也因城市化发展，1954 年以后部分乡建制撤销，新设若干街道办事处。至今，已设 17 个街道办事处，各街道辖域已覆盖整个南半部地区。50 年代清河、北安河、田村等地区则是依照自然地域和经济活动的联系划入本区的。至 60 年代前期（1964 年），海淀区辖域和区属行政区划体制才基本稳定下来。

【行政区划与人口】 海淀区辖 22 个街道、11 个乡镇。即：万寿路街道、羊坊店街道、甘家口街道、八里庄街道、紫竹院街道、北下关街道、北太平庄街道、学院路街道、中关村街道、海淀街道、青龙桥街道、清河街道、永定路街道、清华园街道、燕园街道、双榆树街道、香山街道、田村路街道、马连洼街道、上地街道、西三旗街道、花园路街道，四季青乡、玉渊潭乡、海淀乡、东升乡、永丰乡、苏家坨乡、北安河乡、温泉镇、东北旺乡、上庄乡、聂各庄乡。其中，永定路、清华园、燕园街道是“大院”街道。2000 年，海淀区人口 224 万人，其中农村人口 15.5 万人。

经 济 发 展

2000 年全区农村工作的指导思想是：进一步解放思想、统一认识，抓住发展知识经济、建设一流园区的机遇，以富裕农民为主线，确立农民的经济发展主体地位，深化改革、扩大开放，发展区域经济，促进农村经济和社会各项事业全面发展。全年农村经济总收入完成 99.3 亿元，比上年增长 2.8 %；农村经济纯收入完成 18.7 亿元，比上年增长 6.1 %；一、二、三产业增加值完成 18.8 亿元，比上年增长 10%；人均劳动所得 6 313 元，比上年增长 12.9%；乡镇企业营业收入 60.7 亿元，比上年增长 3.5%；乡镇企业利润 2.99 亿元，比上年增长 35.5% ；乡镇企业增加值 11.2 亿元，比上年增长 9.9%。

农村经济发展的主要特点是：农村第三产业迅速发展，进一步成为农村经济的主要增长点；乡镇企业基本完成结构调整和资产重组，总体运行情况良好，各项主要经济指标有较大幅度增长；精品高效农业取得较好成绩，高科技农业、绿色产业、旅游观光农业已经成为农业发展的新方向；非公有经济有了较快的发展，非公有经济总收入和纯收入分别比上年增长 99.9% 和 79.3%。

农　　业

【农业现代化水平提高】 全区农业土地面积 0.75 万公顷，其中粮田 0.44 万公顷，菜田 0.097 万公顷，果树 0.178 万公顷，鱼池 380 公顷。有基本农田 0.4 万余公顷 。

2000 年全区粮食种植面积 4 388.73 公顷，比上年减少 649.07 公顷，总产 2 972.6 万千克，比上年减少 656.2 万千克；蔬菜耕地面积 956.07 公顷，比上年减少 458.87 公顷，总产 10 890 万千克，比上年减少 2 745万千克，上市收入 8 204.5 万元，比上年减少 1 691万元；水果总产 1 230 万千克，产值 2 000 余万元；生猪出栏 3.1 万头，比上年减少 62.4%；蛋鸡总存栏 7.8 万只，比上年减少 54.3%；鸡蛋产量 1 600 吨，比上年减少 43.6%；产鱼 2 700 吨，比上年减少 1.8%。

大农业总收入 2.59 亿元，占农村经济总收入的 2.6%；大农业纯收入 8 976 万元，占农村经济纯收入 4.8%；大农业劳动力 2.2 万人，农民劳均所得 14 103 元，人均所得 6 313 元。

农业现代化水平有很大提高。全区农机总动力 15 万千瓦，耕地已实现 100%机耕，水稻机插面积达 40%，机收面积占 80%。机械植保面积达 80% 以上。保护地面积 553.33 余公顷。科技贡献率为 52.5%。培育了大石桥、八家科技园区等现代农业的典型，也出现了像大地农业股份公司、莱斯达甲鱼养殖基地等科技含量高、机制灵活、市场前景好的农业企业。

【出台“推进农业现代化、加快农民致富步伐”政策】 2000年出台了新的“六项政策”和“三项工程”。主要内容是：鼓励发展农民专业合作经济组织；扶持农业创汇企业的发展；鼓励六种农业的发展；鼓励设施农业发展；鼓励农业机械化发展；支持推进科教兴农。保证三项工程的实施，即“高效农业园”工程、“养殖小区”工程和“专业村”工程的实施。各乡镇也制定了相应的扶持政策。

【支农项目】 2000年确定了有关大农业生产的42个支农项目。其中粮食类项目11个，设施类项目6个，果树类项目2个，畜牧类养殖小区项目7个，水产类养殖小区项目2个，高效农业园区项目9个，农机项目4个，果树专业村1个（已通过市验收并得到市级奖励）。

区支农领导小组分两批对各乡申请验收的35个支农项目进行了检查验收，确认各项目已完成合同书要求的内容，支付奖励资金共409.036万元。

【拨付支农资金】 2000年共拨付财政资金11 415元。其中：支援农村生产支出类4 290.9万元，农业综合开发支出类835万元。农林水气部门事业费类1 269.1万元，企业挖潜改造资金256万元，其他部门事业费101万元，新菜地基金163万元，城镇公用事业附加支出4 500万元。

支援农村生产支出类4 290.9万元。主要项目有：南沙河治理；“五七”水库配套工程；永丰屯人畜引水；修建横山水库；罗家坟干排；与“三乡供水”相配套，集中供水工程；西洼观光农业园；建设永丰乡亮甲店水产养殖科技园；海石花农业高科技示范园及新型日光温室设施与农业新技术的试验示范；北大生物城绿化；下达四季青乡、海淀乡、东升乡、东北旺乡隔离地区利用耕地进行绿化补助资金；下达上庄乡、北安河乡、永丰乡、苏家坨乡、聂各庄乡、温泉乡北部地区绿化补助资金等。

合开发支出类835万元。主要有：农业项目。包括：绿化规划费、防火费、办公费、宣传费、业务费、培训费，以及集体林权专项经费使用费等。支付水利事业费。包括：防汛费、防汛岁修、防汛水毁、工程管理费、河道维护费、水政管理费、地政水资源费，以及宣传费、培训费、设备购置费、工资及其他支出。区气象局经费等。

农林水利气象部门事业费类1 269.1万元，主要用于农林水利气象部门的事业发展。

企业挖潜改造资金256万元，用于落实发项政策配套资金等项目。

城镇公用事业附加支出4 500万元，用于北部地区绿化建设。

其他部门事业费101万元，主要用于农业综合开发干部培训。

新菜地基金163万元，用于各乡蔬菜产后设施建设等项目。

【延长土地承包期】 2000年全区共签订大农业承包合同的10 630份，外劳协议1 350份，其中蔬菜4 645份、粮食4 817份、果树1 005份、畜牧18份、水产55份、其他90份。经过区农委、农经站联合检查，均确定为有效合同（协议）。全区合同文本统一、内容完整、手续规范，合同签订率达到100%。

2000年菜、粮、果承包合同10 467份，土地面积7 910.07公顷。其中：蔬菜4 645份，面积1 259.55公顷；粮食4 817份，5 096.39公顷；果树1 005份，1 554.13公顷。

5年以下：合同8 608份，土地面积6 543.47公顷。其中：蔬菜4 357份，1 124.21公顷；粮食3 952份，4 217.64公顷；果树299份，1 201.6公顷。

6~14年：合同1 178份，土地面积600.22公顷。其中：蔬菜242份，86.69公顷；粮食630份，376.28公顷；果树306份，137.25公顷。

15~29年：合同95份，土地面积58.5公顷。其中：蔬菜36份，8.01公顷；粮食37份，24.43公顷；果树22份，26.06公顷。

30年以上：合同586份，土地面积707.93公顷。其中：蔬菜10份，40.63公顷；粮食198份，478.04公顷；果树378份，189.23公顷。

土地流转面积484.93公顷，流转户数2 024户。其中：转让89公顷，217户；转包175.33公顷，1 016户；其他方式213.93公顷，791户。其他方式主要是确权后，社员又把土地逆向流转给集体。为了确保流转的合理合法，全区设计了统一的流转合同书。

全区农业种植结构调整涉及全区的11个乡（镇）的78个村。据不完全统计，2000—2001年有2 095.33公顷地，1 707份未到期承包合同需要调整。要求双方签订调整协议，并在乡（镇）主管部门备案。调整协议要写清调整的内容、原因、补偿标准、补偿办法以及双方的责任及对应负责任的解决办法。

【检查农村土地承包费的收取和使用情况】 结合春季减负大检查，对78个行政村1999年的土地承包费收取和使用情况进行了检查。检查结果是：按照承包合同约定应收取承包费1 225.24万元，实际收取1 203.52万元，有205户拖欠21.72万元。

【清查土地征占收入的管理和使用情况】 2000年4月份对全区11个乡（镇）1997—1999年的土地征占收入和使用情况进行了清查。全区被征占土地400.26公顷，其中国家基本建设征地228.64公顷，国有企业搬迁征地6.96公顷，商业性房地产开发征地95.65公顷，乡、镇企业、事业单位征地69公顷。应支付给乡（镇）、村和各种费用基本到位。

【加快农业结构调整步伐】 从2000年开始，利用3年的时间，绿化农村大部分土地，在北部地区形成两条旅游观光带、一条高科技产业带、一条高科技农业带：

——从百望山、温泉南山、大觉寺、阳台山、凤凰岭等，沿京密运河的浅山地区风景旅游观光带；

——从稻香湖、翠湖等，沿南沙河一线的风景旅游观光带；

——沿北清路一线的高新技术产业带；

——稻香湖以北、翠湖以北、西玉河地区的农业高新技术产业带。

区政府对农业结构调整平均每亩补贴4 000元，5年内每年每亩管护费300元，并区别林种、位置、占用土地类别的不同调整补贴金额。

【农业结构调整取得成效】 全区农业结构调整的方向是：逐步压缩传统农业的规模，减少并取消水稻的种植，大力发展绿色产业、观光旅游农业和高科技农业。2000年农业结构调整的主要成效有：压缩水稻面积822公顷，减少菜田面积458.87公顷；发展花卉39.33公顷，牧草61.2公顷，草坪32.2公顷，药材33.33公顷，果树26.67公顷；完成隔离地区绿化建设682.53公顷；发展“六种农业”；支持农业科技园区的发展。

【“六种农业”发展快】 设施农业达603.2公顷，其中新增60.87公顷，产值11 080万元；观光农业项目187个，其中新增64个，总收入1 501万元，增长了18.7%；籽种农业销售产值9 440.8万元，增长36.5%，其中销往外埠占总销售额的38%；精品农业新增品种83个，产值为2 1961．4万元，增长19%；创汇农业间接出口产值6 561.7万元，直接出口149.7万美元，有三个企业取得了直接出口权；加工农业产值46 594.8万元，增长8.7%，加工增值率达215%，共带动农户1 299户，带动基地1 586.47公顷。

【农业科技园区建设】 全区共有各类农业科技园区21个，其中四季青6个、海淀2个、东升1个、东北旺1个、永丰1个、温泉2个、苏家坨1个、北安河3个、上庄2个、聂各庄2个，都有很好的发展前景。其中总资产在1 000万元以上的有：北京锦绣大地农业股份公司、北京翠湖种业有限责任公司、莱斯达特种水产养殖有限公司、西洼观光农业园、凤凰岭观光果园。

【翠湖种业高科技园区】 翠湖种业高科技园区是全国面积最大、品种最全的现代化种业园区，园区的宗旨是：以科技为动力，以市场为导向，以农业为主体，以效益为中心，保护生态环境，发展绿色农业。园区占地面积333.33公顷，其中核心区为200公顷，科研招商区133.33公顷。核心区由展示区、科研区、生产加工区、专家休闲区四部分组成。展示区由10个示范苑组成，即农作物苑、蔬菜苑、果树苑、牧草苑、世界名花苑、药用植物苑、食用菌苑、林木苑、水产苑、畜牧苑。主要展示国际、国内农业技术成果，并进行技术推广，将成为国内外的引种中心园区。专家休闲区由思贤湖、宣曲宫、角力宫、游泳馆及别墅构成，形成娱乐、健身、休闲功能为一体的建筑群。生产区与科研区则是生产及科研的基地。优越的自然环境和园林式的规划使之成为融高科技农业与古典园林艺术为一体的示范园区。园区建设，总投资约4.4亿元，分3年完成。园区建成后，农业科技成果转化率可提高到70%，达到发达国家水平。一期工程于2000年5月1日正式动工，包括水生植物苑、林木苑，2001年完工。

【西洼生态园】 运用高科技手段保护和完善生态农业基地，通过引入现代管理手段，将现有的西洼果园建成一定知名度和影响力的休闲农业示范区，建设成培养园林绿化、建设施工、牧业管理、酒店管理等专业人员的基地。

该园区充分利用现有土地资源，开发以观光农业为主题的生态旅游，全区划分为8个区：

1. 采摘园。占地约8公顷，以自然式种植为主，增加园林配置艺术，做到三季有花果，四季常青；

2. 温室采摘区。建成8栋日光温室，主要用于反季节水果、蔬菜、花木的培植；

3. 高尔夫球练习场。占地面积3.33公顷，有30个练习靶位，两条模拟球道；

4. 会馆区。占地1.33公顷，设有客房部、餐饮部、商务中心、多功能会议室等；

5. 河塘垂钓。占地1公顷，分深水区和浅水区，形成环流水系，采用生物技术进行水质净化。浅水区养虾、养蟹等，深水区种植荷花和芦苇，以垂钓为主；

6. 珍贵花木繁殖区。以梅为主，配植松、柏、竹、银杏等，在人工微地型上进行园林创作，以调节整个园子的景观和色调；

7. 草坪生产区。引种耐寒、耐热、耐踏、耐贫瘠等各种草种进行草坪生产，并适当种植饲料型草，以解决养殖区的绿饲料；

8. 珍稀畜禽养殖区。采取分品种圈养和放养结合的形式，养殖肉用驴、鸵鸟、鸽子等以圈养为主，鹿、孔雀、山鸡等外形优美、性格温顺动物以放养为主。

【清理乡、村两级不良债务】 此项工作2000年5月基本结束。清查结果是：乡（镇）、村两级债权总额为15.5亿元，其中不良债权1.1亿元；乡（镇）、村两级债务总额10.4亿元，逾期3年以上的不良债务约占25%左右；乡（镇）、村两级担保债务总额8.2亿元。

【农民负担管理执法检查】 2000年4月，对全区山北7个乡（镇）的49个村进行了检查，重点清查了土地变价款情况。9月对全区的11个乡（镇）及其所属的28个企业（村）的农民负担管理执法情况进行了抽查。对已经取消的收费项目、擅自设立收费项目进行收费和超范围、超标准收费等情况，特别是农村中小学收费和农村电费情况进行了重点检查。

林　　业

【加强林木资源及林政管理】 建立了海淀区森林资源数据管理系统；系统调查分析林木资源现况，编绘了“九五”林业资源现状图；开展了11个乡镇、

95个行政村、300个自然村的集体林权登记发证工作，登记面积12 000公顷，占全区现有林地面积的67%（其余主要是国有林地）；严格征占用林地管理：共办理林木采伐98件，采伐林木2万余株，约4 200余方；办理征占用林地7.33公顷，伐树1万余株；加强古树名木管理：投入7万余元，重点维护216株一、二级古树。

【植树造林】 2000年植树造林工作主要有：绿化隔离地区建设，共计绿化682.53公顷，植树120万株；山区爆破造林33.33公顷，植树8万余株；建设以圃代林20公顷，植树26万株；“四旁”植树和农村“三个一”绿化共植树15万株。

【苗圃建设】 共完成苗圃育苗198.87公顷，品种近百种，其中新育苗34.27公顷，产苗288万株，产鲜切花52.9万枝，宿根花卉546万株，花灌木191.3万株，可为下年提供优质树苗84万株，产草坪56万平方米。育苗工作出现了国家、集体、个人一起上的喜人局面。

【森林火灾连续8年保持了“零”记录】 海淀区是北京市西北部一道绿色的屏障。森林面积1.36万公顷，林木覆盖率超过42%，其中树龄超过300多年的古树名木2 000多株。海淀区也是北京市著名的文化旅游区，防火工作是全市的重中之重。针对全区人口稠密、游人众多的情况，海淀区首先抓好宣传工作。2000年11月4日利用公休日，在沿山50多千米的公路上设立了43个宣传站，宣传护林防火工作的重要性。每个防火年度都要组织4次这样大规模的宣传，受教育总人数超过百万。同时，还在林区广泛建立永久性标语牌、横幅等。8年来，投入资金1 800万元，先后购买对讲机120台，设置差转台2处，购置防火专用车23辆，储备灭火弹15万发，二号打火工具1.3万把，建成瞭望塔9座，并计划利用3～5年的时间沿山贯通98千米的防火专用公路，计划投资3 000万元以上，现已修通25公里。

【绿化隔离地区建设】 海淀区的绿化隔离地区，分布在海淀、东升和四季青3个乡、19个行政村范围内，总面积46.76平方千米。现有29 595户、78 929人、企业459家。为实现绿化隔离地区建设目标，需要建设12个新村，搬迁22 107户居民，涉及拆迁人口59 145人，企业357家。另外，在隔离地区外，享受绿化隔离地区内政策的还有四季青乡的西部平原地区23.75平方千米，规划绿化面积1 183.8公顷，涉及5个行政村、27 500人。

绿化隔离地区内规划绿化1 832公顷（含原有绿地面积）。其中新建公园绿地625.05公顷、生态林663.07公顷、农业观光园246.6公顷、体育园234.08公顷、其他58.2公顷，实现林木覆盖率37.6%。规划绿地中：拆建还绿387.1万平方米，将建设具有海淀区特色的万柳公园、马坊生态公园、8家体育休闲园和四季青“绿谷氧吧”。绿化任务完成后，该地林木覆盖率将达到37.6%。

2000年已完成682.53公顷，其中隔离地区绿化面积541.33公顷内改耕还林454.2公顷，改果建林190.4公顷，代征地绿化15.87公顷，拆建还绿22.07公顷（其中拆除各类设施22.5万平方米），分别占绿化总面积的66.4%、27.9%、2.3%、3.2%。栽植70余种乔灌木125万株，栽植草坪20余万平方米，绿化面积分布于70余处地块和7条景观路，分属32个树权单位；启动了万柳公园、马坊绿地，8家体育休闲绿地、四季青绿谷氧吧建设及四环路百米绿带绿化工程和五河十路德昌路海淀段的绿化建设。共兑现市、区政策资金5 259.7万元。

旧村改造工作进展顺利。根据总体规划，需改建新村12个，现已开工奠基4个（树村、宝山、玉泉、田村），总规划用地面积225.36公顷，总建筑面积207.26万平方米，可解决6 997户、20 450人上楼，经市审批通过的共11个，青龙桥新村建设具体问题正解决。

【四季青乡“绿谷氧吧”工程】 基本思路为：以植物造景、造林为手段，充分利用乡域自然资源和地域优势，遵循自然规律、经济规律和美学规律，以科技为先导，通过改善生态环境，实现社会经济的可持续发展。规划在现有园林绿化基础上，以园林景点、生态景观林、农业观光园、苗圃基地、道路沟渠、风景林带建设为重点，物化科技成果，量化建设标准，优化工程结构，强化动作力度，做到3年初见成效，5年取得效果，改变现有面貌。使本地区的绿化水平达到点上成景、线上成荫、面上成林、环上成带，将整个四季青建设成绿树成荫、环境优美、北京市西部的生态郊野公园，成为名副其实的“绿谷”和“氧吧”。为北京市提供绿色生态屏障，为中关村园区建设提供环境衬托，实现以绿为基础的产业跨越和城市化。

整个园区规划包括绿化生态工程、农业高新技术园区建设、城乡一体化改造、小城镇建设等工程。今后3年，乡里将拿出5 200公顷土地建设人工景观林、观光果园、特色公园、绿色树景等，进行全方位立体绿化，使乔、灌、藤、花、草合理搭配，层次分明；水杉林、木瓜林、银杏林、竹林、苗圃等生态观赏林点面结合，绚丽多彩。2000年完成绿化面积300公顷。其中生态林153.33公顷，路景观林105.33公顷，几个景观路、特色公园初见效果。

水　利

【水利支农和水利基础设施建设】 主要有上庄水库大桥工程、罗家坟排水工程、果树节水灌溉工程等。全年共完成市、区级重点工程15项，乡、村级中小水利工程361项；全区共完成土石方33万立方米，浆砌石及砼21 000立方米；疏挖灌排沟渠114条，总长度75千米；衬砌渠道12条，长9.6千米；铺设暗管3.2千米；修建道路6条，长14千米；修建水工建筑物32座，维修机井47眼，新打机井13眼，改善灌溉面积0.06万公顷，改善除涝面积0.1万公顷。超额完成了计划任务。区乡及集资共投入3 409万元，其中乡村自筹877万元，总投工27.2万工日，机械台班2 195个。15项重点工程按合同规定于8月31日前全部完成，还超计划完成了2个污水处理工程项目。

【上庄水库公路桥工程】 2000年元月动工，3月底完成水下部分，5月1日前完成大桥主体部分，9月26日竣工验收。上庄水库公路桥梁工程建筑面积3 260平方米，全长168米，桥宽19.18米，中间有2.0米隔离带，两侧人行道各宽1.09米，桥栏为草白玉栏杆，长350米。上庄水库公路桥梁工程提高了海淀区北部地区作为中关村科技园区发展区重要组成部分的整体形象，为当地招商引资创造了有利条件。

【果树管道灌溉工程】 此工程分三个子工程：①白家疃大棚果树小管灌，本工程1999年9月10日开工，9月29日竣工。共挖管沟3 645米，土方1 000立方米，安装管材4 500米，节门井4座，节门45个，管件438个，钢管0.6吨；②白家疃果树2队樱桃地低压管灌，本工程1999年10月3日开工，11月2日竣工。共挖管沟4 244米，土方1 750立方米，开石630立方米，安装管材6 000米，节门井96座，节门228个，管件1 520个，钢管7.2吨；③白家疃果树5队明渠改造工程，本工程1999年11月12日开工，11月18日竣工。把原有416米明渠安装上管道，土方500立方米，安装铸铁管416米，节门3个。

【温泉、苏三四、永丰人畜饮水工程】 温泉人畜饮水改造工程。1999年10月底开工，2000年5月完工。全部工程埋设铸铁管1 806米，镀锌管6 860米，节门井37座，消火栓6组，节门43个。工程竣工运行，解决了温泉村800户3 000人的饮水和6家村办企业、15家私营企业的用水问题，控制了地下水胡乱开采。

苏三四饮水工程。2000年7月11日开工，2000年9月12日竣工。新打井一眼180米，井房1处，蓄水50吨水塔1座。工程的竣工运行，解决苏三四村642户、2 000余人的饮水及牲畜饮水。

永丰人畜饮水工程。2000年5月10日开工，2000年8月18日竣工。新打井一眼700米，改造永丰屯村供水管线，现供水每小时80吨。工程的竣工运行，解决永丰屯村2 000余人的饮水及150头牲畜饮水，保证村中企事业单位正常生产。

【“五七”水库配套工程】 2000年4月18日开工，2000年5月12日竣工。本工程包括两部分：①截流坝工程，长150米，顶宽0.6米，底宽1.6米，高1.5米；②溢洪道工程，排水断面为浆砌石梯形断面，断面中加设2孔宽100厘米、高150厘米平面钢板闸门，边、中墩采用现浇混凝土，浆砌石放浪墙。两项工程共计完成土方688立方米，浆砌石226立方米，钢筋混凝土125立方米。工程的竣工运行，补充水库来水途径，最大限度蓄水，涵养地下水，解决水量调节困难。

【南沙河污水治理工程】 2000年4月4日开工，2000年7月10日竣工。本次污水处理采用悬索式针型填料，处理设施为砖混结构，日处理污水500吨，污水处理达标制成沼气可供1 700户居民生活用气。经过处理后BOD每年减少6.03吨，COD每年减少8.89吨，SS每年减少7.36吨，NH_3—N每年减少0.92吨，动植物油每年减少0.79吨，有效防止对南沙河水系的污染，改善人居环境。

【罗家坟排水等项工程】 罗家坟排水工程。1999年11月开工，2000年5月底竣工。治理长度2 450米、土方3万立方米，建筑物31座，河道标准20年（10.55立方米/秒）设计，50年（19.14立方米/秒）校核，梯形横断，底宽6米，边坡1:2，纵坡1/1 500，堤高3.5米。工程的竣工运行，涵养了地下水源，起到蓄水、行洪作用。

北长河护坡改造工程。2000年3月14日开工，2000年4月30日竣工。浆砌石1 220立方米，土方4 417立方米，拆除原有坏旧护坡282立方米，做草袋围堰35米，铺砖413平方米。工程的竣工运行，涵养了地下水源，起到蓄水、行洪、美化环境作用。

白水洼干排治理工程。1999年6月开工，2000年4月12日竣工。治理长度1 100米，土方1 324立方米，建筑物10座。工程的竣工运行，涵养了地下水源、增加水面，缓解汛期对辛力屯、双塔、白水洼村的威胁，同时保障公路的安全畅通。

周家巷河槽护砌工程。2000年1月4日开工，2000年3月10日竣工。护砌全长100米，浆砌石428立方米，土方1 050立方米。工程的竣工运行，涵养了地下水源，起到蓄水作用，同时解决周家巷村564户、1 515口人的安全和133.33多公顷菜地、果地排洪问题。

常乐村北弯道护坡工程。2000年3月18日开工，2000年4月12日竣工。护砌全长302米，浆砌石630立方米，土方545立方米，回填级配石480吨。工程的竣工运行，保证常乐村人的生活及财产安全和保证上庄水库常乐村滨河路正常运行，确保安全渡汛。

六郎庄排水二期工程。2000年2月24日开工，2000年5月14日竣工。治理全长307米，土方990立方米，浆砌石1 732立方米，混凝土110立方米，雨水井5座，检查井8座，排水口8座。工程的竣工运行，解决了汛期六郎庄排水，美化周边环境。

宏丰灌渠暗涵工程。1999年10月21日开工，1999年11月23日竣工。改造全长360米，土方2 500立方米，建筑物9座。工程的竣工运行，解决汛期排水，美化周边环境，保护宏丰小学设施建设。

乡 镇 企 业

【加强企业管理工作】 开展基础管理工作56

项，其中标准化管理24项、库房管理15项、计量管理12项、质量管理2项、成本管理2项，规章制度管理1项。组织2000年优秀管理成果奖申报工作。北京市第十五届“企业管理现代化创新成果奖”评选揭晓，海淀区三家工业企业榜上有名。北京龙源开关设备有限责任公司的《运用制度创新提高企业经营效益》荣获二等奖；北京西山除尘器厂的《通过贯标，强化管理》、北京赛安电气新技术公司的《提高质量，加强服务，促进企业发展》分获三等奖。

【乡镇企业二次创业】 全区达到专业村标准的共有19个，被市乡镇企业局确定为市先进专业村的5个，即温泉镇辛庄村、东埠头村，四季青乡西冉村、西山村，聂各庄乡车耳营村。达到工业小区标准的共有7个，被市乡镇企业局确定为市先进工业小区的1个，即四季青乡四佟文化科技产业园。达到工业大院标准的共有8个，被市乡镇企业局确定为市先进工业大院的1个，即四季青乡门头村。达到重组大项目标准的共有1个，获北京市乡镇企业局支持的1个，即四季青乡四博连通用机械新技术公司引进中央电视台“光盘生产线”项目。经市批准的8个四大工程项目，共获市财政用于改善基础设施条件和生产经营环境的奖励扶持资金193万元，区财政配套奖励53万元。

【制定加速企业改革配套政策】 ①制定了《海淀区工业企业2000年企业产权制度改革工作指导意见》，明确提出了企业产权制度改革的指导思想、工作目标、主要工作和工作措施。②制定了《关于贯彻市经委关于印发〈北京市加快国有、集体工业中小企业改革指导意见〉的通知》。③制订了《海淀区区域工业企业、乡镇企业初步建立现代企业制度评价标准》，使已改制企业规范运行有了考核依据和标准。④制定了《关于印发区国有资产运营机构管理暂行办法的通知》，对国有资产的授权经营管理提出了明确意见。⑤制定了《关于印发国有资产授权经营公司监事会暂行办法的通知》，对国有资产授权经营公司的监督提出了组织上的保障。⑥转发了市乡镇企业局《关于转发国家经贸委关于企业加强应收应付账款管理的指导意见的通知》。

【企业改制进展快】 主要成效有：

1. 2000年全区乡镇改制企业（有限责任公司和股份合作制）75家，股本总额5 953.3万元，其中：有限责任公司25户、股本总额3 780万元，股份合作制50户、股本总额2 173.3万元。全区乡镇企业完成产权制度改革的面为91.94%。

2. 企业改制有了新的突破。①北京绅士衬衫厂进行了产权制度改革，改为北京绅士服装有限公司。②支持大钟寺农工商公司参加北京农业科技股份有限公司的重组上市。

3. 通过企业改革建立现代企业制度，有效地促进了企业发展。①企业进行了规范的公司制和股份合作制改造。由职工个人和法人单位等为主体，形成多元投资结构。②企业建立起科学规范的法人治理结构。企业的股东会、董事会、监事会（或监事）及经理等组织结构健全。③企业建立起出资人制度，企业的资本投入者对资产依法行使资产收益、重大决策和选择管理者的权利。④建立了工效挂钩的工资制度，逐步与市场接轨。⑤形成了乡镇改制企业自身的养老保险、失业保险和退休管理体系。⑥建立了一套资产管理办法。⑦制定了各项企业规章制度，重点加强了成本管理、资金管理和质量管理。

【“绅士”改制后快速发展】 北京绅士服装有限公司，前身是永丰乡亮甲店一家村办集体性质的服装生产、加工企业，建于1982年。经过近20年的发展，成为拥有衬衫、西服、领带、羊绒衫四大系列产品集团化服装企业，“绅士”品牌为著名商标。公司占地面积15 000平方米，员工1 200余人，年销售收入7 000多万元。经有关部门批准，2000年绅士服装有限公司完成了改制工作并取得以下突破：①为保证企业的持续发展和奖励有突出贡献的经营者，从300万元的净资产中拿出30万元股份奖励原厂长。②集体资产从企业全部退出，由股东出资（货币资金）买断集体资本。③由股东出资（货币资金）一次性买断集体资本时，优惠30%。④按《公司法》关于有限责任公司出资人人数的规定，股本额每股4万元，由职工自愿认购。⑤把发展空间让给企业，无形资产按购买的余额进行评估，没有按市值评估，无形资产余额20多万元。

【乡镇二产推进二次创业】 2000年，海淀区乡镇二产紧紧围绕“一个中心、四个重点”，即以建立现代企业制度为中心；以发展多种所有制经济、进一步加大结构调整力度、完善经济软环境、推动北部地区科技园区建设为重点，全面推进乡镇企业二次创业。全区乡镇二产共有企业1 090家、从业职工30 249人；完成营业收入29亿元、增加值5.8亿、利润总额5 110万元，分别比上年同期增长17.5%、16.9%和27.7%。乡镇二产企业结构不断优化，营业收入达500万元以上骨干工业企业，经济运行质量明显提高，其中：营业收入、工业增加值、利润总额等主要经济指标分别比同期增长3%、16.5%和5%。一批高新技术企业崭露头角，成为乡镇二产新的经济增长点。玉渊潭科迈一通有限责任公司，通过资产重组和引进高科技人才，实现了高新技术与乡镇企业的嫁接，该企业生产的ISDN智能网络终端产品，已占据全国市场份额的40%、北京市场份额的90%。北京展鹏科技发展有限公司研发生产的数据高速录入、获取技术及设备具有较高的科技含量，产品涉及的领域不断扩大，企业呈高速发展势态。

【乡镇三产发展格局明显变化】 海淀区乡镇第三产业加快结构调整，转变经济增长方式，呈现蓬勃发展的态势。主要经济指标在2000年保持了一定的增长速度，三产业成为全区经济发展的一大支柱产业。全区乡镇2000年第三产业总收入为30亿元，实现利润总额2.1亿元，增加值6.5亿元。通过调整产业结构，乡镇第三产业显现多层次、多元化、多形式的发展格局，企业不断上规模、上水平。在2 538家（含个体私营）三产企业中年收入500万元以上的企业已达到45家，三产企业向拓展文化内涵方面发展，企业的适度规模效益也得以体现。北部（北安河、温泉、苏家坨）各乡镇教育文化等项目（21世纪学校、新东方外语学校、齐鲁音乐学院）相继建成。随着城镇化进程的加快，乡镇三产中仓储业、物业管理的出现，社区服务业、休闲旅游等成为三产经济中新的亮点。南部东升乡根据农业结构调整的需要，引进资金、合建、组建了两个大型花卉市场，经营面积共达30 000多万平方米，使该地区没有大型花卉市场的状况成为历史。四季青乡成立了四佟文化园，沿四环路建成了多个大型专业市场,逐步实现了专业化、规模化经营理念。使传统企业重新焕发了生机。为乡镇三产适应新时代要求,以“建设中关村科技园区为核心”的总体思路,已成为区乡镇三产经济的重要增长源。

【加大外贸企业扶持力度】 年内，海淀区乡镇共有外贸出口企业19家，其中：化工企业2家、轻工企业7家、纺织企业4家、服装企业3家、工艺美术企业2家、其他行业1家；从业职工2 198人。进入2000年，海淀区加大了对出口企业的管理和扶持力度，为6家乡镇企业申请和办理了外贸自营进出口权。为支持企业发展，增加出口，区内制订了鼓励出口的奖励政策，按出口交货值完成情况，分三档对企业进行奖励。2000年，区外贸企业完成出口交货7 708万元，其中：直接出口5 442万元，间接出口2 266万元，出口交货值比去年同期增长38%。

【努力发展高科技企业】 北京科迈易通有限公司前身为华玉科迈公司，成立于1996年，公司成立初期，由于受各种条件制约，企业发展缓慢。1999年，该公司开始与北京电话局合作生产管网计费器和ISDN（一线通）。公司先后两次进行改制，吸纳技术人员和拥有较大市场份额的北京市电话局所属惟帆公司入股，组成了具有良好生产、技术、市场条件的有机整体，形成了优势互补，共同发展的良好局面。2000年共实现营业收入6 960万元、利税总额1 183万元，产品在北京市场占有率达90%以上，全国市场占有率40%左右。

【企业负担管理执法检查】 2000年6月和9月，分两次先后对全区48个乡(镇)企业进行了抽查,对发现的问题和工作中的不妥当做法及时解决并予以纠正,对于乡(镇)自定的收费项目、国家和市区已经明令取消的项目停止收取,并对已经收取的进行了清退。

社会发展

精神文明建设

2000年全区农村精神文明建设以“建首善、创一流”为总的工作目标，以“迎大运，争奥运，建海淀美好家园，做文明中关村人”为主题，深入开展群众性文明城区创建活动和市民文明教育活动，文明创建实施“一个重点，两个延伸，四项工程”，宣教工作实施“四个一”，取得了显著成效。

【开展群众性文明城市创建活动】 文明城市创建工作，围绕中关村科技园区的建设和“建首善，创一流”文明城区的基本要求，以解决群众关心的实际问题，实现工作、生活环境交明化为目标，实施“突出一个重点，两个延伸，四项工程建设”的工作战略，力度大收效好。一个重点是突出文明社区的建设。在全区各街道普遍加强社区建设的基础上，重点巩固万寿路、双榆树2个首都文明社区，为再创建2～3个文明社区创造条件。两个延伸首先是创建文明居民区由大院居民区向社会、平房区延伸，增加3个文明居民区；其次是创建文明村由南部地区向北部地区延伸，比往年增加了2个文明村。实行文明创建公示制，增加评比工作透明度，全区公开张贴申报文明单位，文明居民区、文明公示公告500多份。

【实施“受益工程”】 创建文明城市活动，坚持为人民群众办实事、办好事的原则，使居民群众环境舒适、生活方便、秩序井然。2000年创建文明社区2个，首都文明居民区8个，区级文明居民区27个，累计区级以上居民区达198个，实现了全区居民区100%达标。创建首都文明安全居（家）委会25个，区级文明安全居（家）委会50个。创建文明乡(镇)，村活动，坚持达标与创优相结合的方针，随着北部经济的发展和村民文明素质的提高，出现了以改善人在环境和开展村民文化教育活动为主要特征的聂各庄创文明乡，台头村创建“十星文明户”活动等典型。全年共创建首都文明乡2个，区级文明乡1个，首都文明村11个，区级文明村8个，累计区级以上文明村46个，并创建文明户25 350户。

【实施“满意工程”】 首先在商业、医疗卫生、市场管理等窗口行业和部门，深入开展了创建文明行为活动，使职工素质、服务质量明显提高，制度建设逐步规范、群众满意率得到提高，经济效益社会效益双丰收，创建12个首都文明单位标兵，52个首都文明单位，170个海淀区文明单位，一个文明行业示范点。

【实施“形象工程”】 开展创建文明机关活动，提高机关党组织凝聚力，促进政务公开，管理规范、廉政勤政，塑造机关良好形象，全年创建10个文明机关。

【实施“示范工程”】 创建活动重点突出抓示范样板工作，推动全区创建工作上新台阶。各街、乡、各系统称培养树立自己的典型。区创建10个文明居民区示范点，10个文明单位示范点．5个文明村示范点，2个文明社区示范点、2个文明乡（镇）示范点。

【开展创建绿色社区活动】 在清华、双榆树、万寿路3个街道，静淑园等近30个居委会为试点单位，开展了以垃圾分类、节水、节电和环保、绿化为主要内容的创建绿色社区活动。

【中关村大街开展创建"首都文明示范街"活动】 全区20多个职能部门和有关街道，通力协作，在中关村规划、整治建设样板街的基础上，扩大内涵，创建"首都文明示范街"。同时，知春路、学院路、羊坊店路作为区级文明示范街，也展开大规模的整治和建设。

【完善市民学校组织体系】 市民学校是提高市民群众思想道德文明素质的有效载体。每个街、乡都成立了市民总校，居民区、村都成立了市民文明学校、村民文明学校，形成区、街乡总校、学校三级管理的组织体系，建立了管理制度。区里投资10万元，为全区687所市民文明学校、村民文明学校，统一制作了校牌。在市、区的支持下，万寿路街道投资20万元，建设首都市民文明学校示范点——万寿路社区文明学校总校。配备了实物投影、闭路电视、录像等网络化、自动化教学室，各分校配置了电脑，运用现代化、高科技手段在总校讲课，在分校听课，方便了教学，提高了教学质量。

【树立表彰先进典型】 2000年4月份组织召开文明居民区、文明单位、文明村现场会。参观了法院、芙蓉里、辛庄村等典型，14个单位介绍了经验。5月份召开精神文明奖、最佳活动奖、学雷锋标兵表彰座谈会，9名代表发了言。6月9日召开了区第二届见义勇为好市民表彰会，5名同志介绍了见义勇为事迹。7月份召开市民文明学校示范会议。8月15日在聂各庄乡召开了开展创建"十星文明户"现场会。通过座谈、表彰、现场会的方式，大力宣传了一批先进单位和先进个人，推动全区文明建设跃上新台阶，出现各类典型43个。

【开展系列市民教育活动】 各类活动高潮迭起，市民素质极大提高。2000年3月开展学雷锋宣传活动，10万多人上街宣传和深入居民区、村、乡开展"见行动活动"。6月份组织全区市民参与评选首都第九届见义勇为好市民评选活动，收到选票3万多张。7月份组织全区夏日文化广场活动，约15万人参与。8、9月两次组织"千万市民齐参与，争做文明北京人"活动，有20万人参与。9月5~10日，组织第三届普通话宣传周活动，有3万人参与。10月份起又开展"迎大运、申奥运、建海淀美好家园，做文明中关村人"系列活动，发放万张考卷，开展迎奥运知识竞赛，并组队参加全市的比赛，印制2万张宣传画，展开宣传教育的良好态势。

【开展评选见义勇为好市民活动】 以《北京市奖励和保护见义勇为人员条例》出台为契机，发放《条例》宣传材料1 000份，在各街、乡市民学校宣传的同时，利用区海淀报、有线电视台、广播，宣传海淀区见义勇为人与事迹28人次，并有海淀区全国见义勇为先进个人马志伦被北京电视台宣传。海淀区政府建立了见义勇为活动基金，有不少街、乡也建立了见义勇为表彰制度。

环境整治管理

【环境基础建设的力度加大】 除市里组织的四环路等市政基础设施建设外，海淀区3年来投资修建了颐阳路1、2、3期工程。2000年又修建了香山地区7条道路和北清路，香山地区经过建设已初具路网规模。上庄路改扩建工程正在抓紧进行中。全区11个乡镇2000年自行投资2 006.1万元新建和改扩建37条道路，为改善交通环境创造了有力条件。全区农村为绿化隔离带、扩宽道路、拆违建绿7 253 202平方米。特别是四季青乡围绕香山路网实施道路两侧绿化、美化达300公顷，京西"绿谷氧吧"工程初见成效。在城乡结合部建设了一批环卫设施。新建垃圾楼8座，改建厕所27座，输通和铺设污（雨）水管线21 000延长米。

【加大环境整治力度】 区委、区政府把城乡结合部环境整治，作为加强城市管理的重中之重，研究和采取了很多有效措施：

1. 从管理体制上理顺关系。在城乡结合部新建了5个街道办事处，拆除违法建设5.8万平方米。花园路街道清理了北土城积存10多年的垃圾山，清理了扰民19年的市场，较好改变了北土城地区环境。从改变街、乡管理体制入手，组织实施了城区撤乡并街和乡建地区办事处的试点工作，实施农村环境卫生的城市化管理。

2. 拆违建绿从根本上改善环境。全区为扩宽路面，腾退绿化用地，先后撤除占路市场21个，拆除城乡结合部各类违法建设和临时建设69.6万平方米，腾退京昌、四环、复兴路延长线绿地914.8公顷。海淀乡撤除西苑早市后修建了万泉文化公园；四季青乡撤除长河市场建了长春桥绿地，彻底改变了地区环境，给群众提供了休闲场所。

3. 建立保洁队伍，将北部农村纳入城市管理。区政府将北部各乡环境和整治纳入了全区的统一规划和管理。区、乡共同投资在北部6乡分别建立了10~16人的保洁队伍（村委会保洁员除外），负责对乡内主要道路进行全天保洁，这一举措大大改善了农村环境。

4. 坚持检查评比制度，推动农村环境整治和管理。通过检查评比，促进农村环境建设和管理。1999年北部5个乡被评为先进乡镇。通过抓环境，聂各庄、上庄乡推动了地区旅游业发展。苏家坨乡不等不靠，下决心整治环境，投资700万元搞乡镇基础建设，年底政府路被评为精品街、一个村建成样板村，2000年被评为区先进乡。

【北部地区环境明显改善】 继续实施和完善北部农村地区环境卫生综合整治"三个三"工程。北部地区各乡（镇）投入环境整治的资金230多万元。设立了保洁员和治安巡逻队伍，加强环境治理和维护的力度，广泛发动群众开展义务劳动。经过整治，北部地区环境卫生脏乱差现象明显改善：通往山后各乡（镇）的主要公路干线路面干净，沿线附近的白色污染和垃圾渣土得到了清理，村内道路整洁，一些破旧的院墙已进行了修补和粉刷，机动车和自行车停放有序，各乡（镇）政府和集贸市场周边地区的环境卫生状况已焕然一新。

教育　科技

【加强农村系统领导干部学习培训和学历教育】 2000年10月30日开办了第一期农村系统领导干部培训班，12月27日结束。来自全区10个乡镇以及农委、农业局、农经站、成人中专的29名领导干部和中层骨干参加了为期两个月的学习，比较系统地学习了农村法制建设、乡镇发展规划与管理、城乡土地管理、资源环境与农业持续发展、资本运营学等5门课程和8次专题讲座。培训班学习采取半脱产方式。授课教师都是知名专家、学者和国家部委有关领导。

另外，开办了农村基层干部大专学历专修班，35名农村基层干部参加，其中本科30人，专科5人；5月，举办由乡镇党委副书记、组织部长、宣传部长、村党支部书记参加的“2000年农村干部培训班”，采取脱产、集中、封闭的方式，对120名干部进行了为期10天的培训，系统地讲授了与当前农村工作密切相关的政策和知识。10月，举办第一期全区村党支部书记任职资格培训班，44名村党支部书记参加了培训，培训面达55.7%以上。

【加大企业教育培训力度】 企业专业技术人员继续教育共17 128人次，其中新《会计法》培训6 923人次；初、中级工商管理资格培训388人次；学历教育培训2 860人次；职称培训3 697人次；特殊工种资格证书取证培训3 260人次。此外还组织开展“A管理”模式的学习，举办了“工业企业质量管理统计技术学习班”、“2000版ISO9000标准学习班”、“全区安全生产培训班”以及“企业改革培训班”等短期培训班。东升乡政府被评为市级教育系统先进集体，四季青中专学校的“乡镇企业职工培训”工程获市级先进培训工程。

【绿色证书培训】 全年共培训4 500余人，开设蔬菜、特菜、水稻、花卉、特种养殖、园林绿化、樱桃、冬枣、果林间作等十余个专业，有3 582人取得了绿色证书。

【语言文字规范工作成效明显】 2000年6月和9月两次大的宣传周活动，深入商店、医院先后进行了3次检查，各条大街门匾，牌匾用字规范，甘家口大厦、空军总院、海淀乡医院等单位步入区先进行列。对全区8 000多名中小学专任教师和2000年中师毕业生进行了普通话测试。11月份，同市联检组一起对海淀区语言规范工作进行了抽查，表明海淀区此项工作已走在全市前列。

【农村科技发展】 区科学技术发展计划的农村计划中，星火计划新列7项，延续6项；科研项目新列12项，延续11项；农业推广项目新列15项，延续12项。一年来星火计划实现投资总额16 803万元，其中企业自筹10 113万元，银行贷款6 690万元，开发新产品32项，申报专利27项，专利应用的9项，引进专业技术管理人员101人，年增产值2.416 35亿元，年增利税6 182万元。11月24日区科委组织财政、信用社、经委等部门对“不等流道板式换热器”等8个星火及科研项目进行了技术及经济指标完成情况的验收；11月28～29日对“海石花农业高科技示范园及新型日光温室设施与农业新技术的试验示范”等农业科研推广到期项目23项进行了验收，据不完全统计，农业科技项目直接产生经济效益800万元，社会效益1 100万元。

【农业科技教育】 2000年农业科技教育活动主要有：

2月4日到聂各庄乡组织参与科技、卫生、文化三下乡活动，发放科技知识资料300多份、优良蔬菜种子60多袋。

4月27日在东北旺乡请中国农业大学推广与创新管理系主任高启杰教授讲授“农业科技进步贡献率计算方法”，区内拟建农业高科技园区的负责人20余人参加。

6月7日组织现代农业知识问答，发放资料、问卷至各局乡1 000余份。

7月24日科委组织8个局乡、公司的科技骨干35人观摩民营科技企业金樱桃园艺研究中心建在房山区窦店的种植基地——美丽乡村和香山示范基地，并就优良果品的丰产高产技术做了培训。

7月27日科委组织区农口各局及11个乡的领导、科技管理干部、星火企业、民营企业、项目承担人80余人，参观清华大学中国高校科技协作网、清华科技园发展中心和同方成果展，让广大长期工作在生产第一线的农村干部和科技人员有一个学习新知识、接触新概念的机会。

8月30日至9月7日及9月15～27日，在市、区科委支持下，海淀区金奥顿科技发展有限公司分别邀请匈牙利农业部果树与花卉培植研究所研究员、著名樱桃专家奥波什多尔·亚诺什博士和费尔特迪果树种植开发研究所副所长、国际浆果协会会员、著名树莓育种与种植专家考拉尼·拉斯洛博士来京访问。访问期间组织了“樱桃品种资源和栽培技术”和“树莓品种资源和栽培技术”讲座。海淀区主管科技工作副区长孙宝启、科委主任朱佩芬、驻区院所部分林果专家、有关局乡技术人员60多人次参加了讲座，并进行技术咨询交流。

10月27日科委组织全区科技人员100多人，到顺义三高农业园区参观考察，学习经验、开拓眼界。

10月11～13日，区科委与区农管局组织林业技术培训，全区各乡镇参加者约300人次。

12月23日区科委请专家到苏家坨乡参加特种养殖科技服务大篷车下乡活动，带去图书200多册特养资料200余份，全部无偿发放，专家就农户提出的各种问题一一做了解答。

11月5日，为发展樱桃种植需要，区科委与四季青乡果林所科技人员合作撰写了《北京海淀大樱桃》一书，印制2 000册，作为科普读物和技术培训教材发到农民手中，同时作为绿色证书培训教材。

农村社会保障

【农村养老保险】 全区8个乡共有21 200人参加了农村养老保险，覆盖面达80%，其中新参保农民350人。全年共收缴保费875万元，超额完成了年初制定收缴150万元的任务。领取养老金104人，支付保费7万元。退保51人，退保费15万元。

【农村合作医疗】 实行合作医疗的行政村有77个，占全区农村78个行政村的98.7%，参加合作医疗的人数有13.9万人，占全区农村总人口的92.8%。全区落实合作医疗资金3 353万元，其中区财政投入84万元，乡镇政府投入1 427万元，村集体投入97万元，个人投入782万元，村企业投入961万元，人均合作医疗资金241元。发展农村合作医疗坚持三个原则，即：分类指导，量力而行；民办公助，互助共济；低点起步，滚动发展。分为三种情况：一是南部四乡，基本参照公费医疗管理模式；二是三个由农场转制的乡，职工实行劳保医疗，其家属报销50%；三是北部4个经济水平较低的乡，多数村只享受免四费，部分村可报销20%的医药费，另从村公益金中提取6%作为医疗风险基金，以解决农民确因患大病造成困难。实行乡村一体化管理，其中：村办村管30个，村办乡管14个，乡办乡管33个。基本做到了四统一：统一业务管理（统一门诊登记、统一处方），定期培训乡村医生；统一下达任务；统一规章制度；统一进货渠道。

【救助农村困难户】 《海淀区农村困难户救助办法》于2000年10月1日开始实施，农村困难户救助的最低标准是：南部四乡（四季青、玉渊潭、海淀、东升）每月150元，北部7乡（东北旺、温泉、北安河、聂各庄、苏家坨、永丰、上庄）每月120元。2000年共为286户、662人落实了救助，共支出资金8万余元，由区财政、乡、村三级按5:3:2负担。

海淀区主要领导人

区委书记　朱善璐
副书记　李进山　陈其耀　申建军
　　侯君舒
常委　王孝东　乔　江　刘泽深
　　王兴远　周卫民
　　王洪秀（女）　张宗林
区长　李进山
副区长　王孝东　马　林　许　健
　　孙宝启　伊欣欣　赵建忠
　　蔡长敏（女）
区人大常委会主任　胡桂枝（女）
副主任　王纪表　于淑清（女）
　　刘同生　唐永森　何豫生
区政协主席　王珍明
副主席　周来升　刘永平　林杏光
　　李慈君（女）
　　沈三陵（女）　郑胜利
区纪委书记　王洪秀（女）

（付贵森　吕嗣儒等）

丰台区

全区概况

丰台历史悠久，地域优势明显，物产资源丰富，交通发达，区内铁路、公路、机场形成全方位、立体交通网络，是首都的西南门户、交通咽喉和北京通往广大中原腹地、东南沿海地区的要冲，也是北京地区人流、物流、财流重要集散地。区政府驻地丰台镇，与天安门直线距离12千米。

【地理位置】 丰台区位于北京西南。东与朝阳区相连，西与房山、门头沟搭界，南与大兴接壤，北与崇文、宣武、海淀、石景山毗邻。地理坐标为东经116°4′～116°28′，北纬39°46′～39°54′。

【面积】 全区总面积305.87平方千米。丰台区东西狭长，东西长34千米，南北宽14千米。大部属永定河冲积扇中部，地势西高东低。源于山西省宁武县管涔山的永定河，自北向南，将丰台区分为东西两部。东部为平原区，海拔约40～50米，西北部为太行山脉东麓，形成小面积底山丘陵区，海拔400米左右，最高点马鞍山海拔654米，最低点在南苑乡石榴庄村南海拔35米。在境域范围内，平原面积244.2平方千米，占全区总面积4/5；山地面积60平方千米，占全区总面积1/5。耕地面积6 105.93公顷（1999年）。

【水文气候】 丰台区大部分属永定河冲积、洪积扇地区，由第四系松散岩层组成，地下含水条件较好。水资源主要是地下水，其次是地表水。境内有河流13条，分别属永定河、北运河和大清河水系。多年平均降水量为1.872亿立方米。水资源总量为1.783亿立方米，可利用水资源1.6亿立方米。

丰台区属于温带大陆性季风气候，四季分明。年平均气温为11.5℃，年降水量约600毫米，年最大降水量977毫米，最少降水量307.3毫米。全年日照数为3 700小时左右，无霜期190天左右，适宜蔬菜花卉的生长。

【资源】 丰台区有悠久的蔬菜生产和花卉培育历史。卢沟桥乡的菜户营村，就因明、清两代给皇家种菜，形成菜户聚集地而得名，菜户营和花乡的草桥一带称为“御花园”，历史上就是供应北京蔬菜的重要产地。丰台区自古即为花卉之乡，有“丰台芍药甲天下”之称，元代即有花卉种植，明清进入盛期。据文献记载，今北京西南的草桥、黄土岗、樊家村等一带村庄，旧称“丰台十八村”，花卉栽培远近闻名，是北京花卉集中最早的地区，花卉品种丰富。

粮食作物以小麦、玉米、水稻、甘薯为主。还有豆类、谷子、高粱、花生、芝麻少量经济作物。蔬菜资源丰富，有26科、88种、300多个品种。果树有苹果、桃、葡萄、红果、梨、核桃、李、杏、枣、黑枣、海棠、板栗等13种。

丰台区矿产资源均为沉积型的非金属矿产，主要是建筑材料资源。全区已探明的矿产种类有14种。已开采利用的矿产有砂砾矿、石灰岩矿、板石矿、黏土页岩矿、大理石矿、砖用黏土矿、矿泉水、地热共9种，其中砂砾矿、石灰岩矿、板石矿、砖用黏土矿、矿泉水、地热是丰台区的优势矿产。

丰台区文物古迹丰富。有文物保护单位26处，其中国家级1处，市级6处，区级19处。举世闻名的卢沟桥，建成于金明昌三年（1192年），其建筑风格独特，是我国北方最大的古代石桥，自金代以来“卢沟晓月”即列为“燕京八景”之一。1937年7月7日爆发了震惊中外的“卢沟桥事变”，由此，卢沟桥不仅是有名的古代建筑，也成了帝国主义侵略中国的历史见证。建于明崇祯十三年（1640年）的宛平城，是华北地区仅存的保存最完整的古县城。丰台镇南4千米的大葆台汉墓，经鉴定为西汉广阳王刘建的陵墓。此外丰台区的名胜古迹还有金代莲花池、金中都遗址、金中都水关遗址、辽金代时期镇岗塔等。

人文景观有中国人民抗日战争纪念馆、中国人民抗日战争雕塑园、世界公园、镜花园等。世界公园将世界五大洲40多个国家的100多个名胜古迹、著名建筑、自然景观微缩于一园，游客在园内便可“环游世界”，欣赏世界名胜风光。

丰台区西部自然条件得天独厚，空气新鲜，风景秀丽，是发展旅游业的佳地。青龙头水库碧水一泓，在它旁边已建成了具有沙滩浴场、观光果园、餐饮娱乐于一体的休闲旅游公园，是人们消暑、纳凉、观光、休闲的好去处。

【交通】 丰台区是首都的西南门户和交通咽喉，交通发达，形成全方位、立体的交通网络。北京西站、丰台火车站是京山、京沪、京广、京九、京包铁路出入北京的必经之地。区内西南三、四环路与京津塘、京石高速公路和京开公路相连，加上京良、京周、京原等高等级公路，形成四通八达的公路交通网络。南苑民用飞机场现有47个航班通往全国17个大中城市。区内和通往市区的公共交通路线几十条，为丰台区的经济发展提供了有利条件。

【建置】 丰台区历史悠久，《宛属杂记》称，“丰台即明代风台遗址”而得名，属宛平县城。商、周是为蓟和燕国之地。公元221年秦灭燕改为广阳郡蓟县。东汉时为幽州，治所仍在蓟。唐建中二年（781年）设幽都县同为幽州辖地。辽开泰元年（1012年）改为宛平县。自辽后丰台区大部分属宛平县。

民国时期，近丰台境东北部属城郊区，东南部属大兴县，西部属房山和良乡县。丰台区大部分为宛平县城。

1948年12月丰台区解放，划分为北平市郊区。到1949年6月，丰台辖区内共有丰台（第二十五、第十五）区、长辛店（第二十六、第十八）区、南苑（第二十三、第十四）区、郊三（第十五）区、郊四（第十六）区5个区的建制。1949年6月，5个区合并为3个区。1950年6月至1958年6月期间，丰台区现辖范围内并存着北京市第十五区（第十二、丰台）和第十四（第十一、南苑）两个区。其间1950年8月底十五区改为第十二区，第十四区改为第十一区。1952年底十二区改为丰台区，第十一区改为南苑区。1958年6月南苑区、石景山区和河北省良乡县撤销建制，这两区大部和一县部分地区划归丰台区。1963年，成立石景山办事处，该地区城市工作从丰台区划出，农村工作仍由丰台区管理。1967年恢复石景山区建制，原由丰台区管理的该地区农村工作随之划出。至此，丰台区的行政区划基本固定下来。

【行政区划与人口】 全区辖6个乡，16个街道办事处，是典型的城乡结合部地区。全区6个乡中有78个行政村。全区有户籍常住人口80.95万人，农业人口14.76万人，非农业人口66.19万人。

经济发展

全区农村以经济建设为中心，以富裕农民为主线，解放思想，深化改革，以适应首都经济发展方向的要求，加快经济结构调整步伐，大力发展区域经济。

在一产结构调整方面大力调整种养结构和粮经结构。打破传统种植、养殖结构，引进发展科技含量高、效益好的种养品种；积极创造条件推进花卉产业化试点的创建；以养殖小区建设为龙头，促进养殖业发展；抓好高效农业园建设工程。

在二产发展中，以乡镇企业“二次创业”为契机，加大调整力度。继续推进乡镇企业重组转制，着重解决投资和经营结构单一，机制退化，管理粗放，技术设备水平低，产品低劣问题。实施高起点、大范围、宽领域的资本引进战略；推进乡镇企业科技进步；抓住全市工业布局和产业结构调整契机，按照北京市总体发展规划要求，对四环路以内生产能力落后、消耗资源、质量低劣、污染严重的企业，有计划加以迁移、淘汰或转为第三产业，四环路以外的工业企业利用重组方式进行结构和布局调整，实现布局符合规划、结构合理、产品优质、效益良好目标；加强企业的人才和管理，培养和引进人才。

大力发展农村第三产业。继续抓好分钟寺汽车配件城、西局电子城等各类专业市场的建设，加强管理，提高效益；积极发展服务业，新建为城市服务、便民和适应多层次需要的健身、休闲、娱乐等设施；积极发展观光旅游，继续完善王佐青龙湖旅游观光项目建设；发展信息、咨询、广告、中介服务，为各类学校后勤改革配套的服务业等新兴第三产业，使区内农村地带第三产业结构和发展方向逐步与北京市总体发展规模相适应，并与国际市场接轨；继续抓好绿化隔离地区建设，发展绿色产业和都市农业，加大房地产开发和与之相关产业的发展。

2000年全区农村各项经济指标持续稳定增长，农村七大行业增加值预计完成16.3亿元，比上年14.74亿元增长10.6%；农村经济总收入完成99个亿，同比增长10.6%；税金完成2.43亿元，同比增长9.7%；农民人均纯收入达到5 800元，同比增长8.7%。通过调整，全区农村经济结构趋于合理。一、二、三产业比例由上年的10.4∶37.3∶52.3，调整为2000年的8∶33.7∶58.3。一、二产业分别下降了2.4和3.6个百分点，第三产业提高了6个百分点。农业和农村经济结构进一步优化，乡镇企业“二次创业”的步伐不断加快，以科技为依托、以优势资源为基础的第三产业在区内农村初现气候。

农　业

【确定指导思想】　根据年初农村工作会议要求，大力优化第一产业，调整种养结构和粮经结构，农业结构调整由传统农业向高效、优质、特色、精品、观光农业快速转变。

【加大资金投入】　市、区为促进本区农业发展，全年共投入资金2 139.3万元。

【粮经比例变化】　全区粮（食）经（经济作物）比例2000年已达到34∶66。

【花卉产业】　第一产业逐步形成区域特色。按照市场发达、种苗供应配套、专业化生产能力较强、科技含量高的花卉生产体系建设要求，进一步推进花卉产业化发展。一批花卉产业基地得到了完善和提高，花卉生产的科技含量不断增加。花乡被国家林业局、中国花卉协会命名为“中国花木之乡”，花乡花卉市场被国家林业局、中国花卉协会评为全国重点花卉市场。花乡盛芳园花卉种植基地被国家林业局、中国花卉协会评为全国花卉生产示范基地。

【花卉市场面积扩大】　花卉市场2000年总面积达到8万平方米。

【增加花卉种植面积】　全年新增花卉种植面积117.8公顷，区花卉种植总面积达到404.27公顷。花卉“六种农业系列”发展成绩显著，全区设施花卉达72.47公顷。

【花卉收入增加显著】　全区花卉年收入达到1.3亿元，比上年增长30%，比“九五“初期的3 480万元增加1.05亿元，增长了3倍多。全年直接出口花卉10万支，盆花2万盆，花卉出口创汇12.2万美元，是上年的5倍。全区精品花卉收入5 937.3万元。

【花卉生产】　全年设施花卉切花生产332万支、盆花生产580.7万盆；精品花卉品种及种类达788个，精品切花414.5万支、精品盆花424.8万盆，鲜切花和盆花的产量分别占全市的9.7%和5.2%。

完善花乡盛芳园切花基地建设，新建现代化自控温室1万平方米，实现切花菊周年供应，为切花出口创汇奠定基础。建成郭公庄百亩高品质草花生产基地，引进美国小菊、利格海棠等高档草花品种。花卉生产科技含量不断增加，玉花园组培基地建成投入使用。花卉种籽、种苗、种球的生产、销售居全市首位。

花卉从业人员2 789人，较“九五”初增长152.6%。全区花圃由46个发展到70多个，另有50多个鲜花店遍布京城繁华地段。为中央电视台、北京电视台、亚运村、首钢等企事业单位和120多家宾馆、饭店提供绿化美化及租摆服务。

【粮食生产减少】　传统农业逐渐减少。2000年，全区1880.47公顷粮田总产839.6万千克，同上年相比，种植面积减少310.67公顷，总产量减少247.6万千克。

【蔬菜生产销售减少】　全年1 666.67公顷菜田生产蔬菜总销售量1.47亿千克，总销售金额1.4亿元，与上年相比，面积减少333.33公顷；总销售量减少758万千克，减少4.9%；总销售金额减少619万元，减少4.1%。

【畜牧产量出口增加】　2000年内全区有规模养殖场39个。全年共出栏肥猪6.3万头，产值3 150万元；产蛋量430万千克，产值2021.4万元；产奶量367.1万千克，产值734.2万元；淡水鱼捕捞量31.14万千克，产值841.81万元；其他养殖产值782.5万元。养殖业总产值达到7 521万元，与上年基本持平。畜牧活禽间接出口产值196.9万元，出口产值较上年增加33.4%。

【特种养殖、家庭养殖快速发展】　继槐房甲鱼小区、三和奶牛小区后，又建成长辛店乡张家坟蛋鸡、王佐乡丽源肉鸡、贺照云养羊等一批小区。三和奶牛小区、槐房甲鱼小区、张家坟蛋鸡场达到市级标准。上述小区设施较为完善，累计入户742户，总投资3 893万元，其中农民投资2 700万元，占总投资额的69.3%。全区家庭养殖户增加到1 616户，新增347户，养殖品种达到32个。

【引进新品种】　引入稻田养蟹和鲟鱼2个新品种。发展养蟹3.2公顷，引进蟹苗2万尾；饲养鲟鱼1.6公顷，鲟鱼苗种500尾。

粮食生产引进15个青饲料用玉米新品种。进行中优9507、京9428等优质小麦品种实验和示范工作，推广良种284公顷。果品生产引入赞皇枣、葫芦杏、早蟠桃、京秀等枣、杏、桃、葡萄各类优新品种40余个。

【加大培训力度】 全年共举办粮、菜、花、果、畜牧、水产，以及防火等各类培训班十多期，1 000余人接受培训。

【建设王佐乡高效农业园】 该高效农业园规划占地101.33公顷，由特种水产养殖垂钓中心、设施花卉基地、盆栽果树基地、草坪培植基地、绿化苗木基地、南宫农业公园、农业科技培训中心等7个部分组成。目前已种植高档草坪23.33公顷，绿化苗木33.33公顷，除科技培训中心和农业公园外，其他工程已建成并投入使用。

【草桥花卉高效农业园】 总投资1.4亿元，占地33.33公顷的草桥花卉大观园的规划和前期论证工作基本完成。该园建成后，将形成一个以花卉为主题，集观赏、销售、科普和旅游于一体的高效农业园区。

林业 水利

【绿化造林超万亩】 全年农村地带共植树154.2万株，比上年增加97.91万株；造林完成765.47公顷，比上年增加381.8公顷。绿化隔离地区农村绿化面积完成377.4公顷，占全区隔离地区绿化面积476.07公顷的79%。其中生态公益林144.8公顷、以圃代林179.73公顷、以果代林52.93公顷；环境片林完成298.67公顷，风景区爆破造林完成40公顷，太行山绿化工程完成20公顷，林网建设以及其他造林完成29.33公顷。新建林网19条，长度达25.72千米。还形成了两个330公顷绿色大板块，完成大环境绿化133.33公顷。

【护林防火形势严峻】 2000年防火期内，风大、气温高、空气干燥，给护林防火带来极为不利影响。共发生火警4起，过火面积16.46公顷，过火林地面积2.56公顷，过火林木4 485株。

【护林防火工作加大力度】 全区在2 333.33公顷重点林区进行化学除草工作，开设防火隔离带18万延长米，清理散坟720个。举办护林员培训班和护林防火指挥员培训班，培训130多名护林员和50多名护林指挥员。投资近80多万元，加强硬件建设，建立了全区的扑火方案，加强专业、半专业扑火队伍建设，护林防火工作基本实现网络化。

【大力发展节水灌溉】 全区农村投资91.6万元，对155.33公顷耕地进行节水工程建设。其中喷灌50公顷，微灌5.33公顷，大环境片林管道输水灌溉面积100公顷。

【建设农村饮用水改造工程】 建净化水厂1座，制水2吨/小时，解决2万多人饮水问题。

【青龙头灌区改建工程】 此项工程总投资377.2万元，铺设干支线10.05千米，建设完善田间配套工程面积386公顷。

工　业

【乡镇企业"二次创业"】 2000年来，全区乡镇企业发展势头平稳，主要经济指标与上年同期相比稳步增长。截止2000年底，全区乡镇企业农工商建运服七大行业累计实现总收入68.58亿元，同上年65.61亿元增长5.9%；完成增加值13.46亿元，同上年11.64亿元增长20.6%；实现工业产值22.73亿元，同上年19.51亿元增长16.5%；完成工业增加值5.12亿元，同上年4.31亿元增长18.8%；完成出口交货值3 881万元，同上年4 219万元减少8%。共盘活企业37家，利用闲置厂房、场地面积55 037平米。企业重组22家，引进资金1.1亿元，实现收入1.4亿元，安置劳动力762人。实施技术改造、新产品的引进和开发共11项，总投资3 170万元，年产值达到22 470万元，新增产值9 002万元，形成利润955万元。加强企业产品质量认证和企业管理体系资格认证工作，共完成ISO9000认证企业20家。提高乡镇企业经营管理人员、技术人员素质，培训企业各类人员2 000余人。

【加大企业改制力度】 全区乡、村集体企业以提高经济效益为中心，以明晰产权为主要内容，通过资产重组、联合、租赁、承包经营、股份合作制、出售等形式，完成了62家乡、村集体企业改制，改制企业总数达到1 047家，占乡、村集体企业总数的73%。改制中，积极吸引个体、私营、民营资本进入集体企业，参与集体企业改制，推动了乡、村集体企业投资主体多元化的发展。其中有限责任公司14家、股份合作制23家、退资租赁5家、兼并1家、关停8家、脱钩3家、租赁6家、承包2家。

【推进社区股份制】 全区农村以产权制度改革为核心，积极推进农村社区股份合作制改革继续稳步推进。在已有8个村集体经济组织进行社区型股份合作制改造，改制总资产达8.48亿元的基础上，2000年又启动6个村集体经济组织进行社区型股份合作制改造，当年已有3个村完成。

【推行股份合作】 区内王佐乡南宫村、沙锅村等4个单位，利用本乡丰富的页岩资源优势，联合出资1 030万元，以股份合作方式成立"同德建材有限责任公司"开发生产页岩粉煤灰承重砖，年产砖3 500万块，取得了较好的经济效益。

【重组企业初见成效】 全区乡镇企业在结构调整中，加强重组，多渠道引进资金，培育新的经济增长点。高立庄引进"古桥"空调组装流水线，成立"北京高晶制冷有限公司"。双方总投资7 000万元，生产窗式、分体式空调机，设计能力16万台。盘活了集体资产，新安置劳动力300多人，全年企业工业产值达亿元。新丰印刷厂引进五色海德堡印刷设备。大灰厂丰达水泥厂投资620万元，改造生产线，年产量达到30万吨。诚丰建材制品有限公司投资980万元，兴建市政大口径水泥管生产线，年产值达到2 500万元。

【提高市场竞争能力】 花乡榆树庄构件厂通过调整企业产品结构，加强技术改造，提高了产品的科技含量和市场竞争力。企业每隔一到两年，就针对市场的需求，对产品结构进行调整，从“短向板”、“保温板”、“PC板”发展到“公路桥梁”和“商品混凝土”项目。从而在市场竞争中不断增强生存发展能力，2000年企业产值突破亿元。

第三产业

大力发展农村第三产业。2000年，丰台区农村第三产业营业收入达到49.6亿元，增长14.7%。全年新上三产项目85个，总投资5.4亿元。其中新建现代服务业18家，总投资1.9亿元；新建各类市场22家，总投资2.45亿元。着重在沿三、四环两侧发展商业、服务带。建成了“东方家园”、“名流家居”、汉龙配货中心等一批三产项目。花乡的“名流家居”还获资产重组引进大项目奖励。利用区位优势建设了三路居综合市场、丽泽路建材市场等一批规模大、管理规范的专业市场，使区内的专业市场达到130多家。利用三环路、四环路的便利条件，发展了集餐饮、娱乐、会务、健身于一体的综合服务业，如：洋桥大厦、四合庄园、丽华饭店二期工程等。以绿化隔离地区建设为契机，进一步加大了农村房地产业。全年新启动7个新村建设，全区已有29个村启动了新村建设，成立房地产公司21家，2000年累计实现开复工面积92.8万平方米，已竣工13.8万平方米。草桥“恋日家园”成为房地产业的靓点，得到市领导的充分肯定。在卢沟桥东区房地产开发，取得新的发展，开工面积11万平方米，完成了部分市政设施。通过房地产业发展，带动了农村物业管理、装饰业等第三产业发展。

【评为市汽车出租行业十佳企业】 万泉寺出租汽车公司2000年进一步扩大了规模，新增投资7 500万元，实现了2 000辆的运营能力，实现月收入700万元，被市评为北京市汽车出租行业十佳企业。

社会发展

全区农村大力加强社会主义精神文明建设和民主法制建设，提高农民素质，美化村容村貌，开展农村创建、科技、教育、文化、卫生、计划生育、群众性体育活动等各项工作，促进农村社会稳定、发展。

争创活动

【争创活动在农村开展】 区委以江泽民同志“三个代表”重要思想为指导，按照市委组织部、市委农工委的要求，开展争创农村基层组织建设先进区活动。6个乡党委、78个村党总支（支部）、839个基层党支部、9 066名党员参加了这一活动。把争创活动与党在农村的建设工作统一规划、统一部署、统一落实、统一检查，全区农村创建工作蓬勃开展。区委研究制定了《中共丰台区委关于争创农村基层组织建设先进区五年规划（1999—2003年）》和《关于贯彻北京市〈关于开展创建农村基层组织建设先进区县活动的意见〉的实施意见》，确定了本区争创农村基层组织建设先进区的指导思想，总体目标和年度目标以及争创活动的主要任务。区委对创建活动的各项任务进行责任分解，明确了区委、区政府10个职能部门和4个群团组织及6个乡党委在创建活动中的职责，形成了区委统一领导，各部门共同参与、齐抓共管的创建工作局面。区委还进一步研究制定了《关于2000年争创农村基层组织建设先进区实施方案》。年初通过乡、村自报和区争创领导小组审定，确定2个乡争创“六个好”乡党委，41个村争创“五个好”村总支。2000年底，区委组织了以区委书记和副书记任检查验收组组长、区委党建巡视员任副组长组成3个检查验收组。检查组按照检查考核标准对全区6个乡党委的创建工作进行了全面检查，检查面为100%。对各乡党委推荐的41个争创“五个好”村总支进行了检查验收，3个乡党委基本达到“六个好”乡党委，39个村总支基本达到“五个好”村总支。

【成立创建领导小组】 区委成立了以区委书记为组长的丰台区争创农村基层组织建设先进区领导小组。有25个单位和部门的主要领导参加领导小组。年内区委书记办公会、区委常委会召开5次专题讨论了农村创建工作。区委建立了农村党建工作巡视组，由4名区委党建工作巡视员和4名农村党建巡视员组成，对创建工作进行督促、检查和指导。

【开展宣传教育活动】 全区农村在开展创建活动中，加大了宣传力度，充分利用广播、报纸、有线电视、举办知识竞赛等宣传形式，广泛宣传争创农村基层组织建设先进区的重要意义和争创“六好”乡党委、“五好”村党总支的基本内容。区委还在农村开展了一系列主题教育活动，4月份开展了“致富思源，富而思进，做文明人，跨入新世纪”主题教育活动，10月份开展了“致富明方向，‘十五’再发展”的主题教育活动。

【制定创建工作制度】 为做到争创活动制度化、规范化，区委制定了10余项创建工作制度。各乡党委和村总支也根据实际情况，制定大量制度。

区委制定的制度主要有六个方面。一是建立党建工作责任制，明确了创建工作的责任。在争创农村基层组织建设先进区活动中，区委书记、乡党委书记、村总支书记为争创工作的第一责任人。二是制定领导干部包村挂点制度。区委、区政府领导联系街、乡，每位领导联系1个乡、2～3个村进行帮助指导。三是建立中心组理论学习制度。区委制定下发了《关于在农村和街道社区党总支（支部）建立理论学习制度的意见》，在农村建立农村党总支（支部）学习组，区委农工委制定《关于在村级党总支建立理论学习中心组的意见》。四是制定农村干部的培训制度。制定《关于加强村级领导干部培训的工作意见》，提出从2000年开始，各乡党委要坚持每年对现任职的55岁以下的村级领导干部普遍轮训一遍，累计时间应不少于10天。区委组织部、农工委也将每年组织对村总支书记、村委会主任的集中培训，时间不少于一周。用两年的时间，使现任村总支书记全部取得任职资格。五是加强了农村民主法制制度建设，完善了民主监督机制。在加强农村民主法制建设中，区委把推进农村基层民主制度建设作为开展创建活动的重要内容之一，加大了工作力度，制定下发了《关于推行乡政务公开工作的意见》、《丰台区村务公开民主管理细则》、《村民代表会议议事规则》和《关于民主评议和考核村级领导干部的意见》等制度，从而进一步落实了民主选举、民主决策、民主管理和民主监督，为依法建制、以制治村、村民自治提供了有力的制度保证。六是制定了争创活动检查验收标准和考核办法，推动了争创“六个好”乡党委和“五个好”村总支活动的开展。区委根据市委对区县创建活动检查验收标准，研究制定了丰台区关于争创“六个好”乡党委、“五个好”村总支活动检查验收标准和考核办法，提出了六个方面32条的检查验收标准，并制定了考核办法。

【开展“三讲”教育活动】 2000年3～5月开展了乡级领导班子、领导干部“三讲”教育活动，11～12月开展了乡级领导班子、领导干部“三讲”教育“回头看”活动，104名处级领导参加。中央“三讲”教育检查组6月听取了丰台区“三讲”教育工作汇报后，再次检查了乡级“三讲”教育活动，对丰台区“三讲”教育活动，特别是对乡级“三讲”教育活动给予很高评价。

【加强乡、村级领导班子建设】 2000年在乡级班子换届中，区委认真贯彻了《中共北京市丰台区委关于贯彻〈中共北京市委加强全市党政领导班子建设（1998—2003）规划纲要〉的实施意见》，按照德才兼备原则和“四化”标准提拔使用了一批优秀的年轻干部，每个乡的班子中至少有一名35岁以下的年青干部。从6个乡党委、政府、人大班子59名领导干部看，平均年龄42.7岁。其中35岁以下领导干部11人，占18.6%；35～45岁的23人，占38.9%；45岁以上的25人，占42.5%。大专以上学历47人，其中具有本科以上学历16人。在创建中，长辛店乡还成功进行了机构改革，科室减少8个，机关人员减少39人，对新任的中层干部全部实行竞聘上岗。年内对28个村总支班子及9名部支书记进行了调整，合并村总支3个。

【加强对村支书培训工作】 2000年，区委共举办了三期共30天的培训班，600余名村领导干部接受了培训。5月，区委举办了5天农村干部党课学习班，区委书记、副书记、组织部长和区政府领导上台讲课，参加学习的干部受到比较系统的党性、党风和理论教育。10月，区委举办了为期20天的农村党总支书记任职资格培训班，75名村总支书记或副书记全脱产集中接受了培训。2000年底全区共有57.7%的村总支书记取得了任职资格证书。

村务公开

【召开村民代表大会】 2000年7月按照《丰台区村民代表会议议事规则》的要求，78个村按时召开村民代表会议。应到代表3 972人，实到代表3 808人，占代表总数的95.8%。代表提出议案79件，采纳51件，采纳率为64.5%。全区各村普遍开展了一年二次民主日活动，完善了村级民主监督机制。

【农村村务公开工作加强】 全区6个乡都设立了政务公开栏，落实领导接待日制度。王佐乡在乡政府机关大门两侧设立了政务公开栏，将副职以上领导的照片及职责，2000年为群众解决的34件实事、科室分布图、目标责任制及奖罚规定等进行公开，并率先实行了干部挂牌上岗公示制度。卢沟桥乡将政务公开栏按照机关科室分布、工作人员职责及行为规范、当年规划及收支情况、乡领导接待日时间，包村名单及难点问题和为群众办的实事、奖罚考核办法等公开的内容分成5个版块，政务活动的监督权最大限度地交给群众。全区81个村共设公开栏143处，村村设有信访员。白盆窑村率先将村干部的收入在公开栏公布后，得到了群众认可。

综合治理

【狠抓环境管理】 全区农村围绕“外树形象”，加大环境整治力度。全年乡村两级共投资7 378万元进行村容村貌整治，新建、改建厕所100多个，新建210个密闭化垃圾点。清理垃圾20余万吨。南苑乡的乡、村都成立了环境卫生监察领导小组，组成了300多人的保洁队伍；花乡投资2 430万元进行环境整治；王佐乡投资800万元，对10条主要街道进行了整治。每个乡都建设了一条精品街，共硬化铺装路面20余万平方米。

【拆除违法建设】 实现拆建结合，拆管结合，有效防止了违法建设和脏乱点反弹，农村拆除违法建设136.89万平方米。加大对“六小行业”清理整顿力度，共整顿“六小行业”近千个，取缔近300个。

【加强外来人口管理】 全区农村建立了90个外来人口管理站，共清理“三无人员”6 000余人。

【安全生产】 2000年全区共组织立网式安全检查上百次，对近7 000个单位进行了防火安全的检查，消除隐患近2 000处。治理大气污染，全区各乡共改造完成和取缔燃煤锅炉、茶炉、大灶近千台。

【建设精神文明村】 花乡草桥村、长辛店乡张郭庄村、南苑乡西铁营村获得“首都文明村”称号。组织参加“第十届北京市农民艺术节”，获最佳表演奖。

【道路建设】 全区各乡、村共投资2 000万元，改善乡、村内的交通状况。

教育卫生

【加大教育投入】 区各乡共投入教育资金近400万元，完善和改善了农村中小学校硬件、软件建设，大部分小学完成农村完小达标验收。加强成人教育，认真完成“2866工程”验收，共培养具有大中专学历2 000多人。

【加强农村基层干部学历教育】 385名乡、村干部和企业管理人员参加农村经济管理大专班学习。加大干部专业知识的培训，区民政、司法、环保、卫生、综治等部门举办了各种专业技术培训班，共计26期，受教育人数3 058人。各乡也开展了形式多样知识培训。卢沟桥乡举办了8次专题讲座，对干部进行法律、经济、WTO知识、房地产知识进行培训。

【医疗卫生事业加强】 全区乡村共投资200多万元对卫生所进行了整体改造，卫生所整体环境、医护人员素质都有了明显提高，卫生防疫保健工作达到国家规定的基本标准。全区各村大部分落实了合作医疗制度。

【完善农村社会保障体系】 认真执行农民最低生活保障线制度，大部分农民享受最低生活保障。农村社会养老保险投保人数达到应参保人数的50%，全体村民参保的村达到20%。

丰台区主要领导人

区委书记　王子生
副书记　张大力　王云峰　杜瑞琴（女）
常委　吴世民　吕仕杰　陈继平　王志江
　　陈启刚　刘云广　王铁阳
区人大常委会主任　徐英豪
副主任　吴铁强　李贵　刘树玉　王宗银
　　王亚南（女）
区长　张大力
副区长　吴世民　朱建民　沙松平
　　胡燕（女）　王成国　杨义春
区政协主席　穆德荣（女）
副主席　钟光璞　鲍顺新　杜荣军　赵仑
　　孙为壮　孟谭康
区纪委书记　王铁阳
副书记　王荣军　刘庆军

（王克军）

石景山区

全区概况

北京西部近郊区石景山区，是建设发展中的新市区。1995年全国绿化造林十佳城市之一。1995—1999年连续三届被评为全国双拥模范城。

【地理位置】 石景山区位于北京市区西部，东部以玉泉路为界与海淀区毗邻，南部与丰台区接壤，西部及西北部与门头沟区相连。地理坐标为北纬39°53′～39°59′，东经116°07′～116°14′。

【面积】 全区总面积85.74平方千米，地势西北高而东南低。北部、西北部为海拔800米以下低山地带，约占全区总面积的34.8%，中部和东南部处在永定河洪积冲积扇顶部，以微带倾斜平原为主，约占65.2%。

全区土壤多数属褐土类，近山地区为中壤土，大部分地区为轻壤土和砂土。平原地区经过长期开垦和改造，土壤一般无盐碱化现象，宜于农作。耕地面积479公顷，占全区总面积的5.59%。

【水资源】 境内水资源较贫乏，永定河是流经本区的最大河流，河床长期干涸。1957年，北京市建成永定河引水渠，自西向东流经本区，区境内长9.5千米，沿途设引水闸多处，供生产、生活用水。由于干旱和长年超采，地下水位下降，地下水位埋深25～30米。

【气候】 属温带大陆季风气候，四季变化显著，春季干旱多风，秋季凉爽多晴天，冬季寒冷干燥，盛行西北风，夏季高温多雨。由于本区地形变化较大，小气候表现较为明显，永定河谷地是北京地区三大风廊之一。本区日照充足，年日照时数2 473小时，年平均气温为12.9℃，7月份平均气温29.2℃，1月平均气温为－6.3℃，无霜期204天。全年平均降雨量为428毫米。

【交通】 石景山区交通方便，一线地下铁道西端起始本区苹果园，四通八达的公路将本区与市区中心紧密联成一体。丰（台）沙（城）铁路自东南向西北穿越本区，是北京通往西北各省的铁路枢纽。（北）京九（龙）铁路从本区东南部穿过。京（北）原（平）公路起始本区东南部，是首都通往山西的交通干线。

【建置沿革】 石景山区因境内有石景山而得名。先秦属燕国地，秦时属广阳郡。东汉时属蓟县。魏晋时属广阳县。唐天宝元年（742年）属广平县。辽开泰元年（1012年）后属宛平县，直至中华民国时期。1948年以前，本区现境大部分属河北省宛平县，北部属北平市市郊五区。1948年12月，石景山地区解放，建立人民政权，1949年3月，改为北平市第二十七区，同年7月改为北平市第十九区。1950年，改为北京市第十五区。1952年9月，命名为石景山区。1958年5月，撤销石景山区建制，其辖地分别划归相邻的丰台区、海淀区和门头沟区，当时称为石景山人民公社，即中苏友好人民公社。1963年7月，从丰台区划出，成立区级建制的石景山办事处，农村工作仍属丰台区管理。1967年8月，恢复石景山区建制。

【行政区划与农业人口】 区辖8个街道办事处和农村工作委员会。农村工作委员会和区农工商总公司一套机构两块牌子（区农工商总公司又称中俄友好农工商总公司），辖八宝山、向阳、景阳、衙门口、八角、古城、北辛安、八大处、刘娘府、五里坨、黑石头11个行政村（又称农工商联合公司）和麻峪工贸中心。农业人口1.58万人，占全区常住人口4.76%。

经 济 发 展

全区发展“以城市化为目标，大力实施区域经济战略，科教兴区战略和优化环境战略，进一步加强党的建设”为基本工作思路，农村工作坚持“以改革为动力，抓机遇促发展，全面推进城市化”方针，狠抓产权制度改革，优化产业结构，落实定位发展规划，进一步掀起二次创业高潮，农村经济保持良好发展势头。

经济总体发展

【全面启动定位发展规划】 定位发展规划报经区政府批复，2000年3月起组织实施，共12个项目。分别是：八宝山电器商贸区和绿化隔离带综合开发；向阳环保和机光电高科技工业小区；景阳企业园区和职工住宅小区；衙门口休闲绿洲；八角京西大市场；古城中小科技企业基地；北辛安外居地建设和旧村改造、阜石路汽车专卖专修配件商贸街；八大处旧村改造及房地产开发、绿化隔离带建设；刘娘府民营企业园区；麻峪京西建材产品产加销基地；五里坨以麒麟据美食娱乐城为重点的二、三产业配套开发、旧村改造；黑石头观光旅游农业。经过努力取得阶段性进展。八宝山、八大处农工商公司结合绿化隔离带建设进行旧村改造，城市开发项目已开始启动。“休闲绿洲”和“观光旅游农业”已完成规划，进一步完善招商条件。“中小科技企业基地”完成了“三通一平”。“京西建材产品产加销基地”定位规划已见雏形。“京西综合大市场”的“建材专营市场”已完成第一阶段建设。“外来人口居住地”已于2000年11月竣工开业。

【绿化隔离带建设全面铺开】 绿化隔离带规划建设任务主要集中在八宝山、八角、八大处3个农工商公司，当年绿化任务全部完成，绿化隔离带内旧村改造、企业搬迁工作正按计划进行。在绿化隔离带地区的绿色产业发展项目，得到市、区领导和有关部门的支持。老山汉文化公园、鲁谷科贸街等项目已进入审批程序，即将进入实施阶段。

【大力招商引资】 通过广泛联系、扩大宣传、增进交往、加强合作、网上招商等活动，引进各类项目20余项，引进资金总计1.6亿元，其中注册资金和总投资在1 000万元以上的企业项目5项（不含房地产开发项目）。

【建成计算机网络】 为适应农村城市化的要求，提高办公自动化程度，2000年末建成农工委系统计算机网络，为管理创新、管理方式转变创造条件。

【加大集体经济组织改革力度】 贯彻“撤村不撤社，转居不转工，资产变股权，农民作股东”的基本原则，加大对原有集体经济组织进行股份制或股份合作制改造工作的力度，对现有企业进行股份制、股份合作制、租赁、托管、承包等多种形式的重组转制。全年完成改制企业16家，盘活存量资产1.87亿元，引进增量资产0.77亿元。全区农村累计完成改制企业192家（含已关闭6家），累计盘活存量资产3.37亿元，引进增量资产1.01亿元。

【加大农村经济结构调整力度】 适应城市建设发展需要，大力发展商贸、餐饮、旅游、物业、信息服务等第三产业。全年经济收入15.3亿元，占农村经济总收入81.5%，成为农村经济主体，第二产业收入2.9亿元，占15.5%，农业收入0.56亿元，仅占3%。

【推动个体户营经济发展】 在推动集体经济发展的同时，努力创造个体私营经济发展的政策环境和投资环境，促进农村个体、户营经济发展。2000年末，个体、户营企业达到395家，家庭经营收入4.23亿元，占农村经济总收入22.5%。

【农村经济增长】 全年农村经济总收入18.82亿元，比上年增长11.5%。实现利润总额5 774万元，比上年增长22.5%。上缴国家各种税金5 594万元。农村集体国内生产总值2.14亿元，比上年增长11.7%。

【农民收入增加】 全年人均劳动所得7 468元，比上年略有增加。

农　　业

【拓展功能　提高效益】 继续推行农业承包、租赁、个体私营等多种经营形式，利用现有资源和条件，向休闲农业、观光农业、旅游农业发展，提高经济效益。全年农业经济总收入5 661万元，占农村经济总收入的3%；总产值4 248.7万元，其中养殖业总产值3 110万元，占73.2%。

【主要农产品产量】 蔬菜总产914.8万千克，果品总产99.7万千克，出栏商品猪28 677头（其中户养15 071头），鸡蛋总产158.6万千克，牛奶总产202.2万千克。

【实现养猪生产、屠宰加工、销售一条龙】 面对市场，北京市定点屠宰企业西黄村、五里坨两个集体养猪场，在单一经营养猪生产的基础上，加大投入，增添设备，扩大经营，实现养猪生产、屠宰加工、销售一条龙。全年出栏商品猪13 608头，屠宰加工160 898头，经驻场检疫定点上市销售。

【重点水利设施】 农田灌溉干渠8条（南干渠、北干渠、新干渠、旧干渠、环山渠、刘黄干渠、三家店干渠、五里坨干渠），全长30.46千米。支渠14条，全长21.02千米。防汛排洪干沟11条（人民渠、北八排洪沟、军福渠、大渔沟、潭峪沟、油库沟、旱庄子排洪沟、五里坨排洪沟、北衙沟、八引排洪沟、琅黄排洪沟），全长31.44千米。现有机井104眼，日提水能力为4.1万立方米。小二型拦洪水库（南马场水库）一座和截流两处，蓄水量分别为16.6万立方米和0.6万立方米。

【加强水利设施维护】 完成南马场水库加固防渗工程，总投资150万元。通过市、区有关部门联合验收，评为优质工程。完成人民渠（一段）绿化和整治，八引排洪沟（全部）和刘黄干渠（金顶街中学门前一段）的清淤和衬砌加盖板工程，总投资50万元。完成灌溉干渠清淤91.1千米，投资20万元。

【成立水政监察大队】 2000年5月26日组建石景山区水政监察大队，编制12人，在全区范围内开展水政执法工作。

【农业机械减少】 随着农村城市化进展，农业逐步退位，农业机械减少，2000年末，全区农村农业机械总动力11 696千瓦。大中型拖拉机3台，小型四轮拖拉机19台，农用电动机113台，水泵106台，背负式喷雾机93台，农副产品加工机械17台，畜产品加工机械13台，渔业机械38台，农用运输机械8台，农田基本建设机械9台。全年机械耕作面积192.53公顷，植保机械作业面积283.07公顷。

【加强驾驶培训】 农村中多数农业运输车辆转向社会运输，农机工作重点转为培训汽车、拖拉机驾驶员，在原农机培训班基础上成立石景山区汽车拖拉机驾驶学校。现有各种教练车33辆，教练员26人。对社会开放，全年培训汽车拖拉机驾驶员600多人。

乡 镇 企 业

【乡村企业成为农村经济主体】 适应城市化要求，大力发展为城市服务的乡村企业。2000年末，有乡村企业611家。其中，乡村集体企业216家，个体私营企业395家，职工9 972人，总收入1.52亿元，占农村经济总收入80.8%。其中，集体企业收入13.9亿元，占农村经济总收入73.8%；总产值6.39亿元，增加值2亿元，利润总额0.51亿元。

【优化二产结构】 按照首都对环境的要求、资源特点和优势条件，发展符合市场需要并有良好经济效益，适于发挥首都科技优势，有相当就业容量的工业。2000年末共有乡村集体工业企业97家，职工3 206人，总收入2.42亿元，比上年增长22%，增加值0.62亿元，盈利总额888万元，比上年增长24%。

【主要工业品产量】 水泥预制构件17 061立方米，塑料制品2 319吨，日用玻璃22 559吨，非酒精饮料243吨，印染布46万米，毛衣14万件。

【完成技术改造两项】 北京市光明健康乳业有限公司二期技术改造，包括车间改造、污水处理改造、购置屋型包装机（2台）、检测仪等新设备，投资709万元。万顺聚酯包装厂PET筒包装瓶生产线改造。均在市级备案立项。

【开发新产品】 年内开发的新产品有：东华宝水处理剂厂研制开发的管道阻垢剂、五里坨兴隆塑料制品厂生产的吹、注塑包装筒和西立华金属门窗厂开发的多功能防盗锁（已通过市级鉴定）。

【提高建筑水平】 石景山区第三建筑安装工程公司是集体所有制企业，从事工业与民用建筑施工、安装与服务。资质三级，信誉一级。职工363人。全年开复工面积31 617平方米，竣工面积18 742平方米。产值1 558万元，增加值510万元，总收入1 680万元，利润11万元，上缴税金63万元。有三项工程被评为“北京市优质工程”、“市级文明工地”、“北京市结构优质工程”和石景山区“京石杯”优质工程。

【商业占农村经济过半】 2000年末商业企业发展到237家，其中，集体企业44家，个体私营企业193家。从业2 215人，营业收入10.2亿元，比上年增长72%，占农村经济总收入的54.2%，其中，集体商业企业营业收入9.77亿元，占商业企业收入的96%。

【加强集贸市场环境治理】 全区农村先后开办集贸市场13处，占地面积15.67公顷，以交易农副产品、建材、日用品为主。按照城市化要求，规范市场管理，增加投入，对原市场进行改造，大力整治环境。2000年末有11处集贸市场建成为封闭或半封闭市场，建筑面积61 084平方米，并对周边环境进行绿化美化。其中，八角农工商公司所属京西农副产品批发市场，是全区最大的集贸市场，设施先进、齐全，管理规范，被评为“首都文明市场”。

【外商投资企业达24家】 有北京亚洲电视城有限公司、北京丹迪汽车技术服务有限公司、北京慧艺洗涤用品有限公司、北京台宝汽车清洗保养有限公司、北京宜越针织发展有限公司、北京斗源饭庄有限公司、北京中宜针织联营有限公司、北京阿科普机电工程有限公司、北京佳誉食品饮料有限公司等24家，投资总额4 750.5万美元，注册资本3 192.5万美元，外商投资额1 544.27万美元。

【外贸出口供货额近千万元】 外贸出口企业有北京市古城欣荣毛织厂、北京市天恒电器元件厂2家，出口供货额1 038.7万元。

【批准自营进出口企业两家】 乡镇自营进出口企业有北京市古城欣荣毛织厂、北京市石景山区八大处农工商联合公司。

【饮食服务企业达30家】 2000年末有集体饮食服务企业30家，职工1 323人，营业收入5 093万元，比上年增长4.11%。饮食企业9家，其中，麒麟据美食娱乐城、斗源饭庄、天泰酒楼、好世界阳光酒店为中型企业。经营川、鲁、淮、鄂四大菜系，面向工薪阶层，有中级以上厨师40余人，可同时接待1 600人就餐。服务企业有饭店、出租汽车公司、搬家公司等21家，其中玉泉饭店为特一级旅店。个体私营饮食服务企业81家，营业收入2 342万元，比上年下降44.5%。

【大力发展运输业】 适应农村城市化要求，大力发展运输业，增加车辆，提高运输能力。2000年末，全区农村有各类客货运输车辆2 351辆（农业人口平均7人一辆汽车），其中，乡村集体货运汽车477辆，机关、企业、事业单位大小客车438辆，村民自用汽车1 436辆。全年货运10 110万吨千米，客运877.5万吨千米。

【运输经营一起上】 2000年末，集体运输企业5家，运营货车152辆，年收入1 650万元；运输专业户2户，运营车30辆，收入200多万元，个体运营车62辆，年收入500多万元。

社 会 进 步

全区农村工作以农民致富为主线，统揽全局。围绕农村城市化和农村经济二次创业为目标，切实加强党的建设、民主法制建设和精神文明建设，正确处理改革、发展、稳定的关系，促进农村社会进步。

党 建

【建立思想政治工作新格局】 围绕农村定位发展、推进城市化的目标，学习江泽民总书记“三个代表”重要思想和进行“致富思源、富而思进”的宣传教育活动。贯彻落实《中共中央关于加强和改进思想政治工作若干意见》，形成了农村各级党的主要领导为第一责任人，党群部门为骨干，行政、经济组织领导“一岗双责”，共同做好思想政治工作的新格局，加强农村城市化和产权制度改革、重组转制的思想政治工作，维护农村社会稳定，促进农村经济健康发展。

【加强农村基层组织建设】 完善集体领导和个人分工负责相结合的制度，抓好农村各级领导班子建设。结合“三讲回头看”工作，建立加强民主决策、重大事项请示报告制度。定期召开民主生活会，通过学习和交流进一步提高领导班子的整体素质和战斗力。通过加强对基层领导班子考察换届，日常管理，落实党建目标责任制和考核制度；对基层支部培训，开展支部达标活动；建立党员电化教育分中心。这些活动和工作的开展，支持和保证了城市进程中各项工作的顺利进行。

【党风廉政建设取得新进展】 农工委、农委以落实党风廉政责任制和全面开展效能监察为重点，认真做好组织协调、监督检查工作，把农村党风廉政建设进一步推向深入。一是全面推进廉政建设责任制、责任追究制，进行逐级考核，重点检查；二是制定农委机关党风廉政建设和反腐败斗争主要任务分工并组织实施。结合“政府形象和投资环境”主题，举办了演讲、座谈会等系列教育活动；在全系统开展以管成志、胡长清犯罪事实的警示教育活动；在农委机关推选了政务公开的办事制度，进一步明确了政务公开范围、内容和重点，强化了机关行政效能监察工作。坚持组织农委系统党风廉政监督员每季度一次的例会制度，做到反腐败斗争关口前移，确保了党风廉政建设工作落到实处。

精神文明建设

【开展“三学”、“三教”活动】 以深化改革、落实定位发展规划为中心，深入持久地开展学理论、学法律、学科学三学活动和加强爱国主义、集体主义、社会主义三教活动。实行各级党组织书记为第一责任人，行政领导、主管经济领导“一岗双责”，党、政、经、工、青、妇齐抓共管，加强农村民主政治建设，全面提高农村干部、群众的思想道德和科学文化素质，为农村经济和社会发展提供精神动力、智力支持和舆论保证。

【开展“两创一争”活动】 以企业为重点，开展创建文明单位、创建五好文明家庭、争当首都文明市民活动。农村机关、企业、事业单位和各行各业全部纳入开展精神文明创建活动范围，进一步提高管理水平，改善环境，规范行为，提高素质，提高信誉，防止环境污染。实行目标管理责任制，加强监督，定期检查，认真评选。八宝山、八角、古城、北辛安、五里坨5个农工商公司被评为区级精神文明建设先进单位，农工委机关、景阳农工商公司被评为市级精神文明建设先进单位。

结合家庭美德教育，广泛宣传五好文明家庭先进事迹，充实评选内容，坚持评选标准，保持创建五好文明家庭活力。全年评选出五好文明家庭260户，区级五好文明家庭12户，建立“手拉手爱心互助家庭”300对。表彰上届评选出的区级五好文明家庭标兵户13户。

在广大农民群众中广泛宣传《首都市民文明公约》、《首都市民文明守则》，积极倡导热爱祖国、遵纪守法、关心集体、崇尚科学、移风易俗、见义勇为、助人为乐等文明新风尚，增强首都意识，争当首都文明市民。

【开展“双学双比”活动】 开展“双学双比”劳动竞赛，评选巾帼先进集体，评选女状元。农工委表彰了上届农村评选的6名巾帼先进集体、6名女状元。仙府饭店获北京市巾帼先进集体称号，4人获市级先进个人称号；北京市欣荣毛织厂厂长韩国荣分别获石景山区、北京市“三八”红旗手称号。

政　法

【完成“三五”普法验收】 结合农村实际，采取多种形式，在全系统进行法制宣传教育，8 500余名普法对象和200余名干部普遍受到教育。提高了干部、群众运用法律武器维护自己的合法权益，为乡、村企业挽回经济损失957.1万元，避免损失225万元。加强对农村各项工作的依法管理和依法行政，农村基层民主法制建设提高到新水平。“三五”普法工作经各单位自查，农工委组织检查验收，并通过区检查验收。经评选，古城、景阳、五里坨、八角、八宝山5个村委会和第三建筑公司为“三五”普法先进单位，11人为普法先进个人。

【加大社会治安综合治理力度】 加强农村社会治安组织建设，各村设治保会，下设治保小组，必要时建立巡逻队，加大综合治理力度。增加科技投入，全区农村有35个单位安装报警器。古城、景阳、五里坨、刘娘府、八角、八宝山6个村委会被评为区级社会治安综合治理先进集体，11人被评为先进个人。

民政　武装

【抓好基层政权建设】 宣传贯彻《中华人民共和国村民委员会组织法》，全区11个行政村普遍制订了《村民自治章程》，村委会与居委会共同制订，村民、居民共同遵守。古城村将章程编印成册，分发到户。农村建立了职工代表大会制度，实行村务公开、财务公开、民主管理、民主决策、民主监督。北辛安村民委员会被评为北京市先进村委会。

【做好优抚工作】 落实调整烈属、病故军人家属革命伤残军人、在乡老复员军人定期补助标准，在原基础上每人每月增加20元。落实老复员军人医疗减免政策，为农村12名在乡老复员军人办理了医疗减免优待证，指定了就近医院。加大义务兵优待金统筹力度，农村21名义务兵，兑现统筹金优待金10.8万元。开展元旦、春节两节慰问活动，对农村优抚对象普遍进行了走访慰问，并送去了慰问品和慰问金。10月25日是中国人民志愿军入朝作战50周年纪念日，走访慰问了农村6名志愿军老战士，送去慰问品和慰问金。

【开展“双拥”活动】 北京军区体育工作队与农工委结成军民共建单位，“八一”、元旦、春节等重大节日，组织农村干部深入北京军区体育工作队、预备役高炮四团等单位进行慰问，加强了解，互相支持，提高军民共建工作水平。

【退休养老制度】 以农工商公司为单位，普遍建有退休养老制度，按农民职工工龄计发退休养老金，农村干部退休养老金标准略高于一般农民职工。农工商总公司所属企业退休职工仍按原规定享受退休待遇。

农村部分单位在国家社会保险单位为2 314名职工投保，占农民职工总数的42.8%。

【做好复员军人安置工作】 全年农村接收复员军人11人，全部妥善安置，均上岗工作。

【做好2000年冬季征兵工作】 通过宣传《兵役法》、《北京市征兵工作若干规定》，广大适龄青年积极报名应征，经过体检、政审、批准，3名优秀青年应征入伍。

【开展农村民兵组织整顿工作】 经过认真筛选，把思想好、身体健康的青年，推荐到民兵组织中，按下达编制完成两个专业分队组建任务。

教育　科技

【办好幼儿园所】 全区农村7个托幼园所全部对社会开放。从教人员78人，入托入园幼儿460人。北方之星艺术幼儿园是农村一流设备的新型幼儿园，设有电脑室、钢琴室、手工创意室、视听读书室、游泳池，入园幼儿122人。

【搞好成人教育】 石景山区农民文化技术学校全年举办“企业管理”、“股份制会计”、“财务人员电算化”、“公务员计算机”、“时事政治”、“普法教育”等长短期培训班15期，培训2 350人次，其中，财务人员电算化50人取得了合格证书，公务员计算机35人取得了计算机一级证书。

【开展社区教育活动】 以行政村为单位，建立社区教育工作组织。社教人员深入基层召开座谈会，举办专题讲座，全年农村约有1万余人直接或间接受到教育。八大处村委会、麻峪工贸中心被评为社区教育先进单位。

【开展科普宣传活动】 以“学习与创新——迎接科技新时代”为主题，广泛开展科普宣传活动。全年发送各类科技材料2.5万份，举办技术培训班26次，培训2 231人次，向乡、村企业推荐介绍科技新成果140多项。

文化　体育　卫生

【开展文化活动】 举办第十届农民艺术节，设板报展评和乒乓球友谊赛，参展板报27块，乒乓球参赛手32人，北辛安农工商公司摘走全部两项桂冠。举办第十五届“布谷声声”艺术节合唱比赛，以“爱祖国、唱心曲”为主题，13支合唱队近800人参赛，景阳、五里坨、刘娘府、八大处、麻峪、北辛安6个单位获奖，并参加了石景山区“古城之春”合唱比赛，其中八大处农工商公司合唱队获得三等奖。

【成功举办第九届农民运动会】 以“文明、健康、发展”为主题，举办第九届农民运动会，设拔河、游泳、乒乓球、田径等13项正式比赛项目，增设趣味项目，参赛运动员1 000余人，比上届增加400多人。比赛中，运动员努力拼搏，奋勇争先，赛出了水平、赛出了风格，取得了优异成绩。八宝山农工商公司获得团体总分第一名。

【大力开展环境整治】 按照城市化要求，农村发动群众，明确责任区，充分利用"爱国卫生日"、"城市清洁日"、"周末卫生日"，整治环境，改善环境条件，保持环境优美整洁。全年除"四害"投药1.5吨，清除垃圾渣土3 000吨，治理白色污染14处，累计投资10.6万元。

【农村医疗单位对外开放】 全区农村自办医疗单位9家，医护人员120人，全部对社会开放。其中，杨庄医院、八宝山卫生服务中心设有病床，可住院就医。

【改革合作医疗制度】 农村普遍建有合作医疗制度，多数单位对原有的合作医疗制度进行了改革，农民职工的医疗费用原由集体、个人按比例共同承担改为集体全年限额一次性补助，由于单位经济基础不同医疗补助标准不同。

【完成了无偿献血任务】 把无偿献血纳入精神文明建设重要内容。经过认真组织，体检把关，农口有245人光荣献血。

计划生育

【实行目标管理责任制】 年初下达计划生育指标，逐级签订计划生育任务书，制定目标管理方案，定期检查。年终考核，奖励兑现。把计划生育工作纳入精神文明创建活动中考核，实行计划生育一票否决制。全年农村出生149人，计划生育率99.33%，晚育率96%，结婚69对，晚婚率90%。

【开展"宗旨"教育】 在全系统计生干部、宣传员中，开展全心全意为人民服务教育活动。各级领导带头宣讲学习材料，学习先进人物事迹，牢固树立全心全意为人民服务思想，热爱计生工作，做育龄群众知心人，做好育龄妇女服务工作。圆满完成了农村计划生育工作任务。景阳村被评为北京市计划生育先进集体，景阳村杨永莲被评为全国计划生育基层先进工作者。

【做好孕检普查】 改一年两次孕检为一年两次体检，增加普查项目，广大育龄妇女从中受益。全年投入资金14.5万元，为育龄妇女做健康检查，参检育龄妇女6 419人次，检出的计划外怀孕及各种妇科病，均及时做了妥善处理。

【加强对外来人口计划生育管理】 外来人口育龄妇女1 007人，全部签订了外来人口计划生育协议书，95%办理了《婚育证》。在外来人口集中的向阳村、八宝山花鸟鱼工艺品市场分别建立了外来人口计划生育协会，实行自我管理、自我服务。全年农村外来人口未发现超生现象。

【开展"婚育新风进万家"宣传活动】 以新型婚育文化为主题，开展"婚育新风进万家"宣传活动，自元旦、春节开始，全年采用入户走访、发送宣传材料、出壁报、建橱窗、办室展、增图书、设咨询服务站、街道挂横幅、贴标语、贴宣传画、办培训班、组织看录像、召开座谈会等多种形式，广泛宣传新型婚育文化，使新型婚育文化家喻户晓，深入人心，为计划生育"稳定低生育水平"奠定了思想基础。

石景山区主要领导人

区委书记　索连生
副书记　陈文占　侯玉兰（女）　初建华
常委　张绍先　吴志民　祁红
　　　赵玉民　马刚　赵福奎
巡视员　王旭
区人大常委会主任　王建国
副主任　刘国泰　张秀莲（女）　邱思达
　　　米春垣　黄晋
区长　陈文占
副区长　祁红　李晓强（女）　孟令友
　　　刘春峰　赵琦
区政协主席　臧中凯
副主席　陈国华　曹荣恒　孔令多
　　　董少英（女）　孙铁生
区纪委书记　张绍先
副书记　尹双曼（女）　张维权

（赵朝全）

门头沟区

全区概况

门头沟是北京远郊区，山地面积占全境总面积98%以上。自然资源丰富，历史文化悠久，文物古迹众多；作为革命老区，为中国人民解放事业作出了重要贡献。

改革开放以来，门头沟区提出了"以法治区"、"科技兴区"、"龙头带动"，三大战略，制定了发展"生态旅游区"、"特色林牧区"、"新型建材区"、"石龙工业区"的"四区"建设方针。功能定位于强化国土治理，形成京西绿色生态屏障，进而成为首都生态旅游区；同时利用丰富的建材资源，发展建材生产，形成京西建材基地，为首都建设服务。

【地理位置】 门头沟区位于北京西部郊区，区政府驻地距市中心25千米。辖区坐标东经115°25′～116°10′07″，北纬39°48′34″～40°10′37″。东与石景山、海淀接壤，南与丰台、房山相连，西与河北省涞水、涿鹿为邻，北与昌平、河北省怀来交界。总面积1 455平方千米。

【**地貌特征**】 因处于华北平原向蒙古高原的过渡地带，山地面积占98.5%，地势东南低，西北高，平均海拔760米。东西两地相对高差2 200余米。山高谷深，坡度陡，海拔1 500米以上山峰150多座，有大小沟谷300余条。境内东灵山是北京市最高峰，海拔2 303米，是北京著名的风光旅游区。土壤以褐土为主。可垦殖区域约1.07万公顷。

【**气象**】 本区处于东部湿润区和西部干旱区之间，属典型的中纬度大陆东岸季风性气候，四季分明。年平均气温，平川地区及河道两侧为11.7℃，高海拔区在10℃左右，无霜期大部分地区在180天左右，东部平川地区214天，西部中山区110天左右，两地最大相差120天。多年平均降雨量为624毫米，当年降雨量为480毫米。

【**矿产资源**】 以煤、石灰岩最为丰富。石灰石储量仅电石用石灰岩、溶剂用石灰岩、水泥用石灰岩约4.1亿吨，还有大量的制灰用石灰岩。煤储量约6.3亿吨，可供乡村开采量约1.1亿吨。另外还有储量丰富的玄武岩、辉绿岩、大理石、花岗岩、煤矸石、天然石板等。稀有资源叶腊石、白云岩、硅石、铜、锌、钼、铁，还有少量金、银。

【**水资源**】 地上水，多年平均降水7.68亿立方米，产生径流2.3亿立方米，泉水涌量0.21亿立方米，过境河流永定河，10年平均入境流量4.1亿立方米。出境流量4.13亿立方米。地下水以井提水代储为0.25亿立方米。地上水、地下水总资源量为6.83亿立方米。

【**生物资源**】 生物资源种类极为丰富，以山区最为典型。百花山地区素有“华北植物园”之称，已知种子植物706种，分属90科、368属。东山京白梨、火村红杏、鲁家滩大盖柿、马套扁、苇甸扁、柏峪扁、龙王帽都是晓喻一方的土特干鲜果品。野生动物有野猪、黄羊等20多种，各种鸟类百种以上。

【**旅游资源**】 风光旅游资源著名的有百花山、灵山、龙门涧、珍珠湖、黄草梁、斋堂水库等；人文旅游资源有潭柘寺、戒台寺、西峰寺、妙峰山等。民俗旅游资源有爨底下村等。

【**交通**】 境内有丰沙、大秦两条铁路纵贯南北，108、109两条国道横贯东西，市、区、乡级公路通往每个村庄，公路总长度367.4千米。

【**建置**】 约一万年前，今门头沟地区清水河谷东胡林一带即有人类活动，史称“东胡林人”。金贞元元年（公元1153年），本区全境归属宛平县；元代至元九年（公元1272年），宛平县与大兴县同归都城廓县；至元十一年（公元1274年）将大兴和宛平再次分为两县。中华人民共和国成立后，于1952年宛平县撤销，改称京西矿区，1958年后称为门头沟区至今。

【**行政区划与人口**】 门头沟全区辖8个镇、1个乡、1个地区办事处和4个街道办事处。常住人口234 003人，其中非农业人口152 740人，农业人口81 263人；流动人口25 400人。

经 济 发 展

经济总量跃上新的平台，实现三大需求同增共长，增强了宏观调控能力，人民生活水平进一步提高。2000年实现国内生产总值20.23亿元，比上年增16.5%。其中第一产业实现增加值0.49亿元，比上年增2.6%，第二产业实现增加值7.09亿元，比上年增7.6%，第三产业实现增加值12.64亿元，比上年增22.9%。三类产业增加值占国内生产总值的比重分别为2.5%、35.0%和62.5%，继续呈现“三、二、一”的产业格局。工农业不变价总产值17.97亿元，其中工业生产总值17.25亿元，比上年增17.2%，农业总产值0.72亿元，比上年增7.7%。农村经济总收入28.75亿元，比上年增18.5%。农民人均纯收入4 002元，比上年增12.1%，城镇居民人均可支配收入8 479.3元，比上年增10.4%。社会商品零售额18.02亿元，比上年增11.4%。经济增长促进财政收入，全区新口径财政收入2.88亿元，比上年增21.6%，占国民经济总产值的14.03%，比上年增0.58%。财政支出8.29亿元，比上年增26.9%。财政支出的加大有力地促进了全区各项事业的发展，全区银行存款余额47.32亿元，同比增16.9%，其中当年新增银行存款6.8亿元。年底发放贷款余额24.1亿元，全年新增银行贷款2.1亿元。“四区建设”的发展为经济总量的提升提供了物质基础。

农 业

【**农村工作指导方针**】 以小康村镇建设为龙头，以农民增收为主线，以农村稳定为重点，以贯彻落实市、区扶持农民致富政策为动力，鼓励和扶持非公有制经济的发展，大力推进特色林牧区建设和乡镇企业二次创业，加快农村经济结构调整步伐。

【**特色林牧区建设**】 特色林牧区以特色种植业、特色养殖业、特色观光农业为重点，淘汰老劣杂和经济效益低的品种，筛选和保留本地优良品种，引进区外优良品种，优良品种率达到80%以上，基本上实现了名、特、优、新化。在区域分布上，一沟一品、一村一品和一乡几品的基地化、区域化种养格局已经形成。设施、精品、加工、创汇、观光、籽种六种农业成为特色林牧区的主要特征，效益显著，贡献突出。

【**调整农业结构**】 调整的原则是维护和改善生态环境，在此前提下大力发展畜牧业和精品种植业，畜牧业要成为大农业的支柱。畜牧业内部结构调整，以草食动物为主，在草食动物中以养羊为主，同时积极鼓励发展特种养殖，在发展措施上以小区建设当先。种植业内部结构调整，继续压缩粮田面积，大力发展果树，实行鲜果、干果并重的方针。同时大力发展“六种农业”，提高经济效益。全区总耕地面积8 956.2公顷，当年粮改果523.2公顷，粮改菜25.53公顷，粮改其他经济作物312.67公顷。粮经比实现1:4.54。

【粮食总产下降】 全区粮田面积1 614.93公顷，为提高土地利用率，除基本粮田种植粮食作物外，大部分地区延用了在新发展的幼年果树中，间作粮食作物的传统习惯，粮食播种面积仍达到3 980公顷，其中玉米146.67公顷，小麦196.67公顷，谷子453.33公顷、大豆301.4公顷，小杂粮895.27公顷，饲料田666.67公顷。粮食总产量实现551.7万千克，比上年下降34.2%。

【蔬菜产值增长】 菜田面积439.13公顷，复种面积733.33公顷，总产量2 018.4万千克。种植业产值2 614.3万元，同比增长5.5%。

【果树种植面积扩大】 果树种植面积达到6 059.2公顷，其中：果园面积达到4 537.73公顷，散生果树折标准亩1 466.67公顷。在区域分布上，东部平川丘陵地区及永定河、清水河两岸以鲜果为主，西部山区沟谷台地以干果经济林为主。全区当年新发展及更新改造果树918.93公顷，嫁接果树51万株。在发展果树过程中，尤其注重优良品种的栽培，目前，名、特、优、新果树品种面积达3 349.33公顷，有12个品种进行了商标注册。专业化生产形成趋势，全区拥有果树专业村72个，果树专业户1 224户，管理面积占果园总面积的70%以上。科学管理成为果农们追求的方向，铺反光膜、果实套袋等先进技术得到普及，果品产量在严重干旱的情况下仍收获657.1万千克，比上年增长20.7%。林业产值663.5万元，同比增长23.3%。

【富士苹果成为当家品种】 种植面积达到266.67公顷，总产量达到150万千克。主要种植区域在雁翅、军响、斋堂3乡镇，雁翅镇太子墓村注册的永青牌苹果，种植面积53.33公顷，产量43万千克。

【京白梨世博会获奖】 传统优质鲜果品种京白梨，种植面积166.67公顷，分布在军庄、妙峰山、王平三个地区，年产量达到40万千克。其中以军庄镇东山村的京白梨知名度最高，清代曾是皇宫御用果品，在昆明世博会上获银奖，被誉为东山京白梨。为开发这一优良品种，东山村建成千亩京白梨园，产量达到19万千克。

【推广礼品系列核桃】 对核桃品种进行优化后的代表品种为礼品系列核桃，特点个大、皮薄、口感好，含油量高，在昆明世博会上获银奖。自成功地解决了核桃室外嫁接技术后，在全区迅速推广，目前种植总面积达到666.67公顷。

【九龙头农场注重科学管理】 九龙头农场位于斋堂镇东斋堂村北侧，原是一片荒山。1992年开辟为果园，8年艰苦创业，治理荒山86.67公顷，打机井2眼，铺设地下管道15 000米，建成高标准果园66.67公顷，栽红富士苹果4万株，成为优质、高产、绿色果品基地。农场是镇属集体企业，有员工70人。农场注重科学管理，聘请了市、区果办的专家为常年顾问，对场内员工进行经常性的技术培训，取得了良好的经济效益，产优质一级果25万千克，收入125万元。获当年市级培训工程奖。

【发展“六种农业”】

设施农业。新发展17.8公顷，总面积31.27公顷，拥有蔬菜24.13公顷、果类0.27公顷、花卉2.07公顷、其他2.07公顷，总产值193.1万元。

精品农业。共有57个品种，总面积1 673.33公顷。林业方面有著名的军山京白梨133.33公顷，永青苹果53.33公顷，斋堂苹果66.67公顷，田庄香椿266.67公顷，金顶玫瑰花240公顷，妙樱大樱桃46.67公顷，礼品系列核桃800公顷。以特菜为主的种植业多达28种。畜牧水产业有珍禽异兽养殖场15个，43个品种，总量50余万只。

加工农业。农产品加工总量，粮油类60.4万千克，瓜菜类1万千克，畜禽类95.4万千克，其他2.4万千克。总产值292.8万元。

观光农业。具有一定规模的有11处，年接待16万人次，观光总收入314.6万元。

创汇农业。以禽类为主，收入11万元。

籽种农业。以小麦制种为主，收入98万元。

【畜牧业总产值达3 342万元】 在常规养殖中，年累计养羊12.9万只，同比增长22.8%，其中出栏5.17万只。累计养猪5.26万头，出栏商品猪3.3万头。年末存栏鸡9.2万只，产鲜蛋109.6万千克。年末存栏乳牛1 311头，同比增长12.2%，上市鲜奶412.5万千克，同比增长15.4%。小尾寒羊存栏9 603只，同比增长641.5%。绒山羊存栏36 129只，同比增长28.3%。畜牧业产值3 342万元，同比增长3.3%。

【水产业增长快】 水产养殖水面246.47公顷，有养殖场30个，年产鲜鱼45万千克，同比增长12.5%。水产业产值557万元，同比增长35.3%。

【畜牧水产占农业总产值过半】 全区当年畜牧水产总产值3 899万元，占大农业总产值的54.3%。

【畜牧业龙头企业建6家】 全区畜牧生产龙头企业6家，畜牧专业村60个，养殖专业户2 671户。建养殖小区88个（其中6个达到市级标准），占地总面积560.53公顷，建筑面积17.3万平方米，总投资5 374万元，入区户数2 167户，实现收入1 549万元。

【特种养殖具备一定规模】 拥有藏牦牛、香猪、力克斯獭兔、梅花鹿、三黄鸡、鸵鸟及观赏禽类等数十个品种。水产养殖仍以四大家鱼为主，新品种养殖崭露头角。利用山区冷凉泉水资源新发展虹鳟鱼、金鳟鱼场8处，中华鲟、大西洋蛙、鲫鱼、鲶鱼等新品种正在推广和试养中。

林业　水利

【荒山造林】 年内完成荒山造林1 895.33公顷，

成活率在90%以上。其中：京兰公路及生态环境治理工程造林1 312公顷，村镇片林133.33公顷，城镇绿化造林60公顷，爆破造林103.33公顷，滨河绿地植树13.33公顷。另外飞播造林0.47万公顷，封山育林育灌0.2万公顷，中幼林抚育0.2万公顷，四旁植树完成18万株。全区林地总面积达到10.73万公顷(其中灌木林7.07万公顷)，林木覆盖率74.9%。

【生态环境治理】 此项工程列入国家计委建设项目。全年完成生态环境治理53.3平方千米，完成小流域治理65平方千米。治理区内既注意生态效益，又注意经济效益，山、水、林、田、路统筹规划，实现了完美的统一，开发荒山资源2 333.33公顷。

【防汛及饮水工程建设】 为了确保汛期安全，改善生存环境，年内投资150余万元，兴修防护工程4处，修建护堤1 300米。农村改水投资528万元，解决了7 300户、22 000人的饮水困难。王平地区东八村的集中供水工程竣工通水，至此，全区自来水普及率达到100%。

【提高农业机械化程度】 现有区、乡两级农机管理机构14个，管理人员47人，机械化作业服务组织2 452个，5 064人。农机总动力117 541千瓦，拖拉机及配套机械885台，种植及管理机械4 216台，农副产品加工机械290台，畜牧和渔业机械187台，林业机械19台，农机运输机械2 677台，总价值5 784万元。其中年内新增农机具2 800台件，新增动力8 483千瓦。新增机械中，中小型拖拉机10台，配套农机具26台，水利配套机械79台套，果树植保机械364台，农副产品加工机械8台，畜牧机械29台，林业机械5台，运输及其他机械2 279台。机械化作业，机耕面积1 616公顷，机播面积1 057.07公顷，机电灌溉面积153.33公顷，机械收获面积253.33公顷，机械植保面积433.33公顷。区级管理部门进行农业机械化培训1 100人次，培养农机专业户7户。

工　业

【工业继续保持健康稳定发展态势】 工业产业调整步伐加快，企业改革取得实质性突破。在积极培养新的增长点的同时，果断遏止不适应生产能力的亏损源，经济效益明显回升。全年实现不变价工业总产值17.2亿元，同比增长17.2%。其中：城镇工业产值5.8亿元，增长22.9%；乡镇工业产值6.8亿元，增长22.5%；石龙工业产值4.6亿元，增长4.6%。

工业整体效益逐渐回升。乡及乡以上独立核算工业企业实现增加值3.59亿元，同比增长10.2%；产品销售收入9.99亿元，同比增长11.3%；企业盈利总额5 543.9万元，同比增长16.2%；亏损额4 597.3万元，同比下降40.2%，盈亏相抵后利润总额达946.6万元，比上年减亏3 859.8万元。全区乡及乡以上工业经济综合效益指数为88.5%，比上年提高了5.8%。产品销售率100.3%，比上年增加3.5%。全年累计实现增值7.09亿元，同比增长7.6%。

【企业改制进展顺利】 工业经委对制动毂、齿轮、前甫、红叶、九龙等6家企业实行破产，其中2家已操作完成。这些企业的退出，至少减少了千余万元的亏损额。乡镇企业产权制度改革进展顺利，有11家试点单位的改制工作全部完成。乡镇煤炭企业关井压产48个，减少产量40万吨，累计两年共关井122个。

【加大技改力度】 城镇工业加大技改力度，为企业增强活力。在部分重点企业的拉动下，产值和效益呈明显上升趋势，部分产品销售量看好。水泵厂通过了ISO9000系列质量体系认证，经委系统通过质量认证的企业已达4家。五金工具厂研制开发的6种规格的断线钳打进国际市场，新增销售收入300万元；矿山机械厂抓住全区建设煤矸石生产线机遇，积极筹措资金自行设计生产相关设备，企业新增产值800万元；宏华电器与区外单位合作，扩大经营开拓市场，全年实现产值2 308.8万元，销售利润总额344.1万元；安瑞吉电器设备有限公司实现产值8 662.8万元，利润总额1 368万元；新港水泥厂实现产值8 682.7万元，利润总额795万元。

【新型建材工业重点工程进展顺利】 “两砖”的10条生产线已有3条建成投产，其余各条生产线的土建工程已完成50%以上，累计投资1亿元。原有建材工业企业通过技改提高了规模效益。新港水泥厂投资700万元用于生产线技术改造，年产量从30万吨提高到40万吨。永定昆仑琨建材厂实现产值2 671万元，利润501万元，成为区内又一建材盈利大户。赛阳特水、榕东活动房、三元塑钢等企业，丰富了区内新型建材工业产品。万力达石材公司生产的蘑菇石产品供不应求。建材工业已成为区属工业体系的重要支柱。

【乡镇企业已达805家】 全年实现营业收入7.25亿元，比上年增长15%；实现利润5 500万元，同比增长6%。全年投入技改资金9 200万元，完成技术改造项目20项。完成西斋堂、兴旺工业大院2个，万龙、新港、滨河工业小区3个，上岸、冯村、涧沟、川底下、洪水口专业村5个。冯村建筑材料厂已被国家科技部门审定列入计划，蓝龙制罐厂已上报为北京市科技先导型企业。

【“三资”企业累计批准319家】 2000年新批“三资”企业15家，投资总额达到3 275.8万美元，注册资金1 999万美元，吸引外资863万美元，分别比上年增4%、14%、减27%。外商实际投资301.2万美元，比上年下降33.6%。全区累计批准“三资”企业319家，投资总额达到4.4亿美元，注册资本2.47亿美元，吸引外资1.42亿美元。实际缴纳税金4 763.7万元。北京新港水泥制造有限公司是门头沟区建厂“三资”企业第一纳税大户。

【主要工业产品】 水泥制品3.1万立方米，比上年增长137.4%；石灰117.8万吨，同比增长21.4%；电子器件187万件，同比增长9.4%；金刚石1 425万克拉，同比增长11.9%；犁刀411万把，同比增长11.1%；工业泵2 185台，同比增长10.4%；西药制剂98.3万吨，同比增长37.3%；非织造布3 446吨，同比增长31%。埃姆毛纺厂、五金工具厂、瑞驰钻石厂均打入国际市场。

【北京紫石砚厂形成产品系列】 紫石砚厂是龙泉镇的镇办企业。潭柘寺紫石是制砚的上等原料，质地细腻、色泽美观、发墨、易雕刻，史书早有记载。1988年龙泉镇采用这一优质石料，挖掘传统制砚工艺，形成该镇一个资产总值超千万元的出口创汇企业。目前拥有6家子公司，两项国家专利产品和自营出口权。2000年收入1 500万元，利润80万元，创汇20万元。该厂在“二次创业”中，提出了三条措施，第一，技术改造，提高生产能力；第二，在继续开发高档名砚的同时，发展面向旅游、面向大众的低档产品；第三，引进和培训技术人员，再造技术队伍。筹建紫石艺术世界和旅游购物城，逐步实现紫石系列产品的研制、开发、生产、销售为一体的产业化经营。

建筑业　房地产开发

【建筑业内在活力和竞争力不断加强】 全年实现建筑业总产值6.6亿元，比上年增长23%。其中建筑工程产值6.5亿元，同比增长25.8%。竣工产值3亿元，同比增长48.1%。开复工面积81.5万平方米，同比增长107.2%；新开工面积22.4万平方米，同比增长8.3%；竣工面积30万平方米，同比增长48.8%，其中住宅竣工面积26.3万平方米，同比增长103.3%。单位工程施工293处，同比增长22.1%，其中新开工142处，实际投标承包260处，同比分别增长40.6%和33.3%。单位工程竣工116处，同比增长36.5%。

【建筑工程质量不断提高】 以滨河小区承泽苑住宅楼为代表的一批优质工程经市建委检查考核达标，其中6号住宅楼通过市建委“长城杯”检查组验收，成为区内工程质量的样板工程。

【京西建设集团通过国际质量认证】 京西建设集团是门头沟区集建筑、工业、商贸、设计为一体的集体所有制的联营企业，辖7个子公司，总资产额3亿元，员工4 128人，其中各类专业技术人员800多名，具有较强经济技术实力。集团成员企业中有的曾荣获中国500家最佳经济效益建筑企业第20名、国家建设部系统最佳建筑企业第29名荣誉称号。集团于1988年通过ISO9002国际质量认证。

【房地产开发企业发展到60家】 全区房地产开发企业发展到60家（其中区外注册48家），同比增长114%。累计开工面积90万平方米（其中区外开工74万平方米），竣工面积39.5万平方米，全年销售商品房面积8.54万平方米，其中建设开发公司销售7.2万平方米，石龙房地产开发公司销售1.34万平方米，完成销售收入1.56亿元。

运输　三产

【公路运输增长】 实现营业收入2.01亿元。货运总量944.57万吨，比上年增30.6%；货物周转量34 247.3万吨千米，同比增48.9%。全年客运量686.7万人次，同比下降3.7%，旅客周转量10 301万人千米，同比增长29.3%。运输管理劳务收入342万元，同比增长6%。

【第三产业继续保持领先增长态势】 全年增加值实现12.64亿元，比上年增长22.9%。

商业　外贸

【社会消费品零售总额达18亿元】 全区商业部门抓紧假日经济和“旅游节”等一系列商机，实现社会消费品零售总额18亿元，比上年增长11.4%。其中：吃类商品8.1亿元，同比增长9%；穿类商品1.3亿元，同比增长19%；用类商品7.9亿元，同比增长10.8%；烧类商品0.7亿元，同比增长38.3%。四大类商品所占比重分别为45.1%、7.3%、43.7%和3.9%，消费结构基本稳定。

【商品购销大体平衡】 社会商品购进总值26.17亿元，比上年增长3.7%；销售总额28.46亿元，同比增长3.5%。购销比例仍保持上年的1:1.09。年末库存额3.1亿元，同比增加0.7亿元，增长30.9%。受粮食系统储备政策补贴大幅度调整影响，全区大中型商业企业经济效益较上年为差。规模以上商业企业销售收入17亿元，同比下降4.6%。

【商业基础设施改造加快】 购物环境明显改善，新兴家电商品销量增加。商委系统生产经营性投资908.3万元，新增营业面积3 300平方米。惠万佳大峪南街超市、永定供销社餐饮服务楼、贸易大楼地下电器商城等一批新改建商业设施相继投入使用。全区商业企业累计销售彩电6 818台，同比增长7.8%；空调机1 953台，同比增长66.8%；微波炉1 105台，同比增长19.6%。

【外贸出口形势好于往年】 外贸出口（含“三资”企业）1.75亿元，比上年增长52.3%，扭转了出口下降局面。出口供货9 194.3万元，出口创汇1 824万美元，分别比上年增47%和64%。其中“三资”出口1 834.2万元，比上年增63.9%。有两家自营进出口企业经市外经贸委批准成立，分别是北京全兴博爱钻石有限公司和北京人民矿山机械厂。标志着门头沟区出口创汇又有了新的经济增长点。重点出口企业效益显著，如埃姆公司出口174万美元，同比增长98%。福柘石材出口174万美元，同比增长38%。

旅　游　业

【旅游产业化进程加快】 全区旅游从“产业带

动、强区富民”的战略高度出发，按照“利用资源、发展旅游、服务京城、拉动产业”的发展思路，注意发挥建、管相结合，规划与保护相结合，开展各类促销活动，使全区旅游产业化进程逐步加快，旅游经济蓬勃发展。全年共接待游客302.6万人次，比上年增长0.9%；实现旅游综合收入3.25亿元，比上年增长11.6%。

【制定旅游规划】 修订《门头沟区旅游开发总体规划》，制订《门头沟区旅游开发总体规划》、《门头沟区旅游发展十五规划》和《京西百里风景线规划》。

【发展特色旅游】 举办新春龙灯会、第三届京西庙会、京西山水游暨第二届灵山西藏风情节、走红的金秋、灵山第二届高山滑雪节暨北京首届灵山杯高山滑雪邀请赛等大型系列活动。月月有活动，季季有高潮。

【加强景区建设】 灵山、百花山和潭柘寺、戒台寺风景区被评为市级风景名胜区，小龙门森林公园被评为国家级森林公园，潭柘寺申报国家文物保护单位工作进入审批阶段，戒台寺开始申报世界文化遗产。

【住宿条件改善】 全区涉外星级宾馆4家，非涉外宾馆30余家，总接待床位达1.6万张。

【增添娱乐设施】 龙泉宾馆投资1 000万元，造成时空隧道大型娱乐城；中粮山庄投资320万元，建成高尔夫球场；灵山投资150万元，建成高山滑雪场、太空舱等娱乐项目。

【旅游基础设施建设加大】 灵山投资150万元，建成蓄水池、补种草皮4 000平方米；百花山投资900万元，完成索道、停车场和步道工程；妙峰山投资23万元，铺设步道200余米；龙门涧投资380万元，修建了石门、水帘洞、配电室；珍珠湖投资15万元，完成悬崖刻字、厕所及速降工程。

【农村休闲产业形成】 全区以江水河、洪水口、爨底下、法城、艾洼等村为代表的30余个农家乐村(园、户)，形成了农村休闲产业。

【“京西旅游”上市成功】 全区当年旅游投资总额6 118万元。“京西旅游”上市公司投资1.95亿元，同时配股成功，再次吸纳资金8 000万元，为全区经济发展注入新的活力。

【灵山旅游】 灵山位于门头沟区清水镇西北部，又称东灵山。海拔2 303米，是北京市最高峰，年平均气温不足4℃，无霜期不足90天，夏季湿润凉爽，冬季白雪皑皑。山顶宽阔平坦，草厚林深，饲养着牦牛、伊犁马、绒山羊等家畜，偶见金钱豹、野猪、黄羊、狍子等野生动物出没，充满藏蒙风情。近年来开发旅游，吸引了大量国内外游客。山麓江水河村成为旅游专业村，现有1 600个床位，年内接待游客10万人次，旅游综合收入835万元。

【妙峰山庙会】 妙峰山处于妙峰山镇北部，海拔1 291米，山势险峻，涧沟金顶玫瑰花扬名中外，夏季清凉，微风习习，是著名的旅游胜地。妙峰山庙会以碧霞元君祠为中心，以优美的生态环境为依托，每年春季开展一次花会活动，场面热烈，历史悠久。游客常年不断。拥有床位205个，年内接待旅客10.1万人次，旅游综合收入445万元。

【爨底下民俗古建村】 爨底下村始建于明代，古老的村坊充满着明、清建筑风格和文化遗迹，以古民俗建筑闻名，多年来吸引了无数艺术家、文人墨客和专家。这里民风古朴，村民们为前来观光的游客开展了各种服务，成为别具一格的民俗旅游村。拥有407张床位，当年接待游客3.56万人次，旅游综合收入200万元。

邮政　电信

【邮政业务总量增长】 全区邮政业务总量完成1 100.8万元，比上年增长15.4%。通信总量897.7万元，同比增长9.1%。出口函件780.29万件，同比增长69.2%；进口报纸、杂志累计732.12万份；特快传递9 616件，同比增长15.9%。业务收入全年完成1 510.5万元。营业税及教育附加费完成62.2万元。新增投递包裹汽车邮路一条，门城地区包裹可直投到户。

【电信方便城乡用户】 电信业务总量5 994.7万元，同比增长22.7%。国内长途电话358.7万张，同比增长18.9%；国际长途电话11 325张，同比减少3.4%；市内电话用户达56 163户，同比增长22.4%；话机总量57 300部；市话交换机总容量83 888门，同比增长11.3%；住宅电话户达49 452户，同比增长24.4%。年末，百人拥有电话27.9部，比上年增加5.44部。有电话镇3个，电话村76个。

财政　税收　保险业

【财税收入增长】 财政收入实现2.88亿元（按新口径计算），比上年增长21.4%，完成预算的109.7%。其中共享收入完成2.49亿元，同比增长23.7%；固定收入完成0.39亿元，同比增长8.4%。财政支出8.34亿元，同比增长28.3%。地方税收完成各项收入4.65亿元，同比增长25.3%，完成税收收入4.37亿元，同比增长23.4%。

【固定资产投资快速增长】 全区社会固定资产投资达到6亿元，比上年增长30.4%。其中：计划立项投资4.1亿元，同比增长77.6%。基本建设投资2亿元，同比增长40.3%；更新改造资金544万元，同比增长70%；房地产开发投资2亿元，同比增长181.4%。

【市政基础设施建设投资】 固定资产投资1亿元，重点进行了三石路西半幅拓宽、水闸桥改建、九龙路拓宽等工程。新增959、960、948三条公交线路。电信总容量82 376门，实占56 357门，新增电话

10 559户，开通了龙泉雾、城子、坡头、西辛房四个接入网，公用电话增加129部。邮政业务开通了邮政永定支局。门城地区增加园林绿地1.5万平方米，完成滨河绿地广场二期工程。自来水主干网增加200余米，完成水厂滤池扩建任务。维护市政管线2 000余米。完成中门寺沟修复工程、门头沟路修复工程、滨河路等路面硬化10条。更换集中供暖管线600米，新增联片供暖面积5万平方米。完成人防改建工程2 437平方米。环卫部门新增清扫面积9 500平方米，翻建厕所10座，增设垃圾箱30个，拆除违章建筑473平方米。完成对新桥大街578台茶、浴炉使用清洁燃料的改造，17家加油站有16家加油站完成了甲烷烃一期工程治理，对全区2.4万辆机动车进行了尾气测试。

【文教科卫投入加大】 认真落实区委、区政府科教兴区战略，全年财政用于科技三项费用和文教科卫经费1.46亿元，同比增长11.5%，促进了科教文卫事业的蓬勃发展。

【保险收入】 中国人民保险公司和中国人寿保险公司门头沟区公司保费总收入3 769万元。

社会发展

全区大力加强社会主义精神文明建设，争创文明区县。加强政法工作，保持社会稳定。由于经济总量增长，对各项事业投入的增加，使城乡人民的物质生活和文化生活进一步发生变化，环境也随之进一步改善，为首都建设做出进一步贡献。

党建

【认真开展第二批处级干部“三讲”教育】 根据市委的部署，在区委领导下，在总结第一批处级领导班子、领导干部“三讲”教育活动的基础上，于2000年2月28日至4月29日，组织开展了第二批处级领导班子和领导干部的“三讲”教育。参加第二批“三讲”教育的单位有10个乡镇、4个街道工委的领导班子和领导干部，共158人。

【区级“三讲”教育“回头看”工作顺利完成】 区级领导班子和领导干部“三讲”教育“回头看”始于3月2日，5月31日结束。先后召开了离退休老干部、民主党派等9个座谈会，征求意见和建议97条，《征求意见表》征求意见357条，领导班子自查问题17条，修改补充领导班子整改方案36条。

【不断完善各项制度】 一是完善学习制度。要求各口工委每年组织本系统的领导干部集中封闭学习2~3天，坚持中心组学习，年内乡处级领导干部要写出3万字的学习笔记；二是完善民主生活会制度；三是建立领导干部“连民心”制度，建领导干部“连民心”活动台帐。

【积极抓好后备干部建设】 重新调整确定乡处级领导后备干部330人，其中调整28人，新充实59人。调整后的后备干部队伍，年龄、文化及专业知识都有较大的改善和提高。为提高后备干部的理论水平，在举办的“中青年干部读书班”上，组织了后备干部参加。

【调整充实领导班子】 严格执行中共中央《党政领导干部选拔任用工作暂行条例》，共考察干部96人，调整领导班子87个，调整领导干部154人次，新提拔领导干部53人。同时圆满完成了永定、北岭、妙峰山、上苇甸的撤乡并镇工作以及新班子的组建工作。

【继续巩固“六个好”党委和“五个好”支部建设】 以创建“六个好”乡镇党委为重点，抓了龙泉、永定、军庄等乡镇“六个好”党委的争创工作。以创建“五个好”党支部为重点，深入到龙泉镇、永定镇、清水镇和军响乡共24个村，抓了“五个好”党支部的创建后进支部的转化工作。

【表彰先进党组织和优秀党员】 评选表彰了先进党委（工委）8个，“六个好”乡镇党委3个，“五个好”农村党支部40个，先进党支部30个，优秀党员212个。

【完成了农村党支部书记任职资格培训】 举办了第二期农村党支部书记任职资格培训班，74名支部书记参加了培训，并取得了任职资格。完成了全区161个村党支部书记任职资格全员培训。

【落实了社区党建工作】 成立了加强社区党建工作指导委员会和街道工委加强社区党建协调委员会，广泛宣传和开展“一个党员一面旗，党员奉献在社区”活动，有5 000多名在职党员到所在地居委会党支部登记，发挥党员先锋模范作用。

【发展党员523名】 全年共发展党员523名。其中，35岁以下的306名，大专以上学历的201名，中专、高中学历的227名，专业技术人员141名。

精神文明建设

【创建“四优”文明区】 区委、区政府提出以创建优美环境、优良秩序、优质服务、优秀市民“四优”文明区活动为载体，大力争创文明区县，制定了创建“四优”文明区工作实施方案，开展了一系列群众性精神文明创建活动。年内全区城乡环境进一步得到改善，新桥大街、永定镇府前大街被市环境整治委员会评为优美大街。滨河广场二期建设工程、斋堂公园建设工程、德露苑花园广场被评为精品工程，永定镇被评为京郊环境建设高水平示范镇。

【创建文明单位】 全区创建首都文明单位标兵5个，市级文明单位19个，区级文明单位128个；首都文明居民区6个，区级文明安全居（家）委会72个；首都文明村11个，首都文明乡镇3个，区级文明乡镇2个，区级文明村74个。永定镇冯村被评为全国文明村镇创建先进单位。

【城乡共创文明户】 全区城乡共创“十星级”文明标兵350户，“七星级”以上文明户35 000户。

【“百颗星”】 年内召开了1999年度两个文明建设“百颗星”表彰会，共有24个集体，144名个人荣获门头沟区两个文明建设“百颗星”。

政 法

【检察工作加强】 区检察院全年依法批准逮捕285人，提起公诉172件、272人；查处贪污贿赂犯罪案件7件、7人；受理民事申诉案件35件；法纪立案1件、1人。

【法院加强案件审结工作】 全年区法院共受理各类案件3 110件，审结、执结3 066件，结案率98.6%。

【干警培训成效显著】 全年培训干警800人次，在市政法委组织的上岗资格考试和市法院的业务培训考试中，通过率达100%。

【实施审判长选任制】 年内区法院选任7名审判长和12名独任审判员。

【开展法制教育】 全年共为13 000名青年、学生上法制课，撰写法制宣传稿件340篇。“三五”普法顺利通过市检查验收。

【民事调解作用大】 全年共整顿调委会168个，培训调解人员1 535人次。排查、调处各类民间纠纷3 475件，调解率100%，调解成功率99.6%。防止矛盾激化80件，避免155人受到伤害，防止群众上访6次，涉及200人。

【律师所提供法律服务】 区内三个律师所全年共担任法律顾问23家，办理各类案件236件，其中刑事案件55件，民事案件133件，经济案件36件，行政案件2件，非诉调解10件。代书291件，法律咨询185件，涉及142人次，收入144万元，涉及财产标的总额5 706万元。

【办理法律公证】 全年共办理公证案件715件，其中国内民事公证554件，涉外民事公证161件，国内经济公证30件。

【开通“148”法律服务专线】 全年共受理各类咨询案件922件，其中民事类652件、行政类174件、刑事类33件、其他63件，接待来访咨询231件。

【提供法律援助】 全年共办理各类法律援助案件11件。

【强化公安队伍建设】 开展“三项”教育，共为群众办实事11 900件，实行了交巡合一（交通支队和巡查支队合一）、侦审合一（刑警队和预审处合一）、户外合一（户籍处和外来人口管理处合一）的机构改革，有70名同志通过竞聘走上领导岗位。

【维护政治稳定和社会安定】 对“法轮功”人员坚持经常性教育疏导，加强对重点人员和重点地区控制，共破获组织散发、张贴、投递“法轮功”宣传品案件24起，抓获违法犯罪人员28名，依法查处来京“护法”及在门头沟区窝住的外地、外区县法轮功人员15批112人，完成了市局分流法轮功人员23批、1 062人的审查任务。化解群体上访32起。

【开展专项斗争】 集中开展打击刑事犯罪的专项斗争。查破各类刑事案件398起，打击处理各类违法犯罪人员406名，打掉犯罪团伙39个，抓获在逃犯17名，收缴毒品22.6克及大量赃物，总价值300万元。

【加强爆炸物品管理】 以爆炸物品管理为重点，开展了严管和收缴爆炸物品工作。共查处涉爆案件15起，抓获违法犯罪人员26人，收缴炸药1 566千克、雷管3 568支、枪支4支、子弹24发。

【严禁“黄赌毒”】 扫除“黄赌毒”等社会丑恶现象，查处卖淫嫖娼案件7起、19人，吸贩毒案件11起、13人，赌博案件16起、267人，贩卖淫秽物品案件15起、18人。

【强化交通、消防管理】 交通事故起、伤、亡数，与上年相比，分别下降20%、52.9%和3.1%。火灾起数和死亡人数同比下降9.8%和50%。

科 技

【实施星火计划】 配合“四区建设”，积极推动科技创新和成果推广，认真实施以“星火计划和科技致富”为主的科技计划。全年实施“星火计划”11项。其中，新立市级以上项目5项，市级延续项目4项，区级延续项目2项。“斋堂川星火技术密集带”项目开始启动。通过实施“星火计划”，完成产值2亿多元，实现利税1 000多万元，节约创汇300多万美元。引进技术人才71人，其中高级技术人才31人，培训技术人才450人。培育星火科技先导企业5家，认定1家。全年4个“中小型企业技术创新”项目获国家科技部支持，得创新基金260万元。

【推动科技致富】 实施市级“科技致富”项目4项，新立3项，延续1项。

【高新技术企业发展良好】 全年有14家被市科委认定为高新技术企业，总数达17家，从业人员444人，其中科技人员329人。全年实现产值2.12亿元，利润318.7万元，上缴税金338.5万元。

【民营科技企业发展快】 全年新发展民营科技企业11家，总数达36家，实现产值3 607.1万元，利润119.6万元，上缴税金155.65万元。

【专利项目实施】 年举办专利培训班2期，培训130人。申请专利5项，授权1项。实施专利项目20项，创利税500万元。

【开展科普活动】 全年举办科普活动264次，计5万多人次参与。发放科普宣传材料万余份，科技资料5 300册，图书5 000册，举办科普画廊10期，建城子街道科普画廊90平方米。

【实施农科教三结合】 农民技术培训1.4万人次，803人获绿色证书。

【防震减灾工作加强】 为配合首都圈防震减灾工程，在斋堂建成了“宽带地震计地震遥测台”一座；完成“门城镇地震小区”工程，对11.5平方千米范围内地震烈度进行了细化。

教　育

【确定教育发展方针】 深化教育改革，合理调整教育结构和学校布局，改善办学条件，提高教学质量。

【调整学校布局】 按照规划，如期调整了9所小学、2所中学、1所职业高中，学校布局趋于合理，实现了“九五”计划中提出的“一个地区一所中学，一个乡（镇）一所中心校辐射若干村完小”的办学格局。中考改革顺利过渡。完成了两个市级重点课题，成果得到推广。全区已有12所初中学校和16所村完小通过市级规范化学校验收。素质教育步伐明显推进。

【教育“三率”提高】 小学入学率、升学率均为100%；中学入学率100%，中考及格率98%，初中升学率98%；高中会考及格率达到98%，高考升学率不断提高。

【推进教育现代化】 为实现信息化带动教育现代化目标，投入100万元建立了门头沟区教育网络中心，为18所学校建了计算机教室，其中做局域网6个，多媒体网7个。接受社会捐赠计算机177台，建成8个电脑教室和一个语言教室。

【实施教育重点工程 】 完成了工读学校教学楼、色树坟中学教学楼、育新学校实验楼、永定乡校教学楼、西辛房中学办公楼、骨干教师住宅楼房6项重点工程。

文化　文物

【文化事业发展】 文化事业本着“高起点规划，高标准实施”为原则，多姿多彩的文化市场繁荣有序。全区有文化馆1个、文化站14个、博物馆1个、影剧院1个、电影发行公司1个、电影放映队98个、文物事业管理所1个、文物保护所3个、图书馆2个、藏书21.7万册。

【文化活动活跃】 年内举办大型文化活动6项。一是举办了门头沟区千禧新春龙灯会开幕式，100余档的花会表演，有千名演员参加了花会表演；二是举办了第十届文化艺术节，演出18场，演职员5 000人次，观众达10万人。并举办了民间花会大集萃、创新秧歌比赛、乡村歌手大赛；三是广泛开展了“千万市民齐参与，争做文明北京人”的夏日文化广场活动，演出15场，观众5万人次，形成了全区的一个新亮点；四是组建了文化馆艺术团，开展“送文化”、“种文化”下乡活动，演出15场；五是开辟了影剧院书画“文化长廊”，举办了8期书画展；六是举办文化“三下乡”，演出10场。

【开展文化下乡活动】 文化馆辅导乡镇、街道文艺骨干1 110名，培训840人次。图书馆推出“百村书库”工程，送科技图书900册、刊物100种、发放科技致富宣传材料2 000份。电影公司举办了“祖国在我心中”主题教育活动，开展了学生专场，共放映2 000场，学生观众达63 290人次。并推出科技放映月，放映科技电影360场。慰问军营、光荣院40场，对山区特困生免费看电影。

【《门头沟文物志》编纂完成】 年初通过市社科规划办组织的专家论证。全志35万字，照片百余幅。

【文化重点工程完成】 全年完成了博物馆、图书馆业务楼外装修和戒台寺重点文物单位的修复工作。

广 播 电 视

【广播电视事业全面发展】 按照“发展城镇，服务农村”的工作思路，依靠科技进步，以发展有线电视为重点，带动了全区广播电视事业的全面发展。1997年全区在全市率先完成了闭路电视系统的电视覆盖工程，达到了“村村通”的标准，通过了上级的验收，全区各村子都能看到中央和北京的5套电视节目。随着门城镇有线电视的发展和人民生活水平的提高，深山区的人民也迫切盼望能与门城镇居民一样看到43个频道的电视节目，区政府投资80万元作为工程启动资金，2000年3月开始有线电视进山工程，开通了全区10个乡镇广播电视信号，有11个村千余户群众看到了区有线电视节目。

卫生　计划生育

【卫生设施进一步完善】 狠抓医疗服务、预防保健、卫生监督等工作落实，积极筹建区急救中心，门头沟区中医医院瑶医分院建立，龙泉医院精神病房改造1 000平方米任务完成并投入使用。年末全区有区属医疗机构28个，其中医院6所；乡镇卫生院15所；专科防治所、站7个。医疗机构设有病床722张，平均每千人拥有床位3.1张。现有卫生人员1 511人，平均每千人拥有卫生人员6.46人。

【加强医疗服务】 全年医疗服务部门门诊量45.53万人次，急诊量4.8万人次，出诊量1.17万人次。住院病人治愈率68.4%。

【发展农村合作医疗】 农村继续实行初级卫生保健，发展合作医疗。全区共办村级卫生室114个，乡村医生210名。

【开展社区卫生服务】 社区卫生服务进一步发展，建立社区卫生服务中心4个，服务站14个，全部通过市里验收。

【建立医疗集团】 年内建立了以区医院为龙头，各医院、卫生院参加的门头沟区医疗集团，并同北京大学人民医院形成协作关系。

【计划生育率达到98%以上】 计划生育工作加强宣传教育和优质服务，全区计划生育率达到98.8%。

【社会救济展开】 全年发放救济款125.7万元，解决了1 595户，1 770人，五保户、特困户的生活困难。市、区两级政府下拨资金17.2万元，完成了31户农村特困户的危旧房修建。

【启动社会救灾工作】 全年下拨救灾款145万元，解决了15 000人次灾民吃饭、穿衣等困难。向其他受灾地区募集资金7.7万元，衣被3.2万件。

【提供居民最低生活保障】 做好城镇居民最低生活保障工作。全年新批准享受最低生活保障金的保障对象1 085户、2 846人，累计达到2 699户、6 383人。新批准享受粮油帮困卡的保障对象1 058户、2 773人，累计达到2 805户、6 834人。全年累计发放最低生活保障金688万元。

【工作落实社会优抚】 各项优抚政策落实到位。全年发放定期抚恤金、补助金260万元，伤残抚恤金22万元，困难补助金8万元，解决了优抚对象临时困难。完成了23户优抚对象危旧房翻建。妥善安置城镇复退军人126名，安置率达100%。

【达到验收标准敬老院】 永定敬老院500平方米扩建工程基本竣工，至此全区11所农村敬老院全部达到市级验收标准。

【社区服务中心建设】 加强社区服务工作，建设社区服务中心。一期工程总投资700万元，改建面积3 500平方米，门头沟区社区服务中心建成并投入使用。

【福利企业支持残疾人事业】 发展福利企业，全年实现销售收入1.69亿元，利税2 113万元。

【维护老年人合法权益】 依法维护老年人的合法权益，成立了“助养协会”，争取社会和个人捐资5.3万元，对106名80岁以上高龄的特困老人进行助养。

【注重保护未成年人合法权益】 被共青团北京市委授予“优秀青少年维权岗”称号。

体　　育

【体育工作加强】 体育基础设施建设步伐加快，群众健身条件进一步改善。年内举办了“北京市定向越野比赛”、“北京首届灵山杯高山滑雪比赛”两项市级比赛。举办了“门头沟区机关运动会”、“门头沟区中老年健身项目表演赛”、“门头沟区乒协杯乒乓球比赛”、“门头沟区篮协杯篮球比赛”，“门头沟区公路越野赛”等28项区级比赛。培训社会体育指导员70名。

【参加市级体育比赛取得好成绩】 组织运动队参加市级比赛18项次，获得金牌43枚，银牌33枚，铜牌34枚，4～6名79人次。向市级输送运动员7名，运动学校招收新生74名。

【体育达标面100%】 全区中小学体育锻炼标准达标实施面100%，达标合格率96.8%，比上年提高了0.4%。在市中小学田径运动会上，小学、初中组均获团体总分第六名。

【实施体育重点工程】 年内新建草帽山健身工程、体育中心健身路径、龙华游乐园健身工程及职教中心健身工程共4项。

社 会 保 障

【为下岗职工提供社会保障】 全年共建立再就业服务中心19个，进入“中心”的下岗职工965人，登记失业人员3 209人，城镇登记失业率控制在1%。期内下岗职工4 028人，分流安置下岗职工3 063人，期末实有下岗职工394人，再就业率为76.04%。全年劳动部门共筹集下岗职工基本生活费795.8万元，拨付下岗职工基本保障金518.3万元。

【加强社会保险工作】 社会保险的“两个确保”工作得到巩固和加强。到11月中旬，实现了养老金社会化发放。养老保险、失业保险、医疗保险、工伤保险基本覆盖城镇各类企业。全年参加养老保险的单位711个，参保职工5.71万人，累计交纳养老保险金1.03亿元，支付退休人员养老保险金2.71亿元。参加失业保险的单位1 386个，参保人员63 115人，交纳失业保险金1 239.5万元，支付失业救济金4 532.1万元。参加大病医疗统筹的单位896个，人员28 510人，累计交纳大病医疗统筹基金1 637.5万元，支付大病医疗统筹基金1 299.6万元。新增工伤保险项目，参保单位456个，参保51 129人，累计交纳工伤保险金381.5万元，支付工伤保险金2 756.1万元。

人 民 生 活

【人民生活】 全区城乡人民收入稳步增长，生活水平明显提高。职工人均工资11 727元，比上年增长15.5%，扣除价格因素实际增长11.6%。

据城乡居民抽样调查资料显示，城镇居民人均可支配收入8 479.3元，同比增长10.4%，扣除价格因素实际增长6.7%；农民家庭人均纯收入4 002.4元，同比增长12.1%，扣除价格因素实际增长83%。

城乡人民收入水平的提高和消费观念的转变，为居民的消费和储蓄提供了刚性支持。到当年底，城镇居民人均消费性支出6 772.2元，同比增长5.6%；农民家庭人均生活费用支出3 508元，同比增长23.6%。

【城乡居民储蓄增加】 城乡居民储蓄存款余额27.29亿元，比年初增加2.53亿元，同比增长10.2%。其中，城镇居民储蓄存款余额22.18亿元，比年初增加2.26亿元，同比增长11.3%；农民个人存款余额5.11亿元，比年初增加0.27亿元，同比增长5.5%。

门头沟区主要领导人

区委书记　李建华
副 书 记　刘永富　朱明德　孙尧东
常　　委　王苏梅（女）　陈　煦　曹际金
　　　　　陈梅生　张秀芳（女）　赵志安
助理巡视员　孙　智
区人大常委会主任　李清云
副 主 任　孙建华　赵棣慧（女）
　　　　　王志刚(2000年11月去世)　范　路
区　　长　刘永富
副 区 长　赵志安　李慷云　张进增
　　　　　宋继清　何震芳(女)
区政协主席　朱明德
副 主 席　安兴柱　段义绵(2000年12月4日调出)　王永华(女)　安炳章
　　　　　杨秀玲(女)　郭文明
区纪委书记　陈梅生
副 书 记　王全福　王真田

（白晓亭　马晓军　高万庚）

房　山　区

全 区 概 况

房山区历史悠久，山川秀丽。境内周口店是人类文明发祥地，琉璃河是北京城始建地，云居寺藏14 278块石经被誉为“北京的敦煌”，金陵是北京地区最早的皇陵群。全区境内共有文物古迹559处，107座古塔享誉京华。十渡山水人称“北方小桂林”，上方山国家森林公园是“京师奇境”，石花洞、银狐洞、云水洞为溶洞精品，百花山、青龙湖、红螺寺风景宜人。房山各业发展迅速，建筑、建材、旅游、化工成为支柱产业。

【地理位置】 房山为北京远郊区，位置在北京西南。北邻门头沟区，东北与丰台区毗连，东隔永定河与大兴县相望，南部和西南部分别和河北省涿州市和涞水县接壤。地理位置北纬39°30′～39°55′，东经115°25′～116°15′。

【面积】 全区面积2 019平方千米。地势西北高而东南低，地貌复杂多样，由西北向东南依次为山地、丘陵、平原和洼地。西北部山地约占全境面积2/3，东南部为冲击平原。主要山峰有百花山、上房山、大安山等，其中百花山为房山区和门头沟区界山。

全区土壤含山地草甸土类、山地棕壤、褐土、潮土、风沙土、沼泽土、水稻土，以褐土和山地棕壤为主。

【水文气候】 境内有河流13条，主要河流有拒马河、大石河、永定河、小清河等，永定河为房山区和大兴县界河。地表水资源，主要为降水产生的地表径流。境内地下水资源平原分布在第四纪地层中；山区地下水主要为基岩裂隙水和岩溶裂隙水，受地层岩性及地形条件影响，水位埋深和水量变化幅度大，开采困难。有些地区地下水溢出成泉，如著名的黑龙关泉、万佛堂泉及高庄泉、甘池泉等。据估测，房山地下水实际开采量为2.46亿立方米。

房山区地处温暖带半湿润季风大陆性气候区。境内地貌复杂，山区与平原间相对高差悬殊，气候有明显差异。全年平均气温为12.3℃，年度降水量为528.2毫米，年日照总时数为2 325.5小时。

【资源】 房山区矿产资源丰富，据统计已被利用及尚待开发的地下矿产约20余种。矿产资源的特点是：非金属矿与燃料矿资源丰富，有的矿种不仅在本区，而且在全市也占有重要地位。煤炭总储量约18.51亿吨，居全市第2位。石灰岩、大理岩色种繁多，其储量及品种均为首都之冠。大理岩为房山第三大优势矿产资源，其开采已有1 300余年历史。国宝汉白玉品质优良，驰名中外。彩玉文理天然形成，独树一帜。其他品种有名贵的墨玉及螺丝转、艾叶青、芝麻花、银晶、北京红、豆青等10余种。据预测，大理岩总储量约4.56亿立方米。

房山区是北京市文物资源大区，被认定为世界文化遗产1处，有全国重点文物保护单位的有3处，市级文物保护单位13处，区级文物保护单位52处。旅游资源有7大类、33种，其中自然景观有百花山、白草畔、上方山等名山，石花洞、云水洞等溶洞。

【交通】 全区拥有公路407条（含乡道、村道），总里程达到1 777.09千米，居郊区县之首。其中越境高速公路1条，境内长28.1千米。国道2条121.55千米；市级干线公路9条，156.11千米；县级公路48条，519.54千米。建桥242座，总长10 723.64延米。公路密度每平方千米0.88千米。

【建置】 西汉初，今房山区地置良乡、广阳、西乡三县（国），武帝时置利乡侯国。王莽称帝时，良乡改名“广阳”，西乡更名“移乡”。金大定年间，为守护陵寝，析良乡、范阳、宛平三县边万宁县。明昌年间，改“万宁”为“奉先”。元至元年间，更“奉先”为“房山”。尔后，历明、清、民国，今房山区地一直良乡、房山两县并设。民国年间，和国民政府属县并峙的，还有由中国共产党地方组织领导的位于房山、良乡两县边地以及和邻县交界处设置的各县级行政设置。

1958年，房山、良乡两县合并，建北京市周口店区。1960年，周口店区更名房山县。1981年，房山县境内正式置燕山区。1987年燕山区、房山县合并，建北京市房山区至今。

【行政区划与人口】 房山区辖19个镇、8个乡、2个街道办事处，135个居民委员会、463个村民委员会、463个行政村。全区常住人口751 772人，其中农业人口479 118人，非农业人口272 654人。

经 济 发 展

全区人民坚持以经济建设为中心，集中力量办大事，重点工程、重点工作取得了新突破。农业结构调整坚持以富裕农民为主线，以产业化建设为重点，水利富民综合开发连续3年名列第一；"六种农业"在全市保持前列；企业二次创业迈出新步伐，区属和乡村集体企业结构调整、制度创新取得新的成效；全区工业小区、工业大院和专业村加快开发建设；以良乡和燕房卫星城为重点的城镇开发建设的重点工程、重点项目上取得了进展。2000年，房山区完成国内生产总值84.3亿元，同比增长12.3%。人均国内生产总值达到14 927元。三次产业结构进一步巩固和优化，达到9.8∶43.4∶46.8。第一产业完成增加值8.2亿元，同比增长12.9%；第二产业完成增加值36.6亿元，同比增长9.3%；第三产业完成增加值39.5亿元，同比增长15.1%。

农 业

【农业增加值实现8.2亿元】 结构调整促进了农业生产力水平的提高。种植结构由粮、经二元化向粮、经、饲三元发展。种植结构比例调整到3∶6∶1。畜牧业呈现出迅猛的发展势头，比变价产值达到73 795.5万元，比上年增长97.6%，占大农业比重达到60.7%，比上年提高12.7个百分点。全年蔬菜总产量达到24万吨，同比增长16.2%，其中特菜产量9 420吨，同比增长66.3%；牛奶产量达到21 578吨，同比增长26.9%；出栏肉猪34.5万头，同比增长9.8%。"六种农业"发展形式喜人，产值或收入同比增长均达到1倍以上。在粮田面积减调1.13万公顷和不利气候的影响下，全年粮食总产量为20.7万千克，比上年减少25.8%。全年农村经济营业收入完成215亿元；农业总产值实现12.2亿元（不变价），同比增长56.4%。

【累计发展养殖专业户3.7万户】 大力发展养殖业，增加养殖业在一产中的比重，是农业结构调整的重要内容。全区累计发展养殖专业户3.7万户。其中：食草型畜禽饲养规模由24.5%增长到45.5%，增加了19个百分点；特种养殖专业户达到5 000多户，占养殖业总户数的15.8%，特养品种达到50多个。草食动物、特种养殖大幅度增加，带动整个畜牧业的高速增长。建成养殖小区120个，入区农户3 638户，入区养殖农户户均增收2.8万元。南召薛庄肉鸡、窦店板桥鹧鸪、佛子庄肉牛等9个养殖小区被列为市一级养殖小区。

【"六种农业"】 "六种农业"得到了进一步快速发展。籽种农业实现销售额3.3亿元，同比增长84.9%，其中销往外埠9 339.3万元，同比增长54.8%。发展精品品种771个，实现精品农业产值7.4亿元，同比增长142.5%。加工农业实现产值14.7亿元，同比增长98%，其中加工增值5.4亿元，同比增长111.2%。以设施小区建设为重点，促进了规模化、区域种植，全区设施面积累计达到0.17万公顷，其中新增0.087万公顷，建成设施小区35个，实现产值6.4亿元，同比增长100%。以山区和卫星城周边地区休闲产业发展为重点，全区新增观光农业项目191个，投资2.4亿元，接待587万人次，实现总收入3.9亿元，同比增长98%。全区实现农业出口创汇244万美元，同比增长近48倍。

【投入农业生产资金近3亿元】 全区投入农业生产的资金累计达到2.849 9亿元，财政收入1.104 9亿元。用于农田水利综合开发的和水利富民工程投资1 731.21万元，用于畜牧业发展投资1 392.2万元，用于生态建设投资6 616.32万元，用于山区建设投资410万元，其他农业投资6 616.32万元，农民投入资金1.285亿元。用于养殖小区建设投资8 050万元，用于山区水利富民工程2 000万元，用于高效农业园工程建设投资1 000万元，用于设施小区建设投资1 800万元，农民投资占农业各项工程总投资达到63%，社会用于农业投资4 600万元。

【455个行政村完成土地延长承包工作】 房山区28个乡镇的463个行政村中，有455个村完成了土地承包工作，完成粮田面积31 325.33公顷，分别占总村数和粮田总面积的96.2%和97.6%。其中2000年度完成承包工作的村13个，3 334户，627.13公顷地。274个村发放《农村土地经营权证书》共66 519份，签订各类合同69 592份。到2000年底，全区土地流转总量达到6 267户，2 782.77公顷，其中按流转形式划分转包495户，295.75公顷；转让928户，133.13公顷；互换382户，33.67公顷；入股17户，159.13公顷；其他形式4 445户，2 161.08公顷。按流程范围划分：社区内流转6 082户，1 756.13公顷；社区外流转185户，1 026.64公顷。按流转程序划分：签订合同的5 962户，2 599.33公顷；未签订合同的305户，183.43公顷。以是否有偿划分：有偿流转6 267户，2 782.77公顷。在延长土地承包期过程中，荒山租赁工作成果显著。全区17个乡镇现已累计签订荒山租赁合同931份，租赁荒山面积9 622.07公顷，占房山区可开发宜林荒山面积的36.9%，在荒山开发过程中，栽种树木146.78万棵，投工53.49万个，荒山绿化面积达0.49万公顷。

【中华鲟鱼落户十渡】 中国水产科学院在十渡兴建鲟鱼繁育基地，对房山区鲟鱼养殖起到了示范带动作用。现全区全年生产商品鲟鱼3.5万千克，鱼苗200万尾，产值2 000万元，经济效益600万元。在西关上、七渡、六渡、八渡、东庄子建立了6个流水养鲟养殖小区。

【发展农民养殖合作经济组织88个】 全区发展农民养殖合作经济组织88个，其中契约型17个，出资型13个，会员制型58个。与养殖户签订合同3 200

份，带动了7 755户农民发展养殖。其中长阳奶牛合作社带户280户，日交售三元鲜奶9吨，户均年收入实现3.6万元。

林　　业

【林木覆盖率增加1.71个百分点】 全年完成绿化造林4 164.2公顷，其中人工造林2 697.53公顷，封山育林3 422.67公顷，飞播造林1 466.67公顷，全区四旁植树102.29万株。全区林木覆盖面积增加3 414.53公顷，林木覆盖率增加1.71个百分点。

【完成重点绿化工程4项】 计5 397.07公顷。其中：国家生态环境建设项目完成人工造林634.8公顷，封山育林1 476公顷；太行山绿化国家债券造林工程完成人工造林859.6公顷，封山育林1 946.67公顷；前山脸爆破整地造林工程213.33公顷；永定河绿化工程266.67公顷。

水　　利

【获“北京市水利富民综合开发优秀区县”称号】 全年加强水利基础设施建设，完成了灌区改造4.8千米，配套建筑物55座，塘坝井站260处，户办五小水利工程1 118处，完成小流域水土保持生态环境建设105平方千米，发展高效节水灌溉0.18万公顷，新建集雨利用工程403处。工程共用工104.4万个工日，机械台班3.8万个，总投入5 675万元，其中农民投入1 940.32万元，超额完成了当年任务和3年水利富民规划目标。推进了农业结构调整，加快了区域性高效农业的建设步伐，25 000户农民放弃传统种植方式，发展经济作物和建立高效经济农业，使粮经比由1999年的7:3调整到了4:6。加快水土保持综合治理，改善山区生态环境。区域开发达到21处，总面积1万公顷，扩大了规模效益。17个山区乡镇217个行政村全年农村经济总收入实现了11.34亿元，人均劳动所得4 710元，分别比1999年增长20%和12%。被授予“北京市水利富民综合开发优秀区县”称号，水利富民实现了“三连冠”。

【完成大石河第四期综合治理工程】 2000年3月1日～20日，房山区水利局对大石河进行第四期综合治理。工程下起马各庄大桥，上至大件路，筑堤全长2千米，配套工程12处，动土石方51万立方米，投入机械台班3 200个，完成三期治理配套工程桥梁1座，护坡1 740延米，浆砌石0.067万公顷，铺土工膜7 860平方米，投资650万元。

【小清河滞洪安全建设通过验收】 房山区水利局投资7 325万元完成了小清河滞洪区安全建设并通过验收。建防汛避险楼25座，6.67万平方米；避险平台4座，2.94万平方米；避险物资储备库1座，500平方米；民房改造8万平方米；购置救生船11艘。

【特大暴雨造成严重经济损失】 2000年7月4日，房山区内降特大暴雨，累计降雨159毫米，其中山区206毫米，平原112毫米。大安山、南窖、佛子庄、漫水河等站降雨量都超过200毫米，其中大安山降雨量达到414.3毫米。7月4日下午5:00时大石河实测流量202立方米/秒，大石河经过4年的综合治理，大石河沿岸各乡镇安然无恙。7月6日早6:00时拒马河实测流量515立方米/秒。在“7.4”特大暴雨过程中，共冲毁粮田299.07公顷，倒塌房屋115间，冲毁桥涵6座，公路46千米，冲走果树4 700棵，损坏供电线路6 000米，冲走原煤11万吨，水泥150吨，冲走鱼池8处，冲走成鱼3 500余千克，造成直接经济损失3 200多万元。

工业　建筑业

【全区工业实现增加值19.4亿元】 全年工业实现增加值19.4亿元，比上年增长7.3%。传统产业改造步伐加快，以煤炭、制砖、水泥等行业为重点，淘汰落后生产手段和产品。经过重组转制和盘活存量，工业企业经济效益明显改善。全区工业总产值完成66.2亿元，同比增长12.9%；工业产品销售收入63亿元，同比增长13.4%；工业利润总额完成4亿元，同比增长19.3%。年销售收入500万元以上工业企业综合指数为91.7%，比上年提高12.7个百分点，亏损面缩小10.2个百分点，亏损企业亏损额同比下降32.8%。

【建筑业完成增加值17.2亿元】 建筑市场开拓能力进一步增强。全年完成增加值17.2亿元，比上年增长11.7%；房屋施工面积达到548.2万平方米，同比增长2.4%；建筑业总收入25亿元，同比增长34.2%；全年实现利润总额1.6亿元，同比增长15.3%。

【实施技术改造项目62项】 全年技术改造项目62项，其中列入市计划9项，竣工32项。计划总投资6.19亿元，全年完成投资4.4亿元。实现销售收入18 636.1万元，利润3 621万元，税金556.7万元。

【整顿行业和产品结构】 按照国家产业政策，对煤炭、水泥和制砖业进行调整。煤炭行业集中精力抓了关井压产。全区总计矿井563个，下达关井任务248个，第一批关闭114家，第二批关闭64家，第三批关闭70家，实际压产180万吨。水泥行业已关闭了8条2.2米以下机立窑水泥生产线，关停了13家无证粉磨站。

【整顿油品市场】 按照国家经贸委和市经委的要求，对油品市场和煤炭市场进行治理整顿。对170个加油站（点）的申报手续进行了审查，通过与区计委、规划局、土地局等单位协调运作，基本合格的164个，领回《经营许可证》的企业154个。

【建立南尚乐大石窝石雕艺术商贸园区】 大石窝石雕艺术商贸园区位于南尚乐镇石窝村，园区总规划面积100公顷，基地设施建设投资4 500万元，其中：集体投资900万元，农户个体投资3 600万元。园区通过优惠政策引导，采取“基地带动龙头，龙头带动农户”的方法，初步建立了以农户为投资主体的石材产业化发展之路。截止年底，入园企业43家，各种工艺品1.2万件。产品远销17个国家、地区和全国各地。全年实现收入4 500万元，利润总额500万元，税金100万元。带动石材开采、加工及相关行业农户651户。

【1 441家企业完成重组转制】 全年区、乡、村三级1 441家集体企业完成重组转制，转制面为86.8%。其中区属完成69家，转制面为50.7%；乡、村集体企业完成1 372家，转制面达到90%。通过重组转制共增加资产总额4.44亿元，盘活存量资产5.79亿元，转移企业债务5.59亿元，集体收回净资产1.89亿元，置换经营者239人，引进人才422人，其中大专以上325人。亏损企业由134家减少到36家。

【建立“乡镇工业小区”12个】 到2000年末，全区累计建立“乡镇工业小区”12个。全年实现总收入92 838万元，利润总额10 675万元，税金2 058万元，出口供货额4 558万元，分别占乡镇工业经济完成指标数的15.2%、27.9%、6.1%、13.4%。入区企业174个，其中高新技术企业24个。从业职工9 637人，吸纳农村劳动力8 613人，占全区农村劳动力的4%。12个“乡镇工业小区”拥有资产总额58 429万元，其中固定资产原值43 049万元，财务报表外已完成固定资产投资24 250万元，其中引进资金17 211万元。在“乡镇工业小区”财务报表中，固定资产总值达2.6亿元以上的有“城关金马工业小区”，1.7亿元以上的有“窦店青云工业小区”，9 000万元以上的有“霞云岭阎村工业小区”，5 000万元以上的有“南尚乐石雕艺术商贸园区”和“交道工业小区”。基础设施累计投资23 108万元，占地面积693.33公顷。主导行业构成有生物工程、新医药、环保设备制造、光机电一体化、食品饮料、农产品深加工、印刷、服装服饰、工艺美术、建材、石化、汽车零配件、造纸、原煤加工、冶金15类。

【建立“村级工业大院”55个】 全区有20个乡镇建立了“村级工业大院”55个。全年实现总收入218 379万元，利润总额12 915万元，税金5 543万元，出口供货额5 086.7万元。分别占乡镇工业经济完成指标数的35.6%、33.8%、16.7%、14.9%。入院企业达到680个，其中高新技术企业36个。从业职工24 576人，吸纳农村劳动力16 223人，占全区农村劳动力的7.6%。拥有资产总额199 614.7万元，其中固定资产原值15 545万元。财务报表外已完成固定资产投资44 453.4万元，其中引进资金21 608.1万元。在“村级工业大院”财务报表中，固定资产总值达2亿元的有“周口店地区南韩继村工业大院”和“阎村镇焦庄工业大院”，1.2亿元的有“长阳镇杨庄子工业大院”、“长阳镇北广城工业大院”、“阎村镇张庄工业大院”、“阎村镇紫草坞工业大院”、“韩村河镇韩村河村工业大院”、“周口店地区新街工业大院”。基础设施累计投资21 552万元，当年新增投资8 586.4万元。占地面积990.6公顷。其主导行业构成有生物工程、新医药、环保设备制造、光机电一体化、食品饮料、农产品深加工、印刷、服装服饰、工艺美术、建材、石化、汽车零配件、造纸、原煤加工、冶金15类。

【房山区被评为京郊二、三产业先进区县】 房山区累计发展二、三产业专业村125个，占全区行政村总数的27.5%；发展专业乡镇3个，占全区乡镇总数的11%；从事二、三产业的农户3.1万户，占全区总农户的19.7%。按产业划分，第二产业专业村32个，其中：建材业21个，农副产品加工业2个，煤炭业4个，工艺美术及旅游产品加工业3个，其他业2个；第三产业专业村91个，其中运输业38个，商业37个，旅游业16个。二、三产业专业村的发展，带动了全区经济的发展，全年实现经济总收入56.6亿元，增加绝对值8.6亿元，占全区乡镇企业总收入增加绝对值的28.8%，其中主导行业增加收入9.6亿元。二、三产业专业村促进经济结构的调整，全区乡镇企业中非公有制经济完成总收入56.6亿元，占非公有制经济收入的48.6%。二、三产业专业村安置了大量劳动力，125家专业村共吸纳农村劳动力62 215人。全年二、三产业专业村农民人均纯收入达到5 414元，比上年同期净增778元，其中主导行业农民纯收入达到4 866元，同比净增819元。全区二、三产业完成收入188.1亿元，增加值37亿元，利润总额15.6亿元。

城乡建设

【城镇建设取得新进展】 “引万入良”第一期工程全面完成，近10万良乡卫星城居民吃上优质水。良乡天然气返输工程启动，高中压调压站主体完工，铺设2 096米的两条管线。城市道路建设及排水设施改造取得新的进展，完成了行宫西路、城关镇路等7条公路的修建及府前广场二期工程、妇幼保健路、府前广场东路、政通路铺设工程。在4条主干道实施了拆墙透绿，共计新植草坪5万平方米、乔木6 000余株、灌木2 000余株。全区城镇新增绿地面积30公顷，人均公共绿地面积达10.5平方米，同比增加0.2平方米。燕房卫星城开发了吉兴园、永兴花园、营房胡同商住楼等房地产项目，年内施工面积13.4万平方米。

【良乡卫星城进程加快建设】 《良乡卫星城总体规划》的全面实施始于1993年，良乡卫星城开发建设速度不断加快，城市面貌发生了深刻变化，2000年国民生产总值28.1亿元，利润2.2亿元，财政收入1.4亿元。城市各项建设开复工面积336.34万平方米，竣工247万平方米，完成投资32.94亿元。城市建设区面积由1992年的4平方千米，扩大到12.5平方千米，城市人口由1992年的6.2万人，增加到10万人。加上流动人口达到15万人。

基础设施建设成就突出，投资环境显著改善。拱辰大街、长虹路等10条总长14.77千米的城市道路投入使用，修建给排水管网39.36千米，城市日给水能力由1万吨提高到2.5万吨，15万门电信大楼正式运营、黄辛庄11万伏变电站完成，天然气中低压调压站及主管线铺设工程开始建设。昊天公园、滨河公园、大型雕塑《腾》等一批城市形象工程相继建成。总占地6.93公顷的府前广场成为精品生态卫星城的"点睛之作"。住宅工程7年竣工139.09万平方米，总建筑面积27万平方米的西潞园小区、西潞南里小区、靓荷园小区等一批住宅小区相继建成，推动了旧城改造步伐，改善了市民居住条件。被建设部列为全国首家绿色生态试点小区的北潞园已全面投入建设，北潞春小区16.63万平方米建筑投入使用。

工业区建设初具规模，高科技园区全面启动。良乡工业区一期占地62.93公顷，入区项目达70余家，初步形成了制药、机电、电子信息、服装、商贸为主体的产业优势已成为房山区最具活力和潜力的经济增长点。1998年11月18日良乡高科技园区正式挂牌。北京理工大学孵化器等13个项目入区，注册资金5 310万元，现有20余个项目正在洽谈中。

【房山区城市管理监察大队成立】 2000年11月8日，房山区城市管理监察大队成立。到年底，共查处无照经营1 850起，整治街头烧烤40余起，拆除违章建筑38起，查处违反"门前三包"的案件225起，没收非法宣传品4 000余张，批评教育2 000余人次，共查处违章车辆265台次，查处施工单位现场围档不合格单位3家，路面硬化不合格单位13家。

【房地产开发取得成效】 全年完成危旧房改造工程22项，开复工面积32万平方米。房山房地产开发公司开发的北潞园小区被国家建设部评为"全国优秀住宅示范小区"；北京东方鸿铭房地产开发有限责任公司、北京银信光华房地产开发有限责任公司，获建设部"创新风设计综合金奖"。

商　　业

【商业实现利润2 717.5万元】 通过转变机制、完善功能、提高经营水平，传统商业取得了较快的发展。国有和供销社商业企业扭亏增盈效果明显，全年共实现利润2 717.5万元。商品市场体系进一步完善，全区各类商品交易市场成交额8.9亿元，比上年增长8.0%。全年肉禽蛋类商品交易额达到2.8亿元，水产品交易额1.5亿元，蔬菜交易额1.7亿元，干鲜果品交易额1亿元。

【完成社会零售额49.5亿元】 在金融杠杆等多种因素作用下，城乡居民消费需求稳中渐旺。全年完成社会商品零售额49.5亿元，比上年增长5.2%。其中：消费品零售额达到48.4亿元，同比增长5.8%。吃、穿、用、烧类商品零售额均有不同程度增长，分别达到13.9亿元、8.4亿元、20.4亿元和5.7亿元。

【588个自然经营单位实行产权制度改革】 占全系统自然经营单位总数88.6%的588个自然经营单位，实行了不同形式的改革。其中建有限责任公司和股份合作制企业31个，职工和企业经营者出资1 080万元，占全部股金的84.4%；实行撤资租赁、承包经营和转为个体经营的自然经营单位503个，合计抽回商品资金1 302万元，占应抽回资金的92.5%；对"边小微亏"自然门店进行整体出售的34个，共收回资金305.7万元，全部用于扩大再生产和开发新的经营项目；实施破产、兼并、委托经营、分立重组的自然经营单位20个，盘活资产总额6 500万元，实现了资产向优势行业、优势企业靠拢，形成了各网点特色经营、专业经营、错位经营和规模经营的新格局。

【连锁经营店销售达6.6亿元】 房山区华冠商贸公司、房山饭店、医药公司连锁经营分店均达到12家以上。全区以超市、便利店为主体的连锁经营销售达6.6亿元，占全区社会商品零售额的比重达到14.7%。其中国合商业连锁企业全年完成商业销售总额和饮食营业收入2.83亿元，同比增长11.6%，占商委所属国合商业销售总额的比重为31.4%。

【专业合作社达到12个】 区供销合作总社成立农户产品产销协会，截止年底累计发展专业合作社12个，入社农户2 500户，带动周边农户超过1万户。全年推销磨盘柿1 125万千克，大红袍花椒16.7万千克，核桃26万千克，蜂蜜15.2万千克，板栗2.5万千克，原煤2.5万千克。实现销售收入1 848万元。

对 外 贸 易

【三资企业累计达到360家】 房山区三资企业累计达到360家，其中年内新批三资企业15家，协议总金额达到71 573.6万美元。引资质量明显提高，全区年销售收入500万元以上的三资企业累计达到20家，比上年增加3家。

旅　　游

【全年旅游综合收入增长17.4%】 房山区全年旅游开发投入资金2.34亿元，新建旅游项目21项；全年接待游客数、旅游综合收入和实现利润分别达到318.3万人次、3.68亿元和109.6万元，比上年分别增长17.4%、20.6%和19.5%。

【假日旅游旺盛】 2000年"春节"、"五一"、"十一"3个假日"黄金周"，旅游收入实现3 673万元。其中"五一"节期间开展了"房山区第六届旅游文化节"、"万顷园踏青健身游"、和"云居寺浴佛节"

等项活动，接待游客60万人次，旅游收入1 358万元。“十一”期间推出了第三届“北京国际旅游文化节《外国戏下乡》”、“北京大石窝首届石雕文化艺术节”、“云居寺金秋文化游”、“张坊采摘观光月”、“上方山登山赏秋观红叶”和“十渡假日游给您新感受”等8项活动，共接待游客29.5万人次，收入1 915万元。

【举办首届高台蹦极邀请赛】 此项邀请赛由国家体育总局登山运动管理中心、中国旅游报社、北京市旅游局、房山区政府主办，2000年7月12～14日在十渡拒马娱乐有限公司举行，来自全国11个省市23个代表团队的115名队员参加了团体、男子单人、女子单人、双人专业组、非专业组等6个项目的比赛。在邀请赛期间，房山区推出招商项目12个，签订项目协议6个，协议金额2.48亿元，吸引对方资金2.08亿元。

【房山区第六届旅游文化节】 2000年4月30日至5月4日在韩村河村举办。主要活动有乡村发展世纪论坛、中华石雕艺术节、房山区投资环境及文化产业招商会、相约韩村河旅游黄金线、走进乡间体会民俗套餐、乡村文化大集等9项。文化节期间全区接待游客60万人次，实现收入1 300万元。全区招商引资总金额16.5亿元，签订协议（合同）、意向项目155个，其中签订1 000万元以上的投资开发合同11个，合同金额达5.3亿元。

【举办“乡村发展世纪论坛”活动】 2000年5月2～4日，由“京郊第一村”韩村河、中国小康研究会和房山区委、区政府联合发起并组织的“乡村发展世纪论坛”在韩村河举行。来自全国22个省、市、自治区的24个走在中国农村现代化最前列，精神文明建设取得显著成绩，最有代表性的小康明星村带头人和部分在京资深农业问题专家参加了活动。论坛期间，由小康明星村带头人代表分别作了专题演讲，并召开了记者招待会；举办了“全国小康明星村成就联展”；开展了与西部结对帮扶、“乡村之间”拓展训练、共植“乡村发展世纪林”等系列活动。论坛期间，有175家省市新闻单位记者采访报道，并在中央电视台的新闻联播、焦点访谈、经济半小时等栏目重点报道了“乡村发展世纪论坛”内容，在国内外引起反响。

财政　金融

【财政税收大幅度增长】 总体经济稳步走强，财政税收大幅度增长。全区全年各项税收首次突破10亿元大关，完成10.6亿元，比上年增长18.7%。其中：房山地区完成7.0亿元，同比增长28.4%；燕山地区完成3.6亿元，同比增长3.2%。

全年实现财政收入5亿元，同比增长20.5%；财政支出9.7亿元，同比增长41%。财政支出向教育和企业挖潜改造方向倾斜，两项支出所占比重达到33.6%。

【存款、贷款增长】 到2000年末，全区各类金融机构存款余额达到145.5亿元，比年初增加14.7亿元，增长11.2%；贷款余额达到60.3亿元，比年初增加3.2亿元，增长5.6%。个人住房贷款增势强劲，余额已达到2.8亿元。

【保险业务收入较上年下降】 保险业务收入全年完成8 506万元，同比下降19.1%，其中：人寿保险费收入1 381万元，同比下降45.6%。全年保险理赔总额4 485万元，下降16.3%；综合赔付率为52.7%，比上年提高1.7个百分点。

公路建设　交通

【房山区公路总里程1 777.09千米】 全年房山区新建公路里程12.6千米。其中改建岳圣路5.3千米，起点为岳各庄罗家峪村，终点至下中院，设计标准为山区三级路；房琉路改建一期工程，起点为房山京周公路立交桥，终点至石楼镇，全长5.6千米，设计标准为平原二级路；长阳路改建1.7千米，起点为长阳镇西口，终点至碧溪垂钓园，设计标准为平原二级路。截止年底，全区公路总里程1 777.09千米，其中干线公路277.66千米；县级公路519.54千米，乡公路980.89千米。

【新建桥梁3座】 全年新建桥梁3座。其中有京深公路夹括河桥，桥宽22.6米，长56.28米；琉璃河南桥，桥宽35米，长38米；长阳路牛河桥，桥宽17米，长17.04米，桥梁设计标准为汽—20，挂—100。

【公路绿化里程509.1千米】 全年完成9条公路34.15千米的新植、更新绿化任务。其中阎东路、王三路实行垂直绿化，阎吕路实行多行绿化。共栽植乔木8 030株、花灌木2 700株，栽植地锦22 710株。到年底，全区公路绿化里程509.1千米。

【整顿客运人员】 2000年8月，对全区4家小公共汽车经营企业进行了更新审查、登记，对1 215名小公共司售人员进行了法规培训和职业道德教育，对2 752车次小公共汽车运营情况进行了稽查，对234车次车容不整、司售人员仪容不雅和未按规定挂线路牌等不符合规定运营的司售人员进行告诫教育，对53辆无营运手续、无准驾驶证、野蛮服务的小公共汽车做了暂扣车辆处理。

社会进步

精神文明和民主法制建设进一步加强，各项社会事业不断发展。在全区开展了“双思”、“双教”和“致富明方向，‘十五’再发展”等主题教育活动，教育引导全区广大干部群众思源思进。各项社会事业蓬勃发展，以推进素质教育和技术创新为重点，基础教育巩固提高，普教、职教、成教全面发展，科技进步、科技成果推广促进了科技与经济的紧密结合；加强了区文化艺术团和乡镇文化站建设，开展了科技、文化下乡等系列活动；卫生和计划生育等各项工作都取得了新成绩。

党　建

【开展“三讲”教育和“回头看”活动】　从2000年3月份开始，分两批组织共107个处级领导班子和932名处级干部开展了“三讲”教育和“回头看”活动。各级领导干部结合实际，坚持边整边改，深入开展“三让四百”活动，入户次数达4 422次，征求和听取群众意见2 582条，为群众办实事605件，领导班子民主测评满意率大都在95%以上。

【深化干部人事制度改革】　制定和完善关于干部培养、选拔、管理、监督等方面28个规范性文件，主要有《关于实行党政领导干部选拔任用前公示制试点办法》、《党政领导干部任期经济责任审计办法》、《党政机关目标责任制考核办法（试行）》、《关于党政领导干部民主推荐实施细则》、《党政领导干部交流工作暂行办法》等。实行党政领导干部任前公示制，全年共公示选任干部6批、93名，扩大了群众参与度，增强了工作的透明度，《农民日报》、北京电视台、《京郊日报》等媒体进行了宣传报道。继续推行新任干部试用期制，全年实行试用期干部共41名。

【全年新发展党员1 121名】　全年共发展新党员1 121名，其中生产一线的党员688名，占发展总数的61.4%；高中、中专以上学历的866名，占发展总数的77.2%；45岁以下的1 062名，占发展总数的94.7%。

【组织“保持共产党员先进性”教育活动】　组织开展以“致富思源、富而思进”为主题的“保持共产党员先进性”教育活动，从全区400多名优秀党员中选拔了7名有一定影响的代表人物，组成了“优秀共产党员事迹报告团”，在全区进行巡回报告，共报告17场，直接听报告的党员达9 756人，并将报告刻录成2 000张光盘发到各基层单位。在全区党员中开展了“保持共产党员先进性，努力实践三个代表”主题征文活动和“我是共产党员”演讲比赛。全区广大党员撰写征文3 018篇。各级党组织也都结合本单位工作实际，开展了形式多样的主题教育活动，全区95%以上的党员参加了各种活动。

【深化政务、村务公开】　全年的乡镇政务公开和村务公开工作，变以“结果”性内容为主的公开，为“事前、事中、事后”相结合的全过程公开。把原来乡镇政务公开52项内容修订为55项，以财务公开为核心，对群众普遍比较关心的招待费开支、重大资产购置、重大工程招标等6个方面热点、难点问题实施重点突破。在全区普遍实施了“乡镇政务公开入村、村务公开入户”工程。1999年度125个“五好”村和28个乡镇达到了每季度入村、入户一次。推动与农民生产、生活密切相关的事业单位和各乡镇所属的“七站八所”实行政务公开。各乡镇和125个村普遍推行了民主评议干部工作。截止年底，全区乡镇政务公开达标率100%，民主制度建设达标村425个，占行政村总数的97.6%，其中民主管理示范村达到65%。

【411个村党支部换届选举】　根据区委的部署集中力量抓好全区村级党支部的换届选举工作。截止2000年12月5日，共有411个村党支部进行了选举，占全区农村党支部总数的90%。实行“两推一选”的156个党支部，新调整支部书记41名。调整后的支部书记年龄由换届前平均47.1岁下降到45.6岁，支委由换届前的46.9岁下降到44.5岁，支部书记初中文化程度由换届前的37.4%下降到34.6%，大专以上文化程度由换届前的13.1%上升到换届后的17.1%。支委文化程度由换届前初中文化占52.8%下降到41.9%，大专以上文化程度由换届前的5.8%上升到换届后的11.8%。

精神文明建设

【环境综合整治投入资金2亿元】　全区投入环境建设资金2亿元，建设各项工程30项，粉饰街道165条、80万平方米，硬化街巷路面224条。植树230万株，铺草坪、建绿地50万平方米，路树刷白40万株。共有35万人次参加环境整治，出动各种车辆6万台次，清运垃圾渣土10万吨，捡拾视野内白色污染50万延长米，清除非法广告45 000处，整顿不规范广告牌匾7 500块。完成了城关西沙河治理、南北大街改造和长沟、窦店、青龙湖、南尚乐、石楼府前街改造等一批重点工程，美化了城乡环境面貌。

【创建和军（警）民共建活动取得新进展】　围绕“优化区域发展，塑造房山形象”主题活动，开展创建文明村镇、文明景区等系列工作，完善精神文明考核制度，培养精神文明建设示范点。到年底全区累计创建全国级文明村1个，市级文明单位29个，文明单位标兵7个，文明乡镇4个，文明景区5个，文明居民区13个，有45人次被评为北京市劳动模范。新评出“首都精神文明建设奖”获得者6名，“首都见义勇为好市民”1名，“首都见义勇为积极分子”1名，市级市民学校两个。房山区在“千百市民参与、争做文明北京人”活动中，获组织奖。军民共建工作取得成效，评出军（警）民共建标兵单位3个，先进单位3个。

教　育

【全区中小学校布局趋于合理】　全区中小学校已撤并到326所，学校布局和办学规模更加合理。小学和初中入学率保持在99%以上，学前教育普及率达到95%以上，高中阶段教育普及率达到94.1%。

全区小学毕业班语文、数学双科合格率为100%，中考及格率为96.8%，高考录取率为72.2%。

【成人教育事业稳步发展】 全区共有各级各类成人学校556所，其中乡办28所，村办409所，市民素质教育分校16所，社会力量办学103所。全年各类培训12.3万人次，同比增长4%。其中农村实用技术培训8.4万人次；乡镇企业职工岗位培训3.8万人次；转岗职工培训300人；市民素质培训700人。高教自学考试报考人数11 862人，报考27 518科次，比上年分别增长18%和20%。

【北师大良乡附中试行聘用合同制】 聘用原则为公开平等、按编制聘用和竞争择优。聘用对象为该校和市属其他学校的正式教职工以及外省市、外系统符合聘用条件的人员。应聘人员经考核合格后与学校签订聘用合同书，每学年暑假前结束聘用工作，聘期一般为1～3年。有6名教师、5名职员属低职高聘，2名职员属高职低聘。

【北京良乡高教园区建立】 该园区位于良乡卫星城规划的东部，北到长阳镇广阳村南，南到良乡镇于管营村南，东至长于公路，西到东阳庄村、常庄一带，总面积约6.07平方千米。高教园区除教学区相对独立外，生活区和科技开发区都可以和卫星城的开发建设相结合。园区实行开放式的办学管理体制，打破校园界限，共用部分共用设施，教师宿舍和学生公寓实行社会化管理。本着“联合共建、优势互补、互利互惠、共同发展”原则，制定高教园区优惠政策，充分发挥房山地域、资源优势，发展高等教育。

科　技

【实施科技项目95项】 全年实施科技项目95项，总投资35 072.7万元，实现产值（收入）52 911.8万元，利税15 025.7万元。其中：星火计划项目25项，开发新产品26项；科技扶贫项目12项，总投资1 704万元；科技成果推广项目23项，实现增收节支7 580.6万元；科研实验项目35项，有13项取得阶段性成果。

【实施星火计划项目25项】 房山区科委以加快工农业结构调整为主线，组织实施星火计划项目25项。其中新上项目12项，延续项目13项，项目投资总计22 989万元，年底实现产值35 668.2万元，利税5 828万元，出口创汇550万美元。通过项目实施，开发出新产品26项。其中，伽马技术应用、玻璃钢窗拉剂成型及门窗、特种黏合剂、快干油漆产品4项技术达到国际先进水平或填补国内空白，22项产品达到国内先进水平。

【组织实施科技推广项目23项】 房山区科委组织实施科技成果推广项目23项，项目总投资5 755.4万元。涉及良田3.33万公顷次、蔬菜100公顷次、林果3万公顷次21.8万株、猪2万头、牛3 800头、羊3.4万只、兔150万只。实现增收节支7 580.6万元。科技成果推广以试验示范引路，走逐步扩大推广之路，在粮食增产、病虫害防治、畜牧业养殖等方面取得了良好的效果。其中房山区种子公司承担的“种子包衣技术推广”项目，经几年宣传推广已获公认。全年小麦包衣达240万千克，玉米包衣37.5万千克，两项共计种植2万公顷，增加收入617.5万元。“赤眼蜂防治玉米螟”项目推广到12个乡镇，释放赤眼蜂面积0.4万公顷，防治效果达73.3%，减少经济损失39.4万元。

【实施科研试验项目35项】 全年实施科研试验计划35项，包括新上项目24项，延续性项目11项，项目总投资4 624.3万元。计划项目全面启动实施，有13项取得阶段性成果。其中北京燕山特种润滑油厂承担的“钢管拉伸系列油品的研制开发”项目，经技术人员的科研公关，反复试验，取得突破进展，产品部分指标超过进口标准，实现产值15.3万元，利税3.4万元。阎村镇小十三里村与区农机所针对两茬平播玉米成熟晚、产量低等一系列问题，研制开发麦田高架播种机，基本达到农艺方面的要求，并通过市级鉴定。

【实施科技扶贫计划12项】 针对山区经济发展的实际需要，致力于提高山区人民的生活水平，房山区科委在延续5项扶贫项目的基础上，确立发展前景好、效益高的7个项目，项目总数12项。项目总投资1 704万元，其中项目承担单位自筹资金1 594万元，向银行贷款110万元，实现收入9 663万元。

【发展民营科技企业】 房山区科委通过开展宣传、主动服务和深入企业调研，制定了鼓励和吸引民营科技企业发展的优惠政策、奖励办法，为房山区民营科技企业的发展创造良好的外部环境。全年发展民营科技企业48家，实现技工贸总收入2.28亿元，利税8 091万元。

【4家企业被授予“北京市星火科技先导型示范企业”称号】 房山区有4家企业被授予“北京市星火科技先导型示范企业”称号，它们分别是：北京成宇化工有限责任公司、北京燕山特种润滑油厂、北京佳悦涂料有限责任公司、北京房云盛玻璃钢有限公司。全区累计有8家企业获此称号。

【房山区高效农业种业园建设被批准为北京市重大科研项目】 由房山区科委、农业局、农科所承担实施的“房山区高效农业种业园建设”项目，被北京市科委批准为北京市2000年重大科研项目。该项目是一个集科研示范、科技培训为一体并向广大农民提供名优农作物品种、各种苗木、花卉、菌种，提供部分产后服务，按照现代化企业制度进行规范管理的农业高效示范园区。园区内设立设施农业、名特优果树品种展示、农作物新品种展示、组织培养室及办公、技术培训等5个区。园区为股份制企业，即房山区农科所以资金、技术入股，园区所在村以土地使用权及水利设施入股，按现代企业制度进行管理。同时聘请国家、市农科院、所，房山区科委有关专家以技术入股和资金入股的形式，为园区进行服务。园区建成后将成为房山区籽种产业基地和农业技术示范及培训基地，并成为集高新技术、旅游观光为一体的公园式现代化农业企业。

【“工厂化高效农业房山示范区”初具规模】 “工厂化高效农业房山示范区”是国家科技部挂牌的国家重大科技产业工程。由房山区韩建集团自筹2 800万元资金建成。园区以农业高新技术为依托，生产符合农业部标准的绿色蔬菜，并带动周边乡镇优质蔬菜的生产发展。示范区占地33.33公顷，生产面积17.33公顷，保护地设施有10 000平方米美国连栋温室；现代化节能日光温室65栋，其中育苗温室2栋，面积1 500平方米，年育苗能力300万株；采后加工车间300平方米，现代化低温贮藏冷库100平方米；绿色蔬菜食品展销厅400平方米。全年蔬菜产量达36万千克。占地280平方米的组培室，年产组培苗10万株；千头猪场每年可提供绿色有机肥3 000立方米。年创产值380万元。

【房山区社会发展科技计划启动】 区科委制定《房山区社会发展科技计划管理办法》，于6月开始实施，成为京郊首家启动实施社会发展科技计划的区县。该计划重点扶持城乡建设、生态环境、医疗卫生、防灾减灾、社会安全、城市管理、资源利用、公用事业、文教体育等领域的科研、试验以及新技术的引进、开发。工作目标定位在节约资源、降低能耗、减少污染、保护环境、提高城市管理水平以及经济增长的质量和效益，为提高房山区人口素质和人民生活质量服务，为经济结构、消费结构调整以及社会发展相关产业服务；集中力量解决一批对社会发展有重大影响的关键技术，充分发挥各方面的资源优势，强化技术、资金、人才等方面的集成，使研究开发与技术推广、重点工程建设、重大技术的引进、消化、吸收等有机结合，实现全社会科技资源的优化配置，有效地解决房山区社会发展中的重大问题。

【房山区形成绒山羊繁育体系及产业化格局】 “房山区绒山羊繁育体系及产业化基地建设”是北京市科技致富工程项目。经过引种、繁改，建立了区、乡、户三级绒山羊繁育体系。其中，区级中心育种场1个，乡级种羊场6个，种羊繁殖户9个。另有养羊户6 024户。出现了蒲洼乡议合村、十渡镇东太平村等养羊专业村。在建立完善种羊谱系的同时，对种羊选育、饲养管理、杂交改良等问题进行了重点研究，在提高绒量、绒质、种羊体重等方面取得了一定成果。房山区相继成立了绒山羊协会、生产加工能力在20万件的羊绒衫龙头企业雪峰羊绒制品公司。房山区绒山羊生产已形成了市场牵龙头（羊绒制品企业）、龙头带基地（7个种羊场）、基地联农户的产加销为一体的繁育体系及产业化格局。年底，房山区绒山羊存栏达到19.9万只，其中种羊存栏2 748只。年出售商品羊7.2万只，调出种羊763只。产羊绒36.4吨，收入6 128万元。养殖专业户年均收入8 000元以上，有60%的养殖户收入超万元。

文　　化

【全年组织各种文化演出44场】 群众大型文化活动制度化，专项活动、小型活动经常化。全年举办了第十届艺术节暨春节文化活动、房山区第六届旅游文化节；组织了夏日广场系列演出、第三届北京国际旅游文化节外国戏下乡和大石窝首届石雕艺术节文艺演出活动、张坊镇第三届采摘观光月各项文艺活动等，共计各项演出44场，演出人员1 400多人次，观众约20万人次。

【推进农村电影放映的“2131”工程】 农村电影的“2131”工程是文化部、广播电影部提出的21世纪初的文化工程，主要内容是：在21世纪初，农村每月放映一场电影。房山区在农村进行每人每年交纳一元钱，每月看一场电影的试点，又进行“影企联姻，2000年送科技电影下乡”活动，组织6支电影队深入蒲洼、史家营、霞云岭等10个乡镇的80多个村，放映电影760场，农民观众达10万人次。

【图书阅览服务大众】 区财政投入资金20万元，新增图书4万册，组建3个基层图书室，建立了“天文观测园地”，购置了天文观测设备及有关人类太空探索的光盘，为喜欢天文观测的中小学生提供了科普园地。图书馆全年成人外借6 974人次，18 578册次；成人阅览2 626人次，26 260册次；少儿外借9 144人次，10 448册次；少儿阅览4 295人次，20 132册次。

【组织大规模“打黄”、“打非”行动6次】 4～9月，根据北京市统一部署，区文化文物局与区公安局、工商等部门配合，对全区66家注册的歌舞厅、26家注册的电子游戏厅进行清理整顿。组织大规模“打黄”、“打非”集中行动6次，出动执法人员358人次，取缔无证照经营的电子游艺场所6家，收缴具有赌博功能的违禁电子游艺机14台，暂扣电子游艺厅自行清除违禁机式259台。

广 播 电 视

【电视台年播出时间3 468小时】 区电视台全年播出《房山新闻》312组，播出稿件4 160篇（条），并在《房山新闻》中创办播出“回望‘九五’”、“新闻眼”、“龙乡之子”新栏目，推出新闻性节目《新闻周报》。为中央、市级新闻单位送播新闻90条。自办电视专题栏目6个，全年制作播出200组。改版后推出《实事报告》、《三个女人一台戏》等节目，并制作播出《走进南街村》、《感受大连》等系列报道。播放影视剧集1 360部，拍摄公益广告10条。区电视台全年播出时间3 468小时。

【区广播电台全年播出1 278小时】 区广播电台全年播出《房山新闻》312组，播出稿件2 796条。

开设各类栏目21个，新增《金土地》、《体育之窗》2个栏目。向中央、市级新闻单位送播新闻、专题60（组）条。通讯《王文强和他的绿色庄园》、新闻《小水窖管大事、科学技术显神威》、广播专题《法苑纵横》分别获北京广播电视优秀作品评选一等奖和北京市广播电视系统科普、法制节目评比一等奖。区广播电台全年播出时间1 278小时。

【平原和浅山区实现乡乡通光缆】 全年有线电视投入600万元，架设光缆76.9千米，架设电缆104千米，累计架设光缆主干线208千米。有线电视光缆主干线贯通21个乡镇，实现了平原和浅山区乡乡通光缆。到年底，新增有线用户12 000户，有线电视台用户总户数达到45 000户。

体　　育

【承办奥林匹克日长跑活动】 2000年6月24日，中国第十四届“奥林匹克日长跑”活动在房山区举行，国家体育总局局长袁伟民及市、区领导参加了此项活动。房山区区直机关8个委口的干部、职工及良乡镇的农民和中小学生5 000余人冒雨参加了长跑。此活动弘扬了奥林匹克精神和中华体育精神。

【中华炎黄圣火火种采集活动】 炎黄杯世界龙舟龙狮系列赛中华炎黄圣火全民健身火炬传递活动由云南、陕西蓝田采集的圣火，途经16个省、市、自治区，于9月21日到达房山区。由横渡渤海海峡的北京勇士张健点燃北京猿人之火，从周口店猿人遗址送到主会场。国家体育总局、中国华联、市体育局、房山区政府的领导及多家新闻单位的记者参加了此项活动。

卫　　生

【9项预防保健指标全部低于市级标准】 全年甲乙类传染病发病率为138.10/10万，病毒性肝炎发病率为15/10万，脊髓灰质炎发病率为0，计划免疫接种率为99%，以乡镇为单位计划免疫接种率为98%，新生儿乙肝疫苗接种率为100%，全年无食物中毒，孕产妇死亡率为16.7/10万，婴儿死亡率为9.33‰。9项预防保健指标全部低于市级指标。

【建立社区服务站51个】 全年新建立社区服务站51个，达到市级标准的有10个。乡村一体化覆盖率60%，燕山、房山、良乡3城镇地区社区卫生服务覆盖率为70%。

【农村乡镇全部启动合作医疗】 自1996年开展合作医疗共组以来，每年都达到并超过市政府制定的任务指标。到年底，全区28个农村乡镇全部启动合作医疗，加入合作医疗的村达440个，占全区行政村总数的90.3%。全年共筹集合作医疗经费496万元，报销支出192.6万元，共报销大病医疗1 642人次。

【卫生行政执法覆盖面扩大】 通过完善卫生行政执法责任制，加强执法队伍建设，提高执法覆盖率，全区卫生市场进一步规范。全年开展医药市场专项整顿执法16次，药品检验366个单位，实施行政处罚45起，取缔非法卖药窝点16家，关闭无照门诊部2家，责令停业整顿医疗机构9家。食品卫生通过市人大检查验收，全年监督检查食品经营单位1.18万户次，监督覆盖率100%，食品送检合格率96.8%，采样合格率93%，实施行政处罚32户。对美容、美发、洗浴场所进行了专项治理，共监督检查180户次。

计划生育

【开展“婚育新风进万家”活动】 区计划生育委员会以“婚育新风进万家”为主题，开展了集报刊、电台、电视台、图片、摄影、知识竞赛、宣传品进村入户宣传为一体的特色宣传活动。送婚育知识进村入户，投资十几万元制作16万个宣传袋、5 000个印有计生内容的围裙送到育龄妇女手中。计生委筹措资金10.4万元，帮扶52户独生子女开展养殖种植业。送技术进村入户，全年深入190个村，为育龄妇女做B超12 990人次，各种计生手术9 247例。年底，区计生委对99户文明幸福家庭进行了表彰。

【区计划生育工作进入市级先进行列】 区计生委重新制定了“合格村”评选条件，实行评查相结合。定期颁发流动红旗的管理办法。对380个计划生育“合格村”颁发了“合格村”红旗。在“合格村”基础上，优中选优，对23个计划生育“合格示范村”授予流动红旗。全区计划生育率达到96.5%；采取各种避孕措施148 995人，综合避孕率达到89.7%。房山区计划生育工作进入了市级先进行列。

【对育龄妇女加强管理】 房山区有已婚育龄妇女166 141人，其中农业人口117 607人，非农业人口48 534人。房山区计生委完善各项规章制度，建立“重点人”管理档案，与“重点人”签订计划生育协议书，使每个“重点人”了解计生政策和义务。落实联系户制度，党员干部直接包到每个育龄妇女。落实“月访视”制度，每月对育龄妇女走访检查孕情。以预防为主，围绕节育、生育，加强房山、良乡两个服务站力量，计生“大篷车”常年服务在乡村。避孕药具服务渠道畅通，使用率达到95%以上。截止年底，全区育龄妇女采取各种避孕措施148 995人，综合避孕率为89.7%。

民　　政

【开展“民主日”和“民主议政日”活动】 2000年1月20日、4月30日、7月30日、10月30日，全区463个村普遍开展了“民主日”和“民主议政日”活动，共有10 492名村民代表参加活动，占全区村民代表总数的95%。提交村民大会讨论的议案

1 371个，审议通过议案1 314个，审议通过率96%，形成了村民齐心协力共同发展的民主管理村务的良好蓝图。

【安置退伍军人】 全年接受退伍军人487名，其中农业户口205人，非农业户口282人。主管部门制定安置方案，实行按系统分配、均衡负担、包干安置的办法，487名退伍军人全部得到安置。

【发放最低生活保障金】 落实《北京市实施〈城市居民最低生活保障条例〉办法》，全年审批城市居民最低生活保障对象1 183户、2 960人，累计发放最低生活保障金3 378 584.68元，核发粮油帮困卡30 429张。

【开展争创全国双拥模范区活动】 在房山、良乡显著位置设立了"房山军民齐努力，为争创全国双拥模范区"的永久性宣传口号，在良乡拱辰大街建立军民共建样板街。解决部队"菜篮子"用地43.33公顷，安置军嫂就业74名，子女入学入托24名，拥军优属保证金达到140万元，支出资金1.75万元，奖励优秀士兵50人，立功人员25人。驻军支持地方建设，抢险救灾出动车辆2 050台次、人员8 300人次，挽回经济损失135万元；绿化美化出动官兵13 200人次，植草坪24 270平方米。

【全年安置残疾人就业】 全区新办福利企业2家，调整安置残疾人就业80名。全区福利企业实现销售收入25 890.4万元，利税2 802万元。

劳动 社会保障

【安排下岗职工再就业】 全区共有16个再就业服务中心，新增下岗职工1 215名，出中心的下岗职工1 628人。主要安置渠道是劳务派遣212人，协保12人，调出88人，企业安置752人，自谋职业69人，其他495人。全区下岗职工再就业率69.45%，失业职工再就业率60%，城镇登记失业率1%以下。

【保障基本生活和养老金的发放】 全年发放下岗职工和失业职工基本生活费178.24万元；发放事业救济金856.1万元和医药费92.8万元。全年支付基本养老金2.74亿元，做到了按时发放，并防止新的拖欠。

【培训各类人员】 全年职业技能培训工作以再就业培训为重点，积极推进就业准入制度和社会职业技能鉴定工作。全年培训各类人员17 739人次。其中培训下岗、失业人员2 948人，培训小企业创办者294人，对破产企业和停产企业职工进行转岗培训1 367人，在职职工培训330人。职业技能培训、鉴定工作的开展，对提高劳动者的生产技能和择业竞争力起到积极作用。全年进行职业技能鉴定873人，工种开出率90%。

【4项保险参统率达到97%以上】 全区参加养老保险统筹企业464家，参加统筹人数79 941人，参统率99%，上缴基金数25 067万元，基金收缴率99.58%。失业保险参统企业617家，参统人数108 554人，参统率99%，上缴基金数2 618.18万元，基金收缴率96%。医疗保险参统企业425家，参统人数41 053人，参统率100%，上缴基金数2 095.9万元，基金收缴率95.6%。工伤保险参统企业383家，参统人数79 717人，参统率97%，上缴基金数7 008 958元，基金收缴率99%。

政 法

【办结各类案件11 306件】 房山区法院全年受理刑事、民事、经济、行政等各类案件11 257件，办结11 306件，解决诉讼标的32 467.94万元。其中刑事案件收结案分别为532件和535件，共判处犯罪分子735人，严厉打击了犯罪分子的嚣张气焰，震慑了罪犯，有利地维护了全区的社会政治稳定；各类民事、经济、行政案件6 800件，审结6 826件，解决诉讼标的24 473.79万元。

【安置刑释解教人员】 建立各级帮教组织，区级帮教领导小组1个，各乡镇设领导小组34个，其中街道7个，乡镇27个。建立基层帮教组织249个，其中居民帮教组织143个，村民帮教组织57个，企事业单位帮教组织49个。全年"劳改劳教"回归解释人员201人，其中刑满释放人员170人，解除劳教人员31人，安置率达到91.7%。

【"三五"普法通过验收】 8月23日至9月5日，区"三五"普法领导小组，对全区30个乡镇、办事处，9个委口进行检查验收，合格率为100%。全区完成普法对象271万人次，普及率85%以上，培训普法骨干13.9万人次，讲法制课376场次，制作法制宣传橱窗2 173期，建立普法试点单位175个，发放各种法制宣传材料59.9万余份。

【开展对法轮功邪教组织斗争】 全区各级党组织和广大干部群众高度重视与"法轮功"邪教组织的斗争，以重要、敏感日期为重点，有效地控制了"法轮功"人员进京滋事问题的发生；深入开展教育转化攻坚战，对"法轮功"人员的教育转化工作取得好的效果；加大打击处理力度，开展了查缴"法轮功"宣传品的专项斗争，对遏止"法轮功"邪教组织的宣传攻势起到了明显的作用。

内 外 交 往

【办理因公出国（境）团组80批】 全年办理因公出国（境）团组80批、165人次，比上年同期批次略有减少但人数增加18.7%。其中随中央团、市团69批、138人次，占84%以上；房山区自组团11批、27人次，占20%以下。

【接待来访】 全年接待外宾近30批。其中部长级以上的国宾和外国驻华使节3批；外国记者和调研性的学者5批；学习、参观性的一般来宾20多批、

270多人次。窦店、韩村河两个接待站承办的外事接待活动20多个团，200多人次。

房山区主要领导人

区委书记 单霁翔（1月免）
王凤江（1月任）
副书记 杨德宏（1月任）倪有水 鲁 勇
郭先英（女）
常 委 王海平 贾清刚 范文彦 李硕夫
崔国民 周 信
区人大常委会主任 刘文秀
副主任 李福田 李 瑞 王福来
邓 珏（1月去世） 田 雄
区 长 王凤江（1月免）
杨德宏（1月代区长，2月任区长）
副区长 李硕夫 王洪钟(8月免) 余海星
孙新军 梁 顺 李惠英
任全胜(12月任)
区政协主席 游来柱
副主席 王晓芝(女) 许志远 容桂英(女)
林 义 万金峰 马文仲
区纪委书记 王海平
副书记 崔秀云 吴月斌

（贾 昉 李景兰）

昌 平 区

全 区 概 况

昌平历史悠久，古迹众多，资源丰富，交通便利，是闻名中外的旅游胜地。1984年经北京市政府批准，确定昌平为以发展高教科研、旅游服务为主的卫星城。

【地理位置】 昌平区位于北京西北部，温榆河上游，长城以南，军都山脚下，太行山脉与燕山山脉交汇处。地理坐标为东经115°50′17″～116°29′49″，北纬40°02′18″～40°23′13″。地跨山地和平原，地貌形态对比鲜明。主要由西部山地、北部山地和东南部平原三大地貌单元构成。西部山地统称西山，属太行山山脉。北部山地统称军都山，属燕山山脉。平原系由温榆河水系形成的一系列冲积、洪积扇联合堆积而成。地形特征是：西北高、东南低、过渡急剧；切割强、堆积盛，河流纵横。昌平东邻顺义区，北邻怀柔、延庆两县，西部与河北省怀来县相毗连，南部与门头沟区、海淀区和朝阳区接壤，目前南部地区已被列入市区规划。区政府所在地昌平镇距北京城区32千米，距首都机场30千米。

【面积】 全区总面积134 734.34公顷。在总土地面积中，耕地23 953.31公顷，占17.78%；园地11 784.63公顷，占8.75%；林地60 288.10公顷，占44.75%；牧草地25.14公顷（不含结构调整中的苜蓿占地），占0.02%；城镇工矿24 098.04公顷，占17.89%；交通用地3 917.25公顷，占2.91%；水域6 142.33公顷，占4.56%；未利用土地4 525.54公顷，占3.36%。

【水文 气候】 区域内水资源充沛，温榆河和京密引水渠穿过全境。地表水、地下水可用量年均为2.85亿立方米。其中：可控制地表水量为0.45亿立方米；地下可开采储量为2.4亿立方米。

昌平属暖带大陆性季风气候，全年四季分明。1月份平均温度为－4℃，7月份平均温度为25.8℃，全年无霜期为163天，平均生长期为200天，常年降雨量600毫米。雨量集中在夏季。

【资源】 区内已探明的矿产资源有铁、钒、锰、钛、铜等9种金属矿和石灰石、白云石、大理石、花岗石、草木炭、石英石、麦饭石、砂石、天然油石等19种非金属矿。其中：石灰石储量1亿吨；石英石储量2 000万～5 000万吨；白云石储量2亿吨；天然油石50万吨；砂石储量在1亿立方米以上。

果树栽培在昌平已有500多年的历史，树种品种丰富，以苹果、梨、桃、柿、杏、核桃、板栗为主。燕山板栗、十三陵大盖柿、西峰山小枣等一些名优产品在全国享有盛名，有的远销国外。

地热资源以小汤山镇最为丰富。采热量达200万吨标准煤，水温37.5～70℃，地热面积20平方千米。地热已广泛应用于种植、养殖和医疗保健等行业。

【交通】 境内有（北）京包（头）、（北）京通（辽）、大（同）秦（皇岛）铁路纵贯横跨，有（北）京银（川）国道，市级公路10条，区级公路38条，村村通路，专线公共汽车直通市区，交通便捷。京昌高速公路1996年通车，从区政府所在地到市区车程大为缩短。

【建置】 昌平为历代王朝的畿辅重镇，被称是“股肱重地”，素有“京师之枕”美称。昌平建制始于西汉。

民国时期，1913年改称昌平县，属顺天府。1914年属京兆地方。1928年属河北省。1935年12月25日，属伪冀东防共自治政府。1937年“七七”事变后，属伪河北省冀东道；1940年7月，属伪河北省燕京道。抗日战争八年期间，在昌平县与邻县交界地带，曾相继建立属中国共产党领导下的民主政权昌（平）滦（平）密（云）联合县、昌（平）宛（平）联合县、昌（平）延（庆）联合县、滦（平）昌（平）怀（柔）联合县、昌（平）宛（平）县佐公署、昌（平）宛（平）怀（来）联合县、滦（平）昌（平）怀（柔）顺（义）联合县。1945年8月抗日战争胜利后，国民党军队占领小汤山、昌平、南口、阳坊以南地区建昌平县政府，属河北省冀东道。共产党领导的民主政权以平绥铁路为界，路东称昌平县，县政府驻桃林村；1947年12月至1949年4月，称昌（平）顺（义）联合县；1945年8月至1949年2月，路西称昌

（平）宛（平）联合县。

1948年12月12日，国民党县政府推翻，昌平解放。1949年4月，称昌平县。1956年2月24日划归北京市，称昌平区。1960年1月7日，复称昌平县。1999年9月16日，国务院批准撤县设区，称昌平区。

【行政区划与人口】 昌平区现辖16个镇，即昌平镇、南口镇、沙河镇、小汤山镇、马池口镇、阳坊镇、回龙观镇、北七家镇、百善镇、兴寿镇、崔村镇、长陵镇、流村镇、南邵镇、东小口镇、十三陵镇，（其中南口、沙河、马池口三镇加挂地区办事处牌子）、1个街道办事处（城北街道办事处）、313个村民委员会、124个居民委员会。全区户籍人口427 771人，比年初增加4 852人。总人口中非农业人口180 196人，比年初增加6 527人；农业人口247 575人，比年初减少3 675人。全年出生人口3 496人，人口出生率为8.2‰，死亡人口4 163人，人口死亡率为9.7‰。人口自然增长率为－1.5‰。

经 济 发 展

全区经济工作的指导思想是：面向新世纪，抓住新机遇，争取新发展。通过深化改革，扩大开放，全面实施科教文主导战略。按照“强二兴三优一”经济发展思路，推进经济体制、经济增长方式根本性转变，狠抓区域经济结构调整。全区国民经济稳步发展，综合实力明显提高。2000年累计实现国内生产总值58.1亿元，比上年增长13.8%；人均国内生产总值达到13 665元，比上年增长13.7%。三次产业继续保持“三二一”格局，产业结构出现新变化，由上年的52.5 :38.1 :9.4调整为当年的53.3 :38.2:8.5。

农 业

【主要农业经济指标超额完成】 全年完成农业产值11.9亿元，比上年增长2.7%。主要农副产品产量保持稳定。全年生产粮食11.8万吨；生产蔬菜12.7万吨；出栏生猪24.6万头；出栏肉牛6 687头；出栏羊10.4万只；出栏肉鸡1 007万只；生产鲜蛋6 938吨；生产鲜奶1.76万吨；生产干鲜果品5. 5万吨。全区第一产业累计实现增加值4.96亿元，比上年增长2.7%。其中：种植业实现增加值2.68亿元，比上年增长2.4%；林业实现增加值0.27亿元，比上年增长0.3%；牧业实现增加值1.78亿元，比上年增长2.9%，渔业实现增加值0.23亿元，比上年增长7.8%。据统计，农村经济总收入完成78.2亿元，比上年增长17.8%，完成任务的104%；农村经济纯收入完成19.6亿元，比上年增长20.5%，完成任务的107.3%；农民人均纯收入完成4 853元，比上年增长5.78%。

【农业投入进一步加大】 区政府共投入1.8亿元，重点用于落实农业政策、农田水利、高科技园区、绿化美化、山区水利富民综合开发等建设。全区农业生产条件明显改善。完成喷灌388公顷；管灌389.33公顷；打井30眼；建筑物136处；维修农业设施101处；衬砌渠道14.5千米；清挖排灌渠581.5千米；大平大整土地239.53公顷；复平土地614公顷；改造沙荒地34公顷；完成小流域综合治理74平方千米，新增灌溉面积2 933.33公顷，新增除涝面积1 333.33公顷；引进和购置各种农机具105台件，增加农机动力6 245千瓦。

【粮经比接近5:5】 全区耕地面积2.95万公顷（包括0.53万公顷标准化果园），粮食占耕地1.49万公顷，经济作物面积达到1.46万公顷。通过调整，粮经结构日渐合理，粮经比由原来的7:3调整到接近5:5。

【种植业取得新成绩】 种植业重点发展牧草、林木种苗、花卉、果树、设施农业及相关产业，总调整面积达0.47万公顷。其中发展牧草0.13万公顷；发展名优果树0.067万公顷；发展林木、种苗、花卉、草坪等0.1万公顷；发展设施农业70.67公顷。

【苜蓿生产取得良好开端】 当年昌平区历史上首次大面积种植紫花苜蓿。春、秋播种面积累计近0.13万公顷。开展了大量试验研究与技术服务，聘请美国畜牧专家讲授栽培技术；制定“紫花苜蓿操作规程”；在化学除草上解决应用药剂与应用技术问题；有效地控制了甜菜叶蛾虫害。

【新增各类养殖专业户2000多户】 全区共投资近6 000万元，围绕肉羊、肉牛、奶牛、鸵鸟等草食动物发展，建成各类养殖小区74个，其中肉羊小区56个；肉牛小区3个；奶牛小区1个；鸵鸟小区7个；工程虫小区5个；肉兔小区2个。新增各类养殖专业户2 000多户。

【以草食动物为主的畜牧及加工业发展迅速】 香堂养羊、旧县鸵鸟、李庄种兔、东坨奶牛等10个小区通过市级验收，被列为一级小区。养殖小区累计引羊3万只，存栏肉牛960头，成乳牛60头，鸵鸟280只，肉兔6 000多只。一批与之相配套的工程也相继建成。包括年加工屠宰10万只肉羊的加工厂两座；年加工能力为2万吨的肉羊（牛）专用饲料厂一座；占地面积10公顷的活畜禽交易大厅1栋及配套附属设备。

【专业村建设进一步发展】 各类专业村已达50个。其中果品专业村24个，蔬菜专业村8个，养蜂、牛、羊、狐、鸵鸟等专业村13个，花卉、籽种等专业村5个。经市农工委、市财政局验收，崔村镇真顺、南邵镇何营、北七家镇沟自头等村被列为市级专业村。

【“5511”肉羊（牛）产业化富民工程进展顺利】 “5511”肉羊（牛）产业化富民工程（在2000—2002年的三年内实现均衡生产肉羊50万只，肉牛5万头；建成牛羊育肥养殖小区100个；调整10万亩粮田种植牧草等饲料作物。简称“5511”工程），是区政府确定的农业产业结构调整重点项目，是一项集羊（牛）交易、育肥饲养、饲养生产、屠宰加工、销售一条龙的产业化工程。该工程于年初启动。经过紧张运作，活畜禽交易市场一期工程已竣工投入运行，解决了北方进京大牲畜的交易问题；专用饲料加工销售中心建成投产，为育肥羊日增重达到较理想的标准提供了条件；屠宰加工厂经改造、扩建顺利投入生产，"5511"工程的运行逐步走上了产、加、销一体化的经营轨道。

【小汤山现代农业科技示范园龙头作用明显】 小汤山现代农业科技示范园重点抓了道路、绿化美化、拆墙透绿、水环境治理等基础设施建设。绿化美化面积40公顷；拆除违章、迁移有碍观光效果的建筑物2万平方米；修路613.8千米，其中路面硬化9.1千米；治理蔺沟河及上游河道4.1千米；建成蓄水能力100万立方米的红枫湖橡胶坝一座；建成日供水2 000吨的集中供水厂和日排放量4 500吨的污水处理厂各一座；完成4 430平方米多功能综合展示中心主体工程；建成连栋自控温室6.5万平方米，使园区设施农业面积达到10公顷，成为北京市最大的设施农业区。在小汤山现代农业科技园的带动下，区内一批高效农业园区相继建成。全区现已拥有各类规模不等的高效农业园67个，总资产规模达到7.3亿元。涌现出回龙观现代农业园、绿土地、金秋苑等高效农业的典型。

【马池口镇0.13万公顷国家农业综合开发项目进展顺利】 已投入资金260万元，发展喷灌23.33公顷，清挖排水5.7千米，修建筑物50座，打井9眼，平地83.33公顷。

【农业科技推广进一步深入】 全区共举办各类技术培训班201期，培训人员2万人次，发放绿色证书896人，使全区农民持证上岗人数达到5 483人。全年推广科技成果30余项，特别是在新品种、新技术等方面，在农业生产中发挥了较大的作用，节约了成本，促进了农民增收。

林业　水利　气象

【全区林木覆盖率达到49.1%】 全区林木覆盖率由1995年的47.6%提高到当年的49.1%。其中，山区达到73.9%；平原达到23.5%。

【高质量完成果树基地建设700余公顷】 全年共完成果树基地建设702.89公顷，栽植各种果树50多万株。其中：老果园更新改造375公顷，新植果树327.88公顷。主要栽植桃、板栗、苹果、杏、枣、梨等。重点引进发展了9个树种30多个品种。果树基地栽植密度较前几年明显加大，达到600～750株/公顷。栽植精细，成活率高达95%以上，是成活率最好的一年。

【城市绿化隔离带建设成效显著】 在时间紧任务重的情况下，共完成东小口绿化400.34公顷，完成了市下达的保233.33公顷、争333.33公顷的任务指标，拆违还绿5 200平方米。东小口绿化隔离带建设对改善首都的大气环境产生了积极的作用，并在营林机制方面有所创新。

【护林防火工作力度加大】 以火源管理为中心，各有关单位通力协作，开展一系列护林防火工作，取得较好成绩。全年共发生火情5起，其中3起火警，2起荒火，过火林地面积1.03公顷，过火树木1 212株，林地过火0.018‰，未超过市里下达的0.1‰的标准。

【病虫害防治工作成效显著】 全年林木病虫害发生面积为0.232万公顷，发生率5.84%。实施有效防治面积0.204万公顷，防治率达到87.93%。全区完成调查监测代表面积3.466万公顷，监测覆盖率90.03%。林果种苗产地检疫率达到97.14%，果树病虫害防治面积5.8万公顷，无病虫好果率达90%以上。圆满完成网幕毛虫普查工作，区内的4个监测点，没有发现网幕毛虫。

【水利重点工程进展顺利】 治理邓庄河、旧县河、幸福河，长度5.1千米。完成小汤山现代农业科技园水环境建设工程。在上苑建成一座日供水能力2 200立方米的集中供水厂，极大地改善了当地的生活、生产条件。完成水土保持生态环境建设工程，治理水土流失面积74平方千米。完成沙河闸除险加固工程，可以有效保护周边0.47万公顷粮田、2万人的生命财产安全。完成桃峪口灌区一、二干3 838米的改造。七燕干渠二期改造工程、回龙观二排干治理渠长度4 600米，解决灌溉、除涝面积0.17万公顷。

【山区水利富民综合开发成效显著】 山区水利富民工程共投入资金744万元，其中农民投入497万元，占总投资的66.8%。10 896户农民投资兴办水利，总投工8.1万个，动土方41万立方米，完成五小工程（小塘坝、小水渠、小水池、小泵站、小截流）1 028处，新增蓄水能力11.6万立方米，改善灌溉面积0.21万公顷。水利富民工程的顺利实施，带动了山区综合开发建设。山区、半山区新增、改造果树面积0.067万公顷；建养殖小区38个，发展舍饲专业村11个，养殖专业户1 430户，其中养蜂专业户300户，新增养蜂2万箱；发展流水养鱼4公顷；涌现出长陵镇下口、流村镇黑寨、十三陵镇德胜口等一批山区水利富民综合开发先进典型。水利富民综合开发带动了山区经济发展，山区、半山区农村经济总收入达到24.6亿元，比上年增长10.9%；人均纯收入达到4 173元，比上年增长11.5%。

【防汛抗旱工作成效明显】 充分发挥区、镇两级抗旱服务组织作用，检修农村生活饮用井120眼、农业用井1 000余眼，解决了十几个村的人畜饮水问题；抗旱保夏种，累计抗旱面积达1.48万公顷。加强防汛基础设施建设，提高抗灾能力。先后对邓庄河、旧县河、蔺沟河、回龙观二排干等12千米行洪河道和骨干排水治理；对桃峪口等五座水库开展了大坝安全鉴定，完成防汛岁修工程8项；对温榆河等13条、23千米河道进行了防汛标准化建设。

【全年天气属明显干旱少雨年份】 年降雨量442.7毫米，比常年偏少近两成。年平均气温为12.8℃，比常年偏高1度。年内极端最高气温为40.3℃，出现在6月13日。由于干旱少雨，昌平气象局在市人工影响天气办公室的指导下多次开展了气球携带碘化银焰弹的增雨工作，收到了一定的效果。

工　业

【工业支柱地位进一步巩固】 以中关村科技园区昌平园为龙头，从资源优势和基础优势出发，全区工业狠抓产业、产品结构调整，工业支柱地位进一步巩固。全区工业企业累计实现工业增加值18.1亿元，比上年增长13.3%；累计完成不变价工业总产值61.8亿元，比上年增长21.1%。其中区属单位完成31.3亿元，同比增长26.4%。在区属工业中，科技园区完成23亿元，同比增长33.7%，占全区工业总产值的37%；街镇工业完成27.5亿元，同比增长17%，占全区工业产值44%。工业产品产销衔接良好，全年累计实现销售产值56.1亿元，比上年增长26.4%，全年工业产品产销率为95.3%，比上年增加3.7个百分点。工业经济效益创“九五”期间最好水平。累计实现销售收入48.2亿元，同比增长28.8%；累计实现工业利润2.8亿元，比上年净增1.16亿元，同比增长1.1倍。

【工业结构调整成效明显】 区委、区政府制定并在全区实施《关于加快高新技术产业发展的政策》。压缩淘汰了一批高能耗、高污染、低效益的工业企业，初步形成了以建筑材料、机械加工、轻工食品、生物医药、光机电一体化、新材料、电子信息为主导产业的工业体系。

【企业产权制度改革取得突破性进展】 区委、区政府制定《关于加快国有、集体企业产权制度改革的意见》，进一步明确了相关政策，并对加快全区国有、集体企业产权制度改革提出了具体要求。通过重组转制，北京市华都酿酒食品工业公司、北京保温瓶公司、区商贸总公司、龙祥制版集团、宾宾集团、宏福集团等一批国有、集体企业初步建立起现代企业制度。昌平毛纺厂、南口益民食品厂等企业的破产工作进展顺利。区供销社“社有民营”的自然门店向个体私营转化工作已基本完成。区蔬菜公司所属昌远汽车配件厂的股份合作制改造，开创了昌平区企业职工集体一次性买断本企业全部国有资产的先河。

【中关村科技园区昌平园呈现出良好发展势头】 昌平园历经6年开发建设，累计投资4.7亿元，提供标准化厂房3.6万平方米，发展高新技术企业925家，注册资金总额达到47.4亿元，逐步形成了生物制药、光机电一体化、电子信息、新材料四大产业体系。昌平园中心区二期工程的基础设施建设已基本达到企业入驻条件。以昌平园为龙头的高新技术产业在全区经济发展中的支柱作用正在逐渐显现。昌平园全年实现技工贸总收入39.1亿元，完成工业产值23亿元，上缴税金1.91亿元，实现外贸出口供货额2.2亿元，同比增长48.5%、34.5%、72.7%和16%。

【中关村生命科学园一期工程启动】 2000年6月18日由北京科技园建设股份公司、北京兴昌高科技发展总公司和北京海淀科技园建设股份有限公司三家共同出资3亿元人民币，注册的北京中关村生命科学园发展有限责任公司正式成立。该公司负责中关村生命科学园的一级土地开发，主要为从事生命科学研究、开发、中试的研究机构和企业提供一个基础设施完善、交通便捷、环境优美、配套设施齐全的生命科学园。项目规划占地245.67公顷，其中一期工程占地132.01公顷，规划建筑面积52万平方米，建筑密度小于20%，绿化率大于60%。一期市政基础设施工程已于11月25日开工。

【民办科技园正式纳入中关村科技园区昌平园】 北京民办科技园项目，是由北京民营科技实业家协会发起，与昌平区合作，并于1993年经市科委批准成立。项目选址位于昌平卫星城东部，规划总面积155.75公顷。根据1999年6月5日颁发的《国务院关于建设中关村科技园区有关问题的批复》，经中关村科技园区管委会批准，北京民办科技园于2000年正式纳入了昌平园的总体规划范围，并成为昌平园二期重点开发建设项目，改称昌平科技园区东区，并对原批准5平方千米的产业基地范围进行了相应的调整。目前，区内1 500米道路及市政管线工程已经开工建设。

【乡镇企业招商重组取得新成果】 各镇共谈成新的招商重组项目145个，协议资金32亿元，到位资金7.1亿元，盘活资产2.8亿元，这些项目全部投产后，对昌平乡镇企业的产业结构调整和科技水平的提高，将产生积极的推动作用。工业小区、工业大院建设步伐加快。

【工业小区建设步伐加快】 区政府确定的北七家、南邵、沙河、阳坊、流村、小汤山、马池口等7个镇办工业小区进展顺利。通过上下配合，共同努力，已有5个镇工业小区的总体规划完成报批。北七家、小汤山两个工业小区建设已初具规模，马池口工业小区基础设施正在建设，是新的重点培育工业小区。

【村级工业大院累计发展20个】 各镇都选择了一些经济发达、有较强实力的村规划建设工业大院。村级工业大院累计已发展20个，基础设施投资7 497万元，累计达到17 853万元，有223家企业入院，吸纳当地劳动力4 489人，占劳动力的比重为45.2%。

【狠抓安全生产】 区委、区政府多次召开专门会议研究部署安全生产工作。区主要领导多次带队会同区安全生产委员会成员及有关职能部门进行安全生产大检查。全年共检查建筑工地150个，企业78家，查出各类隐患 1 585 条，对 20 个存在严重隐患的工地中的 7 个企业下达了限期整改指令书，有效地遏制了各类事故发生。

城建　城管

【规划工作进展顺利】 昌平区域规划及卫星城总体规划方案的全部成果已经完成，并报市政府审批。沙河卫星城总体规划方案于 2000 年 5 月 24 日已经市政府办公会原则通过。7 个镇镇域规划已经市规划委批复，其余各镇规划方案也已完成并待批。全区共有的 313 个行政村，完成 117 个行政村的规划编制工作，占全区的 50%。城市铁路昌平支线的可行性报告及规划方案的编制工作已经完成。

【小城镇建设初具规模】 继小汤山镇之后，北七家镇、阳坊镇分别被列为全国小城镇综合改革试点镇和市政府确定的试点中心镇。回龙观、东小口两个边缘集团全面启动。北七家、小汤山的小城镇建设进展顺利。卫星城危旧房改造已全面展开。

【回龙观文化居住区和北苑北经济适用房工程进展顺利】 2000 年 5 月，1998 年开工、建筑面积为 80 万平方米的回龙观文化居住区一期工程投入使用，完成入住；二期工程占地 7.75 平方千米，总规划建筑面积 597.1 万平方米，先期施工的 22 万平方米已进入装修阶段，市政道路施工已于 12 月开始。1999 年开工、建筑面积 92.7 万平方米的北苑北经济适用房一期工程已基本竣工并投入使用；二期工程占地面积 5.21 平方千米，总规划建筑面积 656.75 万平方米，将征用北七家、东小口镇 7 个村的部分或全部土地。目前拆迁评估工作已基本完成。

【区重点工程建设抓紧施工】 昌平巡警大队松园派出所工程，建筑面积 6 500 平方米，主体工程已完工；昌平区医院门诊楼工程，建筑面积 11 000 平方米，正抓紧结构施工，该工程的建成将进一步解决昌平人民就医难的问题；昌平工商局注册大楼，建筑面积 4 970 平方米，主体已完工；昌平人民法院审判大楼也已开工建设；东环路小区、松园小区建设前期准备工作已经就绪；昌平二中操场改造正在进行，即将新建的新新公寓及四栋 19 层高层住宅开工准备工作已基本完成。

【卫星城市政基础设施建设发展迅速】 区政府投入 7 000 多万元，共完成建筑面积 300 万平方米。重点完成了西关花园改建工程；政府街西延路、西环路、东环路、鼓楼南北大街、南口南大街、沙河巩华大街的绿化改造；昌平公园、政府街、南环路及南环东延路等道路绿化补植；环城路、三角地公园、亢山公园、昌平垃圾处理厂工程和昌平邓庄水厂的配套建设。天然气进昌工程正在抓紧实施。昌平卫星城管道燃气工程已基本完成，部分居民已经开始使用天然气。昌平污水处理厂建设已完成前期准备工作。完成了昌平城市规划区照明等重点市政建设。

【组建城管监察大队】 加强城市管理，组建区城管监察大队，10 月 1 日，正式着装上岗，依法履行职责，全区城镇管理由此迈上规范化轨道，城乡环境秩序明显改观。

【进一步抓好施工企业资质管理】 通过严格审查、年检，102 家企业中有 93 家定为合格企业，合格率 91.2%；基本合格企业 4 家，占 3.9%；不合格企业 5 家，占 4.9%。对基本合格与不合格的企业分别做出了限期整顿和自动歇业处理。目前全区共有建筑施工企业 108 家。其中：建筑企业 47 家（二级 6 家，三级 7 家，四级 33 家，五级 1 家）；装饰企业 40 家（二级 4 家，三级 21 家，四级 15 家）；其他企业 21 家（二级 6 家，三级 10 家，四级 5 家）。在 108 家企业中，国有企业 13 家，集体企业 50 家，有限责任公司及股份制企业 45 家。

【进一步加强工程招标管理】 全区国有企事业单位投资或控股投资的新开工程，符合条件的都采用了招标发包。共办理建设工程招投标项目 62 项，比上年提高 48%；建筑面积 55.4 万平方米，比上年增加 55%。应招标工程覆盖率达 100%。企业中标价格 65 622 万元，比标底价降低 0.47%。中标工期比标底工期缩短 7%，比定额工期缩短 12%。认真贯彻建设工程招标投标法规，取消了议标，在办理的招标项目中，全部由三家以上企业经平等竞争择优选定中标单位，使全区建设市场环境进一步改善。

房 地 产 业

【房地产业发展步伐加快】 全区共有房地产开发的企业有 16 家，开复工面积 141.2 万平方米，完成房地产投资 8.95 亿元，比上年增长 2.7 倍。其中商品房施工面积 60.4 万平方米，比上年增长 76.6%。商品房竣工面积 16.2 万平方米，比上年增长 22.7%。商品房销售面积 17.4 万平方米，比上年增长 51.2%。

【开放房地产二级市场】 进一步加强房地产交易市场管理，开放了房地产二级市场，制定了相关的配套政策，维护了房地产市场秩序。仅 2000 年 1～11 月份，办理各类房地产交易手续 4 602 件、面积 57.05 万平方米，比上年同期增加 155 件、19.99 万平方米（其中二手房交易 239 件，1.64 万平方米）。本年度房地产抵押较上年成数倍增长，表现出强劲势头，促进了昌平房地产市场的进一步活跃。

【西大街危旧房改造开始启动】 西大街改造拆迁的调查摸底及统计工作已经完成，为规划区域内 186 户居民居住生活条件和该地区城市环境的彻底改善奠定了基础。

【居住小区管理水平不断提高】 全区居住小区总数达到 57 个，面积 592 万平方米，44 个居住小区实行了物业管理，专门从事物业管理的企业 56 个（其中本区注册 44 个，他区注册 12 个），组建小区管委会 2 个，30 家物业管理企业通过资审。在全区创建市区优秀管理居住小区活动中，评选出市级优秀小区2个，区级优秀小区12个。

公路建设　交通

【全区公路总里程达到1 344.38千米】 改建北清路（昌平段）2.13千米；大修城角西路1.1千米、温南路2千米、百葛路2千米、怀昌路16.02千米、颐阳路2.5千米；改线安四路350米。至年底，全区公路总里程达到1 344.38千米。其中区级以上公路583.7千米，乡级路710.12千米，专用路36千米。

【加强公路养护、绿化】 养护公路里程583.74千米，评定里程527.62千米。其中干线公路262.71千米，县级公路264.91千米。年平均好路率计划指标为77.20%，实际达到80.85%。养护工程质量综合值85.42。公路绿化新植树32 431株，补植1 200株，更新1 439株。绿化成活率达到98%。

【加强执法保证交通】 抓管理，抓服务，抓稽查，确保道路畅通。全年共查处各类违章车辆3 735起，处罚536起。货运量完成0.3万吨，货运周转量16.2万吨千米；客运量完成49.2万人次，客运周转量2 656万人千米；完成税收70.9万元。

商业　对外经贸

【商业经济效益明显提高】 全区批发零售商业、餐饮业实现增加值6.3亿元，比上年增长20.5%。实现消费品零售额22亿元，比上年增长18.9%。全区共有大中型商业、饮食业企业52个，实现销售收入12.6亿元，比上年增长94%，占全区零售额的57%；全区现有各类集贸市场25个，累计实现成交额7.1亿元，增长30.7%，农副产品成交总量达23万吨，同比增长72.7%。

【采取多种形式促进市场持续繁荣】 各类商业、服务业企业共举办定货会、展销会、品尝促销会等较大型促销活动20余个，大中型商场共举办各类展销展卖活动230余次，繁荣了城乡市场。为满足居民夏季休闲消费需求，开辟晚间市场十余个，高峰季节一些晚市客流量突破每日500人次，日均销售超过5 000元，实现了较好的社会效益和经济效益。

【一批商业企业步入科学规范化管理轨道】 新世纪商城、昌平商业大厦、阳光商厦相继通过了ISO9002国际管理标准体系认证，步入科学规范管理轨道。

【大力开发便民商业设施】 相继建成或改建完成金泗维、宝元祥、皇家艺苑小人国大酒店等一批大中型社会商业服务业项目，社会商业服务业阵容不断壮大，丰富了区域商业布局。城乡集贸市场建设快速推进。依靠多元投资主体，新建、改建、扩建完成二毛市场、小汤山银街市场、阳坊新街市场、红冶市场、回龙观龙城批发市场、回龙观建材市场、兴寿桥惠市场、国际森高林产品市场、朱辛庄大牲畜市场等9处集贸市场，为疏通农副产品渠道、方便生产生活发挥了有效作用。

【商业企业重组转制步伐加快】 商业系统独立或非独立核算的460个经营单位，通过各种形式改革的达到379个，占总数的82.4%。其中实行股份制、股份合作制改造的7个；出售7个；合资合作1个；租赁的302个（其中撤资租赁299个）；破产的2个；承包的34个；其他形式16个。转制后办个体营业执照132个。

【昌平商贸总公司现代企业制度改革取得突破性进展】 经区委、区政府批准、授权，商贸总公司转制为经营国有资产的宏达兴投资管理公司。所属企业区别具体情况，采取多种形式加速改革。改制后，宏达兴投资管理公司与权属企业之间的原行政隶属关系转变为以资产为纽带的经济关系，各企业真正成为独立的法人实体，具体承担国有资产的保值增值责任。

【加大商业执法力度】 商委、工商、公安、畜牧检疫等部门联合执法30余次，出动执法人员300人次，检查单位、聚集点80个，取缔私屠滥宰点21个，没收生猪41头、生猪产品4 865千克、屠宰工具110件。

【积极支持辖区内非公经济发展】 为解决非公企业发展的资金问题，在区政府的大力支持下，2000年8月8日成立了注册资金800万元的“北京昌盛创业担保服务有限公司”。目前运转良好，已为11户私营企业办理了担保手续，贷款总金额665万元。区政府还出台《鼓励个体私营经济发展的有关意见》，积极扶持非公经济发展。

【成立昌平区投资服务中心】 2000年2月10日，经区委、区政府批准，在中关村科技园昌平园区成立昌平区投资服务中心，为入园投资企业提供全过程、全方位服务，大大加强了招商引资的力度。全年共发展新技术企业258家，是上年的3.2倍，新增注册资金13亿元，是去年全年的3.7倍。

【三资企业数量明显增加】 全年共新批外商投资企业30家，投资总额达3 000余万美元。坚持以“全过程、全方位、全力以赴”的“三全”服务为宗旨，抓好三资企业管理工作，对规模大、影响大的三资企业进行重点扶植、重点服务。

【超额完成全年出口计划】 三资企业完成工业总产值16.24亿元，上缴税金1.2亿元。完成了北京市第一个县级报关行建设，实现了无纸通关。开通了EDI处理通关系统和H883机场报关系统，组建了国际运输代理服务公司，为扩大外贸出口创造了良好条件。全区累计实现出口6.5亿元，同比增长9.1%。其中区属单位完成2.83亿元，比上年下降0.8%；镇及镇以下单位完成2.93亿元，比上年增长9.2%；其他无主管单位完成0.75亿元，比上年增长74.3%。

旅　游

【旅游经济收入稳步增长】　旅游业围绕“吃、住、行、游、购、娱”六大要素，突出特色，挖掘潜力，在延长客留时间、促进综合消费上实现了新突破，进一步巩固和加强了旅游业作为全区经济支柱产业之一的重要地位。全年各旅游单位共接待海内外游客1 107.7万人次，比上年增长5%；其中境外游客397.8万人次，比上年增长12%。全年实现旅游经营收入5.2亿元，比上年增长14.5%。其中十三陵特区累计接待游客540.4万人次，占全区接待游客总数的49%；实现经营收入1.56亿元，占全区旅游经营收入的30%。

【组织各类旅游活动】　围绕“神州世纪游”，成功举办了居庸关开业两周年纪念活动，定陵博物馆喜迎1.28亿游客庆祝活动，以及居庸关长城国际服装展示表演和国际影星施瓦辛格参与的中国特奥世纪行、外国戏下乡、龙年龙人游龙脉、九龙游乐园国际龙狮龙舟赛、民俗休闲旅游果品采摘周等，共30余项大型旅游活动，进一步扩大了昌平旅游大区的知名度。

【长假期间旅游人次和收入创历史新高】　“五一”期间，昌平区旅游情况异常火爆，宾馆饭店市场爆满，旅游人次和收入创历史新高，人次达64.4万人次，旅游收入达1 618.3万元。“十一”期间，旅游人次达51.6万，与上年同期相比增长31.8%；旅游收入达1 840万元，与上年同期相比增长23.5%。

【民俗旅游发展迅速】　全区已发展民俗旅游农户500户。全年各景点累计接待游客8万人次，比上年增长90%；实现经营收入336.8万元，比上年增长1.4倍。

【旅游重点工程进展顺利】　十三陵特区投资约9千万元，居庸关长城和银山塔林二期工程等重点项目年初相继开工；部分项目在“十一”前完工投入使用。明十三陵博物馆主体工程完工。

财政　金融

【全区财政收支情况良好】　全年财政收入按计划超额完成任务，并有大幅度增长，为财政收支平衡奠定了基础。全年完成地方财政收入3.02亿元，比上年增长43%。财政支出在保证人员经费、一般性支出和政策性增资的前提下，保证了农业、教育、社保、公检法和城市建设等重点项目支出，促进了全区经济的发展和社会稳定。

【落实新的财政体制】　按照北京市财政工作会议精神，顺利完成了新旧体制的衔接和过渡工作，并对区、街道财政管理体制做了进一步的完善。同时，进一步明确了科技园区与各镇管辖的132户企业的税收归属问题，并将自行车和其他非机动车车船使用税划为各街道、镇的固定收入。新的财政管理体制的实施，调动了各级政府发展经济的积极性，全区财政收入超计划完成任务，街道财政收入更有大幅度增长，极大地促进了地方经济和各项事业发展。

【金融系统运行平稳】　截止2000年底，全区金融机构各项存款余额达123.5亿元，比年初增加了25.4亿元；比上年同期增长25.9%。城乡居民储蓄余额61.9亿元，比年初增加了6.84亿元；比上年同期增长12.5%，增速比上年同期下降2.3个百分点。各项贷款余额69.3亿元，比年初增加了23.2亿元；比上年同期增长50.5%，增幅高于上年同期34.2个百分点。

【市场物价水平止跌回升】　商品零售价格总指数为103.2%，比1999年上升3.2个百分点。价格总指数为102.2%，比1999年上升2.2个百分点。

【职工收入增长明显】　全区在职职工58 980人，比上年末减少63人，减少了0. 1%。全部职工年平均工资10 469元，比上年增加1 063元，增长11.3%。

【城乡居民生活水平稳步提高】　全区城镇居民人均可支配性收入7 970元，比上年增长15.7%；人均生活消费支出6 025.8元，比上年增长11%。农村居民人均纯收入4 852.8元，比上年增长5.8%，人均生活消费支出3 796元，比上年下降6%。

【固定资产投资上升】　全区累计完成固定资产投资18.3亿元，比上年增长97.4%。其中：第一产业投资8 190万元，主要项目是小汤山现代农业科技园建设和区生态环境综合治理工程投资。第二产业投资3.5亿元，主要投资项目为福田汽车有限公司建设工程，总投资达1.3亿元。第三产业投资14亿元，第三产业固定资产投资大幅增长的主要原因是房地产投资规模扩大。2000年全区房地产企业累计投资达8.9亿元，占投资总额的49%，比上年增长了2.7倍。

社 会 进 步

坚持“两手抓、两手都要硬”方针，以“建首善、创一流”为目标，以建文明城市，治理脏、乱、差为突破口，努力推动社会全面进步。全区精神文明、民主法制和党的建设均取得新的进展。

党建　领导班子建设

【进一步巩固“三讲”教育成果】　全区区、处两级领导班子和领导干部分期分批集中进行了“三讲”教育及“回头看”活动。通过抓学习、抓整改方案的落实，进一步健全和完善了各项制度，领导班子和领导干部的思想作风、工作作风进一步转变，思想水平、理论水平得到新的提高，贯彻执行民主集中制的自觉性普遍增强，一些群众反映突出的问题得到解决，领导班子的凝聚力、战斗力明显提高。

【不断加强思想理论建设】　区、处两级理论学习中心组，借鉴“三讲”教育经验，进一步完善了学习制度，改进学习方式，保证了学习效果。中心组理论学习继续在深度和广度上下功夫，做到了理论学习与“三讲”教育和“回头看”活动相结合，与学习“三个代表”重要思想相结合，与学习经济、法律和现代科学知识相结合，与解决实际问题相结合，提高了领导干部的思想理论水平和驾驭工作的能力。同时，进一步加强了党员的理论培训，推进了理论学习的经常化、制度化。

【领导班子和干部队伍建设取得新成绩】 坚持办好处级正职领导干部调训班、农村支部书记任职资格培训班等各类培训活动，并适应新的形势，有针对性地组织农村支部书记温州培训和处级领导干部境外培训，使参加培训的干部思想解放，视野开阔，知识增长，收到明显效果。加大了优秀年轻干部、妇女干部的培养选拔力度，领导班子的年龄结构、知识结构得到有效改善。适应经济发展和实施科教文主导战略的需要，研究制定了《科学技术干部队伍建设2000—2003年规划》，科技干部队伍建设进一步规范。后备干部队伍建设和老干部工作也得到了有效加强。

【干部人事制度改革继续深入】 修订完善了《关于不胜任现职领导干部的认定标准与调整办法》，激发了各级干部工作的积极性、主动性。试行了领导干部任前公示制度，推行了新任领导干部适用期制，增加了干部选拔任用工作的透明度。探索和实践了区属国有企业领导干部管理的新方式，促进了企业改革的不断深入。进一步加大了干部监督的力度，干部管理和监督工作取得了新的成效。

【党的基层组织建设进一步加强】 坚持三级联创、整体推进，进一步严格“六好”（好班子、好队伍、好路子、好制度、好作风、好格局）镇党委和“五好村”党支部创建标准，加强动态管理，加大后进整顿力度，“农村基层组织建设先进区”创建活动取得了新成绩。镇级政务公开全面推进，村务公开和村级民主制度建设进一步规范。深入开展保持共产党员先进性的教育活动，严格党员的组织生活，提高了党员的党性观念和综合素质。机关、企事业单位、社区和非公经济领域的党建工作也都取得了新的进展。

【党风廉政建设和反腐败斗争进一步深入】 进一步落实了党风廉政建设责任制，加大了责任追究力度，增强了各级领导班子和领导干部抓党风廉政建设的责任意识。深入开展党风党纪教育，强化纪律监督，党员干部的拒腐防变能力进一步增强。认真落实《廉政准则》及有关规定，坚持抓好领导班子廉洁自律专题民主生活会，领导干部的廉洁自律工作继续推进。有效开展了行风评议和效能监察，纠正部门和行业不正之风工作见到了新成效。进一步加大了处理信访举报和查办案件工作的力度，对一些违法违纪者进行了严肃查处。

精神文明建设

【不断加强思想道德教育】 坚持用邓小平理论和江泽民总书记“三个代表”重要思想教育干部群众，深入开展党的基本路线、基本纲领和方针政策教育和爱国主义、集体主义、社会主义和艰苦创业精神教育。利用多种形式，广泛开展“致富思源，富而思进”教育和“讲文明、树新风”、“四要四不要”（要礼貌待人，不要说粗话脏话；要讲究卫生，不要乱吐乱扔；要规范服务，不要冷硬托卡；要遵守交规，不要乱行乱停）、“千万市民齐参与，争做文明北京人”的社会实践活动。

【深入开展精神文明创建活动】 根据不同行业特点和标准，深入开展创建文明单位、文明村镇、文明社区、文明居民区、文明旅游景区等活动，推动了单位内部各项工作的开展。全区共创建首都文明单位标兵和首都文明单位31个，区级文明单位90个，首都文明镇3个，区级文明镇7个，首都文明村14个，区级文明村82个，进一步促进了基层单位整体素质提高。

【加大综合整治力度】 支持北京申办2008年奥运会，持续开展大规模的治理环境脏乱战役。重点抓了“九镇”（东小口、北七家、兴寿、小汤山、崔村、南邵、昌平镇、城北办事处、马池口镇）、“六线”（京昌高速路、立汤路、旅游路、110国道、百葛路、京包铁路昌平段）、“三街”（政府街、鼓楼南大街、南环路）、“一区”（卫星城规划区域）的环境整治工作，狠抓了示范公路、示范大街、示范景区、示范镇、示范村建设，整治了乱停、乱摆、乱放、乱扔。农村有291个村落实了环境整治“五个一”（明确一名领导；制定一项制度；建立一支专业保洁队伍；设置一个垃圾填埋场；配置一辆垃圾专用车）制度，涌现出环境整治示范村41个，环境整治达标村132个。全区拆除违章和有碍观瞻的建筑15万多平方米，城乡绿化种植各种乔灌木和色带植物207万株，草坪3万余平方米。昌平卫星城绿化覆盖面积达到350.56公顷，新增绿地8.3万平方米，绿化覆盖率达到了38.8%，全区基本达到了“三季有花、四季常绿、黄土不露天”的标准。

【纪文刚被追认为全国模范调解员、革命烈士】 2000年5月20日，崔村镇麻峪房子村民事调解员纪文刚在执行治安保卫任务时，被犯罪分子杀害。6月28日，司法部追授纪文刚为全国模范调解员；9月19日，市政府追认纪文刚为革命烈士。

体制改革

【农村税费改革试点工作进展顺利】 作为北京市农村税费改革试点，全区农村税费改革试点工作全面展开。此项工作分为宣传动员；培训、调查和测算；制定政策；改革方案组织实施四个阶段。到年底，试点工作已进入制定政策阶段。

【国有资产运营、监管体系初步建立】 将原北京市昌平昌财实业公司（事业单位）变更为北京昌鑫国有资产投资经营公司（注册为企业）；成立北京宏达兴投资管理公司，经区政府授权，对权属国有资产进行运营、管理、监督，并负保值、增值责任。全区国有资产运营、监管体系初步建立。

【乡镇机构改革初见成效】 全区共有14个镇、街道办事处进行了机构改革。减少内设机构31个，减员969人，初步建立了配置合理、精干高效、政企分离、权责明晰的基层行政管理体系。

教育 科技

【普通教育健康发展】 全面实施《昌平区基础教育改革和发展1999—2010年规划》。13所初级中学通过北京市普通中学规范化验收；50所完小通过区级验收。全区有普通中学36所，职业中学8所，小学134所。其中普通中学增加2所，小学减少7所；教学班1 805个，比上年减少54个。

【高考录取率达近70%】 全区高考本科一批录取492人（其中北大、清华、人大录取15人），专科录取607人，共录取1 168人，录取率达69.7%。

【成人教育水平不断提高】 成人教育、职业教育、职工培训、专业技术培训取得成效。全区完成农村实用技术培训21 521人次，278人取得绿色证书；完成职工岗位培训21 700人次，旅游农户培训165人次；乡镇企业职工培训10 150人次，在大、中专学校进行学历进修的乡镇企业职工1 264人。

【全区3～6岁儿童入园率达97%】 2000—2001学年度，昌平区现有幼儿园所170所。其中城镇园所29个，农村园所141个；在园幼儿9 737人，比上年减少765人；教学班480个，比上年减少20个。幼教职工713人，比上年减少64人。全区3～6岁儿童入园率达97.04%，比上年提高2.5个百分点。

【教育事业向产业化方向迈进】 北京航空航天大学、北京理工大学等几所著名大学即将在昌平落户；民营吉利、卓达大学已完成一期工程建设，并开始招生。高校后勤服务社会化已经开始启动，教育正逐步向产业化方向发展。截止到年底，全区已注册的办学实体近110所，所培训人数5万余名，教育投资达4 439万元。

【大力进行科普宣传】 继续开展全区农村第二届科普之春、第四届科技周以及文化、科技、卫生、法律“四下乡”活动；播出《科技之光》电视专题节目36期；印发科技刊物20期；聘请教授专家做科技报告13场；12支科普小分队先后深入10个镇的村、街道宣传科技知识，面对面解答群众提出的问题。通过科普教育，宣传了科技政策、最新科技知识和成果，有效地提高了广大干部、群众的科技素质。

【认真实施科技创新与服务体系】 全区科技工作认真贯彻《关于加快科技创新体系和科技服务体系建设的决定》。全年实施星火计划项目95项；实施科技致富计划30项；实施科技发展计划76项；实施技术成果推广计划79项；实施了科技示范户10个。实施星火培训计划，举办各种培训527期，受训人数5万人次。

文化 广播电视

【群众文化活动丰富多彩】 开拓文化事业新途径、新领域，与日本和国内新疆、内蒙古、山东、天津等国内外的城市开展国际、国内文化交流；组织国庆51周年暨昌平撤县设区一周年庆祝活动、昌平区第一届艺术节、第一届青年艺术节、夏日文化广场、“五月鲜花”歌咏比赛；举办了密云—昌平书画交流展览、新秧歌表演、鼓子秧歌、交谊舞表演等丰富多彩的文化活动。

【夏日文化广场被评为北京市最佳文化广场】 区直属各委办局及17个镇均设立了文化活动广场。昌平卫星城内共设立14个，文化馆广场为主广场。从6月开始至9月，历时三个月的夏日广场活动，共组织大型演出63场，参加演出的演员4 760人，观众达24万人次，露天电影放映1 367场。

【成立昌平业余艺术团】 2000年11月12日，昌平业余艺术团成立。聘请文艺专家担任顾问。各镇、办事处及有实力的委、办、局成立了分团，各村成立了演出队，形成了区、镇、村三级的文艺队伍网络。

【繁荣文艺创作】 重视文学艺术创作工作。舞蹈《跳红鼓》、《花钹大鼓》分别获市级舞蹈和广场舞蹈二等奖；与影视学校联合创作排练的群口快板《幸福路》、小品《选苹果》，被选为北京电视台《京郊大地》春节晚会节目。

【图书馆成为全国及北京市巾帼文明示范岗】 图书馆成功组织了“破除迷信、崇尚科学”有奖问答活动；图书馆宣传周活动；服务“三农”（农村、农业、农民）、三下乡（文化、科技、卫生三下乡）活动；举办文化站图书专业干部培训班，并进行了考核；以小队的形式深入基层，对文化站、文化室进行辅导；对农村科技养殖、科技种植专业户进行了跟踪辅导。发展新读者5 827个，现全馆持证读者已达13 360人；全年流通人次174 254人次，流通册次290 995册次。

【新闻宣传上新档次】 广播电视宣传本着容量大、内容精、贴中心、重实效的要求，报道了全区各方面工作开展情况，突出经济建设、环境治理、党的建设等中心工作的宣传。广播电台共播发新闻稿件6 900条，电视台共播发电视新闻2 680条，其中经济新闻占60%，精神文明建设新闻占40%，有力地促进了全区的经济发展和精神文明建设。

【有线电视网迅速发展】 集中力量完成了昌平

南部地区的网络建设，使昌平区有线电视台有线电视网从原来覆盖城镇地区发展到覆盖全区，实现了一区一网。全年共架设光缆167.8千米，栽设线杆300余根，建立光接点35个。

【昌平区电视、电话会议系统工程安装完毕】 2000年11月底，主会场与17个分会场的光缆通路已完全打通，12月中旬完成整个工程的安装调试工作，元旦前正式交付使用。

【加大文化市场规范管理力度】 有关部门联合检查娱乐场所13家，没收赌博机156台，电路板291块，其中赌板108块；对书报市场进行清理整顿，逐一检查，规范进货渠道，取缔非法经营摊点3个。

【“扫黄”“打非”见成效】 全区共出动执法人员750多人次，检查了300多个出版物经营单位，收缴非法书刊4 934册，报纸2 000余份，收缴录音录像带5 547盘，取缔非法摊点127个。制止盗版盗印行为两起，监督销毁盗版图书上万册。

体育　卫生　计划生育

【全面推进全民健身活动】 深入贯彻实施《全民健身计划纲要》，群众性体育活动蓬勃开展。全年共开展区级体育比赛20次，参加人数近35 760人。基层开展体育比赛2千多项次，5万7千多人参与。区级比赛有“新千年”昌平区春季长跑比赛、第二届“青檀杯”围棋比赛，“龙人、龙年游龙脉”游泳联谊赛、中小学生春季运动会、健身球操表演赛、乡镇乒乓球比赛、象棋比赛、拔河比赛等。

【成功承办大型体育赛事】 先后承办了第七届全国少数民族传统体育运动会龙舟比赛、中国国际公路自行车赛等大型体育赛事活动。

【体育成绩喜人】 在全国重大比赛中获得金牌15块、银牌6块和4块铜牌的好成绩。在第四届全国农民运动会上，昌平体育健儿代表北京队获得了女子拔河比赛金牌、获得男子自行车载重公路赛三块金牌，占全市金牌总数1/3。

【医疗条件改善】 完成了区卫生防疫站和妇幼保健院的改扩建工程，正在新建区医院门诊楼。对全区乡镇医院进行了改造，建成社区医疗服务站30个。形成了比较完善的区、镇、村三级卫生医疗网络，群众就医条件不断改善。全区现有医疗机构58个，其中区级医院14个，专科医院4个，乡镇卫生院26个，门诊部所6个，专科防治所站2个，卫生防疫和妇幼保健机构各1个，其他卫生机构3个。拥有医疗床位5 162张，平均每万人拥有床位121张。拥有卫生技术人员4 010人（含乡村医生），平均每万人拥有卫生技术人员94人。现有农村村级医疗点270个，乡村医生341人，卫生员19名。

【医疗体制改革取得新进展】 确定了医疗保险定点医疗单位，实行了药品招标采购工作，有效控制了药品的虚高定价；设置了30多所水平较高的社区卫生服务站，解决人民群众就医难问题。

【加强外来人口计划生育工作】 全区雇用外来人口单位530个，签订管理责任书512份。外来人口已婚育龄妇女8 262人，已办婚育证的8 007人。外来人口在昌平生育143人，其中计划外生育13人，计划生育率为90%。在35次联合执法检查中，共清走超生人员42人。

民政　劳动　社会保障

【深入开展村民自治示范活动】 区级领导包村21个、镇级领导包村285个，农村民主建设、村民自治示范活动在组织上、制度上、措施上有了可靠保证。全区有116个村达到“五好村”标准（好班子、好队伍、好路子、好体制、好制度）；17个村被评为“五好标兵村”；10个村被评为“民主自治示范村”。

【社区建设实现新突破】 区政府将区级社区服务中心建设列入政府重点工程项目，共筹集资金900万元，前期准备工作基本完成。中心建筑面积1.2万平方米，总投资将达到3 000万元。全区135个居（家）委会社区服务站，已有40个达到标准。

【双拥共建取得新成绩】 区委、区政府和有关镇、职能部门为全军科技大练兵演习部队提供了有力的保障和服务，确保部队圆满完成了演习任务；安置转业干部、复退军人率达100%；随军家属的安置工作实行了培训、就业、保障一体化服务；解决了部队子女的入托、入学问题；积极帮助部队搞好“菜篮子”工程。驻昌部队和武警官兵心系昌平，积极支持参与昌平的两个文明建设，在捐资助教、抢险救灾、公益事业和义务服务等方面做出了重要贡献。军地双方深入开展了军民共建活动，为争创“全国双拥模范城（县）”五连冠奠定了坚实的基础。

【认真落实党的民族、宗教政策】 举办民族、宗教政策法规培训班；完成了对区内经营清真饮食、副食加工点的调查摸底工作；解决了区内回民群众吃清真饭难的问题；积极支援西部开发，将内蒙古地区的羊引到昌平，基本上满足了首都回民吃清真肉的需要；完成了南口教堂改建的报批工作。

【成立全国首家“军嫂服务中心”】 随着改革开放的不断深化，企业实行重组转制，减员增效，使随军家属就业工作出现了新的矛盾和困难。有关部门与北京军区、双拥办、人事局、武装部经过三个月的努力，起草了部队随军家属增训就业保障一体化的意见和军嫂服务中心管理暂行规定，实行培训、服务、就业安置的一条龙服务。现军嫂服务中心已经开始运作。11月9日的中央电视台新闻联播节目，以《全国首家军嫂服务中心让军人无后顾之忧》为题，播报了昌平区军嫂服务中心解除部队后顾之忧的动人事迹。

【社会保障体制改革取得新成绩】 采取有力措施，多渠道、多形式地安置下岗职工，积极拓展再就业空间，创造新的工作岗位，区属企业下岗职工安置率在60%以上。积极推进社会失业保险以及开展大病统筹的收缴和报销，完成了向医疗保险的过渡准备工作。

【基本养老金在全市率先实行社会化发放】 2000年7月15日，首批6家不同经济类型和不同经营状况企业的退休人员2 490名，率先在全市实行了基本养老金社会化发放，退休费由邮政局代发。8月15日完成了第二批的发放工作，领养老金人数8 823人。9月15日又完成了第三批的发放工作，领养老金人数11 989人。目前，全区2.43万名离退休人员的养老金，全部实现了社会化发放，月发放总额为1 522万元。

【劳动争议案件在全市率先实行公开审理】 2000年7月18日，全区劳动争议案开始试行公开审理。到年底，共立案处理劳动争议案103起，审理结案98起。已审结的案件均在审理时限内结案，结案率达100%。全年受理案件与上年同期相比，上升32.1%。

政　法

【严厉打击各种刑事犯罪活动】 公安部门开展了"大干一百天，破大案，压大案，向国庆51周年献礼"专项斗争。期间共破案236起，抓获犯罪嫌疑人284名，查处违法人员1 048人，收容遣送"三无"(无合法身份证明、无固定住所、无正当经济来源)人员2 887人；公、检、法部门适时组织召开宣判大会，震慑犯罪分子，共召开宣判大会4场，对13案21名犯罪分子进行了公开宣判；各镇党委、政府积极行动，充分发挥各级联防组织的作用，加强安全防范工作，全区社会治安形势良好。

【强化法制宣传教育和依法治理工作】 加强了对领导干部和司法干部的法制宣传教育，增强了依法行政和依法办案的意识；加强了对中小学生的法制宣传教育，提高了学生自我约束能力；依法治村、治校、治厂工作取得了明显成绩，根据新形势、新任务，制定完善了镇法制工作考评标准、依法治村标准，《村民自治章程》入户率达到100%，涌现出一大批依法治村、治厂、治校的典型。

对外交流

【国际交流不断扩大】 一年共接待澳大利亚、日本、美国等国家和地区的12个团组、计350人次的重要外宾，其中包括澳大利亚议长等国家首脑和国外各界要人。在友城交流方面，9月，日本板柳町馆岗一郎町长和议长率代表团访问昌平。11月，区委书记白宗全率领昌平区政府代表团对板柳町进行友好回访和科技考察，并签订了两地进一步开展实质性友好交流协议书。

【成功举办"金秋昌平游"活动】 中秋时节，区政府和市外办共同筹办了以国外驻华使节和国外驻京机构人员为对象的"金秋昌平游"活动。有30个国家的60多位驻华外交人员和外国记者参加了这项活动，为扩大昌平海外知名度起到了良好作用。

【加强因公出国（境）管理】 一年共办理97个团组、189人次因公出国（境）审查和报批及出境手续；合理压缩、取消了3个团组、计5人次的出访任务申请。

昌平区主要领导人

区委书记　白宗全
副书记　赵凤桐　佟根柱　王振华（女）
　　赵巨鹏（挂职）
常　委　董瑞龙　李福忠
　　肖立华(8月1日免)　李　庆　王书合
　　洪起忠　张建利（9月26日任）
区人大常委会主任　任宝贵
副主任　钟振声　李秀清（女）　郭守庚
　　郑祥和　张文良
区　长　赵凤桐
副区长　董瑞龙　杨旭明　初世敏（女）
　　任学良　冯维利　张文祥
区政协主席　刘德明
副主席　武　宁（女）　沈玉宝　张仲民
　　张国良　李富和
区纪委书记　李福忠
副书记　杨富志　宋长锦

（潘建新 郑全智 邢晓峰 于桂谦 王建成）

顺　义　区

全　区　概　况

顺义区历史悠久，地域优势明显，物产资源丰富，交通便利，经济发达，是"中国农村综合实力百强县"、"中国明星县"，在1994年全国80个基本实现小康的县（市）中，排列第三。

【地理位置】 地处北京小平原东北端（华北大平原北端），燕山南麓，潮白河中游。除东南与河北省三河市临界外，其余均与北京区、县相邻，东为平谷县，西为昌平区，北为怀柔县，东北为密云县，南为通州区，西南为朝阳区。辖域坐标北纬40°00′～40°18′、东经116°28′～116°58′之间，距北京市区30公里。

【面积】 全区辖境1 021平方千米，平原面积占95%以上，仅东北处屏依燕山，境内还散落孤峰十余处，面积不到5%。

全区土壤分布以潮湿土和褐潮土为主，土地较为肥沃，宜于农作，耕地面积为56 364公顷（1995年）。

【水文气候】 境内水源丰富，水质优良。境内有大小河流20余条（其中三级河以上15条）。天然地表水总量为12.6亿立方米（其中入境地表水约10.5亿立方米）。地下水含水层平均厚度25～50米，埋深1.5～2.5米。

顺义全境属温带大陆型半湿润季风气候，四季分明，气候温和。年日照总时数2 750小时左右，年平均气温11.5°C，无霜期195天左右，春秋季节温和凉爽，宜于生活和旅游。

【资源】 顺义地区农业开发较早。东汉时期，渔阳太守张堪即在狐奴山下“开稻田八千顷，教民种植，使民殷富”。传统的粮食作物有小麦、玉米、水稻，还产谷子、大豆、高粱、糜黍等杂粮；经济作物有棉花、芝麻等；蔬菜瓜果有白菜、茴香、韭菜、西瓜、桃、李、梨、杏、柿、核桃等。所产的潮白河金翅鲤鱼、“蒸煮三伸腰”的东府稻米、油润可口的二十里长山小米、灰白火亮的红铜营大叶烟，历来享誉京东，有的还成为贡品。

境内还有优质矿泉水和丰富的地热田资源，已开发利用。

【交通】 境内有（北）京承（德）、大（同）秦（皇岛）铁路纵贯横跨，境内有通往国内和世界各地的首都国际机场（行政属朝阳区辖），有总长1 500千米的（北）京密（云）、（北）京平（谷）、顺（义）密（云）、顺（义）通（州）等国道、市道、区县道交织如网，村村通公路，专线公共汽车直通市内，交通便捷。

【建置】 春秋战国时属燕国，燕昭王二十九年（公元前283年）属设置的渔阳郡。

元太祖十年（1215年），蒙古军攻破金中都改称燕京后，顺州所属密云县划出升为檀州，并撤温阳县而顺州独存（实视州同县）。明洪武元年（1368年）降顺州为顺义县，县称由此始。明正德九年（1514年），昌平升县为州，顺义随同怀柔、密云为其所辖。清袭明制。雍正六年（1728年），顺、怀、密三县直属于顺天府北路厅，均为三等小县。

民国3年（1914年）10月，原顺天府改为京兆特别区，顺义仍为所属。民国17年（1928年），原京兆地方改属为河北省后顺义亦为河北省所属，直至抗战胜利后的国民党政府时期。这期间，随着抗日战争和解放战争的进行，在共产党的领导下，顺义还和周边各县建立了联合政权。

1948年12月，顺义县城解放，解放区政权进驻城内，1949年4月随着昌（平）顺（义）联合县的撤销，顺义县成为一个完整建制，8月随着通县专署建立而归所属。1958年4月划入北京市改建为顺义区，1960年1月改为顺义县。1998年3月经国务院批准，撤顺义县，设北京市顺义区。

【行政区划与人口】 顺义全区辖12个镇，7个地区办事处，2个街道办事处，28个居民委员会，425个村民委员会。有人口540 288人，其中，农业人口422 289人，非农业人口117 999人。另有居住半年以上的外来人口10万人。

经 济 发 展

2000年，顺义区以发展“四种经济”为目标，围绕“深化改革，增加总量，调整结构，提高经济运行质量”整体思路，不断加大工作力度，经济工作取得新的成绩。经济结构调整取得明显成效，产业水平进一步提高。第一、二、三产业所占国民经济比重，由上年的20.1:43.9:36调整为16.6:52.2:31.2，结构更趋合理。农业结构调整力度加大，粮经占地比由年初的63:37调整到40:60，粮经二元结构开始向粮经饲三元结构转变。全区工业坚持在改革中求发展，全方位引进区外生产要素，优化配置区内生产要素，狠抓资本运营，大力发展高新技术产业和民营科技企业，加快企业技改步伐，改造提升传统产业，工业经济的支柱地位得到进一步巩固和提高。商业、服务业设施建设进一步加强，购物环境和条件明显改善，有效地满足了多层次的消费需求。对外开放不断扩大，实际利用外资和出口供货额继续增加，外向型经济对全区经济增长的拉动达到6.5个百分点。固定资产投资结构进一步优化。其中，第一产业投资6亿元，同比增长9%；第二产业完成投资12.3亿元，同比减少4.6%；第三产业完成投资24.3亿元，同比增长30.6%。全区综合经济实力显著增强，国内生产总值达到102.9亿元，比上年增长18.5%。农民人均纯收入实现5 110元，同比增长6.1%。城镇居民人均可支配收入达到9 081元，同比增长12.3%。

农 业

【确定全区农业总体部署】 2000年内发展农业的总体部署是：着力增加经济总量，调整优化经济结构，努力提高经济效益。农村工作坚持以集体增收、农民致富为主线，贯彻落实党在农村的基本政策和其他各项政策，狠抓农业结构调整，实施八项带动，建设十大基地，培植五个区域特色主导产业，大力推进农业产业化经营，培育农民专业合作经济组织，着力提高农村经济组织化程度，从而使农业经济运行质量和农业经济效益不断提高。

【顺义区大农业形象设计进入市场】 形象展示顺义农业发展的《顺绿农》标识，已经国家工商行政管理局正式注册，并参加了市、区两次农业精品展进行广泛宣传。以一个地区进行农业CI设计为全国首家。同时，全区已有90多个农产品正式注册了商标，为树立顺义农业形象奠定了基础。

【扎实稳妥落实土地延长承包政策】 全区确认农户90 625户，授权土地面积40 921.2公顷，占全区农田的83%。全区有35 232户农民承包了土地，承包面积14 911.8公顷，其余土地流转给了农场和种田大户。通过土地延长承包政策的落实，调动了农民投入生产的积极性，促进了全区农业结构调整和农户由一产向二、三产业转移。

【加大农业投入】 全区财政农业“三项支出”全年总额达1.854 9亿元，其中追加专项资金8 503万元。加上基本建设等科目中的农业支出，全年由财政用于农业的支出总额达1.993亿元，比上年增长13%。

【农民成为农业投入主体】 2000年内，全区农民投入农业结构调整资金达4.65亿元，其中投入畜牧养殖业资金达3.1亿元，占总投入的66.7%。

【农业结构调整取得突破性进展】 全年制定、出台了《关于加大农业结构调整的意见》、《关于推进农业现代化，加快农民致富步伐的若干政策规定》等6项政策性文件，加快了农业结构调整步伐。全区调整种植经济作物0.97万公顷，其中发展瓜菜0.27万公顷，果树0.19万公顷，苗木0.067万公顷，油料、药材、花卉等其他类经济作物0.25万公顷，种植牧草0.2万公顷。粮（食）经（济作物）二元结构开始向粮、经、饲（料作物）三元结构转变。粮、经占地比由年初的63:37调整到40:60。

【农村经济组织化程度不断提高】 在巩固前鲁北京鸭养殖中心、汇丰果汁、空港果蔬保鲜库、潮河基地等现有龙头企业同时，积极引进了创造食品公司、展鸿乳业、卡瑞特等一批新的龙头企业。全区已发展有农产品加工企业243个，固定资产达17.7亿元，实现销售收入50亿元。

同时大力发展龙头企业配套原料基地建设。现已带动基地面积0.93万公顷，带动农户2.8万户。发展各类农民专业合作组织250个，参与的农户达到1.3万户，建成的高效农业园区带动农户5 000多户。农村经济组织化程度进一步提高。

【形成一批具有区域特色的产业基地】 2000年内建成了东南6个镇的1万公顷瓜草基地、0.13万公顷出口菜基地、0.2万公顷牧草基地、0.2万公顷优质梨基地、万亩红提种植基地、万亩苗木、经济林基地、万亩莲藕基地、万亩药材基地等一批“万字号工程”。

【推进中外百名农业专家兴顺工程】 2000年内实施53个课题，当年结题16个。引导区内涉农企业，采取技术入股、合作开发、技术承包等多种方式，与区内外农业专家、科技人员合作，推广了一批名特优新品种和新技术，组织培养、胚胎移植、转基因等现代农业技术，已开始应用于生产，全区农业技术水平不断提高。

【转基因羊试验成功】 顺义区的北京兴绿原生物科技中心，与中国农业大学教授李宁、戴恽平合作，采用转基因技术从人奶中提取对败血、贫血和免疫力低下及对防止肺纤维化有特效的a抗胰蛋白酶试验有了重大突破，用此项技术成功产出的转基因羊，其中3头成活，成功率高达13.79%，达到国际先进水平。提取的a抗胰蛋白酶主要用于合成药品和保健品，用此技术培育出的转基因羊所产羊奶中，所含a抗胰蛋白酶比人工合成的高出数十倍，从羊奶中提取比人工合成成本低数十倍。中央电视台《新闻联播》和《人民日报》、《北京日报》等首都30余家新闻媒体作了专题报道。

【水产养殖发展名优品种】 2000年内引进美国大口胭脂鱼等名优品种8个，各水产养殖基地主养名优品种466.67公顷，成鱼套养名特优小品种面积1 318.8公顷。

【主要农业经济指标超额完成】 全年实现农业增加值17.1亿元，比上年增长9%。主要产量指标中，肉鸡出栏3 701万只，鸡蛋产量2 134万千克，水产品总产1 607万千克，与上年持平。其余指标全部增长。瓜菜总产10亿千克，同比增长18.6%；出栏生猪141.9万头，同比增长5.9%（其中种猪10万头，同比增长33.3%，1998年推出的“三年实现10万头种猪工程”达到预期目标）；肉鸭出栏1 000万只，同比增长12.9%，肉牛出栏7.4万头，同比增长11%；肉羊出栏20万只，同比增长15.8%；奶牛存栏8 500头，鲜奶产量2万吨，同比分别增长215%和166%；果品总产4 300万千克，同比增长2.5%；高油玉米、专用小麦等优质粮食产量增加到4 300万千克，同比增长6倍。全年实现农业总收入45亿元，同比增长7.1%；其中养殖业收入27亿元，占“大农业”总收入的60%。农产品直接创汇1 894万美元，同比增长38.2%。

【农民收入增加】 全年农民人均纯收入5 110元，同比增长6.1%，比全市的4 687元高出423元。其中：实现家庭经营纯收入2 074元，与上年相比增长56.9%。来自畜牧业的收入为523元，同比增长81%，占家庭经营纯收入的25%。

林业　水利　气象

【全年完成造林万余亩】 全区城乡共完成造林699.47公顷（包括新造林584.07公顷，更新造林115.4公顷），植树128.22万株，其中乔木108.27万株；铺草坪104 250平方米。顺平路、顺沙路、富北路三条公路绿化长度共52千米，河道绿化长度23千米。农村营造片林224.73公顷；更新完善农田林网275条，总长42.2千米。全区新增苗圃452.93公顷，累计育苗面积增加到805.6公顷。

【发展果树生产】 结合农业结构调整，果树发展规模达到2 481.27公顷，栽植果树187.96万株，果品产量达到4 300万千克。全区基本形成红提葡萄生产区、晚熟桃生产区、名优梨生产区、鲜枣生产区的区域化格局，并在原4个果树高产示范园区（梨山、顺丽鑫、安利隆、龙湾屯千亩示范园）的基础上，在大孙各庄镇建立了集生产、示范、良种苗木繁育功能于一体的高科技、高效示范园——北京新特果品中心，发展已初具规模。

【护林防火形势严峻】 全年由于干旱多风，高温少雨，火险形势严峻。共发生森林火情、火警6起，一般森林火灾1起，过火面积99.53公顷，受害林地面积约10.67余公顷，经济损失5万元。是自1993年以来火情、火警最多的一年。

为加强森林防火，集中力量做了四个方面的工作：①抓宣传教育。在各种宣传媒体发表森林防火稿件60余篇，在有林地张贴标语1 000多条，新建、翻修宣传牌120块，发放宣传材料1.2万份，出动宣传车20辆（次），电视、电台播放宣传1 000余次，增强公民森林防火意识。②加强基础建设。区政府共投入20万元的资金，改善3个山区镇及北大沟林场无线电通讯状况。新增座机6部、车载机2部、手持对讲机5部、防火专用车1辆，多年来森林防火通讯不畅的问题得到解决。成立了专业森林扑火队，在重点防火区开设防火隔离带14万延长米。③加强火源管理，明确护林防火责任人，层层落实岗位责任制，重点防火期组织护林防火检查。④加大执法力度。出动警力深入林区，加强护林防火及检查。查出的火灾隐患责成有关单位限期消除。

【病虫害防治加强】 针对华北地区病虫害逐年加重趋势，以《森林病虫害防治条例》为依据，对辖区潮白河两岸、公路、河流、城镇、重点农田林网、片林、工业区和旅游风景区等地春夏发生的食叶害虫进行防治，飞防与地防结合，普防与重点防结合，出动飞机25架次、人员800人次，防治面积0.2万公顷，总投入35万元，全区林木病虫害得到全面控制，果品好果率达90%以上。

【水利系统完成3项区级以上重点工程】 一是由区水利局组织专业化施工队，与李桥、南彩镇一起，完成城北减河治污工程、温榆河左堤清河口险工段加固工程、小中河半壁店闸到区界段治理工程、江南渠治理一期等4项区级冬修重点工程。二是完成小中河建筑物配套，高标准建成了马卷橡胶坝、李桥橡胶坝，新增蓄水面积30万平方米，年可回补地下水60万立方米；建成了相各庄南桥、官志卷南桥和40座穿堤涵，三是铺设预应力混凝土管道2 000米，完成了潮白河灌区改造七干渠二期工程。为绿化美化水利工程，植树1.6万株，铺草坪300平方米，育苗10万株。2000年，顺义区被市委农工委评为北京市平原水利基本建设先进区县。

【完成市级合同工程】 年内完成江南渠建筑物配套工程、大孙各庄镇佟辛庄猪场污水处理工程、李桥镇喷漆厂污水还清工程、以及李桥镇133.33公顷新世纪梨节水灌溉工程、移民供排水工程、近0.33万公顷丰产方建设和中低产田改造工程。共投入劳动积累工292.75万个工日，完成土石方710万立方米，投入水利建设资金9 805.38万元。

【防汛抗旱工作扎实见效】 根据辖境降雨偏少，地下水位持续下降情势，制定抗旱预案。检修机泵3 000余套，推广使用FA旱地龙266.67公顷，新打、更新机井38眼，为夺取农业丰收提供水利保障。

防汛工作扎实。汛前及时对全区防汛无线通讯网和雨量遥测系统进行了全面检修，以确保汛情、水情和灾情及时上报，防汛物资准备工作具体落实。还完成了方氏渠唐自头危桥改造、顺三排水庄子村危桥改造、怀河顺义段紧急渡汛工程。

【气象系统地面观测、天气预报质量位居全市前列】 区气象局的地面观测，错情为0.2‰，位居市气象局系统区县站的并列第三名，已连续4年稳定不下降。天气预报的降水准确率为71.1%，大风准确率为95%，低温准确率为90.3%，综合准确率为85.43%，在市气象局区县站质量排名中列第三名。2000年，全区平均气温12.0℃，极端最低气温－18.4℃，出现在1月，极端最高气温39.7℃，出现在7月，年日照2 490.8小时，无霜期190天，平均相对湿度58%，降水总量518.3毫米。

工　业

【工业支柱地位巩固壮大】 全区工业企业坚持在改革中求发展，在发展中求壮大。全方位引进区外生产要素，优化配置区内生产要素，狠抓资本运营，大力发展高新技术产业和民营科技产业，加快企业技改步伐，改造提升传统产业，工业经济的支柱地位进一步巩固提高。全年完成工业增加值48亿元，占全区国内生产总值的46.6%。完成工业总产值234亿元，工业销售收入234.6亿元，工业利润14.2亿元，分别比上年增长37.3%、35.3%和75.6%。

全年实施技改项目154个，完成投资额9亿元，有123个项目竣工投产。全年引进开发新产品63种。

【深化企业改革】 按照国家和市有关政策规定，综合运用各种手段，有步骤的调整、关停了3家（条）资源耗费、技术落后、质量低下、不符合安全生产要求的小厂和生产线。对长期亏损、资不抵债、扭亏无望的企业实施破产，退出市场运营。年内，共有10家工业企业破产拍卖，涉及总资产5 154.7万元，职工1 608人，减免债务26 151.74万元。结合企业组织结构调整，加快重点企业重组步伐，新组建起宁馨儿生物科技有限责任公司、紫微星工贸集团、长山水泥厂和北京信达资产管理公司重组方案也已基本确定，并与法国拉法基集团（世界著名建材企业）正式签订了合作意向书。于2000年8月成功举办了“顺义区投资环境暨摩发公司重组推介会”，60余家浙江驻京企业参加，积极推进摩发公司重组工作。

【技术改造顺利推进】 年内区属工业共实施技改项目45项，完成投资工作量5.2亿元。其中新开项目38项，完成投资工作量1.7亿元；结转项目7项，完成投资工作量1.7亿元。这些项目投产后可形成销售收入5.3亿元，实现利润1亿元。

【企业产品意识增强】 全年共有42家企业完成

ISO9000质量认证工作。继“燕京牌啤酒”、“华灯牌北京醇系列白酒”再次评为北京市名牌后，宏利公司生产的“万花牌焊接钢管”也被评为北京市名牌产品。

【狠抓安全生产】 2000年内连续多次组织安全生产大检查。其中8月份全区统一部署，由5位主管区长分别带队，采取“拉网式”、“地毯式”等多种形式安全检查。据截止到10月份的统计，共检查各类企业2 328家（次），查出事故隐患7 400多个，下发责令（限期）整改通知书27份，事故隐患通知58份，2个单位接受罚款。

年内共发生因工死亡事故8起，死亡9人，未超过市主管部门下达的10.7人的因工死亡指标。发生因工重伤事故17起，重伤17人。与上年同期相比，事故起数、死亡人数和重伤人数均呈下降趋势。

【天竺空港工业区增长势头快】 2000年内经国务院批准，成为本市唯一的一家出口加工区。年内累计入工业区企业64家，投资总额10亿美元，正式投产的有44家，全工业区主要经济指标均呈翻番的增长势头。全年实现增加值20亿元，拉动全区经济增长9.2个百分点。实现销售收入142.8亿元，实现工业总产值148.8亿元，上交税金4亿元，出口创汇41.5亿元。

【林河工业开发区坚持科技兴区】 以建设高科技环保园区为目标，着力引进高科技含附加值项目。1～10月份，共引进项目11个，协议投资总额7 766万美元，其中北京亿网昌达宽频数码技术有限公司，主要经营开发宽频互联网产品，生产配套设备并提供相应技术服务，投资额度大，科技含量高，投资总额3 000万美元。现在开发区内科技含量高的企业占到全区企业总数的45%。

【“燕啤”积极开拓市场】 “燕京啤酒”为国内最大的啤酒品牌。面临我国啤酒生产能力大于市场需求量30%、市场竞争激烈的形势，燕京啤酒集团公司依靠科技进步，以纯生啤酒的生产为龙头，对企业内部的生产管理、技术管理、工艺管理和科技管理进行全面提升。随着纯生啤酒生产线的安装、调试和使用，企业的生产装备、生产管理、工艺水平达到了世界同行业先进水平。

“燕啤”积极稳妥搞好资本运营，扎扎实实进行低成本扩张，在“整体设计，分步实施”的原则下进行购并和布点，把市场重点引向全国。到年底，除海南省和台湾地区外，国内各省、市、自治区都有燕京啤酒的经销网络。还作为中国啤酒知名品牌开始直接面对国际市场，并使产品成功进入美国。

全年燕京啤酒生产总量141.2万吨，比上年增长35.58%；销售量与生产量同步，销售收入25.29亿元，同比增长32.61%；利税总额9.29亿元，增长率为10.41%。全集团公司工业总产值达到19.95亿元，工业增加值达到10.59亿元。

【乡镇企业“二次创业”】 年内全区乡镇企业以“增加总量，调整结构，体制创新”为重点，继续进行二次创业。全年共实施重组项目81个，计划总投资12.6亿元，其中引资12.4亿元。本期投入资金4.62亿元，其中对方投资4.42亿元，完成投资量的48%。有29个重组项目投资额在1 000万元以上。有50个项目已转入试、投产，新增销售收入1.54亿元，利润1 277万元。乡镇工业小区和村级工业大院取得较好的经济效益。其中，马坡镇聚源工业小区、北小营镇宏大工业小区总收入分别为2.4亿元和4.1亿元，被中共北京市委农工委评为先进乡镇工业小区，北小营镇宏大工业小区、高丽营金马工业小区、马坡聚源工业小区还被评为第二批全国乡镇企业示范区。后沙峪镇玉树工业大院、南法信镇佳盈工业大院、仁和镇家家工业大院总收入分别为7 000万元、5 450万元和7 070万元，被评为先进村级工业大院。

【乡镇企业技改步伐加快】 2000年全区乡镇企业共实施技改项目109个，计划总投资4.89亿元，本期已投入3.76亿元，完成投资量的87%。其中投资在500万元以上的项目31个，计划总投资3.19亿元，本期投资2.54亿元，完成总投资量的86%。有80个技改项目竣工试、投产，新增销售收入1.38亿元，利润1 045万元。

【建材行业加快新产品开发和技改步伐】 在全区建材行业中，加大了产品结构调整和新型墙体开发的力度。长山水泥厂在全市率先完成淘汰工艺落后的小立窑，旋窑生产线建成并投产。张庄普利集团引进国外先进技术研制的聚苯板抹弹形胶浆的外墙保暖技术进入批量推广生产阶段。15家轻集料砌块厂的产品质量不断提高，销售见好，已销往周边区、县。各建材企业不断加快新产品开发和技术改造步伐。嘉寓公司引进德国技术生产的地面智能取暖材料已试制成功。该产品既节约能源，又减少污染。高丽营广龙奥科塑料管材有限公司生产的铝塑复合焊接管年内形成批量生产能力。轻型板材生产厂家在上年5家完成技改的基础上，年内又有18家完成了技术改造，走在了全市前列。年内全区有50%的新建住宅楼使用了新型节能墙材，连续两年获市墙改办颁发的优秀奖牌。

城建城管

【规划工作全国先进】 顺义城区22平方千米的控制性详细规划基本完成，并报市主管部门审核，19个地区办事处和镇域规划全部完成，除李桥、李遂两镇外，其他均已报审完毕。“空港城”总体规划已完成初步方案和规划纲要。重点村的规划工作已展开。1985年制订并延续多年的《顺义县城总体规划》，将以不断加深加细，规划滞后于建设的状况有了重大转变，规划的龙头作用真正发挥。在2000年全国规划工作评比中，顺义区规划局被国家建设部评为北京市唯一的一家全国规划工作先进单位。

【人防建设规划完成】 2000年内重点完成了《顺义区城镇人防建设与城市建设相结合规划》和人防指挥通信规划，完成了待建工程的规划、设计、审批和质检验收工作，完成了全区不在册一般人防工程的普查工作。继前两年连续被评为市人防系统先进单位后，年内又被评为全国人防工作先进单位。

【小城镇建设组织协调力度加大】 提出了《关于加快村镇建设，推进城市化进程意见》（征求意见稿），以指导和推进全区村镇规划和建设。后沙峪作为小城镇建设试点镇已经市批准，杨镇、马坡、后沙峪3个试点小城镇的基础设施进一步完善，共投资9 514.3万元。其中，马坡镇被市委农工委、市农委评为京郊小城镇建设先进镇。

【综合整治力度加大】 发挥政策引导作用，制定《关于城乡道路两侧划定隔离带的规定》和《顺义区村（居）民建设规划管理的若干规定》，严格执法，抓早抓小。全区先后发动干群10.5万人次、车辆5 000余辆次，开展环境整治工作。全年共拆除各类违法建设5.4万平方米，其中完成市政府下达的任务共32件，总面积6 186平方米。处理违法占地11件，处理占地面积30.27公顷。清理垃圾渣土1万多吨，清除非法广告136处，清理“白色污染”12万延长米，取缔流动摊点1 500多人次。完成了以《提高城市设计水平努力创建城市景观》为主题的调研任务。完成顺义城府前街和顺通路的详细规划，强化城市景观设计和管理。为申奥完成了孙河桥到向阳闸桥路两侧环境综合整治违法建设的调查登记工作。

【加强建筑行业管理】 认真贯彻《建筑法》，深入宣传《建设工程质量条例》，通过自查、抽查和联合执法检查，开展“安全生产月”活动，从工程的招、投标、开工及现场管理、工程质量及建筑材料、外地进京施工企业和民工管理、企业资质检核、持证上岗等方面，进行全面监督检查，进一步规范建筑市场。全年工程招、投标率达到100%；质量监督率，城镇达到100%，农村达到98%。工程质量合格率100%，优良率达到28%。

107家施工企业、35个构件厂、8家房地产开发企业、287个项目经理，通过资质证书年检。

【完成光明街改造】 投资9 956万元对光明街进行改造，改造总长度6.1千米，重点改造五里仓至减河桥，长3.3千米。整个改造工程共拆除老旧建筑物5.4万平方米，新、改建自来水管线1 250米，天然气管线2 300米，排水管线4 100米，入地供电电缆3.1万米，电信电缆6 214米，广播电视电缆2 100米。建设了光明文化广场、区医院和区委东广场。新建了景墙和公益广告牌。新装路灯144盏，人行步道灯280盏，设置礼花灯9盏，椰树灯10盏。改造后的光明街，地上部分达到新、绿、净、靓、美，地下部分达到水、暖、电、气通，成为顺义的样板街。

【组建城管监察大队】 2000年9月28日组建城管大队，严格履行城市管理职能。实行以街定人、责任到人、分工负责、区域管理，3个月来就已查处各类违法案件16 166件，处理信访、举报347件，城区环境状况得到明显改善。

公路建设　交通

【全区公路总里程达到1 567千米】 2000年内全区新增公路里程42千米。完成顺平路一期1号标、二期9号、10号标段扫尾工程；顺平路三期五里仓环岛立交桥工程；南三环13号标工程；公路二环220号B工程，以及在建的永南路1号标工程。完成顺安路、顺密路新改建工程2项。至年底，全区公路总里程达到1 567千米。其中：县（区）级以上598千米，乡级路913千米，专用路56千米。

【公路养护、绿化工作加强】 2000年内完成了京沈路罩面等大修工程9项。养护完成焦孙路、怀昌路、辛樊路等中小修工程12项及日常养护。养护里程579.02千米，平均好路率84.5%。

完成公路二环绿化投标工程1项，顺平路、顺沙路重点绿化工程2项及富北路等绿化工程，新增落叶乔木15 815株，常绿乔木2 003株，花冠木47 200株，铺草坪42 000平方米。保养路树15万株，花卉10万株，草坪22万平方米。

【加强交通行政执法工作】 充实交通行政执法队伍，由原12人增加到19人。加强养路费征收工作，抓管理、抓服务、抓稽查，确保任务完成。加大执法力度，查处各类违章车辆400余起、违章广告465块，处理堆物堆料123起。

【通过社会招标发展城乡交通】 全年完成区境内8条客运线路的实地考察、踩点、测量和开通工作，通过社会招标，骏马客运公司投入中巴车80部，营运里程210千米，设站167个，客运线路基本辐射全区。全年共出车116 800班次，总客运量219万人次，总里程600万千米，方便了群众出行，此做法也为市交通局所肯定。

【大力整治客运市场和汽车维修市场】 全年组织三次联合大检查，共出动3 000余人次、200多车次，查处违章拉客71起，扣车36辆，罚款2.48万元；查扣黑“面的”106户，罚款2.15万元，收缴修车工具、器械等1 071件（套），罚款5.3万元。对城区客运市场进行整顿、治理投资6.6万元，设置站点42个，站牌196个，站牌架65个，方便了乘客。

商业　对外经贸　旅游

【发展新型商业形态】 1年来，区内各商业单位共发展超市、连锁店、专卖店22家，挂牌连锁258家。鲲鹏集团在北京市内发展专卖店，由原115个发展到258个，还开发了85个集团消费市场和6个大型农贸市场销售网点。烟草专卖局（公司）在全区辖境共发展2 300个配送专卖店，并实现网络管理。这些新型商业形态进一步方便了群众，完成的销售额约占全区商业企业总销售额的17%左右。

【供销社系统经营转亏为盈】 区供销社系统1999年经营亏损338.9万元。进入2000年，以企业减亏增效为重点，上下团结一致，真抓实干，狠抓业务经营，扩大自营业务销售。利用原有商业经营场地及闲置资产改善商业设施，新增营业面积30 400平方米，方便群众选购。对化肥、食盐等在本系统占经营优势的商品，低成本扩点，实行连锁网络销售。

通过以上努力，全年销售额达到12.31亿元，比上年增加19%多，经营利润达到3 840万元，完全实现了转亏为盈。

【推进资产重组，提高资本运行质量】 依法实施企业破产。全区商业系统累计依法破产立案37户，涉及债务6.8亿元。共立案18户，清除各种债务2.7亿元。对15家破产企业的财产依法进行公开拍卖，拍卖标的成交额达2 176万元。通过引进资金、出租房产等形式，累计盘活资产1.2亿元，同时收回资金3 000多万元。

【加大商业行政执法力度】 2000年内全区商业行政执法，主要集中在食盐专营、禁止生猪私屠滥宰、烟草专卖和美容美发、洗浴业、加油站整顿的“三个执法”和“三个整顿”上，取得了显著成效。盐务执法出动1 700人次，查处410户，立案6户，没收私盐240吨，罚款5.5万元。禁止私屠滥宰执法检查出动1 200人次，检查私屠户300人次，巡回检查市场各类猪肉销售摊点1 500个次，没收不合格生猪产品10 000千克，没收屠宰工具200件，罚没款2 350元。烟草专卖执法共出动3 500人次，公开销毁查没假烟4 283条，总价值18万元。通过检查整顿，9个加油站中已有6个经检验合格，撤销了不符合标准的美容美发洗浴业网点19个。通过商业行政执法、整顿，净化了市场经营秩序，维护了消费者合法权益。

【招商引资工作见实效】 区政府各镇（地区办事处）、公司（局）明确任务指标，进行量化管理，加大考核力度，取得实际成效。年内新批“三资”项目39家，比上年增长70%；投资总额9 521.035万美元，同比增长1.35倍；注册资本8 126.06万元，同比增长1.7倍；合同利用外资6 031.974万美元，同比增长2.37倍。全区实际利用外资1.02亿元。

【超额完成全年出口计划】 对外贸易进一步扩大，出口结构趋于优化。全年完成出口供货额59.3亿元，比上年增长88.9%。其中“三资”企业直接出口51.3亿元，比上年增长1.1倍。外向型经济对全区增长的拉动作用显著加强，达到6.5个百分点。

【加强宣传促销，组织各类旅游活动】 由区旅游局牵头，于2000年9月22日召开“顺义旅游新闻发布会”。此前4月参加了在河北省石家庄市召开的“北方十省市旅游交易会”，发放宣传材料3万余份，并利用多种新闻媒介，多渠道多方位进行宣传，树立顺义旅游形象，扩大顺义知名度。

将顺义现有景点、综合服务设施和“三高”农业区、顺义啤酒厂等农业观光和工业观光项目结合起来，推出“顺义观光一日游”旅游线路。年内先后举办了第二届“举家顺义过大年”活动、春季“神州旅游到森林”宣传日活动、“绿色2000年中秋文艺晚会”等活动。

财政　金融

【全区财政收支情况良好】 全区属地内财政收入完成14.37亿元，比上年同期增长23%。其中：中央级、市级收入完成9.45亿元，同比增长17%，占属地内收入总额的65.8%；区级地方财政收入完成4.9亿元，同比增长37%，占属地内收入总额的34.2%。

财政支出累计完成10.97亿元，同比增长28%，保证了农业、教育、卫生及重点工程项目支出。

【落实新的财政体制】 2000年，北京市对区、县实行新的分税制财政体制。为尽快适应和落实新的财政体制，保证地方财政收入稳步增长，区财政系统全面分析属地内的税源结构，研究新体制下经济运行趋势和财政收入特点，强化征管，严格依法治税，全年地方财政收入增幅达到37%，新旧财政体制实现了平稳过渡。

【金融系统运行平稳】 贷款投入力度加大，净增贷款14.3亿元，为全区经济发展提供有力财政支持。全年贷款余额累计完成82亿元，比年初增长21.1%。存款余额累计完成145.5亿元，比年初增长15.2%。银行资产质量有很大提高。全区银行5.1亿元不良贷款本息被对口资产管理公司承接剥离，同时清偿、核销、挂账破产企业的贷款本息总额4.2亿元。

【保险部门拓宽经营领域】 全区保险市场由粗放型向集约型经营转化。整体承保质量有所提高，财险综合赔付率达到50.5%。

社会进步

2000年，在党政领导班子和领导干部中开展“三讲”教育和“三讲”教育“回头看”活动，开展“三个代表”重要思想研讨。在学理论、学党章的基础上，加强党员先进性和实用技术培训，党组织建设得到加强。在全区人民中开展“把一个什么样的顺义带入21世纪的大讨论，倡导‘顺义精神’”，大力加强社会主义精神文明建设，社会主义民主法制建设取得新进展。坚持“科教兴区”，强化科技对接，加快科技成果向生产力转化步伐。教育优先发展的战略地位进一步巩固，调整教育结构，教育资源优化配置，稳步推进素质教育，教学质量不断提高。开展群众性的文化体育活动，卫生事业健康发展，计划生育连续多年被评为先进单位。

党　　建

【组织建设加强】 2000年，重点强化干部民主推荐环节，实行处级领导干部任前公示和离任审计制度。加大干部考察、培养年轻干部和后备干部队伍建设的工作力度，优化干部队伍结构。以创建“五好”党支部和“六好”乡镇党委为载体，加强农村基层组织建设。在创建“六好”乡镇党委的过程中，加强领导班子和领导干部的思想作风建设，提高班子的凝聚力、战斗力。按照“公开办事制度、公开办事结果、提高办事效率、提高服务质量、接受群众监督”的总体要求，推行政务公开。在“五好”党支部的创建活动中，着力抓了党支部书记队伍的建设，从机关、企业选派干部到村任职。着力发展优秀青年加入党组织，全年共发展党员1 008名。到2000年底，全区共有基层党委72个，党组28个，党总支52个，党支部1 615个，党员总数达38 430名。

【思想教育落在实处】 2000年，中共顺义区委按照市委的要求，在总结第一批处级领导班子和领导干部“三讲”教育成功经验的基础上，按照“三个代表”重要思想要求，组织实施了第二批28个处级领导班子和356名处级领导干部的“三讲”教育工作。使处级领导班子的整体素质、领导和驾驭全局的工作能力进一步提高，领导干部的政治素质显著增强。同时组织实施了区级领导班子、领导干部“三讲”教育“回头看”活动，巩固扩大了“三讲”教育成果。在全区二级班子“一把手”中开展“把一个什么样的顺义带入21世纪”的培训研讨活动，共有173人参加，收到研讨文章89篇。使领导干部加深了对“三个代表”重要思想的理解，理清了工作思路，鼓舞了工作干劲。以党支部书记为重点，对村级干部进行培训。经考核有195名党支部书记取得任职资格合格证书。结合全区党员队伍的实际，在继续开展学理论、学党章活动的基础上，有针对性地加强党员先进性教育和实用技术培训。开展对练习“法轮功”党员的教育和转化工作，对个别顽固不化的给予了党纪处理。

精神文明建设

【倡导“顺义精神”】 2000年新旧之交，顺义区委、区政府引导全区人民，开展“把一个什么样的顺义带入21世纪”的大讨论，以凝炼出“顺义精神”，使之成为新世纪两个文明协调发展的新顺义的精神力量和思想保证，激励全区人民开拓进取、真抓实干。

“顺义精神”凝炼评选活动从6月开始。经过广泛宣传，全区有8万余人参加了讲座和征集，一共收到征集条目256条，从中筛选出了备选条目，组织基层干部充分讨论，邀请首都高校、科研单位的学者、专家进行研讨，有的市领导也发表了书面意见。在7月召开的顺义区委一届四次全会讨论后，又广泛发动社会群众进行再研究、再凝炼、再评选，发出选票12 323张，实际收回11 372张，占发出选票的92%。

在群众再次进行广泛评选的基础上，经区委常委会讨论，确定了以下“顺义精神”：“同心向上、科学创新、脚踏实地、追求卓越。”在实践中，“顺义精神”将再丰富、再提高、再凝炼。

【创建文明社区（村镇、单位）和军（警）民共建活动】 按照区首届党代会提出的“创建文明区”的奋斗目标和市、区规范的标准，2000年内创建出“首都文明社区”1个，创建出首都文明区8个，区级文明区5个。城区有20个居民区“五有五无”全部达标。

全区创建出首都文明村16个，文明乡镇4个，居10个远郊区县之首。创建出文明单位标兵5个，首都文明单位22个，区级文明单位23个。涌现出首都军（警）民共建标兵单位7个，先进单位4个。

【环境整治取得新成果】 全区422个行政村“五个一”建设基本落实，村容环境明显改变。拆除违法建设56 000平方米。出动党政军民学21.5万人次，整治干线公路两侧和城乡结合部两侧，完成第一期干线穿村路段两侧环境整治，新建公路两侧花墙总长7 000余延长米。出动机动车5 000台次，清除垃圾渣土6 300多吨。落实“绿色奥运行动计划”，整治“申奥大道”环境，拆违拆旧42 000平方米，清理广告牌230余块。天竺、马坡、后沙峪3镇确定为全市环境整治示范镇，整治全面展开。

教育　科技　信息

【大力推进素质教育】 区委、区政府于2000年5月召开全区教育工作会议，下发《关于深化教育改革推进素质教育的意见》和《顺义区教育事业“十五”发展规划》(征求意见稿)，确定了全区教育改革和发展的目标、任务及措施，充分发挥课堂教学实施素质教育主渠道的功能，减轻中小学学生过重课业负担，努力培养学生创新精神和实践能力，教育教学质量稳步提高。2000年全区学生中，有5 546人参加中考，5 289人被各类高级中学录取，录取率为95.4%。高考中有2 057人被各类大专以上高等院校录取。

【减轻学生过重负担落到实处】 认真贯彻国家教育部和市教委的指示要求，出台了顺义区10项具体规定，严把学生用书关，中小学教学用书比原来减少了70种。还通过广播、电视向社会广泛宣传“减负”意义，并就一些热点问题进行深入探讨和报道。开通了举报电话，加大监督力度，进行专项检查，学生自由活动时间和空间明显增多，内容也更为丰富。

【抓好高标准基础教育工程】 1年来，区、镇和学校共投入1 780万元，对沿河中学等10所中学进行规范性建设。经市教委组织的验收组对这10所学校进行规范化建设达标验收，一致认为在办学规模、办学条件、队伍建设、学校管理等方面，达到了北京市农村中学规范性建设标准。至此，经5年努力，先后投入8 000万元，全区36所中学全部通过规范化建设达标验收，顺义基础教育走在北京市远郊区县前列。

【推进中小学内部人事制度改革】 制定具体实施办法，明确受聘教职工条件、聘任教职工程序、未聘人员的安置及校内结构工资的组成和结构工资方案制定程序等，广大教职工竞争意识和上进心明显增强。

年内完成全区中小学校长、幼儿园园长的换届续聘工作。40所中学（职业高中）换届以后的校长（其中33位符合条件连任）全部持证上岗，平均年龄45.9岁，具有高级职称的24人。40所小学换届以后的校长（其中30位符合条件连任）平均年龄43.9岁，具有大本学历的33人。13所幼儿园换届以后的园长（其中8位连任），均为幼教专科毕业，平均年龄35岁。

【牛栏山一中举办“校长论坛”】 2000年10月顺义牛栏山一中建校50周年，隆重举办了一系列重要活动。来自国内各地有丰富管理经验的中学校长、教科研部门从事教育教学理论研究的专家学者，以及国外教育界知名人士，共70余人参加了由学校举办的“21世纪人才规格和培养模式”校长论坛。面对新世纪更加激烈的竞争，培养跨世纪优秀人才等问题，进行了广泛的研讨，也增进了牛栏山一中与这些方面的接触与友谊。

【职业教育调整提高】 2000年内完成了职业教育布局的调整，下大力量办好职业教育中心学校和汽车技术职业高中。砍掉了职、普并存的职高班。职业教育中心学校在被市教委批准为北京市职业高中示范校之后，又被国家教育部评定为国家级重点中等职业学校，开设了12个专业，在校生超过2 400人。2000年毕业生1 426人，普遍受到用人单位欢迎。

【实施成人教育五项工程】 在农村和农业劳动者科技推广培训工程方面，以北务镇特菜种植技术培训、大孙各庄种苗产业化培训、农科所农业种植技术信息网络培训项目为主，全年培训23 201人次。在市民素质提高培训工程方面，引导市民学习科学知识，破除封建迷信，培训88 817人次。在乡镇企业职工培训方面，以全年销售收入在500万元以上的乡镇企业厂长、经理、财会人员、销售人员、工程技术人员岗位证书培训为主，培训23 690人次。对转岗人员完成培训234人次，中高层次紧缺人才完成培训65人次。

【高新技术产业发展调整了全区生产格局】 2000年内高新技术产业发展5家，累计共达19家。全年技术产业增加值占工业增加值的比重为35%，占全区国内生产总值的比重为16%。作为高新技术产业发展基地的空港、林河、“三高”三个开发区，在技术创新、成果转化的示范带动作用日益突出。全年引进科技项目68个，投产52个，引进各级各类科技人员3 463名，吸纳顺义境内6 800人就业。这些高新技术企业及产品，以电子信息、光机电一体化、生物工程为主，改造了本区的传统产业，进一步调整了原来以食品、饮料、服装、建材为主的生产格局。

【民营科技企业发展迅速】 到2000年底，全区民营科技企业新增60家，累计发展到181家。共引进中高级科技人员180名，开发新品种68项，承担火炬计划32项。吸纳顺义境内5 000多人就业，并已初步形成与三个区级开发区相呼应的顺平、京密路沿线的民营企业带。在新发展的60家民营企业中，有46家是自带项目、资金来顺义创办民营企业的。

【科技外接取得新的进展】 通过组织参加北京高新技术国际周、燕京啤酒节技术对外洽谈会等活动，引进了一大批科技项目。3个开发区、19个镇（地区办事处）共对接项目108个，一批科技含量高的项目已开始投产。

【广泛开展科普活动】 以开展“科普之春”、“科技月”、“爱科学月”、“科普赶集”等活动为中心，2000年共组织举办科普活动415次，发放各类科技材料10万份，技术书籍1万册，受益群众16万人次。在科技馆举办大型科普讲座81次，直接听众1 680人次。在农村，开展“创建科普示范基地”、“创建科普文明示范村”活动，已建立起示范村10个，示范基地2个。

【信息技术得到广泛利用】 继1999年底顺义区人民政府信息网正式开通后，2000年加快与各单位联网，网络平台已拥有用户156个，其中局域网用户80个，远程拨号用户76个，有11个镇（地区办事处）、7个委、办、局（公司）建立了自己的网站，全区累计上网单位51家。因特网访问人数已达4万余人。顺义网城中文版在整体框架不变的前提下，适当调整栏目，增加电话查询、交通信息、区长信箱等栏目。全年上网新闻100期、达600条，现代信息技术得到广泛利用。

文化　广播电视

【群众文化活动丰富多彩】 以“二月新春”、“五月的鲜花”、“十月金秋”为主题的三大文化系列活动，通过演唱、表演、绘画、摄影、书法等多种形式活动，展示成就、宣传典型、弘扬正气、活跃群众、树立新风、共创文明，满足了城乡不同层次群众文化需求。“二月新春”文化活动历时两月，先后开展了百名歌手唱新春、千幅春联表幸福、万民同乐闹元宵等10项系列活动，共组织团拜、戏剧、花会、秧歌、卡拉OK演唱会500场，观众达50万人次。“五月的鲜花”文化活动，层层发动，精心安排，组织了歌舞、曲艺、小品、演讲诗歌朗诵等各种形式的歌咏演唱和文艺汇演共120余场。演出节目2 000多个，参与活动人员达15万人次。

“十月金秋”书法、美术、摄影活动，基层举办展览33个，展览作品3 200件；在此基础上，选取280件精品，举办全区优秀作品展。

【抓好群众文化辅导】 2000年，区文化馆组织文艺、戏剧演出86场，吸引观众7万人次，举办器乐、美术、秧歌、舞蹈、戏剧、摄影等培训班44期，培训文艺骨干2 300多人次；深入基层村、镇，辅导1 000多人次。创作各类文艺作品30万字，发表8万余字。

【图书阅览活动走向社会，服务大众】 区图书馆与区少工委、团区委、教育局合作，开展以“红领巾读书活动”为主线的宣传，科普知识报告会、诗歌朗诵和故事大王擂台赛等读书活动。编印《决策与参考》、《保健指南》、《科技信息》等刊物，向社会发放。

【办好电视节目丰富荧屏】 区电视台唱响主旋律，打好主动仗，全年播出《顺义新闻》3 000条，并为北京电视台、有线电视台送播顺义新闻104条。以提高可视性为出发点，加大节目改版力度，从1月1日起，由原来的隔日新闻改为当日新闻，每天播出10分钟、9～10条，每条新闻平均由原来的1分50秒降到1分15秒，提高了时效，增加了容量。开播了《谋求新发展、迎接新世纪》专题节目；采访制作了《争创党建先进区》、《把什么样的顺义带入21世纪》系列报道，有力地配合了区委、区政府中心工作。电视新闻力争出精品、创名牌。《对牛弹琴》获市广电系统好新闻一等奖和北京市好新闻一等奖。

【广播“开门办台”增强服务性】 2000年内区广播电台两次调整栏目，增加了广播信息、寻医问药、今日10分钟、特色医疗等4个新栏目，请专家学者直接上广播，增强节目可信度。电台共开设各类栏目33个，播出新闻和专题稿件1.4万篇，年播出时间4 380小时，超出一些区县65%以上。

【规范印刷行业获进一步发展】 针对区印刷行业技术力量后继匮乏、制约发展的问题，在全郊区首先举办了3年制印刷专业班，市新闻出版局发了专题简报，区委书记赵义作了批示。组织全区印刷装订企业40余名厂长去河北三河参观学习，开展书刊印刷质量评比，举办零件印刷新型设备操作知识技能讲座。通过上述活动，促进顺义印刷业进一步发展。

【文化市场强化规范管理】 全区有各类文化经营单位（个人）410家。区文化主管部门以党的方针政策和有关法规为依据，以繁荣和发展文化市场为出发点，加强监督，规范管理。年内共举办法规培训12期，1 300人次接受培训，增强文化经营者的法律意识，确保文化市场健康发展。

【“扫黄”、“打非”见成效】 坚持“提倡有益、扶持健康、允许无害、反对有害、取缔违法、打击犯罪”的管理方针，与区公安、工商等部门密切结合，组织了联合性“扫黄”、“打非”集中行动70余次，出动执法人员3 100人次，出车617辆次。共检查文化经营和服务场所1 836个（次），纠违136起，警告86起，取缔非法经营场所及摊点121个，清除带有赌博功能的电子游戏机216台，收缴非法经营的电子游戏机146台、电路板630块，收缴盗版光盘和各类书刊2.4万盘、册，净化了顺义文化市场。

体育　卫生　计划生育

【推进全民健身活动】 区体委推出多种群众喜闻乐见、便于参与、效果显著的优秀健身项目，新辟10条健身路径，投入的群众体育事业资金达364万元，还建立健全了《顺义区城乡群体量化评估细则》、《顺义区健身气功管理办法》等多项工作管理规章制度，对群体活动进行规范性管理。开办各类健身项目培训班和健身知识讲座。1年来，全区各行业、各系统共举办各类体育活动455次。春节期间，“健身过大年”成为城乡时尚。在第四届农民运动会上，北京团顺义选手勇夺2.5金、1银、1铜和1个第五名，为首都奖牌位于全国第二建立功勋。

【全区体育赛事接连不断】 全区单项体育协会已发展到16个。2000年在区体委指导下，由各单项协会和比赛项目冠名单位共同举办的各项赛事近20个。10月12～14日，由北京市门球协会、顺义区体育总会、顺义区门球协会和顺义空港开发区联合举办的北京市首届顺义“空港杯”全国门球邀请赛隆重举行，中央国家机关、解放军和北京、天津、河北、山西、河南、江苏、新疆等地的48支门球队、500余人参赛。

【竞技体育多次出现喜人战绩】 全区80所中小学全部实施《国家体育锻炼标准》，达标率为98.1%。所有体育传统项目均达到了评估标准，区体委建立了体育科研领导小组，全年投入的体育科研经费达6.7万元。

加速体制改革，促使体育社会化、产业化，为顺义竞技体育发展和体育后备人才培养闯出了新路，新人、新成绩不断涌现。在2000年北京市中小学生田径运动会上，顺义区中学生体育代表团以绝对优势再次蝉联郊区团体总分第一名，实现了“八连冠”。5月举行的顺义区中小学生田径运动会，1 588名运动员参加89个项目比赛，打破28项区纪录，为历届最多。

【申奥工作初战告捷】 区体委运用多种形式，加强申奥宣传，加强顺义宣传，增强全区人民的申奥意识和外界对顺义的了解。配备重要力量投入申奥工作。接待申奥单项考察。国际赛艇联合会、国际马术联合会、国际皮划艇联合会的成员，对顺义的筹备工作、设施条件、环境交通和人民的申奥热情，均给予了很高评价。2008年规划在顺义的赛艇、马术、皮划艇三个项目，均已获得各该国际单项体育组织发来的认证书。

【预防保健放在全区卫生工作首位】 坚持“预防为主”方针，充分发挥专业部门职能作用，区、镇、站三级预防保健网络密切配合，预防保健工作加强。全年全区无甲类传染病发生，乙类传染病发病率控制在142.17/10万的较低水平。顺利完成1999—2000年度二轮强化免疫工作，接种率达到99.6%，计划免疫相关疾病控制在较低水平。做好食盐、高氟水井检测工作，顺利通过北京消灭碘缺乏病阶段目标评估，地方病防治工作进一步加强。结核病防治工作继续保持全国领先地位，结核患病率下降到35/10万，全面监督化疗率、治愈率分别提高到95%以上。成立专门机构，牙病防治工作步入规范化轨道。实施食品从业人员检查，发展微机化管理，全年无重大食品中毒事件发生。加大中小学校、美容美发、洗浴娱乐等公共场所卫生管理，公共卫生质量明显改善。全区孕（产）妇管理率、产妇住院分娩率、儿童系统管理率分别达到93.78%、100%和97%，接近发达国家水平；婚前体检率、母乳喂养率提高到98.13%和89.23%，婴儿死亡率下降到3.02‰，圆满完成“NPA”各项指标。

【加强卫生服务体系建设】 以提高卫生服务队伍整体素质为重点，全面推进卫生服务体系建设。努力创造良好的卫生服务条件，区医院和中医院、妇幼保健院的外部环境整治和内部环境改造都取得显著进步，门诊和病房都安装了空调。区医院购置了螺形CT、C形臂、彩超、全自动系列生化仪等较先进医疗设备。部分卫生院更新增加了生化仪、X光机等诊疗设备。

在改善硬件设备条件的同时，加强具有专科和全科知识人才培训。全年举办4期学习班，53次讲座，参加培训的人员达1 200多人次，服务意识和服务能力进一步增强。实施医药价格明码标价和每日向住院病人提供医药费清单，病人及其家属的满意率达到98%。

【加快社区卫生服务站建设】 覆盖全区城乡的社区服务网络已初步建立，累计建设社区卫生站110个，具备较高标准的60个，为其中的29个服务站配备了必要的医疗和办公设备。

【开展“婚育新风进万家”活动】 加强计划生育宣传，为各村配备婚育新风进万家生产保健光盘，定期组织已婚高龄妇女观看。印发《高龄群众服务卡》，包括紧急避孕知识和保险，计划生育协会组织，免费送到每个已婚高龄妇女家中。编制《国策之声》录像带，发到各村定期播放。对部分年龄比较小的育龄妇女和村级计生专职干部、宣传员进行培训。修改后的《北京市计划生育条例》及配套规章进村。

元旦春节期间，集中开展一系列宣传活动，把计划生育方针政策、优生优育、生殖保健送到千家万户。

【狠抓已婚高龄妇女尿孕检工作】 区计生委干部直接进村入户，与高龄妇女座谈了解情况，进行抽查。2000年4月4～10日，抽查已婚高龄妇女648人，应检1 499人次，实检1 492人次，孕检率99.5%。6月9～20日，抽查已婚高龄妇女351人，应检1 009人次，实检983人次，孕检率97.4%。11月14～29日，对已婚高龄妇女孕检工作进行了抽查，应检1 230人次，实检1 227人次，孕检率99.8%。

顺义区计生委在农村抓好已婚高龄妇女尿检工作，使计划外怀孕做到早发现、早做工作、早采取补救措施，实现无超计划生育。

【推行计划生育村民自治】 把村民自治纳入计划生育目标管理，制定计划生育村民自治章程。推行以来，干部的工作好做了，群众对计划生育工作也更加支持了。

【落实独生子女父母奖励费工作】 将此落实工作作为一项重要指标纳入计划生育目标管理。年初确定全区423个村中，要有257个村做到落实独生子女父母奖励工作。到年底实查，有357个村兑现达标，占全区村总数的84%。

民政　劳动　社会保障

【抓好基层政权建设】 宣传贯彻《村委会组织法》，开展评先创优活动。2000年上半年对14个市级、26个区级先进村（居）委会进行奖励表彰。全区对“村民自治章程”进行全面修改，章程入户率达到100%。以民主日为契机，狠抓村务公开。1月18日和7月18日，全区1 000余名副处级以上领导干部深入到各村参加“民主日”活动，认真听取广大村民代表意见，现场为农民群众解决实际问题。

【社区建设实现新突破】 区政府组建社区建设工作领导小组，制定下发了《关于加快发展顺义社区服务事业的意见》、《顺义区社区服务中心建设方案》等规范性文件，提出了社区发展的总体规划。2000年，市、区投资429.8万元启动各办事处社区服务分中心建设工作。全区已建有服务便民网点215个，社区志愿者组织18个，社区服务志愿者6 699人，发放便民卡15 700张。

【狠抓优抚安置政策贯彻落实】 优抚对象的保障标准进一步提高。主要是五个方面：一是带病退伍军人定期定量补助由每人每月70元提高到每人每月120元，月增50元。在乡优抚对象每月提高20元，城镇优抚对象每月提高40元。二是加大两节走访慰问力度，扩大慰问面。两节期间，区、镇两级政府筹措资金43万元，走访慰问了“三老”优抚对象，慰问金人均200元，使原来的重点走访逐步扩大到全面慰问。三是加大义务兵优待金统筹力度，建立优待金自然增长机制。2000年底，预计收缴优待金95万元，优待金总额达到255万元，人均达到3 575元，比1999年增长8.5%；城镇义务兵优待金标准从140元提高到260元，增长86%。四是争取财政支持，增拨100万元医疗款，使优抚医疗减免款达到220万元。五是抓好危旧房改造，改善优抚对象住房条件。2000年全区筹集资金23万元，为30户优抚对象进行危房改造，对9户优抚对象进行危房维修。

【安置复转军人】 2000年共接收安置转业干部29人，退伍义务兵、志愿兵471人（其中城镇士兵

107人，农村士兵364人)，安置率保持了100%。建立了大孙各庄镇退伍军人培训试点，对29名农村退伍军人进行了农业技能培训。为鼓励退伍军人自谋职业，后沙峪镇对自谋职业的退伍军人制定了奖励政策，使退伍军人安置工作实现新的突破。

此外，还为98名军人家属安置就业。为104名部队子女解决了入学入托问题。

【积极开展民族团结创建活动】 认真宣传《北京市少数民族权益保障条例》,依法维护少数民族的基本权益,积极开展民族团结创建活动。2000年内投资10万余元在隆华购物中心设立了全区第一家“清真柜台”,投资6万余元在建北幼儿园设置“清真灶”。拨2万元发展民族精品农业,拨5 000元改造民族村的村容村貌。召开全区民族团结进步、先进单位和先进个人表彰大会,进一步推动民族团结创建活动开展。

【健全完善社会保障体系】 继续坚持救灾经费分级负担、救灾工作分级负责的原则。全区落实“217”科目45万元，各镇也建立了救灾基金，并建立了救灾款追踪检查使用制度，确保救灾资金按时足额发放到灾民手中。2000年内全区灾情严重，旱灾、风灾、雹灾交替发生，全年共下拨救灾款73万元，保证了灾民的基本生活，有效地维护了社会稳定。为进一步弘扬扶危济困的优良传统，10月份全区共募集衣被14.18万件，募集资金109.8万元，救灾款物及时安全的送达内蒙古灾民手中。

【城乡低收入保障工作全面推进】 到2000年12月底，全区有483户、1 108人享受城市居民最低生活保障金，1 121人享受粮油帮困卡，月保障金达12.9万元，年发放总额达159.9万元，比上年增加24.7%。2000年新增城镇低保对象125户385人，撤销63户210人，按政策对448户1 031人享受低保的进行了生活补助调标，每人每月由273元调整到280元，做到无一错漏，及时规范。在农村低收入保障工作中，狠抓村、镇补助的落实。到12月底，全区有1 831户4 481人享受农民最低生活保障金，保障金总额达到225万元，年人均补助标准达到502元，保障人口占全区农业人口的1%，保障面达到100%。

全区共有五保对象469户523人，五保对象建卡、发卡、签定供养协议达到100%。其中分散五保户203人，人均年供养水平达到3 000元。全区18所敬老院共有床位530张，收养292名老人，集中供养五保对象年人均生活水平达到3 500元。

元旦、春节期间，区、镇各级领导共走访各类民政对象800多户，金额达22.7万元，其中贫困户375户1 298人，慰问金额达8.2万元。

【发展民政经济】 坚持扶强扶优、全面服务方针，从抓骨干企业发展入手，强化管理、加大协调力度，帮助企业调整结构，使福利企业在激烈的市场竞争中保持了良好的发展势头。全区现有福利企业236家，从业人员7 606人，生产人员6 230人，其中残疾职工3 139人，占生产人员的50.4%，全年完成销售收入4.1亿元，利税0.47亿元，分别比1999年增长8.6%和8.7%，共收缴“两税”180万元。为145家福利企业办理车辆免征养路费154万元，为9家福利企业发放扶持资金19万元。

【安置下岗职工千余人】 通过全区社会各界共同努力，全区安置下岗职工1 036人。其中，劳务派遣组织安置35人，协议调出12人，自谋职业109人，企业安置851人，其他交流29人。全年为下岗职工争取各项优惠金额1 158万元，为上年的一倍。

【劳动力市场进一步完善】 认真审核并办理城镇招工录用手续，全年共登记城镇失业人员2 199名，加上上年余下的596名，全区共有失业人员2 795名，到年底安排录用2 161人，比上年同期多录用66%。到年底，为84个用工单位办理了2 859名农村劳动力的农民招录手续，同比增长9.5%，为外地工办证35 000个（人）；在规定的行业和工种清退外地工560名，置换岗位400个（人）。全年召开各类招工招聘洽谈会36次，参加单位256个（次），参加求职人员9 824人次，招聘岗位5 967个，初次招聘6 124人，成功率为62%。

【推动全区劳动保障工作依法行政】 全区有注册年检的用工单位2 240家，合同制工人数80 000人。2000年13 100名职工合同到期。区里及时召开“依法调整劳动关系，加强劳动合同管理”大会，妥善解决合同届满、继签中存在的各类问题。全年签证劳动合同3 200份，纠正无效劳动合同327份，审批集体劳动合同143份，职工9 118人。

全年立案受理劳动争议案件404起，解决争议标的金额486.6万元，争议执行金额382.6万元。

【加强社会保险的扩面和金额征缴】 全区基本实现养老、大病、失业、工伤、农保、公费医疗集中管理、统一领导、规范运行的初步目标。全区参加养老统筹单位372个，比1999年增加了43%，参加统筹人数34 132人，同比增长40%，上缴基金6 142万元，同比增长2%，补缴养老基金1 254万元，全区养老保险覆盖率近100%。全区参加失业保险统筹单位共有430家，职工53 086人，同比增长20.8%，上缴基金742万元，同比增长86%。接收失业职工档案803份，同比增长23%，覆盖率100%，支付基金417万元。

全区参加大病统筹企业240家，参统职工人数335 597人。征缴基金1 826万元，同比增长27%，覆盖率98%，支付基金1 081万元。全区参加工伤保险的企业248家，参统职工29 000人，征缴基金137万元，支付基金16万元。全区参加农村养老保险的农民共计57 587人，征缴农保基金5 508万元，其中2000年征缴294万，支付44万元。

政　　法

【开展对法轮功邪教组织斗争】 遵照中央和市委统一部署，区各级党委、政府和各部门、单位投入了很大精力，开展对法轮功邪教组织的斗争。重视和加强对法轮功人员的教育转化和控制工作。在教育转化中坚持有的放矢，使90%以上的习练者脱离了法轮功的控制。对重点人的控制，逐人建立帮教小组，落实帮教措施。积极开展查禁追缴法轮功宣传品工作，收缴非法宣传品3 000余件。加大对法轮功邪教组织的打击力度，依法处理进京滋事、公开练功、散发宣传品的法轮功人员。在本区辖境内法轮功邪教组织活动受到严重打击。

【强化外来人口管理】 区辖境内外来人口有10余万人。区委、区政府督促各镇（地区办事处）、各部门（单位）加强对外来人口管理，签订安全责任书，明确职责、任务，逐项落实。对全区3 381户、12 603间出租房屋和12 434名出租房主开展调查摸底和全面清理。建立224个基层外来人口管理站。清理“三无”人员，严格管理，耐心教育，加强服务，本区外来人口管理工作步入正轨。

【做好刑释解教人员安置帮教工作】 健全、完善区、镇、村三级安置帮教组织机构，建立帮教小组798个，成员2 408人，形成有效的安置帮教机构。坚持教育、感化、挽救原则，从认识上、就业上、生活上切实关心和帮助刑释解救人员。年内通过各方面的共同努力，全区上类人员的安置率达到100%，帮教率达到100%，重新犯罪率为0.62%。

【加强矛盾纠纷排查调处工作】 对各类矛盾纠纷坚持及时排查、各负其责、工作在前、预防为主。全年调解各类民间纠纷4 524件，防止了矛盾激化，维护了大局稳定。

【审结各类民事案件5 000余起】 一年来区人民法院共审结一审民事、经济、行政纠纷案件5 647件。在民事审判中，审判人员不辞辛苦，携卷下乡，就地办案。在经济审判中，着重审理好企业改组、联合、兼并、租赁、承包经营中的纠纷案件，妥善处理涉及企业兼并、破产案件。全年审结破产案件33件，涉及标的额6.4亿元，为全区改革开放起到有力促进作用。提高办案执结率，全年共执结生效法律判决4 967件，人均结案数为全市之首。

【完成“三五”普法验收】 认真开展普法总结验收，全区各基层单位普遍开展自查，同时区人大组织代表对部分单位进行普法总结视察。11月初，市检查组对顺义区“三五”普法工作进行全面检查验收，认为顺义区普法工作，一是领导重视，机构健全，普法责任制落到实处；二是工作扎实，讲实际，重实效；三是重点突出，以点带面，整体推进；四是措施有力，方法得当，形式灵活多样；五是成绩显著，效果明显，普法规划得到了全面落实。

外　事

【外事基础建设工作加强】 全区70余家处级单位均建立健全了外事机构，组织、人员、职能基本到位，建立了必要的规章制度，配备了微机等办公设备。举办了三次涉外知识讲座，外事干部整体素质逐步提高，外事意识明显增强。

【加强因公出国（境）管理】 1年来，共办理因公出国（境）团组140批、275人。区外事部门提供及时、快捷服务，使之及时成行，有力地支持了区对外交流和经贸合作。通过外事活动，利用友好城市活动，政府“搭台”，经贸“唱戏”。年初，顺义区政府代表团访问韩国汉城城北区，双方政府达成进行经贸合作意向。此后，双方有关经贸界人士互访，为友好交流关系城市向进行经贸交流进行了有益的探索。

【接待内外来访】 1年来，区政府外事办接待来顺义区参观考察的团组共56批、1 519人次，其中国（境）外团组19批、414人，国内团组37批、1 105人。同时，协助区有关部门认真做好接待工作，达到相互学习、优势互补、共同发展的目的。

【做好外国专家评审工作】 2000年，区外事办公室根据国家外国专家局的有关文件精神，对在空港工业区等几家单位工作的外国专家进行评审工作。经自愿报名、区外办审核、市外办批准，给23名外国人发放了外国专家证书。肯定了他们在华工作的成绩，落实了专家待遇，为改善投资的“软环境”，吸引更多、更高层次的国外技术人才创造了条件。

顺义区主要领导人

区委书记　赵　义
副书记　孙政才　王立嵘　吕振清　李　平
常　委　陶宝金　夏占义　高　富
王敬东（女）　张华之　张建军
巡视员　张炳义
区人大常委会主任　赵如会
副主任　卢炳华　石光明　周庆禄　李福成
胡丽华（女）
区　长　孙政才
副区长　李　平　李树藩　冯可梁（女）
刘希模　马庚良　王振江
区政府副局级调研员　陈凤英（女）　马万强
区政协主席　陈振山
副主席　李宝祥　赵荣山　张嘉佩（女）
杭纯金　何平山
区纪委书记　陶宝金
副书记　张建军　杨中群

（刘殿钰　曾绍国）

通　州　区

全　区　概　况

通州区历史悠久，交通便利，经济发达，文化繁荣，综合经济实力及社会各项事业发展居北京远郊区县前列。

【地理位置】 位于北京市东南部，属北京小平原东部的一部分。西临朝阳区、大兴县，北与顺义区接壤，东隔潮白河与河北省三河市、大厂回族自治县、香河县相连，南和天津市武清县、河北省廊坊市交界。区域地理坐标北纬 39°36′～40°02′、东经116°32′～116°56′。区政府驻地通州镇位于区域北部，恰处北京长安街向东延伸的交通干道轴线上。

【面积】 全区地处永定河、潮白河洪冲击平原，一马平川。东西宽 36.5 千米，南北长 48 千米，面积912.34 平方千米。土壤以潮土、潮褐土为主，土质肥沃，适种性强，耕地面积 4.92 万公顷。

【水文气候】 全区多河富水，有九河下梢之称，分布河流 13 条。全区属于大陆性暖温带半湿润季风气候区。春旱多风，夏热多雨，秋高气爽，冬寒干燥，日照充足，四季分明。年日照 2 730 小时，平均气温 12.4℃，降水 620 毫米左右。

【矿藏】 境域东南部永乐店地区发现少量石油，属华北油田北部边缘区。境内有矿泉水和地热田资源。

【交通】 境域有区级以上公路 35 条，总长 446千米。乡村公路总里程1 568.5千米，1992 年在全市率先实现村村通柏油路。过境的国道有（北）京塘(沽)、(北)京哈（尔滨)、(北）京（天）津塘（沽)、(北）京沈（阳）高速路，市道有通（州）黄（村)、通（州）顺（义)、通（州）香（河)、公路二环、(北）京通（州）快速路。(北）京秦（皇岛)、(北)京承（德）铁路穿境而过，北京八王坟至通州的轻轨铁路已开始动工。312、322、342、930、938、728、846 路等专线公共汽车直通市区，交通十分便捷。

【建置】 夏商前属冀州、幽陵、幽都、幽州，夏商时期为古燕国属地。中华民国 3 年（1914 年）改通州为通县。民国 17 年（1928 年）6 月，北京改名北平，设北平特别市，直隶省改河北省，通县从北平特别市析出归属河北省。1948 年 12 月，通县全境解放，析通县城厢置通州市，于 1949 年 2 月划属北平市。中华人民共和国成立前夕，沿旧制复归河北省，在通州市设河北省通县专区，通县、通州市为其所辖。1958 年 3 月，撤销河北省通县专区，通县、通州市合并为通州区，划归北京市。1960 年 2 月，撤销通州区恢复通县建置。1997 年 4 月，经国务院批准，撤销通县设立通州区。

【行政区划与人口】 全区辖 18 个镇，1 个乡，4个街道办事处，63 个居民委员会，483 个村民委员会。常住户籍人口597 395人，其中农业人口406 632人，非农业人口190 763人。

【调整乡镇行政区划】 根据北京市民政局《关于调整远郊县部分乡镇行政区划的批复》文件精神，经区委区政府研究决定：撤销胡各庄乡、甘棠乡、郎府乡、台湖乡、大杜社乡、觅子店乡、柴厂屯乡，设立胡各庄镇、甘棠镇、郎府镇、台湖镇、大杜社镇、觅子店镇、柴厂屯镇后，其行政区域范围分别为原胡各庄乡、甘棠乡、郎府乡、台湖乡、大杜社乡、觅子店乡、柴厂屯乡行政区域范围；撤销草厂乡，原草厂乡行政区域并入漷县镇；撤销永乐店乡、小务乡，合并设立永乐店镇，其行政区域范围为原永乐店乡、小务乡行政区域范围，镇政府机关设在原永乐店乡政府机关所在地；撤销渠头乡，原渠头乡行政区域并入于家务回族乡，于家务回族乡政府机关所在地不变。在永顺、梨园地区办事处设立建制镇，行政区域范围不变。

经济发展

全区经济工作，以增加经济总量为目标，加大营造环境力度，积极推进重组改制，加快结构战略性调整，经济总量快速增长，质量明显提高，综合实力显著增强。全区国内生产总值实现 57.1 亿元，比上年增长 14.1%；财政税收增长较快，财政收入达到 8.8亿元，区级可支配财力达到 9.6 亿元。全区社会固定资产投资完成 19.5 亿元，比上年增长 30%；通过大范围的结构调整，一、二、三产业增加值同比分别增长 5.9%、21.6%、12.8%，第二产业增加值有了较大增长，经济运行质量进一步提高；农民人均纯收入达到4 903元，比上年增长 8%，城镇居民可支配收入达到7 135元，比上年增长 6.2%，人民生活水平进一步提高。

农业

【确定农业总体部署】 以富民为主线，加大农业结构调整，培育主导产业，重点建设高效园、养殖专业小区、专业村及合作经济组织等农业工程，实现农业增效、农民增收目标。

【农业结构调整取得历史性突破】 粮食面积由 4万公顷调减为秋播小麦 1.33 万公顷，各类经济作物发展到 3 万公顷，粮经比例接近 3:7。蔬菜、牧草、苗木花卉、中药材、养殖业发展迅速，生产规模不断扩大。全区 0.93 万公顷菜田成方连片，规模在 33.33公顷以上的地块达 50 处，形成了通州东厢菜园。牧草种植面积 0.33 万公顷，主要分布在徐辛庄、西集、漷县、永乐店等镇，亩效益是粮食的 2～3 倍。草木花卉 0.13 万公顷，新发展优新果品面积 0.1 万公顷。中药材面积 0.13 万公顷，品种 40 余个，千亩以上中药材基地有徐辛庄镇沟渠庄、永顺镇焦王庄、梨园镇将军坟、永乐店镇永三村和觅子店镇军庄。养殖业内部结构趋于优化，取得较好效益。农业增加值 10.7亿元。

【养殖业比重明显增加】 全年出栏生猪 44 万头，肉牛 2 万头，肉羊 13 万只，同比分别增长 3.9%、72.9%、25.7%；出栏肉鸡 1 100.5 万只，乌鸡 700 万只，肉鸭 411.7 万只，分别比上年增长 67.6%、115.3%、123%；产鲜奶 2.3 万吨，同比分别增长 66.2%；肉兔出售 15.5 万只，同比增长 43.6%。养观赏鱼 1.2 亿尾。形成乌鸡、肉鸭、肉牛、生猪、奶牛、观赏鱼 6 个主导行业，养殖业占农业的比重达到 42%。

【建设专业乡镇专业村效果显著】 具有专业乡镇雏型的有种植蔬菜的宋庄镇、胡各庄镇，种植苗木花卉的徐辛庄镇，种植葡萄的张家湾镇、种植大葱的郎府镇、稻田养蟹的台湖镇。这些乡镇专业种养面积占全乡总面积的 60% 左右，形成“一乡一业”的区域经济特色。全区种养专业村 60 个，其中蔬菜专业村 15 个，果品专业村 10 个，苗木花卉专业村 5 个，牧草专业村 5 个，药材专业村 5 个，养殖专业村 20 个。

【发展农业高效园】 吸引社会资金 1 亿元，建设农业高效园 35 个，取得明显成效的 10 个。梨园华世源农业科技开发有限公司、琪景药材高效种植园、运河花卉苗木公司等农业高效园科技示范作用显著。

【农产品加工企业明显增多】 1996 年以前，全区农产品加工企业只有几十家，经过 5 年的引进和发展，农产品加工企业已有 115 家。其中固定资产在 100 万元以上的有 68 家，100 万元以下的有 47 家，加工领域涉及副食品、饲料、蔬菜、养殖、药材加工。主要企业有：南京雨润食品有限公司、北京环渤酿造有限公司、北京御香苑食品公司、北京琪景饮片厂。

【新型合作经济组织日趋活跃】 大力扶持培育农民专业合作经济组织，支持以农民自愿组织、共同经营、自负盈亏为原则组建的各种类型的合作经济组织。全区有栽培技术、生产、劳务、加工、销售、运输等专业合作组织 274 个。其中出资型 110 个、契约型 77 个，会员制 87 个。加入合作组织的农户 2.5 万户，农户投入生产的资金 2.7 亿元，合作组织实现销售收入 7.8 亿元，户均增收 8 000元。张家湾葡萄协会、徐辛庄绿美佳服务中心、柴厂屯应寺豌豆协会、郎府大葱协会、胡各庄郝家府大豆协会在引进品种、栽培技术、产品销售等环节上发挥了很好作用。

【农产品出口创汇能力增强】 大力发展蔬菜、食用菌、蜂制品和观赏鱼出口创汇，积极开拓国际农产品市场。全年出口蔬菜 6.79 万吨、观赏鱼 4 030万尾，出口蜂制品 1 500吨、菜制品 2 132吨。农业直接出口创汇 1 698.6万美元，比上年增长 14.7%。间接出口创汇 1.22 亿元，同比增长 34%。

【“六种农业”发展较快】 设施农业、籽种农业、加工农业、创汇农业、精品农业、观光农业创产值 19.78 亿元。设施农业 0.33 万公顷，创产值 7.88 亿元。籽种销售额 1.39 亿元，优质籽种外销 6 834万元，分别比上年增长 30.8% 和 45.5%。精品农业项目 779 个，总收入 4.67 亿元，比上年增长 76.2%。有农业观光项目 88 个，新增 11 个，新增投资近亿元。共接待游客 57 万人次，总收入 6 595 万元，同比增长 35.98%。农业创汇大量增加。

【农业科技作用日益显著】 引进优新品种 115 个，实验示范推广农业新技术 215 项次。全区农业科技人员 868 人，其中具有中高级职称的科技人员 116 名。长期聘请的中科院、农科院、中国农大、中国林科院专家教授 54 人。农业科技贡献率为 54%。

林业 水利

【农田水利基本建设取得优异成绩】 完成运潮减河桥建设工程，甘棠桥建设工程，萧太后河治理工程，小月河治理工程，大稿沟、南大沟治理工程，丰榆沟疏挖改造工程，刘庄、草寺橡胶坝建设工程，潮白河兴各庄橡胶坝改造工程等，总出工 126.6 万工，总上机械台班 8 313台班，完成土石方 333.9 万立方米。通过以上工程改善灌溉面积 0.9 万公顷，改善除涝面积 1.15 万公顷。在全市农田水利基本建设综合评比中，第五次获平原区县第一名好成绩。

【依法治水】 全年共查处违法违章案件 47 起，清除违章建筑 1 836.5平方米、违章堆放垃圾 3 976 立方米、违章垦殖 3 650 平方米，有效地保护了水利工程设施。

【实施华北乡村水环境项目研究】 宋庄镇小堡村在市水利局的支持下，实施“华北乡村水环境”项目研究。先后投资 500 万元，建成污水处理厂、固液分离站、3 000 立方米露天爆气池、3 342 立方米沼气站、3 个养鱼池。用处理的污水对 18 个蔬菜、花卉大棚进行微灌和滴灌。该村被北京市评为节水先进村。

【世界银行扶持通州节水项目】 通州区节水灌溉项目被世界银行列为北京项目区子项目。世界银行投资 380 万元，扶持通州水资源的可持续利用和农业的可持续发展。

【抗旱服务组织发挥主力军作用】 在抗旱工作中，全区 10 个镇级抗旱服务队共组织喷灌 55 套，水泵 106 台，随时支援抗旱能力差的农户进行灌溉。各水管站组织 100 多名专业技术人员深入田间地头，为农户免费维修机具，共维修喷灌 300 余套、水泵 295 台，洗井 100 眼，浇地 14.13 万公顷次，充分发挥了主力军作用。

【林业发展成绩突出】 完成植树 438 万株，是前 3 年的总和。新育苗 6 326 株，新种植果树 0.1 万公顷，完成运河文化广场一期绿化美化工程 20 公顷，全区林地总面积 1.78 万公顷，林木覆盖率 21.9%。被市绿化委评为先进单位。

【“三河”、“三路”绿色工程开始实施】 潮白河、北运河、温榆河、京津塘高速公路、京沈高速公路、外二环路两侧 200 米绿化带工程，总长 195.7 千米，涉及 17 个乡镇，绿化面积 0.43 万公顷，已具体部署，着手实施。

工　业

【工业二次创业取得明显成效】 实现工业增加值14.2亿元，比上年增长18.7%；销售收入49.1亿元，比上年增长8.8%。利润总额1.8亿元，比上年增长75.7%。近3年累计引进企业559家，其中投资在1 000万元以上的174家,实际到位资金29.1亿元。投资6.1亿元重点建设19个工业小区和74个工业大院，入区项目711个。发展了电子、电讯、新医药、新材料、环保等新兴产业。发展二、三产业专业户1.2万户,专业村63个,5个专业村人均收入超万元。

【区经委系统引进项目多质量高】 全年共引进项目13个，总投资22 080万元，实际到位资金18 400万元，引进项目的数量和资金额前所未有。新引进的国彩印刷有限公司项目，投资总额6 500万元，其规模和技术水平在北京市处于先进行列。贝尔管件有限公司项目、中联光盘有限公司项目、体盟恒业树脂公司项目、润生化妆品研究中心项目，都是具有高技术含量或高附加值项目。

【建立区属工业管理新体制】 2000年7月20日，区委、区政府决定，成立经委系统公有资产管理委员会，并相应成立北京金通资产经营管理公司。北京金通资产经营管理公司是通州区人民政府投资设立的公有资产经营管理公司，是经委系统公有资产的具体所有者，区政府对授权范围内的公有资产行使出资者的权利。该公司负责对所投资企业公有资产的监督、管理，享有公有资产收益权；聘用全资和控股企业董事长、总经理；向参股企业委派产权代表。同时区委决定撤销北京燕京牧机公司等六个行政性公司。经委系统所有具有独立法人地位的企业的生产经营活动直接由北京金通资产经营管理公司负责协调、指导。

【经委系统企业破产工作取得重要突破】 全年完成企业破产14家，涉及总资产4.8亿元，总负债9亿元，通过企业破产共核销债务7.8亿元，全系统总体资产负债率下降了近30个百分点。涉及资产规模最大、企业组织结构多杂、职工人数最多的华飞公司破产工作圆满完成。引进的北京市京工房地产开发公司，接收了华飞公司全部在职职工及离退休人员，出资6 500万元，收购了华飞公司。

【乡镇企业经济运行质量明显提高】 乡镇企业完成总收入87.4亿元，利润总额7.39亿元，增加值24.19亿元，出口供货额5.9亿元，分别比上年增长24.1%、19.2%、23.1%、15.7%。乡镇工业企业完成工业增加值12.59亿元，利润50.3亿元，实交税金2.38亿元，分别比上年增长19.8%、25.1%和30%。

【乡镇招商引资力度大】 全区各乡镇引进投资在100万元以上的项目263项，其中投资500万～1 000万元的109家，1 000万元以上的68家。投资总额28.7亿元，其中对方投资28.2亿元，已到位资金8.4亿元。在这些项目中，已投产的67项、试生产的7项、已安装设备的20项、正在基建的78项、正在筹建的27项、已签协议的64项。

【“三项工程”建设成绩突出】 全区有23个乡镇工业小区，基础设施投资33 500万元。小区入区企业共149个，总投资674 148万元，到位资金352 299万元。全年完成产值9.7亿元，营业收入8.8亿元、利润3 969万元、税收4 280万元。全区有74个工业大院，基础设施投资27 700万元。工业大院资产总额172 033万元，入区企业548家。全年完成产值11.2亿元、营业收入10.5亿元、利润总额6 290万元、税收3 599万元。全区有二、三产业专业村63个，其中从事第二产业的42个村，从事三产业的21个村。全年培育家庭二、三产业龙头大户74个，共带动3 524个农户从事家庭二、三产业。

【乡镇企业大力进行技术改造】 全区乡镇企业完成技术改造项目33项，投资2.3亿元，增加销售收入1.76亿元、利润610万元、税金865万元。

【完成乡镇企业产权改革近200家】 全区乡镇企业进行产权改革的有188家，其中镇（乡）属60家，村属128家。通过改革盘活闲置资产52 659.3万元，置换经营者71名，新引进企业433家，引进资金225 244万元。

【全区外贸出口任务超额完成】 全年完成出口创汇5 192.18万美元，比上年增长28.7%，完成年任务指标的103.8%。外贸出口供货额6.65亿元，同比增长18.3%，完成全年任务指标的101%。为9家企业申办自营进出口权；审批加工贸易合同402份，进出口总额1.12亿美元。

【加工贸易在外贸出口中唱主角】 全区有外贸出口企业93家，其中加工贸易企业38家，占40%，加工贸易企业具有自营出口权的有18家，占全区自营进出口企业的75%，在全区外贸出口中，加工贸易占71%。

【区级开发区招商引资步伐加快】 张家湾、次渠、永乐店3个区级开发区在不断完善基础设施的基础上，加快了招商引资步伐，共引进项目14个，到位资金3.28亿元，比1999年的2.36亿元增长39%。

商业　旅游

【商业稳步发展】 社会商品零售额完成34.8亿元，比上年增长2.4%，其中国合商业完成社会商品零售额10.7亿元，同比增长10.3%；上缴利税3 655万元，同比增长6.6%。剔除不可比医素，实际增长15.6%。

【商业企业破产减债】 商业系统抓住破产政策的机遇，把企业分类排队，属于资不抵债、扭亏无望的，积极运作破产。全年共申报破产企业21个，到年底已搞完15个，实际核销债务1.3亿元。商业系统评出区级文明单位15个，文明行业示范点3个，同时开展了“新华大街购物放心一条街”争创活动，人民商场和华联商厦取得了市级“购物放心店”称号。

【旅游经济持续发展】 全区旅游人数142.8万人，比上年增长6.5%；旅游收入9 694.08万元，同比增长21.97%；上缴税费450万元，与去年同比增长1.53%。

【开拓旅游市场】 扩大通州地区旅游业影响力和吸引力，西海子公园等9家旅游企业，先后参加了市旅游局举办的“北京市第二届旅游资源展示会”和“金色假期，多彩生活”为主题的旅游资源展示活动。利用彩绘展板展览、发放宣传材料、进行旅游咨询等方式，向市内外游人广泛推介本区的旅游资源和旅游产品。在北苑环岛建成“通州区旅游景点宾馆分布指示牌”，重点介绍区内17家旅游企业所在位置及北京至通州区各景点、宾馆公交车线路，并首次制作成《通州区旅游交通图》。

【成功开展神州世纪游活动】 丰富旅游文化生活，促进旅游经济发展，举办“通州区2000年迎新春烟花爆竹燃放活动”、“农家小院过大年活动”、“通州区第二届反季节葡萄采摘节活动”、“乡情民曲篝火晚会活动”和“大运河文化广场之夜活动”。上述活动的开展，取得了良好的经济效益与社会效益。

【大营旅游度假村红红火火】 农历腊月二十九至正月十五，在大营旅游度假村开展“农家小院过大年活动”，质朴的乡情民俗、多彩的农家乐活动，吸引了众多区外游人前来吃农家饭，住农家屋，享农家乐，过农家年。其中，文化部组织的“2000年相约中国知识竞赛”获奖的、来自45个国家的53名外宾朋友，也来到大营和村民们欢聚一堂，一起包饺子，吃团圆饭，一起观看民俗演出，燃放烟花爆竹，尽情领略了农家篝火晚会与家庭舞会等乐趣。农家小院过大年活动，共接待区内外游人4 150余人，获旅游收入171.5万元。

财政　金融

【财政收支状况良好】 全区全口径收入完成88 388万元，比上年的64 546.5万元增加23 842万元，增幅36.9%，按8.6亿元任务计算完成102.78%，全面超额完成任务。区可支配财力达到96 318万元，比上年的62 915万元增加33 403万元，增幅53.09%，完成全年任务57 000万元的168.98%。全区财政支出94 896万元，比上年的60 776万元增支34 120万元，增幅56.14%，完成全年任务53 540万元的177.24%。

【顺利实现向新财政体制过渡】 2000年是新的市对区财政体制实施的第一年，全年转移支付返还资金达到39 525万元，很大程度弥补了本区财力不足。中央、市属企业、区属企业税收大幅度增长，其增长额加大了区财政收入的增量。新体制市对本区增加了补助额，财政支出得到有效加强。经1年努力，顺利实现向新财政体制平衡过渡。

【加强预算外资金管理】 区预算外资金收入14 427万元，完成全年1亿元计划的144.27%；比上年增加2 569万元，增幅21.66%。预算外资金支出13 697万元，同比增加2 677万元，增幅24.29%。研究制订了《通州区预算外资金管理的具体规定》，并狠抓落实；对落实市“收支两条线”规定情况进行检查，就区重点检查出的问题及时纠正。下发《关于将部分行政事业性收费和政府性基金纳入预算管理的通知》，逐步规范预算外资金管理。

【财政加大对农业的投入力度】 仅重点水利工程大稿沟、南大沟、小中河的治理一次就追加500万元。支农资金总支出为7 446万元。

【城市基础设施建设成为财政支出重点】 投资410万元用于城乡绿化、园林建设和环境卫生治理；投资2 200万元用于运河公园建设；财政拨付2 400万元，用于新华大街工程的拆迁、绿化和装饰及协调工作；区政府安排绿化造林启动资金350万元；财政拨款200万元用于北运河一期治理工程河道疏挖及下部护坡工程，拨款150万元用于北运河甘棠大桥建设工程。

【培养税源支持工业发展】 全年支出工业发展基金3 270万元，主要用于19个乡镇工业小区的基础设施建设和区属企业技改贴息、重组转制。做到了支持企业重组引进，加大了对工业小区、工业大院的投资力度。同时，积极开展对中小企业融资担保，为三家企业担保金额760万元。

【加大社会保障投资力度】 继续对优抚社救对象和享受最低生活保障的7 256人给予补助共计1 690.5万元；为优抚社救对象翻建翻修危旧房203户420间共计支出210万元；筹集资金1 000万元对通州区社区服务中心大楼建设给予支持；积极推进国有企业下岗职工基本生活保障和再就业工作，为302名国企职工落实“三三制”补助61万元；支持劳务派遣组织及公益性就业组织46万元，以带动和促进全区再就业工作，为全区实现再就业率达到60%提供了有力的支持。

城镇建设

【城乡面貌进一步改观】 以卫星城现代化和农村城市化为目标，加大了基础设施投入。对长安街延长线新华大街进行了高标准续建和改造；完成了运河文化广场一期工程；完成了运河滨河路、内环路（西南段）、通胡路二期、通马路一期、甘棠大桥、通惠桥等道桥工程；配合市有关部门完成了京沈路、外二环路通州境内马驹桥至胡各庄段工程的建设；启动八通轻轨工程建设；增加城市供水、天然气、通讯等基础设施供给能力。卫星城拆迁拆违工作成效显著，交通拥堵状况得到缓解，卫生环境有所好转，大气污染、水污染、垃圾污染得到分期治理，环境质量明显改善，城市管理水平有了新的提高。

【新华大街改造工程竣工】 该工程按照长安街延长线整治方案总体要求进行，历时7个月。工程从京通快速路东端收费站到运河左堤全长6千米，以路中心为界，南北各返35米，主要路口各返50～100米。共拆除房屋51 041平方米，其中有证房45 415平方米，违章建筑5 626平方米。除主体工程外，还拆除广告牌匾155块，新装牌匾433块。铺草38.2万平方米（含运河文化广场）。重新装修建筑物104栋，并安装夜景照明设备。铺设电缆55千米，铺设管道9.7千米。安装电气设备141台。移杆486基，新装、更换路灯390盏。人行道铺装、供电、燃气地下管线铺设等52 992平方米，工程总投资15 614万元。

【通马公路改造工程竣工】 该工程北起果园环岛、南至京沈高速路，全长4 500米，红线宽60米，施工控制线34米。工程总投资9 700万元，历时6个月。

【通州运河文化广场建成】 通州运河文化广场总计占地66.67公顷，一期工程占地28.33公顷，总投资3 782万元。于2000年6月初开工，经过1 500余名施工人员近100余天的紧张施工，一期工程全部完成。

【环境质量好转】 大气中降尘量平均值为10.6吨/月·平方千米，与1999年的降尘量相持平，大气中二氧化硫年日平均值0.037毫克/立方米，低于国家二级标准限值。区域环境噪声平均值56.8分贝，比1999年的57.0分贝下降了0.2分贝。交通干线噪声平均值为69.0分贝，比1999年的70.5分贝下降了1.5分贝。

【污染控制指标全面完成】 积极采取有效措施，实行总量控制，做到增产不增污。限期治理一批重点污染源，并对污染严重又没能力治理的污染企业采取关停措施。强化环境管理，加大执法力度，提高污染设施运转率，把污染物排放总量降到最低限度。2000年完成了水中污染物COD排放总量削减800.48吨的任务。削减率为14.86%。

【建设垃圾填埋场】 区政府投资1 500万元，在大杜社镇西田阳村建一座占地21.67公顷垃圾填埋场，一期工程完成。

【卫星城绿化美化见成效】 卫星城内新植树22.5万株；新铺草坪17.4万平方米；新增绿地面积40.47公顷；人均公共绿地面积13.73平方米，人均绿地面积达到75.86平方米；绿化覆盖率增加0.49%，绿化覆盖率达到40.02%。

【建筑业上缴税收超亿元】 全区建筑业增加值4.6亿元，比上年增长19.7%，开复工面积240万平方米，竣工150万平方米，比上年分别增长20%和12.1%，利润总额8 500万元，比上年增长4.1%。上缴税收超过1亿元。

【区属骨干建筑企业增加】 年纳税超过300万元的企业达到16家，纳税100万元的企业6家，区建筑集团公司、华威建筑工程有限公司纳税超过1 000万元，全区纳税超百万元的建筑企业达到了22家。

【房地产发展迅速】 区域内房地产开发开复工129万平方米，其中新开工超过100万平方米。商品房销售面积达到40万平方米，销售额达9.1亿元，分别比上年增长60%和50%；上缴税收5 788万元。规模和效益均创历史最好水平。

【村镇建设得到加强】 16个乡、镇完成了镇域总体规划，12个乡、镇完成了集镇规划。483个行政村有305个完成了村庄规划，村庄建设完成投资8.8亿元；在进行旧村改造的49个村庄中，完成旧村改造的达15个村，上楼入住达13 240户，57 000余人（2000年入住3 412户，10 655人）。

【村镇环境综合整治取得明显效果】 在村容镇貌治理中，拆除违章建筑2.38万平方米，投资2 900余万元建成13个农贸市场；投资近7 000万元修建公路90千米；新增草坪面积36.5万平方米；乡镇保洁人数已达281人。

【天然气首批用户入网用气】 完成天然气调压站建设，铺设管道21千米，首批1 600户居民入网用气。

【城管监察大队成立】 2000年9月6日通州区城市管理监察大队成立。主要职能是：在相应执法区域内，行使市容监察及园林绿化行政执法职能，以及由规划部门承担的对道路、广场、街巷和居民小区等公共场所违法建设的行政执法职能，工商行政管理部门承担的对集贸市场范围内外的无照经营行为的行政执法职能，公安交通管理部门承担的对违法临时占路的行政执法职能。

社 会 发 展

2000年，进一步加强党的思想作风建设和干部队伍建设。在处级领导干部中进行“三讲”教育活动，全面落实党风廉政建设责任制，开展反腐倡廉警示教育、行风评议活动；深化干部人事制度改革，实施领导干部任前公示制和处级领导干部公开招聘工作，健全干部选拔、任用、监督机制。以“讲文明、树新风、争做文明通州人，共建美好家园”活动为主线，开展精神文明创建活动，涌现出全国文明乡镇宋庄镇和一批首都文明村镇、文明单位、文明社区以及首都精神文明奖章获得者等先进典型，精神文明建设和民主法制建设取得新的进步。继续贯彻“科教兴区”发展战略，提高有一定科技含量的产品产值在国民生产总值中的比重。进一步巩固教育优先发展战略，推进素质教育，提高教育教学质量，完成中小学布局结构调整。实现了普及高中阶段教育，推进了潞河中学全国示范高中校建设。发展职业教育、成人教育，初步形成区、镇、村三级成人教育网络。卫生事业又有新进展。在京郊率先完成农村卫生“三项建设”，受到卫生部和北京市表彰。建设老年护理保健院，医疗卫生条件明显改善，医疗水平和服务质量不断提高，建立以新华医院为中心的社区医疗服务网络和以乡镇卫生院为依托的村级卫生服务网络，城乡卫生服务体系基本形成。落实全民健身计划，开展群众性的文化体育活动，启动有线电视入村工程，完成运河文化广场一期工程等文化体育设施建设，进一步落实城市、农村最低生活保障线制度。计划生育工作常抓不懈，全区常住人口出生率控制在7‰以下。全面完成市下达的计划生育各项指标。

党　建

【贾庆林参加区委常委民主生活会】 2000年5月20日，中共通州区委常委召开“三讲”教育回头看民主生活会。市委书记贾庆林参加会议，肯定了通州区委常委民主生活会准备充分，气氛热烈，勇于开展批评和自我批评。生活会上强调：要深刻领会江总书记“三个代表”论述的精神；按“三个代表”要求加强党的建设；以“三个代表”为指导作好各项工作。

【大力推进干部人事制度改革】 完成了撤销乡镇农工商联合公司、乡镇党委换届、合乡并镇以及经委系统干部管理体制改革试点工作。在部分党政机关推行副处级领导干部任前公示工作，对全区14个副处级领导干部职务面向全市公开选拔，为优秀人才脱颖而出创造良好外部环境。进一步推进干部人事制度改革步伐，研究制定深化干部人事制度改革实施方案，制定和完善公开选拔党政机关处级领导干部、公开招聘企事业单位领导干部、新任副处级干部实行任期制及不胜任现职干部的认定标准与调整办法等干部人事制度改革文件或制度。

【继续开展创建活动】 2000年内，在全区继续深入地开展了以创建农村基层组织建设先进区县、“六个好”乡镇党委和“五个好”村党支部为主线的农村基层组织建“三级联创”活动，经过努力，完成了市检查组对通州区整个创建活动的检查验收工作，取得了新的进展和新的成效。农村“六好”乡镇党委达标率达到30%，“五好”村党支部达标率30%。

精神文明建设

【开展“千万市民齐参与，争做文明北京人”社会公益活动】 2000年内组织两次“千万市民齐参与，争做文明北京人”社会公益活动，发放《首都市民文明公约》、《首都市民文明守则》、《争做文明北京人》等宣传材料，同时开展以义务修理、义务体检、捡拾白色垃圾、清扫楼道、绿化美化、纠正交通违章等公益活动。全区参加公益活动的人数近10万人次。

【发挥先进典型作用】 2000年4月27日，《北京日报》头版刊登介绍“宋庄经验”的《落地生根》一文，首都各大新闻媒体对宋庄经验相继给予报道。北京出版社出版的、市委宣传部、市思想政治工作研究会组织编写的《北京市思想道德建设创新实践丛书》，其中的宋庄卷——《文明落农家》，全面介绍了宋庄镇在创建文明村镇中的经验，在本区及全市农村精神文明建设中起到示范作用。年内，市委、市政府联合召开表彰会，通州区韩振福、林春妹、高炳环、邢仲山、孔祥义、宋玉璋6位同志荣获“首都精神文明建设奖”称号。全区许多单位都把典型推动作为精神文明建设的有效工作机制，开展学习先进典型活动。

【创建首都文明社区】 通州区按照首都文明委的工作部署，以加强社区管理，美化居住环境，维护治安秩序，拓展社区服务，丰富文体活动，普及科学知识，促进经济发展为目标开展创建文明社区活动。提出通州区创建文明社区工作的目标和要求，命名了通州区第一批创建文明社区活动示范点。在4个街道办事处分别建成4条“精品街”，安装不锈钢大型宣传橱窗48块，开展科普、法制、环保、文化教育和文明新风尚的宣传。4个街道办事处分别建成6处全民健身园，为广大居民提供健身场所和设施。社区文化生活丰富，已有2 500多人加入社区文体队伍。玉桥和北苑街道所辖25个居委会实现“一居一队”。街道已有文明市民学校中心校4个，分校63个。为居民进行政策法规、卫生保健、治安防范、计划生育等方面知识教育756次，受教育者达5万人次。至2000年底，全区有首都文明社区1个，首都文明居民区5个，评选出区级文明居民区19个。

【开展环境综合治理】 2000年，通州区在文明村镇创建活动中，从改善硬件、治理村容村貌抓起，各乡镇按照农村环境整治“五个一”的标准开展大规模的环境综合治理工作。全区19个乡镇和484个行政村除个别小村外，都建立了保洁队，并着装上岗，保洁人数达到2 485人，其中徐辛庄镇、胡各庄镇、永顺镇、梨园镇、台湖镇建立健全市容环卫所。19个乡镇共建立规范垃圾填埋场28个，各行政村也都建有规模不等的填埋坑。各乡镇配备垃圾运输车1 321辆。明显改善了各乡镇政府大街，村庄主要街道的环境。

教　育

【全面推进素质教育】 区委、区政府制定《关于深化教育改革全面推进素质教育的意见》，在全区中小学开展了扎扎实实地素质教育理论学习与研讨，组织素质教育一席谈征文等活动。全区各中小学结合本校实际，发展学生特长，创办特色学校、科技、管弦乐、铜管乐、声乐、文艺、体育、书法、绘画、摄影、写作等特长班、兴趣小组。参加市级组织的12个发展学生特长项目的比赛，全区有468名中小学生分别荣获一、二、三等奖，有67个单位荣获团体一、二、三等奖。另外有21名学生获参加全国比赛资格。有13名学生获二级电子技师证书，81名获三级电子技师证书。

【做好减负提质工作】 年内，各校把减轻义务教育阶段学生的学业过重负担、全面提高教育质量，作为实施素质教育的突破口。为提高对特色办学的认识和整体办学水平，小学开展“深化办学特色，全面推进素质教育”系列研讨活动，相继进行“汉语拼音学习速成法”实验研究，小班化教育的初步探索与实践，扎实推广马芯兰教改经验。中学在推进普通中学规范化建设工作的同时，深入开展中学教师教学基本功达标活动，抓成功教育，层次目标教学改革，强化“以人为本”的办学思路，中学办学水平和教学质量有了显著进步。潞河中学申报国家级高中示范校试验验收获得成功。2000年全区录取为本科生781名，专科生603名，中专生48人，录取率76.4%。初三中考报名6313名，升学率99.8%。其中升入高中的人数2 349人，占37.3%。

【加强德育研究】 年内，继续抓好“学会做人”德育实验研究。修改完善《学会做人》班会教材，通过录像课评比、教案评比、征文活动等狠抓班会教材使用指导，提高了班会的规范化程度。同时，组织5所高中校和10所小学参加中央教科所主持的国家级课题“整体构建学校德育工作体系的实验研究”，通州区被评为先进实验区，运河中学被评为先进实验校；潞河中学黄荣的《高中生人格评价》实验论文获总课题年会一等奖。

【高等教育自学考试报名人数大幅度增加】 年内，通州区高等教育自学考试人数和报考科次都有较大幅度地增加，全年报考22 677人，比上年增长30%，报考科次为48 586人科，比上年增加46%。全年共有专科毕业生491人，本科毕业生37人，创历史最好水平。

【实施“首都市民素质提高培训工程”】 年内，继续开展首都市民素质提高培训工程，提高市民和外地务工经商人员的文化素质和文明程度。继1998年成立“通州区文明市民总校”，又先后建立21所乡镇、街道办事处一级文明市民中心总校，172所居委会、村级文明市民学校基层校。共有23 750人参加计算机知识和技能普及的社会化培训，2 500人参加外语类培训，对外地务工经商人员开展有针对性的培训达8 467人，各种社会文化生活教育213 106人次。

【推进村级农民文化技术学校建设】 全面提高广大农业劳动者科学文化素质，适应本区农村产业结构调整需要，年内建成高标准村校60所，累计达到161所，为当地农民普及科技知识，学习致富本领，发挥较好作用。2000年乡镇村校共培训235 150人次，其中岗位技能培训81 308人次，1 081人获得绿色证书。

【发展社会力量办学】 贯彻执行“积极鼓励、大力支持、正确引导、加强管理”方针，大力提倡和鼓励社会力量办学。制定《通州区人民政府关于<社会力量办学条例>实施意见》，年内新批准的社会力量办学机构13所，已达到69所。其中，汽车驾校13所，出租汽车驾驶员学校1所，以计算机培训为主的15所，比1999年增加8所；外语类11所，文化补习类27所，艺术类2所。有专任教师530人，管理人员340人，现有在校生6 400人，全年毕结业23 000人。

【中小学积极开展申奥宣传活动】 全区中小学生开展“创优美环境，祝申奥成功”主题教育活动。组织学生进行环境调查、演讲、环保知识竞赛、捡拾白色垃圾、回收废电池、美化校园等活动。还举办“我为申奥献力量”征文比赛和主题队会，采取歌舞、讲故事等多种形式宣传奥运知识，形成人人参与改变身边环境，为申办奥运做贡献良好氛围。

科　　技

【高新技术加快农业结构调整】 通州区以中国科学院、中国农科院、中国农大等科研院校为技术依托，引进新品种，采取新技术，带动研发和培育工作，开拓营销网络，发展籽种农业。年内，启动了“通州种业园区”建设项目；开展以胡各庄镇为中心的866.67公顷粮食、蔬菜、苗木良种繁育、示范基地；次渠镇“高效农业基地”；农业局在西集镇建33.33公顷年产2 500万株优良中草药的示范园；宋庄镇“繁育高档肉牛生物工程暨生态农业科技园区”。调整种植面积0.17万公顷，提高了种子质量，扩大籽种、蔬菜、花卉、中草药、牧草的种植面积，实现产值1.38亿元。

【民营高新技术企业获“科技之光”优秀产品奖】 坐落在次渠工业开发区的北京市奥达石化新技术开发中心，是由中国石化科技开发中心和北京化工研究院合作兴办的国有民营高新技术企业。企业充分发挥中国石化总公司和北京化工研究院的人才、技术、市场优势，将科技成果转化成生产力，研究、开发的质优价廉的聚丙烯N催化剂已获中国、美国专利权，还申请了日本专利，向美国出口技术，在北京市第四届“科技之光”评选活动中，获优秀产品奖。到2000年底，该企业实现技工贸总收入7 000万元，利润1 000万元，税收1 000万元。

【利用科技优势推动经济发展】 通州区充分利用政策优势，抓好高新技术项目的立项；加大技术引进力度，提高转化率，推动企业技术进步。全年在培育和健全技术市场体系方面，申请专利11项；实施张家湾镇螺杆泵等专利31项新增产值95 911万元，新增利税3 000万元；认定登记技术合同金额2 500多万元，技术交易额2 030万元，促进知识的资本化和商品化。高新技术推动通州经济的发展。

【落实“星火计划”项目8项】 2000年，新上项目有张家湾镇彼福食品有限责任公司的“高档牛肉生产线”和北京金信食用菌有限公司的“白灵菇菌种提纯及深加工综合技术开发”2项；延续项目6项，2000年底实现产值4.5亿元，利税4 200万元。

【积极开展科学技术普及工作】 全年共组织开展各类科技培训635期，培训人数1.5万余人次；举办大型科普赶集活动12次，参加科技人员115人次，解答咨询问题560余条，服务群众近8万人，发放科技资料近10万份，2 010名群众接受义诊；制定实施金桥工程14项；组织播放科技录像125场，受益群众6 520人次；展出科技展板600余块；开展学术交流22次，交流论文66篇；巩固、发展2个农村科普示范基地；新建4个街道办事处科协。通州区科协被评为“北京市先进科普工作集体”。

【举办“科普之春”科技周活动】 2000年5月19～26日，以“学习与创新——迎接科技新时代”为主题的2000年科技周活动在通州区展开。本届科技周共组织区级重点活动20项。其中：组织“三下乡”活动12次，发放科技资料6万份；展出“学习与创新”等科普展板215块；组织农业科技知识竞赛1次，参加300余人次；向基层赠送电脑5台、科技书刊近2 000册。

【青少年科技教育活动喜结硕果】 2000年，区科协配合教育部门狠抓青少年科技教育工作。在中小学生“新星杯英语词汇赛”共34所1 031名学生参加，筛选出21所学校240名优秀学生参加市级比赛，获团体一等奖3个，二等奖3个，三等奖14个；个人特等奖1个，一等奖21个，优秀组织奖1个，全国团体一等奖1个，二等奖3个，优秀组织奖1个。在全国第十届青少年创新教育大会上，一件创造发明作品获三等奖。在农村中学举办“科普图片巡回展”活动。

文化　广播电视

【开展丰富多彩的文化活动】 宣传党的富民政策，提高农民科学文化素质，服务农村现代化建设，开展“通州区乡镇企业第三次创业成果展示”、“十大致富明星先进事迹展”及“科技、卫生知识咨询”等十余次活动。在日常工作中还开展了“夏露风”广告、科技电影放映活动和科技图书资料跟踪服务活动。为北京争办2008年奥运会创造良好氛围，先后开展了“五月的鲜花”群众歌咏和“千万市民齐参与，争做文明北京人”夏日文化广场文艺演出活动。全区有1 000余支合唱队登台演出，直接参与活动的干部群众近4万余人，吸引观众达20余万人次。为弘扬运河文化，激发运河儿女爱家乡，建家乡的热情，在新落成的运河文化广场举办了以自创节目为主的文艺演出活动，在体育场举办了“运河春潮”民间文艺演出活动，共吸引观众达5万余人。为配合中学素质教育，开展了“喜迎新世纪”读书系列活动。全区67所中小学校近5万名学生参加各项活动，同时开展了送优秀影片到校活动，为全区46所中小学校放映350余场，收到很好的社会效益。

【业余文艺创作喜获丰收】 2000年，广大业余作者深入基层，深入生活，以反映本区两个文明建设成果和运河儿女奋力拼搏为主要内容，创造出一大批报告文学、长篇通讯、曲艺作品、美术、书法、摄影作品，共获奖31项。其中国家级一等奖2个，市级一等奖4个，市级创作奖3个。截止2000年底，“五大系列丛书”的十本书集已相继面世，成为运河文库中的精品之作。

【加强文化市场管理力度】 2000年，完成了文化市场年审、年检工作，对企业法人进行法规培训。落实了《通州区2000年“扫黄”、“打非”行动方案》提出的执法目标，对“法轮功”类和其他宣扬封建迷信等非法出版物进行了重点查缴。全年共出动执法检查1 120人次，检查各类场所360余家，查处违规案件21起，封存收缴非法书刊39 480册，没收销毁赌博机25台，非法电路板130余块，注销电子游艺厅28家，各类游艺机1 560余台，停业整顿8家，取缔无证照经营摊点12家，进一步净化了文化市场。

【区广播电台建成数字音频网络系统】 随着广播技术、计算机技术和网络技术发展，通州区广播电台建立数字音频网络系统。此系统采用“三站一台”方案，即：两个节目录制站，一个播出站和一台服务器，网络拓卜结构，采用星形连接。网络操作采用WINDOWS NT4.0系统，各工作站采用WINDOWS98系统。该系统录制功能强大，操作方便，其载体为硬盘，多次录制不失真，可储存千余小时节目，资源共享，工效提高，微机管理，硬盘自动播出。此网络系统2000年9月18日试播，10月1日正式启用。

【有线电视前端至乡镇主干光缆全部熔通】 区广播电视系统筹资600万元，完成全区19个乡镇的180千米有线电视光缆架设工程。2000年2月份组织技术人员进行熔接。制作光缆接头包70个，熔接光缆芯1 500多个。经测试，所有熔接点、双向损耗及链路双向损耗均达到技术标准，并为乡镇开通42个信道。台湖、马驹桥、张家湾、徐辛庄、大杜社等镇主动建设局域网，并与次渠镇局域网联通。乡镇架设光缆200千米，乡镇村发展有线电视突破1万户。同时完善扩建卫星城光网，城区新发展有线电视用户13 688户，创历史新高。

【音像市场严格行业管理】 2000年，区广播电视局在行业管理中加大行业法规宣传力度，组织学习行业法规360余人（次），发放宣传材料3 000余份。12月23日，广播电视局在新华大街安排12个宣传站，出动90余人，竖立展板28块，发放宣传材料5 700余份。国家广电总局法规处、市广电局领导及区委、区广电局领导走上街头参加宣传。同时，加大行业检查力度，全年出动检查人员743人（次），检查单位（市场）522个（次），对西门市场、葛布店等地进行重点治理，取缔街头游商174家，收缴非法录音带2 763盘。2000年区广电局被北京市扫黄打非领导小组评为扫黄打非先进单位。

体育　卫生

【开展全民健身宣传周活动】 2000年6月10日

始，举办区全民健身周大众体育系列赛。共设腕力、飞标、顶杆、移动定点投篮、大象拔河、拔河、跳绳、踢毽、风筝等9个项目，同时还参加市全民健身赛活动日的表演和健身工程运动会，并取得较好成绩。健身周期间，各基层单位根据自身条件，因地制宜地开展各项活动，全民直接参与宣传周活动的人数达37 231人次。

【全民健身基础设施建设】 2000年，通州区为加强对社区体育工作的领导，实施“设施工程”建设，分别在新华办事处、玉桥办事处建立2个健身园工程和2个普及工程；在区体育场内修建健身康乐园，为社区居民提供了活动场所。

【广泛开展科学健身活动】 2000年，通州区开展了以“全民健身热通州，健康跨入新世纪”为主题的全民健身系列活动。先后组织“开发杯”象棋赛；“集源杯”保龄球赛；“规化杯”处级领导干部网球赛，举办了通州区第二届机关田径运动会。武术协会参加了北京市组织的太极拳比赛，并获得第一、二、三等奖各一个。另外，北苑办事处、梨园地区办事处等单位分别举办了综合性运动会，广泛推进了全民健身活动。

【在四届农运会上获佳绩】 2000年9月，全国第四届农运会在四川绵阳举行。通县2名自行车运动员代表北京队参加比赛，获2金、1银、1铜并取得自行车团体总分第一名和女子团体第一名好成绩。

【开展街头自愿无偿献血工作】 自2000年3月始，通州区中心血站以做好采供血工作，保证血液质量，确保医疗安全用血为中心，转变服务模式，血站医护人员走出去，开展街头自愿无偿献血。献血时间由周六上午半天采血，逐步增加采血时间，11～12月采血40多天。到年底，共采血液5 146袋。成功完成街头采血试运行工作。

【区老年护理保健院落成开诊】 2000年12月16日，北京市通州区老年护理保健院落成开诊。全院建筑面积3 480平方米，投资510万元，财政拨款260万元，其中工程投资283万元，设备投资150万元，其他77万元。设病床150张，是一所集治疗、康复、疗养、保健于一体的综合性医疗单位。

【社区卫生服务站提供24小时服务】 区各社区卫生服务站体现救死扶伤的人道主义精神，环境整洁，服务热情，利用现有设施昼夜24小时为小区居民开展各项卫生服务，上门送医送药，方便了小区老人、行动困难者和婴幼儿患者。玉桥社区服务站被北京市卫生系统评为先进单位。

【开展“爱国卫生”活动】 2000年4月是第12个爱国卫生月，突击治理越冬垃圾，治理公路沿线的白色污染和乱倒的建筑碴土，环境状况有了明显改善。爱国卫生工作将环境治理贯穿始终，开展城市12个月末清洁日活动，开展两次灭鼠活动和大规模的灭蟑螂活动，使鼠密度控制在2%以下，蚊蝇密度有所降低。农村11个乡镇，22个村改建厕所，有3 000座户厕改造成三格无害化卫生厕所。

计划生育

【夯实基层计划生育基础工作】 2000年，本区重点整顿育龄妇女建卡工作，帮助城口4个办事处完成行政区域内的育龄妇女建卡工作，并输入微机。至11月底，4个办事处建库37 670人。针对农村撤乡并镇问题，对6个乡镇育龄妇女卡片重新进行核定、有的重新建卡，共重新核定卡片3万余张，永乐店、漷县、于家务三个乡镇重新建库15 769人。

【开展计划生育优质服务活动】 区计划生育工作坚持“以人为本”、“以育龄群众为中心”。区计生委专门成立“生殖健康服务队”，直接参与广大已婚育龄妇女生殖道感染干预工程，带着检查仪器和宣传展板，深入村镇为广大已婚育龄群众进行生殖健康检查和咨询。服务队还为全区首批领取独生子女光荣证的妇女免费做检查。全区共有33 482名育龄群众接受生殖健康检查，对其中1万多名被查出患有疾病的妇女，主动联系有关医院，进行治疗。

【帮助独生子女家庭脱贫致富】 区计生委把帮助独生子女家庭脱贫致富当做重要事情来抓。全区投入60万元，为400余户独生子女家庭解决生产资金不足困难。结合农业结构调整，帮助独生子女困难家庭选择种植经济效益高的品种。协调有关部门为独生子女户解决种苗、技术、销售等问题，开辟致富之路。

【开展“三站”下乡宣传服务活动】 2000年8月，开展宣传站、药具站、服务站下乡宣传服务活动。内容包括查环、查孕，开展已婚育龄妇女生殖健康的查病、治病活动。区计生委专门配备宣传车、宣传展板，避孕药具及有关宣传材料，技术服务站医务人员带着药品、医疗器械深入到村为育龄妇女服务。此次活动共深入100个村，解答计生、生殖健康疑难问题100余个，受教育者达万余人。

【开展“婚育新风进万家”活动】 围绕“婚育新风进万家”宣传主线，开展树新型生育观念的活动，抓好“三个一”（一条街、一个活动室、一本书）。一条街是在乡镇政府所在地、村的主要街道设立永久性搪瓷宣传标语牌、电线杆标语牌，宣传生育、婚育新观念。一个活动室即重新粉刷、布置计生活动室，充分发挥宣传阵地作用，开展“新的生育观念”的教育。一本书是为广大育龄群众免费赠送一本计生政策、避孕节育知识服务手册，为婚育新风进万家活动奠定基础。

民政　劳动　社会保障

【加强社区服务信息网络和服务队伍建设】 各街道办事处配备专门工作人员负责信息网络建设，以热线电话形式实现街居联网，全区有专业服务队50支，登记造册的志愿者15 192人。各街道社区服务中心以热线服务站为依托，设置社区服务站30个，兴办服务实体255个，为989名下岗人员解决就业问题。组织开展了有80个居家委会和49个单位、5 734名志愿者参加的第七次通州区社区服务志愿者活动。

【农村最低生活保障制度实行动态管理】 2000年，对全区1 016户、2 318名享受农村最低生活保障金的困难户进行两次复查。为新增加的75户、162名困难户及时办理保障手续；对收入增加，生活水平超标的24户68名农低保户，取消保障金补助；对35户105人的保障金进行调整。年底全区共有1 063户、2 403名农村困难户享受农村最低生活保障补助，区、乡镇、村三级保障金额达138.6万元，缓解了农村困难群体的生活问题。

【稳步实施城乡居民最低生活保障制度】 为189户、487名符合条件的城镇困难户办理城镇居民最低生活保障补助，保障标准由每人每月273元提高到280元；为116户、298人办理粮油帮困补助。至2000年11月底，已累计为全区962户1 738名城镇困难户办理最低生活保障补助，为794户1 600名城镇困难居民办理粮油帮困补助。

【开展“一助一”扶贫工作】 全区213名领导干部联系贫困户213户，为贫困户协调解决启动资金12.73万元，协调减免机耕水电费6.8万元；协调解决医药费3.9万元，改造住房171间，总投资31.8万元；为贫困户发展种植业、养殖业提供生产资料实物折款6.5万元；协调减免学杂费4.4万元；为51人安排就业。至2000年末，有被扶贫户73户走出贫困处境，脱贫率34%。

【五保供养水平进一步提高】 2000年，贯彻执行《农村五保供养条例》，实现五保资金乡镇统筹。全区有五保对象513户、532人，统筹五保资金189万元。分散供养154人，年人均生活费水平3 100元，达到全区人均生活费水平的70%；敬老院集中供养378人，年人均生活费水平3 700元，达到或超过全区人均生活水平。

【加强敬老院设施建设】 2000年，全区共筹资1 730万元，对8所乡镇敬老院进行改造，其中新建4所，扩建2所，改建2所，总改造面积11 000平方米，新增床位490张。新建的梨园镇、胡各庄镇敬老院于11月举行落成典礼，正式投入使用，宋庄镇敬老院已全部竣工，将投入使用，于家务乡敬老院完成征地、选址，开始兴建。敬老院硬件水平的加强，改善了住院老人的生活环境。

【加大优待金统筹工作力度】 根据全区实际情况，对义务兵统筹金的标准、统筹范围、收取时间、收取金额等重新作出规定。2000年，全区各乡镇义务兵优待标准均达到1999年本地区年人均收入75%。优待金总额达261万元，其中农村义务兵优待金总额225.9万元，年人均3 656元，比上年增长20%。

【开展农村民主日活动】 按照区委、区政府统一部署，全区22个乡镇开展两次农村民主日活动。调整和补充村民代表、指导基层认真准备会议报告、做好会前培训工作、写好工作报告、抓好典型示范和领导包村包片、深入基层加强指导。民主日活动坚持和突出农村经济结构调整和环境综合整治两个主题，进一步强化民主决策、民主管理和民主监督，加强基层民主政治建设。

【完善劳动力市场】 2000年，劳动力市场不断扩大职业介绍范围，加大职业介绍、职业指导力度，继续扩大服务范围。全年共办理个人委托存档2 491人，比上年增长1.8倍；新开集体委托存档64家，接收集体存档633人，同比增长9倍。为1 455名存档人员代缴社会保险2 674 635元，同比增长22.5倍；为符合条件的存档人员办理退休手续及报销大病医疗费。加强失业人员管理，全年共接收就业转失业人员档案1 912份；为3 300名失业人员办理《求职证》；对8 279名失业人员普遍进行调查；为1 680名符合条件的失业人员核定失业保险金、医疗补助费和其他失业保险待遇；为符合条件的失业人员办理退休手续并及时发放退休金。

【再就业率达74%】 2000年，全区3 444名下岗职工有2 548名出中心再就业，再就业率达74%，超过市规定指标14个百分点。其中区属企业下岗职工453人，再就业423人，再就业率93%；中央、市属企业下岗职工2 991人，再就业2 125人，再就业率71%。城镇登记就业率77.8%，失业率为0.82%。

【采取多形式多渠道促进再就业】 全区新发展劳服企业5家，安置320名下岗失业人员就业，发展社区实体2家，安置下岗失业人员320人；成立劳务派遣组织，安置70人再就业；发展社区公益组织1家，安置下岗特困人员16人；通过集贸市场安置下岗失业人员110人。加大用工管理，办理年审就业证16 705个；清退外工270人。

【加强社会保险扩面征缴力度】 2000年，养老保险把扩面重点放在私营、股份制企业和自由职业者，扩大非公有制单位的覆盖范围。全年参统单位692个，参统人员9.15万人，增加1 086人，收缴金额1.21亿元，收缴率99%；大病医疗保险参统单位409个，6.9万人，收缴金额3 839万元，收缴率100%；失业保险参统单位666个，6.7万人，收缴金额1 174万元，收缴率98%。2000年4月1日实施工伤保险，参统单位331个，5.6万人，收缴金额300万元，收缴率98%。农村养老保险参统人数5.9万人，比年初增加2 716人，新收保费180万元。

【积极开展举报监察和日常巡查】 全年共对1 737个用人单位实施劳动监察，涉及劳动者12万人，受理举报案件70件，结案率100%，查处违法案件356件，为3 642人补发工资297.4万元，为134人清退风险抵押金8.85万元，为4 845人追缴社会保险87.8万元。对辖区内623家用人单位进行劳动年检，涉及职工7.6万人。对全区出租车行业进行专项年检，55家企业通过年检，先后两次对1 121家洗浴中心及服务场所进行清理整顿，补办就业证1 000余人，处理突发事件9起。

政　法

【科技创安取得显著成效】 全区共有包括机关、企事业单位、居民小区、自然村在内的84个基层单位安装闭路电视监控系统，共801个摄像头；526个基层单位安装1 331个防盗报警器，70个单位安装防抢报警装置，9个小区、65栋楼、270个单元门安装楼宇对讲系统。次渠镇是国家公安部农村社区治安防范的试点单位，也是北京市科技创安五个窗口单位之一，1999年建立覆盖全镇的治安无线通讯网络，2000年区镇两级政府又投入20万元，在该镇重要路口安装闭路电视监控系统。首都综治委在次渠镇召开现场会，向全市推广该镇经验。

【加大安全检查监督工作力度】 2000年，本区把各项安全检查工作放在首位，加大对爆炸物品安全检查力度，加强对重点单位建筑施工单位宣传教育，强化内部单位安全防范措施，加强消防安全宣传和消防安全基础工作，坚决杜绝各类隐患，预防重大事故的发生。全年共发生火灾313起，经济损失23.11万元，死亡1人，比上年同期减少3人。全区共发生交通管界交通事故784起，比上年少152起，下降16.2%；伤490人，比上年少88人，下降15.2%，死亡119人，比上年同期多2人，上升1.7%。

【同法轮功邪教组织斗争】 本区加大对法轮功邪教组织的打击力度，依法处置少数法轮功顽固分子，收缴大量法轮功书籍、音像制品、条幅及各种宣传材料，有力打击法轮功顽固分子嚣张气焰。

在查缴法轮功宣传品专项行动中，端掉法轮功宣传品地下复印、储藏窝点。

【加大对文化娱乐服务场所的清理整顿力度】 对文化娱乐服务场所开展集中清理整顿。全区共检查文化娱乐服务场所1 720家次，检查各类从业人员4 791人，共取缔无照娱乐服务场所133家，有照场所126家；抓获卖淫嫖娼人员55人，查获赌博115起538人，没收赌资26.37万元；查缴淫秽光盘13 773张、盗版光盘545张、封建迷信书刊5 500余册，取缔电子游戏机700多台，查缴违法枪支15支。

【加强外来人口管理】 2000年区内有外来人口5.29万人，其中登记办证的有5.03万人，办证率94.9%。年内全区重点组织三次集中清理整顿战役，共清理出租房屋4 038户、1.18万间，收容遣送“三无”人员3 261人，抓获外地犯罪嫌疑人409人。

【“三五”普法成效显著】 2000年，本区认真落实“三五”普法规划，较好地完成了“三五”规划确定的各项任务，顺利完成“三五”普法总结验收工作。全年共开展法制宣传教育3 614场次，受教育人数达92万多人次，宣讲法制课1 199场次，解答法律咨询2.3万人次。

【开展安置帮教活动】 加强对刑释人员的帮助教育，使其尽早弃旧图新，通州区安置帮教工作协调领导小组成员到北京市第二监狱开展慰问、帮教活动。向88名通州籍在押服刑人员介绍了家乡的经济发展和建设情况，教育他们服从监管，服法认罪，争取早日回到家乡成为自食其力的合法公民。并向他们发放价值5 000元的学习和生活用品。

【加强群防群治组织建设】 2000年内，严格落实“定职责、定投资、定人员、定责任”四定措施，提高治保人员和联防队员的素质，充分发挥群防群治组织在安全保卫工作中的作用。新华街道办事处成立15名下岗职工组成的联防队，马驹桥镇建立联防巡查制度，次渠镇、宋庄镇、台湖镇、西集镇继续实行联勤巡逻制度，加强设卡盘查和对犯罪分子的围追堵截。全区共有治保会2 713个、1.58万人，联防队1 178支、7 754人，还有一批老年义务巡逻队工作在乡镇、街道。

【充分发挥审判职能作用】 2000年，通州区人民法院全面加强各项审判工作，充分发挥审判职能作用，努力为全区的改革、发展和稳定提供良好的法律保障和服务。全年共受理各类案件8 615件，审结8 533件，同比分别上升16%和15.9%，结案率99%。

通州区主要领导人

区委书记　赵家骐（7月免）　崔君乐（7月任）
副书记　焦志忠　卢晓明　王玉辉　杨　岳
常　委　石进贤　王乃华　苏文权　刘　辉
　　　　解　崑　杨　林（女）　刘德龙
　　　　刘英男
区人大常委会主任　曹文广
副主任　陈巨宗　朱　启　李玉贤（女）
　　　　沈德海　金建华
区　长　焦志忠
副区长　苏文权　刘　辉　杜宏谋　张少田
　　　　金星华（女，9月免）　张树森
　　　　何凤慈（女，12月任）
区政协主席　朱学民
副主席　鲁宗福　李汉良　叶永清　杨绍杰
　　　　黄念辉　张晓燕（女）
区纪委书记　王乃华
副书记　赵丽丽（女）　张希方

（陈宏毅　刘玉兰）

大　兴　县

全　县　概　况

大兴县历史悠久，环境优美，土地肥沃，经济发达。90年代以来，先后被评为“全国综合实力百强县”、“全国明星县”、“全国小康县”和“全国科技强县”，是国家确定的全国生态农业（林业）县之一。

【地理位置】 大兴县地处华北平原东北部，位于北纬39°26′～39°50′，东经116°13′～116°43′之间。东西宽、南北长均约44千米，面积1 039.12平方千米。北连丰台区、朝阳区，东接通州区，南与河北省廊坊市、固安县、涿州市毗邻，西隔永定河与房山区相望。大兴居北京南部，历来为冀、鲁、豫入京通衢，有“京南门户”之称。

【建置】 大兴最早为先秦之蓟县，是中国最古老的县份之一。元明清为附郭京县，素有“天下首邑”之称。大兴县治所在今东城区交道口南大街大兴胡同，文明古县却有县无城盖出于此。1912年，大兴县为直隶省顺天府辖县。1914年10月，改顺天府为京兆地方。1928年6月，废京兆地方，改北京为北平特别市，改直隶省为河北省，同月，大兴县划归河北省。1948年12月15日，大兴全境解放，于1949年9月划归河北省通县专区管辖。1954年5月，大兴县人民政府从青云店迁往黄村。1958年3月，大兴县由河北省划归北京市。1958年5月，大兴县改为区建置，同月，北京市南苑区撤销，其南部旧宫、红星、西红门、金星、鹿圈5乡划入大兴区。1960年1月7日，大兴区复改为大兴县。2000年3月，大兴县再次调整乡（镇）区划，由原27个乡镇，调整为14个镇。

县城黄村是大兴县政治、经济、文化中心，也是距北京城区最近的县城。黄村还是国务院首批批准建设的四个首都“卫星城”之一，80年代中后期就已初具规模。

【地形　地貌　资源】 大兴全境均为永定河冲积平原，地势平坦，西北高东南低，平均坡降1/1 250。海拔高度在13.4～52米之间。全县土壤类型分风沙土、褐土、潮土、水稻土、沼泽土5个土类，下分8个亚类，21个土属，74个土种。土壤分布与地貌类型有明显的一致性。成土母质均属永定河冲积物，自西向东沉积物质由粗变细，沙壤土、轻壤土呈与地形坡向一致的带状交错分布。全县共有耕地面积5.24万公顷。

县境东部、中部有石油、天然气埋藏，南部有地热带分布。此外还有黏土、砂石、泥炭等自然资源。

【水文　气候】 大兴县境内大小河流10余条，河道总长240.81千米，最大排洪量430立方米/秒，可控制排水面积998.88平方千米。主要河流有属于海河水系西北支永定河水系的龙河、天堂河和属于海河水系北支北运河水系的凤河、凉水河、凤港碱河。各河均起源于县境西北部，为排、灌两用河道，呈扇状分布，自西北向东南排泄全县径流。永定河通过县境西部、南部边界，是最大的过境河流。地下埋深100米内便贮存有较丰富的地下水。地下水总流向是从西北流向东南，含水层富水程度依次分为4个区：极富水区面积115平方千米，富水区面积79平方千米，中等富水区面积297平方千米，弱富水区面积544.6平方千米。全县地下水资源可采量年约2.3亿立方米。

大兴县地处中纬度，属暖温带半湿润大陆季风气候。气候特点是四季分明，春旱多风，夏热多雨，秋高气爽，冬寒干燥。年平均气温11.6℃，1月份最冷，平均气温－4.8℃；7月份最热，平均气温25.8℃。历史上极端最高气温40.6℃（1961年6月10日），极端最低气温－27.4℃（1966年2月22日）。全年无霜期平均210天左右，初霜平均在10月下旬，终霜平均在4月上旬。年平均日照时数为2 732小时。年平均降水量556.4毫米，雨量占降水总量的97%，7～8月汛期降水量占全年的63%。

【交通】 全县有等级公路198条，总长1 322.77千米，公路密度为1.3千米/平方千米，形成以干线公路为动脉，县乡公路为支脉的交通网络。过境的国家级公路有（北）京开（封）公路、（北）京济（南）公路和（北）京（天）津塘（沽）高速公路。市道有（北）京良（乡）公路、通（州）黄（村）公路、黄（村）良（乡）公路。1990年建成通车的京津塘高速公路穿越县境，境内全长15.42千米。1998年10月京津塘高速公路采育立交工程和连接线工程竣工，接通了京济公路与京津塘高速公路。京开公路1999年开始改造为封闭式高速公路。过境的铁路有（北）京山（海关）铁路和（北）京九（龙）铁路。中国联航南苑机场距县城仅8千米。县内有多条专线公共汽车直通市内，村村通公路，交通便捷。

【行政区划与人口】 大兴县共辖14个镇，1个街道办事处，547个村民委员会。户籍人口52.8万人，其中汉族占96.4%，回族、满族、蒙古族、朝鲜族等占3.6%。

经济发展

全县认真贯彻执行党的各项方针政策，积极落实县委制定的“科教兴县，城镇带动，产业互促，协调发展”的总体战略和原则，圆满完成“九五”计划，综合经济实力显著增强，产业结构趋于合理；各项改革进一步深化，开放型发展格局初步建立；基础设施实现了优先发展，城镇建设取得了突出成效；人民生活步入小康。

全年实现国内生产总值53.4亿元，比上年增长19.4%，其中第一产业实现增加值11.1亿元，比上年增长4.1%；第二产业实现增加值17.5亿元，比上年增长28.8%；第三产业实现增加值24.8亿元，比上年增长21.1%。三次产业分别占国内生产总值的20.8%、32.7%、46.5%，对经济增长的贡献率分别为4.7%、45.3%、50.0%，全年实现财政收入30 182万元，比上年增长25.8%，其中区县固定税收6 130万元，比上年增长36.8%；共享税收21 711万元，比上年增长29.3%。

农　业

【农业产业化现代化水平提高】 全县农业紧紧围绕结构调整这条主线，按照调整、优化、伸延、发展方针，实施“兴果富民”、“兴牧富民”工程，促进农业种养结构战略性调整，设施、创汇、加工、籽种、精品、观光六种农业得到迅速发展。蔬菜、瓜果的品质和种植规模进一步扩大，各类养殖小区稳定发展，专业经济合作组织数量和质量得到了提高，农业基础设施的进一步完善提高了农业综合生产能力，生产组织化程度和经营水平得到了增强，产业化和现代化水平不断提高。

全年实现农林牧渔总产值（不变价）154 903.7万元，比上年增长9.3%，其中种植业产值101 978.0万元，比上年增长4.2%，占农林牧渔业总产值的65.8%，比上年下降了3.3个百分点；牧业产值49 112.6万元，比上年增长21.3%，占农业总产值的31.7%，比上年提高了3.1个百分点。“六种农业”全年实现产值119 790万元，比上年增长42.7%。蔬菜、西瓜、鲜蛋、鲜奶产量和出栏羊居京郊第一位，果品产量居第二位，生猪出栏居第三位。

【农业结构调整步伐加快】 为加大农业结构调整力度，县政府出台关于扶持农民专业合作经济组织、专业村、农业机械、高效农业园区等9项农业扶持政策。年内全县小麦收获面积21 200公顷，比上年减少3 200公顷；夏玉米15 800公顷，比上年减少6 200公顷。调整后瓜类较上年增加695.67公顷，油料作物增加704.4公顷，蔬菜增加4 693.33公顷，其他经济作物增加860.67公顷。小麦和玉米占其他作物的比重调整到39.7:60.3。粮经比达到30:70。

【土地延包工作基本完成】 结合大兴的实际，按照“分类指导、因地制宜、积极推进、稳步实施”方针，坚持“地均到人，家庭经营；地权到人，专业经营；地股到人，资产经营”的模式，尊重群众意愿，实事求是落实党在农村的延长土地承包期政策。2000年全县落实土地延包30年面积为0.53万公顷，其中：粮田0.153万公顷，果树0.213万公顷，菜田0.14万公顷，其他经济田0.027万公顷。到年底，全县土地承包期延长到30年的已有2.547万公顷，占全县应延包耕地面积的78%。其中：粮田1.37万公顷，果树0.57万公顷，菜田0.4万公顷，其他经济田0.213万公顷。土地延包工作基本完成。为顺利进行土地延包工作，制定了《大兴县关于建立农村集体土地承包经营权流转机制的意见》，促进农村土地流转。到2000年12月底，全县土地使用权流转的共有3 450户，面积达610.4公顷。保证了全县土地承包期到期的村社，顺利落实土地延包30年工作。

【建设首都“南菜园”】 蔬菜种植已成为全县种植业的主要支柱，面积和产量均位居京郊首位，是名符其实的“南菜园”。蔬菜播种面积25 703.67公顷，新发展蔬菜保护地设施占地面积333.33公顷，蔬菜保护地总面积达0.387万公顷。总产量达1 112 582吨，同比增比13.0%。

【加快实施两大富民工程】 一是“兴果富民”工程。具体建设内容是：利用3年时间，按照“稳定梨、桃，发展葡萄，压缩苹果”原则，大力调整树种结构；以老、杂、劣果树更新改造为重点，优化品种结构，通过重新定植和高接换优等措施，3年改造0.227万公顷；以提高果品质量为重点，大力提高栽培技术，力争优良品种覆盖率达70%以上，果品优质率达80%以上，其中精品果要达到10%以上。2000年完成老、杂、劣果树更新改造和高接换优1 558公顷，超出计划任务的57%，其中完成更新定植1 233.87公顷，168万株，完成高接换优324.13公顷，17.8万株，进行果品套袋5 000万个。全县销往外省市果品达800万千克，比上年增加400万千克。

二是“兴牧富民”工程。新建养殖小区71个，养殖小区总数达129个，养殖小区共占地521.8公顷，入区农户5 043户，总投资21 648万元，其中农民自筹19 050万元。全县出栏猪39.6万头，同比增长3.7%；出栏鸡926.1万只，同比增长58.2%，其中出栏肉鸡746.8万只，同比增长83.9%；出栏鸭632.4万只，同比增89.3%；奶牛存栏9 448头，同比增长65.3%；出栏肉牛10 116头，同比增长50.9%；出栏肉羊222 326只，同比增长18.7%；乌鸡出栏130万只，獭兔出栏63.7万只，分别同比增长44%、197%；特种养殖品种增多，全县已有特种养殖专业户4 323户，养殖品种33个。

【西甜瓜产销量居全市之首】 西甜瓜是大兴县种植业的主导产品之一。2000年种植西甜瓜面积0.4万公顷，占全市播种面积的60%，总产量达到20 884.5万千克，比上年增长12.1%。被誉为“中国西瓜之乡”的庞各庄镇，其“庞各庄”品牌连续3年被评为北京市著名商标。

【变更大兴西瓜节日期】 根据县政府提议，县第十二届人大常委会审议，决定将每年6月28日为大兴县西瓜节，从2001年更改为每年5月28日为大兴西瓜节。这一变更，有利于提高西瓜节的知名度和品牌效应，有利于保护瓜农利益和促进全县经济发展。

6月28日，在第十三届西瓜节时，县政府宣布“京欣一号”西瓜为淘汰品种。同时出资50万元面向全国科研单位招标，研制具有甜、酥、脆特点的新西瓜品种。

【积极发展花卉生产】 全县现有花卉面积281公顷，年产切花3 317万枝，盆花643万盆，花灌木32万株，草坪58万平方米，面积及产量排在北京郊区县第二位，花卉总收入2 610万元，纯收入540万元。

【水产品产量稳步上升】 淡水鱼产量4 646吨，全县水产养殖面积433.67公顷，同比增0.3%。其中小品种养殖面积163.33公顷（精养53.67公顷，套养46.33公顷，观赏鱼63.33公顷），比1999年的140公顷增加了23.33公顷，增长12%。

【农业机械化水平不断提高】 新增农机146台件，购置配套农机具103台（件），新增农机动力6 858千瓦，农机总动力达58.51万千瓦，拥有大中型拖拉机1 578台。小麦机收面积2.19万公顷，占总播种面积的100%。其中：联合收获面积2.187万公顷，占总面积的99%；玉米机收面积0.18万公顷，占播种面积的8.8%；小麦秸秆还田面积1.44万公顷，占总面积的66%，比1999年提高了6个百分点，玉米秸秆粉碎还田面积1.23万公顷，占玉米播种面积的68%；夏玉米精量播种面积1.17万公顷，占总面积的68%，其中：免耕覆盖播种面积0.62万公顷，占总面积的28.3%；小麦精少量播种面积0.21万公顷，占播种面积的9.4%。

【创汇农业迅速发展】 全县主要有北京三绿菜蔬有限责任公司、大兴县蔬菜服务总公司、北京顺兴葡萄酒有限公司、北京安记成农产品加工有限公司、北京菁阳禾田食品有限公司等企业从事农副产品出口创汇业务。全年农副产品出口量达87 106吨。其中菜瓜类农产品85 904吨，农产品加工产品1 202吨，活畜300头，活禽54万只，直接出口创汇额2 910万美元，间接出口额6 200.5万元人民币。出口创汇农业共带动农户11 000户，带动出口菜基地0.13万公顷。

【专业村建设】 全县建设较高水平专业村121个。其中：蔬菜49个，果品30个，畜牧17个，西甜瓜12个，粮种6个，白薯4个，运输2个，建材1个。

【农业产业化经营作用增强】 以加工龙头企业带动为重点，加强了龙头企业与农户之间的产、加、销一体化建设，进一步提高了农产品加工龙头企业带动能力。目前，全县农产品深加工企业97家，其中乡镇企业67家，县属企业27家，市属企业3家，规模较大、辐射带动能力较强的企业42家，年加工农产品产值达5.7亿元，带动基地面积3 351公顷，带动农户24 560户。

【积极推广农业实用技术】 引进新技术，推广各类实用技术30多项，引进和推广名、特、优、新种植品种101个；对农民进行各类农业实用技术培训94 644人次，其中，培训绿色证书人员2 700人。县政府还聘请各科研院所、大专院校的农业专家、教授，组建了百名专家顾问团，还与中国林科院签订了全面科技合作的协议。以高起点、高技术、高品味、高效益为前提，完善、提高和建设了15个高效农业科技园区。

【食用农产品安全生产体系建设】 初步建立了优质、安全农产品标准生产体系，制定了农产品安全生产标准，建立了一批食用农产品安全生产基地。北京市首批公布的安全食用农产品生产基地中，大兴县有10个。即：黄村镇鹅房大桃基地、采育镇葡萄基地、北京市大东蔬菜基地、北京市大兴青腆留民营蔬菜生产基地、庞各庄镇西甜瓜生产基地、北臧村镇西瓜基地、北京三绿菜蔬生产基地（庞各庄镇节水高效农业园、黄村镇侯村蔬菜生产基地、礼贤镇蔬菜高科技园区）及北京亚太资源公司安全猪肉生产基地。其中北京亚太资源公司联合开发的资源牌猪肉，从种猪到商品猪、饲料、饲养管理、疫病防治所用药品、屠宰加工、贮存、运输、流通等各个环节，严格按照国家相关法规标准进行管理控制，使猪肉的安全卫生标准达到国家或国际质量标准。

【农业产销服务组织数量增加】 通过鼓励发展各种类型的农民专业合作组织，全年新发展农民专业合作经济组织74个，总数达242个，带动农户43 652户，实现销售收入7.5亿元。大兴畜牧养殖服务中心在全县建立了11个奶牛合作社，共同组织牛奶销售，供应市三元公司和本县4个乳品加工鲜奶企业，共销售鲜奶2.5万吨。

【农村能源得到初步利用】 以改善大气环境、改善农村生活用能结构为主导，在榆垡镇刘各庄村新建秸秆气化站一座，建设投资45万元，基建投资8万元，年可产秸秆煤气146万立方米，实现了全村107户农民集中供气；在鹿圈建40立方米沼气池一座，为11.33公顷果园提供优质肥料。还为全市5个区县指导安装秸秆煤气站5座，供应1 100多户。

林业 水利 气象

【植树造林成果显著】 全年共完成植树160万株。其中：更新农田林网158条，111千米，植树12万株；新建农田林网45条，33千米，植树3万株；公路、河道绿化40千米，折合绿化面积114.67公顷，植树6.72万株。市政府2000年一号绿化工程——城乡绿化隔离带建设完成造林面积316.07公顷，植树22.34万株；营造速生丰产林266.67公顷，植树17万株；完成永定河绿化及沙荒造林559.73公顷，植树28.53万株；小城镇绿化36.8公顷，植树3.16万株；完成企事业、畜禽场绿化101个，植树16.76万株；四旁植树50.58万株。新育苗230.8公顷。全县现有林地面积21 732.1公顷，活立木蓄积146.4万立方米，林木覆盖率达25.49%。

【市、县7项重点工程全部完成】 即：永定河绿化三期工程、城市绿化隔离地区建设工程、小城镇绿化工程、速生丰产林工程、京津塘高速路和安万路及定福庄8号路绿化工程、凉凤灌渠绿化工程、半壁店和礼贤沙荒片林工程。

【水利设施不断完善】 完成沙荒地水利配套340公顷；更新机井218眼；治理骨干排沟和田间排沟85条，全长322.4千米，清淤土方161.2万立方米，改善除涝面积1.42万公顷；完成青云店镇和长子营镇两处集中供水工程；完成永定河防洪工程护坡2千米，完成凉凤灌渠清淤治理工程，全长14.8千米，清淤土方18.9万立方米，修建配套桥涵27座。大兴县被市评为平原水利基本建设先进县。

【大力发展节水农业】 全县完成低压输水管道0.24万公顷，铺设管道长度437.4千米，完成粮田喷灌节水0.12万公顷，农田节水面积达4.48万公顷，其中：喷灌面积1.71万公顷，管道灌溉面积2.32万公顷（累计长度4 389.71千米），渠衬面积0.45万公顷；节水面积占灌溉面积的比重达75.5%。有效灌溉面积4.9万公顷，占灌溉面积的82.6%。

【本年气象】 年平均气温13.3℃，比常年的11.5℃偏高1.8℃。其中春夏气温偏高明显，分别为2.2℃和2.7℃。冬季温度偏低，1月平均气温－5.9℃，是自1987年以来的最低值，结束了长达13年的暖冬天气。早春气温波动较大，回升缓慢，频繁出现大风、浮尘、扬沙、沙尘暴等恶劣天气；夏季日极端最高气温≥30.0℃的日数有75天，比常年多23天，是有记录以来的最高值；全年降水量为323.0毫米，只是常年566.4毫米的57%，夏季有雨日25天，其中一日降水量≥5毫米的日数只有8天，仅为历史上同期的一半。全年日照数为2 544.2小时，比常年偏少190.3小时，其中冬春季与常年基本持平，夏秋季日照时数则少于常年值。全年风、雹灾5次。

工　业

【工业运行质量进一步提高】 制定大兴县实施“二次创业”的工作的意见，通过采取兼并、出售、股份制、破产等多种形式，加快了企业的产权制度改革，在产品结构调整上积极推行“名牌”战略，在政策上，进一步扶持重点工业企业及民营科技企业的发展，加大了招商引资力度，加大企业技改资金的投入，使全县工业稳步发展，运行质量进一步提高。

全县完成工业增加值14.4亿元，比上年增长23.6%；实现工业总产值67.8亿元，比上年增长21.8%；实现销售收入67.0亿元，比上年增长24.1%；工业利润3.3亿元，比上年增长26.1%。镇村工业是全县工业生产的主力军，全年完成产值52.0亿元，比上年增长20.9%；销售收入49.9亿元，比上年增长25.1%；利润2.6亿元，增长18.2%。

【深化企业改革】 2000年底全县有374家企业完成转制工作，盘活闲置资产5.5亿元，新增投入14.2亿元。首次对资不抵债的大兴电机厂、工业公司、内燃机配件厂、维乐食品厂实施破产拍卖，涉及总资产11 277.5万元，债务24 915.6万元，职工1 805人。其中3家企业拍卖额共657.6万元。

【政策扶持，发展重点企业】 县政府通过制定优惠政策、现场办公等措施，对20家重点工业企业给予扶持。全年完成产值151 077.9万元，销售收入160 302万元，实现利润18 267.8万元，分别比上年增长22.3%、27.8%和51.6%。

全县有7家工业企业产值超过亿元，其中吉百利（中国）食品有限公司2.4亿元、北京帝王主级润滑油有限公司2.1亿元；销售收入超过亿元的工业企业达到7家，其中吉百利（中国）公司3.2亿元，伟豪铝业公司2.4亿元。

【乡镇企业“二次创业”】 以引进增量、盘活存量为重点，以企业重组转制为核心，以富民强县为目标，实施了乡镇企业“二次创业”活动。共引进2 000万元以上的大项目36个，其中2 000万～5 000万元的22个，5 000万元以上的14个。项目总投资147 746万元，引进资金106 390万元，到位资金122 416万元，已投产22家。市有关部门在大兴县召开了“二次创业”现场会。

【二区一院建设步伐加快】 2000年12月，县工业开发区提升为市级工业开发区，累计入区企业达263家，其中本年新入区的工业企业12家，投资额3 415万元。全年技工贸总收入达10.5亿元，工业总产值6.8亿元，上缴税金5 589.7亿元，工业利润2 271.4万元。镇办工业小区全年完成基础设施投资1.5亿元，新入区项目60个，投资10.6亿元，已到位资金5.5亿元。入区项目达到343个。有4个镇工业小区被农业部命名为示范工业小区。已办成村级工业大院64个，入院企业1 260个，资产总额13.4亿元，其中销售额在2 000万元以上的34个，2000年新入区企业138个，投资4.65亿元，到位资金3.3亿元。

【企业开发新产品意识增强】 共开发工业新产品71项，四新产品171项，开发投资总额37 615万元。与上年相比，注重开发科技含量高、市场前景好的产品。雷波制药厂开发生产的“妇复春胶囊”已通过市级鉴定。5家企业的产品被评为北京名牌。分别是“滕氏”牌服装、“星”牌台球桌、“丰收”牌葡萄酒、“赞星”牌影视设备、“金陶”牌卫生洁具。有32家工业企业通过了ISO9000国际质量体系认证，总数已达55家。

【狠抓安全生产】 采取企业自查、镇局公司普查和县抽查办法，对建筑施工工地、易燃易爆企业和公共场所等重点安全隐患地区和部门多项进行检查。全年检查企业3 105个，查出事故隐患并及时处置5 500个，对17个单位下发了“限期整改通知书”，对15个单位给予了“停产整顿”处罚。

全年因工伤亡事故19起，死亡2人，万人死亡率为0.22，远低于北京市有关部门下达的万人死亡率0.77的指标。

【县开发区“三个园区”迅速发展】 县工业开发区2000年工作重点由一般开发区逐步向高新科技工业园区转变。“三个园区”加快建设。北京市留学人员大兴创业园已引进留学人员创办的企业达15个，涉及软件开发、生物制药、环保工程等高科技产业。软件园区建设已竣工1.6万平方米，引进高科技项目4个。北京基因园生产的“运德素”产品，被国家药品监督管理局认证为中国第一家符合CMP标准的中国基因产品。

城建　城管

【卫星城基础设施进一步完善】　全年投入1.6亿元，重点建设12项城市基础设施建设工程。兴业北路、永华路东段、芦求路北段等项道路铺设工程年内建成通车；全长4.3千米的京开路东侧上水管线铺设工程2000年9月份告竣；黄村污水处理厂后续土建工程和设备安装、调试工作全部结束，7月20日正式投入运行，处理后水质达到市二级排放标准；总投资1 800万元的康庄公园改扩建工程竣工，正式更名为“兴城广场”，成为黄村卫星城一项标志性形象工程；与兴城广场隔路相望的县工业开发区绿化隔离带改造工程，年内也已完成投资1 300万元。

【建筑企业实力增强】　全县有各类建筑企业271家,其中一级企业2家,二级企业40家,三级企业117家。2000年实现建筑业增加值3.1亿元,比上年增长59.8%;建筑业总产值21.4亿元,同比增长60.2%;实现利润5 349.5万元,比上年增长112.8%。

【房地产业持续快速增长】　全县房地产业投资总额12.6亿元，比上年增长1.3倍；全年房屋建筑施工面临积达184.4万平方米，同比增长47.7%。其中2000年新开工面积达114.8万平方米，比上年增长70%。实行投标承包的施工面积145.7万平方米，同比增长1倍多。房屋施工面积扩大对提高全县建筑业产值起到促进作用。

【经济适用房建设】　市政府确定在西红门镇进行经济适用房建设项目，一期工程占地80公顷，建筑面积80平方米。现拆迁清理工作已基本完成，正在进行标底测算工作。

【小城镇建设初见成效】　全县14个镇，其中国家级和市级小城镇试点3个，中心镇1个。2000年对西红门、榆垡、庞各庄镇的镇域规划和控制性详细规划进行了调整，全年完成基础设施投资3 460.6万元，文教卫生投资3 500万元，绿化美化工程投资2 111.2万元，城镇功能日趋完善。

【小区物业管理模式得到较快发展】　已建成各类居住小区94个，实行物业管理的小区45个，取得管理资质的43个，其中取得物业管理国家示范小区的1个，市优小区5个，县优小区5个。

【银政、银企合作加快城市建设】　为加快城镇基础设施建设步伐，实施了社会化、市场化运作方式，大兴县组建了北京兴创投资有限公司。2000年10月27日，县政府、兴创投资公司与建行北京市分行和大兴支行签定3亿元贷款意向，支持大兴县城镇基础设施建设。

【双优竞赛取得成果】　建筑业通过开展“争创优秀青年突击队”、“优秀青年工程”竞赛活动，创精品，闯品牌，取得了成果。由万兴建筑集团承建的宣武区牛街危改小区7号楼、首师大外语教学楼，县建筑工程公司承建的北苑北辰居住区B4区群体住宅工程，荣获“长城杯”奖。

【下大力治理环境污染】　全年审批建设项目1 200个，有229个工业污染源通过排污达标验收，全面完成第四阶段大气污染防治任务。共改造茶浴炉140台、大灶294个，削减锅炉房5个，冬季供暖锅炉普遍使用了低硫煤，并完成了联片供暖，3.2万户居民通了天然气。黄村卫星城200平方千米水源保护区得到了有效保护。全年出动了上千人次进行执法检查，出据各类监测数据12万多项次，接待群众来信来访400件次，办结率95%以上。获北京市大气污染防治先进单位称号。

【卫星城环卫工作取得成绩】　加强黄村卫星城的环境治理工作，县清扫队在总结前两年道路清扫保洁经验的基础上，完成了由承包制向承包奖金制的改革。清运队实行了任务承包，工作质量与奖金挂钩的办法。全年清运垃圾57 600吨，清运碴土5 060吨，清掏粪便8 903吨。垃圾分类、无害化处理率达到100%。

【组建城管监察大队】　2000年9月28日正式组建城管监察大队，标志着城市管理体制由职能部门分散管理向综合执法管理转变。成立以来抓了“内强素质，外树形象”活动，同时进行执法业务培训，规范队员行为，配合有关部门折除违章建筑9 000平方米。

【发展城乡交通，实行社会招标】　为适应市场经济发展，试行县境内客运线路有偿使用办法。2000年4月28日，通过运营权招标，正式开通了黄村到长子营的8路、黄村到凤河营的9路公交车。开通了957路、特3路公共汽车。

【交通运营秩序明显改善】　重点整治了黄村卫星城的交通秩序和主要大街“摩的”、“板的”无照拉客，乱停乱放现象。全年出动稽查车6 472车次，共检查各种车辆4 200辆次，纠正违章730起，查扣处罚非法客运车辆500余起。全县交通运输业的客运量1 253万人次，货运量543吨。

【邮政电信事业稳步发展】　全县邮电业务总量1 652.4万元，比上年增长9.1%。全年实现业务收入2 450万元，邮政储蓄余额4.1亿元，日报刊投递量11.7万元，年进出口邮件4 240万件，邮政全面实现计算机管理。

全县能独立受理业务的电信局、所16个，电信业务收入达13 285万元，比上年增长26%；电话机总容量17万门，普通电话用户已达12.26万户，其中当年新装机3.1万门。电话普及率28.6部/百人，有电话镇11个，有电话村345个。

商业　外经　外贸

【商饮业发展迅速】　2000年，全县商饮服修营业网点11 178个。其中商业网点7 143个，饮食业网点1 926个，服务业网点1 271个，平均每万人拥有网点

212个。商饮从业人员31 393人，平均每万人拥有营业人员595人。社会商品零售额实现29.4亿元，比上年增长11.6%，商饮业完成增加值3.7亿元，比上年增长28.2%，各类商品交易市场成交额5.2亿元，比上年增长18.3%。

【商业企业改革有新突破】 210个国有和供销合作社商业企业改制面已达到90%，其中有限责任公司33个，股份合作制11个，撤资租赁127个，出售9个，依法破产14个，其他形式改革30个。年内有7家商业企业破产终结，破产总额13 156.2万元。

【启动假日休闲市场】 春节期间开展“庆世纪龙年，送万福到家”大型促销活动，卫星城销售额同比增长25.5%，名烟、名酒、家电、服装等大类商品销售额成倍增长。2000年4～10月，启动周末消费市场取得良好效果，5月份销售额同比增长17.8%；餐饮业成为假日消费新热点，大众餐桌、婚庆宴席尤其火爆。

【积极引进新型商业形态】 商业新型业态发展良好，成为拉动销售增长的主体。在先后引进惠万佳、物美商城、国美电器、小白羊等多家知名超市、连锁店的基础上，年内又引进肯德基、麦当劳两家快餐店，为县内商业发展注入了新的活力，对传统商业产生深刻影响。

【有形市场规模扩大】 全县商业共新增营业面积256 641平方米，新投入30 815万元。亦庄镇与大钟寺农贸批发市场合作建立“京南农副产品交易中心”，年内投资500万元建成了6 820平方米的综合服务楼和5个商品交易大棚。投资2 300万元的薛营牛羊肉批发市场建成开业。追加300万元投资扩建“定福庄果品批发市场”，市场管理进一步规范。

【加大打击假冒伪劣商品力度】 全年查处案件122起，罚款累计金额49.2万元，其中万元以上的大、要案12起，比1999年提高50%，端抄造假黑窝点12个，是历年来最多的。查获伪劣产品货值28万元，产品涉及假烟、假汽车配件、假油漆、假化妆品等。年内共受理消费者投诉176起，解决160起，为消费者挽回经济损失33.7万元。

【加强物价监督】 全年共检查单位和门店1 186人，立案36件，经济制裁总金额214.9万元，其中没收违法所得160.7万元，退还用户50.1万元，罚款4.1万元，上缴财政160.8万元。县物价检查所被国家计委授予“规范化物价检查所”荣誉称号。

【利用外资质量明显提高】 2000年实际利用外资4 447万美元（含老企业外商增资1 598.4万美元），同比增长50.8%。实际外资来源以日本、韩国及港台地区为主，合计占实际利用外资总额的76.5%，利用外资的质量得到明显提高。

【招商引资成绩显著】 2000年新批“三资”企业40家，同比增加5家，其中合资23家、独资15家、合作2家，协议利用外资3 916.9万美元。全县“三资”企业总数已达242家，其中投产和试产企业145家，当年实现产值19.9亿元，实现销售收入22.2亿元，企业盈利1.04亿元，税收总额1.48亿元，四项指标分别比上年增长32.7%、33.7%、55.2%和107.1%。纳税超过百万元的企业23家，在“三资”企业就职的人员总数已达12 059人，“三资”企业为本县的劳动就业和经济增长做出了突出贡献。

【超额完成出口计划】 全年外贸出口总额为85 569.8万元，比上年同期增长35.9%，其中直接出口68 359.6万元，同比增长33.9%；间接出口17 210.2万元，同比增长44.8%。增长主要特点是农副产品、重工业产品及羊毛衫、印染布出口量增加，其中农副产品出口额比上年增长近20倍。

财政　金融

【财政收支情况运行良好】 全年财政收入30 182万元，比上年增长25.8%。财政支出92 435万元，比上年增长40.1%，其中，基本建设支出5 392万元，比上年增长25.5%；企业挖潜改造资金7 475万元，比上年增长155.1%；支援农村生产支出9 378万元，比上年增长72.2%；教育事业费支出19 648万元，比上年增长21.3%。

【筹集资金支持重点工程】 采取各种措施，拓宽筹集渠道，加大筹集力度，有力支持了京开路绿化拆迁工程、“兴果富民”、“兴牧富民”工程、康庄公园改造、开发区绿化带建设、黄村一中体育馆工程和县小城镇基础设施建设，确保了这些工程的顺利进行。

【金融形势较稳】 现有中国人民银行、工商银行、农业银行、建设银行、农业发展银行和农村信用联社6家金融机构，设分理处、储蓄所网点94个。2000年底，存款余额123.50亿元，比上年增长20.2%，其中城乡居民储蓄存款余额66.3亿元，比上年增长11.8%；贷款余额59.58亿元，比上年增长19.0%。

【保险业发展较快】 随着各项保障制度的建立，县内保险业迅速发展，现有中国人民保险公司大兴县支公司和中国人寿保险公司大兴县支公司两家，营业网点3个。2000年底，全年保险业各项保费收入达8 940.9万元，理赔金额3 076.3万元。

社会进步

全县大力开展精神文明创建活动，全民素质进一步得到了提高，社会主义民主法制建设进一步得到加强。贯彻“科教兴县”战略，大力推进科普及实用技术培训工作，加快了科技成果转化为生产力的步伐。坚持高标准办学，全面推进素质教育，提高了教学质量。不断改造扩建卫生硬件设施，方便了人民群众就医条件。开展丰富多采的文体活动，进一步满足了群众的精神追求，计划生育连续10年被评为先进县。

党建　基层组织建设

【深入开展“三讲教育”活动】 在处级班子和成员中开展了“三讲”教育回头看活动，通过自查、开展批评与自我批评、召开专题民主生活会等形式，肯定了成绩，找出了存在的问题，修改了整改方案。同时，镇局级班子和领导干部也进行了“三讲”，通过联系实际抓学习，开门纳谏找差距，自我剖析挖根源，民主评议查不足，认真整改抓落实等方法，使领导干部受到了一次深刻的党性、党风教育，班子自身建设得到普遍增强。

【创建“六好”镇党委和“五好”村支部工作】 对评选标准和考核办法进行了修改完善，使评选活动更加科学和规范。2000年底，经考核评选出“六好”镇党委5个：黄村镇、西红门镇、旧宫镇、魏善庄镇、榆垡镇。其中黄村镇党委被评为市级“六好”乡镇党委标兵。县、镇两级“五好”村党支部达到了33%，其中县级72个，镇级106个。长子营镇留民营村，黄村镇海子角村、鹅房村，西红门镇九村，亦庄镇小羊坊村，青云店镇东店村，被评为市级“五好”村党支部标兵。

【加强村级民主制度建设】 村级民主制度建设，做到了镇级有规范，村级有细则，绝大多数村做到了制度上墙。全县民主制度建设达标村达到了80%以上，县、镇两级“五好”村全部成为民主制度建设达标村。全县村务公开栏的建成率、使用率基本上达到100%，做到了至少每季度公开一次。村级全部制定了村民自治章程，入户率基本达到了100%。

【村党支部书记全部接受培训】 2000年2月底，开展了以“提高素质树形象，保持稳定促发展”为主题的大规模集中培训活动。全县550名农村党支部书记全部参加了培训。举办了三期农村党支部书记任职资格培训班，对全县255名55岁以下的村党支部书记，分别进行了为期20天的全脱产集中培训。通过考试全部获得了资格证书。

【加强非公经济党建工作】 县委下发《关于加强非公经济组织党的建设工作的意见》，明确指导思想、党组织的建设和隶属关系。到2000年底，共建总支2个，党支部81个，党小组4个，其中本年新建41个党支部。至此，符合建党组织的非公企业已全部建立。

【农村财务管理进一步规范】 进一步规范在农村积极推行了农村财务“两级审核、集体办公、规范管理、民主理财”制度。全县已有527个村实行了“村账双审”制度，占全县547个行政村的96.3%。各村都民主选举产生了村民理财小组，各镇村都统一制定和完善了财务管理制度、财务人员岗位责任制和财务责任追究制度等，各镇都建立了财务档案室，统一保管村级账簿，县统一规定每月26日为村级民主理财日，每月27日至次月5日为镇级审核日。此项制度的实施，稳定了农村财会队伍，提高了财会人员的素质和法规意识，严格控制了农村非生产性开支，增强了干部廉洁自律意识，改善了干群关系，促进了农村稳定。

【维护农民切身利益】 认真减轻农民负担，采取了以下措施：一是坚持农民承担提留统筹预决算制度。通过对全县各村提留、乡统筹费的收取和使用情况进行了调查统计，1999年村提留、乡统筹收取总额10 605.5万元，农民人均负担65.78元，占1998年人均纯收入的1.6%。二是坚持农民负担监督卡制度。全县应发卡75 863户，实发卡72 221户，发卡率95.2%。三是坚持每年春秋两次执法检查制度。重点检查农村土地征占费、乡镇企业负担、中小学收费、农村电价管理等情况。未发现擅自设置收费项目和超标准收费、集资、罚款现象。

【发展党员工作】 2000年底，全县党员总数30 785人。按照“坚持标准，保证质量，改善结构，慎重发展”的工作方针，全县发展党员588人，其中35岁以下的占58.7%，中专、高中以上的占82.1%，农村、教学、科研一线的占49%，党员队伍结构得到进一步改善。

精神文明建设

【加强思想道德建设】 按照以人为本，全面提高人民文明素质的要求，在全县开展社会公德、职业道德、家庭美德教育，加强了道德建设；在机关干部中开展“为人民服务、让群众满意”活动，提高了干部素质，转变了工作作风；通过“三团”（理论政策宣讲团、科技辅导信息发布团、法律知识辅导团），对广大农民进行了理论政策、先进文化、法律法规宣传教育，并启动了“面向21世纪科技致富带头人（3年）培训计划”，举办了培训班，建立了“农民需求档案室”，把提高农民现代化素质工作落到实处，促进了农民增收、农村稳定。

【创建文明单位、文明村镇活动深入广泛】 按照首都文明办对文明单位、文明镇两年一评选，一年一复查的要求，对108个县级文明单位、5个文明镇和19个首都文明单位、5个首都文明单位标兵，按照标准进行了严格复查。除取消了原3个县级文明单位称号外其余全部保留了原称号。

2000年新评选的县级文明村63个，比上年增加15个；县级文明居委会11个，比上年增加2个；县级文明居民区13个，比上年增加2个。首都文明村14个，比上年增加1个；首都文明居民区7个，比上年增加2个。

【开展“倡导文明新风，共建美好大兴”主题活动】 2000年初，在全县范围内广泛开展“倡导文明新风，共建美好大兴”主题活动。全县几万名党员、干部群众涌向街头、广场，为群众办实事、办好事。期间，19个倡议单位联合开展社会公益活动；县体委投资40万元为永华南里和富强居民区兴建各自1 000平方米的室外健身场；县供电局开展“优质服务进万家”活动，向社会公开服务承诺，县委宣传部开展的“三团”送宝进农家活动，被评为首都精神文明建设最佳活动奖。

【环境整治活动效果显著】 以抓环境整治典型村、样板镇、精品工程为重点，大力改善县容镇貌。取缔不法摊商、游商、店外摊和露天烧烤1 100处；清除垃圾渣土73 110吨；拆违拆旧30万平方米；种植花草2.83公顷；完成绿化面积316.07公顷，硬化路面82万平方米；清除非法破旧广告牌12 630块；纠正各种交通违章75 270起。483个行政村建立了环境保洁队，占行政村总数的88%；镇村两级保洁队员2 106名；垃圾清运车450台；400个行政村实现环境整治达标，占行政村总数的73%。

【树环整样板，抓精品工程】 确定西红门、亦庄、瀛海镇为全县环境整治样板镇后，并在瀛海镇召开全县环境整治现场会，掀起了环整高潮。经市农委评比验收，黄村卫星城的兴政大街、黄村东西大街被评为“北京市环境整治示范大街”；卫星城兴城广场、西红门镇兴海公园、庞各庄镇天堂河公园、亦庄镇头号村公园，被评为“北京市环境整治精品工程”。

【军（警）民共建活动取得新成果】 开展“青少年素质教育工程”，已建成军（警）民共建点198个；共建少年军校108所，培训青少年学生3万多人次。总参三部五局与黄村镇海子角村、卫戍区五团农场与黄村镇鹅房村被授予“首都军（警）民共建标兵称号”；有五个对子被评为“首都军（警）民共建先进单位”。

【评选“首都见义勇为好市民”活动】 大兴县在九届的评选“首都见义勇为好市民”活动中，有9人被评为“首都见义勇为好市民”；16人被评为“首都见义勇为积极分子”。

教育　科技

【大力推进素质教育】 县委、县政府制定下发《大兴县教育发展“十五”计划和2010年规划纲要》和《关于深化教育改革全面推进素质教育的决定》等文件。深化教育改革，实施素质教育，减轻学生负担，努力探索现代信息技术在教育上的应用，使教学质量稳步提高。全县高考录取为73.62%，其中大学本科录取率为35.7%，专科录取率为34.4%。中专录取率为3.5%。

【改善中小学办学条件】 2000年，初中在校生净增4 700多人，增班70余个，为此，全县新建平房21 940平方米、楼房4 700平方米，翻建、改建平房10 848平方米，整修危房1 520平方米。新建的大兴一职3 900平方米的食堂和二职5 000平方米的实习楼按期投入使用。

【成教事业不断发展】 全县共有各级各类成人学校480所，其中成人高校分校（北京电大大兴分校）1所，开设5个专业，在校生991人。成人中等学校4所，开设9个专业，在校生4 520人。职工学校（培训中心）4所，在校生1 445人，全年培训1 708人次。社会力量办学100所，在校生26 600人。镇成人学校14所，村成人学校358所。

【“成人教育五项培训工程”成效突出】 一是中高层次紧缺人才培训工程。全年招收研究生、本科生、大专1 053人。组织企业（事业）单位中层管理或技术人员培训1 234人；培训其他人员9 500人次。超额完成年初的培训计划。二是转岗人员培训工程。完成在职人员岗位培训20 775人次；职业指导培训1 577人；转岗转业培训896人；职业技能鉴定培训1 398人。三是农村劳动者科技推广培训工程。对2 813名农民进行了绿色证书培训，各类实用技术培训60 031人；对乡镇企业农业技术推广和青年科技人员等培训1 400人，其他各种形式的农业科技和文化知识普及教育培训26 100人次。四是乡镇企业职工培训工程。对乡镇企业管理人员进行大中专层次培训170人，进行职称评定410人，其中中级职称191人，初级职称219人。五是市民素质提高培训工程。组织计算机人员培训18 000人，英语培训960人，外来务工经商人员培训5 132人，科普、普法、实用技术培训46 000人次。

【科研取得较好成果】 2000年，申报市级星火项目20项，批11项；国家级星火项目3项，批3项。申报市级火炬项目2项，批1项；国家级火炬项目1项，批1项；全年实施星火计划25项，实施火炬计划62项，取得市星火科技奖12项。申报国家级新产品计划项目5项，批5项（其中2项得到科技部资金支持）。申报星火奖15项，批15项，其中一等奖2项，二等奖4项，三等奖9项。申报市级科研项目10项，批7项；新立县级科研项目11项；申报市级推广项目4项。正在实施的工农业项目共计66项。

申报4项北京市科技进步奖；申请专利58项，授权48项，正在实施110项，其中3项被评为1999年度北京市优秀专利实施项目。申报技术市场金桥奖5项，全部获奖，其中一项集体二等奖，一项集体三等奖，三项个人三等奖。

【坚持科技创新，加大技改投入】 全县新批500万元以上技改项目32个，上年结转5个。37个技改项目总投资4.14亿元，其中贷款2.27亿元，自筹1.87亿元。已竣工的24项，占批复项目的64.9%，其中投资2 000万元以上的技项目7个。2000年1～10月，全县审批上报完成进口设备总额1 665.5万美元，比1999年同期提高7%。

【民营科技企业持续发展】 全县民营科技企业登记总数达498家，从业人员15 348人，其中科技人员6 547人。当年新增高新技术企业7家，总数达到32家；新认定民营科技企业35家，注册资金总额达2.9亿元。民营科技企业单体规模不断扩大，产值上亿元的企业有4家，达到5 000万元以上的企业有15家，1 000万元以上的企业达到39家。全年实现工业产值19亿元，比上年增长46.2%；销售收入19.0亿元，增长61.0%；利润1.6亿元，增长95.1%。

【广泛开展科普宣传】 县科协共组织各类农业实用技术培训班86期，专业技术讲座42场，科普赶集21次，放映科普录像38场，开展科普巡回展1次，总参与人数23 340余人次，推广实用技术100余项。组织青少年各类科普竞赛7次，专家讲座及报告会6场。

文化 广播电视

【群众文化活动丰富多彩】 坚持“二为”方向，贯彻“双百”方针，开展健康向上的群众文化活动。成功举办“大兴县第十届农民艺术节”，组织“庆新春千盏花灯映星城”灯展和“庆新春秧歌花会调演”，活跃节日气氛，占领城乡文化市场。2000年6月27～29日，首届“中华民间绝技大赛”在黄村火车站广场举行，中央电视台、北京电视台和《中国文化报》等多家媒体报道，获得市精神文明最佳活动提名奖。农村电影工作稳步发展。全年剧场放映883场，观众10.9万人次。送电影下乡679场，观众超过15万人次。放映优秀反腐倡廉电影《生死抉择》37场，观众达2.5万人次，郊区县排名第一。

【文学创作成绩明显】 采取与企业联姻方式，组织了各种培训班。培养了一批业余作者，创作了一批较高水平的作品，共发作品460余篇（部）。南海画院共为军烈属和广大干部群众送书画200多幅，春联1 300余副，受到了群众欢迎。

【新闻宣传数量不断增加】 全年大兴电视台播出“大兴新闻”262套，共210多条。大兴人民广播电台播出新闻364套、3 600多篇。其中，电视台自采新闻的比例由1999年的40%上升到60%，电台自采新闻比1999年增加50%。电视台还将800多条新闻在大兴综合信息中心网上播出，进一步拓宽新闻传播领域，提高了新闻宣传力度和新闻时效性。

【增强服务性专题节目】 电视台根据全县不同时期的中心工作，先后制作播出了《种养能手谈致富》、《市场经济大家谈》、《乡镇企业二次创业》、《加强政治思想工作》、《树文明新风、建美好大兴》、《劳模风采》、《实践“三个代表”，争做时代先锋》等20多个系列报道专栏，共300多条。电台制作了《农村土地承包》、《“三讲”教育》、《新时期带头人》、《民营企业天地》、《先进党支部》、《优秀党员》等系列报道稿件95篇组。

【加大电视设施建设】 投资300多万元，完成了大兴电视台视频工作站的建设，“西瓜节”之前，投入正常运行，电视台的节目从制作到播出都实现了数字化，大大提高了电视图像的清晰度。利用京开和通黄高速公路建设的机遇，带动有线电视网络的发展，共架设了46.4千米的有线光缆。全县实现了有线光缆“镇镇通”，共架设有线光缆1 360千米，埋设新旧电杆650根，新开光结点56个。新开通有线电视光缆村15个，10个住宅小区，共架设各种铜轴电缆480多千米，安装放大器390台。发展新用户8 500户。全县有线电视用户已达到60 000户，有线电视光缆村已达到85个。

【“扫黄打非”见成效】 加大电子游艺场所、书报市场的专项治理，文化、公安、工商密切配合集中行动70余次，检查文化经营和娱乐服务场所170家，共取缔无证书摊34个，收缴非法出版物12 474册，其中政治性非法书刊110册，淫秽书刊308册，封建迷信内容的书刊3 988册，收缴游艺机5台、机块46块。通过对138家文化娱乐场所进行整顿，压减54家，占总数的39%，文化娱乐场所经营秩序得到改善，违法行为明显减少。

【规范印刷行业经营行为】 全年3次举办印刷企业厂长、报刊摊点负责人业务培训班。对书报刊经营单位和印刷企业进行了年检，换发了新的经营许可证，注销了印刷企业9家，限期整改4家，注销书报刊经营单位16家，限期整改2家，进一步规范了经营行为。

民政 劳动 社会保障

【双拥工作成效显著】 全县广泛开展了拥军优属活动，走访慰问优抚对象2 700户和驻县部队，召开不同规模的军地座谈会120多次，发放慰问款40余万元，军地发挥各自优势，互相支持，互办实事，军政军民团结更加紧密。被评为全国和市双拥模范县。

【城镇居民最低收入者生活得到保障】 认真贯彻落实《城镇居民最低生活保障条列》，标准由200元提高到280元，共为448户、830名城镇最低生活保障对象发了保障金。2000年1～11月总计支出资金147万元，为358户发放了粮油帮困卡，折合人民币27.5万元。经过综合调查和复查，撤销了31户最低生活保障待遇，给33户提高或降低了补助标准。

在灾情严重的情况下，市、县、镇发放救灾款43万元。“两节”期间，108个慰问小组走访了20所敬老院和616个贫困户，发慰问金45.2万元。帮助35户农村社救对象翻建危房175间。县捐赠站接受捐赠款67.98万元，衣物156件。其中支援内蒙古巴林左旗灾区50万元，本县对口镇10万元。

【优抚安置政策得到落实】 提高优抚对象补助标准，农村优抚对象普调20元，城镇普调40元，并保证足额发放。对全县未享受医疗减免的798名老复员军人建立了医疗补助专项资金，每人每年发放医疗补助150元。全县997名义务兵优待金全部落实到位，其中城镇义务兵年人均1 440元，农村义务兵年人均2 634元，较上年有所提高。

全年共接收退役士兵363名，城镇籍172名，农村籍191名。在待分配期间有针对性进行培训。采取鼓励自谋职业，政府保底安置办法，保证了两个安置率和两用人才开发使用率达到100%。

【社区服务进一步完善】 县成立了社区建设领导小组，制定下发《大兴县加快发展社区服务目标责任制》。确立了整合社区资源共同推进社区服务事业发展的方略，对23个社区服务单位进行了年度检查，换发了证书。以“支持申办奥运，建设绿色社区”为主题，组织了第七次社区服务志愿者活动日，参加单位达170余个。

【福利生产势头良好】 福利生产坚持以市场为导向，积极推进企业改革，通过重组转制，强化内部管理等措施，企业逐步扭亏为盈。151家福利企业共完成销售收入23 500万元，利税2 480万元。

【再就业率达到历年最高水平】 县职业介绍中心全年共接待用工单位1 044个，办理求职登记21 284人，分别比上年增长164%和21.3%；为求职者提供空岗信息7 183个，市场安置就业总数为4 932人，比上年增长13%；职业介绍成功率达73.4%，比上年增加了3个百分点。下岗职工再就业率为74.1%，失业人员再就业率为71.1%，创历年最高。

【社会保险实现了“两高一加强”】 社会保险参统率和基金收缴率不断提高，社会保障能力明显加强。全县参加养老、失业、大病医疗保险统筹的职工分别达到3.85万人、6.2万人和5.6万人，分别比上年增长1.3%、21%和20%。三项基金平均收缴率达97.5%，超额完成全市不低于95%的目标。

全年由劳动保障部门支付的各项保障资金总额2.47亿元。其中为21 237名离退休人员发放养老金1.81亿元，为2 968名失业人员发放失业救济金740万元，为3 468名患大病职工报销医疗费1 980万元，为机关事业单位职工费医疗支出1 297.5万元，社会保障能力明显加强。

【加强特种设备安全检查】 全年开展9次特种设备安全大检查活动。检查271个单位，指出事故隐患1 136条，检查特种设备943台，其中压力容器153台，电梯42部。下发整改令8份，全年未发生锅炉压力容器爆炸事故。

体育　卫生　计划生育

【实施全民健身计划】 2000年10月，举办“大兴县第二届机关运动会”，县直、乡镇机关干部、职工1 400多人参赛。举办2000年度“兴达杯”足球联赛，10支队伍参赛，滕氏制衣有限公司和成人中专学校分获冠、亚军。7月，举办《电信杯》游泳比赛，300名选手参赛。95人参加《万兴杯》武术比赛。大兴县鸽协已发展到600多名会员，“大兴县鸽协俱乐部”年内正式挂牌。在参加省市级竞技比赛中夺得金牌4枚、银牌8枚、铜牌5枚。

【公共卫生和预防保健工作进一步加强】 通过落实肠道门诊、外环境及外来人口监测等防治措施，使各类传染病得到控制。完成全年常规计划免疫、第8次强化免疫、查漏补种及疫情处理工作，接种率达到95%以上。食品卫生执法监督16 877户次，合格率达到97.14%。职业卫生监督立项150家，预防性卫生审查28家，有毒有害岗位定期监测126家、健康检查4 820人次。

【医政管理和药政管理】 加强审批注册医疗机构11家，为42家村卫生室核发《医疗机构执业许可证》。对39家个体诊所和红十字卫生站进行年度校验。医政、药政联合执法26次，取缔非法行医50个，没收药品421种，各种器械98种，罚款6 700元。实施医师准入制度，组织执业医师考试，1 509名卫生技术人员通过执业医师资格认定。

【开展社区卫生工作】 在县城新建5个社区卫生服务站，27所卫生院兼行社区卫生服务中心职能，下设47个社区卫生服务站，并开展了送医送药、免费查体、上门输液、建立健康档案等工作。

【卫生设施进一步完善】 年内完成西红门、瀛海、旧宫、鹿圈、亦庄、太和5所卫生院新建及扩建工程并全部投入使用。完成了县卫生职工培训中心一期工程。

【人民健康水平提高】 前十位死因依次为脑血管、心脏病、恶性肿瘤、呼吸系病、损伤和中毒、糖尿病、消化系病、泌尿生殖系病、新生儿病、神经系病，与上年顺位一致。期望寿命为73.17岁，其中男71.63、女74.77岁。

【完成计划生育目标】 全县认真学习贯彻党中央、国务院颁发的《关于加强人口与计划生育工作稳定低生育水平的决定》，制定了切实可行的措施，加大了工作力度。全县出生人口3 175人，计划生育率达97%以上，晚育率81%，人口自然增长率-1.3‰，人均计划生育事业费投入3.65元。

【开展“婚育新风进万家”活动】 举办新婚夫妇优生优育知识培训班109期，1 691对新婚夫妇接受培训；县镇行政村基层单位举办计生干部培训班，800多名人员参加；电视、广播开辟专题节目，宣传计生科普知识和典型人物；14个镇开展秧歌、征文、演讲等形式的活动。全县计生干部进村、入户宣传8 500余户，发放宣传册、袋等2万册（个）。

【积极创建计生合格村】 按照“四大区域”管理模式，制定了计生合格村标准和考核办法，形成了以村为主开展计生工作的新机制。全县确定示范村33个，创建计生合格村493个，占全县行政村总数的91%。

【加强外来人口计生管理】 坚持以居住地管理为主原则，实行“清、划、联、管”，加强综合治理力度。全年对外来人口集中地联合执法检查25次，签定外来人口三种责任书4 164份，县技术服务站为1 000多名外来妇女进行体检。

【独生子女保险普遍得到落实】 全年为独生子女办理备用金保险3 542人，10.6万元，养老保险176人，215 310元，平安急救险83人，8 300元，爱心祝福保险436人，1.3万元。此外，办理育龄妇女放环保险赔付32人，3 129元。

政　法

【加强外来人口管理】 全年共审查外来人口7.2万人次，清理出租房屋8 800多户，处罚非法出租房主46户。收容“三无”人员7 260人，打击处理外来人口违法犯罪人员1 038人。推广了黄村、旧宫、西红门镇加强外来人口管理经验。县外管办建立了微机管理系统，录入外来人口资料13.7万人。年内全县外来人口控制在8万人左右。

【开展对法轮功邪教组织斗争】 各级党委、政府实行了一把手负责，主管领导亲自抓的领导责任制。坚持团结、教育、挽救的方针，采取多种措施使绝大多数法轮功练习者得到了转化。查处两处法轮功地下印刷点，缴获印刷设备、音像制品、宣传品等数余件。依法处理进京滋事法轮功人员，维护首都稳定。

【审结各类案件4 000余件】 2000年县人民法院审结刑事、民事、经济、行政案件4 043件。其中审结各类民事纠纷2 847件，解决诉讼标的金额1.04亿元；审结经济纠纷案件791件，解决诉讼标的总金额4.48亿元。通过这些案件的审理，促进了精神文明建设，维护了广大农民的合法权益，规范了市场交易行为，保证了经济活动有序运行。

全年共执结案件3 205起，执结标的总金额1.02亿元，案件执结率高出最高法院确定的执行工作良性循环的标准13.5个百分点。

【通过“三五”普法验收】 2000年是“三五”普法验收年，全县以此为契机，开展了多种形式的法制宣传教育活动。全国人大副委员长彭佩云、司法部和市有关领导，参加了3月8日在黄村卫星城开展的“148”妇女维权法制宣传日活动。黄村镇小营村被国家司法部确定为北京市唯一的学法用法依法治村联系点，参加了全国基层普法依法治理工作会，并介绍经验。10月底，市检查组对大兴县“三五”普法工作进行全面验收，为优秀达标。

人民生活

【人民生活逐步提高】 城乡居民收入进一步提高，生活质量得到改善。县属职工年平均工资11 241元；比上年增长18.3%；城镇居民人均可支配收入达8 408元，比上年增长16.1%；生活消费支出6 706元，比上年增长3.4%；农民人均纯收入4 462元，比上年增长8.2%；农民人均生活消费支出2 629元，比上年增长9.1%。

大兴县主要领导人

县委书记　牛有成
副书记　郭普金　张书领　王惠民
常　委　高树旺　冯巨元　郑默杰（女）
　　　　杜保德　李永贵　周长生
县人大常委会主任　杨书启
副主任　周树慧　李连城　汪兴华
　　　　张惟梅（女）　白永春
县　长　郭普金
副县长　冯巨元　金树东　杨铁维　张力兵
　　　　黄维荣　刘志茹（女）
县政协主席　马万海
副主席　芦德才　谢中兴　江　怡（女）
　　　　于鲁明
县纪委书记　高树旺
副书记　吴英元　魏文元

（梁书旺　宋长有）

平谷县

全县概况

平谷县是位于北京市东北部的远郊县。历史悠久，资源丰富，交通便利，经济社会发展快速。先后被评为“全国生态建设示范县”、“全国生态农业建设示范县”、“中国名特优经济林桃之乡”、“中国优质桃基地县”和“全国经济林示范县”。

【地理位置】 地处华北平原北端与燕山南麓相交地带。东、南、北三面环山，中部和西南部为平原。地势东北高，西南低，呈倾斜簸箕状。地理坐标为东经116°55′～117°24′，北纬40°02′～40°22′。西北与密云县，西与顺义区接壤，南与河北省三河市为邻，东南与天津市蓟县、东北与河北省兴隆县毗连。境域东西长35.5千米，南北宽30.5千米。县城距东直门70千米。

【面积】 全县总面积1 075平方千米，山区面积占59.7%，平原面积占40.3%。

境域土壤主要是棕壤、褐土、潮土、水稻土4个土类。耕地面积1.366万公顷。

【水文　气候】 境内水资源丰富，水质优良。有河流10余条，属海河流域蓟运河水系，其中常年河为洵河、泇河和金鸡河等。全年平均径流量为4.39亿立方米，地下水含量1.5亿立方米。

平谷县属温带大陆性季风气候。四季分明，温度适中，日照充足。年日照总时数2 710.8小时左右，年平均气温11.5°C，无霜期191天左右，春秋季节温和凉爽，宜于生活和旅游。

【资源】 境内矿产资源丰富，主要有金、铜、铅、锌、钙、钼、锰、铁、石英岩、大理石、花岗岩、水泥灰岩、重晶石、麦饭石、白垩等20多种。其中黄金矿线由东至西长达60千米，年产量居北京市之首。镇罗营的花岗岩属高级装饰材料，质量在全国排名第5名，储量3 000多万立方米，可供开采300年。域内多泉水，其中日流量20万立方米以上的山泉38处。动植物资源丰富。有野生动物50余种，野生禽类20余种。林木面积3.33多万公顷，全县森林覆盖率达51.3%，经济林以桃、梨、柿、红果、苹果、板栗为主。尤以大桃为最，总面积0.91万公顷，有“全国大桃第一县”美誉。凭借县境独特的地理位置和自然环境，已开发了金海湖、京东大峡谷、丫髻山、京东大溶洞、湖洞水等10多处旅游景区名胜。

【交通通讯】 境内有河北省三河县至本县马坊站的自筹专线铁路一条，大（同）秦（秦皇岛）电气化铁路穿境而过。县内有顺（义）平（谷）、密（云）平（谷）、平（谷）三（河）、平（谷）蓟（县）4条市级公路干线，标准化公路总长804.4千米，全县已实现了村村通柏油路。通讯发达，有电信大楼一座，电话分局10多个，装机容量11.4万门，已安装电话5.9万部，实现了电话程控化。

【建置】 六七千年前平谷先民创造了光辉灿烂的“上宅文化”，填补了北京地区历史空白。西周与春秋、战国，今平谷县地属燕国。1914年，顺天府改京兆特别区，平谷县为京兆属县之一。1928年废京兆，县改隶河北省冀东道。1932年9月，在河北省设蓟密行政督察专员区，平谷属之。抗日战争时期，八路军第四纵队于1938年6月在镇罗营建密（云）平（谷）蓟（县）联合县，7月在县城建平谷县抗日民主政府。1940年4月建蓟（县）平（谷）密（云）联合县，隶属于晋察冀边区行政委员会冀东办事处，7月改属晋察冀边区行政委员会第十三专员公署（简称第十三专署）。1940年11月改建平（谷）密（云）兴（隆）联合县，1942年11月改为平（谷）三（河）密（云）联合县，均属第十三专署。1943年7月改为平（谷）三（河）蓟（县）联合县，属冀热边行署第一专署，1945年1月属冀热辽行署第十四专署。抗日战争胜利后，1946年3月撤销联合县建置，恢复平谷县，属冀东行署第十四专署。1949年8月属河北省通县专署。建国后，平谷仍属河北省通县专署。1958年3月，通县专署撤销，平谷县改属唐山专署，同年10月，平谷县划归北京市。

【行政区划与人口】 全县12镇、5乡，共275个行政村。2000年底全县户籍总人口38.71万人，其中农业人口29.6万人。

经济建设

2000年，坚持“发展、改革、富民、强县”八字方针，确定“扩大经济总量，提高经济运行质量，发挥生态优势，实施绿色经济战略，推进科技创新，抓好经济结构调整，以触动产权为突破口，深化企业改革，促进多元投资，加快私营经济发展，提高全县人民物质文化生活水平”的经济发展总体指导思想，并以此指导思想为基础，深化改革，扩大开放，扎实进取，县域经济有了长足发展。2000年，全县完成国内生产总值33.1亿元，比上年增长10.5%；工农业总产值完成60.3亿元，比上年增长13.4%；社会消费品零售总额达到13.6亿元，比上年增长5.9%；完成工商税收7.38亿元，比上年增长18.7%；实现财政总收入10.3亿元，其中地方财政收入2.56亿元，比上年增长17%；农民人均纯收入达到4 051.6元，比上年增长10.2%；国家职工人均工资达到9 770元，比上年增长9.9%。全县综合经济实力进一步增强，人民生活水平稳步提高，全县经济总量和运行质量进一步扩大和优化，农民增收致富领域进一步拓宽。

农　业

【农业发展迈上新台阶】 按照年初全县农业工作总体部署，以市场为导向，以销售和加工企业龙头为依托，以“六种农业”为发展方向，全面加快了农业结构调整和农业产业化、现代化步伐。全县农业基础地位进一步巩固，农业富民功能得到较大程度的发挥和释放。全年农业总产值8.8亿元，实现增加值7.8亿元，分别比上年增长10.5%和8.6%。

【粮经结构实现较大调整】 年内调整种植面积0.4万公顷，其中发展大桃为主的果树0.107万公顷，（其中设施大桃200公顷），蔬菜0.067万公顷，大豆0.113万公顷，甜玉米200公顷，绿化苗木153.33公顷，果树苗木133.33公顷，牧草133.33公顷，甜高粱和油料作物各66.67公顷，其他作物66.67公顷。全县夏玉米种植面积由上年的0.93万公顷压缩到0.5万公顷，秋播小麦等面积由上年0.83万公顷压缩到0.51万公顷。全县粮经比例达到3:7以上。

【种植业产业格局初步形成】 全县种植业形成了果品、蔬菜、粮食三大主导产业。在县城北部形成了长50千米的具有旅游观光特色的绿色果品走廊，县城南部形成了15千米的绿色蔬菜走廊，县城中西部形成了0.67万公顷的高效粮食丰产区。全年实现果品总产1.5亿千克，连续15年居京郊首位。蔬菜总产5.85亿千克，粮食总产7 160.1万千克。

【大桃主导产业地位进一步强化】 继续实施大桃一品带动战略，以提高质量和效益为核心，巩固发展露地桃，迅速扩大设施桃、精品桃和出口创汇桃，大力调整和优化大桃产业结构。年内新建桃园0.23万公顷，大桃面积达到0.97万公顷，其中设施桃发展200公顷，精品桃666.7万公顷，年内实现大桃总产量1亿千克，3万大桃承包户户均收入达到6 700元。大桃不仅销往国内30多个省区市，更远销东南亚、欧洲十几个国家及港澳台地区，直接和间接出口量1 800万千克，比上年增长38.5%，创汇1 700万美元。农业部和国家林业局分别授予平谷县“中国优质桃基地县”和“中国名特优大桃之乡”称号。

【在王府井成功举办“绿都平谷精品大桃展示会”】 2000年8月7～9日，举办此展示会。历时3天，各国驻华大使、农业参赞和国内各界名人、全国劳模等100余人应邀参观。5万千克大桃以平均每千克16～20元的价格畅销一空，最高价卖到60元一个，平谷大桃知名度进一步得到提高。

【畜牧业发展势头强劲】 畜牧业总量和质量有了新的提高。其中出栏商品猪26万头，比上年增长4.8%；出栏肉鸡423.5万只，增长44.7%，鲜蛋产量2.2万吨，增长6.1%；出栏肉鸭108万只，增长3倍；出栏羊7.1万只，增长4.4%；出栏特禽25万头（只），增长8.7%；奶牛存栏700头，增长2.8倍。全县畜牧业产值3.6亿元，占农业总产值比重上升到41%，比上年增长8个百分点，全县新增养殖专业户5 000户，累计达到23 405户。畜牧业已成为全县继果品后农民增收的一项重要产业。

【农民专业合作经济组织不断壮大】 全年新发展农民专业合作经济组织72个，全县累计达到218个。涉及种植、养殖、加工、贸易等多行业的产、供、销各个环节，共带动农户2.5万户，户均增收1 000多元，对促进和引导农户调整农业结构、进入市场、加快增收致富步伐发挥了较强的辐射和带动作用。

【养殖小区建设成效显著】 全县已发展养殖小区74个，其中达到市级标准的28个，入区农户达2 325户，占地面积189.07公顷，总投资1.2亿元，全部实现满负荷运转后，畜禽总存栏可达162.8万头（只）。靠山集乡一年间共投资400万元建成养殖小区13个，该乡的中心村，在肉鸡养殖小区的带动下，全年出栏肉鸡100万只，村年人均纯收入由1997年的1 400元提高到2000年的2 800元，年人均增加467元，年均增长33%。

【专业村建设取得新发展】 全县已有160个村初步具备了专业村的标准，占全县275个行政村的58%。大峪子、后北宫大桃生产专业村、万庄子蟠桃生产专业村、东鹿角蔬菜生产专业村、河奎水产养殖专业村、峨嵋山大桃生产专业村等6个村被列为市级专业村，东鹿角、后北宫、大峪子三个村年人均纯收入达到万元。专业村建设，有力地促进了全县农业主导产业的形成。

【高效农业园建设步伐加快】 全县具有一定规模和科技含量的高效农业园已发展到43个，占地6.67公顷投资在300万元以上的15个，占地3.33公顷投资100万元以上的28个。北京谷丰行农业科技发展有限公司示范园、兴唐生态农业研究所设施桃示范园、万庄子村碧霞蟠桃园和北京金世庄园红提示范园被列为市级高效农业园。北京谷丰行农业科技发展有限公司示范园总资产达到1 300万元，建起占地2公顷连栋自控温室，搞无土栽培樱桃西红柿、香蕉西葫芦等特菜品种，并获得较高的经济效益。峪口镇的万亩农业科技园建设已经取得较大进展。已建成了高标准日光温室47栋，占地近百亩。园区将成为全县农业新的增长点和窗口。

【精品农业效益明显】 农业发展坚持走精品高效之路。珍珠西红柿、彩色大椒、香蕉西葫芦、鲟鱼、蝎子、珍珠鸡、梅花鹿等一批特、优、稀品种得到有效引进和推广；积极发展无公害绿色食品。全县绿色食品已达到6个，基地面积超过0.4万公顷；大桃标准化生产迈出新步伐。与市农科院林果所合作，全年推广面积6 667公顷，辐射66 667公顷；一批农业精品脱颖而出。西凡各庄豪宫牌苹果、杨桥的珍园牌西瓜、东鹿角的绿健牌蔬菜、刘店的碧霞蟠桃等20多个农产品及加工产品注册了商标。目前全县精品农业品种已达310个，精品农业产值达到3.5亿元，比上年增长40%，占农业总产值的41.6%。

【设施农业面积增长迅速】 全年设施农业面积达到0.187万公顷，比上年增长50%。其中设施蔬菜面积0.151万公顷，占菜田面积的比重达到46.4%，果品面积为337.33公顷，花卉面积为23公顷，瓜类及其他占地面积为14.73公顷，占设施农业面积的比重分别为22.6%、2.34%、0.79%。

【创汇农业效益继续攀高】 全县已经实现出口的农产品及其加工产品有9种。主要包括大桃、花卉、蔬菜、果汁、果酱及各种罐头等。全年直接出口112万美元，同比增长30%，间接出口供货额2.6亿元，同比增长32.1%。

【籽种农业前景广阔】 全县籽种种类包括粮食、蔬菜、瓜类、果苗、花卉、种畜等9类12项。全年籽种农业产值为1.1亿元，同比增长20%；其中籽种销往外埠2000年实现0.78亿元，同比增长了25.8%。

【加工农业带动作用增强】 相继培育发展了泰华、平乐、华邦、多艺酱菜、东鹿角蔬菜加工、景乐特种动物养殖场、峪口养殖厂等一批农产品加工、养殖龙头企业。共带动0.4万公顷生产基地和5.6万余户农民。全年加工果品4万吨，蔬菜近千吨，畜禽加工3万吨。年内加工农业产值5亿元，实现增加值3.6亿元，分别较1999年增长了20%和42%。加工农业的发展，进一步促进了全县农业产业化的形成与发展。

【观光农业蓬勃发展】 充分依托首都地理优势和农业资源，利用农业景观和农村自然环境开展旅游休闲项目。民宿农庄型、垂钓休闲型、森林旅游型、观光采摘型、观光农业园、农业特产节等形式多样的观光农业在全县兴起，并呈现良好发展势头。全县已发展农业观光项目42个。年内共接待游客60万人次，观光农业总收入4 000万元。在北京市“六种农业”综合评比中，平谷县名列第3名，获“京郊发展六种农业先进区县”称号。

【加大农业扶持力度】 继续巩固农业基础地位。全年支农资金投入1.16亿元，重点用于引导农民调整农业种植结构，发展设施农业和山区水利富民工程，确保了全县农业发展。

【北京平谷大桃产学研中心暨果树技术推广中心正式启用】 该“中心”占地0.53公顷，建筑面积5 000平方米，总投资1 000余万元。中心的主要功能是集科技研究、实用技术开发应用和技术培训为一体，有效地发挥信息技术服务功能，为全县果农提供系统、准确的大桃生产、销售等各个环节的技术服务和信息服务，积极开发、引进和推广大桃新技术、新品种、新成果；多形式、多层次地举办果树技术培训。目前中心已聘请大专院校和国内知名专家16人，组建了科技骨干队伍30余人，年内完成《设施桃栽培技术规程》、《八月脆桃早期丰产栽培技术研究与推广》等科技研究与推广项目10项，举办以大桃为主的果树技术培训800多期，培训果农近9万人次。

【食用农产品安全生产体系初步建立】 以发展绿色农业为目标，率先在全市郊区出台了《关于严禁经销和使用剧毒、高毒、高残留农药的规定》，不断强化舆论宣传，深入整顿农药市场，全县干部群众的农产品安全生产意识得到较大提高。

水利　林业　气象

【山区水利富民综合开发再现新高潮】 在巩固扩大前两年全县山区水利富民综合开发成果的基础上，积极推广“六种模式”典型，即：先租赁，后开发的“关上模式”；以建勤工为主，集体统一开发、个人承包经营的“万庄子模式”；农民股份开发旅游的“黑豆峪模式”；统一规划、双层开发的“挂甲峪模式”；乡镇统一规划、联村连片开发的“营家湾模式”和家家有工程，水利网络化的“李家峪模式”。13个山区半山区乡镇再掀开发新高潮。1年间，全县投资6 500多万元；其中农民投资4 600万元，占投资总额的20.1%。完成县级重点工程21个，乡级重点工程40多个；完成“五小”工程855处；骨干工程200处；改造水库干渠4千米，修建筑物30座；新发展节水工程0.33万公顷，蓄水保墒工程0.212万公顷，新增改善灌溉面积0.59万公顷。全县开发改造经济沟及河滩地0.25万公顷，栽植各类果树180.1万株，其中新发展高标准桃园0.11万公顷，老杂劣改造0.14万公顷。在遭受了历史上罕见的干旱，降雨量只有常年一半的不利形势下，水利富民工程发挥出巨大作用，80%以上的山区果园和粮田得到灌溉或采取了其他保墒措施，把干旱造成的损失降到了最低限度。在全市评比中，平谷县山区水利富民综合开发工作再次评为优秀区县，实现三连冠。

【防汛抗旱常抓不懈】 在防汛工作上，狠抓工程实施。全县共完成重点险段护坝4 824米，浆砌石16 373立方米，完成石笼护堤300米，完成黑水湾村北治理工程、泃河治理一期工程的9座穿堤排涵、西峪水库主坝溢洪道闸门除险加固及防锈防腐工程、副坝至主坝抢险路的防洪工程、黄松峪水库两干渠灌溉管道出口改造及闸房维修、东干渠两台发电机组的维修。在市防汛办资助下，新建了雨情遥测设施11处，全县初步形成了高效遥测网，另外筹备防汛信息网络上网设备并上网成功，使通讯工作进一步快捷。

当年县三座大中型水库蓄水量比多年平均减少73.9%，为减少旱灾带来的经济损失，积极做好抗旱工作，启用水泵及扬水站1 931台，启用移动抗旱灌溉设施185套，实现抗旱灌溉面积1.91万公顷，在一定程度上减少了旱灾造成的严重损失。

【气候评价】 全年气候特点：冬季气温接近常年，降水偏多；春季温度偏高，降水接近常年，光照充足；夏季气温偏高，降水偏少，光照接近常年；秋季气温接近常年，降水偏少，光照不足。总的全年气温偏高，降水偏少，日照实数偏少。干旱严重，冰雹灾害少于常年，春季大风、扬沙过程较多。年平均气温12.1℃，比历年11.3℃偏高0.8℃；全年总降水量为468.1毫米，比历年647.1毫米偏少179.0毫米；全年日照为2 464.6小时，比历年的2 705.8小时偏少241.2小时；全年无霜期为189天，比历年175天多14天。

【开展人工影响天气作业】 全年共作业11次，其中3次增雨，8次防雹，取得较好效果。

【超额完成春季植树造林任务】 全县春季植树72.8万株，比计划任务超额完成2.8万株。其中新植农田林网109.36千米，植树8万株，更新林网137.27千米，植树8.48万株；建设村镇片林16公顷，植树0.87万株；四旁植树41.33万株。

【六项重点林业建设工程全面启动】 即前山脸爆破造林工程、水库上游生态水源涵养林建设工程、债券造林工程、小城镇绿化美化工程、干线公路林网窗口工程、农田林网更新工程。完成造林面积696公顷，植树78.3万株。

【林业经营转制工作取得阶段性成果】 自1999年9月至2000年3月，全县80个村已完成了林业转制，完成转制的林网总长239.2千米，片林457.83公顷，树木37.93万株。通过林业转制，有效地调动了群众造林护林的积极性，不仅在栽植数量和用苗质量上有了很大提高，而且在管护上也取得了很大进展。据统计，转制后个人植树已超过20万株。

工　业

【县乡工业运行质量进一步提高】 继续坚持工业强县指导思想，以经济结构调整为主线，狠抓以产权改革为核心的企业转制和乡镇企业二次创业工作。工业企业生产经营稳步发展，速度与效益实现同步增长。全年完成工业总产值51.67亿元，比上年增长17.1%。其中县办工业产值14.2亿元，乡办工业产值34.92亿元，个体工业产值2.56亿元。县办工业实现工业增加值5.4亿元，乡办工业实现工业增加值8.04亿元，较上年分别增长了28.1%和11.7%；县乡工业实现利润总额2.61亿元，比上年增长24.9%。

其中县办工业8 130万元，乡办工业1.8亿元；工业销售总收入45.4亿元，比上年增长23.5%。其中县办工业11亿元，乡办工业34.4亿元。乡镇企业总收入59亿元，实现利润总额4.16亿元，同比分别增长32%和30%。

【产权制度改革步伐加快】 全县199家企业完成触及产权的转制工作，累计盘活资产1.45亿元，新增固定资产投入1.2亿元。199家企业转制后，企业收入由3.35亿元提高到9.86亿元，企业利润由264.2万元提高到8 916万元，税收由1 285万元提高到5 480万元，分别比转制前增长2.9倍、33.7倍和4.3倍。企业从业人员增加2 449人。有196家集体企业完成了不同形式的转制。其中资产出售135家，股份制改造22家，兼并2家。县办企业成功完成了化工总厂、水泥二厂两家“大而盈”企业改制工作。水泥二厂实行股份合作制，募集股金558.8万元，职工参股率达到93.4%；化工总厂实行有限责任公司，募集股金1 221.4万元，职工参股率达68%。通过转制，全县工业的现代企业制度得到建立，法人治理结构日趋完善。

【企业破产依法进行】 县办工业和乡村集体企业共依法破产终结37家，化解不良债务2.8亿元。其中县办工业破产12家，减轻负债1.6亿元；乡镇企业破产25家，减轻负债1.2亿元。有13家破产企业资产得到重组盘活，盘活资产总额2 448万元，新增投入2亿元。原市属国有企业北京造纸八厂破产后，以90万元出售给县属乡镇企业北京安美尔集团，安美尔集团投资1 000多万元重新进行了设备投资与改造，年新增产值1.5亿元，利税2 000万元，安排劳动就业521人。原国有企业平谷县水泥一厂破产后，被河北一个体经营者以500万元价格买断，年新增投入960万元更新改造原有设备，全年生产水泥6万吨，产值1 000余万元，上缴税金50余万元，吸纳劳动就业180人，企业重新焕发了生机与活力。

【全县工业经济结构得到进一步优化】 一是投资主体多元化格局初步形成。全年乡镇企业新增固定资产10.3亿元。其中社会法人投资4.86亿元，占投资总额的47.2%；社会自然人投资2.07亿元，占20%；外商投资0.85亿元，占8.3%；银行贷款1.94亿元，占18.8%；而乡村集体投资只有0.58亿元，只占5.6%。县办工业新增固定投资中，除技术改造等少量国家资金外，全部为法人、自然人投资。产业结构调整步伐加快，二、三产业在全县经济中的比重不断提升。全年乡镇企业增加值中，一产、二产、三产分别完成1 400万元、9.56亿元、1.9亿元，占乡镇企业总增加值的比重分别为1.21%、82.41%和12.93%，与上年相比，一产所占比重下降了3.88个百分点，二、三产业所占比重各增加了1.56个和2.32个百分点。二是乡镇企业产品结构日趋合理，已从占主导地位的加工配套型产品向独立的适销对路产品转变。三是产品的产销率又有提高。全县乡镇企业工业产销率为94.3%，比上年的91.5%提高2.8个百分点。

【企业技术改造和新产品开发力度加大】 全年工业企业投资14.5亿元，实施百万元以上技术改造项目63项，其中43项竣工、试产或投产。这些项目投产后可新增利税4.3亿元。全年开发引进新产品38个，其中“金裕兴”电脑等3种产品获市级以上名优产品称号，劲得钙、华康防伪制品、荧光增白剂、菠罗波尔杀菌剂等处于国内领先地位。又有旺旺集团、利祥等15家企业通过ISO9000国际质量标准体系认证，通过国际质量认证企业全县累计已达37家。

【开发区经济效益稳步增长】 兴谷、滨河两大县级开发区全年完成工业总产值3.82亿元，较上年增长20.1%；实现销售收入3.96亿元，较上年增长了20.7%；实现利润1.34亿元，比上年增长162.7%；实现税收5 000万元，比上年增长了40%，开发区经济对全县工业经济发展起到了良好的辐射和带动作用。

【乡镇企业运行质量与效益明显改善】 一是单体资产规模扩大，资产负债率进一步下降。全年作为乡镇企业主体的711家乡（镇）村级企业总资产57.5亿元，总负债34.3亿元，平均单体资产规模为808.7万元，比上年的550.8万元，增加257.9万元。资产负债率为59.7%，比上年下降5个百分点；二是亏损面下降。全年有57家企业亏损，比上年的87家减少30家，亏损面为8%，比上年的10.3%，下降2.3个百分点；三是收入利润率有所提高。经测算，全年收入利润率为7.24%，比上年提高0.1个百分点；四是资金周转速度进一步加快，资产利用率明显提高。流动资金周转天数由1999年的278.6天减少到现在的257天，减少21.6天。累计盘活闲置资金3.63亿元。

【引进项目　后劲增强】 年内全县共新上投资型项目106个，投资总额15.5亿元，完成投资3.66亿元。新上项目中，投资5 000万元以上的项目有7个，投资规模较大，市场前景看好，科技含量较高的项目30多个。伴随着安美尔纸制品、百乐思营养保健品、歧黄药业有限公司、金博羊绒、迈可林精密电路等一批大项目的相继引进、建成和投产，全县工业经济总量不断增加，成为县域经济新的增长点。

【“三项工程”建设取得较大进展】 2000年，全县已建成乡镇工业小区10个，村级工业大院11个，二、三产业专业村13个。全年共完成基础设施投资1.56亿元。“三项工程”的基础设施建设顺利展开。全年“三项工程”共完成总收入37亿元，占全县乡镇企业总收入的62.7%，比上年增长27.6%。工业小区、工业大院和专业村共新建企业53家，总投资6.78亿元，其中吸引外来投资4.28亿元。“三项”工程的建设，为全县乡镇企业的发展增添了新的生机，并受到市政府有关部门的肯定。峪口镇工业小区、东高村工业大院、太平庄笊篱加工专业村、鱼子山旅游专业村等得到市政府的扶持和表彰，扶持资金达300

万元。

【乡镇企业成为农民增收主要途径】 2000年，全县14万名农村劳动力中有61 396名在乡镇企业工作，占农村劳动力总数的43.9%。乡镇企业的干部职工从企业中共获取各种收入5.35亿元，人均收入6 400元。按全县30万农业人口计算，人均从乡镇企业中获得收入1 783元。

【企业上网进程加快】 制定了平谷县企业上网工程规划，并下发了县政府文件。目前，北京市长城隔板厂、北京跃龙集团、平谷大桃市场等多家企业在信息平台上建立了自己的独立主页，扩大了产品销路，加快了企业发展。夏各庄镇珍奇养殖，通过上网，与全国所有城市都建立了业务往来，使蓝孔雀、七彩山鸡等珍禽销往全国各地。北京泰华食品饮料公司利用互联网向客户发布电子邮件，在开发国内市场的同时，和欧美的20个客户建立了稳定业务联系，年出口果品2 500多吨。此外全县一批高附加值信息产品和相关产业迅速发展，全县已发展金裕兴、天一通信、美天英孚、圣森电子等IT企业5家，发展势头十分看好。仅金裕兴电子有限公司一家年内就创产值7亿元，实现税收6 000万元，占全县税收的10%。

【落实企业安全生产监察措施】 针对企业安全生产中存在的问题，强化了对全县各类企业进行安全生产的监督检查，企业的安全意识和自我防范保护能力有所增强，及时消除了隐患。共检查各类企业126家，受理各类举报案件25件，对6家发生因公伤亡事故的企业给予了行政处罚，全年因公实际死亡人数7人，大大低于市下达的14人的控制指标。

商业　旅游业

【国合商业活力增强】 本着瞄准大市场，进入大流通，实现大转变的基本思路，狠抓产权制度改革，大力调整经济结构，积极兴办新型业态，努力培育商品市场，不断扩大市场占有率，全县消费品市场继续保持适度增长的发展势头。全年社会消费品零售总额完成13.62亿元，比上年增长6.3%。国合商业综合销售收入完成7.29亿元，比上年增长9%；其中商业销售收入完成5.6亿元，比上年增长10.3%。商办工业销售收入完成1.5亿元，比上年下降7.3%；商品零售总额完成3.1万元，比上年增长了9.2%。商办工业产值完成1.4亿元，比上年下降了15.4%；完成税收530.5万元，比年增长9.4%；累计亏损1 991.8万元，比上年减亏583.8万元。

【商业改革稳步推进】 积极探索尝试产权制度改革，实现企业重组转制44家，22家企业实施了破产，收回国有资产1 322万元，消化不良资产1.77亿元，有5.8万平方米房屋场地，2 408万元闲置资产得到重新利用，一批国合商业企业通过重组转制获得了新的生机。北京城市之光商业有限公司年初利用原平谷人民商场场地建成全县第一家大型超市，盘活营业面积2 900平方米，新增投入450万元，全年实现销售额达1 750万元。在取得成功后又与峪口供销社合作，在乡镇开办了第一家连锁超市，自6月开业到年底，累计销售商品50万元。

【粮食流通体制改革取得新进展】 一是在上年消化挂账和顺价销售的基础上，当年顺价销售粮食1 000万千克；二是引进农科院选育的“9507”优质小麦品种，已在全县推广种植400公顷，并与6个乡镇的农户签订了收购合同，收购价格将比普通小麦等高10%；三是成立“北京金尚玉面粉有限公司”，年单班处理小麦能力达到1 000万千克，逐步实现了以面粉加工企业为龙头的产加销一体化。

【商业行政执法加强】 全年依法对粮食、生资、废品回收、生猪屠宰、盐业、烟草等专营商品市场进行整顿。共出动检查人员5 013人次，办理案件363起。查没私盐124.15吨，化肥40吨，农药50千克，假烟3 700条，对违法经营者处以罚款5.7万元，有效打击了违法经营行为，规范了专业商品市场。

【旅游收入大幅增长】 坚持以建设旅游大县为目标，以塑造“绿都平谷，旅游明珠”为核心，加大旅游开发宣传力度，取得了显著成效。全年累计接待游客325万人次，旅游直接收入1.52亿元，分别比上年增长了15.6%和50%，增幅居京郊首位。旅游工作获得市旅游业最高荣誉“紫禁杯”奖。

【旅游开发力度加大】 全年投入1.2亿元，建成开放了老象峰景区、北京金岚屿生态科技园和井台山世纪滑道、绿都温泉大浴场等一批新景区，完善了碧海山庄康乐会议中心、盘峰宾馆娱乐城等四个宾馆的娱乐配套设施，新晋升星级宾馆6家，丫髻山东顶“玉皇阁”复建工程全面启动，旅游硬件水平和档次进一步提高，旅游环境得到较大改善。

【加强宣传促销，举办特色旅游活动】 全年投资600多万元，在北京西四至新街口广告一条街上，首次树起了十块反映平谷旅游整体情况的巨幅广告牌；在北京旅游网、因特网和北京畅捷网上分别建立了平谷旅游网页；高质量制作了《平谷旅游指南》宣传画册和《绿都平谷，旅游明珠》VCD光盘；在北京、唐山等地组织进行了10次专项促销，发放宣传材料40万份，与400家旅行社建立联系，树立了平谷旅游的良好形象，扩大了知名度。

2000年，成功地举办了“第三届银冬游冰节”、“第三届平谷国际桃花烟花节”、“第四届平谷金秋采摘节”等大型活动，吸引游客68万人次，增加旅游收入2 000余万元。

外经　外贸

【开展了系列招商引资活动】 2000年4月份举办了为期6天的“北京平谷国际桃花烟花节暨经贸洽谈会”。10月份，采取委托招商方式在京举办了“2000北京平谷项目推介暨招商引资洽谈会”，取得了明显效果。一批国内外有实力的大公司、大企业相继落户县境，进一步壮大了县域经济实力。

【利用外资工作又有新发展】 全年新发展“三资”企业18家，投资总额6 718万元，其中合同利用外资1 857.6万美元，实际到位资金1 558.7万美元，超额完成了年初确定的1 400万美元任务指标。

【出口创汇稳步增长】 实施“以质取胜”外经贸战略，制定有关引导性奖励政策，取得较好效果。年内又有旺旺集团、利祥公司等9家企业通过了ISO9000系列国际质量标准认证，又有圣林工艺品厂、化工总厂等6家企业获得了自营进出口权。打破了由传统的服装毛针织产品出口一统天下的局面，具有较多科技含量的机电、化工类产品直接出口创汇已跃居行业第二位。海外设点工作取得新进展。伊斯曼乐器公司、金鹰制衣公司、华奈达集团公司等企业相继在美国、蒙古、瑞典等国家设立了窗口。全县全年完成直接出口创汇3 500万美元，比上年增长10%；完成出口供货额9.3亿元，比上年增长21.4%，出口供货额、直接出口创汇继续保持京郊前列。

【“三资”企业经济效益迅速提高】 2000年，71家“三资”企业完成产值19亿元，利润1亿元，税收1.5亿元，分别比上年增长31%、150%和76.4%，分别占全县相应指标的33%、38%和25%。三资企业的规模、效益明显扩大和提高，有力地促进了县域经济发展和壮大。

【个体私营经济发展迅速】 坚持“三个有利于”标准，按照政治上撑腰，政策上鼓励、经济上扶持、服务上到位，组织上加强的思想，积极引进、培育、扶持了个体私营经济的发展。全年发展非公有制企业1 103家，比上年增加400家，上缴税金2.15亿元，比上年增长了95.5%。全县私营企业已发展到4 995户，其中异地经营2 535户，本县经营企业2 460户，注册资金达到68.4亿元。在数量增长的同时，北京金裕兴电子技术有限公司、华通开关厂、燕兴隆新型墙体材料有限公司、绿伞化学制品有限公司等一些非公企业呈现较好的发展势头，落户于金海角开发区的民营企业金裕兴有限公司于2000年初上市成功，年内纳税6 000万元。华通开关厂年销售收入5 000多万元，上缴税金200万元。非公有制企业的快速发展，为县域经济的振兴与腾飞注入了新的生机与活力。

公路　交通　环保

【加强公路建设和养护】 2000年，完成了红石坎桥、平蓟路、胡熊路三项大修工程。投资904.91万元，铺沥青路面15.31万平方米/14千米，桥梁46.94延米/座；完成了中小修工程10项及日常养护，养护里程1 334千米，平均好路率86.8%；新改建乡级公路14条，28.7千米，新改建桥梁12米/座。完成了两条公路的绿化工程。采伐杨树2 283株，新植及更新树木3 107株，栽植花灌木3.94万株，草坪6 900平方米，成活率达98.8%，保存率达99.3%。

【高质量完成四项市重点工程】 投资7 060万元，完成了公路二环212号合同标段、南四环12号标段、北四环13号合同标段和京沈路16号标收费站四项重点工程。完成路基49.26万平方米/3.47千米，路面20.44平方米/3.47千米，桥梁48米/1座，涵洞70.5米/5道，浆砌档墙16 000立方米。

【全面完成工业污染源限期治理达标任务】 总投资2 680万元，完成丽都亚洲啤酒有限公司、泰华、平乐、华邦、维多化工、金奈达毛衣厂等26个工业污染源治理。其中投资1 569万元建成污水治理设施19个，新增日处理污水能力1.3万吨；投资1 112万元，新装工业粉尘、烟尘治理设备51台套。年减少工业粉尘排放2万吨，减少COD排放2 000多吨，对改善全县大气环境质量、缓解地表水污染程度取得了显著成效。

【大气污染防治取得新突破】 有效控制煤烟型污染。完成了茶浴炉、大高灶改造455台，完成计划任务的168%，在全县范围内推广使用低硫优质煤5万吨；防治机动车尾气污染。共组织机动车尾气检测7 748辆，进京路口完成进京车辆监测1 000辆，达标率62.3%，年检换绿标1 550辆，治理改造发放绿标370个；进一步减少扬尘污染。对县城地区建筑施工工地进行不定期检查，各工地做到了周边设置围档、料堆有遮盖，路面有专人清扫，主要扬尘点有降尘措施，从而有效减少了施工扬尘污染。

【交通运输业务总量增长】 全年完成货运量74.4万吨，同比增长4.3%，其中铁路运输73.4万吨，同比增长4.4%，公路运输1.2万吨，与1999年持平。全年公路运输游客625.16万人次，其中县内540.8万人次，东直门线84.36万人次。

【强化管理维护秩序】 年内审验货运车2 250余户，3 000辆，检查纠正处理违法违章2 000起，催交补交行业规费17.5万元，有效维护了全县货运市场秩序。加大客运管理力度。以打击黑车、稽查违章、狠抓服务质量为重点。共查扣违法运输110多辆(次)，暂扣手续90余起，进一步规范了客运经营行为。

城建　城管

【建筑业支柱地位巩固加强】 全年开复工面积165万平方米，较上年增加3.6%；县内开复工面积48万平方米，较上年增加68.4%；建筑业完成产值11.9亿元，实现利润4 400万元，上缴税金4 650万元，分别较上年增长5.2%、4.7%、4.3%，呈现出良好的发展势头。继县建筑总公司、裕发房地产开发公司、嘉铭、天润、渔阳集团等建筑企业强手之后，岳龙、东晓等一批建筑企业新秀在市场竞争中脱颖而出，使建筑企业整体实力进一步增强。

【建筑工程质量进一步提高】 创市级优质工程5个，县级优质工程12个，争创优质住宅小区的工程面积占全县开复工面积的79%。天润建筑公司承建的“国兴家园综合楼工程”和金通远建筑公司承建的“北京果树培训中心楼工程”获北京市“长城杯”质量奖。

【房地产开发成果显著】 124万平方米的19个开发项目被列入北京市2000年商品房屋建设计划，竣工面积80万平方米，比上年增长65%。房地产开发业的快速发展已成为全县重要的经济增长点。

【新型建材开始研制使用】 成功地研制了以矿渣、煤灰、灰膏等为原材料的复合砖，黏土的使用量降低了45%，结束了全县实心黏土砖一统天下的历史。

【县城推进街道“五化”工程】 坚持高起点规划，多风格建设，园林式装点，市场化经营和法制化管理的城乡建设思路，树立和运用“经营城市”的新理念，实现了城乡建设的快速发展。通过出让街道广告经营权、部分商用土地的开发权和使用权，鼓励县内外企业和个人投资建设和改造县城街道。裕发、渔阳、天润、嘉铭和华奈达集团等县内知名企业积极响应，投入资金3 000万元，对新平北路、府前街、府前西街、新平东路、文化南北街等县城五条主要街道进行了高标准改造，达到了“绿化、硬化、净化、亮化、美化”的“五化”标准。共铺装彩砖步道5.3万平方米，路面铺油盖被2.6万平方米，新增灯箱广告252个，礼花灯7组，地射灯和树射灯740盏，彩虹门2座，街道标识3座，更新路灯线杆204根，并实现了电力、电信、广播“三线入地”，县城面貌焕然一新，更具现代化城市的气派和风采。

【实施拆墙透绿工程】 全年组织了两次大规模拆违还绿、拆房增绿，拆迁建绿、拆墙透绿工作。重点对县城主要大街和农贸市场、居民小区进行整治。共拆除违章建筑1 900多间、3万平方米，拆违还绿面积2.5万平方米，改造建筑面积1.3万平方米，粉刷建筑物1.2万平方米，栏杆1.7万米，新铺草坪6.6万平方米，新绿化和改造绿化面积14.9万平方米。

【狠抓精品工程提高绿化美化水平】 一是完成了世纪广场二期工程。园林道路共铺设彩砖13 295平方米，铺砌花岗岩路面3 430平方米；砌筑人工湖体2 742平方米，湖底铺砌大方砖7 544平方米，粉刷仿古建筑5 000平方米，安装喷灌管线810米，并安装了一系列配套设施；二是完成了一批县城重点绿化工程。相继完成了县城北二环路绿化改造、县城七条街道绿化补植、县城街心公园改造和泃河大桥两侧绿化等工程；三是完成一批市政工程。主要有旧城街路面铺油盖被、县城24条小街道改造、岳各庄村南下水方沟治理等。通过狠抓县城绿化美化和市政设施的完善提高，县城面貌发生明显变化，绿化覆盖面积已达668公顷，绿化覆盖率40.6%，人均公共绿地19.2平方米，人均绿地55平方米，花园式单位已达106个，占县城机关单位总数的68%。

【小城镇建设进展顺利】 马坊镇投资360万元建成5万平方米的草坪广场；国家级小城镇建设试点单位峪口镇中心大街道路改建扩建工程全面启动，工程总投资2 600万元。

【建成了京郊第一个生活垃圾无害化处理厂】 该垃圾填埋场占地0.067万公顷，日处理垃圾60吨，使用期4~5年，总投资60万元，利用无纺布土工膜作防渗层，无害化达100%。

财政　金融

【全县财政收支情况良好】 全年财政总收入10.34亿元，其中地方财政收入完成2.6亿元，比上年增长17%，市对县体制返还收入4.8亿元，市追加专项收入1.67亿元，上年结转2000年使用资金1.24亿元。

财政支出累计完成9.71万元，同比增长15%，收支相抵后，结转下年使用资金6 283万元，做到收支平衡，略有结余，保证了农业、教育、卫生及重点工程项目的支出。

【积极探索实行政府采购制度】 全年对春季县城绿化工程苗木、后北宫大桃市场信息显示屏及计算机设备等4个项目实行了政府采购，采购金额达到203万元，节约资金40多万元。同时对行政事业单位会议接待定点单位实行了公开招标、投标，县政府采购工作取得初步成效。

【“零户统管”试点工作取得成功】 积极推进和完善乡镇财政管理体制，加强预算管理。在东高村镇开展了“零户统管”试点工作，在保持单位会计主体和财务自主权不变的前提下，取消单位银行账户，财政统一管理会计人员、资金、结算和会计工作，融会计服务与监督管理为一体，提高了财政资金使用效益，促进了廉政勤政建设。

【金融系统运行平稳】 贷款投入力度加大，全年净增贷款9亿元，为全县经济发展提供了有力财政支持。全年贷款余额累计完成43.62亿元，比年初增长25.9%。存款余额累计完成40.72亿元，比上年增长了6.9%。全年完成保险收入6 248.5万元，其中财产保险公司3 661.5万元，人寿保险公司2 587万元。赔款收支3 635.8万元，其中财产、人寿分别为2 326.8万元、1 309万元。

社会发展

1年来，坚持“两手抓、两手都要硬”的方针，紧紧围绕经济建设这个中心，充分发挥科技、教育、文化、宣传阵地的作用，倡导科学，反对迷信，大力推进精神文明创建活动；广泛开展社会公德、职业道德、家庭美德教育，促进了良好社会风气的形成；加强民主与法制建设，严厉打击各种刑事犯罪和社会丑恶现象，维护了社会稳定；加强党建和基层组织建设，党组织的凝聚力和战斗力进一步增强，党员干部的先锋模范作用得到有效发挥。社会的进步，确保了全县“改革、发展、稳定”的大局，实现了全县两个文明建设的健康、协调发展。

党　建

【领导班子和干部队伍建设进一步强化】 按照市委的统一部署，扎实有效地开展了县级领导班子“三讲”教育“回头看”和处级领导班子、领导干部“三讲”及“回头看”教育活动，领导班子和领导干部思想、政治、作风、纪律明显增强；贯彻落实江泽民同志“三个代表”的重要思想，举办了形式多样的学习教育活动。全县各基层党组织共举办报道会45次、知识竞赛10场，各级领导干部撰写学习体会文章300篇，进一步提高了对“三个代表”作为立党之本、执政之基、力量之源的重大意义的认识。深化干部制度改革，积极完善和推进领导干部任前公示制和公开选拔制度，出台了《任前公示期间处理群众来信来访工作实施办法》和《中共平谷县委关于公开推荐选拔县直行政事业单位副职领导干部实施意见》，对5批104名拟提拔对象进行公示，对群众举报的确有问题的3人坚决不予任用。首次进行了公开选拔县直行政事业单位15名副职领导干部工作，231人报名参加考试，14人进入试用期，使领导干部竞争上岗、公开选拔工作向制度化、规范化迈进。领导干部任前公示制引起了社会广泛关注。在中组部召开的干部公示制工作会议上，平谷县做为先进县典型介绍了经验。继续调整优化乡局级领导班子结构。全年共调整处级干部4批253人，涉及县直行政、事业单位和5个乡镇99个领导班子。加强各级各类干部培训，干部综合素质明显提高。先后举办了“优秀中青年干部培训班”、“乡镇党委书记研讨班”、“优秀中青年妇女干部培训班”、“科技管理拔尖人才和优秀青年知识分子培训班”、“乡局级领导干部MBA培训班”、“农村党支部书记任职资格培训班”等各类培训班7期，培训各级干部3 503人次。

【党风廉政建设和反腐败斗争力度不断加大】 完善落实了党风廉政建设责任制。强化了各级党政一把手第一责任制人制度。明确了“四个负总责”和“七个亲自”，使党风廉政建设领导体制和工作机制得到有效落实。建立了村、科级党风廉政建设责任制，形成了县、乡（局）、村（科）三级责任制网络。加强监督检查和责任追究力度。制定并落实了《关于实行党风廉政建设责任制责任追究的实施办法》。组建了10个检查组，对70个乡、局单位进行巡视检查。召开座谈会110次，862人参加了座谈，对460名副处级以上领导干部进行了民主测评，共发放并收回民主测评表5 800份。对460名副职以上干部进行了党纪条规考试，开展了形式多样的廉政教育活动，进一步增强了各级领导班子党风廉政建设的责任意识。积极推进领导干部廉洁自律工作。结合“三讲”教育和“回头看”活动，各级领导班子都认真召开了廉洁自律专题民主生活会。严格执行了领导干部个人重大事项报告制度、收取申报制度和礼品登记制度。20余名处级以上领导干部拒收或上交礼品、礼金，折合人民币5.4万元。继续推进政务公开、厂务公开、村务公开等“五公开”工作，落实“收支两条线”，开展效能监察，坚决纠正了部门和行业不正之风，取得了明显成效。加大了县纪委对违纪案件的直接查办力度，全年共初查核实违纪线索44件，立案28件，已结案20件，有效地预防和遏制了腐败现象的滋生和漫延。

【农村基层组织建设取得新进展】 以创建农村基层组织建设先进县为主线，广泛开展创建“六好”乡镇党委、“五好”农村党支部、“四好”党员活动，进一步推进了基层组织建设、涌现了一大批先进党组织和优秀党员。结合实际，积极探索新形势下加强和改进非公有制经济组织、社区和县直机关组织建设的新途径。特别是加大了非公有制经济组织党建工作力度，县委专门成立了领导小组，研究制定了《关于加强非公有制经济组织党建工作的意见》，召开了全县非公经济组织党建工作会议，进行总结部署，使非公有制企业组织建设取得了突破性进展。全年发展非公有制企业党组织25家，全县累计已达32家。基层党组织的政治核心作用得到了较好落实，党员的先锋模范作用得到真正体现，有力地促进了全县经济和社会发展。

精神文明建设

【广泛开展改善投资环境大讨论活动】 围绕“保护优美净化的生态环境、建设舒适方便的生活环境、保证稳定安全的治安环境、创造宽松优惠的政策环境、提供优质高效的服务环境、培育文明高尚的人文环境”等六个方面，自2000年3～10月，历时8个月，在全县范围内特别是在党政机关、公务员队伍中深入开展了“改善投资环境大讨论”活动。通过“学习讨论”、“查摆问题”、“建章立制”、“巩固提高”四个阶段，从转变观念入手，分层次、多形式、有重点地进行了学习和讨论，深刻地进行了单位自查，广泛地进行了社会帮查，针对存在的诸多问题认真制定了整改方案，建立、健全和完善了相关制度，全面开展了各种收费、罚款的审核清理，认真查办了一批影响投资环境的人和事。通过8个月的大讨论活动，全县上下思想得到了统一，认识得到了提高，机关工作作风有了明显改进，服务水平有了较大提高，制度化建设得到了进一步加强，规范了执法行为，有效地控制了“四化”现象，营造出了一种爱商、厚商的社会氛围，全民素质有了新的提高，全县环境质量明显改善和提高，涌现了一批改善投资环境的先进个人和单位。

【深入开展精神文明创建活动】 以加强思想道德建设为核心，相继开展了“学雷锋，树新风”、“争做文明平谷人”、“改善投资环境，美化绿都平谷”、“千万市民齐参与，争做文明北京人”演讲和知识竞赛、“邻里团结、家庭和睦、见义勇为”主题宣传教育、“千万市民齐参与，共建美好新家园”科技宣传、“十星级文明户”评选等一系列丰富多彩的精神文明建设活动，进一步提高了全县人民的思想道德和科学文化素质；加强精神文明阵地建设，积极推进“文明科技大院”、“文明市民学校”、“文明单位”、军警民共建等创建活动，建成了105个“文明大院”涌现了14个市级文明单位、3个市级文明乡镇、13个市级文明村、1个市级文明居民区，1个市级共建标兵单位和1个市级先进单位。马坊镇早立庄村文明市民学校被首都文明办命名为“首都文明市民学校示范校”，进一步提高了全县精神文明建设水平。

【环境综合整治和建设取得突破性进展】 突出了“三个结合”，即重点月突击与经常性工作相结合，治理脏乱差与绿化美化相结合，抓环境整治与建设精品工程相结合；掀起了“三个高潮”，一是“环境治理重点月”高潮，二是“五个一”建设高潮，三是“杨宋镇现场会”后环境建设高潮；体现在“四大”上，即整治决心大、工作力度大和面貌变化大。全县累计投资5 800万元，加强县城环境整治和建设，兴建了一批在京郊有一定影响的精品工程，使县城向“绿如茵、净如水、亮如月、美如画”的现代化卫星城迈进。同时以落实“五个一”建设为重点，加大了农村环境整治和建设力度。各乡镇累计硬化路面14万平方米，铺草坪35万平方米，绿化美化街道210条，建街心公园16个，百亩草坪广场1个。建成了112个“四化村”和105个“文明大院”，涌现了李蔡街、中罗庄、胡营等一批精品村和关上、挂甲峪、甘营等一批精品大院。

科技　教育

【高新技术企业和民营科技企业发展迅速】 全年发展高新技术企业9家，民营科技企业39家，科技先导型企业5家，在郊区县中数量增长最多。全县高新技术企业、民营科技企业累计达到115家，其生产总值占全县工业生产总值的23%，已经成为县域经济发展的生力军，民营科技成为全县科技进步体系的重要组成部分。

【开展全方位科技服务】 组织实施各类科技计划项目87项，其中国家和市级星火计划16项，科技攻关项目30项，推广新技术、新成果10项。围绕农业经济发展和林果业优势，在5个贫困山区乡镇组织实施节水灌溉、提水上山等科技致富工程4项。围绕骨干企业滚动发展，加大了企业技术改造和新产品开发力度。筹资4.1亿元，完成了具有一定规模的技术改造63项。这些项目投产后，可新增利税4.3亿元。科技服务领域不断拓宽，由单纯的农业科技服务向医疗卫生、环境保护、水资源可持续利用、农村新能源拓展。同时加强软科学课题研究。进行了“绿都发展规划”、“旅游发展规划”、“平谷县网络信息平台发展规划”三个软科学课题研究探索，已取得了初步成效。

【科技兴村工作取得新成绩】 坚持县、乡政府推动，部门单位协作，动员社会参与。通过加强人才培养，科技推广和农村社会化服务体系建设，依托科研院所和大专院校，认真抓好试点村建设，由点到面，全面推开，促进了农村两个文明建设。在2000年10月召开的“全国第六次科教兴村计划试点工作经验交流会”上，平谷县被评为“全国科教兴村先进县”。万庄子村被评为“全国科教兴村先进村”，夏各庄村和李蔡街新增为“全国科教兴村试点村”。

【深化教育体制改革】 一是走联合办学之路，采取国际上最先进的托管方式，组建了北京师范大学平谷附属中学；二是走多元化办学之路，成立了县内第一所私立普教学校“北京诚明高级学校”；三是走高等教育发展之路，扩大了北京联合大学应用技术学院办学规模，标志着“以政府办学为主，社会力量共同参与”的教育新格局在全县初步形成。

【基础教育再创佳绩】 在全县中、高考中，4 850名初三考生总分600分以上的达到89人，所有考生全部被各类高级中等学校录取。高考1 836名考生，本科上线率为26.13%，比上年提高了6个百分点。本科实际录取549人，在考生与上年基本持平的情况下，增加了170人。其中考入清华、北大、人大等名牌重点大学的考生达17人。在职业教育中，全县173名毕业生取得了专业技术等级证书，99人升入了高职院校。师范毕业生参加北京市高等学校招生考试，录取率为97.3%，居京郊首位。

【教育基础设施建设加强】 共投资3 160万元，相继完成了六中实验楼、三中实验楼、平中体育馆、成教局综合教学楼等一批教育重点工程，总面积5万平方米；新翻修教室754间，面积1.2万平方米；投资100多万元，建成了中专校电工、电子、电施三合一的实验室和高标准的计算机房，进一步改善了教学条件。

【教师整体素质得到提高】 开展了以师德建设为重点的“三育人”活动和以素质教育为内容的学习、征文、研讨活动。完成了6 900名教师的继续教育、325名教师的岗前培训和硕士研究生班入学工作。在北京市马芯兰教改实验论文录像课评比中，获得一等奖2个。在北京市优秀德育实验成果评选中，6篇论文获一等奖，30篇论文获二等奖。

【加强规范化学校建设】 北师大平谷附中、平谷三中、华山、刘家河、马昌营中学全部通过市级验收。

【成人教育深入推进五项培训工程】 即中高层次

紧缺人才培训、下岗人员转岗培训、农村劳动者科技推广培训、乡镇企业职工培训、首都市民素质提高培训。与首都经贸大、首师大、北京经干院联合举办了MBA硕士研究生课程班和高级工商管理培训班。500名副处级以上领导干部参加培训；对897名下岗待业人员进行了汽修、服装制作等专业培训，663人进行了各种就业指导培训；培训乡村技术人员和农民8万人次，乡镇企业职工5万人次、对全县1.5万人次进行了计算机外语等培训。成人教育局被评为北京市五项培训工程先进单位。

文化　体育　档案

【城乡文化设施和文化产业设施建设有新发展】投资880万元的第二新华书店建设和影剧场改造工程全面启动。乡镇文化站建设完善发展。大华山镇文化站在巩固“全国先进文化站”的基础上，大胆改革，完成了投资主体和经营机制的转换，朝着既是多功能的文化娱乐中心，又是集餐饮、旅游、商贸于一体的经济实体迈进。

【农村文艺队伍不断壮大】 建成了144支秧歌队、77支花会队、17个业余剧团和小乐队、1万余人的农村业余文艺队伍。

【群众文化活动异彩纷呈】 相继举办了第十届农民艺术节、五月鲜花群众歌咏、夏日文化广场、金秋艺术欣赏、丫髻山文化庙会等11项全县性大型文化活动和社区特色文化活动。共举办群众性文艺演出、艺术表演891场，表演多姿多彩的文艺节目9 600多个，6.5万余人次登台表演，吸引观众135万人次，营造了健康文明的文化环境。

【文艺创作繁荣出新】 全年在市级以上报刊展览发表和展出文艺作品210篇（件）。《往事与乡情》、《岁月无痕》、《洵阳杂录》、《足球骑士》《洵水清·桃花红》等六部文学作品出版发行。在北京市第十届农民艺术节系列文化活动暨第二届乡村新秧歌大赛中，参赛的《霸王鞭》、《春到平谷》分别荣获最佳表演奖和创新奖；《好日子》在市五月鲜花首届业余舞蹈大赛中获一等奖和创作奖。

【扫黄打非成效显著】 全年出动机动车187车次，1 635人次。累计检查各类文化经营场所895家次，取缔无证照各类文化经营场所71家次，收缴非法书刊820册，盗版音像制品7 640盘，电子游艺机板180块，暂扣电脑79台套、电脑软件51盘，进一步规范了文化市场，净化了精神环境。

【加强文物保护】 对18处县级文保单位、3处市级文物埋藏区、2处国耻纪念地进行文物执法，未发生毁盗文物事件。鱼子山抗战纪念馆被列为北京市爱国主义教育纪念地和国防教育基地。

【竞技体育再创佳绩】 在北京市中小学体育运动会上，平谷县代表队获得8枚金牌、10枚银牌、7枚铜牌；县业余体校参加市级比赛，共获金牌17块、银牌14块、铜牌18块，金牌总数和奖牌总数均比上年翻了一翻。为市柔道队输送了6名运动员。

【民办体育广泛兴起】 积极鼓励支持社会力量兴办体育事业，全年创建了“金龙足球俱乐部”、“路兴乒乓球俱乐部”、“张广平拳击俱乐部”、“武术业余学校”、“跆拳道培训中心”等10余个民办体育机构，累计吸引6 000余人次。

【档案工作取得新成绩】 全县275个行政村全部建立了档案室，立卷6.4万卷。18个重点企业规范了档案管理。完成了1 198卷革命历史档案的电脑录入，制作档案编研材料四种共计16.2万字。

卫生　计划生育

【卫生系统基础设施现代化进程加快】 全年投资1 410万元，基建面积1.96万平方米，完成了县医院新病房楼、中医院病房楼装修、夏各庄卫生院维修、南独乐河卫生院改建等一批重点基建工程。投资825万元购置更新医疗设备，其中万元以上设备30件。县医院购置了多功能血管照射仪、二院购置了全自动生化分析仪、妇幼保健站购置了呼吸麻醉机等，进一步提高全县医疗现代化水平。

【防病保健工作再上新水平】 全县人口发病率为41.38/10万，法定传染病总发病率152.15/10万，甲乙类传染病发病率69.93/10万。传染病各案调查处理率100%。发现1例流行性出血热病人，无脊髓灰质炎、狂犬病、艾滋病和霍乱发生。强化公共卫生、食品卫生、劳动卫生、学校卫生监督监测，全部达到了合格标准。妇幼保健工作扎实有效。住院分娩率99.41%，孕产妇系统管理率76.67%，产后访视率95.25%，母乳喂养90.45%，儿童保健系统管理率92.49%，婚前检查率为95.13%，婚前宣教率98.84%。

【农村卫生巩固发展】 一是大力发展社区卫生服务，建立新型医疗卫生服务与保障体系。制定了《2000年全县农村社区卫生服务站规划》，以“实事求是，因事建站；适度投资，配备合理；分批建站，逐步扩展；形成网络，服务周全”为原则，在全县共建成社区卫生服务站58个（城区9个，农村49个），同时制定了社区卫生服务公约，工作人员职责等各项规章制度，规范了社区卫生服务站管理。以社区卫生服务站为整体的医疗保健网络初步形成。各站共建健康档案万余份，开展健康教育达8 000人次。二是发展和扩大乡村卫生一体化管理成果。制定了《乡村医生临床输液认证管理办法》，对全县200名乡医进行了考试，对具备输液条件的86名乡医发放了《乡医临床输液证书》；对全县165个卫生室软硬件建设进行了全面考核。三是农村合作医疗巩固发展。全县12个乡镇65个村开展合作医疗，7万人享受合作医疗保险制度。共为参加合作医疗的750人报销住院医疗费8.9万元。

【推行“小专科，大综合”特色办医模式】 坚持以科研为先导，鼓励支持基层卫生院发展特长科室，突出办院特色。相继在农村卫生院建立了“糖尿病防治”、“新医正骨”、“妇科疑难病症”、“椎间盘突出治疗”、“肝病”、“眼科”等一批门诊专科，进一步提高了全县医疗服务水平，取得了较好的经济效益和社会效益。

【大力开展爱国卫生运动】 共开展月末卫生大检查12次，清除建筑垃圾3 500吨，清除乱堆垃圾148吨，杂草17万平方米，小广告17.5万张，清理楼道堆放物1.1万件，清除小炉子2 130个，清除广告残标748条，拆除私搭乱建30处。县城垃圾做到日产日清，共清运垃圾4万余吨。在全县城乡开展了百日无蚊蝇病竞赛、灭鼠灭蟑活动。共投鼠药4吨，喷洒灭蚊蝇杀虫剂500千克，有效降低了蚊蝇鼠密度。以农村改厕为重点，狠抓农村卫生，完成农村无害化厕所1.5万座。在全市综合性卫生检查评比中，平谷县名列远郊区县第二名。马坊镇李蔡街、蒋里庄和梨羊村被评为北京市卫生村。

【开展形式多样计划生育宣传教育活动】 一是在全县范围内实施“五个一”宣传活动。即县乡村每周一次计划生育专题广播，县电视台每周一次计生专题节目，更新城镇和乡村计生宣传一条街，制作一件宣传品，县乡村分别举办一次大的宣传活动。全年平谷电视台播放计生新闻106条，广播电台播出《人口与发展论谈》专题65篇，定期播放《魂系国策》专题节目48次，制作了“计划生育丈夫有责”宣传品5万张，组织了《国策在我心中》大型文艺晚会。二是充分利用元旦、春节、《条例》颁布纪念日，世界人口日等时机加强宣传教育。共设立咨询站185个，印发各种宣传材料9.6万份。组织了“树婚育新风，计划生育秧歌大赛”255次，张贴标语1.5万条。三是举办了“百题万人答卷”活动，全县各单位1.17万人参加，进一步增强了全县人民的计生意识。

【狠抓计生综合整治工作】 以贯彻中央《关于加强人口与计划生育工作稳定低生育水平的决定》为中心，以严格控制计划外生育为重点，各职能部门相互配合，加大了综合治理力度。落实了人户分离人员委托管理制和户籍地管理制，制定了奖惩办法。为200多户贫困独生子女家庭提供了发家致富项目资金30万元。对几年来拒不执行规定的65户超生户依法进行了处理。全年共出生人口2 577人，计划生育率达到94.8%。

广播电视　信息化建设

【发挥广播电视宣传娱乐载体功能】 围绕县委、县政府中心工作，多形式多角度地宣传了党的路线、方针、政策。全年共播出电视新闻2 600多条、广播新闻1 500多条、专题栏140期。制作完成了《水利富民谱新篇》、《绿都平谷》等专题片。以企业转制和农业结构调整为重点，播放了企业转制系列报道7期，设施农业和养殖业成功典型10多期，推动了农村经济发展；加大节目改版力度，增强视听效果。调整增设了《明日之星大擂台》、《购销指南》、《视点》、《计算机知识讲座》、《农业科技》、《乡土文学》等10余个栏目，扩大了视听容量，丰富了荧屏，提高了质量。

【稳步推进有线电视网建设】 建设并完成82.25千米的有线电视网光缆铺设，建成覆盖全县的高速宽带的有线电视光缆骨干网络，架设光缆429.68公里，使17个乡镇、117个村全部联通，提前5年完成市政府提出的村村通光缆的目标。全年新增有线电视入网户2.8万户，累计达3.8万户。广播电视局被评为全国广播电视村村通先进集体。

【信息网络化建设走在全市前列】 立足现代化，建成了基于有线电视光缆的宽带多媒体综合信息网，实现了视频会议、视频点播业务、远程教育、高速信息传输等功能。在京郊区县中第一个建成了高标准的、全县各中小学联通的教育信息网络中心和平中、北师大平谷附中的校园网。开发了平谷县办公自动化系统，提高了政府及各部门办公自动化水平。开通了平谷信息网站，开办了平谷新闻、招商引资、企业之窗、平谷纵横、文化教育等15个栏目。建立了平谷县电子商务信息平台，为企业发展提供了更广阔的市场。

民政　劳动社会保障

【双拥工作实现精彩开局】 以争创双拥模范县为目标，进一步完善和强化了领导组织体系和工作机制，突出重点、狠抓落实，促进了双拥工作广泛开展。一是加大了双拥工作宣传力度。开设了“双拥之花”电视专题节目，举办了“双拥情”征文和摄影展，各乡镇新刷双拥内容标语118条，设立宣传牌8块。二是继续落实了优抚安置政策。617名复员军人领取了医疗减免证，享受到40%医疗减免，全县减免总额达到79.2万元。实行了优抚对象优待金全县统筹，除原乡统筹外，居民户口每人征收20元优待统筹金，全县已收取40.5万元，扩大了优待基金。为31户优抚对象修建住房124间，落实补助资金125万元。投资110万元对光荣院进行了设施改造，老人居住条件居全市先进水平。共接收退伍军人348名，其中应城镇安置的134名全部落实了工作。回村安置率也达96%。及时调整了优抚对象定补和抚恤标准，新增加44.6万元，全县总额达689.6万元，全部足额到户。此外开展了为抗日战争复员军人体检、纪念抗美援朝50周年慰问、“爱心献功臣”等一系列活动。军休干部政治生活待遇得到落实，文体活动更加丰富多彩。三是军地双方互办实事，军政军民关系更加密切。投资258万元为驻军66 362部队修建了长3 197米、宽8米的“拥军路”，投资20多万元解决了

66 008部队吃水难和交通难。开展了走访慰问活动，特别是县领导赴河北黄骅慰问驻训的66 362部队官员。全县为部队送慰问金和慰问品价值15.87万元，落实对部队政策性补贴150万元。驻军部队也积极参加了抢险救灾、环境整治、植树绿化等工作。

【城乡低收入保障工作全面推进】 制定出台了农村特困户救助方案。自2000年10月1日起，全县701户年人均收入500元以下的特困户，每人每月得到30元的救助金。同时城市居民最低生活保障制度得到较好落实。全年共有960户2 145人享受到城市居民最低生活保障，共发放保障金205万元，有1 825户5 120人享受粮油帮困卡，折合196万元。农村五保水平有所提高，集中供养353人，供养水平年人均2 462元；分散供养201人，供养水平年人均1 082元。全县21所敬老院基础设施和服务质量不断提高。

【农村民主制度逐步完善】 制定了《平谷县村民会议、村民代表会议议事规则》、《平谷县村务公开暂行办法》和《关于修改完善〈村民自治章程〉的意见》、《平谷县村委会选举暂行办法》，全县农村民主选举、民主管理、民主决策、民主监督制度基本健全。农村各乡镇都对《村民自治章程》进行了修改，并重新印刷成册，发放到户，入户率达100%。

【城镇地区居委会建设有新突破】 结合第四次居委会换届选举，采取公开招聘社区事业干部的办法，使县城地区19个居委会干部结构得到彻底改变。19名新任居委会主任全部具有高中以上学历，其中68.4%具有大专以上学历，平均年龄29.7岁。招聘社区干部给县城地区居委会工作带来了活力，居委会工作明显改观，建立起了家庭装修工作站、社区志愿者服务站、房屋租赁管理站等，使各项工作入正轨。

【奉献爱心、救灾捐赠】 全年共下拨救灾款180万元，较好解决了农村贫困户和受灾群众在吃粮、穿衣方面的困难，其中还发放棉被260床、衣服7 460件及棉布等物资。为73户农村贫困户修建住房219间，落实补助资金63.6万元。发扬扶危济困的优良传统，全县干部职工共捐赠衣被37 689件，安全及时地运送到了内蒙古翁牛特旗灾区。

【再就业服务超额完成市政府指标任务】 全年已实现进中心下岗职工分流安置率90.7%，超额完成了市政府下达的进中心下岗职工分流安置率60%的任务。其中，全县县属13家再就业服务中心的646人已有563人得到了分流安置，市属企业的2家再就业服务中心中的97名下岗职工，已有96人得到了分流安置。此外，全县960名失业职工中，已有482名重新就业，其中，自谋职业290人，企业安置192人。城镇失业人员中的834人得到安置，安置率达到73%，失业控制率1.90%。

【社会保险系统覆盖面不断扩大】 全县退休统筹在库职工达27 887人；失业统筹系统337家，共32 689人，其中已在106家事业单位共13 508人参加了失业保险；大病医疗统筹系统单位已达170家，共11 000人；全县已有225家企事业单位，19 205人参加了社会工伤保险；农村社会养老保险工作也有了一定发展。

【企业职工社会保障工作有效落实】 全年为困难企业职工借支基本生活费41万元，退休费1 169万元。为下岗职工拨付基本生活保障金681.28万元，支付养老金4 979万元；拨付安置补助费201.9万元；自谋职业补助费158万元；发放社会失业救济金309.59万元；为社会失业人员报销医疗费30.51万元。

政　法

【深入开展与法轮功邪教组织斗争】 建立了法轮功重点人员名单库，实行总体控制，分工负责，有效遏制了个别顽固分子进京滋事的企图。全年共查获或堵截欲进京滋事、聚集练功324人次；通过建立健全县乡村三级帮教组织、广泛宣传、实行帮教责任制、举办转化学习班、典型示范、动员法轮功修炼者亲朋好友帮助等多种措施，积极开展了对法轮功修炼者的教育转化工作，使年初确定的219名重点工作对象中，有70人得到了较好转化，占重点人员总数的32%；依法处理了一批法轮功顽固分子。全年行政拘留30人次，刑事拘留146人次，劳动教养20人，起到了震慑、教育作用；此外开展了查缴法轮功宣传品的专项斗争，取得了阶段性成果。共破获散发法轮功宣传品案件15起，抓获散发、张贴人员10名，查缴法轮功宣传品3 200余份，有力地打击了“法轮功”顽固分子的嚣张气焰。

【深化“严打”，净化社会治安环境】 认真贯彻“严打”工作方针，始终保持高压态势，严厉打击了刑事犯罪。全年共破获各类刑事案件513起，其中重大案件318起，抓获犯罪嫌疑人448名，打掉犯罪团伙43个，为人民群众挽回经济损失470余万元。检察机关批准逮捕197件305人，提起公诉216件339人。县法院依法判处刑事犯罪分子401人，召开公判会12次，公开处理犯罪分子41名，有效维护了全县社会治安稳定。

【加大排查调处工作力度】 以化解集体访为重点，努力探索实践“三个机制”工作思路，妥善处理了大量人民内部矛盾。全年共调解各类民间纠纷1 768件，防止集体上访11件，防止矛盾激化36件，防止民转刑34件。来县上访批次和人员分别比去年减少了81批、363人次，5人以上集体上访分别比1999年减少了61批、99人次，全县进京集体上访比1999年又有下降，被评为北京市人民内部矛盾排查、信访工作先进县。

【加强社会治安综合治理】 本着“打防结合，预防为主”方针，落实领导责任制，目标管理责任制和激励机制，强化“创安”工作，促进了全县综治工作的开展。一是夯实基层基础，扎实开展创安工作。进一步加强了基层治保组织、民调组织建设，共充实调整治保会成员471名，整顿调委会112个，建立治安巡逻队276支、1 300人，全县逐步形成了以治保积极分子、社会保安和治安巡逻队为基础的群访群治体系。目前全县共有258个村（居委会）达到了安全标准，占全县总数94%。98个金融网点全部安装了闭路监控系统，32个加油站与属地派出所报警联网，28个重点收款单位与金融报警联网。全年各类技防投入达1 200多万元。二是加大治安管理工作力度，持续整顿治安秩序。先后开展了打击卖淫嫖娼、文化娱乐场所、爆炸物品、交通、消防、外来人口及出租房屋的专理治理整顿，消除了一大批治安隐患，净化了社会环境。分别被市评为交通安全优秀县和消防工作先进县。三是广泛开展法制宣传教育。以“三五”普法检查验收工作为契机，继续深入开展了以在校学生和农民为重点的法制宣传教育活动。全县共举办法制教育220余场次，法制文艺演出98场，受教育群众和学生达18万人次。四是积极开展安置帮教工作，有效预防和减少了犯罪，促进了社会稳定。

平谷县主要领导人

县委书记　刘宝善
副 书 记　赵克忠　韩凤武　王振林
常　　委　王友江　张庆朝　王晓光（女）
　　　　　刘　军　桑胜元
县人大常委会主任　冯国元
副 主 任　王志芬（女）　吴静涛　王定武
　　　　　赵凤兰（女）　韩梦熊
县　　长　赵克忠
副 县 长　刘　军　王颖光　王春辉　刘汉勤
　　　　　宋福蓁（女）
副局级调研员　钱毓琴（女）
县政协主席　傅朝永
副 主 席　胡玉才　耿绍岩　吴祈琳（女）
　　　　　宋庆华　刘廷海
县纪委书记　王友江
副 书 记　费连顺　赵绍华

（龚世宏　白云冰）

怀　柔　县

全　县　概　况

怀柔是北京市远郊县之一，具有良好的生态环境和丰富的旅游资源，物产丰富，交通便利。

怀柔在“十五”计划中的功能定位是：经过努力，把怀柔建设成为首都绿色生态屏障、环保型产业基地、高新技术成果转化园地、会展休闲旅游胜地。

【地理位置】 怀柔县地处燕山南麓，华北平原北端。位于市域东北部，北纬40°41′～41°04′，东经116°17′～116°63′之间。东邻密云县，南接顺义县，西南靠昌平县，西界延庆县，西北至东北分别与河北省的赤城、丰宁、滦平三县接壤。

县域南北长128千米，东西最宽处37千米，最窄处11千米。境内西部、北部多山，有名称的山峰500座，海拔多在500～1 500米之间，成为北京北面的天然屏障。

【面积】 全县面积2 128.7平方千米，平原面积占11%，山区面积占89%。

【水文　气候】 境内水资源丰富，水质优良，是北京重要的水资源基地之一。境内有属于潮白河、北运河两个水系的白河、汤河、天河、琉璃河、怀沙河、怀九河、雁栖河等4级以上河流17条。有山泉774处。

怀柔属暖温带大陆性季风气候，四季分明。年平均气温6～12°C，无霜期140～200天，年降水量470～850毫米，年日照总时数2 748～2 878小时。区域分布差异明显。怀柔狭长的地形，造就南北明显的气候差异，并蕴藏丰富独特的物产资源和自然旅游资源。

【资源】 怀柔县物产丰富。境内野生动物主要有264种，植物资源有800多种，其中野生植物有500余种。有药用植物243种，主要中药材有柴胡、苍术、玉竹、远志、荆芥等。矿产资源目前已发现的矿种有34个，尤以黄金、铁、石灰石储量丰富。70年代以来，相继建成水泥厂、铁矿和金矿，崎峰茶金矿是本市最大金矿。果产主要有板栗、核桃、大扁杏仁、苹果、梨、柿等。怀柔板栗以皮薄、含糖量高而闻名，花木核桃、北台上鸭梨均为京郊名优产品。境内有1.8万多公顷的天然次生林，是华北地区最大的一片原生性森林。利用气候资源特点，已建成淡季菜生产基地、玉米制种基地、西洋参栽培基地和虹鳟鱼、鲟鱼养殖基地。

【交通】 境内交通便利，有大秦、京承、京通纵横三条铁路干线，11条公路干线连接临县及外埠。各乡镇通柏油路，平原硬化路面100%。有环城公共汽车和环平原乡镇村的小公共汽车，有直通市内的专线公共汽车，旅游季节节假日有慕田峪、红螺寺、雁栖湖、青龙峡等景区直通市内的旅游专线。县城距首都机场30千米，天津港170千米，秦皇岛港200千米，均有快速公路直达。

【建置】 西汉时期，今县域大部分属幽州渔阳郡渔阳县，西部属幽州上谷郡昌平县。唐开元四年(716年)，始建怀柔县，县治在今顺义县。1914年北京地区设京兆地方，怀柔为京兆所属20县之一。长城以北山区属热河特别区热河道滦平县，碾子以北一带属察哈尔特别区兴和道沽源县，茶坞、北宅和西部果区四乡属昌平县，年丰以南为顺义县，其余平原地区均属怀柔县。1928年6月，直隶改河北省，怀柔为河北省属县之一。1932年9月，河北省设蓟密行政督察专员公署，辖怀柔等4县。

1940年7月，中共平北地委成立抗日民主政权，抗日民主政权怀柔县属平北地委领导。

1945年抗战胜利后，撤销怀顺联合县，建立单一的怀柔县。其四界随着形势发展有所变动，区划及隶属关系曾多次变更，先后隶属于冀察12地委热西分委、平北地委、冀察地委。1949年4月隶属南口行署，8月改属河北省通县专署。

1948年12月6日，怀柔解放。1949年10月1日，中华人民共和国成立，怀柔县属河北省通县专区。1958年4月，划为河北省承德专区，同年10月，划归北京市，成为北京生态资源、水资源、旅游资源和副食品的重要基地之一。并作为北京的卫星城，承担分散分流市中心区人口和产业的基地和承担大型国际会议的京郊旅游会议中心。

【行政区划与人口】 怀柔全县辖10镇5乡，32个居（家）委员会，287个村民委员会，总人口26.5万人。

经济建设

2000年，全县经济的指导思想是：以改革总揽全局，加快结构调整，推进产业优化升级和体制创新，突出县域经济特色，努力增加总量，加快优质特色产品、食品饮料、轻型卡车、环保产业、旅游休闲度假五大基地建设，促进全县经济持续、快速、健康发展。具体措施：

在农业结构调整方面，重点抓好三项工作：第一，狠抓“六个带动”；第二，建设高效种养小区；第三，加强农业服务体系和产业化龙头企业建设。

在推进企业改革方面重点抓好：积极推进政事、政企分开；加快建立国有、集体资产保值增值机制；以资产重组转制为手段，大力推进国有、集体企业的结构调整和体制创新；适应市场经济要求，加快建立现代企业制度；加大企业解困力度，建立优胜劣汰机制；加快社会保障制度建设，实现企业职工基本保险社会化。

在招商引资方面，要围绕“一个组织，两个为主，三个重点，多种形式”，全面出动。

2000年，全县实现国内生产总值37.92亿元，同比增长11.6%；县域财政收入8.69亿元，同比增长9.3%；其中地方财政收入2.74亿元，同比增长22.5%。固定资产投资11.67亿元，同比增长26.7%；其中生产性投资5.4亿元，同比增长143%。城乡居民人均可支配收入9 472元，同比增长22.6%；农民人均纯收入4 128.8元，同比增长8.4%。

农业

【确定农业发展指导思想】 经县委年初确定，全县农业发展指导思想是“加快结构调整，推进产业优化升级和体制创新，突出县域经济特色，努力增加总量，加快优质特色农产品基地建设。”

【主要农业经济指标超额完成】 全年农业总产值4.85亿元，比上年增长5.4%；农业增加值3.85亿元，同比增长2.4%；农民人均纯收入4 128.8元，同比增长8.4%。

【发展“六种农业”及农业产业化主要措施】 一是以绿色为主题，建设绿色生态农业。本县水质、大气质量、环境条件得天独厚，又有板栗、西洋参、冷水鱼、大扁等诸多绿色食品生产资源。按市绿色食用农产品安全生产体系建设要求，突出绿色食品基地和绿色生态农业建设，围绕A级、AA级绿色食品标准，大力发展“六种农业”及农业产业化。县蔬菜办所属怀昊伟公司已取得333.33公顷绿色蔬菜生产和加工的“翔宇”牌绿标；宝山寺“宝鸿”牌鸭蛋的绿标申请注册即将成功，大扁的AA级绿标和板栗的绿色标识正申请运作。二是大力培育主导产业。将板栗、冷水鱼、西洋参作为全县三大主导产业，制定优惠政策，加大扶持力度。重点对龙头企业的技改、新产品研究开发和国际市场的开拓等环节给予扶持。三是依靠科技促进“六种农业”及农业产业化的可持续发展。全县引进农业科技人才20多名，引进新品种289个，引进推广新技术30多项。成立板栗研究所，主攻板栗疏雄技术，2000年推广疏雄技术0.33万公顷，平均亩增产30千克，亩增收400多元。成立西洋参研究所，在千斤栽培技术、根、茎叶新产品开发等方面进行科技攻关。成立冷水鱼研究所，研究孵化、养殖、加工技术，引进新品种，开发新产品。成立万能种子研究所，建立种子研究科技龙头企业，带动籽种、精品农业发展。

【种植业结构调整取得突破性进展】 认真落实“狠抓六个带动，建设高效园区”思路，依托自身优势，面向市场需求，建成高效农业园16个，其中标准及科技含量较高的园区4个（蔬菜园区2个，西洋参园区1个，观光果园1个）。发展种植业专业村7个。新增饲草、西洋参、蓖麻、药材、烟草、果树、蔬菜、油料等经济作物和非粮作物（玉米制种）种植面积0.42万公顷，同比增长85.8%，全县经济作物面积累计达到0.904万公顷，粮经比例达到40:60。新增加的主要项目和品种为：果树0.24万公顷（其中板栗0.17万公顷），饲草333.33公顷，蔬菜333.33公顷，西洋参70公顷，蓖麻420公顷。推广果粮、粮粮、粮菜、果菜等高效立体间作种植模式533.33公顷。

【高效养殖小区初具规模】 按照统一规划建设、规范化管理、模式化养殖、市场化组织的原则，1年来，全县建成以农户投资为主体的各类专业养殖小区93个。其中：奶牛小区10个，新增存栏2 993头，累计存栏6 200头，年产牛奶1 730万千克，同比增长32.4%；肉牛小区32个，年出栏肉牛1.21万头；梅花鹿小区10个，存栏2 750只；肉羊小区5个，年出栏肉羊5 100只；肉鸡小区24个，年出栏肉鸡469万只；其他小区12个。93个养殖小区中达到市级标准的38个，达到县级标准的55个。全县发展养殖专业村3个。实施养殖小区工程总投资1.32亿元，其中农户投资1亿元，占76.1%。养殖业实现产值2.26亿元，同比增长8.2%，养殖业占大农业产值比重由上年的45.1%上升到51%。

【“六种农业”发展迅速】 新发展精品农业品种27个，总数达到347个，同比增长8.4%。增加的品种主要是粮食、蔬菜、花卉、林木、畜禽等名特优新稀品种。精品农业总收入4.3亿元，同比增长1.6倍。新增设施农业面积127.33公顷，总面积已达385公顷，同比增长49%。设施农业产值6 597.3万元，同比增长67.2%。以蔬菜、苗木、花卉、畜禽、水产品为主的籽种农业，销售额1.08亿元，同比增长55.2%；其中销售外埠的籽种总额达到2 928.7万元，同比增长86.5%。新增观光农业项目24个，同比增长54.5%；新增投资4 264.5万元，同比增长3.9倍；接待观光527万人次，同比增长93.8%；观光农业收入3.26亿元，同比增长3.1倍。其中农户出租收入1 594.5万元，同比增长87.3%。加工农业产值27.5亿元，同比增长72.6%；增加值11亿元，同比增长20.1%。加工农业带动基地0.29万公顷、376个村、16 394户，同比分别增长35.2%、85.2%和75.2%。创汇农业直接出口创汇459万美元，同比增长13.1%；间接出口创汇1.8亿元，同比增长90%。

【龙头企业推动奶牛产业化】 全县奶牛存栏6 173头，同比增长87%；带动农户400余户。现有乳品加工龙头企业9家，年加工能力2.7万吨，已形成产、加、销一条龙体系。

【虹鳟鱼、鲟鱼养殖产业化】 全县冷水鱼养殖水面20.2公顷，同比增长67.4%。其中：虹鳟鱼水面15.4公顷，2000年总产值8 000万元，利润1 500万元，面积、产量均占全市首位；已形成集旅游、观光、垂钓、餐饮为一体的有4条沟，发展到9个乡镇、47个村、270户。鲟鱼水面4.8公顷，建种苗繁育基地5处，年孵化受精卵1 000万粒，出苗700万尾，销售300万尾，饲养成鱼100万尾。带动农户100户；新建2个集养殖、繁育、加工、销售一条龙企业。

【梅花鹿养殖产业化】 全年梅花鹿存栏2 750只，比上年增长93.3%；养殖户267户，同比增长3.6倍；年产鹿茸1 796千克，同比增长2.4倍；销售收入500万元，同比增长2.2倍；利润200万元，同比增长2.2倍。全县有500只规模的种鹿场1个，养殖专业小区10个，已具备集繁育、技术指导、防病治病、销售于一体的服务功能。

【蔬菜加工产业化】 全县蔬菜种植面积0.187万公顷。其中：出口菜种植面积333.33公顷，全年加工出口腌渍菜8 000吨。产值2 700万元，同比增长20.3%。带动农户2 500户。县内有蔬菜腌渍加工厂3个，已注册了“翔宇”牌蔬菜商标。

【干果加工产业化】 全县干果出口7 449吨，产值8 459.8万元，创汇426万美元。已建成干果基地1.67万公顷。其中板栗1.33万公顷，总产600万千克，产值8 700万元，带动农户1.4万户。已建成干果加工龙头企业3家，初步形成集生产、加工、销售为一体的产业化格局。

【西洋参种植加工产业化】 全县已有14个乡镇、75个行政村、680户农户种植西洋参。绿色保存面积216.67公顷，当年收获面积13.8公顷，产量6.33万千克，农民获纯收入520万元。西洋参发展已具备繁种、生产、销售一条龙产业化雏型，是发展潜力很大的种植产业。

【专业合作经济服务组织快速发展】 全县新发展各级各类农村专业合作经济服务组织54个，累计共140个。按行业分：种植业45个，养殖业73个，农副产品加工业14个，其他行业8个。按类型分：出资型46个，契约型10个，会员制型84个。服务组织带动农户3.2万户，占农村总户数的46%，销售收入3.98亿元，利润2 008万元，户均增加纯收入1 179元。

林业　气象

【圆满完成各项林果生产任务】 2000年，全县造林绿化工作以突出重点、创建精品为中心，强化管理，加大林业科技应用力度，完成植树360.88万株，栽花灌50.7万丛，植绿篱3 000延长米，铺草坪5万平方米。完成10项重点绿化工程。

完成荒山造林0.27万公顷。完成封山育林1.87万公顷，其中续封1.47万公顷，新封0.4万公顷。完成中幼林抚育0.47万公顷。完成2001年绿色通道工程整地592.4公顷，占任务的77.4%；栽植板栗、桃、杏等431.33公顷，占任务的56.3%。

因地制宜高质量发展果树0.252万公顷；建高标准旅游观光果园343.33公顷。完成三个工程：东茶坞—红林旅游沿线84公顷高标准观光果园建设；长哨营乡路边野生资源嫁接大枣288公顷，100余万株，成活率90%以上；板栗专业镇完成板栗栽植0.093万公顷，116.2万株。引进果树优新品种18个，1.5万株，推广板栗良种0.027万公顷。

完成雨季造林1.47万公顷。造林面积、参加人数（20万人次）、资金投入（530余万元）三项均创历史新高。

【加大林木资源管护力度】 坚决执行采伐制度，严格采伐限额管理。已完成15个乡镇、275个村的林权登记终审工作。完成古树名木常规养护管理和重点古树名木科技复壮。林木病虫害防治及检疫全县设市、县级测报点各5个，监测网点20个，监测覆盖率86.7%。对京密路、京密引水、雁栖湖等地区组织飞机防治病虫13架次，防治面积0.073万公顷；完成板栗暴食性食叶害虫防治0.62万公顷，达到控灾减灾目的。调运苗木检疫率100%，产地苗木检疫率

95%。办理检疫证书2 464份，查扣私卖倒运北京市一般性保护动物163只。完成11%的有林面积（1.09万公顷）检疫对象普查及各类病虫害的调查任务。完成二类森林资源清查的内业汇总、成图及小班卡片输入微机工作，经市林勘院检查验收，全部达到优秀标准。通过调查核算，全县林木覆盖率为65%。完成重点生态工程区森林资源现状的外业调查、小班卡片输入微机和成图工作。摸清15年来飞播造林成效，飞播造林为林木覆盖率提高贡献13个百分点。严格落实各项护林防火责任制，加强巡逻检查，连续第5年无森林火灾。

【提高林果科技含量】 重点推广三项实用技术：一是果树精细修剪技术指导和抗旱浇水。完成冬季精细修剪2.67万公顷，早春抗旱浇水1.07万公顷。二是推广果树刻芽、环剥、拉枝等促花增产技术0.27万公顷。三是以提高果品质量为中心，推广疏花疏果、果实套袋等综合配套技术，取得了良好的经济和社会效益。加强技术培训，壮大农民科技队伍。采取多种形式举办各类培训100余场次，培训1.59万人次。对2 044名持绿色证书人员进行了再培训，又有361人取得绿色证书。依靠科技兴林，提高绿地质量。在造林绿化工程中，采用提前整地、铺膜、换土、盖膜等实用技术，大面积应用管道浇水和ABT生根粉、根宝等植物促进剂及喷施纤维素等抗旱节水、保活技术，提高了绿化质量。推广在侧柏营养袋中装保水剂技术造林33.33公顷，成活率98%。

【气象服务质量稳步提高】 全年短期一般降水预报准确率72%，同比提高5.4%；大风预报准确率73.8%，同比提高13.8%；最低气温预报准确率73.8%，同比下降4.9%；暴雨预报准确率66.7%，明显好于往年。农业气象业务综合质量列全市第3位。气候评价综合质量列全市第1位。

山区建设

【主要经济指标持续稳步增长】 全县6个边远山区乡镇农业总产值2.27亿元，比上年增长6.9%；养殖业收入9 918万元，同比增长31.6%，占大农业收入的44%；农民人均劳动所得3 433元，同比增长10%，消除了人均年收入1 500元以下的低收入村。

【水利富民3年任务基本完成】 全年完成水利富民“五小”工程1 010处，塘坝、井、站等骨干工程185处，新建改造拦蓄工程102处，新增改善粮田果树灌溉面积0.373万公顷，其中节水灌溉面积0.3万公顷，发展蓄水保墒面积0.7万公顷，新增蓄水能力130万立方米。全年水利富民工程投资2 480万元，其中农民个人投入1 280万元。工程合格率100%，优质工程60%。

高标准、高质量完成了大水峪灌区、怀沙河引水工程、朝白河灌区配套改造等重点工程。完成小流域水土流失综合治理170平方千米。

【资源开发利用取得长足进展】 果品生产：全县12个山区半山区乡镇共发展果树0.153万公顷。其中，九渡河镇和渤海镇两个板栗主产区以发展密植板栗园为重点，发展板栗0.093万公顷。养殖业：建成各类养殖小区73个，养殖业收入占大农业的比重达到44%，同比增长9%。旅游业：利用农业景观和山区自然景观发展山区休闲旅游呈现良好势头，建设了“云岭生态示范区”等几个农业观光园区。休闲观光旅游综合收入3 349万元，同比增长63%。新发展旅游专业户651户，带动684户转向二、三产业。

工　业

【工业运行质量继续提高】 通过狠抓招商引资和以建立现代企业制度为目标的企业重组转制，加快了国有、集体企业的结构调整和体制创新，工业发展后劲进一步增强。全县工业总产值98.97亿元，比上年增长4.1%；工业销售收入87.97亿元，同比增长5.3%；利润4.2亿元，同比增长24.2%；工业增加值16.61亿元，占全县国内生产总值的43.8%，拉动全县经济增长4.6个百分点；工业企业资产负债率下降2个百分点，产品销售率提高3.5个百分点，工业利润增幅高于销售收入增幅23个百分点。亏损企业减少21家，亏损额比上年减少7 839.4万元。全年新建、技改项目115个，比上年增加54个，增加年产出能力5 000万元以上项目16个，完成投资额3.5亿元，同比增长75%，有67个项目建成投产。

建筑业开复工总面积145万平方米，产值13.5亿元，增加值3.7亿元，同比增长9.8%。

【县直工业运行质量明显提高】 县直工业发展由速度型向效益型的转变。全年完成工业总产值42.94亿元，同比下降0.6%；工业销售收入37.4亿元，与上年持平；工业利润1.23亿元，同比增长2.5%；工业增加值7.5亿元，同比增长15.4%；资产负债率68.13%，同比下降1.79%；亏损企业35家，亏损面18%，同比下降3.6%，累计亏损7 400万元，同比减少5 000万元。

全年实施技改项目13个，计划总投资19 250万元，竣工投产11项，完成投资总额12 933万元，比上年增加4 933万元，同比增长61.66%。通过技术改造引进资金7 446万元，引进新项目5个，开发新产品7项。完成招商引资签约项目13个，计划投资总额19 010万元，到位资金14 717万元，有4个项目竣工投产。

【重点企业骨干行业继续发挥龙头作用】 食品饮料、包装印刷、汽车制造及配件等三大骨干行业完成产值50亿元，销售收入52亿元，分别占全县的51%、60%。33家乡镇重点企业的产值、收入、利润三项指标同比分别增长17.2%、15.9%、30.1%，三项指标增长分别占全县乡镇工业增长的60.7%、75.1%和54.4%。

【综合改革稳步推进】 推进县属国有、集体企业改革健康发展，制定《中共怀柔县委、怀柔县人民政府推进国有企业、县属集体企业改革和发展的实施意见》和《怀柔县人民政府关于印发企业重组转制有关政策的通知》。成立怀柔县国有资产经营公司，制定国有资产经营管理意见。以建立现代企业制度为目标，组建80家规范的股份制企业。取消二级公司行政级别。完成了4家事业单位改企业工作。企业破产工作取得突破性进展，累计完成破产企业17家，解除企业债务3.6亿元，安置职工730人。非公经济发展步伐加快，投资领域拓宽。个私企业完成增加值6.7亿元，占全县国内生产总值的17.7%。社会保障制度进一步完善，失业保险、养老保险、大病统筹、工伤保险四项基金收缴率均在98%以上，养老保险金实现了社会化发放。

【县直企业改革深入发展】 完成重组转制企业43家。其中有限责任公司8家，股份合作制3家，被兼并1家，关闭15家，歇业7家，租赁5家，破产4家。通过企业重组转制获得收益2 590万元，盘活资产1.7亿元，协议引进资金5 000万元，已到位5 000万元。

县直企业改革呈现以下特点：一是涉及资产数额大，投资规模或资产规模1 000万元以上的项目有9个。二是涉及产权制度改革的多，在43家改制企业中，涉及产权改革的14家，占32.6%。三是改革质量高，通过把改制与招商引资和发展新企业有机结合起来，引进了高附加值、高科技含量的新项目，组建了实力较强的新企业。如植物激素厂与北京科瑞生物工程公司合作生产高科技农药的项目，北京吉阳塑料厂与外商合作生产大豆蛋白制品的项目等。四是解决了重点、难点问题，如分流安置职工647人，置换了1 146名职工的身份。

【雁栖工业开发区改善投资环境招商引资见成效】 2000年5月初，开发区集中精力开始了八大工程建设：投资1 300万元，铺油7.1千米，铺设人行步道6.6万平方米，畅通了九条道路网架；投资350万元铺设地下管网13千米，完成了核心区2.05平方千米地下管网建设；投资266万元，安装路灯161盏，使开发区的夜晚亮起来；投资300万元，对2.05平方千米内的11条道路进行换土、换树高标准绿化；投资100万元拆除了总长3 200米的高压线路，提高了土地利用率；投资10万元，建立区内标识系统，对区内26条道路预以命名并对9条道路设置了标准路牌。上述工程总投资2 316万元。

在软环境建设方面，进一步完善经营理念系统，建章建制。把“投资零忧患、入驻零烦恼、服务零抱怨”作为建设投资环境的质量目标，对投资者实施“包揽式服务”和“保姆式服务”。投资20万元，聘请清华大学工业设计系对开发区进行了CI形象设计，以树立开发区经营理念及标识系统。

开发区入区企业完成工业总产值22亿元，销售收入17亿元，利润2 500万元，上缴增值税8 000万元。各项指标与上年持平。新引进企业4家，引进建设资金13 885万元。技术改造企业2家，技改投资分别为2 470万元和950万元。新引进4个项目和2项技改都将于2001年竣工投产。

投资环境的改善已收到明显效果。一是进区考察者络绎不绝；二是增强了已入区企业大规模扩建、技改的信心；三是良好的环境和服务，调动了外企为开发区招商引资的积极性。

北京雁栖工业开发区被评为2000年度先进区县工业区。

【乡镇企业“二次创业”成效显著】 全面推进乡镇企业“二次创业”，企业发展取得实质性进展。全年完成工业总产值58.28亿元，同比增长11.4%；企业总收入81.73亿元，同比增长15.5%；企业总利润5.31亿元，同比增长22.4%；企业增加值14.69亿元，同比增长23%；工业增加值10.53亿元，同比增长19.3%。产销率96.3%，同比提高2个百分点；资产负债率58.8%，同比下降0.6百分点，其中工业资产负债率57.4%，同比下降2.1个百分点；亏损企业22家，同比减少29家；亏损面5.3%；亏损额976万元，同比减少2 260万元。

【“三项工程”建设取得较大进展】 以乡镇工业小区、村级工业大院和二、三产业专业村为主要内容的“三项工程”建设，为招商引资和农民致富提供了载体。有3个乡镇工业小区、3个工业大院、6个二、三产业专业村获得扶持奖励资金，兑现金额310万元，其中市级扶持资金110万元，县级扶持资金200万元。

【乡镇企业重组转制扭亏作用明显】 全县乡镇企业完成重组转制67家。其中有限责任公司15家，租赁39家，租赁结合1家，出售5家，转个私1家，破产6家。盘活存量资产9 175万元。增加投资1.34亿元，其中引进县外资金1.08亿元。通过重组转制，对长期高负债经营的亏损大户实施整体出售，如怀柔镇的小泽服装公司、华洋实业公司、维利亚羊绒制品公司等，减轻企业负担，增强发展后劲。

旅游　会展

【旅游业持续发展】 围绕把怀柔建成会展休闲旅游胜地，重点采取了以下措施：一是加强旅游业规划管理，本着适度超前、统一协调规划、可持续发展原则，通过重新优化组织、配置旅游资源，树立怀柔旅游的整体形象。二是继续完善三道旅游环线，重点推进红螺山旅游度假区建设。三是围绕作好“假日经济”文章，进一步改善全县旅游大环境，提高服务质量，加强旅游业管理，促进景区、景点、饭店、旅行社协调健康发展。全县共接待游客592万人次，旅游综合收入3.96亿元，同比分别增长6.8%和12.8%；旅游业增加值1.2亿元。建成开放新景点2个，新增项目10个。新评定星级宾馆21家，累计34家，列郊区县之首。举办怀柔县第一届旅游文化节。春节、“五一”、“十一”三个黄金周共接待游客113万人次，日接待最多达12.5万人次，超过了1997年日接待游客10万人次的最高记录。全县累计发展民俗旅游户1 500户，户均年收入1万多元。

【旅游新景点新项目增加】 2000年，新开发建成并正式推出梧桐岭、天池峡谷两个不同特色的新景点，新开发建成属国内首创的公路速降、超级飞船、观光缆车、松林飞降等参与性、娱乐性、惊险、刺激的新项目，完成了生存岛景区市级文明景区创建工作。全县的市级文明景区总数已达7个。

【民俗旅游项目发展快】 2000年，以富裕农民为目标，发挥旅游资源优势，发展民俗旅游项目，通过组织外出参观考察，开展“抓百户、带千户”达标评比活动，促进了民俗旅游的加快发展。全县民俗旅游户已达1 500户，虹鳟鱼垂钓、烧烤点230处，可供游人观光采摘的果园0.97万公顷。全县民俗旅游项目共接待游客104万人次，创旅游综合收入1.04亿元。

【假日旅游活动丰富多彩】 以“迎接新世纪，撞起红螺钟，狂欢在长城”为开端，相继组织推出了登长城、赏腊梅、放鞭炮、民俗风情过大年；第六届春节赏花游园；首届旅游文化节及金秋赏叶采摘节特色活动。“春节”、“五一”、“十一”三个旅游黄金周共接待游客113万人次，假日经济基本形成。

【旅游配套设施进一步完善】 全年共投入基础配套设施建设资金1 200万元，新建和改造厕所5个，改造景区客房30间，延长并拓宽旅游步道1 600米，扩建停车场3 000平方米，在郊游专列接站台安装防晒遮阳设施250平方米，安装木制长条座椅80个，进一步方便了游客。

【宾馆饭店接待服务水平提高】 全年在新增星级宾馆21家的同时，投资6 000多万元，完成了西岭宾馆、松秀园饭店、金雁饭店、龙山宾馆等综合娱乐楼、客房及餐厅等重点工程项目建设，扩大了规模，提高了档次和接待能力。成功举办东南亚地区渔具展销订货会、全国图书展销会及北京福田汽车订货展销会等各种会议6 800多个。宾馆饭店及培训中心接待旅游会议110万人次，旅游综合收入1.6亿元。

城建　城管

【城镇建设锦上添花又上新台阶】 完成了全县土地利用总体规划，15个乡镇总体规划和68个重点村规划的编制工作。日处理能力1.5万吨的污水处理厂正式投入运行，垃圾处理厂建设正式启动；新安装程控交换机9 000门，建成无线通讯网站11个；完成了怀长路、怀杨路延伸拓宽工程，打通了碾喇路，硬化了天河路，庄苗路正式开工，宝崎路建设按计划进行。2000年4月11日，北京东直门至“小西湖”（怀柔县九渡河镇西水峪水库）的961路公共汽车正式开通。高标准完成了滨湖公园和9个居民小区的改造，对县城主要街路的绿化进行了改造和补植；认真落实控制大气污染措施，完成了环保十件实事，各项重点环保指标均控制在计划之内。成立了城管监察大队。

【房地产业发展迅速】 在房地产开发企业资质审批放宽、银行加大个人住房贷款力度等因素的作用下，全县房地产业呈现出开发势头强劲局面。全年开复工面积32.9万平方米，同比增长66%，其中新开工面积24.6万平方米，同比增长74.4%，竣工17.4万平方米，同比增长1.7倍；完成投资3.42亿元，同比增长51.4%；销售商品房收入2.06亿元，同比增长34.9%。到目前为止，县内注册，已申请资质备案、核定等手续的房地产开发企业共48家。

【加强建筑行业管理】 一是从规范建筑市场行为入手，加强建筑市场管理，严格按照建筑法等有关法律、法规要求，认真履行建设工程手续，使建筑工程办证率达到100%。二是加强对外地建筑队伍管理，对外地队伍进行登记注册和日常工作检查，要求使用外地人员持证上岗率达到80%以上，使建筑工程质量有了保证，也促进了外地施工队伍整体素质提高。三是加强施工现场管理，确保人民生命财产安全和施工顺利进行。四是按照市建委对年检工作的要求对全县92家建筑企业进行了年检，对不合格的14家企业分别作出了降级或取消的处理。

【建筑工程质量稳步提高】 围绕贯彻建设工程质量管理条例，促进全县工程质量稳步提高的目标，重点抓了两项工作：一是年初召开全县质量表彰大会，表彰了获“红螺杯”优质工程、县优工程和县级结构优质工程，对2000年的工程质量提出高标准要求。二是针对存在质量问题的情况及特点，对质量通病治理重点进行修改和改善，下发《怀柔县2000年建设工程质量治理重点》，对出现质量通病问题的工程严格处罚，并不得交付使用。通过狠抓工程质量，全县的质量通病基本得到遏制，质量投诉大幅度减少。全年质量投诉7起，解决5起，2起正处理。

商业　外经外贸

【国合商业改革进一步加快】 完成重组转制企业15家。其中有限责任公司10家，破产5家。破产已终结的4家企业共减少负债4 000多万元。企业主管部门全年减收管理费300万元，减轻了企业负担。在二级公司改革与所属企业改革相结合方面，进行了两种形式的尝试。一是二级公司全体人员参与所属企业转制，如县服务公司参与所属怀兴饭庄、春风饭庄等企业进行有限责任公司改造；二是副食品公司机关全体买断下属企业的净资产，成立益客兴盛有限责任公司。

【个体私营经济发展步伐加快】 做到“四放开、三结合”。全年新发展个体工商户1 823户，新发展个人独资企业127户。把个体私营经济发展作为调整和完善所有制结构的重点，纳入国民经济总体发展规划，给予多方面的鼓励与支持，全县个体私营经济呈快速发展趋势。全年完成增加值6.7亿元，占全县国内生产总值的17.7%，成为全县经济发展的重要组成部分和新的增长点。

【外经外贸继续发展】 新发展“三资”企业20家，原有已投产“三资”企业继续增加投资、扩大规模。全县已有130家“三资”企业开业投产，当年开业投产9家。全年实际利用外资3 929.4万美元，同比增长27.8%。“三资”企业效益不断提高，已投产企业完成销售收入29.94亿元，同比增长3.5%；税金2.54亿元，同比增长20.2%。

外商独资企业发展迅速。全年审批外商独资企业6家，投资总额1 366万美元，外商应到位资金1 066万美元，同比分别增长120%、103%。

全县提供出口供货企业59家，完成出口供货额4.12亿元，同比增长11.1%，出口创汇1 515万美元。出口增长的原因：一是内资企业出口增长迅速，完成出口2.6亿元，同比增加4 000万元，增长18%；二是传统商品出口大幅增长，服装、制瓷、板栗等传统商品完成出口6 000万元，同比增加1 200万元，增长25%。新增自营进出口权企业三家：北京飞箭钢铿有限责任公司、北京诚一国际食品有限公司和北京富亿农板栗有限责任公司。

财政　金融

【财政体制实现平稳过渡】 2000年是实行新的财政管理体制的第一年。全县上下狠抓招商引资，扩大生产规模，调整税源结构，培植永久性税源。重新制定和完善了乡镇财政体制和促进县域经济发展的财政政策，对全县财政收入尤其是乡镇财政收入结构进行调整，实现了新旧财政体制的平稳过渡。全年完成县域财政收入86 929万元，同比增长9.3%；其中地方财政收入27 380万元，同比增长22.5%，完成年初预算的115.1%。财政支出完成105 006万元，同比增长28.3%，保证了农业、教育、科技、社会保障、卫生及重点工程项目的支出。

【金融运行质量提高】 金融机构积极利用国家改革政策参与企业重组、改造和破产工作，剥离不良资产3.69亿元，使一批企业解除了沉重的债务负担，金融机构自身信贷资产质量、效益得到较大提高。年末全县存款余额64.8亿元，比年初增加10.3亿元；贷款余额44.4亿元，比年初净增5.3亿元。重点支持了农业结构调整、重点工业骨干企业和房地产开发，促进了全县经济发展。

社会发展

全县人民坚持“团结求实、主动加压、开拓进取、争创一流”的怀柔精神，精神文明和民主法制建设及各项社会事业取得了全面进步。实施“科教兴县”战略，科学技术作为第一生产力，对社会经济发展的推动作用更加突出。教育得到优先发展，教育结构、学校布局进一步优化，办学条件不断改善，教育教学质量进一步提高。开展群众性文体活动，用积极、健康、向上的活动占领群众文体阵地。医疗卫生事业健康发展。计划生育连续13年被评为市红旗单位，2000年被国家计生委评为全国计划生育“三为主”先进县。

党　建

【“三讲”教育取得显著成效】 按照时间不缩短、环节不减少、标准不降低的要求，完成了第二批27个乡局级领导班子的“三讲”教育工作和第一批“三讲”教育单位的“回头看”活动。2000年4月12日，中央“三讲”教育检查组组长孙维本带领检查组在中共北京市委常委、组织部长李炳华的陪同下，到县检查指导“三讲”教育工作，对此项工作给予充分肯定。

【党的基层组织建设取得新进展】 以创建农村基层组织建设先进区县活动为主线：一是继续深入开展创建“六好”党委活动。制定了《中共怀柔县委关于进一步完善创建“六好”乡镇党委考核办法的意见》，明确了考核原则、内容、标准和奖惩办法。二是开展了农村“五个好”党支部创建和后进支部整顿工作。制定了《关于选派机关干部下村兼（任）职，加强基层班子建设的几点意见》。15个乡镇选派136名机关干部下村任职。举办了第一期农村党支部书记任职资格培训班，129名55岁以下的支部书记取得了任职资格。35%的支部达到了“五个好”标准。15个后进支部中9个得到明显转化。三是推进非公经济组织的党建工作。召开了全县非公经济组织党建工作会和部分非公经济组织负责人参加的党建工作研讨会。有7家非公经济组织建立了党支部。

精神文明建设

【落实《怀柔县精神文明建设规划》】 广泛开展“双教双促”和“致富明方向，‘十五’再发展”教育活动。深入开展“五创建”和文明怀柔人、“五好”文明家庭、“十佳”服务场所等评选活动，加强全民“三德”教育，认真组织科技、文化、卫生三下乡活动，积极开展军民共建活动。

【“三德”教育广泛开展】 普遍开展演讲、研讨、知识竞赛等多种形式的“敬业创优、争一流、树形象“的主题教育活动。重点抓了旅游行业的职业道德建设，全县12个重点旅游景区的600余名干部职工参加培训。各乡镇开展多种形式的文明户评比活动，全县乡、村两级共评出“五好文明家庭”21 332户。

【“五创建”活动标准再提高】 “五创建”活动，重点抓了“窗口村”建设，修改完善了“窗口村”标准，提高了10个“窗口村”硬件设施档次。年内创建出市级文明村16个，市级文明乡镇1个，市级文明单位24个，市级文明单位标兵7个，市级文明居民区2个，市级文明旅游景区2个。

【环境综合整治再创新成绩】 全面落实北京市防治大气污染紧急行动，完成县城茶浴炉大灶改造，综合整治了9个居民小区。落实“五个一”建设，全县287个行政村，已有258个村有保洁员，各乡镇都建了垃圾填埋场。把环境整治与为群众办实事结合起来，实施“一把手”工程，年内全县各乡镇共实施环境整治重点工程163项。硬化路面108万平方米；绿化56万平方米，新建公园（绿地）60处；新建市场14处；新建改建公厕、户厕2 589座。县城被市爱卫会推荐申报全国卫生先进县城；杨宋镇被评为全市郊区环境综合整治标杆乡镇。

文化体育　卫生　计划生育

【群众性文体活动蓬勃开展】 圆满完成“宏怀杯”迎新年环城长跑活动、“千人太极拳表演”、“百货大楼杯”千名青年自行车骑行、“千人秋季登山”活动。举办了第六届全民健身宣传周，参加各类比赛和活动的人数3万多人次。协办、承办了2000年“中国环游”北京国际公路自行车赛、首届国际长城越野赛。

【竞技体育成绩突出】 7月29～31日，怀柔独轮车代表队荣获第七届全国独轮车锦标赛团体冠军，并获得单项金牌20枚、银牌13枚、铜牌23枚。

8月1～10日，在第十届世界独轮车锦标赛上，以怀柔运动员为主力的中国代表队获得团体冠军。此次锦标赛有17个国家和地区的近千名运动员参加了比赛。怀柔运动员共获得金牌41枚、银牌29枚、铜牌35枚。

10月30～31日，在第四届全国农民运动会上，怀柔运动员韩宾获得男子自行车载重50千克30千米公路个人赛金牌和载重50千克20千米公路个人赛银牌。

【体育基础设施建设加强】 年内翻修了县体育中心田径场跑道，在庙城文体公园、迎宾公园、滨湖公园内修建了总面积5 000平方米的健身路径。运用企业运作方式，促成县体委和盛东阳公司合作，由企业投资经营管理，在城北体育公园内建成露天游泳场，7月上旬向社会开放，解决了工薪阶层游泳难的问题。

【卫生事业持续健康发展】 卫生系统加大人事制度改革力度，在全县率先实施末位淘汰制。改革毕业生分配制度，实施人事代理制度，形成双向选择的用人机制。

加强医疗基础设施建设，启动第一医院综合病房楼、中医院病房楼改扩建工程。中医院病房楼一期工程已竣工投入使用。第一医院开通了远程会诊和远程教育网站，医疗水平不断提高。县中医院“市中风病医疗中心”顺利通过专家组验收。

爱国卫生、计划免疫、妇幼保健、献血等项工作圆满完成了市政府下达的指标。

【巩固农村合作医疗】 全年农村合作医疗工作的目标是巩固成果，完善管理，在提高保障水平的前提下，全县合作医疗实现两个90%。目前，全县15个乡镇275个行政村实行合作医疗，158 764人参加合作医疗，覆盖率分别为100%、96%、91.44%。

【计划生育工作取得新成绩】 认真贯彻落实中共中央国务院《决定》精神，开展了纪念《公开信》20周年活动，组织召开了纪念《公开信》暨婚育百星表彰大会。婚育新风进万家活动全面铺开，完成了“百场电影进乡村”放映任务，演出292场。“三结合”和“幸福工程”项目进一步落实，全年帮扶人均生活水平在1 500元以下的计生贫困户33户，帮扶低于乡镇人均生活水平的614户，实施“三结合”项目的基地四个，均取得很好的效益。

全县计划生育率控制在98%以上，被国家计生委评为全国计划生育“三为主”先进县，中央电视台《新闻联播》节目作了报道。

教育　科技

【大力推进素质教育】 县委、县政府下发《关于深化教育改革，推进素质教育的意见》和《关于加强教师队伍建设的意见》，规划全县教育发展的中长期目标，制定具体实施措施。两个文件提出当前和今后一个时期加强教师队伍建设的总体目标、具体目标和措施，就加强师德建设、提高教师学历层次，加强骨干教师和学科带头人的培养，深化人事分配制度改革等方面提出规划和实施措施。教育教学质量进一步提高。高考升学率68%，有168人升入全国重点大学。

【加快教育结构和布局调整】 理顺学前教育管理体制，将乡镇中心幼儿园归属中心小学管理，一次性到位，保证了教师及教育经费，有效规范各乡镇学前教育的管理。调整撤并了规模小、效益低的村小、完小，形成每个乡镇1所中心小学、1～3所完小的规模办学布局。全县已撤并村小、完小15所。加大中等职业教育调整和学校建设力度。加强了市级职高骨干校怀柔第一职业高中建设。将成人中专和职工中专合并，成立了一所新的职业高中学校，实现规模办学。以培养实用型人才为重点的职业教育格局基本形成，全县职工培训面达80%。

【加强农村教育综合改革】 以农民实用技术培训为重点，组织并开展了成人教育五项培训工程。“十乡百村万户电化教育工程”、北房镇的“四位一体技术推广培训”、雁栖镇的“虹鳟鱼养殖技术推广培训”、杨宋镇的“西洋参种植技术推广培训”、渤海镇的“民俗旅游度假包装设计推广培训”，对加快农村结构调整提高经济效益起到了促进作用。被市教委确定为市级农村教育综合改革试点项目。

【科技应用推广力度加大】 全年新建民营科技企业36家，组织实施涉及农业、医疗、教育等各方面的星火计划项目16项，科技试验计划项目21项，农业科技成果计划项目18项，可持续发展实验示范项目30项。

举办了多种形式的科普宣传活动，与北京农业科教信息网远程教育系统连通成功。

民主法制建设

【民主法制建设进一步加强】 县政府能自觉接受人大监督，主动加强同人民政协民主协商，认真执行人民代表大会及其常委会决议，向县人大常委会报告工作14次，述职3人次，接受人大代表执法检查3次，视察工作4次，办理人大代表建议和政协委员提案274件，办复率100%。虚心听取社会各界对政府工作的意见和建议，征集人民建议150条，提高了政府决策的民主化和科学化水平。开通便民服务电话，及时解决了一大批群众反映的热点难点问题。认真落实县十二届人大二次会议《关于推进依法治县的决议》，制定《怀柔县依法治县工作实施意见》，在全县组织实施。

【深化农村民主政治建设】 狠抓一年两次民主日活动、政务、村务公开和民主制度建设。制定《中共怀柔县委组织部关于在乡镇推广政务公开工作的意见》、《怀柔县村级干部管理办法》、《民主制度建设达标村标准及考核办法》、《怀柔县村级规范化管理工作细则（试行）》和《怀柔县村级财务乡镇审核管理工作暂行规定》，总结推广前茶坞、下庄村等的民主制度建设先进典型。2000年1月20日，副市长翟鸿祥在市委农工委和县领导陪同下，来县桥梓镇北宅村参加民主日活动，在参加村民代表讨论后，要求把民主决策与民主日活动紧密结合起来，多议农民增收、农村稳定大事。

【“三五”普法增强全县人民法制意识】 全县深入开展“三五”普法活动，把学习法律知识列为县政府常务会议的常规内容，认真落实行政执法责任制，规范执法主体和执法行为，行政执法水平不断提高。县司法局利用三个月时间，对全县15个乡镇和12个县直单位的“三五”普法工作进行了全面验收。“三五”普法期间，全县各单位对十余部重点法律和相关的法律、法规进行了宣传普及，收到良好效果。

【民事调解和法律服务工作取得新进展】 全县各级民事调解组织共调解民间纠纷3 148件，调解成功3 059件，成功率97%；防止民间纠纷转化为刑事案件8件、8人，防止群体上访73件、822人次。公证、律师队伍共承担刑事辩护、民事代理671件，占法院受理案件的20%以上，办理公证710件，涉及标的额4 500万元，为85家行政企事单位担任法律顾问。

【严厉打击法轮功邪教组织】 全县各部门协同作战，同法轮功邪教组织进行坚决斗争。全年共处理法轮功人员459人，其中行政拘留442人次，刑事拘留219人次，批评教育122人次，劳动教养28人，判处有期徒刑1人。加强对一般法轮功人员的教育转化工作，目前比较顽固的法轮功练习者已有近50%被转化。

【为改革发展提供司法保障】 1年来，公、检、法部门通过办案，帮助企业完善各项防范制度，强化内部法制工作，加强对经营者的法制教育，为企业做好法律服务工作，拓宽法律服务领域。县法院及时审理经济、民事、行政等各类纠纷案件，重点加强了企业重组、破产、清算过程中发生纠纷案件的审理，全年受理经济纠纷案件585件，审结522件，审结率89.2%；受理民事案件3 083件，审结2 813件，审结率91.2%；新收执行案件3 072件，同比增长15.4%，执结1 840件，同比增长55.1%，执行标的总金额2 595.67万元。

民政　劳动社会保障

【落实双拥及优抚安置政策】 召开大会，表彰拥军拥属先进集体及个人。春节期间，县领导走访慰问优抚对象160人，慰问款物折合人民币5.45万元。妥善安置随军家属52人，为24名随军子女解决入学入托问题。投资2.3万元，为全县不享受公费医疗的在乡优抚对象入了大病统筹保险，为200名生活较困难的优抚对象发放补助款33.64万元。市和县、乡（镇）投资60万元，为56户优抚对象翻修房屋238间。为300余位孤老优抚对象签定了赡养协议书。收取优待统筹金57万元，保证了定补、定抚、优待金按时足额发放。

【落实安置复转军人政策】 2000年共接收复员退伍军人249人，其中义务兵134人，志愿兵21人，应安置的115人，有13人自谋职业，其余按系统分配全部安置。回农村的134名退伍义务兵绝大多数得到就业安置。对城镇户口符合安置条件的复员退伍军人自己申请自谋职业的，县政府给予一次性补助1万元，并实施制定了有关优惠政策。

【做好城乡社会救助工作】 2000年是县实施农村最低生活救助制度的第一年。全县有1 556户、3 042人享受农村最低生活救助金，救助金总额131.94万元。有643户、1 501人享受城镇居民最低生活救助金及粮油帮困卡，救助金额达180万元。

春节期间，县领导机关及委、办、局、公司等走访慰问救助困难户、灾民、困难职工、五保户1 760户，送款、物达278.9万元。完成了79户特困户修建房屋任务，向遭受严重自然灾害的2 400户、7 800人发放救济粮款70万元。县民政局向机关所属扶贫基地投入建设资金80万元。

【民政经济稳步发展】 通过年检整顿，全县福利企业103家，职工总数2 238人，安置残疾人就业926人，占生产人员的53%。完成销售收入1.5亿元，利税1 690万元，同比分别增长6%。

为82辆福利企业用车办理了免征养路费手续，其中全免61辆，半免21辆，免征金额56.3万元。

有奖募捐全年销售福利彩票97万元，筹集福利资金19.4万元。

【基层政权和行政区划工作】 学习贯彻村民委员会组织法，发放宣传材料2 400余份，组织有关人员深入乡镇宣讲法律、法规13次，受宣传教育人数1 240人。开展了村民自治先进村达标活动，80%的行政村达标，10%的行政村成为示范村。7个村委会被评为北京市先进村委会，4名村主任、2名居家委会主任被评为北京市先进。在全县范围内推行村委、财务公开制度，全县287个行政村全部建立公开栏。

勘界工作完成勘界图纸标划356张，处理县、乡镇边界纠纷5起。

【社区服务工作全面展开】 县社区服务中心筹建工作完成选址、立项，到位资金700万元，建筑面积7 000平方米。组织了第七次社区服务志愿者活动，有6 000人参加，发放宣传材料2 700份。新建居委会社区服务活动站2个，社区服务网点20个，装热线电话1部。

【加大再就业工程实施力度】 建立和完善求职人员登记制度，规范用工管理，加大打击非法职介力度。采取多层次、多形式促进就业、再就业，全年共有8 375人次实现了就业、再就业，其中：城镇失业人员1 671人，下岗职工2 028人，农村富余劳动力4 676人。城镇登记失业率0.7%，下岗职工再就业率74%。

【进一步完善社会保障制度】 按照年初确定的"扩大参统覆盖面，提高基金收缴率、强化基金管理"的要求，已实行的四项保险的参统率、基金收缴率均达到98%以上。其中2000年4月开始实施的企业工伤保险，到目前，参统企业308家，参统职工20 853人，收缴工伤保险金120万元。为108名工伤职工支付工伤保险金46.2万元。10月份，养老保险金全部实现社会发放。

【依法调整劳动关系，规范劳动合同管理】 通过对全县劳动合同的签订、续订、变更和终止情况实行动态监测，纳入微机管理，并确定专门科室负责，使劳动合同的管理纳入法制化、规范化轨道。提高了劳动监察、劳动争议仲裁、劳动信访等部门的执法水平和工作效率。全年补签劳动合同2 035份，纠正违法规章149份，追发劳动者工资80.7万元，追缴社会保险金679万元，依法清退外地工42人，补办就业证卡2 119个。全年受理劳动争议案件276起，群众举报案件89起，劳动保障案件455起，接待群众来信来访8 119件（人次），结案率100%。

友好交往

【越方来县交流计划生育"三为主"经验】 2000年5月20日，越南人口与计划生育代表团来怀考察计划生育工作。在越共中央委员、越南人口与计划生育委员会主任陈氏忠战女士率领下，代表团成员参观怀柔县计划生育技术咨询服务站，听取县计划生育工作情况的介绍和开展"三结合"优质服务的主要做法，并就计划生育政策及相关问题与县领导进行了座谈。

【对外友好交流合作进一步加强】2000年9月21日，在瑞士马尔蒂尼市，常务副县长田宝祥代表怀柔县人民政府与马尔蒂尼市市长皮埃尔·克里坦先生正式签署建立友好交流合作关系协议书。10月13日和18日，分别与美国的哈德森县和肯奴沙县初步达成友好关系协议。

【"95NGO论坛"五周年纪念大会在本县举行】 2000年5月24日，由全国妇联组织的联合国第四次世界妇女大会非政府组织论坛5周年纪念大会在怀柔县举行。各国驻华大使夫人、主管妇女问题的主要官员及联合国驻华机构有关人员120余人来怀参加纪念活动。在全国妇联副主席冯翠、书记处书记华语国等陪同下，各国驻华大使夫人一行参观了西洋参开发总公司、杨宋镇太平庄西洋参种植基地和北京红牛饮料有限公司，到伊甸园幸福林植树，立碑纪念。

【寻求参与西部大开发战略】 2000年3月31日，中共重庆市委书记贺国强、重庆市市长包叙定带领重庆市党政代表团一行30余人，在中共北京市委副书记张福森、北京市副市长岳福洪的陪同下来怀参观考察。县委书记雷德才、县长戴景珠向代表团介绍了怀柔经济发展和城乡建设情况。代表团实地参观考察了北京红牛维他命饮料公司、北京博华通讯电缆厂和红螺寺景区。

怀柔县主要领导人

县委书记　雷德才
副 书 记　郑一淳　梅占山　张延昆　戴景珠
常　　委　武占刚　蔡淑敏　唐兹国　池维生
县人大常委会主任　丁学济
副 主 任　徐志增　武占文　张凤玉（女）
　　　　　李凤先（女）
县　　长　戴景珠
副 县 长　田宝祥　吴德增　王建中　王仕龙
　　　　　彭彧华（女）
正县级调研员　周长安
副县级调研员　肖玉和　刘兆祥　赵建国
县政协主席　石伟奎
副 主 席　柳长华　郎永和　张庭祥
　　　　　臧福华（女）　郝树仁
县纪委书记　张同生

副书记 王 宠 周茂春（女）

（闫文江　高德富　高长荣）

密 云 县

全县概况

密云县是北京市远郊区县之一。古为渔阳、檀州，历史悠久，历代为兵家必争之地，素有“京师锁钥”之称。新中国成立后，境内修建了华北地区最大的人工湖——密云水库。随着北京国际大都市的快速发展，密云成为首都重要的饮用水源基地。区域内90%以上地区为饮用水源保护区，处于首都经济与社会发展的重要战略地位。几十年严格的水源保护，营造出得天独厚的生态环境和区域资源优势。2000年，密云县先后通过国家生态农业试点县和北京市农村能源综合建设县验收，并被评为全国林业生态建设先进县。目前，境域内林木覆盖率达到58.5%，其中水源涵养林建设区内林木覆盖率高达72.3%。为密云经济实现跨越性发展奠定了雄厚的基础。

【地理位置】 密云县位于北京市东北部，东经116°39′39″～117°30′25″，北纬40°13′10″～40°48′之间。东西长69千米，南北宽64千米，东、北分别与河北省兴隆、承德、滦平三县接壤，西与怀柔为邻，南与顺义、平谷相接，密云县城距北京城区67千米，距首都机场40千米，距天津塘沽港160千米。

【地形特点】 密云县地处燕山山脉与华北平原的过渡段，地势东西两侧高，自北向西南倾斜，东、西、北三面为中低山山脉，海拔一般在400～800米之间，平均366米，最高1 730米。中央有密云水库，水位线在海拔140～155米之间，西南为山前冲积洪积倾斜平原，海拔在100米以下，最低为45米，形成三面群山环绕，中部低缓，西南开口的簸箕形。

【县域面积】 全县区域面积2 227.4平方千米，占全市面积的13.5%，是北京市面积最大的县。其中山地1 858平方千米，平原187.3平方千米，水域182.1平方千米，分别占83.4%、8.4%和8.2%，有“八山一水一分田”之称。

【水文特征】 密云县水资源较为丰富，境内有潮河、白河等14条河流。华北地区最大的密云水库建成于1960年，库区总面积224平方千米，占全县总面积的10.1%，总库容为43.75亿立方米，最大水面面积188平方千米，是首都重要的水源。另外，还有3座中型、20座小型水库，有机井2 443眼。全年平均降水量为13.47亿立方米，形成地表径流4.41亿立方米，入境地表水1.44亿立方米，地表水总计5.85亿立方米，地下水流量为4.27亿立方米，水资源总量为10.12亿立方米。水利设施控制面积23.67万公顷，占全县10.6%。

【气候特点】 密云属暖温带半干旱季风型大陆性气候，四季分明，春季干燥多风；夏季炎热多雨；秋季昼暖夜凉，气候宜人；冬季寒冷，风大、雪稀少。年平均气温10.8℃，1月最冷（平均－6.5℃），7月最热（平均25.5℃），无霜期170～185天。常年平均降水量659.5毫米，年日照总时数2 762.6小时，＞10℃的活动积温4 413.6℃。

【资源】 密云除水资源较为丰富外，植物、动物、饲草、矿产、旅游等资源也极为丰富。

——土地资源。由于密云水库库区占耕地1.6万公顷良田，境内耕地资源有限，现在册统计有耕地2.34万公顷，人均不足0.067公顷。

——植物资源。境内有以杨、柳、椴、桦、松、柏、槐等为主乔木18科，灌木12科，果树以苹果、板栗、梨、李、桃、核桃、柿子、红果等品种为主。草木植物20余科、200多种，白羊草、苔草、隐子草、野古草分布极为广泛。山地野生药用植物丰富，主要有沙参、知母、柴胡、桔梗、黄芩、远志等贮量较大。粮食作物以小麦、玉米、谷类、高粱、薯类、豆类、花生为主，蔬菜有白菜、萝卜、菜豆、茄类等数十种。

——动物资源。密云境内的自然生态环境适于多种饲养动物和野生动物繁衍。饲养动物主要有马、驴、牛、羊、猪、鹿、鸡、鸭、蚕、蜂；野生动物主要有兔、山鸡、獾、松鼠和鸟类，深山区有狼、狐、豹、狍、狸；鱼类有4目30多种，以花鲢、白鲢为主，占总产的70%，其次是鲤、鲫鱼，占第三位的是池沼公鱼、大银鱼、罗非鱼等新引进的鱼种，还有青虾、元鱼等。密云县是北京市主要淡水鱼生产基地。

——饲草资源。境内山场广阔，无公害、无污染饲草年贮量达到6.5亿千克，利于大力发展绿色畜牧养殖业。

——水电资源。据普查，境内水能资源共约4.2万千瓦，可开发的约1.68万千瓦，截至1988年已建成小型水电站26座，总装机容量8 686千瓦，年发电1 200万～2 000万千瓦时（不含密云水库），居京郊之首。密云水库年均发电超过1亿千瓦时。

——矿产资源。境内蕴藏着黑色金属、非金属及地热和矿泉水等各种矿产。铁矿储量达10亿吨，占北京市铁矿总储量的95%，在全国各县中排第19位，是冀东地区铁矿资源的重要基地之一；黄金在全县北部山区也有较多的储量，品位在10～30克/吨之间；银矿主要分布在东南部地区，储量约600吨，品位为100～173克/吨；铜、钨、铅、锑、锌、铬等金属矿藏均达到中型矿床规模，石灰岩、大理岩、花岗岩、透辉岩、白云岩、泥炭、砂、砾石、砖瓦黏土、墨玉等非金属矿藏储量丰富，品质优等。

——旅游资源。密云自然风景独特，景观众多，被地理、旅游专家称为“北京山水大观”。历史悠久、古迹存量大，人文景观与自然景观交相辉映，和谐统一，妙趣无限。据不完全统计和专家论证，境内具有开发利用价值的旅游景点达上百处之多，现已初步开发24处，形成以自然人文景观、度假休闲、观光旅游、狩猎垂钓为主的不同特点旅游景区。目前“环线旅游”基地发展格局初步形成，东北环线以司马台长城、云岫谷、雾灵山、白龙潭等主要景点组成，西北环线由云蒙山、黑龙潭、天仙瀑、京都第一瀑等主要景点组成，密云水库位居县域中央，成为无形的旅游观光资产，水天一色，碧波万顷，湖光山色，四季有景。

——生态资源。密云生态环境在京郊位居榜首。40多年保护饮用水源培育出的独特生态资源是密云经济发展的后发优势。全县环境地表水始终保持在国家二级以上标准，大气环境达到国家大气环境质量二级标准，土壤无公害、无污染。净气、净水、净土，不仅为首都构筑了水源生命线，也筑起了绿色生态屏障。

【交通】 101国道和京承、京通铁路纵贯全境，(北）京密（云)、密（云）顺（义)、密（云）平（谷)、密（云）溪（翁庄)、密（云）古（北口）等市道、区县交通形成网络，环湖公路南北循环，村村通公路，交通便捷。

【建置】 密云县历史悠久，源远流长。商代为商地，西周及春秋时期属燕国。燕昭王二十九年（前283年）建渔阳郡，为密云地区最早行政建置。秦始皇二十二年（前225年)，渔阳郡归秦，置渔阳县，密云建县由此始。抗日战争时期，八路军挺进密云开辟抗日根据地，建丰、滦、密联合县，解放战争时期以潮河为界建乙化县和密云县。1949年8月15日，恢复密云县单一建置，属河北省管辖，1958年10月划入北京市，为北京市远郊区县之一。

【行政区划与人口】 密云全县辖13镇、6乡，345个行政村、34个居民委员会。全县现有人口42.5万，其中农业人口32.9万（1999年)。

经济建设

2000年，密云县坚持以经济建设为中心，全面推进“四三二”经济发展战略，国民经济保持了持续快速发展势头，经济结构进一步优化，城乡建设速度明显加快，社会各项事业全面进步，“九五”计划圆满完成。全县国内生产总值达到35.8亿元，比上年增长16.9%；其中第一产业增加值6.4亿元，增长5.4%；第二产业增加值16.5亿元，增长30.9%；第三产业增加值12.9亿元，增长8.1%。人均劳动国内生产总值8 546元，比上年增加1 350元。一、二、三产业比例由上年的19.8:41.2:39调整到17.9:46.1:26，产业结构趋于合理。完成农村经济总收入53.25亿元，增长18.5%；税收总额6.94亿元，增长19.53%；财政收入2.08亿元，增长17.94%；农民人均纯收入3 706元，增长15.63%；农民人均劳动所得3 520元，增长15.4%；城镇居民可支配收入8 000元，增长12.3%。

农　业

【结构调整取得重大突破】 2000年，抵御特大旱灾袭击，密云农业持续快速健康发展。以农民增收致富为主线，以市场需求为导向，抢抓历史机遇，加快畜牧养殖业发展，农业结构调整取得重大突破。年内，第一产业实现总收入10.64亿元，与上年同比增长28.2%；总产值达到11.54亿元，与上年同比增长15.8%。其中畜牧业年内实现总收入7.73亿元，占第一产业总收入的73%，成为山区农民增收致富的主导产业。以养带种，种养连动，粮经二元结构迅速向粮经饲三元结构转化，年内粮、经、饲种植比例调整到2:6.5:1.5，种植业内部结构趋于优化。适宜首都水源区经济发展战略的“两区一线”总体布局基本形成，农业基础设施条件得到较大改善，山区农民市场主体意识明显增强，农业逐渐步入跨越式快速发展的轨道。

【落实整体布局】 立足首都水源区生态环境、资源优势，结合农业发展实际和现代化农业发展总体要求，经过审慎的市场调查和科学研究，确定并实施了农业“两区一线”总体布局。库南平原区：大力发展以油料、蔬菜、食用菌、花卉、苗木等为主的高效农业经济作物，形成以种植业为主的高效农业精品区。北部山区、丘陵区：以发展林果业、畜牧养殖业为重点，坚持“绿色、精品、名牌”的发展方向，形成特色农业高效精品区。“一线”是主要公路沿线，坚持高档次设计和高标准建设，开发建设集自然景观、精品果园、设施农业、观光旅游、餐饮垂钓为一体的高效农业经济带。

【制定富民政策】 加快农业结构调整步伐，落实区域总体布局，充分发挥政策引导作用，在认真落实市政府有关扶持鼓励政策基础上，县政府根据本地区农业区域化经营、专业化生产、规模化高效益发展的总体思路和培育区域主导产业及优势产品的具体要求，制定并实施了《农业结构调整总体发展目标》、《畜牧业发展实施方案》，结合重点发展项目制定出台了《大力发展畜牧业扶持奖励政策》等六项富民政策，有效调动了农民调整农业产业结构，确定家庭主导产业的积极性，加快了农业及农村经济发展和农民增收致富进度。

【畜牧业呈发展优势】 充分发挥区域饲草资源优势，坚持保水与富民相结合的水源区经济发展战略，大力发展以草食家畜为主的养殖业，提出了“抢抓历史机遇，建设畜牧强县”的发展思路，全县农村掀起了调整农业产业结构，发展畜牧生产的热潮。以养殖小区建设为重点，带动奶牛、肉牛、肉羊、皮毛肉兔、肉鸡、蜂产品六大生产基地建设，确立了畜牧业在第一产业中的主导地位。2000年，建设畜牧养殖小区125个，带动入区农户3 000余户，发展舍饲牛、羊养殖户3 000户，建设青储池1 470个，新增养殖专业户7 000户，累计投资达到2亿元以上。密云县十里堡镇密统奶牛小区、太师屯镇太师庄鸵鸟养殖小区被评为市级先进养殖小区。

【畜禽产量增幅明显】 2000年，奶牛存栏达到6 507头，比上年增长592%；鲜奶产量2万吨，同比增长690.8%；肉牛出栏1.5万头，同比增长50%；肉羊出栏12万只，同比增长44.6%；肉兔出栏25万只，同比增长400%；长毛兔存栏15万只，同比增长200%；肉鸡出栏1 200万只，同比增长44.6%；肉鸭出栏110万只，同比增长200%；生猪出栏32万头，同比增长6%；鲜蛋总产2.1万吨，同比增长23.5%；蜂群存栏2万群，同比增长42.9%；特禽、特畜上山进园入川发展均有较大幅度增长，养殖品种达30种以上，养殖户发展到近5 000户。

【发展设施农业】 以设施农业园建设为突破口，大力调整种植业内部结构，蔬菜、油料、牧草饲料及籽种四大生产基地迅速扩规发展。2000年，新建集中连片百亩以上设施蔬菜园区40个，设施农业园总计达到48个。河南寨镇千亩设施农业园集中连片达440栋高标准日光温室，成为县内第一园。全县累计发展设施农业面积0.1万公顷。设施农业园带动了种植业调整步伐，全县蔬菜基地种植面积达到0.47万公顷，常年蔬菜总产1.8亿千克；以花生为主的油料基地种植面积达到0.58万公顷，在严重旱灾情况下，年油料总产达到767万千克；围绕草食家畜发展，年内发展优质牧草0.13万公顷，饲料玉米种植0.2万公顷，牧草饲料基地面积发展到0.33万公顷；以优质苗木、蔬菜、玉米、花生、小麦为主的籽种基地达到0.15万公顷，粮食播种面积减少，产量下降，年内粮食总产5 420.6万千克。

【精品林果业发展顺利】 坚持“一主二优三特色”果品发展思路，以提高环湖果品基地果品质量为前提，精品果园建设为重点，加快果树下山进地发展，利用有水浇条件耕地发展精品果园0.18万公顷，利用耕地发展果树总面积达到0.8万公顷。全年发展果树累计0.387万公顷，其中新植0.27万公顷、220万株，更新改造0.047万公顷、35万株，高接换优0.067万公顷、40万株；补植0.13万公顷，育优质苗木46.33公顷。

【果品基地建设初具规模】 2000年，以“燕香”板栗、“云岫”、“绿湖”苹果、黄土坎鸭梨、大城子雪花梨、东邵渠“玉皇”李子为主的五大果品基地总体布局已经形成，优质板栗面积达1.2万公顷、鸭梨基地面积0.08万公顷、雪花梨基地面积0.093万公顷、李子基地面积0.067万公顷、苹果基地面积0.453万公顷。万亩优质桃基地和万亩葡萄基地、万亩鲜食仁用杏基地正在建设之中，年果品生产能力达到7 000万千克，精品上市量700万千克。

【加快名优渔品基地建设】 坚持“净水兴渔富民”发展思路，加快名优渔品创汇基地建设，推动渔业产业化经营。依托科技优势，调整渔业结构，狠抓资源增殖。2000年，大库投放名优鱼苗839.2万尾，投放大银鱼受精卵2 500万粒、池沼公鱼受精卵7亿粒，新引进鲟鱼、梭鲈鱼等优新品种10个。在进一步净化水质的同时，启动生态渔业工程，年内鲜鱼总产430万千克，其中名特优品种总产170万千克，名贵鱼总产10万千克，年加工出口“密水”牌池沼公鱼1 500吨，实现创汇200万美元，带动农户3 500户，户均收入1.5万元。北京密水渔业开发公司被评为北京市农业产业化经营重点龙头企业。

【推动龙头企业建设】 推动农业“龙头加工企业+农民专业合作经济组织+农户”的产业化经营，加快引进培育龙头加工企业。2000年共引进培育中国农垦总公司、中国农牧渔业国际合作公司、北京绿色田野食品有限公司、北京绿科缘生化工程公司、翔云食品有限公司、内蒙古伊利集团等大中型龙头企业25个，累计超过30个。

【培育农民专业合作经济组织和龙头大户】 进一步完善产销链条，2000年培育发展以养殖、种植、林果为重点的农民专业合作经济组织100个，全县累计达到188个，其中仅畜牧业合作经济组织达到121个。合作经济组织外接龙头企业和市场，内连农户，为农业产业化发展起到了桥梁作用。年内新培育种养业龙头大户85户，累计达到213个。龙头大户带动、合作经济组织拉动，有效提高了农民联合起来共同闯市场的能力，农民组织化程度明显加强。东邵渠奶牛合作社被评为京郊农民专业合作经济组织先进单位。

【加快农产品产地市场建设】 推动农民进入市场。在已建的华远批发市场和南菜园农产品批发市场两个大型市场基础上，在农产品产地建成中小型产地农副产品批发市场26个，市场摆在农家门前，农民市场意识逐渐增强，农产品“卖难”问题得到进一步解决。

【启动专业村培育工程】 以农产品生产基地建设为重点，启动专业村建设工程。培育重点达标专业村56个，其中畜牧26个、蔬菜17个、果品9个、民俗休闲及运输等二、三产业专业村4个。太师屯镇光明村“四位一体”、古北口镇龙洋村小尾寒羊和汤河村獭兔、溪翁庄镇立新村奶牛、东邵渠乡大岭村生猪、河南寨镇套里村蔬菜、新城子乡巴各庄村苹果和曹家路村民俗旅游等专业村成规成势，率先实现了专业化生产、规模化发展，太师屯镇龙潭沟肉鸡养殖专业村成为京郊农民劳动所得人均过万元的专业村。

【六种农业发展】 六种农业快速发展，成为山区农民增收新的亮点。2000年，六种农业实现产值7.74亿元，其中设施农业0.72亿元、创汇农业1.66亿元、加工农业2.79亿元、精品农业1.35亿元、籽种农业1.05亿元、观光农业0.17亿元。北京藤精食品有限公司被评为京郊出品创汇先进企业。

【基础性建设投资加大】 2000年，农业基础性建设投资明显加大。全年投资总额达到2.1亿元，比上年增长17%，其中农民投资1.4亿元，占总投资额的67%，已逐渐成为农业发展的投资主体。

【中低产田改造】 改善农业生产条件，在国家、市农业综合开发办公室及各有关部门指导支持下，坚持因地制宜、综合治理，经济效益、生态效益和社会效益相统一的原则，自1995年始，密云县启动了中低产田改造工程。到2000年底，6年间累计投资5 197万元，对水利、农机、林网及农艺建设项目进行了综合改造。工程涉及河南寨、十里堡、西田各庄、溪翁庄、高岭、古北口、太师屯、北庄、密云镇、穆家峪、东邵渠共11个乡镇近百个行政村，累计改造完成中低产田0.73万公顷，基本实现农田作业机械化、粮油灌溉喷灌化、田间林带网格化、农技农艺科学化、耕作方式统一化。其中本年度改造中低产田0.13万公顷，投资达到997万元。

【建设生态农业】 利用5年时间，全面保质保量完成全国生态农业试点县建设规划。2000年，水源涵养林及绿化、环库果品生产基地等十二项重点工程顺利通过国家验收，生态环境得到进一步改善，生态农业得到较快发展。

【农村能源】 超额完成农村能源综合建设县三大工程19个项目计划任务，累计完成投资3.63亿元，完成计划投资145.2%，年开发节约能源13.79吨标煤，年创经营效益2.33亿元。先后建成生态农业示范园7个、“四位一体”模式大棚460栋，新建秸秆气化站1处，扩建气化站1处，建成生物肥厂5个，农村能源综合建设县顺利通过国家验收。

【农机业发展】 以农业结构调整重点项目建设为中心，加快农机化发展。2000年，农机总投入2 368.6万元，购置各种农机具1 428台件。其中农民投入1 253.9万元，购置农机具631台件。全县农机总值累计达到1.99亿元，农机保有量5.57万台件。

【建设食用农产品安全生产体系】 立足得天独厚的生态环境资源优势，加快食用农产品安全生产体系建设取得成效。河南寨、巨各庄、太师屯、西田各庄、溪翁庄、十里堡、县食用菌试验站7个蔬菜基地，新城子苹果、太师屯苹果、密云板栗3个果品基地，密云水库网箱养殖基地共11个农产品生产基地成为“北京市安全食用农产品第一批抽检达标单位”，占全市首批达标单位的11.1%。重点农产品实现了达标目标。

【落实土地延包政策】 认真贯彻落实党在农村的基本政策，抓紧抓好稳定农村土地承包关系。1997—2000年底，全县累计完成土地延包30年工作达到235个村，占全县应延包304个村的77.3%，延包土地面积12 342.47公顷，占应延包土地面积的64.6%，有65 437户农户获得了30年土地承包经营自主权。

林业 气象

【绿化造林】 2000年，以保水为中心，绿化美化生态环境为重点，采用“飞、封、造”并举方式，完成“九五”造林绿化任务。到2000年底，全县有林地面积10.36万公顷，比“八五”末增加了0.913万公顷；森林蓄积123.94万立方米，比“八五”末增加了35.34万立方米。2000年内完成人工造林0.248万公顷，飞播造林0.053万公顷，封山育林0.29万公顷，林业育苗116.53公顷，容器育苗200万个；新建及更新完善农田林网98条、42.8千米，植树10.1万株。相继建成了“中德友谊林”、“壳牌林”、“常青纪念林”、“中韩友谊林”、“精品生态林”，全民年内义务植树47.5万株，被评为全国林业生态建设先进县。

【护林防火】 实行“预防为主，积极消灭”方针，年内开设防火道26万延长米，超市计划5%，其中利用化学药剂除草方法开设防火道2万延长米。新建1支专业补火队，总计达到2支，新建6支半专业补火队，总计达到14支，林火补救网络基本形成。

【林木病虫害防治】 2000年，病虫害发生面积0.268万公顷，发生率2.46%，防治面积0.24万公顷，防治率90.5%，高出市定标准29.5个百分点，其中飞机防治0.747万公顷。监测病虫害覆盖面积8.49万公顷，监测率78%；种苗产地检疫面积0.035万公顷，检疫率94.55%。严防网幕毛虫，新建4个测报点，开展3次大范围普查，总面积达到3.07万公顷，县境内未发展网幕毛虫。

【全年气象评价】 天气预报准确率明显提高，观测、发报、报表错误率控制在0.01%以内，设立了8 900 221电话气象信息服务台。2000年，遭遇罕见旱灾，1～7月降水143.3毫米，比常年同期降水减少61%；6～7月降水仅为35.8毫米，比常年同期减少260.1毫米，造成全县100眼井干枯，20座小型水库截流、52座塘坝无蓄水来源。8月2日采取人工降雨措施，库北山区及平原大部地区普降喜雨10毫米以上，缓解了部分地区旱情。

【积极组织抗旱】 落实以行政首长负责制为核心的各级防汛岗位责任制。组织3次防汛检查，举行了避险演习，认真落实“四包、七落实”措施。投资30万元，增设城镇防汛指挥部无线通讯网及防汛物资，各项防汛准备工作较为完善。抵御罕见旱灾，抗旱投入人力20万人次，启用移动抗旱灌溉设备220台套，水泵、扬水站2 100眼（处），拉送水车10万车次，解决抗旱灌溉面积1.53万公顷，长期和临时解决人畜饮水困难5万多人。

山区建设

【加快山区农民脱贫致富进程】 县内的山区乡镇共17个，其中1991年北京市确定古北口镇、不老屯镇、高岭镇、东邵渠乡、大城子镇、太师屯镇、新城子乡、冯家峪镇、番字牌乡、石城乡10个乡镇为边远山区乡镇，共5.2万户、15万口人，分别占全县农户总数和总人口的45%和46%。年内以水利富民综合开发为动力，以调整农业结构为手段，确立农民家庭主导产业，加快山区农民脱贫增收致富进程，取得新的成效。

【边远山区经济发展迅速】2000年，10个边远山区乡镇实现农村经济总收入219 526万元，同比增长82%，占大农业总收入的80.6%，14个人均收入低于1 500元的市定低收入村，全部超过低收入线。

【培育主导产业】 2000年，协调资金5 800万元，加快山区舍饲养殖设施建设，培育出古北口镇龙洋肉羊、汤河獭兔，番字牌乡前火岭小尾寒羊，冯家峪镇西白莲峪柴蛋鸡，太师屯镇龙潭沟肉鸡等养殖专业村典型。

【扶贫工作完成阶段性任务】 县直单位组成105个包村工作队深入村队，采取召开座谈会、研讨会，组织外出参观等形式，深入开展帮扶工作，年内14个低收入村的3 360户人均收入全部超过贫困线。

【引进“国际小母牛”组织进行扶贫】 引进“国际小母牛”组织，于2000年12月在番字牌乡前火岭村开展礼品传递形式的扶贫工作，引进和协调资金30万元，成立了前火岭村小尾寒羊合作社，带动60户农户发展小尾寒羊。

工　业

【工业步入健康发展轨道】 工业企业坚持“创三优、抓引进、促重组、带转制”的工作方针，以扩大总量，盘活存量为重点，加大招商引资和企业改革力度，促进工业结构调整和制度创新，全县工业步入健康发展轨道。2000年工业主要经济指标增幅较大，全县三级工业销售收入53.9亿元，同比增长30%；工业增加值14.8亿元，同比增长34.5%；利润2.34亿元；工业总产值54.8亿元，同比增长42%；县属企业实现税金3亿元，同比增长94.6%。县乡镇企业局被市政府评为先进乡镇企业局。

【强化企业管理】 积极推行邯钢、亚星经验，借助ISO9000体系认证机遇，大力推进技术进步，采用先进管理经验和技术成果初步见到了实效。县企业管理、3年脱困和建立现代企业制度的试点企业富帛公司，大力开展节能降耗，积极推行比质比价采购，实行质量成本双滞决考核，有效地降低产品成本，实现销售收入2.5亿元，实现利润452万元，上缴税金1 434万元。全县有5家企业通过了ISO9000体系和产品双认证。北京三环亚太啤酒有限责任公司在第十五届现代化管理创新成果评审中，《以质量认证工作带动管理水平》和《推行MRPI I有效管理资源》两项成果被评为二等奖。

【企业扭亏见实效】 被列入市400家动态指标和114家静态指标的4家亏损企业全部解决。其中富帛公司扭亏为盈，龙凤酿酒公司转为民营企业，资不抵债的粮食加工厂和双龙水泥集团进行关闭处理。2000年，亏损企业由39家降到22家，亏损面由46.4%降到26.2%。

【乡镇企业二次创业步伐加快】 制定《密云县乡镇企业二次创业的意见》、《关于对引进企业资金支持的规定》、《关于鼓励非公经济发展的规定》、《关于“三项”工程建设奖励扶持办法》。坚持“退、放、让、转”四字方针，采取破产、出售、股份合作制改造、合资、联营等形式，完成乡镇企业重组转制企业96家，引进项目20项，协议投资3.46亿元。

【乡镇企业经济运行质量提高】 2000年，10 507家乡镇企业完成总收入374 121万元，比上年增长18.3%；完成增加值93 073万元，比上年增长23.2%；完成工业总产值233 043万元，比上年增长18.3%；实现利润19 587万元，比上年增长24.2%，完成产品出口供货额42 807万元，比上年增长20%。

【招商引资成效显著】 把“创三优、抓引进”工作作为中心，引进实力雄厚、高科技含量项目为首选，年内引进高新项目86项，协议投资88 179万元，完成固定资产投入45 000万元。其中吉林大学高科技产学研公司、北京中加鑫利华有限公司、北京吉乐电子有限公司等企业相继落户密云。

【“三项工程”建设全面启动】 大力推进乡镇企业小区、村级工业大院和二、三产业专业村建设，2000年，建密云镇、河南寨镇、西田各庄镇、穆家峪镇、溪翁庄镇、太师屯镇6个工业小区，入区企业51家，总收入46 096万元；建成工业大院10个，其中2个通过市级验收合格，入院企业54家，总收入15 350万元；发展二、三产业专业村12个，其中6个市级验收合格，总收入60 806万元。

【非公经济发展势头强劲】 2000年，私营个体企业达到10 228家，总收入225 000万元，占乡镇企业总数的63%，比上年增长33.2%，利润15 500万元，占乡镇企业总数的84%，比上年增长16%。

【多家企业列入乡镇企业各类百强】 北京华云建筑工程公司年营业收入10 474万元，列入市营业收入百强企业；北京华云建筑工程公司利润1 222万元，北京吉乐电子有限责任公司利润821万元，北京牡丹电子集团密云公司利润739万元，分别列入市利税总额百强企业；北京市一路发联合发展公司、北京远洋制衣公司、北京十八子时装有限公司、北京牡丹电子集团密云公司、四通绿节电光源技术有限公司、密云县服装五厂、渔阳服装厂、北京欧兰物实业集团公司、贵顺和标致服装公司、碧海制衣有限公司、北京振华服装厂等11家企业列入市出口供货额百强企业。

城建　城管

【编成县城总体规划】 2000年，编制完成《密云县城及卫星城总体规划》，密云卫星城将建成30平方千米、30万人口规模的中等城市。充分发挥密云在首都经济和社会发展中饮用水源保护区的独特区位优势，以优美的自然环境、悠久的历史文化底蕴为依托，以中等发达国家中等城市的中等水平为标准，抢抓机遇，努力把密云建成首都一流的精品生态卫生城。“九五”期间，县政府展开较大规模的城市开发建设，县城及12个小城镇开始由应急解困型向功能开发型转变。作为城市中心的鼓楼商业街已初具规模；县工业开发区一期开发全部完成，旧城改造步伐明显加快，全县建成住宅小区十三处，建筑面积近300万平方米，县城已基本形成了30平方千米的城市框架。

【建安指标完成情况好】 2000年，建筑业实现建安产值10.8亿元，同比增长16.2%；建安收入8亿元，同比增长4.4%；利润3 500万元，同比增长4.2%；完成开复工总面积112万平方米，同比增长5.6%，其中外埠开复工面积60万平方米，占开复工总面积的54%。房地产开发企业完成商品投资额2.6亿元，同比增长62%；开复工总面积70.7万平方米，同比增长27.4%；售房面积15万平方米，同比增长58.2%。

【优化行业内部结构】 东辰公司并入法政集团，新兴二公司与安城公司合并组建龙头企业，全县综合类施工企业由31家下降到25家，专业施工企业由17家发展到31家。其中已有6家为二级以上，专业施工企业有8家二级以上。全行业呈现综合类企业个数减少、资质升高、专业施工队伍增加的趋势。

【加快旧城改造步伐】 制定加快危旧房改造的优惠政策，编制完成城市总体规划和控制性详细规划，制定了《密云县城市建设规划管理规定》、《密云县住宅开发建设管理规定》、《加强城市规划管理的实施意见》，成立了卫生城建设领导小组。引导多元投资。密东广场、南苑新村、密西花园小区及万利花园小区等旧城改造工程全面启动；社区服务中心、城建大夏等一批重点建设工程相继开工。

【绿化美化城镇】 以“三路两河一园”为中心，实施万亩城镇绿化美化改造工程。县城区域内14条道路已全部绿化，共栽植各种常绿树、乔木、花灌木等38 397株，绿化面积57 410平方米，铺设草坪46 942平方米，拆迁建绿面积1 000平方米。完成新世纪绿岛公园建设任务。

【城市基础设施建设加快】 全年共投入资金3.7亿元，建成了水厂、垃圾填埋场，完成了污水处理厂二期主体工程。看守所、殡仪馆迁建工程正抓紧建设。以“三路两河一园”为重点的城市绿化美化改造工程进展顺利。密溪路、新南路改造已基本完成。白河橡胶坝及防渗护坡一期工程全面完工，二期工程已经启动。占地41.33公顷、全市最大的奥林匹克全民健身公园、云启公园、世纪公园已经完成基础设施建设。以“密之水”大型城市雕塑为代表的城市形象工程和全面反映城市夜景的明亮工程开始建设，大剧院广场和街心公园改造已经完成，城市品味和档次明显提高。全民新建、改建乡村公路23.5千米。行宫街、新东路、新西路等市政道路建设基本完成。

【推动小城镇建设】 确定了太师屯、溪翁庄、西田各庄、十里堡为小城镇建设重点，编制完成镇域镇区总体规划和控制性详细规划，基础设施建设全面启动。年内太师屯镇被市政府评为京郊小城镇建设先进镇，该镇1995年列为市十个小城镇建设试点，1999年列入国家级综合改革试点镇。2000年投资8 316万元，完成五类29项基础设施、服务设施和环境建设工程，引进项目33个，协议投资1.83亿元，二、三产业收入6.6亿元。

【规范建筑市场】 组建密云监理站，工程依法进行招投标，共办理招标工程66项，其中公开招标13项，邀请招标53项，制定了《密云县建设工程质量管理规定》。全县结构工程质量合格率继续保持100%。

【国有土地使用权出让工作取得成效】 签订出让合同68宗，同比增加了44宗，出让土地面积39.9万平方米，同比增加28.9万平方米，收取土地出让金1 072.82万元，同比增加767.85万元，为城市基础设施建设融集了资金、盘活了企业资产。

【规范物业管理】 严格按照《北京市居住小区物业管理服务基本要求（试行）》，对全县7个物业管理小区进行严格检查，强化小区物业管理和服务工作，年内宾阳里、沿湖、康居三个小区被评为市级物业管理优秀小区。

【环境基础设施建设】 县自来水厂2000年底投产试运行。完成污水处理厂二期土建主体工程、光阳路至十里堡5千米新南路改造工程、垃圾填埋场一期工程等重点建设工程，完成新北桥至西大桥白河排水工程，铺设污水管道2 130米，砌筑检查井32座。

【环境综合整治取得阶段性成果】 出台《关于加强垃圾渣土清运管理的若干规定》、《加强户外广告管理的规定》。环境整治工作开展四个战役，2000年3月中旬至4月中旬清理垃圾渣土和白色污染5.2万吨；从5月15日至6月30日拆除违法建筑和逾期临时建筑4.2万平方米；7月初至9月底整顿城区秩序；10月初至年底，加快镇村环境建设，十里堡镇和太师屯镇被列为市环境建设示范镇。全县环境做到“四化、三无、一油饰”。

【改革城市管理体制】 2000年9月29日经市政府授旗正式组建城管监察大队。6月1日将原属于县市政管委的环卫服务中心正式移交给密云镇管理。

【强化交通、消防管理】 完成“察巡合一”体制改革，组建交巡大队。共组织交通整治86次、治安整治33次，交通状况明显好转。坚持“预防为主、防消结合”的方针，开展了拉网式消防安全检查，解决火险隐患395件。

交通　公路

【客运发展】 新增客车24辆，增开环城4路、5路班车线路。开通密云水库直达北京专线班车，开通太师屯直达北京客运快线班车。

【规范交通运输】 重点对“中巴”和无证运营的“面的”客运、农用汽车货运市场进行整顿。现有1 300辆“面的”客车办理了营运手续，2 004 辆农用货运机动车办理了审验手续，“中巴”客运秩序进一步好转，对4家出租车企业进行了企业整顿和重组转制。

【公路养护维护】 完成顺密路续建工程、密兴路大修工程。公路养护36条、585.87千米，其中国道1条、65.97千米，干线7条、212.02千米，县级28条、307.88千米。全年好路率达到88.5%，综合值84.26。养护乡镇公路561.66千米。创建顺密路10.61千米文明样板路。

【加强工程质量和材料管理】 以加强管理、提高效益为原则，认真执行《质量手册》和《程序文件》标准。沥青材料生产与管理形成完整的体系，2000年5月通过ISO9002质量体系认证。

【邮政业务总量加大】 县拥有4个支局、18个邮政所、51条投递道段、2 977个投递网点。年内邮件交换量245.58万件，包件进出口4.1万件，汇票进出口8.23万张，报刊累计1 140万份。太师屯支局投递员郭庆发被评为北京市劳动模范。

商　业

【经济指标稳中有升】 2000年，完成社会商品零售额16.8亿元，集市贸易额3.94亿元，比上年增长12%；商业系统完成商品销售额7.46亿元，商品零售额实现5.3亿元。

【努力开拓外埠市场】 县金属公司、生资公司积极开拓顺义、平谷和河北各县市周边地区钢材市场，实现销售收入1 200万元。

【商业重组转制进展顺利】 制定了商业企业改革实施方案，提出了股份合作、配股转制、分立重组、出售转让、撤资租赁、资产承包等9种改革形式。年内完成50家企业重组转制工作。

旅　游

【建设旅游】 县内具有开发价值的旅游资源100多处，自然景区类型26类，人文景观30多类，具有大小景观100多个，许多资源在北京乃至全国享有盛誉。以惊、险、奇著称的司马台长城，被长城专家罗哲文教授称之为“中国长城之最”。旅游专家盛誉密云县是“北京山水大观”、“首都郊野公园”。“九五”期间旅游业取得较快发展，完成招商引资项目45个，投资金额12亿元，基础设施不断改善；行业管理趋向规范，旅游市场初具规模，民俗旅游发展势头迅猛。旅游接待人次由1995年的190万人次增长到450万人次，增长1.4倍；综合收入从1995年的8 600万元增长到3.6亿元，增长3.2倍。依据得天独厚的生态环境和丰富的旅游资源优势，确定了“抢抓历史机遇、建设旅游强县”的奋斗目标。

【旅游招商成效显著】 2000年，谈成招商引资项目12个，总投资3.24亿元。石城乡民营企业投资210万元的黑龙潭高科技娱乐项目“太空穿梭机”投入使用；台商投资200万元的“超胜庵”一期工程完工；中科院投资85万元的“夕阳山庄”完工；北京赛亚迪经贸有限责任公司在金鼎湖投资1亿元的三星级民俗旅游度假村已动工；北京民航金飞投资公司总投资1.8亿元的三星级田园度假村项目已动工；投资1.3亿元的云佛山度假村已正式营业；北京城建集团培训中心、轻松乐园国际会议中心、北京富亿通公司的白河风景别墅区已开始动工。

【加强行业管理】 制定了《密云县旅游景点收费管理办法》。司马台长城、黑龙潭、白龙潭、云蒙山国家森林公园、云岫谷景区被评为市级文明景区；桃源仙谷、五座楼被评为县级文明景区；司马台、白龙潭、云岫谷被县政府批准为风景名胜区。云蒙山庄、红云楼等7家饭店被评定为一、二星级饭店，县内星级宾馆饭店及旅游定点单位达到12家，旅游接待档次进一步提高。举办旅游从业人员培训班，年内培训2 200人次，实行持证上岗、挂牌服务，提高了管理水平。

【开发利用旅游资源】 2000年实现旅游设施配套建设投入7 000万元，完成了司马台、云岫谷、云蒙山、白龙潭、清凉谷等景区宾馆饭店的配套设施建设。

【民俗旅游】 全县民俗旅游村达到10个，分别是：石城乡的贾峪、石塘路、南石城、北石城、柳棵峪、黄峪口，太师屯镇的流河峪，新城子乡的曹家路、遥桥峪，古北口镇的河西村。从事民俗旅游专业户1 500户，从业人员7 400多人，全年收入4 200万元。新城子乡曹家路村在党支部书记李桂英的领导下，大胆探索，勇于克服困难，多方筹资，与河北省兴隆县雾灵山林场合作开发龙潭景区，成为全县第一家跨省市合作的旅游企业。全村现有民俗旅店100个，年内共接待游客4.2万次，综合收入达到1 500万元，李桂英同志被评为全国劳动模范。

【加强旅游企业监督检查】 严格执行《企业管理的若干规定》、《大事汇报制度》等规章制度，搞好监督检查，保障企业健康发展。完善企业经营机制，出台了《企业法人的工资发放办法》、《企业法人的考核奖罚办法》，实行企业经营目标责任制，调动了企业经营者和员工的积极性。

【开展旅游宣传】 以“2000年神州世纪游百万市民游密云”为主题，隆重推出密云风景八大游、26项旅游活动。组织各旅游企业参加陕西省西安市举办的东西部旅游博览会和旅游杂志社承办的北京市第二届旅游资源展示会。年内成功举办了密云旅游“宣传月”、桃源仙谷第二届冰雪节、司马台徒步长城行、第四届云蒙山烂漫春花观赏节、消夏环保密云行、桃源仙谷保护水源夏令营活动以及司马台国际滑翔节等活动，提高了各旅游企业的知名度。2000年4月初，县旅游局、工商局、消费者协会在司马台长城、黑龙潭共同举办了“明明白白去旅游”咨询活动，向游客推荐了县内36家消费者满意旅游企业，北京乡情旅行社推出11条旅游精品路线。

外经外贸　对外交往

【外资企业成倍增长】 2000年全县共批准外商投资企业31家，引进企业6家，总计37家，同比增长100%，其中属于高科技企业12家，农业及农产品加工企业7家，服装、木器等劳动密集型企业5家。协议外资额1 798.1万美元，同比增长49.5%，实际利用外资1 586万美元，同比增长10.1倍。已开业投产的外商投资企业，全年实现产值18亿元，销售收入17亿元，上缴税金1.3亿元，出口创汇1 600万元，同比增长分别为27%、16%、73%、8%。

【对外贸易扩大】 2000年，以北京野村弘道停车机械设备有限公司、北京汇德通科技有限公司、北京亚索网络技术有限公司、北京红格信息技术有限公司为代表的一批外商投资企业的引进，填补了县内产业发展的空白；以北京藤精新生食品有限公司、北京万圣运动草坪有限公司、北京密之源生态农业有限公司、北京黄河农副产品深加工有限公司为代表的农产品加工企业，带动了全县农副产品出口。年内完成出口供货额4 000万美元，据海关统计，全年完成出口额4 000万美元。其中加工贸易出口总值1 620万美元，自营进出口企业出口创汇780万美元，外商投资企业出口创汇1 600万美元。

【外事往来增多】 2000年，全县共派出因公出国团组65批、123人次，其中组团7批、30人次，随团58批、93人次；办理外商来华手续9批、19人次；接待外宾5批、31人次，包括协助中联部接待外宾1批、2人。5月应韩国南区厅长邀请，县委书记吉林同志率密云代表团访韩；10月以南区厅长为团长的代表团对密云县回访，代理县长王洪钟与南区厅长郑明焕共同签定了进一步加强《友好交往》的备忘录和《互派公务员研修》的协议书；11月日本长野县山之内町町长率考察团来密云访问，利用中、英、日、韩四种文字编写了《密云概貌》等宣传材料，为宣传密云起到了积极作用。

【外派劳务】 与中国建筑工程总公司、中国中际人才开发中心等部门建立长期联系，2000年，外派劳务2批22人次。其中赴日本研修毛衫编织技术2次11名；赴德国参加北京——柏林友好城项目建设仿古建筑2次11名，劳务输出创汇6.8万美元。

财政　金融　审计

【税收财政收入增长】 全面落实各项财政政策，改革财政体制，理顺财政关系；大力组织收入，强化预算管理，集中财力办大事，筹集资金促发展。全年完成各项税收总额6.94亿元，占预算的108.8%，比上年增长19.6%。年内，实施了新的分税财政体制。按照分税财政体制，财政收入完成2.08亿元，占预算的107.4%，比上年增长17.9%。全年财政支出9.46亿元，占调整预算的95.6%，比上年增长12.4%。年内财政取得重大突破，不仅实现了收支平衡，而且消化掉历史遗留下来的预算缺口5 631万元。

【支持企业发展增育财源】 出台《关于给予引进企业财政扶持政策的实施办法》，使引进企业顺利实现“软着陆”。2000年，引进企业完成税收4.608亿元，比上年增长16.6%，占全县税收总额的66.4%。其中工业开发区内的入区企业纳税2.017亿元，比上年增加1.5亿元；清华同方等28家高新技术企业上缴税金1.05亿元，对财政收入贡献率达10.9%。

【优化支出结构】 优先保证农业、教育、科技等支出的法定增长。农业和农村经济发展支出12 630万元，按可比口径比上年增长25.3%，加快了农业结构调整步伐。依法保证了教育经费的“三个增长”，教育事业支出17 292万元，比上年增长19.6%。基本建设和城市维护支出7 489万元，比上年增加4 340万元，县投资环境和群众生活环境得到进一步改善。

【完善乡镇财政管理体制】 制定并实施乡镇财政管理体制，收支挂钩，增量分成，并将教育和公安派出所经费上划到县本级统一管理，减轻了乡镇财政负担，调动了乡镇发展经济增收节支的积极性。2000年乡镇财政收入完成3 776.3万元，比体制核定的收入基数增长24.6%；县内19个乡镇财政收入增幅均达到或超过新体制规定的10%增幅。

【加大预算外资金管理力度】 对全县行政事业单位实行“收支两条线”管理。2000年预算外资金财政专户收入16 674.6万元，比上年同期增加6 676.1万元，增长66.8%，是近几年增幅最快的一年。对县直属22所中小学和城关中心校的行政事业性收费和其他收入实行票款分离，试行4个月，上缴财政专户收入3 025.2万元。重新修订《密云县预算外资金管理办法》，严格执行行政事业性收费纳入预算管理的规定，行政事业性收费纳入预算2 405.3万元，比上年同期增长24.1%。

【推进社会保障体系建设】 2000年用于卫生、民政、残联等社会保障支出12 419万元，比上年增长15.9%。卫生设施、医疗条件进一步改善。积极做好下岗职工的基本生活保障和再就业工作。

【推进粮食流通体制改革】 严格落实关于消化粮食占用贷款的有关规定。年内县负担的新增财务挂账2 809.6万元，提前两年全部消化。制定粮食部门收购余粮促销奖励办法，6月底，农民余粮全部售完。

【强化财政管理职能】 制定并实施《财政预算内资金审批管理办法》、《政府采购办法》、《会计委派管理办法》。贯彻落实《会计法》。举办培训班 12 期，培训财会人员 4 800 名。

【金融市场稳步发展】 各类金融机构年末存款余额 48 亿元，比上年增加 3 亿元。其中储存款余额 32 亿元，比上年增加 2.8 亿元；人均储蓄存款 7 639 元，比上年增加 774 元。各项贷款年末余额 37 亿元，比上年底增加 1 亿元。

【加强内部审计工作】 坚持“依法审计、服务大局、围绕中心、突出重点、求真务实”工作方针，县审计局建立内审指导科，制定实施《2000 年内审工作计划》、《2000 年内审工作安排意见》、《内部审计工作考核办法（试行）》，维护正常经济秩序。

社 会 发 展

2000 年，紧紧围绕以经济建设为中心，推动社会事业全面进步。强化卫生法制管理，医疗服务整体水平不断提高，县卫生系统被国家卫生部授予思想政治工作先进单位。全县人口数量得到有效控制，县计划生育委员会被国家计划生育委员会评为全国县级计划生育“三为主”先进单位。民族团结得到加强，民族经济快速发展。劳动社会保障体系逐步完善，社会保险范围不断扩大。交通运输更加规范，公路建设水平不断提高。广播电视及邮政工作更加方便于百姓。党风廉政建设不断深化，政务公开形成制度化。文化体育事业蓬勃发展，群众文化活动丰富多彩，在全国和市级比赛中获得可喜成绩，年内被评为北京市体育先进县。加强妇联工作，县妇女联合会被评为市农口京郊妇女“双学双比”先进集体。深化中小学教学改革，教学质量明显提高，素质教育进一步加强。成人教育不断强化，农民教育稳步发展。广泛开展科普工作，民营科技企业发展迅速。积极推进依法治县工作，严厉打击各类刑事犯罪活动，确保公共安全，维护社会稳定。进一步做好优抚安置工作，广泛开展社会救济，社会行政管理、基层群众自治组织建设不断加强，全县各项社会事业的全面进步，为快速推进经济建设和进一步维护社会稳定奠定了坚实基础，提供了可靠保证。

党建　政务

【完善党风廉政建设责任制】 明确党风廉政建设和反腐败斗争任务分工，确定党风廉政建设和反腐败斗争的 35 项任务，全县 124 个乡局级单位与县委、县政府签定《党风廉政建设责任书》。出台《关于行政效能责任追究的实施办法》，制定《关于党风廉政建设责任制责任追究情况备案制度》。

【领导干部廉洁自律工作】 制定以禁止县乡两级干部下乡在村里就餐，严格控制公费出国（境）和规范汽车配备与管理为主要内容的《治奢补充规定》，印发《关于对外出参观与考察活动加强管理的通知》，制定《关于农村集体招待费管理办法》。农村集体招待支出明显减少，比上年减少 25.9%。

【纠风执法监察工作】 制定出台《关于保证企业转制顺利进行的纪律规定》和《关于保证治理整顿非法采矿点工作顺利进行的纪律规定》。狠抓“一纠二减二治理”。纠正医药购销领域中的不正之风；减轻农民负担，减轻企业负担；治理中小学乱收费，治理公路“三乱”。为全县经济发展提供强有力的保障。

【全面推行政务公开制度】 成立了推行政务公开工作领导小组和办公室，研究制定了政务公开实施意见。全县 19 乡镇建立了规范的政务公开栏，实行了公开前审计制度，设立举报电话和举报箱，保证了政务公开的有效实施。

精神文明建设

【开展“双学双比”活动】 2000 年，两次组织妇联干部、“女状元”去农干校学习。县内举办各种类型培训班 144 期，培训 9 017 人，通过考核获取“三八”绿色合格证书的达 5 821 人，广大妇女在种植、养殖、旅游、林果、加工、花卉等产业中发挥出重要作用。太师屯镇东田各庄村李凤珍承包千亩荒山建设优质果园，栽果树 1 万余棵，创建“密云巾帼干鲜果品营业部”，年销售干鲜果品 20 万千克，被评为市农口京郊妇女“双学双比”先进个人。太师屯镇妇联主席刘维霞积极动员组织广大妇女开展种植、养殖、果品销售以及手工业等致富项目，被评为市农口京郊妇女“双学双比”先进个人。

【创建十星级文明家庭】 十星级文明家庭是全县农村精神文明建设的重要载体，该活动已经形成党政齐抓共管，村民积极参与的局面，县委书记等主要领导亲自为乡镇十星户挂牌。年内 20 名县级十星户标兵和 19 个庭院经济状元户受到县级表彰。全县为推进十星级文明户建设开展了“科技知识进家庭”经验交流会，“学科技、用科技成果展”、“健康知识进家庭竞赛”和文艺小分队下乡演出，丰富了群众业余文化生活。

【开展巾帼建功活动】 在县属企事业单位中，对在岗女职工开展在岗创新业，对下岗或面临下岗的女职工开展下岗不失志教育活动。教育女职工树立“四自”精神，解放思想，更新观念，勤奋工作，再创新业。年内开展了县级以上巾帼文明示范岗挂牌活动，创出全国巾帼文明示范岗 1 个、市级巾帼文明示范岗 2 个、县级巾帼文明示范岗 10 个。

教　　育

【合理调整学校布局】 2000 年撤并 2 所中学和 23 所小学。农村完小由上年的 84 所达到 88 所，高中阶段形成了四所普通高中和两所职业高中的办学格局。普通高中招生 32 个教学班，比上年增加 8 个教学班，职业高中招生达到 1 100 人。改善办学条件。年内投资 2 039.4 万元用于普教系统的基建工程，翻建改建危旧校舍 18 664 平方米，投资 80 万元，为中小学装备音乐、体育、美术等设备 5 008 件套，达到了北京市中小学办公条件标准。

【加强教师队伍建设，提高整体素质】 制定实施了《关于加强干部队伍建设若干问题的意见》、《后备干部选拔、管理、培养的工作意见》等文件。87 名校级干部接受继续教育，121 人接受岗前培训，持证上岗率达到 100% 。年内安排 34 名正副职领导干部和完小干部离岗，重新确定 170 名后备干部，其中正职后备干部 44 名。强化教师培训，年内教师进修人数 873 人，其中本科学员 378 人，专科学员 495 人。小学教师参加自学考试达到 477 人。通过进修学习，中小学专任教师（2 626 人）大专以上学历 37.1%；初中专任教师（1 608 人）学历合格率为 92%；高中专任教师（305 人）学历合格率为 89%；职高专任教师（161 人）学历合格率为 58%。

【深化教育改革】 以《中小学德育工作整体化纲要》为指导，开展“一齐二净三礼貌”为主要内容的教育活动，年内共命名 20 个“雷锋班”和中小学“百优生”100 名，开展了“我为家乡环境做贡献”主题教育活动。按照教育部《关于加强中小学心理健康教育若干意见》的文件精神，积极推进中小学心理健康教育。密云一中与北京师范大学心理系合作，在校内建立了北师大心理教育实验基地，开设了心理咨询室、心心桥信箱。年内中学生违法犯罪率为 0.19‰，同比下降 0.09 个千分点。积极推进教学内容、教学方法、教学手段的改革；中学继续使用张志公语文教材，小学继续使用马芯兰数学实验教材，《密云地理》、《密云历史》等学科教材得到广泛应用；举办教学打擂、素质教育研讨等交流活动；中小学普遍使用投影仪和录音机，计算机开始进入课堂。全县初中、小学新生入学率分别达到 99.43% 、100%，残疾儿童入学率达到 97.4%，小学辍学率和流失率为零，中学辍学率比上年降低 0.05%。2000 年小学、初中毕业生及格率均在 99% 以上，高中会考及格率超过 95%，高中毕业生被录取 910 人，其中本科 470 人。

【学校体育卫生和美育工作加强】 2000 年中学生体育锻炼达标率达到 97.7%，小学生体育锻炼达标率 99.4%。有 8 所学校被评为市级达标先进学校，10 所市级课间操优秀学校。中小学健康教育开课率 100%，中小学近视眼新发病率分别控制在 4.65% 和 3.5%，80% 以上学校开设艺术兴趣小组，参加活动学生 19 857 名。

【减轻学生负担】 实行“一统一、五不准”的要求教学，学生负担明显减轻。密云一小制定贯彻“减负提质”十条规定，取得良好效果。积极组织课外、校外教育活动，年内 6 个作品获市级奖励，其中密云三中、新农村中学获初中组一等奖；水库中学的断内丝清除器在全国创新教育大赛评比中获一等奖和青少年创新奖，新农村中学、新农村小学的科幻画分别获得全国三等奖和优秀奖。

【首都经贸大学密云分校教学活动】 现有教职工 114 人，其中大学本科以上学历 29 人。在册学生 1 423人，年内培养毕业生 487 人，招收新生 300 人，校内一座五层建筑面积 6 680 平方米，投资 838 万元的新教学楼于 2000 年 11 月 8 日破土动工。

【农民教育】 配合全县农业结构调整，充分发挥镇、村成人学校作用，对农民进行农、林、牧、渔业实用技术培训 2.1 万人次，参加绿色证书培训1 500 人，800 人取得了绿色证书。

【乡镇企业职工及转岗职工教育】 结合乡镇企业二次创业，10 000 多名乡镇企业职工参加岗位技能、新技术开发等培训，新增专业技术人员 140 人。对 1 000名下岗分流人员进行培训，其中 500 人走上新岗位，200 人进入私营企业，100 人从事个体经营。有 109 位企业经理、厂长取得了教育培训证书。

【学历教育和社会化培训】 2000 年报考各类成人高校考生1 707人，被录取 762 人，录取率 42.5%。成人本科毕业生 120 人，大专毕业生 702 人，中专毕业生 458 人。高等教育自学考试稳步发展，有 89 名考生通过了毕业复审领取了毕业证书，806 人取得计算机等级证书。举办法制培训班 3 期，培训达 5 000 人。

【组建乡镇成人学校】 2000 年全县建村级成人学校 200 所。社会力量办学 26 所，其中公民个人举办 6 所，社会团体举办 1 所，企业举办 4 所，事业单位举办 15 所。

科　　技

【高新技术企业发展】 全县高新技术企业达到 28 家。其中电子信息类 6 家，新材料类 10 家，光电一体化类 6 家，新医药技术、核应用技术各 3 家。完成技工贸总收入 10 亿元，上缴税金 1.4 亿元。全年申请专利 17 项，实施专利 12 项，新增产值 1.5 亿元，取得良好经济效益。

【科普工作加强】 组织了“科普之春”系列活动 20 余项，其中：“爱科学月”活动学校参与率 100%，学生参与率 98%。获得市级科技竞赛一、二、三等奖 599 项，获全国一、二、三等奖 3 项。建成不老屯镇香水峪村和西田各庄镇黄坨子村板栗科普示范基地和蔬菜保护地示范基地。

【推动民营科技企业发展】 县内制定出台《关于引进民营科技企业扶持奖励及管理办法》，全县发展民营科技企业 30 家，累计达到 260 家，民营经济发展迅速。

【开展人才服务】 制定《密云县“十五”人才资源发展规则》。年内从外埠 7 个省市的 64 所院校，引进大学本科毕业生 116 名，涉及电子、计算机、临床医学等52个专业。自1993年起至2000年底，共引进外埠毕业生624名，其中研究生12名、本科生600名、大专生12名。2000年8月28日，举办了大中专毕业生供需洽谈会，300名毕业生通过双向选择实现就业，210名在职人员重新选择了职业。

文化　文物

【群众文化活动丰富多彩】 春节期间，全县共举办“鑫宏升电器杯”歌手大赛、密云县第二届武术大赛、农村业余剧团折子戏大赛和“走进21世纪”花会大展示等大型文化活动8场，中型文化活动33场，基层各单位、各村队举办小型文化活动近500场，参加各类表演的群众达8万人次，观众35万人次；5月举办了“庆五一·迎五四”文艺演唱会和新秧歌大赛，全县22支秧歌队的534名演员参加了比赛；6月举办了“庆六一”文化广场活动，全县640名中小学生、幼儿园小朋友进行了精彩文艺演出；7月举办了“庆七一”文化广场活动和夏日文化广场活动，1 100多名文艺演员参加了表演；8月举办了文化广场军地歌手演唱会和戏剧名段演唱会；9月邀请北京市歌舞曲艺中心和首都大学生艺术团来密云县演出，并举办了“弘扬密云精神，振兴密云经济，工农携手迎国庆”文化广场活动和江山如此多娇合唱大赛；10月举办了庆祝中华人民共和国成立大型文艺演出。年内，全县共举办17次大型群众文化活动，参与群众达22.3万人次。

【加强文化阵地建设】 加大文化阵地培训辅导工作力度，举办新秧歌、器乐、舞蹈、声乐、化妆等培训班20期，培训新秧歌骨干775名；全年图书流通量达到9万人次，10.1万册次，密云新华书店年销售额达到1 600万元，被国家新闻出版署评为全国农村发行先进单位和“三下乡”活动先进单位；全县放映电影2 598场，接待文艺团体演出30场。多样化的活动，丰富了群众的业余生活。

【强化文化市场管理】 年内组织协调公安、工商、广播、文化部等部门对全县73家印刷业进行了全面清理整顿，共出动200多人次检查各类文化场所200家（次），收缴非法书刊500册，收缴盗版光盘2 500余张，收缴游戏机28台、录音带720盒、收缴电脑8台、电路板12块，取缔非法音像销售点7家、录像放映厅1家、电脑屋1家。

【文物保护及开发利用】 2000年对30处县级以上文物单位进行了巡视检查，完成了县级文物保护单位标志牌制作，对云峰山摩崖石刻等14处文物进行了勘查，被定为县文物保护单位。

广播电视

【电视广播宣传加强】 2000年县电视台《密云新闻》节目共采制播出新闻1 200条，其中向市台播出30条。《经济一刻钟》节目，围绕经济发展新思路、新目标，全面宣传密云改革与发展。与中央电视台合作制作的《开山书记李桂英》播出后，在社会上产生很大反映；《今日观察》节目，以宣传环境综合治理为重点进行宣传。广播电台自1月1日起，每天播出时间由三个半小时增加到十个半小时，共设15类，28个栏目。

【广播电视设施建设加快】 2000年，架设光缆220皮长千米，8月27日广播电视信号贯通19个乡镇。完成县城有线电视网主干线的改造升级，有线电视网覆盖县城95%以上的居民小区。

卫生　体育　计划生育

【农村卫生工作加强】 农村加入合作医疗人数已达160 361人，占农业人口的70.05%，同比增长51.4%；参加合作医疗农户61 591户，农户覆盖率57.8%，同比增长43.1个百分点；开展合作医疗的行政村301个，覆盖率达到87.2%，同比增加47.7个百分点；开展合作医疗乡镇19个，同比增长5%，达到了100%。

【社区卫生服务发展】 制定实施社区卫生服务总体规划。建起了西果园南区和十里堡清水潭社区卫生服务等2个示范点，完成辖区居民健康检查3 977人，建立家庭病床45张。

【开展预防保健工作】 年内无甲类传染病发生，乙类传染病发病928例，总发病率为209/10万，低于市政府下达的210/10万的控制指标。计划免疫全程接种率、单苗接种及时率分别达到95%，与计划免疫相关的疾病全年无病例发生，顺利通过了北京市和国家碘缺乏病评审委员会的考核验收。

【妇幼保健整体工作水平提高】 县妇幼保健院达到市二级甲等标准。认真贯彻执行《母婴保健法》，获得北京市授予的“出生缺陷监测工作先进奖”。妇幼保健整体工作水平进一步提高。孕产妇系统管理率达到82.66%，比上年同期提高2.97个百分点；儿童系统管理率达到90.05%，比上年同期提高了7.08个百分点；住院分娩率达到97.93%，同比提高1.2个百分点；婴儿死亡率降至7.93‰，同比下降3.17个百分点；孕产妇死亡率为“零”；母乳喂养率达到97.04%。

【强化卫生法制管理】 进一步加强卫生执法队伍和制度规范化建设，年内依据《食品卫生法》、《药品管理法》、《医疗机构管理条例》、《医师法》和《献血法》共查处违法案件192起，检查医药单位273户次，查处假劣药品三起，罚款金额41 609元，医疗机构监督覆盖面达到100%，医师合格率达62.9%，年内查处违法行医7起，献血任务圆满完成。

【医疗服务整体水平提高】 2000年，全县25家医疗单位门诊总量为950 940人次，病床使用率平均为47.83%，住院病人抢救成功率达到90.62%。县卫生系统北京市“规范化服务达标”考评组调查患者对医院的满意和基本满意率为100%，名列全市第一，被国家卫生部授予思想政治工作先进单位。

【体育先进】 2000年参加全国重大体育比赛共获得3枚金牌、15枚银牌和2枚铜牌。在市级各类比赛中共获得金牌66枚、银牌55枚、铜牌34枚，其中举重以9金3银1铜、自行车以7金6银4铜分别获全市金牌总数第一，团体总分第一。县内中小学体育达标率达到98.3%。宣传贯彻《体育法》和《全民健身计划纲要》，开展群众体育健身活动，经常参加体育锻炼人口占全县总人口的50%以上。举办“全民健身宣传周”，组织县级比赛3项次，基层活动500项次，10万多人参与。被评为北京市体育先进县。

人口 计划生育

【人口普查工作进展顺利】 自1999年10月组建人口普查办公室以来，组建了县、乡、村三级普查办事机构，召开了全县人口普查动员大会、户口整顿培训会议、人口普查业务培训会议。8月份完成户口整顿工作，10月份完成人口普查摸底造册工作。

【计划生育工作全国先进】 2000年县财政投入计划生育事业费202 900元，人均4.84元。乡镇用于计划生育事业费762 818元，人均2.08元。计划生育费用投入的加大，稳定了低生育水平。全年出生3 401人，其中计划内出生3 338少235人。人口出生率8.12‰，人口自然增长率2.48‰，人口自然增长率2.48%。新生人口计划生产率98.15%，比上年增长0.27个百分点，超出市下达指标4.15个百分点。晚育率75.08%，其中农业人口晚育率67.92%，超出市下达指标7.92个百分点。被国家计划生育委员会评为全国县级计划生育“三为主”先进单位。认真贯彻实施《北京市计划生育条例》，全县应享受独生子女父母奖励的345个行政村的26 531户的独生子女奖励由14周岁延长至18周岁。

劳动 社会保障

【外地务工人员管理规范化、法制化】 年内对县招用外地工人进行严格审核，按《2000年本市允许和限制使用外地人员的行业、职业范围》的规定，严格《就业证》办理程序，办证率达到96.2%。

【社会保险扩面基金征缴】 养老保险扩面平稳上升，养保单位237个、覆盖面达97%；完成基金证缴4 473.7万元，比上年增加999.5万元，基本养老金实现100%社会化发放。大病医疗统筹单位191家、22 098人，参统率98%。失业保险参保单位419家，参保人33 737人，基金收缴率为96.6%。2000年4月11日召开县工伤保险贯彻实施大会，参加工伤保险单位144个，参保职工22 510人，参统率92%。

【劳动争议呈上升趋势】 2000年，共受理劳动争议案件72起，涉及职工306人，其中集体争议案件10起，涉及职工224人，同比增长89.47%。年底案件已全部结案。

民 政

【优抚安置工作落实】 制定《优抚安置对象优待金统筹管理暂行办法》。对1 973名革命烈士家属、牺牲病故军人家属和在乡老复员军人提高了定期抚恤补助标准，全年发放定期抚恤补助和临时生活困难补助776.4万元，为在乡伤残军人全年发放伤残抚恤金22.04万元，为229户城镇义务兵家属发放优待金32.98万元。农村优待金统筹总额达到115.9万元，使1 780户义务兵家属、烈士家属、牺牲病故军人家属和老复员军人得到了优待。“八·一”、春节期间走访驻密及县域外有关部队和慰问优抚对象，购买慰问品及发放慰问金开支15.68万元。认真落实复员退伍军人安置政策，年内接收退伍军人转业士官385人，其中145名转业士官和城镇籍退伍义务兵全部得到安置，农村籍退伍义务兵90%以上被推荐离土务工。

【广泛开展社会救灾救济活动】 2000年，解决灾民和贫困户专项口粮款150万元，解决了6 530户、17 600人吃粮问题。对全县1 327户长困户、3 131人，发放定期救济金112.7万元；对409户社会困难户发放临时生活困难补助18.5万元。加大民政扶贫力度，年内扶持贫困户968户，扶贫户脱贫率达到30%。城镇居民102户、271人领取了粮油帮困卡。对60年代精简退职的521名老职工发放退职救济金和医疗补助7.79万元。640名“五保”对象，集中供养的月生活水平达到200元，分散供养的达到110元。

【加强社会行政管理】 2000年，对全县33个法人团体进行年检，合格率达100%；5个不符合规定的社团组织被注销。严格依法办理婚姻登记，年内办理婚姻登记手续2 495对，其中离婚130对，办理收养登记手续10件，执法合格率达100%。加大殡葬改革力度，全县共火化尸体2176具，宝云岭墓园销售墓穴620座，其中骨灰林安葬150具。

【基层群众自治组织建设加强】 深入宣传《村民委员会组织法》和《居民委员会组织法》，全县村民自治示范村委会达到214个，占总村数的61%，村民自治示范乡镇达到4个；圆满完成县内第四届居委会换届选举工作，居委员管理纳入了规范化、制度化运行轨道；积极开展社区服务活动，志愿者服务队达到84支，总人数2 572人，社区服务网点达到64个。穆家峪、溪翁庄、河南寨被评为北京市民政工作全优乡镇。

【加强社会福利生产、有奖募捐及老龄工作】 2000年，全县福利企业发展到94家，职工总数达到1 670人，其中安置残疾人就业720人，实现工业增加值1 750万元，销售收入7 100万元；销售社会福利彩票90万元，筹集社会福利资金18万元，促进了社会福利业的发展；贯彻《老年人权益保障法》，年内办理老年人优待证5 500个。重阳节走访慰问老人48人，发放补助金1.83万元。开展了创建敬老先进村（居）委会活动，敬老院条件不断改善，服务质量明显提高。年内举办了“穆兰扇舞”培训班，丰富了老年人的生活。

民族　宗教

【加强民族团结】 年内县内各学校结合密云实际，利用主题班会，采取上大课的形式宣讲民族政策、民族常识，开展以爱国主义为主线，民族团结为主题的夏令营教育活动，檀营小学的民族体育运动会，古北口小学的木屐表演、高跷表演已经成为学校的特色活动。利用县内爱国主义旅游基地的优势，与北京市对口单位联合开展城乡手拉手交流活动，古北口小学与中央财经大学附属小学开展“共同迎接新世纪曙光”活动和与北京市宣武区回小对口交流活动。第三届京港两地学生夏令营活动，加深了两地师生的友谊之情，两地师生受到了很好的爱国主义教育。解决民族学校具体问题，积极协助有关单位筹集资金10万元，帮助檀营小学扩建操场，改善办学条件。为大漕村满族小学提供桌椅、图书柜、电脑、复印机共50套和1 000册图书；为檀营乡提供了90套民族服装，为太师屯镇200名贫困学生解决学费4万元。

【发展民族地区经济】 县政府积极“创三优、抓引进”，推进民族经济发展。支持全县旅游业龙头项目——万国园项目的内引外联工作；为太师屯镇引进“北京大嵘佳业交通科技有限公司”，年内产值达到500万元，同时为其引进韩国包装箱生产项目；推进古北口村利用当地旅游资源，建设旅游专业村；扶持高岭镇东关村调整农业结构，建设“百亩杏园”，增加农民收入；积极促成檀营乡与北京光彩实业集团合作的仓储业务，支持檀营环保设备厂与其合作开发“煤气助燃装置”环保项目，走上民营企业与民族乡共同发展经济的道路。通过抓引进和调整农业结构，推动了少数民族地区的经济发展，为民族团结奠定了基础。

【妥善解决民族宗教事务】 召开少数民族代表和宗教界代表座谈会，宣传党的民族宗教政策，加强民族、宗教政策教育，依照法规合理进行伊斯兰教协会换届选举；县政府积极协调有关部门，安排资金40万元，支持密云镇新建回民公墓；妥善解决县内基督教家庭聚会活动，依法认真处理宗教群众上访活动，妥善解决有关问题，维护社会稳定。

政　　法

【推进依法治县工作】 组织召开了依法治县动员大会，制定下发了《依法治县规划》和《依法治县实施方案》。制定了《农民法制教育试点工作实施方案》，制定专题节目60期，对《计划生育条例》、《会计法》、《行政复议法》等开展了宣传咨询活动，强化了“三五”法制宣传教育工作。

【做好调解和安置工作】 深入开展争创“标准化调委会”活动，年内调解各类民间纠纷1 308件，调解成功率97%。8月1日召开了加强对服刑在教人员教育改造和刑释解教人员安置工作协议书的签订会。

【来信上升，来访下降】 办理群众来信1 105件，比上年同期增加了57.4%，接待来访878批、5 005人次，分别比上年同期减少2.3%和27.1%。安排县级领导接待日20人次，接待上访群众209批、942人次。

【依法整顿信访秩序】 制定《关于共产党员不准参与群众集体上访活动的通知》，加大《信访条例》、《治安管理处罚条例》的宣传力度，信访秩序明显好转。

【审判、检察工作加强】 机关年审结各类案件3 949件。检察机关依法查办贪污贿赂、渎职等职务犯罪案件21件、22人。挽回直接经济损失89万元。

【严厉打击法轮功邪教活动】 坚决做好法轮功分子转化工作。实施“五个一批”工程：对法轮功顽固分子打击处理一批；对进京上访的设卡堵截查获一批；对中毒较深，活动频繁的办班教育控制一批；对一般练功人员采用村规民治约束一批；对有可能继续活动的教育转化一批。加强情报信息工作，打击处理法轮功人员1 207人次，净化了社会环境，保持了社会稳定。

【严厉打击各种刑事犯罪活动】 开展针对盗窃、抢劫、街头犯罪等专项战役，年内共立案647起，破获各类刑事案件320起，抓获犯罪嫌疑人533名，收缴赃款赃物总价值103.58万元。

密云县主要领导人

县委书记　吉　林
副书记　张连印（7月25日免）　王洪钟　隋秀梅（女）　张　文　李福珍
常　委　韩德保　仉玉阶　谢　磊　杜雨田
县人大常委会主任　陈天立
副主任　王成绵　向德春　郑伯海　王德敏　曹乃良
副县级调研员　张连宝　马守城　纪永旺
县　长　张连印（7月25日免）
代县长　王洪钟（7月25日任）
副县长　张　文　李和平　王春林（女）　刘福志　孙　奇
副县级调研员　王升光
县政协主席　郑亚娟（女）
副主席　谭有为　郑仲信　苏和声　王森林　曹庆华
县纪委书记　杜雨田

副书记　刘荣藻　罗生德
（吴成全　钱长春　彭守创　陈　波）

延庆县

全县概况

延庆县是北京市远郊区县之一，历史悠久，地理位置独特，发展地域特色产业资源优势明显，是北京的“夏都”、国家级生态示范区（北京唯一的国家级生态示范区）和全国水土保持生态环境建设示范县，同时也是优质农产品生产基地、优美的旅游度假基地和全国体育先进县。

【地理位置】　位于北京市西北部，地处东经115°44′~116°34′，北纬40°16′~40°47′，南部、东部分别与北京市的昌平区、怀柔县接壤，西部、北部分别与河北省的怀来县、赤城县相联。县域东西长65千米，南北宽45千米，县城距北京市区75千米。

县域东部、北部和南部为燕山山地，西南部是一个小型山间陷落盆地即延怀盆地，地势呈东北高，西南低。全县平均海拔640米，其中延怀盆地区平均海拔500米左右。

【面积】　全县总面积1 992平方千米，其中，山地面积1 450平方千米，平原面积542平方千米，耕地面积3.27万公顷。

延庆县地带性土壤为山地草甸土、棕壤、褐土、潮土、水稻土等类型，其中潮土主要分布在妫河、黑河、白河两岸及延怀盆地洪积扇边缘，适宜种植小麦、玉米、黄豆和甜菜等农作物。

【气候　水文】　延庆县属大陆性季风气候区，是暖温带与中温带，半湿润与半干旱气候的过渡地带。其主要特点，一是四季分明。各季节之间温差大，降水不均，冬季寒冷干燥，夏季温湿多雨。全年平均气温8.7℃，冬季平均气温低于0℃（1月份达-8.48℃），夏季平均气温超过20℃（7月份达22℃），1月份与7月份平均气温相差30℃以上。全年降水量为438.1毫米，夏季降水284.1毫米，占全年降水量的64.9%。二是昼夜温差大。全年最高气温平均数与最低气温平均数相差13℃左右。三是气温比北京市平原地区低3~4℃。四是光照资源丰富。总辐射量及日照在北京市地区最高，但无霜期比北京市平原区短15~20天。五是春旱和“卡脖旱”等自然灾害较严重，春季有“十年九旱”之说。

境内水资源丰富，水质优良。全县有四级以上河流18条，分别属于潮白河、永定河、北运河水系，多年平均总径流量5.72亿立方米。白河、黑河是过境河，由河北省赤城县进入延庆县，是延庆县东北部山区的主要河流，在延庆县境内的汇水面积为821平方千米。妫水河发源于永宁镇的黄龙潭，沿平原中部流向西南的官厅水库，是平原区的主要河流，汇水面积1 064平方千米。全县地下水资源总量达2.26亿立方米，其中，平原区1.2亿立方米，山区1.06亿立方米。全县水面面积多年平均为0.324万公顷，其中，官厅水库0.27万公顷，白河水库0.027万公顷。全县多年平均水资源总量8.33亿立方米，人均水资源3 088立方米。

【资源】　一是土地资源丰富。全县总面积约1 992平方千米，农业人口人均耕地面积0.153公顷，有着发展农牧业的良好基础。二是水资源丰富，水质好，为发展灌溉农业和淡水养殖提供了良好条件。三是冷凉特点的气候资源，同样为发展以淡季蔬菜、优质果品为主的农副产品生产和宾客避暑旅游提供了良好条件。四是旅游资源丰富。有驰名中外的八达岭长城、塞外“小漓江”龙庆峡、京郊草原风光康西草原、国家级自然保护区松山原始森林、一亿四千万年的木化石群、千古之谜古崖居等丰富的人文和自然资源，有丰富的地热资源。五是环境质量普遍高于北京城区和近郊区。延庆县是国家级生态示范区，全县森林覆盖率达55.4%，大气环境质量夏、秋季达到国家一级标准，地表水达到国家二级标准，地下水总体上达到国家饮用水标准，县城噪声控制达到国家控制标准。六是县域内矿产资源品种多样，主要有铜、铁、铝、锌、铂、钯、镁、长石、白云石、砂、黏土、泥炭、海泡石、石灰石、花岗岩、硫铁矿、共生伴生矿金银、矿泉水、地热等。

【交通】　已经形成以县城为中心、联系各乡镇、行政村及主要景区和景点的公路网络。八达岭高速路、京银路、滦赤路、延琉路、怀四路、昌赤路等构筑成延庆联系外界的主要公路网络。京包、大秦两条铁路横贯境内。此外还有北京至县城的客运铁路线、康庄至县城的铁路货运线。

【建置】　秦始皇统一中国后，在今延庆地区设居庸县。西汉初分封诸侯，延庆地区即属燕国。

1911年辛亥革命成立中华民国之后，废延庆州称县。1913年延庆州改为延庆县，隶属于直隶省口北道。民国17年（1928年），原察哈尔特别区改为察哈尔省，延庆县属之。抗日战争时期，今延庆县境分属中国共产党领导下的昌延联合县、龙延怀联合县等民主政权，是晋察冀平北抗日根据地的一部分。1945年撤销昌延联合县，恢复延庆县建制，属察哈尔省。1947年，又曾于今县东境置四海县。新中国成立后，1951年撤销四海县建制。1952年，撤销察哈尔省建制，延庆县划归河北省，属张家口地区。

1958年，延庆县划属北京市，以迄至今。

【行政区划与人口】　2000年末，全县下辖15个乡镇，374个行政村，总人口27.2万人，其中农业户口人口21.5万人。县城设居民委员会、家属委员会24个。

当年对全县行政区划进行调整。撤销靳家堡乡建制，并入张山营镇。撤销二道河乡、井庄乡建制，合并建井庄镇。撤销大榆树乡、沈家营乡建制，成立大榆树镇、沈家营镇。撤销下屯乡建制，下屯乡原有的8个行政村划归大榆树镇，其他6个行政村划归康庄镇。调整后全县共有延庆镇、张山营镇、康庄镇、大榆树镇、沈家营镇、旧县镇、永宁镇、井庄镇、八达岭镇、四海镇、千家店镇、香营乡、刘斌堡乡、大庄科乡、珍珠泉乡等15个乡镇。

经 济 建 设

2000年全县经济发展的指导思想是：充分发挥延庆区位优势和生态优势，继续实施“旅游牵动、城镇带动、科教推动”战略，推进优质农副产品基地和优美旅游度假基地建设，大力发展农、工、商、旅、建五大产业，深化改革，加大经济结构调整力度，完善生态经济体系，提高经济运行质量，促进经济全面发展。

全年经济发展概况：综合经济实力显著增强，产业结构进一步优化，优质农副产品基地和优美旅游度假基地建设成效突出，旅游卫星城、小城镇和生态环境建设速度加快。全年完成国内生产总值24.2亿元，比上年增长13.6%，其中，第一产业7.7亿元，增长5.2%，第二产业7.37亿元，增长21%，第三产业9.13亿元，增长15.6%；财政收入1.77亿元，比上年增长35.6%；农村经济总收入达42.36亿元，比上年增长17.9%。

农 业

【农业发展指导思想】 突出富民主线，坚持以市场为导向，大力调整农业产业结构，加快优质农副产品基地建设步伐，提高农业产业化水平，实现从农业资源大县向农业强县的跨跃。积极推进蔬菜出口基地、优质特色果品基地、养殖基地、籽种基地建设，发展优质、高效农业。实施科教兴农战略，用现代科学技术和经营理念改造传统农业。培育和建立多种形式的农村专业合作组织和龙头企业，引导农民进入市场。加强水利富民综合开发工作。鼓励和引导社会资金投资办农业。

【农业综合生产能力提高】 全年农业总产值完成6.84亿元，比上年增长16%。粮食总产1.46亿千克；蔬菜总产4.8亿千克，增长15.7%；果品总产4 524万千克，增长11.2%；鲜奶总产2 325万千克，增长28.9%；肉鸡出栏764万只，增长12%；肉牛出栏1.27万头，增长26.5%；羊出栏4.46万只，增长30.4%。鲜蛋总产1 269万千克，生猪出栏15.25万头，水产品总产281万千克，均比上年有不同程度的增长。

【农业结构调整成效显著】 全年蔬菜播种面积达0.83万公顷，比上年增加0.13万公顷。年末果树面积达1.4万公顷,其中当年新发展果树0.17万公顷(其中优质葡萄基地412.33公顷,李子301公顷,兴高梨36.53公顷,板栗565.33公顷,仁用杏171.67公顷,桃88.67公顷,枣156.13公顷),更新果树0.12万公顷。建成籽种基地367.33公顷,增长34公顷,蓖麻256.2公顷。“三网”养鱼、养蟹面积达286.67公顷。

【区域特色农业产业基地规模扩张】 康庄—延庆—沈家营—永宁蔬菜长廊、张山营镇万亩葡萄基地、井庄镇李子基地，山区板栗和仁用杏基地、八达岭镇银杏基地初具规模，大柏老奶牛合作总社二期、西龙湾奶牛养殖小区、四海南湾肉牛养殖小区等工程顺利完成。海狸鼠、蓝狐、獭兔、梅花鹿、鸳鸯、乌鸡、林蛙、肉狗等特种养殖业已经发展到31个品种、年末存栏达450万头（只）的较大规模，全年出栏达85万头（只）。2000年末，家庭养殖专业户达到1.74万户，养殖小区发展到53个，各类专业村发展到44个。

【农村经济合作组织进一步发展】 农村合作经济组织达到110个，科技、产销等服务组织进一步健全。

【八达岭（小丰营）蔬菜交易市场二期工程竣工】 该市场是全县蔬菜产业发展的龙头和对外窗口，形成于1995年。2000年内市场二期工程竣工后，形成一个为占地3.2万平方米，建筑面积达5 800平方米(蔬菜交易大棚2 500平方米，保鲜库3 300平方米)、库容3 300吨蔬菜保鲜库的集蔬菜交易、蔬菜初加工、保鲜贮藏及商务服务为一体的蔬菜交易市场。全年蔬菜交易量近2亿千克，其中出口1.6亿千克，占全县出口的80%以上，蔬菜远销到日本、韩国、马来西亚、新加坡及香港地区。

【大柏老奶牛合作总社二期工程竣工】 大柏老奶牛合作总社延庆“万头奶牛基地县”建设重点工程之一。为适应养牛业发展需要，决定在该村西部原有奶牛养殖小区基础上建设大柏老奶牛合作总社。该项目规划总占地40公顷，分成10个养殖小区，每个小区存栏奶牛500头左右，10个小区奶牛总存栏5 000头。每个小区内设有牛棚、挤奶台、饲料加工等设施。总社配套相应的服务设施。到2000年末，已建成养殖小区5个，小区内水、电等基础设施和技术、防疫等服务设施建设完成。入社户达210户，奶牛存栏1 800头，占全县奶牛存栏的23%以上。

【农业生态科技示范园区筹建取得较大进展】 该园区位于县城西3千米，占地100公顷。整个示范区分成蔬菜、果品、粮食、林业、渔业、畜牧等6个示范小区和管理、科研区。项目建成后将成为具有高科技示范、高效益生态农业科技示范、科技推广和环保科普、产品贸易、人才培训、旅游观光等功能为一体的独具特色的生态农业科技示范园区。完成工作主要有，一是建设用地租赁工作。二是组织制定了“延庆农业生态科技示范区总体规划”及“延庆农业生态科技示范园区若干政策”。三是申报了北京科技项目——延庆县生态农业科技示范园区建设，项目已列入北京市科技技术计划。四是建成示范区内主干路。

生态环境　林业　水利　气象

【批准为国家级生态示范区】 2000年3月6日，延庆县被国家环保总局命名为“国家级生态示范区”，成为全国首批33个国家级生态示范区之一，同时也是北京市唯一的国家级生态示范区。县委书记张志宽、县长田小平获得国家级生态示范区建设先进领导者称号。4月14日，延庆县各界3 000多人在妫川广场举行“2000年地球日中国行动周”启动暨生态示范区揭牌仪式。

【自然环境保护加强】 加强了对全县12个自然保护区的保护工作。2000年12月16日，市政府批准延庆县野鸭湖自然保护区为市级自然保护区。

【植树造林三万余亩】 2000年末，全县林木面积达11.03万公顷，林木蓄积量达138.1万立方米，森林覆盖率达55.4％。2000年完成用材林造林0.22万公顷,新封山育林0.33万公顷,中幼林抚育0.33万公顷,“四旁”植树42.6万株，飞播0.2万公顷。县城及村镇片林、固沙片林、爆破造林等工程顺利完成。

【命名为全国水土保持生态环境建设示范县】 2000年实施国家生态环境建设二期治理工程。完成造林2 199公顷，水平梯田1 412公顷，种草241公顷，封育1 148公顷，谷坊坝978道，小型水利工程70处。累计治理水土流失面积50平方千米。12月，被水利部、财政部命名为全国水土保持生态环境建设示范县。

【水利设施建设成效显著】 水利设施建设重点发展节水灌溉设施。一是白河水库南干渠节水改造工程一期工程完成渠道改造3.9千米。二是全县累计完成水利富民工程1 091处，其中，县重点工程81处，五小工程983处，埋设地下管道143.5千米，建防渗渠道32.2千米。为张山营镇西五里营村建成18.67公顷高标准葡萄微喷示范园。三是全年新增或改善灌溉面积0.33万公顷，其中新增灌溉面积0.12万公顷。12月延庆县被市农田基本建设指挥部评为水利富民综合开发先进县。

【抗旱工作扎实有效】 制定抗旱方案，大力推广使用“旱地龙”和保湿剂。全年共投入抗旱人工12万个，高峰出工人数达5 200人，出动运水车230辆，开机井920余处。投入抗旱资金245万元。累计浇地1.187万公顷。

【天气预报业务综合评比质量位居全市郊区站第一】 县气象局地面观测错情率为0.4‰。天气预报的降水准确率为75.3％、大风准确率为94.7％，春秋两季低温准确率74.5％。天气预报业务综合评比在市气象局的区县站排名中列第一名。

工　业

【工业发展指导方针】 以产权制度改革为重点，进一步加大重组转制和工业结构调整的力度，加快工业外引内联步伐，提高科技含量，扩大工业规模，提高工业经济运行质量和经济效益。

【工业增速加快 效益好转】 到2000年末，全县共有工业企业1 341家。全年完成工业产值19.2亿元，比上年增长27.6％；销售收入17.3亿元，比上年增长45％；利润2 693万元，比上年增长110％；工业增加值3.82亿元，增长8.8％。

【招商引资和重组转制取得新突破】 投资近1.5亿元的清华紫光药业一期工程竣工投产。万利达集团、京铁多经有限公司等分别与牛黄公司、色织厂、塑料厂等企业的不良资产进行了重组，四药厂加盟双鹤药业。

乡镇企业共引进项目54项，协议金额10亿元，其中工业项目17项。一些重组企业呈现出良好的发展态势。漫步者公司、中美制冷设备公司托管的酿酒公司等稳步发展。

产权制度改革迈出较大步伐。全县共有90家工业企业进行了股份制改造，15家进行了股份合作制改造，6个企业完成了破产。乡镇办企业转制面达到90％，其中骨干企业全部完成转制。村办企业转制面达到40％。

【工业企业科技创新和技术改造步伐加快】 2000年，工业技改投资总额达1.9亿元，11项技术改造项目全部竣工。清华紫光、双鹤药业、华源亚太技术改造起点标准高，处于国内领先水平。

【工业产品质量进一步提高】 2000年，全县共有7家企业的产品通过了ISO9000产品质量体系认证。漫步者、玫而美、亚龙羊毛衫等企业的产品远销美国、日本等国家。

【县开发区建设成绩显著】 经市政府批准，1992年成立了八达岭经济开发区和南菜园经济开发区（后改为延庆经济技术开发区），两个开发区总面积达11.45平方千米（其中南菜园经济开发区面积6.56平方千米）。2000年八达岭经济开发区晋升为市级工业开发区。2000年两个开发区新入区企业127个，注册资金2.49亿元，实现技工贸总收入71.5亿元，比上年增长24％，上缴税金1.47亿元。固定资产投资完成1.4亿元。延庆经济技术开发区新入区企业66个，注册资金1.09亿元，实现技工贸总收入12亿元，上缴税金7 516万元；八达岭经济开发区新入区企业61个，注册资金1.4亿元，实现技工贸总收入59.5亿元，上缴税金7 142万元。

【乡镇工业小区和村级工业大院发展迅速】 大榆树、八达岭、康庄等工业小区初具规模，入区企业14家，引进资金8 500万元，实现收入1.3亿元。建成村级工业大院7个，总投资1.4亿元，实现收入1.6亿元，吸纳农村劳动力1 453人。二、三产业专业村达到25个，总投资1 000万元，实现收入4.5亿元，吸纳当地农村劳动力6 860人。全县乡镇工业产值实现13.31亿元，比上年增长9％。

旅　游

【全县旅游业发展规划】 积极推进优美旅游度假基地建设。发挥旅游业牵动作用，加快旅游产业横向扩张，完善大旅游格局；继续加强旅游资源开发、基础设施建设、企业转制、宣传等旅游硬件、软件建设；提高延庆旅游文化品味。

【旅游产业快速崛起】 作为新兴产业，延庆自1978年起开发八达岭长城景点以来，历经20年，已发展成为集自然风光旅游、文化体育旅游、民俗旅游、农业观光旅游及居住、餐饮、体育、娱乐等服务设施相配套的内涵丰富的旅游产业，成为延庆县的五大产业支柱之一。2000年末，全县向游客开放景区、景点27处。平原区形成以县城为中心的八达岭景区、龙庆峡景区、康西草原景区、松山自然保护区、石京龙滑雪场、古崖居、山戎墓陈列馆、野山峡、妫河漂流等为主体的景区、景点体系。东部山区仓米古道环线旅游体系已初步形成。建成了八达岭镇石佛寺村、井庄镇"地球"村、旧县镇古城村和黄柏寺村、康庄镇小丰营村等旅游专业村。已有三星级、二星级、一星级宾馆（含酒店、饭店等）各3家、共9家，各类宾馆、旅店的床位总数达1万多张、餐位达1.5万个，尤以八达岭温泉度假村、华风温泉大城堡、中银酒店等档次较高、具有综合服务功能的旅游设施的建成，使全县旅游服务水平上了新的台阶。

【旅游业获良好经济效益】 2000年全县接待游人824万人次，比上年增长22.4%；旅游营业收入6.28亿元，比上年增长27.5%；上缴财政收入5 688万元，比上年增长12.5%。其中，八达岭旅游公司接待游人543万人次，旅游收入2.01亿元；龙庆峡接待游人70.2万人次，旅游收入5 812万元；八达岭温泉度假村接待游人28.4万人次，收入2 876万元；康西草原接待游人20.9万人次，旅游收入801万元。

【旅游软硬件设施建设获得较大进展】 全年新开辟或建成了残长城自然风景旅游、妫海远航、康西草原卡丁车城、九眼楼、莲花山等旅游景点和项目。八达岭温泉度假村二期、华风酒店二期、八达岭特区综合楼和服务中心、滑雪场缆车、松佛谷一期等旅游设施建成并投入运营。

【创文明旅游景区】 八达岭长城景区当年被评为全国文明旅游景区，龙庆峡、松山、古崖居被评为市级风景名胜区。

【第五届消夏避暑节获社会、经济效益双丰收】 2000年6月18日至9月18日，延庆举办第五届消夏避暑节。期间县政府和中央电视台在妫川广场组织了"2000年夏都之旅——一日跨越五千年"大型文艺晚会。晚会以歌曲、舞蹈、朗诵等艺术形式展示了延庆阪泉、妫川、山戎、长城、古崖五大文化的演变过程，再现了延庆五千年曲折与厚重的发展历史。此外还举办了"夏日文化广场"、"首届长城国际文化节"及"国际铁人越野三项赛"、"龙庆峡"杯第二届全国大学生攀岩锦标赛、康西草原第二届那达慕大会、妫河漂流大奖赛。丰富多彩的文体活动推动了旅游与体育、文化的结合，提高了延庆旅游的文化品味，丰富了延庆旅游的内涵，带动了相关产业的发展。

第五届消夏避暑节期间，共接待游人320万人次，实现营业收入2.02亿元，创延庆县历届避暑节最高纪录。

【第六届冰灯冰雪节文体活动丰富多彩】 2000年12月至2001年2月举办了第六届冰灯冰雪节。在八达岭长城景区举办了烛光长城、世纪舞会和世纪庆典等为世纪守岁的系列活动以及元旦国际万人登长城比赛。在夏都公园举办首届"建雄杯"冰雕艺术比赛。在石京龙滑雪举办首届雪雕艺术节、首届滑雪冬令营和业余滑雪爱好者参加的滑雪比赛。八达岭温泉度假村举办除夕之夜歌舞晚会。农历正月初四至初六举办了灵照寺庙会。这些文体活动，丰富了冰灯冰雪节的内容，扩大了冰灯冰雪的影响。

【开通北京至延庆假日列车】 2000年国庆节期间，延庆县旅游局和北京铁路分局共同推行一项新的服务项目——开通北京至延庆假日旅馆列车，获得圆满成功。

【多渠道、多形式开展旅游宣传促销活动】 在利用各种媒体进行宣传促销的同时，组织了由县委书记张志宽带队的大型赴外宣传促销团，奔赴山西、山东、河南、河北、辽宁等地宣传促销。此外，旅游局参加了陕西西安西部大开发旅游节和大同旅游节活动，八达岭特区、松山、延庆宾馆等单位相继赴外促销。这些活动进一步提高了延庆旅游的知名度，拓展了客源市场，促进了全县旅游业的发展。

【五家旅游企业转制完成】 对八达岭、龙庆峡、康西草原、妫河漂流、延庆宾馆等5家旅游单位进行了由事业单位转企业的改革。

商业　对外经贸

【商业建设指导方针】 以改革和发展为主题，按照建立现代企业制度的要求，大力推进国合商业企业改革。依托首都，面向全国，大力拓展经营领域，完善市场体系。加强市场管理，努力推进物流集散中心建设。

【国合商业改革进展顺利】 2000年是商业改革力度最大的一年。列入第一批改制28家企业（全民所有制23个，集体所有制5家）中，拟改制为国有资产经营公司一家、有限责任公司10个、股份合作制2个、破产14个、拍卖1个。县工业品公司的6个企业，合并调整后组成夏都大厦和五交化两大经营公司，副食品公司基本完成了人民商场有限责任公司的组建工作。全年破产企业3个。

【商业设施建设】 第一商场营业楼、夏都大厦等商业设施建成并投入运营。燕春饭店扩建、药材公司营业楼、新风大酒店服务楼、妫川购物中心等工程进展顺利。

【商农合作促发展】 县供销社针对延庆县山区面积大的特点，建立了大庄科乡中药材产销合作社和大庄科乡、四海镇两个干果产销合作社，三个合作社入社农民近200户。全年合作社为农民提供栗子树苗11 900株，推销农产品1 083万元，无偿供种5 000千克。

【执法力度加大，市场秩序良好】 一是对4个生猪定点屠宰厂进行整改达标验收，进一步完善了定点厂生猪检疫、肉品检验登记管理制度及污水处理设施。取缔查处13户私屠滥宰的违法行为。多次突击抽查定点屠宰厂中未发现“注水”行为。二是全年组织盐政执法110人次，查处违法贩卖私盐33户，没收私盐24 570千克。三是烟草专卖局共查处违法案件52起，没收卷烟31 752条。四是撤销了一批不符合行业标准的美容美发、桑拿洗浴等行业的经营单位。

【主要经济指标比上年增长】 全年完成社会消费品零售额22.3亿元，比上年增长15.9%，集贸易市场成交额达6.54亿元，比上年增长11.3%。国合商业实现商品销售额8亿元、利润300万元、税收1 200万元，分别比上年增长31.4%、9.1%、1.6%。

【对外贸易稳定发展】 全年完成外贸出口供货额3亿元，比上年增长13.6%，其中蔬菜出口供货额1.5亿元，比上年增长14.5%，成为对外出口的主要增长点。

【招商引资成效显著】 全年新批“三资”企业8家，协议投资总额1 850万美元，比上年增加116%，其中协议外商投资额352万美元。全年外商投资实际到位资金3 446.4万美元，比上年增长51.6倍。

奶牛胚胎中心、青少年绿化基地、冷水鱼基地、绿富民科技园中丹种猪厂等一批项目落户延庆，提高了农业的整体实力和科技含量。

建筑　建材　建筑管理

【建筑产业发展指导方针】 大力推进建材、施工和为建筑工程配套服务的建筑产业群体建设，推进建筑产业向纵深发展。发挥建筑企业资质等级优势，抓住国家扩大内需和加大基础设施建设力度的机遇，努力开辟建筑市场。深化企业改革，提高企业整体素质。建立和完善企业标准化体系和质量保证体系。

【建筑业发展势头良好】 继续发挥建雄、建安两大建筑集团优势，积极巩固和开拓建筑市场，确保建筑业持续发展良好态势。全年开复工面积212万平方米，比上年增长55.5%；完成建筑业总产值17.2亿元，比上年增长44.9%；建筑业增加值3.55亿元，增长37.5%。建雄集团承建的大钟寺太阳园群体工程达32万平方米，成为郊区建筑企业承包规模最大的一项工程。

全年共创市级文明工地12个、龙庆杯和县级优质工程18项、市级以上优质工程5项。

30家骨干企业、61家建筑施工企业完成改制，建立起现代企业制度。

【建筑企业资质等级提高】 建筑企业资质等级进一步优化，形成了以两个国家一级企业为龙头、13个国家二级企业、30家骨干企业构成的建筑企业格局。

【开发建材新产品】 北京万航建材有限责任公司从芬兰引进新型轻板生产线完成设备安装，进入试生产阶段。该项目生产设备自动化水平、产品性能和质量处于国内先进水平。

北京华源亚泰化学建材有限责任公司的胶联聚乙烯管、北京奈特公司的铝塑复合管、北京天一玻璃钢公司的玻璃钢门窗型材等3个建材开发项目落户延庆并建成投产。全县14家门窗生产企业获得国家生产许可证。

【建筑行业管理加强】 严格执行基建程序，加大执法力度。认真贯彻国务院《建设工程质量管理条例》，执行国家强制质量标准，竣工工程实行备案制度。规范建筑市场，建起“延庆县建设工程承发包交易中心”。取消了9家5级企业；房地产开发14家企业年检合格并纳入行业管理。

非公经济

【非公经济占全县经济总量50%】 县委、县政府把发展非公经济作为促进社会经济发展的重要举措之一，加强领导，改进服务，改善社会投资环境，放手发展个体私营经济、外资经济和混合所有制经济。2000年末，延庆县个体工商户达到5 036户，从业人员7 747人，注册资金7 381万元，全年实现产值2 962万元，社会消费品零售额1.67亿元。私营企业发展到139家，从业人员2 374人。自然人有限责任公司达到1 039家，从业人员9 152人。外资企业60家，实现产值4亿元，税金2 694万元。2000年非公经济国内生产总值占全县的50%左右。

财政　金融　保险

【县、乡财政管理体制改革】 以市对区县分税体制改革为指导，实行“划定税种、核定需求、收支挂钩、建立激励调节机制”的新乡级财政管理体制，调动了乡镇政府生财、聚财、用财的积极性。

【财政收入增长】 全年完成地方财政收入1.77亿元，比上年增长35.6%，其中共享收入完成1.204 5亿元，增43.2%。县级财政收入1.530 2亿元，增长35.1%，乡级财政收入完成2 412万元，增长38.8%。

财政支出7.073 2亿元，增长34.2%。

【金融业运行平稳】 年末社会各项存款余额达42.5亿元，比年初增长17.1%，其中城乡居民储蓄余额达26.1亿元,比年初增长9.2%;银行贷款余额达21.74亿元,比年初增长27.5%。全年人险、财险两个保险公司的保费收入达4 800万元,比上年增长42.9%。

【投融资体制改革进一步深化】 出台了《招商引资中介服务奖励办法》、《农村家庭经济贷款担保办法》、《农村耕地有偿流转意见》等政策。

【固定资产投资规模大幅增长】 全年共批准固定资产投资项目189个，比上年增加66个，计划总投资10.75亿元，比上年增长94%，资金到位6.09亿元，比上年增长1.75倍，其中，非生产性投资项目129个，增加45个，计划总投资6.1亿元，增长74.3%，资金到位4.43亿元，增长1.9倍；生产性投资项目60个，增加21个，计划总投资4.65亿元，增长1.27倍，资金到位1.66亿元，增长1.42倍。

城建　城管

【城乡建设方针】 坚持“规划设计科学化、市容环境园林化、建设布局规范化、设施功能现代化、综合管理法制化”方针，不断完善城乡基础设施，提高城乡管理水平，加快现代旅游卫星城和小城镇建设步伐，推进农村城市化进程。

【县城基础设施建设工程顺利完成】 夏都公园东湖改造共挖运湖底及河道淤泥13万立方米，平整湖底16万平方米，铺设大理石路面2 500平方米，安装铸铁栏杆6 000多米，建成9层50余米高的古塔和联接妫河南北岸的拱桥各一座。位于西湖区的动感影院建成并投入使用。全长1 584米，道路红线30米的西环城路竣工。

西环城路亮化、美化工程。实施了妫河大桥灯饰亮化、妫水大街亮化、街道安装路牌等工程。安装风格迥异、造型别致的路牌90块，安装新型电子装饰灯140只、礼花灯12盏。延永公路扩建工程竣工。延永路设计标准为平原一级公路，改建3.96千米，路基宽33.1米，4个快速车道总宽16.6米，慢车道宽6米。

延庆县污水处理厂一期工程完成。该厂设计日处理污水3.5万立方米，其中一期工程为日处理1.5万立方米。一期工程竣工后，能够保障2010年前县城的生活污水得到有效处理。

新建35千伏张山营变电站工程竣工发电，张山营站10千伏线路倒路改造、新兴小区配电室高低压设备改造等工程完成。新建北京电信综合业务楼6 218平方米。全年程控交换机扩容1.5万门，使交换机总容量达8.8万门。电话用户达到5.89万户，电话普及率达22部/百人，安装公用电话102部，总数达到449部。到开通了ISDN业务，用户达到270户。

【县城服务管理设施进一步完善】 县委及政府综合办公楼、县康复疗养院、第一商场改造、老电信局改造、邮政业务楼、社区服务中心和青少年活动中心等管理和服务设施的建成，使城市功能进一步完善，县城面貌焕然一新。

【南菜园、南关居民区拆迁改造一期工程完成】 南菜园、南关拆除危旧房屋3万余平方米，涉及居民710户。在康安小区（即南关）兴建了17栋、7万平方米的住宅楼，710户居民喜迁新居。

【小城镇、新农村建设进展快】 延庆、康庄、旧县、八达岭、永宁、四海6个镇镇区、镇域总体规划编制完成并得到市政府批准。康庄建成了康庄大道。小鲁庄村新农村试点建设进展顺利，建成并交付使用住宅楼10栋、24 800平方米，独立式住宅50栋、15 000平方米，小区物业管理的基础配套设施同步进行。农村道路硬化工程完成103个村的133条进村路和村街道，总长度达120千米。

【环境质量进一步提高】 全县318个机关、单位及个体工商户的686台燃煤茶浴炉、大灶全部改用清洁燃料，并通过了市环保局的检查验收。县城污水处理厂投入试运行。对水泥厂等污染企业进行了治理，关闭了靳家堡电镀厂和永宁电镀厂。县属和乡镇重点工业企业废水排放达标率达到90%，县域生活垃圾无害化处理率达70%。

【成立水业公司】 以县自来水公司管理所为基础成立北京市夏都水业有限责任公司。由北京市自来水集团等几家公司出资入股，夏都水业有限责任公司变成股份制企业。

【规范居民小区物业管理】 2000年3月16日，县政府召开全县物业管理动员大会并制定了小区物业管理“先完善配套设施，再移交物业管理公司”的两步走方案。县政府还出台《延庆县居住小区物业管理暂行办法》，小区物业管理走上规范化道路。县住宅建设开发公司12月改制为全员参股的股份制有限责任公司。

【成立城管大队】 组建城管大队，城市管理进入专业化、规范化管理的新阶段，基本上扭转了过去多头管理的被动局面。

【加强人民防空设施建设】 完成了永宁、康庄两镇新警报器安装任务，并使新旧7台报警器维护均处于良好状态，音响覆盖率达到市要求标准。

【加强交管行政执法工作】 严格执法，规范管理，净化运输市场。共查处纠正违章车辆4 417起，处罚1 688起，罚款20万元，补缴管理费99万元。

【大力整顿客运、货运、汽车维修市场】 共审验了5 071户运输经营者、5 501辆货运机动车，11 515.75个吨位。对全县9家出租公司进行了经营资格审验，对全县小公共汽车进行了治理整顿。对汽车维修行业中无证经营、超类别维修、以次充好、加价收费、维修质量低劣等不法行为进行了治理和处罚，全年共查处3起，罚款1 000元。

社 会 发 展

实施科教推动战略，发展科教事业，加强社会环境综合治理和社会主义民主法制建设，弘扬社会主义精神文明，提高全民素质，推进社会各项事业全面发展。科技创新机制、科研体系建设、科学技术成果向生产力转化取得显著进展。优先发展教育的战略地位进一步巩固，素质教育稳步推进。延庆县被国家体育总局命名为“全国体育先进县”。制定《延庆县社区卫生服务规划》。计划生育工作完成市、县任务。山区有电行政村的中央1台、北京1台电视信号覆盖率达到100%。社会保障体系进一步完善，社会保障覆盖面进一步扩大。民主法制建设得到加强，依法治县水平进一步提高。

党　建

【进一步明确党建思想】　一是把“建设美好家园”作为党建工作的出发点和落脚点，把党建工作落实到以经济建设为中心，发展延庆、富裕延庆人民的工作中。二是明确党建工作从基层抓起的指导思想，提出以改革和创新精神做好新时期农村党建工作，探索以党支部为核心的新型村级组织管理体系。对农村支部书记实施专业化管理。积极吸引大批优秀人才到村级干部队伍中来，提高村级干部整体素质。积极推行《延庆县村级管理工作细则》，促使村级管理规范化。三是重视提高干部队伍素质，造就、培养和选拔适应现代化发展要求的干部队伍。

【党组织建设进一步完善】　一是全县各级党组织在县委统一领导下，积极进行思想政治建设。通过“三讲”和“三个代表”等学习、教育活动对全体党员进行理想信念教育和为人民服务教育，提高了各级党组织和广大党员的思想政治工作水平，改进了工作作风。二是加强党建制度建设。制定了《关于加强县级领导班子建设的八项制度》、《关于加强乡局级领导班子建设的八项制度》、《关于加强纪律的若干规定》、《关于加强县级领导班子自身建设意见》及《延庆县村级管理工作细则》等规章制度。三是加强农村基层组织建设。积极加强党建制度建设，为农村管理工作提供制度保证。通过“两推选一”的方式，对农村党支部进行了换届选举。

【完善党组织，扩大党员队伍】　全县有党组36个，党总支部20个，党支部1 013个，党小组1 154个，在私营企业中建党组织23个。

全县有党员22 396人，其中，2000年新增党员1 502人。

【领导干部知识化、年轻化水平提高】　全县621名处级领导干部中，45岁以下的中青年干部有290人，占47%，大专学历以上的干部占78%，大学学历以上的干部占30%。

【表彰“争优创先”先进党组织、优秀党员和党务工作者】　2000—2001年度，共有50个先进基层党组织、100名优秀党员和32名优秀党务工作者受到表彰。

科　技

【市级星火计划实施项目效益明显】　共实施市级科技星火计划5项，实现产值38 025万元、利税11 040万元。1999年验收的VHR真空吹气硬化技术获得2000年市星火科技二等奖。

【实施市级科技致富工程】　全年共实施市级科技致富工程3项，即大庄科乡香椿基地、大庄科和珍珠泉乡板栗基地、井庄镇甜樱桃示范园区。

【科技推广卓有成效】　完成科技推广项目25项，其中农业重点科技推广项目12项。以玉米新品种、脱毒红薯优良品种、优质红地球葡萄、耐寒耐旱牧草新品种为主的新品种、新技术推广规模达1.67万公顷。1.33万公顷玉米新品种推广项目比种植常规品种增产1 242万千克，增加纯收入571万元。

【科研工作得到加强】　2000年共实施市级科研计划7项（其中延续2项），总投资1 752万元，其中马铃薯微型薯生产及应用技术研究已经完成。延庆县域网建设、延庆县生态农业科技示范园区建设已取得突破性进展。白色农业、马铃薯、蔬菜、葡萄、李子、水产、奶牛等7个农业研究所已经建立。

【科普和培训工作取得新进展】　开展了以贯彻《北京市科普工作条例》为主线科普宣传工作。以送科技下乡、发送科普资料、举办科技咨询等为主要形式的科普活动共发送各种书籍、资料3 000多份，咨询群众达2万余人次。全县农业实用技术培训2万多人次，绿色证书培训5 000人次。

【民营科技企业稳中有升】　到2000年底，全县民营科技企业发展到13家，企业固定资产达2 800万元，职工250余人，其中具有中级以上专业技术职称的有91人。全年民营科技企业完成工业总产值1.03亿元、技工贸总收入9 800万元。1999年成立的延庆县高新技术企业贷款和民营科技企业贷款担保机构，2000年为2家企业办理了贷款担保。

教　育

【市人大检查山区教育设施建设工程】　2000年10月26～27日，以市人大常委会副主任陶西平为首的市人大代表检查团，对延庆县山区珍珠泉、千家店、永宁3个乡、镇的11所中小学进行视察。市人大领导和代表听取了谷艳兰副县长关于山区教育工程进展情况的汇报，并观看了山区教育工程建设成果的录像。市人大领导和代表检查后一致认为，延庆山区工程领导重视，投入到位，设备达标，见效明显，在1999年的基础上又上了新台阶。山区工程建设成绩很大，变化明显，很受鼓舞。

【4所中学成为市级规范化学校】　2000年10月，靳家堡中学、赵庄中学、千家店中学、永宁中学等4所中学通过了区县普通中学规范化建设达标验收组的

达标验收检查，成为县第四批市级规范化学校。2000年末全县共有规范化学校11所。

【评选“八达岭长城”杯优秀班主任】 2000年11月12日，延庆县教育局与八达岭特区办事处联合表彰了2000年“八达岭长城杯”优秀班主任，全县中小学、幼儿园、职业高中、师范学校、体校的94名班主任获得这一荣誉称号。

【奖励中学学科带头人、骨干教师】 2000年10月20日，延庆县教育局召开全县中学骨干教师和学科带头人颁证大会，向全县12名学科带头人和79名骨干教师颁发荣誉证书。这是1996年之后全县认定的第二批学科带头人和骨干教师。

【聘请校外法制副校长】 此项工作开展以来到2000年3月份，全县各中小学均聘请了校外法制副校长。校外法制副校长协助学校制定法制宣传教育计划，组织实施法制教育活动，配合学校进行校园周边环境治理。这一措施的实行，增强了师生的法制观念，校园周边环境得到治理，青少年违法犯罪现象得到有效控制，全年犯罪率为0.007%，低于市督导室的有关要求。

【教育设施建设加强】 新建第四中学和第五中学，渡过了今年纯增6个班的高峰期，满足了延庆县初中毕业生升学的要求。第五中学设为纯独立设置的职业学校，下设2个职、普并存的办学点。

延庆一中教学楼、图书馆和体育馆、永宁中学综合楼、县职业高中教学楼、千家店中学宿舍楼、县少年宫等教育基础设施相继建成。

【教育体制改革取得进展】 普教已经完成中小学核编工作。全系统579名代工代课教师办理了终止劳动关系手续，启用了延庆县教育人才交流服务中心。

取消了义务教育重点校，控制择校生，小学毕业考试实行等级制。

素质教育3年阶段性目标全面完成，高中阶段教育普及率达到95%。高考升学率达到62.6%，中考合格率达到97%。

卫生　计划生育

【社区卫生工作得到加强】 年初制定了《延庆县社区卫生服务规划》，明确了社区卫生服务中心和社区服务站的功能、任务及建设标准。全年城乡共建社区卫生服务站21个，为群众提供了防、治、保、康为一体的有效、经济、方便、连续的卫生服务。

【卫生服务设施建设顺利完成】 延庆县卫校综合楼、旧县镇庆华医院门诊病房楼等工程竣工。2000年11月28日，旧县镇华庆医院举行了开业典礼仪式。副市长翟鸿详、市政协副主席陈广文、县委书记张志宽、县长田小平，捐资100万元人民币建院的香港企业家薛滨参加了开业典礼仪式。

【提高医疗设备现代化水平】 延庆县医院购置了一台全身螺旋CT扫描仪，其分辨率高、图像清晰、质量高、扫描时间短、速度快，减少了病人辐射时间。

【计划生育完成任务指标】 继续贯彻计划生育条例和目标管理责任制，全面完成了市、县下达的各项指标。计划生育率达90.2%、晚育率达80.1%以上。

【办理独生子女父母养老保险】 为9个乡镇、14村的1 000个独生子女户的1 274位父母办理了独生子女父母养老保险，总投保额41.4万元。

【开展“婚育新风进万家”活动】 婚育新风进万家、优质服务、创建文明幸福家庭活动取得突出成效。县计生委同广播电视局举办了每天一次的365四季谈人口专题节目，把计划生育基本国策送到千家万户。全县新建活动室127个。为全县独生子女户、五好文明幸福家庭户送《农历》6 000册、单页挂历6 000张。新编出版《计划生育知识100题》40 000册。宣传站、药具站、技术服务站联合利用大篷车三站服务阵地，对全县60 000多已婚育龄妇女开展了“查环、查孕、查病、治病”为一体的宣传咨询服务活动，服务率达90%，进一步提高了育龄妇女的生殖健康水平。

【重点清理漏统出生人口】 清理漏统出生人口查明在1990—1999年期间有2 688人出生未上报，平均每年漏统268人。

文化　体育　广播电视

【举办大型文化活动，促进旅游事业发展】 在“消夏避暑节”期间，成功地举办了“夏都之旅——一日跨跃五千年”大型文艺晚会，演职员达1 000余人，观众达4万人次；于周末，由北京演出公司与文化局联合在夏都公园举办了“夏都之夜——时尚演唱会”。

【群众文化活动丰富多彩】 在夏日广场活动中，县文化馆与企业联合举办了16场文艺演出，演职员近2 000人，观众达10万人次，丰富了广大群众的文化生活。举办了新春团拜会和正月十五花会大赛，畅想“二月迎春、五月鲜花、夏日广场、十月金秋”四季歌。

【基层文化建设与辅导取得好成绩】 延庆县农民自行组建了河北梆子剧团、步步高演唱队等9个业余文艺团体。文化馆丹青艺术学校举办文学、书法、美术、摄影、器乐等培训班，培训文艺骨干3 200多人次。发表文学、美术、书法等艺术作品180篇（幅）。出版了妫川文化系列丛书之一《咏延庆诗词选》一书。

【加强文化市场清理整顿工作】 贯彻“一手抓管理，一手抓繁荣”的方针，分阶段进行了清理整顿工作。对电子游戏厅等文化娱乐场所进行了扫黄打非工作。全年办法规培训17期，300人次接受了培训。与公安局、工商局联合执法200次，出动人员1 500人次，发放文化市场管理法规等宣传材料4 000份。

【突出主旋律办好电视节目】 县电视台开办了《延庆新闻》、《世纪桃李园》、《农业、农村、农民》、《改制聚焦》、《成教之窗》、《金盾之光》、《法治广角》、《法庭内外》、《红绿灯》、《周末话题》共10个栏目，播出总时间达3小时。全年共上报新闻20余条，给北京台和中央台提供各种资料6个多小时，为宣传延庆、提高延庆知名度做出了贡献。

开通延庆有线电视台点播频道，筹建延庆信息平台网络，在妫川广场安装投影电视。成功地对“消夏避暑节”开幕式和“春艺达第二届卡拉OK大赛”进行了现场直播。

【山区有电行政村中央1台、北京1台电视信号覆盖率达到100%】 认真贯彻市委、市政府的北京卫星广播电视节目在北京山区实现全面覆盖的指示精神，建卫星+闭路95个点，建卫星+发射29个点，使山区有电行政村中央1台、北京1台电视信号覆盖率达到100%。

【广播内容增强服务性】 县广播电台共办节目30多个，其中，新开办节目7个。播发各类新闻稿件4 830篇。延庆电台首次设置了《谁不说俺家乡好》、《生活七色光》等板块节目，设置了“1601”服务台等若干小栏目。

【全国体育先进县】 国家体育总局正式命名延庆县为“全国体育先进县”。

【举办丰富多彩的全民健身活动】 举办老年门球赛、象棋赛、篮球赛，举办了首届“冰雪杯”暨“首都新闻记者冬季休闲个人全能邀请赛”、第四届象棋冠军争王赛、延庆县“都市风帆杯”足球赛、第十届职工象棋赛、首届残疾人运动会及“申奥大众”杯篮球邀请赛、2000年北京“佛戒”杯铁人越野挑战赛、澳大利亚青年队与北京青年队篮球队对抗赛。通过竞赛提高了全县人民参与竞赛、积极健身的意识。全县体育锻炼人口达到50%以上。

【竞技比赛取得好成绩】 在北京市中小学运动会上，获得初中组团体总分第三名、小学甲组第五名，并取得举重69千克级第一名、女子百米第一名的好成绩。对全县68所中小学中的21所学校进行了达标检查验收。

精神文明建设

【倡导文明新风】 以全县23所文明市民学校为主阵地，开展了以“倡导文明新风，共建美好家园”为主题教育活动。发放《做文明延庆人》宣传手册2万余份，展出展板120块，县城2万余人参加了此项活动。

【社会公益活动蓬勃展开】 一是在全县组织开展了“千万市民齐参与，争做文明北京人”的社会公益活动，共发放宣传材料5 000余份，擦洗护栏800余米，清扫街道2万平方米。二是在社区和乡镇广泛开展“文明公示语”征集活动，共评选征集“文明公示语”576条。三是大力开展“同心申奥运，争做文明人”的知识竞赛活动，共有1 000余人参加了答卷活动，延庆县组织的代表队在全市比赛中获得郊区组第一名。

【文明创建结硕果】 年内全县涌现出首都文明村10个、首都文明乡镇2个、首都文明村镇活动示范点2个、首都文明村创建活动先进乡镇5个、首都军（警）民共建标兵单位1个、共建先进单位3个、首都文明居民区5个、全国文明旅游景区1个、首都文明旅游景区4个。

【大力宣传典型弘扬社会正气】 全县2万多人参加了首都见义勇为好市民投票选举活动，姚家营小学教师盛杰被评为第九届首都见义勇为好市民。

人民生活 劳动和社会保障

【人民生活水平进一步提高】 全年农民人均劳动所得4 307元，比上年增长15.7%。在全县15个乡镇中，农民人均劳动所得在4 000元以上的乡镇有6个（其中，延庆镇和八达岭镇达到5 000元以上），分配人口占全县农民总人口的57%。1 500元以下低收入村户基本实现脱贫。城镇居民可支配收入达8 800元，比上年增长11.1%，年末城乡居民人均储蓄余额达9 584元，比年初增长9.2%。

【社会保障功能逐步提高】 全县参加各项社会保险人数达5.7万人次。参加养老统筹单位有309家，比上年增加14家；参统职工18 152人，基金收缴率达92%；有5 641名退休职工人实现了养老金社会化发放。参加失业保险企业275家，涉及职工19 789人；基金收缴率达96%，基金收缴额比上年增长44%。实现了失业救济金的社会发放，全年接收失业职工档案634份，支出基金398万元。参加医疗保险单位146家，涉及职工14 979人，比上年增加1 485人；基金收缴率达96%。追缴历年欠费70余万元。

自4月实施工伤保险以来，参统单位174家，涉及职工12 921人，其中，农民2 213人，基金收缴率达100%。

农村养老保险3月划归劳动和社会保障局后，全年新增保户1 482人，新增基金56.49万元。农村养老保险的覆盖率为15%。

公费医疗办公室9月份划归劳动和社会保障局。

【城乡低收入者保障工作全面推进】 全年共筹集下岗职工基本生活保障金151万元，保障了591名下岗职工的基本生活需要。4 962名离退职工调整了基本养老金，人均月增加33元，调整后人均月养老金达669元。元旦、春节期间对43家企业的2 124名困难职工发放慰问金（含慰问物品）64.3万元。

【推动劳动保障工作依法行政】 全年对596家用工单位进行劳动保障监察，涉及职工22 766人，查处各类违法案件85起。督促36家企业为2 474名职工进行了社会保险登记和补缴社会保障金；纠正用人单位劳动管理条款876条。补签劳动合同672份；办理外来人员就业证4 107个。全年受理群众举报案件25起，结案率100%。共为职工追回经济损失100.51万元，清退风险抵押金1万元。

县劳动争议仲裁委员会全年共受理劳动争议案38起，结案38起，结案率为100%。为职工挽回经济损失近65万元。2000年延庆县劳动争议仲裁委员会被市政府通报表扬。全年共进行劳动合同签证912份。全县有736家非公有制企业签订了劳动合同，占全县私营企业的92%。

【下岗职工安置率达到84.3%】 全年共安置下岗职工625名，其中，县属企业下岗职工实现再就业为485名，就业率达82.1%，市属驻延单位下岗职工实现再就业为140名，再就业率达100%。全县下岗职工再就业率达到84.3%，比1999年增长30个百分点，超出2000年北京市再就业考核指标24.3个百分点。

【加强劳动力市场建设】 全年共接待各类求职咨询2 300人次，办理求职登记436人。输出农民工370人。

办理招工手续378人，审批外地工4 442人，办理职工调动26人，办理知青接续工龄5人，办理随军家属迁移和调动23人。

【职业技能培训成绩显著】 全年对下岗、失业人员进行职业指导培训1 477人次。对442名下岗职工、275名失业人员进行了职业技能培训，其中450名实现了就业，占参训人员的87.3%。组织各种技术等级培训397人，合格率为100%，组织各种技术等级鉴定1 475人，合格率为98%。全县具有中级技术等级以上的职工有5 094名，占全县职工总数的15%。

县职业技术培训学校共为161名学生进行7个专业工种的职业技能鉴定，合格率为95%。2000年，该校被市劳动和社会保障局评为市级优秀培训学校，并颁发了铜匾。

民　　政

【基层政权建设走向法制化】 认真贯彻《中华人民共和国城市居民委员会组织法》、《北京市实施〈中华人民共和国城市居民组织法〉办法》。2000年6—8月，依法对全县居（家）委会进行了第四届换届选举工作。全县对村民自治章程进行了两次入户修改，章程入户率达98%以上。以民主活动日为契机，狠抓村务公开。1—7月，全县包村工作队的领导干部400多人深入各村参加“民主日”活动，听取意见，现场为群众解决生产、生活中的困难。

【社区建设实现新突破】 县政府成立了社区服务工作领导小组，制定了《关于加快发展社区服务的意见》等文件，提出全县社区发展的总体规划。2000年3月开始建设延庆社区服务中心大楼。该中心服务项目设置立足全局统筹兼顾，按照《意见》提出的9个服务系列设置项目，实行综合利用，发挥整体效能。

【城乡居民最低生活保障工作】 全县共有享受最低生活保障居民1 073户、1 873人，占全县居民人口的3.2%，月支出经费22.7万元。

全县共有五保对象和特困户3 500户、8 500多人，在春节期间下发慰问金（含慰问物）66万元。

【进一步加强救灾工作】 继续坚持救灾经费分级负担，救灾工作分级管理的原则。全县落实救灾款90多万元。2000年全县不同程度地发生旱、风、雹自然灾害，粮食减产2 760万千克，经济损失3 500万元，受灾2.8万户，9.8万人。全县下拨救灾款74.7万元，保障了灾民基本生活的需要，维护了社会稳定。

11月份，全县共募集衣被2.6万件、资金69万元，对口支援内蒙古地区四子王旗群众49万元，乌兰察布盟10万元，解决西部地区群众饮水困难10万元。

【开展解“三难”活动促优抚安置工作落实】 按政策及时调整了伤残保健金和抚恤标准。全年累计征收义务兵优待金46万元，支出34.24万元。每个义务兵年标准2 100元，每个优抚对象年补助150元，比原乡统筹时的标准提高30%～50%。县财政出资10万元，为330户临时出现困难的优抚对象解决生产、生活困难。在对1 864名优抚对象减免68万元医疗费的基础上，又补贴8万元，为10户患疑难杂症超支户解决了医疗费的困难。县乡出资50万元，为33户优抚对象进行了危房改造、修缮。投资90万元对平北抗日战争烈士纪念馆管理处进行整理、绿化、美化。

【安置军队复转人员】 全年共接收复员退伍军人256人，安置率100%。鼓励退役士兵自谋职业，对自谋职业的退伍军人给予一次性补偿。同时，实行“安置任务有偿转移”办法，缓解安置难问题。有3名转业士官考入城管大队，进入国家公务员序列。

【积极做好民间组织管理工作】 2000年末，全县有社团22个，分布在15个业务主管部门中。在16个年检的社团中，有15个年检合格。积极协助610办公室清理整顿各类气功组织，拟写出《延庆县对开展气功锻炼活动的管理办法》，并以县政法委的名义，向全县各单位转发，并在此基础上，协助县公安部门对县内的练功点进行了治理整顿。

【抓民政经济促民政事业发展】 加大企业改制力度，促进福利企业发展。2000年末，全县共有福利企业138家，从业人员1 881人，其中，残疾职工871名。全年完成销售收入8 000多万元，比上年增长75%，实现利税842万元，比上年增长8%。当年新办企业9家。为福利企业办理全免养路费车辆80辆、269吨，减半征收养路费车辆22辆、33吨，共减免养路费75.3万元。

政　　法

【深入开展对“法轮功”邪教组织的斗争】 根据

中央、市委的指示精神，强化各级领导机制，完善、落实各级领导责任制，并充分发动社会各界力量，加强对“法轮功”练习人员的教育、转化和监控工作。在工作中，全县各大口、乡镇、单位投入了大量的人力物力，采取了多种多样的方法，开展了强大的政治教育攻势和耐心细致的思想教育工作，有力地挫败了“法轮功”骨干分子策划的一系阴谋。同时，继续加大对“法轮功”顽固分子的打击力度，对进京聚集滋事、散发传单等顽固分子依法予以制裁。这些工作沉重地打击了“法轮功”邪教组织活动，在维护首都政治稳定中发挥了积极作用。

【强化外业人口管理】 全年外来人口数量高峰期达8 704人，全部申请了暂住登记，其中有8 549人办理了暂住证，办证率为98.21%。全县共有出租房屋641户、1 677间，办理安全合格证牌641套，办理《房屋租赁许可证》457个。召开出租房主会，与出租房主逐户签订了出租房屋安全责任书。建立了198个自管组织，21个基层管理站。

【积极做好各类案件的审结工作】 全年县法院共受理各类民事、经济、行政案件2 125件，审结2 108件，解决争议标的3 706万元。受理执行案件1 878件，执行1 701件，执结标的2 917万元。

【做好刑释解教人员安置帮教工作】 制定了《两劳安置帮教管理办法实施细则》。制定“两劳”人员登记表，建立了帮教档案，与各乡镇司法助理员签订了帮教责任书，使责任到人。主动与延庆监狱联系，抓好释放人员的衔接工作，开展大墙内帮教活动。同时，与北京市监狱管理局和北京劳动教养局签订帮教协议。年内“两劳”回归人员共88人，安置87名，重新犯罪2名，重新犯罪率为0.98%。

【通过市“三五”普法验收】 突出重点，抓住关键，以推进依法治县为目标，以“三五”普法检查验收为动力，推进民主法制建设。对全县各大口单位人员进行普法考试，共有393人副处级以上干部、1 080名基层干部参加了此次考试，及格率达100%。同时以法律赶集、流动法律服务站、法律下乡等形式宣传法律知识。2000年还通过了市“三五”普法验收小组对全县“三五”普法工作的检查验收。

【依法治县水平进一步提高】 全年共办理人大代表、政协委员提案124件，建议85件，结案率达到100%。制订了《延庆县依法行政实施方案》、《延庆县政务公开实施办法》、《延庆县村级组织管理实施细则》，推进了依法行政和政务公开工作的普遍开展。

外事工作

【加强出国人员审批管理】 2000年共批准出国63个团组、87人次。其中，县内组团出国9个团组、26人次，随行出访54个团组、61人次。办理护照（包括香港、澳门通行证）50本。

【邀请台胞和外宾来访】 先后为韩国东大门区政府、台湾新竹县议会、日本福冈县企业家代表团等5个团组发放邀请涵，邀请来访人数达60人。

【外事接待】 全年共接待来访国外友人14批、2 871人。

【友好城市往来】 与延庆县建立友好关系的日本福冈、韩国东大门区、法国玫瑰市奥尔马中学，先后派团对延庆县进行回访，来访人员15人次。

延庆县派团对日本福冈、韩国东大门区进行了回访，派团对今年新建立友好关系的加拿大安大略省尼亚加拉瀑布城韦兰市进行访问。

到2000年末，与延庆县建立友好关系的城市已涉及到韩国、日本、加拿大、法国及台湾等国家和地区。

延庆县主要领导人

县委书记	张志宽
副书记	李长栓　席承奉
常　委	田小平　宋献坤　赵淑君（女） 赫金泉　梁玉文　赵安良
县人大常委会主任	刘明耀
副主任	张文宗　张志俊　周诚维 郭同林
县　长	田小平
副县长	宋献坤　姚志强　吴守荣 郭振清　谷艳兰（女）
县政协主席	李长栓
副主席	王孝斌　俞本发　宋果福 吴缙山　赵淑娟（女）
县纪委书记	赵淑君（女）
副书记	赵海元　卫福奎

（王自明　孙占林　武鑫　盛德林）

市农口国有企业

北京华都集团有限责任公司

一、概　　况

北京市华都集团有限责任公司（简称华都集团公司）前身是北京市牧工商总公司。1994 年 3 月 29 日经市政府决定，撤消北京市牧工商总公司，组建北京华都集团并以北京华都集团公司为核心企业，由市财政局、市国有资产管理局授权经营管理所属企业全部资产并负保值增值责任，同意授予房地产系统（综合）开发权和向有关部门申请进出口贸易权和外派劳务权，代行郊区畜牧业管理和部分行政执法职能，完成由行政公司到企业实体的过渡，建立了法人治理机构，成为自主经营、自负盈亏的国有独资企业。1996 年 12 月 31 日经市政府批准，改制为由市政府为出资者的北京华都集团有限责任公司，继续享有和代行原北京华都集团公司的有关权利和职能。2000 年 8 月 15 日根据北京市党政机构改革方案及其他有关通知要求把代行的政府职能移交给市农业局，实现政企分开。

华都集团公司全系统共有员工 8 338 人，其中专业技术人员 1 142 人；资产总额 13 亿元，以资产经营和现代化畜牧业生产经营为主，初步形成以食品加工、制种、动物保健为主体的三个支柱产业；同时稳步发展建筑开发、畜牧机械、饲料营养、出租汽车、物业管理等各项产业。

2000 年华都集团公司确定以下改革与发展思路："坚持不懈地抓好改革与发展，坚持富民兴企的产业化发展道路，加快建立现代企业制度；通过重组转制实现企业产权多元化，调整产业和产品结构，提高资本运营效率和效益；强化企业管理，通过科技创新增加产品科技含量和附加值，实现更好的经济效益和资产增值。"从资产结构调整入手深化企业改革，通过产权改造、资产重组等形式推进企业公司制改造。从 1999 年 12 月—2000 年 12 月，分别对北京市峪口养鸡总场等 4 个企业进行了公司制改造，成立了有限责任公司。

集团公司全年实现销售收入 6.74 亿元；利税 2 203.8万元；人均劳动生产率 11.04 万元；出口肉鸡 4 201.1吨，比上年增长 19.29%；出口鸡肉熟食 2 025 吨，同比增长 10.35%；出口创汇 1 280 万美元，同比增长 16.36%。基本实现了年初制定的经济发展目标。

二、机构设置及下属单位

2000 年 7 月 24 日—10 月 25 日，集团公司按照现代企业制度要求，本着精干、效能原则，调整公司总部部室设置和人员结构，把原来的 7 部 1 室精简为 3 部 1 室，部室干部由 62 人精简到 27 人。后勤服务部门与集团本部剥离，进行独立核算、实行有偿服务，人员减少到 35 人。公司总部的 3 部 1 室是：办公室、人力资源部 、资产财务部、企业管理部。

华都集团公司系统共有分公司和企业 33 家，其中分公司 2 家，全资子公司 16 家，控股公司 2 家，参股公司 3 家，合资公司 10 家。见表 1、表 2、表 3、表 4、表 5。

表 1　华都集团公司所属分公司

名　　称	地　　址	电　　话
北京华都集团有限责任公司进出口分公司	西城区德胜门外冰窖口 75 号	82079019
北京华都集团有限责任公司良种基地	大兴县庞各庄镇幸福村北	89287681

表 2　华都集团公司系统全资子公司

名　　称	地　　址	电　　话
北京华都肉鸡公司	昌平区小汤山镇沟流路 101 号	61711415
北京市种禽公司	昌平区北七家镇东沙各庄	69752048—282

（续）

名称	地址	电话
北京市俸伯鸡场	顺义区南采镇后俸伯村	89477495
北京市华都宏育公司	大兴县团河农场北	67992603
北京市畜牧机械厂	永定门外东高地南三公里	67994037
北京市华都建筑总公司	海淀区学院南路皂君庙2号	62114280
北京市华都新兴实业公司	西直门外上园村甲3号旁门	62255609
北京市牧工商物资供销公司	安定门外外馆东街50号	64218342
北京市华谊总公司	海淀区学院南路皂君庙2号	62113586
北京市渔阳汽车出租公司	宣武区西便门内大街56号	63178488
北京市华都肉食品公司	安定门外北苑六王坟3号	64231503
北京市牧工商华都经济技术开发公司	西城区德胜门外冰窖口75号	82079098
北京华都动物保健有限责任公司	昌平区北七家镇东三旗村552号	62018081
北京华都安然物业管理中心	安定门外外馆东街50号	64274578
北京市华都牧工商设计院	西直门外上园村甲3号	62255487
北京市牧工商房地产开发公司	朝阳区曙光里甲10号楼	64676962

表3　华都集团公司系统控股公司

名称	地址	电话
北京市华都峪口禽业有限责任公司	平谷县峪口镇兴隆庄村东	61906828
北京市华都花木公司	西城区德胜门外冰窖口75号	62011812

表4　华都集团公司系统参股公司

名称	地址	电话
北京市华都种禽有限责任公司	昌平区北七家镇东沙各庄	6975204—305
北京华都饲料有限责任公司	安定门外安华西里二区10号楼	64220688—9
北京华都种猪繁育有限责任公司	怀柔县北房镇安各庄村	61667247

表5　华都集团公司系统合资公司

名称	地址	电话
北京肯德基有限公司	朝阳门北大街富华大厦A座6层	65545888—501
北京爱拔益加家禽育种有限公司	昌平区小汤山镇沟流路101号	61711414
北京桦盛木制品有限公司	昌平区北七家镇东沙各庄	69752048—350
北京圆明园房地产开发有限公司	海淀区二河开路21号	62558094
北京中创华都食品有限公司	安定门外北苑六王坟3号	64231503
北京华吉食品有限公司	安定门外北苑六王坟3号	64231503
北京华都汉懋食品有限公司	安定门外北苑六王坟3号	64905944
北京海生齿科技术有限公司	安定门外安华西里二区10号楼	64254777
北京华欣园林有限公司	东城区东华厅30号	62011812
北京彼岸添加剂复合肥有限公司	平谷县峪口镇兴隆庄村东	61906828

三、全年主要活动

1. *企业改制取得突破性进展*。1999年12月16日，按照现代企业制度的要求对北京市峪口养鸡总场进行公司制改造，成立了北京市华都峪口禽业有限责任公司。公司注册资本1 294万元，其中集团公司出资594万元，北京市峪口养鸡总场职工持股会出资583万元，社会自然人投资117万元，分别占注册资本的46%、45%和9%，建立了比较完善的企业法人治理结构和科学的经营管理制度。当年该公司主营业务收入5 573万元，利润286万元。实现了改制当年扭亏为盈。

为进一步完善兽医防疫体系建设，2000年2月，由北京市兽医生物药品厂、北京康达动物保健发展公司、北京市畜牧兽医药械服务部等共同投资成立北京华都动物保健有限责任公司，注册资本500万元人民币。该公司集华都集团的动物疫病诊断与医疗、兽医生物药品的研制、开发、生产和销售、兽医防疫新技术的开发、转让、培训和服务等优势于一体，形成完整的兽医防疫体系。

7月5日，由集团公司与北京华都肉食品公司共同出资成立了北京华都种猪繁育有限责任公司，注册资本200万元。北京华都肉食品公司出资150万元，集团公司出资50万元，分别占75%和25%。经营范围：繁育销售种猪、生产并销售饲料、饲料添加剂、销售种畜设备。

12月21日，集团公司与北京市种禽公司共同出资成立了北京华都种禽有限责任公司，注册资本990万元。该公司成立，为完善集团公司种鸡繁育体系，推广和应用我国自行培育的拥有自主产权的国产品牌“北京白鸡”，进一步提高产品质量并形成规模优势，全面增强集团公司的市场竞争能力做出新的努力。

2. *加强现代企业制度建设*。集团公司强化财务管理，制定了10项财务管理制度，举办了两期财务人员提高培训班，加强内部控制和会计基础工作。各企业普遍建立了大宗原材料采购委员会并制定了采购管理制度。北京华都肉鸡公司和北京华都峪口禽业公司等企业实施大宗原材料采购制度后，饲养成本明显降低。北京华都肉食品公司等单位实现了扭亏为盈。集团公司积极贯彻国务院《质量振兴纲要》，推行ISO9000质量管理标准，落实《安全食品生产标准实施办法》，多个企业通过了ISO9002质量体系认证，全公司已消灭了无标产品，北京华都肉鸡公司等食品生产企业的产品被评为“北京市安全食品”。北京华都肉鸡公司通过成本效益分析，将肉鸡生产方式改为“多元化饲养”，降低了只鸡成本，同时加强自养商品肉鸡的技术管理，出栏肉鸡平均成活率91.4%，提高了1.27个百分点；平均只鸡日增重45克，提高了4.5克；料肉比2.12:1，饲料消耗降低了0.07千克，取得了明显的经济效益。

3. *支柱产业初步形成*。集团公司在改革和资产结构调整中，产业结构渐趋合理，初步形成食品加工业、制种业、动物保健业三个支柱产业并已呈现较好的发展势头。食品加工业进一步扩大了肉鸡深加工生产规模，提高了深加工技术水平。形成的产品有单冻系列、冰鲜鸡系列、冻肉鸡及肉鸡分割系列、速冻油炸鸡肉系列、华都鸡精、华都鸡血等共123个品种。提高了出口创汇能力，年底共出口冻鸡4 201.1吨，增长19.29%；出口鸡肉熟食2 025吨，增长10.35%；出口创汇1 280万美元，增长16.36%。制种业完善了北京市华都宏育公司、北京华都种禽有限责任公司、华都峪口禽业有限责任公司三个蛋种鸡祖代场和父母代场，形成了原种场、祖代场和父母代场结构合理的三级蛋鸡良种繁育体系。结合良种基地引进的“宝万斯”10个纯系，培育出四个蛋鸡新高产配套系，形成白壳、褐壳、粉壳三大系列8个品种。肉种鸡有AA肉鸡祖代、父母代及商品代。种猪品种有法国纯种大白、长白、杜洛克、皮特兰。年底存栏原种基础母猪473头，祖代基础母猪536头。初步形成了蛋鸡、肉鸡、生猪三大繁育、供种体系。动物保健业集兽医诊断、兽药开发、生产、销售、服务等优势于一体，形成综合兽医防疫体系。年内生产疫苗23.3亿头羽份，销售26.4亿头羽份，实现利润102.7万元。技术改造（建设GMP车间）工作正在加快进行。

4. *加快蛋、肉种鸡发展步伐*。蛋种鸡已形成白壳、褐壳、粉壳三大系列品种。白壳蛋种鸡系列有：华都京白A98、京白939、988、989；褐壳蛋种鸡系列有：华都京红B98、C98、峪口海兰褐；粉壳蛋种鸡系列有：华都京粉D98。各级饲养规模为：原种鸡4万只，可年供祖代雏鸡10万套；祖代鸡年饲养规模8万套，可年供父母代雏鸡500万套；父母代鸡饲养规模30万套，可年供商品代鸡3 000万只。2000年蛋种鸡平均饲养量为：原种纯系成鸡2.04万只，育成鸡1.38万只，雏鸡0.44万只；祖代成鸡6.10万只，育成鸡2.46万只，雏鸡0.92万只；父母代成鸡26.37万只，育成鸡15.08万只，雏鸡5.46万只。由于加强了蛋种鸡的生产及技术管理，各项生产技术指标都比上年有所提高：成鸡年均产蛋率77.60%，料蛋比2.68：1，月均成活率98.67%，育成鸡成活率97.31%。肉种鸡品种有：AA肉鸡祖代、父母代及商品代；祖代鸡年平均饲养量8.2万只，可年供父母代雏鸡520万套；父母代鸡年平均饲养量11万套，年可供商品代鸡雏1 600万只。蛋、肉鸡制种业的发展直接带动了郊区蛋鸡、肉鸡产业化的形成和发展。

5. *扶植农户发展商品蛋鸡生产*。到2000年底，累计发展养鸡农户1 579户，饲养蛋鸡290万只，初步形成了“公司+农户”的蛋鸡产业化格局。同时，还结合郊区畜牧养殖小区建设，发展商品肉鸡产业化。从年初开始把集团公司肉鸡生产方式改为“多元化饲养”，由原来自养1 600万只减少到600万只，缩减自养规模63%，增加社会放养量。以公司向农户提供雏鸡、饲料、技术咨询服务，由农户进行饲养管理，公司按标准收购成鸡的形式全年共向农户放养商品肉鸡1 084.7万只（包括大合同、小合同、议价三种形式）。从4月份开始到年底共建成商品肉鸡养殖小区36个，饲养规模111万只。

6. *科技攻关成果丰硕*。国家科技部、农业部下达的“九五”国家重点科技攻关项目“蛋鸡规模化养殖及产业化技术研究与开发”课题以及5个专题于11月通过国家验收。该项目取得显著科研进展，一是筛选出的3个蛋鸡高产配套系的主要生产技术指标均有较大提高：0～140日龄存活率达到97.6%～98.3%；产蛋期存活率达92%～93%；72周入舍鸡产蛋总重量达17.89～17.99千克；料蛋比为2.33～2.36:1。以上指标均达到国内领先水平，接近国际先进水平。试验区和辐射区的各项经济技术指标均超过合同规定指标：试验区商品蛋鸡72周入舍鸡每只年均产蛋量16.63千克，高于合同指标0.63千克；料蛋比2.41:1，比合同指标降低了0.14；全程死淘率15.07%，比合同指标降低1.93个百分点。父母代种鸡0～65周：存活率85.5%，高于合同指标1.5个百分点；产合格种蛋227枚，高于合同指标7枚；入孵蛋孵化率87%，高于合同指标1个百分点。祖代种鸡0～65周：存活率86%，高于合同指标1个百分点；产合格种蛋215枚，高于合同指标5枚；入孵蛋孵化率86.5%，高于合同指标1.5个百分点。辐射区商品蛋鸡72周入舍鸡每只年均产蛋量15.66千克，高于合同指标0.16千克；料蛋比2.57:1，比合同指标降低了0.03；全程死淘率19.95%，比合同指标降低了0.05个百分点。二是建立了饲料原料可利用氨基酸营养成分表，筛选出种鸡、蛋鸡两套高产、高效饲料配方，使饲料转化率提高了5.5%，成本降低了4%。三是建立健全了全市兽医防疫监测体系，提出了一整套种、蛋鸡场鸡群疫病监测、检疫、净化、免疫、消毒等标准和兽医综合防疫规程。试验区蛋鸡全程死淘率由攻关前的39.89%降至15.07%；原种鸡白痢、淋巴白血病检测阳性率为零；祖代鸡白痢阳性率为零（合同指标：0.1%）；淋巴白血病阳性率为1.85%（合同指标：3%）；父母代鸡白痢阳性率为0.095%（合同指标：0.2%）。完善了种鸡场检疫净化、免疫消毒标准以及兽医综合防疫制度等17个专项标准；建立了兽医防疫监测体系，对重点疫病进行了专题研究并取得了良好效果。四是研制开发了高湿物料快速烘干机、鸡粪加工处理、病畜禽焚尸炉等系列环保设备，实现了鸡粪肥料化、商品化的无害化处理，使试验区粪污处理率达到90%以上。研究制定了《畜禽环境质量标准》，已由农业部颁布实施。五是“高产蛋鸡新配套系的育成及配套技术的研究与应用”获得2000年度国家科技进步二等奖。认定成果12项：DNA指纹技术在蛋鸡育种上的应用研究；利用DNA遗传标记进行慢羽纯系抗白血病的研究；通过血型测定技术进行抗马立克氏病鸡群的选育研究；蛋鸡高产新配套系的筛选与提高；利用植酸酶代替磷酸氢钙和骨粉的应用研究；蛋鸡饲料中高棉粕利用技术的应用研究；鸡大肠杆菌病油乳剂灭活苗的研制；鸡传染性法氏囊炎病的防治；鸡肾型传支气管炎病毒的分离与鉴定；规模化养鸡有关微生物学监测；华都牌9JH系列高湿物料快速烘干机开发推广与应用；华都牌9FJ系列轴流式通风机研究推广与应用。

7. *质量管理又上新水平*。华都集团公司所属各企业全面贯彻国务院《质量振兴纲要》，积极推行ISO9000族质量标准。北京华都肉鸡公司、北京华都肉食品公司、北京华都饲料公司先后完成了ISO9002质量管理体系认证的年审工作；北京市兽医生物药品厂、北京华都宏育公司饲料厂的ISO9002质量管理体系认证工作正在按计划进行。通过ISO9002质量管理体系的应用，促进了企业管理水平的提高，传统的企业管理中存在的问题得到了较好地解决。为加强安全食品生产体系建设，集团公司制定并全面落实《安全食品生产标准实施办法》。8月份在由市技术监督局组织进行的有关检测中，北京华都肉鸡公司和北京华都肉食品公司的肉制品被评为“北京市安全食用农产品”。集团公司内消灭了无标产品，建立了68个《产品企业标准》，完成了集团公司各类产品共630个品种的产品登记注册工作。

8. *推出系列安全食品*。在9月25～29日的“北京第二届农业精品展”中，被评为“北京市安全食用农产品第一批达标单位”的北京华都肉鸡公司、北京华都肉食品公司、北京华都峪口禽业有限责任公司联合推出的“华都安全冷却猪肉”系列食品，“华都汉堡”、“华都千禧”、“华都乐香”肉鸡系列食品，“华都皇宫烤鸡”在现场品尝、展卖活动中深受广大北京市民的喜爱，竞相购买，日销售额及定货额均在2万元以上。国庆节期间，北京华都肉鸡公司新上市的“华都鸡肉丸子”“华都鸡肉串”及各种“华都乐香”系列炸鸡块倍受广大市民青睐。华都集团公司把食品安全工作放在首位，北京华都肉食品公司投放市场的“华都”生肉系列产品均经过严格检疫和特殊排酸工艺处理，确保食品安全。春节期间，华都集团通过推出“华都安全鸡肉、猪肉、鸡蛋”等系列安全食品。集团公司凭借“育种—养殖—屠宰—加工生产—销售”一条龙全过程质量保证体系和服务优势，向首都市民推出满意的安全食品。

9. *加强党的建设*。3月2日，召开思想政治工作会议。下发《关于加强和改进企业思想政治工作的意见》，确定了思想政治工作要认识到位、队伍到位、工作到位、效果到位的目标；提出了思想政治工作要有效益观念和建立大政工格局的要求；明确了一抓学习教育，二抓监督考核，三抓民主管理的工作思路。充分发挥党组织在改革与发展过程中的政治核心和战斗堡垒作用。

10. *加强理论学习*。以江泽民同志“三个代表”重要思想和十五届五中全会精神为重点开展理论学习。提高全体党员特别是党员领导干部的思想认识，增强运用所学理论解决实际问题的能力。在方法上：一是以中心组学习为主要方式加强理论学习，重新修订了《北京华都集团公司党委中心组理论学习暂行办法》，提出了“组织健全、制度完善、保证时间、讲求实效”的具体要求，落实了学习时间、内容和考核办法，确保各级领导班子的理论学习。二是通过集团公司党校对二级公司党员干部进行多种形式的政治理论培训。三是通过坚持“三会一课”和两周一次的党员政治理论学习制度加强对基层党员的日常教育。

11. *加强调查研究*。集团公司领导班子成员在学习中理论联系实际，针对各自负责的工作深入进行调查研究，撰写了一批对集团公司改革和发展具有重要指导意义的调研报告和论文。其中有：《以“三个代表”思想为指导，提高华都集团整体竞争力》、《关于集团公司二级企业领导班子情况的调查》、《集团公司吸引外资工作回顾与思考》、《集团公司科技创新战略》、《集团公司建筑业发展思路》、《集团公司市场营销战略》、《北京华都肉鸡公司“十五”发展规划和2015年目标》等重要文章。

12. *认真落实党风廉政建设责任制*。集团公司党委印发《关于实行党风廉政建设责任制追究的实施细则（试行）》，明确了责任追究的原则、内容、权限、程序、类别和政策界限，使责任追究工作规范化。印发《2000年集团公司党风廉政建设和反腐败斗争主要任务分工》。根据企业改革和人员变动及时对党风廉政建设责任制领导小组进行调整和充实，明确了落实党风廉政建设责任制的牵头单位、协办单位，形成了华都集团公司落实党风廉政建设责任制的管理网络。同时把关口前移，增强党员领导干部的政治素质和自律意识，坚持每月一次党风廉政专题学习日制度。

13. *加大监督检查与考核力度*。认真落实领导干部个人收入定期申报、领导干部向组织报告个人重大事项、厂务政务公开、效能监察工作。党员领导干部对照 新老“五条”、“四条八不准”进行自查自纠。全面推行会计人员委派制，加大党风廉政建设在“双文明”考核中所占的比重，进一步强化领导干部的责任意识。突出责任追究的重点，严肃查处顶风违纪的行为，认真查处群众来信来访反映的问题。

14. *开展效能监察企业民主管理见成效*。集团公司党委制定下发《关于开展效能监察的工作意见》，明确了开展效能监察工作的指导思想、目标、监察范围、工作程序和重点。2000年5月31日，召开纪检监察工作会议，部署了效能监察工作。北京华都肉鸡公司和北京华都峪口禽业公司分别介绍了以“物资采购”为主要内容开展效能监察工作的作法和经验。北京华都肉鸡公司采购委员会在进行大宗原材料采购中按照：制订采购计划—研究计划的可行性—依据信息进行比价—形成采购价格控制决议的程序，实行“阳光式交易”。在原料玉米采购中节约了300多万元；鱼粉、豆粕等原料的购入价格比去年下降了5%；包装材料价格下降了1.5%；全年共节省资金400多万元。北京华都峪口禽业公司通过实施大宗原材料采购制度，饲料加工成本降低了10元/吨左右。18个全资子公司在认真调查研究的基础上，结合各自实际，围绕“物资采购、经济合同管理、清欠应收款、医药费报销、降低生产成本、物业管理服务质量、出租车车队不固定运营收入”七个方面确定了开展效能监察工作的立项选题。集团公司制定了《北京华都集团有限责任公司采购管理制度》，各子公司均按要求成立了采购委员会，统一采购方式，统一质量验收标准，统一结算方式和监督检查，明确法律责任。

15. *领导班子建设见成效*。华都集团公司各级领导班子在自身建设中：一是加强理论学习。坚持中心组定期学习和考核制度，精选学习内容。二是在处理集团公司重大事项和决策时坚持民主集中制原则。三是班子成员统一思想、团结一致、求同存异、形成合力，按照分工各负其责的同时，相互支持，协调工作。四是自觉遵守《廉政准则》，全面落实党风廉政建设责任制。五是开好民主生活会，开展批评与自我批评，针对群众所提意见，制定整改措施。通过加强领导班子建设，统一了思想，增强了团结，提高了斗志，明确了发展思路，树立了战胜困难的信心。促进了集团公司经济发展。

16. *全面推行厂务公开工作*。华都集团公司在全系统推行厂务公开，党委负总责，企业行政是厂务公开的主体，工会负责厂务公开的具体工作，纪检部门负责监督。各企业都采取“三会一栏”（职工大会、职代会、评议会，厂务公开栏）和“三报一箱”（厂报、简报、黑板报、意见箱）及内部通讯、广播等多种方式进行厂务公开活动。内容涉及到企业改革方案、经营管理、有关职工切身利益的问题、党风廉政建设等各个方面。集团公司系统的厂务公开建制率达到100%。通过厂务公开，进一步发挥了职工的主人翁作用，调动了职工的积极性，促进了集团公司经济的发展。

17. *精神文明建设成效显著*。集团公司党委坚持两个文明建设一起抓。在推进物质文明建设的同时，精神文明建设取得显著成绩：集团公司连续16年被评为市级绿化红旗单位，连续18年被评为市级计划生育工作红旗单位，连续11年被评为市级环境保护工作先进单位，北京市渔阳汽车出租公司连续7年被评为市级精神文明先进单位；华都峪口禽业有限责任公司党总支部书记孙皓同志被评为北京市优秀思想政治工作者；孙家发、李秋莲、姚杰章同志获得了北京市劳动模范称号。综合治理、交通安全等工作也取得了较好成绩。

四、协会组织

北京市饲料工业协会 一年来主要工作和活动是：年初召开了协会常务理事扩大会议，除常务理事外，选择了20多个重点企业代表参加，协会秘书长汇报了上年主要工作和活动，并传达了全国饲料工作会议精神，结合贯彻《饲料和饲料添加剂管理条例》(以下简称《条例》)，提出了2000年工作计划安排，明确全年中心任务是宣传贯彻执行《条例》和农业部制定的配套规章制度办法，希望各位理事和企业支持配合。会议一致同意并表示此项工作要走在全国前面，摸索积累提供经验，组织宣传学习培训活动。经过认真准备，并将《条例》及有关通知办法刊登在协会所办刊物上，分批分期进行学习和培训，300多个生产经营企业参加。召开生产企业专业会议，传达、宣讲、学习了农业部关于添加剂、预混料生产许可证管理办法和产品批准文号管理办法，2批150多个添加剂和预混料生产企业参加，统一研究明确布署了申证条件标准、办法、程序、手续和时间要求。进行审查考核小组培训，根据农业部要求各省市组成审查考核小组，对企业申请材料、生产厂地进行审查和实地考核评定。落实免税政策，简化办理手续。举办注册、备案登记企业培训班。开展获证企业公开承诺宣传活动。举办饲料检化验员培训鉴定班。参加全国饲料行业会议和活动。同时参加了中国饲料工业协会换届大会，北京1人当选为副会长，3人当选为常务理事，2人为理事。北京市饲料工业协会和北京3个企业评为优秀团体会员。秘书长牛树琦和北京3个企业代表评为协会先进工作者。法人代表：牛树琦。

北京白鸡协会 2000年8月与北京华都种禽有限责任公司参加了“河南省2000年家禽交易会”，会议期间组织协会会员200余人进行了技术讲座。10月份与北京华都种禽有限责任公司联合参加了“河北省2000年家禽交易会”，会议期间邀请了国内著名兽医、畜牧、营养、管理等专家学者为500多名会员讲授当前国内外养鸡趋势和疫病防治新动态。协会在年初组织有关技术管理人员成立了技术服务队伍，直接深入到协会成员所在地，为协会成员进行现场技术指导和服务共计10余次，为会员解决了生产管理中存在的实际问题。协会办公地点：北京华都种禽有限责任公司。法人代表：赵黎明。

北京市家禽业协会 对全市特种养殖中的珍禽、特禽生产进行了解并为饲养者提供信息。2000年本市珍禽、特禽养殖仍有较大发展，品种已有10多个，包含孔雀、火鸡、驼鸟、山鸡、雉鸡、鹧鸪、肉鸽、乌鸡、乌鬃鹅、珍珠鸡、富贵鸡等，对其地点、饲养规模进行了解，目前全市具有一定规模的特禽场已有15个，为销售及饲养者提供帮助和信息。协助政府进行种禽场验收及年审工作。为规范种禽业发展，提高种禽质量，根据北京市《种畜禽管理条理》的要求，组织有关专家，协助政府有关部门对种禽场进行审定及年检，对原限期整改重新验收的审定了6个，对已定的抽审了21个。组织交流、了解信息、沟通情况。1999年举办技术培训讲座3次，传授珍、特禽饲养技术，培训约200人次；协助全国畜牧兽医总站在北京成功举办全国首届VIV世界集约化畜牧博览会，包括世界10多个国家的40多家著名畜牧、兽药、牧机、饲料生产企业参加了此次会议，北京市家禽业协会负责部分国内企业参展、招商工作，并负责安排国内参展单位住宿，共招商150家企业，约400个展位，安排600人住宿；组织县区有关畜牧管理部门、有关饲养场约40人次，分别对四川、河南、安徽、山东进行考察交流，就有关土种鸡、交易市场、草食畜及地方品种进行了解调查，开阔了眼界，增加了信息。协会办公地点：北京市农业局院内。法人代表：于双墨。

华都集团公司党政领导班子成员

党委书记 赵黎明
副书记 唐万杰
常委 杨家声 徐继光 张立昌 卢自君
董事长 赵黎明（兼）
总经理
副总经理 杨家声 徐继光 张立昌 卢自君

（张广安 祝立清 武素平 魏森 吕恩来）

北京市农工商联合总公司

一、概况

1949年1月北平和平解放后，国营农场开始创建。同年9月6号成立东郊农垦管理局，新中国成立后改为京郊农垦管理局，管辖10多个国有小农场。到1957年，农垦管理局已有东郊、南郊、西郊、北郊、东北旺、双桥、香山（后改为巨山）7个农场，副食品基地建设初具规模。

50年代初，北京市委、市政府指示：国营农场建场的方针是对农村起示范带动作用，建立副食品生产基地，为城市建设服务。为此50年代末至60年代初，经过大规模的开发垦荒创建新场，到1964年底，农垦局又创建了南口农场、长阳农场、卢沟桥农场、十三陵农场、西山农场，同时建成的还有东风农场、延庆农场、朝阳农场、永乐店农场，形成了遍布京郊16个国营农场拥有耕地5.2万公顷的规模。在全面承担和完成奶业社会主义改造并使奶业成为京郊农场系统的主业之后，副食品基地建设飞速发展。1962—1965年，在周恩来、彭真、谭震林和王震等领导们的直接关怀下，国家陆续拨给基本建设资金5133万元，主要用于建设以奶牛为主的畜禽饲养基地、蔬菜和果品基地，兴修水利。到1965年，全系统粮食总产量1.3亿多千克，每年推广良种500多万千克，蔬菜和果品基地已初步形成，全系统饲养奶牛1.9万多头，在鲜奶一度供大于求的情况下，开始建立奶粉厂。

中共十一届三中全会后，1979年3月恢复市国营农场管理局。1983年3月更名为北京市农工商联合总公司。改革开放十几年来，国营农场系统广大干部职工创造的生产力大大超过前30年的总和。1984年，解决了困扰首都多年的“吃奶难”问题，进入90年代奶制品日益丰富。养鱼水面扩大到 1 133 公顷，鲜鱼产量 945 万多千克，1995 年粮食总产比 1980 年增产 1 亿千克，同年副食品上市总量为 6.5 亿千克，平均每天上市 180 万千克，成为首都名副其实的副食品供应基地。

通过深化改革，调整产业结构，全系统第二、第三产业有了较快的增长。十几年间引进外资 7.7 亿美元，建成“三资”企业 261 个，一批名优产品相继问世，科技兴农硕果累累。截止 1995 年，全系统拥有固定资产 37 亿元。到 1995 年底，北京市农工商联合总公司拥有 16 个国营农场、20 多个专业公司、一个奶牛研究所、一所职工大学，下辖 37 个乡镇、耕地 4.27 万公顷、人口 41 万，各业都达到历史最好水平。

2000 年市，农工商联合总公司两个文明建设有了新进展。在经济领域，总公司从自身实际出发，以改革统揽全局，以建立现代企业制度为契机，围绕结构调整、重组转制、扭亏增盈三大中心工作，狠抓落实初见成效。2000 年实现国内生产总值 8 亿元，完成各业总收入 26.34 亿元，出口创汇 780 万美元，利润总额4 150.34万元，税金 1.10 亿元。

在精神文明建设方面，总公司党委以中心组理论学习为重点，采取多种形式加强了对各级领导干部的培训。为适应总公司建立现代企业制度的要求，总公司党委对总公司机关进行了两次机构改革，率先实行干部聘任制。2000 年，总公司基层党组织建设以及党风廉政建设取得了新成就。总公司党委下半年以“三个代表思想回头看”为题目在全系统展开了大讨论，制定了《党风廉政建设责任制考核办法》，并在全系统开展了领导干部廉洁自律的大讨论。

2000 年是北京市农工商联合总公司场乡体制改革后的第二年。按照市委、市政府的指示精神，改革后市农工商联合总公司成为以国有资产管理为纽带的大型企业实体。总公司下辖 15 个国营农场，20 多个直属公司，80 多个“三资”企业，拥有土地面积 1.1 万公顷，职工 6 万多人，国有资产 83 亿元。

总公司的发展战略是：以全面提高企业整体素质和经济运行质量为立足点；以确保国有资产保值增值和富裕职工为经济发展的双重目标；以实施抓大放小战略和科技兴企战略为两个基本手段，充分发挥自身农业现代化和农工商综合经营两大优势；按照党的十五大和十五届四中、五中全会的精神，加快重组转制，探索公有制的多种实现形式。从现在起到“十五”计划结束，把北京三元集团公司建设成以公有经济为骨干，投资主体多元化，符合首都经济内涵要求，有较强经济实力、资产控制力、科技创新力和市场竞争力的大型企业集团公司。

为实现上述发展战略，总公司制定了下述若干个战略措施：

1. 实现四个根本转变。经济结构逐渐向专业化、集团化方向转变；管理体制由原有的行政管理体制为主向母子公司体制转变；经济增长方式由过去重外延的粗放式向重内涵的集约式转变；企业财产组织形式由松散联合逐步向以资产为纽带的紧密联合的方向转变。

2. 确立三大主导产业。①从战略和全局的高度，把农业从基础产业升格为主导产业；②把以名牌产品为支撑点的食品工业确定为二产的主寻产业；③把国有土地和社会土地开发经营相结合的房地产业及相关的第三产业作为一个时期的主导产业，加速发展。

3. 构建“以条为主，条块结合”的管理模式。“以条为主”即在优势行业上组建一批专业化集团公司；“条块结合”即保留一部分以区域为特点的综合性经营的公司即农场。

4. 实施重组转制。集团公司的功能定位为决策中心、资产经营中心、投资中心、财务管理中心、人才资源开发中心、企业文化中心等六个中心。对系统内具有相对优势的行业进行重组转制，按照专业化、规模化要求和现代企业制度的规范，已先后组建或正在组建三元食品、三元种业、三元建设、三元能源、三元出租车五大专业性公司，对总公司经济起巨大的支撑与拉动作用。

二、机构设置及下属单位

2000 年 12 月，总公司从新的功能定位出发，对公司机关进行了进一步的机构改革，由原来的 15 个部、室压缩为 9 个部、室，即：①办公室；②政治部；③发展计划部；④财务部；⑤资产管理审计部；⑥劳动人事部；⑦企业管理部；⑧公关联络部；⑨工会。机关干部由 110 多人精减至 76 人。公司所属的国营农场和主要的二级公司见表 1、表 2。

表 1　北京市农工商联合总公司下属国有农场

名　　称	地　　址	电　话
东郊农场	朝阳区机场路和平农场站北	64366134
南郊农场	大兴县旧宫西路 93 号	67991460
西郊农场	海淀区西郊农场	62471210
北郊农场	德外回龙观	62714063
双桥农场	双桥东路	65895517
东北旺农场	海淀区东北旺乡东北旺村南	62975535

（续）

名　称	地　址	电　话
东风农场	朝阳区酒仙桥南十里居	64386647
长阳农场	房山区长阳镇北广城村西	80351087
南口农场	昌平区南口农场	69771907
西山农场	海淀区聂各庄乡	62459661
卢沟桥农场	丰台区小屯路113号	63805265
巨山农场	海淀香山南路82号西路	63095174
朝阳农场	朝阳区楼梓庄乡东	84311375
永乐店农场	通州区永乐店镇德仁务村北	69568706
延庆农场	延庆县城西	61111856

表 2　北京市农工商联合总公司下属二级公司

名　称	地　址	电　话
北京三元食品有限公司	西城区鼓楼西大街75号	64033841
北京市华成商贸公司	朝阳区安慧里2区4楼	64912729
北京市万里长城饲料公司		
北京市华农物资公司	西城区德外安德路77号	62015011
北京市长城建筑总公司	朝阳区安慧东里20号楼	64910084
北京麦当劳食品有限公司		
北京花卉服务公司	朝阳区东三环北路乙8号	65042446
北京市三环实业总公司	朝阳区安慧东里19号楼	64914738
北京金星鸭业公司	大兴县南郊德茂庄德裕街7号	67965680
通达房屋建设开发公司	朝阳区和平街西苑6号楼	84276997
北京养猪育种中心	德外清河南镇	62948058
北京市圆山大酒店	西城区裕民路2号	62357183
北京光明饭店有限公司	朝阳区亮马桥路	64672613
北京三元种业股份有限公司	西城区裕民中路4号	82012678

三、主要活动

1. 2000年取得新经济成就。总公司从自身实际出发，以改革总揽全局，以建立现代企业制度为契机，各单位紧扣总公司年初制定的计划目标不放松，围绕结构调整、重组转制、扭亏增盈三大中心工作，上下协力同心，团结奋斗，扎实工作，狠抓落实初见成效，取得五个方面的新成就。①经济质量取得新提高。国内生产总值实现8亿元，比上年增长8.3%；各业总收入完成26.34亿元。全系统出口创汇收入780万美元（约合6 480万人民币）。利润总额4 150.34万元，同比增长24.32%。职工人均工资9 200元，同比增长15%。税金1.10亿元，同比增长10%。系统内三资企业全年销售收入13.65亿元，上缴税金1.2亿元。②结构调整取得新进展。各单位紧密围绕总公司确立的三大主导产业，加大产业结构、产品结构和空间布局结构的调整，取得明显成效。③重组转制取得新成绩。总公司按照专业化经营、集团化发展的总体思路，集中力量抓大聚小，按照“行业相近，优势互补，规模适度”的原则，对本系统内的优势行业、优质资产进行大力重组结合。④扭亏增盈取得新实效。各单位比照总公司年初下达的计划任务，围绕扭亏增盈这条主线，狠抓企业管理不放松，把着眼点放在企业增长方式的转变上来。1998—1999年国有企业在岗职工人数从4.2万人下降到3.4万人，1999—2000年又从3.4万人减至2.8万人，减员幅度达17.6%。总公司通过减员增效工作，精干了主体，使人均劳动生产率进一步提高，人均GDP由1998年的1.46万元提高到2000年的人均2.87万元。在34个二级单位中实现正增长的有27个单位，比例达79.41%。⑤资本经营取得新突破。总公司在抓好生产经营的同时，加快了资本运营的步伐，充分利用国内资本运营的步伐，充分利用国内资本市场调整整合以及证券市场迅速扩张的有利时机、权衡利弊，审时度势进行了数量较大的资本运作。

2. 第一产业扩大市场占有率。本着“结构调优，质量调高”原则，以“两个对接”为突破口，奶牛业采取多种措施，在各牛场普遍推行统一饲料、统一供应、统一收奶、统一财务管理、统一绩效考评标准的“五统一”管理，保证了牛群的基本稳定，使优质高产核心群为主的奶牛饲养稳步发展。2000年牛奶产量达到21 035.47万千克，占全市商品奶量的45%，成乳牛头日产基本达到21千克以上，实现利润1 117.60万元，同比增长4.49%，占一产利润的90%以上。金星鸭业中心按照“两个对接”的发展思路，实施与郊区农业产业化对接，积极推进与农民专业大户的合作，在郊区建立以饲养中成鸭为主的畜牧小区，实行低成本扩张，取得规模效益，使北京鸭市场占有率达37%，效益大幅提高。奶牛中心充分利用自身的良种优势，争取到国家级的奶牛胚胎产业化项目，在延庆农场新建种公牛站、供体牛场基本竣工。养猪中心的种猪资源场从法国引进新品种，种猪作为中育配套系良种猪的资源群改良。金垦公司、中以示范农场在粮、菜、种子的产销和扩大出口方面均有新的进展。

3. *第二产业产业升级产品换代*。各单位根据市场需求和资源优势，积极发展二产，着重加快技术改造。三元食品有限公司在技改项目全面投产后，生产能力迅速扩张，新品种新花色大量涌现，市场覆盖率明显增加，充分实施名牌战略，全市市场占有率达75%，有力带动了郊区奶业发展。三元消毒奶是信得过产品，三元咖啡奶、可可奶问世。三元食品公司销售收入比1999年同期增长45.5%，实现利润同比增长74.7%。收购了全市最大乳品企业—卡夫食品有限公司的中方股权；收购了合资企业八喜冰激凌食品有限公司外方股权；收购了广州市40家麦当劳快餐店经营权。三元食品有限公司被评为全市先进企业。食品合资企业如辛普劳、丘比产销形势十分看好，呈满负荷生产状态。新建的安德鲁果品加工顺利投入运行。吉百利、卡夫、八喜、荷美尔等经营状况均有好转，有的大幅减亏，有的扭亏为盈。与日方合资的丘比食品有限公司生产的丘比沙拉酱，已成为中国主要的沙拉酱品牌。北郊燕丹砖厂生产建设用空心砖，年产近1亿块，供不应求。活性炭厂生产的活性炭除内销，还出口日、美、加拿大等国。新成立的三元石油公司，辖37个加油站，经营效益良好。双桥制药厂引资开发的TN1212新产品，被国家经贸委列入2000年“两高一优新产品”，有很好的市场前景。2000年二产完成总收入11.9亿元，增加值3.85亿元，同比增长7%，利润2 887万元。

4. *第三产业展现新姿*。各单位加快了空间布局结构的调整。朝阳农场在黄寺建1万平方米以上的综合服务楼破土动工；西山、南口农场以旅游观光休闲农业为特征进行了综合开发；双桥农场投资3 800万元，建成华北地区最大的全部由计算机控制自动流水作业的水泥仓储中心，提高了产业水平；西郊、巨山农场积极和民办院校合作，发展教育产业；北郊、东北旺、东风农场通过土地开发，实施产业转换，积极发展面向居民区、开发区的物业管理和服务业；东郊、南郊农场在开发房地产的同时，利用国家划定的绿化隔离带建造公园，发展休闲观光产业，改善了农场投资环境。

5. *外经工作取得新突破*。场乡体制改革后，总公司外经工作对“三资”企业以抓好内涵管理，提高质量，提高效益为方针，同时抓了以下工作：①合资企业三元食品有限公司，作为北京控股的成员企业于1997年在香港上市。2000年内又通过股权转让，由6家单位共同发起，经国家外经贸部等有关部门批准正式改制为三元食品股份有限公司，正在积极运作。②总公司2000年组织机关7个部室成立联合调查组，历时一个半月，对卡夫、丘比包装有限公司等单位进行调查和考察，为进一步管理好“三资”企业创造了条件。③经国家外经贸部批准，总公司花卉公司、东北旺农场、慎昌元昌制革公司、南郊农场泡花碱厂获得自营进出口权。④对卡夫食品有限公司收购外方85%的股权、中德合资盛福大厦外方60%股权、中外合资八喜冰激凌食品有限公司外方60%股权，进行了具体的大量的前期工作。⑤外贸出口方面，有总公司花卉公司的干花、北郊活性炭厂生产的活性炭等数十种产品，出口多国，创汇780万美元。

6. *优势行业优质资产整合重组*。1999年12月24日，北京三元种业股份有限公司成立，由总公司系统优质企业北京市南郊牛奶公司、北京市兽药厂、北京市养猪育种中心，北京市奶牛中心、北京市金星鸭业中心、北京花卉服务公司、花卉市场及巨山苗圃六家企业的经营性资产进行重组整合，发挥集团优势，对外扩张。2000年4月8日，由总公司养猪育种中心、北京华都种猪繁育有限公司、北京小店畜禽良种场发起，北京市47家种猪场和相关单位参与的北京种猪生产者联合会成立，开创了全市种猪业强强联合，共同开发市场的新格局。由总公司奶牛中心承担的国家“99”高技术产业化示范项目奶牛胚胎产业化建设工程在延庆农场奠基。奶牛胚胎产业化项目是利用生物技术，为北京乃至全国提供优秀奶牛组合胚胎和优质精液，加速提高奶牛遗传水平的重大工程，标志着我国奶牛生产已达到国际水平。7月20日，总公司与中国石化北京分公司合作的北京三元燕庆石油有限责任公司正式签字。三元燕庆有限责任公司将总公司系统三产中的优势产业——33个加油站的全部净资产入资，占总股份的70%；中化北京分公司以4 000万元资金参股，占总股份的30%，这33个加油站已被列为北京市190家大中型改制企业，按现代化制度运行。此外，11月1～5日总公司参加了第四届北京—香港经济合作研讨洽商会，会上与北京兴军园贸易有限公司、香港智景有限公司签订了三方合作投资合同与章程，共同在西山建设“北京世界军事旅游城”；北郊农场与新加坡中天投资（集团）公司签定了“北京回龙观饭店改扩建”项目合资协议书。

7. *推广科技重点成果*。由总公司所属北京花卉服务公司科技人员等，从1997—2000年进行的“干燥花原材料品种的栽培和推广应用”；在全市已推广到昌平、密云、平谷、延庆等部分远郊区县，推广面积0.11万公顷，辐射带动面积0.13万公顷。由南郊农场从1990年至年底进行的“北京地区麦田主要阔叶杂草一次性防治技术研究与应用”，在全市冬小麦性杂草发生面积推广36.75%。由南口农场从1995—2000年进行的“早中熟油桃示范与推广”，在昌平、海淀、大兴、平谷、房山、怀柔等远郊区县推广813公顷，总公司系统种植333公顷，门头沟、延庆等地67公顷。由中以示范农场由1996—1999年进行的“引进以色列现代园艺设施栽培技术实验示范研究”，在通州、大兴、顺义、密云等地共推广33公顷。

北京南口北京鸭育种中心完成“九五”国家重点科技项目“北京鸭新品系培育及配套组合建立”，达到国内领先水平。种鸭已推广到河北、安徽、四川、福建、云南、江西、内蒙古及东北地区等十几个省、市、自治区，累计推广北京鸭父母代种鸭25万只，可生产商品肉鸭3 125万只。北京市长建南郊建筑公司，北京市海燕—优美加体育器材有限公司、北京市东方电化教育制片厂（三环公司）等三家获北京市星火科技先导示范企业称号。

8. *加强思想政治工作*。总公司党委中心学习组，认真学习邓小平理论，学习江泽民总书记“三个代表”重要思想和其他重要论述。开展“‘三个代表’思想回头看”活动，肯定成绩，找出差距，提出目标。以基层企业和二级班子为重点，联系实际，开展了大讨论。在普遍讨论中抓了双桥农场太洋药业公司、三元食品公司乳品一厂、北京精细化工厂、金星公司等典型。7月份召开了经验交流会，推进了学习和讨论的深入，促进了党风廉政建设和经济发展。

中共中央十五届五中全会后，总公司党委和总公司系统各级党委认真学习了全会文件、江泽民同志在会上的讲话，在学习的基础上，总公司对1999年已拟定的“十五”规划讨论稿，予以修定。

9. *加强企业文化建设*。总公司改制后，为适应新形势的需要，开展企业文化建设，2000年4月总公司成立企业文化研讨小组，组织相关人员研讨，同时派专人参加市企业文化协会组织的学习考察团去青岛海尔公司实地学习、考察海尔公司拟定和推行企业文化经验。

10. *改革干部人事制度*。根据场乡体制改革后的状况，总公司党委以“压缩职数、改善结构”为重点，加大了对二级班子的调整力度。二级班子成员由原来的428人，下降到216人，平均年龄由原来的51岁下降到45岁，大专以上文化程度由原来的61%上升为82%。总公司党委继续以改善班子结构为重点，在考核调整方面下功夫。2000年对15个二级班子进行了充实调整，选拔了14名中青年干部（40岁以下）进入二级班子，基本实现了梯次配备的干部队伍结构。

在人事制度改革方面，加大行政干部聘任制工作力度。一是公司机关进行了两次机构改革，率先实行干部聘任制。同时在基层企业中普遍推行了党群干部的选举制，逐步呈现出“行政干部靠聘任、党群干部靠选举”的良好局面，初步建立起一个优胜劣汰、能上能下的人才竞争机制。二是本着为企业大局服务和“管少、管好、管活”的原则，在进行行政聘任试点取得成功经验的基础上，加大了行政聘任的工作力度。在1999年，总公司党委在长建公司和物资公司推行行政领导聘任制的改革试点取得成功后，2000年，结合企业改革、重组转制，总公司又对金星公司、圆山大酒店两个二级班子实行了行政干部聘任制。

11. *基层党组织建设出现新面貌*。首先，总公司党委以贯彻总公司《基层党组织工作条例》为主线，在基层党组织建设方面狠抓了制度的贯彻落实，力度大，效果好。场乡体制改革后，针对基层党组织的现状和工作中存在的突出问题，总公司制定下发了《总公司基层党组织工作条例》。各二级单位党组织以《条例》为依据，建立起符合本单位实际、较为科学规范的党建工作制度，并在实践中严格执行。东风农场制定了基层党支部工作规则等9项工作制度，南郊农场制定了二级班子工作规则。《条例》的贯彻执行，促进了基层党组织工作的制度化、规范化、科学化。

二是根据《党章》和总公司《基层党组织工作条例》的规定，在全系统党支部中普遍开展了基层党支部换届选举工作和二级单位党组织换届试点工作。共有361个基层党支部进行了换届选举，新任支部书记53人、委员174人。

三是根据市委《关于加强街道、社区党的建设的意见（试行）》的指示精神，各级党组织和广大党员积极配合所在社区街道做好退休职工党员的组织关系转移工作，共有1 319名党员职工退休后把组织关系转移到居住地。

12. *纪检监察工作深入开展*。2000年党风廉政建设责任制得到深入贯彻落实，总公司党委、纪委加强了对各级领导班子和领导干部实行责任制，坚持“两手抓”的学习教育。北郊农场党委分别与所属基层企业第一责任人签定了党风廉政建设责任书。三元公司、南郊农场等单位把党风廉政建设和反腐败斗争任务纳入经济承包合同，进行检查、考核、促进“两个文明”建设。总公司拟定了《党风廉政建设责任制考核办法》、《落实党风廉政建设和反腐败工作牵头单位及协办单位工作职责》等配套措施和制度。

13. *发挥工会组织的积极作用*。2000年9月27日，总公司工会第五次代表大会召开，换届后提出了工会组织新任务：①组织广大职工在企业两个文明建设中建功立业；②坚持依靠职工群众办企业，把党的方针进一步落到实处；③贯彻实施《劳动法》，推进平等协商、签订集体合同工作落实；④坚持实施送温暖工程，扎扎实实为职工群众办好事办实事；⑤积极推行厂务公开、企业民主管理、民主监督工作进一步加强；⑥加强工会自身建设，推进工会工作不断提高。

14. *成人教育与培训工作广泛开展*。2000年总公司职工大学承办成人教育，多层次、多渠道、多门类开展。①研究生班。和首都经贸大学合作，2000年开学，有现职场处级领导干部45人参加学习，研究高级工商管理。②大学本科班。与市委党校合办，共招收学员总公司系统各级、各类干部280人，学制3年，学习行政管理、经济管理专业。③计算机短期培训班。培训对象总公司机关处长、书记、二级班子领导干部共70人，通过学习，人人考试及格，发给等级证书，学会操作及基本管理。④高级工商管理培训班。与南郊农场合作，共分2期办班，每期半年，共培训南郊农场中层以上干部140人。⑤中专班。学习外事服务，学制3年，有总公司系统干部、职工230人参加。⑥行政管理、经济管理、大学本科班。与市委党校合作，学制3年，总公司系统干部占80%。⑦内部大专班。总公司系统，内部承认学历，学习经营管理，学制2年。⑧成人会计大专班。借西城区职大校址，为总公司系统干部、职工培训，学制2年，有150人参加。⑨计算机培训班。总公司系统干部、职工，并向社会招生培训后发证书，共有700人次参加过培训。⑩未考取大学的学生培训班。与北师大合办，合同6年，凡未考取北师大的学生，进行补课，继续教育，对象为外省市来京报考学生，全部住校，学制1年，学生有470人。此外，2000年共有行政管理、经济管理大学本科生毕业104人。

15. *《北京国营农场志》精简本出版*。1999年8月《北京国营农场志》精装本出版。2000年1月27日市地方志工作会议提出，为了加强志书的利用，便于志书的参考、交流、要求已出版志书的单位出版精简本。2000年8月，《北京国营农场志》精简本出版，这在全市是第一部。

北京市农工商联合总公司党政领导班子成员

党委书记　李瑞和
副 书 记　包宗业　张福平
常　　委　金万能　邵桂林
总 经 理　包宗业（兼）
副总经理　王庆英　范学珊　高圣永
总经济师　金　钧（女）

（刘远英　赵星宇）

北京市水产总公司

一、概　　况

北京市水产总公司成立于1983年，现在是以水产业为主，多元化发展的集团性国有独资企业，2000年公司在城区、近郊区占地534公顷，拥有养殖水面367公顷，冷库百余座，总容量2.5万吨，各类大型捕捞船和运输船22艘。全公司员工3 000余人，其中各类技术人员660人，具有大中专学历628人，具有高级技术职称51人，具有中级职称139人。

总公司以渔为主，多元化经营，涉及水产品生产、科研、营销、储运、交易市场以及饲料加工、房地产、旅游、娱乐、餐饮、电子等诸多领域，并形成房地产开发、远洋渔业、交易市场、饲料加工、高科技水产养殖五大支柱产业。

总公司成立17年来，在党的基本路线指引下，坚定不移地走市场化改革之路，率先不享受财政补贴，自主经营，以市场为导向，努力扩大经营业务，取得较好的社会与经济效益。每年为国家节约财政补贴开支1亿元，并逐年上缴市财政利润，企业发展实现了重大飞跃。1997年以来改革力度加大，1998年扭亏为盈，1999年实现利润1 000万元。

2000年，总公司以发展为主题，认真分析当前形势和企业自身发展情况，充分认识到企业面临的挑战和机遇，认真抓住机遇，加快改革，加快发展。确定了以下经济工作指导思想：以党的十五届四中全会为指针，坚持以改革促发展，以科技为先导，以管理为手段，以增量为途径，以增效为目的，提高企业科学化管理水平。坚持“一业为主，多元化发展”，扩大资本总量，提高赢利能力。加快郊区渔业现代化的发展，提高农民的致富水平。发挥远洋渔业的龙头带动作用，开发海内外企业，占领国内外市场。在这种指导思想下，制定了5条工作措施：一是进一步解放思想、更新观念，加快企业的改革与发展；二是以建立现代企业制度为突破口，建立多元投资主体，打破旧制度的制约，激发企业经营活力；三是以市场为导向，加快基础产业的调整，重点培育支柱产业；四是积极开发新兴产业，增强企业发展后劲；五是集中力量发展加工业，开发市场，创立名牌产品。2000年，总公司全系统自营业务完成收入总额2.39亿元，比上年增长7%；所属市场实现水产品交易总额13亿元，比上年增长4%；利润总额完成2 000万元（房地产开发收入未完全计入），比上年增长100%；利税总额达3 000万元，比上年增长50%。企业改革与发展在5个方面取得显著成绩：一是锻炼出一支具有改革意识，懂经营会管理，具有强烈的事业心和责任感的干部队伍，造就出一支敬岗爱业，兢兢业业、吃苦耐劳的职工队伍；二是退出传统的零售经营领域，将有限的资金投入到远洋、房地产、市场建设等新的经营领域，成功培育了远洋、高科技淡水养殖、市场、饲料、房地产五大支柱产业；三是加大产业结构调整，通过产业与资本置换，实现扩大再生产投入逐年增加，仅发展远洋渔业就投入3 800万元；四是积极探索产权制度改革，建立灵活的经营机制，调动了各方面的积极性；五是改革促进了企业发展，提高了职工收入水平。

二、机构设置及下属单位

总公司本部设置以下工作部门：办公室、组织部、宣教处、财务处、劳动人事处、审计处、企业管理处、远洋处、业务处、外经处、基建处、法规处、工会。直属的二级公司有21家。见表1。

表1 水产总公司直属二级公司

二级公司名称	地址	电话
国家淡水渔业工程技术研究中心	丰台区永外角门路18号	67586098
北京市淡水渔业公司	海淀区巴沟村	62552215
北京市京渔万泉渔业公司	海淀区万泉村	62561950
北京市海运兴水产食品公司	朝阳区太阳宫乡南湖渠	64354466
北京市四道口水产公司	海淀区四道口路甲一号	62110346
北京市海味品公司	宣武区马连道路4号	63267686
北京市京渔水产物资公司	东城区东四南大街157号	65254785
北京市丰台区华垦岳各庄农副产品批发市场京渔水产交易大厅	丰台区丰台路口甲一号	63834118
北京市水产总公司永定门水产公司	丰台区马家堡路21号	67225129
北京市水产实业公司	丰台区木樨园果园42号	63480945
北京市友谊饲料公司	朝阳区劲松农观东里34号天客隆商务大厦A429房间	67347138
北京市徐辛庄水产养殖场	通州区徐辛庄镇北窑上村	89567861
北京市焕发水产良种养殖示范基地	密云县溪翁庄	69012493
烟台北京远洋渔业公司	山东省蓬莱市水产宾馆	5654388
北京市水产总公司烟台远洋运输公司	山东省烟台市西南河路134号	6643240
北京市淡水渔业项目开发公司	崇文区桃园东里15号	67535212
天水房地产公司	宣武区广安门外鸭子桥24号金翔大厦B305	63440966
北京市板桥水产养殖场	顺义区赵全营镇	60442037
北京市怀柔水产养殖场	怀柔县火车站东	69644378
北京市延庆水产养殖场	延庆县延庆镇西关村北	69141475
北京市水产总公司密云分公司	密云县九松山副坝西侧	69012526

三、主要活动

1. 小汤山现代渔业高科技园区建设和科技创新工作取得成效。2000年，园区内的大棚、鱼池改造工程和绿化工程基本完成，园区软硬环境状况得到改善。先期启动的鲟鱼、观赏鱼养殖、海水鱼工厂化养殖等四个项目进展顺利，并取得实效。鲟鱼项目从德国引进了一套集生物、物理、化学、自动化、机械技术于一体的具有世界一流水平的全封闭工厂化养鱼设备，年产鱼苗50万尾、成鱼50万吨。加快了传统渔业养殖向现代渔业养殖过渡步伐。海水鱼工厂化养殖项目已建成养殖车间6栋、3 000平方米，综合国内外先进技术自行设计，全部工艺流程自动控制，养殖用水经生物净化、循环使用，无污染，能进行某些种类的海水鱼淡化和淡水鱼海化，年生产能力达到80吨以上，以名贵的真鲷、七星鲈、牙鲆、石斑鱼、美国红鱼、虾、蟹等为养殖对象，提高了鱼品质量并具有推广价值。观赏鱼及观赏水生植物养殖项目已建成占地2.53公顷的养殖场，拥有现代化观赏鱼及观赏水生植物育种养殖温室3栋，总面积5 000平方米，从事金鱼、锦鲤、热带鱼等观赏鱼类和观赏水生动植物的繁育、养殖和生产开发，年生产50万尾观赏鱼和20万株水生观赏植物。国家级北京水产名优良种项目拥有原、良种繁育温室1 800平方米，具有完善的配套孵化设施，育种养殖温室22 500平方米，保种和亲鱼培育20公顷，从事名优鱼类原良种生产、苗种繁殖、生物技术育种以及成鱼养殖配套技术研究、开发和推广，目前可提供彩虹鲷、梭鲈、罗氏沼虾、中华绒螯蟹等30多个名优品种，年可培育2万尾亲鱼、5亿尾苗种、150万千克商品鱼。该园区初步形成集科技创新、高科技产品展示、生物技术开发、名优苗种生产、特种水产养殖、水产品加工、科技培训、技术咨询、观光渔业于一体的综合集成型基地。

2. 批发市场体系建设初具成效。2000年，总公司按照建设市场、聚集社会资本、带动自身经营的发展思路，积极筹建批发市场。回龙观大型市场建设初步达成意向，前期工作正抓紧进行；海运兴配送中心正积极运作，用地规划已经有关部门审批通过；为配合蓬莱水产品加工项目建设，总公司与蓬莱市政府达成建水产品批发市场和加工区的用地意向，实现了市场建设跨地区发展的突破。全系统已形成以岳各庄、四道口、燕水商城、木樨园、马家堡、万泉庄为主的六大市场，对加快物流、促进交易起到积极作用，年实现水产品交易额13亿元。

3. 远洋渔业实现由过洋性渔业向大洋性公海渔业转变。2000年，总公司为实现远洋渔业捕捞、加工、销售一条龙产业化经营，提升远洋渔业经营档次，加大了对远洋渔业及相关行业的投入。投资3 800万元购买了2条大型鱿鱼钓船和1条大型金枪鱼钓船，进入阿根廷鱿鱼钓作业区和大西洋金枪鱼钓作业区，实现了由过洋性渔业向大洋性公海渔业的转变。全年远洋渔业产量实现1万吨，远洋和相关行业创利1 200万元。目前，总公司共有作业渔船及冷藏运输船22艘，其中捕捞船18艘，冷藏运输船4艘，分布在西非、印尼、西南大西洋等地作业。

4. *鱼用环保饲料研究成效显著。*2000年，总公司所属友谊饲料公司加快环保饲料研究。已研制出草鱼高档优质膨化料，饵料系数下降至1.4左右，开发和研制了对虾膨化沉性饲料、熟化挤压鲟鱼饲料、鲑鳟鱼类高能饲料、系列海水鱼饲料、系列观赏鱼饲料等多种新品种，市场占有率不断上升。

5. *"万泉新新家园"品牌效益明显。*"万泉新新家园"是总公司所属京渔万泉渔业公司合资开发的房地产项目，位于海淀区巴沟北路南侧。项目规划建设用地16万平方米，规划建筑面积22万平方米。在一期6.8万平方米入住的基础上，二期工程于3月动工，建筑面积约12万平方米，其中包括80套CEO都市官邸。截止12月，在建房屋已按计划全部封顶，二期销售签约率已达到90%。2000年万泉新新家园项目获全国第九届优秀工程设计奖、《北京青年报》首届"北京十大明星楼盘"、《北京晚报·精品楼盘》专家及读者评比第一名、市国土资源和房屋管理局"北京市优秀管理居住小区"称号、第六届首都建筑设计汇报展"居住区规划设计优秀设计方案奖"、建设部"百龙杯新户型时代"户型设计一等奖、巴黎—北京友好城市住宅交流项目等。

北京市水产总公司党政领导班子成员

党委书记　张世光
副书记　张连印　张力翔
总经理　张连印
副总经理　孙新庄　郭大民　梁玉琦　于波
（*苏建通　邵继华　刘光辉　佟光辉　孙京胜*）

北京市大发畜产公司

一、概　况

北京市大发畜产公司于1985年5月成立，是一个以国有企业为整体，中外合资企业为主体，集肉鸡育种、孵化、饲养、加工、销售和饲料生产于一体，产、供、销一条龙，牧工商一体化的产业化大型龙头企业，是全国肉鸡繁殖、饲养、加工规模最大的企业之一。公司主营业务包括饲料及饲料添加剂，畜牧饲料专用设备、兽医药品、器械制造；畜禽家禽、养殖、收购、屠宰加工、储运、销售；畜禽、饲料、兽医方面的技术咨询、技术服务。公司拥有目前亚洲惟一的"艾维茵"肉鸡原种场1座，有祖代种鸡场2座，父母代种鸡场5座，工业化肉鸡饲养场17个，禽类保健中心1个，饲料加工厂2个，现代化商品雏孵化场3座，现代化肉食加工厂1座，熟食加工厂2座。2000年生产能力达到：年产祖代种雏鸡50万套，父母代种雏鸡420万套，商品代雏鸡5 000万只，饲养肉鸡1 500万只，屠宰加工肉鸡5 000万只（日单班屠宰加工14万只），年产鸡肉制品9万吨，熟食制品10 000吨，生产优质混合饲料27万吨。在不断壮大自身能力的同时，公司实践"富裕农民"方针。多年来推行公司+农户的经营模式，以自己的优势把农民带向国内、国际市场，成为郊区农民致富脱贫的龙头企业。1998年2月被中共北京市委农村工作委员会、北京市人民政府农林办公室确定为"农业产业化龙头企业"。2000年1月获得中共北京市农村工作委员会、北京市人民政府农林办公室"农业产业化优秀龙头企业"奖。

公司引进培育、生产的"北京艾维茵"肉用种鸡，是目前世界上最优秀的品种之一。"北京艾维茵"种鸡于1991年荣获"中国名优特新产品"奖，1996年获中国农学会"优质、高产、高效农产品"奖，1997年在第三届全国农业博览会上被评为"名牌产品"，市场覆盖面为全国29个省、市、自治区，市场占有率达到50%以上，并曾出口泰国、缅甸等国家。"艾维茵"种鸡繁殖的商品代肉鸡，以抗病力强、肉质鲜嫩、味美营养丰富、生长发育快著称，平均饲养45天可达到2千克毛重，料肉比1.865:1。

公司生产的肉鸡采用国际先进饲料配方喂养，统一发药防病检疫。公司的肉鸡屠宰、加工设备都采用全套引进设备，生产工艺实施危害分析与关键点控制（HACCPC)、良好操作规范控制（GMP）等国际质量标准，严把质量关。公司生产的"双大牌"肉鸡系列产品，包括"双大"冻鸡肉、"双大"冰鲜鸡、"双大"调理品、"双大"火腿、"双大"烤肠等产品，具有卫生洁净、肉质鲜美、营养全面、无公害、无药残的特点，在国际、国内市场赢得良好信誉，被评为"2000年度北京市安全食品"。"双大牌"肉鸡系列产品、京双牌全价饲料多次被评为"消费者信得过产品"。肉鸡生熟制品在本市、全国及国际市场销售逐年增加。2000年在北京市场的占有率达到36%，在国内其他省、市的市场占有率达到5%～20%，并成为肯德基、麦当劳、达美乐、派派思、航空食品等一批以质量要求严格著称的企业的长期稳定的供应商，并销往日本、中东和欧洲等10多个国家和地区，连续第六个年度名列全市和农口出口创汇前茅。公司从1986年投产至目前，累计向社会提供祖代种雏鸡159万套，父母代种雏鸡2 575万套，商品代雏鸡3.2亿只，合格商品代种蛋4亿枚，肉鸡产品36万吨，出口鸡肉制品8.5万吨，创汇15 632万美元。郊区农户在公司带领下，累计养鸡3亿只，获利4亿元。

2000年生产经营情况：生产祖代种雏鸡20.8万

套，比上年减少28.9%；除自用外销售14.1万套，比上年增长0.8%。生产父母代种雏鸡376.5万套，比上年增长43.7%；销售399.5万套，比上年增长43.9%。生产商品代雏鸡4 856.2万只，销售4 856.2万只，分别比上年增长19.8%。生产合格种蛋5 467.7万枚，比上年增长14.9%。加工肉鸡4 112.9万只，比上年增长22.3%。生产鸡肉制品8.3万吨，比上年增长20.2%；销售8.24万吨，比上年增长23.1%。生产熟食制品4 872.1吨，比上年增长93.9%；销售4 529吨，比上年增长81.4%。生产饲料25.2万吨，比上年增长15.9%；销售21.7万吨，比上年增长24.9%，其中外销3.2万吨，比上年增长13.1%。出口鸡肉制品2.24万吨，比上年增长19.8%。实现销售收入14.2亿元，肉鸡主业盈利838.5万元，比上年减亏1 956.2万元，创汇4 000万美元。肉鸡主业的18个生产、销售指标中，15个经营项目创历史最好水平。

二、机构设置及下属单位

公司本部设置以下部门：经理办公室、党委办公室、财务部、劳动人事保卫部、企业管理部。公司下属的二级公司有7家，见表1。

表1　大发畜产公司下属二级分公司

名　　称	地　　址	电话	传真	邮编
北京家禽育种有限公司	北京市朝阳区华严北里1号健翔山庄D7	62051469	62049594	100029
北京大发正大有限公司	北京市朝阳区北辰东路利康饭店7号院	64994051 64994052	64994067	100101
北京市济发工贸公司	北京市海淀区肖家河东村甲1号	62895410	62895410	100091
北京广发兴发实业公司	北京市大兴县卫星城南7号	69243940	69241940	102600
北京市大发物资供应公司	北京市朝阳区十八里乡周村2队	67320922		10023
北京市新华食品工业公司	北京市延安县康庄镇起步区	61163491		102101
北京市神龙宇发实业公司	北京市平谷县城关新平北路环岛北	69961026		101200

三、主要活动

1. *肉鸡产业化成效显著*。公司2000年与（1993年）产业化战略实施前对比，资产增长了10倍，销售额增长14倍，肉鸡加工增长7.9倍，产品出口增长349倍，创汇增长306倍，仅京郊农户与公司合作养鸡规模及直接获利增长4.29倍。

2000年与实施产业化战略前的1993年对比，见表2。

表2

项　　目	单位	1993年	2000年	增加%
资　产	亿元	2.5	10.2	308
销售额	亿元	2.2	14.2	545
祖代种雏	万套	34	21	—
父母代种雏	万套	332	400	20
商品雏	万只	3 300	4 860	47
种　蛋	万枚	4 400	5 468	24
屠宰肉鸡	万只	460	4 113	784
鸡肉产量	万吨	0.58	8.3	133
鸡肉销量	万吨	0.8	8.24	930
产品出口	万吨	0.0064	2.24	34 900
饲料产量	万吨	5	25	400
创　汇	万美元	13	4 000	30 669
带领农户养鸡	万只	700	3 836	448

2. *增加肉鸡产业化资金投入*。在上年投入3 000万元的基础上，2000年在市政府支持下公司投入300万元人民币，启动种鸡场的改造和肉鸡加工厂的改、扩建工程，实现年加工肉鸡5 000万只的目标。

3. *北京家禽育种有限公司通过国际质量认证*。公司与外商合资的北京家禽育种有限公司，4月在全国种禽行业中率先顺利通过国际ISO9001质量体系认证，6月20日开新闻发布会正式颁发证书。企业的产品达到国际规范标准，增强了“入世”后的竞争力，为企业注入新的活力。

4. *艾维茵祖代种鸡开辟新基地*。公司响应党中央发出支持西部经济开发的号召，所属中外合资企业——北京家禽育种有限公司，在陕西省渭南、合阳、咸阳开辟了新祖代种鸡自养基地，年饲养祖代种鸡16.2万套，年产父母代种雏鸡300万套；并在天津宝抵建立了祖代种鸡场，年饲养祖代种鸡2.5万套，年产父母代种雏鸡40万套，为企业的发展储备了后劲。

5. *艾维茵肉鸡新品种研发成功*。公司与外商合资的北京家禽育种有限公司，为适应“入世”后的市场需求，在巩固提高AV2000种鸡品质的同时，经几年努力，成功培育出胸肉型AV2024种鸡。

6. *“双大”牌熟食大幅增产*。公司与外商合资的北京大发正大有限公司生产的“双大”牌熟食制品，深受国内外消费者欢迎。为适应市场需求，研究开发熟食新品种，已达100余个，供应市场近50个，产量比上年增加40%，达到4 872吨，销路看好。

7. *公司带领农户创收*。公司为促进郊区经济的发展，充分发挥产业化龙头企业的优势，做到服务“五到户”。即：送雏到场、户；送料到场、户；技术服务到场、户；收购毛鸡到场、户；饲养培训到场、户。公司组织86名大中专学历的技术人员为农户服务，编发了《肉鸡饲养管理手册》、《用药保健程序》、《免疫程序》、《清理消毒程序》等技术资料，举办8期农户培训班，公司增加对农户的放养比例，农户收益大增。郊区与公司合作的肉鸡养殖小区达到62个，饲养户达到1 518个，饲养量达到2 406万只，农户总养殖规模达到3 836万只，同比增长81.6%；农户的养鸡综合收入和参于公司的运输收入达到6 876万元，同比增长67.2%。此外，公司还支付给地方租赁费、劳务费2 500万元，向农民无偿提供优质粪肥20万吨。地方、农户从公司获利逾亿元，企业、地方和农户的利益都有新的增长。

8. *盘活国企资产*。公司下属北京大发物资供应公司与北京顺义区顺义镇7月份签约将北京大发顺义饲料场纳入本地住宅小区拆迁开发范围，使这块闲置的0.67公顷土地得到开发利用。公司与北京东方卓越房地产开发公司合作开发住宅楼于11月签约，重新开发原北京大发海淀肉食加工厂闲置多年的5公顷土地。

9. *加强领导班子建设*。公司党委做到四个坚持：一是坚持理论学习不放松。以邓小平理论和江泽民同志关于“三个代表”重要思想和其他重要论述为学习重点，九次组织领导成员讨论学习体会，加深理解。二是坚持廉洁自律，警钟长鸣。认真学习了中纪委四次会议精神和江泽民总书记关于“治国必先治党、治党必须从严”的重要讲话，开展了警示教育。制定了《党风廉政建设责任制》、《四项配套制度实施细则》和《责任追究实施细则》，促进领导班子的党风廉政建设。三是坚持民主集中制原则。领导干部坚持每周一次办公会或碰头会，讨论问题，通报情况。凡重大问题、重要人事任免和大额资金使用都坚持党委或办公会集体讨论决定，并责成专人去办。健全党内民主生活，广纳良言，召开两次民主生活会，领导成员对照“五条规定”开展批评与自我批评，制订改进措施，进一步促进了领导班子建设。四是坚持深入实际的领导作风。公司领导成员分别在合资企业、国有企业兼职或任职，亲自为企业谈项目、跑货款、找市场、解难点，发挥领导者的作用。

四、协会组织

北京艾维茵肉鸡协会 2000年举办了3次培训班，主要讲《艾维茵种鸡的饲养管理与疾病防治》。3月去河北唐山，人数110人；8月去辽宁沈阳，人数180人；11月去黑龙江哈尔滨，人数150人。协会办公地点：北京朝阳区马甸桥北华严北里甲1号，健翔山庄D7楼座。法人代表：董济世。

北京市大发畜产公司党政领导班子成员

党委书记　李庆余
副书记　董济世
　　　　高新华
总经理　董济世
副总经理　尹彦勋　常景兰　王永昆　谭天鹰
总畜牧师　方国裕

（李俊谦）

北京兴东方实业有限责任公司

一、概　况

北京兴东方实业有限责任公司（下简称兴东方实业公司）的前身北京市农业机械局，于1959年11月14日经国务院批准成立。12月1日，开始办公。后几经撤并，于1972年8月1日又新建局办公。1983年3月3日，市农业机械局改为市农业机械总公司，并行使对郊区农业机械化管理的行政职权。1993年11月，市政府批准市农机总公司制定的“市场导向、调整结构、优二兴三、科技推动、管理科学、经济规模”整体综合配套改革方案，改制为国有资产经营公司。1995年12月8日，经市政府批准，撤消北京市农业机械总公司，成立北京兴东方实业有限责任公司。市政府授权北京兴东方实业有限责任公司经营管理国有资产，并授予房地产系统开发权。公司统一经营管理所属20个企事业单位，国有资产1.57亿元。实施“3522”工程，即组建以谷物联合收割机、农用运输车和小型汽油机三大拳头产品为龙头的3个企业集团，发展5个三产公司，建设2座商城和2个住宅小区。

2000年8月，按市机构改革要求，北京市农机管理办公室及所属综合处、农机化管理处、科教处、农机安全监理处，连同北京市农机试验鉴定推广站、北京市八一农机化学校整建制划归市农业局管理。北京兴东方实业公司紧紧围绕已经确定的发展战略，全力促进企业的改革与发展，制度创新、技术创新、管理创新，重点抓好收获机械有限责任公司的组建和设施农业装配备有限公司的组建参股上市两个工程，突破联收集团脱困一个难点，中小企业向“小而专”、“新、特、精”择业定位，以求得全面发展。2000年完成销售收入32 209万元，实现利润109万元。完成出口销售额1 505.5万元。

兴东方实业公司的发展，遵循“市场导向、调整结构、优二兴三，科技推动、管理科学、经济规模”的战略思想，以经济效益为中心，通过调整、改革、促进经济发展。跳出单一行业和地区，以产权制度改革为突破口，逐步形成以收获（畜牧）机械、设施农业装备为龙头，房地产业和流通业为基础并向高科技行为延伸，配件企业向“小而专、精特新”转变，多元发展的格局。通过引资发展、参股增值、转换机制，建立现代企业制度，求得新发展。

二、机构设置及下属单位

机构改革后的兴东方实业公司，共设5部一室，即：办公室、实业部、事业发展部、财务部、监察审核部、党群工作部。下属单位16个，见表1。

表 1　北京市兴东方实业有限责任公司下属单位

单　　位	地　　址	电话
北京拖拉机公司	西城区德外新风街1号	69731054
北京市机械设备厂	丰台区南苑五爱屯西街3号	67979680
北京市小型动力机械厂	丰台区马家堡路88号	67222447
北京联合收割机发展集团	朝阳区双桥中路	65895565
北京市化油器厂	宣武区陕西巷33号	67582738
北京市农机物资供应公司	丰台区北甲地路9号	63563091
北京市农业机械公司	宣武区广外红居南街1号	63260787
北京优力凯置业有限责任公司	海淀区复兴路2号	63462858
北京电信技术工程公司	宣武区抄手胡同	66013509
北京嘉源易润工程技术有限公司	海淀区复兴路2号	63273336—5202
北京森力技术发展公司	海淀区复兴路2号	63273336—3505
北京市农业机械研究所	德外西三旗	82913004
北京市农业机械总公司干部学校	宣武区思源胡同8号	63014962
北京市化诚建筑设计事务所	海淀区复兴路2号	63273336—3301
北京万达热浸铝有限公司	通州区富豪村北	89551471
培训中心	昌平区二拨子	62938608

三、主要活动

1. *龙头企业显示生机*。公司确定收获机械和设施农业装备两大系统处于龙头发展地位。一年来在总公司和企业的共同努力下，农机研究所、机械设备厂和嘉源公司3个优势企业均显示出勃勃生机。

农机研究所进入市场较早。利用这一有利条件，结合企业化要求，农机研究所进一步对内部组织结构和运行机制进行调整。在明确主导产品和主攻方向的前提下，将“市场机制”引入内部，对机构、人事制度、分配制度进行了改革，按现代企业制度要求建立了管理体系。与此同时，按《公司法》进行股份制改造。这样，农机研究所直接转制为现代科技企业。年内，完成技工贸总收入4 200万元，比上年增长6%。在积极参与北京农业科技股份有限公司重组上市的同时，农机研究所与北京实创高科技发展总公司合作，建立“现代农业机械发展中心”，推进设施农业高科技产业向的规模化方向发展。

机械设备厂依靠自身产品品牌和玉米收获机发展前景广阔的优势，不失时机地进行低成本扩张，快速造就规模，通过资产重组组建跨省市的多元投资的有限责任公司。

嘉源公司从经营节水灌溉设备起步，现已在北方地区打响了品牌。为增强企业竞争实力，嘉源公司、大都林公司、农牧工程公司三家合并，成立了嘉源易润有限责任公司。同时，对产品结构进行调整，确立了以服务于农业发展、环保和节约能源为发展方向的主导产品。经过努力，节水灌溉系统产品的销售区域已扩展到全国十几个省、市、自治区。目前又随西部大开发，在新疆大面积推广，年安装面积数万亩；挤奶系统设备技术达到国内先进水平，北方市场占有率达到50%以上；全智能化温室技术在国内处于领先地位。注重吸引人才，在现有30名职工中，大专以上学历的占80%，有高中级职称的占到60%以上。四季度又与电信公司成功实施资产重组，进一步壮大了规模，总资产由147万元增加到1 200万元。

2. *企业改革全面推进*。机械设备厂以产品品牌优势为龙头，吸引北京和外埠股东参与，组建跨地区、跨行业的收获机械有限责任公司，对原有企业实行整体转制，工作进展比较顺利。农机研究所由科研单位转制为科技型企业，并按现代企业制度进行改制，建立有限责任公司的工作基本完成。嘉源公司与电信公司的资产重组工作也已完成。小动力厂的压铸分厂改制为股份合作制企业，4月20日完成注册。农机公司汽车分公司按主辅分离要求，组建了北京市旭农汽车注油服务中心，成为独立法人单位。农机物资公司鑫秋雨丝网印刷中心已由个人买断。北联集团销售门市部转为民营企业已经注册。京驼挂车厂成立股份合作制企业正在动作。在物资公司、农机研究所、小动力厂进行了建立法人治理结构试点。北拖公司的资产以部分参股、部分租赁的方式进行了重组。

3. *技术改造项目开始实施*。2000年3月30日，兴东方实业公司申报北京市机械设备厂“玉米联合收获机技术改造项目”，被列入北京市第一批新开项目年度计划。该项目总投资为2 160万元，2000年计划投资 1 600 万元。该项目主要内容是建造涂泳流水线、装配流水线、整机磨台、检测试验系统等。技改完成后，达到单班年产自走式玉米收获机 2 000 台的能力，达产后年销售收入 21 240 万元，利润 1 900 万元，税金 1 104 万元。该企业已委托南京工业设计院设计完成涂泳流水线并准备施工；已和天津五院就规划厂区及装配流水线设计进行了洽谈。

4. *开发新产品*。2000 年，兴东方实业公司完成新产品开发项目 4 个，其中，已通过鉴定的 1 个，通过验收的 3 个。农机研究所的“秸秆捡拾打捆机和立式喂料机引进、国产化”项目，已于 12 月通过市科委鉴定，产品达到国内先进水平。市农机研究所的“工厂化农业配套设施产业化工程”项目，是引入市科委的项目，其主要内容包括引进开发适合中国国情的温室及开发成套的作业机具，该项目已通过市科委的验收。北京市化油器厂的 491 机油泵、K100 化油器产品已通过配套厂的验收。

5. *拓展市场销售渠道*。2000 年，兴东方实业公司系统，除北京拖拉机公司因调整暂无生产经营，北京联全收割机发展集团受资金和市场影响向市政府申报了停产外，其他各企业按照市场需求及时调整了产品结构，加速新产品开发。培育和发展了温室系统工程、田园小型农机工程、饲料工程、机械化养殖、节水灌溉体系等。通过市场研究和产品生产，大部分新产品已趋成熟。日光温室系统产品由于经济实用、节能环保，深受市场欢迎，产品已形成规模。节水灌溉系统产品的销售区域已扩展到国内十几个省、市、自治区，随西部大开发，又在新疆大面积推广，年安装面积数万亩。挤奶系统设备技术达到国内先进水平，市场占有率达 50% 以上。两个农机销售公司充分利用在农机市场多年主渠道的优势，除保留原市场份额外，建立汽车、钢材、有色金属等销售站点，取得较好的经济效益。小型动力机械厂的产品营销实行分厂营销，充分发挥分厂产销优势，在北京周边、河北等地建立产品直销点，既占领了市场，又打击了伪冒该厂产品的投机商。农机研究所为拓宽产品市场，提高产品（温室系统产品）知名度，在成都、昆明、云南、新疆等地建立了销售网点。

6. *外经外贸有发展*。市经委年内下达兴东方实业公司出口创汇指标 1 400 万元人民币，实际完成 1 505.5万元，超计划 7.5%。其中本市出口 469.88 万元，外埠出口 1 035.62 万元，直属企业出口 222.18 万元。出口的产品主要是：拖拉机、挂车、机电产品、工程机械配件、日用纺织品等。出口的国家主要是日本、越南、孟加拉、刚果、美国和我国台湾地区。

7. *加强基层党组织建设*。大多数基层支部都进行了民主选举，党的组织机构得到健全；加强了基层党课教育，坚持党员目标管理制度和开展争优创先等活动，传播、推广先进党支部和优秀共产党员的事迹；按照“坚持标准，保证质量，改善结构，慎重发展”的组织发展方针，共发展新党员 22 名，为党组织增添了新鲜血液。

8. *全面深化厂务公开工作*。全系统企业都成立了厂务公开领导小组，并且制定了本单位的实施意见，建制率达到 100%。厂务公开与效能监察相结合，提高了厂务公开的可操作性。

9. *机构改革顺利完成*。出台了《兴东方公司机关综合配套改革方案》、《兴东方公司组织机构设置、职能配置方案》和《兴东方公司机关机构调整及人员调配方案》。通过改革，机关 16 个部、室精简合并为 5 部 1 室，人员由原来的 58 人减为 40 人，处级干部由 22 人减为 15 人。初步建立了竞争上岗和择优录用新机制。实行全员下岗、竞争上岗、择优录用。对中层正副职通过笔试、答辩和民主投票，最后由公司党委择优确定中层正副职。一般工作人员，通过个人申报竞争，由部门负责人经考核择优录用。初步建立起管理者能上能下、人员能进能出、收入能增能减的新机制。

10. *实施下岗分流再就业工程见成效*。总公司加大下岗分流工作的力度，各企业也加强了这方面的工作。领导重视、专门班子、责任到人；学习政策、摸准情况、理清思路；起草方案、宣传到位、措施落实；无情下岗、有情操作、工作耐心。工作中把握三条：一是不能光让工人下岗，企业领导带头下岗，下岗职工心服口服；二是先开渠后放水，组建劳务派遣组织安置下岗职工；三是工作做细，一个一个做，决心大，工作锲而不舍。全公司系统下岗分流 2 285 人，年直接减少人工成本近 2 300 万元；进入再就业中心的下岗职工 1 818 人，市劳动局、财政局年拨付基本生活保障金 823 万元，减轻了企业负担，职工生活得到保障。

11. *开展文明单位创建活动和企业文化建设*。农机物资供应公司、农机公司、农机研究所被评为 2000 年度总公司文明单位。李春英、李斌、杨仁全被评为“北京市劳动模范”，北京市农机研究所温室工程部被评为“北京市模范集体”，农机公司、北联集团下料分厂被授予“北京市模范职工之家”、“北京市模范职工小家”称号，农机研究所的李建勋同志被授予 1999 年“北京市青年岗位能手”称号。

四、协会组织

北京市农机流通协会　2000 年主要活动是召开了 2 次会员大会，组织了 1 次外出考察。年初一次是总结交流 1999 年各会员单位情况、经验，布置 2000 年工作任务。总结交流的重点是农机市场情况，各成员单位采取的应对措施。从全市情况看，由于农业产品结构的调整，传统农机产品市场需求大幅度下降，协会成员基本都是国有流通企业，无论体制、机制均很不适应，也都采取了一些改革措施，如：租赁经营，买断部分商品经营权，自负盈亏等等，取得了一定成效，相互之间受到了一定启发。7 月份召开了一次交流会，主要内容是减员增效，企业减员。2000年是国企三年减困攻坚最后一年，其中减员增效是重要内容。就这个问题，进行了座谈交流，从座谈交流情况看，部分成员单位做得不错，但也有些公司对国家有关政策不清楚，减员无办法，通过交流受到了很大启发。协会又收集了国家有关减员增收的一些相关政策，总结较好的成员单位的一些做法、经验，下发给成员单位，帮助成员单位促进这项工作的开展，收到很好成效。如昌平区公司对减员过去一不知道政策，二苦于没有办法，通过协会指导，自己努力，20多人顺利下岗，仅人员开支节省20多万元。8月份协会组织部分成员单位赴东北考察农机市场，先后考察了长春、延边等地的市场情况，和当地农机流通部门进行了座谈交流。其中长春市农机公司不断扩大经营规模以及内部机制转换等成功做法，使大家深受启发。此外，行业优质服务活动，商流统计等日常工作都在正常开展。协会办公地点：宣武区广安门外红居南街1号。法人代表：王祖南。

北京市农机安全协会 2000年4月，在房山区举办全市多功能拖拉机现场演示会，向会员及从事农机工作的同志展示新机型。6月，受农业部委托，组织、主办全国多功能拖拉机及新机具现场演示会。印发《驾驶员之友》3期共计6万余份，供会员了解现行政策、法规。印发《北京农机安全信息》1期2万余份，供会员了解农机市场信息。组织会员分2批赴广西、云南考察交流。7月份组织会员在北戴河开展学术交流，对新会员进行法规培训，共培训1 280人次。协会办公地点：北京市海淀区复兴路2号。法人代表：潘继维。

北京兴东方实业有限责任公司
党政领导班子成员

党委书记	张　耕
副书记	刘振山　张朝星
纪委书记	毛东山
总经理	刘振山
副总经理	郭德昌　刘亚清（调离）
	尹　杰　段义绵　蔡福栋

（沈向东）

北京城乡建设集团有限公司

一、概　况

北京城乡建设集团有限责任公司（简称北京城乡建设集团）前身是北京市农村建设总公司。农建总公司成立于1981年，1992年更名为北京市城乡建设（集团）总公司。1997年按照《公司法》改建为市政府出资的国有独资公司，名称改为北京城乡建设集团有限责任公司，注册资本11 172.5万元人民币。改制后以建筑安装、房地产开发为主业。城乡建设集团以改革统揽全局，锐意进取创新，企业整体优势和综合实力不断增强。集团公司具有国家一级施工企业资质、一级房地产开发企业资质和对外经营权，为ISO9000认证单位。集团公司拥有分公司和子公司20余家，现有职工4万余人。企业资产总额30多亿元，建安施工能力500多万平方米，是首都城乡建设一支重要力量。集团的质量方针是："用我们的智慧和信誉雕塑顾客满意的工程"。多年来，建筑精品迭出。截止到1999年，累计创建市优以上工程79项，其中长城杯工程16项、鲁班奖工程7项，工程优良品率、竣工率居全市同行业领先地位。集团公司被建设部授予全国工程建设管理先进单位称号。

2000年是集团发展实现转折的一年。一年来，面对重重困难和激烈的市场竞争，全系统广大干部、职工紧紧围绕年初确定的奋斗目标，顽强拚搏，一举扭转了近几年企业发展徘徊不前的局面，各项工作和主要经济指标均取得了突破性进展。全系统施工企业开复工面积达到262.71万平方米，比上年增长17.1%；其中：新开工程面积124.19万平方米，比上年增长61.4%。企业经济效益明显回升，在弥补历史潜亏1 500多万元的基础上，实现税前利润3 180万元，比上年增长57%。全系统共申报结构"长城杯"工程10项，面积45万平方米，已检查的7项工程，两次检查结果综合得分全部达到了结构"长城杯"的标准。竣工工程创市优12项，面积42.2万平方米，占竣工面积85.6万平方米的49.40%，创出了历史最好水平。创市级安全文明工地17个（其中2个市级样板工地），面积达93.2万平方米，占在施工程面积的52.90%，创历史上最高水平。2000年全系统首次开展了"样板间"评比竞赛活动，2次参赛的有15项工程，面积37.5万平方米，占竣工面积的44.5%。通过开展"样板间"评比竞赛活动，创出了一批精品，受到市主管部门领导和有关专家以及各大开发商的赞誉并在社会上产生强烈反响。房地产开发项目达到30多万平方米，取得了突破性的进展。企业改制取得了初步成效，集团公司确定了建立"三个中心"的管理体制的总体改革思路，即：把集团公司建成投资、决策中心；把二级公司建成利润核算中心；把项目部建成成本控制中心。规范的项目管理试点工作已在绝大部分施工企业推开，并取得了一定的成效。经过努力，集团所属一公司、二公司、五公司、监理公司，改制建成了比较规范的有限责任公司，并且结合企业实际吸收企业职工、民营企业参股入股，在实现企业产权多元化方面进行了大胆的探索和尝试。

2000年，集团公司不断地适应市场，转变观念，不断地改革、创新，大胆提拔使用年轻干部，唱响了以"六赢"论英雄（即：以赢得更多的工程任务、赢得更科学的管理、赢得更好的名牌工程、赢得生产更安全、赢得更多的人才、赢得更高的利润论英雄）的主旋律，全系统上下心往一处想，劲往一处使，各单位之间相互支持、团结协作，形成了齐心协力闯市场、创名牌的良好局面。

二、机构设置及下属单位

2000年集团公司机关机构设置为11个部（室），即：办公室、组宣部、纪检监察审计部、工会、生产管理部、技术质量部、经营管理部、劳动人事部、财务管理部、材料设备部、发展研究部。另设4个职能中心，即：教育培训中心、劳动力调剂与再就业服务中心、基建指挥部、物业管理中心。

集团公司下属单位23个，其中建筑施工企业11个，房地产开发企业2个，其他企业9个，事业单位1个。见表1、表2、表3、表4。

表1 建筑施工企业

单　　位	地　　址	电　话
北京城乡一建设工程有限责任公司	海淀区新街口外大街5号	62021117
北京市城乡建设第二建筑工程公司	丰台区六里桥西局构件厂北侧	63834432
北京市城乡建设第三建筑工程公司	丰台区草桥北街甲1号	63540480
北京市城乡建设第四建筑工程公司	宣武区广外南街57号	63441077
北京城乡五建设有限责任公司	崇文区永外东滨河路11号	87274581
北京市城乡建设第八建筑工程公司	丰台路56号	63813657
恒万实业有限公司	朝阳区安贞里3区11楼	64411272
北京城乡建设集团有限责任公司建兴建筑工程分公司	丰台区三路居171号	63478027
北京紫荆市政工程有限公司	丰台区菜户营南区乙363号	63492789
北京市城乡建设设备安装工程公司	崇文区幸福大街文章胡同甲22号	67184923
北京市城乡建设基础工程公司	海淀区太平路44号	68181207

表2 房地产开发企业

单　　位	地　　址	电　话
北京市鑫兆房地产开发公司	东城区兴化路9号	84272304
北京市城乡房屋建设开发公司	东城区兴化路9号	84277205

表3 其他企业

单　　位	地　　址	电　话
北京市城乡建筑材料经营开发公司	朝阳区望京工业区东口	64381662
北京华美博大环境工程有限公司	安定门外大街88号中路大厦506室	64280011
北京市城乡建筑物资公司	宣武区广安门外鸭子桥6号	63266644-3322
北京市城乡建筑设计院	宣武区广安门外鸭子桥6号	63266644-3505
北京市村镇建设发展公司	宣武区广安门外鸭子桥6号	63266644-3528
北京市城乡建设勘察院	宣武区广安门外鸭子桥6号	63266644-3414
北京市方正建设监理公司	宣武区广安门外鸭子桥6号	63266644-3533
北京万隆酒店	宣武区广安门外鸭子桥6号	63266644-8135

表4 事业单位

单　　位	地　　址	电　话
北京城乡建设学校	朝阳区安外北苑羊坊甲2号	64232581

三、主要活动

1. 靠样板引路，创精品工程。2000年集团公司开展工程“样板间”评比活动，取得突出成绩。在住宅工程“样板间”的2次竞赛评选中，有15项工程参加，面积37万平方米，评出一、二、三名优秀样板间7项，面积17万平方米。在实践中，集团公司对“样板间”每一步工艺做法都认真研究、试验，达到既操作方便、节省材料，又能体现出特色，之后再作为工艺标准加以推广。在施工中，还注意科技应用，把“样板间”作为应用新技术、新材料、新工艺的试点，取得良好的经济效益和社会效益。先后来参观“样板间”的主管部门领导、专业人员和开发商等达5 000余人次。精品“样板间”的广泛传播，提高了商品房屋的身价，并加快了售房速度，形成了住宅建设的良性循环，同时也提高了企业的知名度和市场竞争力。

2. 房地产开发取得突破性进展。房地产开发是集团公司的主业。2000年初，制定了"抓住机遇，迎难而上，集中力量、打攻坚战，加强银企合作，利用各种有利条件和企业优势，开拓房地产开发市场"的方针。经过努力，到年底全系统已经开工的开发项目达30多万平方米，一批较大的后续开发项目正抓紧运作，朝阳区长营乡60万平方米的"鑫兆家园"小区已经签订合同。2000年集团公司房地产开发工作取得了突破性进展，初步改变了过去两项主业"一强一弱"的状况。

3. *加快直属企业改制步伐*。2000年，围绕着集团公司确立的"三个中心"管理体制，即："把集团公司建成投资和决策中心，把二级公司建成利润中心，把项目部建成成本控制中心"的总体改革思路，加快了企业改制步伐。

在集团公司母体建设上，制定了以建安施工为基础，房地产开发为核心的集团母体构筑方案并开始实施。

在二级公司改制上，集团下属城乡一公司、二公司、五公司、监理公司完成了改制，建立起较为规范的有限责任公司。城乡一公司改制为"北京城乡一建设工程有限责任公司"，总股本4 500万元，由北京城乡建设集团和企业职工持股会两家股东组成，其中集团公司持有国有股3 500万元，占78%；内部职工持股1 000万元，占22%。2000年6月注册成立。城乡二公司改制为"北京城乡欣瑞建设有限公司"，总股本6 390.66万元，由3家股东组成，其中北京城乡建设集团持有国有股3 564.09万元，占55.8%；北京欣江峰市政工程有限责任公司出资2 206.95万元，占34.5%；北京市上瑞装饰工程有限责任公司出资619.62万元，占9.7%。2000年底注册成立。城乡五公司改制为"北京城乡五建设有限责任公司"，总股本3 786.21万元，由北京城乡建设集团和企业共同共有资产管理委员会2家股东组成，其中集团公司持有国有股1 398.46万元，占37%；共同共有资产管理委员会持股2 387.75万元，占63%。2000年6月注册成立。方正监理公司改制为"方正建设监理有限责任公司"，总股本120万元，由北京城乡建设集团与职工个人股东组成，集团公司持有国有股20万元，占16.7%；职工个人持股100万元，占83.3%。2000年5月注册成立。

在改革施工管理体制上，全面实施规范的项目管理，从2000年开始，集团公司大力推行"动态"的项目管理，坚持实行项目经理负责制和项目成本核算制，规范落实项目经理的责、权、利，防止项目班子固化，促进生产要素的合理流动和高效运行，将项目部建成真正的"成本控制中心"。

4. *集团公司与美国MW公司合资组建美华博大环境工程公司*。城乡建设集团根据自身的特点，利用从事建筑、市政工程等业务的优势，确立了发展环保产业的方向，将环保产业作为集团新的经济增长点之一，加以大力扶持和培育。2000年6月8日，集团公司与美国美华集团公司（MW公司）正式签约，组建了北京美华博大环境工程有限公司。美国美华集团公司是一家拥有156年历史的全球性的环境工程设计、建设和管理的跨国公司，拥有近5 000余名各类专业人员，并分布在世界各地的130个城市，连续2年被福布斯杂志列入全美500最大的私有企业和最大的水处理企业，在环保和市政工程方面业绩显著。该公司经过近两年的考察、追踪、甄选，最终选择城乡建设集团作为在中国大陆的合作伙伴，并承诺在技术、管理、资金上给予大力的支持，计划在未来5年内将美华博大公司发展成为亚太区环境工程设计建造中心。合资的成功，使美华博大公司不仅在规模、实力上有了很大的提高，更重要的是凭借美华集团公司在全球领先的环保技术、先进的管理以及数以万计的大型工程的成功经验，美华博大公司的业务将拓展到城市供水处理、市政污水处理、工业污水处理、固体废弃物处理、BOT项目、各类管道工程等，将成为集体设计、建造、运营管理为一体的专业化的环保企业。同时，借助集团公司在建设、施工、安装、市政工程各方面的优势，将美华博大公司建设发展成中国一流的环保产业集团。

5. *人才引进和培养工作成效显著*。截止到2000年底，全系统共引进具有大专以上学历和中级以上专业技术职称的人员205人，其中具有大学本科以上学历的125人（博士生1人、硕士生8人），占引进人才总数的86.50%，比1999年增长131%；具有中级以上专业技术职称的50人，比1999年增长了163%。全系统共培训各类专业技术人员10 782人，其中已批准的一级项目经理41名，二级项目经理37名。

6. *开展演讲活动*。为了激发全系统广大干部职工爱企、敬业，不畏困难、勇攀高峰的精神，更好地调动广大职工的积极性，提高广大职工的整体素质，活跃企业的文化生活，增强企业的凝聚力和广大干部职工的责任感，集团公司于四季度自上而下开展了以"六赢论英雄，做合格的城乡人"的演讲活动。集团公司党委认真组织了这项活动，领导带头，自下而上、广泛参与，全系统共组织各种演讲比赛25次，参赛选手约200余人次，参与演讲人员达600余人。这项活动的开展，在集团公司上下树立了正风正气，形成了人人争先，做合格"城乡人"的良好氛围，通过演讲，弘扬了企业精神，促进了企业文化建设。

7. *发挥两校作用，提高干部素质*。2000年，集团党校举办了3期培训班，培训处级以上干部400多人次，学习内容以十五届五中全会精神、国企改革理论为主。还认真落实了中心组理论学习制度，较系统地学习了邓小平理论、知识经济理论、领导科学理论、市场经济知识、企业管理知识。领导干部发扬理论联系实际的优良学风，在提出问题和解决问题上下工夫。加强理论学习，着重培养领导干部的战略思维和工作创新能力，理清指导企业发展的工作思路，提高领导水平和决策水平。

此外，集团公司与首都经贸大学联办了企业管理研究生班，第一批已选送70名中青年干部进行深造。这些举措，引起各级领导班子和广大干部对学习的普遍重视，使学习思考的风气更加浓厚。

8. *加强党的建设和领导班子建设*。集团公司坚持不懈抓好领导干部的理论学习。通过中心组理论学习、开办党校、干部调训、强调自学等方法和手段，形成了良好的学习机制，培养了良好的学习风气，塑造了学习型的领导班子。通过学习研讨，领导干部受到深刻的马克思主义教育和党性党风教育，丰富了知识面，增强了依法治企、依法保护企业合法权益的意识，进一步理清了企业发展的思路，明确了前进的目标。

领导班子努力抓好自身建设。集团党委号召所有领导干部都要讲学习、讲政治、讲正气，不断改造自己的主观世界，勤政廉政，树立正确的世界观、人生观、价值观。纪检监察部门加强工作力度，在深化教育的基础上，健全了监督机制、完善了法纪制度。集团公司先后制订了《关于加强领导班子建设的决议》、《关于二级公司党委参与企业重大问题决策的意见》等十几项制度和规定。集团党委发挥政治核心作用，基层党委健全，发挥战斗堡垒作用，作到“那里有经济组织，那里就有党的组织，那里有经济活动，那里就有党员的先锋模范作用”。

9. *改善领导班子年龄与知识结构*。2000年调整充实二级公司领导班子18个，调整交流处级干部117名。二级公司党政一把手平均年龄46.8岁。全系统有处级干部161名，其中研究生学历14名，占8%；本科学历45名，占27%；大专学历65名，占40%。高级职称52名，占32%；中级职称84名，占52%。领导干部的年龄结构和知识结构均有较大改善。

10. *深入推进厂务公开制度*。各级党委对厂务公开高度重视，加强领导，党、政、纪、工密切配合，共同努力，广大群众积极支持和参与，企业厂务公开工作形式多样、内容丰富，取得了明显效果。集团公司党委制定下发了《推行厂务公开加强民主管理的意见》，规定了工作制度、工作程序。基本形成了党委统一领导，党政齐抓共管，工会组织实施，职能部门各负其责，纪委监督检查，职工群众积极参与的领导体制和工作机制。把建立健全职代会制度作为推行厂务公开的基本形式，全系统19个基层单位都建立了职代会，利用职代会形式审议经理的工作报告、财务预决算报告，对企业重大事项、生产经营年度计划、企业改革改制方案、业务招待费及领导干部廉洁自律的情况等进行审议。把厂务公开同民主评议领导干部结合起来，使厂务公开的管理落到了实处。通过厂务公开促进了党风廉政建设，推动了企业改革、发展、稳定。一是企业业务招待费使用情况明显好转，招待费超支单位有所减少，开支趋于合理；二是工资、奖金不公开的情况被杜绝；三是民主评议领导干部工作有突破。全系统共有19个单位组织了民主评议，占应当评议单位的100%，评议副处级以上党政领导班子成员142人，集团公司参考评议结果，重新调整任免了部分基层领导干部。

北京城乡建设集团党政领导班子成员

党委书记	姜立贵
副书记	聂玉河　焦志忠　于长海
常委	张安全
董事长	姜立贵
总经理	聂玉河
副总经理	于长海
	王殿平
	李增年

（曹民英、翟欣伟）

北京市农工商开发贸易公司

一、概　况

北京市农工商开发贸易公司是1983年5月经市政府批准成立的以商贸为主的农口国有企业。公司的主要任务是：与深圳等地合作，经销本市计划外的农副产品和社队企业产品；与外贸部门合作，办理农口灵活贸易；利用留成外汇，进口农村发展出口商品所需的原料和小型设备。公司实行企业经营、独立核算、自负盈亏、照章纳税。公司起动资金268万元。

公司成立后，在支持郊区农业生产，搞活流通，发展郊区经济方面作出了重要贡献，自身也获得了较快发展。进入90年代后，随着计划经济向市场经济的转变，企业发展的外部环境发生了重大变化，使发展受到严重制约。从1994年起，公司进一步适应改革开放和市场经济的新形势，紧紧围绕两个根本性转变，以市场和产业政策为导向，不断深化改革，加大结构调整力度，严重制约公司发展的问题得到了比较明显的改变。在贸易方面基本形成了化肥、饲料、饲料添加剂、空调、羊绒出口等具有一定规模和较强竞争能力的主导产品；在实体方面相继建立了海文大厦、小商品市场、兴业老年康乐园等，实现了贸易与实体的有机结合和相互促进。通过改革、调整、重组，三级公司由原来的140多个减少到40个，二级公司由18个减少到13个，以多种方式建立了一批股份制公司。公司的经济实力明显增强，产业结构进一步优化，逐步走上良性循环的发展轨道。到2000年底，公司拥有总资产6.4亿元，所有者权益1.4亿元。

2000年公司工作在指导思想上坚持做到“四个结合”：激励与约束相结合，加强管理与对下支持相结合，发展与稳定相结合，从公司实际出发与实现公司经济持续、稳定、健康发展相结合。进行了“三项改革”：资产管理体制改革，劳动人事制度改革，收入分配制度改革。抓好“两项重点工作”：经济工作和企业稳定工作。做到“四到位、一加强”：思想到位，职责到位，措施到位，监督管理和奖罚到位，加强党的建设和思想政治工作。一年来，在主要经营业务、项目开发、企业改革、结构调整、遗留问题的解决等方面都取得了重要进展，全年公司系统共完成经营额4.2亿元，实现利润700万元。

二、机构设置及下属单位

2000年，公司设6个职能处室。即办公室、企业管理处、企业策划处、财务处、劳资保卫处、组织宣传处。下属13个单位情况见表1。

表1　北京市农工商开发贸易公司所属单位

单位名称	地址	联系电话
北京市正大贸易公司	朝阳区劲松南路1号	67737456
北京恒泰通商贸发展公司	朝阳区东三环南路13号	67718587
北京市兴业乡镇物资公司	朝阳区松榆西里18号楼	67328770
北京海文物业管理有限责任公司	朝阳区劲松南路1号	67731206
北京牧歌尔服装服饰有限公司	亦庄开发区中和街3号	67718995
公司基建工程管理处	通州区东关	89521441
北京顺永祥商贸中心	朝阳区十里河左安东路1号	67784772
北京博智恒企业管理咨询公司	朝阳区劲松南路1号	67731175
北京国际蛋制品有限公司	顺义区南彩镇俸伯	89470646
北京濒危动物驯养繁殖中心	大兴区榆垡镇东胡林	89213437
北京野生动物森林有限公司	大兴区榆垡	89214144
北京金穗食品有限公司	顺义天竺空港开发区	80496594
北京兴业老年康乐园	顺义天竺杨二营30号	80498752

三、主要活动

1. *改革有新举措*。总公司出台三项重要改革举措。一是在管理体制上，按照产权关系和行政隶属关系，进一步明确了总公司的主体地位。总公司在职能上由以行政管理为主转变为以资产管理为主；总公司对二级公司经济指标的考核，全部改为税后利润，税后利润全部上交总公司；总公司设立财务中心，加强对公司系统资产考核和监管的力度。二是在劳动人事上，对公司系统二级公司全部实行法人委托制。打破企业领导终身制，薪随岗变；对二级公司法人代表实行“双文明”任期目标责任制，对未达到目标要求的一年警告，两年调离现岗位；加强劳动管理，对企业员工实行劳动合同制。三是在收入分配制度上，对可实现年税后利润100万元以上的7个二级公司法人代表实行年薪制。

2. *中北国旅改制获得成功*。2000年，公司对下属单位北京国际旅行社进行改制工作。该企业已连续3年出现亏损，业务状况和资产状况逐步恶化，靠自身已难求生存。经市农委和市财政局批准，确定如下改制方案：①鉴于企业资产状况，采取零值出售的方式，即将企业以零值出售给购买方，变更企业注册，由购买方重新注入注册资金。②经现企业职工讨论同意，改制后新企业接收原企业从事旅游工作的10名在职职工，在新企业正式领取营业执照后变更劳动合同相关内容；总公司负责其他在职职工及退休人员的安置工作。③在改制操作上采用协议出售的方式，总公司与北京东泽经贸公司就改制方式和人员安置等问题达成一致意向，报主管部门和国有资产管理部门批准后签署正式协议。现该项改制委托北京市改制登记中心办理相关手续。与此同时，对于总公司安置的人员，由总公司出一部分资金作为借款，同时吸收职工部分股份，选择适宜的发展项目成立有限责任公司，待企业发展起来后归还总公司借款，与总公司解除资产关系和母子关系，成为完全由职工投资的股份合作制企业。这种做法，使转制企业的职工与资产相结合，把企业与职工个人的命运相结合，既给转制企业的员工提供了新的发展舞台，同时也是一种压力和动力，职工能够承受，有利于企业的稳定，是国有小企业放开搞活的一条新路。

3. *调整化肥营销策略*。化肥作为公司传统经营产品，其经营在京郊农村享有很高信誉，其中进口化肥销售量占郊区市场50%以上。2000年郊区加大农业结构调整力度，粮食作物面积大幅度减少，经济作物面积大幅度增加，农产品的品种结构进一步优化。适应这种新的变化，公司及时调整经营方向和经营策略，扩大外埠化肥市场，相应增加复合肥的销售，从而减轻了对化肥经营的不利影响。

4. *合资企业前景看好*。公司进出口部与香港公司合资设立了北京牧歌尔服装服饰有限公司，完成了在北京经济技术开发区的登记注册，在保持原有出口渠道的基础上开拓了新的途径，在抓出口的同时开辟了国内市场，建立了自己的原料供应基地和生产加工厂，初步形成了以羊绒制品为主导的产、加、销进出口贸易体系。

5. *房地产项目开发取得进展*。重点抓了海文大厦二期扩建工程、通州万米商住楼工程、东四十条商住楼项目。其中海文大厦二期扩建工程年内全部竣工，使大厦总面积由3.6万平方米增加到4.6万平方米，公司增加自有面积8 000平方米；通州万米商住楼工程当年施工、当年建成，已经进入售房阶段。

6. *涉足知识经济领域*。总公司成立了北京博智恒企业管理咨询公司，与中央党校、北京大学、清华大学、中国人民大学等著名院校合作，为适应21世纪对高素质企业管理人才的需要，对国内企业经营管理者开展咨询和培训，加快科研成果向现实生产力的转化，并在北京、河南、江西、云南等地开办了研究生课程班。

7. *北京野生动物园项目开始启动*。从1998年起，公司利用所属企业北京濒危动物驯养繁殖中心在动物科研、管理、繁育、保护等方面的特有优势，着手实施改制扩建工程。经过2年多的运作，2000年取得重大进展，设立了北京野生动物森林有限公司，开始进行北京野生动物园项目的开发建设。北京野生动物园项目是以北京濒危动物驯养繁殖中心和大兴区的万亩人工森林为基础，吸收国内外野生动物园的优点，揉入自己独特的创意，具有首都风格、北方特点、国际领先水平的世界第三代野生动物园。预计项目总投资5亿元，分三期进行建设：一期为野生动物园。将采取国内外城市野生动物园从未使用过的参观方式和技术，以大种群、大水域、经典种类构成新的视觉效果，以散放区为主，园区内除了设有熊、三色犬、牛狼、非洲草食动物、虎、狮、狼等7个动物散放区外，还设有金丝猴、狮虎、狮狒、热带鸟、北方鸟、珍稀动物、夜行动物等7个步行馆，此外还设有儿童动物乐园和鸟、宠物、兽三个表演场馆；二期工程开发建设与野生动物园配套的旅游度假村、老年公寓等设施；三期工程开发建设森林公园、森林自然村和森林游乐区。11月份，一期工程开始启动。项目建成后，将成为国内最大的野生动物园，成为具有自身特色、在市场上占有优势地位的公司主导产业。

8. *党建工作加强*。重点抓了三项工作：一是抓好理论中心组的学习。认真学习邓小平理论，学习江泽民总书记“三个代表”的重要思想及其他重要论述。在学习过程中，分析形势，统一思想认识，讨论研究公司在改革和发展中遇到的难点问题，提出解决的措施、办法，把学习与工作实际和思想实际紧密结合起来。二是坚持民主集中制原则，增强领导集体战斗力。坚持做到重大项目决策、大额资金使用、人事任免、年度工作计划等涉及全局的重大事项必须由领导班子集体作出决策，较好地做到了决策的科学性和民主性。在领导班子内部建立严格的岗位责任制，每个领导成员都有明确的分工，各负其责，分工不分家，形成了一个团结拼搏、开拓进取的领导集体。三是抓好领导干部的民主评议和考核工作。2000年上半年在公司系统开展了民主评议领导干部工作，在广泛征求干部职工意见和进行民主评议的基础上，总公司和二级公司分别召开民主生活会，肯定了成绩，指出了问题，制定了整改措施，促进了企业的发展。下半年市委农工委考核组对公司领导班子和领导干部进行了考核，公司党政领导集体和每个领导成员撰写了述职报告，公司系统副处级以上干部参加了民主评议，领导班子和领导干部推荐优秀年轻干部等。考核组将考核结果进行反馈后，公司领导班子专门召开生活会，开展批评和自我批评，收到了很好的效果。

北京市农工商开发贸易公司
党政领导班子成员

党委书记　陈瑞钧
副 书 记　熊万华、张进宽
总 经 理　熊万华
副总经理　陈健、孝启富、桑宝荣、王廷森

（杨玉刚）

北京市郊区旅游实业开发公司

一、概　　况

北京市郊区旅游实业开发公司（简称郊旅公司）经市政府批准成立的正局级公司。到2000年底，北京市郊区旅游实业开发公司拥有总资产31.07亿元，总负债7.59亿元，郊旅公司和城乡股份公司报表汇总的净资产为21亿元（其中，按郊旅公司投资股权计算，属于郊旅公司的净资产为8.4亿元），员工近4 000名，直属企业7个，系集商业贸易、高科技开发、旅游服务、建设开发为一体的跨地区、跨行业的综合性集团企业。

由北京市郊区旅游实业开发公司控股的北京城乡贸易中心股份有限公司是以商贸为主体，集高科技、外经外贸、商品生产、房地产开发等于一体的大型股份制企业。该企业于1994年5月发行的“北京城乡”股票在上海证券交易所上市，成为全国最大300家股份制企业之一，并被列为北京市现代企业制度试点单位之一。城乡贸易中心成立以来，连获北京市“经济百强”企业和“首都文明单位标兵”称号。到2000年底，该企业总资产23亿元，净资产15亿元，分别比开业之初增长了5.9倍和5.2倍。1992—2000年上缴税金41 057万元，年均增长33.09%。

2000年，郊区旅游实业开发公司发展的指导思想是：以深化企业体制改革为中心环节，积极推进建立现代企业制度，不断健全和完善法人治理结构，强化企业管理，深入开展开源节流、增收节支工作，加大社会保障工作力度，努力提高经济效益。在企业改革和发展中，进一步发挥党组织的政治核心和党员先锋模范作用，以两个文明建设的优异成绩迎接新世纪。

2000年制定的重大方针、政策包括：调整经济结构，促进经济增长；加快企业转制步伐，转变企业经营管理方式；继续深入挖潜增效；努力收回对外投资；加强劳动和社会保障工作；加快推进企业干部制度改革，加强企业基层党组织自身建设；健全民主管理和民主监督机制，广泛开展劳动竞赛和提合理化建议活动。

2000年，遵照中央、市委关于国有企业改革的精神，公司和各改制企业，提高认识，统一思想，精心确定改制方案，狠抓各项工作的落实。到2000年底，公司系统以产权改革为突破口的企业改制工作取得了突破性进展。所属6个二级公司中的5个已经完成和完善了企业改制工作。一个企业改制正在进行方案论证，企业改制工作基本完成。企业改制中，坚持投资主体多元化，坚持企业领导、骨干持大股，鼓励职工个人参股，是改制取得成功的关键和主要经验。

2000年，北京市郊区旅游实业开发公司共完成营业收入15.76亿元，实现利润1.308亿元。其中，北京城乡贸易中心股份有限公司完成营业收入13.5亿元，实现利润1.3亿元。

二、机构设置及下属单位

公司设本部7个处、室：经理办公室、企业管理处、财务处、人事劳资处、组织宣传处、工会、老干部处。公司下设7个二级公司和两个物业管理单位，表1。

表 1　北京市郊区旅游实业开发公司下设单位

名　　称	地　　址	电　　话
北京城乡贸易中心股份有限公司	北京市海淀区复兴路甲23号	68298225
北京市旅游建筑工程公司	北京市海淀区普惠南里13号楼	68217677
北京城乡旅游汽车出租有限责任公司	北京市朝阳区东直门外六公坟	64725131
北京新华国际旅游有限责任公司	北京市海淀区复兴路甲23号	68214878
北京市京旅建筑设计有限责任公司	北京市海淀区复兴路甲23号	68223688
北京市旅游建设开发公司	北京市海淀区复兴路甲23号	68298328
北京京泰花卉有限公司	北京市朝阳区安贞西里5区仟村商务楼B座702	64418627
北京市郊区旅游实业开发公司大厦管理处	北京市海淀区复兴路甲23号	68296876
北京市郊区旅游实业开发公司房管处	北京市海淀区普惠南里13号楼	68276215

三、主要活动

1. 城乡贸易中心进行战略性调整。主要包括四方面内容：一是在不停业的情况下，利用4个月时间对货场进行大规模彻底装修改造；二是对商品定位、商品结构进行调整，彻底清查库存；三是对人员进行全面培训；四是将五层3 000平方米原办公区全部腾出，建为手机、电脑广场。

2. 参股两家商城取得好成绩。由北京城乡贸易中心股份有限公司参股设立的北京城乡华懋商厦有限公司和北京城乡仓储大超市，于1997年相继开业。北京城乡华懋商厦营业大厅采用了国际商业企业先进的设计和一系列现代化管理设施，经营面积近2万平方米，汇集众多国际国内名优品牌2 200余种，经营商品80 000余种。2000年实现销售19 695万元，实现利税1 879万元。2000年11月，经外经贸部批准，获得进出口经营权，而使该商厦的经营范围扩展到了一个新的领域。2000年，北京城乡仓储大超市共完成销售额2.8亿元，实现利润1 165万元，创下了北京市超市中单位销售的最高纪录。

3. 介入高科技领域见成效。北航城乡科技有限公司是北京城乡贸易中心股份有限公司控股（占80%）的一家高科技企业。2000年，该公司基于“社会化大医疗”的理念，运用电子信息技术等诸多手段，为21世纪城乡医疗保障系统提供解决方案。2000年该公司实现利润350万元。主要开发的产品有：①无创血流动检测系统。该系统以无创性检查方式取代传统的心血管导管检查方式，并避免导管检查所带来的各种风险，为医学临床提供了安全、高效、相对低费用的心血管检查仪器。②MID200医学教学影像系统。该系统用于医学成像设备（X光机、CT机等）视频图像的教学影像工作站及网络服务器。③医院信息系统基础版软件开发。2000年，该基础软件已开始在河北省沧州市医院试用。④《财星》财务软件的改版升级。该软件用于医院全面系统管理。

大用软件公司是北京城乡贸易中心股份公司相对控股（占35%）的又一家高科技企业。2000年，实现纯利300多万元。在该公司开发的项目中，政府支持的项目主要有：①基础网络管理软件生产平台。该项目以通过国家科技部“科技型中小企业技术创新基金”项目评审。②移动电信网络平台。该项目已通过北京市中关村高科技开发区海淀区“海淀实验园区技术创新资助项目”评审。③北京大用软件生产线。该项目已通过北京市科委“软件基地建设项目”评审。④在国家信息产业部《WAP网关平台与移动终端WAP软件研究开发项目》公开招标中中标。该公司的“基础网络管理软件生产站”、“移动电信网管平台”、“基础网络管理软件”项目，分别被列入“北京市火炬计划”和“国家级火炬计划”。

4. 投资教育有新招。2000年上半年，北京城乡贸易中心股份有限公司投资参股，成立了北京景山教育投资发展有限公司，对具有642年办学历史的北京东城区府学胡同小学进行改造扩建。改扩建项目分为两期，2000年9月1日前已完成第一期工程，即新建教学楼 2 218 平方米，改造旧教学楼 2 228 平方米，新建一座拥有 200 米环型跑道的 4 000 平方米体育场。使该小学秋季扩招了 5 个班。

5. 房地产开发成效显著。北京城乡贸易中心股份有限公司参股的金都房地产公司，开发了嘉德、百郎园商住楼项目，总面积达 11 万平方米。2000 年底，“嘉德”已完工并全部售出。“百郎园”已售出九成。

6. 国有企业产权制度改革进展顺利。北京城乡汽车出租有限责任公司是北京市郊区旅游实业开发公司的骨干企业之一。2000 年完成营业收入 2 353 万元，实现利润 170 万元。2000 年上半年，对城乡汽车出租有限责任公司完善了改制工作。北京市郊区旅游实业开发公司把对该公司的出资比例由原来的 70% 降为 27%，其余股份优先转让给企业干部职工。公司董事长出资 16 万元，经理、书记各出资 10 万元，中层管理人员出资 5 万元。改制后，该企业严格按《公司法》运作。在 2000 年北京市交通局等 8 家行政管理部门的资质复审中，一次通过，并对企业各项管理工作给予好评。

北京京旅建筑设计有限公司是北京市郊区旅游实业开发公司所属的一家建筑设计企业。在改制中，经资产评估，北京市郊区旅游实业开发公司拥有资产 67.82 万元，但只保留了 30 万元，将其余部分转让给职工，该公司职工股份达 70%，北京市郊区旅游实业开发公司只占 30%。

北京新华国际旅游有限公司改制后，调整经营结构，2000 年实现利润 75 万元，完成了全年利润指标。全年接待海内外游客 50 000 余人，创汇 100 多万美元。该企业经理在改制时出资 30 万元，其他骨干人员分别出资 20 万元、10 万元不等，增强了企业凝聚力。在 2000 年旅游服务大检查工作中，获北京市旅游服务规范企业第一名。该企业已连续 4 届荣获由市旅游局授予的“首都旅游紫禁杯”先进集体称号；连续 5 年被评为全国旅游业“百强”企业。

7. 推出干部管理新方法。2000 年，公司所属国有企业基本完成了改制工作。为此，公司党委对已完成改制企业的干部实现了分类分层管理。一是坚持党管干部的原则，董事会提名的经营者人选，由企业组织部门考察，并由同级党组织讨论后履行任免手续；二是由企业行政管理部门对派往下属企业的董事、监事职责落实情况进行考察；三是由公司监察与审计部门对经营者任期目标实现情况进行考察。

8. 党的工作遵章建制。2000 年初，郊旅公司党委按照新时期党的建设的总体要求，制定《基层党支部工作条例》和《基层党支部工作考核标准》。公司党委在认真贯彻中央思想政治工作会议精神的基础上，提出《加强思想政治工作的意见》。

9. 加强民主管理，推进厂务公开。2000 年 8 月，城乡汽车出租有限责任公司就加强民主管理，发挥职代会作用，推进厂务公开的经验，在北京市农口厂务公开工作座谈会上进行了经验交流汇报。郊旅公司所属企业在 2000 年底前，按市有关部门的要求，全部建立健全了厂务公开制度，实施率达 100%。

10. 积极参与评选先进活动。北京城乡贸易中心股份有限公司一名售货员、北京城乡旅游汽车出租有限责任公司一名司机被评为 2000 年度北京市劳动模范；北京城乡贸易中心股份有限公司第三经营处钟表部被评为 2000 年度北京市劳动模范先进集体。北京城乡旅游出租汽车有限责任公司两同志被评为 2000 年度“优秀出租汽车司机”。

2000 年北京市郊区旅游实业开发公司共评选出优秀共产党员 29 名，优秀党务工作者 8 名，先进基层党组织 6 个；共评选出先进生产（工作）者 26 名，先进集体 6 个。

北京市郊区旅游实业开发
公司党政领导班子成员

党委副书记　周和平（主持工作）
　　　　　　许秀英（女）
党 委 常 委　李青山
总　经　理　周和平
副 总 经 理　李青山　贺志仁　王禄征　王建文
（韩振中　郭燕平）

北京农产品中央批发市场管理委员会

一、概　况

北京农产品中央批发市场是市政府 1994 年投资兴建的大型农产品批发市场，1995 年被农业部确定为全国重点批发市场，同年被国际批发市场联盟接收为理事会成员。市场总体占地 134 公顷，主要由农产品交易区、仓储加工区、商业住宅区和市政基础设施构成。

北京农产品中央批发市场管理委员会作为市政府的派出机构（正局级事业单位），代行市政府的有关职能，负责本市场当中 62.33 公顷土地的总体开发建设和资本运营工作。北京农通实业开发总公司（国有企业）是管委会的经营公司，负责市场的开发建设和经营管理工作，注册资本金 10 000 万元，具有农产品进出口的经营权。

2000 年，管委会、总公司坚持以经济建设为中心，紧紧围绕批发市场开发建设的三大主业开展工作，团结奋进，开拓进取，各项工作取得可喜成果，为企业的存续发展奠定了坚实基础。一是确立了以农产品批发市场开发经营、进出口贸易共同发展的农产品流通业；以房地产开发为先导，建筑业、物业管理配套的房地产开发业；以涉足开发生物技术、电子网络技术领域的高新技术产业为三大主业的经济发展战略。二是转变“重开发、轻经营”的传统观念，强化经营意识；摒弃“官本位”思想、“等、靠、要”思想和分配上吃“大锅饭”的绝对平均主义思想，逐步形成以市场竞争意识和按照现代企业制度管理企业的经营理念。法人地位的确立使各公司开始走上了自主经营、自负盈亏、自我约束、自我发展的健康轨道。三是在人事管理、分配机制、员工聘用、财务管理、社会保障和建立法人治理结构等方面进行了一系列现代企业制度的改革试点工作，建立健全与之配套的规章制度，积极吸引社会法人资本。由于管理体制和行为规范更适应社会主义市场经济发展的要求，而使企业在发展过程中发生了两大转化。即由单一所有制向股本多元化的转化和由单纯完成开发建设任务逐步向产品中心、经营中心、利润中心的转化。

2000年，经过企业上下共同努力，各项经济指标全面提升。市场在原有经营项目的基础上，新增国际精品水果和茶叶项目；房地产在开发银地家园的基础上，新增刘家窖项目和其他合作项目；房屋出租引进了中纪委、市水产公司、别克公司等大单位的入住；国内外贸易有了长足进展。全系统的总资产达到4.18亿元，所有者权益增加到2.62亿元，实现营业收入6 683万元、利润193万元、利税575万元，比1997年分别增长了564%、174%和13倍，资产负债率控制在37%。经济实力明显壮大，竞争实力明显增强。与此同时，较大幅度地提高了全系统员工的工资收入、福利待遇，健全了员工的各项社会统筹保险基金，解决了部分员工住房困难问题。

二、机构设置及下属单位

管委会机关与总公司本部合署办公，设一室两处：办公室、组织人事处、计划财务处。下属单位有2部6公司，见表1。

表 1　北京农产品中央批发市场管理委员会下属单位

名　　称	地　　址	联系电话
总公司国际贸易部	北京丰台区万柳桥甲3号	63486502
总公司高科技开发部	北京丰台区黄土岗甲500号	63719581
北京金谷森经济发展有限公司	北京丰台区新发地168号	63719569
北京银地房地产开发有限责任公司	北京丰台区黄土岗262号	63719580
北京金地全物业管理有限责任公司	北京丰台区银地西路9号	63732913
北京蓝德实业有限公司	北京丰台区万柳桥甲3号	63440102
北京四季长青绿化服务中心	北京丰台区黄土岗甲500号	63737334
北京市先河建筑工程公司	北京丰台区银地西路12号	63783699

三、主要活动

1. *认真开展“三讲”教育回头看活动*。领导班子成员认真学习江泽民同志关于“三个代表”的重要思想和中央、市委领导同志的重要讲话精神，结合实际从四个方面查找自身存在的差距和不足，检查整改措施的执行情况，巩固了“三讲”教育成果。

2. *加强基层党组织建设*。管委会党委始终把加强基层组织建设，当做一项经常性的重要工作抓紧抓好。年内在各基层支部开展了“警示教育”、“四个一教育”等活动。以各支部为单位组织党员认真系统学习“三个代表”的重要论述，对支部书记以反腐倡廉、揭批“法轮功”邪教组织的本质为主要内容进行党课教育，组织党员参观西柏坡教育基地、参观反腐教育展览、观看《生死决择》电影并组织召开党员座谈会，不断加强对党员的教育工作和基层组织建设，党组织的战斗力明显增强，党员的模范作用在实际工作中得到了体现。

3. *加大市场开发建设力度*。按照北京农产品中央批发市场总体建设规划的要求，管委会、总公司不断增加资金投入，加大开发建设力度，使交易、市政、仓储、商住各项功能设施更加齐全完备。投资4 400万元，加强批发市场基础设施建设，先后完成粮油、水果、茶叶交易大厅、轻钢交易大棚、冷库、结算中心、浴室、广场等一大批交易及公共设施的建设，基建总面积达47 000平方米，市场经营环境发生根本变化，基本形成了以粮油、精品水果、精品茶业为主业，环境优美、设施一流、服务配套，年交易量13万吨、交易额4.5亿元的大型农产品批发市场；银地家园开复工面积13.8万平方米，竣工面积5.22万平方米，园内绿化、道路、水、暖、电、气等基础设施相继建成并投入使用，一个城南大型商住社区基本形成；大市政在完成道路、排水、暖、气、电、通讯等工程的基础上，当年又落实完善了供水、双路永久供电、天然气管线设备、地热资源利用等工程方案，全部市政工程基本完工并陆续投入使用。

4. *开办国际精品水果市场和举办国际精品水果节*。紧紧抓住进口水果市场北移和中国即将加入WTO的机遇，2000年6月下旬开始筹办国际精品水果市场和国际精品水果节，7月初经市政府同意后开始运作，以倒计时的方式和忘我的精神全力以赴做好各项筹备工作，8月28日北京国际精品水果节如期开幕，9月1日胜利闭幕。同时，国际精品水果市场如期开业并转入正常经营。市领导岳福洪、张燕丽、卢松华和市有关部门领导100余人，11个郊区县及国内客商300余人，12个驻华使馆的参赞公使、国际批发市场联盟副主席及外国公司的总裁、经销商200余人出席了开幕式。

水果节期间展示精品水果总计达20个大类、70余个品种。其中：国外20类、50余个品种，国内12

类、20余个品种，北京郊区12类、36个品种；签订出口合同1项，达成合作意向9项；累计交易量91.42万千克，交易额1 335.78万元。

水果节的成功举办，为促进学习、引进国外水果在种植、采摘、筛选、加工、包装、储存、运输、营销等方面的先进技术和经验，提高国产水果的科技含量，加快本市水果产业与国际水平接轨，推动国内特别是北京地区的果品出口，推动中央批发市场繁荣成市，发挥了积极作用。

5. *开办国际精品茶叶交易中心*。为拓宽市场经营专业，培育新的经济增长点，2000年初在对北京及全国茶叶行业进行调查、分析、预测的基础上，充分利用中央批发市场交通便利、设施完善、服务配套等软硬件的资源优势，本着“强强联合”的原则，决定建设茶业经营大厅，开办国际精品茶业交易中心，基建、宣传、招商等筹备工作同步进行。9月28日由北京农产品中央批发市场管委会、中国茶叶流通协会、中国土产畜产进出口公司和中国农产品贸易网共同主办的，集茶叶茶具制品销售、茶艺茶道文化交流、产品质量检验认证、网上定单贸易和进出口贸易为一身的国际精品茶叶交易中心隆重开业。截止到2000年底，累计交易量达6万千克，交易额314万元。

6. *扩大粮油经营规模*。5 000平方米的新粮油大厅10月28日竣工并正式启用，加上原有的5 600平方米，粮油交易厅面积达到10 600平方米。新增商户20余家，加上原有商户，总数达到70家。开办粮油精品展示、订货超市，发展了五得利面粉集团有限公司、统一食品集团有限公司等一大批有影响有实力的大公司入市经营。粮食年交易量3 116万千克，交易额15 581万元；食油年交易量1 526万千克，交易额8 217万元。

7. *房地产开发全面启动*。房地产开发建设对北京农产品中央批发市场整体开发建设具有举足轻重的作用。2000年，公司上下团结一致，齐心协力，不断加大开发力度，积极拓展经营空间，走出了一条以银地家园为主、其他地带全面启动的开发建设之路。当年开工面积8.28万平方米，复工面积5.5万平方米，竣工面积11.22万平方米。其中：银地家园开工面积（北1#、5#、15#、小学校、幼儿园）5.2万平方米，复工面积（北6#、7#、14#，南1～6#）5.5万平方米，竣工面积（北14#、小学校、幼儿园、南1～6#）5.22平方米；合作开发的6万平方米的方东北里项目按期完工。

8. *刘家窖项目实现整体出售*。2000年3月底前，办理完成了除2#楼开工证以外的各项手续；5月1日前，完成厂区及70户居民的搬迁工作；6月初自主开发的1#楼顺利开工、合作开发的2#楼签定协议。由于缺乏城区开发经验，两栋楼没有同时办理开工手续，加上周边居民上访等，而使2#楼的施工无法同步进行。针对此情况，管委会及时调整规划，提出由房地产开发转变为地产开发的新思路，经不懈努力，12月20日签定转让协议，实现刘家窖项目的整体出售，既维护了公司信誉，又减轻了资金压力，同时又创造了较好的经济效益。

9. *市政基础设施建设成效显著*。按照北京农产品中央批发市场总体建设规划的要求，累计投资5 529万元，进行市场基础设施建设。完成道路工程2 723米、排水工程4 205米，合作建造了10万门程控电话电信大楼、11万伏变电站大楼，建造了3 300平方米的供热厂、天然气调压站、热交换站，开凿了300米深的探采结合井和2 532米深的地热井，落实解决了供水的规划、设计、施工方案，解决了市场交易区和住宅区的雨污水出路和永久双路供电问题。供暖工程：在完成第一个供暖季节锅炉及设备试运行后的各项检查、验收工作后，11月10日正式投入运营，供暖面积达121 761平方米。供水工程：2月份完成市自来水公司批准的四条管线双路供水（全长4 790米）方案的审批、设计、开工等手续。排水工程：在累计完成4 205米地上地下排水工程的基础上，2000年又完成南四环路接出的排水管线的设计、开工等手续，使雨、污水的排放更加安全、顺畅。供电工程：3月31日完成永久性电源双路供电的实施方案；12月20日，完成引自南苑（220千伏变电站）全长2 500米的供电工程；12月31日，引自丰台高科技园区（110千伏变电站）全长5 000米的供电工程也已准备就绪。天然气工程：7月份，1 300米的天然气管线铺设工程完工；10月份，238平方米的天然气调压站竣工，12月底已具备供气能力。地热井工程：1999年6月开钻，2000年5月31日竣工，井深2 532米，水温65C°，日出水量1 505立方米，综合利用地热资源的方案初步确定。

10. *绿化工作取得进展*。根据市场开发建设进度，管委会、总公司适时地把绿化工作列为当年的重点工作和重点工程，要求各公司将绿化美化工作同企业经营意识紧密结合起来，以优美的环境，塑造企业形象，促进企业经营和发展。2000年2月15日，管委会召开市场绿化现场办公会议，对绿化现场逐路、逐段、逐片地实地查看、研究，确定了既符合经营特点，又适应整体要求的绿化方案，将任务明确到各个单位，责任落实到每个成员。全年累计栽种树木30个品种9 494棵、花卉4 560株、铺种草坪36 408平方米，整地换土36 100立方米，铺设喷淋管线7 500米。道路两旁、场（厂）院内外，绿树成行、花草相间、草坪连片。绿化工作取得决定性进展，市场整体环境有了明显改变。

11. *进军高科技领域*。与北京立时达药业公司合作，利用先进分离纯化技术，以紫杉醇为突破口，从天然动植物中提取有效成分和单体，开发天然药物和保健食品。2000年8月，建立了分析测纯中心、完善了实验中心；10月中旬，开始筹建粗加工生产线；12月13日投料试车一次成功，第一批粗加工产品安全下线，主要经济指标基本符合要求，为大规模生产提供了可靠保证。

与中科达科技投资有限公司合作，建立起以信息服务和农产品贸易撮合服务为主业的中国农产品贸易网站。自5月投入试运行以来，先后与国际批发市场联盟、布宜诺斯艾得斯中央批发市场、中国食品电子商务、中国价格信息、环球农商网、世纪农网等20家国内外网站联网并行。8月28日在北京国际精品水果节开幕式上由岳福洪副市长宣布正式开通。5月31日，参与了北京陈化玉米的拍卖会；8月16～20日作为指定宣传单位，促成了内蒙古自治区首届名优特农畜产品与绿色食品交易会的圆满成功；8月28日和9月28日，配合举办了北京国际精品水果节和北京国际精品茶业交易中心的开业；11月22～23日与内蒙古畜牧厅联合举办了首届内蒙古畜产品展示订货会。

农产品贸易网站将北京农产品中央批发市场这一有型市场和无型市场紧密结合起来，为促进农产品国内国际间的流通，加强国内与世界农业领域里的交流、合作，提供了安全可靠的信息、交易、服务平台。

北京农产品中央批发市场
管委会党政领导班子成员

党委书记　赵玉和
委　　员　罗明耀　张石林　韩继芳
主　　任　赵玉和
副 主 任　罗明耀　张石林　韩继芳
　　　　　王云峰（兼）

（刘秀山）

市农口行政、事业机构

中共北京市委农村工作委员会、北京市农村工作委员会

一、主要职能

中共北京市委农村工作委员会是负责本市农口系统党的建设、干部管理、思想政治工作、政策研究、精神文明建设、民主法制建设和社会治安综合治理的市委派出机构。北京市农村工作委员会是负责研究指导本市农村经济改革与发展工作、村镇建设管理工作、行政立法和执法工作、监督实施法规、规章执行工作的市政府组成部门。

二、机构设置

市委农工委和市农委内设机构15个职能处室和机关党委、老干部处。15个职能处室是:办公室、组织处、宣传处、干部处、研究室、社会管理处、法制处、种植业管理处、养殖业管理处、企业管理处、经济贸易处、发展计划处、科教处、村镇规划管理处、山区办公室。

农村纪工委是市纪律检查委员会的派出机构,接受市纪委和市委农村工作委员会的双重领导,其主要职责是:监督检查党的路线、方针、政策,国家的法律、法规,市委、市政府及市纪委的有关指示、决定在农口系统的贯彻执行情况;负责农口系统党风廉政建设;检查和审理有关违法和违纪案件;受理有关党员、干部的申诉和控告;负责农口系统的行政监察工作。监察机构按照有关规定派驻。

市委农工委和市农委机关行政编制88名(含纪检、监察编制),核定老干部工作机构行政编制1名。其中:市委农工委(市农委)书记(主任)1名,市委农工委副书记2名,市农委副主任3名;处级领导职数36名。市委农工委编制为44人、市农委编制45人。市委农工委的内设机构是9个(含纪工委),处级领导职数18个,9正9副,市农委内设机构10个(含监察处),处级领导18个,10正8副。农工委的处级非领导职数,按照市委组织部的有关规定办理确定为4人;农委的处级非领导职数是按照市人事局规定办理确定为9人。

三、机构改革

2000年1月,市委、市政府下发关于北京市党政机构改革方案的通知,市委农工委与市农委合署办公。通知规定:市委机关行政编制精简20%,部门领导职务一般按2~4名配备;市政府行政机关编制精简50%,政府部门领导职数一般配备2~4名。通知中还规定:市政府农林办公室更名为北京市农村工作委员会,统筹协调全市农村工作;原市政府农林办公室负责的农机、水产、畜牧等有关农村和农村经济管理的职能划入市农业局;山区建设办公室并入农村工作委员会,作为其内设机构,对外保留市政府山区建设办公室的名义;乡镇企业局改为副局级的部门管理机构,由市农委管理,具体负责本市郊区乡镇企业的综合管理工作。

2月,市委农工委、市农委根据《中共北京市委机构设置的通知》,经市委农工委、市农委合署办公会议研究,并报市主管领导审定,向市编办报送了《中共北京市委农村工作委员会、北京市农村工作委员会关于职能配置、内设机构和人员编制规定的函》。5月,市编办给予批复。6月,市委办公厅、市政府办公厅下发《关于印发中共北京市委农村工作委员会、北京市农村工作委员会职能配置、内设机构和人员编制规定》的通知文件,即市委农工委、市农委《三定定职能、定机构、定编制规定》。《规定》中明确:中共北京市委农村工作委员会简称为市委农工委、北京市农村工作委员会简称为市农委。市委农工委职能是负责本市农口系统党的建设、思想政治工作和干部管理的市委派出机构。市农委职能是负责本市农村经济,统筹协调农村工作的市政府组成部门。将原北京市人民政府农林办公室负责的全市生猪屠宰行业的管理职能交给北京市商业委员会。将原北京市经济体制改革委员会承担的协调农村经济体制配套改革和指导推进县级综合配套改革的职能划入市委农工委、市农委。

农工委、农委机构改革和人员分流工作情况。按照市委关于搞好党政机关"三定"和人员定岗分流工作的有关精神和市编委批复要求,市委农工委、市农委制定了机关工作人员竞争上岗的指导思想和原则。指导思想是:按照建立社会主义市场经济体制的要求,坚持干部队伍的"四化"方针,强化激励竞争机

制，优化干部队伍结构，提高行政效率，努力建设高素质的党政机关干部队伍。基本原则是：工作需要，群众参与，综合考评，组织决定。从5月31日—6月8日，顺利、平稳地进行了“两委”机关干部定岗分流工作。此次机构改革人员定岗，农工委、农委有33个处级领导职位，13个处级非领导职务实行了竞争上岗，33个处级领导职位共有51人报名参加，31名同志经过竞争走向了领导岗位；13个处级非领导职位有24人报名，13名同志经过竞争确定为非领导职务。通过此次人员定岗工作，市委农工委正式任命农工委、农委处级干部44名，其中有处长17人，副处长14人，调研员6人，助理调研员7人。

较机构改革前，机关干部的结构比例发生了显著变化。一是学历层次进一步提高。机关干部中具有研究生学历的比例有所增长，由原来的37.1%上升到37.8%，具有大学学历的干部比例由原来的55.2%上升到57.3%。二是知识结构得到优化。机关干部专业化程度有所提高，经济、理工、法律等专业的干部由50%上升到60%，部分处室充实了专业干部。三是年龄结构得到改善。机关干部的平均年龄由原来的44.6岁下降到40.5岁，其中处级干部由原来的44.6岁下降到40.3岁。35岁以下前学历为大学以上的处级干部由5.9%增加到15.6%。四是女干部保持了一定比例。机构改革后，处级女干部的比例为全体处级干部的25%。

依据分流政策对辞去公职自谋职业、提前离岗、提前退休的等人员进行审核确定。此次共分流34人，辞去公职自谋职业2人、提前离岗1人、提前退休6人、学习1人、安排到农口其他单位工作的24人。多数同志表示满意。

四、直属事业单位

市委农工委、市农委直属事业单位，是指由市编办批准成立，并明确由市委农工委或市农委（原市农办）领导和管理的事业单位。农工委管理的相当于正处级的事业单位有2个。即北京市农林系统老干部活动中心和中共北京市委农村工作委员会宣传教育中心。市农委实际管理的相当于正处级的事业单位有4个，即北京市农村建设办公室、北京市住房资金管理中心农办分中心、北京市人工影响天气办公室（业务和日常工作由北京市气象局代管）和北京市农业学校。此外还有：①北京郊区电力图管理处，由北京市供电局内设机构北京郊区电力管理办公室承担着其职能和工作，实行企业管理，市供电局代管；②北京水利医院，该单位未定行政级别，已于2000年4月交回市水利局管理。

2000年6月机构改革前，市农工委、市农委在工作业务上各自负责管理这些事业单位，并分工由有关处室联系。2000年6月机构改革两委合署办公后，则实行统一领导，但对直属事业单位的工作业务，仍由有关处室联系，干部人事工作统一干部处管理。

北京市农林系统老干部活动中心 原为北京郊区老干部活动站，1984年8月15日经市编办批准成立。编制5人。1998年1月13日，撤消成立北京市农林系统老干部活动中心，为相当正处级全额拨款事业单位。主要职责是：在市农工委的领导下，配合市农工委老干部处组织农口系统离休干部学习、参观，通报农村改革和经济等方面的情况，组织各种活动和培训，检查督促指导农口各单位老干部工作的落实等。

中共北京市委农村工作委员会宣传教育中心 原为北京市农村宣传教育服务中心，1983年9月14日经市编办批准成立。1995年11月6日更名为中共北京市委农村工作委员会宣传教育中心，为相当正处级差额拨款事业单位。承担的基本职能和工作任务是：围绕农口的中心工作和郊区经济、社会发展的需要，宣传贯彻党在农村的方针、政策及市委、市政府有关郊区农村改革和发展的政策措施；及时向外界反映郊区农村两个文明建设的情况；配合农村基层党组织建设，利用电化教育等形式开展农村党员教育；根据农村发展需要，对农民开展科技、文化、法制、信息等方面的教育、培训和服务；适应新形势的要求，组织开展农口新闻、宣传队伍培训；为农口的重要活动制作保存音像资料。2000年的主要工作是：①确立了以音像为基础的主导产业。资产总值达到1 200万元，全年实现加工收入117万元。所需设备包括录像的摄、录、编和录音的复制加工全部配齐，设备档次在本系统的同行业中处于领先地位。②初步探讨一条适合农村需要的服务路子。2000年创办了《走进现代化》、开展了对郊区记者的培训；先后拍摄电视新闻30余条、专题12部；围绕农口的中心工作，提供了数十次的摄录像服务，其中去四川、辽宁等地拍摄的农业结构调整、发展休闲农业的典型经验，对北京市郊区农业结构调整起到一定积极作用。为中宣部在全国农村开展“致富思源、富而思进”教育，制作了VCD光盘；由中心出资拍摄的防范医疗事故，提高医疗质量电视教学片《生命的重托》，已被卫生部定为住院医师的必看教材。③形成一条固定创收的路子。2000年与有较大影响的出版单位建立了比较牢固的合作关系，拓展了创收渠道。

北京市农村建设办公室 1990年7月10日成立，同时挂市农办农村建设处牌子，一个机构两块牌子。1996年9月19日农建处改为农办行政处室，市农建办为市农委直属全额拨款相当正处级事业单位。市农建办在市农委直接领导下，配合农委村镇处，具体组织实施对郊区村镇规划建设管理等项工作，承担着政府职能工作的组织实施工作。主要职责如下：实施对郊区村镇规划建设管理；配合有关部门做好本市建制镇和村的规划编制及实施；专题研究北京市村镇规划建设，特别是22个试点小城镇和33个中心镇的规划建设的相关方针政策；实施对北京市郊区小城镇、中心镇基础设施公共服务设施建设的管理工作；负责组织全市郊区县、乡镇村建设主管部门管理人员的专业技术培训工作；组织实施远郊区县的环境综合整治工作；配合有关部门管理本市农口系统的交通安全工作。

北京市住房资金管理中心农办分中心 1993年3月成立，业务受市住房资金管理中心领导，为相当于正处级自收自支事业单位，实行工作人员聘任制，执行职员、专业技术人员和工人等级工资、技术等级工资制。农办分中心的职责是：由市住房资金管理中心授权，农办分中心负责农口系统内各单位住房资金的归集、管理、运用、偿还等工作。2000年所做主要工作：①以贯彻《住房公积金管理条例》为主，通过分中心工作人员广泛宣传《条例》精神，到没有建立住房公积金的基层单位，集中讲解有关住房公积金的政策、公积金开户、汇交等各种手续，对问题较多的单位上门辅导等一系列工作，推动和拓宽了农口各局、总公司住房公积金的建立。到2000年底，在农办分中心建立住房公积金的单位345个，已建人数38 196人，住房公积金归集额7 372.7万元，支取额2 587.2万元，累计余额16 580.7万元，比上年同期增长41%；2000年度职工购房踊跃，先后为职工办理公积金支取达2 196人次，支持个人住房消费，没有出现差错；2000年7月3日分中心顺利完成1999—2000年度住房公积金结息工作。结息单位327个，结息人数32 838人，利息额1 943 254.51元，及时下发公积金对账单。②租金改革关系到每个职工切身利益，提租补贴的发放关系到改革开放、安定团结的大问题。分中心先后召开多次有各局、总公司领导及负责这项工作的同志参加的培训会议，印制大量的宣传材料，请西城区房改办主任讲住房租金的计算和房租减免的核定，及时和市房改办沟通，反映企业的实际问题，共同研究解决办法。经过努力，农口事业单位已全部发放提租补贴，企业单位可以支取售房款发放提租补贴，2000年底支取住房基金134.6万元发放提租补贴，圆满完成提租补贴和房租减免工作。③为加强售房款、维修基金的管理，使之更加规范，分中心严格按照市中心下发的《单位住房基金业务操作规程》办理支取各项住房基金业务。2000年单位住房基金支出额达8 731.4万元，主要是自管住房维修支出4 525.5万元，用于配电改造及职工住宅维修，购建房支出3 751．6万元。在业务量加大的同时严格审查，不符合政策规定的不得支取。到2000底，住房基金余额为14 125.4万元，比上年同期增长72%。④认真贯彻市中心关于个人住房委托贷款的政策，取消贷款的限额，不与个人公积金余额挂钩，保证职工贷款需求，极大地促进了个人住房委托贷款业务的开展。2000年分中心委托宣武建行办理个人住房委托贷款249笔，贷款金额达2 093.3万元；分中心共办理个人住房委托贷款560笔，贷款金额达3 833.5万元，12月底余额3 225.2万元。⑤2000年9月26～28日在农业管理干部学院召开公积金单位版软件升级工作培训会议，参加单位38个，参加人数40人。⑥2000年分中心资金管理收入6 621 505.62元，奖金管理成本4 533 654.27元，奖金管理费用1 287 125.25元，营业税金及附加74 313.87元，营业利润726 125.25元，所得税308 157.89元，净利润417 967.36元，较好地完成了各项财务指标。

北京市人工影响天气办公室 1996年12月，经市领导同意，将市人影办由市计委划归市农办管理，日常管理及业务工作仍由市气象局代管。该单位为全额拨款事业单位，工作人员中专业技术人员占88%，高级工程师有5人。主要职能是：负责北京市人工影响天气的发展规划、人工增雨业务、人工防雹业务、北京地区人工影响天气工作管理、人影科研工作、人影技术培训工作。在北京市农委的直接领导下和北京市气象局的管理下，2000年市完成的主要工作有：①为贯彻落实北京市缓解水资源紧缺任务、开发空中云水资源，2000年全年租用驻军空军部队飞机进行飞机人工影响天气作业，共报飞机增雨作业计划14次，实施人工增雨飞行16小时，播撒液氮1 500千克，增雨效果良好；在海淀区、延庆县、平谷县开展高炮火箭增水作业，不失时机增水抗旱，年内用高炮发生人工增雨碘化银炮弹增雨作业6次、发射增雨火箭作业1次，增水效果良好；根据不同的天气条件和空域限制问题，在门头沟、石景山、昌平、房山、大兴组织进行气球增雨（雪）作业12次，施放碘化银增雨焰弹836枚，相应地区增水抗旱、粮食产量增加收到很好效果，特别是年初的人工增雪效果显著，社会反响强烈；7～8月份，密云县干旱缺水严重，由于空域限制，空中增水作业难以进行，在县政府的要求下，人影办科技人员克服困难，在短时间内研制出了地面碘化银燃烧炉小样进行增雨试验，增水效果明显，当地领导、群众反映良好。由于增雨业务的开展，全年累计估算增加降水量达2亿立方米，为缓解北京市缺水问题，起了一定作用。②年内天气反常，进入降雹季节以来，高温持续，久旱不雨，人影办全体职工昼夜值班，密切监视天气变化，不漏掉一次防雹机会，以减少降雹天气对北京地区农业生产和经济的损失。全年降雹日数16天，指挥组织作业32次，致使在防雹保护区范围内未出现严重灾情，有效地抵制了冰雹灾害；加强安全生产责任制的落实工作，年内完成了炮械专家审验高炮任务，共审验高炮37门；完成全市人影炮手、火箭手持证上岗培训、考核工作，使全市105名炮手持证上岗；组织了3次全市大的安全联合检查，7次区县安全检查，保证防雹工作安全、有效地进行；积极协助昌平区政府开展防雹业务工作，年内已基本落实炮点设计、勘察和手续申报工作。该项工作在区政府的支持下将于2001年内可完成。③为满足北京地区人工影响天气工作的需要，不断进行科技攻关，增加人影工作的科技含量，通过业务课题的立项促进科研工作的大幅度发展。年内争取市科委课题一项——《人工防雹应用新技术工程研究》、自然基金课题一项——《高山地面增雨（雪）作业装备及相关技术研究》。《人造雾淞装备及相关技术》研究课题结题，并获取专利权。

北京市郊区电力管理处 1993年2月15日经市编办批准成立，定为市农办所属相当正处级事业单位，职责是负责农村低压电网的建设和管理，农村安全用电管理、农村电工管理的培训等任务，统一领导和管理郊区县（区）农电管理所、乡电力管理站的工作，日常业务由北京市供电局代管。到2000年底，市供电局内部的郊区电力管理办公室，一直承担着郊区电力管理处的职责和工作，实行企业管理，经费由北京市供电局郊电成本中列支。

北京水利医院 1978年11月经市政府批准由市水利局组建，原名北京市水利职工医院。1989年2月改由市委农工委、市农办管理，并更名为北京水利医院。1989年2月该医院加挂水利部北京总医院牌子。由市委农工委、市农办、水利部、市水利局的有关领导组成的董事会管理医院，实行董事会领导下的院长负责制。1990年5月经市卫生局（90）255号文批准，北京水利医院晋升为市级医院，由市卫生局医管会进行业务指导，1998年4月北京地区医疗机构评审委员会京医评字（98）第7号文，确定水利部北京总医院（北京水利医院）为二级甲医院。为更有利于理顺关系，推动水利医院各项改革深入进行和争取有关方面对医院发展的支持，2000年4月14日，市委农工委、市农委做出决定，将水利医院交回市水利局管理。

市委农工委、市农委领导班子成员

市委农工委书记　赵凤山
副　书　记　白仙畔　聂玉藻　王海平
农村纪工委书记　高　华
市委农工委委员　张　新　党　明
市农委主任　赵凤山（2000年1月任职）
　　刘福海（2000年1月免职）
副　主　任　聂玉藻　张凤福
　　安　钢
助理巡视员　王振业　李如理

（满　欣）

北京市农业局

一、主要职能

北京市农业局是主管全市种植业、畜牧业、水产业和农业机械化工作的市政府直属机构。承担以下职能：

1. 贯彻执行国家及本市关于农业发展的方针、政策和法律、法规；负责起草本市有关农业方面的法规、规章草案，并组织实施。

2. 组织实施对种植业、畜牧业、水产业、农业机械化行业的行政执法和法制宣传教育工作。

3. 指导农村可再生能源综合开发利用，促进生态农业建设和农业环境保护工作；负责绿色食品标志管理工作。

4. 研究提出本市农业发展和对农业投资的政策建议；负责本市种植业、畜牧业、水产业和农业机械化发展项目计划的申报、实施与管理。

5. 做好农业科技项目的实施及农业科技成果的申报工作；组织指导本市农业科技服务体系建设；承担农民技术职称评审和指导农业职业技能开发工作。

6. 负责本市种植业发展与管理；组织拟定农药、种子、新型肥料地方标准；组织协调农药、种子、新型肥料质量监测、鉴定和执法监督管理；组织协调粮油生产基地建设和基本农田保护工作。

7. 负责组织指导农作物良种的生产、经营、调剂及新品种试验、示范和引进工作；负责组织指导农作物病虫预报和防治工作；依法开展对国内植物检疫工作。

8. 负责兽医医政、兽药药政药检、动物防疫及检疫工作；组织拟定兽医、兽药地方性标准并监督实施；组织实施畜产资源的保护工作。

9. 保护和合理开发利用渔业资源；负责本市渔政管理工作，监督检查有关法律、法规的实施；负责保护渔业水域生态环境和水生野生动物工作；组织拟定渔药地方标准并监督实施。

10. 负责农业机械管理工作；组织拟定本市农业机械作业技术规范、标准，并监督实施；负责农业机械科研成果和产品鉴定工作；负责农业机械安全监理、维修行业管理工作；负责农业机械驾驶员、操作员的管理工作。

11. 承办市政府交办的其他工作。

二、机构设置

市农业局设11个职能处室和机关党委、老干部处。11个职能处室是：办公室、政策法规处、科技教育处、农村能源生态处（北京市农村能源办公室）、粮经作物管理处、蔬菜管理处、畜牧兽医管理处（北京市畜牧管理办公室）、农业机械化管理处（北京市农业机械化管理办公室）、水产管理处（北京市水产管理办公室）、计划财务处、人事处和监察处（市监察局派驻机构）。

三、下属单位

北京市农业技术推广站 负责种植业的技术试验、示范；产前、产中、产后服务；科技培训宣传；新技术的总结推广。

北京市土肥工作站 负责土肥技术试验、示范、推广；土壤调查土肥检测；科技宣传培训；解决生产技术问题。

北京市种子公司 承担良种的引进、培育、试验、示范、种子的繁育、销售和推广；备荒种子的储备。

北京市良种繁殖场 挂靠种子公司，承担国内外农作物品种的引进试验，进行农作物良种的繁育。

北京市种子管理站 贯彻种子方针、政策、法规，执法检查，质量监督。

北京市植物保护站 承担农作物的病虫草鼠害的预测预报、防治技术和农药的推广应用；植物检疫和农药法规的管理和执行。

北京市优质农产品产销服务站 组织开发优质农产品的生产、提供良种、协调销售、产后加工等。

北京市农业物资供应站 负责全市磷肥、复混肥行业的归口管理；进行腐殖酸产品的开发利用。已经没有相应的管理职能。

北京市农业环境监测站（北京市绿色食品办公室） 制定农业环境保护规划，分析、监测环境质量，评审工程项目及环境污染事故调查；负责绿色食品的申报审核，组织质量检验。

北京市畜牧兽医总站（市防五办） 依法实施兽（畜）禽防疫检疫和监督管理，负责全市动物检疫、灭病工作，掌握疫情动态，组织指导区县疫病净化，落实防治措施，开展季节性防疫，畜牧兽医技术推广，普及，人员培训；兽药的药政管理，兽药有关法律法规贯彻执行并监督检查（包括生产、经营、使用、进出口），依法核发生产、经营许可证，指导郊区兽药管理工作；负责落实国务院有关“防五”工作的各项指标及相关法律法规，做好北京地区五号病防治工作。

北京市兽医实验诊断所 负责畜禽疫病诊断、卫生检验、疑难病研究、兽医纠纷的裁决。

北京市畜牧兽医技术服务中心 负责郊区兽医技术人员培训。

北京市动物检疫站 负责动物及其产品检验，畜禽的委托检疫管理，对郊区检疫工作培训指导；贯彻落实动物检疫和家畜禽防疫等法规；负责组织做好全市动物检疫以及铁路、航空等途径进出的畜产品的检疫；检疫业务的指导。

北京市兽医卫生监督检验所 负责对从事动物及产品生产经营者执行兽医卫生法规情况的监督检查；落实动物检疫法和家畜禽检疫条例，执法并监督检查，受理案件、处理纠纷；管理兽医卫生有关证照；相关人员的培训考核；负责家畜生产、屠宰场地和建设项目的审批与验收。

北京市兽药监察所 负责兽药质量检验监督，技术仲裁、现场调查、抽检兽药产品、进出口兽药通关验放；负责兽药（含进口）质量检验并定期抽检；兽药地方性标准的修订；兽药药检技术的交流培训。

北京市饲料监察所 依法开展质量检验监督工作，为社会出具公正的检测数据；负责饲料产品质量监督检验，新产品检验评定；样品检测服务。

北京市畜牧业环境监测站 负责畜禽养场所的环境监测。

北京市牧草技术推广站 负责牧草品种引进、栽培技术研究与推广。

北京市水产技术推广站 负责全市水产技术引进推广、技术培训、试验示范、技术总结、技术咨询、信息交流。

北京市渔政监督管理站 贯彻执行渔业法、野生动物保护法、水污染保护法等法律法规；实行渔政执法监督，培训执法人员，负责增殖工作；依法核发养殖、捕捞许可证；保护水生野生动物。

北京市渔业环境保护监测站 养殖水域的水质检验，鱼品质量检测，处理养殖水域污染事件。

北京市水生野生动物救治中心 宣传贯彻执行野生动物保护法，查处违法行为，对濒危珍稀野生物种进行救治、驯养繁殖。

北京市农机试验鉴定推广站 负责农机技术试验鉴定、质量监督、示范推广。

北京市农业机械监理总站 负责农机执法监督，农机检验、核发牌证；进行驾驶员、操作员、农机监理人员的培训考核及年检年审；制定农机安全运行地方性标准，农机安全宣传教育，处理农机事故，有关档案和统计工作。

北京市八一农机化学校 农机化中专教育。

北京市农业干部培训中心 负责农业技术人员培训和会议的各种服务。

北京市农业印刷服务中心 为农业单位印刷文件、资料、书刊、报表，完成上级布置的其他任务指标。

北京市农业局后勤服务中心 负责机关的后勤保障。以及绿化、安全保卫、房管、房改工作。

北京农业杂志社 出版发行《北京农业》刊物。

北京市农业局老干部活动站 负责组织离退休干部政治学习、文娱活动、生活服务。

四、协会组织

北京市农民体育协会 发展农民体育运动，开展经验交流，组织竞赛，人才培训，承办市政府委托组织全国及北京的农民体育运动会。主席岳福洪，秘书长王树华。

1. 北京代表团喜获全国农运会冠军。由农业部、国家体育总局、中国农民体育协会主办的中华人民共和国第四届农民运动会于 2000 年 11 月 4 日闭幕，北京代表团 110 人参加了田径、自行车、风筝、武术、象棋、民兵三项、游泳、乒乓球、摔跤等 9 个项目的角逐。共获金牌 13 枚，和东道主四川省队并列第一名；同时获银牌 9 枚，铜牌 4 枚，奖牌总数 26 枚，居第二位；还夺得风筝团体、自行车男团、女团、团体总分 4 个团体第一，乒乓球队、武术队、田径队获大会组委会颁发的体育道德风尚奖。这是北京市参加历届群众体育运动会成绩最佳的，活的运动成绩和精神文明双丰收，为北京申办 2008 年奥运会作出了贡献。

2. 九个区县争创全国体育先进县获得成功。2000 年 5 月，随着延庆县和房山区争创全国体育先进县复查工作通过国家体育总局检查验收小组的审批，全市9个区县争创全国体育先进县工作全部达标，标志着北京市开展农村体育和实现小康农村两个精神文明建设工作已纳入社会发展工程，进入了一个新的阶段。

北京市农村能源行业协会　负责全市农村能源行业管理。会长：高振南。

五、主要工作

1. *发挥专家科技优势，参与国家项目评审*。国家农业部向国家计委递交了《十五期间在大中型畜禽养殖场搞好能源环境工程建设规划意见的报告》，报告得到国家计委重视，批转到中国国际咨询公司进行立项评审。在评审过程中，协会周孟津教授和蔺金印高工被聘请为7人评审专家组的成员。专家组到有关省市考察，了解养殖、粪便污水需要清理的必要性和国家给予治理粪便污水优惠政策的有关问题，圆满完成了评审工作，受到农业部和国际工程咨询公司的好评。

2. *搞好新项目咨询和新产品测试*。组织协会的专家深入区县传授“秸秆气化”技术，为农民解决使用过程中的技术难题，在运作中把好技术关；协会的科技人员参与了生态农业的设计和技术传授，推动了京郊生态农业发展。近几年太阳能热水器发展较快，新技术应用不断更新，新产品不断出现，协会下设太阳能热水器测试中心共完成40多个太阳能热水器新产品测试工作。

3. *提出指导郊区农业结构调整建议*。提交了《关于当前郊区农业结构调整进展情况的报告》，对如何进行种植业结构调整提出了具体建议；印发了《关于抓好当前郊区种植业结构调整工作的通知》，提出了加快“六种农业”发展，深化产业结构调整等六点意见；组织编写了《北京市农业结构调整典型指南》。此外，还开展了发展牧草——苜蓿草专题调研，提交了《2000年北京市郊区渔业结构调整的意见》。

4. *编制农业发展规划、纲要*。起草了《北京市种植业结构调整“十五”规划初步意见》，对全市种植业现状、种植业结构调整现状、种植业结构调整发展思路及种植业结构调整“十五”重点建设项目进行了深入的阐述。起草了《2000—2010年北京市基本实现农业现代化纲要（农业结构调整部分）》，对郊区农业现状、农业现代化目标、构筑首都现代化农业结构进行了详细的分析。此外，还制定了《北京市渔业发展“十五”计划和2015年远景目标》和《北京市绿色食品“十五”规划和2015年远景目标纲要》。

5. *百万亩平衡施肥技术和小麦种子包衣技术推广*。推广平衡施肥技术6.67万公顷，建立平衡施肥示范户300个，增收9万元，示范区0.67万公顷，增收400万元。采取以试验为基础、示范为样板的推广方法，推广小麦包衣技术1.33万公顷，并筛选出2个种衣剂型。

6. *非传统麦田套种玉米高产耕作技术体系示范推广*。落实示范推广面积3 333公顷，示范区玉米平均单产503千克，比京郊最好的夏平播玉米亩增产156千克，增45.9%，增收节支180元。

7. *粮食、蔬菜及主要经济作物病、虫、鼠害监测与防治*。充分发挥全市植保监测网络作用，加强对病虫害预报，准确率达85%以上。全市共完成农田灭鼠面积17.53万公顷、粮食作物病虫草害防治42万公顷次、经济作物病虫草害防治4.8万公顷、夏蝗防治0.42万公顷次。2000年蔬菜病虫发生面积约30万公顷次，防治面积约39.33万公顷次，其中保护地约7.33万公顷次，挽回损失15%～30%。

8. *遥感技术农业工程应用研究*。在全市小麦生产区县建立100个监测点，总监测面积达1 333公顷，配备了遥感设备、仪器，同时进行了数据分析校正。

9. *植保工程项目建设*。北京区域病虫监控分中心实验楼建设完成10万元急需设备仪器购置。植物检疫隔离试种场建设完成租地、总体规划、实验楼及配套设施设计工作。

10. *种子工程项目建设*。依据项目建设标准，完成种子加工烘干中心建设，其中土建4 000余平方米，仓储700平方米的原料库、2 500平方米的成品库、780平方米的加工车间。完成种子加工生产线建设，并通过验收。

11. *贮存、加工库建设*。蔬菜产后设施薄弱是制约北京市蔬菜进一步发展的瓶颈之一，大力发展蔬菜产后加工、贮藏设施，提高蔬菜产品的附加值，是2000年蔬菜建设的重点内容之一。按计划2000年以蔬菜冷藏保鲜库建设为主，全市共新建蔬菜贮存保鲜库13个，使全市库容总量达到13.2万立方米，超计划完成年初任务。

12. *种子质量监测中心建设*。北京种子质量监督检测中心是农业部“九五种子工程”在北京的重点建设项目。完成了净度分析、幼苗鉴定、水分测定、纯度鉴定和健康测定等8个专项检验室1 200平方米的改造工程，购置了电泳凝胶成像系统，离子交换纯水系统等仪器设备13台（套）。按CNACL 201-1999《实验室认可准则》的标准要求编写了质量手册，建立了严密的质量保证体系，有效控制了影响检验质量的各项因素。对检验技术人员组织了产品质量监督和种子检验等相关业务培训，经考核合格后持证上岗。

13. *新菜田发展*。随着农业结构调整的进行，各区县把发展蔬菜生产作为调整重点内容，2000年全市共新增加菜田0.95万公顷，总面积达到9.93万公顷。在巩固原有菜田生产效益的基础上，引导新增加菜田种植出口菜、精品蔬菜等品种，取得了较好效益。新建保护地0.17万公顷，总面积达到1.53万公顷，全面完成年初计划，促进全市结构调整的发展。

14. *建设食用农产品安全生产体系*。在进行了充分的调研和论证基础上，会同市有关部门起草了《关于本市食用农产品安全体系建设的意见》，制定了《北京市食用农产品安全生产暂行标准》。与农业部联合开展“无农药残毒放心菜”活动，分别授予5个蔬菜生产基地、7个直销专柜为“无农药残毒农产品试点生产基地”和“无农药残毒农产品试点专柜”，同时对挂牌基地和专柜实行跟踪抽测，严防农药残毒超标蔬菜上市销售。开展了安全食用农产品生产基地和达标单位的认证工作，确定了99家第一批生产基地和达标单位，并向社会公布。制定了叶菜类、果菜类、根菜类等三大类7种蔬菜的无公害生产技术规程和产品质量标准。此外，还提交了北京市食用农产品安全体系建设（畜牧部分）执行监督管理办法和实施意见及《畜产品质量标准》。

15. *狠抓农产品出口创汇*。2000年，全市蔬菜出口供货总量突破30万吨，出口品种30个，除销往日本、新加坡、俄罗斯等国家和香港地区外，还开辟了英国、澳大利亚等市场，已出口到20余个国家和地区。在从事蔬菜出口的40多家企业中，已有13家企业获得自营进出口权，成为带动郊区蔬菜出口的主力。经过生产环境认证的蔬菜出口基地达到4 667公顷，经过市商检登记注册的蔬菜厂库20余家，有80多名认可检验（检疫）员活跃在郊区出口蔬菜生产的第一线。

16. *山区农业综合开发取得新进展*。2000年是北京市山区水利富民综合开发三年规划的最后一年，农业系统各部门继续坚持“发挥山区优势，发展特色农业，抓好五项开发，富裕山区农民”的指导思想，采取“以点带面，典型引路”的工作方法。面上抓好制种基地、新品种、新技术、高效模式、特色农业“五项开发”；以市场为导向，积极调整山区制繁种品种结构；引进各类新品种100个，推广各类新品种60个，面积3.33万公顷左右；落实各类新技术13万公顷；继续推广9种模式，高效种植模式在山区的种植面积达到3.67万公顷，比上年增加0.4万公顷；建立200公顷小杂粮绿色食品基地，预计年总产量100万千克。以宝山寺乡为试点，突出优势，突出特色，突出产销服务，抓好10个专业生产基地、4个专业协会、科技信息服务等建设，该乡被评为山区富民工作先进乡。

17. *加大培训力度，引导结构调整*。组织荷兰农业专题讲座和牧草培训班，220多人参加了培训。组织农业科技、法律法规的宣传咨询服务活动。3月14日在平谷县马坊镇举行大型农业法规宣传咨询活动，发放宣传材料7万余份。提高了农民的法律意识。依托科技项目，开展科技培训。基层科技人员及农民共6.5万人次参加了培训，发放各种技术资料7万余份。这些培训对提高京郊农业生产水平、提高基层科技人员和广大农民的素质起到了很好的作用。

18. *清理行政审批事项*。根据市政府行政审批工作会议精神，居里对承担行政审批、审核、核准的项目进行了逐项审查。经过清理，保留26项，取消13项，下放4项。进一步明确了审批依据、审批内容、审批条件、方式、收费标准、公开办事方式、监督管理办法和机构等内容，促进了依法行政职能充分发挥。

19. *规范农业行政执法*。机构改革后，市农业局执法范围涵盖种植业、养殖业、农机管理和农村能源及环保等5个方面，直接作为执法主体的法律、法规、规章达87部。

与县（区）农业局继续签定农业行政执法责任书，做到了职责明确、责任到人。为严格行政执法人员的执法行为，规范执法的程序，对农业行政执法人员进行行政和专业法律法规培训，执法人员培训面达100%。

为加大执法力度，结合“3.15”消费者权益保护日，组织开展“打假扶优护农保春耕”的农资市场大检查活动。共查处各种违法案件近200起。有效地规范了生产、经营行为，净化了农业生产资料市场。对全市种子经营单位进行《种子经营许可证》年检，有692家企业通过年检，37家企业未能通过被吊销许可证。2000年全市办理进口种子审核540批。加大畜牧兽医执法力度。组织开展对首都批发市场、农贸市场、大型超市和屠宰场等四个环节的动物畜禽产品进行检查，检疫产品批次，对危害动物的17种疫病进行强制免疫和计划免疫，有效防止了病肉流入市场，保证了首都市场的食品安全和居民的身体健康。在农机执法工作中，全市共出动农机执法人员20 121人次，出动执法检查车305台（次），检查拖拉机、农用运输车、联合收割机等农业机械24 092台（次），纠正各种违章6 197起。通过执法检查，有效减少了农机事故的发生。查处渔业违法案件256起，出动执法人员993次，在野生水生动物保护方面查处了一批大案、要案，引起了较大社会震动，市、区渔业部门多次获得全国渔业执法先进集体称号。

20. *党风廉政建设见成效*。2000年全局系统纪检监察工作，按照中纪委和市纪委的部署以及市纪检监察工作会议的要求，紧紧围绕全局经济建设和业务发展的大局，进一步落实党风廉政建设责任制；突出重点，明确目标，狠抓反腐败三项工作任务的落实；坚持标本兼治，从源头上预防和治理腐败；以案施教，积极开展“警示教育”和党纪条规教育。

21. *落实党风廉政建设责任制*。2000年初局党组责成纪检组、监察处修订和完善上年已制定的党风廉政建设责任制及相关配套制度。党组会审议通过了6个责任制配套制度，印发全局贯彻执行。修订和完善了党风廉政建设责任制及与之配套的报告、巡查、考核、评议制度实施细则，明确局长和局副职的党风廉政建设责任。制定了适用全局的责任追究实施细则，提出了15项具有全局性和代表性的责任追究内容，加大责任追究力度。局党组书记、局长定期主持领导班子专题民主生活会，认真抓好党风廉政教育。

22. *制定目标，明确重点，认真完成反腐败各项工作*。认真落实各项规章制度，促进领导干部廉洁自律。结合2000年局属事业单位领导班子和领导干部“三讲”教育以及机关局级干部“三讲”教育“回头看”活动，继续抓好《廉政准则》、制止奢侈浪费八条规定、《关于当前加强领导干部廉洁自律工作的意见》等制度的落实。严格控制会议数量和业务招待费支出，会议经费开支比上年下降20.6%。

23. 从源头上预防和治理腐败。继续加大政务公开、站（司）务公开工作力度；落实行政事业性收费和罚没收入“收支两条线”规定。围绕企业日常管理中的薄弱环节，开展效能监察工作。开展农业执法监察，进一步加大了对农业行政执法和依法行政情况的监督检查力度。

24. 积极开展“警示教育”。根据市委《关于从成克杰严重违纪违法案件中吸取教训，在全市党员领导干部中开展警示教育的通知》要求，局党组理论学习中心组，集中学习了市委通知及有关社论，并进行了深入的讨论。在全局处级以上领导干部中集中开展了警示教育活动，组织全体党员观看了专题警示片《胡长清案件警示录》，增强了党员干部拒腐防变能力。

25. 机构改革顺利完成。按照市委、市政府关于抓好党政机关机构改革的要求，坚持以稳定为前提，以充分调动干部积极性为出发点，以精简效能为目的，顺利完成了原农业局的机构改革和畜牧、农机、水产“三办”及其所属事业单位的接收工作，保证了各项工作的顺利开展。

按照市政府批准的《北京市农业局职能配置、内设机构和人员编制的规定》，2000年7月底完成了原农业局机关处（室）设置和公务员竞争上岗、分流工作。编制精简比例达到58%。8月份顺利完成了畜牧、水产、农机职能、人员、机构的合并工作。在涉及单位多（畜牧办、水产办、农机办及其18个事业单位）、精简比例大（“三办”精简比例72%）、增加职能多（畜牧业、渔业、农业机械化等）、涉及人员多（整建制划入705人）的情况下，抽调精干力量深入基层做好调研工作，认真研讨并制定切实可行的改革方案，将原有的种植业、畜牧业、水产业和农机业四个系统的工作较好地融合在了一起。

市农业局党政领导班子成员

局　　长　程贤禄
副 局 长　刘亚清　李继扬　杨铭华　尹幼奇
助理巡视员　黄灿然（12月任职）
党组书记　程贤禄
副 书 记　柯良标
成　　员　刘亚清　李继扬　杨铭华　阚世洪（10月退休）　刘建才（11月任职）

（于寒冰　李力）

北京市林业局

一、主要职能

北京市林业局是北京市政府主管全市林业工作的职能部门，负责本市郊区林业生态环境建设及林业产业的行政管理，行使林业的行政执法职权。主要职责是：

1. 贯彻国家林业工作的方针、政策和法律、法规；起草本市有关林业方面的地方性法规、规章草案，并组织实施和依法监督检查；负责本市林业工作的社会宣传和林业法律、法规的普及教育。

2. 负责编制本市林业基本建设的中长期发展规划和年度工作计划，并组织实施；监管国有林业资产；负责本市森林资产评估；指导林业经营工作；管理监督市级以上林业建设项目专项资金及直属单位资金的使用；负责统计、分析、报告林业工作数据。

3. 组织开展植树造林和封山育林工作；组织、指导植树种草等生物措施防治水土流失和防沙治沙工作；组织安排国家在本市的林业建设项目，负责本市林业重点项目的管理；指导区县林业工作；研究提出林业产业发展的有关政策，制订发展规划；负责林果、花卉、蜂蚕、森林旅游、林业苗木种子等行业管理。

4. 组织指导本市森林资源的管理和保护工作；组织本市森林资源调查、规划、动态监测和统计；审核监督林资源的使用，负责林地、林权管理；组织编制森林采伐限额，管理监督凭证采伐、移植及运输；对应由市政府批准的林木采伐进行初审；负责协调处理森林权属纠纷；组织指导陆生野生动植物资源的保护和合理开发利用；拟订本市重点保护野生动物、植物名录；负责本市森林、陆生野生动物类型自然保护区和湿地保护的建设和管理；负责国家及本市保护的陆生野生动植物和濒危物种及其产品进出口的审核；组织指导本市森林病虫鼠害的防治和检疫工作；组织指导和监督检查全市森林防火工作；负责本市森林公安工作；依法查处破坏森林资源案件；管理森林公安队伍。

5. 组织指导全市林业科技、教育、对外交流和信息化管理；指导全市林业队伍的建设和林业专业技术人员管理；负责本机关国家公务员及直属单位的组织人事管理工作；承办市政府交办的其他事项。

二、机构设置

按照市政府办公厅《关于印发首都绿化委员会办公室（北京市林业局）职能配置内设机构和人员编制规定的通知》的规定，首都绿化委员会办公室、北京市林业局机关下设办公室、政策法规处、联络处、绿化处、造林处、林政资源处、野生动植物保护处、果树产业处、花卉产业处、林场处、科教处、计财（审计）处、人事处、工会等14个职能处室和森林公安处、监察处、机关党委、老干部处。

三、下属单位

市林业局下属单位包括，林勘院、林业站、林保站、野保站、种苗站、蚕蜂站、宣传中心、信息中心、林政稽查大队、后勤服务中心、林干校、老干部站、基金站、物资站、水源站、十三陵林场、八达岭林场、西山林场、双青集团、蚕种场、温泉苗圃、天竺苗圃、黄垡苗圃、大东流苗圃、南大荒苗圃、琅山苗圃、林建公司、园林设计公司、蜂业公司、森林旅游开发公司等。

四、主要工作

1. *机关机构改革工作顺利完成*。按照北京市委、市政府统一部署，3—7月，首都绿化办、市林业局机关进行机构改革。办局党组认真学习领会中央、市委文件精神，把握政策，成立了机构改革领导小组，起草了办局“三定”规定，结合实际，制定了人员定岗分流方案和具体实施办法。机构改革开始后，进行思想动员、征求意见、双向选择、民主测评、组织考察、党组决定，各项工作扎实稳妥、圆满完成。改革中严格把握和执行政策，准确掌握各种思想动态，逐人谈话，做了大量深入细致的思想政治工作，确保了机构改革的顺利完成。这次机构改革，机关内设职能处室精简为14个，精简幅度近30%，编制从104人精简为53人，精简50%。同时，进一步调整界定了各处室职责；组建了首绿办市林业局直属机关党委；制定了各处室定岗职位说明书。申请成立了市林政稽查大队、市林业局信息中心。

2. *北京市林政稽查大队成立*。为更加有效的依法保护森林资源，严厉打击破坏森林资源的违法活动，保障首都森林资源的安全，经市编办批准，首都绿化委员会办公室、北京市林业局于2000年12月成立林政稽查大队。该大队为正处级执法机构，内设野保稽查科、林政稽查科、综合稽查科等部门。主要职责是：制定并实施林地、林木、陆生野生动植物保护、林木种苗方面行政执法稽查、检查的规定；监督森林资源消耗、凭证采伐、运输等活动，依法查处违法案件；监督检查征用、占用林地的执行，制止违法行为；监督检查郊区古树名木保护；监督检查陆生野生动物驯养繁殖、经营利用、狩猎、运输等活动，依法查处违法案件；监督检查野生动物经营利用活动，依法查处违法案件；监督检查林木种苗经营利用活动，依法查处违法案件。

3. *森林病虫害防治目标全面完成*。市林业保护站主要为林业发展提供病虫鼠害测报、检疫和防治保障。2000年，全郊区病虫害发生面积2.23万公顷，发生率4.28%；防治面积1.87万公顷，防治率83.8%；各类测报点增加到253个，监测覆盖面积44.27万公顷，监测率85.03%；种苗产地检疫面积0.49万公顷，产地检疫率97.99%，完成了国家林业局下达的“四率”指标任务。经加大常规病虫害防治和三次普查，全市境内尚未发现美国白蛾。

4. *加大野生动物保护工作力度*。市野生动物管理站主要负责全市野生动植物资源的保护和管理，自然保护区和湿地保护区规划、业务指导和管理，北京野保协会和爱鸟养鸟协会秘书处日常工作，国家濒危动植物管理办公室北京办事处日常管理工作。2000年积极开展了“珍爱绿色环境，为鸟类营造更可爱的家”、“长城脚下迎接绿色奥运，动物世界放飞救护猛禽”等大型活动。查处和没收各种保护鸟类150只，查获非法经营走私野生动物1 200多只，救护各类野生动物3 000多只。

5. *林业站工作取得新成绩*。市林业工作总站负责全市林业生产技术推广、区县乡镇林业站管理、飞播造林、绿色通道建设和爆破整地造林工程。2000年，共完成果品套袋1.47亿个，林果节水渗灌技术应用遍及5个区县159公顷，完成爆破造林0.14万公顷，植树198.95万株，成活率90%；播造林1.93万公顷。“五河十路”绿色通道建设全面启动，各项准备工作全部完成。

6. *加强林业勘察设计工作*。市林业勘察设计院主要负责森林资源调查，各造林绿化提供决策依据。负责造林、采伐限额实绩核查，制定全市造林绿化总体规划和专业计划。编制森林经营方案，实施资产评估，对区县林业工作提供技术指导和服务。2000年完成了全市森林资源二类调查的内业汇总，完成了“三北”防护林体系四期工程规划、平原绿化二期建设工程总体规划，参与了市防沙治沙、前山脸绿化、五河十路规划设计等工作，为林业建设做出了贡献。

五、学会、协会组织

北京林学会　北京林学会是北京地区林业科技工作者联合发起、依法成立的学术性、科普性群众团体。1962年成立，其主管部门是市科委，业务上接受市科协的领导和中国林学会的指导，目前挂靠在市林业局。学会的宗旨和任务是：充分发挥人才荟萃的优势，积极开展国内外学术交流，普及科学知识，推广先进技术，开展决策论证、技术咨询、继续教育，当好政府林业主管部门的参谋，维护林业科技人员的正当权益，促进林业建设事业的发展和繁荣，为实现首都林业现代化服务。

截至2000年底，累计举办学术活动156次，有8 623人参加；组织重大课题研究5项；实施《金桥工程》7项，推广先进技术4项；联合举办全民义务植树日大型科普宣传活动11次；征集科技论文253篇，征集科普论文60篇，组织会员编著《中国北方林业技术大全》；组织会员完成蟒山森林公园规划设计和八达岭特区建筑物周围的绿化设计；组织会员参加北京市科学技术协会赴江西老区技术咨询协作组，为老区人民带去7项技术成果；进行了北方干旱山地造林学术讨论会、中国林业发展战略研讨会、密云水库水源保护林效益观测及示范区建设可行性研究、北京市建材集团北京木材厂与市林业局合作开发中密度纤维板原料的可行性研究、先进适用造林技术推广等5项重大科研活动；组织提出《关于加强北京市林业工作的建议》，被市政府采纳建立北京市林业局；组织12个有关学会进行实地考察，建议在延庆县松山、门头沟百花山建立国家森林自然保护区，被市政府采纳；组织会员参加市科协1994年季谈会，对首都林业现状、存在的问题和发展对策提出建议。

经过多年严谨、扎实、细致、科学的工作，该学会取得了很大成绩，先后受到各种奖励和表彰。1982年，"关于加强北京市林业工作的建议"，获中国林学会建议二等奖；1989年，中国林业发展战略研讨会，被市科协评为全市最佳活动；1989年，实施的《ABT生根粉推广》项目，市科协庆祝建国40周年"献百计"活动优秀项目；1993年，"山区容器育苗造林技术推广"项目，获市科协"金桥工程"项目三等奖；从1988年始，连续7年被市科协评为"表扬学会"；1995年，被市科协评为"信息工作先进集体"；1996年，北京山区荒溪分类及危险区制图技术项目获市科协"金桥工程项目"二等奖；2000年，北京市封山育林综合技术推广获市科协"金桥工程项目"二等奖。

北京果树学会　北京果树学会是经北京市社会团体管理办公室核准注册登记的、果树科学技术工作者学术性的群众团体。挂靠在北京市林业局。学会的宗旨和任务是：团结和组织果树科技工作者开展学术活动，促进果树科技的普及和推广，为繁荣果树科技事业做贡献。

学会自成立以来举办学术活动60次，参加7 734人次；科普活动192次，参加98 420人次；技术培训74次，参加37 148人次；出版《北京果树栽培手册》、《果树丰产200问》、《北京果树志》、《苹果矮化栽培》和《果树技术培训教材》等5本书，10余种内部资料，近2万多份。

1. 下乡传授技术。1984年9次应邀组织首都地区20多位果树专家、农艺师定期前往平谷县镇罗营乡进行技术传授，指导果树生产，一年为该乡培训600人次，当年全乡在生产条件不利的情况下，总产达到355万千克，比1983年的312万千克增加14%，比历史最高年产量328.5千克增长7.9%。

2. 组织编写《北京果树志》。自1982年起，由市政府果树顾问团与北京果树学会共同组织撰写《北京果树志》，1988年完成，历时6年。此书是第一部全面系统记述北京地区果树资源及栽培史的书籍，共收入30种果树1 100多个品种，附有图片600多幅。该书分析了北京地区主栽品种和有发展前途品种的来源、分布、植物学特征、生物学特性、物候期等。

3. 组织编写《果树技术培训教材》。自1991年起，为了适应果树生产的需要，促进"绿色证书"培训的健康发展，由市政府农林办公室、市科学技术委员会和市林业局共同组织学会的专家、学者以及科技工作者，编写了《果树技术培训教材》，作为北京郊区果农"绿色证书"培训的指定教材。该书分总论和各论两部分，教材密切结合实际，详细阐述了北京地区果树的主要栽培树种和品种、栽培管理传统经验、常规措施和新技术。该书于1993年8月由中国科学技术出版社出版，574千字。

4. 开展科技活动月。参加北京市科协在中山公园举办的科技活动月，有10多位专家进行技术咨询，销售科技书刊，推广果类制品，介绍新技术等，接待来访群众3 000多人次。为了进一步深化科技活动月，来自21个单位的理事、会员到郊区开展技术服务、科技开发、现场考察、科学研究和技术培训等，有1 700多人次参加。

5. 开展"星火计划"活动。广大会员参与了"北京市干鲜果品栽培及产地贮藏技术"、"星火计划"项目研究。自1987年开始，用2年多的时间对京郊苹果、梨、桃、柿、红果、板栗等9种果树833公顷果园进行了管理措施规模示范，改革、引进和添补了10项管理措施，如引进新优品种，疏花定果，板栗去雄，合理使用调节剂，穴贮水肥，增施有机肥等。通过"星火计划"活动，促进了果品生产的科技进步，提高了果品的产量和质量，增加了农民的收入。

北京野生动物保护协会　北京野生动物保护协会是野生动物保护管理工作者、科技人员和为保护野生动物做出积极贡献人员的群众性组织。北京野生动物保护协会1986年成立，1987年在市民政局登记注册。1993年9月，依据有关规定在市民政局进行了法人社团注册。协会挂靠在市林业局。多年来，积极开展合作和交流，借鉴国内外经验，有力地促进北京市野生动物保护事业的发展。

1. 组织开展"爱鸟周"和"保护野生动物宣传月"活动。每年的"爱鸟周"和"保护野生动物宣传月"，协会联合北京市科协、北京青少年科技教育协会及首都师范大学、北京师范大学等单位，开展形式多样的法制宣传和科普教育活动。几年来，协会与市科协、首都师范大学分别在松山自然保护区、半壁店森林公园、共青林场悬挂鸟巢2 000余个。协会还举办保护野生动物知识竞赛4次、演讲比赛1次、夏令营活动3次。通过宣传教育，广大群众自觉保护野生动物，上缴伤、病、残及体弱的野生动物的事例逐年增加。2000年7月、10月，协会分别在福建武夷山、北京八达岭组织开展了群众救护动物和执法部门救护野生动物活动。

2. 组织开展保护野生动物的资源调查研究工作。几年来，协会依靠首都的大专院校和科研单位，先后完成了松山、百花山两个自然保护区野生动植物资源调查，北京地区候鸟资源调查，分别获得了北京市科技进步三等奖、北京市林业局科技进步一等奖。"北京地区人工鸟巢招引食虫益鸟工程"基本完成。

3. 组织业务培训。先后举办有关野生动物保护管理业务的培训班4期，约150人次参加。以培训区县野生动物管理人员为主，重点讲授保护野生动物的法律法规、动物的分类鉴别、野外调查及标本制做等知识，提高专业技能和管理水平。

4. 为野生动物行政执法部门提供业务咨询。对于执法过程中查出的野生动物活体或者产品，需要进行鉴定的，一般都由协会会员承担鉴定工作，为执法部门快速侦破和处理案件提供保证。

5. 配合主管部门编写保护野生动物的科普资料。主要组织编辑出版了《野生动物与自然保护区资料汇编》、《野生动物保护管理手册》、《北京保护野生动物图说》等。

北京爱鸟养鸟协会 北京爱鸟养鸟协会是热爱鸟类事业的专家、学者及有关人员联合发起成立的群众性组织。1986年成立，1987年3月20日在市民政局进行注册登记，1993年9月依据有关规定在市民政局进行了法人社团注册。目前挂靠在市林业局。会员2 631名。协会的宗旨是：贯彻执行和宣传国家关于保护鸟类，保护野生动物的方针、政策和法律、法规；宣传爱鸟知识和护鸟的意义；团结和组织广大会员保护发展鸟类资源，维护生态平衡，丰富人们精神文化生活，增进人们身心健康，为推动社会主义精神文明和物质文明建设作贡献。

1. 广泛开展爱鸟、护鸟的宣传。近十年来，协会组织参加有关爱鸟、护鸟活动近百场，组织悬挂鸟巢1万余个，还出版了《爱鸟与养鸟》、《养鸽与训鸽》等书籍。

2. 组织开展科研课题。近几年，开展并完成了“圆明园鸟类招引与生态环境试验工程”、“密云水库涵养林保护及鸟类招引工程”、“十三陵地区招鸟工程”3个科研课题，收到一定的效果。在“圆明园鸟类招引与生态环境试验工程”中，悬挂人工鸟巢1 200个，改善了洞穴中营巢的条件，每年节约农药费5万元，对治虫防病起到了示范作用，记录圆明园地区鸟类159种，鸟的种数占全市鸟类种数的46%。该项目获得北京市科技进步三等奖，并被列入国家科技成果大全。

3. 进行观赏鸟的种源繁殖、饲料、添加剂、病防治上的研究开发，为爱好者提供服务。认真做好会员的电话、来访咨询服务，开办有关鸟类及自然生态环境知识方面讲座几十场，提供鸟种、鸟源信息，进行会员经验交流、鸟种交换等。与北京制药二厂联合研制出“鸟乐1号”、“鸟乐2号”、“鸟乐3号”、“鸟乐4号”，对繁殖、孵化、防病、治病起到一定的作用。与北京开元饲料有限公司北京远翔饲料厂联合制作百灵、画眉、鹦鹉、雀类等饲料及预混料，为广大养鸟爱好者提供科学养鸟服务。根据近年来人工繁育鸟出现的鸟依原体病毒，配制了防治病毒胶囊。

北京市花卉协会 为推动北京地区花卉事业的发展，北京市1984年成立北京市花卉协会，管理挂靠在首都绿化委员会。宗旨是团结业内企业，组织、联系有关人员共同促进全市花卉业的发展。协会会员由两部分组成，一是北京地区的花卉生产、经营、科研、教学企事业单位；二是从事花卉生产、经营、科研、教学和热心花卉事业，对花卉事业有重要贡献的人士。秘书长：张文佑。

北京市盆景艺术研究会 北京市盆景艺术研究会全年的主要活动是：新创作成市树侧柏盆景20盆，市花小菊盆景10盆，总结山水盆景山脚线的正确处理，石榴树的高接技法经验，理论研究提出创风格的创新研究途径论文；由山水盆景专委会组织一次现场创作经验交流会，由树木盆景专业委员会组织两次创作经验交流会，盆景展览期间，组织全体会员参观学习，并有专人负责重点讲评；五一节和国庆节组织精品盆景展览两次，同时进行评奖，受到群众好评；总结一年来的工作，宣布下年度的工作计划，进行学术报告，主要是宣讲论文，提出盆景艺术研究要着重狠抓创新研究；吸收新会员7人，免去副会长2人，新选副会长2人，增选副秘书长1人，增选理事4人，常务理事4人。法人代表：周国梁。

首都绿化委员会办公室、北京市林业局领导班子成员

党组书记　宋希友
副书记　李树旺
成　员　甘　敬　赵根武　康德铭
　　　　冯端翊　黄德峰
纪检组长　冯端翊
主任、局长　宋希友
副主任、副局长　李树旺　甘　敬　赵根武
　　　　张　皎
总经济师　康德铭
总工程师　周冰冰

（张云飞）

北京市水利局

一、主要职能

北京市水利局成立于1960年，原名北京市水利工程局。1964年与市气象局合并，成立北京市水利气象局。1978年，水利与气象分开，成立北京市水利局。至2000年，北京市水利局机关在编职工67人，局属32个单位有职工7 530人，其中干部数3 215人，各类专业技术人员2 813人。

2000年，根据市政府关于机构设置的通知，设置北京市水利局。市水利局是主管本市水行政管理工作的市政府直属机构。主要职能是：

1. 组织制订本市水利发展战略、中长期和年度计划，并组织实施。

2. 贯彻国家有关水利的法律、法规和政策，研究起草本市水利方面的地方性法规，规章草案，并组

织实施。

3. 负责全市水资源的统一管理工作；负责组织编制本市水资源开发利用和保护的综合规划以及水的中长期和年度供求计划，并监督实施；发布水资源公报。

4. 主管全市节约用水工作；组织拟订节约用水的政策；组织编制节约用水规划、计划，制订有关标准并监督实施；负责规划市区以外地区节约用水的具体工作。

5. 负责实施取水许可制度；负责地下水取水核准；负责全市水文工作；负责本市的雨洪、再生水的利用及地下水人工排水和回灌的管理工作。

6. 负责本市水功能区的划分；承担河道、水库、湖泊的保护管理工作；监测河流、湖泊、水库及饮水区等水域的水量、水质，研究水域的纳污能力，提出限制排污总量的意见和办法，并监督实施。

7. 组织、指导水政监察和水行政执法；协调部门和区、县间的水事纠纷。

8. 负责本市水利工程和设施的管理；组织编制重点水利基建项目的建议书、可行性报告；监督实施水利行业技术质量标准和水利工程的规程、规范；负责水利工程的竣工验收和交付使用工作。

9. 组织、协调、监督、指导全市防汛抗旱工作。

10. 拟订有关水利的经济调节措施；配合有关部门提出有关水利的价格，信贷等经济调节意见。

11. 指导郊区水利工作，组织协调农田水利基本建设和管理。

12. 组织全市水土保持生态环境工作；研究拟订水土保持生态环境的规划；负责水土流失的监测和综合防治工作。

13. 主管本市水利科技、教育和对外经济、技术合作与交流工作；组织重大水利项目的科学研究和技术推广工作。

14. 承办市政府交办的其他事项。

二、机构设置

市水利局内设机构有：办公室、政策法规处、研究室、综合计划处、水资源管理处、北京市节约用水办公室、水利工程建设与管理处、郊区水利处、科技教育处、宣传处、财务处、审计处、人事处、工会团委、机关党委、老干部处、纪检组（监察处）共17个。机关人员编制67人。

三、下属单位

市水利局下属单位有34个，这些单位的主要职能及2000年主要工作情况如下。

北京市官厅水库管理处 官厅水库位于河北怀来县与北京延庆县境内。1951年10月开工，1954年5月建成，是新中国成立后修建的国内第一座大型水库。水库控制流域面积43 402平方千米，为永定河流域面积的92.3%。主要功能是防洪、供水、灌溉、发电，是北京市的重要水源之一。总库容为41.6亿立方米，可防御千年一遇洪水。2000年供水2.96亿立方米，发电9 629万千瓦时。为开展官厅水库的治理工程，组建了各专项工程筹备领导小组，完成了工程前期的研究、勘察、项目建议书等工作。

北京市密云水库管理处 该处管理着华北地区第一大水库——密云水库，在职职工644人。密云水库总库容43.75亿立方米，控制潮白河流域面积的88%。水库于1958年9月开始修建，1960年9月建成。建成40余年来共拦蓄大于1 000立方米/秒的洪峰20余次，供水376亿立方米，发电30亿千瓦时，提供淡水鱼5 000万千克。管理处先后被评为全国抗洪先进集体、水利部系统一级管理单位、北京市文明单位、市水利局双文明单位，连续11年被评为市、县两级绿化美化先进单位。有6人被评为全国先进工作者或省部级先进工作者，有3人获得首都"五一劳动奖章"。2000年供水6.44亿立方米，水费收入9 252万元，新建绿地4 637平方米。

北京市十三陵水库管理处 十三陵水库始建于1958年。1985年兴建了北京九龙游乐园，为水库凭添了更加丰富的旅游色彩，并取得了良好的经济效益和社会效益，是国家公布的第一批重点风景名胜区之一。1990年被市政府认定为"内容丰富的旅游休闲区"。2000年水库防汛工作实现了网络报汛；完成了《上游坝坡安全工程可行性研究报告》，分别委托中国水科院、北京水科所、清华大学对上游坝坡进行安全鉴定，已完成上游坝坡"安全性评价与分析"、"渗透稳定实验研究"和"保护层砂料流滑物性试验研究"。

北京市城市河湖管理处 主要职能是为首都的工农业生产、人民生活及城市园林供水；防汛排洪，确保首都安全度汛；城市河湖、水利工程设施的维护管理和绿化美化水环境。河湖处管辖有流经12个区、县的19条河道，总长173千米，暗河22千米；湖泊24个，水面面积640万平方米；流域面积688平方千米；管理200余座闸坝、泵站等水利工程建筑物。2000年完成水工建筑维护改造工程27项，总计引水35 261万立方米，为工农业生产和城市环境供水50 198万立方米；完成绿化美化水环境工程13项，新增绿地82 607平方米，被评为北京市绿化美化先进集体和首都文明单位。

北京市京密引水管理处 该管理处是为首都工农业、生活输供水的水利管理单位。管辖范围包括怀柔水库、京密引水渠、潮河总干渠三项。主要任务有输配水、工程管理、发电、林业管理、多种经营等。2000年实现了全年由密云水库引水3.74亿立方米，总配水3.55亿立方米，拦截怀柔水库河道来水0.44亿立方米。为缓解北京市水资源紧缺状况，实施了京密引水渠技术改造一期续建工程，水下工程历时50天，完成了52.06千米渠道全断面衬砌；18.7千米的渠底衬砌；改造分水闸、扬水闸70余座；新建屯佃节制闸1座。全年实现综合经营收入2 815万元，实现利税 282 万元，水费收入达 7 470 万元。

北京市永定河管理处 成立于 1975 年，承担永定河北京段的防汛任务及工程管理。永定河 1985 年被国务院确定为全国四大防洪重点河流之一。永定河北京段自河北省幽州至大兴县崔指挥营，全长 170 千米。河道自三家店以下始建有堤防，堤防总长 122 余千米。管理处现有职工 185 人。为开展永定河滞洪水库建设，2000 年本市成立了永定河滞洪水库建管处，永定河防洪工程建管处重新启动。

北京市潮白河管理处 该管理处成立于 1986 年，负责潮白河本市境内 122 千米河道管理、城市供水及经济开发。1990—1995 年，北京市对潮白河进行了大规模综合整治，目前基本形成了较规范的行洪河道。潮白河为华能北京热电厂、北京市第一热电厂用水，要求供水保证率达 97%以上。2000 年全年供水 1 852 万立方米，实现收入 4 071 万元、利税 157.4 万元。

北京市北运河管理处 该管理处成立于 1973 年，主要任务是负责温榆河、北运河、运潮减河的河道、堤防及水利工程的管理，担负着沿河 3.6 万公顷农田蓄水、灌溉、防洪排涝及北京城市污水排放。管理处现有职工 331 人。在抓好水利工程管理工作的同时，积极开展工程建设，主要项目有：河道开挖、护坡、清淤工程；闸涵、桥梁工程；通讯、热力、给排水等地下管道工程；大中型金属结构的制作、安装和调试；生产各种款式的防汛用 PVC 雨衣、雨披、套装及防洪抢险用救生衣等。管理处曾连续被上级单位评为水管先进单位、首都文明单位、水利系统文明单位等光荣称号。

北京市第一水利工程处 是一个集施工、生产、服务于一体的综合性全民所有制二级企业。其下辖的 3 个施工队分别承担着水利、市政、道桥、人工湖等施工任务，曾多次创建优质工程，另有 9 个生产经营单位。1998 年 10 月一处通过了 ISO9002 质量体系认证。2000 年围绕水利、市政工程施工这个主业，年内共承建了南四环跨凉水河桥、马草河桥、京引技改、清河治理等大小工程项目 20 项，创产值 1.45 亿元，实现利税 1 150 万元。

北京市第二水利工程处 成立于 1980 年。20 年来承担建设各项水利施工任务达百余项，其中独立承担的西水峪水库、密云水库大坝水中抛石加固、城市水系综合治理等数十项工程，达到优质工程水平，数十项工程荣获市、局授予的先进称号。注重先进技术的开发、引进和利用，在滑模施工、水下控制爆破、水中抛石加固大坝等施工技术上取得新突破，有些项目获得部、市科技进步奖和国家科技发明奖。2000 年承担施工任务约 20 项，其中城市水系综合治理长河工程、昆玉段工程、前海、筒子河等五项工程获局优质工程，城市水系综合治理一期工程获 1999 年度北京市“长城杯”结构工程奖，故宫筒子河治理工程获 1999 年北京市优质工程奖。全年实现产值 1.63 亿元，实现利税 1 025 万元。

北京市水利机械施工处 成立于 1980 年 6 月，是集水利水电机械化施工、市政施工、机械设备修理及汽车运输为一体的专业化综合施工企业。现有职工 540 余人，拥有机械设备 700 多台（套）。近年来该处逐步实现了由土方施工为主向土建土方综合施工为主的转变。2000 年是历年来工程最多、规模最大、成效最为显著的一年，完成总产值 14 500 万元，比上年增长 23%；实现利税 810 万元，比上年增长 24.6%；总资产达到 17 629 万元，比上年增长 47.8%；人均劳动生产率 73 466 元，比上年增长 17.3%。

北京市水利工程基础处理总队 是以水利水电工程施工和地基与基础工程施工为主的综合性施工企业，是地基与基础工程施工资质一级企业、国家二级企业。建队 40 年来，先后在全国 20 多个省、市、自治区，承担水利基础工程、水电工程、工民建、公路桥梁、市政工程等 300 余项，多项工程获得了国家银质奖、部级、市级优质工程奖和科技进步奖。2000 年总队全年工程开工项目 20 余项，红山口露天游泳场、玉渊潭船闸、公路二环特大桥等 16 项工程竣工，全部为优良工程。自 1994—2000 年总队交验工程合格率达 100%，优良率达 80%以上。

北京市水利建设承发包公司 成立于 1988 年 7 月，是从事水利、市政等工程承发包业务的全民所有制企业。主要承建大中型水利、市政工程，包括河道整治、水工建筑物、供水排水工程、工业及民用建筑等。从 1998 年起承发包公司不再接受水利工程项目，经营管理重点转向房地产开发。

北京市京水房地产开发公司 成立于 1992 年 8 月，是自主经营、自负盈亏、独立核算的全民所有制企业。与市水利建设承发包公司系一套人马两块牌子。公司以加快本市河湖、水库等水土资源的开发利用，从事水利系统房地产综合开发经营业务，促进水利建设的良性循环为宗旨。2000 年公司实现利税 278 万元。

北京市水利基本建设工程质量监督中心站 成立于 1990 年，主要是管理北京市辖区内水利工程质量监督工作，参加受监督水利工程的阶段验收和竣工验收，监督受监督水利工程质量事故的处理。2000 年监督了通惠河整治、城市水系治理、京引技术改造、清河治理等 40 余项水利工程，对重点水利工程开展了四次质量大检查。

北京市水工机械厂 成立于 1958 年，是以生产铸铁机井管和水电工程闸门、启闭机、大型压力管道等金属结构产品以及建筑机械、木材机械的中小型全民所有制企业。该厂是水利部、原电力部生产水工金属结构产品的重点厂家之一，生产的大型弧形闸门、大型清污装置、大型拦污栅于 1997 年和 1998 年两次荣获水利部、原电力部颁发的全国工业产品生产许可证。1998 年 6 月通过了 ISO9002 国际质量体系认证，先后承担了 90 多孔闸门和启闭机、压力管道的制造安装工程。山东太河水库闸门工程荣获“山东省优质工程奖”，白河堡水库闸门和启闭机工程荣获原水电部“银质奖”。目前该厂正在逐步调整产品结构，研制开发新产品。

北京市水利物资贸易公司 成立于1967年，原称为北京市水利物资供应站。主要职能是编制计划、申请调拨、分配供应全市水利系统物资。自1985年后物资行业进入市场，单位更名为北京市水利物资贸易公司。主要职责仍承担着全市水利系统的物资集中采购、供应、招发标等工作。公司现有职工89人，下属单位10个。

北京市顺昌养殖公司 成立于1984年。以前以种鸡孵化、蛋鸡饲养为主，自1998年起由养殖业为主转为以草坪种植和绿化工程施工为主。2000年承担了城市水系的绿化施工任务，并承揽了周边地区的多项绿化施工任务，共种植、销售草坪12公顷，全年实现产值256万元，创利润24万元。

北京市天利电器工业公司 是生产高、低压成套配电设备的专业厂家，并具有承接10千伏及以下电气安装的资格，是原机械电子工业部和能源部整顿验收合格的企业。公司现有职工120人，拥有一批先进的生产加工设备，数控机床、数控折弯机、焊接设备、喷涂设备和高低压检测设备，并全面采用CAD计算机辅助设计。2000年公司通过了ISO9002质量体系认证工作。销售收入1 200万元，比上年提高173%；完成利税94.5万元，比上年提高217%。

北京市水利经济发展公司 成立于1992年，是一个综合性的经济实体。主要开展水利机械设备的技术开发与咨询，旅游饭店，房地产开发，承办生活消费品市场、市场物业管理服务。2000年公司抓好队伍建设，加强内部管理，努力完成了经济指标。

北京燕波水利建设监理有限公司 成立于1995年6月，是北京市水利系统第一家建设监理单位，甲级资质。公司成立以来，为60多项水利、道桥、工民建等工程提供了监理及招投标代理服务，工程总投资约60亿元，工程质量合格率达100%，优良率达90%以上。1999年通过ISO9002质量体系认证。2000年共承担了26项总投资约14亿元的监理任务，完成取费846万元、利税156万元、资产总额1 279万元、人均收入2.4万元，同比分别增长31%、30%、34%、10%。公司被评为北京市先进监理单位、市水利系统文明单位，监理的城市水系治理一期工程获得“长城杯”，引潮入城供水工程被评为“市优”。

北京市永定种羊场 成立于1991年。现有种羊150只，沙荒地200公顷。建场初期主要向牧区出售种羊。1996年重点对沙荒地进行改造。截止到2000年底，共大平大整沙荒地近133公顷，种植各种果树近67公顷，毛白杨26公顷，防风防护林（刺槐）23.67公顷，苗圃6.67公顷。

北京市水利规划设计研究院 该院系建设部批准的甲级设计院，主要从事大中型水库、闸坝、水电站、电灌站、河道整治、城乡供水工程设计、水文水资源评价、工程规划、工程勘测、水土保持、环境评价以及工业民用建筑的勘察设计。具有工程总承包、工程咨询、工程造价咨询等甲级资质证书，1999年通过GB/T9001－ISO9001质量体系认证注册。该院先后完成北京市内各种桥涵闸坝的设计工作，并参与了十多个国家水利工程的设计。荣获国家、部、市级优秀设计和科技进步奖50多项。近年来该院承担了南水北调中线工程（北京段）、密云水库加固、城市河湖整治、中南海清淤、永定河滞洪水库等百余项工程的规划设计。

北京市水利科学研究所 成立于1963年，是一所水利综合科研机构。2000年围绕北京市水资源保护与利用、山区生态建设、农业节水、防灾减灾、重点水利工程建设、工程维护与管理、水污染治理和环境建设等方面，通过科技攻关、实验研究、工程技术咨询与服务，为北京市水利事业发展和社会经济建设提供技术支持，取得了明显的社会、经济和环境效益。全年承担和完成了各类科技项目40多项，其中有市科委重大科技攻关项目4项，国家自然基金委重大项目1项。“华北乡村水环境综合治理示范研究”项目2000年获北京市科技进步二等奖，已完成1个示范村、3个小城镇、4个养殖场的污水处理示范工程的规划、设计及施工指导，部分工程已投入运行。2000年11月通过了ISO9001质量体系认证。

北京市水利自动化研究所 是1989年成立的专门从事水利自动化应用技术研究、开发的市级科研单位。主要进行遥测、遥控、图像传输、无线电通信、计算机网络等自动化系统的研制开发工作。拥有经验丰富的高、中级科技人员，先后为25个省市的水利、能源部门的水库、电厂、河道及防汛指挥部门研制了200余个自动化系统。2000年正式通过了ISO9001质量体系认证。

北京市水文总站 成立于1963年，是北京市水文工作的管理单位。共管理各类水文站点732个，其中水文站42个、雨量站121个、地下水监测站423个、水环境水质监测站146个。从事观测、研究水文水资源规律，进行水文水资源资料综合分析评价工作，定期发布《北京市水资源公报》、《北京市干旱预报》、《地下水动态简报》和《水资源保护简报》。2000年完成了全市5大水系、13条河流、两大水库、2 227.9千米河道的排污口调查分析评价工作和13项水利前期论证、规划及科研项目。

北京水利水电学校 学校成立于1953年，是本市惟一的一所水利类中等专业学校。占地面积4万平方米，建筑面积3.69万平方米。现有基础和专业实验室12个，配有多媒体语音室和电教演播室，计算机房3个110多台以及现代化图书馆。2000年有水工、工民建、机电、计算机及应用、饭店服务与管理等10个专业31个班，在校生达1 409人。学校设有全国计算机等级考试点和北京广播电视大学工作站。1998年被评为北京市中职骨干示范学校，2000年被评为首都文明单位。

北京市水利水电技术中心 成立于1993年，是北京市水利局技术服务型事业单位，主要职责是开展水利及相关技术的开发、咨询、推广和服务，项目有：农业节水灌溉、抗旱与乡镇供水、水电站技术改造、水资源与水土保持、水利信息化建设等。2000年完成了水利富民工程第一阶段“五小工程”技术服务、农业节水旱地龙技术的推广、技术下乡等，参与完成了水利富民工程第二阶段规划，开展了世界银行贷款发展节水灌溉项目的前期工作，使世行节水项目正式启动，初步建成了水利自动化办公管理系统。

北京市水利局房屋管理处 是水利局所属事业单位，现有职工103人。主要工作是负责水利局所属普惠北里、团结湖、马神庙、双紫园四处宿舍区的房屋维修、供暖、供电以及宿舍区绿化美化、环境卫生、治安秩序、车辆管理等项物业管理工作。同时负责白堆子、东交民巷、中缘胡同等处3 385平方米平房的维修、管理工作。管理处连续3年被评为首都文明单位和水利局先进单位，普惠北里和团结湖两个宿舍区分别被海淀区、朝阳区政府命名为“文明居民区”。

北京市水土保持工作总站 成立于1999年5月，是全民所有制事业单位。主要职能是：承担全市范围内的水土保持监督管理、水土流失综合治理、水土流失监测预报和水土流失科研及技术推广工作。2000年综合治理了59条小流域范围内的水土流失面积633.8平方千米，查处水保违法案件18起，审批开发建设项目水土保持方案74个，督促开发建设单位投入水土流失防治费1 623万元，进行了密云水库上游水土流失监测，完成了全市第二次水土流失遥感调查工作和全市小流域数字化划分工作。

中共北京市水利局党校 是水利局轮训处级干部、培养中青年干部、学习和研究理论的阵地，同时进行职工岗位培训和开办党校大专、本科学历教育。现有在校学员1 127名。2000年举办各类培训班20期，培训人员1 121人次，有341名经管大专班学员毕业。

北京市水政监察大队 成立于1999年10月，市长刘淇亲自为大队授旗。现有人员66人。主要职责是为水利管理提供监督保障，本市水政执法规章、规划、标准拟定，组织水政应急监察，水政违法违规行为查处，水政监察人员培训等。2000年在有关部门配合下，拆除城市河湖管理范围和保护范围内的违法建筑6.5万平方米；查处违章施工、违法建筑、违法偷倒垃圾等案件83起；取缔沿河非法农贸市场、早市22个。

北京市水利局后勤服务中心 其前身是水利局机关行政处，1995年8月由机关分离出来成立水利局后勤服务中心，为全民所有制事业单位。主要职能是为局机关提供后勤服务，对社会开展有偿服务，并代管全局房改、计划生育和献血工作。现有职工98人，下设办公室、总务科、通讯科、膳食科、财务科、汽车队。

北京水利医院 始建于1978年，是一所医教研防相结合、科室齐全、设备先进、技术优良、服务周到的二级甲等综合医院，是北京市基本医疗保险定点医院。开放床位200张，临床一级科室12个，二级专业组14个，医技科室14个。全院现有职工310人。卫生技术人员241人，其中高级职称24人，中级职称80人，两位专家享受政府特殊津贴。

北京市政府防汛抗旱指挥部办公室 1995年5月，经市编委批准成立，为执行政府行政职能的全民所有制事业单位，行政关系隶属于北京市水利局，简称北京市防汛办。

市防汛办是负责全市防汛抗旱日常工作的办事机构。其主要职责范围是：掌握全市雨情、水情、工情、险情、天气预报和防汛、防雹动态，及时分析汛情，向指挥部提出防洪、抗洪、抗旱、调度、抢险、救灾等参谋意见，供指挥部领导决策；防汛通讯、遥测设施的设计、安装、维护与管理；全市水、雨情测报；重点防洪河道和大中型水库洪水预报；官厅、密云水库汛期及非汛期来水量预测；计算机技术在防洪调度中的应用开发。

防汛办公室下设6个科级机构。即：综合办公室、水情办公室、自动化办公室、通讯办公室、水文科技发展公司、防洪费征收办公室。现有职工40人，具有中专以上学历的34人，专业技术人员有33人。

2000年，全市86个市、县级指挥部进行了重新调整，制定了各级防汛责任制。分别对指挥人员和技术骨干进行防汛知识培训，进行了50多次近5万人次参加的防洪调度、雨水情测报、堤防抢险、城区排水设施应急抢险、抢修和山区“四包、七落实”避险、救生防汛演练。汛前，各区县及重点单位与市防办实现了无线通讯、雨情遥测、气象卫星云图、ISDN网络连接，首次启用了计算机报汛。2000年全市遭遇了自1999年以来连续2年的严重干旱，汛期还遭受了特大暴雨的袭击，但由于领导重视，准备充分，措施得力，将旱情和暴雨所造成的损失减少到了最低程度，为首都的经济持续增长和社会发展提供了保障。

四、学会组织

北京水利学会 北京水利学会是水利科学技术工作者自愿结合组成的学术性群众团体，具有法人性质。其业务范围为：学术交流、科技咨询、编印科技资料、科普宣传、项目论证、业务培训。学会挂靠在北京市水利局。现有会员3 487人，团体会员单位14个。其办事机构为学会秘书处。

水利学会下设4个工作委员会，8个专业委员，1个咨询服务部。4个工作委员会为：组织、学术、科普、青年工作委员会。8个专业委员会为：水资源、农田水利、水工结构、施工、水利管理、水利史、环境水利、水利经济专业委员会。

2000年水利学会主要完成了以下工作：①举办

学术会议12次，688人次参加，交流学术论文71篇。②举办学术报告会4次，382人次参加。③举办科普讲座3次，241人次参加。④举办科普展览1次，8 000余人次参观。⑤举办青少年科技夏令营1次，52人参加。⑥接待国际间来访科技团组7个，42人次。⑦引进国外科技人才7人次，外派考察2人次。⑧年内立项“金桥工程”3项。⑨无偿科技咨询16项，决策咨询3项，推广新技术2项。

主要科技期刊1种（《北京水利》），发行总数1.2万册；编辑论文集3种，发行2 400册；制作声像制品2种。2000年荣获市民政局、人事局、社团管理办公室颁发的“先进社团”奖牌，获市科委颁发的“科普宣传先进单位”证书，获市科协“金桥工程”一等奖。学会办公地点在北京市海淀区翠微路甲3号（市水利局院内），法人代表：刘延恺。

理 事 长　朱尔明

副理事长　蔡季良、王守强、沈崇刚、惠士博、滕书堂、高雪涛

五、主要工作

1. 水政执法。2000年制定了《北京市水利局推进依法行政工作实施办法》，将任务分解落实到各单位，并与年终考核相结合。起草了《北京市实施〈中华人民共和国防洪法〉办法》，已经市长办公会审议通过。起草了《北京市取水许可制度实施细则》、《北京市水资源费征收、使用管理办法》、《北京市潮白河河道管理若干规定》。与市规委联合拟定了《关于重新划定城市河湖管理范围的规定》。继1999年成立北京市水政监察大队之后，2000年朝阳、海淀、丰台、石景山4个近郊区和昌平、通州2个远郊区也成立了水政监察大队。

2000年全市共发生各种水事案件3 081起，依法查处3 020起，处理率达98%。城区范围内通过河道治理、截污工程，清堵排污口近2 000多个，取缔了22个非法集贸市场。

在“世界水日”和“中国水周”宣传活动中，市政府与水利部联合在北京举办了大规模的宣传活动，市属各水管单位和各区县水利（水资源）局也举办了相应的宣传活动。共设宣传站点100多个，发放宣传材料10万份，张贴宣传画、宣传标语1万张，印制普法汇编1.5万册。

2. 水利规划。1999年，市政府和水利部共同制定了《21世纪初期首都水资源可持续利用规划》，确定了2010年前实现水资源供需平衡的目标和具体措施。2000年根据国务院领导同志的指示进行了修改，上报国务院审批。根据《规划》编制了《北京市再生水利用工程规划》、《北京市应急备用水源工程规划》等专项工程规划。重点编制了《北京市水利发展“十五”计划和2015年远景目标规划》，同时完成了《潮白河水系综合整治规划》、《北运河水系综合整治规划》、《永定河水系综合整治规划》和《城市河湖水系综合整治规划》。配合水利部开展了南水北调中线工程各项前期准备工作。

3. 水利基本建设。2000年共落实基建项目33项，其中续建项目18项，新开工项目15项。落实水利基建投资12.2亿元，其中：中央专项3.77亿元，占31%；市水利建设基金3.92亿元，占32%；土地批租1.55亿元，占13%；银行贷款1.55亿元，占13%；其他占11%。密云水库加固工程、城市水系治理工程、通惠河整治工程三项重点工程年底通过单位工程验收，具备了竣工验收的条件。清河综合整治工程、滞洪水库建设工程、永定河左堤加固和综合治理工程、京密引水渠技术改造工程已按计划开工建设，并且实行了项目法人负责制、招投标制、工程监理制和合同管理制等“四制”。

4. 城乡供水。2000年官厅、密云两大水库总供水量9.65亿立方米，比上年减少供水1.54亿立方米。其中：供工业用水5.03亿立方米，同比增加0.83亿立方米；供生活用水3.78亿立方米，同比减少1.16亿立方米；供环境用水0.53亿立方米，同比减少0.65亿立方米；供农业用水0.31亿立方米，同比减少0.56亿立方米。地下水供水量26.34亿立方米，与上年基本持平。

郊区加快了乡镇集中供水工程建设，扩建、新建10处乡镇集中供水工程，包括1处扩建工程和9处新建工程。日供水能力9.62万吨，覆盖人口21.7万人。

5. 小水电建设。全市小水电截止2000年底已开发5万多千瓦，占可开发量的56%。全市原有小水电站113座，装机容量为5.06万千瓦。由于水源情况的变化，实际运行电站71座，装机容量4.5万千瓦。“八五”和“九五”期间，对35座骨干电站进行了技术改造，使发电量稳定提高。2000年由于干旱少雨，全市总发电量为4 300万千瓦时，是历年最低的一年。

6. 水利工程管理。2000年，本市水利工程管理共完成各类维修加固项目300多项，安排维修资金1.115亿元，其中水利建设基金维护管理费6 994.5万元，水费3 680万元，市财政防汛岁修费480万元。加大水环境综合整治力度，全年清理垃圾渣土10万立方米，拆除违章建筑6.5万平方米，拆违后绿化1.8万平方米。水利工程土地划界工作完成土地确权40宗，完成面积41.33平方千米，使全市水利工程土地划界确权面积达到应确权面积的54%，比上年增加了11个百分点。

7. 科技与教育。2000年开展首都创新工程计划编制工作，提出了“水资源可持续利用工程”，有3项科研项目列入“首都二四八重大创新工程”，它们是：《北京市城区雨洪控制与利用技术研究与示范》、《北京市地表水、地下水水质自动监测技术示范研究》以及《官厅水库流域水质改善综合技术体系研究》，科技合同金额达2 100多万元。开展重点推广项目3项：《北京市山区集雨工程示范推广》、《北京市乡村

水环境综合治理技术推广》和《土工织物在水利护坡固岸工程上的应用》。

为配合“山区水利富民”工程，开展了一次科技大集活动，组织150多名科技人员下乡参加科技咨询与服务，发放各类科技宣传材料5 500多份。同时组织50多名青年志愿者组成服务队，深入7个山区县进行山区集雨工程推广工作。组织开展了3期集雨工程技术培训，受训人员达150多人次。

8. *局机关机构改革顺利完成*。2000年，按照《北京市党政机关机构改革》及机关配套政策的部署和要求，市水利局7—8月开展了机关机构改革工作。成立了机关改革领导小组，制定了人员定岗和竞争上岗、人员分流方案，遵照公开、平等、竞争的原则，有秩序地严格进行定岗分流。通过改革，局机关内设机构从20个减少至17个，人员从124人（编制）减少至67人。处级干部由过去的36名减少至28名，正处级干部平均年龄由过去的51.7岁降至47岁，副处级干部平均年龄由过去的47.2岁降至37.3岁。共分流人员38名。通过这次改革，优化了机关的干部结构，增强了改革竞争意识，提高了工作效率。

9. *局属事业单位开展“三讲”教育工作*。继1999年开展了局级领导班子和领导干部“三讲”教育工作后，2000年4—5月，又组织了所属事业单位领导班子和领导干部“三讲”教育活动。由局长刘汉桂任组长，成立了局属事业单位“三讲”教育领导小组。同时成立了5个巡视组，对各单位的“三讲”教育工作进行具体指导。参加“三讲”教育的有21个单位的98名处级干部，通过思想发动、学习提高，自我剖析、听取意见，思想交流、开展批评和自我批评，以及认真整改、巩固成果4个阶段，历时2个月，达到了预期效果。从测评结果看，群众对领导班子和领导干部表示满意和比较满意率达80%以上，有37名领导干部的剖析材料在民主测评中满意和比较满意率达100%。

市水利局党政领导班子成员

党组书记　刘汉桂（一月份任职）
　　　　　颜昌远（一月份离任）
党组成员　孙国升
局　　长　刘汉桂（一月份任职）
　　　　　颜昌远（一月份离任）
副 局 长　孙国升　徐维浩　张　宁
总工程师　滕书堂（7月份退休）
　　　　　吴文桂（12月份任职）

（王民洲）

北京市气象局

一、主要职能

1958年7月，北京市农林水利局设气象组，并开始组建市属气象台站网；1959年11月，市气象台成立；1960年10月成立北京市气象局；1964年2月与市水利工程局合并为市水利气象局；1968年10月与市农林局、市农机局、市农场管理局合并为市农业局；1973年7月恢复市水利气象局建制；1978年恢复市气象局建制至今。北京市气象局作为中国气象局的下属机构和北京市人民政府的工作部门，实行以气象部门为主与地方政府双重领导的管理体制，其主要任务是：负责北京地区的气象监测、制作和发布北京地区天气预报，开展气象服务，进行气象科学研究等工作，为首都“四个服务”做好各项气象保障工作。

改革开放以来，北京市的气象事业持续、快速、健康发展，目前已初步建成了由综合探测系统、信息网络系统、天气预报警报系统、气象服务系统、人工影响天气系统和城市气象科研中心组成的气象现代化业务技术体系，在为首都城市和农村开展气象服务，防御和减轻自然灾害，治理和保护大气环境，合理开发和利用气候资源方面等发挥了重要作用。

二、机构设置

市气象局除局机关处室外，下设9个直属事业单位，14个区县气象局，22个气象站。全市气象部门在编职工总数632人，其中干部566人，工人66人。学历结构中专生142人，大专生214人，本科生102人，硕士23人，博士4人；具有中级职称者223人，高级职称59人（其中正研级高工4人）。

市局机关内设机构9个：办公室、业务发展处、科技教育处、计划财务处、人事劳动处、产业发展与装备处、直属机关党委（与思想政治工作处合署办公）、监察审计处（与党组纪检组合署办公）、离退休干部处。

三、下属单位

市气象局下属直属处级事业单位有气象台、气象科学研究所（北京城市气象工程技术研究中心）、观象台、专业气象台、气候中心（气象档案馆）、信息网络中心、技术装备中心、后勤服务中心（行政管理处）、市避雷装置安全检测中心、万云科技开发有限公司、气象学会（与减灾协会联合办公）。

北京市气象台　是承担制作本市短时、短期、中期等项气象预报和开展公益气象服务的业务部门，有员工40多人。其主要任务是：向国家和北京市的领导部门提供各种天气预报决策服务，通过媒介提供公众天气预报服务，为在京举行的重大社会政治、文化等大型活动提供气象保障服务等。

北京市专业气象台　主要承担北京地区的气象信息的加工、分发服务和针对特殊需求开展各类专项专业气象预报服务。现有员工30多人。专业气象台的用户遍布北京城市工农业生产、交通、旅游、建筑工程、商业仓储、市政、供电、供水、供气等各行业。提供的服务产品包括各种专业天气预报、气象与健身、气象与生活等数十种气象指数预报等。服务手段有电视、报纸、广播、声讯电话、网络、寻呼等媒介以及远程终端、传真、电话人工服务等。

北京城市气象工程技术研究中心　1999年8月，在北京市政府和中国气象局的共同支持下，在北京市气象科学研究所的基础上组建了北京城市气象工程技术研究中心，主要开展涉及城市气象等应用领域的研究工作。现有员工40多人。中心目前下设有中尺度天气实验室、城市环境气象实验室、雷电防护技术实验室、医疗气象实验室、大气探测技术实验室和计算机应用技术实验室。

北京市气候中心　承担本市与气候相关领域的业务和科研工作，主要有：发布月、季、年以及关键农时的气候预测，开展农业气象信息服务，气候资源的开发利用，卫星遥感气象灾害监测分析，向社会各界提供专项气候公证、气候咨询、天气图表、科技档案资料和各类有针对性的气候背景分析等。现有员工30人。

北京市气象局观象台（中国气象局大气探测综合试验基地）　是国家基本气象站，其地面气象观测、高空探测资料除供本市使用外，还代表北京市参加国际气象资料的交换。同时作为中国气象局的大气探测综合试验基地，还承担国家大气探测新仪器、新设备的样机试验、对比试验和观测业务化试验等任务。其地点位于北京市经济技术开发区西侧，有员工近40人。

北京市气象局技术装备中心　主要任务是保障气象部门使用气象仪器设备的计划供应、质量监督、计量检定和维护，保证气象业务的正常运行。此外还向社会开展气象仪器设备的转让、租赁、维修和检定服务。现有员工7人。

北京市避雷装置安全检测中心　承担北京地区防雷安全检测的组织管理和技术培训任务，指导全市各区县、各系统的47个检测站开展避雷装置安全工作，以预防和减轻雷电灾害损失。现有员工20多人。

北京市气象局技术服务部　是目前本市规模最大、开展最早的施放宣传庆典气球的专业队伍，向社会各界提供升空彩球、遥控飞艇、地面充气物、庆典策划、礼仪等项目。有员工20多人。

北京万云科技开发有限公司　是依托北京市气象部门的资源、技术和人才优势组建的高科技企业，以市场为导向，开拓气象信息信息服务领域。公司现有员工50多人。经营的项目有：气象信息服务、网络及软件技术开发、防雷工程设计施工、影视广告等。

四、主要工作

市气象局以把首都的决策服务放在首位，精心组织全力做好首都重大社会政治活动的气象服务保障以及为工农业生产和群众服务气象工作：年初完成元旦首都各界迎接新千年庆典系列活动气象服务，受到市政府表彰。1月召开全市区县气象事业发展研讨会，研讨全市各区县气象事业发展现状与发展情况。2月召开全市气象工作会议，布置2000年重点工作，确定了指导思想和奋斗目标。坚持把首都气象服务放在首位，继续加快气象现代化建设，依靠科技进步提高预报和服务水平，大力宣传贯彻实施《气象法》，加大气象事业结构战略性调整的力度，大力推进气象科技创新，力争建成文明气象系统，为创造一流的技术、一流的装备、一流的工作、一流的气象台站而努力奋斗。在3月份全国人大、全国政协会议期间，及时为大会提供天气预报和专报28期，进行了精心的气象保障工作。为纪念“3.23”世界气象日，3月25日局气象台、专业气象台和人工影响天气指挥中心向社会各界群众开放参观，当天有2 500多人受到了气象知识教育。4月6日晚北京市委书记贾庆林打电话了解风沙情况，听取电话汇报后勉励气象职工继续做好天气监测和预报服务工作。经过科研业务人员的努力，“五一”前夕专业气象台开通“221”气象专家热线。春季市气象台多次准确预报出了北京出现的大风沙尘天气，取得很好的预防效果。汛期当中各单位把做好重大灾害性天气、气候的监测、预报和服务工作作为重点，为中央和地方党政领导部门提供抗旱防汛气象决策服务。8月16日至10月29日市气象台、技术服务部承担了在石景山鲁谷小区举行的首都防空联合演习预报服务以及现场气象保障和设置气球屏障工作任务。为首都进行的国家重要外事活动提供了准确的气象保障服务。为市有关部门提供了2001年北京大学生运动会和申办2008年奥运会气候背景分析资料等项服务。在国际气象科技交流方面开展了学术交流，9月14日，世界气象组织秘书长奥巴西教授在中国气象局副局长李黄陪同下到南郊观象台参观；10月23日世界气象组织副秘书长夏罗先生在中国气象局副局长颜宏陪同下到市气象局参观。气象科研工作加大科技创新力度，新立项了一批科研课题。11月21日，副市长林文漪、汪光焘、市政府副秘书长阎仲秋和中国气象局副局长李黄、李泽椿院士以及国家科技部、中科院大气所、市科委、市规划委等有关部委局单位领导同志和专家来市局参加《北京城市规划建设与气象条件及大气污染关系研究》课题阶段进展情况汇报会。听取该课题阶段进展情况汇报，充分肯定了课题成果与进展，认为这是开创性的项目。年内还在贯彻实施《气象法》，组织气象行政执法队伍培训方面加强了力度，在春秋两季开展了两次执法人员培训工作。

1. 开通“221气象专家热线”。年内公众气象服务取得了新进展，通过“221”电话声讯台等各种媒体向社会发布的气象指数已达40多项。4月26日“221气象专家热线”正式开通与公众见面。每天有两名气象专家从早晨到晚间连续14个小时坐台值班服务，通过“221”电话为群众直接解答气象方面的疑难问题，普及科学知识，为市民及时了解天气和气候变化情况，以及气象服务需求信息与反馈意见等提供了一条新的直接渠道。

2. 专业气象台积极开拓网络气象服务用户。在互联网上新增加了国中网、健康123、百科全书网等7家网络用户的气象信息服务，为上网用户提供网上气象服务。在中国教育电视台播出的电视天气预报内容经过改版，增加了为青少年服务的气象预报与科普知识讲解节目，受到青少年和广大观众们的欢迎。

3. 开展人工影响天气工作为防灾减灾服务。人工影响天气是利用现代化手段对自然天气过程实施人工影响，使之趋利避害，为国民经济建设服务。目前本市开展的人工影响天气作业与科研项目有：人工增雨、人工防雹和人工消雾等。

年内为支援郊区农业抗旱，缓解城市干旱缺水状况，市人工影响天气办公室抓住有利时机在冬春季节组织开展了12次气球携带焰弹增雨、增雪作业，施放碘化银焰弹836枚。进行飞机人工增雨作业6架次，累计飞行16小时，播撒液氮增雨剂1 500千克。针对不稳定天气，进行高炮、火箭增雨作业6次，共发射增雨炮弹462发，火箭6枚。面对降雹天气频繁出现，在开展防雹业务的海淀区、平谷县和延庆县，组织实施防雹作业32次，使得防雹保护区范围内农田基本没有冰雹灾害。4月30日，贾庆林、刘淇等市领导同志在听取市气象局关于气象工作在水资源开发利用有关情况汇报时，对开展人工影响天气作业，减轻自然灾害损失所进行的工作给予了充分肯定。密云县气象人员8月2日在番字牌乡榆树下村，使用碘化银丙酮溶液燃烧炉方式进行人工增雨作业试验，向天空云层燃放催化剂3个小时，受自然降水和人工催化的共同影响，当天密云水库北区及平原大部分地区降雨在10毫米以上，东庄禾雨量达64毫米，是2000年当地的首场暴雨。

4. 气象业务与现代化建设有新进展。1999年新引进的150亿次/秒ORIGIN2000型计算机于年内投入业务运行，实现了MM5中尺度数值预报模式的业务运行，已开始向区县气象局发布MM5产品和分县预报，增加了对区县气象局的预报及服务指导，并与河北省气象局就中尺度数值预报应用试验达成协议。该项试验自主汛期开始，以市局开发的MM5模式为基础，建立满足双方业务预报需要的中尺度数值天气预报系统。协议增加了MM5中尺度数值预报模式的观测资料和模式释用技术性能，扩展了应用范围，促进了北京市局与河北省局天气预报水平的提高。

年内继续实施北京地区自动气象站网建设，按照区县探测业务调整方案，在7个山区和近郊区气象站安装了HYA-M型中尺度六要素自动气象站，并投入业务运行。在大气探测方面根据中国气象局“关于增加试用59型探空仪系统偏差订正程序台站通知”要求，观象台从夏季起使用59型探空仪系统偏差订正程序进行实时观测资料处理及发报和参加全球资料交换。此举提高了探测资料精度，实现了与国际高空探测资料标准的统一，达到了世界气象组织的技术要求，结束了探空台站高空资料以往因系统偏差等原因造成探测精度系统偏差的历史。秋季完成了国家大型L波段二次测风雷达—电子探空仪系统第三期试验任务，取得一批气象探测科研试验数据资料。在10个气象站进行了GPS反演水汽含量的试验；继续开展了紫外线和能见度观测试验；与北京市自动化研究院共同研制的负离子观测仪已经生产出样机；完成了风廓线系统布网地点敏感性试验工作。

8月底，前市局通讯业务系统完成了9210工程业务切换任务，实现了与全国气象卫星电话网的连接与收视电话会议等功能。新业务系统使市气象局与中国气象局之间的气象信息上下传输业务，由原来的报路转入9210工程通信业务系统。同时完成了新型程控电话交换机的安装和调试并投入使用。新型程控电话交换机与中国气象局程控机联网，实现了每部分机可以直接接入中国气象局程控机的功能。与各区县气象局配套的远程通信网络系统经过开发、培训、安装后于9月正式启用。市局办公自动化新系统投入业务试运行，该系统依托局内10/100M交换式局域网实现了局内政务信息、气象分析预报及服务信息（MICAPS）的综合显示功能，可与区县气象局实现INTRANET远程网连接，为推进区县气象业务现代化打下了基础。

5. 气象档案馆晋升为国家二级管理单位。年内市气象局各单位档案工作者规范整理与收藏包括文书和科技等档案共计15 677卷，装修改造了局档案馆。根据晋升国家二级档案管理单位申请评审程序，8月28日由中国气象局和北京市档案局等组成的档案晋升考评组对市气象局档案管理工作进行了逐项考评，各项考评指标综合评分为92.5分，批准市气象局为科技事业国家二级档案管理单位。

6. 加强气象科研和科技创新工作。年内先后组织了“21世纪气象预报服务系统的展望”、“专业气象服务”、“雷达气象观测技术进展”等8次专题讲座。请中国气象局领导、专家来局讲课；邀请了美国气象专家江家驷教授、雷达专家沃尔曼博士等来局讲学，拓宽了气象职工的科研工作思路。《北京地区雷电监测、预报及防护技术研究》、《北京地区沙尘天气的监测、预报、预警系统研究》、《人工防雹应用新技术工程研究》等8项课题年内由市科委、市计委和中国气象局批准立项；承担了国家重点基础研究发展规划项目（简称973项目）《首都北京及周边地区大气、水、土环境污染机理与调控原理》中的第1～5个专题，该项目是市气象局首次承担的国家级基础研究项目。

年内《多要素概率天气预报技术研究》、《北京地区人体健康及常见疾病发病率气象等级预报服务系统》、《大城市灾害天气数值预报及释用方法的研究》等6个课题结题，通过有关部门的鉴定或验收。《北京地区土壤水分状况卫星遥感动态监测业务系统》和《中小尺度用自动站网络系统研究》获得市科技进步三等奖。

7. 加大岗位培训力度。在册职工接受业务科技等各类非学历培训教育 404 人，研究生教育 10 人，其中结业 2 人，入学 2 人；参加内容连贯在 20 学时以上培训 394 人次；举办 20 次各类有关科技业务讲座，累计 79 课时，听讲人员 1 102 人次。有 32 人参加有关学历教育学习，入学 10 人，毕业 7 人。其中包括博士研究生 2 人，有 1 人毕业并进入博士后；硕士学位入学 1 人；本科生 6 人，入学 5 人；专科生 23 人，入学 4 人，毕业 6 人。

8. 气象信息产业和综合经营有较大发展。2000 年，气象信息产业与综合经营收入有大幅度增长，以市气象局万云科技开发有限公司为龙头的气象科技产业持续、快速、健康发展。对市气象局下属具有法人资格的全民与集体企业进行改革，对无经营价值出现亏损的企业果断清盘，对经营得力、有前景的企业进行股份合作制和股份制改造。全局信息产业和综合经营实体共 13 个，直接从事科技服务与产业经营的人员已占职工总数的 30% 以上。主要经营项目有电视天气预报广告、软件网络工程、雷电防护工程、气球庆典、房地产开发租赁、木器加工与餐饮业等项目。

9. 获全国气象部门"文明系统"称号。全市广大气象职工在创建文明气象行业活动中，涌现出了一大批文明单位和先进个人。全系统 24 个单位中有 23 个建成文明单位，其中获市级文明单位称号的占 54.2%。11 月通过中国气象局创建活动指标考核，获得中国气象局省级"文明系统"称号。12 月 11 日，中国气象局局长秦大河、原局长温克刚、副局长刘英金，北京市副市长岳福洪等参加了北京市气象部门"文明系统"命名表彰大会，向市气象局建成全国气象部门"文明系统"表示祝贺。

10. 气象宣传工作取得新进展。年内在驻京报刊、电台、电视台新闻媒介播发有关气象宣传稿件 60 多篇，接待记者采访 50 多次，协助《北京日报》出刊了气象专版，出版了以简捷的中英文字和图片介绍气象业务科研等情况的北京市气象宣传画册，进一步推动了气象宣传工作。

11. 促进国际气象学术交流。年内接待了包括世界气象组织秘书长奥巴西教授、副秘书长夏罗教授、拉丁美洲多国别气象考察团、老挝、朝鲜、泰国、加拿大、法国、以色列、马来西亚、美国、越南等 23 个国家气象部门来访外宾 48 人次。派往加拿大、韩国、澳大利亚、泰国以及欧洲有关国家考察学习及交流访问 16 人次。

12. 行政后勤工作。年内对局办公楼和第三栋宿舍楼电梯进行了更新。年初完成了一到四栋共计 214 户职工住宅的配电改造工程。夏季完成了局职工一二栋宿舍楼暖气片改造工程。10 月份对西八里庄 113 套三居室、47 套二居室以及局里部分住户原有的住房进行了调售住房工作，总计 318 户职工进行了调售住房。这次全局性调售房工作使得大部分职工的住房条件会得到改善，绝大部分职工表示满意。秋季通过招标引进了德国布德鲁斯自动控制调节燃气锅炉，经过安装调试于 11 月初点火试供暖，经验收后正式供暖。

年内房山区气象局搬迁工作开始进行，丰台区和延庆县气象局新业务楼工程建设完工并投入使用。

13. 依法行政贯彻实施《气象法》。《中华人民共和国气象法》于 1 月 1 日起正式实施。3 月 19 日与北京电视台联合主办了《北京热线——气象法与天气预报》节目，利用现场直播形式向社会公众介绍《气象法》有关内容，宣传气象法律法规，回答群众关心的有关气象方面问题。为加强气象执法队伍建设，对近 40 位确定的气象行政执法人员于 4 月份和 11 月份进行了两次综合性法律法规和气象专业法律法规规章等学习培训，以推动提高执法人员的素质和今后气象执法、监督工作打好基础。年底前草拟出了《北京市气象局法制工作管理办法》等 5 项制度。

五、学会、协会组织

北京气象学会　北京气象学会作为首都气象行业和部门以及驻京广大气象工作者的社会团体组织，挂靠市气象局。该学会成立 50 年来，团结北京地区广大气象工作者，采取多种形式开展气象学术交流，积极扩大气象科普宣传，组织气象科技咨询服务工作，为首都经济建设和气象科技进步作出了积极贡献。现任理事长李泽椿（中国工程院院士）。年内以市科协各项重点任务为契机，进一步加强气象科普工作的力度，围绕着学术、举荐人才、气象科普等方面开展工作。为纪念北京气象学会建会 50 周年，编印了"北京气象学会 50 周年"宣传画册。5 月份开展了气象学术交流和中青年气象科技优秀论文评奖活动，交流学术论文 38 篇，获得市科协组织的第五届青年优秀论文组织工作二等奖。在培养和举荐气象科技人才方面，为 16 位获中青年气象科技优秀论文的人员颁发了奖励证书和奖金；并分别向中国科协、北京市科协推荐了 3 名"第七届中国青年科技奖"和"茅以升青年科技奖"候选人。在科普活动中积极投入北京科技周活动，组织气象专家在西单广场开展了专家科普咨询以及赴昌平区香堂镇科技下乡科普咨询等活动，向群众发放有关宣传材料进行气象科普宣传，被市科协授予组织工作奖。为北京小学师生举办了气象与环保知识讲座，接待国内外学术团体和旅游单位组织的旅游参观者、中小学生总计千余人次参观气象台、观象台，推动首都的气象科普工作。

北京减灾协会　北京减灾协会为北京市减灾防灾的社会团体组织，成立于 1994 年，挂靠市气象局。其职能为团结组织社会各界人士和专家学者，积极开展减灾活动，研究首都地区的各种重大灾害，提高人们的减灾意识和本市防灾、抗灾、救灾能力和工作水平。现任会长为段强。年内在开展减灾学术活动中，3 月与中国灾害防御协会在京联合主办了"全国社会减灾团体减灾十年总结会"，交流防灾减灾工作经验。

4月中旬召开北京地区灾害趋势及事故隐患预测分析会，对本年度可能发生的灾情和事故隐患进行分析预测，提出减灾对策建议。与上海、天津灾害防御协会联合，于10月在上海举办了“21世纪城市发展与综合减灾论坛”，80余名各地专家到会进行学术交流。开展了“面向2049年北京的城市发展”专家建议活动，由北京减灾协会组织专家提出的《关于编研我国“城市防灾法”的建议和思考》、《中关村科技园区建设要居安思危》两项建议获得市2000年学术月优秀建议二等奖，《发展北京未来安全防灾自护紧急救援产业的建议》获三等奖。组织专人采访了30多位减灾专家与管理者，整理他们在安全减灾领域和可持续发展方面作出的突出事迹，编写出版了40多万字的《安全减灾学人写真》一书，从一个侧面总结了国际减灾十年活动在我国开展的情况。在有关单位的支持下，组织编写了50余万字的《中国城市减灾与可持续发展》一书，由广西科学技术出版社出版。由北京科普创作出版资金支持，组织创作了一套《少年生存训练丛书》，为促进青少年素质教育活动的开展提供了有益的教材。通过报刊、广播电视和网络开展减灾科普宣传，组织编发减灾科普稿件近40篇。年内市气象局被市科协评为1998—1999年度北京气象学会和北京减灾协会先进挂靠单位。在年底北京市政府召开的第八届专家顾问团成立大会上，确定专家顾问团防灾减灾组依然挂靠市气象局，开展减灾防灾学术与科普工作。

市气象局党政领导班子成员

局　　长　恽耀南

副 局 长　杨宝忠、刘燕辉、谢璞

助理巡视员　周保山（12月免）

党组书记　恽耀南（兼）

成　　员　杨宝忠　刘燕辉　谢璞　胡荷（女）

（曹冀鲁　李勇　秦长学　李关贤　王存喜）

北京市农林科学院

一、概　况

北京市农林科学院原名为北京市农业科学院，始建于1958年。是以原北京市农业试验站、兽医院、养鱼站以及中国农科院下放的蔬菜所、养蜂所为基础建立起来的，原址在德胜门外皇姑坟。1962年，改为北京市农业科学研究所，1975年恢复院建制，1983年更名为北京市农林科学院。经过40多年的建设，已发展成为学科齐全、设备先进、学术水平较高、产业化能力较强，对北京农业研究领域和农村经济发展提供较强科技支撑作用的综合性农业科研机构。

“九五”期间，全院致力于“科技攻关、科技示范推广和科技产业化”三大工程建设，加强科技攻关和成果转化力度，努力为京郊及周边地区农业生产提供强大科技支撑和优质服务，积极地开展高新技术产业化，促进全院各项事业的蓬勃发展。

1. *加强科技攻关力度，提高科技创新能力*。“九五”期间，紧密围绕市委、市政府提出的“到2010年北京率先基本实现农业现代化”的宏伟目标，以及全市郊区农业产业结构调整和首都“二四八”工程的需要，以全面优化科技力量布局和科技资源配置为基础，以技术创新为手段，以发展籽种农业、创汇农业、精品农业、加工农业、生态农业和观光农业为内容，结合自身科研工作的整体优势和专业特长，增强了科技攻关力度，改善了科研条件，培育了优势学科，培养了一批学科带头人，相当一部分科研领域在北京或全国居于领先地位。这些领域包括：①蔬菜、粮食作物、畜禽、果树种质创新和常规育种；②光温敏二系杂交小麦研究与应用；③禽用新型疫苗的研制；④新型高效肥料（缓释肥、包衣肥）的研制；⑤智能农业信息技术；⑥作物高产栽培技术；⑦生物防治技术研究及天敌昆虫工厂化生产与应用；⑧现代农业生物技术；⑨蔬菜采后处理技术；⑩农产品质量检测及绿色食品生产技术。“九五”期间，院里承担国家攻关项目、“863”计划项目、“973”计划项目以及省市级科研项目200余项；共获得市级以上奖励130项，其中国家级9项，科研成果转化率70%左右。审定（认定）粮食、蔬菜、果树新品种44个，有相当一部分成果达到国际先进水平和国内领先水平。

2. *加强科技示范推广工作，为京郊农业和农村经济发展提供强大科技支撑和优质服务*。“九五”开始，将全院科研事业发展的一个重要内容定位在对农村的科技示范和推广上，不断把自身创造的新品种、新技术、新产品推向农村，以源源不断的科技成果为京郊农业现代化建设提供科技支撑；并以发展农村经济、富裕农民为主线，积极探索多种推广方式，使农业科技推广工作向深层次、多元化方向迈进。“九五”期间，共推广粮食、蔬菜、果树新品种100余个，相关技术40多项，推广面积约400多万公顷，创社会经济效益25亿元。还将研究出的科技成果组装配套，优势集成，集中建立了一大批具有辐射带动作用的规模化农业科技示范基地。如顺义三高农业示范区、大兴长子营蔬菜高科技示范园区、朝来农艺园、房山韩村河蔬菜示范园区、朝阳区王四营蔬菜花卉示范园区、顺义沿河特种瓜菜综合技术示范基地、朝阳区马泉营小麦良种繁育基地、平谷大华山大桃生产基地、平谷熊尔寨核桃扶贫基地、密云香水峪板栗示范基地、延庆千亩蔬菜良种繁育基地、丰台区花乡育苗生产基地、门头沟富田绒山羊种羊场等。这些基地已成为本院新品种、新产品、新技术的示范基地，应用型人才的培养基地，现代农业的创新发展基地。同时，通过这些基地建设，对当地农村和农业经济发展起到推动作用。由院里主持的“北京顺义持续高效农业建设”，目前已在顺义初步建立起以高新技术为主要特征的农业技术体系，1998—2000年累计增加农业产值24亿元，科技贡献率超过60%，农民人均收入年递增9.4%，为社会提供了丰富、安全的农产品及大量籽种、苗木等技术产品，经济效益和社会效益十分显著。为了满足郊区、县对农业科技的进一步需求，“九五”期间，本院广泛开展了与区（县）、乡镇的科技合作，以科技推动当地农业经济的发展。本院先后与顺义、大兴长子营、通州区、房山区崇各庄、朝阳区王四营、门头沟区建立了长期科技合作关系。合作内容涉及粮食、蔬菜、林果、畜牧等多项内容，并在合作基础上组建了一批股份制企业，院畜牧所和大兴长子营乡联合组建的“北京德盛园珍禽养殖有限公司”，采取公司+农户的形式，发展农村42户饲养中华宫廷黄鸡；院植环所和长子营乡联合组建“金玉园食用菌股份有限公司”，带动300户农民发展食用菌产业。还由院入股与朝阳王四营示范园区共同组建了股份制公司，这种新的合作方式探索出一条示范推广的新模式。

3. 实施科技产业化工程，进一步增强开发创收能力。“九五”期间，院产业开发工作的指导思想是：以具有自主知识产权的科技产业为主体，院所两级管理，以所为主，院在资金等方面以股东出资的形式，重点支持市场潜力大、科技含量高的项目。近几年来全院科技产业在规模、效益两方面都得到了迅速的发展。具有法人资格的科技型企业已发展到18个，直接从业人员近300人，其中科技人员占70%；科技人员人均创利达7万元，科技企业利润占全院总收益的80%左右。全院科技产业领域不断拓宽，产品的技术含量不断得到提升，而且在科技产业结构、经营机制等方面取得了较大突破，初步形成了五大主导产业，科技产业主体框架基本构成。院科技产业工作方向是发挥自身优势，以农业科技开发及具有自主知识产权的开发项目为主，以取得良好的经济效益为最终目标。近年来初步形成了以粮食、蔬菜、种子、种苗为主的籽种（苗）产业；以禽用疫苗为主的生物制品产业；以优质林果苗木为主的苗木产业；以缓释肥、复混肥为主的环保型肥料产业；以人造卵赤眼蜂为主的生物防治技术产业。

4. 党建、精神文明建设步入一个新阶段。经过全院党员和干部职工的共同努力，在党建和精神文明建设方面取得了巨大进步。院党委把改革、发展、稳定条件下的讲政治落实在努力提高党员领导干部驾驭一方发展一方的实际能力和效果上；落实在围绕改革抓党建，抓好党建促改革，两手抓两手都要硬的工作时效中。“九五”期间制定了《中共北京市农林科学院思想政治工作条例和十一项工作制度》，连续3年推行了党支部目标考核责任制，并充分发挥基层党支部在思想政治工作中团结、教育和带领群众前进的领导核心和战斗堡垒作用。主要体现在：一是坚持好党的“三会一课”制度；二是在同“法轮功”邪教组织的政治斗争中各级党组织经受住了锻炼；三是基层党支部的组织建设更加完善。领导班子和干部队伍建设在“三讲”教育中得到加强。1999年院级、所（处）级领导班子、领导干部在思想发动，学习提高的基础上贯彻整风精神，坚持走群众路线，广泛征求意见，使“三讲”教育取得令人满意的成效。坚持院、所两级领导班子政治理论学习制度，把“三个代表”重要思想作为统领理论学习的总纲。建立了《党风廉政建设责任制》，提高各级领导干部廉洁自律的自觉性。院党委成立了党风廉政领导小组，建立了《北京市农林科学院党风廉政建设责任制》，并将《责任制》纳入党建思想政治工作目标考核中一起监督检查。制定了《关于加强院、所（处）级领导班子自身建设的意见》、《关于贯彻民主集中制的“三重一大”制度》，下发了《关于党风党性教育安排》，组织党员、各级领导干部学习《中国共产党领导干部廉洁从政若干准则（试行）》、《中国共产党纪律处分条例》。党风廉政建设得到进一步加强，“九五”期间，全院精神文明建设成果不断涌现。院获得了首都精神文明先进单位、绿化美化花园式单位、交通安全、社会治安综合治理先进单位等一系列荣誉称号。院行政处当选为紫竹院地区精神文明建设先进集体；蔬菜中心、畜牧所获首都精神文明先进单位；院人民调解工作被评为先进集体；统战工作获市先进集体称号；蔬菜中心大白菜组被评为模范集体。先后有20余人获得全国及市劳模、爱国立功标兵、“五四”奖章等多项荣誉称号。

院部设置的管理机构有：院长办公室、科研管理处、计划财务处、人事劳资处、科技产业处、国际合作处、保卫处、行政处、党委办公室、党委组织处、党委宣传处、纪律检查委员会、监察处、老干部工作处、工会、团委。连同各科研机构在内，在职职工近千人。

全院下设的科研单位有：作物研究所、蔬菜研究中心、林业果树研究所、畜牧兽医研究所、植保环保研究所、植物营养与资源研究所、农业科技信息研究所、农业综合发展研究所、农林牧科技开发研究中心、农业生物技术研究中心、玉米研究中心。

二、下属单位

1. 作物研究所。始建于1955年。研究所下设有农业信息技术研究中心、杂交小麦研究中心、小麦育种研究室、玉米育种研究室、水稻育种研究室、植物营养研究室、杂粮研究室、经济作物研究室、草坪花卉研究室、作物种子检验室、科技成果开发推广部、试验农场等。作物所科研工作以应用研究为主，重视应用基础研究，加强开发研究，其主要任务是为北京郊区选育优良的农作物新品种，解决北京市粮食生产中关键性的重大技术问题，同时也为外省、市的农业发展做出了重要贡献。作物所“九五”期间共有科研项目47项，其中71%的项目为国家、农业部和北京市重点项目。“八五”、“九五”近10年间共获得省部级以上科研成果22项，所获研究成果均达到了国内领先或国际先进水平，其中的大部分成果正在推广应用之中，并创造了巨大的社会经济效益。

2. *蔬菜研究中心*。始建于1958年，占地11公顷，总建筑面积为21 000平方米。现有在岗职工140名，其中：科技人员73名，具有高级职称的31名，博士学位11名，硕士学位27名。经过40余年的建设，“中心”现已发展成为一所设备先进、专业配套、科技力量雄厚，在国内综合实力位居一流水平的蔬菜专业研究机构。1995年被科技部正式认定为“国家蔬菜工程技术研究中心”。为适应农业科技发展的新形势，“中心”加强了结构调整的力度，建立研究开发主体与经济实体相互依存的体制模式，实行“中心主任”负责制和首席专家技术责任制。“中心”下设4个工程部，即：①蔬菜育种和良种技术工程部。主要任务是从事蔬菜优良新品种的选育和相关基础性研究以及提高和保证蔬菜商品种子质量的配套技术的研究。②蔬菜质量调控技术研究工程部。主要任务是从事蔬菜和花卉优质、安全、高效生产的栽培、采后加工技术以及质量监督检测的研究。③蔬菜信息、咨询工程部。主要任务是为蔬菜行业科技进步提供信息、咨询服务，推动科技成果向生产力的转化。④基础技术研究工程部。主体是北京蔬菜种质改良实验室，主要从事蔬菜种质资源的收集、保存、评价及种子检验和采用生物技术等高新技术创造蔬菜新种质的研究。除以上4个工程部外，还有以“中心”为依托的农业部蔬菜种子质量检测中心以及京研益农种苗技术中心和利得农业科技开发公司。“中心”每年承担国家及省部级攻关研究项目近30项，近年来共取得重大科研成果30余项，每年向全国700多个蔬菜产区县提供良种15万千克，累计创社会经济效益近20亿元。在京内外共建立了8个国家蔬菜工程中心中试基地，30多个科技咨询服务基点，先后为国内各地培训基层科技人员近2万人次。“中心”先后与日本、美国、英国、德国、法国等10多个国家开展双边或多边科技合作，承担并完成了联合国计划开发署的国际项目和亚太地区区域等项目，并连续10年为40多个发展中国家举办蔬菜国际培训班，累计培训了200多名各国技术管理人才，在国际上赢得良好声誉。

3. *畜牧兽医研究所*。始建于1958年，现有职工180人，其中科技人员占52%，高级研究人员30多名，中级研究人员44人。全所现有土地10公顷，实验室及配套附属设施面积2.8万平方米，大型先进仪器设备上百台，固定资产3 000万元。下设畜禽育种、饲料营养及畜禽病研究室、生物技术实验室、畜禽生物制品产业基地、鸡配合力测定站、种猪生产性能测定站、原种猪场、畜牧兽医技术开发服务部、瑞奇畜牧科技开发公司。40多年来，该所面向首都及外省市畜牧业生产，以应用研究为主，重点开展了猪、鸡育种、杂交优势的利用及配套生产技术的研究；畜禽饲料营养及添加剂的研究；畜禽主要疫病综合防治的研究；系列营养蛋、养蜂及蜂产品加工、畜禽舍及设备的研究。已获100多项成果，其中获国家级成果奖3项、部市级成果奖43项，获专利4项。尤以对禽病的研究，已有6种疫苗获国家新兽药证书，并在28个省市推广应用，为我国养鸡业的安全生产作出了突出贡献，创社会效益数十亿元，仅1984—1994年的10年就创直接经济效益1 287万元。为形成产业规模，该所1994年又投资1 200万元建成符合药品生产质量管理规范（GMP）、建筑面积3 000平方米、年生产能力十多亿羽份的畜禽疫苗中试基地。每年为北京市及外省市菜蓝子工程提供优良瘦肉型种猪、商品猪数千头，种蛋数十万枚，向生产推广高质量疫苗数亿羽，建立了多个联营实体。科技体制改革的10年中，该所连续5年获市属院所改革与发展评比三等奖，1992年来连续4年被评为二等奖，1992年被评为市级精神文明先进单位，1995年获科研水平单项奖。

4. *林业果树研究所*。成立于1958年，是专门从事林业果树资源、育种和生物技术研究与开发的科研机构。现有职工135人，科技人员60名，具有高中级职称的研究人员30余名，承担10余项重点科研项目。1975年以来，已获得部市级科研成果50余项。研究所建有北京市自然科学基金果树逆境生理实验室、果树生物技术实验室、果树苗木脱毒快繁车间、北京市高效优质果品及苗木科研中试基地。保存有果树林业种质资源2 000余份，是国家种质资源桃、草莓圃所在地。研究所的研究主线是：以桃为主的核果类果树（桃、李、杏、樱桃）资源、育种、栽培及生物技术研究。同时，开展葡萄、草莓、核桃、板栗、枣及林业特异资源的选育及开发研究。目前，桃资源、育种及分子辅助育种研究处于国内先进水平。“瑞光”油桃、“瑞蟠”蟠桃、普通桃和罐藏黄桃4个系列的60余个优良品种在国内生产中大量应用，新品种仍将源源不断推出。葡萄新品种“峰后”和“香妃”、草莓新品种“星都”系列、核桃优良品种“薄壳香”等也各具特色。研究所下设项目组、果树新品种研究中心、林木花卉研究中心、北方果林科技开发有限公司、香山林果科普苑等部门，从事果树新品种苗木、林业花卉苗木、高档果品及旅游资源的开发。

5. *植物营养与资源研究所*。原名土壤肥料研究所，始建于1978年5月，是在原北京市农业科学院土壤肥料研究室的基础上组建而成的。1993年更名为植物营养与资源研究所。全所现设有土壤室、氮素研究室、磷素研究室、硫素研究室、土壤微生物室、北方常绿阔叶林木研究中心、山区开发室、新型肥料研究室、新型肥料中试基地、北京市肥料质量监督检验站和中心化验室11个科研组、室。现有职工40人，其中科技干部31名。在科研人员中，有高级研究人员10人，中级研究人员13人。全所共有固定资产365万元，其中万元以上仪器设备23台件。研究内容为土壤资源利用与管理、植物营养与施肥、新型长效肥料研制与开发、土壤微生物应用与推广、山区自然资源开发与应用、常绿阔叶植物资源开发与应用。自1990年以来取得成果20项，其中国家级3项，部市级16项，国家发明专利1项。在土壤调查、推荐施肥、VA菌根、新型长效肥料开发及北方常绿阔叶林木育种等学科已形成了自己的优势。

6. *农业综合发展研究所*。成立于1983年，现有职工12人，其中科技人员8人，博士、硕士学历占40%；高级职称2名，中级职称6名。另聘有30名教授、研究员为客座或顾问。主要研究农业内部各组成之间、农业与外界（市场、资源与环境）之间的关系。将应用基础研究的成果运用于农业可持续发展、宏观战略、现代化、区划与规划研究等。其中，《北京现代农业可持续发展战略研究》、《北京农业现代化现状评价及发展重点》、《北京近郊现代农业发展思路与对策》等研究成果获得评审专家的高度肯定，并已经为北京市各级政府及有关部门制订农业与农村现代化发展纲要、持续发展战略和农业科技发展战略提供科学的决策依据。建所17年来，共取得科研成果35项，其中获国家科技进步一等奖1项、二等奖1项，部市级科技进步一等奖3项、二等奖6项、三等奖16项；发表专著、著作9部，各类论文210余篇。与此同时，该所又运用综合研究和应用研究的成果，为北京市各级政府及有关部门、周边及同类地区的各类企业（公司）和乡村开展农业决策、科技和工程咨询服务。1990年以来，独立或合作完成了《北京郊区1991—2000年经济发展战略》、《北京市综合农业区划》、《北京市农副产品加工开发项目规划》、《北京山区城镇布局规划》、《北京昌平现代农业科技园规划》、《北京市门头沟区清水镇农业发展规划（1999—2010年）》、《北京市石景山区黑石头村观光农业规划》、《北京市昌平区小汤山镇2000—2002年农业高新科技项目可行性研究报告》、《鸡马立克氏病疫苗科技产业化项目评估》等20余项咨询项目。其中，获国家农业资源区划科学技术成果二等奖1项、三等奖3项，北京市工程咨询优秀成果二等奖2项。由于本着为客户负责的原则，提供了客观、科学、翔实、高质量的咨询报告，受到客户的好评。1996年2月被北京市科委、北京科技咨询业协会授予首批“科技咨询信誉单位”的称号。同年11月，经国家计委审批授予国家乙级“工程咨询资格证书”，并通过历次年审及复评(审)。该所咨询业务范围包括：为区域农业综合开发、持续发展的规划、技术、政策、投资、评估、管理等方面进行咨询。承接农业（含畜牧业）、林业(果林、园艺）的中小型工程项目的编制规划、建议书、可研报告、项目评估、产后咨询等以及现场指导。

7. *植物保护环境保护研究所*。1984年9月由原植物保护研究所和环境保护研究所合并而成。全所现有职工60人，其中技术干部46人，高级职称研究员24人，具有硕士以上学历的科技骨干14名，其中博士3名。主要从事蔬菜、果树、大田作物病虫草害的发生规律及综合治理技术的研究；农业病虫草害的生物防治和赤眼蜂工厂化技术的研究；高效低毒低残留新农药、生物农药、植物生长调节剂的研制和应用；昆虫信息化学及昆虫形态学、行为学的研究；农田土壤、污水、农作物污染状况调查、分析及治理对策研究；工业及农业污水的生物处理技术；化学农药残留及其他有毒物质的检测；食用菌、油桃优良品种的选育及栽培技术等。在“八五”、“九五”期间，全所获得部、市级以上科技进步奖49项，其中由本所主持的“无公害菜果生产技术研究”、“蚜虫传毒过程中Y病毒‘助成分’的提取及特性研究”获市科技进步一等奖；“大蒜组培脱毒技术研究”、“植物生长调节剂的应用技术研究”、“利用生态工程净化燕山石化污水的研究”、“农业环境污染检测新技术研究”、“美洲斑潜蝇防治技术研究”和“人造卵赤眼蜂工厂化生产及田间应用技术”获市科技进步二等奖；“食用菌综合技术开发”、“大白菜优质高效技术开发”获市星火科技二等奖；“玉米地安全高效化学除草剂研究及应用”、“草坪良种选择及养护技术的研究”、“蔬菜灰霉病和菌核病病菌抗药性的检测与综合治理研究”、“植物源驱拒蚜物质的提取、分离及其开发应用研究”和“方头甲科分类及其对园林蚧虫的作用研究”获市科技进步三等奖；“除草剂悬乳剂及其制作方法”和“嗪草酮与酰胺类除草剂组合物”获国家发明专利。

8. *农林牧科技开发中心*。组建于1984年，现有在职职工36人，其中干部14人、工人12人。“中心”下设科技实体5个，分别是中心本部、通县腾马猪场、农友屠宰厂、饲料厂、良种犬繁育基地、美发出租汽车公司。良种犬繁育基地承担北京市良种肉用犬科研课题和北京市星火计划的研发、推广工作。开发中心于2000年7月与沈阳新世纪畜牧应用技术研究所共同创办了“北京博纳双利牧业科技有限公司”。其发展指导思想是：以“良种犬引进繁育及示范推广”项目为基础，以公司运作为机制，以集团化和产业化发展为目标，以帮助并带动农民致富为根本宗旨，通过对良种犬品种的引进及筛选建立一个肉用良种犬品种基地，对品种体型、外貌、生产性能、性格特点及生物学特性的研究，为养犬这一新兴养殖业发展提供优良品种，提出肉犬杂交改良的规范模式，同时为养犬业的发展提供配套技术。

9. *农业科技信息研究所*。始建于1975年，原名农业科技情报所，1997年改为现名。全所下设15个业务、研究机构，薪职人员逾百名，其中70%以上为科技人员。建筑面积3 500平方米，固定资产1 000余万元。每年承担科研、推广任务20余项。该所是北京市惟一的一所地方性农业科技情报、信息研究服务机构，主要从事农业信息的采集、加工、分析、研究、收获、宣传发布、咨询服务等业务。多年来，该所将传统与现代信息技术手段相结合，全面开展信息服务、信息传播以及信息资源建设等工作。在市政府的大力支持下，通过自身努力奋斗，现已建立起较完备的全方位的现代化信息服务体系，积累并拥有丰富的农业科技信息资源和一支专业化的信息技术队伍。在为市政府对京郊农业决策，为科技人员开展科学研究，为农民致富，为京郊农业现代化建设等方面，开展了大量有效的信息服务工作。特别是为京郊农民，通过多种信息传递渠道，提供了丰富可靠的农业科技新成果、新技术、新品种信息，创造了显著社会经济效益，为全市农业发展做出了贡献。

10. 玉米研究中心。1997 年 4 月成立的专门从事玉米研究及开发的科研机构。1998 年该中心又率先进行科技体制改革，整体转制为由院控股、全体职工参股的北京农科玉育种开发有限公司。主要任务是集玉米新品种选育、示范推广、良种繁育、种子销售及生产咨询五位一体，实施育、繁、推一体化，产、供、销一条龙的种子产业化工程。1999 年该中心转成自收自支单位，现有员工 25 人，其中中、高级科技人员 18 人。具有完善配套的从事玉米育种、繁种等研究与开发的条件，拥有院内中心育种地 3.33 公顷，在北京郊区有 8 个固定试验示范基地，示范基点遍布 10 多个省市。低温库 120 平方米，种子库 300 平方米。主要研究方向是各类玉米新品种选育及种子产业化，包括高产优质玉米、优质蛋白玉米、高油玉米、高肥效玉米、抗虫玉米、彩色玉米、特用鲜食玉米。中心目前承担国家、部、市重点课题 10 余项。其中有国家 863 项目：转基因抗虫玉米育种；国家攻关项目：分子标记在玉米育种、种质鉴定及育种中的应用研究；市科委重点项目：玉米种子产业化工程、提高化肥利用率配套技术研究；市科技新星项目：选配强优势玉米杂交组合新方法研究及市自然基金重点项目等。玉米研究中心近年来选育出的高产、优质玉米系列组合 10 余个，在北京市和全国农业部组织的多点试验示范中名列前茅。其中早熟、高产、优质玉米新品种“京早 13 号”等系列组合在北京市政府举行的十大重点农业示范项目招标中中标，被列为重点示范推广品种。“京科 2 号”等优质大穗型品种也被市农委、农学会列为粮菜间作、调整种植结构的推广品种。玉米研究中心“应用 DNA 指纹图谱鉴定种子真实性和品种纯度”的技术，通过了市科委组织的专家鉴定，处于国际先进水平，由北京市政府确定为重点推广项目。

11. 杂交小麦研究中心。成立于 1999 年 4 月，隶属于作物所。该中心由领导小组、种业董事会、专家咨询委员会和项目执行组组成。有固定和外聘科技人员 20 人，其中具备高级职称的人员 3 人、中级职称 3 人，初级职称 6 人；具有博士学位 1 人，硕士学位 2 人。具有完善的从事作物育种研究与种业开发的配套相关条件，拥有院内中心试验田 2.4 公顷、顺义中试基地 33.33 公顷和安徽中试基地 13.33 公顷，并具有开展小麦品质分析、生理测试和生物技术等方面研究的主要或部分研究条件。主要研究方向是系统开展光温敏二系法杂交小麦研究。“九五”期间，共承担各类科研项目 15 项，其中农业部重点项目 1 项，国家自然科学基金 1 项，北京市科技项目 3 项，北京市农业重点推广项目 1 项，北京市自然科学基金（重大、重点和面上）项目 5 项，北京市优秀青年基金和青年骨干基金项目 4 项。首次提出的“小麦雄性育性的相对性原理”，为杂种小麦的研究与应用奠定了重要的理论与实践基础。共选育出冬小麦光温敏不育系 280 余份、各类不育性资源 3 500 余份；培育出适合于黄淮冬麦区和北部冬麦区种植的超高产杂交小麦新组合 5 份，其中“京麦 10”、“京麦 20”和“京麦 28”多点联合试验平均比对照增产 15% ~ 28%，大面积生产示范 233 公顷，各地增产优势显著。目前，中心在二系法小麦杂种优势利用方面取得了实质性突破与进展，在该领域的整体研究水平已处国内外领先地位。

12. 北京市植物细胞工程实验室。成立于 1986 年 10 月，是北京市科委组建的第一批高技术实验室之一，1991 年被列入农业部重点开放实验室。实验室具有进口自控高精度温室 70 平方米，加温温室 200 平方米。并具备开展作物细胞工程、基因工程、染色体工程和遗传育种各项研究的设备条件，拥有仪器设备 230 台套。实验室以植物细胞工程在农作物改良中的应用为主要研究方向。目前主要开展了四方面的研究内容：①小麦、水稻单倍体育种培育高产、优质新品种的研究和小麦品质育种；②植物基因转化；③染色体工程技术与其他生物技术相结合，培育抗主要病虫害能力的多抗小麦种质；④农作物基因分子标记及辅助育种。自建室以来，共承担课题 46 项。其中国家 863 计划 1 项、国家攻关项目 5 项、国家自然科学基金项目 5 项、农业部项目 4 项、北京市科技项目 10 项、北京市科技新星计划 3 项、北京市自然科学基金 7 项。发表科技论文 214 篇，其中在国际刊物发表论文 16 篇，国际会议论文 30 篇，国内一级学术刊物发表论文 66 篇，国内学术会议论文 47 篇。共获得各种科技成果奖励 11 项，其中北京市科技进步特等奖一项、三等奖六项。育有冬小麦花培品种“京花 1 号”、“京花 3 号”和“京花 5 号”，粳稻花培品种“京花 101”和“京花 103”。其中“京花 1 号”小麦在全国推广种植面积累计达 53 万公顷，取得了 1.5 亿元的社会经济效益，“京花 101”是我国审定的第一个花培水稻品种，新品种共推广种植面积达 67 万多公顷。该实验室在 2000 年院改革中，业务分成两部分，以基因工程研究为主的内容划归院生物技术中心，以细胞工程技术研究为主的内容划归作物所，对外仍保留原实验室名称。

13. 北京蔬菜种质改良实验室。成立于 1996 年，隶属于蔬菜研究中心。实验室由中期品种资源库、营养品质室和生理生态室以及生物技术室组成。拥有先进的仪器设备，包括温室和人工气候室等。能够提供与国内外开展跨部门、跨学科、多专业协作研究的条件。实验室拥有 16 名固定研究人员，其中具有高级职称的人员 8 人、中级职称 7 人。35 岁以下的青年科技人员 12 人，博士后 1 人、博士 4 人、硕士 4 人。主要研究方向：①收集、评价、保存、利用蔬菜品种资源；收集、整理、保存国内外有价值的蔬菜的种质资源，进行品质、抗性鉴定评价，不断筛选有价值的材料提供科研及生产上利用；蔬菜种质资源的改造与创新的研究；蔬菜种质资源的保存技术研究。②开展蔬菜遗传多样性和分子标记的研究。研究十字花科、瓜类、百合科、绿叶菜以及野生植物遗传多样性的鉴定方法。并对其进行鉴定分析（生化标记），寻找不同种属的特异性遗传标记。③采用基因工程等方法改良蔬菜种质。研究组织培养、体细胞杂交、诱变以及基因的鉴定及提取转化等方法并与常规育种方法结合，进行抗性、品质等新基因的提取、引进及外源基因转移，创造新的优异种质资源，为育种提供一批新的优异性种质资源及其遗传信息，解决育种工作中各种优异种质资源的贫乏的问题，并使育种工作更具有科学预见性。1999年承担各类课题20余项，其中国家基金2项、国际合作项目3项、北京市自然科学基金3项。迄今实验室成功地与亚、欧、美洲各国进行技术合作，开展蔬菜种质改良的研究。自建室以来，在国内外刊物和会议上发表论文70余篇。建立万余份的资源数据库和多种类型的性状数据库，筛选出一批有价值的材料，其中500份蔬菜的种子目录已完成并正式向国内外开放；完成遗传种质保存技术研究，提出经济实用的技术规程；进行了大白菜等蔬菜遗传多样性研究；系统开展种质改良创新的研究，完成了五个外源基因克隆或表达载体的构建工作和外源基因植物转化工作，建立了五种蔬菜再生体系，获得转入p53抗癌基因烟草植株，转疟疾杂合抗原基因植株，经过表达鉴定，疟疾杂合抗原基因及高蛋氨基酸在大豆胚胎瞬时表达。转甜蛋白马槟榔基因西瓜获阳性再生芽并成活。在蔬菜品种资源研究的基础上，蔬菜品种的改良和新品种引进取得了很大成就，1990年以来取得国家和北京市的科技进步奖29项。

14.北京农业生物技术研究中心。成立于1998年，是市科委批准的重点开放实验室。该中心是面向国内外的开放性科研单位，具备完善的分子生物学及生物技术研究的设施及设备条件。实验室面积达1 200平方米，并具有4 000平方米温室以及网室、实验地等基本研究设施，拥有各类仪器设备150多台（套）。中心初步形成一支从事植物基因研究的队伍，现有研究人员17人，其中5人具有博士学位、8人具有硕士学位。研究队伍以35岁以下的青年科技人员为主体，高级研究人员6人。主要研究方向：①植物逆境胁迫的遗传基础和抗性基因的鉴定、筛选、克隆。②农作物DNA分子标记及其遗传图构建。在农作物、蔬菜和果树等方面开展了抗病、抗虫和品质改良基因工程的研究，分离、克隆了抗芜青花叶病毒（TuMv）的Nla基因和CP基因、HMW谷蛋白亚基基因、抗LMv的CP基因、抗癌基因P-53、甜蛋白基因等，得到的转Nla基因白菜和转HMW谷蛋白亚基基因小麦已获得农业部批准进行中间实验。在植物逆境胁迫的遗传基础和抗性基因的鉴定、筛选、克隆研究方面，我们在国际上首次纯化得到毫克级在逆境抗性调控中起关键作用的脱落酸结合蛋白，已经得到其部分氨基酸序列，其编码基因的分离、克隆工作正在进行中。在玉米、芸薹属蔬菜和果树方面开展了大量DNA分子标记工作，桃的遗传图谱正在构建中。

15.北京农业信息技术研究中心。成立于1999年，是北京市在全国率先建立的专门从事农业信息技术研究开发的高技术重点开放实验室，隶属于作物所。中心具有良好的研究设备条件和学术气氛，拥有高性能服务器和工作站，支持3S农业研究的GPS、GLS系统，资源遥感卫星地面接受站和数据图像采集和输出等软硬件设备。中心现有固定科技人员15人，90%以上具有硕士和博士学位，50%的人员具有计算机和农学相结合的复合型知识结构，是一支朝气蓬勃、奋发向上，求实创新、勇于拼搏的高素质科技队伍。主要研究方向是农业专家系统、农业HPC/PDA、3S技术（精确农业）、计算机网络与数据库。主要任务是：研究开发农业信息技术系统平台；根据北京农业生产的需要，开发适合不同领域的应用框架和面向生产的实用信息技术系统产品；建立稳固的成果转化基地，加速产业化开发，逐步成为我国农业信息技术研究开发、应用推广、人才培训中心和国内外展示窗口。中心“九五”期间先后完成和目前承担的科研项目25项，其中国家863计划6项、国家自然科学基金2项、政府间国际合作1项、北京市科技项目16项。中心科技人员先后在《作物学报》、《中国农业科学》和国际学术会议上发表论文40多篇，出版专业著作1部。中心研究开发的网络化、构件化农业智能系统开发平台PAID1.0在全国15个省、市得到广泛应用。研究开发的小麦、玉米周年生产管理智能决策系统已在北京10个区县、50多个乡镇得到大面积推广应用，建立的北京农业智能网络可使远程多用户同时得到农业技术综合信息服务。在农业HPC/PDA方面，研究开发出了面向基层农业生产者使用的“农务通”产品，使农民能够带到田间地头方便地进行生产管理决策。

16.北京市果树逆境生理实验室。成立于1997年，由中国农业大学园艺研究所和北京市农林科学院林业果树研究所共同筹建，是北京市自然科学基金委员会下属的重点实验室。实验室实行主任负责制，下设学术委员会和管理委员会。实验室总面积约270平方米，设有分子遗传实验室6间、综合分析室2间、消化室1间、仪器分析室3间、组培室3间、准备室3间、自动气象站等。并在北京顺义区河北村建立了10.67公顷苹果、桃和樱桃的微灌示范基地，林果所实验场建立了1.33公顷果树抗缺铁试验示范基地。主要研究方向是：果树营养逆境、水分逆境和低温逆境的机理与防御对策。实验室自成立以来，共发表论文10余篇，出版（合作）著作5部。目前共承担部、市级基础性研究项目6项。在水分逆境方面，重点研究了“滴灌土壤水三维机制及高效调控系统模拟”，采用脉冲式微喷灌技术，采收前1个多月喷水处理的富士苹果，可溶性固形物含量比对照提高1个百分点。在果树抗寒生理方面，研究影响苹果、桃越冬性的关键因子和关键时期，探索果树抗寒性逆境信号。1997—1999年连续三年对试验果园的苹果、桃部分品种的花芽、韧皮部形成层、髓部进行冻害调查和抗寒性测定，初步筛选出一些花芽较抗寒的桃品种。采用结冰曲线法测定了桃、苹果一年生枝形成层、髓部及花芽细胞的抗冻能力。在果树生物技术的研究方面，采用分子标记技术获得了桃果实有毛/无毛、白肉/黄肉、离核/粘核的分子标记，分离克隆了樱桃pGIP基因，初步得到草莓、桃、樱桃的离体再生遗传转化体系。

17. 北京市畜禽生物制品科研中试基地。建于1992年6月，总投资1 600多万元，配有先进的生产和检验设备。其目的是以实验室成果向规模化生产转化，不断完善生产工艺，提高产品质量，使其达到中试生产工艺标准；达到出人才、出成果、出产品、出效益的目标；努力办成高起点、高标准、高水平、高效益，国内一流的畜禽生物制品中试基地。该基地是全国第二家通过农业部验收并符合GMP标准的兽医生物制品中试基地，其研究生产、质量检验、开发推广和行政管理已进入良性循环。中试基地已有鸡传染性法氏囊病中等毒力灭活疫苗；鸡传染性法氏囊病灭活疫苗；鸡新城疫、传染性鼻炎二联灭活疫苗；鸡传染性鼻炎油乳剂灭活疫苗；鸡新城疫、法氏囊病二联灭活疫苗等6个产品获得了农业部的生产文号。在国内首次研制出ND-IB-EDS-AE（鸡新城疫—鸡传染性支气管炎—鸡减蛋综合症—鸡脑脊髓炎）四联苗，为我国养殖业提供了一种预防多种家禽传染病的新型、安全、高效的生物制品。运用生物技术研究成果研制出我国第一个禽病快速诊断试剂盒，该产品由于其先进和实用性荣获国家科技进步二等奖。

18. 北京市高效优质果品及苗木科研中试基地。建于1995年1月，其目的为加速科研成果向规模化、产业化转向，面向市场、面向京郊果树生产和山区致富工程，不断推出新品种、新技术，提高持续发展能力。中试基地占地面积23.33公顷，其中精品园19.4公顷，苗圃地4公顷。总投资261.9万元，用于形成配套的高效优质栽培技术及核果类脱毒生产技术，建立以高新技术为主的精品果品中试园及脱毒苗生产基地，生产一定规模、数量的果品精品和苗木，形成自我发展的新的经济增长点和管理机制。

19. 北京新型长效肥料科研中试基地。建于1997年8月，其目的是形成具备新型长效肥料研究开发功能，提供新型肥料所需成套技术、设备、工艺，建立具有国内先进水平的新型长效肥料中试基地。拥有厂房面积500平方米，现有两套长效肥生产线，已开发出沸石长效复混肥、树脂胞衣缓释可控肥两个系列产品，包括小麦、果树、蔬菜、棉花、大豆、水稻、玉米、烟草、棕榈等作物专用肥，可提高氮肥利用率10%～30%。基地总投资333万元。

20. 北京市生物防治科研中试基地。建于1996年9月，其目的是发展生物防治，减少农田使用化学农药，避免污染农作物，避免杀害天敌，维护生态平衡。中试基地总投资176.3万元，建筑总面积685平方米，包括：温室1间，玉米螟饲养室1间，米蛾饲养室1间，蜂种隔离饲养室1间，繁蜂室1间，寄生蜂行为观察室1间，生化实验室1间及多种仪器设备。建立了人造卵赤眼蜂生产工艺流程和相应的质检程序，成功的繁育了螟黄赤眼蜂、松毛虫赤眼蜂和舟蛾赤眼蜂等7个品系，提出了人造卵赤眼蜂田间应用技术规程并进行了大面积推广应用，使我国成为世界上第一个将人造卵赤眼蜂在田间大面积应用的国家，在人造卵赤眼蜂工厂化生产及田间大面积应用方面达到国际领先水平。

21. 北京市“名、特、优、新”蔬菜品种科研中试基地。建于1995年12月，其目的是为了使蔬菜中心多年来由国内外引进的“名、特、优、新”蔬菜品种通过中试环节尽快在生产中得到推广应用，促进科研成果转化，并实现规模化和标准化生产。在京郊推出一批“名、特、优、新”蔬菜品种，促进北京蔬菜种植结构调整，增加市场花色品种，丰富市民的“菜篮子”。该中试基地总投资238万元，基地建有种子加工车间、种苗车间、芽菜车间、蔬菜精品园。拥有蔬菜清洁整修包装设备，种子清洗干燥流水线等大型设备。经过努力，中试基地已引种“名、特、优、新”蔬菜品种43种119份，并从中筛选出了菊苣、结球红菊苣、球茎茴香、抱子甘蓝、樱桃番茄等30多种有应用价值的品种，累计销售净菜15.8万千克。其品种和栽培技术在京郊15个示范基地推广应用。到1998年12月中试基地共完成产值726.3万元，利润234.6万元。京郊“名、特、优、新”蔬菜品种示范基地新增产值达950万元，新增利润238万元，售出种子、种苗等产生的社会经济效益2 300万元。

三、学会组织

北京作物学会　北京作物学会成立于1959年，由北京市农林科学院及中国农科院、北京农业大学、中国科学院植物所、遗传所、北大生物系等中央单位发起成立。受北京市科协领导，现有会员820人，历届理事长为：马斐翁、杨益民、常浦、蔡旭、郑丕尧、诸德辉。现为第七届理事会，于2000年5月20日组成。理事长、法人代表：李鸿祥；副理事长：刘刚、孙其信、陈刚、李云伏、辛志勇、金文林、郭平仲；监事长：方成梁，监事：王俊英、陈学珍，共有理事41人。挂靠单位为北京市农科院作物所。学会的基本任务是团结在京中央及地方有关科研单位、大专院校、农业生产领导及推广部门的专家、教授及工程技术人员定期开展学术研讨，交流学术论文。积极配合农业生产领导部门做好科普及技术咨询，培训农村科技人员，不断提高本会会员的科学技术水平，提高劳动者的科技素质，为京郊农业经济建设做出应有的贡献。学会主要活动，每年组织1～2次学术研讨会或学术报告会；每年组织3～5次下乡考察，科普宣传活动；参加市科协组织的有关活动等。

北京昆虫学会 北京昆虫学会是学术性群众团体，受北京市科学技术协会领导，业务上受中国昆虫学会指导。学会自1950年创立中国昆虫学会北京分会开始，到2000年已有50年的历史，历界理事长为席曹骥、林昌善、吴福祯、马世骏、管致和。现系第十三届理事会，于1998年3月产生，张芝利为理事长、法人代表，冯平章、朴永范、李国强、吴坚、杨怀文、张青文、周淑芷、姚文国、龚和为副理事长，常务理事27名。现有会员1 100多人，会员单位175个。学会挂靠单位为北京市农林科学院植保环保所。学会于2000年活动情况：为庆祝北京昆虫学会成立50周年，本会在《昆虫学报》编委会大力支持下，出版了昆虫学报增刊《北京昆虫学会成立五十周年论文集》，收集了36篇高水平论文；还出版了《北京昆虫学会成立五十周年纪念刊》及修订再版了《北京昆虫学会会员信息录》。5月10日，在北京市农林科学院大礼堂召开了北京昆虫学会成立50周年庆祝大会。中国昆虫学会、市科协、中国农科院、市农科院及兄弟省市昆虫学会等有关单位领导到会祝贺，近800名会员出席。大会邀请军事医学科学院陆宝麟院士、全国农技中心朴永范副主任和中国农大张青文教授做学术报告。今年会员活动日合并举行庆祝大会，活动日主题为“面向21世纪的昆虫学”。

北京土壤学会 北京土壤学会成立于1957年7月，由李连捷、彭克明、张乃凤、朱连青等先生发起。历届理事会的理事长为李连捷、毛达如。现系第八届理事会，于12月产生，黄鸿翔任理事长、法人代表；张风荣、李云伏、刘宝存、王旭、邢之英、廖洪为副理事长；刘宝存为秘书长；王敬图、徐建铭、高祥熙、赵林萍为副秘书长。学会下设6个专业委员会，2个工作委员会。59人组成理事会，21人组成常务理事会，5人组成监事委员会。学会挂靠单位为北京市农林科学院植物营养与资源所。学会的地址在北京市海淀区板井村北京市农林科学院营资所内，邮编100089。学会2000年活动的基本情况：①3月，学会召开“城市生活垃圾处理与利用现状调查”的鉴定会。②6月9日，召开“无公害蔬菜与施肥的研讨会”，各位专家针对北京市蔬菜生产中的问题进行研讨，提出今后我市蔬菜生产与研究应注意的关键性问题。③9月中旬，请中科院地理所陈国斌教授作土壤环境的报告。④10月中旬，召开“提高化肥利用率”的研讨会。与会专家一致认为，既要科学的、合理的施肥，又要减少化肥的浪费与污染。⑤12月，学会召开学术年会，请了中央单位和北京市的5位知名教授作学术报告。

北京农学会 北京农学会成立于1985年。它是一个综合性的农业科学学术团体，主要从事北京地区综合性的学术活动，其成员以团体会员为主，现有团体会员34个。理事会由主要团体会员的负责同志组成，挂靠单位为北京市农林科学院。理事长、法人代表：宋秉彝；秘书长：袁士畴；监事长：陶铁男。该学会成立以来针对北京农业现代化的需要，为领导决策和农村经济发展，开展了一系列软课题研究，包括北京农业现代化发展战略研究、华北山区综合发展对策研究、新农业科技年与北京农业现代研究、北京农业无害化生产对策研究等面向2049年的北京农业——北京农业生产结构的战略性调整。在市科协和挂靠单位的支持下，北京农学会1997年被评为全国先进学会，连年被评为北京市先进学会，连续2次被评为首都文明单位。

北京蔬菜学会 北京蔬菜学会成立于1960年7月22日，由吕启愚、朱明凯、袁平书等发起，其前身是1954年成立的北京园艺学会蔬菜组。历届的理事长为袁平书、陈杭、徐顺依、王永健。现系第八届理事会，于1998年成立。理事长、法人代表：王永健；副理事长：王树忠、张福墁、孙日飞；秘书长：许勇；副秘书长：王凤山、赵光华、张志斌；监事长：徐顺依。理事31人。设有栽培、采后、植病等专业学组。现有会员650人，学会挂靠单位为北京市农林科学院蔬菜研究中心。学会主要活动：积极响应市政府、市科协的号召，积极组织会员参加科技周活动，围绕科技周主题作了大量的工作。1999年、2000年两年间参加了城市大型科技现场咨询活动。针对加入WTO世界贸易组织后，我国农业将面临新的机遇与挑战等问题，北京蔬菜学会特邀中国农业大学农业经济管理系田维明教授做了有关方面的报告。近两年，北京蔬菜学会，北京植病学会联合组织果病、果树、蔬菜专家先后到大兴、顺义、延庆、门头沟等区、县进行了现场科技咨询活动。近两年组织科技三下乡活动10次，发放宣传资料、科技图书、农药、图片、种子近5万份，专家们还深入到田间地头进行现场技术指导。开展了学术月交流活动，围绕“北京蔬菜可持续发展研讨会”和“21世纪北京蔬菜生产发展趋势及对策”组织专家进行研讨。代表们对北京市城郊农业发展方向，农业生态环境与绿色食品蔬菜生产自然资源的可持续利用，全国蔬菜大市场与价格的杠杆作用，以及观光农业发展中所需注意的问题等提出建议。利用郊区农民赶集的机会，组织各会员单位的专家教授前往农村集市设置科技咨询宣传台，开展“科普赶集”送科技下乡活动。在大兴、顺义和通州共举行了四次“科普赶集”活动。每次活动都有数百名以至千余名农民前来向专家请教各种生产技术难题，索取各种资料和良种。在蔬菜主要生产季节，组织专家深入重点菜区，通过生产考察，进行现场技术指导和科普宣传。并针对生产上出现的重大技术难题，组织专家进行“田间会诊”，找出解决办法，并将情况及时向生产主管部门反映，建议通报全市以引起注意。

四、科研活动

在全院科研事业发展进程中，致力于以“农业科技攻关、农业技术示范推广和农业高新技术产业化”为主要内容的科技创新体系建设，到2000年已建成7个高技术实验室和研究中心（国家蔬菜工程技术研究中心、北京生物技术研究中心、北京农业信息技术研究中心、北京蔬菜种质改良实验室、北京果树逆境生理实验室、杂交小麦研究中心、玉米研究中心）；5个科研中试基地（北京生物制品科研中试基地、北京高效优质果品及苗木科研中试基地、北京“名、特、优、新”蔬菜品种科研中试基地、北京生物防治科研中试基地、北京新型肥料科研中试基地）。院里每年派往美国、英国等30多个国家和地区的访问学者和留学生达70余人，先后同23个国家农业科研机构建立了合作关系。科研布局上以应用研究为主，重视应用基础研究，加强开发研究，重点解决首都农业生产中关键性的重大技术问题。开展了作物、蔬菜、林果、畜禽等新品种培育；栽培技术、植物保护、土壤改良、农业环境保护、产品加工技术研究；新型肥料、畜禽疫苗研制以及农业发展战略、农业生物技术、信息技术研究。全院200多名科技人员长期在京郊农村170多个基点进行科学实验和示范推广，不断把新成果、新技术、新产品、新工艺送到农民手中，为发展首都经济、富裕农民提供强有力的技术支撑。随着科技体制改革的深入，进一步加快了院科技成果的产业化进程，建立起以优良农作物、蔬菜种子、果树苗木、畜禽疫苗、新型肥料、低毒高效混配农药等为主要科技产品的10多个科技企业，大大地加强了我院科技创新的实力。面向21世纪，市农科院将进一步开拓创新，勇攀高峰，争创一流，努力把本院建设成为北京市农业科技创新和科技成果转化的基地，为北京市率先基本实现农业现代化作出更大贡献。

1. 全面推进整体改革。2000年，在认真调研的基础上，创立了以“一院两制、一所两制”为主要内容的全院改革的总体方案，即事业单位运行机制和企业运行机制并存，并逐步加大企业运行机制部分的比例。按照“稳住一头，放活一片”的方针，以加强应用基础研究、增强全院产业开发实力，建设农业科技服务体系三个方面为重点来部署改革。院部机关的改革已于2000年8月份完成，通过干部交流、精简重叠交叉机构、合署办公、转变职能实行管理层与作业层分开等办法，将院机关工作人员由“八五”末的93人，精简为目前的68人，机关管理人员仅占全院在职总人数的4%。行政后勤服务全面推进物业化管理，下一步将要着手进行各所的改革。

在科研结构调整方面，以全面优化科技力量和科技资源合理配置为突破点，采取联合、兼并、组建的办法，进行了以学科和科研资源重组为主的科研结构调整。依托已有的科技成果及研究开发实力，按照现代企业制度的要求，组建了玉米研究中心、杂交小麦研究中心，这类研发中心以科研出成果、以成果创效益、以效益促科研，走自我积累、自我发展的道路，为将来科研院所转为企业创造先期条件和基础。“九五”期间，还特别注重了高新技术学科的建设。争取市科委的支持，组建了北京农业生物技术研究中心和北京农业信息技术研究中心。根据市科委的要求，为了加强生物技术的研究力量，集中优势，经过多方努力，将原有的细胞工程技术实验室的基因工程技术研究，纳入了北京生物技术研究中心的管理，其他研究内容并入了作物所。“九五”期间本院还成立了果树抗逆生理实验室，加上蔬菜种质改良实验室，这4个以应用基础研究为主的学科实验室基本涵盖了本院主要研究领域的内容。使以若干个高新技术实验室、若干个应用开发研究中心、若干个科研中试基地为核心的院现代农业科研创新体制逐步形成。

2. 育种成为科研工作龙头。“九五”期间取得一批重大成果。选育的优良玉米自交系“黄早四”是我国玉米育种史上利用率最高的自交系，以“黄早四”为骨干系，育出的杂交种有52个，其衍生系数目达70多个，已超过国内外任何一个玉米自交系。“黄早四”杂交种的累计推广面积达0.48亿公顷，净增经济效益28.42亿元，对我国玉米生产、育种和栽培学科的发展起到巨大作用，2000年获得国家科技进步一等奖，并被确定为世纪坛封坛百年纪念的五项农业成果之首。“小麦京冬6、8号”在本市郊区和周边地区迅速推广，被列入本市“126种子工程”，成为北方冬麦区第一个年播种面积超过千万亩的优良品种，5年累计增产小麦11.9亿千克，创经济效益14.5亿元。2000年获得北京市科技进步一等奖。光温敏雄性不育小麦选育获得阶段性成果，为杂交小麦制种奠定了坚实基础。“早熟、高产、优质玉米京早13号”被列为本市重点示范推广品种，“京科2号玉米”也被列为粮菜间作、调整种植结构的推广品种。“花生新品种北京5、6、8号”在全国10个省市推广面积77.52万公顷，创经济效益9.8亿元。“大白菜早、中、晚熟配套品种”已占领我国大白菜种植面积的半壁江山，遍及全国28多个省自治区、直辖市，市郊农村92%的种植面积是本院培育的新品种，其累计推广面积100万公顷，新增产量155亿千克，创社会经济效益28亿元。温室专用型黄瓜品种“北京101”和“京丹号”樱桃番茄的选育成功，为温室蔬菜的周年生产提供了保证。筛选出的抱子甘蓝、羽衣甘蓝、番杏、菊苣等十余种适合工厂化生产的名、特、优、新蔬菜优良品种，在京郊高新技术园区的种植结构中居主导地位，1996—1999年累积新增产值2 832万元，新增利润750万元。为推动农业结构调整，丰富市场，提高农民收入起到积极作用。此外，选育出4大类、8大系列、16个果树新品种，其中油桃和蟠桃育种居全国领先水平，占全国推广品种的90%以上；“京欣1号西瓜”15年来一直是北京市的主栽品种。

3. *农业生物、信息技术研究已居于国内先进水平。*“九五”期间，在市科委的大力支持下，本院组建了“北京农业生物技术研究中心”和“北京农业信息技术研究中心”。“中心”采取理事会领导下的首席专家责任制，采用全新的管理机制，大大促进了北京市高新技术的发展。本院生物技术研究在转基因技术、细胞工程和分子标记技术等方面开展大量卓有成效的工作。转基因工程育种已先后获得转高分子量谷蛋白基因的小麦植株、其后代种子和转抗芜菁花叶病毒基因的大白菜植株，对提高小麦的烘烤品质、提高白菜的抗病性具有重大的理论和实际意义。分子标记技术在西瓜、玉米、桃等作物育种和种子纯度检测方面得到广泛应用。在信息技术研究领域,已开发出“智能化网络化农业专家系统开发平台”,其技术先进性、界面友好性、功能丰富性、结构规范性、实用性和可推广性等7个方面在国家863项目的评比中综合排名第一,成果在辽宁、天津、河北、河南、山东、山西、陕西、新疆、湖南、重庆等省市广泛应用并受到好评。开发的“小麦、玉米周年生产综合管理专家决策系统”成功地将计算机技术运用到小麦、玉米生产管理中,在京郊10余个区县大面积推广使用,目前累计推广面积31.74万公顷,周年累计增加产量1.27亿千克,增加产值1.34亿元,总经济效益2亿元。该项成果获得北京市科技成果二等奖。此外,本院承担的国家计委下达的“精准农业”项目已全面在小汤山现代农业示范园开始实施,这是该项高新技术在我国首次进行深入系统的研究和较大规模示范应用。

4. *广泛开展国际间科技合作。*截止2000年，本院与世界上37个国家和地区建立了科技交流关系，其中与16个国家的农业研究机构建立了政府间科技合作关系，23个研究项目被正式列入政府间国际合作项目。如院蔬菜中心与美国夏威夷大学在农作物品质改良技术领域，生物中心与法国在生物技术领域，畜牧所与澳大利亚在禽病防治等领域有着良好的合作关系。共邀请来自美国、英国、法国等20多个国家的国际友人来院参观、访问及合作研究，全院共有221名专家学者出访，引进国外智力资助项目38项，争取到留学归国人员资助项目14项。并聘请吴瑞、辛世文等一批知名专家为院顾问。使本院的国际合作从以前单一课题之间、单一学科之间的短期合作进入到多学科、多领域、全方位的长期合作阶段。

5. *注重人才培养。*“九五”期间，本院共有国家级、市级突出贡献专家20名，41名科研人员享受政府特殊津贴，有34人入选北京市科技新星计划，13人当选北京市优秀青年知识分子，3人入选国家“百千万”人才工程，25人入选北京市优秀人才工程，共有博士44名，硕士120名，从国内外引进具有博士、硕士学位和副研以上职称人员94人。现有高级专业技术人员143名，其中45岁以下的有80人，占高级人员总数的56%。在全院10余个优势科研领域的学术带头人中50岁以下的已成为主体，基本形成了以中青年人才为主，老中青相结合的优秀人才梯队。此外，国家教委授予本院博士生培养点2个，硕士生培养点3个，院里有14名专家入选为博士生和硕士生培养导师。

6. *利用多种信息传播手段为农业生产服务。*充分利用本院科技人才聚集、信息资源丰富、传播手段先进的优势,全面利用农业信息为农业生产和农民致富服务的工作。先后开通了15条农业技术咨询热线电话,设立了科技开放日,创办了《北京农科院技术咨询》报,每期5 000份免费发寄到京郊各区、县、乡(其中顺义、通州到村)。组织编写了《北京市农林科学院百项实用新成果汇编》、《特种特养技术丛书》、《500项实用技术》等一批适合农民阅读的科普读物。建立了北京农业信息网,开设一级栏目21个,二级栏目32个,据调查每天有近200人次上网查阅信息。启动了农业远程教育系统,实现异地教授农业技术,达到面对面的效果和目标。目前,已制作多媒体课件近百项,为农村调整产业结构提供全方位的信息服务。

7. *山区科技扶贫工作初见成效。*本院以山区资源为基础,以实用技术推广为切入点,以科技培训、科技示范为手段,以富裕山区农民为主线,五年来建立了10个以开发山区资源为主的扶贫基地。有平谷熊尔寨核桃扶贫基地、密云香水峪板栗示范基地等。1998年院参加了“山区综合开发水利富民”工程,在门头沟清水镇以全面科技合作的形式,投入相当的人力、物力开展了科技富民工程。全院有30余名专家参加该项工作,落实了10个重大科技项目,15个单项任务,林蛙、山鸡、青壳蛋鸡等特养技术、名特优新蔬菜新品种等得到推广应用。经过2年多的努力,清水镇已发生了很大变化,2000年人均纯收入达2 891元。在市政府组织的水利富民综合开发评比中被评为先进单位。

市农科院党政领导班子成员

党委书记　陶铁男
副 书 记　王　丽（女）
常　　委　秦树福　陈　刚
院　　长　陶铁男
副 院 长　秦树福　王金洛　李云伏

（张爱武）

北京市农村经济研究中心

一、主要职能

北京市农村经济研究中心（简称市农研中心），是市政府领导下的局级事业单位。1989年8月26日成立，1990年7月1日正式对外办公。主要职能是：为市委、市政府领导农村改革与发展进行决策研究，承担城郊经济研究、资源区划、合作经济管理指导、经济信息开发利用，以及组织国内国际农经学术交流等工作，既为市、区县政府提供决策支持服务，行使农村经济管理职能也为基层农村经济发展提供服务。

市农研中心成立10年来，在市委、市政府的领导下，不仅较好地履行了原有的职能，而且随着改革的深化和市场经济发展，工作领域和内容得到不断的延伸和扩展。在农业信息、农经管理和农业与农村资源区划业务工作上多次获农业部及北京市政府主管部门表彰。在农村城市化、都市农业以及信息技术在农业应用等领域研究在全国处较高层次。累计获得国家级、省市级科研成果奖34项，编写、出版各种专著、文集31部。目前拥有各类专业技术人员98名，其中高级研究人员24名，中级42名，还从社会上聘请了一批知名专家任特约研究员和顾问。中心具有较强的农村经济研究、管理的人才优势和丰富的数据信息资源优势。

北京市农村经济研究中心还承担北京郊区与国内国际进行农业经济学术交流的组织工作，同许多学术团体有密切联系。北京市城郊经济研究会依托北京市农村经济研究中心开展活动。

二、机构设置

北京市农村经济研究中心本部设有：

办公室 负责行政秘书工作、安排办公会议和对外联络工作；管理文书、科技和机要档案；负责农研中心内部局域网的管理工作；负责安全保卫、卫生、车辆管理与调度、办公条件和其他后勤生活保障等工作。

组宣处、纪检组、人事劳资处、机关党委（合署办公） 负责组织、宣传、纪检、机关党组织建设、人事劳资、共青团以及其他有关精神文明建设的工作。

计财处 负责经费财务管理、国有资产及中心企业管理工作。

综合处、农史研究室（合署办公） 负责综合编制农村经济调研规划，统一协调各处室的调研工作计划，进行科研管理，联络和承接外来调研任务，组织技术咨询；负责对外业务工作联络，做好有关方面的协调管理工作。统一组织和协调市农口的农史研究工作；承担其他与农史相关的编修工作。

基建办（临时机构） 负责中心基建及住宅小区供暖、物业工作。

北京市农村经济研究中心主要业务部门有：

北京市城郊经济研究所 是以研究大城市郊区经济为主的应用型研究机构。该所紧密结合城市郊区实际，紧密围绕市委和市政府决策需要，进行多方面调查研究并组织城郊经济的研究及国内外相关的学术交流。研究项目包括：郊区农村体制改革，城郊型农业发展，农产品产销组织与市场建设，乡镇企业发展，农村城市化与城镇建设以及国内外大城市郊区的比较研究。近10年，先后完成了北京市哲学社会科学规划项目“北京郊区农产品产销一体化研究”、“京郊农村现代化道路及其实现途径研究”、“北京菜篮子市场体系研究”、“北京都市型农业发展研究”和国家哲学社会科学基金项目“大城市地区都市型农业发展研究”。同时，完成了北京市委、市政府委托课题“北京郊区的城市化与城乡一体化”、“北京近郊城乡结合部经济发展研究”、“北京市农业结构调整调研”以及“北京郊区十五计划经济发展和2015年展望研究”等。

北京市农业与农村资源区划办公室 在市政府领导下，负责全市农业与农村资源开发利用、整治保护和郊区区域经济发展的调查研究、组织协调和管理指导。市委、市政府将更加重视北京市的农业与农村资源区划工作。其主要职责是：组织开发农业与农村资源调查、动态监测和综合评价；组织编制农业与农村资源区域综合开发规划和农村经济区划；研究制订农村区域资源优化配置和农用土地结构调整布局方案；组织进行农业与农村重大开发项目的可行性论证与咨询服务；组织开展城郊区域发展战略研究和国内外学术交流；研究协调郊区资源综合开发和农村区域发展规划中部门之间、县区之间以及资源开发利用与保护治理的关系；协调和参与制订农业与农村资源保护和综合管理的政策法规；指导、参与或组织农业与农村资源综合开发治理试验区工作；开发建设并管理市农业与农村资源经济信息系统；管理指导各郊区（县）农业与农村区划工作；完成全国资源区划办公室部署的工作任务；承担各省市的交流往来接待工作。

北京市城乡经济信息中心 作为全市经济信息系统的农口网，负责市农口信息网络的规划、建设和管理；农口综合经济信息的采集、存储、管理和开发利用；沟通市农口与北京市、中央有关部门、外埠及国际有关信息机构的联系，进行信息交流；制定市农口经济信息技术标准，开展信息技术培训；为市委、市政府和市农口有关部门宏观决策提供信息服务，为基层和社会提供信息咨询服务。信息中心开发建设的城乡经济信息网，同国家农业部、市农林系统各局、各郊区县实现计算机联网运行。并在《首都之窗》建有网站与INTERNET网互联。在郊区建立了农村资源经济动态监测系统。开发积累了大量的城乡经济信息资源，定期发布北京市农产品市场分析报告，编辑发行《北京农村经济动态》、《城乡经济信息》等刊物。在全国率先将地理信息系统应用于农村土地资源管理。

北京市农村合作经济经营管理站 为农村合作经济健康发展提供管理保障。负责农村土地承包合同管理；农村集体资产管理；农民专业合作经济组织管理；农村合作经济组织管理；减轻农民负担管理；农村股份合作制企业改造指导；农村财务管理；农村集体经济审计管理；农村经济统计管理；农村合作经济经营管理工作体系建设；农村经济动态监测；农村会计队伍管理和农村政策法规宣传。

编刊室 负责《北京农村经济》杂志和参考资料的编辑、刊印、发行工作。

培训部 农研中心培训部承担北京郊区基层干部

及财会人员的岗位学历教育、业务培训工作。培训部受市委农工委的委托，与北京市农业学校联合举办了“北京市农村经济管理中专班”，编辑出版了《现代农村经济管理丛书》，为北京郊区培养了数千名经济管理人才。北京市农业广播电视学校财会分校举办“农村财务会计中专班”，为郊区培养了上万名财会人才。

三、主要工作

2000年，围绕北京郊区农村经济结构的战略性调整和农村经济发展、农民增收等工作主线，充分发挥自身人才、信息、系统优势，抓服务、占市场、促发展，努力发挥中心的职能作用，业务工作、精神文明建设以及中心的自身建设都取得明显进步。

*1. 加大农村集体经济管理和产权制度改革力度，农经管理工作得到加强。*一是为推动郊区深化经济体制改革，积极参加市政府在昌平区开展农村税费改革试点工作；在部分区县撤乡并镇等改革中进行了集体资产的处置，确保了集体资产的安全完整；指导郊区专业合作经济组织制定合作社章程及有关制度，参与开展了对郊区3 000名专业合作社干部的培训；在近郊城乡结合部地区进行了集体经济组织产权制度改革的试点并指导进行社区股份合作制改造；在农村经济结构调整中帮助农业经营组织开展了新产业、新品种的成本核算工作。二是加强农村集体资产管理。完成了乡村两级不良债务的清理和村级不良债务的典型调查工作；推动村级财务民主化管理和规范化管理，使村级财务公开面达到100%。开展了农村电算化试点工作，在房山、大兴等6个区县进行了会计委派、委托，村账乡管的试点，收到了较好效果；继续对农村财会人员进行了培训教育及职称评定，培训财会人员3.1万人次，559人取得了中（初）级职称。强化农村集体经济审计。全年审计9 819个单位，审计总金额563亿元，查出违法、违纪金额3 360.4万元，纠正违纪金额1 851.2万元，使严重违法违纪的农村基层干部受到党纪处分或法律制裁；认真搞好农村统计和经济运行监测工作，为各级党政领导指导农村经济提供了重要的决策依据。培训各级干部和管理人员近6万人次，提高了干部依法治农、依法管理的水平。三是在市委农工委、市农委领导下，具体做好减轻农民负担工作。开展了农村集体土地征占收入的清理、回收工作和春秋两季农民负担管理执法大检查，全年共减轻农民负担6 000多万元。继续落实党的集体土地延包30年不变的政策，全市已有3 117个村完成了集体土地延包任务，占94.3%。承担了农村合作基金会清理的日常工作，参与完成了合作基金会的清理整顿工作，没有发生农民挤兑问题。认真接待农民来信来访，及时解决农村各种纠纷案件919件、涉及农民群众8 899人次。通过这些工作，有效减轻了农民和集体经济组织负担，维护了农村社会的稳定。

*2. 充分发挥中心信息资源和智力资源优势，面向郊区和社会经济发展开展信息咨询服务。*首先是利用信息技术和网络手段为农民和企业服务。先后将郊区90个乡镇、300多个企业和148个农民专业合作经济组织的情况搬上英特网，开展网上农产品求购销售信息服务。顺义区李桥镇农民蔬菜生产合作社利用网络信息销售大白萝卜5万千克，解决了菜农卖菜难，增加了收入。开发农村实用技术数据库光盘，组织信息赶集，开设热线电话，主动把信息服务送到农民家里。其次是承接区县和企业委托的规划设计服务。去年先后参与朝阳、通州、昌平、丰台等区县的经济发展规划工作，此外还第一次承接外省市的咨询业务，为内蒙古青城休闲农庄的规划设计提供了服务。第三是围绕城市化、信息化和观光休闲农业以及中国“入世”等热点、难点问题开办了讲习班、培训班，促进了郊区基层干部对现代科技知识和新经济发展的了解。2000年先后举办了10多次讲座，有1 000多人参加了培训。此外，按市农工委要求，与市农校共同完成了17万字的《农村基层干部岗位培训教材（试用)》，确保了村党支部书记培训班的正常开班；超额完成了农村经济管理专修班计划招生400人的任务；完成“现代农村管理丛书”有关教材的编写、初审工作。第四是围绕农口经济工作的主调和基层干部关注的热点，编好《北京农村经济》等刊物，办刊质量进一步提高。一是编刊工作加强了领导力度，市农委提出了办好刊物的具体意见，主管领导都参加了编委会；二是办刊质量进一步提高，《北京农村经济》进一步突出了新、深、宽、活的特点，努力办好精品栏目，如“城郊视点”栏目，受到了农口领导的肯定；三是围绕制定“十五”规划，农业农村现代化、农业结构调整等主题，组织稿件，使刊物在提高深度、加强可读性有明显提高。《调研参考资料》编辑印发了3期，受到有关领导和专业部门的重视。

*3. 大力开展减轻农民负担工作。*开展春秋两季农民负担执法检查。春季执法检查的主要内容是对在土地征占中加重农民负担的问题进行全面清查。通过这次清查，发现北京市在对集体土地征占过程中，存在着许多严重损害农民利益的问题；例如：无偿征占农村集体土地；拖欠农民土地补偿性资金；截留应支付给农村集体经济组织的土地补偿性资金；在集体土地被征占后，仍然要求农民交纳农业税；违章占用农村集体土地，造成部分农民失业等等问题，为市委市政府解决上述问题做好了准备性工作。秋季执法检查的主要内容是以党中央、国务院和北京市减轻农民负担电视电话会议提出的要求为标准，对以下问题进行了检查：中央和北京市明令取消的涉农收费项目是否仍在收取；各种明令禁止的涉农达标升级活动是否还在进行；是否存在擅自设置收费、集资和罚款项目的问题；春季执法检查中发现的在土地征占中损害农民利益的问题是否得到了解决；其他减轻农民负担的突出问题是否已经解决。

参与了农村税费改革的试点工作。农村税费改革的主要内容是：“四取消、两调整、一改革”，即：取消乡统筹；取消农村教育集资等专门面向农民征收的行政事业性收费和政府性基金、集资；取消屠宰税；取消统一规定的劳动积累工和义务工；调整农业税和农业特产税政策；改革村提留征收使用办法。为此，2000 年的工作主要有两项：一是通过调查研究，收集和分析试点区县的有关资料，为税费改革的顺利进行做好基础性工作；二是起草、制定农村税费改革的相关配套政策的征求意见稿。

加强农民负担的日常管理，及时解决涉及农民负担的来信来电案件。随着党的减轻农民负担政策的进一步贯彻落实和宣传教育，广大农民群众认识和掌握了维护自己合法权益的有利武器。因此 2000 年以来，反映农民负担的来信来电明显增加，其中大部分是咨询和了解农民负担法规政策的。

*4. 对土地延包及合同管理工作开展了检查。*2000 年 11～12 月，中心经管站组织各区县对延长土地承包期工作进行全面检查，完成了《关于对我市农村土地延包及承包合同管理情况进行检查的报告》，并上报市委农工委、市农委、市农研中心和农业部经管司、经管总站。

*5. 开展了农村集体经济资产经营状况调查。*根据国务院纠风办、农业部、财政部、中国人民银行、审计署、国家税务总局下发的《关于进一步做好乡村两级不良债务清理工作的意见》（国纠办发 <2000> 7 号和落实岳福洪副市长关于“有关部门要对郊区的资产状况搞一次综合性的调查摸底，分析成因，找出对策”的指示，中心经管站对 2000 年底郊区农村集体组织和集体企业资产的债权、债务进行彻底清查。上报市农委后，召开了各区县长会议，下发了《中共北京市委农村工作委员会、北京市农村工作委员会关于开展郊区农村集体资产经营状况调查的通知》，对工作进行了全面部署，并对区县和乡镇人员进行了业务培训。

*6. 清理乡、村两级不良债务。*根据《国务院办公厅关于彻底清理乡村两级不良债务的通知》和《北京市人民政府办公厅转发国务院关于彻底清理乡村两级不良债务文件的通知》精神，2000 年 6 月底，中心经管站完成了清理乡、村两级不良债务工作总结，并由市农委上报农业部。通过清理乡村两级不良债务，摸清了乡村两级合作经济组织债权、债务和不良债务的基本情况。针对乡村债务负担较重的情况，提出了剥离和化解不良债务、制止新的不良债务发生的措施。

*7. 积极参与改革试点和发展规划工作。*①为落实中共北京市委八届二次全会的决议，2000 年市委、市政府制定《北京市 2010 年基本实现农业农村现代化发展纲要》，农研中心积极参与起草工作，而且开展了农业现代发展阶段的前期调研，其成果被《纲要》所采纳。②为市政府制定“十五”计划，受市委委托开展前期调研，在计划起草过程中多次参加讨论、修改。③农村税费改革试点工作是 2000 年农村改革的重点任务之一，中心作为试点工作参加单位，在市农委领导下，除配合财政局讨论制定试点方案外，还参与起草了市委、市政府《关于在郊区农村开展税费改革试点的意见》，在 17 个配套政策文件中，中心负责起草了 9 个。④为了推进农民专业合作组织的健康发展，市委、市政府制定了《关于发展农民专业合作组织的意见》，中心积极参与了《意见》的调研起草工作。⑤根据市政府领导的要求，受市信息化办公室和市农委的委托，对农口信息化发展进行了深入研究，起草了《北京市农口信息化 2000—2010 年发展规划（纲要)》，并经市农委批准颁布实施。除积极参与承担上述重要文件的起草工作外，中心还承担了市政府领导和综合经济部门部署的郊区农业结构调整、农产品市场供求分析、乡镇企业效益监测以及“入世”后京郊发展对策研究等任务，为政府管理推动郊区经济提供了信息服务。据统计全年共完成调研成果 80 篇，总字数 654 万字，其中在市级以上刊物发表 25 篇，获市科技进步二等奖 1 项，三等奖 6 项。

*8. 举办京郊农村专业合作与社区产权制度创新培训班。*北京市农村经济研究中心 2000 年 5 月和 8 月分别在北京市通州区和辽宁省兴城举办了农村专业合作培训班和社区产权制度创新培训班。参加人员为各区县农委及乡镇有关人员共 430 人次。培训内容：国外农业合作经济组织建设的理论与实践；发展专业合作组织的历史进程及现实意义；我国农业专业合作组织发展及其现状；农业专业合作组织建设及其应注意的问题；进一步完善农业专业合作组织的对策；社区产权制度改造的基本理论；国内社区产权制度改造成功经验与做法的介绍；郊区社区产权制度创新的总体思路及典型案例剖析；郊区社区产权制度创新过程中的难点及对策等。培训结束编印了“农村专业合作经济组织研究参考资料”和“社区产权制度改革研究参考资料”，总字数 10 万字。

*9. 农村集体资产年检。*2000 年 4 月，中心经管站完成了 1999 年度农村集体资产年检工作。起草了《关于开展 1999 年度农村集体资产产权登记证年检工作情况报告》。通过年检，核实了郊区农村集体资产总量和结构，同时也发现了集体资产管理中存在的问题，为集体资产保值增值提供了有价值的参考依据。朝阳区、昌平区、丰台区建立了资产台账，并对乡村集体企事业单位发放了产权使用证。

*10. 对集体土地承包费实施检查。*2000 年 3～5 月，中心经管站组织各区县进行农村集体土地承包费收取、使用、管理情况的检查，完成了《关于全市农村集体土地承包费收取、使用、管理情况的检查报告》，并上报市委农工委、市农委和农业部经管司、经管总站。

*11. 完成“北京郊区的城市化和城乡一体化”研究。*1996 年，由市城郊经济研究所牵头，北京市区划研究室、市社科院城市问题研究所、市农科院综合发展研究所、市统计局农调队、中国人民大学区域经济

研究所等6个单位的研究人员组成课题组，对“北京郊区的城市化和城乡一体化”问题进行研究。经过几年深入详细调查研究，于2000年10月完成全部研究任务，取得了大量有价值的成果。包括专题研究报告15篇，论文数十篇，出版了2本专著（《世界乡村城市化和城乡一体化》，城市问题杂志社，1998；《都市农业的理论与实践》，北京出版社，1998）；基本掌握了国内外关于乡村城市化理论与实践的动向，对北京郊区城市化道路有了比较清晰的认识，形成了若干有创见的学术观点，对领导部门提出了若干对策建议，已经在实际工作中产生了多方面的影响。此项研究的主要内容已编辑成《新世纪北京郊区城市化探索》一书，研究成果近30万字。

12. 承担市重点课题“北京市农业结构调整调研”。该项研究注重实地调研，提出了下一步农业结构调整的主要思路和措施，并组织中央及市属有关单位的专家对京郊农业结构调整情况进行了考察和座谈。该项研究的结论性意见已经纳入京郊农村“十五”发展计划和现代化发展纲要。

13. 完成北京“九五”哲学社会科学规划项目“北京都市型农业发展研究”。该项目于1996年立项，2000年8月完成。该项目在做了大量调查研究和中外比较研究的基础上，对都市型农业的科学内涵作了深刻阐述，对其发展背景、条件和特点作了较有说服力的分析，对都市型农业的类型、内容、功能、作用、意义及理论依据进行了概括，初步确立了都市型农业的理论体系，使我国自20世纪80年代开始的对城郊经济与城郊农业的研究从理论角度上升到一个新的局面。同时，该项目对北京农业作为都市型农业的多种功能进行了较为详尽的分析，并从生产、生活、生态等功能角度强调了都市型农业对于首都经济发展和城市建设的意义及其开发前景，提出了都市型农业发展的总体布局、项目类型和开发重点以及规划、设计、经营管理等方面的建议。课题成果不仅对市有关部门推动都市型农业发展，而且对基层实际工作都具有现实意义。经专家鉴定，该成果达到了国内领先水平。

14. 完成市计委项目《北京郊区十五计划经济发展和2015年展望研究》。此项研究为决策部门准备编制北京郊区“十五”经济发展规划提供了素材和依据。中心城郊所受市计委委托，与市计委郊区处合作，做了《北京郊区十五计划经济发展和2015年展望研究》，并于3月底通过了专家鉴定。研究的主要内容是：面向21世纪，按照市场经济的规律，重点围绕增加农民收入、扩张经济实力、提高竞争能力，分析发展潜力所在，并提出实现“十五”期间郊区经济发展的政策措施保障。本项研究成果受到鉴定专家的高度评价，认为本课题调查研究深入，资料翔实，提出思路明确、论证充分、结构合理、措施切实可行，在研究内容和方法方面都有许多创新之处，达到了国内同等研究的领先水平，对政府有关部门制定规划有重要的参考价值。

15. 对212个农产品成本进行核算。2000年1～2月，中心经管站完成郊区20个品种、212个农产品成本核算单位的成本效益资料的核算和汇总任务，撰写《关于1999年农产品成本效益的分析报告》，上报市农委、市委农工委和市农研中心。

16. 网络信息为京郊农民增收致富发挥作用。2000年，市城乡经济信息中心围绕着农产品产销问题，先后在英特网上“北京城乡经济信息”网站开辟了“农产品交易市场”和“农产品求购台”两个栏目。其中，“农产品求购台”栏目信息是以会员制形式发布的，信息内容要求真实、准确，同时，信息发布单位也要求有一定的信誉。在短时间内，北京城乡经济信息网迅速为国内外客户发布有关农产品求购信息2000多条。为了更好地服务京郊农民，特别是对近几年在农产品产销方面发挥巨大作用的农民合作经济组织提供服务，信息中心在原来的微观服务性刊物《城乡经济信息》的基础上，加大编辑力度，出版发行《特快专递》，重点服务专业大户、农民合作组织和企业等基层用户。自9月5日创办，短短几期，信息刊物就为京郊农民增收致富发挥了作用。下半年，顺义区李桥镇北河村大部分农户种植白萝卜喜获丰收，但正逢北京市场产品过剩，5万多千克白萝卜在地里无人收购，全村农民将面临丰产不增收的局面。此时，市城乡经济信息中心9月20日出版的《特快专递》正巧送到合作社社长王宝生手中，当他看到广州客商周南贤、周穆阳急需大量白萝卜信息时，马上与其联系，同时转告其他农户，加强白萝卜后期田间管理。不久，市场由淡转旺，白萝卜销售一空，使原来0.08～0.10元/千克没人要的白萝卜，一下子卖到0.6～0.8元/千克，让合作社社长王宝生和全村农民真正尝到了信息的甜头。顺义旺宝鑫獭兔养殖场是顺义区北务镇特种养殖行业的龙头企业，带动顺义、通州等地区獭兔专业户110多户，主要为农户提供种兔、饲料和养殖技术等，同时，回收兔皮、兔肉等产品。养殖场现有种兔近2 000只。由于獭兔国内市场竞争日趋激烈，养殖场场长于进旺来到北京市城乡经济信息中心，以寻求市场信息，开拓销售渠道。当得知信息中心正发起成立“市农产品产销信息协会”后，积极要求加入该协会。信息中心信息服务人员也及时地将几份《城乡经济信息》和《特快专递》传递给他。没想到《特快专递》第3、4期的几条信息使他的旺宝鑫养殖场产品往北卖到唐山，往南有望进军福建、江西等地区。唐山市丰润县韩城乡西寨子庄农民李桂忠的獭兔养殖场由于市场销售渠道畅通，自身养殖规模小，产品供不应求。为了寻找货源，求助英特网发布信息，市城乡经济信息中心从网上及时了解，将信息又迅速传递给顺义獭兔专业户于进旺，随后，于进旺与其签订了合同，长期供应种兔400只/月。

17. 市城乡经济信息中心获第三届中国互联网络大赛银奖。继1999年获得中国互联网络大赛——

“3com杯”中国企业信息化水平竞赛银奖之后，城乡经济信息中心于2月又获得第三届中国互联网络大赛——“CISCO杯”中国企业信息化大赛银奖，其下属单位北京信通计算机学校、北京信通盛信息咨询有限公司也分别获银奖和铜奖。中国互联网络大赛是由国家信息化推进工作办公室批准，在共青团中央的支持下，由中国电信、中国科学技术协会、中国电子商务协会、中央电视台、中国企业联合会、中国青少年发展基金会等6单位联合主办的，是我国惟一由政府批准的国家级综合性互联网络比赛。大赛的宗旨是提高全民信息化意识，推进国家信息化。通过比赛大力普及公众互联网络知识和技能，促进网上中文资源信息的丰富、展示最新网络应用技术、推动了互联网在中国的应用与发展。全国31个省、自治区、直辖市和香港、澳门两个特别行政区都组织了参赛。大赛通过十多项竞赛项目的精心动作、几百家媒体的宣传推广，圆满结束。北京城乡经济信息中心、北京信通盛信息咨询有限公司都是2次参赛，2次获银奖。

18. 密云县农业与农村资源开发管理决策支持系统一期工程研制完成。该系统是在全国农业资源区划办公室的大力支持下，由中心农业与农村资源区划办和密云县农业资源区划办公室共同开发的，是利用高科技手段将农业资源区划成果应用于政府决策支持的新的尝试。该系统是以密云县农业与农村资源为对象，将地理信息系统与现代数据管理系统和模型分析方法相结合，进行资源数据的存储、更新、分析、查询等分析管理决策系统，为合理开发和持续利用农业与农村资源提供决策支持。该项目一期工程完成后，初步具备了查询、分析功能。

19. 朝阳区及房山区良乡镇梨村被全国农业资源区划办公室列为国家级农业资源持续高效利用实验区。两个实验区由中心区划办牵头，在全国农业资源区划办的指导和市、区有关部门的大力支持下，已进入实质性建设阶段。2000年主要围绕实验区发展规划、基础设施建设方面开展工作。全国农业资源区划办的领导视察了两个实验区的建设情况后，给予了充分肯定。

20. 举办《农村土地承包法》研讨。2000年4月，中心经管站组织部分区县农委、经管站的有关负责同志召开《中华人民共和国农村土地承包法（征求意见稿）》研讨会，并整理完成“关于对《中华人民共和国农村土地承包法》（征求意见稿）的修改意见”，上报市人大农委。

21. 完成小麦成本核算。2000年8月，中心经管站完成郊区36个小麦成本核算点的资料汇总工作，并撰写《关于2000年小麦成本效益的分析报告》，上报市委农工委、市农委和市农研中心。

22. 促进农村会计人员管理体制改革。2000年，中心经管站郊区农村积极推进农村会计人员管理体制创新。房山区、朝阳区开展了会计委派制试点，大兴县推行了“村账双审”和村账乡管工作，延庆、通州开展了村账乡管，怀柔等区县实行了集体办公、账前审计。

23. 推动郊区经营管理电算化。为了加快郊区农村经营管理电算化的进程，实现农村经济信息化，根据农业部《关于逐步推广农经电算化工作的意见》<农经综（2000）21号>文件的要求，中心经管站积极推进郊区农村经营管理电算化工作，把农村经济、财务管理和行政管理的其他工作如经济合同管理、资产管理、农村经济统计、村务管理等纳入计算机管理，为做好农村村务、财务公开，化解农村矛盾，提供更加准确、快捷的会计信息，为提高经营管理水平、决策水平、监督水平，创造有利的条件。选择确定朝阳区、房山区为全国电算化试点，2001年将根据北京郊区农村经营管理的特点，编制软件，启动试点工作。力争用3～5年时间，在全市农村普及经营管理电算化工作。

24. 加强农村财会队伍建设。2000年在加强农村财会队伍建设，提高农村财会人员素质方面，中心经管站作出了努力。按照市财政局要求，完成了农村会计人员年检和会计人员普查、建立会计人员信息数据库工作，完成了2000年农村会计人员《会计证》考试工作。《会计证》考试报名人数1 594人，及格率达到90%。

25. 继续编写《北京农村经济综合志》。该志编纂委员会主任赵凤山，主编白有光。年内召集了多次编写提纲的修改会议，在广泛认同中确定了新的编写提纲，并在初稿基本完成的基础上，按照新提纲布置了二稿修改意见。

26. 学会工作得到加强，中心的影响和知名度扩大。北京市城郊经济研究会的前身是北京市农村经济研究会，是研究北京地区研究城郊经济的学术性群众团体；是中国农业经济学会、中国城郊经济研究会和北京市社会科学界联合会的团体会员。业务主管部门是北京市政府农村工作委员会，挂靠在北京市农村经济研究中心。目前学会的会员单位包括在京中央部门、北京市有关部门、科研机关、院校以及郊区各区县、部分乡镇，集中了一批知名专家学者和市、区县、乡镇的实际工作者。近年带头开展了都市农业、北京市农业和农村现代化等多项研究，与台湾省及法国等境外农经界积极开展学术交流活动，取得了较高的学术成果。2000年北京市城郊经济研究会第四届会员代表大会在顺义区召开，本次大会审议了上届研究会的工作报告，选举产生了新一届理事会，并就研究会的建设与发展、城郊经济的理论与实践等问题进行了热烈讨论。北京市副市长岳福洪、原中央财经领导小组成员杜润生、中国城郊经济研究会会长包永江、中国农业大学教授安希伋等在会上发言。名誉会长岳福洪同志肯定了研究会对北京郊区经济不可替代的作用，并对研究会今后的活动提出了新的要求。

27. 对外学术交流。中心各部门普遍加强了对外协作与交流。一是加强了与市有关部门的联系，共同开展课题研究，增进了解，建立了协作关系；二是加强与驻京大专院校、科研部门的联系与交流，邀请著名专家学者，围绕北京郊区农业结构调整进行专题调查研讨，提出对策建议，并在《北京日报》理论周刊进行专版宣传；三是支持研究人员积极参加外部学术研讨，先后有10多人次参加10次学术研讨活动，提供研讨论文8篇，对宣传北京工作、提高学术造诣都起到很好的作用。

市农研中心党政领导班子成员

党组副书记　焦守田（主持工作）
成　　　员　贺东升　张秋锦　王瑞华
纪检组长、机关党委书记　王瑞华
中心副主任　焦守田（主持工作）　贺东升　张秋锦

（白晨　王伟）

北京市农业管理干部学院

一、办学方向

北京市农业管理干部学院（简称市农干院）创建于1984年。17年来，学院的建设和发展取得了可喜的成绩。学院在1991年全市成人高校综合评估中被评为A级（优秀）学校，并先后获得“北京市干部教育先进集体”、“北京市德育工作先进集体”、“1994—1997年北京市实施成人教育培训工程先进单位”等荣誉称号。1997年，学院被北京市教育委员会评为“北京市成人高等学校示范校”；之后，《乡镇企业管理》、《农村经济管理》两个专业又先后被市教委评为“北京市成人高等学校特色专业”，走出了一条独具特色的办学道路。

在发展过程中，学院始终坚持以学历教育为基础、以短期培训为重点的办学模式，不断拓展办学功能，扩大办学规模。1992年，市委农工委党校设在学院；1995年，北京市农村经济中高层次紧缺管理人才培训中心建在学院；1996年获得全国计算机等级考试考点资格；1998年被批准为北京市首批再就业培训学校。这为不断扩大办学渠道奠定了基础。学院先后举办了全国乡镇企业优秀青年厂长培训班、全市乡镇领导干部岗位培训班、国际经贸人才培训班，以及10余个为期一年以上、百人以上的大中型企业高层次紧缺人才培训项目等，为提高京郊农村干部的素质起到了积极的作用。经市教委批准，学院从2000年起开始招收部分应届高中、中专、中技毕业生，为学院进一步扩大办学规模创造了有利条件，为学院的发展带来了新的生机和活力。

学院在科研方面，始终坚持为教学服务、为京郊的经济建设服务的方针。从建院至今，共参与98项课题研究，发表论文327篇，专著（含教材）104部，在村级经济管理、庭院经济、区县特色经济、中国经济史、灰色理论等10余个领域取得了具有一定学术影响的研究成果，形成了《农村经济学》、《乡镇企业经营管理学》、《乡镇经济学》等9门优势学科。教学科研人员中，有7人在全国及市级学术团体任领导职务，1名享受国家专家津贴。1998年，学院创办的《北京市农业管理干部学院学报》，被批准登记注册为面向国内外公开发行的正式学报类期刊。

二、机构设置

经过改革和调整，目前学院内设机构从15个减少到12个。包括：经济管理系、财会金融系、信息管理系和办公室、教务处、学生处、培训处、科研处、图书馆、组宣人事处、后勤服务处和计财处。

学院现有职工171名，其中136名教师和管理人员中，具有高级技术职务的30名（其中正教授4名），占22%；中级技术职务58人，占42%，初步形成了一支学历结构、专业结构和职称结构较为合理，以专为主，专兼结合，能够胜任教学任务的师资队伍和教学科研管理队伍。此外，学院还聘有20名校外兼职教授。

学院自创办以来，办学条件有了很大改善。学院的校园面积为4.8万平方米，建筑面积3.4万平方米，固定资产达4 500万元。建有教学楼、培训楼、办公楼、学员宿舍楼、食堂楼、教工家属宿舍楼等，基础设施基本配套；教学设施齐全，设有计算机室3个、语音室和实验室各2个，以及完备的电教系统；馆藏图书7.5万册。目前，学院具有同时可容纳1 300人上课和食宿的办学条件。

三、教学单位

建院17年来，学院的学历教育已从1个专业、3个教研室、3个教学班，发展到目前拥有经济管理、财会金融和信息管理3个系，设有农村经济管理、乡镇企业管理、行政管理、农村经济贸易、会计、国际贸易、文秘与办公自动化、财政金融、计算机应用管理、旅游管理、法律等11个专业，14个教研室，20多个教学班，8个校外教学点。在学历教育的办学层次上，先后有大专专业证书、劳模大专教育、成人大专、高等职业教育及研究生课程班（联合办学）等。

财会金融系　该系现有教职工22人，其中专职教师20人。教授2人，副教授5人，讲师12人，助教1人，分别占全系教师总数的10%、25%、60%和5%。该系下设会计、金融、统计、法律四个教研室；设有会计、金融、金融学保险及法律四个专业。2000年，在校生总数为341人，毕业生人数为72人。

信息管理系　全系共有专职教师26人，学历均为本科以上，其中研究生以上学历7人，占总数的27%；本科生占73%。教授1人，副教授（含高工）4人，讲师（含工程师）17人，助教（含助工）4人。该系还聘请了6名校外兼职教授。2000年，该系共有学生63人。所设专业包括计算机应用专业，1999年申办了计算机网络技术应用专业和文秘（现代办公与文秘）2个专业，将于2001年开始招生。该系现代化教学设施较齐全。建有多媒体语音教室、多媒体教室、PIII多媒体教学机房、PII机房和486及586等公共教学实习教室，可安排英语、计算机语言、计算机操作等课程实习。同时，建有微机组装及维护、安装实验室。

经济管理系　该系现有教师13人，其中副教授4人，占教师总数的30.7%；讲师8人，占61.5%；助教1名。该系所设专业包括：农村经济管理、乡镇企业管理、市场营销、经济贸易、旅游、行政管理等专业。其中，农村经济管理和乡镇企业管理专业，面对京郊区县，培养农村市场经济急需人才，十几年来大批的毕业生成为京郊经济建设的骨干。据1999年调查，这两个专业毕业学员已达2 000多人，其中科级以上干部占80%，处级或乡镇级干部30%～35%，一些优秀学员毕业后走上了区县领导岗位。

据不完全统计，学院自创建以来，先后为北京农业战线输送了2 400多名大专毕业生、778名大专专业证书结业生、300名研究生课程进修班结业生；各类短期培训结业近20 000人次；毕业、结业的学员遍布京郊大地，覆盖所有乡镇，市农干院为京郊农村的人才培养和现代化建设做出了应有贡献。

四、学院活动

2000年，学院各部门围绕2000年学院的总体目标和任务，以成人高等教育向高等职业教育转轨为契机，有步骤地实施学院的各项改革，积极调整办学方向，扩大办学规模，改善教师队伍结构，加强教学管理，提高教学质量，使教学和科研水平进一步提高，保持了学院的稳步发展。

1. *招生规模继续扩大*。2000年，学院获准举办普通高等职业教育，并首次从参加高考的应届毕业生中招收了135名普通高中学生，标志着本院办学方向发生历史性的变化，给学院的发展带来新的机遇。与此同时，学院还完成了招收347人的成人高等教育招生指标，是历年来招收新生最多的一年。从而使学历教育规模达900人以上，短期培训1 500余人次，折合常年在校生400人，两项相加，目前办学规模达1 300人。

2. *机构改革进展顺利*。2000年，学院有计划、有步骤地实施了机构改革、干部任用制度改革、教师工作量制度改革和后勤服务社会化改革，为学院的进一步发展注入了新的活力。在机构改革过程中，调整组建了新的经济管理系、信息管理系和财会金融系。同时，本着精干、高效原则对学院的职能部门进行了合并与调整。将原来的组织宣传处和人事处合并为组宣人事处，学生处和招生办合并为学生处，总务处和培训中心合并为后勤服务管理处，并下设5个中心，其中的培训中心实行了经营承包制。

3. *干部制度改革初见成效*。2000年，学院对处级干部实行了聘用制，并按照公开、平等、竞争和择优的原则，对11名拟提拔的处级干部实行了任前公示。根据公示和测评的结果，对其中的10名干部进行了聘任，使正处级干部的平均年龄由原来的55.5岁下降到46.8岁，大大推进了干部队伍的年轻化建设。

此外，结合学院的实际情况，按照优化、精干和高效的原则，对教职工的聘任年龄做出了严格规定，制定了《关于对教职工退休及聘任（合同）年龄的规定》。

4. *有计划、有步骤地实施教学改革*。2000年，学院建立健全了教师工作量制度，制定了《教师工作量的规定》；建立了视导员工作制度，制定了《视导员工作条例》；制定并实施了教师调停课制度，维护了正常的教学秩序。这些制度规定的制定和实施，对调动教师教学的积极性，使学院的教学及管理工作初步实现了规范化和科学化。

5. *后勤服务社会化改革开始起步*。按照国家教育部关于高校后勤服务社会化的总体要求，学院努力探索适合自身实际情况的后勤服务社会化的有效途径。从2000年上半年开始，学院逐步对后勤服务部门实施改革，对餐饮中心、培训中心采取了经营性、半经营性或工资包干等形式的改革，实行定岗、定编，减员增效，进一步增强了管理人员和职工的工作责任感，取得了较好的经济效益和社会效益。

6. *完善专业体系建设*。院各教学部门根据教育部培养高职人才的总目标，制定并论证了有关普高专业的教学计划，同时进一步修改和完善了教学大纲，并就如何培养能力型、技能型人才进行了大胆探索和实践。在深入调查和论证的基础上，学院上半年调整改造了3个旧专业，下半年又新增设了4个高等职业教育专业。目前，学院有7个专业可以招收应届高中、中专和中技毕业生。通过改进毕业生实习指导和毕业实习办法，提高了学员毕业实习的质量。2000年上半年，院98级147名学员走出校门，深入京郊，结合所在区县及单位的实际进行毕业实习。指导教师深入实际，调查研究，在此基础上，认真指导毕业实习。同时指导学员撰写出了质量较高的毕业论文，真正做到了理论与实践的紧密结合，其中21篇论文被评为优秀论文。

7. *加强教学管理*。主要采取了以下措施。一是学院颁布和实施了《教学视导员工作条例》，抽调具有丰富教学和教学管理经验的教授作为视导员，从而建立和完善了教学质量监控体系，有效地健全了对教学的监督机制。保证教材准时到位，教学秩序基本正常。通过教务处对密云办学点和校内大专班进行的教学检查问卷得知，多数教师改进了教学方法，增加了案例教学，注重对学生的实际运用能力的培养。

8. *加强教材和实践基地建设*。各系均制定了实践课教材和教学大纲建设计划，为今后进一步做好高等职业教育工作打下了坚实的基础。目前，学生实训基地建设也已初见成效，各专业均建立了2~3个教学实训基地。

9. 优化师资结构。通过调进紧缺专业教师、加强师资培训，进一步优化师资结构，强化教师队伍建设，为提高教学质量创造了条件。2000年，学院共调进5名专业教师，支出教师培训和继续教育经费达8.5万元。

10. 加强学员管理。针对新招收的普通高中学生低龄化、城市化的特点，学院有关部门进行了大胆的尝试。一是通过开展入学教育、组织军训、建立班级组织、建立学生表现实录档案及配合教学进行学习教育，收到了良好效果；二是实施了《班主任工作的有关规定》，对严格学员管理起到了积极作用；三是对普高学员实行了宿舍公寓化管理，以保证学员的正常学习和生活；四是成立了第十六届学生会；五是专门针对普高学生起草并修订了“学生学籍管理办法”；四是通过组织“迎大运，助申奥”象征性长跑、参加市第六届成人高校运动会和学院秋季运动会以及摄影、书法、绘画作品展等多种形式的活动，丰富了学员的业余生活。通过以上措施，有效地保证了良好的教学秩序，同时，也初步摸索出一套普高学生管理的经验。

11. 短期培训工作取得新进展。2000年，共举办各类培训班16期，参加培训的人数达到1 531人，超额完成了培训任务。2000年，培训工作还取得了会计初级职称考试报名培训点资格，有近200人报名，40多人参加了培训，标志着院培训工作迈出了新的一步。同时，进一步促进培训形式的多样化。一是在青年干部培训中，注重把培训与素质测评结合起来，为组织部门了解选拔干部提供了新途径；二是把培训与考察结合起来，组织境外考察，开阔了学员的眼界。

12. 科研学术水平不断提高。2000年学院立项课题共19项，比1999年增加2项。科研活动表现了四个特点：一是课题的选定更加符合当前经济发展特别是京郊经济发展的热点问题，如《京郊农村城市化和小城镇建设》、《京郊农民收入问题研究》等等；二是更加注重发挥青年骨干教师在科研活动中的作用，在19项课题中，青年课题占7项，比上年增加2项；三是课题的申报档次逐步提高，申报了市级科研课题，实现了“零”的突破；四是积极鼓励教师及专业技术人员从事科研学术活动，制定颁发了《关于教师等专业技术人员从事科研学术活动的若干规定》。从成效看，市哲学社会科学“九五”规划重点课题《成人高等教育学理论体系研究》，已于2000年10月以专著形式结题；在推荐参加北京地区成人高等教育研究优秀论文评奖活动的5篇论文中，有3篇分别荣获一、二、三等奖；在学院组织的99级学员学术论文习作活动中，共有11篇论文获奖。另外，学院《学报》工作在人员紧张的情况下，仍然保质保量地完成了4期出刊工作，总计刊发文章66篇，35.4万字。

13. 基本建设步伐加快。2000年，完成了多项基建任务。其中，已完成和基本完成的有：家属区的配套工程；教学楼顶防水处理；打井工程；新餐厅改造工程及与北京大学合作办学用房工程966平方米；两大教室的空调安装；学院内的路灯改造；办公楼卫生间改造等项目。另外，学院新锅炉的建设工程已开工，3 700平方米的图书馆楼已立项。

14. 改善办学条件。一是为学员宿舍更新和添置了必要的生活设施，统一更换了新窗帘，免费安装了201卡电话；二是利用现有条件，开辟了一个临时运动场，为学员开展体育活动提供了场所；三是更新购置了部分教学设备，购置了60台586电脑，并开始筹建综合实验室，教学设备投资达90万元以上。

15. 创收及资金管理使用成效显著。2000年，在争取财源、学院创收方面，实现历史性突破，总收入达1 468万元，有力地保证了学院的正常开支，保证了学院各项生活设施和教学设施的改善，同时也使全院教职工的实际收入和福利待遇稳步提高。2000年，学院教职工平均年收入较上年增长17%。

16. 领导干部民主作风建设增强。2000年，按照市委农工委的统一部署，院先后在院领导班子和处级领导干部中开展了“三讲”教育“回头看”活动。按照市委提出的自查自找“五个方面”的内容，从“三个代表”要求的高度，认真查摆问题，找差距，切实落实整改措施，收到很大成效。主要体现在：

民主作风发生了显著变化，努力为群众办好事、办实事。一是认真做好院务公开工作，建立有效的民主监督制度，定期向全院公布人事变动、专业技术职称评定及院财务收支情况。二是从4月份起，建立了院领导干部信访接待日制度，一方面及时了解到群众所关心的热点难点问题，及时为群众排忧解难；另一方面也为领导决策提供了参考和依据。全年共接待来访36人次，受理问题55件，基本做到了件件有答复。三是广大教职工多年盼望喝到深井水的愿望，在院领导的积极努力下，得到了市领导的理解和大力支持，工程进展顺利。四是通过民主选举的形式，选举并成立了学院第三届职工代表大会，进一步完善以会员（职工）代表大会为基本形式的民主管理制度，大力推进学院的民主建设起到了积极作用。

党风廉政建设大大增强。一年来，由于院、处两级领导干部认识提高，行为准则发生了较大变化，以身作则，认真执行《党风廉政责任制》及学院制发的《关于加强创收部门提留基金管理的规定》等有关规定，没有出现违法违纪现象。

五、教学视导员工作条例

第一条　视导员的聘任、管理：

1. 教学视导员应聘资格及聘任程序。教学视导员应从忠诚党的教育事业，德才兼备，实事求是，坚持原则，身体健康，具有副高级以上专业技术职务的教师中遴选，经人事处与有关部门协商确定，由院长聘任，一般每年聘任一次，必要时可临时增聘。

2. 教学视导员的管理。教学视导员由教务处负责其业务协调。院教务处应建立教学视导员工作档案，并以此作为考核教学视导员工作业绩的主要依据。

第二条　教学视导员工作职责：

教学视导员的职责是协助教务处负责全院的教学活动、教学秩序、教学质量的监督与检查，并对教务处和全院教学管理工作负有指导、咨询和建议的责任。

1. 监督、检查。

（1）教学视导员应以听课作为检查课堂教学的主要形式，教学视导员一般情况下要坚持每周听课2课时。针对教师授课中的问题，如教学方法、讲授能力、教学效果、课堂纪律、教学实践形式和效果、学生对该课程的反映及教师教书育人等问题做出全面客观的评价。

（2）教学视导员对初上讲台的新教师、开新课的教师、对教学效果好或学生反映意见较大的教师，都要通过听课等形式进行调查研究。有针对性地提出意见及建议，协助教务处和有关各系总结先进经验，解决存在的问题。

（3）随机抽查教师的教学日历、教案、作业批改和辅导等，参与期末各考场的巡视，及时了解情况和发现问题。

（4）参与学院每学期进行的期中教学检查工作，了解和反馈师生对教学的意见及建议。

2. 咨询、服务。

（1）教学视导员每次听课后都应公正、认真地写出听课记录并在每月的第一周将上月的听课记录交到教管科存档，同时应将有关信息及时向主管教学院长、教务处、系主任及任课教师反馈。

（2）每学期期末教学视导员应进行认真总结，就学校教风、学风、教学质量、教学秩序、教学管理等方面做出实事求是的评价，从而对教学改革提出意见。每学期应向学院提交一份视导室工作的书面总结。

（3）参与学院各专业的教学计划及有关教学改革方案的科学论证。

（4）协助教务处不定期组织教学观摩活动，召开教学经验交流会，积极推广加强素质教育方面的好经验，提高教学质量。

（5）深入教研室活动，抓好关于教学法的探讨与研究。

第三条　教学视导员的权益：

1. 教学视导员在执行教学视察、检查等任务时，任何部门和个人不得进行阻挠、干扰。

2. 学院将保护教学视导员的权益。积极支持教学视导员的工作，为其开展各项工作提供一个良好的环境。

3. 在职教学视导员的待遇，根据被聘任为教学视导员以前所担任的工作决定。

第四条　教学视导员的纪律：

1. 教学视导员在教学视察过程中必须公正严明，不得弄虚作假。

2. 为保证教学视导制度的有效执行，确保视导效果，一般情况下，视导员在听课和抽查前不应通知有关部门及教师本人。

六、关于教师工作量的规定

第一条　教师工作量的内容及定量：

教师工作量包括教学工作量和非教学工作量在正常情况下，教师每年须完成教学工作量210学时（考虑到学院目前现状，暂执行150学时），非教学工作量30学时。完不成者年终考核“不合格”，连续两年考核不合格视为自动解聘。

第二条　教师教学工作量的计算办法：

教学工作量包括以下内容：①课堂教学，②实验实习教学，③指导实习论文及社会调查，④编写教材及教学大纲，⑤辅导体育运动，⑥减免工作量，⑦学科建设，⑧科研工作。

1. 课堂教学（包括备课、讲课、课外辅导、批改作业、命题考试、阅卷等）：

（1）一个教学班（额定人数为40人）一般课程：计划学时×1.15；重复课：计划学时×0.9。

（2）开新课、新开课：计划学时×1.3；重复课：计划学时×1。

（3）体育课：计划学时×0.5；重复课：计划学时×0.3。

注：①合班讲课，每增加8人系数增加0.05。②开新课、新开课是指学院新开的课程和教师本人第一次讲授的课程。③重复课是指在同一学期内前后不超过10周，计划学时相差不超过20学时，讲授内容及层次相同的课程。④配有专任指导教师的课程（包括听课、课外辅导答疑、批改作业、习题讲解等），主讲教师工作量系数减0.25。⑤专任辅导教师，以辅导课程的计划学时为基础，工作量系数为0.4，每增加40人系数增加0.2。⑥由学校派遣，担任校外联合办学单位教学任务的教师，其教学工作量参照上述标准计算，其课时津贴由相关单位按有关规定发放。

2. 学术报告、指导实习及社会调查（包括准备、指导批改实习报告、调查报告等）：

（1）教师作学术报告、讲座：计划学时×1.5。

（2）实践课：任课教师组织学生参观、社会调查、参与社会实践一次，本市市区计1学时；本市郊区计1.5学时；出北京市计2学时。

（3）指导毕业实习（包括实习指导、论文辅导及评议、论文答辩等）：学生人数×3。

3. 考试课每学期增计1.5学时；全市统考课每学期增计2学时。组织全院运动会及组织辅导校内外体育活动每学年增计6学时。

4. 编写教材、教学大纲及其他教学资料：

（1）教科书：内部出版，计划学时×1.1；公开出版，计划学时×1.25。

(2) 实验、实习指导书、习题集、辅导教材：计划学时×0.9。

(3) 修订教科书（修订内容超过1/3）：计划学时×0.6。

(4) 修订实验、实习指导书、习题集、辅导教材（修订内容超过1/3）：计划学时×0.5。

(5) 教学大纲：计划学时×0.05。

(6) 教师制作CAI课件：计划课时×0.6。

注：①以上教学资料的编写应由院教材委员会或教务处批准。②（1）（2）（3）（4）只计教学工作量，报酬按学院有关规定执行。

5. 以教学为主，兼做管理工作的教师，根据兼任工作任务量的大小减免教学工作量。

(1) 系主任:65学时/年　系副主任:50学时/年。

(2) 教研室主任：25学时/年　教研室副主任：15学时/年。

6. 学院重要教学、学科建设活动，由教务处提出意见，并经主管院长批准后，可给予相关人员适当教学工作量。

7. 教学法研究（包括集体备课，观摩教学等）。根据教研室（组）活动记录，按每次0.25学时计算，最高限额5学时/年。

8. 教师参加正式立项的科研工作、发表论文，可计入教学工作量，工作量原则上最高限额计30学时/年，报酬按科研处规定执行，具体标准及核定由科研处负责。

第三条　非教学工作量：

1. 教师应参加每周一次的返校活动。

2. 教师应参加学院组织的其他活动，如会议、参观；党、政、工、团、妇组织的活动；公益劳动等。

3. 教师应接受学院分配的监考工作，报酬另行规定。

第四条　按照国家有关部门规定，经人事部门批准的休假（如产假等）可按比例减少工作量。

对因疾病等特殊原因不能完成额定工作量者，经人事处批准可不影响年终考核。经学院批准脱产参加进修、培训的教师，未完成教学工作量，不影响年终考核。

第五条　教师工作量的教学工作量部分，根据学院制定的课时津贴标准发放课时津贴。非教学工作量不计发课时津贴。超额教学工作量（是指完成规定教学工作量210学时以上的部分，仅以第二条第一款“课堂教学”所包含的内容作为计算依据，其中校外办学点部分按实授课时计算），按超教学工作量标准发放课时津贴。

第六条　教学工作量课时津贴标准：教授：41元；副教授：39元；讲师：37元；助教：35元。超额教学工作量津贴标准：教授：43元；副教授：41元；讲师：39元；助教：37元。外请教师课酬标准原则上按超额教学工作量标准计发。

七、关于教师等专业技术人员从事科研学术活动的若干规定

1. 教师要积极参与科研课题研究。除教学任务较重的基础课教师外，原则上每名教师2年中必须有1年（不得按“人年次”计）参加科研课题研究，鼓励基础课教师积极参加科研课题研究，但可适当降低要求。

2. 教师要积极撰写、发表本学科论文或适量教研论文，助教每2年至少撰写发表1篇，讲师以上的教师每年至少撰写发表1篇。

3. 论文发表数量，从2000年开始，按2年1个周期计算，年均1篇，原则上不跨周期折抵计算。从事著作（教材）撰写的教师，须交验有关证件，区别著者、编者，一般分别按1万～4万字折抵1篇论文计。在省、市级以上学术会议交流宣读的论文，正式立项科研课题第一执笔人的课题报告，正式立项咨询项目第一执笔人的咨询报告，在计算成果时可按发表对待，但不可重复计算。

4. 论文的撰写一定要讲求质量，要有一定的理论性、学术性；要有鲜明的实践性，所交验的论文有半数以上应涉及京郊有关问题的研究；要有一定的篇幅，每篇论文不少于3 000字，副教授以上的教师撰写的论文半数以上应达到5 000字以上。发表论文的期刊等载体要有一定的级次，原则上应正式发表。以上所指“成果”，其作者应是第一作者或第一主编。

5. 院学报要在确保质量的前提下，积极刊发本院论文，争取内稿率达2/3。

6. 鼓励教师院外发表论文、出版著作。凡在《人民日报》、《光明日报》、《求是》、《中国社会科学》、《科学通报》、《新华文摘》、人大书报资料中心《复印报刊资料》等中央或全国权威综合性正式报刊上发表的论文，以及在港澳台地区和国外发表的论文，凭有效证件，本院颁发同额稿费；凡在《经济日报》、《经济研究》等国家一级学科正式报刊上发表论文，凭有效证件，本院颁发80%的稿费；凡在《中国农村经济》等国家二级学科正式报刊上发表的论文，凭有效证件，本院颁发50%的稿费（以上作者均应为第一作者）。鼓励教师正式出版著作（含教材，原则上不含工具书及中等教育以下教材），凭有效证件，本院颁发激励性稿费，每部著作（含教材）最高限额3 000元，其中，第一主编、第一著者，10元/千字，最高限额2 000元；第一副主编、第一编著者，5元/千字，最高限额1 000元，其他情况参照上述标准酌情处理，但参编者一般不在此列。

7. 鼓励参加院外科研学术活动。鼓励申报市级、国家级课题，凡经本院批准并组织申报者，每申报1项给予100～150元。在院外市级以上单位部门正式立项并担任第一课题主持人的课题，可在本院立项，并且参照原课题经费，本院另外相应拨付一定的课题经费，万元以下拨50%，万元以上拨30%。在市级

以上学术团体任副理事长以上职务，全国性学术团体任常务理事以上职务者，每年保证提供2次外出参加学术活动经费，并尽量提供其他有关工作条件。在市级以上学术会议获奖的论文，比照本院学报稿酬标准，颁发40%～60%的奖金，最高限额200元。

8. 有关技术科学的研制、培育、开发成果的登记，参照以上论文、著作的有关标准，由各系提出初步登记意见，汇总科研处，交主管院长审批。

9. 按照本《规定》第一至四项规定从事科研学术活动者，方可申报相应专业技术职务的评定、晋升。教师从事科研学术活动的数量和水平，应作为专业技术职务评定、晋升，晋级、评优等重要依据。

10. 除专任教师外的其他专业技术人员，应参照上述《规定》，在确保完成本职工作的前提下，积极从事科研学术活动，并作为专业技术职务评定、晋升，晋级、评优等重要依据。

11. 科研学术成果的交验登记管理，由科研处负责具体执行。成果交验登记，参照本院《关于科研学术成果的评审办法》（试行）进行，尽可能交验原件或完备的复印件，以及有关项目立项、学术会议、稿酬汇单等有关证明材料。科研学术成果登记实行年度交验登记制度，每年春季开学后第1、2周办理上一年度的科研成果登记交验工作。科研处要建立专任教师等专业技术人员科研学术成果的个人档案，并按照学院档案、保密工作等有关规定，建立健全专业技术人员科研学术成果的管理制度。具体办法另行制定。今后个人申报专业技术职务，其有关成果部分由科研处提供材料，人事部门不再接受个人直接提供的材料。

市农干院党政领导班子成员

党委书记　周文济
副 书 记　陈文森
院　　长　刘立伦
副 院 长　卜月重　崔砚青　李俊英（女）
　　　　　宋金涛

（马俊哲　李明非）

北京市乡镇企业局

一、主要职能

北京市乡镇企业局于1979年3月建立，建局时称北京市人民公社企业局（曾改为北京市社队企业局），后改现名。主要职能是对京郊乡镇企业的经济运行和发展进行指导、监督、协调和服务。2000年5月29日，根据市编委批准的《北京市乡镇企业局职能配置、内设机构和人员编制的规定》，有计划、分布骤地组织实施了机构改革人员定岗分流的工作。乡镇企业局改为副局级的部门管理机构，由市农委管理。6月13日，全体公务员都按新岗位正式上岗，机构改革工作顺利完成。人员从57人减到29人，精简了50%，处级领导职数从15个减到10个。处室由改革前的11个精简到8个，精简了27%。机构改革后乡镇企业局的主要职能是：

1. 负责起草本市有关乡镇企业方面的地方性法规、规章草案，并组织实施；研究提出有关发展乡镇企业的政策措施，并组织实施。

2. 研究提出乡镇企业发展规划和乡镇企业劳动力进入第二、第三产业规划，并组织实施；指导乡镇企业二次创业；依法保护乡镇企业的合法权益。

3. 负责指导本市乡镇企业和乡镇工业小区的工作；指导乡镇企业开展技术改造、新产品开发、新技术推广、质量认证、外经外贸、安全生产等工作。

4. 指导本市乡镇企业深化改革，提高经营管理水平；指导乡镇企业财务、审计、统计、职工教育培训等工作。

5. 负责协调本市乡镇企业与有关行业、综合部门的关系；为乡镇企业提供各种服务；指导乡镇企业服务体系和信息网络建设工作。

6. 围绕本市乡镇企业开展调查研究；总结推广乡镇企业改革和发展的典型经验；协调解决乡镇企业发展中遇到的困难和问题。

7. 承办市政府和北京市农村工作委员会交办的其他事项。

二、机构设置

市乡镇企业局内设7个职能处室和机关党委。

办公室（财务处）　负责本机关政务工作；负责公文处理、信息、议案、建议、提案和信访、档案、保密、接待联络、财务、后勤等工作，以及重要会议的组织工作；组织起草有关重要文稿；负责重要文件和会议决定事项的督查工作。

企业处（政策法规处）　指导本市乡镇企业深化改革和二次创业；总结推广乡镇企业改革和发展的经验；起草有关乡镇企业方面的地方性法规、规章草案；对本部门制定的规范性文件进行合法性审核；负责行政执法监督工作；调查研究有关法律、法规、规章和政策的执行情况；承办本机关的行政复议、行政赔偿案件和行政诉讼的应诉代理工作；组织行政处罚听证工作。

产业指导处　研究提出本市乡镇企业中长期发展规划和年度计划；指导乡镇企业技术改造工作；指导乡镇企业产业、产品结构调整；指导乡镇企业发展第三产业；指导乡镇企业工业小区工作；负责乡镇企业安全生产和职业卫生工作。

信息统计处　负责乡镇企业经济信息管理工作；负责乡镇企业生产和财务统计工作；负责乡镇企业经济运行综合分析工作。

外经处　负责协调乡镇企业外经、外贸及外事工作；拟订乡镇企业外向型经济的发展规划和年度计划；负责本机关及直属单位因公出国（境）业务审核和管理工作。

科技教育处　负责指导乡镇企业科技进步、人才开发与交流、技术职称评定和教育培训工作；指导乡镇企业质量管理工作。

人事处　负责机关干部队伍建设规划及部署的落实工作；负责本机关人事管理等工作；指导直属单位人事、劳动管理工作；负责本机关和直属单位专业技术职务评定工作。

机关党委　负责本机关及直属单位的党群工作。

三、下属单位

局下属两个企业单位、两个事业单位和一个社团组织。

北京市乡镇企业总公司　1989年经市政府农林办公室批准设立，2000年组建成企业集团。企业注册资金1 000万元，总资产9.5亿元，固定资产6亿元，净资产7亿元。直属企业34家，职工3 100多人。

乡镇企业总公司及其直属企业已形成以水泥为主的建材建筑业，以科技和人才为优势的环保业，以为乡镇企业服务为主的煤炭出口业和适应首都经济特点的第三产业等四大主导产业。在对直属企业实施管理、指导、协调、服务职能同时，参与华仑大厦、草桥住宅小区和望京天平园三个项目的建设。2000年度实现销售收入2.7亿元，同比增长22.7%。利税总额1 787.5万元，同比增长26.5%。

北京市乡镇企业大厦　开设于1991年4月，营业面积16 800平方米，设有标准写字间、普通客房、豪华套房等；有同时容纳400人就餐的各式餐厅和各种会议室，可接待不同规模的旅游团队和会议；大厦设有OK厅、健身房、台球厅、棋牌室、美容美发厅、商场、商务中心等综合配套设施，是一家现代化设施齐全，集住宿、餐饮、娱乐于一体的酒店。大厦现有员工175人，其中合同制员工97人，临时工78人，下设经理办公室、业务部、人事部、财务部、工程部、保卫部、客房部、餐饮部、供应部9个部室。

北京市乡镇企业职工培训中心　是1984年9月经北京市编办批准成立的事业单位。1991年市局成立了教育处，教育处与培训中心合为一体，培训中心代行教育处的行政职能。1995年局机关机构改革，撤消教育处，培训中心成为独立核算、自收自支的事业单位。中心建筑面积1 700平方米，固定资产达400余万元。其中有电视教学摄、录、编演播室、机房和微机教室，现有职工13人。中心主要职能是负责京郊乡镇企业职工的中等专业学历教育和与大专院校合办的研究生课程教育各种短期培训。1994—2000年中心与市农工委、农办、市教委共同组织实施了“北京市乡镇企业职工培训工程”，完成和超额完成既定目标。先后被市教委授予“北京市实施成人教育培训工程先进单位”称号和“北京市实施成人教育培训工程先进集体”称号。还被农业部授予“全国乡镇企业育才兴教示范单位”。

北京市乡镇企业后勤服务中心　原名北京市惠新实业服务公司，成立于1994年1月24日。1999年经市编办批准，更名为北京市乡镇企业局后勤服务中心。

北京市乡镇企协会　成立于1988年，性质为社团组织，隶属于市乡镇企业局，会长和法人代表夏连生。办公地点：北京市朝阳区惠新东街6号。协会的主要职能是：动员和协调社会力量进行调查研究，提供经济信息，开展经济技术咨询，组织经贸洽谈，人才培训，组织经验交流，推动乡镇企业横向经济联合，改善经营管理，为京郊乡镇企业的发展服务。2000年主要工作：①贴近会员、深入企业了解会员单位在改革中遇到的难题和困难，反映会员单位的合理要求，并以书面形式反映给政府有关部门。②配合市局中心工作，共同办好《北京乡镇企业》杂志，及时向会员单位传递市委、市政府有关乡镇企业的政策方针、向会员单位传递市局的工作重点和部署，及时报导了会员单位的工作业绩，表扬了先进、推广了经验、扩大了影响。③充分发挥宣传媒体的喉舌作用。协会与《中国乡镇企业报》共同推出中国乡镇企业新闻人物：朝阳区金盏乡的付秀平，创办高效农业生态园，以粮食促养殖、以畜肥促园艺、促水产，发展第三产业，开辟绿色生态旅游，其成功做法具有很强的新闻性。付秀平也成为北京乡镇企业首次获得“中国乡镇企业新闻人物”的第一人。此外，协会与《中国乡镇企业报》共同编辑了三版摄影版、二版星期五新闻周刊，以图片新闻的方式，宣传介绍了京郊乡镇企业二次创业的业绩。

四、主要工作

1. *加强领导班子建设*。局领导班子在“三讲”教育后，努力落实整改措施，巩固“三讲”教育成果，坚持党的民主集中制原则，着重落实四个方面的工作：一是加强理论学习。完善中心组学习制度，落实学习计划，强调个人学习和集体自学相结合，要求每位领导都要有学习笔记，要理论联系实际地去指导工作。二是贯彻党的民主集中制的原则。在“三讲”教育基础上，党组集中落实党的民主集中制原则，主要体现在大事、重要事项，坚持集体讨论决策，日常工作分工负责。健全和完善了局党组会议制度、局务会议制度，凡是涉及到全局或是重要事项的研究，都经过党组集体讨论。三是坚持党风廉政、勤政要求，进一步落实党风责任制。在“三讲”教育基础上，进一步完善和下发了党组关于党风责任制意见，在“三讲”教育“回头看”过程中，根据市委和市纪委补充要求，对党风廉政责任制下发了补充规定。在党风廉政责任制方面严格按照市委、纪委的要求，严格地落实领导干部党风责任制，贯彻执行对有关领导干部关于廉洁自律的要求。

2. *机构改革工作顺利完成*。局党组对市委、市政府关于进行政府机构改革的部署和安排采取了严肃、认真的态度，认真学习有关文件，深入调查研究，做细致地思想政治工作，提出切实可行的实施意见，妥善处理好竞争上岗和分流人员的工作，机构改革工作顺利完成。机构精简1/3，人员精简1/2，处室、人员减少，工作量增加，竞争意识增强，工作效率得到提高。

3.*开展三讲教育“回头看”活动*。在局级领导干部和处级干部中开展三讲教育“回头看”活动，进一步加强机关队伍建设 。在局领导干部“回头看”过程中，自查“三讲”整改措施落实情况，进一步听取群众意见，制定新的整改措施的补充意见。对处级干部的三讲教育“回头看”活动，局一把手负总责，各分管领导分工负责。通过学习、自我剖析、听取群众意见、进行评议以及制定整改措施意见等主要环节，使处级干部经过这次活动，在思想上受到教育，工作上得到促进。

4.*落实市委6号文件推进乡镇企业二次创业*。2000年，乡镇企业二次创业工作，在力度上有了很大加强，取得明显效果，推动全市乡镇企业进一步发展。在1998年、1999年持续两年高速度增长的基础上，2000年又实现了较高的增长。乡镇企业实现总收入959.1亿元，同比增长17.1%；实现利润总额63.4亿元，同比增长22.1%；实现增加值209.9亿元，同比增长18.4%；完成出口产品交货值52亿元，同比增长14.6%。在整个“九五”期间，平均增长速度为13%，后3年的增长速度均超过15%。

“三项工程”建设取得较大进展。“三项工程”是以乡镇工业小区、村级大院和二三产业专业村为载体，创造良好的内外部环境，吸引外来或当地农民的资本、项目入区、入院，并依靠当地优势发展农民家庭二、三产业。2000年，经区县批准的乡镇工业小区113个，已启动开发的102个，入区企业1 848家；经乡镇以上政府批准的工业大院217个，已启动开发的262个，入院企业2 643家；达到市级标准的二、三产业专业村429个。农民人均收入其中超过1万元的有54个。在“三项工程”建设当中，涌现了一批典型，总结了一些经验，对工程推进起到了很大作用。

招商引资成果显著。2000年，各区县以乡镇企业二次创业为契机，采取多渠道、多形式进行大范围、高起点的招商引资活动。重组引进、招商引资方面，取得显著成绩。重组引进的项目已经成为京郊乡镇企业的主要经济增长点。

总结推出了一批典型，推动了全面工作。2000年，在不同阶段，根据中心工作的需要，分别总结了一批典型，在全市的4次重要会议上进行了推广，对乡镇企业的二次创业工作起到了有力的推动作用。

制定政策，扶持乡镇企业发展。在实施乡镇企业二次创业过程中，乡镇企业局协同市农委、市财政局等有关部门研究并制定了扶持乡镇企业的有关政策。根据政策规定，2000年，市里共拿出3 000多万元对“三项工程”建设和重组引进的大项目进行了扶持奖励。

绿化隔离地区企业搬迁开始启动。年初根据全市绿化隔离带建设的要求，成立了绿化隔离带小组，指挥部设立四个组，其中市乡镇企业局是经济发展的牵头部门。在经济发展组中，乡镇企业局做了大量深入细致的调研、分析工作，并向有关部门提出建议，对全市绿化隔离地区建设做出了大量的工作。

5.*直属企事业工作取得新的进展*。第一，局直属企业单位在经济工作上取得了新发展，经济指标完成情况较好，增长幅度20%左右。第二，重大项目取得进展。主要是三个房地产项目，进展顺利，对局直属企业的经济工作创造了好开端。第三，直属单位的改革取得新突破。首先加强了对三级公司的管理，堵塞漏洞，使三级公司能保持健康的发展。另外，积极探索二级公司的改革，率先在先河公司进行公司制改造试点，其他公司目前也在探索一些新的改革形式，进行改革的尝试。乡镇企业总公司已和各企业明晰了产权关系。

五、北京郊区对外经济贸易促进会

2000年，北京郊区对外经济贸易促进会主要开展的主要工作是：

通过网络对京郊创汇农业进行了初步调查；积极落实会员单位申办进出口经营权的工作，共有4家企业被推荐批准了自营进出口经营权；组织企业在国际展览中心举办SIAT CHINA2000国际食品和饲料展览会；组织会员单位到国外考察和洽谈经济技术合作项目。其中国外组织了赴欧洲、美国、澳洲考察共4批，30多人参加；组织国内参观、培训和交流。共有近10批200余人参加。法人代表：王作升。

市乡镇企业局党政领导班子成员

党组书记　夏连生
成　　员　雷占泉　汪进军
局　　长　夏连生
副 局 长　雷占泉　汪进军　陈志锋

（吴晓平　李建军）

北京市农业学校

一、概　　况

北京市农业学校创建于1958年，属市委农工委领导，是市教委首批确认的中等职业教育示范校，并于1980年、1994年、2000年先后三次被教育部确认为国家级重点中专学校。

作为首都惟一的一所综合性中等农业学校，学校始终坚持“服务首都，富裕农民”的办学宗旨，为京郊农业现代化培养合格人才；同时还充分发挥自身的科技人才优势，积极投身于科教兴农第一线。学校12万套和2万套规模的父母代和祖代种鸡场，年产值超过1 700万元，花木中心、畜禽服务中心等部门，在满足学校教学需要的同时，为社会提供花卉、园林苗木、食用菌种等大量产品，学校的专业教师常年活跃在郊区，承担“科教兴村”和“科教兴镇”任务，为京郊农业和农村经济发展做出贡献。

近3年来，学校先后接待了来自联合国粮农组织、世行官员以及美国、德国、日本、法国、泰国、埃塞俄比亚等国学者和官员考察访问百余人次，学校也派出25人次（其中学生10名）赴美国、法国、以色列、德国、日本、韩国、泰国和新加坡等国考察学习，并且与法国彭基维农业学校、日本东京都农业学校和韩国农协大学确立了友好学校关系。

在各项改革工作中，学校始终走在前列。先后被市主管部门评为科普工作先进单位、精神文明建设标兵单位；以创建能力体系为核心的教学改革成果被市教委评为教学改革一等奖。

同时，北京市农业广播电视学校、北京市农业职工中专学校、北京市农村实用技术培训中心和北京农业职业教育研究所等单位也都设在农校。充分利用这些办学资源，按照“一体两翼”的发展战略，在“十五”计划期内，努力把学校建设成为与国际接轨、能代表本市职教水平的现代化标志性学校。

二、机构设置

学校占地72.47公顷，其中校园面积13.33公顷；学校两次使用世界银行贷款，建有32个装配有现代化仪器设备的实验室；图书馆藏书15万余册，订有近600种中外报刊，拥有电子阅览设备；校园建筑面积近10万平方米，教学和生活基础设施齐全，环境优美。此外，结合专业学校建设了拥有58公顷地的实验农场，包括菜园、苗圃、花卉生产基地、渔池、综合畜牧场、饲料厂、13万套规模的父母和祖代种鸡场，既可满足学校师生的教学科研需要，又能为社会提供种苗、种子、花卉、园林苗木、果品、种蛋、种雏等多种产品。

学校设置以下单位：学校办公室、计划财务科、产业办、培训中心、成教办公室、后勤服务中心、保卫科、学生科、团委、党委办公室、工会、政教室、教育督导室、教务科、基础科、体育教研室、种植专业科、牧医专业科、工程专业科、经济管理专业科、种鸡场等共20多个科室场。

学校在教学和管理中，注重学生综合素质的培养。为了丰富学生的业余文化生活，学校成立了学生会、红十字会、文学社、合唱队、管乐队、电视台等学生社团组织和业余爱好小组。在老师的指导下，这些团体经常组织学生开展各种文体活动。学校是体育传统项目学校，田径队在全市中专田径运动会上团体总分一直保持在前六名，并且创造过连续三次蝉联第一名的好成绩。在学生管理中始终贯彻自我服务、自我管理、自我教育的原则，全校以班级为单位，实行轮流值周制度，负责校园卫生、宿舍管理、食堂秩序、洗衣房等学生服务部门的工作。此外学校从1990年开始设立了劳动课，在各个专业开设，并且做到有计划、有考核、有成绩，不合格则不能毕业。这些措施使学生确立了热爱劳动、尊重劳动的观点，并成为良好思想道德形成的基础。

2000年，学校在校生总数为3 200人，毕业生850人，招生1 279名，短期培训3 500人。开设种植、养殖、工程、经管、涉农服务5大类21个专业、26个专门化班。教职工350人，其中专任教师138人，研究生学历13人，本科123人，专科2人，高级职称52人，中级职称78人。建筑面积9 600平方米，固定资产8 600万元，全年教育经费2 361.9万元，其中政府拨款1 751.9万元，自筹资金610万元。

三、专业划分

针对当前毕业生就业难的问题，学校一方面积极调整专业，加快教学改革，以保证人才质量；另一方面在全校开设了创业教育课和职业指导课，培养学生的创业意识，教给学生求职择业的知识和技巧，同时努力做到把学生就业工作贯穿在管理、教育、培养等每个环节之中，成为每个部门、每个教职员工的共同职责。用人单位普遍反映毕业生肯吃苦、责任心强、专业知识和技能扎实熟练。

目前学校设置有现代农艺、园林花卉、蔬菜、农产品贮藏与加工、畜牧兽医、水利工程、工业与民用建筑、村镇建设、计算机及应用、家用电器、会计电算化、市场营销、保险、饭店服务与管理、农村经济管理等5大类23个专业，28个专门化班，在校生总数已达到4 800人（校本部住校3 200人）。其中特色专业情况如下。

畜牧兽医专业 是本校的骨干专业。现有在校学生571人（共15班）；专任教师20人，其中高级讲师9人；有动物诊断和检疫专业教室和微生物与传染病、家畜解剖、兽医基础、动物营养等4个实验室；有13万套规模的种鸡场、孵化厂、饲料厂和综合畜牧场4个校内实习基地。

为了给京郊农村培养应用型的畜牧生产单位满意的人才，畜牧兽医专业于1995年组织教师进市畜牧局、深入畜牧场、下乡村、访区县，进行调查，并将本行业的专家、生产第一线的领导、技术员、技术工人请进来，对职业岗位群、职业岗位能力要求，人才培养目标和规格等进行调查和分析。调查分析的内容是：经济发展的目标和预测、中专毕业生的需求数量、职业分析、职业岗位综合能力和专项能力和确定培养目标。这一过程经历了一年多的时间，确定了以能力教学体系教学改革为突破建设专业，即建立以培养学生应职岗位综合能力为总目标，需要为准，够用为度，融知识、素质、技能、能力为一体，采用模块式教学，强调以学生为主体，以教师为主导，有完整的学习内容、学习活动和考核标准，配合形式多样的教学方法和手段的一种教学模式。在调查分析的基础上，依据职业岗位综合能力进行课程的开发，专业课以专项能力学习单位形成模块。在制定教学计划中遵循了两个原则；一是重视基础教学，注重学生基本文化和社会人才素质的培养；二是加强专业教学，强化综合能力培养。建立宽基础，多能力，强技能的能力教育体系，融思想品德教育、行为训练、知识传授、技能掌握、能力培养为一体，采用活模块的教育模式，形成教学计划和教学方案。制定了 19 个教学模块，72 个教学单元。每个模块、单元都有明确的教学目标。在教学计划确定后，制定了模块大纲，逐项规定技能、素质要求，将专项技能与适用技能有机结合，使培养的学生能更好地适应社会需要，有利于学生毕业后的求职和转轨。这种全新的教学模式，打破了原有的“老三段”教学。在课程建设上，引入大量新技术、新信息，每个专业模块由教师编写了信息资料单、作业单、技能单和评估单等活页夹式的教学资料。在教学计划中安排了学生半年的顶岗实习，通过半年的实习学生的综合技能明显提高。

畜牧兽医专业在专业建设上取得了阶段性成果：有效地调动了学生学习的积极性，学生在学习过程中，由“要我学”、转变为“我要学”、“我要做”；学生按职业规范要求自己，责任心明显加强，专业技能更加熟练、发现问题、解决问题的能力明显提高，培养了学生的职业素质。专业课教师全部担任了京郊各养殖场的技术场长或顾问。促进了实验实习基地的建设，专业的实验室设备已达到京郊畜牧生产单位的先进水平；校内的 13 万套的种鸡场、孵化厂、饲料厂、综合畜牧场等四个实习基地的设备、经营和管理迈入京郊的先进行列。已成为具有特色的专业。

畜牧兽医专业的毕业生专业技术、责任心强、肯吃苦，已成为京郊畜牧单位的“抢手货”，每年的毕业生供不应求，连续五年出现社会需求数是毕业生数的 2～3 倍，大多数毕业生受到了用人单位的好评。

园艺专业 是本校的骨干专业，下设立 6 个专门化班。在校学生 625 人（共 16 个班）；专任教师 28 人，其中高级讲师 12 人；现有园艺、生物技术两个专业教室，植物及植物生理、植物保护、园林制图等 8 个实验室和树木学、植物、植保 3 个标本室。校内实训基地 20 公顷，其中果树 4 公顷、花卉 6.67 公顷，园林苗木 4.67 公顷，菜园 1.33 公顷，玉米试验田 3.33 公顷，另外有日光温室 20 栋，大棚 2 栋。

为了适应市场对农业中等人才的需求，园艺专业进行广泛的社会调查。在调查的基础上，首先明确了培养目标，由原来以培养京郊农村基层技术人员和干部，改变成培养农村经济发展和农业产业结构调整需要的实用型和技术型的生产者和经营者。教育教学着重培养学生素质和能力，强调实用性、针对性和可操作性。在充分调查的基础上，确定应职岗位综合能力和所属的专项能力，以及每项能力的目标、行为、结果、条件和标准。专业依照应职岗位的能力进行了课程开发，改造和建设专业。首先确定了专业覆盖面要宽，包括了蔬菜、果树、花卉、园林和农产品贮藏与加工，以加强了市场需求的适应性；北京市是“大城市、小农村”，人才的需求特点是“多门类、大批量”，在园艺专业下设置了专门化班。在课程的开发上以“集群式模块教学”为主，进行改革。制定课程方案时遵循两个原则，一个强调。两个原则：一是重视基础教学，注重学生基本文化和社会人文素质的培养；二是加强专业教学，强化综合能力的培养，建立宽基础、多能力、强技能的能力教育教学体系。一个强调：强调课程中新技术的含量。从而制定了“三加一”模式的教学计划，前三年完成文化课及主要专业课的知识、理论和单项操作技能的教学，最后一年安排全生长季实习，进行各种实训模块的训练和考核，专业课中理论和实践的比例为 1:1，实践技能强的专业课，理论与实践的比例达到了 2:3。为了提高专业课的技术含量，专业课删去了陈旧的知识和理论，加入农业生产中高科技的技能。如蔬菜栽培中加入了无土栽培、果树栽培中加入高品质、新品种的栽培技术等。此外还开设了组织培养、盆景与插花、食用菌、园林规划与设计等新课。园艺专业特色还反映在实验室、专业教室和实习基地的建设上。目前，专业教室和实验室已达到了较先进的水平，如生物技术实验室；校内实习基地的建设逐渐做到具有示范性、先进性，教学实习全部可在校内实习基地完成。此外，建立了迎春雨公司、三利果树所、爱地公司、青龙湖、中日友好观光果园、国家林业局基地、北京市嘉荣食品有限公司、北京鲲鹏食品有限公司等科技含量高的校外实训基地。

园艺专业有一批水平较高的教师，具有一定的学术水平，又有丰富的实践经验。这些教师常年为京郊进行技术咨询服务，了解农业生产和农业高科技发展的情况。园艺专业还聘请了锦绣大地、北京绿色天河农业有限公司等单位的领导、专家担任学校兼职教师，聘请了一位日本专家为客座教师，加强了教学力量。

园艺专业面向京郊农村经济的发展和产业结构的调整对毕业生的需求，进行教育教学的改革，毕业生实践能力强，又掌握了一些科技含量高的新技术，受到了用人单位的欢迎，改变了种植类专业毕业生无人要的状况。1999 年园艺专业毕业生的就业率达到了 98%以上，很多单位，尤其是高科技含量农业生产单位主动上门要毕业生。

工程专业 下设 5 个子专业（工业与民用建筑、村镇建设、水利、计算机应用、家电）。在校学生共 560 人（14 个班）。专业教学力量雄厚，专任教师 25 人，其中高级讲师 9 名，高级工程师 1 名。先后有 6 名教师赴日本、韩国、泰国、新加坡等国家考察、进修学习。现有一个专业教室和土力学、建材、测量、制图、计算机、电工、小家电、彩电和办公自动化、空调及制冷等 15 个实验室，测量、计算机等实验室达到北京市同等学校的领先水平。

为适用建筑施工企业对从事施工操作和建筑质量

控制及材料检验、编制概预算、资料整理等基层管理工作人员的需要，专业重视基础教学，注意学生基本文化素质的培养，加强专业四大模块教学改革（建筑施工模块、房屋建筑学模块、建筑力学模块、工程招投标模块），强化学生综合能力培养，在教学计划中安排学生对施工工程全过程的工种实习，使同学们对工程项目施工的全过程有一个全面的感性认识，为学生的就业奠定基础。在教育教学中，着重培养学生素质和能力，在课程方案制定中遵循两个原则，一个强调。两个原则：一是重视基础教学，注重学生基本文化和社会人素质的培养，二是加强专业教学，强化综合能力地培养，建立宽基础、多能力、强技能的教育教学体系。一个强调：强调课程中新技术的含量。利用世界银行贷款资金建立和完善了建材、测量实验室。

根据社会发展的需求，计算机应用的不断普及，以及对具有计算机基础理论知识，熟悉掌握计算机各种应用操作的人员需求，尤其是农业系统对计算机人材迫切需要，经市教委批准于1994年创建计算机专业。该专业共有教师7名，实验员4名，其中高级讲师2名，计算机专业本科学历教师5人。这些教师不仅担任专业教学任务，同时担负全校计算机的应用及管理和网络建设任务，具有较强的实践能力。有7个实验室，共计240台计算机，建有教学电路、微机原理、计算机维修与组装等实验室。1996年开始建设校园网，目前已有初步形成共有三条光缆连接办公楼、实验楼、教学楼、图书馆的校园网。基本满足了学校网上信息交流的需求。同时建有一个22台计算机的电子阅览室，满足学生看电子图书和查阅各种电子杂志，并可上英特网进行网上交流。

专业毕业生实际能力强、责任心强、已成为北京建筑、水利、计算机、家电行业用人单位“抢手货”。专业师生还积极为京郊农业生产服务，取得较好的社会效益。

经济管理专业 是1985年成立，原称农经专业，后根据经济形势发展需要，于1996年起改为经济管理专业。由最初只招收了农村经济管理专门化班，后来陆续招收了乡镇企业管理、财务会计、会计与审计、会计电算化、农村金融、外经外贸、市场营销、物业管理、保险等专门化班。十几年来已为北京郊区县和其他地区培养输送了近两千名毕业生，为北京农村及有关地区经济的发展做出了巨大的贡献。

随着经济发展和国家对中专教育改革的要求，本专业也在不断改革招生对象、培养目标和课程设置，进行模块教学试点和集群式教学试点，取得很好的成绩。

专业现有高中助级教师多名，能承担经济类各门课程；建有会计模拟室，可供会计模拟和会计电算化教学使用，设备先进，在北京市中专学校中属于一流的设备。另外建有样品间，可供营销专业学生学习商品知识。

除以上特色专业外，学校内为教学和管理做出贡献的单位还有：

北京市农村实用技术培训中心 由市农办、市计委、农业部三家联合投资兴建，位于学校院内，由农校负责管理，与农校共用一切教育、教学资源。

培训中心作为农业教育培训基地，培训设备、设施齐全。现有4 000多平米的培训楼，各类客房共200个床位，其中标准客房150个床位；大、中、小各类会议室；有多媒体教室及250台计算机的教学机房等先进的电教制作条件和设备；有800平米的培训用餐厅，可共200人同时就餐；还有其他娱乐、服务设施，环境幽雅，经济卫生。培训中心自1998年6月开始运行以来，成功地完成全国和北京市农业、教育、妇女系统的各类培训4 000多人次，发放证书1 000多人次。受到主办、协办以及培训者的好评。

北京市农业学校种鸡场 始建于1981年，从最初的2 000只商品蛋鸡，发展到目前拥有四个分场：饲养规模2万套的祖代蛋种鸡场、10万套的父母代蛋种鸡场、年供商品代母雏500万套、父母代母雏100万套的孵化厂、年生产能力7 000吨饲料厂，以及配套齐全的后勤服务系统和综合实验诊断室。占地9.33公顷，房舍建筑面积2.3万平方米，固定资产原值1 529万元，年产值1 700多万元。现有职工150人，其中具有中专以上学历40人，占职工人数的26.7%。种鸡场坚持以经济效益为中心，教育效益和社会效益并重的原则，坚持产教结合、以产促教、服务社会经济发展的明确宗旨和正确方向，充分发挥了学校的科技人才优势。从建场到2000年，累计实现利润1 829万元，其中1995—2000年，6年累计实现利润1 221万元，平均年利润203.5万元。共上交学校603万元，用于改善教学环境及教师待遇，充分发挥了校办产业的作用，取得了较好的社会效益和经济效益。

该场有完整配套的产品质量保证体系，产品质量稳定、可靠。种禽生产符合种禽生产规范及品种质量要求。有北京市种禽经营许可证、动物卫生检疫合格证，饲料产品符合国家行业标准。有建全的售后服务制度，售后服务人员12人，外聘专家4人，以及学校牧医专业高讲、讲师20余人及先进的化验仪器设备作为强大的技术后盾，从育雏、育成、成鸡各阶段的消毒防疫、饲养管理、疾病防治、饲料营养以及孵化技术等全方位配套服务，产品销到哪里，服务跟到哪里，课堂开到哪里。业务覆盖国内十多个省市地区，带动了广大农民养殖致富。发挥了校办企业的科技示范作用，社会效益突出。该场同时作为教学实训基地，接纳牧医专业学生的教学实习及生产实习，全方位对专业教师开放，专业教师可随时指导生产和进行科研。在教学、生产、科研相结合，以及技术推广、服务社会及反馈信息的同时，对深化教育改革，推动专业改造和课程更新，提高教师实践水平，培养实用型人才，发挥了重要作用。

四、学校活动

1. 积极争取世界银行贷款。在市教委的推荐下，自1998年6月开始，本校与另外10所国家级、市级中专校共同争取世界银行“第二个职业教育发展项目”贷款。在市教委、市财政局、市计委的大力支持和帮助下，经一年积极努力，于1999年6月世界银行贷款正式批准生效。本校获得贷款额度50万美元，同时得到等额的国内配套资金，两项总计折合人民币约830万元。根据世界银行对贷款的使用要求，本校拟用此项贷款装备农产品贮藏与加工专业、村镇建设专业。充实更新两个专业的教学实验实习设备，使两个专业的仪器设备达到国内先进水平，提高实践教学手段，进而带动全校实践教学水平的提高。其中重点建设项目为：分析检测中心、农产品加工实习车间、测绘实验室、建材实验室。

经广泛调研和论证，共计划购置仪器设备63个品目、121台套，总计划40.4万美元。目前招标、投标工作已经完成，与中标商家的谈判及合同的草签工作也已经结束，待世界银行最后审定批复。合同正式签订后，仪器设备即可陆续到货。在贷款工作正式启动的同时，根据计划安排，学校用世界银行贷款先后分三批派出四名教师赴新加坡南洋理工学院培训，学习项目管理、计算机、机电一体化等课程。这些教师通过进修提高了自己的水平，开阔了眼界，学到了先进国家教学与管理的经验，推动了我校专业建设与发展。

2. 开展职业技能鉴定，推行“双证制”。1998年初经劳动部、农业部批准，学校建立了农业行业特有工种职业技能站，负责对全社会农业行业的劳动者和农业职业学校的毕（结）业生进行职业技能水平和任职业进行考核鉴定；同时，在部分学生中进行试点，推行“双证制”。即：应届毕业生至少要取得一个职业（工种）的职业资格证书。到2000年底，共有896人获得技能鉴定证书，均为中级工。其中包括果树工、育苗工、蔬菜工、植保工、绿化工、花卉工、农艺工、食用菌工、饲料检验化验员、兽医防治员、市场检验检疫员、家畜饲养工、家禽饲养、家禽繁殖工、乳品检验工等25个工种初、中、高各技术等级。

3. 积极为京郊培养农业推广人才。为配合北京市农业推广体系建设，在市农办、市教委的支持下，学校开办了农业推广体系“三定班”，根据需要设置5个专业，采用了全新的教学模式、精选适用的内容、运用现代教学方法与手段，取得良好的教学效果。稳定了农业推广队伍，完善了农业推广体系，促进了科技成果转化，为北京现代化农业发展提供了适用人才。1997年开始招生，到目前为止，共招生901人，2000年已有156人走上农业推广工作岗位。

4. 参与区域经济发展。2000年6月2日，市农业学校与长阳镇政府的主要领导召开区域经济发展研讨会，决定在今后的工作中发挥各自优势，在农业科技开发和成果转化、村镇规划、信息技术服务和人才培养等方面全面合作。6月30日，举行“科教兴镇”协议签订仪式。房山区政府领导参加，种植专业主任赵晨霞被区委组织部任命为长阳镇科技副镇长，教师李长军和李志强分别被镇党委任命为汤庄子和水碾屯村科技副社长。半年来组织教师和学生20多次，为杨庄子村20多个养殖专业户提供了技术服务，使该村的鹧鸪和肉兔养殖收到了良好的经济效益；为水碾屯村起草了“建立园林苗圃的可行性报告”，并指导播种草坪4公顷，建立园林苗圃13.33公顷，使全村种植结构调整稳步进行。

5. 开展学分制试点。2000年市农校在继续做好“创建能力教育体系”改革和“宽基础、活模块”教学改革工作的同时，经过充分的考察论证，在市教委的领导支持下制定出学分制改革文件，作为北京市教委的试点学校，在北京市中专学校中率先启动了学分制改革工作，2000年9月开始在8个新生班实施学分制。这标志着市农业学校教学改革将向新的更高层次进行。

6. 对口支援通辽市农牧学校工作。根据京蒙两地政府签订的百所学校对口支援协议，市农校与通辽市农牧学校建立对口支援学校。7月，本校王福海副校长等受学校委托赶到通辽，商洽与受援学校签订了交流协议。按照协议，9月份农校向该校汇款8 000元，资助该校特困生30名，10月16日接待了农牧学校5人来访，11月3日为农牧学校送去了价值3万元的实验仪器，帮助其组建了显微镜和畜牧兽医实验室各1个。

7. 北京市农业广播电视学校划转接收工作。2000年初，市政府有关部门决定，将市农业广播电视学校由市教委划归市农委主管，市农委责成市农校整建制接收该校，与其合署办公。学校积极做好接收准备工作，认真做好业务和档案材料的交接和所有工作人员的安置工作。整个过程头绪清楚，有条不紊，于4月底前顺利完成。交接后学校积极沟通农广校系统上下联系，在最短的时间内与区县工作站和中央农业广播电视学校取得了联系。为了研究农广校的发展问题，学校还在10月20日举行了有市教委、市农委、中央农广校、民盟北京市委和14个区县工作站参加的农村发展问题研讨会，农广校的各项工作已顺利展开。

8. 开通农村实用技术专家咨询热线。为了贯彻党中央的科教兴农战略，更好地服务“三农”，市农校于2000年10月6日正式开通了“农村实用技术专家咨询热线”，免费为农民提供种养业技术和信息服务。热线开通后，社会反响很大，2个月共接到咨询热线609个，咨询内容涉及果树、蔬菜、食用菌、绿化苗木、大田作物、药材、花卉、草坪、农产品、农用物资的购销信息、猪、牛、羊、鸡、鸭、鹅、蝎子、蜗牛、獭兔、水蛭、鹧鸪、蝈蝈等。专家们对每一咨询电话都悉心的倾听，耐心的解答，得到效区农民的一致好评。

9. 与平谷畜牧局联合组建北京绿都羊业发展有限公司。市农业学校以技术人股的形式与平谷县畜牧局联合组建了“北京绿都羊业有限公司”，帮助平谷县调整养殖结构，发展舍饲养羊业。12月12日，平谷县“羊品种改良及舍饲工程”大会召开，“北京绿都羊业发展有限公司”正式挂牌成立，此为学校首次被一个区县作为技术依托，发展某一产业。

10. 教科研工作全面启动。学校营造学术氛围，制定教科研工作奖励办法。2000年承担完成教育部、农业部、市教科院和职教所等部门的14项课题、7项校级课题的研究工作；在校外发表论文38篇，其中省级以上刊物6篇；15名教师参与主编教材4本，参编教材17本；3名教师参与了2个校内办公管理系统的开发工作，8人制作完成课件12个，其中2个在市级课件评比中获奖。2000年学校还第二次参加了北京市农业推广项目的招标，有2个项目中标，此外还有12人获得了教育部国家规划教材的主编、主审及参编资格。

11. 加强师资队伍建设。2000年，学校先后派出17名教师，分赴法国、德国、以色列、日本、新加坡、韩国考察学习；接收毕业生分配来校和公开招聘教师20多名，其中研究生7名，双学士1名，批准13名在职教师参加了研究生学历进修；先后举办现代教育技术应用和青年教师教育理论培训班，提高了教师现代化教学手段应用和年轻教师教育理论的水平；确定了第三批学科带头人，坚持鼓励教师参与科教兴农及其他实践活动。

12. 第四轮聘任改革。2000年下半年，学校进行了第四轮聘任工作。经过聘任，学校在岗人数比改革前减少了18人；有12人有聘任中工作岗位发生了变动；新任命中层干部（含助理）12人；库房、校舍内商店、政教、经管专业资料室等机构和职能被划转，实现了归口管理、建立监督制约机制、进一步理顺职能的目的。本次改革在工资历方案中继续坚持向专任教师倾斜15%，加大了中层以上管理人员的增资幅度，同时取消了行政干部与职称级别挂钩的政策，在教师工资中则进一步加大了质量工资的比例。

市农校党政领导班子成员

党委书记　王振如
副书记　张金柱
校长　王振如
常务副校长　王树燕（女）
副校长　张天兴　王福海

（黄彦芳　姚　睿）

北京市郊区经济工作先进集体、先进个人

京郊发展“六种农业”先进区县

第一名　顺义区
第二名　房山区
第三名　平谷县
第四名　通州区、大兴县
第五名　怀柔县

京郊发展二、三产业先进区县

通州区　顺义区　大兴县　房山区

北京市山区三年水利富民综合开发优秀、先进区县

优秀区县　平谷县　房山区
先进区县　昌平区　怀柔县　密云县　门头沟区　延庆县

（注：以上先进区县情况介绍见“区县经济社会发展”栏目）

京郊农业经济结构调整先进乡镇

【门头沟区永定镇】 永定镇2000年第一产业加快了由粮菜向林果、畜牧过渡转化过程，粮食产量减少50万千克，果树面积增加了25.33公顷。养殖业成为该镇第一产业中的主导产业，全镇农户共计5 947户，其中从事养殖业户数798户，占从事大农业生产户的52.6%，养殖业收入1 454万元，占第一产业60.5%。2000年在已有10个养殖小区的基础上，又有7个养殖小区通过验收，总投资368万元，占地面积3.2公顷，出栏羊3 500只，存栏500只，预计2001年收入400万元。

【大兴县庞各庄镇】 大兴县庞各庄镇是有名的瓜果之乡。在农业结构调整工作中该镇以瓜果为农业主导产业，树立品牌意识，积极发展精品瓜果。“京庞”牌西瓜、“金把黄”鸭梨已成为京郊农产品的知名品牌。全镇有耕地0.493万公顷，其中西甜瓜面积0.167万公顷；另有0.24万公顷果园。2000年，西瓜总产量7 470万千克，收入6 936万元；果品产量3 470万千克，收入3 654万元，两项合计收入10 590万元，占大农业收入25 700万元的41.2%。该镇80%以上农户从事瓜果业，瓜果生产成为该镇农民收入的重要来源。在农业结构调整中，该镇注重改变传统种植方式，发展精品农业，西瓜生产已发展中棚0.067万公顷，大棚温室466.67公顷；高接换优改造老果树240公顷，计划在3年内还将完成0.067万公顷老果树换优改造工程。

【丰台区王佐乡】 丰台区王佐乡，地处北京西南部，东临永定河，西部与房山隔青龙湖相望，南面跨良乡飞机场和良乡卫星城连接，中心部位距天安门广场仅仅25千米，乡域总面积61.33平方千米，共有18个大队，总人口35 000人。

他们在经济结构调整时，充分利用本乡丘陵地域广阔的特点，大力调整农业结构，发展区域经济，取得了显著成绩。一是种植结构得到优化，粮经比例得到进一步调整。2000年全乡减少粮田面积260公顷，用于扩大经济作物种植，其中蔬菜20公顷，果树13.33公顷，花卉、草坪共126.67公顷，饲料、饲草100公顷。全乡粮经比例由原来的70:30调整为现在的55:45。其中南宫村成为全乡第一个无粮村，南宫村还被列为“全国科教兴村计划试点单位”。二是建立并完善养殖小区6个，入区农户已达250户，户纯收入达3 000元。其中“怪村奶牛养殖小区”、“丽源养鸡小区”已通过区级验收。三是积极扶持龙头大户发展，组建种植、养殖经济合作组织（协会）5家，二者在组织农户、服务农户、带动农户方面发挥了重要作用。四是建成高科技、高质量、高效益一南宫农业生态园。该园占地面积100余公顷，总投资9 000余万元，以“公司+科技+农户”的形式组织经营，提高了农业产业化水平。五是探索出农业种植和畜牧养殖有机结合的新路子——组建王佐乡青贮饲料生产、加工、服务中心，带动419家种植、养殖户共同致富。

【平谷县刘家店乡】 刘家店乡是平谷县西北部一个半山区乡，全乡共有14个行政村，3 129户，9 539口人，总面积3 620公顷，其中山场面积1 533.33公顷，耕地面积924.87公顷，果园面积1 333.33公顷，

从事果品生产的农户2 980户。多年来，该乡党委、政府认真贯彻党在农村的各项方针政策，以富裕农民为出发点，大力实施精品带动战略，不断促进以大桃、蟠桃为主的果品主导产业的发展，取得了显著成效。目前，全乡大桃、蟠桃种植面积占果品生产总面积的80%以上，其中蟠桃面积达到333.33公顷，成为该乡的主要特色。该品种以果型奇特、甜度高而闻名，并且在中秋节和国庆节期间上市，深受消费者欢迎，远销到广东、浙江、香港、澳门、俄罗斯、蒙古等国家和地区。为提高果品质量，该乡十分注重科技投入，实施了科技富民工程，以千亩精品蟠桃园和大桃示范基地建设为基础，带动全乡果品质量的提高。果实套袋技术、大桃营养平衡施肥技术、疏蕾技术、人工授粉技术等一大批先进生产管理技术得到广泛推广应用，其中果实套袋推广达到600万个。

2000年，全乡果品总产2 197万千克，果品总收入达到4 200万元，占农业总收入的74%，人均劳动所得4 600元，比上年的4 000元增长15%。

【延庆县张山营镇】 位于延怀盆地的北部，北靠海坨山，南临官厅水库。全镇总面积248平方千米，有行政村32个，人口24 000人。2000年末耕地面积达0.353万公顷。玉米种植面积0.225万公顷，蔬菜种植面积0.093万公顷，果树面积0.134万公顷。全年实现农村经济总收入5.3亿元，农民人均纯收入4 739元，分别比上年增长23.3%、18.5%。

2000年农业产业结构调整取得的主要成绩是：一是新发展优质葡萄基地400公顷，使葡萄基地总面积超过0.067万公顷。二是新发展蔬菜基地220公顷。三是共有养殖专业户1 867户（其中特养902户），占全镇农户的24%，养殖小区11个，专业村5个。四是西大庄科村、前庙村、黄柏寺村发展成为旅游观光村，镇财政果园成为高效葡萄观光园。五是建立了各种服务组织8个，高效园2个。六是组织了16次、近2 000人次参观怀来县葡萄基地建设。举办了10次、参加人数达1 500人次的种养殖培训班。七是投资240万元为农业产业结构调整建设配套水利设施。建微喷葡萄园18.67公顷。打机井9眼，配水泵31处，修建地下小管道、小水渠628处。铺设U型槽、小渠76处，建小水窖2处。

【怀柔县渤海镇】 渤海镇位于怀柔水库上游，慕田峪长城脚下。全镇5 551户，1.6万人，总面积152平方千米，耕地面积593公顷，林地面积110.7平方千米，占总面积的72.5%，是以林果生产为主的山区乡镇。

渤海镇处于优质燕山板栗生产的黄金地段，土壤、气候十分适宜板栗生长，果实色、形、味具佳，享誉国内外，为县出口创汇的拳头产品。全镇板栗产量占全县总产的1/3。2000年，全镇人均劳动所得4 600元，其中板栗收入占49%。全镇板栗收入占农业总收入的75%。板栗生产成为全镇农业收入的主要来源。

为了充分发挥自然资源优势，保护生态环境，促进农业结构调整，全镇加快以板栗专业镇为主的生态、高效、创汇型精品农业建设。2000年秋共投资120万元，购买板栗苗93.5万株，投工1.5万个，新发展板栗0.072万公顷。同时，发展西洋参、苗木、花卉等经济作物31.67公顷。预计几年后，渤海镇将成为京郊著名的板栗生产专业镇。

【房山区青龙湖镇】 青龙湖镇有农户5 400户，农业人口18 947人，全镇农村经济总收入6亿元，畜牧业产值实现6 500万元，占一产总产值8 666.7万元的75%，人均纯收入达到5 150元。养殖业在农业结构调整中占据突出地位，从事养殖业农户2 887户，占全镇总户数的50.1%。其中，特禽养殖专业户达到1 035户。特禽养殖业发展迅速，发展贵妇鸡、火鸡、香鹅、丝光鸡、鸵鸟等特种养殖品种22种。建成8个规模化养殖小区，其中百亩、百户小区3个，小区总占地80公顷，投入资金2 000万元。特禽养殖收入实现5 000万元，占一产总收入的54.3%。全镇共发展专业村3个，合作组织8个，形成了养殖专业村、小区、龙头企业、家庭养殖多层次的生产格局。

【昌平区崔村镇】 崔村镇根据地域特点将农业结构调整划分为两个调整区：京密引水渠以南，万亩农田保护区重点发展六种农业；京密引水渠以北，重点发展果树生产，建成万亩优势苹果基地。该镇生产的“新风牌”红富士苹果在广州全国果品展览会上，被评为中华名果。11月在昆明举办的全国绿色食品博览会上，获得最佳畅销产品奖，深受全国各地消费者欢迎。目前，全镇发展果树666.67公顷，年生产各种果品1 000万千克，其中苹果占90%。有2 400户从事苹果的产销活动，占全镇总户数的60%；年销售收入6 094万元，占一产的50%。苹果已成为全镇的主导产业。

【顺义区大孙各庄镇】 位于顺义区东南部。全镇总面积74.3平方千米，耕地0.453万公顷，辖39个行政村，近7 800户，总人口近3万。近几年来，该镇大力调整农业经济结构，粮经比例调至1.3∶8.7。全镇有4 260户农民家庭从事瓜菜果生产，近4 000户农民家庭从事养殖业生产，种养业已成为全镇经济发展和富裕农民的主导产业。

为确保结构调整落到实处，镇党委从中国农科院植物研究所、北京农林科学院、北京农业技术推广站等处聘请十几名专家教授作为农业经济发展顾问，全面推广新品种、新技术，解决农民最关注的技术管理问题。并先后成立26个农民专业合作组织，解决生产销售中存在的问题。2000年，全镇工农业总收入9亿元，其中第一产业实现收入3.8亿元。种养业已形成瓜菜、果品、牧草、苗木、养猪、奶牛、肉鸡、肉羊八大主导产业。

【通州区张家湾镇】 张家湾镇位于通州卫星城东南，镇域面积47.41平方千米，下辖29个村民委员会，35个自然村。全镇有11 444户，28 894人。有耕地2 900.27公顷。按照尊重承包者意愿，因地制宜和面向市场的调整方针，不断加大农业结构调整的步伐和力度。2000年重点实施了京津公路7.5千米的葡萄绿色走廊工程，新建以葡萄生产为主的高效农业园区6个，并承担了国家“948”优质葡萄品种引进项目，国家林业局千亩优质高产葡萄基地建设项目和市政府实施科技示范招标项目。全年繁育推广优新品种葡萄苗木140万株。1995年成立的张家湾葡萄协会，有会员800多名，直接带动葡萄种植2 000多户，发挥了政府、农民与市场之间的桥梁和纽带作用。2000年新建1.3万平方米的葡萄果品批发市场1个，新建葡萄保鲜库3个，葡萄汁加工厂1个，初步实现了产、储、加、销的有机结合。全镇种植葡萄面积已达800公顷，年销售鲜食葡萄1 800万千克。在抓好葡萄种植的同时重点抓了养殖业的发展。全镇新建养殖小区21个，肉牛存栏2 000头，奶牛存栏800头。投资8 000万元、年屠宰10万头规模的御香苑肉类有限公司正式投产，它将成为张家湾镇畜牧业发展的龙头。葡萄种植和畜牧业已成为张家湾镇主导产业。粮经比例达到2:8，农业增加值实现6 500万元，农民人均收入为5 650元，比上年增加318元。实现了加大农业结构调整力度，实现农民增收的目标。

【海淀区东北旺乡】 东北旺乡现有耕地0.1万公顷，乡政府确立了发展绿色产业方向，通过不断调整种植结构，粮经比由原来的70:30调整到25:75，打破了传统农业效益低的局面。年产各类绿色食（产）品22 423吨，籽种810吨，冬枣、樱桃、陆王仙桃等名优水果500余吨。

为了提高农业的科技贡献率，加快新成果的推广应用，乡政府与中国农业大学签订了全面合作协议，东北旺乡无偿为农大提供6.67公顷教学与科研用地，农大的科研成果优先在东北旺转化，通过双方努力，逐步把东北旺建成现代高科技农业生产示范基地。

为减少农业结构调整中的风险，乡政府先后成立了三个示范园，即：稻田立体养殖示范区、沈家山旅游观光农业示范区、唐家岭高效农业示范区。园区亩纯收入已达821.7元，通过典型引路的方式，引导农民进行农业结构调整。通过调整已涌现出唐家岭冬枣专业村和韩家川大桃专业村。东北旺五队经过调整种草皮，劳均收入由3 000多元提高到15 000元。稻田养蟹亩纯收入增加598元。绿色产业收入占全乡总收入的47.8%，从业农户占务农农户的52.1%，人均劳动所得4 090元。

【密云县北庄乡】 北庄乡位于密云县东北部，属边远山区乡，辖11个行政村，3 000户、8 940人，耕地面积593.33公顷，人均占有耕地近0.067公顷。该乡党委、乡政府认真落实市、县农村工作会议精神，制定了加快奶牛发展的奖励政策，成立了北庄奶牛合作社，聘请高级技术人员加强对养殖户的技术培训，为农民养殖奶牛提供产前、产中、产后系列化服务，调动了广大农民发展奶牛养殖的积极性。同时与北京三元奶业公司签订了稳定的鲜奶购销合同，又在北庄村建立了京郊第一个鲜奶回收站，日收鲜奶20吨，解决了销奶难问题。年内，全乡建成养殖小区10个，其中奶牛小区5个，奶牛养殖户达600户，奶牛存栏达到1 200头，年产鲜奶5 000吨，获收入1 000万元；全乡各类养殖户达1 850户，占农户总数的60%，畜牧业总收入达2 280万元，占农业总收入的76%。畜牧业发展促进了该乡种植业结构调整，带动900户农民发展牧草及饲料玉米106.67公顷，获收入160万元。全乡农民人均劳动所得达到4 700元，比1999年的2 910元增加1 809元。

【朝阳区楼梓庄乡】 朝阳区楼梓庄乡位于朝阳区东部温榆河畔，是朝阳区种植面积最大的乡，长期从事粮食生产经营。2000年，楼梓庄乡按照市、区政府关于农业结构调整工作的要求，结合本乡实际情况，以市场为导向，以龙头企业为带动，以示范基地为依托，在种植业结构调整方面取得了突出成绩。

围绕出口创汇蔬菜和食用菌、优质果树花卉、种苗三个重点产业进行种植业结构调整。该乡乡以三个产业为主的种植面积达到514.67公顷，占全乡耕地面积的55%。2000年该乡种植业总收入达到了3 275万元，占全乡一产总收入的71.8%；全乡从事种植业的农户312个，占全乡务农户的53.6%。种植业结构的调整，有效的增加了农民的收入，2000年全乡人均收入实现6 000元，比1999年增加840元，增长16.3%。

京郊小城镇建设先进镇

【怀柔县杨宋镇】 杨宋镇位于怀柔县东南部，是怀柔县的平原镇，距北京市区50千米。全镇总面积30.5平方千米，辖15个行政村，5 562户，共有2.1万人，其中城镇人口6 900人，农业人口1.1万，流动人口3 100人。

到2000年，小城镇规划区内基础设施基本实现了“七通一平”。在2000年环境综合整治中，新修建了中高路等主要公路，城镇公路达到18.5千米。对15个行政村的街道和沿街小巷进行了水泥硬化，镇区街道铺设雨、污水管道12 500延米。投资400万元，建成日供水2万吨自来水厂2个，2000年又修建了两座日供水6万吨的自来水厂，彻底解决了全镇生产、生活用水问题。投资1 300万元，建成龙翔新热力服务中心；投资1 400万元，建成1.2万千伏安的凤翔电力开闭所；投资300万元，建成凤翔管道煤气站，已实现居住小区管道入户；投资2 000万元，建成总装机容量3万门的凤翔电信支局。

先后建成敬老院、中心幼儿园、中心小学、中学、卫生院，占地3.2万平方米的凤翔广场正在建设中。新建6 000平方米可容纳500多个摊位的集贸市场一个。镇区主要街道和怀杨路两侧铺彩色方砖4.2万平方米。镇区主要街道两侧栽植行道树，建四季常青、三季有花的绿化带，修建了百亩水上公园和小区公园，绿化面积为27.7万平方米；镇区外共建了35个村级花园、小景。2000年全镇植树32万株，新增绿地面积18.6万平方米。全镇15个行政村所有邻街建筑全部进行了水泥见光，高标准粉刷，面积为13.5万平方米；在胡同街巷、房前院后砌花墙1.4万延米；清除乱贴乱画；拆除违章及私搭乱建建筑物114处，到目前为止全镇街道无违法建设，村内无私搭乱建、侵街占道现象。

在镇区主要街道安装了各具特色的路灯397盏，各村安装路灯77盏，并在凤翔环岛安装30米的高杆灯一盏。新购置垃圾桶127个、垃圾车一辆，建垃圾填埋场6个。镇区内实现了垃圾桶装，统一清运、集中掩埋。

全镇自1997年开始进行农村改厕工作，污水冲厕已推广到7个村。建公共厕所15个。

【大兴县榆垡镇】 榆垡镇党委、政府坚持“抓住机遇，团结开拓，发展经济，强镇富民”的工作方针，按照“优化一产，膨胀二产，带动三产”的经济工作思路，带领全镇人民积极进取，努力拼搏，使小城镇建设步入快速、健康发展的良性轨道。该镇在城镇建设中始终坚持规划先行，基础设施先行的原则。2000年，该镇对原镇域建设设计方案进行了调整，并制作了“小城镇总体规划模型”，完成了镇域行政村的规划编制工作，在此基础上，严格按规划进行基础及配套设施建设，累计投资达3.5亿元。规划区内电力、电信、供暖、供水、污水处理、垃圾消纳等设施配套齐全。小城镇基础设施建设基本实现“七通一平”。起步区道路网基本框架已形成，道路总长3.4千米。小城镇绿化面积已达3.8万平方米。金融、邮政、安全保卫、医疗、文教、法庭等公共配套设施建设日趋完善。住宅楼、公共建筑、生产性建筑面积已达11万平方米。城镇建设步伐的加快，带动该镇二、三产业迅速发展。全年二、三产增加值完成27 541.8万元，占国内生产总值的80.04%。财政税收按老口径实现4 472.9万元，比1999年同期增长202.2%，按新口径完成1 920万元，比1999年同期增长204.8%；农民人均纯收入实现4 548元。

【大兴县西红门镇】 大兴县西红门镇是国家级和市级试点小城镇。在市、县各级政府的支持之下，该镇的城镇建设步伐不断加快，硬件设施日趋完善，以此带动着该镇经济及各项社会事业加速发展。该镇现已形成三横七纵道路网络。随着西红门镇医院、西红门幼儿园、西红门文体活动中心的先后建成，该镇的基础设施和公共服务设施建设完成了规划的80%以上。

经过一年多的努力，该镇的环保工作也上了一个台阶，垃圾处理率达到70%以上，辖区内实现了雨污水分流。2000年重点完成了兴海公园及京开路沿线及镇域道路两侧的绿化美化工作，镇域绿化覆盖率达到40%，住宅小区的绿化率达到45%以上。

小城镇建设促进了该镇二、三产业的发展，全镇实现二、三产业增加值47 582万元，占国内生产总值的89.8%，实现财政收入7 000万元，农民人均收入达8 677元。

【房山区长沟镇】 1994年长沟镇被市政府确定为小城镇建设试点镇，该严格按照小城镇总体规划要求进行规范建设，发挥“三同一创”的长沟精神，即：同谱一首曲，同唱一个调，同使一股劲，再创长沟辉煌。投资580万元实施了云居寺路两侧千亩绿化工程；府前街一期、二期拓宽改造绿化美化工程和滨河公园基础设施建设工程；投资830万元完成了“新世纪工业园区”内的道路、给排水、电力、电信等基础设施建设工程；投资2 400万元完成了商贸园区建设；新建商贸服务楼20 000平方米；投资1 000万元完成第二住宅小区10 000平方米；投资160万元新建1 300平方米的派出所办公楼一栋；投资50万元建了4个镇标和3个电子烟花彩灯。国内生产总值、农村营业收入、财政税收、农民纯收入年增幅在20%以上，特别是财政税收，截止2000年11月底已完成7 029万元，列全区之首。

【通州区漷县镇】 漷县镇位于通州区中南部，镇域面积65.62平方千米，耕地0.39万公顷。全镇辖37个自然村，33个村民委员会，有11 340户，34 001人。1994年经市政府批准漷县镇为北京城市建设总体规划中的首批小城镇建设试点，2000年5月经国务院体改办批准列为全国小城镇综合改革试点。小城镇发展已初具规模，工业区已引进项目60家，总投资达12亿元，全镇经济实力显著增强。国内生产总值27 135万元，其中二、三产业合计20 350万元，占国内生产总值的75%。完成财政收入1 600万元，税收2 800万元，农民人均纯收入4 660元。全镇用于基础设施投入已达9 000多万元。现镇域内道路已形成网络，基本实现雨污分流，污水处理率达到70%以上。已建垃圾深埋处理厂一座，垃圾处理率达80%以上。工业区内的基础和公共服务设施建设已完成规划的80%以上。建成区内绿化覆盖率为40%，人均公共绿地面积20平方米。

【昌平区小汤山镇】 全镇几年来共引进二、三产业项目86个，吸引资金16.8亿元。当年二、三产业增加值已占全镇国民生产总值的80%以上。二、三产业增加值、财政收入、税收、农民人均纯收入等主要经济指标位于全区排名前5位。该镇在小城镇建设上，重点抓三项工作：一是多方筹资5 500万元，建设供暖中心、电力开辟站、污水处理厂等基础设施，新建小汤山中学、小汤山农贸市场等社会公共服务设施。镇域内公共基础服务设施建设已全部完成规划。二是投资2 200万元，使全镇新增绿化面积80公顷，建成区内的绿化覆盖率达到52%，人均公共绿地面积达到25平方米，均高于全区平均水平。三是镇政府累计投资800万元，加强环境整治，改善村容村貌。初步形成了基础设施配套、交通道路发达、水利设施完备、电力资源充足，科、教、文、卫、体设施完善，功能齐全的小城镇。

【顺义区马坡镇】 马坡镇被列入北京市第二批小城镇建设试点后，以小城镇建设为中心，实施以道路绿化、教育、卫生为重点的9项基础设施和服务设施工程，建成住宅楼14万平方米，小城镇建设取得显著成效。

2000年，完成《1999—2010年马坡总体规划》、镇控制性详细规划及镇域行政村规划。投资3 088万元，实施基础设施、服务设施建设和绿化美化工作。其中，完成公路建设总长125千米，建标准垃圾填埋场27个，垃圾处理率达30%以上，完成城市污水管线建设并与污水处理厂连接。建成卫生院、公交车站、农贸市场及居民区水、电、暖、电信等配套服务设施。完成京密路马坡入口处、居民区、府前路、马坡广场、街心公园等共26.67公顷的绿化工程。村级投资300万元用于村庄绿化美化。全镇建成区绿化覆盖率达到50%，人均占有绿地20平方米。

【密云县太师屯镇】 太师屯镇位于密云水库东岸，辖35个行政村，11 734户、32 291人。1999年列入"国家级综合改革试点镇"。2000年，根据"把太师屯镇建成功能齐全、环境优美、社会文明、人民富裕并具有独特建筑风格和经济特色的精品小城镇"指导思想和"以基础设施建设和环境建设促进经济建设"的发展思路，全年累计投资8 316万元，重点实施完成五类29项基础设施、服务设施和环境建设工程。共新建道路13.7千米，硬化街道14．83万平方米，完成三横三纵主干道网络，并建成占地6.67公顷的民营工业园区。完成污水处理及管网、供暖设施、供水及管网等重点公益设施建设工程，治理清水河2 419米。完成商贸楼、商品住宅楼、政府多功能厅、医院病房楼及政府礼堂、华远第二市场工程和中心校教学楼建设12 742平方米，并完成体育公园及文化广场建设9.87公顷。镇区绿化面积3万平方米，完成各村垃圾填埋场、改厕等一系列工程设施建设，实现了绿化、净化、美化、亮化建设目标。年内已引进项目33个，协议资金总额1．83亿元，全镇二、三产业收入达到66亿元，占农村经济总收入的90%，农民人均纯收入达到3 300元，各项指标增幅居全县首位。

【平谷县峪口镇】 1994年峪口镇被市政府批准为全市十个小城镇建设试点单位之一，1999年被国务院确定为全国小城镇建设试点单位。规划面积为5平方千米，包括5个自然村，规划区有农业户1.2万人，居民户3千人。区内设有工业区、居民区、商业区、文教卫生区、金融行政办公区。几年来，峪口镇本着经济要发展，基础设施建设要先行的指导思想，加大对小城镇基础设施建设投入力度，有效地改变了镇容镇貌，优化了投资和招商环境，促进了全镇经济发展和社会全面进步。1997—2000年，全镇投资4 100多万元，用于基础设施建设，建起了总建筑面积1.2万平方米商品住宅楼3栋和邮政、财政、地税、电信、医院等社会服务配套设施；镇村公路实现了网络化，规划区绿化覆盖率达到40%以上。2000年该镇又投资2 600万元，全面启动了中心大街道路改建工程。基础设施建设的完善和发展，有力地推动了镇域经济跨越式发展。全年完成工商税收4 032.5万元，较上年增长39.1%；完成财政收入737.4万元，完成了县政府下达任务指标的190%。实现工农业总产值5.2亿元，比上年增长了52.9%。其中工业总产值4.3亿元，比上年增长了21.3%。工业利润1 295万元，比上年增长19%。农民人均纯收入4 500元，较1999年人均收入增加280元。小城镇建设显现良好的发展势头。

【延庆县康庄镇】 位于延庆县西南部，北临官厅水库。全镇总面积75平方千米，有行政村32个，总人口2.5万人。2000年全镇完成农村经济总收入3.8亿元，比上年增长20.8%，农民人均纯收入达4 784元，比上年增长12.9%，实现财政收入202.1万元，比上年增长8.8%。

1994年康庄镇被北京市政府批准为小城镇建设改革试点，1996年正式启动小城镇建设。该镇坚持"城镇带动、全面发展"的战略，和"规划先行、基础先行、建管并重、综合开发"的方针，聘请北京规划设计院对小城镇发展分前期、中期、后期进行规划设计。成立兴康房地产公司和小区物业管理公司，负责小城镇建设的开发和管理工作。到2000年末，已完成前期建设任务，二期工程正在建设中。

建成基础设施项目32个，总投资3 950万元。建日供水3 000吨水厂、供电1 000千伏安开闭站、液化气站各一座；实现集中供暖面积7万平方米；城镇硬化道路10.6万平方米；开通919、920公共汽车线路；程控电话突破1万门；闭路电视覆盖率达100%；2000年建成标准城市道路1 760米，安装城市排污管道740米。

建成公用服务管理设施项目31个，总投资7 233万元，竣工面积4.1万平方米。建成卫生院病房楼、植保中心、兽医站门市部、幼儿园和康小教学楼、住宅小区业务办公楼、派出所楼、工商申报大厅等公共设施。2000年建成2 000平方米的农贸市场一期工程。

住宅一区开发多层式住宅楼17栋，建筑面积8万平方米。住宅二区开发独立式别墅楼74栋，建筑面积1.5万平方米。两个小区可吸纳人口2 800人。目前商品楼销售680套，销售率达99%。

以绿化美化为重点搞好环境整治工作。成立了市政管理办公室，制定和实施镇区绿化美化方案。几年来共栽植各种树木51.32万株，植草坪3万平方米，全镇累计增加绿化面积359.27公顷。2000年完成占地10公顷的集休闲、健身、美化、绿化于一体的康馨公园一期工程建设。

至2000年末，共吸引61家企业落户康庄镇，其中有，投资2 000万元的日式风情度假村，投资1 500万元的城建集团培训中心，投资500万元的北京宝都煤炭有限公司及四环电器厂、明思康科技公司等。

京郊环境整治先进乡镇

【怀柔县杨宋镇】 1995年，由首都规划建设委员会办公室和北京市城乡规划委员会批复了怀柔县杨宋镇镇域规划，1996年批复了怀柔县杨宋镇控制性详细规划。坚持高起点、高质量、高水平的原则，先后完成了全镇总体规划、小城镇3平方千米、起步区1.2平方千米的详细规划，按照并大村、撤小区，实现村民向小城镇聚集的发展思路，完成了规划区以外15个行政村的村级建设规划。确定了小城镇的功能定位，即以科技项目为重点，突出发展第二产业；以旅游观光为突破口，大力发展第三产业；以基地建设为龙头，调整提高第一产业。

2000年全镇二产增加值9 929万元，三产增加值9 412万元，占国内生产总值的82%，财政收入4 480万元，税收4 200万元，农民人均纯收入5 007元，主要经济指标在全县排前3名。

先后建成两纵、七横的镇区公路交通网。在2000年环境综合整治中，新修建了中高路等主要公路，城镇公路达到18．5千米，对15个行政村的街道和沿街小巷进行了水泥硬化，镇区街道铺设污水管道12 500延米，从根本上解决了小城镇起步区雨污水排放问题；投资400万元，建成日供水2万吨的自来水厂2个，2000年又修建了两座日供水6千吨的自来水厂，解决了全镇生产、生活用水问题；投资1 300万元，建成龙翔热力服务中心，供暖面积达到40万平方米；投资1 400万元，建成1.2万千伏安的凤翔电力开闭所；投资300万元，建成凤翔管道煤气站，实现居住小区管道入户；投资2 000万元，建成总装机容量3万门的凤翔电信支局。

小城镇规划区内基本达到“七通一平”，先后建成敬老院、中心幼儿园、中心小学、中学、卫生院，以及占地3.1万平方米正在建设中的凤翔广场等公共服务设施，镇区内的基础设施和公共设施服务建设完成了规划任务。

镇区主要街道两侧栽植行道树，建成四季常青、三季有花的绿化带，修建了百亩水上公园和小区公园，绿化面积为27.7万平方米；镇区外共建了35个村级花园、小景，2000年全镇植树32万株，镇区新增绿地面积18.6万平方米。镇区绿化覆盖率为50%，人均公共绿地面积78平方米。

【房山区良乡镇】 良乡镇从2000年3月开始，对全镇28个村进行环境整治工作。共建立垃圾场20个，垃圾池140个，统一制作了“五个一”建设工程标志牌30块，垃圾场标志牌20块。28个村成立了128人的清扫保洁队伍，并统一袖标。增加保洁车辆13台。参加环境整治总人数达到2万人次，出动各种车辆350台次，清运垃圾渣土4 000多吨，捡拾白色污染1.8万余米，清理非法广告1 200余处，整顿不规范广告牌匾350块。粉刷树木1.5万株，两侧绿化面积26.67多公顷，完成区政府的拆墙透绿工程，共拆墙1 337平方米，完成绿化面积4 129平方米。良乡镇的村容镇貌得到了改善。

【通州区徐辛庄镇】 徐辛庄镇位于通州区最北部，镇域面积61.83平方千米，耕地3 399.27公顷，辖18个村民委员会，19个自然村，有8 280户，25 364口人。该镇坚持“保持、突破、创新”的原则，加大投入，扩大范围，实行分级管理，促进环境综合整治工作向经常化、制度化、专业化、规范化方向发展。该镇采取加强领导、健全机构、明确责任、建立行之有效的管理机制，健全、完善各项规章制度，加大投入改善基础设施条件等措施取得明显成效。镇村两级公路已经增加到182千米，公路面积人均39平方米，公路密度每平方千米3千米。植树200万株，林木覆盖率达到29%。全镇18个行政村用于环境建设的总投资486万元。现已拆除残墙断臂5 915平方米，拆掉破门滥框70个，墙体抹水泥22 770平方米，墙体喷涂125 284平方米，新建院墙房屋5 860平方米，植树种花1 196株，铺草坪11 300平方米，建花池、花墙2 250延长米，新建整修垃圾池83个，新建整修排水沟13 434延长米，清理广告牌41个，日清理垃圾301吨。全镇环境整洁优美。

【大兴县瀛海镇】 2000年，大兴县瀛海镇结合本镇实际开展环境综合整治，环境整治工作取得了明显成效。全镇28个村中的主要街道已全部进行了硬化，村村建成了柏油路或水泥路，村村建有垃圾场，镇里设立了两个大型的垃圾消纳场。同时，在千顷堂村实行无公害的化粪池示范建设，达到市二、三级标准。基本形成公路两侧树木成行，主要街道花墙、绿篱成型，环绕村庄主要街道空闲地遍植花草的良好环境。镇政府还把原计划开发搞商业的一块地，进行了重新规划、设计，将建成一个环境优美的文化娱乐广场。“五个一”工程已在全镇28个村全部落实。同时镇村成立了环卫队、保洁队，使垃圾做到日产日清，全年共出动环整人员35 547人次，出动各种车辆4 700台次，清除垃圾33 300吨，清除小广告849块。年内全镇大街小巷都进行了粉刷，粉刷面积达60.72万平方米，投资近328.9万元，大街小巷基本消灭了乱堆乱放现象。与环境治理有关的各项制度由镇政府统一制作镜框上墙公布，并严格落实。

【顺义区天竺镇】 位于首都机场周边，与朝阳区、通州区接壤，辖9个自然村，有人口1.45万，另有外来人口1.4万。

2000年，镇党委、政府加大环境整治力度，开展各村治理一条街和一条路、庭院绿化美化、实施“五个一”建设、拆违旧破四项活动。镇村两级共投入资金5 000余万元，拆除违、旧、破建筑2万平方米；新铺路面1.5万平方米，整修公路、大街边沟2万米，铺人行道7 000平方米；新建市场9个、休闲文化广场1个。

【昌平区马池口镇】 该镇高度重视环境整治工作，并取得良好成绩。一是加大环境整治资金投入，提高硬件设施建设水平，基础设施进一步完善。村镇公路形成网络，农村主要街道全部硬化；设立垃圾填埋场，从根本上解决垃圾重复污染问题；加强集贸市场建设，规范市场管理；投资48.8万元，衬砌污水沟10 330米，解决了污水乱流问题，基本做到了上下水入户。二是绿化美化，提高环境标准和水平。改造镇政府街3.6千米，两侧各拓建5米宽的绿化带。全镇20个村，道路沿线都栽齐了行道树，街道两侧配建了花木或绿篱。建村级花园7个，植树7.6万株，铺设草坪106 650平方米。三是建立健全各项管理制度，形成了良好的管理机制、监督机制和激励机制。

【门头沟区永定镇】 在环境治理方面，一是全面落实了"五个一"建设，将环境整治的内容充实到村规民约，环境整治工作形成规范化、制度化，做到了垃圾清运、填埋和日常保洁制度落实；二是完善了"门前三包"责任制，增设了垃圾箱、果皮箱等环卫基础设施；三是实施了"亮丽工程"，投资310万元，在三石路树立起总数96座、每座88盏的世纪灯，安装了130个广告灯箱；四是投资39.3万元，完成了人行步道铺砖7 857平方米；五是投资121.5万元，砌筑围墙6 533平方米，粉饰墙面18 520平方米；六是投资55万元，对门店进行外装修、贴面砖等。

【平谷县马坊镇】 马坊镇于1999年4月被市政府列为第二批小城镇建设试点单位。多年来该镇始终把环境整治和建设作为小城镇发展的突破口，以"四化"、"五无"和"五个一"建设为重点，狠抓环境综合整治和建设。在巩固和扩大原有成果的基础上，2000年共投资670万元，建成了占地5万平方米的草坪广场、盘龙路、马坊大街改扩建、防水管线铺设和镇机关绿化改造等多项重点工程。全镇共修建道路6 000米，动用土石方1.6万立方米，绿化面积8.5万平方米，铺设管线532米，建垃圾池156个，设垃圾填埋场30个，保洁队伍80个，拆除了一批违法建筑，整顿了马坊、打铁庄两个农贸市场，镇村面貌明显改观。镇村公路建设基本实现硬化并形成网络。全镇所有的村都配备了保洁员、清洁车，做到了垃圾日产日清。涌现了蒋里庄、李蔡街、梨羊等多个环境建设精品村，促进了全镇两个文明建设。

【延庆县八达岭镇】 位于举世闻名的八达岭长城脚下，是全县旅游产业发展的重镇和对外开放、展示全县形象的重要窗口之一。全镇总面积66平方千米，有行政村15个，人口6 513人。2000年实现农村经济总收入3.1亿元，农民人均纯收入6 858元。

为促进当地经济，特别是旅游产业的发展，2000年加大了环境整治工作的力度。主要措施是：一是加强领导，强化组织建设。成立以党委书记为组长、政工书记、镇长、主管镇长为副组长的"八达岭镇环境综合整治领导小组"，并责成镇市政市容所负责这项工作。市政市容所成立一支20人的专门保洁、绿化队伍，负责镇内公路两侧垃圾、白色污染清扫、运送及镇商业街卫生清扫工作。为各村配备专门保洁人员，负责所在村垃圾清扫、运送、填埋工作。二是镇政府与相关单位层层签订责任书，明确职责。环境整治工作同村干部的工资挂钩。农村改厕工作同发展旅游紧密配合，开展民俗旅游的村必须统一改厕，凡是100%改厕的村，在工作考核时给予适当的加分。实行镇干部联系村制度，由镇领导包村，加大力度做好环境综合整治工作。三是加强宣传教育工作，增强全民的环境保护和健康意识。四是加大环境整治工作的资金投入。五是抓住重点，带动一般。把八达岭长城至县城路段、公路沿线各村、景区周边村作为环境整治的重点单位，实行每月检查、每季评比制度。对一般单位结合农村环境整治工程进行评议。

2000年结合县委部署的环境整治工作，镇政府投资110万元修建三个村的进村路、便民街；投资20万元建成两个垃圾填埋厂（营城子垃圾填埋厂、东沟、南园村垃圾填埋厂），各填埋厂有专人负责，做到地域定点，责任到人；三个村申报开展民俗旅游活动；东沟村改厕工作已完成，代表县接受市爱委会检查验收，受到市领导的好评。

【密云县十里堡镇】 十里堡镇是市政府确定的环境整治建设示范镇。该镇位于密云县西大门，101国道贯穿全境，该镇有13个行政村，1个居委会，2万人。经过实施"五个一"建设工程，全镇达到示范标准。年内共投资630万元，硬化道路27条、14万平方米，总长16千米，整治街道67条，20千米。实现了镇村公路网络化。建成标准垃圾填埋场12个，制度到位，标牌上岗、责任到人。镇村集贸市场规范、摊位整齐，设专人管理。各村街道整治，修有边沟，做到污水排放有序，全镇推广无害化厕所，改厕率近80%，公共服务设施完善。自实施绿化、净化、亮化工程以来，全镇进村公路都栽植了行道树，大部分村内街道小巷两侧栽花、种树，庄禾屯、王各庄村建成街心公园，全镇实现村村绿化，50%的村达到亮化标准，全年完成街道绿化3000平方米，栽植花草2 500余株，粉刷墙壁8万平方米，拆除违章建筑550处、5 200平方米，动用人员万余人次。全镇设有12支保洁队、39名专职保洁员，配备垃圾清运车14辆。绿化、净化、美化成为十里堡镇环境的主要特点。

京郊农民专业合作经济组织先进单位

【西辛房村"物华园"小区合作社】 门头沟区龙泉镇西辛房村是个城区农村，全村仅剩2公顷土地，被作为垃圾堆放场。1998年村党支部带领村民清除垃圾，投资210多万元建起了有45户农民参加的种养小区。养殖观赏鱼、种植芽菜等。观赏鱼养殖户户均月收入 6 000 元，芽菜种植户户均月收入 4 000 元。

【北京大兴万勤果品产销合作社】 北京大兴万勤果品产销合作社是大兴县庞各庄镇梨花村高万勤 1998 年在县林业局及镇政府的支持下，结合本地区的果品生产形势，带动本地 50 户农民，创办的农民股份制组织。该公司在大兴县果品产销服务方面属首创，其宗旨是服务果农，搞好果品销售，达到带动提高本地区果树管理技术水平，提高果品质量，增加经济效益的目的。

公司大力推广了果实套袋等优质果品生产配套技术，同时向周围的果农进行这方面工作的宣传，并向果农签订收购合同。如达到公司所需要的质量标准，公司负责销售，同时积极帮助果农联系购买果袋。为了提高本地区与产销公司的知名度，这几年公司订购了梨精品箱，并注册了“金把黄”鸭梨的商标，打出了大兴梨的品牌。2000 年，通过该公司销售果品量达 110 万千克，有 16 万千克水晶梨出口英国、新加坡等国家和地区，纯收入达 35 万元，果农比往年增加收入 40%，带动果农 450 户。同时，2000 年该公司还兴建了梨储藏保鲜库 2 个，这也为果品通过储藏增值奠定了一个良好的基础。

【桃园果品运销合作社】 桃园村是平谷县镇罗营乡北部的一个高山村，总面积 338 公顷，共 102 户，325 口人。桃园村村民刘淑环等几位农户自 1988 年开始闯市场，贩运红肖梨一举获得成功，到 1992 年桃园村自发形成了 12 个果品销售联合体，并在东北各大市场建立了果品专销点。所销果品不光是本村的、本乡的，还包括了密云、兴隆等周边市县。从 1993 年开始，每年销往东北市场的核桃、板栗、红肖梨等干鲜果品达 200 多万千克。1999 年正式成立了由刘淑环牵头，76 户农民参加的桃园果品运销合作社。每户出资 5 000 元，出资总额达 38 万元。目前桃园果品购销合作社有办公室 4 间，运输车辆 33 辆，果品储藏窖 80 座，可储藏鲜果 100 万千克，水泥晾场 5 000 平方米，并配备了电脑设备。合作社为社员提供信息，统一协调仓储设施和运输设备，调剂货源和资金等等，年内合作社共运销各类果品 260 万千克，获纯利 140 多万元，户均纯利近 2 万元。合作社还解决了 200 户农民的果品销售问题，使农户户均增收达 2 000 元。该合作社的运销收入达到该村总收入的 90%多。桃园果品运销合作社的发育和成长使桃园村成为名副其实的果品运销专业村。

【杨宋镇梭草奶牛合作社】 怀柔县杨宋镇梭草村自 1983 年起养殖奶牛，成为怀柔县有名的奶牛专业村。但随着养殖户的增加，污染问题、销售问题突出出来。2000 年初，村奶牛养殖户自发成立了奶牛合作社，制定了章程，使合作社的日常经营管理全部纳入规范化、制度化轨道。合作社确立了合理的利益调节机制：养牛户单独核算，自负盈亏，服务费由社员自己承担；合作社的收益中 30%用于扩大再生产，其余收益用作分红。

合作社成立后，通过入股和贷款途径，先后在村南和村东建起了奶牛一区和奶牛二区。奶牛一区占地 8 公顷，二区 6.67 公顷，总入区农户 200 户，加上散养的 80 户，共带动 280 户。合作社对入区农户实行“八统一”、“两规范”服务。“八统一”即：统一收奶、配种、防疫、精饲料配备、粗饲料配备、培训、组织生产等；“两规范”即：规范收费标准和服务质量。

通过创办奶牛合作社，该村以小区为主的奶牛养殖蓬勃发展。2000 年，全村奶牛养殖户达到 280 户，占全村总户数的 66%，存栏奶牛 1 700 头，全年产鲜奶5 500吨，收入 1 550 万元，占农业总收入的84.1%，奶牛业一项人均劳动所得达到 8 000 元。

【北京新特新葡萄产供销合作社】 北京新特新葡萄产供销合作社是由顺义区大孙各庄镇农民在自愿的基础上于 2000 年初成立的，5 月完成工商注册登记，开始规范运作。现有社员 397 户，吸纳股金 106 万元。

北京新特新葡萄产供销合作社，以服务社员为宗旨，以维护社员利益、增加社员收入为目的，实行自主经营、自负盈亏、自我管理、自我积累，坚持家庭承包经营、入社自愿、退社自由、民主办社的原则。召开了社员大会，选举产生理事会、监事会，通过了合作社章程、财务预算报告，聘请了合作社社长和主管会计。机构内部设立技术开发部、植物医院、生产资料供应服务站、贮藏销售服务站，为社员提供产前、产中、产后全方位服务。

【梨园地区妇女养殖乌鸡合作社】 通州区梨园地区妇女养殖乌鸡合作社拥有固定资产 150 万元，种鸡场2 400 平方米，年孵化雏鸡 150 万只。种鸡存栏 15 000只，年销售成鸡 100 余万只，实现利润 300 万元。带动 270 户妇女发展乌鸡养殖，每户年平均收入 5 000 元以上。

【东邵渠乡奶牛合作社】 密云县东邵渠奶牛合作社成立于 2000 年 3 月，是以张桂茹奶牛养殖小区为龙头，农民自愿加入的形式创办的。合作社的宗旨是通过入社养殖户自愿互助，为社员发展奶牛养殖提供产前、产中、产后系列化服务。合作社拥有挤奶机、冷储罐、运输车、运奶罐、秸秆粉碎机、铡草机及相关医用器材，可为养殖户提供生产环节的各项服务。他们多次聘请市、县畜牧专家医师对养殖户进行奶牛养殖技术指导，年内举办培训班 11 期、培训 110 人次，提高了养殖户的奶牛饲养管理水平。与北京三元奶业公司签订了长期鲜奶购销合同，建立了鲜奶收购站，解决了养殖户的鲜奶销售问题。合作社已带动养殖户 114 户，存栏奶牛 470 头，日销鲜奶近 5 吨，年获纯收入 170 万元，养殖户户均纯收入达到 1.5 万元。

【庙耳岗食用菌产销协会】 房山区青龙湖镇庙耳岗食用菌产销协会是庙耳岗村食用菌种植户于 1998

年4月成立的第一家食用菌产销协会，属会员制，以合同的形式联结农户，为农户提供产前引种供种，统一购进生产原料，产中指导和培训，产后销售和加工等一条龙服务。占地面积6.67公顷，由56名工作人员组成，其中专业技术人员26名。截止2000年底已有会员160户，带动基地面积33.33公顷，带动全乡500户农户发展食用菌503栋。协会统一购进生产原料175万千克，菌袋5吨，薄膜6吨，杀菌剂1 000千克，比农户单独购置节约168万元。菌种场为农户提供优质菌种60千克。全年培训人数450人次，发放技术资料900余份，召开食用菌科技研讨会5次，培养了一批种植大户和典型示范户。引进平菇、草菇、双孢菇、金针菇等12个优新品种，并引进微喷节水高科技。协会以运销大户和典型户为骨干，成立了购销组织，建立营销网络，制定了优惠政策，确定了最低保护价每千克1.7元，与农户签订了产销合同400余份，在岳各庄、大钟寺和房、良、燕建立了销售点，并统一注册了“青龙湖”牌商标。

【张喜庄发达苗木协会】 顺义区张喜庄发达苗木协会，成立于1999年4月。至2000年底，会员发展到280户，拥有总资产1 500万元，经营林地186.67公顷。其中，苗木133.33公顷，速生林地46.67公顷，草皮6.67公顷，花卉10万盆。共创产值700万元，获利润350万元。

张喜庄发达苗木协会成立以后，制订了协会章程，健全了组织机构，选举产生理事会，主持全面工作。组织农户学习苗木种植技术及病虫害防治知识，聘请有关专家，举办各类讲座，对种植中的具体技术问题进行现场指导。抓住购销环节，积极进行市场调查，组织农户购进市场上较为畅销的树种，进行种植。成苗后，统一定价并通过多种途径帮助农户进行销售，使农民走上富裕路。

【北京市朝阳区金鱼协会】 北京市朝阳区金鱼协会，于1998年2月成立，是在农民自愿参加、互惠互利基础上形成的专业合作经济组织。该协会产权明晰、制度健全，以服务养殖户、促进有序经营、提高养殖技术、推广先进经验、开拓金鱼市场、繁荣地区经济、推动全乡金鱼养殖业发展为宗旨，实行民主管理。2000年，该协会发展会员80户，带动金鱼养殖户420户，养殖水面233.33公顷，年销售金鱼4 000万尾，实现销售收入2 800万元，利润900万元，户均增加纯收入1万元，其中纯收入在3万元以上的养殖户有56户。目前，金鱼协会的作用和影响不断扩大，饲养金鱼农户迅速增加，金鱼养殖已经成为了黑庄户地区农民增收的主导产业。

【槐房特种水产养殖协会】 槐房特种水产养殖协会，位于丰台区南苑乡的西南部，始建于1998年4月，占地25.33公顷，总投资达2 000万元。在统一规划下，村负责水、电、路、围墙等公共设施的建设；农户负责生产设施的建设；协会主要负责饲料、育苗的供应、技术培训与指导，协助农户进行产品销售。特种水产养殖协会设立了化验室，经常对水产品进行监测。养殖协会坚持每月例会制度，一方面经常互相沟通情况，各个农户之间在生产管理上可以互相取长补短，另外利用这种例会制度，请专家讲课进行技术指导。经过近3年的发展，技术水平有了一定的提高，成活率一年比一年提高，积累了一定的市场经验。共带动农户168户，养殖规模达到150万只。至2000年底，已形成商品甲鱼93 680只，甲鱼苗存塘147 500只，收入达786.9万元。在发展甲鱼生产的同时，又引进了鲟鱼品种，经过饲养已获得成功，产量可达到22 250千克，收入达到311.5万元。

【上庄乡种植协会】 上庄乡种植协会是由海淀区上庄乡农技站和农民在自愿互利的基础上，共同组建的契约型农民专业合作经济组织，已发展会员164人。协会选举产生的7人理事会有4人是农户代表，民主管理协会所经营的项目。协会以产品销售为工作重点和突破口，发展种植有市场需求的鲜活农产品，按保护价与农民签订购销协议，凡与协会签订协议的农民均为本协会成员。这样，农民可以专心种植生产及投资，协会负责市场营销及投资。协会共种植鲜食糯玉米80.67公顷，大粒型食荚毛豆33.33公顷，芦笋36.67公顷，面积合计150.67公顷。2000年产销甜糯玉米鲜棒66．5万千克，平均亩产550千克，亩纯收入417元，比种水稻增加167元，户均增收2 505元，协会购销效益7．4万元。产销食荚豆27．5万千克，平均亩产500千克，亩收入450元，比种水稻增加200元，户均增收3 000元，合计增加10万元。

种植协会带领农民发展种植共闯市场效益总计37．6万元，甜糯玉米产销以产品新鲜，四季供应，货真价实及良好的信誉，在北京鲜食玉米市场上赢得了一定份额和知名度，为规模化和产业化发展奠定了基础。

【北京盛世富民养羊（牛）生产合作社】 北京盛世富民养羊（牛）合作社（简称盛世合作社），位于昌平区。注册资金500万元，拥有加工能力10万只屠宰厂一座，年交易能力100万头（只）畜禽交易市场一个，及 年加工饲料能力2万吨饲料厂。盛世合作社形成以盛世公司为龙头，集羊（牛）交易、育肥饲养、饲料生产、屠宰加工、销售为一体的一条龙产业化经营。盛世公司与养殖小区，养殖小区与养殖农民（户），均签订饲养、购销合同，实行稳定和保护价格，确保产品按时收购。该生产合作社全年帮助农户增收750万元，户均增收5 000元。

全国农业产业化经营重点龙头企业

【北京顺鑫农业股份有限公司】 1998年6月经北京市人民政府批准，由北京市泰丰现代农业发展中心为独家发起人，以募集方式设立。同年11月4日在深圳证券交易所成功上市。

2000年，公司在运营策略上，将配股和资本运作作为重点，做好新项目的选项投入工作。在进行大量可行性论证的基础上，确定了长青蔬菜公司二期扩建、向阳制药厂控股项目、石门市场改扩建、牛栏山酒厂彩色包装、潮白河旅游开发、甜玉米生产等6项配股项目。公司投资规模2.44亿元，拓宽了经营领域，强化了公司农业产业化龙头地位，对带动区域农业经济发展，提高农民收入水平起到促进作用。全年实现销售收入6.77亿元，净利润7 648.8万元，实际上交税金1.00亿元。

【北京市丰台区新发地农副产品批发市场】 新发地农副产品批发市场位于丰台区花乡东南部，毗连南四环路，距南三环玉泉营立交桥1公里，京开高速路西侧。

该批发市场建于1988年，建场时占地1公顷，15名职工，资金15万元。经13年规范管理、滚动发展，现在占地30公顷，280名员工，资产8 500万元。下辖蔬菜批发市场、果品批发市场、粮油批发中心、水产批发市场、两座营业大厅、种业大厅、禽蛋交易区、咸菜批发（兼零售）区、蔬菜副食零售大棚等。建筑面积4多万平方米，营业面积20万平方米，库房、铺面房1 000多间，定点客户2 000多家，常年客户1万多户。高峰期日交易量：菜700万千克，果品近800万千克，水产3万千克，猪（肉）400头，羊（肉）450只、牛（肉）50头左右。2000年蔬菜、水果、粮油、水产、肉禽蛋、副食调料等总交易量27.63亿千克，总交易额33.5亿元。分别比上年增长5.8%和4.3%。商品辐射全国30多个省、市、自治区。

该市场自建立以来，本着全心全意为“三农”服务的宗旨，带动了300多万户农户致富，其中带动京郊15多万农户致富。按照建场10周年时提出的“前10年时量的变化、后10年搞质的飞跃”的思路，在“十五”期间，将进一步建立“与农民利益共享、风险共担”机制，连接菜农、果农，为“三农”搞好全方位的优质文明服务，带动农民致富，带动地区经济的发展，全力推进农业产业化进程。近几年来，市场大力发展安全、高效、无公害的绿色蔬菜，水果初、精、深加工。市场加工配送的组织有：和华联超市合建的蔬菜、水果加工、配送公司；全特优蔬菜配送中心；北京能达京南农产品销售服务公司；首钢配送中心；海南无公害瓜、菜、果配送销售站；大批客户租车配送等，遍及京城超市、社区、菜站、饭店和集体食堂等，为北京1000多万市民的菜篮子、果盘子提供了极大方便。六、七月的西瓜等水果运销东北、内蒙古中西部山区、山西、宁夏等地。抓住季节差，通过场内加工将大白菜、圆白菜、胡萝卜等运销武汉、上海、浙江、深圳等地，既解决了京郊和北方地区菜农卖菜难的问题，也解决了南方某些地区吃菜难的问题。

【北京三元食品有限公司】 北京三元食品有限公司是1997年初成立的一家中外合资企业，由原北京市牛奶公司骨干企业——西郊乳品厂、东外乳品厂、右安门乳品厂、双桥乳品厂、南口乳品厂、中瑞奶业培训中心、中以乳品厂等乳品加工销售企业及北京麦当劳食品有限公司的中方权益组成。现有职工3 000余人，净资产4.8亿元人民币，是1997年5月股票在香港成功上市的北京控股有限公司的成员企业，名列全国十大乳品企业前茅。三元食品有限公司是北京地区最大的乳制品加工企业，日处理鲜奶能力达到700吨。鲜奶销售量占北京地区消费量70%，是北京奶业发展的龙头企业。三元公司于2000年2月21日通过ISO9001的现场审核，并于2000年3月取得认证通过，保证了“三元”牌产品由原料奶采购到成品上市的全部过程均有严格的质量控制和卫生测试。2000年，实现销售额8.37亿元，完成利润6 000万元。

【北京资源亚太饲料科技有限公司】 北京资源亚太饲料科技有限公司，是1998年注册成立的合资企业，是北京资源集团下属控股公司。是以从事研究、开发、生产安全饲料、安全预混料、兽药、农业信息软件和安全肉食五大板块为支柱产业的农业高科技企业。在全国率先提出“安全饲料、安全猪肉”的概念，成为国家科技部中小型企业1999年度创新基金资助的全国第一家饲料企业。2000年11月，被国家农业部、国家计委、财政部等八部委联合评为农业产业化全国重点龙头企业。

2000年，产品“资源1号预混料”被科技部等五部委确定为国家重点新产品；“资源管理师REMS1.0”软件项目列入国家火炬计划项目；资源安全猪肉产业化工程和资源饲用生物复合酶项目被列入2001年北京市星火计划和火炬计划。品牌产品预混料成为市场前十名品牌。资源公司被国家饲料工业协会评为优秀团体会员。公司在大兴县建立的安全饲料、兽药、安全肉食品生产基地实现了生产现代化。2000年，加快实施资源牌安全猪肉产业工程建设，力争在几年内建成全国最大、设施最完善的安全猪肉生产体系。同时投入资金加大宣传，提高产品知名度，扩大市场占有份额。资源公司全年实现产值1 347万元，销售收入1 362万元，创利税51万元。

北京市农业产业化经营重点龙头企业

【北京大发正大有限公司】 北京大发正大有限公司投资当年即被市政府确认为“先进技术企业”。目前，北京大发正大有限公司已成为华北地区最大的农牧企业和肉鸡产业化龙头企业。在1996年度“全国合资企业500强”中名列第289位；在1998年度北京市外商投资企业出口额排行榜中名列第8位。1998—2000年3年中，累计向日本、中东、欧共体等国家和地区出口了肉鸡产品50 090吨，出口创汇9 166万美元。仅2000年就出口鸡肉22 475吨，创汇可超过4 000万美元。连续3年成为北京市农牧业企业创汇之首，并跨入北京出口创汇企业的前列。

高起点、高投入、引进世界先进技术和设备，数千万元巨资建成了亚洲最大的肉鸡屠宰加工肉食加工厂，引进了世界上最先进的肉鸡屠宰加工设备，生产的浅炸、烧烤、蒸煮制品都达到了国际标准，从而为使产品打入国际市场奠定了坚实的硬件基础。大力开发国际市场，生产国际市场畅销产品。已有日本、瑞士、德国、荷兰、南非和中东、欧共体等国家和地区的近20家大客商同大发正大有限公司建立了稳定的合作关系。几年来，共开发研制生食产品260个品种，熟食产品84种，其中出口产品达91种。2000年出口生食产品18 226吨，熟食产品4 191吨，出口创汇超过4 000万美元。采用先进手段全程控制产品质量。使微生物控制在国际标准以下，在国际上处于领先水平。一是饲料中不含可造成残留的添加剂；二是肉鸡出栏前15天禁止投放任何抗生素；三是肉品品管中心用世界上最先进的惠普5 890气象测谱仪对生产全程进行药残监控。三道关使“双大牌”产品成为绿色食品，达到了国际标准，列为对日出口免检企业。1999年6月，率先在肉鸡行业通过了ISO9002质量体系认证。在此基础上，现在正在抓紧实施CIS战略和ISO14000环境保护管理认证。

【北京天惠参业有限公司】 北京天惠参业有限公司是国内较大的西洋参种植、加工、销售及科研的龙头企业。该公司是由北京福斯特西洋参研究开发中心进行股份制改造成立的股份制企业。其西洋参的种子培育技术、种植技术、产品加工技术等在国内乃至国际上都处于领先水平。曾先后获得国家科技进步二等奖，卫生部科技进步一等奖等奖项，被列入国家星火计划。

该公司采取“公司+农户”的运作方式，对农户实行保种源、保技术、保收购、保价格的“四保”措施。2000年带动全县75个行政村，2 037户农民种植西洋参，种植面积28.67公顷，参农每亩获利5 000多元。

该公司生产的天惠牌西洋参，共有5大系列92个品种，产品涵盖药品、食品、化妆品等领域。2000年该公司实现销售收入2 200多万元，同比增长50%，实现利润近400万元，同比增长近60%。该公司计划在5年内成为全国最大的西洋参经营企业，并计划在2001年内上市。

【北京双斯特天然饮料有限公司】 北京双斯特天然饮料有限公司位于房山区石楼镇双孝村，总投资480万美元，注册资金429万美元。该公司以水果、蔬菜深加工为主，主要产品有苹果、梨、桃等各种浓缩汁和草莓、番茄等原浆系列。全套设备自欧洲引进，共有3条生产线，为华北地区最大的果蔬深加工企业，年加工能力在10万吨以上。2000年被列入国家级星火科技企业。现已签订出口合同2 500吨，总值2 000多万元，其中70%通过中粮、中国新兴、辽宁富源等公司间接出口，30%直接出口给美国银月集团、日本三井物产、日本片冈株式会社等。现已完成出口订货额的50%，实现出口收入1 600万元，利润250万元。该公司的生产原料全部来自京郊，与房山区12个乡镇，8 000多农户签订了收购合同，并与延庆、平谷、密云、大兴等区县的水果种植大户签订了收购合同，对巩固北京的果品基地，促进农业结构调整起到了积极作用。

【北京市昌平水产集团公司】 该公司采用“公司+农户”的形式，实行产前、产中、产后服务，通过实行罗非鱼产业化工程，使全区渔业经济发展速度明显加快，集团自身实力明显增强，全区养鱼农户收入明显增加。集团有所属产前服务的苗种繁育池6.67公顷、年产5 000吨的罗非鱼专用饲料厂一座，高科技的罗非鱼存储活鱼库2.67公顷。实现罗非鱼产业化运行机制，产销各方通过契约方式将利益结合起来。与公司签约的农户，享受罗非鱼种、饲料、信息和技术服务，农户的产成品在出现卖难时，公司实行保利回收。当年与渔场签约的510个农户共出塘罗非鱼223万千克，平均销售价格在每千克12元以上，销售收入3 196万元，平均户收入6.27万元，比1999年增长20%以上。

【北京金星鸭业中心】 北京金星鸭业中心是北京市农工商联合总公司在优化产业结构，实现资产重组，于1998年5月组建的以北京鸭养殖为核心的专业化企业集团。2000年实现销售收入6 300多万元，商品鸭销售量达220万只。

1998年5月北京金星鸭业中心刚组建时，所属莲花池鸭场、双桥鸭场频临破产，东方食品公司也处于亏损状态。1年后这3个企业就实现扭亏为盈。南口种鸭从1998年4.8万只的年销售量，猛增到2000年的14万只，而且“南口种鸭”这一品牌以其优良的品质，完善的售后服务更进一步得到全国各地农户的认可。金星鸭场每年以销量10万只的速度递增，基本上占领北京市中高档市场。目前，金星鸭业中以已形成了从种鸭——商品鸭——加工——深加工为一体的优良产业链，2000年承包德胜饭店，进一步延长了产业链。

【北京琪景药业有限公司】 北京琪景饮片厂成立于1998年底，占地面积26 000平方米，建筑面积15 000平方米，总投资760万元，有职工87人，其中有技术职称的31人。该厂是一个农产品加工企业，以加工中药材为主，主要产品为中药饮片和小包装饮片。2000年实现销售收入7 000万元。该厂有种植基地400公顷，带动农户种植0.093万公顷，依托中药材种植农户500多户。

【北京顺兴葡萄酒有限公司】 北京顺兴葡萄酒有限公司，是1992年7月由北京市南郊葡萄酒厂、北京市粮油食品进出口公司、台湾东顺兴业股份有限公司合资建立。该公司领导班子带领全体员工艰苦创业、开拓进取，将一个乡镇小企业发展成为一个以“丰收”牌系列葡萄酒生产为龙头、产业化、专业化经营、国际化发展的现代化酿酒企业，现总资产近2

亿元，年产量1万吨，年销售额1亿元，创利润1 200万元，税收实现1 600万元。产品包括干酒、甜酒、果酒、桂花陈酒、起泡酒等5大系列，内销全国30多个省市自治区，远销香港、法国、美国、日本等14个国家和地区，2000年出口量达到了500吨，出口供货额1 718万元。

该公司采用世界先进的酿酒设备和工艺管理，使其白藜芦醇含量达到国际一流水平，并荣获中国食品工业协会授予的荣誉证书，通过了ISO9002质量体系认证。

公司在自身发展的同时，注重发挥龙头企业作用，带动当地经济的发展。按照“原料基地化、基地良种化、良种区域化”的原则，在采育发展了800公顷葡萄基地，实现了加工原料80%本地化。该公司与农户签订了保护价收购合同，并由技术人员负责管理和指导，同时还引进了赤霞珠、蛇龙珠等世界优质品种，提高了农民的收益，每亩可增加收入1 000～1 500元。

【北京密水渔业开发公司】 北京密水渔业开发公司成立于1997年，是一个集水产品养殖、加工、产品出口为一体的产业化经营重点龙头企业。总资产规模503万元，现有职工500人，其中科技人员23人。公司以密云水库水产品加工厂为龙头，以生产、加工和出口池沼公鱼为主，实行现代企业管理制度，以市场为导向，不断扩大规模，带动了密云水库周边高岭冷冻厂、太师屯冷冻厂、沙河冷库等三个小型加工厂的发展。公司领导注重推广应用先进的科学技术，每年将发展资金的30%用于研究开发新品种、新鱼种。2000年投资10万元，改善水产品加工厂实验室、化验室，并聘请北京香山农业管理干部学院知名教授作长年技术顾问，对企业职工实行上岗前培训。公司加工生产的“密水”牌绿色食品池沼公鱼已经成为日本、韩国等东南亚市场上的热销产品。年内公司销售池沼公鱼1 200吨，创汇250万美元，实现销售收入2 400万元，同比增长32%。有效带动了密云水库周边3 000户农民靠养殖捕捞水产品增收致富，户均增收1 500元，带动了密云水库周边地区经济的发展。

【北京鲁梅克斯绿色产业有限公司】 北京鲁梅克斯绿色产业有限公司为中食产业集团鲁梅克斯有限公司控股企业，公司地址在潮县镇苏庄，投资总额1 500万元，吸纳就业人员60人，有技术人员23人。主要产品为鲁梅克斯颗粒饲料，2000年销售收入3 000万元。在加工鲁梅克斯K－1杂交酸膜的同时，研制开发了“鲁仙饲”牌牧草颗粒饲料，可带动苜蓿种植1万公顷。

【北京潮河蔬菜基地】 成立于1997年，基地占地面积33.33公顷，总投资2 000万元，主要生产、加工日本蔬菜品种，如萝卜、黄瓜、茄子等，产品全部出口日本。

北京潮河蔬菜基地成立以后，不断增加科技投入，先后与北京市农科院植保所及天津市蔬菜研究中心等科研单位合作，提高产品的科技含量，同时建立一套完整的现代企业管理制度。2000年与农户签订种植蔬菜合同800份，带动农户800户，增加蔬菜种植面积440公顷，农民增加收入500多万元。全年生产加工腌渍菜1.5万吨，销售收入3 000万元，比上年增长4倍，产品全部出口日本、韩国。

现代农业示范园区

【北京市小汤山现代农业科技示范园】 作为市级农业园区，小汤山现代农业科技示范园在完善与增强生产、生活、生态和服务功能的同时，通过多渠道、全方位广泛引资招商，新入园农业企业8家，投资规模达到13.5亿元。北方国家级林木种苗繁育基地、北京蓝田园等一批重点项目进展顺利；罗非鱼、富士苹果、特种蔬菜、籽种、肉鸡、鸵鸟6个产业化项目的加紧实施，加快了全区农业产业化进程。

【北京锦绣大地农业股份有限公司】 北京锦绣大地农业股份有限公司是由北京市大地科技实业总公司、北京科技风险投资股份有限公司、首都钢铁总公司、北京市四季青农工商总公司、中煤信托投资有限责任公司等11家国有、集体企业于1998年2月14日正式发起成立，股本金2.8亿元人民币。目前占地300公顷。

公司的发展方向为工厂化农业、分子农业和以高新技术支撑的生态旅游农业。一期工程预计投资3.5亿元人民币。公司员工总数759名，受过大专以上教育的科技人员占正式员工54%。

公司目前建有自行研制开发的无土栽培蔬菜工厂15公顷，植物组织培养车间800平方米，自行开发的食用菌工厂7 000平方米，养鱼工厂2公顷。配套节能型日光温室10公顷，3 000头优质种羊场和300头的种牛场。70 000平方米的绿色农产品交易市场。

公司坚持走自主技术创新的道路，建有植物生物技术中心、动物生物技术中心、信息中心和经人事部批准的博士后流动站。独自承担和合作承担国家重点课题4项，“863”中间实验6项，国家“双高一优”工程项目一项。拥有发明专利4项，实用新型专利9项。

公司被国家科技部名命为高效工厂化农业示范基地；北京科委命名为农业科技示范基地、特色农业基础引智示范基地；中国农学会正式评为农业产业化示范协会。中央党校的三农教育基地、北京市旅游局定点的农业生态观光园区、北京市科普教育基地。获得北京市高新技术企业证书和北京市经委命名的企业技术中心。

2000年，公司共投资近1 000万元用于新技术、新工艺的研究和开发：彩色马蹄莲微种球扩繁技术及产业化生产项目和“863”抗盐蔬菜中间试验，已通过验收。利用牛活体采卵技术批量生产优良商品肉牛胚胎的研究进展顺利，项目已进入产业化前期阶段。

开展了利用转基因奶牛生产人药用蛋白和营养蛋白的中试研究。全年总收入 14 800 万元，实现利润 3 960 万元。

【北京顺义三高科技农业试验示范区】 1995 年 1 月经北京市政府第 48 次常务会批准建立。示范区占地面积 4 000 公顷，主要宗旨是通过招商引资，与首都科研院所合作，把国内外高科技农业项目引进示范区，通过示范区试验示范，把好的技术成果及一些优良品种等推广到全市乃至全国。

示范区成立以来，已引进入区项目 26 个，吸引入区资金 3.2 亿元。中心区的高科技项目如北京三益园艺有限责任公司的三益温室加工、三益兰花生产及北京长青蔬菜有限公司的活鲜水培蔬菜已闯出品牌效应。北京潮河蔬菜基地的蔬菜深加工项目已带动农户 800 户，农民增收 500 多万元。2000 年，示范区引进的高科技项目、技术、产品等已推广到全国 7 个省市，形成很好的经济效益和社会效益。

【北京绿健现代农业发展有限公司】 是 1998 年由北京市顺义区龙湾屯镇民营企业家柳显旺个人投资兴建的现代化集团企业。公司占地 26.67 公顷，总投资 1.5 亿元，集生猪生产、饲料加工、屠宰销售于一体，下辖中天原种猪场、中天祖代猪场、中天育肥猪场、中天饲料厂、中天生猪定点屠宰厂。

公司成立以后，在技术保障方面长期与中国农科院畜牧研究所合作，养殖品种主要有英系大白、丹系长白、台湾杜洛克、比利时皮特兰等优良种猪，各项生产指标均达到国际先进水平。2000 年，公司第二个 10 万头商品猪工程已完成主体工程建设的 70%，全年共出栏商品猪 10 万头，实现产值 8 000 万元，利润 3 000 万元。

【北京凌云畜牧养殖公司】 北京凌云畜牧养殖公司 1997 年由农户个人投资建立，总投资额达 5 000 余万元。养殖园区占地 86.67 公顷，其中稻田养蟹 13.33 公顷，保护地蔬菜种植 6.67 公顷，其余为特种畜禽养殖、家庭酿酒及水上娱乐设施等占地。2000 年实现总收入 3 395 万元，利润 1 082 万元。经过几年努力，该养殖园已经成为集种养、旅游观光、娱乐为一体的绿色生态型高科技园区，被国家环保局命名为绿色生态园区，现时被国家旅游局定为二星级旅游单位。

【北京谷丰行农业科技发展有限公司】 北京谷丰行农业科技发展有限公司成立于 1998 年，注册资本 2 000万元。公司一直致力于高科技与传统农业的有机结合，1999 年投资 1 200 万元建设了以两栋万米全自动玻璃温室为主体，20 多栋日光温室为补充的，占地 43.33 公顷的高效农业示范园区。初步形成了生产、加工、销售的一条龙体系。过去两年中，公司共引进名、特、优、新品种蔬菜 30 多个，总产量达到 100 万千克，产值 400 万元，2000 年实现利润 150 万元。同中国农科院、中国农大、北京农科院等科研机构建立了良好的合作关系，为了将产品推向市场，公司确立了立足北京、面向全国、开拓海外的营销战略，初步建立了覆盖北京的零售销售体系。目前已建立了 15 家连锁超市销售专柜，产品打入 20 多家高档饭店。同时在北京建立了两个采购网点，在海南和昆明设立了两个代理机构。

为了加强市场营销能力，公司从提高产品质量和宣传两方面入手。一方面申请了绿色食品认证，同时开展 ISO14000 质量体系认证工作。另一方面注册了谷丰行商标，利用品牌战略树立企业的良好形象。

公司于 2000 年开始建立自己的加工厂，以保证向社会提供最优质的产品，同时也为本地农民的致富提供帮助。到 2000 年底，公司已经向农户提供各类蔬菜种苗 20 万株，回收各类产品 300 万千克，带动农户近千户，户均增收 2 000 元。

【北京卓宸畜牧有限公司】 北京卓宸畜牧有限公司是房山区肉牛产业化龙头企业，年可屠宰加工肉牛 3 万头，羊 10 万只，是目前华北地区最大的牛羊加工产业化企业。公司拥有年出栏 2 万头的育肥小区与技术设备先进的牛羊屠宰生产线。公司采取“公司 + 农户”的契约形式与房山区 12 个乡镇，22 个村的 1 000余农户签订肉牛饲养合同。实施保护价收购，对养殖小区 900 头肉牛补贴 30 余万元，保护农民利益，使每头牛获利 300 元以上。公司产品在上海、沈阳、哈尔滨等 10 大城市设有销售处，并与荷兰、巴勒斯坦签订了长期供货合同，年出口 200 吨牛肉。全年出栏肉牛 1.2 万头，纯收入 360 万元，实现产值 9 500 万元，利税 1 700 万元，出口创汇 65 万美元。

【北京金鑫现代农业发展有限公司】 2000 年 5 月投产，总投资 1 200 万元，占地 13.33 公顷，总建筑面积 4.5 万平方米，有羊舍 45 栋。可同时饲养基础母羊 3.6 万只，年可出栏育肥羊 10 万只。

公司聘请中国农科院马跃辉研究员为顾问，实行科学饲养、科学管理。在生产上采用人工授精技术，用德美、多塞特、萨福克等国外优良品种与小尾寒羊杂交改良。2000 年，肉羊存栏 3.1 万只，出栏肉羊 3.5 万只，获经济效益 280 万元。

京郊出口创汇先进企业

【北京绿天使科技有限公司】 北京绿天使科技有限公司，前身为北京绿天使蔬果农业科研集团，1996 年 11 月注册于北京昌平区北七家镇，2000 年 5 月改制为北京绿天使科技有限公司，并将注册地迁入北京海淀区高新技术中关村园区的中国农科院卉园大厦内。

公司自成立以来，一直致力于生态农业、生态环境治理的高技术产品的研究、开发与推广应用。研制和开发了治理荒漠专用的保水型营养基质激活剂系列产品，对治理荒漠、沙壤、灰质土、干旱、半干旱土壤、盐碱地、河床地、荒山、荒坡等有重大意义。经过国家权威机构认定，目前国内外尚没有可替代的同类产品和技术，属于市场急需的产品，发展潜力巨大。

公司开发的激活剂系列产品在气象土壤条件比较低劣的新疆、西藏、内蒙古等地区进行激活剂及其技术应用效果试验，以达到治理荒漠、绿化环境的预期效果，受到当地政府的重视和支持，从而获得多项生态环境改造工程。与此同时将该产品及其技术延伸到海外一些严重干旱地区如中东、北非等部分国家进行效果实验，已成功显示出巨大的威力，被誉为“沙漠绿色甘泉、植物压缩干粮”的美称。

公司取得的成绩受到国家、地方政府和国内外各界人士的高度关注，先后被认定为：北京市科技先导型企业、北京市高效农业企业、北京市出口创汇龙头企业、国家农业高科技企业，是国家重点火炬项目承担企业。

公司已建立了广泛的国际合作和进出口业务渠道，拥有自营进出口权。2000 年实现出口总量为 31 396吨，其中直接出口量为 21 349 吨，实现销售收入2 154万美元，其中直接出口额为 1 465 万美元。

【北京大兴三绿菜蔬有限责任公司】 北京大兴三绿菜蔬有限责任公司以“面向市场抓机遇，出口创汇富农民”为宗旨，从 1998 年开始大力发展蔬菜出口创汇事业，2000 年蔬菜出口总量已达 8 万吨，与 1999 年同期相比增加 1 万吨，出口供货额 1.6 亿元人民币，比 1999 年同期增加 1 000 万元人民币。其中直接出口 5 万吨，出口供货额 1.27 亿元，间接出口 3 万吨，出口供货额 0.33 亿元。

三绿公司在全县建立了 1 000 公顷出口菜基地，建设了加工生产线，引进了先进的冷藏保鲜技术。每年以 35 万元的租金租下了大兴县维乐食品厂 3000 平方米的冷库，用几十万元对冷库进行了改造维修，并通过了国家商检部门验证，取得了厂库商检认证书；投入 100 万元购进了大型制冷保鲜设备及清洗、筛选、包装等机械。同时还在绥芬河、广州、满洲里等地建立起了三个销售网点。

公司结合大兴地区实际情况，先后引进了以色列 144 西红柿、日本新黑田五寸胡萝卜、天羽 3 号小辣椒、日本瑞鳞、韩国绿秀绿菜花等十多个优良品种进行推广。产品在国际市场适销对路，他们先后把产品打入新加坡、俄罗斯、日本、香港等国家和地区，尤其是俄罗斯已成为他们最大的出口国，出口量占全年总出口量的 80%。公司对农民实行产、供、销一条龙服务，使农民的利益得到了充分保护。

【北京市绿富隆菜蔬公司】 该公司原名北京市菜蔬公司延庆县公司，隶属于县政府，成立于 1982 年，是农业部认证的“全国农产品定点市场”。1998 年获得农副产品自营进出口权。现有职工 185 人，固定资产 3 500 万元，下属企业 13 个。

1986 年、1994 年延庆县先后被市政府确定为市蔬菜基地和“北菜园”。该公司积极贯彻市、县蔬菜基地和“北菜园”建设政策，以保障北京市场蔬菜供应、富民强县为目标，以建设蔬菜基地为契机，大力推进优质农副产品基地建设并取得显著成效。2000 年，全县蔬菜播种面积达 0.83 万公顷，蔬菜总产达 48 万吨。

20 世纪 90 年代后期，面对北京市周边地区蔬菜产业基地建设迅猛发展、大量蔬菜进京、北京蔬菜市场竞争日趋激烈的新形势，该公司迅速转变经营理念，以增加农民收入为目标，以市场需求为导向，以建设优质蔬菜基地、发展蔬菜产业为重要举措，大力发展出口创汇蔬菜基地，积极构建集生产、加工、贮藏、市场销售网络、运输、技术服务等为一体的贸工农、产加销一体化蔬菜产业体系，促进了蔬菜产业发展。该公司从 1996 年开始积极扶持乡村蔬菜流通体系和加工体系建设，在延庆县 6 个乡镇村建成交易市场、净菜加工中心、蔬菜保鲜库，建成具有国际一流水平的绿富隆外贸加工厂。为保证常年向国内外客户提供优质无公害产品，相继在内蒙古、河北、天津、四川、青海、江苏等地建立了自己的外协蔬菜供应基地和速冻、盐渍、脱水、果酱等加工厂。在北京成立两个进出口业务部，争取了大量客户和订单。产品远销日本、新加坡、马来西亚、澳大利亚、英国、美国、意大利、香港等 20 余个国家和地区。2000 年全县出口蔬菜 7 500 万千克，创汇近1 900万美元，列京郊之首。

【北京华都肉鸡联营公司】 北京华都肉鸡联营公司，是集肉种鸡、商品肉鸡饲养、饲料生产、肉鸡屠宰、分割及食品加工一条龙的生产企业，年加工肉鸡1 600万只。公司从 1996 年开展出口业务，出口创汇额逐年递增，1999 年出口创汇突破 1 000 万美元大关，达到 1 120 万美元。

公司始终把自身发展同北京郊区农业经济的发展联系在一起，多年来坚持在昌平老峪沟、怀柔县宝山寺、平谷县韩庄等贫困山区开展肉鸡放养，帮助农民致富。近年，公司逐步调整肉鸡饲养政策，加大放养力度，以“公司 + 农户”形式，积极扶持京郊区县养殖小区建设，发展农户肉鸡养殖致富。公司肉鸡合同放养量由 1999 年的 300 万只迅速上升到 2000 年的 1 000万只，带动了京郊 2 000 多户农民养殖致富，给农民带来了 1 500 万元的收益，产生了良好的经济效益和社会效益。公司 1996 年获得对日本出口药残免检许可，1999 年通过 ISO9002 质量体系认证。

【北京藤精食品有限公司】 北京藤精食品有限公司是密云县对外贸易公司与日本藤精产业株式会社合资兴办的以生产红豆馆为主的合资企业。年生产能力 8 500 吨，公司全套设备均为国内外 90 年代最先进设备。公司产品外销率保持在 96% 以上，产品年均出口量 7 500 吨，占国内几十家同行业出口总额的 1/6。年内完成产品出口 7 200 吨，实现销售收入 5 432.1 万元，出口创汇 655 万美元，实现利润 608 万元，是密云县出口创汇支柱企业。自 1994 年以来，公司连续 5 年被北京市外商协会评为外商投资企业双优单位，并在北京市食品行业综合效益前50名企业评选中榜上有名，多次被市、县政府及有关部委授予北京市工业出口先进企业、京郊出口企业先进单位、花园式工厂等荣誉称号。2000年，公司通过了ISO9000认证，每年使用近5 000吨红小豆、几十万套纸箱及大量的包装膜，可带动4 500户农民种植红小豆增加收入。为适应发达国家食用生态产品的需要，公司还向国际有机作物栽培改良协会（OCIA）申请了国际认证。

【北京怀昊伟商贸中心】 北京怀昊伟商贸中心是以腌渍加工出口为主的企业，下属三个腌渍厂。2000年加工出口蔬菜680万千克，出口供货额2 450万元，分别比1999年增长10%和9%。共带动2 100多户农民种植加工出口蔬菜233.33公顷，增加农民收入210万元，主要做法：首先，抓基地建设。企业与农户签订加工出口合同，实行保护价收购，并提供种子、技术等服务，调动了农民生产积极性，生产基地得到了稳定发展。同时，积极引进适合加工出口的国外品种进行推广，为企业今后发展打下了基础。其次，抓企业自身建设。筹措资金50万元，对原加工厂进行了扩建，使年加工能力由原来的650万千克增加到800万千克。同时引进资金30万元，新建一个面积280平方米、年加工能力200万千克的深加工车间，为企业今后发展创造了条件。由于加强了企业内部管理，产品的质量、产量和供货时间有保证，销路很好。企业与唐山三商食品有限公司签订了常年供货合同。

【北京市前鲁鸭场】 1978年成立，现已发展成集繁育、养殖、加工、销售为一体的现代化、集约化大型企业，是全国最大的北京鸭生产基地。肉鸭生产一直保持在年200万只以上，被北京市政府确定为农业产业化和农副产品加工龙头企业。1998年，经国家经贸部批准，获得自营出口权。

随着农业结构调整的深入发展，前鲁鸭场在满足国内市场需求的同时，积极寻求合作伙伴，开拓国际市场。至2000年底，共接到国外20多家客户的订单，向日本出口烤鸭1 100吨，创汇260万美元。

【北京市通北特菜销售中心】 通北特菜销售中心是徐辛庄镇的一家公司，有蔬菜面积近0.067万公顷，其中出口菜基地133.33公顷。该中心与农户签订收购合同，并为农民提供籽种、栽培技术、植保、产品回收等服务。种植蔬菜的主要品种有：芥蓝、奶白、斗白、菜心。全年出口蔬菜1 500吨，出口创汇1 050万元，比1999年增长30%。有500余户从事出口菜生产，户均年收入6 000元。出口蔬菜主要销往香港、新加坡等国家和地区。

【北京卉隆干燥花有限责任公司】 公司主要从事干燥花的种植和加工。该公司干花产品在1999年昆明世界园艺博览会上，获金奖和银牌，在2000年香港国际花卉展上获特别奖。公司连续5年参加广交会，建立了稳定的外销渠道。公司种植基地遍布昌平、延庆、密云、河北坝上。公司所在地沙河镇松兰堡村达53.33公顷，带动松兰堡村80多个农户，解决了100多名劳动力就业问题，使该村成为以干花种植为龙头的出口型专业村。

【北京市蜂业公司】 北京市蜂业公司是北京市林业局所属国有企业，是北京市第一家集养蜂生产、加工、管理、科研、出口于一体的综合性蜂业专业公司，承担完成国家科委下达的国家级星火计划“北京市蜂产品养殖、加工、销售一条龙工程”项目。

公司以蜂产品加工出口为主，生产的“华林牌”北京极品蜂王浆、北京蜂胶精、北京巢蜜、特种蜂花粉、北京蜂胶片、各种袋蜜、瓶蜜等系列蜂产品品种多，质量好，科技含量高，深得客户欢迎。“华林牌”北京蜂王浆主要出口日本，出口量名列全市第一；北京巢蜜作为中国专利产品，先后获国际蜂疗产品博览会金奖、1999中国国际农业博览会名牌产品称号；北京蜂胶精在脱铅、纯化和水溶性等方面的技术含量在全国处于领先地位，有奇特的抑制肿瘤、降血脂、止痛消炎等功效，是北京市高新技术产品。

公司结合产业化建设，建立养蜂基地，成立华林养蜂合作社，为蜂农提供新蜂箱、新蜜桶、巢础、蜂药、养蜂运输车、种蜂王等，并以高出市价25%的价格收购原蜜。

公司出口业务迅猛增长，业务覆盖34个国家和地区，出口蜂王浆、花粉、蜂蜜、蜂胶等，直接和间接创汇320多万美元，有力地带动京郊2 500多户蜂农致富。全市养蜂总数也由5万多群上升到11万群，年产值由1 600多万元猛增到达4 200多万元。

【北京市平谷县华阳服装厂】 华阳服装厂是夏各庄镇的一家镇办企业，建于1985年。1992年，与日本伊藤中株式会社、信岗株式会社、香港昌泰发展公司组建两家合资企业，即信阳服装有限公司、友劲服装有限公司。利用外资120万美元，占地面积3.7万平方米，建筑面积1万平方米。现有职工1 200人，拥有总资产8 000万元，其中固定资产3 500万元。在企业发展过程中，为了扩大出口业务，提高企业经济效益，1993年取得了自营进出口权；为提高产品市场竞争能力，增加产品附加值，1995年投资600万元引进世界先进水平的SSP服装定型生产线。为提高产品质量，加快与国际经济接轨步伐，从1998年开始进行ISO9000国际质量认证，2000年8月通过了ISO9002国际质量体系认证。为了解决资金紧张的矛盾，1996年，该厂凭着与日本客商多年的良好合作关系，率先申请了使用国际贷款，最高额度达到2.5亿日元，为乡镇企业开辟了一条新的融资渠道。2000年华阳服装厂积极响应市、县号召，深化企业改革，目前，正在积极运作职工占大股的股份合作制。年内实现销售收入1.2亿元，完成工业增加值4 500万元，实现利税500万元，创汇1 100万美元。

【北京市瑞驰钻石厂】 该厂为北京百强企业，建于1987年，总资产4 000万元，主产品是切割钻和颗粒钻，年产量5万多克拉，年出口供货额亿元以上。

1993、1994年被评为全国创汇优秀企业，为国家定点贸工农基地，并取得自营进出口权。年内累计出口供货额1.3亿元，直接出口创汇100万美元。2000年10月，我国第一家钻石交易所——上海钻石交易所成立，该厂是第一批会员。

【北京安泰钢研金刚石制品有限责任公司】 公司主要从事粉末冶金金刚石制品及超硬材料领域的研究、开发和销售，拥有各种金刚石制品十二大系列，共计600余种规格。成为目前国内品类齐全、做工完美的金刚石制品厂家之一。当年公司生产锯片突破了300万片，年销售产值9 800万元。公司的快速发展，带动了本地区为其配套加工的六个村办小厂的发展，增加了农民收入。

【北京奔驰服装集团公司】 北京奔驰服装集团公司始建于1993年，集团公司下属有：北京奔驰衬衫有限公司、北京华和服装有限公司、北京华联衬衫厂、北京三佳时装有限公司、北京雷城制衣有限公司。集团公司现有职工1 380人，主要产品有：男士西服、茄克衫、护士服、童装、时装。2000年实现销售收入10 009万元，同比增长20.7%；实现利润723万元，同比增长292.9%；税收241万元，同比增长63.4%；出口创汇1 087万美元，同比增长25.5%。

【北京维根制衣有限公司】 北京维根制衣有限公司是顺义区大孙各庄镇农工商联合总公司与香港思大有限公司合作组建的中外合作经营企业，注册资本212.6万美元，固定资产2 524万元，职工675人。

公司创立以后，以市场为导向，追求技术和管理创新，努力开拓国际市场。在提高产品质量上，公司采取聘请高层次管理人才和专业技术骨干、引进先进的生产设备、对职工进行专业知识和技能的培训等措施；在管理上推行现代企业制度；在开拓国际市场上，实施品牌战略。2000年，公司创产值1.1亿元，出口交货额8 600万元，实现利润1 100万元。

【北京天釜服装有限公司】 北京天釜服装有限公司始建于1986年，是来广营乡的中外合资企业，固定资产1 462万元，企业人数665人。为了对外业务需要，成立天釜工贸公司。2000年与美国KEVO公司合作，在加利福尼亚投资360万美元成立JILAUREO公司。天釜占该公司51%的股份。公司主要生产、加工各类出口服装，年生产能力100多万件（套），与德国ISPERT公司合作，生产高品质出口服装。与意大利GTR世界著名公司合作，以天釜为生产基地，向世界推广GTR公司7大名牌240多个款式的系列服装。为了提高企业的技术含量，投资30多万元，引进西班牙CAD计算机自动排版系统。公司还通过了ISO9002国际质量认证。产品远销美国、日本、法国、意大利等十多个国家和地区。2000年出口产品交货额8 000万元，同比增长120%，直接出口创汇80万美元，利润总额120万元。

【北京三益皮革制品有限公司】 北京三益皮革制品有限公司占地面积2.8万平方米，建筑面积9 600平方米，引进资金1 100万元。该公司产品为皮革服装及各种皮件，产品大部分销往国外，如俄罗斯、韩国、日本等。1998年出口供货500万元，1999年出口皮衣3.5万件，是上年的8倍，出口供货列全区之首，占全区乡镇出口总额的30%。

【北京辛营服装有限公司】 北京辛营服装有限公司是一个以制作、加工、出口服装为主的劳动密集型企业。经过20年的发展，企业现已达到总资产4 010万元，占地25 000平方米，建筑面积15 000平方米，从业人员1 060人，拥有12条服装生产线，年可生产衬衫500万件。

企业发展一贯坚持信誉至上精神，努力开拓国际市场，不断改革企业的经营管理机制，充分发挥自营出口优势，狠抓产品质量，使企业的知名度逐年提高。产品已远销东欧、北美、东南亚等20多个国家和地区。产品出口供货额逐年增长，市场竞争力明显增强，外销渠道逐步扩大，自营出口网络初步建立。2000年外贸出口供货额达到5 600万元，成为全县外贸出口创汇大户。2000年创产值9 000万元、总收入7 000万元、利税400万元。企业多次被市、县及有关部门评为先进企业，现已进入市百强乡镇企业行列。

企业班子成员在荣誉面前不满足，以企业二次创业为契机，2000年，该企业改制为股份合作制企业，并通过ISO9000质量体系认证。

【北京松下电子部品有限公司密云分公司】 北京松下电子部品有限公司密云分公司是牡丹密云公司与北京松下电子部品有限公司合资成立的企业。该公司申请并通过了ISO9002国际质量体系认证，拿到了进军国际市场的通行证，有效提高了产品质量，每百万件产品客户投诉由1998年的0．7件降至0.16件。公司以生产手机用微型扬声器为主，拥有16条生产线，年生产能力7 000万台，为世界上最大的微型扬声器生产厂家。年收入3 500万元，同比增加66.78%；利润320万元，同比增长75．8%。

【北京健力药业有限公司】 北京健力药业有限公司是出口导向型企业，主营氨基酸类原料药、食品添加剂、保健品、医药口服固体制剂等系列产品的生产和销售。主要产品有甘氨酸、木糖醇、DL－蛋氨酸、牛磺酸、L－胱氨酸等。其中甘氨酸年产量已达1 500吨，木糖醇年产量已达1 000吨。

在市场需求不断增加和出口任务不断加重的情况下，该公司投资1 000万元按照GMP管理要求新建了一座符合国际标准的木糖醇产品生产制作车间。公司已通过了以色列Kosher认证，预计2001年年初将通过GMP制药管理标准和ISO9002产品质量体系认证。

良好的销售网络和畅通的销售渠道为该公司打开国际市场的大门提供了更加有利的条件，2000年，实现产值5 500万元，产品销售收入4 500万元，出口创汇450万美元，纳税150万元。

先进养殖小区

【门头沟区妙峰山镇陇驾庄鸵鸟养殖小区】 占地8公顷，总投资570万元，入区农户73户，现存栏种鸵鸟280只，育成鸟869只。小区实现自繁自养，2000年出栏商品鸟700只，收入140万元，利润84万元，户均收入万元以上。

【门头沟区潭柘寺镇仙潭珍禽养殖小区】 现存山鸡、珍珠鸡、乌鸡4万余只，年出售商品鸡10万只，收入300万元，带动农户30户。年内平均每户收入8 000～9 000元。

【大兴县长子营镇牛坊宫廷黄鸡养殖小区】 该小区是农民与集体共同出资兴建的养殖小区，占地面积6.67公顷，入区农户42户，肉鸡存栏11万只。经市验收，被评为市一级养殖小区。养殖小区的投资主体是农民，共计投资200万元，其中农民投资150万元。小区建有完善的农民合作经济组织，即中华宫廷黄鸡养殖协会，为入区农户提供水电、防疫及养殖技术等方面的服务。小区内有完善的防疫设施和防疫制度，定期对小区进行统一消毒，并与镇畜牧兽医站和市农林科学院畜牧所建立了广泛的合作关系，负责小区的防疫及治疗工作。为了解决养殖户的销售问题，村集体与北京市农林科学院共同出资组建了北京德盛园珍禽养殖有限公司，向养殖户提供雏鸡及饲料，并回收成鸡，解决了入区农户的后顾之忧，提高了养殖户的经济效益。入区农户平均年纯收入15 000元，最高达到20 000元。

【大兴县庞各庄镇薛营创新奶牛养殖小区】 大兴县薛营创新奶牛小区，占地面积5.33公顷，入区专业户63户，奶牛存栏450头。经市验收被评为一级养殖小区。薛营创新奶牛小区，是以农民投资为主体，共投资350万元，其中农民自筹300万元。

小区建有较完善的农民合作经济组织，即奶牛合作社为入区农户提供一条龙一系列的优惠政策和各项优质服务：免收一年的房租和水电费；配种、防疫、治疗只收成本费；饲草、饲料进行统一配方，统一加工，只收成本费和鲜奶的储藏运输等。

小区建有健全的防疫制度和设施，每年春秋两季以乡兽医站为主，小区兽医为辅进行检疫，发现问题及时解决，小区内设有消毒池、消毒室等防疫设施，确保奶牛的健康发展。

为了解决农户交售鲜奶难的问题，小区与三元公司签订了牛奶供销合同，同时又投资40多万元建立了三元奶业服务站，解决了交奶难的问题。排除了养殖专业户的后顾之忧，即调动农户的积极性，又提高了经济效益，使平均每头奶牛年纯收入3 500多元，户均纯收入达2万元左右。

【丰台区长辛店乡三和奶牛养殖小区】 长辛店乡三和奶牛养殖小区，位于北京市西南近郊，是以三和畜牧养殖有限公司为龙头的股份合作制企业。公司总投资1 200多万元，基础设施完备，生产工艺先进，并且拥有一支高学历、高素质的管理人才队伍，大专以上学历占到80%。拥有兽医、畜牧、营养、防疫等多方面专家若干名。从饲养、配种、防疫、繁育到饲料及原料乳检验环环相扣，责任明确，保证了从生产到供给的各项理化和卫生指标达到了国际标准。被“光明乳业”定为优质奶源供应基地。小区积极响应党的富民政策，大力发展农民合作经济，目前入区农户达到50多家，入户农民纯收入达2万元。该小区为了长远发展，积极同农民和地方政府合作，投资400万元新建乳品深加工企业——三喜乳业有限公司。产品已打入市场，受到了消费者的信赖。

【平谷县峪口镇环茂养殖小区】 环茂养殖小区位于峪口镇梨各庄村东。该小区占地2公顷，是由梨各庄村养殖大户田茂永等44户农民共同投资160万元兴建的。小区2000年3月初开始动工，目前已建成并投入使用，全区建筑面积达8 000平方米，可存栏生猪3 000头，每户年出栏商品猪100头，全区年出栏商品猪10 000头。

小区由县畜牧主管部门规划设计，实行统一管理，区内布局合理，水、电、路等基础设施齐备。成立了兽医防疫工作组，乡兽医站专业人员负责小区防疫工作，区内设有消毒更衣室、兽医室、化验室、解剖室、尸体坑，并建有科技培训室、办公室和统一的粪污排放、清理设施。小区以养殖大户田茂永为龙头，组建了养殖合作组织，负责仔猪供应、饲料供应、商品猪销售等各项生产服务。合作组织已与北京鲲鹏集团签订了10 000头的生猪收购协议。

田茂永已经引进优良种猪300多头，可年产仔猪6 600多头，保证了小区仔猪供应。此外，还将投资80万元对现有饲料加工厂进行扩建，年生产能力达到5 000吨以上，保证小区饲料供应。该小区走上龙头带农户的产业化发展之路。

【平谷县镇罗营乡上镇肉鸡养殖小区】 小区位于镇罗营乡上镇村，占地2公顷，总投资78万元，入区养殖户24户。小区2000年3月份开始动工，现已建成投产，建筑面积达6 200平方米，全区养殖规模可存栏肉鸡4.8万只，年出栏24万只，可创产值480万元，获利36万元，户均纯收入达1.5万元。小区突出以农民投资经营为主体，由县畜牧主管部门统一规划，农户个人出资兴建，村集体负责水、电、路等基础设施建设。对入区养殖户，村集体免收3年承包费。小区防疫设施齐备，并成立了协会组织，负责供雏、供料，提供养殖技术、组织成品鸡回收等各项服务。协会已与正大集团签订了肉鸡养殖协议。

【怀柔县桥梓镇北京凯特威鹿业小区】 北京凯特威鹿业小区（养殖技术中心）位于桥梓镇凯甲庄村。该小区建于2000年4月，占地2公顷，建筑面积1 200平方米，总投资340万元，其中农民投资100万元，由43户农民入股经营，户均投资2.3万元。小区设计一期建设规模1 000头，二期达到3 000头。

现存栏优质梅花鹿种鹿500头，养殖防疫设备和化验设备齐全，有管理和技术人员10名，技术先进，设备精良。小区全部达产后，可年产鲜茸2 500千克，可加工鹿茸产品、保健品5吨，年产仔鹿1 000头，使周边133.33公顷地的玉米秸秆饲料转化为鹿茸、鹿肉等其他鹿产品，可带动周边村镇500户养鹿专业户的发展。小区可实现年产值500万元，纯收入180万元，平均每个投资农户可获利4万元。小区2000年纯收入达到51万元，户均收入超万元。

该养鹿小区有以下四个特点：第一，采取股份合作制运行；第二，各项规章制度健全，责任到人，分工明确；第三，梅花鹿繁殖种群优良；第四，生产加工设备先进；第五，产供销全方位服务。

【怀柔县琉璃庙乡鲟鱼养殖小区】 琉璃庙乡地处深山区，该乡充分利用本地区的资源优势，把鲟鱼养殖业确定为本乡的主导产业，并明确以抓养殖小区建设带动全乡鲟鱼养殖。为调动农户入区养殖鲟鱼的积极性，乡政府专门制定了4项优惠政策。截至目前，小区共投资600万元，主要以农户投资为主，采取农户入股或联户自养等形式，入区农户已达36户。小区内各项基础设施齐全，并根据需要制定了生产管理、防疫等各项规章制度。小区是以北京龙兴鲟鱼开发有限公司为龙头，由公司为入区农户提供苗种、饲料、养殖技术、收购一条龙服务。2000年，小区出售商品鱼6万千克，创产值1 000万元，实现收入700万元。

【延庆县旧县镇大柏老奶牛小区】 大柏老是养牛专业村，全村共有719户，2 258口人。

1998年，为落实市县富民政策、改善奶牛养殖条件和村民生活环境，该村于村西开始建设奶牛养殖小区。到1999年底，该小区已发展到占地20公顷、入区120个养殖户、奶牛存栏达600头规模的养牛小区。2000年根据需要决定在原奶牛养殖小区的基础上建设大柏老奶牛合作总社。该项目规划总占地40公顷，分成10个养殖小区，每个小区存栏奶牛500头左右，10个小区奶牛总存栏5 000头。总社配套相应的服务设施，每个小区内设有牛棚、挤奶台、饲料加工等设施。

2000年末，全村有各种养殖户470户，占全村总户数的65%，其中，奶牛专业户360户，奶牛存栏2 200头。全村奶牛存栏及牛奶产量占全县总量的30%左右。已进入总社奶牛养殖户达210户，奶牛存栏1 800头。2000年该村畜牧业总收入4 500多万元，全村人均畜牧业纯收入4 000多元。

【延庆县千家店镇肉鸡养殖小区】 该养殖小区1999年正式投产。小区总投资265万元（农民投资83万元），占地面积3.73公顷，建筑面积14 144平方米，其中鸡舍24栋、13 600平方米，生活区库房1栋、建筑面积544平方米。经2000年对小区生活区、净道、污道、消毒等设施完善改造，整个小区达到了市级养殖小区标准。

小区肉鸡养殖户负责肉鸡饲养，养殖技术依托县山区办肉鸡协会，由该协会提供鸡雏、饲料购置和饲养技术、销售等服务。千家店镇兽医站派专职人员负责卫生防疫工作。

2000年，小区25个养殖户共出售肉鸡35万只，销售收入630万元，纯收入达65万元，每户纯收入2.6万元。

【房山区青龙湖镇大马村贵妇鸡养殖小区】 青龙湖镇大马村贵妇鸡养殖小区占地6.67公顷。集体投资800万元完成水、电、路及房舍建筑等基础设施建设，养殖户投资120万元购买种鸡。小区依托山东省曹县野味食品厂驻房山办事处，联合小区内养殖户成立了贵妇鸡养殖合作社，负责为养殖户提供统一供种、防疫、回收等系列化服务。为促进贵妇鸡养殖业的发展，购进了4台孵化设备，建立孵化厂，为养殖户提供免费孵化服务。小区与曹县食品公司共同投资200万元，建成了占地2公顷，年屠宰加工能力100万只的加工厂，为贵妇鸡养殖产业化打下了基础。现入区养殖户100户，贵妇鸡存栏20万只，年出售成鸡30万只，收入450万元，经济效益120万元，户均增收1.2万元。

【房山区官道镇南刘庄獭兔养殖小区】 官道镇南刘庄獭兔养殖小区占地2公顷，建筑面积6 980平方米，总投资180万元。其中农户投资108万元，建兔舍40栋；集体投资72万元，用与于基础设施建设，包括水、电、路、办公设施、消毒池、饲料加工等。小区出栏商品兔5万只，第一批商品兔1.2万只由美吉公司以每只80元的种兔价格回收，创产值96万元。户均收入2.4万元。为了使兔业健康有序的发展，小区与北京美吉皮革制品有限公司及农户三方共同组建了獭兔养殖合作社。合作社负责为养殖户提供统一防疫、供种、饲料配方等服务，美吉公司对农户采取资金抵押形式赊销种兔，并与养殖户签订了每千克16元的最低保护价收购合同，使养殖户的产品销路有了保障。全村獭兔养殖户达到98户，占全村总户数的85%，兔业收入132万元。

【昌平区阳坊镇八口养羊小区】 小区基础设施完善，占地2.67公顷，总投资80余万元，全部为农户投资，于2000年8月份正式投入使用。小区与北京盛世富民养羊合作社建立了服务合作关系，建立健全一整套规章制度及服务措施，为养羊户提供配套服务，确保小区农户获得较好的经济效益。每只羊平均盈利30元以上，户均纯收入达1 500元，使全村人均纯收入增加16%以上。小区解决了该村40户80人的劳动就业问题。

【昌平区崔村镇香堂村养羊小区】 小区占地面积2公顷，建筑面积6 000平方米，设计规模40个标准养殖户，总投资98万元，其中农户投资50万元。小区内拥有完善的防疫设施，各项制度健全。小区自2000年5月份开始饲养，40个养殖户全部入区养殖。小区采用以“尿酶抑制剂”为核心的肉羊全价饲料和系列配套技术，每只羊平均日增重达到250克，平均每只育肥羊获利30元左右。2000年底，小区累计出栏羊3批次，共计5 100余只，盈利15万元，平均户获利润3 800元。

【顺义区北务镇北务奶牛养殖小区】 1999年底建成，总投资200万元，占地2.33公顷，牛舍建筑面积4 000平方米。现存栏成乳牛220头，日产鲜奶3吨。

小区建成后，加强管理、精心饲养，使奶牛头均日产奶达30千克以上，牛奶质量一直符合特级标准。2000年，小区日出鲜奶8吨，带动农户40余户，户均增收2 000元，带动奶牛饲养量1 100头，为农户销售鲜奶1 000多吨。

【顺义区后沙峪地区回民营奶牛养殖小区】 1999年9月以48户农民为投资主体入股兴建的奶牛养殖小区，占地3.33公顷，建筑面积2 100平方米。现存栏奶牛230头，其中成乳牛180头。

2000年，小区种植了23.33公顷牧草，修建2个2 500立方米青贮池。在管理上按照奶牛不同生长阶段实行科学饲养。为保证牛奶质量和卫生，实行机械化挤奶。全年销售鲜奶549吨，实现销售收入98万元。

【通州区宋庄镇喇嘛庄村益民养殖小区】 益民养殖小区于1998年10月建成，位于宋庄镇喇嘛村，占地面积10公顷，有养鸭温室24栋，种鸭舍8栋，建筑面积9 000余平方米；孵化室1栋，建筑面积1 000余平方米，有最新型的电脑控制孵化机6台。固定资产650多万元，流动资金100多万元。有职工50人。1999年成立了合作组织，除入小区的45户外，还带动本地区40多户农民养殖。益民小区采取公司加农户的产业化模式，即公司负责提供种苗、饲料、技术、产品回收等服务，农户只负责饲养。公司和农户之间独立经营、单独核算。2000年出售商品鸭90余万只，产值1 800万元，获纯利135万元，户均利润达1.5万元。

【通州区郎府镇杜柳棵村绿色兔业养殖小区】 北京绿色兔业高效园坐落于通州区郎府镇杜柳棵村。建于2000年3月，5月建成投产，占地6.67公顷，总投资280万元。园区入住40户，每户有法国引进的伊普吕肉兔20组，存栏2 000只。成立了肉兔生产合作社，实行统一管理，单独核算。2000年出栏商品兔1.6万只，实现销售收入40万元，利润24万元，户均利润5 000元。

【海淀区永丰乡永丰创业肉鸡小区】 永丰创业养殖小区是肉鸡专业养殖小区，于1999年下半年投资建设，2000年6月份全部建成投入正常生产。小区建设占地4.67公顷，建筑面积13 000平方米，总投资260万元，其中入区养殖的农民投入180余万元，占总投资额的70%。区内各项基础设施齐备，符合专业化养殖工艺流程，具有相关的隔离措施及统一的粪污清理措施，集贮设施，并建有完善的防疫设施，还有可靠的畜牧兽医技术依托，以保证区内肉鸡养殖的健康发展。永丰创业养殖小区正常生产存栏规模8万只，可进雏放养40万只，出栏成品肉鸡36万只。已于2000年10月，通过了市、区两级验收。

【密云县十里堡镇密统奶牛小区】 该小区1999年底由密统奶牛场投资兴建，占地规模6.67公顷，累计投资256万元，由三个小区组成，有挤奶平台两个。其中养殖一区于2000年5月建成并投资使用，入区40户，存栏奶牛200头，在5月份市有关部门组织的验收中达标，并被评为“北京市奶牛养殖示范小区”。二区、三区带动入区养奶牛农户80户，存栏奶牛800余头，日产鲜奶5吨以上。小区实行全封闭管理，设专人昼夜值班，不符合检疫手续的奶牛严禁入区。小区内设有防疫、兽医室，设备齐全，并聘请专职技术人员负责小区防疫、治病、卫生管理及技术指导。小区门口设有消毒池，对入区车辆及人员进行严格消毒。区内进行了大面积绿化。小区成立了以密统奶牛场为龙头的密统奶牛合作社，为养殖户提供产、供、销一条龙服务，带动500户农户发展奶牛养殖，奶牛养殖户户均年纯收入达到4．4万元。

【密云县太师屯镇太师庄鸵鸟养殖小区】 太师屯镇太师庄鸵鸟养殖小区，建于2000年4月，总占地面积1.467公顷，其中圈舍建筑面积1 500平方米，总投资131万元，现存栏鸵鸟1 000只，入区农户21户，是京郊鸵鸟养殖规模最大的养殖小区。小区由村集体投资，统一规划、统一建设，以出租的方式，交给农户使用。小区防疫体系健全，组建了鸵鸟养殖合作社，负责小区日常生产管理工作，为入区户养殖鸵鸟提供饲料，带动农户发展优质牧草种植。小区依托北京中垦农牧有限公司，采取“公司+合作社+农户”的经营方式，与农户签订鸵鸟购销合同，负责提供种鸟、饲料配方、技术指导、产品回收等系列服务。小区带动70户农户发展鸵鸟养殖，年内出栏鸵鸟800多只，获纯收入160万元，户均增收2.3万元。

【朝阳区三间房乡华泰畜禽养殖小区】 三间房乡华泰畜禽养殖小区，由三间房西村于2000年6月投资兴建，总投资300万元。该养殖小区占地4公顷，其中种鸡场占地0.67公顷，养殖区占地3.33公顷。养殖园区采取公司加农户合作生产的经营方式，园区饲养舍地以低价租给农户，由农户自主经营；园区负责产前、产中、产后服务，负责提供雏鸡、饲料，负责防疫及销售。通过与各养殖户签订收购合同，带动农户40户，每户设计年可出栏商品山鸡4 500只，年纯收入可达2万元左右。

先进区县工业区

【北京天竺空港工业区】 于1994年1月经北京市人民政府批准成立。工业区内设管理委员会，代表顺义区人民政府对工业区实行统一领导和管理。委员会下辖天竺空港开发公司。2000年11月，该公司获得由英国 UKAS 授权颁发的 ISO9002 国际质量体系认证证书。

2000 年，工业区基础设施投资总额为 8 372 万元，累计达 6.8 亿元。首期开发的 3 平方千米范围内基础设施已全面实现“七通一平”，标准化厂房面积已达 10 万平方米。累计入区企业达 64 家，投资总额 9.8 亿美元。其中，2000 年引进入区项目 15 个，投资总额 2.43 亿美元，新增到位资金 4 000 万美元。工业区实现销售收入 130 亿元，国内生产总值 20 亿元，税收 4 亿元，出口创汇 41.5 亿元，利润 5.5 亿元。

【北京石龙工业区】 紧抓了“二次创业”契机，以引进高新技术和规模企业为主，招商引资和技术改造取得了新的成绩，各项经济指标稳步增长。全年实现技工贸总收入 47.1 亿元，同比增长 3.6%；上缴税金 2.1 亿元，同比增长 13.6%，创建区以来最好水平；实现工业产品销售收入 7.4 亿元，同比增长 24.8%。34 家入区征地建厂企业完成工业产值 3.5 亿元，上缴税金 3 318.9 万元。全年完成招商 90 家，引进外资 4.37 亿元，同比增长 388.4%。出让土地面积 15.55 公顷，同比增长 5.7 倍。入区建厂企业 7 家，其中北京万辉药业集团有限公司、北京三聚环保材料有限公司、北京普生禾生物工程有限公司为高新技术企业，北京红狮集团有限公司、北京王致和食品集团有限公司为规模企业，上述 5 家公司投资额均在 3 000万元以上。此外，工业区在原有 4 家直属公司基础上，通过实施资产剥离、新产品新项目引进和乡镇村股份联营等形式，新成立实体公司 6 家，为工业区总公司转制和组建石龙股份企业集团奠定了基础。

【北京密云工业开发区】 该区于 1992 年 5 月经市政府批准成立，现占地 3 平方千米，基础设施建设投资达到 3 亿元。区内全部实现“六通一平”：14 条道路形成网络，总长 20 千米；有 110 千伏变电站一座；机井 9 眼，日供水量 1．5 万吨；排污管线 12．3 千米，与县污水处理厂相通，日处理污水 1．2 万吨；雨水管线 19．5 千米；安装 IDD 国际电话 10 万门，并建立电信支局一座，供暖站两座，入区企业实行集中统一供暖、供气，供暖能力达 80 万平方米，供气达 20 蒸吨/小时。区内设财务部、招商部、入区企业管理部、土地规划部、物业管理部和办公室等“五部一室”，为入区企业做好全方位服务。入区企业 86 家，其中清华同方软件园、青岛澳柯玛集团、内蒙古伊利集团、湖南株洲太子奶集团、贵州神奇制药集团、沈阳金龙保健有限公司等高新技术企业 48 家。企业投入 25 亿元，实现科工贸总收入 30 多亿元，税金 1．95 亿元。

【北京雁栖工业开发区】 北京雁栖工业开发区于 1992 年经市政府批准成立，起步区为 2.05 平方千米，总体规划面积为 9.64 平方千米。

北京雁栖工业开发区隶属怀柔县政府，机构设北京雁栖工业开发区管理委员会，管委会下设北京市长城伟业投资开发总公司。具体负责开发区的开发建设及经营管理，公司机构健全，各项制度完善。公司下设三部一室一中心，即土地规划部、招商部、财务部、政办室及物业管理中心。

开发区经过 8 年建设，基础设施总投资已达 25 000万元，实现了供电、给水、排水、电讯、蒸汽、道路及场地平整，即“六通一平”。目前开发区内入区企业三百余家，入区企业总投资达 250 000 万元。区内企业主要以食品饮料行业为主，有投资 1.75 亿美元的美国独资企业爱芬食品（北京）有限公司，投资 4 500 万元的健力宝（北京）有限公司，投资 10 400 万元的红牛维他命饮料有限公司及投资 2 950 万美元的雁栖中央化学（日本）有限公司。2000 年入区企业新增到位资金4 420万元，实现增加值 25 000 万元，上缴税金达 8 000 万元。

【北京大兴工业开发区】 北京大兴工业开发区于 1992 年经北京市人民政府批准成立，2000 年被北京市政府批准为市级高科技工业区。规划面积 5 平方千米，位于黄村卫星城北部，京开高速公路东侧，距北京市区仅 9 千米。地理位置优越，交通十分便捷。开发区管委会和开发经营总公司对区内企业提供全方位、优质、高效、便捷的一条龙服务。

开发区累计投资 3.2 亿元，建成了高标准的“七通一平”基础设施。以其良好的环境和优惠的政策，吸引了众多企业投资建设。区内注册企业已达 321 家，投产企业 87 家。以北大青鸟和三元基因为龙头的高新技术企业入区，使开发区形成了以北京软件园、留学生创业园和北京基因园为特色的高科技工业园区。2000 年，该区实现工业总产值 5.1 亿元，技工贸总收入 9.1 亿元，工业增加值 1.02 亿元，工业销售收入 4.6 亿元，上缴税金 5 200 万元。

先进乡镇工业小区

【怀柔县雁栖镇雁栖山区工业小区】 怀柔县雁栖工业小区是怀柔县北部山区乡镇发展工业的重要基地。1993 年，县委、县政府根据怀柔实际，大胆调整产业空间布局，做出了“山区企业平原办，划定区域集中办”的战略抉择，在怀柔山区与平原的交界地带，划出了 2 平方千米的沙荒地，兴办山区乡镇工业小区。经过十几年的发展建设，雁栖工业小区已初具规模，布局结构趋向优化。目前已达到七通一平的条件。到 2000 年底，入区生产企业已达 63 家，注册企业达 421 家，从业人数 2 652 人，总资产 7.04 亿元，其中固定资产 4.07 亿元。总资产、固定资产占全部乡镇企业总量的 15.6% 和 17.6%。实现产值 9.5 亿元，收入 9.6 亿元，利润 5 400 万元，占全部乡镇集体企业完成总量的 19.8%、23% 和 21.2%，成为拉动全县经济增长的主要基地之一。近几年，通过改革与调整，加大重组转制力度，已初步形成汽车配件、包装印刷、食品饮料、生物工程等主导行业。该小区的成功建设，为怀柔山区乡镇发展二、三产业提供了广阔的空间和良好的发展机遇，起到了龙头示范带动作用。

【顺义区北小营镇宏大工业小区】 于1993年12月经顺义县人民政府批准兴建。小区规划占地63公顷，其中绿化用地9.3公顷，道路用地9.6公顷，建设用地37.3公顷。到2000年底，已有14家企业在小区落户，投资总额超过7亿元。

小区兴建以后，以合理规划、突出特色、发挥优势、重点发展为宗旨，请规划设计部门进行卫星定位设计，详细规划。镇政府先后投资4 100万元进行基础设施建设，为入区企业创造良好的生产环境。2000年，小区实现销售收入4.1亿元，实现利税总额5 192万元，有2 376人在小区内就业，占全镇劳动力总数的30%。

【朝阳区高碑店乡高井工业小区】 高碑店高井工业小区南临京通路，北临朝阳路，东面是规划的五环路，交通十分便利。小区1995年经市政府、市规划局批准，总占地面积9公顷，规划总建筑面积3万平方米，目前，各项设施总投资已达到4 500万元，上下水、供电、道路、绿化等基础设施已全部完成，区内建有厂房、办公设施2.6万平方米。现有企业11家，2000年完成收入45 618万元，利税3 805万元。

【平谷县峪口镇工业小区】 峪口镇是北京市第一批小城镇建设试点城镇之一。该镇工业小区总规划面积133.33公顷，首期开发66.67公顷。目前入区企业178家，累计吸引社会各界投资2.1亿元，其中用于基础设施投资3 000万元，修筑区间道路45 000平米，铺设上、下水管线2 000米，电力容量2 000千伏安。

该镇始终以大力发展高科技、高附加值的多种所有制形式的工业企业作为工业小区发展的目标，优化改善小区投资环境和产业布局，高起点、大范围、多形式招商引资。2000年工业小区引进的6个生产型项目已全部投产。北京金博羊绒制品有限公司，总投资5 000万元，注册资金380万元，实现销售收入1.2亿元，创汇1 000万美元。入区的北京韩吉防水材料有限公司、恒大盛业机电调和制造有限公司、金天峪医药设备有限公司、嘉正纸塑包装制品有限公司四家民营企业也已进入生产、试产阶段，总投资3 050万元，达产后可年实现销售收入1.2亿元，税收650万元。由北京洛娃集团投资5 000万元的洛娃洗涤剂、双娃食品生产项目也开始动工兴建。

目前该工业小区安置全镇农村劳动力2 000人就业，占全镇农村劳动力总数的15%。2000年工业小区实现销售收入3亿元，利税5 000万元，分别较1999年增长了41%和38%，分别占全镇的68%和80%，有力地促进了镇域经济的快速发展。

【房山区窦店镇青云工业小区】 窦店镇青云工业小区位于京石高速公路西侧窦店出口处100米，距京城35千米，北侧毗邻中外合资的锦绣花园。小区规划占地面积2平方千米。小区制定了窦店镇人民政府关于促进经济发展的优惠政策，按照国家的环境保护法，建成了环区林带，绿化绿地面积达3万平方米，基本实现了区内“六通一平”为招商引资营造了良好的投资环境。小区成为以仪器仪表、建材、化工产品生产为工业基础、产业具有规模、科技含量较高的工业小区。2000年入区企业已达26家，比上年增长44.4%，实现总收入3.35亿元，比上年增长30.8%。吸纳本镇农村劳动力2 322人，占工业小区职工总数的92.7%。

【顺义区马坡镇聚源工业小区】 于1995年6月经顺义县人民政府批准成立。小区占地面积20公顷，累计入区企业14家，有1 230人在区内就业，其中本镇职工870人。

小区兴建以后，镇政府先后投资7 000万元进行基础设施建设，区内已基本实现“五通一平”，并符合国家环保要求。2000年，有4家企业入区，全年实现销售收入2.4亿元，利税2 670万元，增加值3 840万元。

【大兴县黄村镇黄村民营工业区】 北京黄村民营工业区，已累计入驻各类企业24家，其中，2000年新入区企业9家，计划投资3亿元，已有4家企业动工筹建。2000年小区实现产值28 000万元，销售收入25 000万元，利税总额实现3 800万元，完成出口供货额1 500万元。在原有基础设施上，年内又投资480万元，完成供热站二期工程，建成环保型燃油锅炉，供热面积达12万平方米，经市、县环保局、劳动局全面验收为“达标锅炉房”。小区内绿化面积已达10万平方米，绿化覆盖率达40%以上。投资1 800多万元与北京长途汽车公司大兴分公司入区合作，开通了937、957、968等路公交汽车，极大地改善了小区的交通环境，拉近了工业区与城市间的距离。

【昌平区北七家镇北七家工业小区】 该园区由镇政府全资企业——北京北亚工业科技开发集团经营开发。现有入园企业72家，注册资金8.2亿元。其中，中外合资企业9家，高新技术企业46家。入园企业产品有8项获国家级奖励，16项获市级科技奖励，36项具有专利技术证书，9项属国家有关部委推荐产品，有6项直接出口国外。全年实现营业收入1.5亿元，实现增加值3 600万元，完成纳税额1 080万元，利润1 350万元。

【通州区马驹桥镇工业星火密集区】 马驹桥镇位于通州区西南部，镇域面积42平方千米，辖34个村民委员会，是北京市政府确定的33个中心镇之一。马驹桥镇工业星火密集区1994年经首规委批准建立，占地66.67公顷。2000年有入区企业20家，以环保药业、塑料制品、乳业为主。入区企业总投资3.6亿元，其中投资在2 000万元以上的有5家，实现总收入1.7亿元，利税总额2 240万元，增加值2 856万元，分别比1999年增长88.9%、45%、43%。工业小区职工总数为1 500人，其中吸纳本市农村劳动力1 345人。入区企业工人全部是高中以上学历，管理人员中博士10人，硕士20人，大学以上40人。

【通州区漷县镇漷县工业开发区】 漷县镇漷县工业开发区是在1994年漷县镇被批准为北京市建设总体规划试点小城镇的基础上投资兴建的工业开发区。小城镇总体规划面积3.23平方千米，其中工业区为0.8平方千米，一期起步区为0.4平方千米。基础设施投资9 000万元。入区企业60家，总投资8.2亿元。其中投资5 000万元以上的企业有8家，投资超亿元的企业有4家。在这些规模较大的企业中有国内著名企业鄂尔多斯羊绒集团、北京恒聚化学剂有限公司、中食产业集团鲁梅克斯有限公司、北京东方叶杨绒集团公司等。2000年，小城镇入区企业实现收入2.7亿元，利润2 000万元，税收1 800万元。

先进村级工业大院

【怀柔县怀柔镇大中富乐工业大院】 大中富乐村位于怀柔县城的城乡结合部，有农户730户，1 933人，其中劳动力1 200人，从事二、三产业的615户，1 050人，占84%和87.5%。2000年实现农村经济总收入3.1亿元，其中二、三产业收入2.27亿元，占87.8%，由于充分利用城乡结合部这一区位优势，不断调整产业结构，加大重组转制力度，努力营造发展空间。在建设专业村的基础上，2000年又完善规划，加大投入，创建高标准的村级工业大院。

2000年该大院投资2 500万元，建标准化工业厂房3万平方米及相关的水、电、暖、排污等附助设施，走资产经营和筑巢引凤之路，实行边建设边招商，已出租2.25万平方米厂房，引进4个规模较大的项目。

【平谷县东高村镇东高村工业大院】 东高村工业大院始建于1992年。总占地面积16万平方米，总建筑面积3.5万平方米。现有企业18家，其中建筑企业7家，建材企业2家，毛织企业2家，纸制品企业2家，食品饮料企业2家，服务企业2家，饮料企业1家；企业总资产6 500万元，其中固定资产3 600万元，流动资产2 900万元；拥有企业职工1 926人，其中吸纳本村劳力1 500人，占本村劳力总数60%。全年工业大院实现销售收入1.45亿元，利润829.2万元，上缴税金402.5万元，分别比1999年增长15%、15.1%和15.5%，经济总量占东高村镇半壁江山。

目前，东高村工业大院已累计完成投资3 000万元，完善了基础设施建设，实现了“七通一平”，为企业营造了良好的投资和发展环境。东高村水泥管厂、宇光制衣厂、华大酵母饲料厂等成为县内外行业知名企业。2000年又成功地与香港客商合资，筹建集旅游、度假、餐饮、休闲于一体的翠湖度假村。建成后年可增加收入1 500万元，新增利税650万元，将成为工业大院新的经济增长点。

【平谷县峪口镇中裕达工业大院】 中裕达工业大院位于峪口镇中桥村，始建于1992年。总占地面积66 700平方米，建筑面积25 000平方米，已有北京青云设备公司、北京开关厂平谷分厂、北京宏利计算机设备公司、北京精密模座有限公司、北京兴桥电器开关厂、北京明星空调设备厂16家入院企业。累计完成投资6 800万元，主要生产中央空调、系列高低压开关、金属模座等产品。全年入院企业完成经济总收入9 000万元，利润680万元，上缴税收350万元，分别占全村相应指标的79.5%、80%、94%。共吸纳本村剩余劳动力560人，占全村劳动力总数80%以上，职工年人均工资6 000～8 000元。工业大院的迅速发展，带动了农民进入二、三产业，促进了个体、民营企业发展。全村现已发展二、三产业专业户、个体民营企业115家，进一步壮大了村经济实力，加快了农民致富增收的步伐。

【怀柔县庙城镇高两河工业大院】 庙城镇高两河村工业大院，是2000年4月经镇政府批准建立的。在1999年兴建二产业专业村的基础上，2000年4月份开始建设规范化的工业大院，全院占地14.67公顷，其中建筑面积29 000平方米，电力总容量2 500千伏安，上下水、道路、绿化美化等配套设施日趋完善，基本上实现了“六通一平”。经过努力，到年末累计完成投资5 800万元，其中引进资金4 000万元；完成基础设施投资2 600万元，其中2000年完成投资1 600万元；大院内建筑总面积29 000平方米，其中2000年新建高标准工业厂房9 000平方米；电力总容量2 500千伏安，其中2000年新增900千伏安。入院企业已达成14家，其中2000年引进4家，大院职工总数700人，其中吸纳本村劳动力566人，占大院职工总数80.8%。2000年全院企业收入实现1.15亿元，利税总额670万元，工业增加值1 984万元。三项指标分别比1999年同期增长11.5%、19.5%、10.3%。

【顺义区南法信镇佳盈工业大院】 位于首都机场北侧，是由马家营村投资开发建设的。2000年，在“六通一平”的基础上，加强软件投资建设，成立专门服务机构。新入区的车航建筑塑料制品公司和北京富新食品有限公司，总投资550万元，吸纳本地劳动力45人，新增效益760万元。珠海中富胶罐责任公司投资110万元扩大生产规模。入资企业已达7家。2000年工业大院总收入达5 450万元，比上年增长56%，利润总额527万元，比上年增长48%，吸纳本地农村劳动力共125人，占大院职工总数145人的85%。又有康达纯净水公司将引资500万元生产景田纯净水产品；凯维马司顿增加150万元引进设备。

【通州区徐辛庄镇富豪工业大院】 徐辛庄镇富豪工业大院占地26.67公顷，位于通州城区以北3.5千米，距首都机场8千米。有入院企业14家，职工人数550人，吸纳当地劳动力442人；累计投资额达3 500万元，其中引进投资2 870万元，基础设施投资600万元；2000年营业收入5 600万元，利税830万元。

【顺义区仁和地区家家工业大院】 位于顺义城区南侧，顺通公路东，北部紧临林河工业开发区。经仁和地区办事处批准，由陶家坟村投资建设。两期共占地26.67公顷，已进行广泛招商工作，并取得新进展。1999年落户项目有泰松混凝土有限公司，2000年与韩国大宇产业株式会社签意向书，共同投资3 800万元从事泵车组装生产。北京东方奥德食品有限公司建立罐装茶饮生产厂，总投资3 000万元，达产年收入3 000万元，利润900万元。北京振江玩具厂迁入大院，投资100万元，达产后年收入200万元，利润10万元。此外还有一家木材加工厂准备迁入大院。

【昌平区百善镇百善工业大院 】 大院占地26.67公顷，建筑面积3万平方米。大院累计完成投资8 300万元，其中基础设施投资4 300万元，达到了水、电、路及通讯畅通。现有入院企业6家，职工500人，其中吸纳本村劳动力450人。全年完成总收入5 150万元，利税530万元，增加值完成1 400万元。

【房山区阎村镇紫原工业大院】 阎村镇紫原工业大院位于良乡、燕房两卫星城之间，距京石高速路阎村出口500米。大院规划占地面积1 000亩，有25.33公顷得到开发。产业定位为轻型无污染工业和商贸服务业。入院企业达到15家，比上年增加4家，企业总投资9 300万元，吸引区外资金4 100万元，其中新增到位资金2 800万元。吸纳本地区农村劳动力1 026人，占工业大院职工总数1 210人的85%。实现销售收入11 200万元，同比增长53%；实现利税总额1 041万元，同比增长55%；国内生产总值1 310万元，同比增长65%。

【大兴县黄村镇西庄工业大院】 大兴县黄村镇西庄村工业大院坐落在西庄村北，永魏路南侧，占地面积20公顷，建筑面积5.6万平方米，原是西庄村颗粒不收的沙荒地，目前该大院已铺设柏油路面，新建锅炉房采取集中供暖，甬道两侧均已种植树木和花卉，并在大院西侧种植了柿子、核桃、樱桃、栗子等0.23公顷小果园，大院内相继建起商店、饭店、美容美发店、医务室等为企业职工服务。

工业大院内已有企业17家，其中2000年新上6家，年底实现销售收入8 000万元，比1999年增长121%；利税总额1 400万元，比1999年增长79.4%；增加值1 300万元，比1999年增80%。大院已为当地943个劳动力提供了就业机会。大院还将扩建高压配电室，增加500千伏安的供电能力，以适应今后发展需要。

【大兴县宫镇南街二村工业大院】 大兴县旧宫镇南街二村工业大院，占地13.33余公顷。大院注重发挥自身优势，合理规划，以发展本地区经济，提高人民生活水平，吸纳农村劳动力为根本出发点，注重引进有规模，上水平的企业。2000年工业大院新增企业5家，比上年的13家增长38.5%；年收入9 500万元，比上年的5 782万元增加64.3%；利税700万元，比上年的500万元增加40%；增加值1 200万元，比上年的1 000万元增加20%。吸纳本村劳动力210人，占工业大院职工总数的53%。通过努力，工业大院内汇集了食品、建材、生物制品、服装、厨具、化工涂料、环保设备等18家企业，其中1 000万元以上的大企业6家，2000年农民人均收入9 500元，劳动力人均收入12 000元。

【房山区青龙湖镇双马工业大院】 青龙湖镇双马工业大院位于青龙湖镇大马村、小马村之间，阎崇公路两侧，距京石高速公路出口3千米。大院规划占地面积20公顷，入院企业已达15家，比上年增长150%。实现总收入7 700万元，比上年增长71%；实现利税总额520万元，比上年增长58%。吸纳本村劳动力365人，占工业大院职工总数的81%。

【密云县河南寨镇致富工业大院】 河南寨镇致富工业大院位于萨古庄村。该村党支部认真贯彻市、县乡镇企业二次创业会议精神，坚持“退、让”原则，鼓励非公有制经济参与集体企业改制。在发展村原有4家企业的同时，又成立了以村支部书记为主任的招商办公室，制定了优惠措施，鼓励吸引村内外农民入院办企业。年内，引进杨禄珍包装厂、北京昌宁产业有限责任公司、北京长富家具装修有限责任公司、北京富祥工业布有限公司、浩新银杏茶叶加工厂5家企业，总投资2 400万元。通过重组转制，彻底扭转了亏损局面，提高了经济效益。年内9家企业总收入5 150万元，比上年增长63．5%；利税555万元，比上年增长76.8%；增加值996万元，比上年增长93%。

【通州区宋庄镇疃里工业大院】 宋庄镇疃里工业大院位于通州区宋庄镇疃里新村南部，占地13.33余公顷，建筑面积21 000平方米。村里投资2 000余万元，统一建有车间、厂房，院内规划布局合理，基本达到“五通一平”，水、电、暖、路、电信等配套设施一应俱全，做到集体搭台，企业唱戏。镇村领导对疃里工业大院建设十分重视，专门成立了疃里工业公司，负责工业大院的宏观管理和招商引资工作，制订了招商引资奖励办法，利用各种媒体进行广泛宣传。充分利用宋庄镇是全国小城镇建设试点镇的各项优惠政策，为前来投资的企业创造良好的经营环境和外部条件。2000年院内共有企业14家，年内可实现产值1 000万元，销售收入5 700万元，利税550万元。

【通州区胡各庄镇召里工业大院】 位于京哈公路南侧，距通州5千米，该村工业大院始建于1999年9月，总占地面积20余公顷，已完成建筑面积3 000平方米，固定资产投资5 400万元，基础设施投资900万元。大院内共引进企业9家，投资总额近亿元。其中，投资在5 000万元以上的企业1家；投资在1 000万元以上的企业3家；投资在500万元以下的企业有2家。6家投产企业完成销售收入4 200万元，利润420万元，税收280万元。

【通州区宋庄镇小堡工业大院】 宋庄镇小堡村工业大院位于宋庄镇小堡村南，占地面积为12.8公顷。工业大院基础设施齐备，实现了五统一：统一供电、统一供水、统一供暖、统一排水、统一进行绿化美化。制定了优惠政策，村里保证进入工业大院的企业水、电、路、电话畅通。2000年北京龙泰科技公司、服装厂、天宝刺绣、北京凯特伦公司、冬润装饰公司、葡萄糖包装公司、玻璃制品厂7家企业入驻工业大院，实现产值6 000万元，利润600万元，税收300万元。

【海淀区四季青乡京香工业大院】 海淀区京香公司位于北京西郊香山脚下门头村，隶属海淀区四季青乡，本地区居住着汉、苗、满、回、蒙等民族。1990年被市民委列为少数民族村，京香公司现有村办工业企业13家，服务性企业3家，农业单位10家，地区常住人口6 000余人，住户2 142户，自然村11个。2000年集体经济总收入4 980万元，纯收入1 780万元，其中工业收入2 152万元，商业收入44万元，劳均分配18 000元，二、三产业收入占总收入的44.1%。

京香公司抓住闵庄路路网改造、修建公路一环和实施四季青乡绿谷氧吧工程的机遇，整理土地，调整布局，投资兴建“四季青京香工业园区”。京香工业园区规划占地面积66 667平方米，建筑面积24 100平方米，计划总投资2 000万元，11家村办企业将搬入园区，分两步走。实际已投资486.8万元，现已入区8个企业。通过工业园区的建设，少占耕地6 667平方米，退出绿化用地33 334平方米，改善了周边环境。

【房山区石楼镇支楼工业大院】 石楼镇支楼工业大院位于支楼村北，东临房琉公路，靠近燕房卫星城。大院规划占地面积13.33公顷。入院企业9家，比上年增长50%。大院已形成了饮料加工、饲料加工、建筑、化工、运输多种行业的格局。全年实现总收入11 880万元，比上年增长13%；实现利税总额702万元，比上年增长70.2%。通过近年的投入和建设，本村1 019个农村劳动力有48.9%进入大院兴办的二、三产业，同时辐射和促进了家庭种植、养殖、运输业的发展，形成了以农民为投资和经营主体，集中发展二、三产业，促进本村经济发展的重要载体。

【顺义区后沙峪镇玉树工业大院】 经后沙峪镇政府批准，由后沙峪镇枯柳树村投资兴建。大院占地10公顷，累计入院企业12家，有339人在院内就业，其中本地275人。

大院兴建以后，村委会投入资金对基础设施进行建设，达到“三通一平”。2000年，有7家企业入区，全年实现销售收入7 000万元，利润总额670万元，增加值670万元。

【延庆县延庆镇九州工业大院】 小营村地处延庆城区，工业比较发达，全村现有耕地10.13公顷，1 300人。

1990年该村创办九州工业大院，到2000年末，整个大院占地面积达2万平方米其中建筑面积达1.1万平方米，入院企业达12家，主要有服装厂、磨石厂、玻璃钢厂、低压电器厂、建筑门窗厂、建筑工程公司、汽车修理厂以及九州宾馆等企业。全村有270多名劳动力就业于该大院，占全村劳动力总数的60%以上。2000年大院实现销售收入2 830万元，利润总额450万元，上缴税金215万元。

该大院快速、健康发展的主要原因：一是认真贯彻市、县乡镇企业二次创业精神，深化企业管理体制改革，培育适应市场经济需要的企业主体，提高企业的科技含量，走可持续发展道路。二是对大院发展统一规划、统一管理。三是努力改善投资环境，加大招商引资力度。

京郊农民人均劳动所得超万元专业村

【丰台区花乡榆树庄苗木专业村】 榆树庄村历史上是一个以蔬菜生产为主的村，随着北京市郊区和外阜蔬菜生产的发展，造成蔬菜生产效益逐年下滑，打击了农户种菜的积极性。针对这种情况，村领导班子决定调整产业结构，组织人员到通州奥林苗圃参观学习，得到启示，认为调整农业产业结构，种植苗木能够提高经济效益，使农民致富，也适应首都绿化美化的需要。1998年村投资600万元建成苗木专业基地，清理边角余地15.13公顷，将原来菜地改为种植苗木，生产规模67.6公顷，占耕地面积的66.5%，由于种植苗木使农户获得了经济效益，吸引了大量农户改菜种林，从事苗木经营户已占村总户数的81%，种植高档价值的经济林。不仅销售苗木，而且承接了航天部七院、蓝天幼儿园、北京戏曲学院等绿化工程，取得了良好经济效益。农民人均劳动所得增长11%，农民人均纯收入由去年的12 968元增加到14 365元，菜改林后，1999年收入170万元，占一产收入81%。2000年收入189万元，占一产收入84%。

【顺义区李桥镇沿河蔬菜专业村】 沿河村有耕地163.33公顷，人口1 150人。2000年全村人均劳动所得实现1.4万元。

沿河村历来以粮食生产为主，经济比较落后。改革开放以后，沿河村依据自身条件，选择瓜菜生产作为经济发展的突破口，大力发展瓜菜种植。同时，以市场为导向，调整品种结构，引进特种瓜菜品种。瓜菜生产在全村农业经济结构中占据主导地位。2000年，全村瓜菜种植面积达126.67公顷，瓜菜专业户达300个，全年实现农业总收入1 650万元，其中瓜菜收入1 350万元。

【海淀区聂各庄乡聂各庄果品专业村】 聂各庄村位于海淀区西北边缘，全村总户数186户，总人口563人，耕地面积70公顷，其中果树56.67公顷，占耕地总面积的81%，全村从事果树行业的农户151户，占总户数的81.1%。

该村在海淀区西北部地区是一个相对富裕的村。2000年该村全部推行了农业家庭承包经营，广大果农投资生产设施和应用新技术的积极性更高了。2000年全村总收入731万元，其中一产总收入586万元，占总收入的81%，人均劳动所得1.3万元，比去年增加18.1%。

【平谷县大华山镇大峪子大桃专业村】 大峪子村是大华山镇中部的一个半山区村，共有516户，1 700口人，耕地面积146.67公顷，在后北宫村的带动下，这个村从80年代中期开始进行大桃生产。目前全村516户中有510户种大桃，主导产业从业户数占全村总户数的98.6%。

进入20世纪90年代，大峪子村更进一步确立了大桃为村域经济发展的主导产业地位，经过不断发展，全村146.67公顷耕地全部调整为大桃，果农从事大桃生产的生产积极性也异常高涨。为进一步扩大种植面积，村里决定把106.67公顷河滩地租给农民栽桃树，由农户承包经营，从外村买来黄土，实行客土垫地栽植，1997年垫河滩新栽的桃树2000年已进入初果期。为挖掘生产潜力，扩大种植规模，村里将村北的荒地规划建设成桃园，引导农民采用大桃旱作上山的栽植技术，又扩大种植面积20多公顷。

在合作组织建设方面，大峪子村成立了邢彦亮为首的大桃运销合作组织，成员5名，将全村的大桃全部鲜销，平均价格比周边地区高出一角钱，远销到广东、深圳、吉林、石家庄等地。

年内这个村的果园面积已发展到306.67公顷，全村主导产业收入达到2 138万元，人均劳动所得12 100元。

【顺义区大孙各庄镇前陆马蔬菜专业村】 全村167户，660人，有耕地89.13公顷，其中菜田74.87公顷。全村有154户从事蔬菜生产，2000年全村人均劳动所得达到1.15万元。

在瓜菜生产经营中，瓜、菜协会聘请专家亲临蔬菜大棚指导，解决菜农实际问题；组织会员外出参观，学习外地瓜菜生产的先进经验；引进西瓜新品种，改革西红柿栽培方式；改建温室大棚百余亩，使瓜菜产量和经济效益显著提高，全年生产瓜菜900万千克，收入达1 500万元，占全村经济总收入的88%。

【房山区葫芦垡乡夏场葡萄专业村】 葫芦垡乡夏场村162户，492人，劳动力285人。夏场村积极引进新品种，建设反季节生产基地。把11.87公顷粮田改种露地早熟葡萄；开发沙荒8公顷，建成高标准日光温室80栋，实行葡萄保护地栽培，并全部实现了小管出流节水灌溉。全村葡萄种植面积达到46.53公顷，成立葡萄生产联合体，建微贮葡萄保鲜库3座，贮藏能力10万千克。以保护价3元/千克收购果农优质葡萄，缓解了旺季卖果难问题，同时也走出了一条产贮销的成功之路。全年农业总收入647万元，主导产业收入550万元，占一产收入的85%；全村从事主导产业的农户150户，占全村总户数的93%；人均劳动所得11 200元。

【昌平区沙河镇松兰堡特种花卉专业村】 该村加大种植结构调整的力度，将以粮为主调整为以种植干花辅料为主。与卉隆干花公司合作，为该公司种植干花辅料53.33公顷，共8个品种，使干花种植形成规模，促进了全村经济发展。年收入达到600万元，纯收入553万元。全村80个专业户参与种植，成了远近闻名的花卉专业村。

【通州区张家湾镇上马头葡萄专业村】 张家湾镇上马头村共有农户450户、1 151人，有耕地86.67公顷，现已全部种植了葡萄。种植葡萄的农户达400多户，占全村总户数的90%以上。全村共有劳动力586名，从事葡萄生产的500人，占劳动力总数的85%。该村已初步形成了一整套适合自身特点的、成功的葡萄栽培管理模式，合理密植、科学调控，有效地保证了葡萄生长和果品质量，其单株双臂、龙干整形、倾斜上架、模式化修剪的管理方法，具有省工、省力、简易、丰产的特点，在国内处于领先水平，单产稳定在5 000～6 000千克，穗形美观、品质较高。全村每年上市优质鲜食葡萄500万千克以上。全村各业收入800万元，其中葡萄收入700余万元，产品覆盖北京市场，仅葡萄一项的人均劳动所得就为5 000元，劳均收入13 800元，依靠葡萄种植积累的农业存款达3 000多万元。1997年曾被北京市人民政府授予“京郊葡萄第一村”称号。

【大兴县黄村镇西芦城韭菜专业村】 大兴县黄村镇西芦城村共有耕地232.2公顷，450户，1 409人，890个劳动力，2000年韭菜收入1 550万元，占全村农业总收入1 802万元的86%，人均纯收入11 000元。1986年开始发展盖韭生产，由当初的十几亩发展到现在的206.67公顷，从事韭菜生产的有427户，占全村户数的96%。通过种植冬季盖韭，使农民走上了致富道路。该村也成了远近闻名的韭菜生产专业村。

加强规模化生产，规范化管理，促全村韭菜生产。为了创出自己的品牌，他们积极推广品质优新的韭菜品种，引进了“791”、“雪韭”和适宜春季生长的汉中。经过精心种植、培育，使韭菜以茎粗，叶宽，品质好等特点，享誉京城各大批发市场。

【大兴县庞各庄镇薛营养殖专业村】 大兴县庞各庄镇薛营村，全村共有510户，总人口2 021人，耕地面积133.33公顷，牛羊养殖加工是该村主导产业。2000年加工牛羊30万只，向首都市场提供牛羊肉600万千克，主要销售对象是北京市的各大宾馆、饭店和农贸市场，占总量的80%，其余20%则销往北京周边地区的石家庄、保定、天津和廊坊等地。目前，从事牛羊养殖加工的农户为420户，占总户数的82.4%。牛羊养殖加工年收入达到2 310.32万元，占全村经济总收入的84.1%，人均劳动所得11 000元。

为进一步扩大牛羊养殖加工规模，薛营村积极筹措资金，在国家扶持下投资2157万元兴建了大型的“薛营牛羊肉批发市场”。所有屠宰户入驻后，市场加工能力将达到每年40万只（头），年供应牛羊肉800

万千克。2000年，薛营村与内蒙古苏尼特右旗合作，共同创建蒙泰尔牛羊育肥基地，基地2 666.67公顷草场每年提供5 000头肉牛、10万只肉羊供应薛营村7.33公顷基地进行育肥，保证牛羊肉批发市场的货源供应，并建设一条屠宰加工流水线，年加工能力增加20万只（头）。北京薛营牛羊肉批发市场2000年初动工，占地10.53公顷。

【顺义区赵全营镇北郎中养猪专业村】 全村有耕地268.33公顷，农户534户，人口1 539人。全村有456户从事以养猪为主的养殖业生产，使全村走上富裕之路。

近几年，随着农业经济结构调整，北郎中村以养猪为主的养殖业生产迅速发展，先后建成年出栏1.5万头的种猪场、年屠宰加工10万头猪的屠宰厂、年生产能力5 000吨的肉食制品公司及饲料厂、生物有机肥厂等。2000年，全村共出栏生猪10万头，养殖业实现总收入1.1亿元，农民人均劳动所得达到1.1万元。

【通州区觅子店镇徐官屯蔬菜专业村】 觅子店镇徐官屯村位于通州区东南部，该村耕地面积118.53公顷，其中菜田86.67公顷，占耕地面积的73%。从事种植业的劳动力303人，其中从事蔬菜生产的260人，占从事种植业劳动力的80.6%。种植业收入1 129万元，其中蔬菜收入1 080万元，占95.6%。蔬菜品种有西红柿、生菜、小茴香、小萝卜、小油菜、小菠菜，每亩纯收入12 000元。该村制定了一系列发展蔬菜生产措施，制定并落实了发展蔬菜生产的鼓励性政策，规定农民从事保护地蔬菜生产，承包期可延长至终身，同时免收两年村提留；支持蔬菜生产专业户成立了益民蔬菜生产合作社，150多户菜农以投资入股的形式，成立了产销联合体，合作社与"肯德基"达成了常年生菜产销协议。同时该村又被北京市裕农优质农产品贸易公司确定为特菜生产基地，有了稳定的销售渠道。

【房山区青龙湖镇庙耳岗食用菌专业村】 青龙湖镇庙耳岗村现有150户，460人，耕地62公顷，该村充分利用当地条件和资源优势，发展设施农业，从事食用菌专业化生产。投资500万元，建成占地8.73公顷的生产基地，建成日光温室125栋，年产鲜菇300万千克，收入750万元。成立集制种、栽培、技术服务、产品销售于一体的专业合作组织，全方位为种菇专业户做好服务，有利地促进了全村食用菌生产。为支持农户发展食用菌生产，村集体投资50万元建成了菌种厂，配有成套灭菌设备、恒温设备，菌种厂可生产菌种20多个品种，年生产菌种55万千克，收入150万元。为使食用菌产业链延伸，他们与中国农业科学院合作，利用食用菌生产过程中的下脚料，建菌肥厂，生产酵菌肥，年实现产值1 000万元。全年食用菌收入750万元，占一产总收入的82.7%，食用菌专业户126户，占全村总户数的85%，人均纯收入10 966元。

【延庆县康庄镇小丰营蔬菜专业村】 该村是市级蔬菜专业村和全县蔬菜产业发展的主要龙头。全村总面积4.44平方千米，耕地250公顷，总人口2 300人。2000年，该村常年菜田面积达206.67公顷，蔬菜播种面积达400公顷，蔬菜总产1 600万千克。全年农村经济总收入达4 850万元，其中，蔬菜销售收入2 400万元，蔬菜包装、餐饮、劳务、运输、仓储等收入达1 000万元。

到2000年末已建成占地32 000平方米的八达岭蔬菜交易市场和库容量达3 000吨的蔬菜保鲜库。全年蔬菜交易量近2亿千克，交易额达2.01亿元。

该村蔬菜产业发展得益于各级政府的大力支持，得益于村里有一支高素质的领导队伍和正确的经济发展指导思想。该村党支部多次获得市、县先进党支部，是延庆县农村党支部建设的一面旗帜。村党支部现有的9名支委，平均年龄不足36岁，其中有6名达到大专学历，3名达到中专学历，实现了领导班子的年轻化、知识化。此外还先后派30多名青年党、团员参加中专班学习培训。积极贯彻县政府确定的发展蔬菜产业政策，确立以蔬菜市场为龙头，带动相关产业发展的指导思想。村内政治稳定，村民风气良好。

【平谷县刘店乡万庄子果品专业村】 万庄子村位于刘店乡西南部，全村400户，1 300口人，耕地面积66.67公顷，山场面积366.67公顷。1992年以来该村采取山上开发山下发展同步走的方针，大力调整农业结构。目前，全村新老果园总面积已达300公顷，人均果园面积达到0.2公顷以上，全村从事果品生产的农户达到370户。年内该村果品总产630万千克，总收入1 240万元，占农业总收入1 300万元的95%，全村经济总收入1 460万元，人均劳动所得实现10 600元，较1999年增长34%。

1996年这个村在全县首先示范、应用了果实套袋技术，并获得成功，经过近4年的推广普及，全村果实套袋达到200万个，生产质优、无公害水果50万千克。随着果品生产地位的加强，村级科技服务组织和农民专业合作经济组织应运而生，并发挥出较好的作用。2000年举办村级技术培训班16期，共培训3 000多人次；协会组织外销干鲜果品50万千克，在一定程度上缓解了果品销售难的问题。

【朝阳区崔各庄乡何各庄出口菜专业村】 崔各庄乡何各庄出口菜专业村，位于朝阳区东北部，全村现有耕地面积90.53公顷，农业人口568人，农户140户。自1998年起，该村党支部就确立了以结构调整为主线，按照市、区关于调整农业结构的工作要求，以出口菜为重点全面进行种植结构调整，取得显著成绩。2000年，该村以市场为导向，大力发展出口菜生产，引进国外新、特、优品种，主要有芥兰、菜心、豆白、奶白等，开拓国际市场，蔬菜主要销往香港、东南亚地区。目前，全村有120户（占全村总户数的89%）从事出口特菜生产经营，生产面积达到80公顷，年产净菜1 500吨，实现总收入865万元（占一产收入的92%）。全村人均收入10 500元，比1999年增加2 623元，同比增长33.4%。

【平谷县平谷镇东鹿角蔬菜专业村】 东鹿角村有940户农民，2 900口人，180公顷耕地。10年来，该村把蔬菜生产作为突破口，大力调整种植结构，通过典型引路，政策扶持，集体投资累计达到750万元，使全村种植业完成了三次升级：由以种粮为主向集中发展蔬菜生产转变；由露地菜生产向发展设施蔬菜生产转变；由普通设施生产向种养结合的生态型农业转变。建成投资600万元，占地20公顷的高标准种养结合“东发”高效园区，1999年6月，该村在园区内利用日光温室养殖英国樱桃谷肉鸭又获成功，年获纯收入2万元，进一步推动了该村蔬菜产业的发展。目前全村蔬菜面积达到153.33公顷，占耕地面积的85%，蔬菜总收入2 750万元，占农业总收入2 900万元的95%，从业户数达750户，占全村总户数的80%，全村人均劳动所得达到10 200元。年内这个村又投资900万元新建占地33.33公顷的日光温室群，主攻温室大桃；投资1 000万元兴建了北京绿色乡村蔬菜加工有限公司，年可加工蔬菜6 000吨，创产值1 800万元。

【延庆县张山营镇前黑龙庙葡萄专业村】 位于张山营镇西南部，南临官厅水库。全村共有152户，519口人，耕地72.87公顷。该村从1993年开始种植葡萄，其生产的红地球、里扎玛特等葡萄品种1998年被国家评为金奖。2000年从事葡萄种植的农户达150户，占全村总户的98.7%，全村葡萄种植面积达到38.67公顷，人均葡萄地0.074公顷。全年葡萄总产85万千克。2000年全村农村经济总收入586万元，农业收入554万元，其中，主导农产品葡萄的销售收入达510万元，占农业总收入的92.1%，农民人均劳动所得10 214元。

【朝阳区黑庄户乡大鲁店观赏鱼专业村】 黑庄户乡大鲁店村，位于朝阳区最东部，全村现有耕地面积218.2公顷，农业人口1 170人，农户322户。几年来，该村按照市、区政府关于调整农业结构工作的要求，充分利用本地优势，确立了自己的主导产业——观赏鱼养殖，积极调整农业结构，取得显著成效。2000年，全村以名优观赏鱼养殖为主，发展观赏鱼水面80公顷，销售观赏鱼1 200万尾，实现销售收入680万元（占全村农业总收入的86%），养殖农户270户（占全村总户数的86%），村人均劳动所得10 100元，同比增长35%。

【丰台区花乡草桥花卉专业村】 草桥村位于北京城的南郊，西靠玉泉营立交桥，北临南三环。由7个自然村组成，总面积3.98平方千米。其中用于花木、林业、种养植业的面积100公顷。全村人口6 700人，农业人口3 400人，现就业劳力1 287人，专门从事花卉的人员800多人。村经济收入逐年提高。2000年1～11月份，第一产业总收入4 414万元，纯收入2 177万元，其中花卉收入4 272万元，占农业收入的96.7%。预计劳均分配16 654万元，比上年增长10%，人均收入10 086元，比上年增长12%，分别荣获北京市授予的“京郊百强村”、“京郊百富村”和“经济结构调整村”等称号。近年来，为了发展壮大村集体经济，在村领导班子的带领下，不断加大产业结构的调整，创造新的经济增长点，确定以花卉生产为主导产业的战略方针，以适应市场经济的发展。1998年在原有玉花园、绿化队、玉泉花圃、京开花圃、园艺场、片林等6家花卉单位的基础上，投资1 500万元，分别建成花卉市场、花卉展销厅。年初又投资150万元建300平方米的组培室，成立花卉实验厂，对原有的玉花园、绿化队、京开花圃投资千万元改建现代化温室，使培育养植增加科技含量，改善了购物环境。总投资1.4亿元，占地33.33公顷的草桥花卉大观园的规划和前期论证工作基本完成。该园建成后，将形成一个以花卉为主题，集光赏、销售、科研、生产和旅游于一体的高效农业园区。

他们从服务质量上、数量上、品种上入手，在保持原有的品种上，加大生产规模，提高产品质量，强化经营管理上，增强了企业在市场的竞争力。投入大量资金从荷兰、比利时等国引进精品花卉。为了提高草桥花卉在全国的知名度，2000年加大花卉业的宣传力度，投资300万元用于广告宣传，提高草桥花卉在全国的知名度。“花乡花海花乡情，买花就到玉泉营”已享誉京城。

2000年4月份，花乡花卉市场以其服务优、价格合理、品种齐全，被国家林业局、中国花卉协会评为“全国重点花卉单位”。

【怀柔县渤海镇田仙峪特种养殖专业村】 渤海镇田仙峪村，地处长城脚下，与慕田峪旅游区毗邻，水源充足是该村发展流水养殖业的独特优势。全村255户，其中常住户198户，729人，有耕地19.47公顷。

几年来，村里利用龙潭泉和珍珠泉两处泉水，大力发展特种水产养殖业，初步形成了以虹鳟鱼、鲤鱼、三纹鱼、金鳟等为主，集养殖、垂钓、烧烤、旅游、餐饮于一体的特色水产基地。目前已建成16个鱼场，占地8公顷，养殖水面达5.33公顷。入区户数达200户，占全村常住户的100%。村内已组建起水产养殖协会，为养殖户提供综合服务。

2000年，全村共出售虹鳟鱼30万千克，鲟鱼5万千克，出售鲟鱼苗种100万尾，现有成鱼和苗种50万尾。全村人均劳动所得10 081元，同比增长87%。经济总收入2 184万元，同比增长80%。农业总收入2 045万元，同比增长82%。水产养殖业收入1 800万元，占全村农业总收入的85%。

【通州区台湖镇唐大庄观赏鱼专业村】 该村是全区有名的金鱼村，该村以朱宝泉为代表的40个观赏鱼养殖户与周边100多农户，建立起了契约型的专业合作组织，带动农户走出了一条高产、优质、高效的特色农业之路。该村有103户，320口人。以观赏鱼养殖为主，养殖水面 24 公顷，从事养殖的人口 80 人，养殖产值 144 万元，利润 62 万元，养殖产值占农业总产值的 40%，户均年收入 1.5 万元。有花狮、红头、锦鲤、龙睛等 20 几个品种，远销日本和东南亚。

【房山区十渡镇西河流水养鱼专业村】 十渡镇西河村有 141 户、411 人。全年投入资金 750 万元，规划并建设了占地 24.67 公顷的“西河流水养鱼综合服务小区”，小区分为四个功能区，包括：养殖区、餐饮服务区、水上娱乐区、民俗居住区。养殖品种发展到虹鳟鱼、武昌鱼、鲟鱼等 12 个品种。成立了养殖协会，为养殖户提供产前、产中、产后服务，促进了全村的流水鱼养殖的发展。流水养鱼水面达到 5.33 公顷，其中鲟鱼池 240 个，养殖户 120 户，养殖户占农户 85%；养殖收入实现 300 万元，占农业总收入 90%；人均纯收入达到 10 024 元。

【密云县太师屯镇龙潭沟肉鸡专业村】 该村地处白龙潭景区深山内，全村 58 户、200 口人，人均山坡耕地不足 0.033 公顷。全村农民收入主要来源依靠养殖业。1999 年全村农业收入 375 万元，其中畜牧业收入 355．6 万元，占农业总收入的 94．8%。年内，全村肉鸡养殖户达到 52 户，农民自筹资金 80 万元，在曹庄子一围场 6 千米长的山沟内建成肉鸡养殖小区，共新建鸡舍 30 栋、250 间，面积 10 000 多平方米，养殖房舍面积累积达到了 15 000 平方米，形成单批养殖 15 万只的规模。该村依托北京大发正大公司，由养殖协会牵头，采取“公司 + 协会 + 农户”的经营模式。村肉鸡养殖协会负责与大发正大公司签订生产销售合同，并为养鸡户提供产、供、销一条龙服务。全年累计出栏肉鸡 80 万只，收入 1 600 万元，获利 210 万元，人均养殖业纯收入 1 万余元，从业劳动力占全村劳动力 81%，畜牧养殖业收入占农业总收入的 95%以上。

【大兴县庞各庄镇梨花果品专业村】 大兴县庞各庄镇梨花村共有 305 户农民，1 110 人，现有果树 228.87 公顷，其中梨树 213.33 公顷，占耕地总面积的 93.2%。2000 年全村农业收入 1 000 万元，其中果品收入达到 899 万元，占农业总收入的 90%，人均纯收入10 000元。主导产业农户占农户数的 98%。

确定主导产业，充分发挥科技作用。该村以市场为导向，搞好销售服务，促进专业化生产。积极推广无公害农药和生物防治技术，使“金把黄”于 1998 年 5 月经国家有关部门测定，达到绿色食品生产标准，获得绿色食品标志使用权。为了使“金把黄”在市场上站稳脚跟，他们于 1998 年 9 月注册了“金把黄”商标，使传统产品在市场上焕发了青春。

大力发展观光农业，带动专业村整体发展。为了挖掘梨乡资源，突出特色，1999 年该村投资 400 万元，依托 0.1 万公顷连片老梨园，兴建了北京万亩梨花庄园农业观光旅游区。特别是旅游的利益与果农的利益有机结合，深受农民喜爱，并显示出极大的生命力，当年就接待游人 6 万余人，采摘果品 30 多万千克，果农收入近 40 万元。通过旅游业的发展，推动了梨花村以果树生产为主的相关二、三产业的发展。调动了广大农民的积极性，全面带动了经济的大发展。

【朝阳区洼里乡龙王堂商贸专业村】 洼里乡龙王堂商贸专业村，位于朝阳北部，有农户 537 户，其中从事二、三产业的农户 430 户，占全村总户数的 80.1%，总人口 1 168 人，劳动力 564 人，其中从事二、三产业的劳动力 465 人，占全村的 82.4%。2000 年全村总收入 2.13 亿元，其中二、三产业的收入为 2.12 亿元，占总收入的 99.6%。

【房山区史家营乡大村涧煤炭开采专业村】 史家营乡大村涧是煤炭开采专业村，该村规范矿山开采，鼓励农民投资办企业。形成了“煤矿集体控股、合伙注资、联户经营、统一管理”的经营管理模式，实现了“集体资产（资源）经营，农民为投资主体和经营主体，富裕农民与发展壮大集体经济”的目标。按照国家关井压产政策，经合并关闭，规范确定集体矿井 36 个，吸引全村所有农户注资 2 315 万元，吨煤成本由改制前的 35 元降到 32 元，村民就业率由原来的 40%提高到 90%，各项经济指标大幅度增长，农民人均纯收入达到23 100元，比上年翻了一翻。

【海淀区温泉镇辛庄出口羊毛衫专业村】 温泉镇辛庄村地处海淀区西北部，距颐和园 15 千米，距温阳公路 0.5 千米，南临京密引水渠和颐和公路，交通方便。现已发展成为一个以高新技术都市工业为依托，生产加工出口产品为主的专业村。

全村现有 390 户，900 口人，劳动力 420 人，土地面积 100 公顷。村内现有企业 18 家，个体私营经济 30 多家，已初步形成了以集体经济为主体，多种经济成分共同发展的经济结构。全村从事二、三产业的户数为 275 户，占总户数的 70%，从事二、三产业的劳动力为 350 人，占总劳动力的 83.3%。2000 年，经济总收入达到 7 790 万元，其中二、三产业收入为 6 621 万元，占经济总收入的 85%；纯收入达 1 844 万元，全村人均创纯收入 20 672 元，高出镇平均水平 62%；劳均分配达16 326元，人均分配达 8 731 元；集体积累 626 万元。村内的 18 家企业中，有 9 家企业是以高新技术都市工业为依托，从事生产加工出口产品的创汇企业。

以都市工业为主的北京新生制衣厂、桂华羊毛衫加工部等，是从事羊毛衫加工出口的行业。多年来，他们以款式多、花色品种齐全、质量好、价格低打入了国际市场。

2000 年村办企业共完成出口交货值 5 688 万元，占全村二、三产业总收入的 86%；全村从事创汇企业的户数为 225 户，占全村从事二、三产业户数的 82%；从事创汇企业的劳动力为 290 人，占全村从事二、三产业劳动力的 83%。

【朝阳区十八里店乡十里河建材贸易专业村】 十

八里店乡十里河建材贸易专业村，面积2.5平方千米，有14家企业，754户农户，农民1 599人，劳动力860人。2000年全村经济总收入3.9亿元。全村兴办二、三产业农户达到89.4%；从事二、三产业的劳动力772人，占全村的88.8%；二、三产业总收入达到3.2亿元，占全村总收入的82.1%。

【顺义区南彩镇前俸伯电器专业村】 全村有耕地173.33公顷，农户900户，人口2 900人，有村办集体企业12家。全村有859个农户从事二、三产业。今年，农民人均劳动所得达到1.73万元。

党的十一届三中全会以前，前俸伯村是一个贫困村。1982年成立北方开关厂，开始了第一次创业。经十几年的发展壮大，北方开关厂已拥有固定资产4 400万元，自有资金3 500万元，年产值近1亿元。一业发展带动一大批相关产业的诞生，该村先后建成机电修配厂、电子元件厂、仪器仪表厂、电线电缆厂、灯具厂等12家村办企业，并组建为北方康达电气控制设备集团公司。2000年，实现销售收入1.38亿元，利润1 260万元，完成税金990万元。

【朝阳区来广营乡新生服装食品专业村】 来广营乡新生服装食品专业村，位于朝阳北部，现有耕地40公顷。全村有农户666户，农业人口1 377人，其中从事二、三产业的农户608户，占全村总户数的91.2%，有劳动力656人，其中从事二、三产业的劳动力605人，占全村总数的92.2%。现有企业15家，其中服装食品企业6家。2000年全村经济总收入完成3.4亿元，同比增长9.8%，其中主要来源于食品和服装业二、三产业的经济收入完成2.8亿元，占82.6%，利润1 702万元，同比增长95.9%；税收340万元，同比增长9%；农民人均纯收入22 353元，同比增长40.7%。

【昌平区北七家镇郑各庄施工运输专业村】 全村实现农村经济总收入13 000万元，农民年人均纯收入15 500元，分别比上年同期增长17.6%和12.3%。全村以北京宏福建工开发有限公司为龙头，专门从事土石方施工和基础工程施工。有大中型工程设备和运输车辆110（台）部，资产总额1.3亿元，施工能力在全市同行业中处于领先地位，成为以土方施工运输为主的专业村。全村有从事以土方工程运输为主的二、三产业农户310户，占全村农户85.9%；从事二、三产业劳动力660人，占全村农户86.4%。二、三产业总收入12 000万元，占全村经济总收入的90%以上。支柱产业的确立壮大了集体经济，也解决了村劳动力就业问题，增加了农民收入。

【顺义区北小营镇后鲁建材专业村】 全村总户数460户，有人口1 880人，其中有305户、635人从事二、三产业。2000年，农民人均劳动所得实现1.1万元。

后鲁各庄村是以后鲁水泥构件厂为龙头发展起来的建材专业村。在构件厂带动下，一些相关产业的专业户迅速发展，并相继扩大生产规模。2000年，共投资600多万元，购置生产模具、更新生产设备，并组建起新的生产联合体。一部分运输专业户也应运而生，农民致富步伐加快。全年实现经济总收入1.32亿元，其中二、三产业实现收入1.24亿元。

【通州区永顺镇上营工业专业村】 永顺镇上营村有工业私营企业10家，个体运输专业户156家。完成创收20 000万元，工业利润2 000万元，上缴税金1 200万元，人均交税4 000元。有从事二、三产业农户902户，占全村农户的68%；从事二、三产业劳动力731人，占全村劳动力86%；二、三产业总收入20 000万元，占全村经济总收入96.6%；农民人均纯收入1.5万元，同比增长15.2%。

【通州区徐辛庄镇草寺运输专业村】 通州区徐辛庄镇草寺村位于通州城区以北9千米，紧临通顺公路，地理位置优越，现有农户361户，农业人口1 128人，劳动力445人。2000年末实现农村经济总收入2 932万元，纯收入1 473万元，人均劳动所得13 058元，有各类运输车辆和工程机械249台，其中，大型、中型运输汽车127辆，各类出租汽车64辆，挖掘机20台，总资产达5 462万元，平均每户14.8万元，从事运输的专业户221户，专业劳动力376人，运输业纯收入1 519万元，分别占全村相应指标的61.2%、84.5%、96.3%，三项指标均超过了市政府首批命名的运输专业村。

【海淀区温泉镇东埠头服装专业村】 东埠头村现有农户590户，农业人口1 520人，劳动力723人，共有企业17家，个体工商户53户。其中从事服装生产加工的企业13家，生产服装的90%为出口创汇产品。服装业的不断发展壮大，不但解决了农民的就业问题，也大大提高了农民的经济收入，经过20年的努力，已经形成了以服装行业为主导的特色专业村。

全村从事服装生产户为363户，占全村总户数的61.5%，全年全村收入完成9 200万元，二、三产业收入7 540万元，占总收入的82%，服装生产加工收入6 110万元，占二、三产业收入的81%，从事服装生产的劳动力504人，占全村总劳动力的84.8%，2000年劳均收入15 500元，人均纯收入11 500元，服装年出口创汇额5 150万元。

根据国务院对中关村高科技园区和温泉中心集镇的规划要求，今后3年内，再规划出1.33公顷地，新增电容量500千瓦，引进3～5家服装企业，建立第二个服装生产工业小区，准备筹资220万元进行技术更新改造，力争服装行业年收入达到0.9亿～1亿元，进一步促进农业劳动力向二、三产业转移，实现村办企业的二次创业。

【通州区张家湾镇里二泗服装专业村】 张家湾镇里二泗村有耕地293.33公顷，农户625户，其中从事二、三产业501户，1 860口人，劳动力700人，2000年全村总收入5 878万元，上缴税金262万元，人均收入10 860元，村总资产1亿元。全村共有企业30家，其中服装企业14家，全村直接从事服装生产的人员达780人，服装业实现收入4 800万元，占总收入的86%，实现税收163万元，占全村税收的62%。已形成了设计、制作、生产、销售一条龙服务网络。产品不仅在国内有较大市场，部分产品还直接销往欧美等国，年服装业创汇60万美元，成为远近闻名的服装专业村。

【延庆县八达岭镇石佛寺旅游专业村】 该村坐落于八达岭长城水关长城脚下，全村现有86户，194口人，耕地4.67公顷，全村劳动力全部从事旅游服务业。2000年实现农村经济总收入3 800万元，农民人均纯收入14 381元，村集体资产达到600多万元。近几年，村里铺设4千米的柏油路面，给各户安上自来水，为全村人交纳农村合作医疗费，为满60岁的老人每月发放80元生活费，购车专门用于接送学生上下学。投资300万元建成一座现代化办公楼，开设了老年人活动中心、青年之家等娱乐场所。

该村曾是全县有名的贫困村，能发展成旅游专业村，主要原因有：一是积极贯彻全县建设优美旅游度假基地的发展战略，大力发展旅游业。为充分发挥该村区位优势和旅游资源优势，该村与八达岭镇合作于1993年开发八达岭水关长城遗址，并于1994年正式对外开放。二是加强管理，规范经营，创造健康、有序的旅游发展环境。1994年成立北京八达岭御都园商贸公司，村书记任董事长，聘请经商能人担任总经理，支委委员任公司领导班子成员。公司制定了旅游服务业规章制度，投资建起了3个门店和20个零售摊点。对上岗人员进行旅游服务培训，职工佩带胸卡，持证上岗。三是集体搭台、村民唱戏，为村民进入旅游服务业构筑大舞台。从1996年开始，该村对水关长城景区服务设施建设进行统一规划设计，采取集体和村民集资的形式建设服务设施。到1998年底石佛寺村共有3个餐厅、8个工艺品商店、92个针织、食品和照相摊点，户均1.2个摊点。御都园商贸公司采取集体开发、村民经营管理的方式，将所有摊点按照全村一家一户一个摊的原则，分配到各户，使农民成为投资经营主体。四是积极招商引资，培育新的经济增长点。天津滑道公司投资建成两条滑道，日本友人建起中日友好碑林。

【顺义区北小营镇小胡营养鸭专业村】 全村有耕地52.47公顷，农户199户，人口612人。全村有165户从事以养鸭为主的养殖业生产。

小胡营村地处潮白河畔，近几年充分发挥地区优势，大力发展以鸭为主的养殖业，先后建成4个养鸭小区、4个屠宰加工厂、饲料厂。2000年，全村共出栏肉鸭120万只，总收入3 000万元，占农业总收入的85%。

【朝阳区来广营乡红军营工业专业村】 来广营乡红军营工业专业村，面积2.66平方千米，耕地153.33公顷，全村610户，1 200人，农业劳动力532人，共有企业13家。2000年全村实现经济总收入2.5亿元，同比增长28.9%；利润总额完成2 417万元，同比增长50%；税收413万元，同比增长1.5%，农民人均纯收入31 566元，同比增长9.3%。全村兴办二、三产业的农户占总户数的92.7%，从事二、三产业的劳动力占全村总数的93.8%，二、三产业收入达到23亿元，占总收入的96.6%。

【大兴县亦庄镇小羊坊工业品加工专业村】 大兴县亦庄镇小羊坊村地处北京市的东南郊，所辖面积246.67公顷，现有人口1 082人，400户，劳动力526人，其中从事一产的劳动力30人，占总劳力的5%，从事二产的劳力396人，占总劳力的75%，从事三产的劳力100人，占总劳力的20%。近几年来，小羊坊村以二次创业为契机，抓住机遇，调整产业结构，带领农民形成“以房地产开发为龙头，以工业为支柱，以第三产业为基础，以四区两路一循环”为远景发展目标的强村富民之路。

该村投资1 000万元兴建北京万和房地产开发有限公司，先后开发建设了尊爵府、天尊苑、天成花园三个别墅区和晓康村民住宅小区，形成四区格局。工业作为该村的支柱产业，村集体先后投资1 800多万元进行工业大院的市政建设，成立一支高效的服务队伍，共有35家知名企业落户该村。同时根据北京市的政策优势和本村的区位优势，投资2亿元兴建面向全国的农副产品交易中心，一期工程占地12.47公顷，投资5 000万元，其中村民入股300多万元，年底已部分交付使用。

【通州区甘棠镇岔道手提袋专业村】 通州区甘棠镇岔道村现有农户56户，221口人，劳动力104人。全村经济总收入847.3万元；纯收入261.6万元，其中：农业收入66.9万元，占总收入的7.9%；家庭二、三产业收入达780.4万元，占总收入92.1%；从事二、三产业的农户52户，占全村总户数的93%；从事二、三产业的劳动力96人，占全村总劳动力数的92.3%。全村人均纯收入实现11 841元，比上年增加1 238元，增长11.7%；税收完成21.6万元，比上年增长20.4%。全村有42户，83名劳动力从事手提袋生产，年销售收入492.7万元，同时带动周边8个村200多户从事手提袋制作，行业特色明显。

【平谷县东高村镇南埝头小提琴专业村】 平谷县东高村镇南埝头村位于平三公路东侧。全村共有326户，1 050人，劳动力540人，现有耕地50公顷。全村245户专门从事提琴生产，占全村总户数的75.2%，从业人员450人，占全村劳动力的83.3%。

近几年来，南埝头村党支部为进一步扶持村民发展提琴生产，先后划出2.33公顷土地，供村民生产使用，并投资近百万元进行了街道整修，修建水泥道路1万平方米，有力调动了村民进行提琴生产的积极性。目前已形成3家较大规模的企业和40余家与之配套的提琴加工专业户。3家企业和40余家专业户总资产达2 000余万元，其中固定资产700余万元。年内共生产贝司660把，大提琴2 800把，小提琴8 200把。由于他们严把质量关，使产品质量有充分的保障，产品远销到美国、日本、台湾等地。其中规模最大的伊斯曼乐器公司，总资产达到1 500万元，年营业收入达3 100万元，产品全部出口到美国。为使企业规模进一步扩大，年初，该公司在美国设立了办事处。

年内全村主导产业经济总收入6 500万元，占全村经济总收入的84%，人均纯收入10 500元。

【大兴县西红门镇九村影视照明专业村】 大兴县西红门镇九村是专业生产影视照明灯光设备的高科技专业村，主要产品包括影视照明灯光的光源、外景照明、霓虹灯、音响、声学装饰装修、剧场舞台照明设备等，形成了以影视专业照明为主的专业性强、标准化程度高、质量优质的高科技专业村。

九村共有企业41家，其中从事专业照明相关的企业有31家，占75%，从事专业生产的劳动力占劳动力总数的80%以上。2000年完成经济收入25 002万元，人均劳动纯收入12 760元。

在专业村建设中，九村注重产品的科技水平，注重产品的规模化生产，加大科技投入，每年的技改投资都在1 500万元以上，先后引进了德国、日本、意大利等先进生产设备，建成了加工中心，产品质量通过ISO9002质量体系认证。注重人才的引进和培养，先后引进各种人才300多人次。

2000年，新引进项目5个，总占地3.67公顷，共计到位资金2 100万元。目前，主导产业影视照明产品畅销全国各省市电视台演播室、剧场、舞台，市场覆盖率达75%以上，经济效益和社会效益十分显著。

【丰台区花乡榆树庄建材专业村】 榆树庄村地处丰台区花乡的最西端，全村总人口2 300人，8个自然村。全村共有土地330公顷，其中城市单位、城市工业、城市居住占地34.9公顷，是典型的城乡结合部地区。

榆树庄村的支柱产业是以构件厂为龙头的建材企业，发展建材企业已有20多年了。目前从事建材生产的企业有十几家。从开始生产小型构件、方砖、九格砖、过梁、盖板到大型民用建材、短向圆孔板以及大型天车梁、薄腹梁和牛腿柱等预制构件，生产产品的不断升级，到现在生产的楼板、墙板、配套构件、直径2米的大口径水泥管、长40米重80吨的桥梁等各种钢筋混凝土构件60万立方米，这些产品已在西直门立交桥、玉泉营立交桥、朝阳桥、二环路、四环路、丰北路桥等工程的建设中使用。榆树庄村的构件厂无论是生产规模还是产品质量在全市同行业中名列前茅。2000年产品销售额达到1.5亿元。

为了使企业不断向前发展，增大企业的市场竞争力。村领导班子重视人才、内抓管理、外树形象。积极引进人才，先后引进了高级工程师等工程技术人员320名。狠抓产品质量，在管理上对产品实施质量保障体系，按照ISO9002标准的要求，进行了认证，贯彻实施质量体系，确保产品质量，满足市场竞争的需要，抓好销后服务，保证了企业信誉。

【怀柔县怀柔镇南大街商贸服务专业村】 怀柔县南大街村地处怀柔县城中心，各种条件较为优越。该村有农民477户，684人，其中劳动力340人，从事二、三产业的347户，占全村农户的72.7%；从事二、三产业的劳动力304人，占全村劳动力的89.4%。农村经济总收入1.3亿元全部来自二、三产业，农民人均纯收入11 000元，同比增长27.6%。

利用地理优势，调整产业结构，加大企业转制力度，大力发展二、三产业专业村，主要作法：一是抓好企业重组转制，促进企业健康发展。该村根据企业不同情况，以现有15个企业进行重组转制。以此调动企业经营者的积极性，促进企业健康协调发展，增强企业竞争力，扭转企业亏损、资产闲置局面。二是创造良好投资环境，筑巢引凤，大力发展二、三产业。该村2000年投资1 500多万元，加大基础设施的投入，在工业区扩建厂房3 000多平方米。修建公路、水、电设施，营造良好投资环境，引进8家企业，吸引投资800余万元，安置就业100余人，增加收入3 000多万元。三是鼓励支持农户发展二、三产业。村里抽出懂政策精通业务人员成立民营科室，为村民进行技术咨询指导。对一些重点民营企业给予相应支持。2000年村民营经济收入9 000万元，其中6 800万元来源于商贸服务业，占经济总收入的51.5%。

【房山区城关街道南街商贸专业村】 该村发挥地理优势，集体投资200多万元建起顺发百货商场，吸引30多个个体经营户入住经营。在房山城南建起全区第一家由农民投资兴办的“房山永安农副产品批发市场”，总占地5.2万平方米，出租房屋420间，拥有固定摊位348个，临时摊位近千个，平均日成交量75万千克，日平均成交额40多万元，平均日客流量近万人。全村从事商贸业的农民232户，占农户的65%；劳动力为282人，占全村劳动力的85%。农民人均纯收入的86%来自商业。全年实现农村经济总收入2.4亿元，其中以商贸为主导产业实现收入2.16亿元，占全村经济总收入的90%，全年上缴国家税金118.8万元。农民人均纯收入1.1万元。

【门头沟区永定镇冯村建材专业村】 该村共有835户，农业人口2 130人，劳动力1 050个。冯村按照区委、区政府“建材强区”的战略思想，大力发展集体经济，积极扶持自营经济，利用当地大量的粉煤灰和煤矸石资源优势，兴建标砖烧砖生产线，成为村里的主导产业，同时大力发展水泥构件和第三产业。2000年，二、三产业收入31 117万元，占全村经济总收入的97.6%，从事二、三产业农户756户，占全村总户数的90.5%。从事二、三产业的劳动力971人，占全村劳动力总数的92.5%。人均纯收入11 000元，比上年增长30.4%。

【海淀区四季青乡西冉食品专业村】 西冉村隶属于海淀区四季青乡，占地面积187公顷，东距西四环路一公里，西邻风景秀丽的香山公园、八大处公园，北靠玉泉山、颐和园，空气清新，环境宜人，交通便利。村民822户，人口2 360人，劳动力513人。西冉村现有企业19个，从事二、三产业的户数782户，占总户数的95%，从事二、三产业的劳动力472人，占总劳动力的92%。

2000年西冉村经济收入达到7 798万元。其中，二、三产业收入达7 370万元，占总收入的94.5%。纯收入达1 253.2万元，人均纯收入达3 800元，劳均分配17 575元。

西冉村利用地理优势，招商引资，筑巢引凤，以食品行业、环保行业为重点，发展都市工业。

西冉村抓住修建四环路，改造杏石口路和建设中关村科技园区的机遇，调整经济发展的战略，开拓思路制订符合西冉村实际情况的经济发展规划，确定以食品行业、环保行业为重点，发展都市工业。于1998年下半年开始，以西冉村西路为轴心，向北及两侧营造一个计划占地面积13.33公顷，总投资4 000万元建筑面积达50 000平方米的“工业园区”，一期工程18 573平方米，投资1 942.4万元。近几年来，国内一些优势企业纷纷来西冉村落户，现已入住具有一定规模的企业10家。如北京大三元食品厂、台湾的优力美食公司、北京燕桥实业总公司和华夏通商贸科技发展公司等。

多年来，西冉村的企业与大专院校、行业协会建立了紧密的联系，如西安交通大学、北京氧气协会等。通过和大专院校、科研院所的合作，提高产品的技术水平和质量。

【平谷县马昌营镇王各庄黑白铁加工专业村】 王各庄村隶属马昌营镇，共有433户，1 429人，600名劳动力。现有耕地126.67公顷。几年来该村以深化村办企业产权制度改革为突破口，加快经济结构调整步伐，大力发展二、三产业和个体私营经济，有效地促进了村级经济发展，提高了村民的生活水平。目前该村从事以黑白铁加工为主导产业的农户已发展到224户，占全村总户数的51.7%，从业人员510人，占全村劳动力总数的85%。

京郊妇女“双学双比”先进集体

【门头沟区妇女联合会】 几年来，区妇联紧紧围绕全区农业发展总体规划，利用党对农村的优惠政策，组织动员妇女为农业增效，农民致富，农村稳定积极工作。

区妇联连续5年在农村妇女中开展“千户脱贫，千户致富”工程，在她们的组织帮助下，有1 379名妇女收入超万元，918名妇女摆脱贫困。建立了“妇”字号基地38个，在全区树立了10个“三八”绿色工程优质项目示范基地。成立“三八”特种养殖协会，组织了259名妇女从事特种养殖，先后建立了8个特种养殖分会。扶持17名妇女养殖肉鸡9.5万只，纯收入18.6万元。动员全区168名妇女贷款227万元，购进小农具319件。还通过评选表彰致富女状元、农家女致富擂台赛等活动激发广大妇女的生产积极性。区妇女培训学校培训妇女1 200人，妇女的科技致富意识普遍提高，致富能力增强。

【房山区妇女联合会】 房山区妇女联合会坚持以提高广大农村妇女的科技文化素质为核心，以增收致富为重点，不断深化“双学双比”活动内容。创建“巧姑靓嫂”系列品牌，建立了三条“妇”字号产业带，在带领农民增收致富上取得了明显的效果。在十渡镇建立“青山野渡，巧姑靓嫂”民俗旅游示范基地，组织当地以妇女经营为主的家庭旅店进行规范化经营，全年接待游客2.6万人次，家庭旅店收入达到80万元。在张坊镇建立“巧姑靓嫂”庭院猕猴桃种植示范基地，并以张坊镇为示范点，组织发动十渡、南尚乐、城关、韩村河等8个乡镇的59个自然村发展庭院猕猴桃，使猕猴桃种植形成一定的规模。建立区妇联“巧姑靓嫂”养殖服务中心，以“公司+农户”的形式代理双大肉鸡饲养项目，并负责该项目的一条龙服务。截止年底，发展以妇女为主的肉鸡饲养户80户，进雏62.72万只，出栏42.68万只，养殖收入达到200万元。以创建“巧姑靓嫂”品牌为龙头，各乡镇妇联建立肉兔、肉鸡、葡萄、中华圣桃等54个“妇”字号基地。在创建“巧姑靓嫂”系列品牌的同时，注重不断提高农村妇女的科技文化素质。以“巾帼搭桥找准位，科技引来致富水”为主题开展了技术讲座、科技赶集、技术咨询、参观典型等活动。

【通州区妇女联合会】 通州区妇联积极组织全区10万余名农村妇女开展“双学双比”活动，不断强化“妇”字号基地建设，努力为广大妇女参与农业结构调整，实现家庭致富提供全面优质的服务。通过组织妇女外出学习和参加各类专业培训及开展读书活动，帮助妇女开阔眼界，拓宽思路，学习科技知识，通过开展“女子百元储蓄”活动和发挥“母亲生产互助会”的作用为广大妇女致富提供资金支持。通过对身边妇女致富典型的宣传，使广大妇女学有榜样，赶有目标；通过抓好6个区级“妇”字号基地建设，帮助广大妇女树立致富信心，掌握致富本领。2000年全区已建“妇”字号基地59个，其中种植基地38个，养殖基地15个，加工业6个，对“妇”字号基地建设开展“双学双比”活动，农村妇女素质明显提高，一大批女能人脱颖而出；一批“妇”字号经济新型合作组织应运而生；农村妇女社会地位明显提高；农村妇女的收入大幅度提高。到2000年底，全区收入在万元以上的妇女30 861人，5万元以上收入的妇女2 055人，10万元收入的妇女270人，取得了显著的社会、经济效益。

【顺义区妇女联合会】 2000年，顺义区妇女联合会在“双学双比”活动中，围绕集体增收、农民致富这条主线，以提高农村妇女素质、促进农村妇女工作发展为目标，着力做了如下工作：

第一，动员组织广大农村妇女参加科技培训，提高科技意识和科学知识水平。全年共举办各种实用技术、科技知识和绿色证书培训 270 期，有 2.39 万人次接受培训，其中有 1 541 人获得绿色证书。在搞好培训的同时，各级妇联组织积极组织科普宣传、科技赶集和外出参观学习活动。聘请专家现场指导，帮助解决生产中的问题。通过培训、学习，广大妇女学有所得，学有所获，科技意识和科学知识水平普遍提高。

第二，帮助城乡妇联组织牵手结对，互相提高。顺义区妇联根据本区城乡妇联组织健全的优势，帮助 19 个镇妇联与 19 个城区妇委会组织牵手结对，达到优势互补、互相学习、共同提高的目的。

第三，树立科技致富典型，促进共同富裕。在“双学双比”活动中，各级妇联组织不断注意发现和培养科技致富典型，通过经验交流会、座谈会、现场会、广播电视等形式进行大力宣传，引导和激励广大农村妇女学科学、用科学，走科技兴家、科技兴农的道路。先后组织妇女参观科技致富典型 38 个，其中“双学双比”工作典型 33 个，推动“双学双比”活动深入发展。

第四，加强“三八”妇字号基地建设，提高经济效益。2000 年，顺义区各级妇联组织新建苗圃、果林、生态林、观赏园 11 个，占地 591.07 公顷。全区累计建设区级“三八”妇字号基地 6 个，镇级基地 37 个，村级基地 105 个。通过精心管理，获得较好的经济效益和社会效益，为农村妇女家庭致富探索出一条新路。

【大兴县妇女联合会】 大兴县妇联在“双学双比”竞赛活动中，以提高农村妇女素质、促进农业产业结构调整和广大农村妇女增收致富为目标，用科技武装妇女，推动“科教兴县”战略的实施。通过举办新技术培训活动，使 90%以上的妇女劳动力掌握了 2 门以上的实用技术，1 000 余人获得了绿色证书，763 名妇女获得初、中级农民技术职称。通过开展形式多样的活动，树立了一批先进典型，在全县推广促进了农业产业结构调整。引导广大妇女适应形势，参与“兴牧富民”和“兴果富民”工程，兴办基地、建立专业合作组织，并为其协调资金、争取政策支持，提供外出参观学习机会，使各专业合作组织和“妇字号”基地试验与示范活动规范化、规模化。目前，全县共有 23 个“妇字号”基地，7 个县级基地，16 个镇村级基地，省 6 个专业合作组织。全年县妇联为其协调资金 150 万元，为基地和各专业合作组织更快更好的发展作出了积极的努力。

【延庆县妇女联合会】 1989 年在农村妇女中开展“双学双比”以来，县紧紧围绕市“双学双比”总体思路和要求，结合农村和农业工作实际，积极宣传、发动和组织妇女参加农村经济建设和农业产业结构调整，对推动农村经济发展和农民致富做出了积极的贡献。

一是加强领导、周密计划，认真组织。1989 年县成立了“双学双比”竞赛活动协调小组。在“双学双比”中，本着突出重点、突出实际的原则，推出“五个一”工程（每年为农村妇女选择一条切实可行的致富信息；教会农村妇女一项技术；帮助妇女示范户掌握一门绝活；通过服务使农村妇女收入每年上一个新台阶；抓科技培训，让农村妇女的科技素质每年都有一个新变化），狠抓“三个”到位（思想到位；检查指导工作到位；解决问题到位）和“三个”落实（组织落实；计划落实；措施落实）。到 2000 年末，全县建立乡镇级、村级“双学双比”协调组织分别达 26 个、383 个。这些组织每年工作中都有明确目标和具体措施，做到任务量化，责任到人，并建立了例会检查、评比、总结、表彰制度。

二是发挥妇联组织优势和“双学双比”协调小组的协作优势，抓好协调服务，为“双学双比”工作的深入开展形成整体合力。1996 年，协调小组组织有关部门慰问了全县 19 名女状元。2000 年市妇联为刘斌堡乡联系了香港扶贫项目，协调小组为该项目争取配套资金 10 万元。支持香营乡妇联办起养鸡小区，广播局开辟了“半边天”栏目。

三是为“双学双比”活动提供资金保证。十几年来，延庆县协调单位和财政部门支持资金 317 万元，县妇联争取外部资助达 200 多万元。2000 年全国妇女发展基金会为刘斌堡乡提供扶贫资金 20 万元用于该乡发展养殖业，使 120 户贫困妇女养上柴鸡，并获得良好的经济效益。1998 年全国妇联在原二道河乡投资 3.4 万元扶贫资金用于 17 户养肉鸡。1997 年国际扶贫组织提供专项经费 21 万元支持开办农村致富实用技术和绿色证书培训班。从 1995 年起市妇联协调市农委、市财政拨款 100 多万元扶持小丰营、刘斌堡乡等一批“妇字号”基地和服务组织建设。

四是适应经济发展需要加大科技培训力度，加快农村产业结构调整和农民致富奔小康的进程。十几年来，县乡两级共举办各种培训班 1 008 期，先后有 21 万人次参加培训，其中有近万名妇女取得绿色证书，2 000多名妇女取得各类技术职称。受县乡两级提供援助资金的龙头基地、示范户达 80 多人次，援助资金 180 多万元。全县有 9 000 多人摘掉了贫困帽子，达到了脱贫标准。

【密云县妇女联合会】 密云县妇联以农业结构调整、企业二次创业为契机，以“三八”绿色工程扶贫助困，提高妇女科技素质为重点，以女状元、科技致富女能手为榜样，在密云县女状元、女能手联谊会的带领下，积极开展“双学双比”竞赛活动，调动了妇女的积极性，促进了全县经济发展。先后两次组织西田各庄镇西康各庄西瓜协会会员外出学习瓜菜兼作种植技术，引进 8 个蔬菜新品种。西田各庄村发展了 0.33 公顷樱桃，太师屯镇大增村种植了 6.67 公顷花卉，推进了种植业结构调整。以北京大发正大公司为龙头，以张桂茹、王秀英、曹书会养鸡协会为纽带，带动全县妇女开展肉鸡养殖。年内 3 个肉鸡协会带动

234户，饲养合同肉鸡300万只。同时发展皮毛肉兔养殖，为家庭妇女拓宽致富门路。动员全县妇女投身果品生产销售，市级女状元李凤珍在101国道旁创建了“密云巾帼干鲜果品营业部”，带动姐妹搞果品产、供、销联合体，把本县果品倒出去，把优质果品倒进来，繁荣了果品市场。先后组织县乡两级妇女干部到丰台区参观学习花卉种植，年内全县花卉面积达到46.67公顷，实现产值3 000万元，年底35户绿化美化家庭受到县级表彰。发挥妇女在户营经济和个体私营经济中的作用，帮助下岗女工和贫困妇女脱贫致富，邀请北京巧巧手编织社的技术人员举办培训班，为密云镇、巨各庄两乡镇培训妇女120人，围绕乡镇企业二次创业在太师屯镇桑园村创建了妇女手工业大院，有效安排了下岗女工和农村妇女就业。同时，组织民俗旅游从业妇女开展“三八”实用英语一百句培训工程，提高了旅游服务水平，促进了旅游业发展。

【怀柔县汤河口镇妇女联合会】 汤河口镇地处怀柔县的北部山区，全镇22个行政村分布在6条山沟里，由于地理位置和资源有限，使得农村经济发展较慢，人均生活水平较低。为了充分调动全镇广大妇女劳动致富、科学致富，为本镇经济发展做贡献的积极性。几年来汤河口镇党委对妇联工作非常重视，每年都以党委的名义下发妇联工作意见，提出以农村妇女致富奔小康，做为妇联工作重点，坚持每月召开一次党委会，对妇联工作进展情况及时研究部署。

为了给妇女致富提供技术保障，妇联每年为妇女举办培训班十几次，并利用电教为妇女举办送科技下乡。2000年又成立了妇女培训学校，实施跨世纪妇女培训工程，使全镇每个有能力的妇女都掌握了1～2门实用技术，为妇女科学致富打下了基础。

掌握了致富技术，还要有致富项目，妇联认真研究市、县、镇的富民政策，围绕镇中心工作，发动全镇妇女参与本镇四大致富工程建设，大力发展妇女种植、养殖基地。在种植上，首先建设玉米制种基地，全镇妇女玉米制种面积已由原来的66.67公顷增加到2000年的333.33公顷。同时大力发展西洋参基地，几年来全镇203户妇女种植西洋参50公顷，仅2000年出圃西洋参2.33公顷，收入105万元。另外还利用山区丰富的野山枣资源，发展优质大枣，全镇妇女年嫁接大枣110万株，并建起了3个妇女大枣园。

在养殖业上利用汤白河水资源，镇妇联发动养殖蛋鸭40 000只，2000年又有300户妇女利用养殖小区优惠政策入养牛小区搞养殖，存栏牛达4 500头。

目前全镇2415名妇女劳动力搞养殖的310名，种植的821名，个体经商的340名。年收入达万元以上的751名，50 000元以上的103名，10万元以上的5名，为全镇的经济发展作出了突出贡献。

【昌平区昌平镇旧县村奶牛场】 旧县奶牛场始建于1980年，当时共有奶牛50头。几年来，在奶牛场工作的姐妹们怀着“干好集体事业，带领乡亲们共同致富”的想法，靠拼搏、靠质量、靠科学赢得了用户，使旧县奶牛场红红火火。场房由原来的30余间，发展到150余间；奶牛由原来的50头发展到现在的250头，使奶牛场成了旧县村的支柱企业。

【平谷县刘家店乡万庄子“三八”蟠桃基地】 刘家店乡万庄子“三八”蟠桃园基地始建于1992年3月，现有面积53.33公顷，基地种植主要以“碧霞”蟠桃为主 。该基地属于集体所有制，由村妇代会组织“三八”育林队专门进行管理，育林队由村里30名思想素质好，热爱集体，有一定技术专长的妇女组成，队长由村妇代会主任唐瑞芹担任，她们从建基地之初就制定了严格的考勤、承包和学习制度。她们采取边学边干，在1993年就全部拿到了县里颁发的绿色证书，到1994年就完成了基地整地、栽植、嫁接、管理等工作。在果品生产上，她们实行科学管理，积极推广了新技术和新品种，大力实施果实套袋、疏蕾、疏花、人工授粉、电脑平衡配方施肥、果园覆草等先进技术，果品产量和质量有很大提高。经过8年的努力，使昔日的荒山沟变成了致富沟。全年果品产量达到100万千克，蟠桃最大单果重达到420克。在全国农业博览会和北京市国际水果节上，参展的果品受到好评，2000年基地收入达到60万元，被评为市高效蟠桃园区。

基地的建设为广大妇女提供了“学知识学技术”的场所，增长了知识和才干，育林队的人员被密云、通县及邻村请去当嫁接剪枝的师傅，成了远近闻名的能人。蟠桃基地的开发成功推动了全村果品生产和农民生产积极性，在育林队的示范带动下，学科学已成为该村妇女的一种时尚。全村370名妇女已有80%取得了绿色证书，昔日不出家门的家庭妇女如今上山种植果树走向了市场。她们经营的“三八”蟠桃基地1999年还被全国妇联和林业部评为全国“三八”绿色优质工程。

第三批全国乡镇企业示范区

【怀柔县雁栖山区工业小区】 怀柔县雁栖工业小区是怀柔县北部山区乡镇发展工业的重要基地。1993年，县委、县政府根据怀柔实际，大胆调整产业空间布局，做出了“山区企业平原办，划定区域集中办”的战略抉择，在怀柔山区与平原的交界地带，划出了2平方公里的沙荒地，兴办山区乡镇工业小区。经过十几年的发展建设，雁栖工业小区已初具规模，布局结构趋向优化。目前已达到“七通一平”的条件。到2000年底，入区生产企业已达63家，注册企业达421家，从业人数2 652人，总资产7.04亿元，其中固定资产4.07亿元。总资产、固定资产占全部乡镇企业总量的15.6%和17.6%。实现产值9.5亿元，收入9.6亿元，利润5 400万元，占全部乡镇集体企业完成总量的19.8%、23%和21.2%，成为拉动全县经济增长的主要基地之一。近几年，通过改革与调整，加大重组转制力度，已初步形成汽车配件、包装印刷、食品饮料、生物工程等主导行业。该小区的成功建设，为怀柔山区乡镇发展二、三产业提供了广阔的空间和良好的发展机遇，起到了龙头示范带动作用。

建设雁栖山区工业小区的主要成就在于：一是为山区农民进入二产提供载体；二是增加了职工收入，提高了农民生活水平，山区乡镇人均纯收入75.8%来自雁栖乡镇工业小区；三是通过重组转制，嫁接改造、引进了一批规模大、科技含量高、效益好的企业。近几年，通过改革与调整，先后嫁接引进天和堂制药、耀华生物制剂、三科电子、北京钢锉、大宝系列包装、奥瑞金新美制罐、海润生物制品、雷力农用化学、天地信特种玻璃、益美高制冷设备等20多项企业名牌。企业规模不断扩大，整体素质明显提高。到2000年底，营业收入超千万元企业达23家，其中超5 000万元5家，引进高科技人才80名，管理人才30名；四是缩小了山区与全县乡镇经济发展的差距；五是为强乡富民提供了稳定的财源。经测算，截止到2000年底，雁栖山区工业小区协议总投资达到9.4亿元，实际完成投资8.8亿元。2000年度，各乡镇在二次创业精神鼓舞下，加大了重组转制和招商引资的力度，引进投资规模1 000万元以上项目12个，其中投资5 000万元以上高新项目6个，培育新的经济增长点：产值6亿多元，利税8 000多万元。

【大兴县黄村镇民营工业区】 详见“先进乡镇工业小区”【大兴县黄村镇黄村民营工业区】

【平谷县峪口镇经济开发区】 平谷县峪口经济开发区位于平谷县峪口镇，始建于1994年，全区总规划面积133.33公顷，分工业项目和农业项目区。几年来，峪口镇党委、政府充分发挥国家级小城镇建设试点单位优势，坚持大规模、高科技、多形式、宽领域的工作思路，积极制定优惠招商政策，不断完善开发区基础设施建设，多途径广招深引。开发区建设取得了较好的成果，日益成为带动镇域经济和促进当地农民致富的龙头。目前，经济开发区已完成首期开发66.67公顷，基础设施投入3 000万元，引进入区企业178家，吸纳投资2.1亿元。2000年开发区引进较大型生产型项目6个。北京金博羊绒制品有限公司，总投资5 000万元，注册资金380万元，实现销售收入1.2亿元，创汇1 000万美元。入区的北京韩吉防水材料有限公司、恒大盛业机电调和制造有限公司、金天峪医药设备有限公司、嘉正纸塑包装制品有限公司四家民营企业也已进入生产、试产阶段，总投资3 050万元，达产后可年实现销售收入1.2亿元，税收650万元。由北京洛娃集团投资5 000万元的洛娃洗涤剂、双娃食品生产项目也开始动工兴建。目前该经济开发区安置全镇农村劳动力2 000人就业，占全镇农村劳动力总数的15%。年内工业小区实现销售收入3亿元，利税5 000万元，分别较去年增长了41%和38%，分别占全镇的68%和80%。

【大兴县榆垡镇工业小区】 2000年，榆垡镇工业小区引进项目7家，协议资金2.95亿元，有投资1亿元的木丝水泥板生产项目，投资5 000万元的明达公司项目，投资5 200万元的北京东方新强设备制造有限公司项目，投资5 000万元的北京百朝木业有限公司项目，投资2 000万元的艺创阀门制造有限公司项目，投资1 500万元的北京首航波纹管制造有限公司等项目。目前，这7家企业有1家企业试生产，4家企业正在建设中，2家企业手续基本办完筹建开工。

【顺义区北小营镇宏大工业小区】 详见“先进乡镇工业小区”【顺义区北小营镇宏大工业小区】

【怀柔县北京凤翔科技开发示范区】 1992年经市政府批准，建立北京凤翔科技开发区。开发区位于杨宋镇西北部，一期征地55.07公顷。开发区在建设过程中，坚持规划在先，绿化在先，市政建设在先的建设原则，采取边开发、边建设、边引进项目滚动发展的模式，经过几年的开发与建设现已成为设施优良，环境优美，功能完善的吸引和培育高新技术企业的重要基地，对全镇的经济发展起到了示范和带动作用。

几年来，杨宋镇以小城镇建设为契机，不断加强和完善开发区的基础设施建设，使小城镇与开发区形成了资源共享，优势互补，相互促进共同发展的局面。区内建有1.2万千伏安的供电开闭所，自来水供水站两座，日供水10万立方米；建成凤翔大街、凤翔东街等两纵七横的公路交通网；区内主干道两侧全部铺设了雨、污水排放管道，并建成了凤翔煤气站，实现了“七通一平”。

目前入区企业已达40家，其中2000年入区企业10家，占33%，2000年实现企业销售收入3.4亿元，同比增长36%，占全镇总数的82%。利税总额8 307万元，同比增长54%。增加值14 784万元，同比增长26.4%。

【昌平区北七家镇工业科技园区】 详见“先进乡镇工业小区【昌平区北七家镇工业科技园区】

【大兴县旧宫工业开发园区】 大兴县旧宫镇工业小区成立于1994年，现已完成26.67多公顷土地的开发利用。另有29.33公顷土地已完成同新加坡沙如娜私人投资有限公司合作开发的前期准备工作，近期将要启动。

在项目引进上，出台了《旧宫镇工业小区发展，促进招商引资的优惠政策》，采取引进人才，引进技术，引进产品，引进资金的多引进策略，本着互惠互利，注重企业效益，利于环保，能够吸纳当地劳动力，带动当地经济发展的原则择优选择。现工业区内已有几家企业成为旧宫镇的龙头企业，年产值在千万元以上企业有6家，如年产值2 000万元的富恒彩印厂、年产值2 200万元以上的协力旁普包装制品公司都是技术先进、有市场发展前景的企业。

截止到2000年年底入区企业28家，累计完成投资额3亿元。2000年营业收入为1.65亿元，比上年增长37.5%；利税总额完成1 338万元，比上年增长

21.6%；完成增加值3 500万元，比上年增长75%；吸收当地劳动力500人。

【顺义区高丽营镇金马工业小区】 1993年8月经顺义县人民政府批准兴建。小区总体规划面积182公顷，东临101国道，南与首都国际机场接壤，交通十分便利。至2000年底，已有23家企业入住，吸纳北京市农村劳动力630人就业。

小区兴建过程中，镇政府投资960万元完成工业区中路、北路、连通路全长4 200米工程，铺设500对电讯电话通讯电缆，完成1万千伏供电系统工程，实现“五通一平”。2000年，小区实现工业总收入2.3亿元，利税1 591万元，增加值3 975万元。

【大兴县庞各庄工业小区】 庞各庄工业小区是1992年6月建立，总占地133.33公顷。几年来，我们狠抓基础设施建设，基础设施总投资达2.4亿元，使庞各庄镇招商引资环境发生了巨大变化，使庞各庄工业小区成为基础设施较完备的工业小区。

1993年开始，他们先后把工商所、税务所、法庭、学校等设施引入工业区，并在镇区内建立了农贸市场，已完成300米深水井2眼及与之配套的集中供水设施；南有张各庄3.5万千伏安变电站，北有天宫院11万千伏安变电站，共同构成小区双路供电系统；35 000平方米的区内道路网络；内装6吨供暖锅炉2台、供水锅炉1台的锅炉房1座；40立方米液化气站1座；污水处理站1座及雨污水管线2 000米；装机容量4万门的电信局在区内落成，为企业与外界沟通提供了便利条件。基础设施的逐步建立，招商环境的逐步完善，为更多的引进资金项目奠定了基础。小区已有入区企业30家，形成以美丹食品厂、佛世德精细化工、电光源研究所、京阳制衣集团等为代表的食品、精细化工、科研、服装等适合首都经济特色的企业。2000年，区内企业实现总收入1.28亿元，实现利税总额1 180万元。

【顺义区马坡镇聚源工业小区】 详见“先进乡镇工业小区”【顺义区马坡镇聚源工业小区】

（郊区各区县提供）

郊区经济发展“十大”杰出典型

【田雄　房山区韩村河镇韩村河村党委书记】 田雄现任北京市人大常委、房山区人大副主任、北京韩建集团总公司党委书记、总经理。他领导韩村河村，走出了一条以建筑业为龙头、带动集体经济全面发展、村民共同富裕的成功之路，把一个30多人的村级建筑队发展成为国家资质一级的大型建筑企业集团，成了京郊首富。2000年，田雄领导韩建集团深化改革，建立起现代企业制度和运行机制，使企业各项生产指标大幅度增长，实现总产值15亿元，总收入11.2亿元，上交税金3 350万元，稳居全国集体建筑企业之首。同时，积极调整农业结构，发展高科技蔬菜园区，全村127.8公顷耕地113.3公顷种上了蔬菜、花卉。利用自身优势发展旅游业，实现旅游收入600多万元。如今，韩村河人均纯收入达到1.1万元，过上了殷实富裕的小康生活。他还无偿为西部地区培训了100多名乡镇领导干部。

【李福成　北京燕京啤酒集体公司总经理】 李福成现任北京燕京啤酒集团公司总经理、党委书记，北京燕京啤酒股份有限公司董事长兼总经理。1999年，他领导燕京啤酒集团公司，锐意改革，开拓创新，围绕市场需求大力调整产品和产业结构。积极开拓全国市场，成功地在山东、内蒙古等地组建了7家分公司。又成功地对企业进行了配股，募集资金10多亿元，为企业发展奠定了坚实基础。在他的努力下，燕京啤酒集团连续5年全国产销量第一，连续3年经济效益第一，稳居行业龙头地位，成为北京市利税大户，并被国家经贸委列入国家重点支持的全国520家大型企业之一、国家重点扶持的300家重点企业之一，荣登中国行业百强企业、全国500家最佳经济效益企业和北京市“双十佳”企业之列。2000年1~10月，啤酒产量达108.9万吨，销售收入19.31亿元，利润3.10亿元。

【于洋　北京锦绣大地农业股份有限公司董事长】 于洋现任北京大地科技实业总公司总裁、北京锦绣大地农业股份有限公司董事长、金融硕士。自1998年，他联合多家股东投资创办北京锦绣大地农业股份有限公司，自主开发蔬菜、菌类组培工厂化生产取得成功。他坚持产学研结合，提出并实施了充分利用科技、社会、人才资源的“绿谷计划”，成功地构筑了企业孵化平台。2000年又引进了孵化食用菌深加工、绿色中药材、大花蕙兰工厂化栽培、优质小麦等多项高科技项目。与科研院所合作开发海洋“863”抗盐蔬菜中试基地、转基因动物技术、牛胚胎活体采卵产业化关键技术、彩色马蹄莲微种球工厂化生产等项目，取得积极进展。2000年度公司预计获纯利5 040万元，每股收益率可达0.18元，出口创汇286万美元。他还投资近8 000万元建立了安全农产品交易市场。

【柳显旺　北京绿健现代农业发展有限公司总经理】 柳显旺是北京绿健现代农业发展有限公司总经理。1999年7月，他投资1.5亿元建成年出栏商品猪10万头集生产、饲料加工、屠宰销售于一体的大型现代化集团企业。2000年又投资兴建二期10万头商品猪养殖区。2000年共出栏商品猪8.7万头，销售猪仔1万头，实现销售收入8 700万元，利润3 200万元。在公司发展壮大的同时，他还与周边200个农户签订了购销合同，保证农户每出售1头商品猪获利50元以上，带动了当地农民致富。柳显旺尊重科学，常年聘请畜牧专家为技术顾问，经过科学系统地选育，培育出了品种优良的绿健核心种猪群，各项生产指标均达到国际水平。同时，他十分注重学习引进现代企业管理方法，实行规模化经营、科学化管理。因此，企业连年保持了较高的经济效益，实现了较高的劳动生产率。

【陈瑞福　北京星光影视设备集团公司总经理】 陈瑞福现任北京星光影视设备集团公司总经理、大兴县西红门九村党支部书记。改革开放之初，他紧抓机遇，白手起家，创办了星光影视设备器材厂。在创业的艰难历程中，他积极进取，广纳良才，瞄准科研技术前沿，不断提升企业的技术、装备、管理水平，提高生产的专业化规模，把一个村办小企业发展成为科工贸一体的现代化高科技企业集团。目前，集团下属企业四十余家，在美国、香港设有办事机构，产品远销到欧美、东南亚。其主导产品影视照明灯光设备被中央电视台、上海东方电视台以及95%以上的省级电视台广泛采用，在同行业中占到75%份额。2000年完成销售收入25 002万元，实现利税3 500万元。企业荣获全国文明乡镇企业、农业部一千家利税大户等多项荣誉称号。陈瑞福多次被评为北京市劳动模范和全国劳动模范。

【常亮　北京卓宸畜牧有限公司董事长】 常亮是北京卓宸畜牧有限公司董事长。他采取股份合作制形式，投资2 800万元兴建了集饲养育肥、屠宰加工、销售于一体的现代农业企业——北京卓宸畜牧有限公司，具备年屠宰肉牛3万头、肉羊10万只的生产能力。2000年1至11月份，共屠宰肉牛27 500头，实现产值9 500万元，利税1 700万元，出口创汇65万美元。他领导的卓宸公司通过“公司+基地+农户”的产业化模式，发挥龙头作用，为农户提供技术、防疫、回收等系列服务，带动房山区7个肉牛养殖小区、700户农民发展养牛，使户均增收4 500元以上；带动3 500户农民种植牧草0.1万公顷，带来了450万元的经济效益。2000年，又投资400万元建立了占地16.67公顷的万头肉牛养殖小区。还创办了“卓宸全牛食府”，实现了饲养——加工——餐饮服务一条龙。

【曲绍华（女）　北京双斯特天然饮料有限公司总经理】 曲绍华现任北京双思特天然饮料公司总经理。1997年毕业于中国对外经济贸易大学，1998年到中保合资企业北京双思特天然饮料公司工作。1998年企业由中方单独经营后，他结合企业自身优势，扬长避短，重新将企业的生产、市场定位为水果、蔬菜浓缩汁的出口。1999年9月开始生产梨、苹果浓缩汁，以优质的产品和服务很快赢得国外厂商的信任，当年企业减亏400万元，产品逐步出口到加拿大、美国、日本、新加坡、南非、欧洲等国家。在他的不懈努力下，企业逐步扭亏为赢。公司还与房山区12个乡镇、8 000多户果农以及延庆、密云、大兴等区县的水果种植大户签定收购合同，以保护价收购水果，以产业化模式有力地带动了农民致富。

【金振启　北京金鑫现代农业发展有限公司总经理】 金振启现为北京金鑫现代农业发展有限公司总经理。该公司为其个人投资2 500万元兴建的民营企业，现有一个年出栏4 000头的肉牛养殖场和一个年出栏育肥羊10万只的肉羊养殖小区，固定资产总额达1 000万元。2000年共出栏肉牛3 600头，获利108万元。出栏肉羊35 000只，获利280万元。小区现存栏肉羊3万余只。农民出身的金振启，注重科技投入和科学管理。他运用现代生产、技术对养殖小区进行科学管理，实行科学喂养，并不断增加科技含量。聘请专家作技术顾问，购进萨福克、多赛特等优质种羊200多只改良本地肉羊品种。2000年可出栏肉羊10万只，肉牛4 000头，获利920万元。他计划再投资2 000万元，建设年屠宰30万只的肉羊加工厂和存栏1 000只的种羊场，建成产、加、销一体化的农业产业化龙头企业。

【闻宝恒　顺义区赵全营镇北郎中村党支部书记】 闻宝恒现任顺义区赵全营镇北郎中村党支部书记，全国劳动模范。他领导北郎中村，走出了一条“以种养业为主，重点发展养猪业”的发展之路，全村拥有1个年出栏1.5万头的种猪场，2个年出栏120万只的肉鸡场，建成了年出栏10万头的养殖小区和生态养殖园及与之相配套的饲料厂、有机肥厂、屠宰厂、熟食加工厂及村民养殖服务中心，实现了产业化经营，1998年被市政府命名为“京郊养猪第一村”。全村450户农民中有410户从事生猪养殖，2000年出栏商品猪7.8万头，实现经济收入1.6亿元，人均劳动所得达1.1万元。他把全村十几家企业改造组建成股份制企业，经营总资产由改造前的392万元增加到5 500万元，总股本达到4 000万元，其中集体股2 000万元，村民股1 200万元，社会股800万元。

【周希珍（女）　门头沟区龙泉镇西辛房村党支部书记】 周希珍现任门头沟区西辛房村党支部书记。她所在的西辛房村地处城乡结合部，现有农户108户，308口人，人均不足一分地。在她的带领下，西辛房村在极其有限的土地上走出了一条合理调整农业结构、种养结合立体发展、农民快速致富的新路子。她带领干部群众，把建设种植、养殖小区作为农业结构调整的突破口，确立以发展观赏鱼及鱼草、芽菜立体种植为重点的主导产业，集体和农户共投资210万元，把一片垃圾场改建成占地2公顷的养殖小区，成立了3个农民专业合作经济组织。目前，入区农户达45户，涌现出3个龙头大户、57个种养专业户。养殖户均月收入在6 000元以上，芽菜种植户户均收入也在4 000元以上。在周希珍的领导下，辛房全村经济总收入达1 361万元，人均纯收入4 618元。

郊区经济发展“十佳”科技工作者

【晁无疾　北京市农学院教授】 晁无疾现任北京农学院果树学教授、中国农学会葡萄分会秘书长、中国农业专家咨询团成员等职，是我国著名的葡萄培育和种植专家。30多年来，他坚持教学、科研与普及、推广相结合，深入一线开展葡萄栽培新技术的研究和推广。来京工作后，短短几年里他跑遍京郊，哪里有葡萄哪里就有他的脚印，先后在大兴县采育镇、通州区张家湾镇、顺义区大孙各庄镇、延庆县张山营镇指导建立了4个万亩葡萄丰产商品化生产基地，年创经济效益1.5亿元以上，带动了当地农业结构调整。他潜心改良葡萄种植、栽培技术和果品品质，精心培育的“红地球”、“里札马特”、“黑奥林”等品种被评为全国优质产品。他坚持义务为农民服务，举办葡萄栽培技术学习班150余期，培训农民2万多人次，被誉为“农民的好教授”、“致富的好靠山”。

【陈兆祥　密云同方工业园区清化同方机电公司总裁、清华大学教授】　陈兆祥教授是清华同方股份有限公司副总裁、清华大学热能工程系的教授，长期以来一直致力于高科技成果的转化和产业化工作。自担任密云同方工业园区清华同方机电工业公司总裁以来，主要负责密云县同方工业园区高科技项目投资和生产基地建设工作。在陈兆祥副总裁领导和公司员工的共同努力下，清华同方已投入资金2亿元，建成建筑面积8万平方米的密云同方工业园区，并在密云建起了清华同方人工环境设备生产基地、清华同方大型集装箱检测系统生产基地、清华同方光盘生产基地、清华同方电子信息大厦。2000年实现销售收入3亿元，安排当地200人就业，为密云经济发展做出了巨大贡献。同时，同方工业园区建成后，可安排就业1 500人，实现年销售收入30亿元，税收1.2亿元，将成为密云经济发展新的增长点。

【李荣旗　北京锦绣大地农业股份有限公司副总经理、助理研究员】　李荣旗现任北京锦绣大地股份有限公司副总经理，负责公司的技术开发、项目引进和对外合作。组织带领科技人员走技术创新的道路，将科技成果迅速转化为产业，完成了公司的技术发展框架和重大项目的规划、论证，协助公司进行“绿谷计划”的实施。先后引进食用菌深加工、绿色中兽药、优质小麦等6项高科技项目，主持完成了彩色马蹄莲微种球工厂化生产项目并进入产业化生产。与中国科学院植物所合作承担海洋“863”抗盐蔬菜的选育和栽培中试基地项目，获得可在1/3～1/2海水中生长的蔬菜品种，与中国农业大学合作进行转基因动物技术项目、牛胚胎活体采卵产业化关键技术取得重大进展。目前正组织技术人员开发利用水培技术生产城市用绿化草皮的工厂化节水技术，获得专利6项。

【马月辉　中国农科院畜牧研究所副研究员】　马月辉现任中国农科院畜牧所遗传与资源研究室主任，副研究员，从事绵山羊遗传育种、畜禽遗传资源保护科研和推广工作。他在“九五”期间，获得农业部鉴定成果“肉羊杂交组合筛选及高效饲养技术”；主持了国家引进国外先进农业科学技术项目“优良肉用绵羊的引进”，并通过农业部验收；主持了农业部“九五”重点科研专题“畜禽遗传多样性研究”并通过鉴定；主持了科技部基础性项目“畜禽种质资源保存”研究。作为兴顺工程专家组成员，他提出了顺义区肉羊产业化开发的设想；帮助金鑫现代农业发展有限公司制定了肉羊产业化发展规划，设计了2万只羊产业化生产车间和流程，提供饲养、疫病防治等技术服务，并帮助实施了“规模化舍饲肉羊综合配套技术研究”项目，为顺义区的肉羊产业化发展作出了重大贡献。

【黄德品　中国农业科学院畜牧所研究员】　黄德品现任中国农科院畜牧所副研究员。作为顺义区百名农业专家兴顺工程顾问，他以顺义区“种猪产业化工程”项目为中心，开展科技研究、推广和服务。主持制定了祖代猪场种猪生产技术指标，参与两个新建原种猪场的设计和祖代猪场的设施改造；参与了十多个100头以上祖代猪核心群的组建和种猪选育方案的制定；协助绿健公司等从法国引进300余头优良种猪，制定了进口种猪饲养标准；参与顺义种猪性能测定站工作，协助制定了种猪性能测定标准、测定饲养标准、疫病预防标准和种猪评定标准；协助绿健公司等在市科委申报实施了“绿健瘦肉型猪新品系选育及配套开发”的研究，参与了“绿健猪肉”的试验研究。他不断创新、完善猪群饲养管理、猪群保健、饲料营养、疫病预防等方面的技术，使顺义区养猪业连创好效益。

【王爱国　中国农业大学动物科技学院副教授】王爱国现任中国农业大学动物科技学院养猪教研室主任，1990年获德国慕尼黑技术大学博士学位，他作为副主持参与了市农业重点科研项目“瘦肉型父系猪种（杜洛克）选育新技术”的研究，获市科技进步三等奖；作为首席专家参加了农业科技项目“优质瘦肉型配套系猪组装技术的熟化与示范”的研究。他积极参与京郊良种猪产业化工程建设，帮助顺义种猪性能测试站完成了首期良种猪测定；指导了北京养猪育种中心、顺兴农业小店良种场、华都种猪繁育责任有限公司、顺义北郎中种猪场、陈各庄种猪场、密云宾阳种猪场等企业的种猪选育工作，取得了良好效果和经济效益。他积极参加新技术推广工作，培训技术人员200多人次，编写了13万字的实用技术培训教材。

【王升光　密云县副县级调研员、高级工程师】王升光是密云县原副县长，高级工程师。主持“山杏换优”、李子、杏、梨国外新品种早果丰产试验，引进果树新品种120余个，经试验后推广40余个，培训农民数万人次，使全县果树优种率达到60%以上，为密云县果品发展做出了杰出贡献，多次受到表彰、奖励，被评为市科协积极分子、市科技之星，获全国扶贫贡献奖和国务院“政府特殊津贴”。他在“香水峪万亩板栗丰产示范园开发”中，推广十项丰产技术，制定了“板栗综合技术标准”，注册了燕香牌商标，产量增加2倍，使全县板栗产量从1995开始每年递增50万千克。在新城子等六处“苹果优质栽培示范园”中，推广15项新技术，制定了“红富士综合技术标准”，注册“云岫”，“绿湖”商标，精品果园面积达到0.1万公顷。

【刘钧贻　北京资源集团总裁、教授】　刘钧贻现任北京资源集团总裁、北京青年联合会委员、中国饲料工业协会常务理事。在中国首创“饲料配方师、安全饲料、安全猪肉”概念，率先启动大兴县资源安全猪肉产业化工程。2000年7月30日上市的资源安全猪肉已进入华普等30多家超市，被国务院机关事务管理局等单位采购。目前资源安全猪肉生产体系已发展存栏5 000头以上会员单位7家，总存栏5万头，年出栏商品猪6万多头，日销售7万元，带动了周边500多农户致富。北京资源亚太饲料科技有限公司因此被农业部、国家计委、国家经贸委、财政部、对外经贸合作部、中国人民银行、国家税务总局、中国证券监督管理委员会联合评审为农业产业化国家重点龙头企业。

【常志来　怀柔县水利局工程师】 常志来现任怀柔县水资源局副局长。上任3年来坚持深入基层为群众为实事，成为农民贴心人，被群众誉为水利“活地图”。他亲自制定怀柔县水利富民工程计划和科技下乡计划，组织专家下乡指导，展示新技术成果，激发了农民投资办水利的热情；率领职工深入山区农村，帮助农民制定小水利和节水灌溉方案，促进了山区水利富民和节水工程实施。他为渤海镇铁矿峪村设计的蓄水工程，解决了293口人的饮水和20公顷的灌溉；为汤河口镇辛地村设计的集雨工程解决了全村水源不足；为桥梓镇农民杜春济制定的节水方案，解决了0.67公顷果园灌溉。他在全县推广应用新技术、新工艺、新材料9项，创新技术7项。他注重质量，使全县精品工程达到80%以上。在他的努力下，怀柔县的节水和水利富民工程发展迅速，在连年干旱中发挥重要作用。

【岳长文　平谷县果品办公室高级农艺师】 岳长文现任平谷县果品办高级农艺师，是平谷大桃的传奇人物。他研究出一整套大桃早产、高产、优质、高效生产技术，编成规程在全县推广，还先后攻克了大光裂口病、大桃黑屁股病、桃芽坏死病、桃树流胶病等一系列难关，为桃农减少损失。他是平谷大桃的发起人和科技带头人，率先带头在后宫村指导种植大桃，使之成为远近闻名的大桃专业村，并带动了平谷县的大桃发展。他致力大桃名优品种的挖掘和培育，先后引进品种100多个，并从中选育出20多个适宜本地发展的名优品种，培育出了名品“艳丰一号”。他还成功地研究出一整套设施大桃栽培技术，实现了全县三季有桃。他长年开通技术咨询热线，带动160多个科技示范户，为平谷县的大桃发展做出突出贡献。

统计资料

农村基本情况

	计量单位	编号	北京市	朝阳区
一、乡镇政府个数	个	01	215	24
(一)乡政府	个	02	71	24
(二)镇政府	个	03	144	
二、村委会个数	个	04	4 043	169
三、乡村户数	户	05	1 267 975	90 692
四、乡村人口	人	06	3 637 493	213 076
男	人	07	1 757 492	98 532
女	人	08	1 880 001	114 544
五、劳动力资源数	人	09	1 988 287	114 238
其中:劳动年龄内	人	10	1 695 979	110 972
六、从业人员数	人	11	1 658 367	97 376
其中:劳动年龄内	人	12	1 584 059	96 377
(1)按性别分组	人	13	1 658 367	97 376
男	人	14	853 218	47 732
女	人	15	805 149	49 644
(2)按行业分组	人	16	1 658 367	97 376
农林牧渔业从业人员	人	17	696 701	19 119
农业	人	18	534 683	13 833
林业	人	19	61 848	2 517
牧业	人	20	88 185	1 888
渔业	人	21	11 985	881
农村工业从业人员	人	22	335 184	28 444
乡办工业	人	23	118 164	9 176
村办工业	人	24	150 156	15 577
村以下办工业	人	25	66 864	3 691
建筑业从业人员	人	26	139 405	6 096
交通、运输仓储业和邮电业从业人员	人	27	132 516	10 049
批发零售贸易业餐饮业从业人员	人	28	121 495	13 121
其他从业人员	人	29	233 066	20 547
七、农村社会基础设施				
自来水受益村数	个	30	3 928	169
通汽车村数	个	31	4 043	169
通电话村数	个	32	4 040	169

丰台区	石景山区	海淀区	门头沟区	房山区	通州区
6	1	11	10	28	19
6	1	10	1	8	1
		1	9	20	18
81	12	79	189	463	483
60 672	7 084	58 933	34 572	163 673	149 023
155 199	15 836	145 308	95 638	487 719	414 736
71 044	7 142	67 918	46 724	235 762	195 811
84 155	8 694	77 390	48 914	251 957	218 925
74 789	8 739	66 895	52 051	241 660	359 260
71 733	8 089	61 352	47 458	222 455	188 600
72 542	7 007	54 121	42 332	223 141	183 734
70 506	6 918	53 619	40 718	210 883	176 270
72 542	7 007	54 121	42 332	223 141	183 734
34 515	3 666	26 331	22 779	117 496	91 597
38 027	3 341	27 790	19 553	105 645	92 137
72 542	7 007	54 121	42 332	223 141	183 734
19 861	1 186	11 041	12 916	77 297	80 316
16 533	793	8 664	8 854	57 494	64 634
2 006	285	1 078	1 850	6 535	3 072
1 154	108	1 108	2 162	12 459	10 006
168		191	50	809	2 604
25 157	2 648	17 908	8 106	44 207	43 725
6 347	276	9 631	1 987	8 764	14 538
15 403	2 263	7 693	4 281	20 121	19 890
3 407	109	584	1 838	15 322	9 297
2 649	208	3 014	2 705	30 778	15 693
5 243	328	2 609	7 711	27 931	13 180
6 192	1 460	6 267	5 510	19 452	13 330
13 440	1 177	13 282	5 384	23 476	17 490
81	12	79	189	451	483
81	12	79	189	463	483
81	12	79	189	463	483

	计量单位	编号	顺义区	昌平区
一、乡镇政府个数	个	01	19	17
(一)乡政府	个	02		
(二)镇政府	个	03	19	17
二、村委会个数	个	04	426	313
三、乡村户数	户	05	135 682	96 144
四、乡村人口	人	06	423 027	268 076
男	人	07	203 746	128 866
女	人	08	219 281	139 210
五、劳动力资源数	人	09	199 068	133 422
其中:劳动年龄内	人	10	190 955	123 367
六、从业人员数	人	11	184 199	118 524
其中:劳动年龄内	人	12	177 979	113 849
(1)按性别分组	人	13	184 199	118 524
男	人	14	93 974	60 820
女	人	15	90 225	57 704
(2)按行业分组	人	16	184 194	118 524
农林牧渔业从业人员	人	17	58 347	45 544
农　业	人	18	40 706	32 270
林　业	人	19	2 866	6 000
牧　业	人	20	12 902	6 523
渔　业	人	21	1 873	751
农村工业从业人员	人	22	53 682	22 315
乡办工业	人	23	26 016	7 612
村办工业	人	24	19 383	10 267
村以下办工业	人	25	8 283	4 436
建筑业从业人员	人	26	15 713	8 888
交通、运输仓储业和邮电业从业人员	人	27	13 783	13 083
批发零售贸易业餐饮业从业人员	人	28	11 901	9 291
其他从业人员	人	29	30 768	19 403
七、农村社会基础设施				
自来水受益村数	个	30	426	313
通汽车村数	个	31	426	313
通电话村数	个	32	426	313

（续）

大兴县	平谷县	怀柔县	密云县	延庆县	农场局
14	17	15	19	15	
	5	5	6	4	
14	12	10	13	11	
547	275	287	345	374	
116 418	96 310	70 134	112 707	75 931	
385 596	313 757	186 278	321 625	211 622	
187 446	156 015	92 151	160 125	106 210	
198 150	157 742	94 127	161 500	105 412	
220 580	157 359	85 684	176 242	98 300	
197 091	146 450	79 457	160 410	87 590	
195 532	150 456	81 885	154 363	93 155	8 392
186 269	142 175	77 501	146 328	84 667	
195 532	150 456	81 885	154 363	93 155	8 392
98 645	77 533	43 969	82 573	51 588	6 000
96 887	72 923	37 916	71 790	41 567	2 392
195 532	150 456	81 885	154 363	93 155	8 392
124 309	81 568	36 432	76 389	52 376	
106 948	68 879	22 665	49 843	42 567	2 000
8 199	2 763	10 248	10 407	4 022	
8 607	7 664	3 068	15 243	5 293	6 392
555	2 262	451	896	494	
19 607	31 522	11 167	20 083	6 613	
6 987	12 494	3 758	7 261	3 317	
8 225	12 121	5 123	8 039	1 770	
4 395	6 907	2286	4 783	1 526	
7 269	13 541	6 369	13 538	12 944	
9 498	6 432	6 464	9 911	6 294	
9 083	6 803	6 262	8 369	4 454	
25 766	10 590	15 191	26 073	10 474	
547	258	251	297	372	
547	275	287	345	374	
547	275	287	343	373	

农用地总面积

	计量单位	编号	北京市	朝阳区
一、年初农业用地面积	亩	01	16 681 549	247 494
1. 耕地面积	亩	02	5 075 766	204 846
2. 园地面积	亩	03	1 462 242.3	6 273
其中:果园	亩	04	1 451 921.3	6 209
3. 林地面积	亩	05	9 527 751.9	24 596
4. 牧草地面积	亩	06	51 353.65	
5. 渔业养殖面积	亩	07	564 435.45	11 779
二、年末实有农业用地面积	亩	08	16 607 429	224 438
1. 耕地面积	亩	09	4 938 717	169 608
2. 园地面积	亩	10	1 499 022.4	6 312
其中:果园	亩	11	1 464 650.3	5 788
3. 林地面积	亩	12	9 555 593.65	37 057
4. 牧草地面积	亩	13	51 577.65	
5. 渔业养殖面积	亩	14	562 517.85	11 461

	计量单位	编号	顺义区	昌平区
一、年初农业用地面积	亩	01	936 456	1 485 005
1. 耕地面积	亩	02	754 361.7	362 683
2. 园地面积	亩	03	71 304.3	179 442
其中:果园	亩	04	70 296.3	177 008
3. 林地面积	亩	05	53 334.9	906 261
4. 牧草地面积	亩	06	1 258.65	171
5. 渔业养殖面积	亩	07	56 196.45	36 448
二、年末实有农业用地面积	亩	08	930 048.6	1 475 485
1. 耕地面积	亩	09	704 821.05	359 301
2. 园地面积	亩	10	107 942.4	176 769
其中:果园	亩	11	85 290.3	174 335
3. 林地面积	亩	12	59 869.65	904 322
4. 牧草地面积	亩	13	1 258.65	376
5. 渔业养殖面积	亩	14	56 156.85	34 717

注:本表计量单位亩为非法定计量单位,15 亩 = 1 公顷。下同。

丰台区	石景山区	海淀区	门头沟区	房山区	通州区
122 554	52 693	258 571	1 558 478	1 543 275	887 318
91 589	5 941	129 366	42 821	596 936	748 450
9 779	6 786	52 012	50 671	113 993	51 376
9 779	6 460	51 876	47 840	113 576	51 197
19 232	39 215	64 177	1 432 794	827 189	27 806
		350	25 748		3 241
1 954	751	12 666	6 444	5 157	56 445
120 089	52 451	253 789	1 558 341	1 547 750	877 879
88 131	5 641	122 313	42 684	596 678	737 713
10 122	6 138	51 632	50 671	114 911	52 400
10 085	5 812	49 346	47 840	114 735	52 221
19 882	39 921	67 385	1 432 794	830 941	27 841
		371	25 748		3 241
1 954	751	12 088	6 444	5 220	56 684

大兴县	平谷县	怀柔县	密云县	延庆县	农场局
1 030 735	1 104 437	2 528 138	2 444 524	2 481 871	58 325
784 624	285 947	226 528	352 556	489 117	35 041
165 161	260 268	213 005	166 658	115 514	12 162
164 506	258 937	212 675	166 059	115 503	11 385
61 659	519 850	2 075 288	1 607 704	1 868 646	8 495
7	7 652	202	12 540	184	1 843
19 284	30 720	13 115	305 066	8 410	784
1 015 862	1 102 834	2 526 310	2 442 991	2 479 161	56 082
764 037	284 788	224 058	351 427	487 517	32 195
167 510	260 254	212 884	166 402	115 075	11 417
166 855	258 923	212 553	165 803	115 064	10 340
64 566	519 822	2 075 983	1 607 622	1 867 588	9 843
7	7 652	202	12 539	183	1 843
19 742	30 318	13 183	305 001	8 798	784

耕地面积

	计量单位	编号	北京市	朝阳区
一、年初实有耕地面积	亩	01	5 075 766	204 846
二、年内增加耕地面积	亩	02	25 804	14 457
其中:新开荒地面积	亩	03	1 179	
三、当年减少的耕地面积	亩	04	162 854.1	49 695
1. 国家基建占地	亩	05	47 514	23 429
2. 乡村集体占地	亩	06	41 632	19 692
3. 农民个人建房占地	亩	07	3 232	
4. 其他占地	亩	08	70 476	6 574
四、年末实有耕地面积	亩	09	4 938 716.05	169 608
(一) 按耕地存在状况分				
1. 水　田	亩	10	437 520.6	80 606
2. 旱　地	亩	11	4 501 195.45	89 002
其中:水浇地	亩	12	3 619 973.25	53 100
(二) 按耕地的所有制分				
1. 国营耕地	亩	13	78 089.75	16 336
2. 集体耕地	亩	14	4 770 518.3	153 272
3. 农民自留地	亩	15	90 108	
附记:在年末耕地中25度坡地面积	亩	16	46 399	

	计量单位	编号	顺义区	昌平区
一、年初实有耕地面积	亩	01	754 361.7	362 683
二、年内增加耕地面积	亩	02	138.45	1 657
其中:新开荒地面积	亩	03		249
三、当年减少的耕地面积	亩	04	49 679.1	5 039
1. 国家基建占地	亩	05	3 113.4	2 138
2. 乡村集体占地	亩	06	45	2 414
3. 农民个人建房占地	亩	07	138.15	
4. 其他占地	亩	08	46 382.55	487
四、年末实有耕地面积	亩	09	704 821.05	359 301
(一) 按耕地存在状况分				
1. 水　田	亩	10	17 190.6	41 099
2. 旱　地	亩	11	687 630.45	318 202
其中:水浇地	亩	12	649 289.25	275 621
(二) 按耕地的所有制分				
1. 国营耕地	亩	13	3 798.75	5 091
2. 集体耕地	亩	14	701 022.3	354 210
3. 农民自留地	亩	15		
附记:在年末耕地中25度坡地面积	亩	16		

丰台区	石景山区	海淀区	门头沟区	房山区	通州区
91 589	5 941	129 366	42 821	596 936	748 450
1 724		114	930		63
			930		
5 182	300	7 168	1 067	258	10 800
530	94	3 414	18	213	1 851
4 254	206	854		43	7 881
183		93		2	469
215		2 807	1 049		599
88 131	5 641	122 312	42 684	596 678	737 713
4 136		102 861		12 079	118 878
83 995	5 641	19 451	42 684	584 599	618 835
60 634	89	9 983	14 549	471 067	565 890
3 097	103	3 592			2 172
85 034	5 538	96 652	42 684	555 349	735 541
		22 068		41 329	
			23 315	11 230	

大兴县	平谷县	怀柔县	密云县	延庆县	农场局
784 624	285 947	226 528	352 556	489 117	39 194
6 668		53			314
27 255	1 159	2 523	1 129	1 600	3 160
8 483	633	1 588	1 129	881	912
5 717	526				20
2 265				82	
10 790		935		637	2 228
764 037	284 788	224 058	351 427	487 517	36 348
32 847	7 511	9 898	949	9 466	
731 190	277 277	214 160	350 478	478 051	36 348
708 977	244 287	167 410	230 151	168 926	24 494
14 305	333	256	434	28 572	36 292
749 732	284 455	223 802	324 282	458 945	56
			26 711		
		5 000	6 854		

农业机械拥有量

项目名称		农业机械总动力			
		柴油发动机动力	汽油发动机动力	电动机动力	其他机械动力
项目序号		1	2	3	4
计量单位		千瓦	千瓦	千瓦	千瓦
全市	保有量	2 096 895	903 369	991 557	200
	新增	103 586	18 288	9 435	
朝阳	保有量	66 525	101 874	35 400	
	新增	932	255	249	
海淀	保有量	38 067	75 720	31 900	
	新增	3 962	1 049	145	
丰台	保有量	33 480	98 018	19 339	
	新增	3 333	653	45	
石景山	保有量	5 716	2 448	3 533	
	新增	2 641	546		
门头沟	保有量	43 685	55 678	18 178	
	新增	3 084	4 761	638	
昌平	保有量	130 348	5 484	76990	
	新增	5 187	131	927	
通州	保有量	214 647	36 817	118 388	
	新增	4 757	974		
顺义	保有量	317 939	69 099	144 579	
	新增	10 637	174	483	
大兴	保有量	404 216	51 010	109 861	200
	新增	6 015	28	815	
怀柔	保有量	71 688	65 760	74 173	
	新增	1 414	206	350	
密云	保有量	164 087	49 265	116 081	
	新增	28 458	6 088	2 711	
平谷	保有量	186 744	46 083	87 564	
	新增	11 095	487	89	
房山	保有量	280 683	192 085	118 828	
	新增	10 035	241	1 060	
延庆	保有量	139 070	54 028	36 743	
	新增	12 036	2 695	1 923	

拖拉机					
大中型					
小计		轮式		链式	
5	6	7	8	9	10
台	千瓦	台	千瓦	台	千瓦
11 781	543 825	7 695	309 485	4 068	234 006
385	11 887	351	9 882	34	2 005
502	23 434	326	13 521	176	9 913
16	590	11	326	5	264
444	15 642	352	10 269	92	5 373
19	879	11	371	8	508
120	5 097	94	3 572	26	1 525
2	158			2	158
157	2 991	155	2 881	2	110
139	2 641	139	2 641		
55	2 421	43	1 739	12	682
1 002	52 869	610	28 208	392	24 661
12	707	12	707		
2 063	97 134	1 218	49 898	845	47 236
3	121	2	66	1	55
2 378	118 604	1 341	58 847	1 037	59 757
29	1 516	21	1 072	8	444
1 578	70 944	1 068	41 376	510	29 568
35	954	35	954		
553	24 584	355	13 899	180	10 351
2	118			2	118
465	18 946	368	13 842	97	5 104
49	956	49	956		
779	35 435	512	20 024	267	15 411
19	979	18	924	1	55
1 283	60 822	929	40 990	354	19 832
8	384	8	384		
402	14 902	324	10 419	78	4 483
52	1 884	45	1 481	7	403

2000 年农村电气化和农业化学化

	计量单位	编号	北京市	朝阳区
一、农村电气化情况				
1. 农村用电量	万千瓦时	01	310 242.6	40 654
2. 乡、村及村以下办水电站	处	02	40	
装机容量	千瓦	03	19 725	
发电量	千瓦时	04	17 372 575	
二、农用化肥施用量				
1. 按实物量计算	吨	05	537 298.7	7 677
氮　肥	吨	06	337 441.7	5 293
磷　肥	吨	07	38 774.8	720
钾　肥	吨	08	13 648	254
复合肥	吨	09	147 434.2	1 410
2. 按折纯量计算	吨	10	179 282	3 032
氮　肥	吨	11	104 517.8	2 033
磷　肥	吨	12	10 335.3	245
钾　肥	吨	13	3 625.8	98
复合肥	吨	14	60 803	656
三、农用塑料薄膜使用量	吨	15	9 825	570
其中：地膜使用量	吨	16	4 200	237
地膜施用面积	亩	17	411 740.2	12 163
四、农药使用量（按实物量算）	吨	18	5 440	139
五、农用柴油使用量	吨	19	78 692.8	1 348
附记：1. 农田有效灌溉面积	亩	20	4 173 015.9	141 728
2. 机电排灌面积	亩	21	3 638 906.9	139 987
3. 其中：喷滴灌面积	亩	22	1 639 751.9	30 001

丰台区	石景山区	海淀区	门头沟区	房山区	通州区
26 955	2 362	17 812	7 179	29 927	36 415
			2	14	
			3 350	4 395	
			3 107 000	8 535 575	
5 169	238	11 146	1 363	45 361	93 173
3 396	113	9 304	728	27 452	56 134
503	14	483	174	3 730	6 997
116	23	242	18	1 002	2 320
1 154	88	1 117	443	13 177	27 722
1 541	81	6 879	455	14 894	34 381
944	21	3 077	214	8 030	19 827
106		93	71	1 380	2 249
45	1	40	4	358	594
446	59	3 669	166	5 126	11 711
561	50	650	35	440	924
96	16	156	30	177	305
8 381	837	7 924	4 427	15 833	29 453
61	8	208	30	530	616
479	13	959	957	9 520	11 820
47 160	5 276	80 664	34 448	490 680	713 635
46 171	1 485	56 460	18 000	436 587	591 382
11 122		2 346	6 972	176 290	207 554

	计量单位	编号	顺义区	昌平区
一、农村电气化情况				
1. 农村用电量	万千瓦时	01	34 137.6	26 613
2. 乡、村及村以下办水电站	处	02		
装机容量	千瓦	03		
发电量	千瓦时	04		
二、农用化肥施用量				
1. 按实物量计算	吨	05	83 777.7	20 731
氮肥	吨	06	45 373.7	12 737
磷肥	吨	07	2 627.8	1 218
钾肥	吨	08	1 570	264
复合肥	吨	09	34 206.2	6 512
2. 按折纯量计算	吨	10	30 988	8 259
氮肥	吨	11	15 942.8	5 133
磷肥	吨	12	1 084.3	664
钾肥	吨	13	557.8	115
复合肥	吨	14	13 403.1	2 347
三、农用塑料薄膜使用量	吨	15	1 614.8	113
其中：地膜使用量	吨	16	529.3	47
地膜施用面积	亩	17	64 865.2	2 794
四、农药使用量（按实物量算）	吨	18	452.2	370
五、农用柴油使用量	吨	19	12 051.8	7 519
附记：1. 农田有效灌溉面积	亩	20	689 672.9	338 971
2. 机电排灌面积	亩	21	686 449.9	294 790
3. 其中：喷滴灌面积	亩	22	582 186.9	166 615

（续）

大兴县	平谷县	怀柔县	密云县	延庆县	农场局
29 393	19 221	17 084	11 479	7 650	3 361
		14	9	1	
		6 100	4 380	1 500	
		1 365 000	3 115 000	1 250 000	
106 612	57 478	19 745	40 610	42 667	1 551
69 152	36 151	12 693	28 874	29 379	662
11 716	2 166	1 201	2 590	4 461	174
4 367	1 850	270	426	831	95
21 377	17 311	5 581	8 720	7 996	620
31 594	18 001	7 534	9 891	11 244	508
21 152	9 967	4 878	5 963	7 077	259
1 638	481	437	1 061	782	44
999	293	170	143	181	27
7 805	7 260	2 049	2 724	3 204	178
3 230	744	132	325	416	20
1 788	220	88	165	341	5
180 988	32 803	15 954	26 619	8 669	30
1 088	933	319	332	279	75
12 092	7 305	3 202	5 602	4 563	1 262
747 713	281 391	170 112	231 100	182 711	17 754
683 220	254 864	133 790	155 410	123 437	16 874
195 238	153 840	63 486	37 262	2 631	4 208

2000 年农作物播种面积及占用耕地面积情况

	合 计		1. 粮食作物		2. 经济作物	
	播种面积	占用耕地面积	播种面积	占用耕地面积	播种面积	占用耕地面积
甲	1	2	3	4	5	6
北京市	6 865 857	4 132 695	4 623 867	2 871 463	287 798	261 706
朝阳区	201 155	113 710	110 232	67 336	344	199
丰台区	103 183	56 439	42 498	29 173	66	66
海淀区	112 807	82 416	70 404	65 831	258	258
门头沟区	66 936	43 153	50 253	35 941	12	
房山区	812 302	488 395	666 290	400 156	24 858	23 505
通州区	1 027 915	581 560	656 421	379 126	41 666	38 450
顺义区	1 124 157	610 292	755 991	407 476	27 195	24 839
昌平区	469 551	290 469	389 252	240 771	1 366	1 202
大兴县	1 229 718	688 910	676 618	383 142	74 451	63 796
平谷县	426 302	231 455	279 542	157 530	16 067	15 131
怀柔县	310 403	203 789	245 542	154 940	27 251	25 591
密云县	449 993	309 442	333 389	223 136	68 919	63 666
延庆县	495 175	412 224	335 352	320 863	5 345	5 003
农场局	32 649	20 441	12 083	6 042		

计量单位：亩

3. 其他作物		其中：蔬菜作物		瓜类作物	
播　种 面　积	占用耕 地面积	播　种 面　积	占用耕 地面积	播　种 面　积	占用耕 地面积
7	8	9	10	11	12
1 954 192	999 526	1 617 273	762 371	121 029	84 290
90 579	46 175	79 552	37 790	76	66
60 619	27 200	57 269	23 978		
42 145	16 327	40 627	14 929		
16 671	7 212	11 273	5 299		
121 154	64 734	83 593	35 387	7 328	6 973
329 828	163 984	285 564	134 143	13 451	6 729
340 971	177 977	277 800	136 701	28 956	14 881
78 933	48 496	47 251	25 791	1 436	1 214
478 649	241 972	385 555	174 390	64 836	51 805
130 693	58 794	119 746	54 792	3 633	1 850
37 610	23 258	27 821	14 403	283	190
47 685	22 640	46 124	21 308	513	284
154 478	86 358	151 361	83 460	517	298
20 566	14 399	126			

2000年全年粮食实际产量

单位名称	全年粮食					夏收	
	播种面积	亩产	耕地面积	亩产	总产量	播种面积	亩产
甲	1	2	3	4	5	6	7
北京市	4 623 867	311.78	2 871 464	502.05	144 162.7	1 826 467	366.14
朝阳区	110 232	355.56	67 336	582.07	3 919.4	43 419	392.89
丰台区	42 498	197.56	29 173	287.80	839.6	14 291	231.61
海淀区	70 404	422.22	65 831	451.55	2 972.6	3 984	324.55
门头沟区	50 253	109.78	35 941	153.51	551.7	4 180	305.74
房山区	666 290	311.12	400 156	518.03	20 729.4	295 114	343.28
通州区	656 421	341.16	379 126	590.69	22 394.5	300 088	398.15
顺义区	755 991	315.98	407 476	586.24	23 887.9	355 267	380.47
昌平区	389 252	302.23	240 771	488.61	11 764.2	153 781	329.75
大兴县	676 618	341.58	383 143	603.22	23 112.1	318 359	377.55
平谷县	279 542	256.14	157 530	454.52	7 160.1	124 204	347.30
怀柔县	245 542	319.14	154 940	505.76	7 836.1	79 295	370.86
密云县	333 389	162.59	223 136	242.93	5 420.6	111 719	294.95
延庆县	335 352	435.83	320 863	455.51	14 615.5	10 683	377.52
农场局	12 083	363.57	6 042	727.08	439.3	12 083	363.57

计量单位：亩，千克，万千克

粮食			秋收粮食				
耕地面积	亩产	总产量	播种面积	亩产	耕地面积	亩产	总产量
8	9	10	11	12	13	14	15
911 250	733.87	66 873.9	2 797 400	276.29	1 960 214	394.29	77 288.8
21 249	802.81	1 705.9	66 813	331.30	46 087	480.29	2 213.5
7 441	444.83	331.0	28 207	180.31	21 732	234.03	508.6
3 142	411.52	129.3	66 420	428.08	62 689	453.56	2 843.3
2 078	615.01	127.8	46 073	92.01	33 863	125.18	423.9
147 560	686.54	10 130.6	371 176	285.55	252 596	419.60	10 598.8
150 044	796.29	11 947.9	356 333	293.17	229 082	456.02	10 446.6
173 233	780.26	13 516.7	400 724	258.81	234 243	442.75	10 371.2
78 412	646.70	5 070.9	235 471	284.25	162 359	412.25	6 693.3
159 180	755.09	12 019.6	358 259	309.62	223 963	495.28	11 092.5
62 752	687.39	4 313.5	155 338	183.25	94 778	300.34	2 846.6
39 559	743.40	2 940.8	166 247	294.46	115 381	424.28	4 895.3
54 495	604.68	3 295.2	221 670	95.88	168 641	126.03	2 125.4
6 063	665.18	403.3	324 669	437.74	314 800	451.47	14 212.2
6 042	727.08	439.3					

2000 年经济作物实际产量（一）

	合计		一、油料				1. 花		
	播面	占耕地	播面	亩产	占耕地	总产量	播面	亩产	占耕地
甲	1	2	3	4	5	6	7	8	9
北京市	287 798	261 706	231 574	164.06	209 104	3 799.3	192 389	174.83	176 351
朝阳区	344	199	30	66.67	15	0.2			
丰台区	66	66	20	100.00	20	0.2	10	100.00	10
海淀区	258	258							
门头沟区	12								
房山区	24 858	23 505	19 001	168.20	18 298	319.6	17 292	174.59	16 644
通州区	41 666	38 450	20 458	155.98	18 969	319.1	14 021	163.04	14 021
顺义区	27 195	24 839	19 564	187.13	17 498	366.1	9 510	231.13	9 409
昌平区	1 366	1 202	872	184.63	753	16.1	507	195.27	403
大兴县	74 451	63 796	70 510	204.85	59 855	1 444.4	70 199	205.40	59 559
平谷县	16 067	15 131	9 746	123.33	9 178	120.2	3 833	162.27	3 680
怀柔县	27 251	25 591	17 837	220.27	16 307	392.9	15 334	229.88	14 645
密云县	68 919	63 666	68 756	111.56	63 503	767.0	61 587	121.00	57 884
延庆县	5 345	5 003	4 780	111.92	4 708	53.5	96	156.25	96
农场局									

计量单位：亩，千克，万千克

生	2. 芝　麻				3. 向　日　葵			
总产量	播　面	亩　产	占耕地	总产量	播　面	亩　产	占耕地	总产量
10	11	12	13	14	15	16	17	18
3 363.6	5 820	69.93	5 285	40.7	18 261	113.90	12 441	208.0
					30	66.67	15	0.2
0.1	10	100.00	10	0.1				
301.9	1 144	66.43	1 089	7.6	363	132.23	363	4.8
228.6	1 220	81.97	1 141	10.0	3 795	151.52	2 385	57.5
219.8	1 598	96.37	1 337	15.4	4 144	159.75	2 502	66.2
9.9	19	52.63	14	0.1	3	333.33	3	0.1
1 441.9	281	67.62	281	1.9	30	200.00	15	0.6
62.2	706	36.83	616	2.6	920	120.65	595	11.1
352.5	213	61.03	168	1.3	2 275	170.99	1 479	38.9
745.2	629	27.03	629	1.7	5 107	25.06	3 562	12.8
1.5					1 594	99.12	1 522	15.8

2000 年经济作物实际产量（二）

单位名称	4. 其他			二、棉花				三、麻类		
	播面	占耕地	总产量	播面	亩产	占耕地	总产量	播面	占耕地	总产量
甲	19	20	21	22	23	24	25	26	27	28
北京市	15 104	15 027	187.0	23 814	65.55	23 449	156.1			
朝阳区										
丰台区										
海淀区										
门头沟区										
房山区	202	202	5.3							
通州区	1 422	1 422	23.0	12 864	70.66	12 864	90.9			
顺义区	4 312	4 250	64.7	1 886	72.11	1 636	13.6			
昌平区	343	333	6.0	32	125.00	32	0.4			
大兴县				3 475	72.52	3 475	25.2			
平谷县	4 287	4 287	44.3	5 506	47.04	5 391	25.9			
怀柔县	15	15	0.2	5	100.00	5				
密云县	1 433	1 428	7.3	46	21.74	46	0.1			
延庆县	3 090	3 090	36.2							
农场局										

计量单位：亩，千克，万千克

四、烟　叶			五、药　材			六、其　他		
播　面	占耕地	总产量	播　面	占耕地	总产量	播　面	占耕地	总产量
29	30	31	32	33	34	35	36	37
326	110	3.0	25 602	22 688	240.0	6 482	6 355	492.6
			314	184	2.0			
			46	46	0.2			
			258	258	5.2			
			12					
			5 857	5 207	88.2			
			7 639	5 912	58.7	705	705	9.8
			5 695	5 655	40.6	50	50	2.5
10		0.1	452	417	10.0			
			466	466	8.5			
228	25	1.5	587	537	10.1			
88	85	1.4	3 594	3 594	12.9	5 727	5 600	86.1
			117	117	0.5			
			565	295	3.1			394.2

2000 年瓜类实际产量（一）

单位名称	合计					1. 西	
	播种面积	亩产	耕地面积	亩产	总产量	播种面积	亩产
甲	1	2	3	4	5	6	7
北京市	121 029	3 411.69	84 290	4 898.73	41 291.4	105 920	3 552.73
朝阳区	76	2 644.74	66	3 045.45	20.1	67	2 746.27
丰台区							
海淀区							
门头沟区							
房山区	7 328	3 652.30	6 973	3 838.23	2 676.4	7 238	3 675.60
通州区	13 451	3 218.65	6 729	6 433.94	4 329.4	7 147	4 257.87
顺义区	28 956	3 362.38	14 881	6 542.64	9 736.1	26 164	3 455.93
昌平区	1 436	2 247.21	1 214	2 658.15	322.7	1 022	2 584.15
大兴县	64 836	3 463.69	51 805	4 334.95	22 457.2	59 534	3 508.00
平谷县	3 633	3 860.45	1 850	7 581.09	1 402.5	3 506	3 922.42
怀柔县	283	2 568.90	190	3 826.32	72.7	248	2 862.90
密云县	513	2 838.21	284	5 126.76	145.6	487	2 967.15
延庆县	517	2 489.36	298	4 318.79	128.7	507	2 508.88
农场局							

计量单位：亩，千克，万千克

瓜			其中：(1) 大　棚　西　瓜				
耕地面积	亩　产	总产量	播种面积	亩　产	耕地面积	亩　产	总产量
8	9	10	11	12	13	14	15
74 333	5 062.42	37 630.5	34 397	3 461.55	22 503	5 291.16	11 906.7
62	2 967.74	18.4					
6 883	3 865.18	2 660.4	622	4 461.41	617	4 497.57	277.5
3 575	8 512.17	3 043.1	193	4 875.65	97	9 701.03	94.1
13 394	6 750.85	9 042.1	12 396	3 219.67	6 351	6 284.21	3 991.1
836	3 159.09	264.1	1	2 000.00	1	2 000.00	0.2
47 096	4 434.45	20 884.5	21 172	3 561.17	15 430	4 886.39	7 539.7
1 768	7 778.28	1 375.2	10	3 000.00	5	6 000.00	3.0
155	4 580.65	71.0					
271	5 332.10	144.5	3	3 666.67	2	5 500.00	1.1
293	4 341.30	127.2					

2000年瓜类实际产量(二)

单位名称	(2) 地膜西瓜					2. 其	
	播种面积	亩　产	耕地面积	亩　产	总产量	播种面积	亩　产
甲	16	17	18	19	20	21	22
北京市	63 203	3 578.72	43 509	5 198.60	22 618.6	15 109	2 422.99
朝阳区	67	2 746.27	42	4 380.95	18.4	9	1 888.89
丰台区							
海淀区							
门头沟区							
房山区	6 616	3 601.72	6 266	3 802.90	2 382.9	90	1 777.78
通州区	6 954	4 240.72	3 478	8 479.01	2 949.0	6 304	2 040.45
顺义区	13 731	3 669.07	7 024	7 172.55	5 038.0	2 792	2 485.67
昌平区	1 011	2 577.65	765	3 406.54	260.6	414	1 415.46
大兴县	30 202	3 404.48	23 527	4 370.38	10 282.2	5 302	2 966.24
平谷县	3 476	3 930.38	1 753	7 793.50	1 366.2	127	2 149.60
怀柔县	230	2 956.52	150	4 533.33	68.0	35	485.71
密云县	454	2 960.35	254	5 291.34	134.4	26	423.08
延庆县	462	2 573.59	250	4 756.00	118.9	10	1 500.00
农场局							

计量单位：亩，千克，万千克

他瓜类			其中：甜瓜				
耕地面积	亩产	总产量	播种面积	亩产	耕地面积	亩产	总产量
23	24	25	26	27	28	29	30
9 957	3 676.71	3 660.9	7 702	2 805.12	5 952	3 629.87	2 160.5
4	4 250.00	1.7					
90	1 777.78	16.0	80	1 750.00	80	1 750.00	14.0
3 154	4 078.31	1 286.3	100	2 000.00	51	3 921.57	20.0
1 487	4 667.11	694.0	2 388	2 490.37	1 197	4 968.25	594.7
378	1 550.26	58.6	57	929.82	46	1 152.17	5.3
4 709	3 339.77	1 572.7	4 964	3 035.05	4 503	3 345.77	1 506.6
82	3 329.27	27.3	77	2 246.75	57	3 035.09	17.3
35	485.71	1.7					
13	846.15	1.1	26	423.08	13	846.15	1.1
5	3 000.00	1.5	10	1 500.00	5	3 000.00	1.5

2000 年蔬菜产量（一）

指　标	编号	北京市	朝阳区	丰台区
合　　计	01	4 891 457.1	174 157	143 524
一、蔬菜产量	02	4 872 307.1	173 517	143 431
1. 叶菜类	03	2 239 489	85 723	84 672
2. 茄果菜类	04	744 098.5	25 803	16 466
3. 瓜菜类	05	644 604.9	23 630	15 177
4. 块根、块茎菜类	06	437 197.9	6 579	9 227
5. 菜用豆类	07	260 736.7	10 946	7 881
6. 葱蒜类	08	323 589.1	4 416	4 895
7. 水生菜类	09	29 791	9 150	60
8. 其他蔬菜类	10	192 800	7 270	5 053
在蔬菜合计中：菜籽小计	11	2 411.1		6
特菜小计	12	278 364	21 028	6 585
二、食用菌	13	19 150	640	93
附：在蔬菜产量合计中	14	4 872 307.1	173 517	143 431
1. 销往城区	15	1 614 116.5	165 199	10
2. 本地区销售	16	2 678 078.6		142 665
3. 销往外省市	17	224 631	1 342	
4. 出口	18	93 605	5 616	
5. 损耗	19	261 876	1 360	756

单位：吨

石景山区	海淀区	门头沟区	房山区	通州区
9 148	107 313	21 878	239 703	866 332
9 148	106 515	21 786	232 381	859 169
5 381	59 159	11 621	131 183	389 119
1 627	20 253	3 013	32 050	162 736
1 030	16 187	2 638	22 408	106 123
323	3 304	2 232	23 592	50 512
717	3 177	1 032	6 081	34 584
70	1 943	935	10 083	80 150
	2 114		161	9 349
	378	315	6 823	26 596
	143		603	837
	19 343	100	4 381	41 315
	798	92	7 322	7 163
9148	106 515	21 786	232 381	859 169
9148		1 246	40 071	376 482
	105 075	19 463	176 735	375 671
	152		3 761	58 050
			86	9 358
	1 288	1 077	11 728	39 608

2000 年蔬菜产量(二)

指　　标	编号	顺义区	昌平区	大兴县
合　计	01	1 009 775.1	127 478	1 112 582
一、蔬菜产量	02	1 008 552.1	126 923	1 112 348
1. 叶菜类	03	443 506	56 278	459 855
2. 茄果菜类	04	116 344.5	18 549	222 766
3. 瓜菜类	05	148 317.9	18 011	177 675
4. 块根、块茎菜类	06	98 294.9	12 033	70 224
5. 菜用豆类	07	48 530.7	4 955	56 693
6. 葱蒜类	08	81 277.1	4 769	104 372
7. 水生菜类	09	6 355	951	1 651
8. 其他蔬菜类	10	65 926	11 377	19 112
在蔬菜合计中:菜籽小计	11	262.1	50	355
特菜小计	12	105 519	6 018	14 749
二、食用菌	13	1 223	555	234
附:在蔬菜产量合计中	14	1 008 552.1	126 923	1 112 348
1. 销往城区	15	186 940.5	2 470	603 615
2. 本地区销售	16	694 883.6	114 296	439 478
3. 销往外省市	17	57 300		21 195
4. 出口	18	13 988	374	1 917
5. 损耗	19	55 440	9 783	46 143

单位：吨

平谷县	怀柔县	密云县	延庆县	农场局
360 682	54 240	183 116	481 029	500
360 549	54 152	182 385	480 951	500
128 729	29 248	88 447	266 544	24
54 298	2 948	21 788	45 037	420
56 774	5 312	29 961	21 305	56
43 903	13 159	23 150	80 665	
60 201	1 045	8 976	15 918	
16 422	2 030	8 144	4 083	
222	410	1 919	47 399	
7	94	13	41	
3 785	429	3 243	51 369	500
133	88	731	78	
360 549	54 152	182 385	480 951	500
106 654	1 166	7 454	113 411	250
177 640	50 556	167 679	213 887	50
45 629		1 533	35 669	
2 200	1 545		58 321	200
28 426	885	5 719	59 663	

2000 年干鲜果品产量（一）

	单　位	编码	北京市	朝阳区	丰台区
一、果品产量	吨	01	609 720.8	924	4 772
1. 干果产量	吨	02	23 814		39
2. 鲜果产量	吨	03	585 906.8	924	4 733
二、花椒产量	千克	04	254 516.1		
三、果园面积	亩	05	1 280 053	1 759	10 444
其中：苹果	亩	06	273 074	414	3 240
梨	亩	07	149 270	573	273
葡萄	亩	08	46 466	113	1 509
桃	亩	09	247 771	559	1 824
四、年末实有零星果树数	株	10	8 272 484	10 797	600
其中：苹果树	株	11	880 120	8	
梨树	株	12	833 322	3	
附：草莓产量	吨	13	135	2	

2000 年干鲜果品产量（二）

	单　位	编码	顺义区	昌平区	大兴县
一、果品产量	吨	01	45 616.8	55 005	95 488
1. 干果产量	吨	02	76	1 685	4
2. 鲜果产量	吨	03	45 540.8	53 320	95 484
二、花椒产量	千克	04	2.1	2 904	100
三、果园面积	亩	05	103 416	174 335	120 756
其中：苹果	亩	06	38 301	30 809	15 082
梨	亩	07	17 541	7 465	59 703
葡萄	亩	08	10 163	1 620	9 030
桃	亩	09	13 727	12 344	33 917
四、年末实有零星果树数	株	10	462 500	180 803	23 939
其中：苹果树	株	11	201 000	12 106	7 296
梨树	株	12	111 500	9 233	3 112
附：草莓产量	吨	13		52	15

石景山区	海淀区	门头沟区	房山区	通州区
999	11 187	6 461	67 480	42 441
		1 559	1 922	1
999	11 187	4 902	65 558	42 440
		3 856	202 224	1
4 266	18 638	68 066	114 735	52 759
996	3 431	11 553	15 960	15 513
294	20	1 722	16 715	3 306
102	372	306	6 633	9 990
2 489	8 064	2 063	14 037	19 668
		50 036	298 449	75 255
		5 912	53 406	6 991
		6 545	16 734	8 054
		1	16	38

平谷县	怀柔县	密云县	延庆县	农场局
150 145	45 818	35 905	45 236	2 243
2 300	9 511	3 647	3 070	
147 845	36 307	32 258	42 166	2 243
24 760	7 723	3 746	9 200	
209 054	76 766	251 539	69 959	3 561
28 806	19 223	53 323	35 131	1 292
10 066	8 276	20 679	2 246	391
930	600	614	3 049	1 435
121 263	5 546	9 540	2 557	173
960 575	3 401 138	2 535 870	263 962	8 560
177 095	62 468	250 880	100 678	2 280
69 336	167 697	415 641	25 467	
	6		5	

2000 年设施农业面积及产量（一）

	计量单位	编号	北京市	朝阳区	丰台区
设施面积合计	亩	01	295 758	8 530	8 705
按类型划分					
1. 温室	间	02	725 801	56 660	58 139
占地面积	亩	03	37 791	2 362	2 122
2. 日光温室	间	04	703 677	8 091	7 459
占地面积	亩	05	45 362	503	421
3. 大棚	个	06	62 306	1 613	2 354
占地面积	亩	07	71 673	2 021	2 471
4. 中、小棚	个	08	600 736	9 771	25 421
占地面积	亩	09	113 708	3 045	3 660
5. 阳畦	个	10	126 088	8 533	749
占地面积	亩	11	27 224	599	31

2000 年设施农业面积及产量（二）

	计量单位	编号	顺义区	昌平区	大兴县
设施面积合计	亩	01	74 231	5 976	87 344
按类型划分					
1. 温室	间	02	244 701	1 140	41 839
占地面积	亩	03	13 933	491	2 692
2. 日光温室	间	04	146 736	8 391	135 012
占地面积	亩	05	8 400	1 584	7 481
3. 大棚	个	06	27 730	419	14 743
占地面积	亩	07	27 518	869	17 056
4. 中、小棚	个	08	31 137	2 413	481 541
占地面积	亩	09	17 740	1 452	58 462
5. 阳畦	个	10	53 662	8 391	6 317
占地面积	亩	11	6 640	1 580	1 653

石景山区	海淀区	门头沟区	房山区	通州区
600	9 989	490	21 801	38 882
	165 051	542	13 376	106 038
	3 640	88	5 871	4 323
6 008	3 002	452	10 637	125 343
150	176	164	3 939	8 022
268	2 119	95	2 206	4 686
268	1 967	113	2 876	7 032
424	13 593	107	6 589	18 058
170	3 954	57	4 516	13 729
1	1 908	691	10 327	14 406
12	252	68	4 599	5 776

平谷县	怀柔县	密云县	延庆县	农场局
21 830	5 554	10 077	1 385	364
37 112	337	361	471	34
1 519	395	157	148	50
222 417	747	29 157	101	124
9 839	193	4 133	99	258
1 760	1 791	2 323	181	18
2 351	3 884	3 012	179	56
8 954	414	2 271	43	
4 544	649	1 707	23	
5 193	1 973	10 966	2 971	
3 577	433	1 068	936	

全部林业生产情况(一)

单位名称	一、本年造林面积						1.用　材　林		
	合计	5项合计	人工造林	其中:退耕造林	飞播造林	其中:撒播面积	小计	其中:针叶	其中:速生丰产林
甲	1		2	3	4	5	6	7	8
合计(公顷)	26 093.23	26 093.23	18 987.29	3 170.67	7 105.94	2 336.00	951.06	0.00	951.06
朝　阳	1 209.73	1 209.73	1 209.73						
丰　台	267.16	267.16	267.16	96.24					
海　淀	942.33	942.33	942.33	902.33					
石景山	0.00	0.00							
门头沟	2 790.01	2 790.01	1 590.01		1 200.00	533.33			
昌　平	1 316.93	1 316.93	783.60		533.33				
大　兴	1 051.81	1 051.81	1 051.81	361.60			63.30		63.30
通　州	1 386.03	1 386.03	1 386.03	732.05			591.78		591.78
顺　义	2 104.15	2 104.15	2 104.15				55.74		55.74
房　山	4 164.22	4 164.22	2 697.56	911.78	1 466.66	800.00	73.57		73.57
平　谷	842.12	842.12	242.12		600.00				
平谷果办	1 130.34	1 130.34	1 130.34						
怀　柔	3 123.97	3 123.97	1 457.32		1 666.65	666.67			
密　云	2 550.68	2 550.68	2 017.38	166.67	533.30		166.67		166.67
延　庆	3 213.75	3 213.75	2 107.75		1 106.00	336.00			

2. 经　济　林									3. 防护林	4. 薪炭林	5. 特种用途林
小　计	其中：干果林			其中：鲜果林							
	小计	其中：		小计	其中：						
		核桃	板栗		苹果	梨	桃	葡萄			
9	10	11	12	13	14	15	16	17	18	19	20
7 540.15	1 003.49	453.98	93.80	6 516.66	148.44	679.36	2 508.24	908.96	14 318.90	0.00	3 283.12
85.53				85.53	20.66	3.33	23.33	2.00			1 124.20
40.00	12.00			28.00		3.33	5.33	0.67	40.00		187.16
											942.33
545.68	412.94	269.57	3.47	132.74	1.00	18.40	11.73	13.27	1 913.00		331.33
44.63				44.63		2.35	7.60	3.37	1 212.30		60.00
696.55				676.55		34.70	328.15	187.10	285.26		6.70
772.93				772.93	16.35	116.99	363.43	254.86	21.32		
1 880.68				1 880.68	30.00	426.30	262.30	354.70	154.40		13.33
1 294.14	318.59	180.91		975.55	1.43	67.29	261.41	36.15	2 450.17		346.34
									810.79		31.33
1 130.34				1 130.34			988.37	6.70			
									3 123.97		
453.34	62.33		62.33	391.01	79.00	6.67	251.99	13.34	1 880.00		50.67
596.33	197.63	3.50	28.00	398.70			4.60	36.80	2 427.69		189.73

全部林业生产情况(二)

单位名称	二、迹地更新面积		三、低产林改造面积	四、封山育林面积			
	小计	其中：人工更新		小　计	其中：工程封山育林面积	一般封山育林面积	本年新封面积
甲	21	22	23	24	25	26	27
合计(公顷)	470.53	450.53	35.00	82 267.73	22 227.28	60 040.45	22 210.84
朝　阳							
丰　台							
海　淀							
石景山	4.00	4.00					
门头沟				12 950.20	3 700.00	9 250.20	4 950.20
昌　平				9 266.35	1 600.00	7 666.35	2 266.67
大　兴	98.38	98.38	26.67				
通　州	22.70	22.70					
顺　义	62.00	62.00					
房　山	100.99	100.99	8.33	13 278.09	11 443.95	1 834.14	3 260.63
平　谷				3 700.00	750.00	2 950.00	1 500.00
平谷果办							
怀　柔	20.00			18 666.66	1 400.00	17 266.66	4 000.00
密　云	152.56	152.56		7 739.77		7 739.77	2 900.01
延　庆	9.90	9.90		16 666.66	3 333.33	13 333.33	3 333.33

五、封山护林面积	六、零星（四旁）植树（万株）	七、林木种子采集量（千克）	八、育苗面积		九、当年苗木产量（万株）	十、可供下年造林苗木量（万株）
			小计	其中：本年新育		
28	29	30	31	32	33	34
26 378.00	757.89	5 530.00	7 294.68	3 382.79	6 845.96	5 527.19
	11.29		32.01	5.00	25.00	13.00
	8.57		674.14	145.35	150.34	68.47
	15.76		772.00	158.00	179.00	241.00
	0.10		31.70	20.30	50.60	
	34.48		85.06	57.02	408.00	267.00
	87.26		684.67	334.87	1 082.71	570.32
	104.63		472.87	212.59	316.15	301.97
	99.80		1 271.69	645.64	326.29	656.85
	55.07		863.60	486.21	180.00	556.00
6 863.10	102.29	840.00	881.31	673.03	570.41	584.79
	62.93		408.78	169.96	269.15	231.30
			133.30	133.30	1 000.00	450.00
2 970.00	83.20	2 140.00	406.37	144.62	541.95	448.80
7 814.00	49.90	2 550.00	334.50	117.00	976.36	631.59
8 730.90	42.61		242.68	79.90	770.00	506.10

2000 年牧业生产（社会口径）（一）

	计量单位	编号	北京市	朝阳区	丰台区
一、牧业产品出栏量（出售和自宰）					
1. 生猪	头	001	4 156 079	251 753	67 223
毛重	吨	002	410 388	23 879	6 312
2. 肉牛	头	003	172 652	1 788	16
3. 羊	只	004	1 039 288	17 563	6 900
山羊	只	005	375 116	52	400
绵羊	只	006	664 172	17 511	6 500
4. 驴	头	007	5 459		3
5. 骡	头	008	1 848		33
6. 马	匹	009	1 503		5
7. 肉鸡	只	010	102 537 508	223 150	288 700
8. 淘汰鸡	只	011	8 046 937	44 420	217 540
9. 鸭	只	012	29 023 996	13 426	192 085
10. 鹅	只	013	260 424	28	15
11. 兔	只	014	1 897 105	30 828	2 582
12. 其他	只	015	183 782 825		4 000
二、牧业产品产量					
1. 鲜蛋产量	吨	016	160 165.2	491	4 718
其中：鸡蛋产量	吨	017	156 144.7	491	4 717
鸭蛋产量	吨	018	3 765.5		1
2. 鲜奶产量	吨	019	303 633.4	8 063	4 205
其中：牛奶产量	吨	020	303 312.4	8 058	4 205
羊奶产量	吨	021	167	5	
3. 毛类产量					
(1) 羊毛产量	吨	022	982	13	4
其中：山羊毛	吨	023	199		1
绵羊毛	吨	024	762	13	3
其中：细羊毛	吨	025	53		
半细羊毛	吨	026	50	1	

石景山区	海淀区	门头沟区	房山区	通州区
28 667	53 036	33 022	344 896	443 301
2 867	4 678	3 179	35 960	44 096
	165	186	12 952	20 944
	6 028	47 199	201 554	139 724
	1 500	42 094	112 645	34 228
	4 528	5 105	88 909	105 496
	126	134	578	343
	2	77	229	161
		2	218	183
	726 417	318 800	9 375 946	11 005 445
121 559	127 346	60 737	637 309	831 904
	43 500	4 650	2 179 558	4 176 608
	2 100		22 659	28 530
	12 123	29 125	362 090	222 058
	3 462	35 000	1 875 532	180 171 903
1 586	2 212	1 096	14 048	13 725
1 586	2 199	1 087	13 470	13 603
	13	9	561	122
2 022	2 619	4 125	12 181	22 919
2 022	2 619	4 123	12 181	22 919
		2		
	7	30	187	112
	2	19	81	9
	5	1	103	103
			14	34
			30	15

2000 年牧业生产（社会口径）（二）

	计量单位	编号	北京市	朝阳区	丰台区
（2）羊绒产量	吨	027	68		
（3）兔毛产量	吨	028	31		
4. 特畜珍禽产品产量					
（1）火鸡	只	029	91 800	840	20 100
（2）珍珠鸡	只	030	64 773	650	100
（3）山鸡	只	031	661 903	17 250	80
（4）乌鸡	只	032	6 501 914	15 200	4 000
（5）肉鸽	只	033	1 094 147	10 850	50
（6）鸵鸟	只	034	5 279	12	13
（7）鹌鹑	只	035	54 578		
（8）貂	只	036	7 710		
（9）鹿	只	037	3 043		7
（10）狐	只	038	43 031	911	75
（11）其他	只	039	10 139 326	108 462	23 769
三、肉类总产量	吨	040	562 806	17 785	5 575
1. 猪、牛、羊肉	吨	041	339 198	17 296	4 525
（1）猪肉	吨	042	290 927	16 716	4 418
（2）牛肉	吨	043	32 681.4	314	3
（3）羊肉	吨	044	15 590	266	104
2. 驴肉	吨	045	726.2		
3. 骡肉	吨	046	299.8		6
4. 马肉	吨	047	254		1
5. 鸡肉（肉鸡+淘汰鸡）	吨	048	153 847	381	652
6. 鸭肉	吨	049	60 758.6	27	384
7. 鹅肉	吨	050	656		
8. 兔肉	吨	051	3 149.2	44	4
9. 其他	吨	052	3 917.1	37	3

石景山区	海淀区	门头沟区	房山区	通州区
		10	36	
		1	7	
	677	40	44 200	500
	650	5 000	3 190	20 792
	3 720	46 450	97 500	76 800
	25	300	702 958	4 071 332
	7 261	20 420	71 155	146 580
		347	1 172	316
	500	27 000	6 300	2 000
	240		500	900
	30	13	299	237
	2 162	165	14 553	3 205
	212 712	9 830	3 832 619	191 864
2 272	4 743	3 599	67 153	55 764
2 150	3 388	2 909	48 176	36 994
2 150	3 285	2 226	40 155	31 160
	29	32	4 848	3 730
	74	651	3 173	2 104
	19	16	117	56
		19	30	27
			39	31
122	1 211	540	13 399	9 992
	87	5	4 224	7 880
	5		54	75
	20	41	827	389
	13	69	287	320

2000年牧业生产(社会口径)(三)

	计量单位	编号	顺义区	昌平区	大兴县
一、牧业产品出栏量(出售和自宰)					
1. 生猪	头	001	1 418 711	246 146	395 543
毛重	吨	002	141 644.5	20 436	35 595
2. 肉牛	头	003	73 905	6 687	10 116
3. 羊	只	004	200 570	104 413	222 326
山羊	只	005	49 238	22 882	28 610
绵羊	只	006	151 332	81 531	193 716
4. 驴	头	007	1 065	157	67
5. 骡	头	008	418	81	53
6. 马	匹	009	403	66	24
7. 肉鸡	只	010	37 012 000	10 066 595	7 468 430
8. 淘汰鸡	只	011	816 989	371 630	1 732 910
9. 鸭	只	012	10 001 304	459 600	6 324 385
10. 鹅	只	013			183 668
11. 兔	只	014	64 415	60 271	631 453
12. 其他	只	015	245 726	55 665	1 358 385
二、牧业产品产量					
1. 鲜蛋产量	吨	016	21 340.2	6 938	29 441
其中：鸡蛋产量	吨	017	21 039.7	6 893	28 508
鸭蛋产量	吨	018	300.5	45	712
2. 鲜奶产量	吨	019	20 790.4	17 595	27 852
其中：牛奶产量	吨	020	20 790.4	17 595	27 847
羊奶产量	吨	021			5
3. 毛类产量					
(1)羊毛产量	吨	022	188	82	136
其中：山羊毛	吨	023	3	13	
绵羊毛	吨	024	185	69	136
其中：细羊毛	吨	025			
半细羊毛	吨	026			

平谷县	怀柔县	密云县	延庆县	农场局
260 623	195 410	320 078	152 505	45 165
35 641	19 159	31 713	17 270	2 950
8 577	10 031	13 728	12 692	865
80 958	35 855	131 633	44 565	
34 257	15 226	67 550	16 434	
46 701	20 629	64 083	28 131	
842	326	706	1 112	
45	156	161	432	
31	50	66	455	
4 234 500	3 828 038	10 304 987	7 643 200	41 300
1 093 062	251 547	990 985	516 987	232 012
1 080 133	1 592 315	837 890	74 780	2 043 762
325	6 274	16 280	545	
40 902	80 008	327 525	33 725	
	19 581		13 571	
22 666	7 648	19 549	12 692	2 015
22 220	6 510	19 298	12 508	2 015
446	1 136	251	169	
1 055	19 391	10 679	23 253	126 884
1 055	19 339	10 679	22 996	126 884
	8		147	
35	31	118	39	
10	11	43	7	
25	19	75	25	
	2		3	
	3	1		

2000年牧业生产（社会口径）（四）

	计量单位	编号	顺义区	昌平区	大兴县
（2）羊绒产量	吨	027			
（3）兔毛产量	吨	028		1	
4. 特畜珍禽产品产量					
（1）火鸡	只	029	560	684	23 096
（2）珍珠鸡	只	030	9 500	6 750	10 661
（3）山鸡	只	031	24 630	37 107	193 126
（4）乌鸡	只	032	459 900	73 150	935 785
（5）肉鸽	只	033	50 970	154 723	328 725
（6）鸵鸟	只	034	420	2 093	840
（7）鹌鹑	只	035	11 000	1 000	
（8）貂	只	036	3 990		
（9）鹿	只	037	635	110	109
（10）狐	只	038	8 759	1 875	3 777
（11）其他	只	039	2 010 199	487 682	2 175 865
三、肉类总产量	吨	040	196 059.8	32 287	58 018
1. 猪、牛、羊肉	吨	041	115 599.9	16 740	30 116
（1）猪肉	吨	042	99 960.5	13 795	25 016
（2）牛肉	吨	043	12 231.4	1 372	1 771
（3）羊肉	吨	044	3 408	1 573	3 329
2. 驴肉	吨	045	85.2	21	5
3. 骡肉	吨	046	73.8	12	9
4. 马肉	吨	047	70	8	5
5. 鸡肉（肉鸡+淘汰鸡）	吨	048	56 371	14 209	12 936
6. 鸭肉	吨	049	22 927.6	923	12 649
7. 鹅肉	吨	050			461
8. 兔肉	吨	051	95.2	89	949
9. 其他	吨	052	837.1	285	888

平谷县	怀柔县	密云县	延庆县	农场局
3		17	2	
	2	20		
100	1 003			
4 000	3 430	50		
43 800	84 200	33 244	3 996	
22 604	99 490	106 212	10 958	
39 600	198 073	2 660	63 080	
15		46	5	
	6 778			
	50	2 030		
322	1 045	87	149	
1 636	4 304	716	893	
60 315	979 050	22 746	24 213	
39 440	28 567	45 351	26 590	5 804
27 714	18 616	26 392	14 784	1 000
25 052	16 280	22 028	11 606	785
1 450	1 819	2 397	2 470	215
1 212	517	1 967	708	
123	45	80	159	
8	24	20	71	
6	8	7	79	
8 393	6 495	16 587	11 258	301
2 155	3 208	1 638	148	4 503
	18	40	3	
62	94	497	38	
979	59	90	50	

2000年牧业生产按经营方式分组

	单位	编号	合计	国有	集
					合计
甲	乙	丙	1	2	3
一、年末肉牛头数	头	01	82 511	631	10 954
二、年末乳牛头数	元	02	94 912	33 549	9 150
三、牛奶总产量	吨	03	303 312	103 204	33 197
四、年末实有山绵羊	只	04	1 201 098	469	11 215
五、蛋鸡场数	个	05	4 737	44	100
六、肉鸡场数	个	06	1 625	13	74
七、年末蛋鸡存栏	只	07	14 060 643	1 933 492	2 904 163
其中：蛋鸡场存栏	只	08	7 052 722	1 709 942	2 572 663
成母鸡存栏	只	09	12 811 215	1 707 942	2 663 729
其中：蛋鸡场成母鸡存栏	只	10	5 844 548	1 490 942	2 172 699
八、年末肉鸡存栏	只	11	14 610 292	1 076 800	4 938 682
九、鸡蛋产量	吨	12	156 145	22 175	33 549
十、猪场数	个	13	5 063	54	486
十一、年末生猪存栏	头	14	2 500 451	183 700	788 661
1. 育肥猪	头	15	1 608 452	130 497	473 207
2. 仔　　猪	头	16	611 327	30 583	215 946
3. 成年母猪	头	17	219 832	18 068	79 375
4. 后备母猪	头	18	47 209	2 946	15 518
5. 种公猪	头	19	11 178	1 369	3 913
6. 后备公猪	头	20	2 453	237	702
十二、年内出栏猪	头	21	4 156 079	327 569	1 336 880

体经营		股份制及股份合作制	家庭经营	
承包	租赁		合计	其中：私营
4	5	6	7	8
3 282	1 298	533	70 393	25 521
5 605	1 179	4 526	47 687	20 608
21 727	4 524	41 364	125 547	52 864
4 089	635	3 475	1 185 939	426 509
56	23	9	4 584	3 896
30	25	4	1 534	442
1 693 968	651 800	270 390	8 952 598	2 701 746
1 602 468	482 800	255 390	2 514 727	909 877
1 520 534	644 800	238 243	8 201 301	2 296 741
1 268 834	475 800	223 093	1 957 814	681 550
1 421 170	1 548 937	58 000	8 536 810	2 982 694
20 092	6 157	4 113	96 308	28 710
249	104	29	4 494	2 661
316 985	138 168	96 467	1 431 623	625 791
203 414	76 162	60 468	944 280	421 543
74 310	40 279	23 235	341 563	137 119
31 870	16 329	9 800	112 589	53 349
5 476	4 374	2 361	26 384	10 945
1 551	850	563	5 333	2 439
364	174	40	1 474	396
545 398	246 887	143 863	2 347 767	1 139 156

2000 年成鱼产量情况

总　计

填报单位：北京市农业局水产处

单位名称	合　计		大　水　库		中　小　水　库	
	产　量	其中：国营	产　量	其中：国营	产　量	其中：国营
合　计	75 043 976	4 408 121	4 513 550	1 237 800	722 000	402 000
朝阳区	5 271 370	380 000	0	0	0	0
丰台区	339 769	21 399	0	0	0	0
石景山区	40 000	0	0	0	0	0
海淀区	2 710 000	0	0	0	0	0
门头沟区	450 000	0	0	0	140 000	0
昌平区	8 048 264	253 864	0	0	6 000	6 000
顺义区	16 072 500	935 000	0	0	0	0
通州区	11 668 900	443 000	0	0	0	0
大兴县	4 812 565	166 300	0	0	0	0
房山县	2 100 000	30 000	0	0	30 000	30 000
平谷县	14 365 000	300 000	0	0	300 000	300 000
怀柔县	2 045 000	485 000	149 000	149 000	16 000	16 000
密云县	4 308 708	3 858	3 275 750	0	150 000	0
延庆县	2 811 900	1 389 700	1 088 800	1 088 800	80 000	50 000
园林局	0	0	0	0	0	0

部　分

单位：千克

池塘		流水养鱼	湖　泊	工厂化	合计中：网箱产量	全　年销售量	全　年销售额（万元）
产　量	其中：国营						
67 275 626	2 768 321	2 532 800	0	0	1 118 000	68 428 545	64 049
5 271 370	380 000	0	0	0	0	3 959 100	3 996
339 769	21 399	0	0	0	0	337 031	1 148
40 000	0	0	0	0	0	40 000	17
2 710 000	0	0	0	0	0	2 219 124	1 572
138 000	0	172 000	0	0	0	370 000	416
7 963 464	247 864	78 800	0	0	0	7 942 562	6 257
16 072 500	935 000	0	0	0	0	12 621 100	12 055
11 668 900	443 000	0	0	0	0	9 387 600	5 986
4 812 565	166 300	0	0	0	0	4 334 185	3 208
1 318 000	0	752 000	0	0	0	4 200 000	5 640
13 950 000	0	115 000	0	0	200 000	14 365 000	12 109
600 000	320 000	1 280 000	0	0	0	1 925 000	5 606
802 958	3 858	80 000	0	0	900 000	3 889 458	4 208
1 588 100	250 900	55 000	0	0	18 000	2 838 385	1 831
0	0	0	0	0	0	0	0

2000 年养殖专业户基本情况

	编　　号	专业户数（户）	家庭人口（人）	从事专业的劳动力（人）
				3
合　　计	01	167 555	545 563	241 781
一、畜牧业	02	159 073	517 632	226 633
1. 养猪	03	48 992	162 243	70 704
2. 肉牛	04	7 985	26 395	12 947
3. 乳牛	05	7 928	25 348	12 993
4. 羊	06	41 448	130 919	53 358
5. 肉鸡	07	9 838	33 109	17 812
6. 蛋鸡	08	7 396	27 188	11 209
7. 肉鸭	09	3 587	12 121	5 356
8. 蛋鸭	10	1 046	3 244	1 477
9. 其他	11	30 853	97 065	40 777
其中：特种养殖	12	19 445	58 902	24 396
二、渔业	13	8 482	27 931	15 148
1. 鱼	14	6 376	21 221	11 079
其中：小品种	15	1 071	3 405	1731
2. 其他水产	16	2 106	6 710	4 069
其中：特种养殖	17	1 699	5 286	3 186

专业产品产量（头，万只，吨）	家庭总收入（万元）	其中：专业收入（万元）	全年纯收入（万元）	其中：专业纯收入（万元）
4	5	6	7	8
	633 705.2	499 986.4	201 787.4	133 689.5
	572 736.0	446 503.8	180 391.9	117 994.9
2 115 387	162 110.6	133 181.8	46 327.7	27 996.1
106 265	52 798.7	39 285.6	18 910.2	14 658.1
120 240	35 289.7	19 448.7	13 313.0	7 560.3
745 493	49 630.2	34 102.7	28 092.1	17 726.3
5 397.3	120 866.5	95 680.9	23 572.5	17 516.7
86 487	38 873.6	33 713.9	10 678.5	6 936.8
2 059.5	49 312.2	41 575.3	10 445.3	7 382.3
1 116	2 034.4	1 630.4	858.1	280.2
482 295	61 820.3	47 884.5	28 194.4	17 938.2
302 420	47 654.2	37 289.1	20 392.0	12 717.0
	60 969.2	53 482.6	21 395.4	15 694.3
48 234	46 996.1	40 867.7	14 024.1	9 821.4
7 040	11 303.4	9 365.5	3 067.1	2 166.7
13 023	13 973.1	12 615.0	7 371.2	5 872.9
11 108	13 198.8	12 088.0	6 962.7	5 372.0

2000 年乡镇企业基本情况

项　目	数　量
企业个数（万个）	11.9
年末人数（万人）	101.4
总收入（亿元）	959.1
总产值（亿元）	938.1
税金（亿元）	30.3
利润总额（亿元）	63.5
固定资产原值（亿元）	393.1
流动资产（亿元）	465.9
银行借款（亿元）	76.6

2000 年乡镇集体企业各业基本情况

行　业	企业个数（个）		从业人员（人）		总收入（万元）		利润总额（万元）		税金（万元）
	数量	占%	数量	占%	数量	占%	数量	占%	
合　计	11 961	100	681 886	100	6 602 498	100	357 639	100	235 859
农　业	446	3.7	15 274	2.2	147 402	2.2	19 259	5.4	2 210
工　业	7 909	66.1	427 726	62.7	3 639 939	55.1	177 205	49.5	146 542
交通运输业	285	2.4	12 644	1.9	88 033	1.3	3 664	1	3 126
施工建筑业	784	6.6	135 366	19.9	1 120 666	17	65 487	18.3	42 660
商品流通业	1 300	10.9	31 022	4.5	1 008 896	15.3	32 029	9	15 116
旅游饮服业	1 015	8.5	48 274	7.1	439 347	6.7	39 364	11.0	18 652
其　他	222	1.8	11 580	1.7	158 215	2.4	20 631	5.8	7 553

2000 年郊区、县出口商品交货总额

单位：亿元

	金　额		金　额
合　计	53.9	顺义区	8
朝阳区	3.2	通州区	7.2
丰台区	0.5	大兴县	8.6
石景山区	0.5	平谷县	7.1
海淀区	0.7	怀柔县	2.4
门头沟区	0.9	密云县	4.3
房山区	3.5	延庆县	3
昌平区	4.0		

2000 年边远山区乡镇基本情况

项　目	数　量	项　目	数　量
农业户数（户）	193 006	乡村企业收入（亿元）	54
农业人口（人）	556 814	乡镇财政收入（亿元）	2.6
劳动力（人）	259 934	人均劳动所得（元）	3 208
农村经济营业收入（亿元）	110.9		

2000年农口各局、总公司销售收入、利润总额、税金总额

单位：万元

	销售收入	利润总额	税金总额
农工商联合总公司	308 900	3 800	12 900
部旅实业总公司	92 700	9 250	3 770
华都集团	63 492	－1 340	735
城乡建设集团	197 951	3 100	5 010
兴东方有限责任公司	34 229	116	262
水产总公司	16 872	1 980	1 000
大发畜产品公司	141 900	－1 372	6
农工商开发贸易公司	40 215	413	531
京龙商贸总公司	8 965	1 300	430
中央批发市场	9 150	190	560
农业局	2 788	30	59
林业局	18 343	1 070	417
水利局	73 620	2 031	2 960
乡镇企业局	19 967	508	480
市农科院	6 924	1 336	133

郊区国内生产总值

计量单位：千元

项　　目	2000年	1999年	2000年为1999年%	构成	
				2000年	1999年
增加值合计	54 782 591	48 698 315	112.5	100.0	100.0
第一产业	8 996 765	8 747 863	102.8	16.4	18.0
第二产业	22 376 450	19 430 802	115.2	40.9	39.9
工业	17 146 062	14 869 781	115.3	31.3	30.5
第三产业	23 409 376	20 519 650	114.1	42.7	42.4
农林牧渔服务业	214 006	195 250	109.6	0.4	0.4
地质勘查及水利管理业	71 942	46 879	153.5	0.1	0.1
交通运输、仓储及邮电通讯业	3 519 629	3 042 619	115.7	6.4	6.2
批发零售贸易及餐饮业	4 617 454	4 090 509	112.9	8.4	8.4
金融保险业	2 288 513	2 160 890	105.9	4.2	4.4
房地产业	3 386 433	2 412 473	140.4	6.2	5.0
社会服务业	3 767 206	3 543 464	106.3	6.9	7.3
卫生、体育及社会福利事业	674 480	589 416	114.4	1.2	1.2
教育、文化及广播电影电视业	1 616 370	1 457 641	110.9	3.0	3.0
科学研究及综合技术服务业	237 576	229 960	103.3	0.4	0.5
国家机关、党政机关及社会团体	1 447 972	1 340 407	108.0	2.6	2.8
其他行业	1 567 795	1 410 142	111.2	2.9	2.9

注：“郊区国内生产总值”统计口径：近郊区为乡及乡以下农村部分；远郊区（县）为县及县以下所属部分。

2000 年财政用于农业方面的支出

单位：万元

项　目	金　额	项　目	金　额
财政用于农业支出合计	209 125	造林及林木保护	13 323
一、支援农村生产支出	98 712	农村水产补助费	410
小型农田水利和水土保持	17 550	发展粮食生产专项资金	1 433
支援农村合作生产组织	62 569	二、农村水气等部门事业费	24 164
农技推广和植保	3 071	三、农业综合开发支出	39 582
草场及畜禽保护	356	四、农业部门基金支出	46 667

2000 年郊区、县地方财政收入及地方税收

单位：亿元

	地方财政收入	地方税收		地方财政收入	地方税收
合　计	110.5	143.5	顺义区	4.9	4.8
朝阳区	37.5	40.6	通州区	3.4	4.6
丰台区	7.6	10.4	大兴县	3.2	4.1
石景山区	6	7.1	平谷县	2.6	3.9
海淀区	28	44.8	怀柔县	2.7	3.8
门头沟区	2.8	4.4	密云县	2.1	2.9
房山区	5	6.5	延庆县	1.8	2.2
昌平区	3	3.4			

农村经济收益分配

单位：亿元

	金　额		金　额
营业收入	1 286.9	未分配利润	13.8
营业成本	1 133.7	税金总额	33.8
利润总额	77.1	生产性固定资金原值	33.1
可供分配利润	69.2		

2000 年农村住户全年收支情况（实际）

项　　目	计量单位	数　量		2000 年为 1999 年的%
		2000 年	1999 年	
一、调查户数	户	2 710	2 240	120.98
二、户均常住人口	人	3.52	3.62	97.24
三、户均整半劳动力	人	2.33	2.54	91.73
四、平均每一劳动力负担人口	人	1.51	1.43	105.59
五、人均生产性固定资产原值	元	1 473.85	1 054.21	139.81
六、人均住房面积	平方米	28.91	28.65	100.91
七、人均全年纯收入	元	4 687.03	4 316.36	108.59
（一）基本收入	元	4 278.47	4 018.01	106.48
1. 工资性收入	元	2 937.73	2 881.66	101.95
其中：在非企业中劳动得到	元	1 024.98	1 113.8	92.03
在企业中劳动得到	元	1 779.26	1 691.99	105.16
2. 家庭经营纯收入	元	1 340.74	1 136.35	117.99
（1）一产收入	元	742.12	736.35	100.78
其中：种植业	元	548.63	556.43	98.60
畜牧业	元	161.92	103.05	157.13
（2）二产收入	元	58.26	31.35	185.84
（3）三产收入	元	540.36	368.65	146.58

（续）

项目	计量单位	数量		2000 年为 1999 年的%
		2000 年	1999 年	
（二）转移性和财产性收入	元	408.56	298.35	136.94
八、人均全年生活消费支出	元	3 441.35	3 132.46	109.86
（一）食品支出	元	1 263.62	1 253.47	100.81
其中：主食	元	222.97	263.30	84.68
副食	元	538.21	512.26	105.07
（二）衣着支出	元	261.73	256.48	102.05
（三）居住支出	元	539.11	416.32	129.49
（四）家庭设备用品及服务支出	元	252.16	263.22	95.80
（五）医疗保健	元	276.11	223.01	123.81
（六）交通与通讯	元	217.46	165.53	131.37
（七）文化教育娱乐用品及服务	元	495.26	461.57	107.30
（八）其他商品及服务	元	135.90	92.86	146.35
九、人均全年家庭经营费用支出	元	631.24	490.83	128.61
其中：种植业	元	179.05	181.6	98.60
畜牧业	元	154.70	116.53	132.76
十、人均购置生产性固定资产支出	元	55.57	100.01	55.56
十一、人均税费支出	元	32.08	48.48	66.17

图书在版编目（CIP）数据

北京农村年鉴 .2001/北京市农村经济研究中心编 .—北京：中国农业出版社，2001.9

ISBN 7-109-07142-1

Ⅰ.北 ... Ⅱ.北 ... Ⅲ.农村-工作-北京市-2001-年鉴
Ⅳ.F327.1-54

中国版本图书馆 CIP 数据核字（2001）第 064518 号

中国农业出版社出版
（北京市朝阳区农展馆北路 2 号）
（邮政编码 100026）
出版人：沈镇昭
责任编辑 唐 洁 赵 刚 姚 红

中国农业出版社印刷厂印刷 新华书店北京发行所发行
2001 年 9 月第 1 版 2001 年 9 月北京第 1 次印刷

开本：787mm×1092mm 1/16 印张：41.5 插页：26
字数：1 640 千字 印数：1～2 200 册
定价：200.00 元
（凡本版图书出现印刷、装订错误，请向出版社发行部调换）